encyclopédie des

ANTIQUITÉS
& DE LA BROCANTE

encyclopédie des ANTIQUITÉS & DE LA BROCANTE

sous la direction de Jean Bedel

PRÉFACE DE MAURICE RHEIMS

Larousse

17, RUE DU MONTPARNASSE - 75298 PARIS CEDEX 06

OUVRAGE ÉTABLI AVEC LE CONCOURS DE

Jean Bedel
Anne-Marie Belfort
Laurence Brocas
Robert Capia
Marie-Christine David
Françoise Deflassieux
Yves Gairaud
Bertrand Galimard-Flavigny
Christine Huet
Alain Jacob
Marielle Marin
Jacqueline Martin
Luce Morel
Arlette Royer
Alain Weil
Serge Zeyons

D'après des maquettes de René Lamoureux,
la mise en pages de cet ouvrage
a été réalisée par Serge Lebrun et Denis Lamoureux.

La documentation photographique a été réunie
par Mathilde Rieussec avec la collaboration
de Nicole Marchand.

L'index a été établi
par Gérard Joigneaux.

Document de couverture : détail d'un fauteuil à la reine, en hêtre doré et sculpté de motifs typiquement Louis XVI, portant l'estampille de L.M. Pluvinet, reçu maître en 1776. Galerie Gismondi.

Photographie Gérard Le Gall.

Librairie Larousse (Canada) limitée,
licencié quant aux droits d'auteur et usager inscrit des marques pour le Canada.

ISBN 2-03-509202-7

PRÉFACE

Jamais dans l'histoire du goût et de la curiosité le culte des objets n'a pris des formes aussi aiguës, aussi démesurées, aussi variées. À ce point que si Dieu s'était retiré pour mieux juger de son irremplaçabilité, il découvrirait, étonné, qu'à défaut de Seigneur les hommes de l'Occident se satisfont aisément de fétiches nègres taillés dans l'ébène, d'idoles sculptées dans le marbre et d'encensoirs ornés d'émaux limousins. Culte pour le bric-à-brac ou le sublime, qu'importe ! Tel le système des indulgences, la dévotion fonctionne à grand renfort de prières adressées à l'expert pour le supplier de trier entre le vrai et l'ivraie à grands coups de chèques signés aux commissaires-priseurs.

Voilà qui justifie parfaitement bien l'entreprise de cette encyclopédie, c'est-à-dire : d'une part, encourager des vocations — il y a en tout enfant un collectionneur qui sommeille —, d'autre part, aider l'amateur à bien choisir l'objet aimé.

L'*Encyclopédie des antiquités et de la brocante...* On remarquera que le mot « antiquités » est employé au pluriel, alors que le mot « brocante » l'est, lui, au singulier. Nous devons comprendre alors qu'il s'agit de parler, d'une part, des rapports de la brocante avec sa noble cousine l'antiquité et, d'autre part, du commerce, au sens valérien, que les hommes entretiennent avec les objets qu'ils chérissent. Mais, trêve de subtilité ! Déclarons-nous divertis d'emblée par cette belle entreprise collective qui ambitionne d'initier et de conforter l'amateur et le curieux.

L'ouvrage couvre vingt-quatre domaines, de l'archéologie à la verrerie. Chaque chapitre, confié à un spécialiste, comporte une étude chronologique de chaque espèce : la situation de l'objet dans la société, ses différentes techniques de fabrication, ses rapports avec les créateurs ; on y découvre ainsi la manière dont certains artistes se sont efforcés de personnaliser leurs œuvres par l'invention de formes nouvelles ou la signature à l'aide d'une marque ou d'un poinçon. L'étude du prix de ces objets nouveau-nés sur le marché a paru nécessaire à l'auteur afin d'attirer l'attention de l'amateur sur les contrefaçons. Au fur et à mesure que le lecteur tournera les pages de cet ouvrage, il se rendra mieux compte de l'utilité d'un semblable volume. En effet, jamais l'art de la contrefaçon n'a été poussé aussi loin ; jamais non plus tant d'experts n'ont révélé, par la contradiction de leurs propos, à quel point les objets sont dangereux à manier. Après une aussi bénéfique lecture, on juge mieux des précautions à prendre avant de consacrer à l'achat de l'un d'entre eux des sommes souvent considérables.

Cet ouvrage nous révèle également que les hommes d'aujourd'hui affectionnent les mêmes productions artistiques que les Romains à l'époque d'Auguste, les Allemands de la Renaissance à l'époque de Függer, c'est-à-dire les armes, les bronzes, les livres, les ivoires.

N'y aurait-il donc rien de nouveau dans le monde de la curiosité ? Si, répondent les signataires de ce livre. Chaque époque a tout de même ses objets favoris. Chaque époque fait vivre ou revivre ses modes. De décennie en décennie, on découvre d'autres merveilles. Depuis quinze ans, de nouveaux « mordus » sont prêts à croquer des cartes postales, des poupées, des photographies ou des tire-bouchons. L'apparition de ces collections insolites obéit à des motifs d'ordres bien différents. Au premier chef, les objets d'art devenant de plus en plus onéreux, la raison commande de projeter ses passions sur d'autres choses. De surcroît, la disparition rapide des chefs-d'œuvre du passé, absorbés par les musées, les fondations ou les grands collectionneurs, oblige l'amateur à changer de proie. Enfin, le négoce, voyant ses approvisionnements bientôt taris, s'assure de nouvelles sources, crée de nouvelles matières premières, lance de nouveaux snobismes.

Dans une certaine mesure, ce qu'expose chacun des auteurs de cet ouvrage n'étonnera guère le spécialiste. Tout de même, à un moment donné il va dresser l'oreille à l'écoute de propos révélateurs. Jean Bedel, qui vit dans ce monde où se confondent à tout instant art et or, réussira, grâce à sa manière sensible d'enregistrer les résonances du maillet du commissaire-priseur, à nous dévoiler un certain nombre de réalités financières assez stupéfiantes. Fondant sa réflexion sur les résultats obtenus dans les salles des ventes parisiennes (qui en vingt ans ont vu leur chiffre d'affaires multiplié par dix), Jean Bedel souligne la hausse incroyable des objets d'art depuis vingt ans. S'ajoute à ce phénomène — mais l'auteur préfère le taire — que cet accroissement du chiffre d'affaires ne traduit même pas la totale et cruelle vérité, car le marché des ventes publiques, en émigrant de plus en plus vers les pays anglo-saxons, a contribué à diminuer l'importance du volume des ventes françaises à l'encan ; si nos compatriotes avaient su préserver ce prestigieux marché, la hausse de leur chiffre d'affaires serait non pas de dix mais de quinze fois plus depuis 1960. Mais attention ! dit l'auteur, qui met en garde les innocents de la Curiosité : « Ce serait pourtant une erreur de croire qu'à tous les coups l'on gagne ! » Il suffit d'analyser les cotes de certaines spécialités : tableaux impressionnistes de médiocre qualité, toiles de l'école de Paris, certains meubles du XVIIIe siècle français, par exemple, pour constater que nombre de ces objets d'art se négocient aujourd'hui à des cours situés au niveau des cotes pratiquées huit ou dix ans plut tôt. Bien sûr, le vendeur retrouverait la somme qu'il a engagée (et encore pas toujours). Si l'on tient compte du pouvoir d'achat, de l'érosion de la monnaie, de la rente de l'argent immobilisé pendant ce temps, des assurances, des frais d'encadrement, des frais d'entretien, l'opération risque dans certains cas de se solder finalement par une perte assez considérable.

Enfin, cette encyclopédie pratique nous donne un dernier renseignement, et non des moindres. Comment faut-il traiter toutes ces choses que nous aimons, comment faut-il les soigner pour qu'elles vivent longtemps, préoccupation touchante et explicable, car nous aimons souvent nos objets avec plus de tendresse et de désintéressement que nous ne nous aimons nous-mêmes. Nous entendons qu'ils vivent éternellement. Il n'est que de tenir compte des ordonnances délivrées pour chaque spécialité, et vos objets atteindront l'âge de Mathusalem.

Voilà bien résumé — c'est-à-dire bien incomplet — le contenu de ce joli bréviaire de la Curiosité. Ajoutez à cela le choix heureux des illustrations, une excellente mise en pages, et *Antiquités, Brocante* est mieux qu'un livre, une affaire.

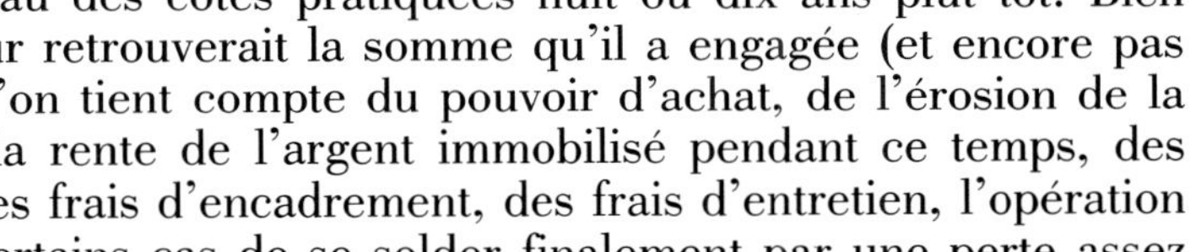

DE L'ACADÉMIE FRANÇAISE

AVANT-PROPOS

La première question qui se pose au seuil d'une encyclopédie est celle de ses limites. Dans un domaine aussi étendu et divers que les antiquités et la brocante, il convient d'abord de placer les jalons d'une définition. L'antiquité n'est plus ce qu'elle était au siècle dernier, où elle relevait du domaine réservé des archéologues. Aujourd'hui, le négoce de l'ancien porte à la fois sur des époques — des premières dynasties pharaoniques aux « Arts déco » — et sur des catégories — qui vont des bronzes aux instruments scientifiques, de la numismatique à la photographie, de l'argenterie aux arts populaires.

Il fallait donc commencer par faire des choix. Nous avons délibérément écarté de notre champ de recherche tout le domaine des dessins et tableaux — qui forment, bien sûr, une importante catégorie du marché de l'art, mais dont la prospection nous eût entraînés sur un terrain largement couvert par des ouvrages spécialisés, livres d'art, dictionnaires et répertoires de cotes régulièrement mises à jour. En revanche, nous avons considéré que les *arts primitifs* méritaient un chapitre, de même que les *gravures,* qui font partie intégrante du commerce de l'antiquité, voire de la brocante. Et si nous avons justement accolé le mot « brocante » au terme plus noble d'« antiquités », c'est que tous les professionnels sont égaux devant la loi, du grand marchand du quai Voltaire au dernier ferrailleur de village. Comme nous le verrons, ils pratiquent le même métier et travaillent souvent en étroite coopération. L'usage a toutefois établi une distinction qui veut que l'antiquaire soit attentif à présenter meubles et objets convenablement remis en état et à offrir de sérieuses garanties d'authenticité — tandis que le brocanteur se contente de mettre à l'étalage des meubles « dans leur jus », de n'importe quelle époque, à la seule condition qu'ils soient de seconde main. Il n'empêche que l'on peut parfois faire dans la brocante de merveilleuses découvertes... si l'on a justement la chance de devancer les antiquaires qui puisent chez les humbles chineurs à la source première de tout leur négoce.

Une encyclopédie des antiquités et de la brocante ne peut prétendre épuiser tous les sujets qui en font la substance. Nous avons pris le parti de nous limiter aux vingt-quatre catégories qui correspondent aux principales spécialités où les experts exercent leur sagacité. Et nous remercions les hommes de l'art qui ont bien voulu nous éclairer de leurs précieux conseils. En nous en tenant à vingt-quatre matières, nous avons donc écarté certaines rubriques qui nous ont paru d'importance secondaire, les réservant à un dictionnaire alphabétique des termes concernant les antiquités et la brocante, dont la dernière édition est parue en 1988 ; on y trouvera également une bibliographie détaillée.

En revanche, nous avons introduit dans notre liste certaines matières nouvelles en plein essor, comme les jouets, la photographie, les cartes postales, car l'antiquité et la brocante ne cessent d'étendre leur champ de recherche, dans la mesure même où les œuvres des catégories traditionnelles sont de plus en plus rares, de plus en plus difficiles à acquérir, comme des filons en voie d'épuisement.

Il nous faut d'autre part signaler ici certains recoupements ou certains rejets d'un chapitre à l'autre. C'est ainsi que l'*Archéologie* aborde certaines techniques prises à leur origine, ce qui allège d'autant, par exemple, les chapitres *Bijoux, Bronzes, Céramiques, Verres.* Ce qui pourrait être pris pour des carences partielles n'est en réalité qu'une volonté d'éviter des doublons ; des renvois aux pages voulues faciliteront d'ailleurs le repérage des passages complémentaires.

Comme notre titre l'indique, il s'agit là d'une encyclopédie pratique, essentiellement destinée à tous ceux qui veulent connaître, reconnaître et acheter dans les meilleures conditions meubles et objets anciens.

Nous avons donc eu le souci de ne pas nous égarer dans une érudition trop touffue — pour réserver une place suffisante au marché tel qu'il se présente pour chaque spécialité.

Le choix étant fait, il ne restait plus qu'à adopter un ordre de marche. Après une étude globale du marché, avec conseils d'achat chez l'antiquaire et en salle des ventes, nous avons retenu pour simple commodité de consultation un ordre alphabétique par catégories, en rejetant toutefois à l'ordre de leur qualificatif l'art populaire et l'art primitif, qu'il nous a paru préférable de faire figurer après les chapitres *Meubles* et *Art nouveau-Art déco.*

Nous tenons à remercier les commissaires-priseurs et antiquaires qui ont bien voulu nous confier des documents photographiques de grande qualité. On remarquera du même coup que l'illustration relève ici davantage du négoce que des musées. Là encore se manifeste notre volonté que le titre comme le contenu de cette « Encyclopédie pratique » répondent aux vœux des amateurs de trouver leur chemin, et peut-être leur bonheur, dans le vaste univers des antiquités et de la brocante.

Jean Bedel.

Dornac

Edmond de Goncourt dans son cabinet de travail

« Ma volonté est que mes dessins, mes estampes, mes bibelots, mes livres, enfin les choses d'art qui ont fait le bonheur de ma vie, n'aient pas la froide tombe d'un musée, et le regard bête du passant indifférent, et je demande qu'elles soient toutes éparpillées sous les coups de marteau du commissaire-priseur et que la jouissance que m'a procurée l'acquisition de chacune d'elles, soit redonnée, pour chacune d'elles, à un héritier de mes goûts.

Edmond de Goncourt

Document aimablement communiqué par Me Georges Blache, commissaire-priseur à Versailles, dont nous déplorons la brutale disparition en 1988.

TABLE DES MATIÈRES

encyclopédie des

ANTIQUITÉS
& DE LA BROCANTE

L'Amateur, *par Honoré Daumier (1808-1879). Aquarelle et gouache. Le plus célèbre caricaturiste du XIX*e *siècle a su exprimer ici cet instant de bonheur qui s'épanouit sur le visage de l'amateur lors de son éternel face-à-face avec les œuvres dont il s'est entouré.*
Metropolitan Museum of Art, New York.

Phot. du Musée

LE MARCHÉ DES ANTIQUITÉS

Pour mieux connaître le marché des antiquités, il importe de définir ses limites, et tout d'abord de dissiper une équivoque. Les « antiquités », au pluriel, désignent l'ensemble des meubles, objets et œuvres en tout genre qui témoignent de la création, utilitaire ou artistique, mais en tout cas significative, d'une époque déterminée.

L'« antiquité », au singulier, évoque, sans contours très précis, les œuvres millénaires des civilisations méditerranéennes. C'est ce que les professionnels de langue anglaise appellent « antiques », terme qui tend aujourd'hui à prévaloir sur le marché international, y compris en France.

Jusqu'à la fin du siècle dernier, les « antiquaires » étaient non pas des marchands, mais des savants à la recherche des moindres fragments évocateurs des premières civilisations. (Il n'en reste pas moins que les objets de fouilles constituent une branche du commerce d'antiquités qui compte de nombreux marchands spécialisés.)

Venons-en à des limites plus précises : on a longtemps considéré qu'un antiquaire — au sens moderne du terme — ne devait vendre que des objets de plus de 100 ans. D'après une réglementation douanière (qui repose sur la loi du 23 juin 1941 sur le contrôle de l'exportation des œuvres d'art), devait être considéré comme « antiquité » tout objet de plus de 100 ans d'âge. Ce qui revient à dire que les objets de moins de 100 ans pouvaient être librement exportés. C'est ainsi que les créations artistiques des époques « Art nouveau » et « Art déco », les œuvres de Gallé, Daum, Majorelle, Ruhlmann, Lalique ou Dunand purent s'expatrier sans formalités vers les États-Unis ou le Japon.

C'est alors qu'André Malraux, ministre des Affaires culturelles du général de Gaulle de 1958 à 1969, s'inquiéta de cette hémorragie au détriment de notre patrimoine artistique. Il prépara un décret pour limiter les dégâts, mais se retira avant sa promulgation, lorsque de Gaulle quitta le pouvoir. C'est finalement par le biais d'un « avis aux exportateurs », publié au *Journal officiel* du 30 octobre 1975, que furent obligatoirement soumises au contrôle douanier les œuvres datant de *plus de vingt ans* au 1er janvier de l'année d'exportation (à l'exception des créations d'artistes vivants). C'est ainsi que toutes les œuvres de l'époque « Art déco » notamment, et bien au-delà, doivent faire l'objet d'une licence d'exportation. Et ce sont en fin de compte les délégués des Affaires culturelles auprès des douanes qui autorisent ou refusent l'exportation des biens artistiques — de plus de vingt ans —, en fonction de l'intérêt qu'ils représentent pour le patrimoine artistique français.

Cette réglementation est également significative d'une certaine accélération des goûts et des modes. Il n'y a pas si longtemps, le style « Louis-Philippe » — le dernier roi qui ait donné un nom à un style — était considéré comme invendable par les marchands. Il est aujourd'hui très prisé de nombreux amateurs d'« antiquités »...

Au cours de la seconde moitié du XXe siècle, l'engouement s'est porté successivement sur les meubles XVIIIe, puis sur le Napoléon III, puis sur l'Art nouveau, et enfin sur l'Art déco... en attendant que les meilleures créations du « design » deviennent à leur tour des « antiquités » à la mode.

En fin de compte, on peut considérer comme une « antiquité », qu'un antiquaire digne de ce nom a vocation de commercialiser, tout objet dont l'époque de fabrication correspond à un style caractérisé.

Le commerce des meubles et objets anciens a pris son essor dans la seconde moitié du XIXe siècle sous l'influence des admirateurs des styles d'autrefois, tels que Victor Hugo, Alexandre Dumas et Mérimée. Mais ce n'est qu'entre les deux guerres que le négoce s'est organisé, et c'est surtout depuis 1950 qu'il n'a cessé de se développer.

ANTIQUAIRES ET BROCANTEURS

Aussi surprenant que cela puisse paraître, l'antiquaire ne fait l'objet d'aucune définition légale.

On a longtemps assimilé l'antiquaire au brocanteur qui, à première vue, fait le même métier : acheter des objets anciens ou d'occasion pour les revendre au mieux. En fait, la loi fondamentale du 15 février 1898 considérait le brocanteur comme « revendeur de vieux meubles, linges, hardes, bijoux, livres, vaisselle, armes, métaux, ferraille, et autres objets et marchandises de hasard, ou qui achète les mêmes marchandises neuves de personnes autres que celles qui les fabriquent ou en font commerce ».

L'importance de cette loi est qu'elle précisait les deux seules obligations du revendeur de meubles : l'inscription au registre du commerce et la tenue à jour d'un « livre de police » où le commerçant devait mentionner l'origine de sa marchandise, c'est-à-dire le nom et l'adresse de ses fournisseurs.

Une loi récente du 30 novembre 1987, « relative à la prévention et à la répression du recel et organisant la vente des objets mobiliers », a abrogé la loi du 15 février 1898, mais renforcé, en les précisant, les obligations essentielles « de toute personne dont l'activité professionnelle (il n'est toujours pas question d'antiquaire !) comporte la vente ou

Le Cabinet d'art, *par le peintre flamand Frans Francken (1581-1642). On remarquera l'entassement des objets les plus variés, manifestation de la richesse du collectionneur.* Kunsthistorisches Museum, Vienne.

l'échange d'objets mobiliers usagés». Cette loi reprend l'obligation précédente de « tenir jour par jour un registre qui contient une description des objets acquis et permet l'identification desdits objets ainsi que celle des personnes qui les ont vendus». On retrouve ici le fameux « livre de police» destiné à empêcher le recel. De plus, la loi étend cette obligation à toute personne qui participe à «une manifestation en vue de la vente d'objets usagés» et qui devra donc tenir à jour « un registre permettant l'identification des vendeurs».

Toujours dans l'intention d'empêcher la circulation des objets volés, le législateur a voulu que tous ceux qui vendent sur les foires ou salons — sans être nécessairement inscrits au registre du commerce — soient également soumis à une obligation administrative permettant d'identifier les vendeurs. Professionnels réguliers ou occasionnels sont donc à la même enseigne. Ce qui distingue le brocanteur de l'antiquaire, c'est que le premier vend les choses «en l'état» («dans leur jus», disent-ils) et sans indication d'origine, tandis que l'antiquaire prend la responsabilité d'authentifier et de préciser l'époque des meubles et objets proposés — et le plus souvent restaurés selon les règles de l'art.

D'après les statistiques de la documentation fiscale et les annuaires professionnels, le nombre des brocanteurs et des antiquaires serait actuellement de l'ordre de 12000 en France. Enfin, une part non négligeable du commerce d'antiquités se fait par des intermédiaires tels que décorateurs, courtiers, revendeurs plus ou moins marginaux, qui font d'ailleurs un tort considérable aux véritables professionnels (car ils n'ont pas de frais généraux et ils échappent à toute contrainte commerciale et fiscale). Les achats d'antiquités se répartissent entre les antiquaires en boutique, les brocanteurs, les foires et salons. De plus, depuis quelques années, la part des achats en salle des ventes devient de plus en plus importante sur l'ensemble du marché. Elle serait de l'ordre de 40 à 50 p. 100. Le développement du commerce de l'art dans son ensemble se mesure à l'augmentation du chiffre d'affaires des commissaires-priseurs qui a doublé de 1987 à 1990 avec un total qui dépasse les dix milliards de francs pour l'ensemble de la France (435 commissaires-priseurs), soit plus de la moitié pour Paris. En 1990, le produit des ventes de l'hôtel Drouot a atteint cinq millions et demi pour 106 officiers ministériels.

L'activité des antiquaires et des commissaires-priseurs français se mesure également aux exportations d'œuvres d'art, qui ont doublé en cinq ans.

Le marché des antiquités est, en France, particulièrement morcelé. On trouve des villes importantes sans antiquaire ni brocanteur, et des petites bourgades où ils se comptent par dizaines. Les «généralistes», capables aussi bien de vendre des meubles classiques que ces pâtes de verre 1900, des étains, des faïences ou des ivoires, sont les plus nombreux. Mais les «spécialistes», qui recherchent un type d'objet déterminé pour les revendre à des collectionneurs, se multiplient activement.

Comme dans toutes les autres branches de l'activité économique, la tendance est aujourd'hui au regroupement, à la concentration, en dépit du caractère individualiste des antiquaires et brocanteurs.

En effet, les exigences de la vie moderne rendent de plus en plus difficiles les possibilités de recherche des antiquités. Faute de temps, faute de trouver une place de parking, de plus en plus rares sont les «chineurs», prêts à faire des centaines de mètres à pied, ou des centaines de kilomètres en voiture pour trouver le meuble ou l'objet de leur rêve. Si les chineurs ne vont plus aux antiquités, il faut donc que les antiquités viennent à eux! D'où la multiplication des foires et salons dans toute la France : grandes manifestations d'intérêt national, comme la Biennale des antiquaires au Grand Palais, ou les Grands Salons annuels (Toulouse, Bordeaux, Dijon, Grenoble, etc.) ; foires à la ferraille de printemps et d'automne, qui mobilisent plus de 2000 exposants ; petites foires à la brocante, qui ne sont pas moins de 300 par an, sans parler des déballages permanents et autres marchés aux puces, dans la plupart des grandes villes.

Enfin, la tendance à la concentration des professionnels se manifeste également sous forme de centres d'antiquités (Village suisse, Cour aux antiquaires, Louvre des antiquaires à Paris) et de rayons d'antiquités dans les grands magasins.

Les facilités d'accès, les possibilités de choix, la liberté de confronter les marchandises et les prix sont de sérieux atouts par rapport à l'antiquaire isolé. Mais le marchand en boutique qui a su gagner une bonne réputation garde la confiance de nombreux amateurs.

LES ANTIQUITÉS, VALEUR DE PLACEMENT

Il ne suffit pas de pousser la porte d'un antiquaire ou de lever la main en salle des ventes pour avoir l'assurance de réaliser une bonne affaire.

L'achat d'un meuble ou d'un objet ancien exige certaines connaissances historiques et techniques (et tel est l'objectif que se propose d'atteindre cette encyclopédie pratique), exposées dans les chapitres qui vont suivre; mais, pour passer, pour ainsi dire, de la théorie à la pratique, il est également indispensable de mettre en œuvre les qualités psychologiques qui permettent de connaître l'art et la manière de s'y prendre avec les marchands et les commissaires-priseurs.

Les pièges et les ruses qui guettent l'amateur de brocante et d'antiquités sont innombrables. Il faut savoir les esquiver. Mais le jeu en vaut la chandelle. Avant de tenter l'aventure, il est bon d'avoir conscience des avantages certains que représente l'acquisition d'une antiquité ou d'un objet d'art.

Lorsqu'il est question de la valeur d'un meuble précieux ou d'une pièce de collection, il peut s'agir aussi bien de ses qualités esthétiques que de son prix sur le marché. Les rapports de l'art et de l'argent sont nécessairement ambigus. Même les œuvres des plus grands ébénistes, qui sont réputées « n'avoir pas de prix », en ont un le jour où elles passent en salle des ventes.

Finalement, ce sont les possibilités financières de l'acheteur qui donnent à une œuvre une « valeur », qu'il faut bien chiffrer en unités monétaires.

« Mettez-vous dans la tête, disait Renoir à la fin de sa vie, que personne n'y connaît rien : il n'y a qu'un baromètre qui indique la valeur de la peinture, c'est l'Hôtel des ventes. » Et c'est vrai aussi pour les meubles, l'orfèvrerie ou les arts d'Extrême-Orient.

Pour les uns, l'achat de biens artistiques n'est qu'un moyen de réaliser des gains importants. Il s'agit alors d'une spéculation pure et simple, avec les risques que comporte une entreprise financière. Si l'amateur, comme le mot l'indique, met une part d'amour dans ses acquisitions, l'investisseur fait passer l'amour de l'or avant l'amour de l'art. Certains spéculateurs ne prennent même pas la peine de regarder la « marchandise » qu'ils acquièrent : ils opèrent les yeux fermés, parfois par téléphone, laissant à des rabatteurs le soin de choisir pour eux les œuvres « invisibles », qui finiront dans le coffre d'une banque.

Pour les autres et — disons-le tout de suite — pour le plus grand nombre, l'achat d'une œuvre d'art tend avant tout à satisfaire un besoin esthétique ou culturel. Mais il se peut aussi qu'une mise de fonds dans un bien artistique voile pudiquement un désir de placement.

Si l'on observe l'évolution des prix depuis vingt ans, on ne peut manquer d'être frappé par l'importance des plus-values réalisées par les biens artistiques et les antiquités.

Mis à part le phénomène très particulier de la peinture moderne, dont les cotes sont particulièrement fragiles, il est prouvé que les objets précieux et les meubles anciens représentent une valeur de placement autrement sûre que les actions mobilières et même que l'or.

L'épreuve du temps

Pour certaines spécialités recherchées des collectionneurs, comme les faïences, les curiosités scientifiques, ainsi que pour les meubles classiques, les prix doublent tous les cinq ans, soit une hausse moyenne de l'ordre de 20 p. 100 par an. Dès que le prix d'adjudication est prononcé, accompagné du bruit sec du marteau d'ivoire, l'objet acquis est soumis à une nouvelle épreuve du temps.

L'érosion monétaire presque constante depuis vingt ans pousse évidemment à la valorisation des antiquités et œuvres d'art. C'est que, pour les créations du passé, les facteurs de hausse ne dépendent ni des cours des matières premières ni du prix de la main-d'œuvre, mais de qualités esthétiques universellement reconnues. Alors que, pour n'importe quel produit de l'industrie, la valeur diminue avec l'usure du temps, il se produit pour les objets du passé un phénomène qui est, en quelque sorte, l'inverse d'une obsolescence.

Si la conjoncture économique est favorable, le commerce des antiquaires est florissant. Et si les affaires ne marchent pas, si la Bourse se porte mal, les antiquités sont considérées comme des valeurs refuges, surtout pour les objets de grande valeur sous un faible volume, et les prix montent. Les œuvres anciennes ont sur les meubles ou objets contemporains un immense avantage : c'est que, en cas de revente, elles retrouvent et souvent dépassent leur prix d'achat. Mais allez donc revendre un canapé en Skaï ou une table en acier chromé! Les meubles modernes perdent les deux tiers de leur valeur au lendemain même de leur acquisition.

Forts de ces rassurantes considérations, les amateurs d'ancien sont de plus en plus nombreux. Et les biens artistiques, de plus en plus rares, sont finalement de plus en plus chers.

Ce serait pourtant une erreur de croire qu'à tous les coups l'on gagne. L'achat d'un objet d'art ou d'un meuble ancien demande beaucoup de discernement et de précautions. Il ne faut surtout pas considérer qu'une prochaine revente permettra un rapide enrichissement. Le marché des antiquités n'échappe pas aux règles élémentaires du commerce. S'il s'agit d'un achat chez l'antiquaire, il faut tenir compte des marges bénéficiaires normales. Il est évidemment impossible de revendre à un marchand au même prix que l'achat réalisé chez l'antiquaire précédent. S'il s'agit d'un objet acquis par le jeu des enchères, il faut ajouter au prix d'adjudication, les frais prélevés par les commissaires-priseurs. De même, à la revente, l'officier ministériel fait payer par le vendeur les taxes légales, les dépenses de publicité et prélève sa propre commission. Le total des frais entre l'achat et la revente se monte finalement à 25 p. 100 environ. Autrement dit, pour qu'une double opération soit bénéfique, il faudrait que l'objet voie augmenter son prix au moins du quart de sa valeur initiale d'une adjudication à l'autre — ce qui est pratiquement exclu à des dates rapprochées.

Il est donc illusoire d'espérer tirer profit d'opérations spéculatives à court terme sur des biens artistiques. Mais la revente d'une œuvre plusieurs années après son acquisition se traduit souvent par une forte plus-value.

Plusieurs facteurs contribuent à la hausse des antiquités :
— l'érosion monétaire ;
— la raréfaction des plus belles pièces, captées par les musées et les collectionneurs ;
— la rétention des acquéreurs, qui se gardent bien de se séparer d'un bien en cours de valorisation ;
— l'élargissement du nombre d'amateurs d'art par l'élévation générale du niveau culturel ;
— l'assurance renouvelée (en 1988) que les œuvres d'art ne seraient pas prises en compte dans le calcul d'un impôt sur le capital (dit « impôt sur les grandes fortunes » [1982] ou « impôt de solidarité » [1989]).

La raréfaction des objets de qualité ne peut qu'augmenter leur valeur, et, du même coup, les objets les plus courants bénéficient de la tendance à la hausse.

La loi de Gersaint

Enfin, il faut savoir que, pour une même catégorie d'objets, les coefficients d'augmentation ne sont pas les mêmes.

La grande qualité est toujours « payante ». Dans la mesure du possible, plutôt que de se laisser tenter par des acquisitions sans grande valeur, mieux vaut conserver ses disponibilités financières — et les accroître — pour les reporter plus tard sur une œuvre de plus haute qualité, fût-elle beaucoup plus coûteuse.

Un célèbre marchand de tableaux du XVIIIe siècle — dont le peintre Watteau a immortalisé l'enseigne — soutenait qu'on court beaucoup moins de risque « quand on ne donne en quelque genre que ce soit que dans le beau et le parfait, quoique à un gros prix, que quand on se contente de choses médiocres parce qu'elles paraissent à un prix bien inférieur ».

Le principe de la plus forte valorisation des pièces les plus chères se confirme pour toutes les catégories d'objets, qu'il s'agisse d'argenterie, de faïences, de gravure, d'étains ou de simples meubles régionaux.

Larousse

L'Enseigne de Gersaint, *par Watteau (1684-1721). C'est pour lui témoigner une amicale reconnaissance que Watteau a représenté (dans une de ses dernières œuvres, en 1720) la boutique animée du célèbre marchand de tableaux.* Château de Charlottenburg, Berlin.

Mais l'achat d'antiquités ne donne pas automatiquement la garantie de substantiels profits. Certaines catégories d'objets augmentent plus que d'autres. Des renversements de tendances sont toujours possibles — comme on l'a vu pour les tableaux modernes, qui ont brusquement baissé au moment de la crise de 1974. De toute façon, on ne se procure pas des antiquités ou des œuvres d'art comme des actions en Bourse ou de l'or en barre. Et ce qui est à la mode aujourd'hui sera peut-être délaissé dans quelques années. Des facteurs imprévisibles peuvent « désorienter » le marché, notamment la lassitude et surtout les modes, qui déplacent le goût d'une catégorie d'objets vers un nouveau secteur.

Si vous achetez, par exemple, une commode provençale richement sculptée, vous pouvez être assuré qu'elle prendra en quelques années une plus-value relative beaucoup plus forte que dans le même temps une simple commode en bois massif.

Critères de choix

Avant d'acheter un meuble ou un objet ancien, sachez exactement ce qui vous intéresse ; limitez votre choix à des connaissances précises ; fréquentez les antiquaires et demandez-leur conseil. Visitez les musées et les expositions ; lisez l'abondante littérature consacrée

Lessing-Magnum

Jacopo de Strada, *par Titien (1485-1576). L'amateur d'art dans toute sa gloire au temps où l'amour de l'or se conjugait avec l'amour de l'art.* Kunsthistorisches Museum, Vienne.

aux œuvres recherchées ; apprenez à les identifier, à distinguer les détails qui les embellissent, à dépister les faux, à analyser les critères esthétiques qui leur donnent une valeur particulière. Promenez-vous dans les couloirs de l'hôtel Drouot, suivez les ventes publiques à Paris et dans les villes où officient les commissaires-priseurs.

D'une façon générale, n'achetez pas en suivant les modes, mais en vous fiant à votre goût personnel. Ne partez jamais de l'idée de miser sur un objet pour le revendre. N'achetez que ce qui vous touche, que ce qui vous procure une émotion artistique. Et, si vous avez enfin trouvé l'objet de vos rêves, gardez-le, sachez en profiter le plus longtemps possible.

Si, par malheur, vous vous trouvez dans la nécessité de le revendre, vous vous apercevrez que le temps a fait son œuvre de valorisation.

De nombreux collectionneurs passionnés qui avaient consenti des sacrifices financiers pour acheter des pièces qui leur faisaient battre le cœur se sont retrouvés plus riches, le jour où ils ont dû se séparer de leurs trésors, que s'ils avaient acheté, avec les mêmes sommes, des paquets d'actions à la Bourse.

L'ancien P.-D.G. de Sotheby's, la plus grande entreprise mondiale de ventes publiques, M. Peter Wilson, donne toujours ce conseil : « N'achetez jamais d'œuvre d'art à moins de vraiment l'aimer, ne l'achetez jamais à seule fin d'investir. Si vous suivez cette règle, ce sera presque toujours le meilleur investissement à long terme que vous puissiez faire. »

À partir de ces considérations générales, deux voies s'ouvrent à l'amateur d'ancien : l'achat chez l'antiquaire (ou le brocanteur) et les ventes aux enchères. Mais, dans les deux cas, il est indispensable de s'entourer de nombreuses précautions.

COMMENT S'Y PRENDRE AVEC L'ANTIQUAIRE

Certains antiquaires ont donné à la profession qu'ils exercent une mauvaise « image de marque », comme disent les techniciens de la publicité. Bien qu'il soit injuste de généraliser, on retient contre les antiquaires trois griefs principaux : on insinue, et parfois on constate, qu'ils sont peu aimables ; on leur reproche de faire passer des copies pour des meubles authentiques ; et l'on prétend qu'ils vendent à des prix trop élevés. Voyons de plus près ce qu'il en est.

En ce qui concerne le manque d'amabilité, il est vrai que, bien souvent, lorsqu'on surprend l'antiquaire bien calé dans une bergère en train de lire un journal, on a l'impression de le déranger. C'est tout juste s'il lève un regard chargé d'ennui sur l'inconnu qui vient tourner autour de ses vieux meubles et déplacer ses précieux objets. Il faut dire à la décharge du vendeur que, neuf fois sur dix, le « client » qui fait sa petite inspection n'a qu'une idée : connaître le prix de tel meuble ou de tel objet dont il possède sans doute un modèle analogue. Il entre ainsi chez l'antiquaire pour se renseigner et non pour acheter. Et la petite phrase d'apparence anodine : « Qu'est-ce que ça vaut ? » a pour effet immédiat d'exaspérer le marchand. La question : « À quel prix me faites-vous ce guéridon, ce bronze ou cette faïence ? » laisse déjà percer une intention d'achat, ce qui a de bonnes chances de transformer la morosité de l'antiquaire en affable sollicitude.

Quoi qu'il en soit, bien des amateurs préfèrent « chiner » sur les marchés aux puces, dans les centres d'antiquités, sur les foires, dans les salons où les professionnels admettent sans trop rechigner qu'ils sont là pour renseigner les visiteurs sur la valeur des pièces exposées.

De toute façon, il faut se méfier des achats fortuits, des rencontres de hasard et des coups de foudre. Pour bien acheter, il importe avant tout de savoir ce que l'on veut.

Si vous vous êtes mis en tête de vous procurer une table à jeu, un cabriolet Louis XV, une pendule en bronze doré, une opaline ou une bassinoire, commencez donc par vous renseigner sur la qualité et sur les prix des objets qui vous intéressent. Il est recommandé de consulter livres et journaux spécialisés, de fréquenter les marchés aux puces, les foires, les salons et, comme nous le verrons, les salles des ventes.

Et nous en arrivons au second point : comment avoir l'assurance que le meuble ou l'objet convoité est bien authentique ?

Certains connaisseurs soutiennent qu'il y a davantage de copies en circulation que de meubles sortis des ateliers des grands ébénistes au cours des siècles passés. Bien sûr, il existe de nombreux trucs pour déceler la

Me Joël Millon inaugure la nouvelle salle de prestige des commissaires-priseurs parisiens Drouot-Montaigne lors de la vente de la collection Renand, le 13 décembre 1988.

Poub's

différence entre une copie et une pièce ancienne : examen de l'usure des tiroirs et des panneaux de fonds, techniques d'assemblages, irrégularité des traits de scie, aspect des clous anciens, trous de vers (on sait que les « vrais » trous de vers ne sont que des orifices peu profonds qui signalent une entrée de galerie parallèle aux veines du bois).

Mais les ébénistes qui fabriquent des copies connaissent mieux que quiconque toutes les caractéristiques des meubles anciens et ils savent admirablement les imiter. Quant aux fameux trous de vers, ils les prennent pour ainsi dire « tout faits » en utilisant des vieux bois déjà piqués. Les experts eux-mêmes s'y laissent parfois prendre.

Si vous êtes décidé à acheter, n'entrez donc pas chez n'importe quel antiquaire. Renseignez-vous sur l'ancienneté du magasin, sa notoriété, sa réputation. Sachez que les bons antiquaires renouvellent souvent leur marchandise. Si, à travers la vitrine, vous voyez les mêmes meubles et objets depuis des mois, dites-vous que, s'ils ne trouvent pas preneur, c'est qu'ils sont douteux ou trop chers pour ce qu'ils valent.

À l'inverse, ce qui caractérise un bon marchand, c'est qu'il sait bien acheter. Et, dans la mesure où il a de bonnes sources d'approvisionnement, il en fera bénéficier ses clients en se contentant de profits limités.

Reste à aborder l'antiquaire qui a retenu votre choix. La meilleure façon d'acheter est d'établir avec lui un climat d'entente.

La manière dont il répondra à vos questions vous permettra de le juger, mais n'oubliez pas que, lui aussi, saura rapidement mesurer les limites de vos connaissances.

Désignez simplement le meuble ou l'objet qui vous intéresse. Demandez son origine, son époque, ses caractéristiques. Méfiez-vous si le vendeur n'est pas assez précis dans ses réponses. Les définitions vagues masquent souvent une intention de tromperie.

C'est précisément pour exiger des professionnels l'emploi de termes précis que le décret du 3 mars 1981, « sur la répression des fraudes en matière de transaction d'œuvres d'art et d'objets de collection », oblige « les vendeurs habituels ou occasionnels d'œuvres d'art ou objets de collection » à respecter un certain nombre de règles : ils doivent d'abord, si l'acquéreur le demande, délivrer une facture (ou un bordereau de vente pour les commissaires-priseurs) qui spécifie « la nature, la composition, l'origine, et l'ancienneté de la chose vendue » (art. 1). Le même décret précise en quels termes l'œuvre ou l'objet doit être défini pour que l'acheteur soit garanti de son authenticité. Désormais, si l'on dit par exemple un « cabinet Renaissance », un « secrétaire Louis XV », ou un « guéridon Napoléon III », cette désignation donne à l'acheteur la garantie que l'objet en question a été « effectivement produit » au cours de la période historique indiquée.

Pour un tableau ou une sculpture, l'indication « par » ou « de », suivie du nom de l'artiste, implique que l'œuvre en question a été faite par l'auteur désigné. L'emploi du terme « attribué à » indique que l'œuvre a été exécutée « pendant la période de production de l'artiste mentionné ».

L'emploi des termes « atelier de » signifie que l'œuvre a été exécutée « dans l'atelier du maître cité ou sous sa direction ». Les termes « école de » implique que l'artiste indiqué a été l'élève du maître cité et qu'il a bénéficié de sa technique et exécuté l'œuvre en question de son vivant ou dans un délai inférieur à 50 ans après sa mort.

Le décret ajoute que les expressions « dans le goût de », « style », « manière de », « genre de », « d'après », « façon de » ne confèrent aucune garantie particulière d'identité d'artiste, de date de l'œuvre ou d'école.

Il est donc clair qu'un meuble produit après la période historique ou le règne indiqué n'est pas authentique. Mais, pour plus de sûreté, les antiquaires ne se contentent pas de dire « une bergère Louis XV », ils précisent presque toujours, comme ils en avaient l'habitude avant le décret, « une bergère d'époque Louis XV », alors que la seule référence « Louis XV » donnerait la même garantie d'authenticité. Et, pour que les choses soient encore plus claires, ils disent souvent, en parlant d'un meuble dont ils garantissent l'authenticité, « il est bon d'époque ».

Pour être encore plus précis, si le meuble est une copie postérieure à son modèle d'origine, l'antiquaire dira par exemple « une commode de style Louis XV d'époque Napoléon III ».

De toute façon, en invoquant le décret du 3 mars 1981, que certains marchands ne connaissent même pas, vous ferez clairement comprendre que vous n'êtes pas disposé à vous laisser abuser par des définitions imprécises ou incomplètes, et pour tout dire « illégales ». Le flou artistique de certaines descriptions est toujours suspect. Une façon de questionner qui montrera à l'antiquaire que vous êtes initié au langage professionnel consiste à demander, en parlant d'un meuble ou d'un objet : « Est-ce qu'il est bon ? », c'est l'expression consacrée entre eux par les marchands, et, si la réponse est positive, on peut considérer qu'il s'agit en effet d'une pièce authentique.

Il importe aussi, tout en examinant le meuble d'un air entendu et circonspect, de faire préciser si ses bronzes et ses serrures, son marbre sont bien « d'origine », c'est-à-dire de la même époque.

Enfin, un antiquaire doit signaler de lui-même les diverses restaurations. Si les parties refaites (pieds, ceinture, corniche, tiroirs, fonds) dépassent 30 p. 100 (environ), le meuble ne mérite plus le qualificatif « d'époque ».

En revanche, les petites réparations d'entretien sont admissibles, mais elles entraînent une diminution de valeur.

Savoir estimer

Nous en venons à parler de problème de prix. Certains antiquaires apposent sur tous les meubles et objets une petite étiquette portant un chiffre, comme le veut d'ailleurs la loi, où ils annoncent un prix net (qui inclut en principe la T. V. A.). Mais, à partir de là, la discussion est ouverte. Le marchandage fait partie des usages. Il arrive même que, devant un client qui ne tente pas d'obtenir une diminution, le vendeur se demande s'il n'a pas sous-estimé la valeur de sa propre marchandise, ce qui laisse à penser qu'il n'est pas très compétent.

En fait, pour des catégories de meubles bien déterminées, les cours évoluent dans des fourchettes assez étroites, mais il faut tenir compte d'un ensemble de qualités ou de défauts, de particularités originales, de détails ornementaux, de la beauté des sculptures ou des marqueteries, de l'importance des restaurations éventuellement effectuées, etc.

Si vous vous êtes bien renseigné au cours de votre enquête préalable, vous aurez en tête une estimation assez précise pour contester des prétentions excessives. Vous aurez d'autant plus de chance d'obtenir une réduction que vous pourrez montrer que vous êtes au courant des prix pratiqués sur le marché, à condition de comparer ce qui est comparable.

Dans la plupart des cas, les antiquaires consentent des abattements de l'ordre de 10 p. 100, mais il ne faut pas tenter d'aller beaucoup plus loin, sans quoi votre interlocuteur se butera et, à la limite, vous laissera partir sans conclure le marché. Il ne faut pas non plus considérer les antiquaires comme de vulgaires marchands de tapis. S'ils aiment leur métier, ils renoncent difficilement à se défaire d'une bonne marchandise qu'ils ont eu souvent du mal à se procurer. Et ils savent qu'il vaut mieux conserver un bon meuble ou un objet rare qui continuera à se valoriser

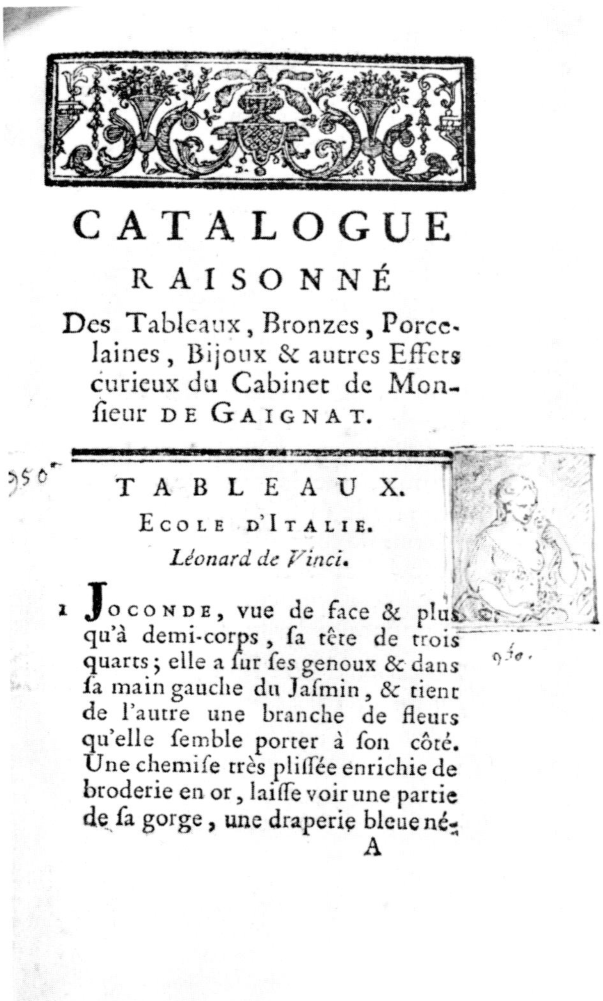
CATALOGUE RAISONNÉ

Des Tableaux, Bronzes, Porcelaines, Bijoux & autres Effets curieux du Cabinet de Monſieur DE GAIGNAT.

TABLEAUX.

ECOLE D'ITALIE.

Léonard de Vinci.

1 JOCONDE, vue de face & plus qu'à demi-corps, ſa tête de trois quarts; elle a ſur ſes genoux & dans ſa main gauche du Jaſmin, & tient de l'autre une branche de fleurs qu'elle ſemble porter à ſon côté. Une chemiſe très pliſſée enrichie de broderie en or, laiſſe voir une partie de ſa gorge, une draperie bleue né-

A

Bulloz

Première page d'un catalogue raisonné au XVIIIe siècle, rédigé pour la vente du cabinet de M. de Gaignat. On remarquera la richesse des descriptions, accompagnées de dessins de Saint-Aubin. Petit Palais.

avec le temps. C'est d'ailleurs dans cette perspective que certains antiquaires s'engagent à racheter plus tard au même prix qu'au jour de l'achat l'objet vendu. Cette offre constitue la garantie que l'objet a bien été payé à sa juste valeur.

Dans bien des cas, plutôt que de marchander systématiquement, il est préférable de faire jouer la corde sensible en montrant que vous savez apprécier l'objet en question, que vous êtes véritablement amoureux, mais que, provisoirement bien sûr, vous n'avez pas les moyens de l'acquérir.

Lorsque vous vous serez mis d'accord sur le prix, vous pourrez le plus souvent obtenir des facilités de paiement. Il est toujours possible de donner un acompte, ce qui vous rend légalement propriétaire de l'objet en attendant qu'il vous soit remis ou livré le jour où vous verserez le complément. Si vous laissez des arrhes, en échange d'un reçu portant une date d'échéance, vous risquez de perdre la somme consignée faute de bien respecter la date indiquée. En revanche, dans le cas où le marchand vendrait à un tiers le meuble ou l'objet retenu avant la date convenue, vous seriez en droit d'exiger le double des arrhes. Mais cette procédure est assez rare et, d'une façon générale, le marchand accepte des arrangements à l'amiable dans la mesure où vous avez su le mettre en confiance.

Enfin, si vous disposez d'une somme suffisante pour régler votre achat dès l'accord conclu, vous obtiendrez peut-être un nouvel abattement en proposant de payer « en liquide ». Pour des considérations fiscales faciles à deviner, certains antiquaires aiment mieux les espèces que les chèques.

De toute façon, ne partez pas sans une facture, où vous demanderez à l'antiquaire de faire figurer une description aussi précise que possible de l'objet vendu, comportant une référence d'époque et, s'il y a lieu, la nature et l'importance des restaurations.

S'il s'agit d'un meuble de grand prix ou d'une œuvre d'art, certains antiquaires délivrent des certificats signés par un expert. Et, pour plus de sûreté, il est bon de demander que le certificat d'expertise figure au dos d'une photo de l'objet expertisé.

Mais personne n'est à l'abri d'une définition inexacte ou d'une erreur d'expertise. Il peut arriver aussi que, de bonne foi, l'antiquaire ait vendu une copie pour une pièce d'époque. Quels sont alors les recours ?

Vers l'Europe des commissaires-priseurs

Le statut des commissaires-priseurs français remonte à un édit d'Henri II de 1556, qui autorise certains « huissiers à verges » (cannes à pommeau d'ivoire, d'où dérive le marteau d'ivoire) à procéder aux prisées (estimations) et aux ventes aux enchères.

Pour obtenir sa nomination par le garde des Sceaux, le candidat commissaire-priseur doit être titulaire d'une licence en droit (ou d'une équivalence), accomplir un stage d'au moins deux ans et passer avec succès les épreuves d'un examen organisé par la Chambre nationale des commissaires-priseurs.

À la suite d'une large consultation de la profession, les commissaires-priseurs ont accepté l'instauration d'une compétence nationale qui doit mettre fin au vieux monopole de résidence, ce qui permettra à chacun d'eux de vendre en dehors du lieu de sa nomination.

Cet élargissement du statut des officiers ministériels permettra l'exercice de la profession aux partenaires européens sous réserve d'un examen de compétence passé dans les mêmes conditions que leurs collègues français.

L'assouplissement de ce statut, accompagné d'une harmonisation des charges fiscales entre les douze partenaires européens, devrait stimuler l'activité du marché de l'art et permettre la mise en place d'un statut européen du commissaire-priseur, conformément à l'esprit du traité de Rome applicable en 1993.

Si l'objet décrit ne correspond pas à sa définition légale, et à condition d'apporter la preuve qu'il y a une erreur sur la substance, la vente peut être annulée. En fait, le marchand qui a trompé, ou qui s'est trompé, ne fait généralement aucune difficulté pour reprendre l'objet et restituer l'argent versé. En cas de refus, le service départemental de la répression des fraudes peut intervenir pour contraindre le marchand à restitution. Si l'antiquaire se dérobe, il reste à saisir le tribunal d'instance du lieu de la vente, qui désignera un expert avant de rendre sa sentence.

Mais mieux vaut un bon arrangement amiable qu'un mauvais procès, qui risque de tourner en querelle d'experts. Fautif ou non, l'antiquaire, dans la plupart des cas, accepte de récupérer et de rembourser l'objet litigieux, ce qui ne l'empêchera pas de le revendre à un autre client ! De toute façon, il est préférable de prendre les précautions nécessaires pour bien choisir et les antiquités et les antiquaires qui vendent.

Un dernier mot : pour avoir l'assurance d'acheter au mieux, il convient, dans la mesure du possible, de s'adresser plutôt à des spécialistes de telle ou telle époque, de tel ou tel objet, qu'à des généralistes qui vendent un peu de tout. Plus les antiquaires sont spécialisés, plus ils sont compétents, et mieux ils connaissent la juste valeur des objets de collection. Ils vendent souvent moins cher que les touche-à-tout mal informés, et souvent moins cher aussi qu'en salle des ventes, où les rivalités d'enchères font parfois monter les prix au-delà de cotes normales. Mais, pour les meubles et objets courants, il ne faut surtout pas se priver des plaisirs de la chine. Si vous avez pris soin de développer vos connaissances et de vous renseigner sur les prix, vous aurez peut-être la joie suprême de faire « la bonne affaire » chez un antiquaire compétent ou chez un brocanteur ignorant de la valeur réelle de ses trouvailles.

COMMENT S'Y PRENDRE EN SALLE DES VENTES

Les salles des ventes, dirigées par des commissaires-priseurs — qui sont en France 440 dont 110 à Paris —, constituent un prodigieux réservoir d'antiquités et d'œuvres d'art en tous genres.

Les hôtels des ventes, qui réunissent dans un même lieu vendeurs et acheteurs, permettent le libre jeu de l'offre et de la demande sous l'arbitrage du commissaire-priseur.

Le système des enchères joue le rôle d'un régulateur du marché. C'est là que s'établissent les cotes (pour des catégories de meubles ou objets comparables), que s'esquisse l'évolution du goût, que s'affirment les tendances, ou que déclinent soudain les valeurs consacrées.

Il est donc possible, pour des particuliers, de faire de bons achats en salle des ventes à condition de savoir s'y prendre, ce qui n'est pas si simple. Il convient, avant de se lancer dans la course aux enchères, de s'entourer de quelques précautions.

Il faut d'abord savoir ce que l'on veut acheter. Les enchères de hasard sont parfois catastrophiques. Il est indispensable, pour faire connaissance avec l'objet convoité, de se rendre la veille ou le matin même de la vacation à l'exposition qui précède la vente. Il est alors possible d'examiner le meuble ou l'objet voulu avec une extrême attention. Pour en connaître la valeur approximative, il est recommandé de consulter le commissaire-priseur ou son représentant, qui est en mesure de donner, à titre indicatif, un prix d'estimation. À partir de là, chacun peut savoir à quoi s'en tenir, et se fixer un niveau d'enchère à ne pas dépasser, ou à ne dépasser que de 15 à 20 p. 100 tout au plus. Au-delà de cette limite, l'objet convoité risquerait d'être surpayé.

Il faut également avoir toujours présent à l'esprit qu'au montant de l'adjudication s'ajoutent les frais de vente qui sont dégressifs, c'est-à-dire inversement proportionnels au montant de l'adjudication. Pendant plusieurs décennies, les commissaires-priseurs français se sont plaints de supporter des taxes légales beaucoup plus lourdes que leurs rivaux anglo-saxons. Pour leur donner satisfaction, les frais d'enregistrement ont été réduits de 7 à 2 % au cours du vote du budget de 1989. Depuis le 1er janvier 1989, les acquéreurs doivent payer, en plus du prix « au marteau », les frais suivants (y compris la T. V. A. dont les pourcentages compliqués ne facilitent pas les calculs) :

— jusqu'à 15 000 F : 12,674 p. 100,
— de 15 001 à 40 000 F : 8,226 p. 100,
— de 40 001 à 300 000 F : 6,151 p. 100,
— au-dessus de 300 000 F : 4,965 p. 100.

Attention ! ces frais se calculent par tranches qui se cumulent de la tranche inférieure à la tranche supérieure. Autrement dit, pour un objet de plus de 300 000 F, il faut acquitter le total des frais des trois premières tranches, plus les 4,965 p. 100 applicables sur la dernière tranche.

En fait, ce sont les clercs des commissaires-priseurs qui, en virtuoses de la calculette, se chargent de ces calculs compliqués. Mais il faut savoir que lorsque vous viendrez retirer votre lot (en échange du bulletin remis juste après l'adjudication), vous devrez payer une somme nettement plus forte que le montant annoncé avec le mot « adjugé » ponctué d'un coup de marteau d'ivoire.

S'il vous est impossible d'assister à la vente, vous pouvez cependant tenter votre chance en laissant un « ordre d'achat » d'un montant déterminé. Mais sachez alors que, en votre absence, ou l'enchère dépassera votre offre — et l'objet vous échappera —, ou le montant de l'adjudication sera, comme par hasard, très proche du prix convenu, alors que, si vous aviez assité à la vente, vous auriez pu sans doute bénéficier d'un prix moins élevé.

Mais il y a plus grave : devant l'affluence d'un nouveau public disposé à payer le prix fort sans discernement, certains marchands se sont rendu compte qu'ils avaient intérêt à proposer aux commissaires-priseurs les meubles ou objets qu'ils n'arrivaient pas à vendre en boutique. De nombreuses ventes sont ainsi « montées » artificiellement avec des marchandises fournies par des professionnels. Et, pour limiter les risques d'enchères insuffisantes, les marchands-vendeurs exigent un prix minimum, un « prix de réserve », parfois plus élevé que les prix en boutique. Ces pratiques, de nature à fausser le libre jeu des enchères, contribuent à faire monter les prix, notamment pour les ventes de spécialités telles que les meubles Haute Époque ou XVIIIe, les céramiques, l'argenterie, les bijoux, les bronzes, les tapis, les pâtes de verre 1900 et Art déco, les instruments scientifiques, l'art populaire, etc.

Il faut savoir suivre les enchères sans se laisser emballer. Placez-vous sur le côté de la salle, le dos au mur pour surveiller attentivement le dialogue rapide qui s'établit entre l'homme au marteau d'ivoire et les acheteurs. Si vous êtes au fond de la salle, vous ne verrez que des dos et des crânes. Si vous êtes trop près de l'estrade, vous serez obligé de vous retourner sans cesse pour examiner les petits gestes discrets et les mimiques des enchérisseurs. Dès le coup d'envoi de la mise à prix, les enchères montent très vite de 10 en 10 F pour les objets de faible valeur, et de 100 en 100 F ou même de 1 000 en 1 000 F à partir de mises à prix de plus de 10 000 F par exemple. Pour entrer dans la course, levez la main franchement ou annoncez votre enchère à forte voix. Le commissaire-priseur recueille çà et là dans la

Barbey-Magnum

Les boutiques de brocanteurs offrent dans leurs vitrines toutes sortes d'objets d'inégale valeur : au chineur de découvrir les meilleures pièces... tout comme en salle des ventes.

salle d'autres offres plus élevées (réelles ou fictives) et il annonce les prix, qui s'élèvent rapidement. Au cours de cette escalade, souvent difficile à suivre, il faut résister à la tentation d'aller au-delà du prix maximum que vous vous êtes fixé. Sachez que, bien souvent, le commissaire-priseur « va à la pêche » en pointant son marteau de droite et de gauche, même s'il n'y a plus d'enchérisseurs dans la salle. C'est ce qui s'appelle « bourrer », mais vous n'y verrez que du feu.

Les commissaires-priseurs justifient la pratique du bourrage en affirmant qu'en faisant monter les enchères artificiellement ils défendent de leur mieux les intérêts de leur client vendeur, qui leur demande toujours d'obtenir des adjudications le plus élevées possible. Dans un litige qui opposait un commissaire-priseur parisien à un vendeur (qui prétendait se faire verser le montant d'une enchère fictive), le tribunal de grande instance de Paris a considéré (en 1979) que, faute d'acheteurs dans la salle, le commissaire-priseur était seul juge de la situation, et qu'il était en droit de « mimer une apparence de vente ». Raison de plus pour se méfier de ces pratiques qui, au cours d'une vente, simulent une adjudication. N'ayant pas d'acquéreur, on dit alors que l'objet est « ravalé », c'est-à-dire repris et restitué au vendeur, qui pourra toujours le remettre aux enchères dans une autre vente, moyennant un droit de reprise qui sera facturé (3 %).

Il est donc très prudent pour l'amateur tenté par un objet de ne pas servir de point d'appui à une escalade de fausses enchères. Même sans autre acheteur dans la salle, le commissaire-priseur est tenté de revenir brusquement vers vous après une rapide progression d'enchères fictives.

N'hésitez pas à répéter votre enchère pour freiner le mouvement. Si votre dernière offre est dépassée, faites nettement signe que vous n'êtes plus preneur, sinon le marteau reviendra vers vous et retombera sur une enchère que vous n'aurez même pas prononcée, bien au-delà de votre dernière proposition. Si vous ne voulez plus « suivre », faites-le savoir nettement par un signe négatif de la tête ou, mieux, de l'avant-bras. C'est ce que l'on appelle « le coup de l'essuie-glace ». S'il n'y a pas d'autre demande plus élevée que la vôtre, l'adjudication sera prononcée en votre faveur.

Méfiez-vous aussi des marchands qui, pour vous écœurer, poussent les enchères le plus haut possible et cessent brusquement d'enchérir pour vous faire payer l'objet au plus haut prix.

Il faut, en tout état de cause, éviter la griserie des enchères, garder la tête froide et savoir renoncer en temps opportun. Si vous avez bien dirigé vos enchères et que l'objet est adjugé à votre profit, un employé vous remettra un petit papier portant un numéro d'ordre qui vous permettra de retirer l'objet lorsque vous aurez, après la vente, réglé le montant de l'adjudication, plus les frais (vous pourrez également retirer votre lot les jours suivants en présentant votre ticket numéroté au magasin de l'Hôtel des ventes).

Vérifiez, en prenant possession de votre achat, qu'il est bien conforme à la description énoncée au moment de la mise en vente (et portée par écrit sur le procès-verbal de vente).

Dans la plupart des ventes courantes, l'objet est vendu tel quel et sans garantie d'authenticité. Vous vous assurerez qu'il s'agit, par exemple, d'un meuble d'époque et non de style, ou d'un étain ancien et non d'une copie récente. C'est seulement pour les ventes avec expert, et qui font généralement l'objet d'un catalogue descriptif, que les commissaires-priseurs engagent leur responsabilité et garantissent (pendant trente ans) l'authenticité de l'œuvre vendue.

Dans les ventes ordinaires, l'acheteur n'a aucun recours si l'objet est abîmé ou en partie restauré. Mais, en revanche, il peut bénéficier d'un objet intéressant passé inaperçu des autres amateurs et payé finalement en dessous de sa valeur marchande. Tels sont les avantages et les inconvénients des ventes aux enchères, qui ont un peu des allures de loterie, mais où l'acheteur averti, qui ne doit rien laisser au hasard, peut emporter des pièces de qualité à des prix moins élevés qu'en boutique.

Comment vendre? Le côté aléatoire des ventes publiques peut également servir les intérêts du vendeur ou, au contraire, le desservir. Aussi y a-t-il moins de risques de vendre ferme à un antiquaire que de mettre un objet, un meuble ou une œuvre d'art en salle des ventes. De plus, le commissaire-priseur retient au vendeur 12 à 16 p. 100 de frais (forfait légal, expertise, publicité et éventuellement droit de suite) qui sont retenus, après la vente, sur le montant de l'adjudication.

Si le vendeur a demandé un « prix de réserve », au cas où les enchères n'atteindraient pas un seuil minimum, il peut reprendre son objet mais devra payer 3 p. 100 de la dernière enchère.

Les fluctuations de l'offre et de la demande sont souvent d'une fantaisie déconcertante, et tel qui croyait obtenir le plus haut prix d'un bien de famille se retrouve avec une adjudication dérisoire.

« C'est que, lui expliquera sans doute l'officier ministériel, il n'y avait pas d'acheteur ce jour-là dans la salle. » Mais il se gardera bien de dire que la coalition des marchands a pu empêcher les enchères de monter.

Sachez, enfin, que la revente après achat en vente publique est une opération presque toujours coûteuse. Car, comme nous l'avons vu, l'écart entre le prix d'acquisition et le prix de revente est important à court terme, si l'on tient compte du cumul des frais et des charges. Il y a peu de chances de réaliser un gain sur deux opérations rapprochées, tandis qu'il y a des risques de perte. Plus d'un initié s'est fait lui-même échauder par la spéculation à court terme.

Mais, pour qui sait déjouer tous les pièges des enchères, d'excellentes affaires sont encore possibles en salle des ventes.

Daumier a croqué sur le vif tous les personnages de l'Hôtel des ventes : commissaire-priseur, crieur, amateurs. Un spectacle qui n'a guère changé depuis un siècle... sauf les costumes.

Harlingue-Viollet

La civilisation mésopotamienne fut longtemps inconnue des amateurs d'antiques, puisqu'elle n'a été révélée que dans la seconde moitié du XIXe siècle. Cette superbe plaque de terre cuite (probablement une amulette) où se voient encore des traces de polychromie représente Lilith, « démone de la nuit et des rêves ». Ce relief (51 × 37 cm) peut être daté approximativement du début du IIe millénaire av. J.-C. Vendue par Christie's à Londres.

Christie's

LES ANTIQUES

Au temps de la Renaissance, les humanistes, en fait d'Antiques, s'intéressaient surtout à la sculpture, aux bronzes, aux médailles et camées, et les vestiges italiens étaient les seuls connus.

Depuis, le champ d'investigation des archéologues et des collectionneurs s'est considérablement élargi, qualitativement et géographiquement ; il englobe, en effet, non seulement l'ensemble du Bassin méditerranéen avec ses rives africaines et asiatiques, mais aussi l'ancienne Mésopotamie, les pays du Caucase entre Caspienne et mer Noire et tout le plateau oriental jusqu'à la péninsule indienne... bref, tous les pays qui, de près ou de loin, furent en relations commerciales, culturelles ou guerrières avec notre vieille Méditerranée européenne.

Du point de vue de la collection, s'il est encore des catégories privilégiées comme celles des vases grecs des tanagras, des oushabti égyptiens, des monnaies grecques ou des bronzes romains, aucune autre n'est plus exclue et le moderne amateur d'antiques peut s'intéresser aussi bien aux pointes de flèches préhistoriques, aux flacons de verre gallo-romains, aux lampes à huile carthaginoises qu'aux cylindres-sceaux sumériens ou aux bronzes du Louristan. La collection d'objets de fouille est aujourd'hui à la portée d'un amateur sans fortune.

On désignait autrefois sous le terme d'« antiques » les objets d'art des anciennes civilisations grecque et romaine. Ce terme est aujourd'hui un peu démodé quoique toujours utilisé, dans un sens un peu précieux, chez les collectionneurs. Il a l'avantage d'être plus précis que le mot « archéologie » qui désigne l'étude de l'ancien, la technique de fouilles et, par extension, les sites et les objets mis au jour.

ORIGINES ET HISTORIQUE DES COLLECTIONS

À la faveur de l'humanisme et du monde païen redécouvert, les premiers collectionneurs d'antiques sont les grands mécènes et les érudits de la Renaissance. Ce goût nouveau trouve son origine à Rome, dans l'entourage des papes. Puis, en France, après les guerres d'Italie, le roi François Ier et les derniers Valois, des personnages, tels le cardinal d'Amboise et Pierre de l'Estoile, constituent des cabinets d'antiques, embryons de nos grandes collections nationales. À cette époque, toutes les richesses viennent d'Italie ; les amateurs entretiennent sur place des courtiers chargés de prospecter pour leur compte ; de véritables expéditions sont organisées et des cargaisons entières de statues, vases et médailles sont rapportées de la péninsule. On s'intéresse alors essentiellement à la grande statuaire de marbre et de bronze, aux vases monumentaux et aux médailles. Au XVIIe siècle, Mazarin et son entourage continuent ces importations massives, tandis qu'au siècle suivant la collection d'antiques est concurrencée par des engouements nouveaux pour l'histoire naturelle, la conchyliologie, les « curiosités ».

Cependant, au cours du siècle des Lumières, les nécropoles étrusques restituent peu à peu leurs étonnantes richesses et l'on commence à s'intéresser, en Italie d'abord, puis en Angleterre et en France à des objets « mineurs », tels les bijoux et les vases de céramique, et, vers 1750-1760, le goût des antiques est relancé par Mme de Pompadour. La mode est alors « à la grecque », et les fouilles de Pompéi, commencées en 1748, et celles d'Herculanum, effectuées entre 1738 et 1765, suivies de près par le marquis de Marigny, frère de la favorite, passionnent les érudits et orientent le goût vers les formes « à l'étrusque » à la fin du XVIIIe siècle. L'Italie est donc toujours l'unique pays fournisseur. La Grèce, occupée par les Turcs, n'est pas encore accessible aux archéologues, mais le sol italien renferme des témoins précieux de sa civilisation. Et, seules, les œuvres gréco-romaines intéressent les amateurs, comme objets d'art plus que comme documents archéologiques.

L'Antiquité orientale n'est pas connue. En revanche, on commence à découvrir l'Égypte, et les collections particulières du XVIIIe siècle renferment parfois des statues égyptiennes. Dès le XVIIe siècle, le savant Kircher avait tenté, sans succès, de déchiffrer les hiéroglyphes. Il eut du moins le mérite d'intéresser un petit nombre d'érudits à l'art égyptien. Mais, en réalité, cet art hiératique était trop éloigné de la mentalité du Grand Siècle pour susciter de la part des contemporains de Louis XIV un intérêt réel. Il faut attendre Bonaparte et l'expédition d'Égypte en 1798 pour que commence véritablement l'étude de la civilisation égyptienne et, surtout, pour que s'éveille le goût du public. Enfin, en 1822, le déchiffrement des hiéroglyphes par Champollion ouvre toute grande la voie à l'égyptologie.

Au début du XIXe siècle, apparaît chez le collectionneur

Les touristes qui, au XVIIIe siècle, accomplissaient le voyage d'Italie se piquaient d'érudition et d'archéologie. Un savant explique à une gracieuse voyageuse et à ses trois compagnons le secret d'une statue romaine (dessin par J. H. Sablet, 1788).

un esprit plus scientifique vis-à-vis de l'objet antique, apprécié non plus uniquement pour ses qualités décoratives mais aussi pour sa valeur archéologique. Cette attitude nouvelle prend parfois des aspects surprenants : ainsi, en 1808, Caroline Murat, promue reine de Naples depuis peu par son frère Napoléon, parut à un bal aux Tuileries avec un collier récemment exhumé de Pompéi ; pour souligner l'âge vénérable de ce bijou, on avait soigneusement conservé la terre entre les motifs !

Par ailleurs, dès le premier tiers du XIXe siècle, quelques poètes et érudits accomplissaient le voyage en Grèce : lord Byron, Chateaubriand et, plus tard, Heredia chantaient ses beautés et ses malheurs tandis que lord Elgin pratiquait, vers 1810, une archéologie sauvage et vandale en jetant à bas les sculptures du Parthénon pour en emporter une grande partie au British Museum, à Londres (1). Quelques années plus tard, en 1825, la guerre d'indépendance grecque et l'émotion qu'elle suscite dans la sensibilité romantique polarisent l'attention de l'Europe sur cette antique civilisation que l'on commence à étudier « sur le terrain » et non plus en Italie. L'École française d'Athènes est créée en 1846, suivie par celle de Rome en 1874 et par l'Institut français du Caire en 1879. L'intérêt pour l'Orient antique, la Mésopotamie notamment, fut plus long à s'éveiller, et la recherche archéologique n'a commencé qu'à la fin du XIXe siècle.

(1) On désigne parfois sous le nom d'« elginisme » ce genre de spoliations artistiques.

Avec le bassin méditerranéen, la Gaule, le Proche- et le Moyen-Orient, le champ d'investigation de l'amateur d'antiques couvre plus de dix millions de kilomètres carrés et s'étend sur plus de cinq mille ans. C'est dire, malgré les ravages du temps, l'abondance de matière et l'importance du choix. De nombreux sujets de collection sont possibles pour l'amateur : bronzes, céramiques, statuettes, verreries, vases peints, choisis selon ses goûts, ses connaissances ses possibilités financières et ses affinités pour un type de civilisation de préférence à un autre. Mais il est aussi des collectionneurs éclectiques guidés par le seul amour du bel objet. Il n'y a pas de loi en la matière.

Ne pouvant traiter, dans un unique chapitre, toutes les catégories qui composent le marché des antiques, nous avons préféré faire un choix, arbitraire certes, mais que nous souhaitons représentatif, en proposant quelques sujets de collection classiques et typiques. De manière tout aussi arbitraire, nous avons passé sous silence les antiquités orientales, les monnaies, les armes, que le lecteur trouvera traitées aux chapitres : Extrême-Orient, numismatique, armes. Dans le vaste champ des antiquités classiques, nous avons examiné de plus près quelques types d'objets précis que le collectionneur peut se procurer relativement aisément sur le marché. Signalons dès maintenant à ce propos que les pièces désignées dans les catalogues des ventes sous le nom « d'antiques » offrent de belles possibilités de collection pour des sommes encore très modiques.

LA CÉRAMIQUE ÉGYPTIENNE

La céramique est connue depuis les tout débuts de la civilisation égyptienne. Pourtant, elle n'y a jamais atteint la même qualité artistique qu'en d'autres pays, en Grèce, par exemple, ou en Iran.

Il faut distinguer en Égypte deux sortes de céramiques : la poterie, qui sert à l'usage courant, et la « faïence », ainsi nommée très improprement faute d'un terme mieux adapté.

La poterie d'usage courant

Le sol égyptien restitue grand nombre de tessons de poterie plurimillénaires, vestiges d'objets domestiques utilisés dès la période préhistorique par les habitants de la vallée du Nil. La matière première était fournie en abondance par le limon du fleuve mêlé de paille. Ces premières poteries étaient modelées à la main. À la fin du IVe millénaire, les potiers découvrent le tour. Encore primitif, il est actionné à la main, mais le potier se fait parfois aider d'un auxiliaire pour lancer le tour, ce qui lui permet de garder les deux mains libres. On trouve, à cette époque, des vases, des jarres, des coupes en argile rouge ou grise, rustiquement décorés d'un peigné en diagonales tracé dans la terre encore molle. Les objets sont cuits à basse température (500 à 600 °C) dans des fours de terre, et la partie supérieure noire est le résultat d'un contact presque direct avec la flamme.

Dès les époques prédynastiques, on connaît l'usage des glaçures, qui remédient à la porosité naturelle de l'argile.

Cette poterie vulgaire demeure, tout au long de la civilisation égyptienne, la base du mobilier courant. Bien qu'il existât des meubles de rangement (coffres, boîtes, etc.), les pots de terre servaient souvent pour entreposer les denrées comestibles et les objets d'usage journalier.

Très abondante, la poterie égyptienne d'usage quotidien est néanmoins d'une faible valeur artistique. Lorsqu'ils devaient façonner des objets raffinés, les céramistes utilisaient une matière plus belle et plus dure : la faïence.

La « faïence » égyptienne

Cette matière n'a rien à voir avec la céramique d'argile à émail stannifère qui répond à la définition de la faïence. Mais, le terme étant désormais consacré par l'usage, nous nous y conformons par commodité. Il s'agit d'une pâte assez dure, formée de quartz ou de silex, ou autre pierre dure, broyée et amalgamée avec un ciment. Il n'entre pas d'argile dans sa composition, mais le travail (tournage, estampage, modelage) est le même que pour la poterie ordinaire.

L'objet est ensuite recouvert d'une glaçure siliceuse dont la composition est assez proche de celle du verre, qui vitrifie à la cuisson, donnant un émail brillant d'un fort bel effet. Puis cette couverte est colorée grâce à différents oxydes métalliques : on trouve du rouge, du noir, du jaune, du violet, mais les grands favoris sont encore les verts et les turquoises produits par l'oxyde de cuivre et auxquels on attribue une valeur bénéfique magique.

Cette céramique de luxe, que les Égyptiens nommaient la « brillante », servait à des objets plus précieux que la vaisselle courante, objets exportés en Orient et dans tout le bassin méditerranéen. On en faisait des imitations de turquoises et de lapis, des vases, des bols, des perles, des amulettes, des oushabti, etc.

Lessing-Magnum

Le potier égyptien s'applique à la finition et au polissage d'un vase. Tombe de Rekhmiré, Thèbes.

Amulettes et talismans

Dans l'Antiquité, les voyageurs qui visitaient l'Égypte rapportaient, en guise de souvenirs, toutes sortes d'amulettes et breloques, en or, en pierre, en verre et, surtout, en céramique, à peu près les mêmes que proposent encore aujourd'hui les boutiques d'artisanat touristique.

Ces menus objets ont à l'origine un sens magique et une signification précise selon leur forme. On en trouve à profusion dans les tombes, car ils devaient faciliter au défunt son long voyage dans l'éternité. Toutefois, les vivants en portaient aussi pour se protéger des dangers quotidiens et écarter les puissances maléfiques. Dresser une liste complète de tous ces signes prophylactiques est

Christie's

Oushabti de différentes tailles (11 à 22 cm), vendus par Christie's. De gauche à droite : *prêtre de la déesse Neith, XXVIe dynastie (L. 1800) ; Pindjem Ier, XXIe dynastie (L. 1600) ; prêtre de la déesse Neith, XXVIe dynastie (L. 1800) ; Pindjem Ier (L. 1700) ; Psammétique, XXVIe dynastie (L. 1800).*

pratiquement impossible. Voici les sujets les plus classiques :

— Le scarabée, animal qui est, par homophonie hiéroglyphique, symbole de renouvellement, d'éternel retour ; il est l'« être » et le « devenir ». Porté en bague ou en pendentif par les morts et les vivants, il est considéré comme un sûr protecteur en ce monde et dans l'au-delà. Il en existe en pierre dure ou en faïence, presque toujours de cette bénéfique couleur turquoise. Les scarabées servaient également, comme chez nous les chevalières des familles nobles, de cachets pour marquer les scellés d'argile qu'on apposait sur des boîtes ou sur des messages. D'autres encore commémoraient d'importants événements historiques, à la manière de nos médailles.

Des milliers de scarabées de qualité fort inégale et destinés à toutes les classes de la société ont été découverts en Égypte. À ces richesses archéologiques, se mêlent les innombrables faux que l'industrie touristique a fait fleurir et qu'il est bien difficile de distinguer des bons, tant la fabrication des uns et des autres est rudimentaire.

— Le djed, symbole de stabilité et de durée, figure, toujours par homophonie, un pilier dressé.

— Le nœud d'Isis évoque tout à fait la croix ansée si répandue encore de nos jours dans les pays du Proche-Orient, mais on ne connaît pas sa signification exacte.

— L'oudjat, l'œil fardé du dieu céleste, qui assure la voyance totale et la fécondité universelle, est une des amulettes égyptiennes les plus courantes.

À ces talismans s'ajoutent quantité d'autres symboles hiéroglyphiques, cartouches royaux, oiseaux, ibis, serpents royaux.

Les oushabti

On dit aussi oushebti ou shaouabti... Ce sont des petites statuettes funéraires, hautes de 12 à 25 cm, que l'on a retrouvées en grandes quantités dans les tombes. Elles sont exécutées en pierre, en bois, en argile ou en faïence.

Le mot signifie « répondant » et leur rôle est bien défini dans un passage du Livre des morts, souvent inscrit sur le corps de la statuette :

> « L'Osiris N dit (il s'agit du mort ressuscité dans l'au-delà) : O oushabti que voici, si l'Osiris N est appelé à accomplir des tâches dans l autre monde comme un homme le doit, puisses-tu être choisi chaque fois à ma place, pour la culture des champs, pour l'irrigation des rives, pour le transport des sables. Alors toi, dis : c'est moi, me voici ! »

L'oushabti joue donc le rôle d'un substitut du mort, d'esclave en quelque sorte, se chargeant pour lui des corvées à accomplir dans les champs d'Ialou, royaume des bienheureux défunts. La coutume de placer des oushabti dans les tombeaux apparaît au Moyen Empire, au début du IIe millénaire, et chaque mort, alors, n'en possède qu'un seul.

À partir du Nouvel Empire, dans la seconde moitié du IIe millénaire, le peuple des oushabti s'élargit singulièrement, et certains riches défunts en possèdent plusieurs centaines, tous spécialisés dans une tâche bien précise, ainsi qu'en témoignent les différents accessoires dont on les gratifie. Il était possible d'en avoir un pour chaque jour de l'année.

L'oushabti est représenté comme une momie. Il porte dans ses bras croisés ses instruments de travail et, parfois, un sac accroché sur le dos. Les plus anciens et les oushabti populaires sont des figurines d'argile grossièrement modelées et peinturlurées. Les plus raffinés, ceux des riches, sont méticuleusement travaillés dans la pierre, le bois et surtout dans la terre émaillée, bleu outremer rehaussé de noir sous le Nouvel Empire, verte à la Basse Époque.

Qualité et quantité des oushabti variaient donc selon les moyens financiers de la famille du mort.

LES VASES GRECS

Chez les anciens, les objets les plus simples prenaient toujours une valeur décorative, et les instruments de vie quotidienne alliaient dans la Grèce antique les concepts du beau et de l'utile. Les magnifiques vases peints n'étaient cependant pas d'usage courant, et, dès l'époque classique, à mesure que les lignes s'épurent et que le décor se fait plus savant, des amateurs se mettent à collectionner ces objets pour le seul plaisir des yeux. Ce qui ne pouvait qu'encourager les artistes dans leurs recherches formelles et picturales. Les plus beaux vases à figures rouges ne portent-ils pas, à côté de la signature du potier qui les tourna, celle du peintre qui les décora ? Il est bien évident que de tels objets ne furent jamais exposés aux risques d'un usage quotidien.

La grande période de production s'étend du IXe au IIIe siècle av. J.-C., avec des prolongements pendant la période hellénistique. La poterie grecque est à son apogée aux VIe et Ve siècles, avec les vases attiques.

TECHNIQUE

Les poteries archaïques corinthiennes sont en terre extrêmement fine, de couleur crème très pâle. Les vases attiques classiques sont façonnés dans une argile ocre clair, d'une texture très fine et parfaitement homogène, qui montre avec quel soin les potiers préparaient et décantaient leur terre. Les vases des autres régions, Asie Mineure, Grande-Grèce, Étrurie, présentent bien entendu des terres locales de couleurs et de textures variables.

Les vases grecs ont été tournés au tour, ainsi que le prouvent la parfaite régularité de leur forme et les stries horizontales que l'on distingue à l'intérieur. Il semble pourtant que les Grecs n'aient pas connu avant le VIIe siècle le tour à pied : Homère évoque, au chant VIII de *l'Iliade,* la ronde rapide des jeunes filles « telle la roue que la main du potier lance et fait tourner à son gré ».

La technique de l'estampage, si elle était connue, n'a pas été utilisée à la période classique : en revanche, certains vases hellénistiques portent un décor en relief obtenu par ce procédé. Les pièces secondaires, le pied et les anses étaient façonnés à la main ou au tour et appliqués ensuite à la barbotine (argile liquide) sur la pièce principale. Puis, après séchage, le vase était soigneusement poncé pour effacer sur sa face externe les stries du tournage. L'extrême finesse des parois de ces vases de terre très tendre donne des objets singulièrement fragiles.

Du IXe au IVe siècle, le décor des vases grecs apparaît, à quelques exceptions près, comme une suite de variations sur la bichromie qui oppose l'ocre crème ou rose de la terre à une glaçure allant du brun-rouge au noir.

Il s'agit d'un vernis composé avec la même terre que le vase, c'est-à-dire de l'argile rose contenant de l'oxyde de fer, délayée avec un produit alcalin. Le peintre trace avec ce mélange son décor au pinceau, directement pour les figures noires, en réserves pour les céramiques à figures rouges.

Ce décor est plus ou moins bien venu. Tandis que, sur les pièces archaïques, les dessins sont d'un brun-rouge mat et peu uniforme, les beaux vases classiques se distinguent au contraire par un superbe noir velouté aux reflets bleutés, d'un beau brillant.

La cuisson des vases grecs se réalisait en trois phases successives dans un four assez rudimentaire, composé d'un foyer alimenté au bois, d'une cavité contenant les objets et d'une ouverture au sommet permettant à la fumée de s'échapper. Tout d'abord, tandis que s'élevait la température, on laissait l'air pénétrer dans le four et la fumée sortir librement. Puis à mi-cuisson, lorsque la température atteignait environ 600 °C, on obturait le trou d'évacuation. Les objets se trouvaient alors en atmosphère réductrice, en contact direct avec l'oxyde de carbone. L'oxyde ferrique contenu dans l'argile et le vernis devient de l'oxyde ferreux, noir, et les sels de sodium renfermés dans le seul vernis vitrifient en fixant le décor. Le vase était, après cette opération, entièrement noir. Ensuite, on laissait pénétrer l'air à nouveau dans la chambre. L'oxyde de fer reprenait sur les surfaces « épargnées », c'est-à-dire sur celles qui n'avaient pas été préalablement enduites de vernis, sa couleur rouge primitive sous l'action de l'oxygène, tandis que le décor, fixé, restait noir. La température de ces fours primitifs ne s'élevait pas au-delà de 800 °C, ce qui est inférieur à la température de notre « feu de moufle ».

Détail d'un vase attique à figures rouges. Ulysse débarque à Ithaque en présentant une amphore. Musée d'Amiens.

Lessing-Magnum

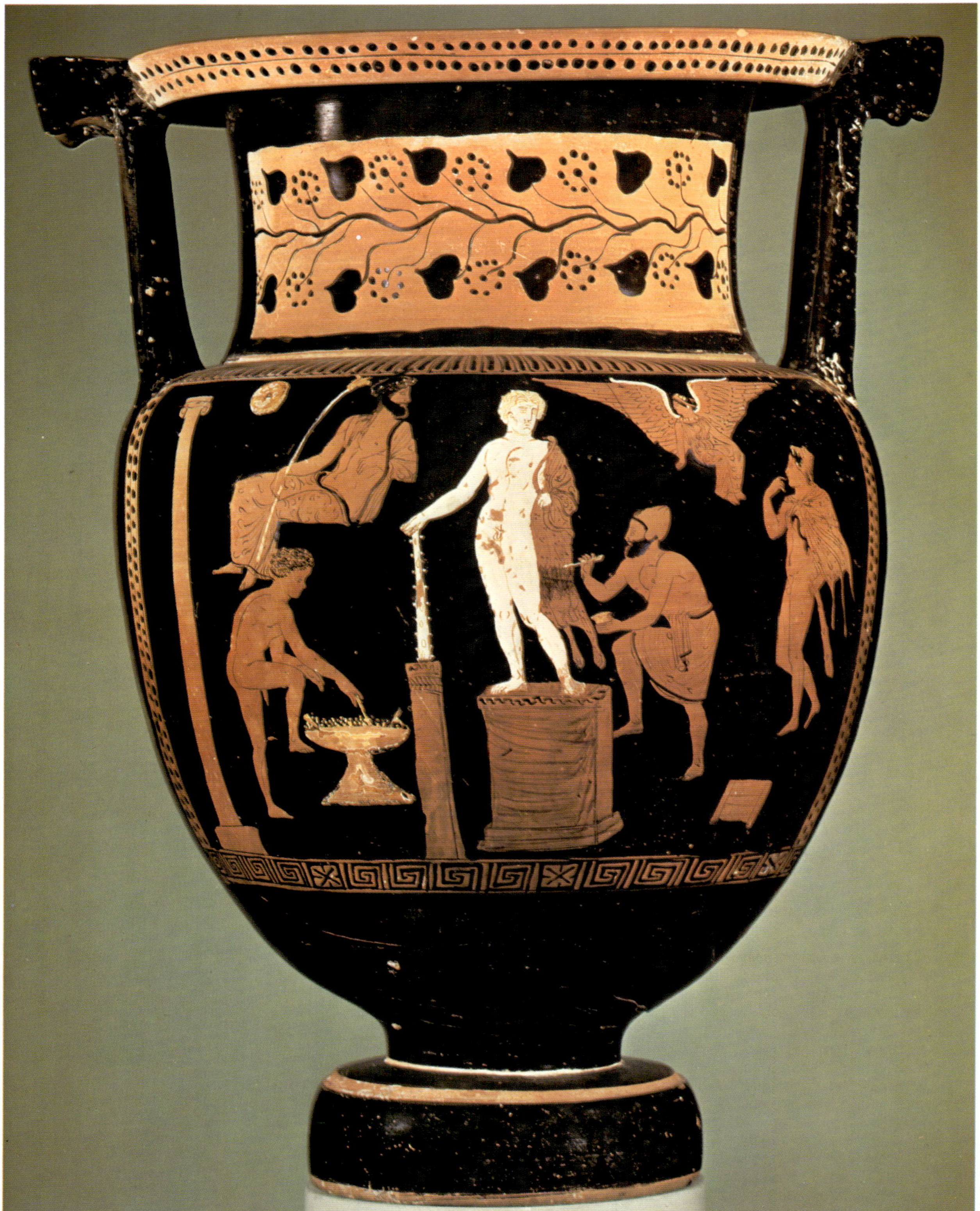

Phot. du Musée

Cratère à figures rouges où l'on voit un artiste occupé à peindre une statue d'Héraclès : on sait que les statues grecques étaient toutes polychromées (Ier quart du IVe s.). Metropolitan Museum of Art, New York.

L'évolution du décor

La céramique grecque, symbolisée par le vase attique, se répand, en fait, dans tout le monde hellénique : les Cyclades, Rhodes, Corinthe, l'Ionie, Athènes, l'Italie du Sud et même l'Étrurie, où les vases sont essentiellement importés. Si chacune de ces régions présente des caractères locaux assez marqués, une certaine homogénéité de style, due à l'intense activité des échanges commerciaux, les unit malgré tout. On remarque cependant des décalages chronologiques parfois importants.

L'archaïsme (IXe-VIIe siècle)

Les fouilles de la nécropole du Dipylon, à Athènes, ont mis au jour une céramique à décor strictement géométrique, ocre ou brun sur fond crème, que l'on retrouve dans les îles, à Rhodes et en Crète.

• ***Le style géométrique.*** Le décor, disposé en bandes horizontales, est composé uniquement de motifs géométriques : triangles, cercles, lignes ondées ou brisées, damiers, losanges ou flore très stylisée. Vers la fin du VIIIe siècle, on voit apparaître, toujours de façon très stylisée, des décors figuratifs : frises de bouquetins ou d'oiseaux, scènes de déploration et de funérailles qui confirment la destination funéraire de ces énormes vases à libation.

• ***Le style orientalisant.*** Il se développe surtout au VIIe siècle. Le décor est toujours conçu en zones horizontales, mais il fait intervenir largement la figuration humaine et zoomorphe. Les bouquetins, sphinx, griffons et animaux fantastiques, la luxuriante richesse des ornements sont inspirés de l'Orient. La représentation humaine, traitée de façon de plus en plus réaliste, s'impose désormais avec des scènes religieuses et mythologiques. C'est à Corinthe, riche cité commerçante en relation avec les ports de la Méditerranée orientale et alors bien plus puissante qu'Athènes, que le style orientalisant s'épanouit pleinement.

Sur les céramiques corinthiennes, on trouve de longues files de cerfs, de sphinx et aussi des scènes profanes : files de cavaliers, combats d'hoplites, banquets, danseuses.

Le classicisme (VIe-IVe siècle)

Après la période archaïque, la période classique est marquée par l'apogée de la céramique attique, qui porte la poterie grecque à son plus haut degré de perfection, avec les vases à figures noires et, surtout, avec les vases à figures rouges.

• ***Les vases à figures noires.*** Ils sont en usage pendant presque tout le VIe siècle. Le décor, en noir sur fond ocre, est obtenu selon la technique indiquée plus haut. Les détails (cheveux, yeux, plis du vêtement, etc.) sont incisés à la pointe. Les visages et certaines parties du vêtement sont souvent rehaussés de carmin et de blanc.

Durant la première moitié du siècle, le décor conserve des caractères archaïques. La figure humaine domine, traitée d'une manière encore un peu raide et selon les conventions primitives : œil de face sur un visage de profil, torse de face et jambes de profil.

La composition en registres horizontaux n'a pas entièrement disparu. Toutefois, une scène principale qui couvre la plus grande partie de l'objet attire l'attention. Au cours du siècle, la composition et les figures s'assouplissent peu à peu, le dessin se fait plus libre, les personnages sont drapés dans de longues tuniques à plis verticaux. Les sujets traités sont essentiellement des scènes mythologiques, notamment les légendes de Dionysos ou celles d'Héraclès, symbolisant les vertus héroïques.

• ***Les vases à figures rouges.*** Les premiers apparaissent vers 530 avant l'ère chrétienne. À l'apogée du classicisme, ils représentent la forme la plus évoluée de la céramique antique. C'est l'époque où le vase devient un pur objet d'art, où son décor est confié aux meilleurs maîtres du temps, qui apposent leur signature à côté de celle du potier : Andokidès, qui est à l'origine de la transformation du décor peint sur la céramique, Euphronios, potier et peintre à la fois...

Le décor est exécuté en réserve du vernis noir qui couvre le fond ; tous les détails sont rendus non plus à l'aide d'une pointe, mais grâce à un pinceau très fin, avec le même vernis. Les rehauts de blanc et de carmin sont pratiquement supprimés, et la bichromie apparaît dans toute sa pureté. L'artiste est alors en pleine possession de sa technique et il dessine des corps parfaitement souples, vêtus de draperies aux plis libres, qui forment parfois des effets de transparence. Comme la statuaire et, probablement, la peinture, l'art de la céramique exalte la beauté masculine, les jeunes éphèbes, les jeux de la palestre et privilégie le thème iconographique des scènes de banquets en prenant pour thèmes les grands récits mythologiques. À la fin du Ve siècle, le style évolue vers un certain maniérisme. Les artistes se plaisent à des exercices de virtuosité sur des scènes de danse, des poursuites, des rondes qui font jouer les draperies sur les corps en mouvement et où la femme tient dorénavant un rôle de premier plan, essentiellement dans des scènes d'intérieur et de vie familiale.

La décadence de la céramique grecque s'amorce dès le IVe siècle. La qualité est alors médiocre, les décors maniéristes sont polychromes avec du noir, du rouge, du jaune et du blanc, les fonds sont chargés d'éléments baroques ; certains décors sont même moulés en relief.

• ***Les lécythes.*** Ces vases aux formes élégantes, dont la production fut très abondante en Attique, sont très recherchés des collectionneurs. Apparus dès l'époque archaïque, ils connaissent un surprenant regain de faveur au Ve siècle et surtout au IVe avant l'ère chrétienne. Ils font alors office de vases funéraires, et sont utilisés pour renfermer les parfums que l'on déposait sur les tombes des défunts. Cette coutume semble avoir été exclusivement athénienne et, de ce fait, ces objets n'ont pas fait partie des exportations courantes. Revêtus d'un engobe blanc, rehaussé par un enduit de vernis noir sur le col, l'anse et la base, ils sont ornés d'un décor polychrome ; les contours, tracés en noir au début du IVe siècle, sont, par la suite, dessinés à l'aide d'une couleur mate, du rouge le plus souvent. L'iconographie des lécythes, puisant parfois ses sources dans le répertoire mythologique classique, se limite essentiellement à des images funéraires, telles la déposition du cadavre, la toilette du mort ou encore la visite au tombeau des parents et des amis.

• ***La céramique en Étrurie et en Grande-Grèce.*** La majorité des vases actuellement sur le marché proviennent d'Étrurie, d'Italie méridionale et de Sicile, régions qui entretenaient d'étroits rapports commerciaux avec la Grèce. En effet, aux Ve et IVe siècles av. J.-C., l'Étrurie importait d'Athènes des vases à figures noires et à figures rouges. La production locale, directement copiée sur les prototypes attiques, est de très faible qualité. Les vases étrusques sont, de fait, d'inégales valeurs, et certains témoignent d'une technique assez maladroite avec une peinture rouge simplement posée sur le vernis noir. Sous l'impulsion de céramistes athéniens, de nouveaux ateliers sont également créés à la même époque en Grande-Grèce, en Apulie — à Tarente, les vases à figures rouges, de style classique, sont d'excellente qualité —, en Lucanie, puis en Campanie, à Paestum et en Sicile.

LES FIGURINES DE TERRE CUITE GRECQUES

Les figurines de terre cuite évoquent immédiatement Tanagra. En fait, si la petite cité béotienne représente la forme la plus célèbre et la plus achevée de la statuette de terre cuite, au point que son nom est devenu synonyme de grâce féminine, elle est loin d'avoir été le seul centre de fabrication.

L'industrie des terres cuites est disséminée dans tout le monde grec, de l'Asie Mineure (Smyrne, Myrina) à la Grande-Grèce (Tarente) en passant par Chypre, Rhodes, Athènes...

L'art de la statuette de terre cuite a atteint son apogée au IIIe siècle, au cours de la période hellénistique. Toutefois, la tradition en est bien plus ancienne. Des figurines d'époque archaïque et même fort antérieure, du temps des civilisations minoenne et mycénienne, ont été découvertes. Assez grossièrement modelées, rigides et hiératiques, les statuettes archaïques du VIIIe au VIe siècle représentent des idoles, des déesses mères, des femmes assises. Les thèmes de Déméter — symbole de la terre mère — et sa fille Perséphone ou de Perséphone seule, image de la jeunesse et du renouveau, reviennent souvent. On trouve aussi des victoires ailées et des représentations de petits métiers : scribes, musiciens, boulangers...

Durant la période classique, aux Ve et IVe siècles, ces terres cuites s'humanisent, à l'image de la grande sculpture classique, conservant des attitudes statiques, d'un équilibre mesuré. Les effigies féminines, Aphrodite, jeunes femmes vêtues de tuniques aux plis souples, prêtresses, danseuses nues ou habillées sont alors à l'honneur.

Meguerditchian

Les terres cuites grecques. Tarente, IIIe-IIe s. av. J.-C. : deux gracieuses têtes de jeunes femmes à la chevelure ondulée élégamment coiffée. De la même époque sont les quatre figurines féminines qui proviennent également de Tarente. On reconnaît, à gauche, *traitée de manière un peu fruste, Aphrodite se dévoilant. Les autres sont de simples élégantes soigneusement coiffées et soucieuses de leurs beaux effets de draperies.*
Galerie Mythes et Légendes.

L'apogée de Tanagra (IIIe siècle av. J.-C.)

Le centre de Tanagra en Béotie, actif depuis le VIe siècle, prend, après les conquêtes d'Alexandre à la fin du IVe siècle, une étonnante expansion et porte à la perfection l'art de la terre cuite. Les femmes de Tanagra jouissaient d'une grande réputation de beauté et d'élégance, et elles ont sans doute inspiré les coroplastes — mot signifiant littéralement les « modeleurs de poupées », et qui servait à désigner les artisans. Jamais, en tout cas, la grâce féminine n'avait été célébrée avec un tel bonheur !

Les mouvements sont libres, naturels ; on y sent une sensualité qui s'exalte dans les nombreuses effigies d'Aphrodite, nue ou à peine voilée, dans ces promeneuses attentives au drapé de leur robe ou à l'ajustement de leur pétase — le chapeau de soleil des Grecs —, dans les nymphes nonchalantes faisant jouer sur leurs cuisses et leurs seins les plis de leur fine tunique.

Les personnages ont un caractère nettement plus profane qu'auparavant. Les divinités préférées sont Aphrodite, son fils Éros, Dionysos et son turbulent cortège de bacchantes, satyres et ménades. Et puis les contemporains des artisans sont aussi représentés : élégantes, enfants, gens de métiers, acteurs de théâtre, esclaves, cavaliers. Par leurs vêtements, ils donnent de précieuses indications sur les modes du temps : beaucoup portent le pétase pour se protéger du soleil, les danseuses ont des tuniques courtes, les mères de famille arborent le lourd péplos, les jeunes filles, le souple chiton.

La réputation de Tanagra, due surtout au formidable

Boudot-Lamotte

Cette jeune et pudique Tanagréenne a pris soin de se munir d'un éventail et de protéger son teint par un voile drapé et un large pétase.

retentissement des premières découvertes à la fin du XIXe siècle, éclipse quelque peu l'éclat d'autres centres importants. Myrina, notamment, en Asie Mineure, a produit des statuettes qui valent bien en qualité celles de sa rivale béotienne. Elles ont un côté plus débridé, plus audacieux dans les nudités, plus « baroque » : ainsi ces Éros volants, sans socle, que l'on suspend au bout d'un fil. Tarente, en Italie du Sud, actif foyer d'art, a eu également ses ateliers de « tanagra », dont les mérites artistiques sont indéniables.

Destination des figurines

À l'origine, les statuettes de terre cuite avaient indubitablement une signification religieuse. Elles représentaient des divinités, et la plupart ont été retrouvées dans les tombes, où elles devaient jouer auprès du mort à peu près le même rôle que les oushabti égyptiens. Puis, à partir du IVe et surtout au IIIe siècle, l'esprit religieux s'émousse, et les statuettes sont alors tout à fait profanes et ne font plus partie du répertoire funéraire. Sans doute quelques âmes pieuses continuent-elles à en placer dans les tombes ou à en offrir en ex-voto, mais la majorité sont destinées à la décoration des intérieurs. Enfin, beaucoup ne sont que de simples jouets d'enfants : poupées, cavaliers, chariots aux roues mobiles.

Précisions techniques

Sauf à la période archaïque, où elles étaient assez grossièrement modelées à la main, les figurines étaient estampées dans des moules d'argile. Parfois, elles n'avaient qu'une face moulée, le dos étant grossièrement modelé.

Mais les plus fines d'entre elles étaient « toutes faces ». Le coroplaste utilisait plusieurs moules : un pour le corps et d'autres pour la tête et les membres. Il pouvait ainsi jouer avec ces éléments de puzzle pour composer différents personnages. Les accessoires (éventails, chapeaux) étaient ajoutés en dernier lieu.

Le démoulage s'effectuait après le séchage et avant la cuisson. L'artisan rassemblait à la barbotine, sorte d'argile liquide, tous les éléments de la statuette, reprenant les détails sur la matière encore tendre, fignolant au poinçon le visage, les cheveux et les plis du vêtement. Puis il faisait cuire l'ensemble à une température peu élevée.

Le socle était souvent moulé avec le corps de l'ouvrage. À Tanagra, cependant, les statuettes reposaient sur une mince plaque d'argile, très caractéristique, fixée à la barbotine.

Le décor peint était réalisé après la cuisson. La figurine, badigeonnée au lait de chaux, était ensuite décorée au pinceau, avec de l'ocre pour le visage, les mains et les parties nues, du noir ou du brun pour les cheveux. Le vêtement était peint généralement en bleu et rose, rehaussé parfois d'une discrète et fine bordure d'or.

L'ART DU VERRE

Un navire chargé de nitre (salpêtre) accosta un jour sur une plage de Phénicie, raconte Pline. Les marins, ne trouvant pas de pierres pour caler leurs marmites et préparer leur repas sur un feu improvisé, eurent l'idée d'utiliser les blocs de nitre de leur bateau. Quel ne fut pas leur étonnement en voyant s'échapper sous leur chaudron un liquide brillant d'une étonnante limpidité : le sable siliceux, en se fondant avec le nitre, avait donné du verre ! En fait, si l'invention du verre est probablement le fruit du hasard, les archéologues estiment que le mérite de la découverte en revient aux Égyptiens, au cours du IVe millénaire av. J.-C. Il faudra ensuite attendre jusqu'au premier siècle avant notre ère pour que le procédé du soufflage, permettant de fabriquer en série vases et

Loudmer

Série de verres antiques mesurant entre 4,8 et 8,5 cm. De gauche à droite :
vase blanc irisé à décor d'oiseaux, Syrie, Ier siècle, adjugé 8 500 F ; vase turquoise, Syrie, Ier siècle, adjugé 7 500 F ;
amphorisque manganèse à panse octogonale, Syrie, Ier siècle, adjugé 7 000 F ;
pyxide cylindrique blanche à couvercle bleu roi,
Sidon, atelier d'Ennion, Ier siècle, adjugée 22 000 F (accident au couvercle) ;
vase ambre irisé, décor d'oiseaux, Syrie, Ier siècle, adjugé 18 000 F.
Vente à Drouot le 16 décembre 1988 par Me Loudmer.

flacons et de donner à l'art du verre sa véritable dimension, soit mis au point en Syrie. C'est vers l'an 50 de l'ère chrétienne que l'usage du verre soufflé devient général.

Au temps des Pharaons

Avant l'époque romaine, l'emploi du verre reste très limité. On l'utilise surtout en imitation de pierres précieuses, en y incorporant des oxydes métalliques : oxyde de cuivre pour le rouge et le vert, cobalt pour le bleu. On obtient ainsi des perles et des cabochons que l'on monte en colliers, en bagues, en plaques. Il s'agit d'un verre opaque, improprement nommé pâte de verre.

L'industrie de la perle de verre est demeurée longtemps active en Égypte. À l'époque romaine, les bijoux de verre d'Alexandrie, souvent fort raffinés et décorés de fils ondulés fondus dans la masse, étaient exportés dans tout l'Empire, jusqu'en Gaule. Par ailleurs, les artisans égyptiens ont su également fabriquer des récipients de verre. Les objets étaient tournés autour d'un noyau de sable aggloméré monté sur une tige, que l'on trempait dans le verre en fusion. Pour leur donner leur forme, on les roulait sur une sorte de « mailloche », dont se servent encore nos verriers modernes. On a fabriqué ainsi, aux XIVe et XVe siècles av. J.-C., des vases à parfum, des balsamaires, qui devaient être des produits de luxe.

L'Empire romain

Le monde romain fit au contraire une grande consommation de verre. Le procédé du soufflage, en permettant une fabrication de série, le répand dans toutes les classes de la société. En outre, des cannes d'artisans verriers de plus en plus habiles sortent des merveilles artistiques et techniques destinées uniquement aux amateurs fortunés.

La Méditerranée orientale — et, en particulier, la Syrie, riche en sables siliceux et berceau du verre soufflé — exportait dans tout l'Empire non seulement ses verreries, mais également ses artisans. Ceux-ci s'installaient en Italie et en Gaule, dans les endroits propices à l'exercice de leur art. Ainsi naquit une production locale qu'il est souvent difficile de distinguer des objets d'exportation, tant les formes et les décors sont semblables.

À Syracuse et à Cumes, on réalisait dès le Ier siècle apr. J.-C. de la verrerie aux formes simples d'usage courant. Quant aux verriers de Pompéi, ils soufflaient des objets de luxe au fin décor de filigrane pour leur clientèle distinguée. À Sorrente étaient fabriqués des verres d'une beauté raffinée en accord avec la réputation de son vin.

En Gaule, les principaux ateliers se sont fixés d'abord en Narbonnaise, puis les artisans sont remontés par la vallée du Rhône jusqu'à Lyon. Leur production était, en fait, une verrerie de série.

À partir des IIe et IIIe siècles, des verreries ont vu le jour en Rhénanie et dans la vallée de la Moselle. Cologne, également, a été un centre actif et réputé pour sa verrerie.

La verrerie d'art

Néron, fasciné par les arts du feu, eut la passion de la verrerie. On raconte que Pétrone, condamné à s'ouvrir les veines, brisa auparavant un superbe vase irisé, dit « murrhin », pour être sûr qu'il n'irait point enrichir la collection de son bourreau. Tous les verres « murrhins » ont d'ailleurs dû subir le même sort que celui de Pétrone, puisque aucun d'entre eux n'est parvenu jusqu'à nous et que cette variété reste parfaitement mystérieuse ! Heureusement, nos musées renferment quelques exemples d'autres verres précieux, témoignages de techniques accomplies, qui seront reprises plus tard par les verriers italiens de Murano.

Ainsi le *vase Portland* du British Museum illustre la technique du verre camée, en faveur au Ier siècle. Dans l'objet formé de deux couches de verre superposées, de couleurs différentes, l'artiste a dégagé son décor en évidant les fonds, à la manière de l'art de la glyptique. Le décor bucolique du Portland inspira au XIXe siècle le céramiste anglais Josiah Wedgwood, qui en réalisa plusieurs copies.

Le décor d'application permet de jouer davantage sur les oppositions de tons et dénote une grande maîtrise technique. Aux IIIe et IVe siècles, on trouve ainsi des décors de cabochons, de motifs en plein relief ou de fils enroulés en spirales, ondulés en vagues, entrecroisés en résilles, toujours sur des objets de grand prix et dans cet esprit de richesse qui caractérise le règne des empereurs syriens du début du IIIe siècle apr. J.-C.

Les diatrètes, à la même époque, relèvent d'une virtuosité encore plus poussée : l'objet apparaît comme entouré d'une fine résille de verre coloré qui n'adhère à ses parois que par de minuscules tenons. Les diatrètes étaient, avec les énigmatiques « murrhins », les verres les plus appréciés des connaisseurs.

Les amateurs sans fortune devaient se contenter de décors plus simples : le moulage, qui consiste à souffler l'objet dans un moule décoré, fut pratiqué avec plus ou moins de bonheur du Ier au IVe siècle de notre ère. Il permet d'obtenir des décors en bas relief (courses de chars, combats de gladiateurs) ou encore des bouteilles à sujets moulés en forme de tête humaine, souvent caricaturale, de singes, de cochons, d'oiseaux, de grappes de raisin.

Quant au décor par dépression, il s'obtient par simple pression d'un instrument sur le verre encore mou : cercles, cannelures.

Le secret des verres irisés

Le temps, ce grand magicien, n'a pas toujours sur les objets l'effet destructeur qu'on lui prête ; il lui arrive même de se livrer à d'heureuses facéties. C'est ce qui s'est produit pour les verres romains dits « irisés », que s'arrachent aujourd'hui les collectionneurs.

En réalité, les verriers antiques n'ont jamais fabriqué de verres irisés. Ces balsamaires, ces vases lacrymaux, ces flacons n'étaient à l'origine que de banals ustensiles de verre transparent, de facture souvent grossière, produits à des milliers d'exemplaires. Leur long séjour dans la terre, en décomposant la matière, a provoqué une étrange alchimie entre les oxydes de la matière vitreuse et ceux qui sont contenus dans le sol, parant ces objets sans attrait de superbes reflets d'opale variant du bleu au vert et à l'orangé. La beauté de l'irisation varie en fonction de la composition du verre et de la nature du sol. Les verres orientaux réagissent mieux que les verres gaulois ; ceux qui contiennent de l'oxyde de fer ou de cuivre prennent de plus belles teintes que les verres possédant du manganèse. La décomposition favorisée par un terrain crayeux est particulièrement propice aux belles irisations, alors que l'argile est sans effet sur le verre. La patine est la caresse du temps, dit-on. Le verre antique est en tout cas un des meilleurs exemples de belle patine, celle qui métamorphose un objet banal en une pièce de collection.

Le décor à la pince consiste, lui, à étirer en certains endroits le verre encore malléable.

Le décor de gravure en creux a été également pratiqué par les verriers rhénans vers le IIIe siècle, de même que la peinture et la dorure, qui seront surtout utilisées à l'époque mérovingienne.

Les verres courants

Pour l'usage quotidien, on se servait de verres unis, plus ou moins transparents, ceux que nous restituent les fouilles archéologiques, bien que d'une fabrication souvent très ordinaire. Certains ont cependant des formes élégantes qui en font des objets de collection tout à fait appréciés. On trouve surtout des petits vases lacrymaux allongés, des flacons à anse ronds ou carrés, des balsamaires et des bols de formes diverses. Les Romains se servaient également de coupelles appelées « phialles », de tasses et de verres, de bouteilles et de petits plateaux circulaires.

Les élégantes faisaient grand usage de verrerie sur leur table de toilette, et on a même retrouvé des flacons à parfum, gravés au nom du fabricant, qui ressemblent assez à ceux dont on se sert encore actuellement. En revanche, on a perdu l'usage de ces boules de verre que les femmes raffinées serraient entre leurs mains pour les tenir fraîches.

LES STATUETTES DE BRONZE

Dans l'Antiquité, le bronze était un métal largement exploité : il servait à la fabrication d'armes, d'ustensiles de ménage tels les vases, les chaudrons ou les bassins, d'objets mobiliers comme les trépieds, les candélabres et les appliques de meubles, de miroirs et de bijoux, pour les fibules en particulier. Le plus vieux procédé, pour la fabrication de pièces de bronze, est le martelage d'une fine plaque de métal, dont la décoration est ensuite soit gravée, soit en relief, réalisée au repoussé. Pour les statues en ronde bosse, la fonte pleine, à cire perdue, est ensuite pratiquée. Puis, dès le VIIe siècle av. J.-C., la fonte en creux, qui utilise toutes les possibilités de la technique de la cire perdue et qui permet de façonner des œuvres plus importantes, offre de vastes possibilités au sculpteur.

Les bronzes égyptiens

Très peu d'objets de bronze antérieurs au Moyen Empire sont parvenus jusqu'à nous. Le pays, qui ne semble pas avoir possédé d'étain, était pauvre en minerais de cuivre et achetait à ses voisins d'Asie des lingots de bronze déjà alliés. L'usage de ce métal se répand sous le Nouvel Empire, et surtout à l'époque libyenne, qui produit des armes et des objets d'art superbes.

Les fouilles ont mis au jour d'innombrables figurines de bronze, représentations de tous les dieux du panthéon égyptien. Il s'agit d'effigies protectrices, souvent très finement sculptées, généralement reproductions de quelque sculpture monumentale et destinées à veiller sur les foyers de la population.

Certains collectionneurs s'intéressent particulièrement aux « chats Saïtes », assez nombreux sur le marché, quoique d'inégale qualité.

De nombreux animaux ont été vénérés en Égypte, avec plus ou moins de ferveur pour chacun selon les époques et les régions. Le chat représente un très ancien symbole solaire, mais c'est surtout à partir de la XXIIe dynastie,

Christie's

Chat en bronze égyptien d'époque romaine, figurant la déesse Bastet de Bubastis. Les chats d'époque saïte valent de 40000 à 80000 F.

celle des pharaons de Bubastis, vers 1050 av. J.-C., que la déesse-chatte, Bastet, protectrice de cette ville où s'étaient installés les souverains, voit croître sa popularité.

Hérodote, qui voyageait en Égypte vers le milieu du Ve siècle av. J.-C., s'est fait l'écho des réjouissances et libations qui marquaient chaque année la fête de Bastet à Bubastis. Ce culte se poursuivit longtemps au cours de la basse époque puisque, vers le Ier siècle, on raconte qu'un citoyen romain fut lapidé par la foule pour avoir tué un chat.

Les périodes libyenne et saïte, qui vouent à la déesse-chatte une grande dévotion, sont précisément celles où l'art du bronze s'épanouit particulièrement en Égypte.

La plupart des « chats saïtes », ont été exhumés à Bubastis, où des statuettes étaient vendues aux pèlerins, comme souvenirs ou comme objets de dévotion. Bastet y est représentée sous différentes formes et dans des attitudes variées : tantôt femme à tête de chat, parée de bijoux, tantôt mère chatte allaitant ses petits, ou encore chatte hautaine dressée sur son séant, qu'aucun attribut ne désigne *a priori* comme une déesse.

Les petits bronzes grecs

Les périodes crétoise et mycénienne ont produit des bronzes d'usage domestique et des statuettes qui étaient encore de faible qualité artistique. Il faut attendre la période archaïque, au cours des VIIIe, VIIe et VIe siècles, pour que se développe en Grèce l'art du petit bronze. L'époque classique est moins florissante, et ce n'est qu'aux IIIe et IIe siècles av. J.-C. que cet art trouve son plein épanouissement dans le monde hellénistique. Puis les bronziers romains prendront la relève.

À l'époque archaïque, les principaux centres de production semblent se situer surtout dans le Péloponnèse. De nombreux bronzes ont été retrouvés dans les grands sanctuaires, Olympie, Argos, Dodone et Delphes, où ils étaient sans doute apportés en offrande. Il y avait des ateliers de bronziers à Sparte, à Corinthe, à Argos, en Arcadie et, bien sûr, en Attique, où l'on a exhumé des pièces d'une rare qualité. Une étude comparative selon les divers lieux de découverte permettrait de définir différents courants stylistiques que nous ne pouvons énumérer ici.

Après les conquêtes d'Alexandre, aux IIIe et IIe siècles, l'activité des bronziers est prospère dans toute la Méditerranée orientale, notamment en Égypte — à Alexandrie surtout —, en Syrie et en Asie Mineure dans des villes comme Pergame et Trébizonde, sans oublier la Grande-Grèce avec Tarente.

Ces statuettes, effigies de divinités le plus souvent, ont à l'origine une vocation votive, ainsi qu'en témoigne la grande quantité de bronzes découverts sur les sites sacrés. Puis, selon le processus habituel de laïcisation, à partir du IIIe siècle surtout, ces gracieuses figurines deviennent avant tout des objets de collection et de décoration, et ne conservent leur aspect sacré que lorsqu'elles sont offertes en ex-voto.

Les petits bronzes des VIIIe et VIIe siècles, inspirés de la grande statuaire, représentent des Apollon, des jeunes gens et des jeunes filles, les Couros et les Coré, dans cette attitude frontale et hiératique caractéristique de l'époque. Aux siècles suivants, l'art du bronze se développe parallèlement à la statuaire de pierre dont il s'inspire. Image d'Apollon parfois, le Couros, au corps élancé, aux jambes longues, au torse large, à la taille mince et cambrée, se dégage peu à peu du frontalisme archaïque pour devenir, au Ve siècle, un athlète souple à la musculature bien dessinée et au déhanchement nonchalant. On rencontre aussi des guerriers casqués, des Zeus fulminant ou combattant, type représenté jusqu'à la fin de l'Empire romain, des effigies d'Héraclès et d'Hermès. Les déesses préférées sont, outre la Coré, Déméter et, à Athènes, Athéna, qui, vêtue du sévère peplos dorien, s'oppose à la jeune Coré en tunique ionienne.

Curieusement, à partir du milieu du Ve siècle, époque qui correspond au plein épanouissement de la grande sculpture classique, la production de petits bronzes diminue considérablement. Ceux que l'on possède sont pourtant d'excellente qualité et montrent une influence grandissante de la statuaire officielle sur la statuette, un classicisme qui se soumet souvent aux traditions propres aux bronziers. Peut-être est-ce cet « asservissement » qui a paralysé pour un temps l'inspiration des artisans ? De nouveaux types inspirés de modèles praxitéliens apparaissent toutefois au IVe siècle. Ce sont l'éphèbe échanson, tenant une coupe dans sa main droite étendue et une aiguière dans la gauche levée, et l'Aphrodite nue, se mirant ou se coiffant, représentations que l'on retrouvera dans le répertoire romain. Après les conquêtes d'Alexandre, les statuettes de bronze redeviennent très nombreuses, non seulement en Grèce, mais aussi en Égypte et en Asie.

Elles sont toujours inspirées des œuvres des plus grands sculpteurs, tels Scopas et Lysippe, et ne conservent plus rien du hiératisme d'antan. Les corps sont souples, déliés, représentés en mouvement pour la plupart. Une grande virtuosité technique, jusque dans le moindre détail, fait des bronzes de cette période des objets de grande qualité.

Les divinités en honneur sont alors celles du plaisir : Aphrodite, Éros, Dionysos et son cortège, Pan, Adonis, Tyché la Fortune, auxquels il faut ajouter maints acteurs, danseuses, esclaves et personnages caricaturaux également modelés en terre cuite.

Les Étrusques

Au VIe siècle, les échanges commerciaux entre le peuple étrusque et les cités grecques s'accompagnent d'échanges culturels et artistiques. Aussi les bronzes étrusques de cette époque sont-ils fortement influencés par le style grec, et les statuettes de dieux ou de guerriers, à la taille mince et élancée, se rapprochent-elles des Couros. Cette production, qui atteint son apogée entre le milieu du VIe siècle et le milieu du Ve, reste attachée à une certaine vision archaïque : frontalisme, raideur des attitudes, esquisse du modelé ; les canons de l'art classique n'ont pas de prise chez les Étrusques, sans doute parce qu'ils correspondaient mal à leur tempérament.

À partir du Ve siècle, d'ailleurs, les contacts avec la Grèce se raréfient avant de disparaître totalement, et l'Étrurie échappe désormais à cette influence. La fabrication des petits bronzes continue pourtant, jusqu'à l'époque romaine : des guerriers en cuirasse, appuyés parfois sur un javelot, diverses divinités, Hercule, Minerve, des danseuses, des enfants, œuvres qui, bien que n'étant pas de très grande qualité, sont extrêmement variées et séduiront, comme les bronzes grecs, les collectionneurs romains.

Les bronzes romains

Les Romains avaient acquis le goût de la collection en emportant dans leurs bagages de vainqueurs les œuvres d'art de la Grèce soumise. Les statuettes de bronze étaient fort appréciées, d'autant que les Romains pouvaient aussi les admirer chez eux, en Grande-Grèce et en Étrurie. De Grèce même, les navires romains en rapportaient de véritables cargaisons.

Comme ces objets n'étaient, malgré tout, pas assez nombreux pour combler tous les amateurs, des ateliers italiens se créèrent, et la production s'est ainsi continuée presque sans interruption du Ier s. av. J.-C. au IIIe siècle de notre ère. Les mêmes types étaient souvent repris, et parfois d'autres plus anciens encore, ce qui rend bien difficiles les problèmes de datation et d'identification.

On a exhumé des bronzes dans tous les territoires de l'Empire romain. Les échanges étaient actifs entre les différentes provinces de l'Empire et, probablement, beaucoup de ces objets provenaient de la métropole, soit par voies commerciales, soit apportés par des fonctionnaires romains soucieux de reconstituer dans leurs lointaines missions leur cadre de vie habituel. Les petits bronzes sont de grands voyageurs, il est donc bien difficile, en Italie comme dans le reste de l'Empire, de discerner la part de la production locale.

Certains ateliers du monde hellénistique restaient en activité avec une production de qualité. En Italie, à Herculanum et à Pompéi par exemple, d'habiles bronziers travaillaient pour une clientèle locale exigeante. D'autres ateliers existaient en Italie du Nord et dans les provinces septentrionales de Gaule et de Germanie. En l'absence de données précises et en raison de la conformité des modèles aux mêmes stéréotypes, il est toutefois bien difficile, là encore, de distinguer les bronzes faits sur place des objets d'importation, les différences de qualité n'étant pas un critère déterminant.

Les bronzes romains sont surtout des objets de collection. Les fouilles de Pompéi et d'Herculanum ont mis au jour des collections entières dont le caractère profane ne fait aucun doute ; parmi elles, se trouvent des pièces hellénistiques, donc antérieures de deux ou trois siècles à leur dernier propriétaire. Sur le sol gaulois, on a également déterré des collections constituées, soigneusement enfouies au temps des invasions.

Les statuettes et statues de bronze étaient aussi des éléments de décoration intérieure et extérieure ; ainsi, le petit faune de la maison du même nom à Pompéi, statuette qui décorait le bassin de l'atrium.

Cependant, certains de ces bronzes avaient parfois un caractère religieux et ornaient le laraire familial.

Petit bronze étrusque, du Ve s. av. J.-C., représentant deux lutteurs.
Vente Laurin, Guilloux, Buffetaud, Tailleur.

Le succès des bronzes hellénistiques avait été tel que les bronziers latins les imitèrent pendant quatre siècles. Toutes les régions de l'Empire, de l'Afrique à la Belgique, recèlent des statuettes analogues. Il n'est donc pas facile, devant une telle uniformité, de classer les bronzes romains d'après leur style, d'autant plus, on l'a vu, qu'ils voyageaient beaucoup.

On constate toutefois certaines disparités, de grandes différences de qualité qui prouvent l'existence sur un même lieu d'ateliers d'inégales valeurs, ou bien des provenances différentes.

Aux Ier et IIe siècles, les bronzes les plus soignés, sortant probablement des ateliers campaniens ou orientaux et destinés aux collectionneurs difficiles, reproduisaient de célèbres statues grecques avec une fidélité plus grande que celle même des bronziers grecs. Dans d'autres ateliers, les modèles grecs sont, eux aussi, rapidement adoptés, mais avec plus de liberté d'interprétation. Le modelé est plus lourd, moins affirmé, les gestes parfois hésitants, les visages un peu durs.

Au IIIe siècle de notre ère, qui marque la fin des bronzes romains, le style évolue vers une certaine sobriété archaï-

Tableau chronologique
de la sculpture grecque

VIIIe-VIIe siècle • L'archaïsme
Frontalité et hiératisme inspirés de l'art égyptien.

VIe siècle • *Rupture lente et progressive de la frontalité. Couros (jeune homme) et Coré (jeune fille) au sourire stéréotypé et à chevelure bouclée.*

Ve siècle • Le classicisme *(siècle de Périclès) après la période dite « de style sévère »* (Aurige *de Delphes*), *Myron* (*le* Discobole), *Phidias (les sculptures du Parthénon), Polyclète* (*le* Diadumène*).*
Apogée de la sculpture grecque. Nus masculins.
Le « canon » de Polyclète définit les proportions idéales du corps : la hauteur de la tête, égale à la longueur du pied, est contenue 7 fois dans le corps.
Le « chiasme » : déhanchement qui infléchit en sens contraire la ligne des hanches et celle des épaules.

IVe siècle • Fin du classicisme
La sculpture évolue vers un certain maniérisme souriant et un élancement de la silhouette. Les nus féminins (Aphrodite) sont plus nombreux.
*Praxitèle (l'*Hermès *d'Olympie).*
Scopas (Mausolée d'Halicarnasse).
Lysippe (Apoxyomène).
Le canon de Lysippe succède à celui de Polyclète : la tête est contenue 8 fois dans le corps.

IIIe siècle • Époque hellénistique
Abandon des canons classiques, la sculpture évolue vers un réalisme dramatique, des attitudes emphatiques et gesticulatoires qui ne sont pas sans puissance.
L'autel de Pergame.
Le Laocoon *du Vatican.*

Mes Poulain, Le Fur

Idole des Cyclades (2500-2400 av. J.-C.). Représentation en marbre (H. 36 cm) de la « déesse mère ». Admirable simplification des formes, à la limite de l'abstraction. Cette pièce exceptionnelle a été adjugée 615 000 F à Drouot le 30 juin 1988 (Mes Poulain, Le Fur ; expert : M.A. de Monbrison).

sante qui traduit probablement une baisse de l'habileté : rigidité et frontalité des attitudes, mais en même temps souci de marquer certains détails (les pupilles sont très enfoncées, les cheveux exagérément repris au burin).

Les types classiques

On retrouve dans les bronzes romains tous les dieux du panthéon grec fraîchement romanisés : Mars, Jupiter, Mercure, Neptune, Hercule, Vénus, Bacchus, la Fortune, la Victoire ailée...

Parmi les prototypes préférés, Vénus détachant sa sandale, interprétée avec différentes variantes : penchée en avant ou en arrière, nue ou demi-vêtue, cheveux relevés ou déliés, appuyée sur une colonne..., a connu un succès considérable.

Un autre type classique est celui du dieu légèrement déhanché, appuyé sur une jambe, un bras levé, l'autre tendu en avant, où on reconnaît tantôt Jupiter foudroyant, ou Neptune et son trident, ou bien encore Mars, ou Mercure.

Si l'éphèbe échanson créé par Praxitèle au IVe siècle, tenant d'une main l'aiguière, de l'autre la coupe à libation, est un modèle grec, les lares vêtus d'une large et courte tunique, en revanche, sont des modèles originaux ; ce sont les génies protecteurs du foyer et les dieux des carrefours.

STATUES ET BAS-RELIEFS ROMAINS

La statuaire de marbre et de bronze a été un art d'importation pour les Romains, en fait un héritage étrusque et surtout grec. Les premiers Romains, en effet, se contentaient de terres cuites et de moulages. Les statues qui décoraient les édifices publics et privés des premiers siècles de la République sont mal connues. Probablement faisait-on alors grand usage de terres cuites, dont quelques fragments sont parvenus jusqu'à nous.

La conquête de l'Italie du Sud donna aux Romains l'occasion de connaître la statuaire grecque et, après la prise de Tarente, en 272 av. J.-C., lors du défilé triomphal à Rome, quantité de sculptures grecques furent exhibées. Ainsi commençaient, en liaison avec l'expansion territoriale et politique de la République, les transferts et les importations massives, pour le compte de l'État et pour celui de riches particuliers.

C'est l'époque de commandes importantes passées à des artistes grecs, installés de gré ou de force en Italie, en très grand nombre.

D'abord plagiat plus ou moins adroit, la statuaire romaine prend sous l'Empire sa propre originalité, les effets des influences réciproques s'étant peu à peu stabilisés.

La statuaire romaine a emprunté ses techniques à la statuaire grecque. Les mêmes matériaux — bronze et marbre — ont été employés, bien que la plupart des statues qui nous sont parvenues soient en marbre.

Si le marbre est resté, jusqu'à la chute de l'Empire romain, le matériau préféré des artistes, les sculpteurs ont également travaillé les pierres de couleur : l'albâtre, le basalte et le porphyre, surtout au Bas-Empire. L'art impérial a même glorifié des souverains avec des statues en or et en argent. Parfois, on n'hésitait pas à employer des pierres de nature et de couleurs différentes pour une même œuvre. La grande statuaire de bronze était également fort appréciée ; il en reste quelques témoins, notamment la majestueuse statue équestre de Marc Aurèle, sur le Capitole, à Rome.

Par l'emploi fréquent du foret, qui produit un dégrossissage plus facile, mais aussi plus grossier que le ciseau, les œuvres ont perdu en finesse ce qu'elles ont gagné en rapidité d'exécution. Parfois, on a la preuve que le sculpteur a travaillé à partir de maquettes, en grandeur réelle ou de taille réduite.

Bien que les traces aient généralement disparu, les sculptures de pierre étaient fréquemment peintes. Les couleurs semblent avoir été surprenantes : ainsi les traces de polychromie observées le plus souvent sont des chevelures dorées...

Certains procédés se sont affinés au cours des siècles. Par exemple, le rendu de l'œil. La pupille creusée, technique couramment employée en terre cuite, est utilisée dans les bas-reliefs, comme celui de l'Ara Pacis, au Ier siècle de notre ère. Le procédé n'apparaît guère avant Hadrien, au IIe siècle, dans la ronde-bosse, et il s'est ensuite perfectionné peu à peu avec le travail de la convexité de l'œil, différente de celle du globe, et avec la direction donnée au regard par des points de lumière émergeant du fond de l'iris.

Chaque style peut être plus ou moins approximativement daté par de menus détails, tels le modelé, les rendus de vêtements et les effets de lumière. Par exemple au Haut-Empire, pour l'exécution des barbes et chevelures, on creusait profondément au foret, pour diviser le poil, tandis que, à partir du IIIe siècle, le détail des mèches n'était plus indiqué que de façon sommaire, par de minuscules trous gravés à la pointe, sur une chevelure en forme de calotte appliquée sur le crâne.

Il faut enfin signaler, dans l'abondante production en série destinée à des commandes que l'on peut qualifier d'industrielles, l'usage du « préfabriqué ». Il s'agit de statues ou de bustes dont le corps était préparé d'avance, dans des attitudes et des vêtements conventionnels, et sur lequel on ajustait, selon des désirs du commanditaire, une tête, sans grand souci de la plastique d'ensemble.

Bien sûr, la qualité de ces œuvres préfabriquées n'a rien de comparable avec celle des commandes impériales. Le goût pour la décoration sculptée s'est manifesté aussi bien dans les lieux publics (forum, théâtres, portiques, etc.), ornés alors de statues et de bas-reliefs dus à l'édilité des grands et destinés à consacrer le renom des célébrités politiques ou culturelles et à commémorer les événements importants, que dans les demeures particulières, à la ville comme à la campagne, également décorées de reliefs et de nombreuses sculptures en ronde bosse, et dont les murs étaient revêtus de plaques de marbre et de frises.

Quant aux temples, ils abritaient une quantité de statues de culte et, en outre, maintes figures votives, offertes par les particuliers.

L'art funéraire, enfin, offrait un champ d'action infini aux sculpteurs. Mis à part les sarcophages proprement dits, l'art romain nous a légué de nombreux cippes (monuments funéraires de taille imposante, de forme quadrangulaire, alors qu'en Grèce ils étaient circulaires), que l'artiste décorait de bas-reliefs. Les cistes, monuments de même conception, étaient destinés à contenir cendres ou ossements et étaient de taille plus réduite.

Favorisée par l'extension de l'Empire romain et par des conditions économiques et politiques propices, la production sculptée est surabondante. Mais il est, en particulier, deux domaines où l'art romain est à la fois original et heureux : le portrait et le bas-relief historique.

Les portraits

L'art du portrait, apparu en Grèce à la fin du Ve siècle av. J.-C., relève, chez les Latins, à la fois des commandes officielles et des commandes privées. Il met particuliè-

Statue de femme en marbre, sans tête et sans bras, vêtue du peplos grec. IIe siècle av. J.-C. Galerie Mythes et Légendes.

Meguerditchian

rement bien en valeur le goût du réalisme, cher à l'art romain.

Sous la République déjà, le forum de Rome s'ornait des portraits des hommes célèbres, à qui l'on offrait ainsi une sorte de consécration. Plus tard, les empereurs enverront leurs effigies jusqu'aux limites les plus reculées de l'empire. Sous l'influence hellénique, le souverain est représenté sous des traits plus ou moins idéalisés, avec des attributs divins, dans une nudité héroïque. Dégagés de l'influence grecque, les portraits sont beaucoup plus réalistes, surtout s'il s'agit d'un buste : traits du visage, barbe, coiffure, vêtements donnent l'impression d'être une transposition de la réalité.

Les bustes romains, que les fouilles archéologiques ont livrés en abondance, sont le résultat d'un compromis entre la borne-colonne des Grecs et la tête étrusque. Ils se présentent le plus souvent comme une tête surmontant le haut d'un torse, de forme vaguement triangulaire devant et évidé par-derrière. La gorge est nue pour les hommes, les femmes portent un vêtement plaqué.

Dans la seconde moitié du Iᵉʳ siècle de notre ère, apparaît le buste à épaules. La forme générale n'est pas profondément modifiée, seule la partie supérieure du torse, jusqu'aux aisselles, puis jusqu'au-dessous de la ligne des seins, est représentée. L'ensemble est toujours un triangle tronqué et évidé. Au début du IIᵉ siècle apparaît le haut du bras, les muscles pectoraux ressortent, puis la cage thoracique. C'est l'époque où les hommes sont souvent représentés en cuirasse. L'évolution allant toujours dans le sens de l'allongement, le buste est, au IIIᵉ siècle, sculpté jusqu'au nombril, tandis que les bras sont nettement détachés du corps. En même temps, le sculpteur accorde plus de soin au buste lui-même, qui était auparavant traité plutôt en bas relief qu'en ronde bosse.

Cependant, les modifications apportées dans l'art du portrait ne s'accompagnent pas automatiquement de la disparition des procédés antérieurs, qui continuent de coexister avec les nouveautés. De sorte que l'une ou l'autre des caractéristiques précédentes ne peut donner à une œuvre qu'une date en deçà de laquelle on ne saurait remonter.

Les portraits des simples particuliers obéissent quasiment aux mêmes critères : dissymétrie du visage, implantation de la chevelure et coiffure, voire défauts tels que verrues ou boutons leur donnent un saisissant caractère réaliste. Il n'est pas jusqu'à l'expression des traits qui, dans les meilleures œuvres, ne donne une impression de vie et de réalité.

Cependant, à partir du IVᵉ siècle, l'art du portrait se dégrade. On a l'impression d'une méconnaissance du corps humain, mal dissimulé par de lourdes draperies. Les corps se figent, les attitudes se raidissent, l'expression des visages disparaît, pour faire place à une sorte d'hiératisme lointain et froid.

Les reliefs

La sculpture en bas relief était couramment employée, tant dans les bâtiments publics que privés. Les sujets étaient évidemment de types variés, selon les destinataires.

On trouve bien sûr de nombreux reliefs à sujets religieux, et les scènes de sacrifices sont fréquentes ; il s'agit parfois de simple immolation avec seulement le sacrificateur et la victime, parfois ce sont des scènes avec de grands cortèges.

Des reliefs funéraires de différents types ont également été découverts. Outre les allégories mythologiques diverses, ils représentent des scènes de caractère plus funéraire. L'agonie du défunt n'est pas un sujet retenu par la sculpture romaine, mais la *conclamatio,* ou lamentation de la famille, est fréquemment figurée, ainsi que l'exposition du mort et le banquet funèbre.

Ces innombrables bas-reliefs religieux sont souvent des ex-voto, mais beaucoup ornent aussi les cippes et les sarcophages.

À partir du IIᵉ siècle de notre ère, sous l'influence des cultes orientaux et du christianisme, l'inhumation se substitue à l'incinération, et les sarcophages sculptés se multiplient.

Ceux du IIᵉ siècle sont presque exclusivement païens ; puis, au IVᵉ siècle, au contraire, on trouve surtout des sarcophages chrétiens. Les uns et les autres sont ornés sur leur pourtour d'une frise à fort relief, animée de nombreux personnages disposés dans un désordre emphatique, inspiré de l'art pergaménien. Les sarcophages païens se distinguent par des scènes mythologiques, des batailles et des processions, tandis que les tombeaux chrétiens sont ornés d'épisodes de la Bible auxquels se mêlent des ornements païens, tels des griffons et des masques...

À la fin de l'Empire, la statuaire en ronde bosse étant en pleine décadence, les sarcophages demeurent l'unique forme de sculpture subsistante.

Les reliefs à sujet historique constituent un mode d'expression original et privilégié de l'art romain. Ils sont peut-être un héritage lointain des reliefs hellénistiques, ceux de Pergame notamment, lesquels devaient déjà beaucoup aux reliefs orientaux. Cependant, l'esprit qui a présidé aux reliefs historiques romains est bien particulier. Ils n'apparaissent guère en Italie avant le Iᵉʳ siècle de notre ère et sont tournés essentiellement vers la commémoration des événements immédiats, vers la glorification du présent. Ce sont d'ailleurs de précieux documents historiques, car les faits sont représentés tels qu'ils venaient de se produire, avec le plus de détails possible : portraits des personnages mis en scène, costumes, armes, accessoires, environnement, paysage même sont reproduits avec une extrême précision. Le plus célèbre est probablement la colonne Trajane, érigée en commémoration de la conquête de la Dacie au début du IIᵉ siècle apr. J.-C.

Le style de ces reliefs suit tout naturellement l'évolution générale de la statuaire romaine. Ainsi, les pièces du Bas-Empire ont perdu la vivacité et l'élégance des œuvres des siècles précédents : les personnages sont représentés en attitude frontale et répartis symétriquement.

INTAILLES ET CAMÉES

L'art de la glyptique doit être distingué de l'orfèvrerie, tant à cause des matériaux utilisés que de l'usage qui était dévolu aux intailles et aux camées, même s'ils ont souvent été montés en bijoux.

La glyptique antique, comme encore de nos jours, utilisait deux techniques : celle de la gravure de la pierre en creux, qui produit des intailles, et celle de la gravure en relief, qui donne des camées. Ceux-ci peuvent être soit monochromes, s'ils sont gravés dans des pierres de teinte uniforme, soit de deux ou trois tons s'ils sont ciselés dans des pierres faites de couches superposées de couleurs différentes. Les onyx sont les plus belles, et c'est en sardonyx — une des variétés de l'onyx — que sont les plus beaux camées antiques.

Les Égyptiens ne connaissaient que les pierres monochromes : turquoise, lapis-lazuli, améthyste, cornaline... Artisans habiles, ils ont produit de très nombreuses pierres décorées de motifs symboliques — croix ansée, lotus, œil —, d'images de divinités, et, surtout, d'animaux réels ou imaginaires, dont la tête seule est souvent représentée. Il faut ranger dans la catégorie des décors zoomorphes les innombrables scarabées, dont la vogue dépasse largement l'aire d'extension de la civilisation égyptienne. Il n'est pas toujours aisé de connaître quelle fut la destination précise des intailles égyptiennes qui sont tout aussi bien ornement, talisman que sceau.

En Mésopotamie, à partir de la fin du IVe millénaire, sont réalisés en grand nombre de magnifiques cachets en forme de cylindres. Le meilleur centre de production est en Chaldée ; en Perse, en Assyrie, en Arménie, dans tout le bassin oriental de la Méditerranée, on a imité ensuite les sceaux-cylindres chaldéens. En quartz ou autre pierre dure, ils sont souvent percés d'un trou pour que l'on puisse les attacher autour du cou ou du poignet. Ils sont finement ciselés et décorés de scènes religieuses, de personnages du panthéon mésopotamien, de scènes de chasse, de combats d'animaux.

Les Phéniciens et les Étrusques apportent peu d'originalité à l'art de la glyptique. Les premiers empruntent leur art aux Égyptiens et aux Assyriens, les seconds aux Grecs, au point qu'il est souvent difficile de distinguer intailles étrusques et intailles grecques archaïques ; on s'accorde généralement à qualifier d'étrusques celles qui portent une inscription étrusque en sus de leur décor.

Les peuples de la Crète et de Mycènes ont été plus originaux. Dans des matières telles que l'agate, la calcédoine, l'améthyste, l'hématite, ils ont gravé des objets de forme lenticulaire, aplaties ou arrondies, souvent légèrement convexes. Le décor zoomorphe et végétal est simple et parfois maladroit. Certaines pierres étaient percées pour être portées en colliers, d'autres étaient serties en bagues.

À l'origine, les graveurs grecs sont largement redevables à la glyptique égyptienne. Ils ne gravent, en effet, jusqu'au IVe siècle av. J.-C., que des pierres monochromes. Maintes intailles, serties d'or ou d'argent sont portées en bijoux, aux Ve et IVe siècles. Leurs motifs décoratifs reproduisent des masques de Silène et de Gorgone, des figures négroïdes, des animaux qui rappellent souvent les scarabées égyptiens. Cependant, la glyptique grecque se transforme à partir du milieu du Ve siècle ; style et technique s'assouplissent et s'individualisent alors.

La polychromie apparaît au IVe siècle avant l'ère chrétienne : les pierres gravées deviennent désormais de véritables bas-reliefs en miniature, utilisant avec art les couches de couleurs différentes des pierres qu'il travaille. Les décors mettent en scène de nombreux personnages, des thèmes mythologiques complexes ; même les portraits de souverains font partie du répertoire iconographique.

Les centres de production sont nombreux, mais il est

Christie's

Ensemble de bijoux et d'amulettes d'or égyptiens. Ces objets, trouvés dans les tombes, accompagnaient le défunt durant son voyage au royaume des ombres. Ce rare ensemble d'orfèvrerie antique provient d'une collection privée.

Christie's

Ensemble de camées et d'intailles d'époques hellénistique et romaine ; le sceau qui se trouve au milieu, à gauche, est sassanide et date du IVe-Ve siècle apr. J.-C.

presque impossible d'établir des datations précises, car formes et motifs sont copiés et répétés à l'infini. La pierre gravée a gardé son usage de sceau, mais elle est aussi devenue œuvre d'art, prisée comme telle. Les artisans habiles, comme le Grec Pyrgotèle, qui jouit d'une grande célébrité, mais dont aucune œuvre, identifiée de façon certaine, n'est parvenue jusqu'à nous, sont très recherchés.

À Rome, la glyptique apparaît au Ier siècle avant notre ère. C'est alors un art d'importation orientale et il gardera d'ailleurs toujours ce caractère : les graveurs sont d'origine grecque, ainsi que l'attestent leurs signatures ; les techniques et les motifs trahissent un héritage hellénistique. La meilleure période de production est le Ier siècle apr. J.-C. L'artisan Diosconide grave à cette époque des intailles et des camées très recherchés, et jouit d'une grande renommée. À partir du milieu du IIe siècle, le goût se détourne des sujets décoratifs nobles hérités des Grecs, les motifs deviennent plus vulgaires. Deux catégories d'intailles courantes apparaissent : les grylles, aux motifs baroques ou grotesques, et les abraxas, sortes d'amulettes gnostiques.

LES OBJETS DE TOILETTE

Les soins corporels avaient une grande importance dans les civilisations antiques, toujours soucieuses de la beauté plastique du corps humain. Hommes et femmes de la haute société se baignaient quotidiennement, se parfumaient, soignaient leur peau avec toutes sortes d'huiles et de crèmes ; les femmes se fardaient et teignaient leurs cheveux. Aussi les objets de toilette ne sont-ils pas rares dans les tombes et les riches habitations privées.

L'Égypte nous a laissé de délicates cuillers à fards en forme de nageuses, de canards, de sauterelles, des peignes de bois ou d'ivoire, des petits vases de verre ou de céramique pour les parfums, des tubes cylindriques pour le khôl, dont les Égyptiens faisaient une forte consommation, des pots d'obsidienne ou d'albâtre pour les crèmes et les pommades, et de précieux coffrets en ébène incrusté d'ivoire ou d'argent, où les coquettes rangeaient bijoux et objets de toilette.

Les Grecs faisaient, eux aussi, grand usage d'huiles et de parfums. L'aryballe, petit vase sphérique, contenait la dose d'huile nécessaire à l'athlète pour se masser avant le combat ; son col étroit aux larges bords plats servait d'applicateur. Après l'exercice, le jeune homme raclait, à l'aide d'un strigile, cette huile dont il s'était enduit, mélangée au sable et à la sueur, avant de se plonger dans l'eau.

Les femmes s'épilaient entièrement le corps à l'aide de rasoirs ou de pinces à épiler. Elles étalaient sur leur visage de la céruse, du rouge, du noir... à l'aide d'une spatule à fards et conservaient leurs parfums et leurs crèmes dans des alabastres allongés ou des pyxides.

La coquetterie des belles Romaines est célèbre. Elles utilisaient pour leurs parfums des flacons de verre, marqués parfois au nom du parfumeur, ou de jolis balsamaires de forme allongée, comme l'alabastre des Grecques.

Les peignes grecs ou romains étaient en bois, en écaille ou en ivoire, et les plus beaux étaient finement décorés de bas-reliefs.

Les Anciens n'ont pas totalement ignoré le miroir à glace : à partir du Ie siècle on sait appliquer une feuille de métal poli derrière une plaque de verre pour en faire une glace réfléchissante. Cette technique ne fut pourtant pas la plus répandue. Pour les nécessités de la toilette et de

Amphore à figures rouges.
Les céramiques grecques de ce type (IVe s. av. J.-C.) valent de 30 000 à 100 000 F aux enchères.

Vase à parfum anthropomorphe en terre cuite.
Apulie, IIIe s. av. J.-C.
Galerie Mythes et Légendes.

Meguerditchian

Meguerditchian

Ensemble de coupes et de vases grecs du IVe s. av. J.-C., provenant de la Grande-Grèce.
Galerie Mythes et Légendes.

la coquetterie, on utilisait surtout des miroirs de métal poli. Miroirs à main ou à socle, ils étaient toujours de petite taille ; il n'existait pas alors de grandes glaces murales permettant de se voir « en pied ».

Les métaux employés étaient parfois l'or ou l'argent, mais plus généralement l'étain et surtout le bronze — ou encore le bronze étamé —, bien meilleur marché.

En Égypte, le miroir était un disque de métal fixé sur un manche droit, oblong, figurant une femme. Le musée du Louvre possède un exemplaire précieux à manche d'or et de turquoise, dont le miroir d'argent a disparu (XIIe dynastie).

En Grèce, le miroir était du même genre : disque de bronze ou autre métal, muni d'un manche plat ou, comme en Égypte, en forme de femme nue ou vêtue, terminé par un anneau pour suspendre l'objet. Il existe aussi des miroirs sur socle, soutenus par une caryatide. Les attaches, très élégantes, sont des amours, des animaux ou les bras étendus de la caryatide. En Grèce toujours, on trouve des miroirs boîtes, que l'on peut comparer à nos Minaudières et poudriers.

Outre le manche et le socle joliment sculptés et ciselés, l'envers du miroir peut être orné d'un décor gravé assez raffiné, de scènes mythologiques, de portraits, de scènes familières illustrant le cérémonial de la toilette, les préparatifs du mariage.

Les Étrusques ont imité les miroirs grecs. Ils ont fabriqué essentiellement des miroirs à manche et non sur socle, et la surface réfléchissante, toujours ronde en Grèce, pouvait prendre, en Étrurie, une forme carrée. Les miroirs étrusques sont les plus nombreux sur le marché.

À Rome, les miroirs à main, ronds, carrés ou rectangulaires, étaient aussi les plus fréquents. Le manche représentait un personnage ou était parfois orné d'une simple torsade.

LE MARCHÉ DE L'ARCHÉOLOGIE

Le temps, les invasions et aussi l'iconoclasme sans discernement des premiers chrétiens, aussi ardents à détruire les monuments du paganisme que plus tard les sans-culotte à anéantir les symboles de la monarchie, ont littéralement « arasé » les restes des civilisations païennes.

Ce qui demeure ne représente donc que de façon fragmentaire la splendeur passée. Il est des catégories d'« antiques » dont on n'a plus aucun témoin : de nombreux chefs-d'œuvre de la sculpture grecque ne nous

Terre cuite étrusque, représentant une jeune femme aux cheveux ondulés, IIIe-Ier s. av. J.-C.
Galerie Mythes et Légendes.

Meguerditchian

sont connus que par des répliques romaines ultérieures. De la peinture « de chevalet », très brillante à partir du IVe siècle av. J.-C., il ne reste absolument rien..., pour ne citer que les exemples les plus spectaculaires. Il a fallu un cataclysme comme l'éruption du Vésuve, véritable aubaine pour les archéologues, pour nous restituer, fossilisée, toute une tranche de la civilisation gréco-latine. En fonction de ce qui subsiste, les « antiques » se divisent donc en deux catégories principales :
— les richesses des musées : collections publiques ou privées à l'origine, constituées depuis le XVIe siècle, en principe la plus belle part des découvertes opérées au cours des fouilles archéologiques ;
— le menu fretin, d'où émergent tout de même quelques très beaux objets, laissé à la convoitise des collectionneurs.

Les collectionneurs

Jusqu'à une très récente époque, les objets archéologiques, à l'exception des pièces spectaculaires comme les bustes, les grands vases, appréciés pour leur valeur décorative par des amateurs raffinés, n'intéressaient qu'une minorité d'érudits. Mais, depuis quelques années, tandis que le progressif déclin des études classiques a entraîné la diminution de cette clientèle savante, les voyages ont développé une nouvelle forme d'érudition « touristique », tout à fait intéressante et digne d'estime : les visites des champs de fouilles et des musées font naître chaque année de nouvelles vocations de collectionneurs.

Aussi le marché tend-il à s'élargir ; on le constate au nombre croissant des ventes spécialisées sur les grandes places européennes et aux États-Unis, et des galeries archéologiques, qui prennent une place assez importante dans le rang des antiquaires. Le marché parisien, assez bien placé, est pourtant dépassé par ceux de Londres et d'Allemagne.

L'augmentation de la demande, pour une offre qui ne peut que s'amenuiser, pose, comme pour tous les objets anciens, l'éternel problème de l'alimentation du marché.

Le temps n'est plus où bronzes et marbres antiques débarquaient d'Italie par cargaisons entières pour enrichir les cabinets des fastueux amateurs de la Renaissance. Jusqu'à la dernière guerre, néanmoins, les amoureux d'objets antiques pouvaient compter sur des apports constants des principaux pays « fournisseurs » : Italie, Tunisie, Grèce, Turquie, Égypte, Iran, Liban, Syrie. On trouvait aussi des objets gallo-romains sur le marché. Mais, depuis 1940, le produit des fouilles n'est plus commercialisable — à l'exception des trouvailles faites lors de fouilles clandestines, dont il ne faut pas exagérer l'importance —, et les exportations d'objets archéologiques sont sévèrement réglementées, quand elles ne sont pas purement et simplement interdites : l'Italie, la Grèce et l'Égypte, entre autres, ont édicté des règlements draconiens pour empêcher l'éparpillement de leur patrimoine antique.

Comment éviter les faux

« Quand les vrais font défaut, les malins font des faux », disait un célèbre collectionneur. Devant la rareté de belles pièces, les faux ont envahi le marché, et la difficulté de regrouper un ensemble d'objets authentiques fait renoncer bien des candidats à la collection.

En réalité, le risque n'est pas plus grand que pour les autres catégories d'objets, une fois éliminés les « attrape-touristes », vendus plus ou moins à la sauvette sur les champs de fouilles ou dans les bazars-souvenirs des pays méditerranéens, où ce genre de pratiques fait partie des coutumes nationales. L'amateur tant soit peu averti ne s'y laisse pas prendre et on a, heureusement, tout de même peu de chance de retrouver ces farces et attrapes chez les antiquaires spécialisés !

L'amateur d'antiques dispose en revanche de cette science sans cesse enrichie qu'est l'archéologie, science appliquée aux objets anciens, qui n'a pas son équivalent pour les époques plus récentes. Science difficile, certes, mais passionnante, et le collectionneur qui s'astreint à prendre connaissance des recherches effectuées dans le domaine qui le concerne est en mesure de se prémunir contre un certain nombre de risques.

Le faussaire, en effet, est rarement un bon archéologue, et il table essentiellement sur l'ignorance de ses victimes. Aussi la très grande majorité des objets faux ne résiste-t-elle pas à un sévère examen critique.

L'observation des patines est révélatrice : un objet ayant séjourné deux mille ans dans le sol n'aura pas le même aspect que celui qui y est resté six mois ou qui a été passé à une quelconque mixture acide. Des notions de chimie sont donc utiles pour démasquer les fausses patines.

La connaissance des techniques et des matériaux utilisés par les anciens est également un moyen d'investigation : traces de l'outil, du moule, du tour, la composition d'une argile ou d'un métal, les modes de cuisson peuvent fournir de précieux renseignements. Pour beaucoup d'objets, enfin, des typologies ont été établies. Les classifications par styles, par lieux de découverte, les recoupements systématiques permettent d'établir des catégories précises, de savoir où et quand tel type d'objet a été fabriqué, de déterminer les points communs entre les éléments, poids, forme, motifs... d'une même série. Perpétuellement mises à jour, corrigées, améliorées, les typologies aboutissent à un classement de plus en plus précis, bien qu'éternellement provisoire, et un objet ne cadrant pas avec l'ensemble des données a de grandes chances d'être un faux.

Ce que l'on trouve

La statuaire

Des statues égyptiennes apparaissent parfois dans les ventes. Comme pour toutes les catégories d'objets archéologiques, les variations de prix sont énormes, selon les différences de qualité. Les sculptures, têtes, bustes, fragments en pierre, sont en hausse depuis quelques années. Une tête de prêtre en diorite de la XXXe dynastie (H. : 36 cm) s'est vendue 850 000 F à Drouot le 17 mai 1987.

La sculpture grecque est assez rare sur le marché, en dehors des copies d'époque romaine. Un torse de jeune athlète en marbre blanc, réplique d'époque romaine (IIe siècle) d'un original de l'époque classique (fin Ve - début IVe siècle av. J.-C.), s'est vendu 380 000 F à Drouot le 15 novembre 1988. Une façade de sarcophage en marbre (Grèce, IIIe siècle) figurant un poète entouré des neuf Muses a atteint 450 000 F à Drouot, le 23 novembre 1988 (M. Roudillon, expert).

Un beau buste romain, ou une tête, ou encore un torse sans tête se payent, quand ils sont de bonne qualité, plusieurs milliers de francs, mais il en est de qualité moyenne à des prix abordables. Les moins chers sont les statuettes et de petits bas-reliefs romains de moindre intérêt artistique et documentaire, ou des fragments de grandes statues (de 8 000 à 20 000 F).

La céramique égyptienne

Les oushabti ont une clientèle de fervents collectionneurs, qui a fait régulièrement monter les prix de 6 000 à 30 000 F. Les plus belles pièces atteignent des prix sans rapport avec la qualité artistique de l'objet. La cote dépend de la rareté du modèle, des ustensiles que tient la statuette, de la beauté de l'émail et de la netteté du modelé, pour ces objets extrêmement nombreux sur le marché.

Les vases grecs

Ils ne sont pas très rares, toutes les bonnes ventes en ce domaine en renferment. On peut, pour un prix inférieur à ceux des faïences XVIIIe, acquérir des amphores, lécythes ou cratères à figures rouges ou noires ; les pièces corinthiennes archaïques atteignent les mêmes prix (de 30 000 à 100 000 F).

Pour les très belles pièces, les prix s'élèvent considérablement. On recherche surtout la pureté de lignes, la qualité du graphisme. Les plus cotées sont les coupes et les amphores à figures rouges du Ve siècle av. J.-C., qui peuvent atteindre ou dépasser 500 000 F en fonction de l'état du vase et de la qualité du fond noir.

Le 8 juin 1988, à Londres, une très belle collection d'un grand amateur scandinave était dispersée par Christie's. Parmi les pièces les plus remarquables, une œnochoé du Ve siècle av. J.-C. (H. : 22,7 cm), représentant Ulysse et les sirènes, s'est vendu 132 000 livres (1 400 000 F). À cette même vente une coupe attique à figures rouges a été adjugée 77 000 livres (811 580 F).

Les statuettes de terre cuite

Malgré leur séduction, elles semblent encore relativement sous-cotées. Il est vrai que les meilleures pièces ne sont pas celles que l'on trouve le plus fréquemment, mais on peut acquérir au quart du prix d'un Saxe XVIIIe une gracieuse figurine féminine tanagréenne. Le prix moyen se situe entre 8 000 et 15 000 F.

À Monte-Carlo, le 5 décembre 1987, à la vente de la comtesse de Béhague par Sotheby's, une statuette grecque (H. : 12,1 cm) représentant Apollon (Ve siècle av. J.-C.) a atteint l'enchère de 8 325 000 F. La hausse se poursuivant toujours pour les pièces de grande qualité, un tel record ne pourrait être battu qu'avec l'apparition d'une autre pièce exceptionnelle sur le marché.

Les petits bronzes

Le marché des bronzes se compose de pièces égyptiennes, étrusques et romaines. Quant aux bronzes grecs, ls sont pratiquement introuvables... et inestimables lorsque, par hasard, il s'en présente un.

Parmi les bronzes égyptiens les plus chers sont les chats saïtes, dont la cote courante est de 20 000 à 50 000 F, pouvant exceptionnellement aller jusqu'à 300 000 F en 1989, quatre fois plus que dix ans plus tôt, pour les félins de belle ligne, aux yeux incrustés d'or, au col bien ciselé. Les statuettes de Basse Époque représentant les diverses divinités du panthéon égyptien obtiennent des cotes analogues.

Les bronzes étrusques archaïsants sont dans les mêmes prix et, pour les bronzes hellénistiques et romains, l'éventail de qualité étant très vaste, la cote varie de 10 000 à 50 000 F ou davantage pour les pièces exceptionnelles comme un éphèbe étrusque vendu à Londres par Christie's 41 800 livres (450 000 F), le 11 décembre 1987.

Les verres romains

Là encore, les écarts de prix ont de quoi dérouter la clientèle profane. On trouve facilement des verres irisés tels que lacrymatoire ou balsamaire, de 1 000 à 10 000 F. Mais les pièces exceptionnelles en bon état peuvent dépasser 500 000 F. Un flacon à décor de camée blanc sur bleu a été adjugé 324 000 livres (3 500 000 F) à Londres chez Christie's, le 5 mars 1985.

À Londres, chez Christie's, une œnochoé à figures noires, représentant une scène de *l'Odyssée,* a obtenu une enchère de 132 000 livres (51 450 000 F) le 8 juin 1988.

Christie's

Partie supérieure d'une statuette égyptienne de l'Ancien Empire, représentant un noble personnage (V^e^ dynastie, H. 21 cm).

Aiguière en argent aux armes de la famille Fitzgerald, Paris, 1656, orfèvre non identifié. Adjugée 2 886 000 F par Sotheby's à Monaco le 3 décembre 1988.

Sotheby's

L'ARGENTERIE

L'argent est le symbole même de la richesse. Dans les périodes d'incertitude monétaire, où, justement, l'argent-monnaie se déprécie, l'argent-matière prend de nouvelles plus-values. On l'a vu notamment au cours de ces dernières années, où le cours du métal précieux a soudain augmenté plus que l'or ou le pétrole, et puis s'est mis à régresser pour se stabiliser en 1985, avant sans doute de repartir à la hausse.

Et pourtant le poids du métal n'entre que pour une faible part dans la valeur des objets d'argent que nous ont légués les maîtres orfèvres de l'Ancien Régime.

Le véritable amateur d'argenterie aura toujours avantage à considérer plus la qualité de l'objet lui-même que son poids de métal fin, quelles que soient ses arrière-pensées d'investissement. Il sera d'abord sensible à l'harmonie des proportions, à la finesse des ciselures, à l'ancienneté et à la notoriété des poinçons. Anciens ou moins anciens, les objets d'argent sont de toute façon un investissement très sûr à long terme.

Le terme « argenterie » désigne les objets d'argent, certes, mais essentiellement les objets d'usage domestique : ustensiles destinés à la salle à manger, accessoires de toilette ou grandes pièces au rôle purement décoratif. Quant aux petits bijoux d'argent (tabatières, boîtes à pilules, étuis, boîtiers de montres) fabriqués dans ce métal, ils n'entrent pas, à proprement parler, dans l'argenterie, mais se rattachent chacun à leur famille d'objets.

Outre les pièces d'argent massif, l'argenterie comprend aussi les objets de vermeil (qui n'est autre que de l'argent soit doré, soit plaqué d'or) et, plus modestement, le métal argenté : un métal vulgaire (cuivre, laiton ou maillechort) recouvert d'une pellicule d'argent plus ou moins épaisse.

L'argenterie se confond souvent avec l'orfèvrerie. Il y a entre les deux plus une nuance qu'une différence : l'orfèvrerie, c'est l'art de travailler les métaux précieux, l'or comme l'argent, mais ce terme évoque une idée de richesse, d'ornement, de somptuosité, qui est souvent absente de l'argenterie domestique. Moins précis sur ce point que l'anglais, le français désigne du même nom d'« orfèvre » celui qui fabrique des objets d'or comme celui qui façonne des objets d'argent.

Les objets de métal précieux, de même que les pierres fines, ont été, depuis l'Antiquité, un moyen de thésauriser une « valeur refuge », disons-nous aujourd'hui. Mais ils constituaient aussi des thèmes de collection, dont les amateurs avertis appréciaient les pièces autant pour la finesse de leur travail et pour leur beauté que pour leur valeur intrinsèque.

L'argenterie a donc toujours été une excellente manière de placer son argent et de le récupérer au moment voulu. Aussi a-t-elle subi, au cours des siècles, de nombreux avatars. Dès que le besoin de numéraire se faisait sentir, il suffisait d'une ordonnance pour envoyer au creuset plats, aiguières et bougeoirs, aussitôt transformés, c'est le cas de le dire, en liquide. Même dans les périodes sereines, bien des gens faisaient mettre leur vieille argenterie au goût du jour, un peu à la manière dont on utilise les brillants d'une grand-mère pour les faire sertir sur une monture moderne.

Tout cela explique la rareté de l'argenterie très ancienne. Paradoxalement, ces plats et ces verseuses incassables ont subi plus de dommages que leurs homologues en faïence ou en porcelaine.

Pour beaucoup, l'argenterie était un moyen non seulement de conserver ses richesses, mais aussi d'en faire parade. C'est pourquoi l'argenterie domestique ne se cachait pas au fond d'un placard ou d'un buffet, mais s'étalait sur les rayons d'une crédence ou derrière la vitre d'un argentier. Voici en quels termes, vers les années 1780, Sébastien Mercier raille comiquement ce goût de l'ostentation : « Le bourgeois commence par un huilier ou une soupière, mais le jour qu'il a de la vaisselle plate, il va chercher ceux qu'il n'a pas vus depuis longtemps pour leur annoncer cette illustration et les inviter à un dîner qui n'en est pas meilleur... » Cette volonté de paraître, voire d'éblouir, était aussi le fait de bien des princes.

LA TECHNIQUE

Les alliages

L'argent est un métal très malléable, qui ne peut être utilisé pur. On le travaille donc en alliage, généralement avec le cuivre. Le titre de cet alliage, c'est-à-dire la proportion de métal fin par rapport au poids total, peut varier selon les époques, les pays et les types d'objets ; sous l'Ancien Régime, il changeait même souvent d'une province à l'autre.

D.R.

Aiguière et son bassin en vermeil repoussé et ciselé, Gênes, 1636. H. 27 cm. Diam. 47 cm. Galerie Kugel.

Pour Paris, depuis le Moyen Âge, le titre légal garanti par le poinçon de titre était de 11 deniers 12 grains d'argent pur pour une demi-once de métal (soit environ 15,28 g d'argent pur pour 15,30 g de métal). On tolérait une variation de 2 grains (soit de 0,10 g) à l'once, car il était impossible d'obtenir un alliage absolument constant. Cette proportion, qui correspond à 950 millièmes d'argent fin pour 50 millièmes de cuivre, fut le titre officiel en France jusqu'en 1972, date à laquelle il fut abaissé à 925 millièmes. Depuis 1797, d'ailleurs, deux titres avaient concurremment cours légal : le premier titre, ou titre fort (950 millièmes), et le second (800 millièmes), réservé aux petits objets.

Les alliages utilisés pour façonner les objets dits « en métal argenté » sont principalement : le *ruolz,* composé d'argent (25 p. 100), de nickel et de cuivre en proportions variables, et le *maillechort,* qui comprend du cuivre (50 p. 100), du nickel, du zinc, du fer et de l'étain.

Le façonnage

On distingue traditionnellement la vaisselle plate, ou platerie (assiettes, plats, jattes, plateaux), et la vaisselle montée (verseuses, récipients et autres « pièces de forme »).

Aujourd'hui, les plaques d'argent arrivent toutes laminées et préparées chez l'orfèvre qui doit les travailler. L'artisan d'autrefois partait d'un lingot. Il existe plusieurs méthodes pour travailler l'argent ; les principales sont le marteau, le tour et la fonte.

Le travail au marteau

C'est la méthode traditionnelle, entièrement manuelle. L'orfèvre se sert d'un marteau et d'enclumes de formes et dimensions variées (bigornes), selon l'objet à exécuter et le stade du travail. L'artisan commence par aplatir le lingot au marteau pour obtenir une plaque de quelques millimètres d'épaisseur. Sur cette plaque, il trace un cercle plus ou moins grand selon l'objet à faire, qu'il découpe à la cisaille. Il faut évaluer exactement la quantité de métal à utiliser, afin de ne pas en gaspiller. Pour les pièces plates (plats ou assiettes), le contour est délimité par une moulure circulaire ou chantournée, que l'on soude sur la plaque. Les bords sont ensuite égalisés. Vient alors le travail de planage : à l'aide d'un marteau et d'une enclume (un simple « tas à dresser » pour ce travail simple), l'artisan enfonce le creux de l'assiette et donne sa forme à l'aile, ou bord.

Pour les pièces de forme (verseuses, aiguières, soupières, etc.), le travail est plus compliqué.

L'emboutissage, qui se pratique sur une bigorne plus ou moins arrondie, consiste à donner à la plaque d'argent une forme concave plus ou moins accentuée.

Le travail de « retreinte » intervient ensuite. Toujours à l'aide d'un marteau et d'une bigorne, l'artisan ramène vers le haut les bords de l'objet de façon à obtenir un cylindre. Utilisant ensuite des marteaux et des bigornes de formes et de tailles variées, il donne à ce cylindre l'aspect d'un gobelet, d'une théière, d'une cafetière, renflant la panse, rétrécissant le goulot. C'est un travail délicat. Le métal a tendance à diminuer d'épaisseur aux endroits bombés, à augmenter dans les rétrécissements, et l'orfèvre doit veiller constamment à pallier cet inconvénient. Il doit aussi éviter de taper deux fois de suite au même endroit, car le martelage répété n'est pas sans faire souffrir le métal, qui devient cassant, impossible à travailler. Pour lui rendre sa souplesse, l'artisan le chauffe au rouge à intervalles réguliers durant l'opération, attendant après chaque « passe » que le métal soit bien refroidi avant de le retravailler.

Toutes ces opérations sont maintenant exécutées beaucoup plus rapidement au tour électrique, apparu à la fin du XIXe siècle.

La fonte

Les prises de couvercles, les anses et tous les ornements ou accessoires en ronde bosse sont fondus. Certains artisans utilisent le procédé de la cire perdue (comme pour le bronze). Cependant, la technique généralement pratiquée en orfèvrerie est plutôt celle de la fonte au sable.

Dans un châssis métallique garni d'un sable argileux de consistance pâteuse, les modèles sont enfoncés jusqu'à la moitié. On pose alors un second châssis (vide) sur le premier et on le garnit du même mélange qui vient ainsi recouvrir la partie supérieure des modèles. On sépare les châssis, on enlève les modèles et on creuse dans les empreintes les « jets », ou canaux d'injection, reliés à un maître jet central, et les « évents » qui permettront à l'air de s'échapper sous la pression du métal en fusion.

Le sable aggloméré est alors séché de façon à former un moule bien solide ; on referme les deux châssis l'un sur l'autre et l'on verse le métal dans le maître jet. Après refroidissement, on démoule, on coupe les jets, on lime les traces de jointure. Enfin, ces pièces « brutes de fonte » doivent être reprises au burin pour faire ressortir toutes les finesses du travail, accentuer la nervosité des reliefs.

Les moulures

Les moulures sont formées sur un banc à étirer. La baguette de métal est introduite dans une filière au profil désiré, et tirée en force à travers ce passage, dont elle épouse le dessin. Après quoi, on lui donne une forme circulaire de la dimension exacte en la cerclant sur un cône de métal appelé « triboulet ».

Les procédés de fixation

Jusqu'au XIXe siècle, les ornements ainsi fondus étaient fixés à la pièce par soudure — une soudure à l'argent, à assez basse température (pour ne pas endommager les pièces à assembler), qui présentait l'inconvénient d'être un peu trop faible et de créer, au point d'attache, un certain empâtement. Au début du XIXe siècle, apparaît l'assemblage à vis, plus net.

Les techniques de décoration

La ciselure

C'est la technique la plus simple. L'orfèvre se sert d'un ciselet, tige d'acier longue de 10 à 15 centimètres, épaisse d'environ 5 millimètres, dont le bout, fortement trempé, n'est pas tranchant. En effet, l'artisan doit enfoncer le métal sans l'entamer. Selon le genre de décor recherché, l'orfèvre dispose de plusieurs ciselets.

Les outils clairs présentent une pointe unie et polie : la bouterolle a un bout arrondi, le perloir est en creux, le bouge est effilé en pointe.

Les matoirs, au contraire des outils clairs, ont une extrémité striée ou grenue ; ce sont eux qui servent à faire les fonds « amatis », c'est-à-dire non polis.

L'artiste tape sur le ciselet avec un marteau, directement sur l'endroit de la pièce. Ce travail nécessite une grande régularité, la force du coup devant être très exactement calculée pour que le métal soit enfoncé de façon égale.

Le repoussé

Il est utilisé pour les décors en fort relief, pour la grande orfèvrerie ornementale en particulier. Le principe est le même que celui de la ciselure, mais l'artiste frappe alors sur l'envers de la pièce afin de « repousser » le métal vers l'extérieur.

Si l'opération est relativement simple pour les plats et les coupes, elle se complique singulièrement quand il s'agit de décorer une aiguière ou un vase au col étranglé. L'artiste se sert alors d'une *recingle*, tige d'acier repliée à angle droit aux deux extrémités. L'extrémité supérieure est maintenue par un étau ; la partie inférieure, qui fera office de ciselet, est passée à l'intérieur de l'objet à décorer, que l'orfèvre maintient de la main gauche. Avec la main droite, il frappe à coups de marteau sur la partie supérieure de la recingle, dont la tige inférieure vient, par rebondissement, frapper le métal en le repoussant. L'artisan doit évidemment doser ses coups selon qu'il désire un relief plus ou moins accentué.

Cooper Bridgeman Library

Détail de bordure ciselée à oves et dards.

D.R.

Ourson en vermeil à tête amovible, Augsbourg, vers 1580. H. 14,5 cm. Galerie Kugel.

L'écuelle du Grand Dauphin (vermeil), par Sébastien Leblond, Paris, 1690-1692. La seule pièce de vaisselle royale qui ait été conservée du règne de Louis XIV. Musée du Louvre.

Le décor linéaire

Le décor en relief n'est pas le seul qui soit appliqué en orfèvrerie, le simple jeu des lignes peut aussi créer un effet très heureux.

• *Le tracé mati,* exécuté en ciselure, donne un décor mat se détachant sur un fond poli ou, inversement, des motifs brillants sur un fond amati, obtenu par un travail au matoir. Ce décor est très apprécié pour les plateaux.

• *La gravure,* au burin ou à l'eau-forte, qui, contrairement à la ciselure, n'enfonce pas le métal mais l'entame, utilise exactement les mêmes procédés que la gravure sur cuivre servant à l'estampe.

Dorure et argenture

Le vermeil

C'est de l'argent massif recouvert d'une couche d'or. L'opération de la dorure vient après l'achèvement complet de la pièce et peut s'effectuer selon deux procédés : la dorure au mercure et l'électrolyse.

La dorure au mercure est pratiquée dès le XVIIe siècle. On forme un amalgame avec du mercure et de l'or fin en poudre en parties égales. Ce mélange est appliqué à la brosse sur l'objet à dorer. L'objet est alors chauffé jusqu'à évaporation complète du mercure. On frotte ensuite à la brosse, puis on finit au brunissoir d'hématite pour donner le brillant.

L'électrolyse se pratique également sur l'objet terminé, trempé au préalable dans un bain de potasse afin de le débarrasser de toute trace grasse. L'objet à dorer (ou à argenter) est suspendu dans un bain de sels métalliques (cyanure de potassium), avec des crochets de cuivre reliés à des barres métalliques dans lesquelles passe le courant. La pièce suspendue joue le rôle d'électrode négative, l'électrode positive — l'anode soluble — étant composée de lamelles d'or ou d'argent. Sous l'action du courant qui passe dans le bain, l'or ou l'argent de l'anode va se déposer sur la pièce.

Le métal argenté

• *Le métal doublé.* Sur une plaque de cuivre, on soude, par martelage et laminage, une feuille d'argent (un dixième de l'épaisseur de la feuille de cuivre). Ces feuilles superposées sont ensuite travaillées au marteau et à la bigorne selon la technique classique. Ce procédé, connu depuis le XVIIe siècle, est celui du « vieux Scheffield ». Mais, lors du façonnage au marteau, les parties en relief ont tendance à s'appauvrir en argent. Comme ce sont les endroits les plus exposés à l'usure, on voit rapidement apparaître la couche de cuivre sur les bords extérieurs, les angles et les parties saillantes.

• *L'argenture à l'électrolyse.* Inventée en 1839 par le comte de Ruolz, en France, et par Elkington, en Angleterre, elle présente l'avantage de déposer une couche d'argent plus épaisse sur les parties saillantes.

Le métal anglais ne doit pas être confondu avec le « vieux Scheffield », qui est un métal doublé. Ce n'est pas à proprement parler un métal argenté, mais un alliage à base d'étain. Les pièces sont fondues dans un moule en fonte de fer, les assemblages soudés à l'étain. Le métal anglais sert à une orfèvrerie bon marché, plus brillante que le simple étain.

L'ORGANISATION DU MÉTIER SOUS L'ANCIEN RÉGIME

Comme la plupart des métiers, l'orfèvrerie s'organise et se développe dans le cadre de la corporation (on disait alors le corps de métier, ou la communauté). Ces communautés de métiers, nées au XIIe siècle au moment du grand essor urbain et commercial de l'Occident, avaient pour but de défendre les intérêts et les privilèges de chaque profession et de faire appliquer par leurs membres une véritable déontologie professionnelle.

Les premiers statuts de la communauté des orfèvres parisiens se trouvent codifiés dès l'époque de Saint Louis (1268). La valeur du métal travaillé impose en effet une sévère réglementation et un système de contrôle bien précis. Le client, qui, lui, n'est pas toujours orfèvre en la matière, doit être assuré que l'objet qu'il achète — et dans lequel il investit peut-être une partie de son capital — est bien d'argent de bon aloi, et non de métal vulgaire ou d'un alliage bas.

La profession, comme tous les autres corps de métiers, s'organise dans un cadre familial et patriarcal fortement encouragé par les mesures officielles. Les fils de maîtres jouissent d'appréciables avantages, puisqu'ils sont dispensés de l'apprentissage, la sollicitude et l'exemple paternels devant, en principe, suffire à inculquer au jeune homme les grandes règles de son art. Avant d'accéder à la maîtrise, le fils d'orfèvre doit cependant prouver son savoir-faire par l'exécution d'un chef-d'œuvre.

Pour les jeunes gens extérieurs à la profession, l'apprentissage, particulièrement long, dure huit ans, auxquels on doit ajouter deux années de compagnonnage. Pendant tout ce temps, le jeune homme est adopté par la famille de son maître. Il ne reçoit aucun salaire, mais il est logé, nourri et vêtu. En retour, le maître s'engage à lui enseigner tous les secrets de son art. À la fin du temps réglementaire, l'apprenti exécute son chef-d'œuvre, dont la qualité atteste sa capacité professionnelle. S'il réussit cette épreuve, il prête serment devant les élus de la corporation et fait insculper son poinçon.

Le cadre corporatif

Le cadre corporatif, en raison des règlements sévères concernant le titre du métal et pour éviter les tricheries, était beaucoup plus rigide pour l'orfèvrerie que pour les autres corps de métiers.

Dans chacune des généralités du royaume, le métier d'orfèvre ne pouvait s'exercer hors de la surveillance de la jurande ou de la communauté ; ce qui n'était nullement le cas des autres métiers. Pour les menuisiers et ébénistes, par exemple, les jurandes de provinces étaient très tolérantes et, parfois, inexistantes. D'autre part, le corps des orfèvres, riche et puissant, comptait parmi les premiers corps de métiers et jouait un rôle social et économique éminent dans la vie de chaque cité.

Au XIIIe siècle, le corps des orfèvres était administré par deux prud'hommes. Ces gardes, appelés plus tard jurés-gardes, passent au nombre de six à partir du XIVe siècle ; au XVIIIe siècle, quatre maîtres-jurés assistent les six jurés-gardes. Leur rôle consiste à veiller à ce que chacun se plie « bien et loyalement aux us et coutumes ». Ils ont en leur garde (d'où leur nom) le « seing de la ville », ou poinçon de la maison commune, appliqué obligatoirement depuis Philippe le Bel à côté du poinçon de maître. Ce seing garantit l'aloi du métal. Malgré ces précautions, des fraudes se produisaient. Elles étaient punies par un barème d'amendes proportionnées à la gravité de l'infraction et qui allaient alimenter la caisse de Saint-Éloi.

Saint Éloi est, comme chacun sait, le patron des orfèvres. Trésorier du bon roi Dagobert, il façonna de ses mains de fort belles pièces d'orfèvrerie religieuse, dont les mémorialistes nous ont transmis le souvenir. Sous le vocable de ce vénérable personnage, la communauté des orfèvres entretient de pieuses œuvres de charité : chaque année, par exemple, le jour de Pâques, elle offre un festin aux pauvres de l'Hôtel-Dieu et aux prisonniers.

Mais l'activité d'assistance s'exerce essentiellement au sein de la profession. À une époque où n'existent ni caisses de retraite ni sécurité sociale, les communautés de métiers viennent au secours de ceux des leurs qui se trouvent dans le besoin : malades, infirmes, vieillards. En cas de décès, elle prend en charge le destin de la veuve et des orphelins s'ils sont sans ressources.

LES POINÇONS

Les poinçons d'argent ont été instaurés dès le Moyen Âge, dans le but de prouver que l'objet ainsi marqué était bien en argent au titre légal et d'engager la responsabilité du maître orfèvre en cas de fraude. C'est pourquoi apparut en premier le poinçon du maître. Par la suite, le système fut complété et précisé par plusieurs ordonnances royales.

Les poinçons sous l'Ancien Régime

Ils sont extrêmement précis et nous renseignent sur la date de fabrication (à deux ou trois ans près), la ville où la pièce a vu le jour, le nom de son auteur. Il s'agit d'une véritable carte d'identité, déterminante lors de l'estimation d'une pièce d'argenterie. Des poinçons effacés ou que l'on ne peut interpréter, enlèvent à l'objet une grande partie de sa valeur marchande, même si son authenticité ne fait aucun doute.

Les poinçons n'étaient pas appliqués au hasard, mais à un emplacement et selon un ordre précis.

- *Le poinçon de maître.* L'orfèvre commence par donner sa forme générale à l'objet qu'il s'apprête à fabriquer. Sur cette ébauche, il applique son propre poinçon, composé selon les normes établies et qui comporte : les initiales du maître ; un symbole (la fleur de lys couronnée à Paris ;

1673 1731 1784 1789

Poinçons de maison commune

Avril 1703 Octobre 1708 Août 1782 Février 1789

Poinçons de charge et de décharge

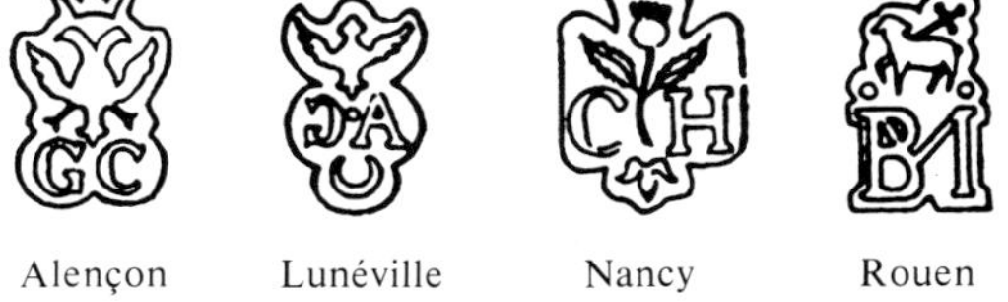

Alençon Lunéville Nancy Rouen

Symboles des villes dans les poinçons de maître

Février 1722 Décembre 1726 Novembre 1774 Juillet 1780

Poinçons de charge et de décharge

Les dessins reproduits ci-dessus sont extraits de *l'Orfèvrerie française*, de Véronique Alemany-Pessaint, paru aux Éditions de l'Illustration-Baschet et Cie.

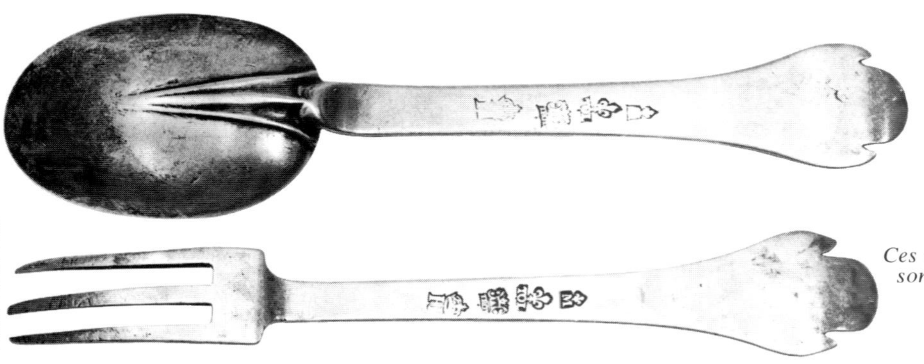

Ader, Picard, Tajan

Couvert de table à manche trilobé, par A. Troy. La cuiller est rattachée en « queue de rat ». Toulouse, 1675. Ces couverts du XVIIe s. sont les plus recherchés et les plus chers.

les maîtres de province utilisent souvent les armoiries de leur ville ou son initiale) ; un emblème qui demeure le même de père en fils ; deux petits points, ou « grains de remède », indiquant la limite de tolérance du titre.

• *Le poinçon de charge.* Après l'avoir marquée de son poinçon personnel, le maître porte sa pièce (toujours à l'état d'ébauche) à la ferme générale pour y signer une soumission des droits à payer. Le fermier appose sur l'objet le poinçon de charge. Une ordonnance de Louis XIV (1672) précise que ce poinçon doit représenter une fleur de lys avec la lettre de l'hôtel de la Monnaie de la généralité (les généralités sont, depuis le XVe siècle et avec des aménagements successifs, les circonscriptions fiscales du royaume). À Paris, la fleur de lys est remplacée par une couronne, et la lettre est un A. L'aspect et les ornements de ce poinçon changent chaque fois que change le fermier ou l'intendant. Le poinçon de charge permet de déterminer l'origine d'un objet et sa date à trois ou huit ans près. Voici la liste des lettres des hôtels de la Monnaie avant la Révolution :

A	Paris	P	Dijon
B	Rouen	Q	Perpignan
C	Caen	R	Orléans
D	Lyon	S	Reims
E	Tours	T	Nantes
F	Angers	V	Troyes
G	Poitiers	X	Amiens
H	La Rochelle	Y	Bourges
I	Limoges	Z	Grenoble
K	Bordeaux	&	Aix-en-Provence
L	Bayonne	AA	Metz
M	Toulouse	CC	Besançon
N	Montpellier	W	Lille
0	Riom	9	Rennes

• *Le poinçon de communauté ou de jurande.* De la ferme générale, l'orfèvre se rend maintenant, toujours avec sa pièce simplement ébauchée, à sa maison commune, où les gardes procèdent à l'essai de l'aloi du métal. Ayant reconnu qu'il est bien au titre légal, ils appliquent, à côté des deux précédents, le poinçon de communauté, qui n'est autre qu'un poinçon de titre. On l'appelle aussi « lettre-date », car ce poinçon est composé d'une lettre (qui change chaque année), accompagnée d'un emblème : couronne, armes, etc. On revient au A tous les vingt-trois ans, en changeant la forme et l'aspect de la lettre pour éviter les confusions — ce qui, par la même occasion, facilite le travail des experts d'aujourd'hui.

En 1784, le système de datation est simplifié : chaque ville se voit attribuer une lettre fixe (le P pour Paris), accompagnée du millésime de l'année en cours.

• *Le poinçon de décharge.* C'est le seul qui soit appliqué sur l'objet terminé. L'orfèvre retourne à la ferme générale ; il s'acquitte de la taxe légale pour laquelle il avait signé précédemment une soumission, et le fermier applique un poinçon de décharge, plus modeste que les premiers : un oiseau, un symbole, une petite tête d'animal. Alors seulement, l'objet d'argent peut être mis en vente.

Les poinçons après la Révolution

Ce système, dont la lecture nécessite l'aide d'un manuel ou d'un spécialiste, présentait l'avantage d'être parfaitement clair et extrêmement précis dans sa complexité. Le vent libérateur de la Révolution le balaie et commence par supprimer tout système de contrôle. Il s'ensuit un grand désordre et des objets à des titres très bas. Dès novembre 1797 (loi du 19 brumaire an VI), le contrôle est rétabli.

Les ouvrages d'argent portent désormais trois poinçons :

— le poinçon de maître, portant, dans un losange, l'emblème ou les initiales du maître orfèvre ;

— le poinçon de garantie, apposé par le bureau de garantie du département ;

— le poinçon de titre, selon qu'il s'agit du premier titre (950 millièmes) ou du second titre (850 millièmes).

Ces poinçons n'ont changé que quatre fois depuis 1797.

• *De 1798 à 1809 (premier coq) :*

— poinçon de garantie : une tête d'homme barbu, de face, dans un cercle ;

— poinçon de titre : un coq dans un cadre chanfreiné, tête tournée vers la gauche ; le chiffre 1 ou 2 indique s'il s'agit du premier ou du second titre.

• *De 1809 à 1819 (deuxième coq) :*

— poinçon de garantie : un profil de guerrier inscrit dans un cercle ;

— poinçon de titre : un coq tourné vers la droite dans un double cadre chanfreiné ; chiffre 1 ou 2, selon le titre.

Poinçon de titre au premier coq, premier titre (1798-1809).

Poinçon de titre au deuxième coq, premier titre (1809-1819).

Poinçon de titre au vieillard, premier titre (1819-1838).

Poinçon à la Minerve (1838-1973).

- *De 1819 à 1838 (vieillard) :*

— poinçon de garantie : une tête antique ou gorgone dans un cercle ;
— poinçon de titre : pour le premier titre, un profil de vieillard barbu tourné vers la droite dans un cadre chanfreiné ; pour le deuxième titre, une tête imberbe, aux cheveux longs, tournée vers la gauche.

- *De 1838 à 1973 (Minerve) :*

— poinçon de titre et de garantie : un profil de Minerve casquée tourné vers la droite ; les petits ouvrages portent un crabe ou une tête de sanglier. Cette pérennité présentait un grave inconvénient : à partir de 1838, le poinçon ne donnait plus aucune indication sur la période de création de l'objet. Il faut se fier au style ou au poinçon de maître lorsqu'il y en a un.

- *Depuis 1973,* le système de contrôle a subi une légère modification. Le titre a été abaissé de 950 à 925 millièmes. Minerve est toujours là, tournée vers la droite, mais son cadre et son casque ont changé d'aspect et, dans l'angle inférieur droit, une lettre de l'alphabet indique désormais la décennie de la fabrication de l'ouvrage : le A jusqu'en 1982.

La salière de François Ier, par Benvenuto Cellini, superbe pièce de vermeil d'époque Renaissance, représentant Neptune et Amphitrite. H. 26 cm. **Kunsthistoriches Museum, Vienne.**

Meyer

L'ÉVOLUTION DE L'ARGENTERIE

Des origines au XVIIe siècle

C'est seulement dans les musées qu'on peut admirer l'argenterie ancienne antérieure au XVIIe siècle. Avant cette époque, l'argent était un métal de très grand luxe, réservé aux privilégiés et toujours artistement façonné et abondamment décoré par les grands maîtres du temps.

Le procès de Verrès (70 av. J.-C.) nous donne une idée de ce que représentait l'argenterie pour les anciens Romains. Quelques plats et objets d'orfèvrerie de cette époque, provenant de Boscoreale, se trouvent au Louvre et se signalent par un abondant décor en repoussé.

Au Moyen Âge, l'orfèvrerie civile et religieuse garde un caractère de grande somptuosité. Les pièces les mieux conservées figurent dans les trésors des églises, mais l'iconographie, les inventaires perpétuent le souvenir du luxe inouï des grands de ce monde et de leurs tables dressées, croulant sous le poids de grandes pièces d'orfèvrerie, plus décoratives qu'utilitaires.

Ces pièces sont des plats, des coupes, des aiguières, d'immenses salières (le sel, alors produit de luxe, justifie cette mise en valeur), des drageoirs, des coffrets, des armes d'apparat même, comme le bouclier en vermeil de Charles Quint ou le casque de Charles IX, ou des bibelots : statuettes, nefs d'orfèvrerie, nautiles et autres objets montés en orfèvrerie. Cette magnificence reste attachée à l'orfèvrerie jusqu'au XVIe siècle et même au XVIIe. L'argent est le métal des grands et l'on fait appel, pour le travailler, aux artistes les plus en renom : Brunelleschi, Donatello, Benvenuto Cellini (qui exécute pour François Ier une merveilleuse salière, conservée à Vienne), Le Brun, qui, au XVIIe siècle, dessine l'argenterie destinée au Roi-Soleil.

Le style Louis XIV

Louis XIV avait hérité de sa mère espagnole, Anne d'Autriche, le goût du faste, qui se double chez lui d'une volonté délibérée d'éblouir. Les appartements de Versailles ne donnent aujourd'hui qu'une faible idée de ce qu'ils étaient au temps de leur splendeur. Il faut imaginer, dans la galerie des Glaces, l'alignement des tables et des caisses d'orangers en argent massif ; dans les salons, aujourd'hui vides, les lustres, les guéridons, les vases et certains meubles sont en argent ou en vermeil, de même que les balustrades des lits. Le service de la table du roi se fait sur des brancards d'argent portés par deux hommes.

Le style Louis XIV est emphatique et grandiose pour cette orfèvrerie d'apparat. Les dessins fournis par Le Brun, exécutés par Ballin, Delaunay, Loir, présentent des lignes très architecturales. Le décor est constitué, pour une grande part, de figures en ronde bosse inspirées de l'antique.

Le nom de Claude Ballin (1615-1678) est lié aux fastes de Versailles. Maître en 1638, orfèvre ordinaire du roi, il était logé aux galeries du Louvre. Il est l'auteur ou, du moins, le concepteur d'une grande partie du mobilier d'argent de Versailles, particulièrement des plus grosses pièces : les grands brancards, les vases d'apparat que l'on voit figurer sur les tapisseries de Le Brun, les bassins.

Les comptes du Bâtiment mentionnent en 1664, livrés par Claude Ballin : « deux bassins ciselez dans le fond des attributs d'Apollon accompagnez de six figures de femmes représentant les Vertus, dans le milieu, les armes du Roi, sur le bord, plusieurs enfants dans un rinceau et trois soleils soutenus par des sphinx, lions, griffons, bordez de petits godrons ».

Tout a disparu dans les fontes de 1689 et de 1709, ordonnées par le roi vieillissant pour subvenir aux dépenses des guerres de la fin du règne.

L'orfèvrerie de Versailles n'est nullement exemplaire des objets dont se servaient à la même époque nobles et bourgeois. Cette argenterie d'usage affecte, au contraire, des formes assez sévères, héritées de l'époque Louis XIII : chandeliers à base carrée, grands plats circulaires, bordés parfois d'un godron qui ressemble fort au style Louis XVI. Les aiguières sont en « casque », décorées, comme les écuelles et les timbales, de lambrequins et de dentelles, que l'on retrouvera à l'époque Régence.

L'époque Régence (1715-1730)

Des objets remontant à la Régence se rencontrent assez fréquemment sur le marché et intéressent plus directement le collectionneur.

Certes, la coutume d'envoyer la vaisselle à la fonte dès que s'assombrit le ciel politique n'a pas pris fin avec Louis XIV. La guerre de Sept Ans, notamment, puis celles de la Révolution furent de grandes dévoreuses d'argenterie. En revanche, dès le début du XVIIIe siècle, les possesseurs d'argenterie se font à la fois plus nombreux et plus modestes. L'argenterie s'embourgeoise. Si les grandes pièces d'orfèvrerie ont disparu — de la vaisselle d'or de Louis XV à la toilette de vermeil de l'impératrice Marie-Louise —, s'il ne reste plus grand-chose des savantes merveilles élaborées par Thomas Germain, d'innombrables verseuses, flambeaux, couverts, assiettes, etc., nous sont parvenus et attestent le goût exquis et la variété de l'argenterie des deux derniers siècles.

Dès la Régence, l'orfèvrerie commence à abandonner le caractère ostentatoire, porté sous Louis XIV à sa plus haute expression. Abandonnant les allégories, les surcharges décoratives, elle est maintenant conçue non plus pour éblouir, mais pour servir. Désormais, les styles de l'argenterie suivent ceux du mobilier, alors qu'auparavant l'orfèvrerie s'apparentait plutôt au grand art officiel. Les projets sont confiés, non plus à des peintres en renom, mais à des ornemanistes préoccupés uniquement d'art décoratif.

L'orfèvrerie Régence présente des formes sobres et équilibrées, ni massives ni graciles. Les objets semblent parfaitement adaptés à leur fonction et à la main qui les saisit. Ce sont des aiguières avec bassins, des gobelets, des flambeaux, des écuelles à bouillon, aux formes élégamment fonctionnelles.

La silhouette en balustre, inspirée de l'architecture, s'adapte avec bonheur aux flambeaux, aux aiguières et aux saupoudreuses, donnant une impression de stabilité sans lourdeur, juste équilibre entre la solennité du style Louis XIV et les courbures exagérées de la rocaille à venir.

Le pan coupé et ses effets décoratifs sont un des caractères du style Régence. À côté des assiettes et des plats circulaires, on en trouve souvent dont l'aile (ou bord) est octogonale (le chantournement Louis XV n'apparaît que vers 1725-1730).

Le type de flambeau à pans sur base octogonale, soulignée parfois d'un léger godron, apparu vers 1715, subsiste jusqu'au règne de Louis XVI (on en trouve encore en 1785), de même que les verseuses à pans.

Le décor Régence utilise peu le relief, afin de ne pas alourdir la pureté des lignes. Bien des objets surprennent par leur absolue simplicité. Une simple bordure sert parfois d'unique décor à la base d'une verseuse, d'un flambeau, au pourtour d'un plat.

Le godron est un des éléments préférés du décor Régence : minuscule autour d'un pied de timbale, il s'épanouit en larges renflements sur le corps d'une jatte ou d'un moutardier. Les oves, entrelacs, rinceaux, frises de postes (ou de flots), déjà utilisés au temps de Louis XIV, prennent, sur un fond très dépouillé, une valeur nouvelle. Parmi les motifs décoratifs proprement dits, notons comme caractéristiques : la coquille symétrique, la feuille d'acanthe, les mascarons appliqués en agrafes aux becs des verseuses et aux points d'attache des pieds.

Contrairement à la rocaille, qui lui succède, le style Régence affectionne l'ordre et la symétrie. Le décor est compartimenté en registres horizontaux. Le fond amati (rendu mat) est largement utilisé à l'époque Régence. Il permet de jouer du décor linéaire par simple opposition des surfaces mates et brillantes.

Le style rocaille

À partir de 1730, un vent de folie semble souffler sur l'orfèvrerie plus encore que sur le reste du mobilier, et les recherches s'effectuent dans un sens totalement opposé à celles des trente premières années du siècle.

Le mouvement et l'asymétrie sont les termes qui conviennent le mieux à l'esprit de ce style rocaille. La liberté aussi : les artistes lâchent la bride à leur fantaisie et à leur virtuosité. Après la période de relative et paradoxale sagesse de la Régence, l'orfèvrerie semble reprendre ses habitudes d'insolence ostentatoire. On trouve de nouveau les grandes pièces décoratives, comme les majestueux surtouts de table faisant office à la fois de porte-bouquet, porte-bougie, huilier, salière, etc. Le relief en ronde bosse reprend ses droits : au centre du surtout trône quelque dieu marin entouré de naïades dénudées, le tout juché sur des vagues déferlantes cernées de rocailles fleuries.

Le monde marin, réel ou fantastique, est d'ailleurs pour le style rocaille une inépuisable source d'inspiration ; poissons, crustacés, coquillages se mêlent pour former d'étonnants trophées au sommet des couvercles ; des salières prennent la forme de coquilles, de même que les bobèches, les flambeaux ou les cuillers à sucre.

La faune et la flore terrestres ne sont pas délaissées pour autant, mais traitées de façon naturaliste, dans le sens du mouvement et de la liberté : chiens, sangliers, cerfs, autour du thème de la chasse ; les classiques motifs floraux font souvent place à des fruits ou des légumes : choux-fleurs, artichauts, fraises, poires, melons ; le couvercle des soupières et des légumiers devient un véritable jardin potager. Quant à la mythologie, elle règne toujours sous la forme de nymphes gracieuses ou d'amours espiègles, interprétés surtout en ronde bosse sur les grandes pièces d'apparat.

Le répertoire décoratif courant, celui des frises et des bordures, puise aussi aux sources marines et végétales : feuillages, vagues aux bords déchiquetés, volutes, coquilles, enroulements, frises de postes (ou de flots). Beau-

Christie's

Soupière et son présentoir (d'une paire), par Thomas Germain, Paris, 1744-1750. Un superbe exemple de style rocaille, déjà tempéré de néo-classicisme et une des rares œuvres de Germain qui soient encore sur le marché. Pièce exceptionnelle estimée à plus de 8 millions de francs.

coup d'objets dépourvus d'ornements figurés adoptent un décor de côtes torses : verseuses, sucriers, flambeaux. Les formes sont plus recherchées et, surtout, plus élancées, plus graciles qu'à la période précédente, avec une exagération des galbes. On aurait beaucoup de mal à trouver une aile de plat circulaire : elles sont toutes chantournées.

Les types d'objets deviennent de plus en plus nombreux : sucriers renflés en forme de poire retournée, à décor de côtes torses ou de guirlandes ; verseuses (théières, cafetières, chocolatières) en forme de poire à l'endroit ; saucières et huiliers en nefs, grands candélabres à plusieurs branches, pots à oille (sorte de soupières) et légumiers.

Cette époque a été illustrée par trois maîtres prestigieux : Justin-Aurèle Meissonnier, Thomas Germain et son fils François Thomas Germain.

Justin-Aurèle Meissonnier (1695-1750) est le plus représentatif des orfèvres du style rocaille, dont il pousse les extravagances jusqu'à leurs limites extrêmes.

Sa naissance à Turin n'explique nullement son attirance pour l'exubérance du style nouveau. Dès 1718, en effet, nous le trouvons installé à Paris, où il ne tarde pas à établir sa renommée. En 1724, il est nommé orfèvre du roi et obtient la maîtrise par décret royal en dehors des règles corporatives, mais ce passe-droit n'avait alors rien d'exceptionnel.

Plus qu'un homme de métier, Meissonnier fut un créateur. Comme bien des maîtres éminents (Germain, Roettiers, etc.), il ne mettait que rarement la main au marteau. Comme eux aussi, Meissonnier fut un artiste universel, dont les compétences dépassaient le cadre de l'orfèvrerie. Dessinateur, peintre, sculpteur, il se qualifiait lui-même d'« architecte ». Son œuvre, dont très peu de pièces nous sont parvenues, nous est essentiellement connue par ses recueils de modèles d'orfèvrerie et de décoration.

Thomas Germain (1673-1748), le prince des orfèvres, descendait d'une longue dynastie d'orfèvres, dont les origines remontaient au XVIe siècle. Il accéda à la maîtrise en 1720, par les voies traditionnelles.

À la fois peintre, dessinateur, sculpteur, bronzier et décorateur, Thomas Germain fut avant tout, lui aussi, un créateur de modèles. Voltaire vanta sa « main divine », et sa célébrité s'étendit à toutes les cours d'Europe. Orfèvre du roi, anobli en 1738, il fut à plusieurs reprises élu garde de la communauté, ce qui prouve l'estime que lui vouaient ses confrères.

L'exubérance de son talent, sa virtuosité, son imagination le portaient vers la fantaisie débridée de la rocaille. Chez Germain, pourtant, cette étonnante facilité se doublait de cette exigence envers soi-même qui est le propre des grands talents. Toutes les pièces exécutées dans ses ateliers étaient soignées jusque dans les plus infimes détails. Si un objet présentait la moindre imperfection, Thomas Germain le détruisait impitoyablement.

François Thomas Germain (1726-1791), reçu maître en 1748, à la mort de son père, avait hérité son prodigieux talent, mais non son sens de l'ordre. Une importante commande lui fut passée par la cour de Lisbonne pour remplacer les pièces disparues dans le tremblement de terre de 1755. Quatre services furent ainsi livrés, à partir de 1757, dans un goût rocaille très accentué. Ces pièces ont été conservées, pour la plupart, au musée de Lisbonne ; une partie, cependant, se trouve au Louvre.

Ces commandes royales, la brillante clientèle léguée par son père avaient sans doute ouvert trop facilement à François Thomas la voie du succès. Il développa considérablement ses ateliers, donnant à son entreprise une allure presque industrielle, employant, chiffre considérable pour l'époque, jusqu'à deux cents ouvriers. Malheureusement, à la suite d'une gestion désastreuse, il fut déclaré en faillite en 1765 : ses ateliers furent saisis et ses collections dispersées.

Louis XVI et le retour à l'antique

À la longue, les extravagances d'un Meissonnier finirent par lasser et par provoquer le désir d'un retour à la simplicité. On a souvent cité la « Supplication aux orfèvres » publiée par Nicolas Cochin dans *le Mercure* en 1754. Nous en reproduisons un passage, significatif de ce nouvel état d'esprit, d'où allait naître le style Louis XVI.

« Nous leur serions infiniment obligés (aux orfèvres) s'ils voulaient bien ne pas changer la destination des choses et se souvenir, par exemple, qu'un chandelier doit être droit et perpendiculaire pour porter la lumière, qu'une bobèche doit être concave pour recevoir la cire qui coule, et non pas convexe pour la faire tomber en nappe sur le chandelier, et quantité d'autres agréments non moins déraisonnables qu'il serait trop long de citer. »

Après 1748, les fouilles de Pompéi et d'Herculanum relancent, pour plusieurs décennies, le goût de l'antique, encouragé par Mme de Pompadour.

En orfèvrerie, l'évolution du style apparaît plus dans les ornements que dans les formes générales : certes, le fût des flambeaux se redresse, plats et assiettes abandonnent leur contour chantourné pour une simple aile circulaire, mais la silhouette des couverts, des verseuses et même des flambeaux ne se modifie pas encore sensiblement, sauf pour certains objets, qui adoptent des formes entièrement nouvelles : l'huilier nacelle ou gondole, les salerons et moutardiers qui associent l'orfèvrerie et le cristal, la saucière en casque annoncent le Directoire et l'Empire, mais sont plutôt des formes de la fin du règne.

Le style nouveau se manifeste surtout dans le renouvellement du vocabulaire ornemental. À côté d'éléments anciens utilisés sous la Régence (et que l'on voit revenir en force), comme la perle, l'ove, le godron, le rinceau, les piastres, la frise de postes, et même le filet-ruban, on voit apparaître des ornements tout à fait inédits, comme le nœud de ruban, le médaillon, la guirlande de roses « au naturel », et surtout les motifs décoratifs empruntés à l'Antiquité : cannelures droites ou torses, palmettes, feuilles de laurier, figures « à l'antique ».

L'alliance du cristal et de l'argent ou du vermeil, l'une des plus heureuses innovations du règne, est due, dit-on, à Marie-Antoinette elle-même. Les huiliers-vinaigriers en sont un des meilleurs exemples. Pour le sel et la moutarde, on préférait généralement les intérieurs en cristal bleu. Les sucriers sont souvent, eux aussi, en cristal bleu.

L'un des grands maîtres du style Louis XVI à son apogée est Robert Joseph Auguste (1725-1795), admis à la maîtrise en 1757. Son premier travail important fut une paire de salières exécutées en 1755 pour Mme de Pompadour, mais il atteignit la consécration grâce à l'achèvement du service Orloff, après la retraite de Jacques Nicolas Roettiers, pionnier du retour à l'antique, et à d'autres commandes importantes que lui conférèrent les cours d'Angleterre, de Suède, et surtout Catherine de Russie.

Son fils Henri Auguste (1759-1816), reçu maître en 1785, fut un précurseur du style Empire et travailla pour Louis XVI et pour Napoléon Ier. Il introduisit le système de fixation par vis et écrous.

L'Empire et la Restauration

La période qui suivit la chute de la monarchie ne fut pas, est-il besoin de le dire ?, des plus propices à l'art de l'orfèvrerie. La production a connu un coup d'arrêt brutal. La clientèle aristocratique avait émigré, et ceux qui restaient, nobles ou bourgeois, avaient de plus graves préoccupations.

Par ailleurs, la suppression de tout système de contrôle avait provoqué une totale anarchie : les orfèvres qui continuaient à travailler utilisaient du métal à n'importe quel titre, d'autant que l'argent était devenu fort cher. Le Directoire allait remédier à ce désordre en rétablissant l'obligation d'un poinçon de titre. Quelques années plus tard, le Premier consul restaure la vie de cour, qui va redonner à l'art de l'orfèvrerie l'élan dont il avait besoin.

Si le style Directoire et Empire continue logiquement le Louis XVI, il est empreint d'un esprit nouveau, qui lui confère une originalité certaine. Le style antique, renouvelé et vivifié par les apports de l'expédition d'Égypte, merveilleusement interprété par les grands ornemanistes de l'époque que sont Percier et Fontaine, semble une source neuve.

Les formes, surtout, se modifient sensiblement, adaptées peut-être aux exigences nouvelles de la vie de société. Si les objets de la vie quotidienne restent les mêmes, certains prennent une importance qu'ils n'avaient pas auparavant : ainsi, les grands sucriers perchés sur un haut trépied ou sur un piédouche, dont le bol de cristal repose dans une monture d'argent ou de vermeil. Le confiturier adopte la même forme, mais s'agrémente d'une douzaine de petites cuillers disposées tout autour dans des encoches. Une nouvelle venue, la fontaine à thé, symbole d'une vie bourgeoise, teintée d'anglomanie.

Le style Empire a renouvelé délibérément les formes de l'orfèvrerie. La tendance est à l'allégement et à l'allongement. Les verseuses qui, depuis la Régence, conservaient une forme plus ou moins en balustre, adoptent maintenant une silhouette ovoïde, très haute sur pied, qui déplace dangereusement le centre de gravité.

Les éléments décoratifs n'alourdissent pas la silhouette mais la mettent, au contraire, en valeur. Les ornements fondus et rapportés reprennent une importance qu'ils avaient perdue : figures mythologiques, gracieuses cariatides debout, agenouillées ou dansant, sphinx ailés, aigles, dauphins, etc. Sur le corps même de l'objet, le repoussé et la ciselure cèdent la place aux ornements d'applique, facilités par l'invention d'un procédé de fixation par vis, plus solide et plus élégant que les soudures traditionnelles, et qui permet d'utiliser des éléments fondus en bas reliefs : profils de femmes en camées, rondes d'enfants ou de bacchantes, frises d'entrelacs, de rinceaux, de guirlandes. Les orfèvres aiment à jouer de l'opposition des surfaces lisses et brillantes avec les fonds mats et les ornements sculptés.

Après 1815, le style Empire se perpétue sous la Restauration, en évoluant vers des formes plus lourdes, plus chargées d'ornements, mais sans changements très importants. Les maîtres orfèvres de ces deux périodes restent d'ailleurs Odiot et Biennais.

Jean-Baptiste Claude Odiot (1763-1850) appartenait, comme tant d'autres, à une ancienne dynastie d'orfèvres, remontant au XVIIe siècle. Il fut reçu maître en 1785, quelques années avant la suppression des corporations. Après un bref passage à l'armée, il put se donner tout entier à son art. En 1802, il remporta, à égalité avec Henri Auguste, la médaille d'or à l'Exposition de l'Industrie.

Biennais étant l'orfèvre attitré de Napoléon, Odiot ne reçut qu'exceptionnellement des commandes de la cour. Mais il exécuta, entre autres œuvres magnifiques, sur des dessins de Prud'hon, la toilette de l'impératrice Marie-Louise (qui l'envoya plus tard à la fonte) et le berceau du roi de Rome, conservé à Vienne.

Martin Guillaume Biennais (1764-1843), « orfèvre de S. M. l'Empereur », est un parfait représentant de la nouvelle société. Parmi tous les orfèvres célèbres, il est en effet l'un des rares à ne pas descendre d'une vieille dynastie et à avoir profité de l'abolition des corporations. Napoléon Bonaparte le distingua dès le Consulat. Il admirait tant son talent qu'il lui commanda la quasi-totalité de sa vaisselle d'argent, du service d'apparat au nécessaire de campagne.

Aux multiples commandes impériales s'ajoutaient celles de tous les grands personnages de l'époque : dignitaires nouvellement promus à la fortune, anciens aristocrates rentrés d'exil et désireux de reconstituer leur argenterie disparue dans la tourmente. Le travail ne manquait donc pas dans les ateliers du « Singe violet », 283, rue Saint-Honoré, où Biennais employa jusqu'à six cents ouvriers, un chiffre considérable pour l'époque. Ardent défenseur du style « à l'étrusque », apparu vers 1780 après le style « à la grecque », Biennais utilise beaucoup moins qu'Odiot les figures en ronde bosse. Lorsqu'il le fait, c'est avec une moins remarquable virtuosité.

Christie's

Pot à oille en vermeil, avec sa doublure intérieure, par Jean-Baptiste Claude Odiot (vers 1810). Les gracieuses caryatides à l'antique caractérisent la manière de cet excellent maître de l'époque Empire.

Louis-Philippe et Napoléon III

Pastiche et emphase caractérisent l'orfèvrerie des deux derniers tiers du XIXe siècle, comme les autres domaines de l'art. Cela n'implique pas une baisse de qualité, bien au contraire. Paris conserve son prestige en la matière et s'illustre par de célèbres maisons, dont quelques-unes subsistent de nos jours : Odiot, Puiforcat, Aucoc, Keller, Cardeilhac, Boin-Taburet, entre autres.

La richesse de cette époque d'opulence bourgeoise et de vie de cour brillante (à partir du second Empire) se manifeste par de grandes pièces d'argenterie et d'importants ensembles, qui, pour la première fois, ne sont pas le fait de quelque commande princière.

La bourgeoisie reçoit autour du plateau à thé — celui-ci est vaste, car il supporte de nombreux objets : théière, cafetière, sucrier, pot à lait, auxquels s'ajoutent un ou deux samovars et une coupe à biscuits. Un tel service n'existait pas au XVIIIe siècle.

De même, les « ménagères » de couverts comprennent un nombre impressionnant de pièces : environ de deux cents à deux cent cinquante, pesant une dizaine de kilos (pour une simple ménagère bourgeoise). Dans les dernières années du XIXe siècle, apparaissent les couverts à poisson, accessoires qui mettront du temps à se faire admettre par le savoir-vivre officiel.

Les très grosses pièces ne sont pas rares : lourds candélabres à plusieurs branches, paires de rafraîchissoirs, énormes soupières sur présentoirs, jardinières, surtouts de table monumentaux, etc.

Le style de cette orfèvrerie est assez composite. Sous Louis-Philippe, les formes assez simples et discrètement ornées demeurent, avec Odiot dans la tradition des règnes précédents. Un talent original : celui de François-Désiré Froment-Meurice, qui cède parfois à la mode « troubadour ».

Giraudon

Aiguière du sacre de Napoléon (vermeil), par Henry Auguste, début XIXe siècle. Par son décor et son balustre bien « assis » cette œuvre évoque encore le style Louis XVI.

formes à l'antique se déploie un décor en relief, assez exubérant, d'inspirations assez mélangées, mais où domine le végétal : guirlandes de feuillages, grappes de raisin, etc. L'effet, parfois chargé, est souvent heureux.

L'orfèvrerie connaît alors un extraordinaire développement à tous les niveaux. Ceux qui ne peuvent s'offrir de l'argent massif adoptent le métal plaqué de Scheffield. Les objets sont de plus en plus nombreux et diversifiés, d'utilité ou d'agrément, comme des corbeilles garnies de fleurs ou de petits plateaux.

Cette vogue se confirme à l'époque victorienne, qui fait rayonner à travers l'Empire le prestige de l'argenterie britannique.

Les faux

Les poinçons sont là pour garantir, en principe, l'authenticité des objets d'orfèvrerie anciens. Cependant, l'amateur ne doit pas leur accorder une confiance totale, car il existe de faux poinçons et de nombreux subterfuges pour donner à une pièce une valeur usurpée. Voici les principaux procédés employés par les faussaires :

- *Les faux poinçons.* Ils sont assez faciles à détecter. Bien souvent, le faussaire les a placés au hasard sur l'objet, ignorant que les règlements leur imposaient un emplacement déterminé.

D'autre part, sur les objets authentiques, les trois poinçons principaux, apposés sur l'objet à l'état d'ébauche, se sont trouvés déformés, étirés, parfois presque effacés au cours de la finition. Un poinçon bien formé et intact doit donc éveiller la méfiance.

- *Le surdécor* est plus machiavélique, car il n'y a que semi-tromperie : sur un objet simple, bon de forme et d'époque, on ajoute des ornements qui en augmentent le prix. Nombre d'élégantes cuillers à saupoudrer sont ainsi nées d'un couvert banal mais bien poinçonné.

Conseils à l'amateur

Celui qui s'intéresse à l'argenterie ancienne doit tout d'abord se pénétrer du système des poinçons de l'Ancien Régime. Les marques sont si nombreuses qu'il est impossible de les connaître toutes de mémoire. Du moins faut-il être capable de juger, au premier coup d'œil, de leur cohérence : la marque d'un maître toulousain ne peut se trouver auprès de celle de la Monnaie de Lille, ni un poinçon du XVIIIe siècle sur une soupière Restauration. Ce genre de grossière supercherie est plus courant qu'on ne croit, mais l'amateur ne doit pas s'y laisser tromper.

Pour les cas plus difficiles, il existe des ouvrages spécialisés sur les poinçons, qui permettent de reconnaître et d'identifier chacun des trois poinçons principaux. Si toutes les données (dates, noms, lieux) coïncident, il y a une forte présomption d'authenticité.

L'amateur devra aussi bien connaître les styles de l'orfèvrerie pour s'assurer que la forme et le décor de l'objet correspondent à sa date présumée.

Les avis des experts sont encore la meilleure des garanties. Contrairement à la plupart de leurs confrères, les experts en argenterie s'appuient sur des données précises. Leur expérience des poinçons leur permet de les identifier plus sûrement et plus rapidement que

Ensemble de couverts d'époque Louis XVI, dus, notamment, aux maîtres orfèvres Roussin (Trévoux), Fr. Joubert et Denis Hoart (Paris). Ancienne collection Kugel. Musée des Arts décoratifs.

Hinous-Connaissance des arts

Grâce à l'impératrice Eugénie, l'orfèvrerie renoue avec les formes classiques du XVIIIe siècle qui n'ont jamais été totalement abandonnées. Certains services (couverts, plats, service à thé) adoptent un Louis XVI assez pur, très souvent souligné d'un ruban-croisé et de médaillons.

Sur les pièces riches, le décor se complique à l'excès ; plats, jattes, présentoirs sont cernés d'une lourde guirlande de feuillages. Les verseuses adoptent parfois la forme « à pans » sur pied octogonal, inspirée de la Régence, avec décor de coquilles et lambrequins, ou des formes Louis XV et Louis XVI, alourdies de feuillages et de guirlandes.

N'oublions pas, enfin, sous Napoléon III, le triomphe du ruolz qui fit la gloire de la maison Christofle.

L'Art nouveau

À la Belle Époque, les grandes maisons parisiennes continuent de produire une orfèvrerie classique, sans originalité, de style Louis XV et Louis XVI, destinée aux réceptions et aux grands dîners d'une bourgeoisie aussi conformiste qu'opulente.

Dans la ligne de l'école de Nancy, on constate cependant un effort de recherche vers des formes nouvelles, illustré par Falize et Vever, deux artistes au talent méconnu. Ces derniers tentent de créer pour l'argenterie un style à la fois original et adapté à son usage.

Sur des lignes épurées, des surfaces lisses, l'Art nouveau déploie son répertoire floral (lis et iris aux longues tiges, muguets, pavots, liserons), traité d'une manière librement naturaliste. Des nymphes au corps de liane étalent leur chevelure sur les panses des vases et des aiguières.

L'argenterie Art nouveau reste cependant très limitée ; elle ne fait pas l'objet de recherches techniques et décoratives au même titre que le verre. Elle a surtout produit des pièces spectaculaires : grands surtouts de table, vases, statues, etc. Mais on ne trouve guère de services à thé ou de platerie.

Il faut dire qu'en son temps l'Art nouveau ne reçut qu'un accueil mitigé. Peu nombreux furent ceux qui surent comprendre et apprécier ce style, qui s'accommode mal il est vrai, du voisinage des autres styles. On pouvait acquérir, par goût ou par snobisme, quelque pièce décorative pour orner une cheminée, mais c'est autour d'une théière Louis XVI qu'on recevait ses invités.

L'orfèvrerie germanique

Les pays germaniques ont été, au Moyen Âge, la terre d'élection de l'orfèvrerie, et c'est la seule région d'où les pièces de haute époque nous soient parvenues en aussi grand nombre.

Avant la découverte du Nouveau Monde, l'art de l'orfèvrerie était favorisé en Allemagne par un minerai abon-

On appréciera le côté baroque et décoratif de cet art, bien différent du nôtre, qui a produit, lui aussi, tous les objets d'usage domestique, mais souvent agrémentés d'un décor insolite.

Les gobelets, coupes et chopes sont particulièrement représentatifs de l'orfèvrerie allemande ; munis ou non d'un couvercle, ce sont parfois de véritables monuments en miniature.

L'orfèvrerie anglaise

L'Angleterre tient une place de choix sur le marché de l'argenterie ancienne, ne serait-ce que par l'abondance des objets qui ont survécu. Le Français aime à suivre la mode ; l'Anglais, naturellement conservateur, se sert de la vaisselle de ses parents et de ses grands-parents et, sauf raison grave, ne songe pas à la fondre.

L'argenterie anglaise des XVIIIe et XIXe siècles séduit le public français par ses formes simples, robustes et fonctionnelles, ainsi que par les prix intéressants pratiqués outre-Manche. Ajoutons-y l'anglomanie, toujours latente dans le cœur des Français, et l'on ne s'étonnera pas que tant de nos concitoyens se fournissent chez les antiquaires de Londres.

Les formes britanniques sont assez différentes de celles de l'orfèvrerie française, et les types d'objets, reflet d'un autre style de vie, ne sont pas toujours les mêmes.

Jusqu'au XVIIe siècle, l'argenterie anglaise est très influencée par les décors et par le goût germaniques. À la fin du XVIIe siècle, les nobles revenus d'émigration avec le roi Charles II reconstituent leur orfèvrerie, et les artisans continuent de s'inspirer des modes et des formes germaniques et surtout hollandaises : chopes et gobelets au beau décor gravé d'entrelacs, de fleurs ou de chinoiseries.

Vers la même époque se produit un fait nouveau. Les vexations multiples et les persécutions dont les protestants sont victimes, en France, dès les années 1670, puis, en 1685, la révocation de l'édit de Nantes provoquent plusieurs vagues d'émigration, qui se portent en majeure partie vers l'Angleterre. C'est ainsi que débarquent à Londres un certain nombre d'orfèvres huguenots.

Les prix très bas qu'ils pratiquent, et surtout les formes nouvelles qu'ils apportent leur permettent de s'affirmer assez rapidement sur le marché anglais.

À une époque où l'on prend goût à ces boissons exotiques que sont le café et le thé, les orfèvres émigrés se mettent à fabriquer des théières et des cafetières, laissant à leurs confrères britanniques les traditionnels pichets, chopes et gobelets. Ainsi, un style français, bien différent de celui qui règne à Versailles, remplace peu à peu les influences hollandaise et germanique.

La période de calme et de prospérité qui s'installe durant le premier tiers du XVIIIe siècle est favorable au développement de l'orfèvrerie. La vie sociale et familiale s'organise autour du thé, selon un rituel qui nécessite un

Paire de flambeaux en argent à décor de moulures, par Raymond Levieux, Nîmes, 1694-1697. H. 18 cm. Adjugée 140 000 F à Toulouse par Mes Chassaing, Rivet, Fournié, le 16 février 1988.

Mes Chassaing, Rivet, Fournié

Ader-Picard-Tajan

Paire de boules à savon et à éponge, sur piédouche contourné et mouluré, par Henry Allain, Paris, 1755. Vendues 100 000 F par Mes Ader, Picard, Tajan.

l'amateur débutant. Leur connaissance des truquages expliqués plus haut fait qu'ils les dépistent sans difficulté.

Beaucoup de marchands spécialisés sont également experts. Ceux qui n'en ont pas le titre en ont souvent les connaissances. En vous adressant à eux pour vos achats, vous êtes sûr de payer le juste prix, de ne pas vous tromper et de ne pas être trompé. En salle des ventes, il convient d'examiner la pièce à l'exposition qui précède, de vérifier que la description du catalogue correspond à la pièce présentée et de demander une estimation.

Physionomie du marché

Prestigieux objet de collection, l'argenterie, ancienne ou récente, est aussi un des placements les plus sûrs. Si elle a cessé d'être l'unique moyen de thésaurisation qu'elle fut par le passé, elle demeure une valeur refuge, à l'abri des surprises et des baisses momentanées de l'argent métal. De 1970 à 1980, la hausse du cours de l'argent a entraîné de rapides plus-values. Mais les hausses se sont fait sentir de façons très diverses en fonction des pièces considérées. À partir du reflux du cours de l'argent, on a constaté une stagnation du prix et même une régression pour les objets utilitaires les plus courants. Même si le cours du métal baisse, les œuvres les plus anciennes résistent bien et maintiennent leur valeur. Les achats se portent alors sur les objets les plus précieux sans aucune crainte de régression.

L'ancienneté joue, dans le prix de l'argenterie, un rôle prépondérant, qui passe avant la qualité. L'argenterie du XVIIe siècle, et même antérieure à 1730, atteint toujours des prix très élevés à cause de son extrême rareté.

Plus rares encore sont les objets antérieurs à 1690, généralement de bien modestes choses : gobelets unis, flambeaux à base carrée, couverts, etc., l'orfèvrerie nobiliaire ayant, comme on sait, disparu dans les creusets au moment des guerres.

Pour le collectionneur averti, l'argenterie ancienne, c'est essentiellement celle du XVIIIe siècle, jusqu'à la Révolution.

L'argenterie Empire et Restauration est, pour les pièces ordinaires, de moins bonne qualité que celle du XVIIIe siècle : moins épaisse de métal, moins bien travaillée, elle est surtout moins bien datée. Nous avons vu cependant que les grands orfèvres de ce temps ont produit des objets dont la qualité n'a rien à envier à celles de leurs prédécesseurs. Même les maîtres, pourtant, restent à des cotes très inférieures, et Odiot ou Biennais sont encore bien loin des chiffres atteints par Germain ou Meissonnier.

Pour l'orfèvrerie antérieure à 1838, les poinçons attestent l'ancienneté. Ils doivent être complets, parfaitement lisibles et identifiables. Une pièce authentique mais aux poinçons effacés voit sa valeur diminuée de moitié par rapport à un objet bien poinçonné.

L'argenterie postérieure à 1838 est celle qui réserve les meilleures occasions, le meilleur rapport poids-métal. C'est même la seule pour laquelle le poids entre en ligne de compte. Elle est abondante sur le marché : services à thé, ménagères en coffres, verseuses, plats, plateaux, couverts, etc. Depuis 1978, la Minerve XIXe, qui n'avait pas, jusque-là, valeur d'ancien, commence à intéresser les collectionneurs, et les experts établissent maintenant des distinctions entre les styles et les époques. À la faveur des hausses considérables de l'argent métal en janvier 1980, l'argenterie en général et la « minerve » en particulier ont pris une valeur nouvelle qui n'est pas démentie lorsque les cours ont commencé à baisser. D'une façon générale, il faut bien comprendre que la valeur du travail inclus dans une pièce d'argenterie importe davantage que la matière première, surtout pour les pièces les plus anciennes.

- *La qualité.* L'orfèvrerie du XVIIIe siècle est généralement de bonne qualité, même pour les très simples objets. Mais la très grande qualité est le privilège de quelques maîtres particulièrement talentueux, qui, de plus, ont eu l'occasion d'exercer leur virtuosité sur les commandes exceptionnelles que leur confiaient les princes de l'Europe entière.

Le nom du maître identifié par son poinçon, joue donc un grand rôle. Pendant longtemps, et très injustement, les maîtres parisiens ont été les seuls prisés des collectionneurs difficiles. Cette injustice est aujourd'hui réparée. La mode du régionalisme aidant, on reconnaît maintenant la valeur des maîtres de province, d'autant plus que leurs poinçons sont de mieux en mieux identifiés.

- *La nature de l'objet.* Les grandes pièces lourdes, qui n'ont plus d'utilité dans notre civilisation moderne, qui sont trop encombrantes en tant qu'objets décoratifs sont, en principe, peu recherchées, et leurs prix sont relativement bas : surtout d'orfèvrerie, soupières, rafraîchissoirs, pots à oille, candélabres aux multiples branches, auxquels il faut ajouter les huiliers et les moutardiers.

Toutefois, s'il se présente en vente publique une pièce exceptionnelle (on a vu proposer, récemment, une paire de soupières et une paire de jardinières de Thomas Germain, et une paire de soupières de Meissonnier), l'enchère sera poussée très haut par les grands amateurs avec, parfois, préemption des musées.

Les objets classiques, fonctionnels, de taille raisonnable, sont recherchés : flambeaux à une lumière, verseuses, sucriers, légumiers et tout ce qui est couverts et platerie. Les objets prennent place comme autrefois sur le buffet de la salle à manger ; on en profite par la vue et l'usage régulier qu'on en fait ; on les astique une fois par mois et leur valeur augmente au fil des années.

Les petits objets de collection sont ceux qui coûtent le plus cher, même en qualité moyenne : bougeoirs à main, mouchettes, clochettes, gobelets, tastevins, saupoudreuses, etc. Ils sont jolis, décoratifs, originaux et faciles à placer sur une étagère ou dans une vitrine.

D'autre part, ils entrent dans la série des thèmes de collection dont les cotes obéissent à des critères plus passionnels que raisonnables.

CONSEILS D'ENTRETIEN

L'entretien de l'argenterie ne pose pas de sérieux problème. L'argenterie ne se casse pas (mais elle peut se bosseler) et ne s'altère pas : elle noircit superficiellement mais ne s'oxyde pas en profondeur. Une argenterie bien soignée traverse les siècles sans subir les outrages du temps. Les ans n'y déposent que cette douce patine qui embellit et valorise les objets de qualité.

Nettoyage

Pour les objets dont on se sert tous les jours, un dépoussiérage quotidien à la peau de chamois maintiendra leur éclat. Chaque mois, il faut les nettoyer au blanc d'Espagne (mouillé d'eau) ou avec un produit du commerce « spécial argent » (éviter, sauf noircissement important, les liquides trop abrasifs destinés au cuivre ou aux autres métaux). Il existe des produits à brillant « longue durée », qui permettent d'espacer ces séances d'astiquage.

Les petits objets d'argent, les bijoux sans ornements rapportés, ou ornés de pierres serties, peuvent être mis à bouillir dans une eau savonneuse (traitement à éviter pour les bijoux ornés de pierres collées ou de perles).

Pour le métal argenté et pour le vermeil, la plus grande douceur s'impose afin de ne pas attaquer la couche d'argent ou d'or qui donne son bel aspect à l'objet.

Il ne faut jamais utiliser de produit de commerce (à moins de procéder ensuite à un soigneux rinçage à l'eau chaude) pour les couverts et les plats d'usage courant.

Pour l'argent rayé, le blanc d'Espagne, mouillé d'eau ou d'alcool, ou le rouge anglais sont des polisseurs légers. Si l'objet présente des rayures profondes, il faut le confier à un spécialiste, qui procédera à un complet repolissage. À noter : se méfier du lave-vaisselle, qui a des effets trop brutaux sur le vermeil et sur le métal argenté.

Réparations

On peut débosseler soi-même un objet légèrement cabossé en le martelant sur l'envers à petits coups de maillet soigneusement dosés et amortis par un chiffon.

Pour un débosselage important, une anse cassée, un pied tordu, un bec dessoudé, des dents usées, etc., le recours au spécialiste s'impose (à condition que l'objet en vaille la peine, car l'intervention est assez coûteuse).

Le métal désargenté, le vermeil dédoré relèvent également de l'homme de l'art. Éviter toutefois de faire redorer un objet ancien, il y perdrait sa patine, donc son charme. Pour raviver soi-même le métal argenté, il existe dans le commerce un liquide qui dépose sur le métal une mince pellicule d'argent, suffisante pour les bibelots, mais trop légère pour les objets d'usage quotidien.

Mes Couturier, Nicolay

Plat à tarte en argent, bord godronné, par Cl. Houasse, Marseille, 1783. Adjugé 31 500 F à Drouot par Mes Couturier, Nicolay, le 5 mars 1986.

Verseuse ovoïde sur trois pieds à bec en col de cygne, époque Restauration (1819-1838). H. 33 cm. Les pièces de cette qualité valent de 25 000 à 40 000 F.

Ader, Picard, Tajan

Mes Couturier, Nicolay

Théière en argent, par Boulanger, Paris, 1798-1809. Adjugée 17 000 F par Mes Couturier, Nicolay, à Drouot, le 5 mars 1986.

Enluminure extraite de la Berner Chronik, *par Diebold Schilling, montrant une scène de bataille où les adversaires combattent à l'arme blanche et emploient des arbalètes et des armes à feu portatives.* École suisse, 1483.

LES ARMES

L'arme fascine l'homme depuis toujours et le fascinera encore longtemps. Toutes les considérations d'ordre moral se révèlent inutiles. En tout état de cause, l'arme ne sert pas uniquement à blesser ou tuer un adversaire ; pour certains, elle constitue également un symbole viril : attribut de l'homme, elle est sa parure, sa fierté. « Les armes ont torturé mais aussi façonné le monde. Elles ont accompli le meilleur et le pire, enfanté l'infâme aussi bien que le plus grand, tour à tour rampé dans l'horreur ou rayonné dans la gloire. Honteuse et magnifique, leur histoire est celle des hommes. Elles sont générales, multiples, éternelles, comme la pensée et comme l'action » (Charles de Gaulle, *Au fil de l'épée*).

De nos jours, l'arme blanche a perdu toute fonction utilitaire ; on continue cependant d'en fabriquer, car elle sert d'insigne aux officiers sortant des grandes écoles et aux académiciens.

Le monde des armes offre donc aux collectionneurs les thèmes les plus variés. Leur choix peut se porter sur les armes blanches ou les armes à feu, les armes réglementaires ou les armes de luxe, les armes militaires ou les armes de chasse.

Les armes sont inséparables de l'homme. Elles sont nées avec lui. On peut, certes, le regretter, mais il en est ainsi ! Il ne faut cependant pas oublier que ce sont les armes qui ont assuré la survie de l'espèce, en permettant aux hommes de se nourrir et de se défendre contre une nature hostile.

Avec les siècles, depuis la préhistoire jusqu'à nos jours, les armes se sont modifiées, perfectionnées, et s'il est, bien sûr, difficile de comparer une hache paléolithique avec une bombe atomique, il n'en demeure pas moins que l'une et l'autre furent, en leur temps, des révolutions dans le domaine de la technique. Car l'arme est tributaire de la science et de la connaissance de chaque époque : ainsi se sont succédé les âges de la pierre, du bronze, du fer, de l'acier et, aujourd'hui, de l'atome. Les panoplies guerrières se sont donc toujours renouvelées, les outils de guerre démodés étant détruits ou soigneusement gardés comme objets de collection. Car l'arme, outre son indiscutable côté « pratique », a aussi une valeur sacrée, voire mystique — ainsi de l'épée du chevalier ou du sabre du samouraï — dépassant la simple notion d'objet.

L'arme joue aussi un rôle social important : elle est le symbole de la noblesse et de la virilité, l'insigne du courage.

Pendant des millénaires, ce fut le règne incontesté de l'arme blanche (ainsi désignée, génériquement et improprement, en raison de la couleur de l'acier poli), jusqu'à la découverte, au XIVe siècle, des armes à feu utilisant la poudre. Celles-ci entraînèrent la disparition des armures — en Europe tout du moins —, ainsi que des arcs et des flèches, mais n'empêchèrent point le développement continu des instruments de taille et d'estoc, épées et sabres notamment. Le fusil donna même naissance à une arme blanche nouvelle, la baïonnette, qui remplaça les antiques armes d'hast, c'est-à-dire montées sur une hampe, la pique tout particulièrement.

Depuis sa timide apparition à la fin du Moyen Âge, l'arme à feu ne cesse de se perfectionner. Les tubes changent également : lisses à l'origine, ils deviennent rayés. Au début, on charge par la bouche ; ensuite, on approvisionne par la culasse. Après la balle, la poire à poudre, le pulvérin, vient la cartouche, d'un maniement nettement plus simple et plus sûr. Et la baguette de chargement se transforme en baguette de nettoyage.

Les types d'armes sont multiples et divers ; on peut cependant les classer par grandes catégories.

- *Les armes blanches.* Ce sont les plus anciennes, auxquelles on rattache les armes défensives (armures, cuirasses et casques). Elles comprennent toutes les armes de taille et d'estoc, les armes d'hast et les armes de jet (arcs et flèches, javelots, frondes et arbalètes) autres que les armes à feu. Il faut également y rattacher les armes de choc : masses et fléaux d'arme.

- *Les armes à feu.* Plus récentes, elles comprennent toutes les armes de poing (pistolets, revolvers), d'épaule (mousquets, arquebuses, fusils) et l'artillerie (les canons).

On peut même rattacher au domaine des armes l'uniformologie et tout ce que les Britanniques nomment « militaria », c'est-à-dire les curiosités militaires...

Quelques limites à la collection sont imposées par la loi, la législation française ne permettant pas de posséder librement des armes à feu en calibre de guerre et en état de marche fabriquées après 1870. Ce qui signifie aussi qu'il n'est pas interdit de les collectionner lorsqu'elles sont neutralisées (broche dans la chambre ardente et trou dans le canon). Quant aux armes de chasse, elles sont en vente libre.

Cooper Bridgeman Library

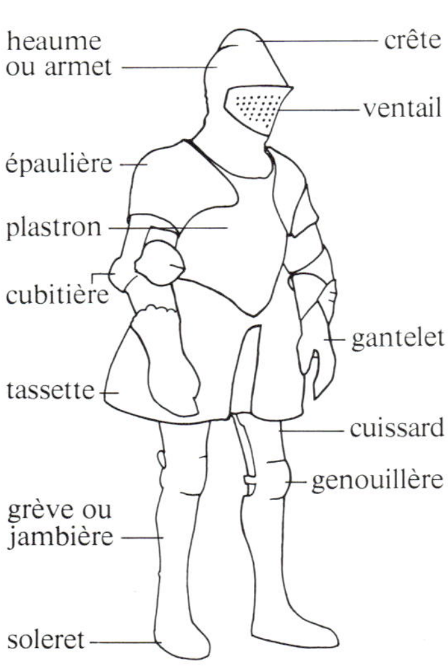

Armure complète exécutée pour un grand personnage. L'acier porte une fine décoration. Milieu du XVIe s. À cette époque, l'armure perd sa fonction militaire.

LES ARMES BLANCHES

Les armures

Au haut Moyen Âge, l'armure se compose d'écailles ou d'anneaux de métal appliqués sur de la peau ou de l'étoffe. Les casques sont faits de lames de fer reliées entre elles par des rivets, tandis que le bouclier, en bois, est renforcé de cuir et de fer. Les croisades, qui mettent la chevalerie au contact de l'Orient, apportent un nouveau type de défense corporelle : la maille de fer, qui s'impose au milieu du XIIe siècle et est utilisée jusqu'au milieu du XIVe siècle. Le chevalier revêt un ensemble complet qui comporte une tunique, ou cotte de maille, appelée « haubert » ou « haubergeon », de longues chausses, des gantelets et, enfin, un capuchon, le « camail ». Le camail est surmonté d'un « heaume » (casque fermé recouvrant totalement le chef) ; celui-ci est formé de plaques rivées où sont pratiqués des fentes et des trous pour la vision et la respiration. Le cheval est également couvert, d'abord de caparaçons et, ensuite, de bardes en mailles de fer. Cet équipement défensif demeurait largement insuffisant face aux coups de pointe et de masse. Aussi, au milieu du XIIIe siècle, on ajoute aux armures des plaques de renfort pour assurer la protection de certaines parties du corps particulièrement exposées. C'est ainsi que sont créés les ailettes, sur les épaules, les genouillères, les grèves, les brassards, la demi-cuirasse.

À la fin du XIVe siècle, on met au point l'armure articulée, qui couvre la totalité du corps ; sous la cuirasse, on continue de porter un gilet de mailles. Au XVe siècle, l'armure atteint la perfection. Un arrêt de cuirasse, destiné à maintenir la lance, est fixé sur le plastron. Certaines armures habillent littéralement le chevalier ; il en existe de nombreuses variétés, qui peuvent se regrouper en deux séries : les armures blanches, dites « au clair », c'est-à-dire en acier sans aucun décor, et les armures en acier bruni et damasquiné ou doré, avec des ornements et de nombreux dessins.

Au XVe siècle, le poids moyen des armures est de 25 kg.

Au XVIe siècle, l'armure atteint son apogée, mais l'utilisation de l'arbalète et des armes à feu va entraîner son déclin. L'influence du costume civil se fait de plus en plus sentir. Au début du XVIe siècle, l'imitation des plis du vêtement donne naissance à l'armure à cannelures. Le goût de la Renaissance s'impose, et des formes nouvelles, à l'antique, deviennent à la mode, par exemple des boucliers circulaires, les « rondaches », particulièrement en Italie. Des décors par ciselure, repoussé, damasquinage et eau-forte recouvrent les aciers. L'armure n'est plus seulement un instrument de défense, mais également un élément de prestige, destiné à la parade. Certaines pièces relèvent véritablement de l'orfèvrerie.

Les armures dites « de demi-épreuve » résistent au tir du pistolet, et celles qui sont dites « à toute épreuve », à la balle du mousquet grâce à un plastron de renfort placé sur l'armure. Les armures à pièces de renfort étaient d'ailleurs déjà utilisées pour les joutes et les tournois.

À partir du XVIe siècle apparaissent de nouveaux types de casques comme la « bourguignotte » et le « morion », à double visière en forme de croissant et au timbre surmonté d'une crête. L'« armet » est encore utilisé, mais prend des formes diverses ; le plus curieux est probablement celui qui est connu sous le nom d'« armet de Savoie », dont la visière imite un visage humain grotesque.

À la fin du XVIe siècle, la cavalerie lourde ne revêt plus que la cuirasse, les brassards et les cuissards ; elle utilise comme défense de tête le casque ouvert — les morions et bourguignottes —, tandis que des bottes en peau souple couvrent les jambes. Au XVIIe siècle, les cuissards sont dits « écrevisses », car ils sont en lames de fer superposées. À partir de ce siècle, seuls les régiments de cuirassiers portent la cuirasse et le casque : ce dernier est souvent remplacé par un grand chapeau de feutre à large bord et empanaché, que renforce parfois une calotte de fer. On trouve aussi des chapeaux de fer munis de lames d'acier articulées protégeant le visage.

Dans la seconde moitié du XVIIe siècle, les défenses corporelles se limitent à la cuirasse et au casque. Souvent, la cuirasse ne comporte qu'un plastron sans dossard : c'est la demi-cuirasse. La cuirasse complète subsistera cependant et sera portée jusqu'à la Première Guerre mondiale par les corps de cuirassiers.

Au XVIIIe siècle, la mode est aux casques à crinière, dont le timbre peut être couvert de peau de panthère. Ce casque sera surtout porté par les dragons, puis par les cuirassiers. En fait, dès la fin du XVIIIe siècle, le casque n'est plus porté que par des corps de cavalerie spécialisés. Les « shakos », « bonnets d'ourson », « mirlitons », et « schapskas » sont d'origine polonaise. L'Allemagne adopte les fameux casques à pointe de modèles divers, en carton bouilli, cuir ou acier.

Les épées

L'épée est quasiment le symbole du chevalier. Au cours du haut Moyen Âge, l'épée germanique l'emporte sur le glaive romain, ce dernier prenant l'aspect nouveau de la dague. Les Francs utilisent la grande épée, à double tranchant, et le scramasaxe, à un seul tranchant. La forme de l'épée médiévale ne change pas jusqu'au début du XIe siècle. C'est, en fait, l'épée des Vikings : la lame, large, est spécialement conçue pour trancher, mais elle est aussi assez pointue pour permettre de porter un coup d'estoc mortel. La poignée possède une courte garde en forme de croix, en avant de la main, et un lourd pommeau, allongé latéralement à l'extrémité de la soie, pour équilibrer le poids de la lame. À partir du XIIe siècle, le pommeau en forme de disque devient courant, et les quillons de garde sont tantôt droits, tantôt recourbés vers la lame. Au début du XIIIe siècle, le pommeau en forme de disque se complète d'une protubérance en forme de moyeu : ce modèle, baptisé « pommeau-roue », reste utilisé pendant toute la période médiévale. Le pommeau, parfois en cristal de roche, contient souvent des reliques.

Au XIIIe siècle, la lame tend à s'allonger et à s'effiler : l'estoc est une épée dont la lame, à section quadrangulaire, ne pouvait frapper que de pointe ; elle était suspendue à l'arçon.

Au début du XIVe siècle, une épée à poignée plus longue, destinée à être maniée avec les deux mains, fait son apparition : c'est l'« épée de guerre ». Le pommeau, en forme de poire, sert de contrepoids.

Vers 1400, le bord supérieur du quillon est complété par une petite branche dont la courbe protège l'index qui y passe. Plus tard, un second arceau vient se placer de l'autre côté de la lame : on donne à ces branches le nom de « pas-d'âne ».

Les dagues

En plus de l'épée, le chevalier possède toute une série d'armes de poing courtes : les dagues. La plus courante est la dague dite « à rouelle », en raison de sa monture comprenant deux rondelles. Il existe aussi une dague dite « à couillette », en raison de sa forme, et de fins stylets, appelés « miséricordes ».

Metropolitan Museum of Art

Défense de tête, dite « bourguignotte », à fin décor ciselé, dans l'esprit de la Renaissance italienne. Ce casque, probablement exécuté pour le roi de France François Ier, en acier, est l'œuvre de Philippe de Negroli de Milan. Cette pièce, du XVIe siècle, ne joue aucun rôle militaire.
Metropolitan Museum of Art, New York.

Larousse

Dague de main gauche en acier. Garde munie de quillons et d'un pas-d'âne en forme d'anneau. Les Italiens étaient les maîtres de l'escrime à deux mains. Italie. Début du XVIIe siècle.

Masses, marteaux et fléaux

Parmi les armes de chocs, la plus commune est la masse d'arme, qui se compose d'un manche en fer au bout duquel est fixée une tête ronde ou à pointe. Quant au marteau d'arme, son manche de fer se termine par une sorte de grosse pique dont le côté opposé a la forme d'un marteau. Les fléaux d'armes imitent l'outil à battre le grain : sur le manche de bois est attaché, par une corde ou une chaîne, un petit cylindre ferré, hérissé de pointes.

Les armes de poing

L'épée prend une forme nouvelle, qui correspond à une escrime différente de celle qui est en usage au temps des chevaliers. La nouvelle escrime, qui a trouvé ses premiers maîtres parmi les Italiens, nécessite en effet un type particulier d'épée, destiné surtout à frapper d'estoc : la rapière, inventée en France au XIe siècle, est utilisée jusqu'au-delà de 1650 ; ensuite, elle cède la place à la fine petite épée de cour du XVIIIe siècle. La lame de la rapière est longue, avec une gouttière centrale ; sa pointe est acérée. La monture devient un modèle de complexité, surtout par rapport à la simple croisière de l'époque médiévale. La nécessité de protéger la main qui tient l'arme a pour résultat de faire ajouter à la poignée une garde, une contre-garde constituée de branches multiples et enveloppantes, des quillons, des anneaux, dont certains sont appelés « pas-d'âne », et une branche. Bientôt apparaissent les demi-coquilles et les coquilles ; elles peuvent avoir la forme d'une grande tasse (surtout en Espagne) couvrant entièrement la main. Toutes ces montures sont souvent de véritables chefs-d'œuvre d'orfèvrerie, où les Italiens, les Espagnols et les Français se sont rendus maîtres.

À côté de la rapière, l'escrime à l'italienne impose une arme complémentaire, la dague, tenue dans la main gauche : elle sert à arrêter la lame de l'adversaire, à la rompre éventuellement (certaines « mains gauches » sont, dans ce but, munies de trous devant la garde) et, si possible, à mettre l'adversaire hors de combat.

Dès le XVe siècle, un nouveau type d'arme de poing apparaît : le « badelaire », sorte de grand coutelas à lame à un seul tranchant, légèrement incurvée, utilisé surtout en Suisse. Le badelaire, avec ses nombreuses variantes (« malchus », « cimeterre »), donnera naissance au sabre. Celui-ci est parvenu en Europe occidentale par l'intermédiaire des Hongrois et des Polonais, et il équipa d'abord les hussards. Il faudra attendre le règne de Louis VI pour voir son usage se généraliser. Outre le sabre à lame courbe, réservé à la cavalerie légère, on trouve le sabre à lame droite connu sous le nom de « latte », dont l'usage se généralise sous Louis XV. La Révolution, avec les sabres d'officiers volontaires, le Consulat et l'Empire voient éclore une floraison de modèles : certains sont particulièrement recherchés de nos jours, notamment ceux de la Garde impériale.

Les armes d'hast

Au XVIe siècle, les armes d'hast jouent un rôle essentiel en raison de l'importance de l'infanterie. Les hallebardes, les pertuisanes, les fauchards, les guisarmes, les corsèques et les piques sont utilisés en très grand nombre jusqu'à l'apparition des armes à feu et la création de la baïonnette, à la fin du XVIIe siècle.

Les arbalètes

Inventées à la fin du Moyen Âge, les arbalètes se développent sous la Renaissance et au XVIIe siècle. Elles servent d'abord d'armes de guerre et sont bandées à l'aide de systèmes divers, très puissants. Au XVIIe siècle, elles ne sont utilisées que pour la chasse et s'ornent, principalement dans les pays germaniques, de nombreux motifs décoratifs en os et en ivoire. La tradition du tir à l'arbalète se maintiendra dans le nord de la France et en Belgique (Liège) jusqu'au XXe siècle.

Christie's

Gravure de Jacob de Gheyn, datée de 1607, représentant un mousquetaire muni de tout son équipement. La main droite tient la fourquine, la main gauche la mèche et le talon de crosse du mousquet. Sur la poitrine passe la bandoulière avec les charges de poudre. Au côté gauche de l'homme pend une épée. Vente Christie's.

LES ARMES À FEU

Les origines

Si la découverte et les progrès de la métallurgie a permis pendant des millénaires de fabriquer des armes blanches redoutables, l'utilisation de la poudre à canon et de ses effets explosifs marque un tournant dans l'histoire mouvementée des hommes. Il est à peu près certain que les Chinois ont été les premiers à utiliser la poudre, non pour en faire des armes, mais pour lancer des feux d'artifice. Les Arabes, les Byzantins et les Mongols se servaient de feux grégeois et de bombes incendiaires composés de naphte enflammé ; il s'agissait bien d'armes à feu, mais la poudre n'était pas employée. C'est en Europe que furent réalisés les premiers instruments de guerre à poudre, comme le prouve un manuscrit daté de 1326 où l'on voit la représentation précise d'un « pot de fer », appelé en italien « vasa ». Un document florentin de la même année parle pour la première fois de canon.

Avec l'arme à feu, l'infanterie allait peu à peu devenir la « reine des batailles ». L'artillerie primitive comprend des « bombardes » (du latin *bombus*, bruit sourd), des couleuvrines, de plus petits calibres, et des « ribaudequins », véritables ancêtres de la mitrailleuse, à plusieurs tubes, sur un fût roulant.

Les premières armes à feu individuelles sont les « bastons à feu » (« scopetto » en italien), pesant une dizaine de livres, sorte de pot de fer fixé sur une hampe et dont la charge de poudre est allumée avec un fer rouge. En allemand, ces bastons portent le nom de « Hakenbüchse » (de « Haken », crochet, et « Büchse », canon), d'où vient le mot « arquebuse ».

Ces engins plus que simples, d'une précision tout à fait relative, sont, au début, presque aussi dangereux pour le servant que pour l'adversaire ! Mais bientôt l'arme se perfectionne : on place la lumière sur le côté de l'arme ; on ménage une petite cavité, appelée « bassinet », pour guider le trait de poudre jusqu'à la charge ; on allonge le manche et le canon. Ainsi naît au début du XVe siècle la

Platine à rouet à timbre, en acier, du XVIIe siècle. Le chien enserrant dans ses mâchoires une pyrite de fer vient frotter sur une roue striée. Ce mécanisme parfait aurait été inventé par Léonard de Vinci. Musée d'art et d'industrie, Saint-Étienne.

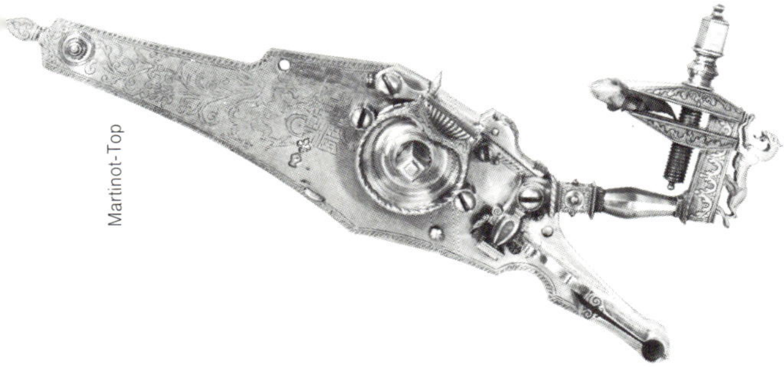

Martinot-Top

Hinous-Connaissance des arts

Petit pistolet à rouet en acier à décor damasquiné du XVIIe siècle. Une arme miniature, presque un bijou, véritable merveille de technique. Long. : 11,2 cm.

« couleuvrine ». Vers 1400 apparaît une innovation importante : l'utilisation d'une mèche ayant macéré dans du salpêtre et de l'alcool pour la faire brûler lentement. La mèche étant prise par des mâchoires à l'extrémité d'une tige métallique en « S » qui pivote autour d'un axe appelé « serpentin », il suffit, pour tirer, d'abaisser la mèche sur le bassinet.

La platine à mèche

À la fin du XVe siècle, la mise à feu du serpentin se perfectionne avec la platine à mèche : le mécanisme, disposé sur une plaque de métal, devient totalement indépendant du reste de l'arme. Le serpentin est dorénavant divisé en deux parties : la partie supérieure porte la mèche, et une biellette rejoint la partie inférieure, formant queue de détente. Un ressort maintient le serpentin éloigné du bassinet, comportant un couvre-bassinet pour protéger la charge de poudre, et maintient la queue de détente éloignée de la crosse. Ce mécanisme simple est robuste et bon marché. Son succès sera si durable que, même après l'apparition de mises à feu plus perfectionnées, il persistera dans de nombreux pays. La platine à mèche consacre le rôle de premier plan de l'arme à feu individuelle, dont le nom varie suivant le lieu, l'époque ou les modèles. On trouve ainsi l'arquebuse, qui repose sur une fourche appelée « fourquine », le « pétrinal », arme plus courte, dont on appuie la crosse sur la poitrine pour tirer, et le mousquet, originaire d'Espagne (« mosquete »), qui aurait été inventé par le duc d'Albe. Le mousquet est une arquebuse de fort calibre à usage exclusivement militaire ; c'est donc l'ancêtre du fusil d'ordonnance réglementaire.

L'arquebusier est doté de tout un attirail : une bandoulière à laquelle sont suspendus de petits étuis de bois contenant chacun une charge de poudre, une bourse porte-balles, une poire à poudre et un pulvérin. En outre, il porte une épée. Les arquebuses sont souvent somptueuses et décorées de gravures sur les parties métalliques, ou d'incrustations d'os, d'ivoire ou de nacre sur les montures en bois.

La platine à rouet

L'arquebuse à mèche présente des défauts. Les intempéries, ou le hasard, risquent à tout moment d'éteindre la mèche incandescente, et celle-ci se voit de loin. Aussi les savants de la Renaissance ont-ils cherché de nombreux systèmes de mise à feu. Léonard de Vinci serait l'inventeur de la platine à rouet, dont le principe ressemble à celui des briquets d'aujourd'hui, qui font jaillir une étincelle grâce à une roue moletée. Une seule main suffit dès lors pour actionner le système. La platine comprend un chien enserrant dans ses mâchoires une pyrite de fer qui vient frotter sur une roue striée — le rouet —, animée par un ressort tendu par une clé carrée, tandis que la chaîne d'acier solidaire s'enroule autour de l'axe du rouet. D'abord placé à l'extérieur de la plaque de platine, le rouet est ensuite installé à l'intérieur. Les armes à rouet ne pouvant être fabriquées que par des armuriers habiles, elles sont coûteuses et, de ce fait, considérées comme des engins de luxe. D'autre part, elles ne sont pas exemptes de défauts : elles sont fragiles, la pyrite s'use rapidement et il est facile de perdre la clé ou la manivelle d'armement.

La platine à rouet a permis la création des pistolets, armes de main, principalement utilisées par les cavaliers. Le pistolet ne semble pas apparaître avant 1530, et ce sont les Allemands et les Italiens qui en font usage les premiers. Les pistolets ont une sorte de manche droit et étroit qui va en s'incurvant vers le bas pour former une véritable poignée (qu'il ne faut pas confondre avec la crosse des armes d'épaule). La poignée se termine souvent par un pommeau en forme de boule, pour permettre de tirer aisément l'arme des fontes de la selle du cavalier. La queue de détente est protégée par un pontet en fer. La décoration, parfois d'une très grande richesse, particulièrement sur les armes germaniques fabriquées à Augsbourg et à Nuremberg, comporte de fines incrustations d'os et d'ivoire, avec des scènes gravées sur des thèmes mythologiques, guerriers ou cynégétiques. Les armes italiennes sont plus sobres, et les réalisations françaises sont le fruit d'un compromis original entre les deux styles. Les pièces d'acier sont souvent recouvertes de damasquines.

Certaines armes possèdent un double système de mise à feu ; le serpentin à mèche et le rouet. D'autre part, la perfection technique des armuriers allemands et italiens, notamment de ceux de Brescia, leur a permis de réaliser de minuscules « pistolets-bijoux », dont le mécanisme est d'une telle qualité qu'ils fonctionnent encore aujourd'hui.

L'arquebuse se perfectionne rapidement. Une arme nouvelle lui succède : la « Tschinke ». Fabriquée en Allemagne du Nord et en Bohême, légère et de petit calibre, elle est destinée à la chasse.

Martinot-Top

Platine à silex « à la française », œuvre d'un arquebusier stéphanois sur un beau fusil de chasse dit « de Louis XIV ».
Musée d'art et d'industrie, Saint-Étienne.

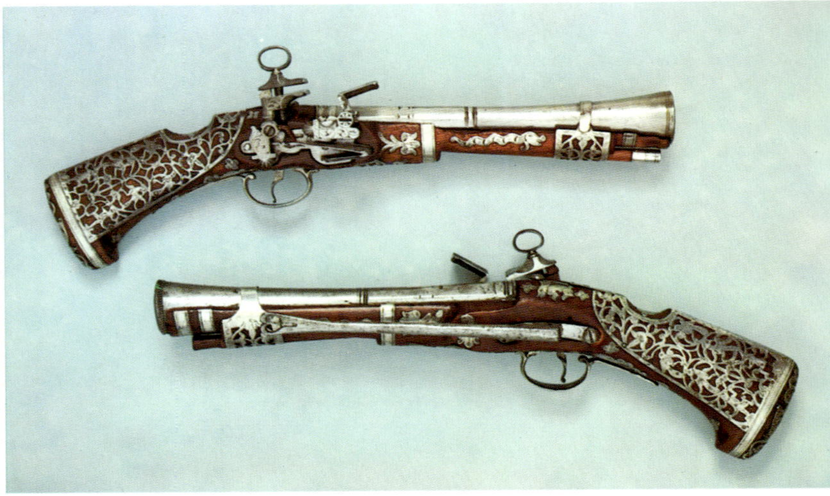

Paire de tromblons à platine à silex du type méditerranéen dit « à miquelet ».
Catalogne. Fabrique de Ripoll. Vers 1690.
Victoria and Albert Museum, Londres.

Les platines à silex

Le prix prohibitif du mécanisme à rouet en limitait l'usage ; aussi continue-t-on à chercher de nouveaux systèmes de mise à feu. C'est ainsi qu'apparaissent, au même moment, le chenapan, le miquelet et le silex.

Le « Schnapp-hahn » (chenapan), ou « coq-picorant », évoque le mouvement du chien, ou coq, raclant la batterie ; il semble bien être d'origine anglo-hollandaise ; il restera utilisé jusqu'à une époque récente sur les longs fusils d'Afrique du Nord dits « moukalas ». Ce type de platine est caractérisé par un chien en « S », un gros bouclier de bassinet avec un couvre-bassinet coulissant et un long bras de batterie. La batterie et le couvre-bassinet ne sont pas solidaires, à l'inverse des platines à miquelet et à silex. Ce système s'est surtout développé dans le nord de l'Europe et en Italie, où il porte le nom de platine à la « fiorentina ».

La platine à miquelet, dite aussi « à la catalane », est attribuée à Simon Marquate, fils de l'armurier que Charles Quint emmena en Espagne pour fabriquer des platines à rouet. Il est cependant probable qu'elle ait été inventée en Italie. La platine à miquelet tire son nom des « miquelets » (« petits michels »), bande de brigands qui infestait le nord de l'Espagne au début du XVIIe siècle. Le miquelet est caractérisé par la forme massive et droite de son chien, portant deux fortes mâchoires et une vis terminée par un gros anneau, par un couvre-bassinet solidaire de la batterie (dont s'inspirera la platine à silex) et par un solide ressort extérieur de batterie. Ce mécanisme très simple est d'une robustesse à toute épreuve ; il se maintiendra longtemps après l'invention de la platine à silex, particulièrement en Espagne et dans les pays orientaux, où une variante prendra le nom de « moraque ».

Pistolets et fusils à chenapan furent principalement fabriqués à Ripoll, le plus grand centre d'armurerie espagnol. Les pistolets de ce centre sont toujours d'une très grande qualité, et leur riche décoration se compose souvent de plaques de laiton dorées et d'incrustations d'or et d'argent ; les poignées sont courtes et terminées par un pommeau en boule. On connaît avec certitude le nom de l'inventeur de la platine à silex « à la française ». C'est Marin Le Bourgeoys, descendant d'une lignée d'artisans serruriers et armuriers normands, qui réalise la première platine à silex, dont il fera présent au roi de France Louis XIII, fin connaisseur en armement. Le principe de la platine à silex est extrêmement simple : un chien en « S » (il subira par la suite diverses modifications de forme) enserre dans ses mâchoires le silex ; lorsque celui-ci vient frapper la batterie, il provoque une étincelle qui met le feu à la poudre du bassinet situé en face de la lumière. La plaque de batterie, en forme de « L », possède une branche inférieure qui fait office de couvre-bassinet en formant un angle droit. Sous le choc du chien, la plaque de batterie bascule grâce à une charnière — ce qui découvre le bassinet et permet la mise à feu. Ce dispositif sera adopté par l'Europe entière jusqu'au milieu du XIXe siècle. Chaque pays y apporte des variantes de détails, mais l'essentiel reste inchangé durant des siècles.

Le nouveau système donne naissance à une arme nouvelle : le « fusil », dont le nom vient de la désignation de la plaque de batterie percutée par la pierre. En fait, le fusil prend sa forme définitive sous Louis XIV et, tel quel, avec seulement des modifications de détail, il sera de toutes les guerres de la Révolution et de l'Empire. La manœuvre de chargement de l'arme est simplifiée grâce à la mise au point de la cartouche, préparée dans une chemise de papier contenant tout à la fois la poudre d'amorçage pour le bassinet, la charge proprement dite, la bourre et la balle. La tradition attribue à Gustave Adolphe, roi de Suède, la généralisation de l'emploi de la cartouche. Les différentes manœuvres d'emploi du fusil sont si soigneusement réglées que la puissance de feu devient redoutable ; les temps morts, grâce à la formation en ligne sur trois rangs, sont pratiquement nuls.

Bientôt le fusil est complété par une arme blanche inventée par Martinet, la baïonnette (à l'origine, probablement fabriquée à Bayonne), que l'on enfonce dans la bouche du canon. Le fusil devient ainsi une arme d'hast, et le fantassin n'a plus besoin d'être escorté par des piquiers. Mais cette baïonnette a un inconvénient important : introduite dans le canon, elle interdit le tir. C'est Vauban qui invente la baïonnette à douille ; elle se fixe sur le canon et n'empêche donc pas de tirer.

Les premières armes réglementaires voient le jour en France : c'est le fusil modèle 1717. La Régence s'attribue pour l'infanterie la fourniture exclusive des armes, assurée, sous contrôle officiel, par les manufactures de Charleville, Maubeuge et Saint-Étienne.

En Angleterre domine le célèbre « Brown Bess » ; en Espagne, on continue d'utiliser le système à miquelet. En 1777 apparaît également un nouveau modèle de pistolet dit « à coffre » ou « à la Mandrin » ; le système, de goût anglais, se trouve à l'intérieur d'un coffre de laiton.

C'est à la même époque que sont créées les carabines, armes à canon rayé (elles s'opposent aux armes à « âme lisse »). Les rayures imposent une contrainte mécanique directionnelle à la balle ; c'est pourquoi les carabines appartiennent à la catégorie des armes à « balle forcée ». Les plus célèbres étaient fabriquées à Versailles.

Les premières platines à silex « à la française » possédaient un chien en forme de « S », dit « en col de cygne ». Ensuite, pour les armes réglementaires principalement, le chien est à « cœur » et à crête droite, formant un ensemble simple et robuste. Le bassinet est en laiton, sans garde-feu. Les baguettes de chargement sont initialement en bois, puis en acier, et terminées en « tête de clou ».

Si les modèles réglementaires, comprenant les armes d'épaule comme les armes de poing, sont toujours restés assez sobres, les armes d'officier et les armes civiles sont luxueuses et souvent signées du nom de grands arquebusiers comme « Lepage » ou « Boutet », « directeur-artiste à Versailles ». Les canons peuvent être bleuis, gravés, ciselés et dorés, comme les platines ; les garnitures, en argent, rehaussées de toutes sortes de décors ; les bois des montures, soigneusement sculptés et ornés d'incrustations de fil d'argent. Chaque grand pays européen a son style propre. Les armes anglaises, même luxueuses, restent très sobres, tandis que les armes italiennes et françaises sont abondamment décorées. Sur certaines armes de luxe, on trouve des doubles détentes réglables et « à cheveu ». Les carabines de chasse rayées allemandes « Jaeger » possèdent souvent dans la crosse un tiroir ou une boîte à accessoires (le futur « patch-box » des fusils Kentucky américains). Les contre-platines en cuivre, en argent ou en vermeil s'ornent de scènes variées. Certaines paires de pistolets très soignés sont présentées dans des coffrets avec tous leurs accessoires. Ainsi, l'arme peut être aussi une œuvre d'art.

En plus des classiques fusils de munition et des pistolets d'arçon, la platine à silex trouve sa place sur de nombreux types d'armes ; elle peut équiper des lance-grenades, des tromblons (en anglais, « blunderbuss ») au canon à bouche évasée, souvent en cuivre et parfois muni d'une baïonnette à ressort repliable, et des espingoles. Deux platines à silex équipent également les fusils de chasse à canons en table juxtaposés.

LES ARMES À SYSTÈME

On appelle « système » tout mécanisme particulier d'approvisionnement et de mise à feu d'une arme. Un certain nombre d'armes utilisent des systèmes curieux, assez exceptionnels, tout en gardant la mise à feu du silex. Certains pistolets, par exemple, sont dits « patte-de-canard » parce qu'ils possèdent quatre canons rayés en éventail ; d'autres peuvent tirer quatre coups simultanés à l'aide de quatre canons groupés dans le même axe, le feu étant conduit par un unique bassinet. Les « poivrières » (en anglais, « pepper-box ») sont des pistolets à canons tournants, véritables ancêtres des revolvers.

Le système à percussion

En 1807, le révérend écossais Alexander Forsyth, fin chasseur et esprit curieux, dépose un brevet pour un système d'allumage de la charge de poudre des armes à feu portatives utilisant les propriétés du fulminate de mercure ; celui-ci explose, en effet, non seulement à la flamme, mais aussi sous l'effet d'un choc. En 1808, Forsyth réalise le premier fusil à percussion, dit aussi « à piston ». Le système est très simple : autour d'un pivot tourne un récipient en forme de flacon ; dans la partie inférieure se trouve le fulminate ; dans la partie supérieure est logé le percuteur. En faisant tourner le récipient, on fait tomber du fulminate dans un creux du pivot communiquant avec la lumière ; quand le chien à tête plate s'abat, le fulminate explose et la flamme est envoyée à travers la lumière sur la charge. Cependant, cette invention n'est pas vraiment au point ; il faut attendre le Français Prélat, en 1818, l'Anglais Durs Egg et l'Américain Josuah Sham, qui, en 1822, imagine d'enfermer le fulminate dans de petites capsules cylindriques étanches, en cuivre mince, et dont l'ouverture laisse passer une flamme lors de l'écrasement par le chien ; tout devient alors très facile : il suffit de visser un petit tube, la cheminée, au-dessus de la lumière du canon, sur lequel on place la capsule. Lorsque le chien à tête plate percute la cheminée, il écrase la capsule de fulminate, qui explose et dont la flamme passe dans la lumière et allume la charge de poudre noire. Cette invention constitue un énorme progrès, car la technique du tir est simplifiée et les ratés deviennent pratiquement impossibles ; de plus, on peut tirer même sous la pluie, car le système est imperméable.

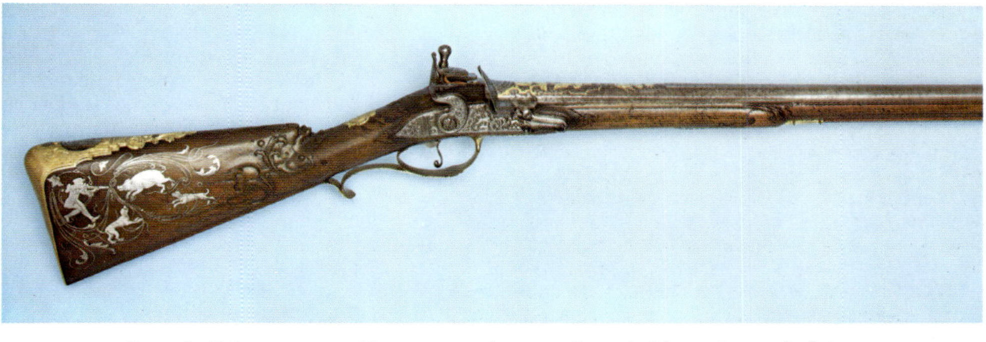

Christie's

Beau fusil à usage sportif pour un enfant royal, probablement pour le futur Louis XV, muni d'une platine à silex. La décoration porte les armes de France, le monogramme du Bien-Aimé et une scène de chasse sur la crosse d'après Nicolas Guérard. L'arme est datée de 1723 et porte la signature de J. S. Hauschka de Wolfenbütel, arquebusier du duc de Brunswick.

Autre avantage, la fabrication en est fort peu coûteuse et il est aisé de modifier les vieilles platines à silex : il suffit de supprimer la batterie et le bassinet, d'échanger le chien à mâchoires contre un chien à tête plate et d'installer une cheminée sur la lumière. Des milliers d'armes seront ainsi transformées : un exemple est fourni par le fusil français réglementaire du modèle 1822, transformé à partir de 1840 sous la dénomination de modèle 1822 T *bis*. Il faut donc attendre plusieurs années avant que les militaires se laissent convaincre de l'efficacité du nouveau système...

Les canons rayés

L'Angleterre, avec le fusil Enfield modèle 1853, fait entrer dans l'histoire le canon rayé, jusque-là réservé aux seules carabines. L'Autriche s'en inspire pour le fusil Lorenz modèle 1854. Les États-Unis suivent le même chemin pour le fusil 1858 et pour le modèle 1863 ; ils réalisent ainsi des « rifles-muskets », c'est-à-dire, très exactement, « des fusils d'infanterie à canon rayé ».

Le canon rayé, nouveauté essentielle du fusil Enfield 1853 était connu depuis longtemps, mais son usage était rare, car la fabrication était difficile et, surtout, le chargement était long. En effet, avec des armes se chargeant par la bouche, il faut forcer la balle dans la rayure à coups de maillet... On imagine l'opération dans le fracas d'un champ de bataille ! Des progrès notables avaient été réalisés par les arquebusiers pennsylvaniens avec les célèbres « long rifles » du Kentucky, durant la guerre d'Indépendance. Les rayures étaient peu profondes, et les balles, calpinées de toile, pouvaient être forcées dans le canon par la seule pression de la baguette. Les effets meurtriers de ce type de canon amenèrent les Anglais à équiper une partie de leur armée de carabines rayées, fabriquées par Ezechyel Baker, armurier à Whitechapel. La France, sous la Révolution, avait déjà réalisé des carabines de précision sous la direction de Nicolas Boutet.

Grâce au mouvement gyroscopique imprimé à la balle par les rayures, la précision et la portée sont incomparablement supérieures à celles des fusils à canon lisse. La solution au chargement par la bouche des canons rayés est apportée par les travaux d'un capitaine français, Gustave Delvigne. Ce système, après divers perfectionnements et grâce à l'utilisation d'une balle en ogive, permet à l'armée française d'adopter définitivement les fusils à canons rayés en 1851.

Pistolet à multiples canons dit « patte de canard », muni d'une platine à silex à coffre. Œuvre de l'arquebusier G. Goodwin à Londres. Début du XIXe siècle.

La cartouche métallique

Jean Samuel Pauly, mécanicien suisse installé à Paris, dépose en 1812 le brevet d'un fusil utilisant pour la première fois une cartouche à culot métallique. Pauly apporte ainsi la première solution convenable au chargement des armes par la culasse ; malgré tout son intérêt, l'invention de Pauly est rejetée en France, en 1814. Le pas suivant sera accompli avec l'adoption de la cartouche à étui métallique, qui enferme en un ensemble unique l'amorce chimique, la poudre noire et le projectile. On parvient à ce résultat vers 1850, avec la cartouche à percussion annulaire de Flobert et avec la cartouche à aiguille de Houiller. Aldo G. Cimarelli et Clément Bosson en expliquent les principes : « Dans la première, l'étui métallique s'élargissait à sa base en un bourrelet creux (couronne) rempli de fulminate : introduit par l'arrière dans le canon, le bourrelet remplissait un creux annulaire pratiqué dans la culasse ; le percuteur de l'arme, qui pouvait être simple ou double, frappait le bourrelet et l'écrasait, provoquant ainsi l'explosion du fulminate et l'allumage de la poudre. Dans la seconde, une petite barre d'acier, la broche, était placée verticalement dans le petit cylindre de laiton de l'étui ; cette aiguille effleurait, dans l'étui, une capsule de fulminate placée à l'intérieur d'une cavité de carton pressé ; le chien, frappant perpendiculairement l'aiguille, qui ressortait de quelques millimètres de l'étui, provoquait le départ du coup. » La cartouche à broche est ensuite perfectionnée par Casimir Lefaucheux, armurier parisien, qui fabrique des milliers de revolvers à barillet. Cependant, la cartouche à broche n'a eu que peu d'applications militaires, mis à part l'exceptionnelle carabine « Treuille de Beaulieu » des Cent-Gardes de Napoléon III, le revolver de marine modèle 1858, ainsi que le gros « le mat ».

La cartouche à broche était fort dangereuse pour l'utilisateur, car on pouvait à tout instant enfoncer l'aiguille par accident. Quant à la cartouche à percussion annulaire, elle était excellente, mais destinée uniquement aux petits calibres (1) : par exemple le 5,5 mm ou le 6 mm. Aussi, de 1850 à 1860, en Europe comme aux États-Unis, apparaît un nouveau type de cartouche à étui métallique, la cartouche à percussion centrale, où la capsule de l'amorce était placée au centre du culot.

Le revolver Perrin-Delmas modèle 1859 est la première arme de poing à utiliser une cartouche à percussion centrale.

Le chargement par la culasse

La seconde moitié du XIXe siècle, féconde en inventions, sonne le glas des mousquets qu'on charge par la gueule en neuf temps, correspondant à neuf opérations qu'il faut effectuer sous le feu de l'ennemi. L'adoption du chargement par la culasse marque un tournant décisif dans l'histoire de l'armement. En 1812, Pauly avait présenté sans succès à Napoléon un fusil à chargement par la culasse. En 1819, l'armée américaine avait adopté le système Hall, avec une platine à silex, puis une platine à percussion. Le système Hall, comme tous les modèles artisanaux construits dans le passé, laissait fuir les gaz. En fait, le problème de l'étanchéité de la culasse ne trouve sa véritable solution qu'avec l'emploi des cartouches métalliques ou d'un obturateur en caoutchouc, comme sur le chassepot.

Le fusil à aiguille a été inventé en 1827 par un Allemand, Johan Nikolaus von Dreyse, collaborateur du

---

(1) Les calibres sont les diamètres intérieurs des canons exprimés en millimètres, alors que, au début de l'artillerie, les calibres étaient déterminés par le poids des boulets.

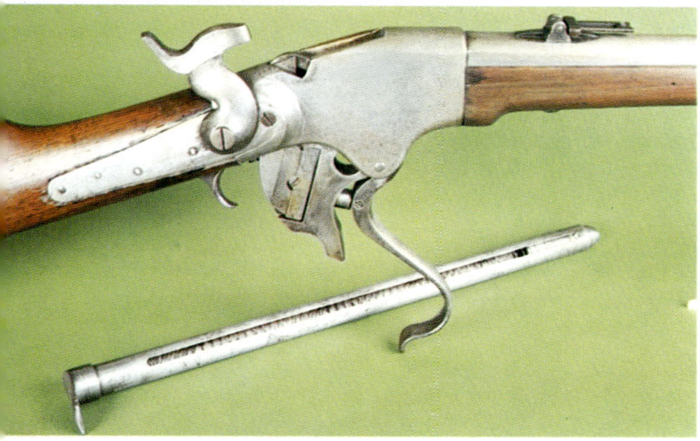

Musket-rifle, Spencer du modèle 1860 à répétition de calibre 52. Ce célèbre fusil américain de la guerre de Sécession fit des ravages parmi les confédérés.

Suisse Pauly jusqu'en 1809, puis armurier à Sommerda, où son père était serrurier. Ce fusil se charge par la bouche. En revanche, le fusil adopté en 1841 par l'armée prussienne est à chargement par la culasse, et l'inflammation de sa charge est produite par une aiguille qui traverse la cartouche pour aller frapper une petite pastille de fulminate placée à sa partie supérieure. Le canon est joint à l'extrémité antérieure d'une forte boîte de culasse dont le mécanisme est à verrou. La culasse mobile est munie d'un levier passant à travers l'ouverture de la boîte de culasse, disposée en chicane. Le fusil Dreyse de 1841 — en dépit de son aiguille et de sa cartouche en papier — peut être considéré comme la première arme moderne : elle est, en effet, à culasse mobile à verrou, système toujours en usage de nos jours, avec de nombreuses variantes. Le dreyse avait pourtant certains inconvénients graves : l'aiguille était fragile, la culasse laissait échapper des gaz, la cartouche était combustible et le calibre (15,43 mm) demeurait trop important. En outre, comme pour le chassepot français, également à aiguille, l'armement devait se faire en quatre temps : il fallait d'abord armer le chien avec le pouce, puis relever le levier et le tirer en arrière, introduire la cartouche et enfin ramener la culasse mobile en avant à l'aide du levier.

Le Français Antoine Alphonse Chassepot crée son fusil en 1863 en s'inspirant du dreyse prussien. L'arme, adoptée par la France en 1866, restera en service jusqu'en 1874, date à laquelle elle est transformée ou remplacée par le système Gras, qui fonctionne avec une cartouche moderne à étui métallique et à percussion centrale. Le chassepot est une amélioration du dreyse en ce sens que son aiguille est un véritable percuteur, qui frappe une capsule de fulminate placée à la base de la cartouche ; en outre, la tête de l'obturateur mobile porte une garniture de caoutchouc qui, en se comprimant contre les parois du canon, se dilate et empêche la sortie des gaz d'explosion.

Outre les armes à culasse mobile à verrou, dont le principe, aujourd'hui encore, est utilisé, il est apparu au milieu du XIXe siècle un grand nombre de systèmes de chargement par la culasse, tous plus ingénieux les uns que les autres, mais qui ont été éliminés, car ils ne pouvaient s'adapter aux nouveaux systèmes à répétition. La guerre de Sécession américaine, qui dura de 1861 à 1865, joua un rôle considérable dans ce domaine par la mise au point d'une multitude de mécanismes. Les armes dites « à bloc tombant » dérivent, plus ou moins, du fusil américain Peabody, dont l'inventeur était originaire de Boston. Dans les armes à bloc tombant, tout le mécanisme est contenu dans une culasse mobile constituée par un bloc solide pouvant tourner autour d'un axe situé en arrière de la culasse et au-dessous de l'axe du canon. Le mouvement de rotation est produit par un levier coudé dont la grande branche se rabat sous la poignée pour former le pontet, tandis que la petite branche s'engage dans une échancrure du bloc. Pour toutes les armes de ce type existent deux modèles : dans le premier, le mécanisme de percussion est logé dans le bloc de culasse, comme dans le martini-henri anglais ; dans le second, il est agencé à l'extérieur de ce bloc : c'est le cas du werder bavarois. Dans ces deux systèmes, la fermeture de la culasse et l'armement du chien peuvent être exécutés en un seul mouvement.

Les systèmes à répétition

Une des grandes nouveautés dans l'histoire de l'armement apportée par la guerre de Sécession est, sans nul doute, l'emploi massif d'armes à système à répétition. Trois grands noms se rattachent aux divers systèmes qui inaugurent les armes modernes : Colt, Spencer et Henry.

Le système Colt

Le plus ancien système à répétition industrialisé est celui de Samuel Colt ; celui-ci, reprenant le système, fort ancien, du barillet, crée le revolver en 1835. Le revolver (en anglais, « to revolve », tourner) est une arme de poing dont le système de répétition est composé d'un magasin rotatif (barillet) et d'un jeu de leviers et ressorts actionnés par la seule main du tireur, selon l'excellente définition de N. H. Josserand. Il suffisait de rajouter une crosse à la poignée du revolver pour en faire une arme d'épaule : c'est ce que fait Elischa King Root, « superintendant of the Colt shop », en allongeant le canon et en perfectionnant son modèle de revolver (« New Model Pocket Pistol 1865 Root patent ») pour en faire la carabine à percussion Colt-Root du modèle 1855. Fabriquée dans la célèbre usine de Hartford, dans le Connecticut, l'arme a un barillet à cinq coups pour le calibre 56 (14,25 mm) et, comme son aîné, le revolver Root, le barillet est placé dans un cadre fermé maintenu par un axe central sortant sous le chien, sur le côté (« side hammer »). Le chargement se fait par l'avant, à l'aide d'un levier.

Le système Spencer

En mars 1860 — un an avant la guerre de Sécession —, Christopher Spencer prend un brevet pour une arme à répétition utilisant une cartouche métallique. Le principe des armes Spencer (« muskets » et « carbines ») est simple et efficace : les cartouches sont emmagasinées dans un tube à ressort placé dans la crosse ; la culasse, manœuvrée par le levier de sous-garde, pivote en arrière lors de l'ouverture, extrait l'étui de cartouches venant d'être tirées et admet dans le bloc de culasse une nouvelle munition ; au mouvement de bascule vers l'avant correspond l'introduction de la nouvelle cartouche dans la chambre et le verrouillage de tout le bloc. Le bloc obturateur demi-circulaire fait donc office de plaque tournante ou d'échangeur. La platine arrière n'ayant pas été couplée à la culasse, il est nécessaire d'armer le chien avant de tirer ; cet armement en deux mouvements n'empêcha pas le spencer d'être l'arme la plus rapide de son époque, puisqu'il vidait un magasin de sept cartouches en neuf secondes.

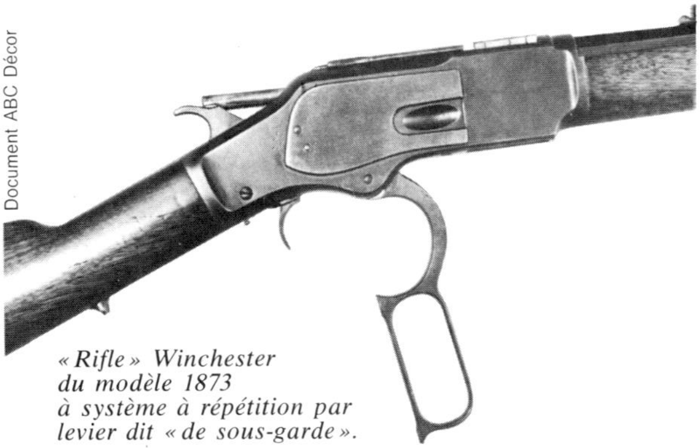

Document ABC Décor

« Rifle » Winchester du modèle 1873 à système à répétition par levier dit « de sous-garde ».

Le système Henry et la winchester

La « Volcanic Repeating Arms Company », qui fabrique des armes à partir de 1854, avait adopté un magasin tubulaire placé sous le canon et une commande d'approvisionnement constituée par un levier-pontet dit « de sous-garde ». La munition des volcanics était très médiocre, et la commercialisation se solda par un échec. En 1857, Oliver Winchester reprend à son compte le passif de la société et, la même année, en organise une nouvelle, qui deviendra célèbre sous le nom de « New Haven Arms Company ». Le directeur en est B. Tyler Henry. Les travaux de Henry aboutissent en 1860 à la mise au point d'un nouveau mécanisme, plus solide que celui du volcanic, et à la confection d'une cartouche métallique. En 1862, les premiers fusils à répétition Henry sortent des ateliers. Leur magasin, tubulaire, à grande capacité (de quinze à dix-huit cartouches), est placé sous le canon ; sa cadence de tir est exceptionnelle. Le bloc culasse-échangeur se manœuvre par un levier faisant office de sous-garde, qui réduit d'un temps le cycle de manœuvre. L'ouverture du levier provoque l'extraction et l'éjection de l'étui vide, ainsi que l'armement du chien. La fermeture introduit une nouvelle cartouche dans la fente...

Nelson King s'efforce de corriger les défauts du fusil Henry, dont l'un des principaux inconvénients résidait dans son mode de chargement par l'avant du magasin tubulaire ; celui-ci s'encrassait rapidement. King met donc au point une portière, installée dans le boîtier de culasse ; il munit le magasin d'un grand ressort, avec un piston poussant les cartouches, et entoure partiellement le tube-magasin d'un fût de bois : c'est la fameuse « winchester model 1866 », chambrée pour la cartouche 44 Henry à percussion annulaire. Plusieurs versions du modèle 1866 sont proposées à la clientèle : carabine courte de selle, fusil et mousquet d'infanterie pouvant recevoir une baïonnette. Mais l'armée américaine n'utilisa pas cette arme ; seul le gouvernement ottoman passa commande de cinquante mille exemplaires (la hausse de ces armes est marquée de chiffres arabes). En Suisse, une winchester de calibre de 10,5 mm, achetée en petite quantité, a servi de modèle aux fusils Vetterli...

Le fusil Vetterli

Le fusil à répétition Vetterli modèle 1869 est une arme à verrou à culasse mobile, de calibre 10,4 mm. Un tube-magasin, dans le fût du bois, peut contenir onze cartouches, tandis qu'une douzième peut être placée dans l'auget de répétition et une treizième dans la chambre. Le fusil suisse Vetterli est la plus ancienne arme à répétition réglementaire européenne.

La « poivrière », ou « pepper-box »

C'est une arme de poing à répétition, de conception très ancienne — on y avait pensé dès le XVIe siècle —, qui doit son nom à ses multiples canons, groupés en faisceau et tournant autour d'un axe longitudinal. En Europe, à partir de 1837, l'armurier de Liège Mariette la popularise en la dotant du système à percussion et lui donne son nom. Dans la « poivrière », chaque canon est mis à feu, successivement, par un mécanisme unique. Sur les premiers modèles, la rotation du canon s'effectue à la main. Dans l'Ouest américain, le « pepper-box » fut très en vogue de 1837 à 1860, avant d'être détrôné par le revolver, dont il est en quelque sorte l'ancêtre. L'Angleterre, la Belgique (Liège), la France et les États-Unis se mettent à en fabriquer un grand nombre, et les plus célèbres (à part ceux de Mariette) sont ceux des frères Darling, de Léonard (en forme de « boot-leg » : « jambe de botte »), exécutés par Robbins and Laurence, d'Allen and Turber, d'Allen and Wiheelock, etc. Les modèles les plus courants sont à quatre, six ou sept canons, et les calibres varient de 28 à 41 mm.

Les revolvers

Il est évident que le système à barillet, beaucoup plus pratique, devait l'emporter. Effectivement, l'idée de construire une arme à répétition à barillet est fort ancienne : on y avait pensé dès le XVIe siècle. En 1830, selon la légende, un jeune mousse de seize ans, Samuel Colt, voyant une roue de gouvernail, imagine et réalise en bois son premier prototype de revolver. Colt n'est pas véritablement le premier ; Collier l'a précédé, mais sans succès véritable. L'invention de Colt va bouleverser le marché de l'arme traditionnelle : un homme peut tirer six coups de feu en quatre secondes, sans recharger. En 1835, Colt fait breveter son invention à Paris et à Londres et il commence la production à Paterson, dans le New Jersey. Les brevets de Colt définissent quatre principes fondamentaux dans la fabrication des pistolets à répétition. Les cheminées de mise à feu sont placées dans l'axe des chambres du barillet, ou magasin rotatif. Le cloisonnement entre les cheminées évite les décharges en chaîne, et la rotation du barillet est couplée avec le mouvement du chien. Le barillet se bloque dans l'alignement correct lors du départ du coup et se débloque lorsque le chien est réarmé. Il s'agit donc d'une arme à simple action (« single action ») : le chien doit être armé à la main, alors que, sur les revolvers à double action, le chien est automatiquement armé par l'action du doigt sur la détente. Les revolvers fabriqués à Paterson sont simples : ils possèdent une détente rentrante, dite « noyée », à la mexicaine, et ils n'ont pas de leviers de chargement (celui-ci était livré à part). Malgré leurs défauts, les patersons étaient bien supérieurs aux poivrières de l'époque.

Le capitaine Sam Walker, des fameux Texas Rangers, fournit à Colt de précieuses indications pour améliorer ses armes. Le nouveau modèle, plus puissant et destiné aux troupes montées, est le « colt army model 1847 », ou « colt Walker ». L'arme tire six coups et possède un levier de chargement, ainsi qu'un pontet pour protéger la détente. Après un passage à Whitneyville, la fabrication des armes se fait définitivement à Hartford (Connecticut) dès 1848. La même année est mis en service le « colt dragoon », ou « army revolver », au canon à sept rayures et au poids étonnant de 2,2 kg à vide ! Le barillet est orné d'une gravure représentant un combat entre dragons de l'U. S. cavalry et Peaux-Rouges. Le célèbre « colt navy model 1851 » a un canon octogonal, un cadre ouvert en laiton ; son barillet est orné d'une gravure en l'honneur du

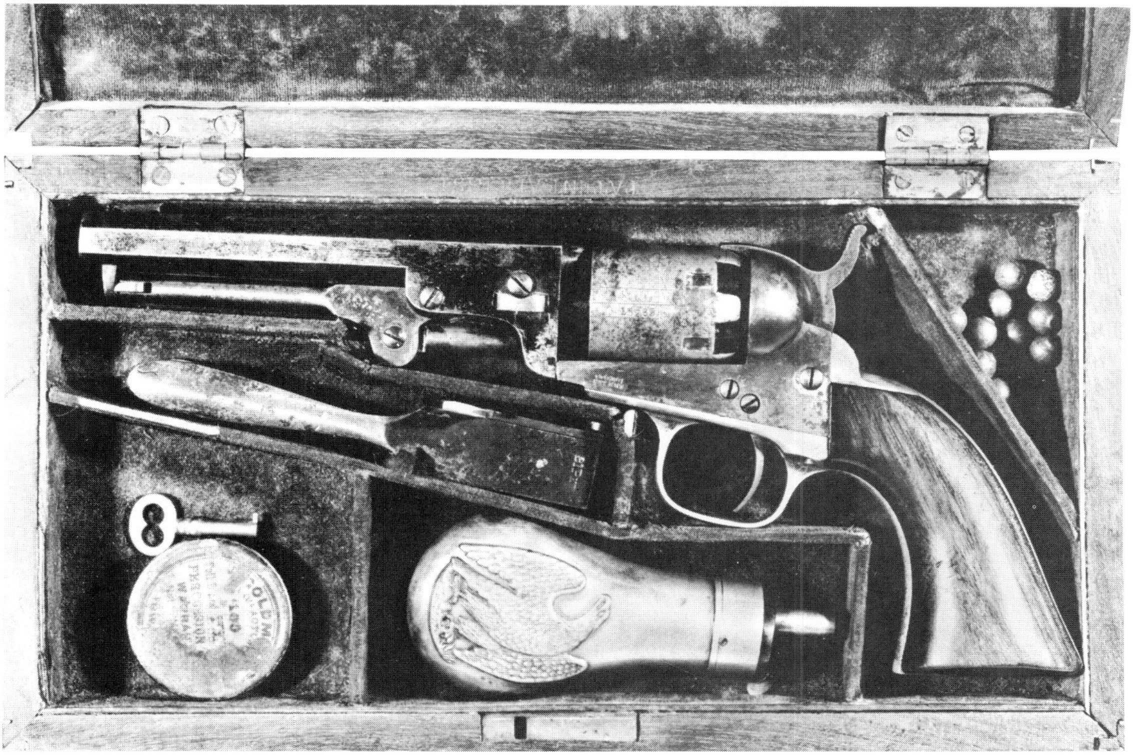

Ader, Picard, Tajan

Revolver américain à percussion Colt du modèle dit « Pocket » à cadre ouvert, dans son coffret d'origine contenant tous ses accessoires : démonte-cheminée, balles, boîte à capsules de fulminate, poire à poudre. Le barillet est gravé d'une scène représentant une attaque de diligence. Fabrication de l'usine Colt en Angleterre. Vente Ader, Picard, Tajan du 12 décembre 1975.

Texas, premier client de Colt, représentant l'engagement naval de 1843, mené victorieusement par le commodore Moore, de la marine du Texas, contre une flotte mexicaine très supérieure en nombre. Le « navy » sera utilisé par les deux camps durant la guerre de Sécession. Le modèle « army » est créé en 1860 : le cadre, ouvert, est en acier, le barillet est renforcé pour permettre une plus forte puissance, et le levier de chargement est à crémaillère. Pour la marine, on met au point un nouveau modèle de « navy », le « model 1860 », du même style que l'« army ». Lorsque les revolvers sont livrés en coffret, ils sont accompagnés d'un moule à balles et d'une poire à poudre, nécessaire pour doser la charge. Malgré leurs incontestables qualités, les colts avaient de gros défauts : le cadre était ouvert, et le barillet prenait rapidement du jeu ; le canon était fixé au bâti par une clavette maintenue par une vis ; celle-ci pouvait facilement se perdre lors des démontages. Enfin, le système de mise à feu, la percussion de capsules fulminantes étaient dépassés. Au même moment, en France, Lefaucheux utilisait l'ingénieux système à broche et, aux États-Unis même, Smith et Wesson utilisaient des cartouches métalliques à percussion annulaire, dont le principe sera conservé jusqu'à nos jours.

L'association entre Smith et Wesson remonte à 1852. En 1854, ils déposent un brevet relatif à la réalisation d'une cartouche métallique à percussion annulaire ; ils s'intéressent au brevet d'un employé de Colt, Rollin A. White, qui avait eu l'idée de forer de part en part les chambres du barillet, pour permettre l'emploi de cartouches métalliques modernes. La compagnie Smith and Wesson se lance alors dans la fabrication des armes de poing. Les premiers revolvers produits ont tous un air de famille : ils sont à sept coups, le barillet est foré de part en part pour recevoir des cartouches métalliques à percussion annulaire, la queue de détente est noyée, un mandrin sous le canon permet l'extraction des étuis ; ils appartiennent au groupe des armes dites « à tip-up-barrel », c'est-à-dire à canon basculant vers le haut pour libérer, vider et recharger le barillet. Toutes ces armes sont à simple action.

Vers 1860, le revolver « n° 2 old model », dit « army », fait son apparition ; il est fabriqué à plus de soixante-seize mille exemplaires de 1861 à 1874. Toutes ses pièces sont en acier et soigneusement bronzées. Arme très compacte, très en avance sur son temps, elle ne se démodera pratiquement pas.

Cependant, le plus prestigieux revolver de la guerre de Sécession est probablement le remington, qui, par-delà l'Atlantique, équipera en France les armées de la Défense nationale en 1870-1871. À partir de 1860, Remington fabrique les revolvers militaires « Beals army », « Beals navy », construits selon le brevet Beals 1858 ; en 1861, l'« army », le « navy » ; en 1863, le plus célèbre, le « new model army » et le « new model navy ». Les remingtons, d'une robustesse à toute épreuve, sont à cadre fermé, et le barillet, selon le brevet Beals, est maintenu par un axe longitudinal amovible ; sous le canon octogonal est placé un solide levier de chargement. La précision extrême de ces armes les rend supérieures aux colts.

D'autres revolvers, beaucoup moins célèbres, mais de qualité souvent élevée, sont fabriqués pendant la guerre de Sécession. Ainsi, l'excellent starr à simple ou double action, au démontage facile grâce à une grosse vis de cadre ; ainsi, l'étonnant savage, de conception originale,

Petit pistolet de poche « derringer » Remington (brevet de 1865) à deux canons superposés (« double derringer ») de calibre 41 à percussion annulaire (« rimfire »).

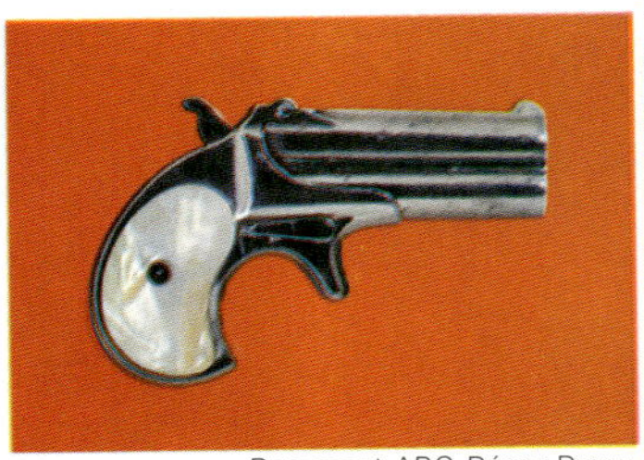

Document ABC Décor-Dragu

Première page d'un magazine populaire consacré aux aventures de Buffalo Bill, qui utilise ici un « derringer » Remington contre un malfaiteur. Coll. part.

Meguerditchian

puisqu'il possède deux détentes : l'inférieure, circulaire, assure la rotation du barillet et l'armement du chien, la supérieure assure la percussion.

En Europe, le principal concurrent de Colt est l'armurier londonien Robert Adams, qui, en 1851, fait breveter un revolver à cinq chambres tournant automatiquement. En 1854, John Rigby ajoute un levier d'armement au revolver d'Adams et, en 1855, Beaumont perfectionne l'arme en mettant en place deux détentes : l'une fait tourner le cylindre et arme le chien, l'autre libère le chien. Une autre arme anglaise de la même époque est fabriquée à Birmingham par William Tranter ; c'est celle qui est brevetée par Adams en 1851, mais avec un mécanisme à double détente breveté par Tranter en 1853.

Toutes ces armes comportent des chambres chargées par l'avant. C'est l'armurier français Lefaucheux qui, vers 1860, met au point un modèle dont les chambres se chargent par l'arrière. Une portière est même ménagée à cet effet dans le rempart du cadre. La munition utilisée est la cartouche à broche. Aussitôt adopté par la marine française (modèle 1858), le système Lefaucheux l'est également sans tarder par d'autres armées européennes, puis exporté aux États-Unis. Également très répandu sur le marché civil européen et extra-européen, le revolver Lefaucheux sera produit en grandes quantités à Liège, pour l'exportation.

Après la guerre de Sécession, la firme Colt décide d'adapter ses revolvers à la nouvelle cartouche métallique.

En 1871, date d'expiration du brevet Rolling-White, un employé de Colt, Richard, dépose le brevet d'un nouveau système de conversion pour tirer la cartouche 44 Colt à percussion centrale. Smith et Wesson, en 1869, ont mis au point une puissante cartouche de 44 à percussion centrale destinée à leur nouveau modèle : le nº 3, dit

« american model ». La conception est révolutionnaire : ce n'est plus un « tip-up-barrel » (canon basculant vers le haut), mais un « break-down » (canon pivotant vers le bas, sur une solide charnière) : les étuis des cartouches tirées sont extraits automatiquement.

La longue histoire du revolver ne s'arrête pas là : on sait l'importance que prend en 1873 le « colt frontier », ou « army single-action ». Même l'arrivée d'un concurrent redoutable, le pistolet automatique, ou plus exactement semi-automatique, n'empêche pas la vogue du redoutable « six-coups » !

Vers 1825, Henry Derringer, descendant d'une famille d'armuriers, crée un petit pistolet de poche à percussion, caractérisé par des dimensions réduites, un court canon rayé et un fort calibre : entre 40 et 48 (de 10 à 12,2 mm). Cette arme, facilement dissimulable, complémentaire des gros revolvers, est efficace à courte distance : dans un « saloon », par exemple... Elle rencontre un vif succès et est bientôt copiée par d'autres armuriers, qui signent leur production « Derringer ». Le nom du créateur de l'arme (il en a été de même pour Colt) finit par désigner l'arme elle-même. Par son calibre et ses performances, le derringer mérite bien d'être appelé « the death in the pocket » (« la mort en poche ») : en 1865, c'est avec un derringer que Booth tire sur le président Lincoln. En 1853, Sharps s'installe à Philadelphie ; il prend en 1859 un brevet pour un pistolet à simple action ; le percuteur rotatif situé sur le chien vient frapper successivement quatre cartouches à percussion annulaire placées dans quatre canons rayés. Pour le chargement, les canons coulissent en avant. L'arme de Sharps est un compromis entre le derringer et le « pepper-box ». Très vite, tous les grands noms de l'armurerie américaine (Colt, Remington, etc.) se mettent à fabriquer des « derringers ». La firme Colt lance, vers les années 1870, le « national derringer » et le « colt thuer derringer ». Remington réalise le célèbre « double derringer », de calibre 41 annulaire, le plus populaire de l'Ouest sans aucun doute, le « remington-elliott ring-trigger », à quatre canons, et le « remington magazine-repeating-pistol », à magasin tubulaire sous le canon, de Joseph Rider. Le « double derringer », usiné sur le brevet Elliott de 1865, sera fabriqué jusqu'en 1935... L'arme comporte deux canons superposés qui basculent pour le chargement. Extrêmement compacte, l'arme tient dans une poche de gilet, dans un gousset de montre...

Engin composite, le « knuckler » (« coup-de-poing ») de James Reid, de 1865, appelé à New York « my friend » (« mon ami »), tient à la fois, par sa poignée, du coup-de-poing américain et, par son barillet à multiples canons, du revolver et du « pepper-box » ; sa petite taille et sa puissance de feu le classent dans les « derringers »...

Signatures, marques, poinçons

Les armes à feu ayant été fabriquées en quantités importantes, les signatures d'arquebusiers demeurent exceptionnelles, sauf sur les armes de luxe, qui furent souvent l'objet de commandes spéciales. À ce titre, les armes de chasse sont bien plus fréquemment signées que les armes de guerre de modèles réglementaires.

C'est seulement dans les premières années du XVe siècle que l'on commence à employer des marques d'épreuves ou de contrôle régulières. Elles sont apposées sur l'arme pour indiquer l'origine de la pièce et pour justifier le contrôle étroit de la corporation ou de la guilde à laquelle appartient celui qui l'a exécutée ; les secrets et les procédés de fabrication étaient, en effet, jalousement gardés. Des épreuves véritables furent en usage pour les armes blanches et les armures bien avant que l'arme à feu n'eût commencé à détrôner la pique, et les premières marques d'épreuves sont celles laissées par les carreaux d'arbalète, lorsqu'on tirait contre les armures pour éprouver leur résistance. Par la suite, les fabricants d'armures apposèrent leurs marques personnelles au-dessous des traces de l'épreuve, en employant des poinçons différents suivant la distance à laquelle les coups d'épreuves avaient été tirés et selon la puissance de l'arc utilisé. C'est ainsi que naissent les poinçons de contrôle.

Gassendi, qui joua un rôle si important dans l'histoire de l'armement français, écrit dans son aide-mémoire de 1809 relatif au « contrôle des armes portatives » : « Les contrôles sont des marques appliquées avec des poinçons sur les armes. Ils servent à faire reconnaître à qui on peut s'en prendre de leurs défectuosités. Sur le canon se trouvent : 1° la lettre initiale du nom de l'inspecteur des manufactures ; 2° celle du nom du premier contrôleur ; 3° celle du nom du contrôleur du canon... Sur la platine sont : 1° l'initiale du nom du contrôleur de la platine ; 2° en avant du chien sur le corps, le nom de la manufacture. » Bien entendu, cet extrait n'est valable que pour les armes de guerre, et c'est sur le corps de la platine ou le canon, principalement, que l'on peut trouver, pour les armes de luxe, la signature de l'arquebusier suivie du lieu de fabrication. Les plus anciens poinçons que l'on connaisse sur les armes à feu sont ceux de Nuremberg, Augsbourg, Madrid, Londres, Liège et, en France, surtout Saint-Étienne, qui rassemblait de nom-

Dragu

Matrice destinée à graver les barillets du revolver Colt « Pocket » : scène d'attaque de diligence dans l'Ouest américain par les « outlaws » (« hors-la-loi »). Document ABC Décor.

breux ateliers d'arquebuserie. En Espagne et en Italie, une relative indépendance des fabricants vis-à-vis de leurs corporations les conduit à employer des poinçons personnels plutôt que ceux de celles-ci ou de leur ville. Les Italiens signent de leur nom entier les canons et l'extérieur ou l'intérieur des plaques de platine qu'ils fabriquent. Cependant, l'orthographe des noms varie : un exemple célèbre est fourni par la famille Comminazzo. Les arquebusiers français imitent les Italiens et se mettent également à signer les canons et les platines, à les dater et à marquer le lieu de leur origine, la ville ou, même, le château d'un prince. En Angleterre ou en France, certains arquebusiers célèbres font suivre leurs signatures des mentions « arquebusier de Sa Majesté le Roi », ou « arquebusier du Premier Consul » ou « de l'Empereur » ils s'attribuent des titres, pour augmenter l'impact commercial : ainsi le célèbre « Boutet, directeur-artiste à Versailles » ; ou ils mettent en valeur leur qualification : « Gastinne Renette, arquebusier breveté ».

Mais la signature d'un grand artiste ne signifie pas pour autant que celui-ci est l'auteur de l'arme portant sa marque ; la signature peut simplement indiquer que l'arme sort bien des ateliers placés sous sa responsabilité.

Collections et collectionneurs

Très rapidement, l'arme est devenue le symbole d'une classe sociale : on n'imagine guère le chevalier sans son épée. L'arme est, dès lors, synonyme de noblesse. C'est la raison pour laquelle toutes les grandes collections conservées sont d'origines royales ou princières. Ainsi, la plupart des rois de France furent des collectionneurs, et les amateurs d'aujourd'hui seraient sans doute surpris d'apprendre qu'ils ne font que suivre, d'une manière beaucoup plus modeste, un lointain et illustre exemple : celui de Louis XIII, collectionneur passionné, qui passait de longues heures dans son armurerie au palais du Louvre.

Aujourd'hui, bien sûr, le collectionneur d'armes ne ressemble plus guère à l'« amateur de curiosités » du temps passé : il n'appartient plus à une classe privilégiée ; ses moyens financiers sont, le plus souvent, limités. En outre, il s'ajoute à l'intérêt de l'objet une profonde curiosité historique et archéologique : ainsi, en France tout particulièrement, les armes de l'Empire ont la faveur de la majorité des amateurs, fascinés par le souvenir du Petit Caporal ! Certaines armes évoquent quelque « légende », par exemple les colts et les winchesters, qui font revivre l'épopée de l'Ouest américain. L'aspect décoratif joue également un rôle très important pour des armes dont l'efficacité guerrière paraît aujourd'hui bien dérisoire ; cela explique les prix payés pour de beaux pistolets ou des sabres élégants. Dans ce cas, l'arme est considérée, à juste titre, comme un véritable objet d'art.

Le marché des armes anciennes

Le marché des armes anciennes concerne en règle générale un public passionné, souvent connaisseur et même plutôt (mais non dans un sens péjoratif) maniaque. Les à-coups dans les cotes sont, de ce fait, assez rares, quoi qu'on ait pu en dire, malgré la présence de quelques spéculateurs dont l'audace s'est d'ailleurs vite trouvée sanctionnée. En revanche, en ce domaine aussi, la mode a un rôle assez important. En outre, la raréfaction des belles pièces et, donc, leur prix élevé ont obligé un certain nombre d'amateurs à se contenter d'objets jusqu'alors relativement méprisés, armes à piston ou à broche par exemple...

Un fusil à silex ayant appartenu au roi de Rome, et provenant de la Manufacture de Saint-Étienne, a été adjugé 1 810 000 F, à Lille le 12 décembre 1987. Ce prix record s'explique autant par l'appartenance à un personnage historique célèbre que par la qualité de l'arme et ses ornements en vermeil ciselé. L'arme répertoriée ou ayant une quelconque référence historique bénéficie indiscutablement d'une très grande plus-value. Une arme rare, mais sans pedigree, se vend beaucoup moins bien.

La signature de l'armurier a également une grande importance. Une cassette-nécessaire de pistolets d'officier général, signée Le Page, s'est vendue 148 000 F à Orléans le 11 avril 1987.

En ce qui concerne les armes blanches, il ne faut pas être surpris qu'en France ce soit celles de l'Empire qui se vendent le mieux. La plupart des collectionneurs ne vouent-ils pas un culte, conscient ou inconscient, à l'Empereur ? Un sabre d'officier de chasseurs à pied de la Garde impériale, en très bon état, s'est vendu 26 500 F,

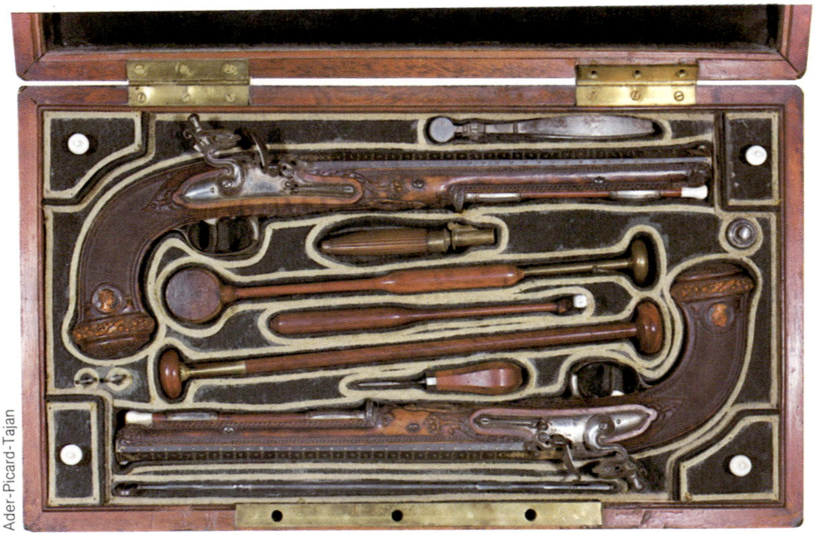

Ader-Picard-Tajan

Somptueuse cassette-nécessaire en acajou contenant une paire de pistolets à silex accompagnée de tous ses accessoires, œuvre du célèbre Nicolas-Noël Boutet, « directeur-artiste » à la Manufacture de Versailles. Cette cassette est d'une perfection technique remarquable. Elle appartenait au Conventionnel Barras.

à Saint-Germain-en-Laye, le 2 janvier 1987. En général, les sabres se vendent beaucoup mieux que les épées, même excellentes.

Pour l'Ancien Régime, on peut considérer que les sabres Louis XVI se vendent bien ; ceux de la Révolution aussi (ce sont souvent d'ailleurs les mêmes). En revanche, les armes blanches de haute époque se vendent assez mal, peut-être d'ailleurs parce qu'elles sont trop rares. Quant aux armures anciennes, elles atteignent des prix très élevés..., mais sont quasiment introuvables (on ne rencontre sur le marché que des copies, souvent de haute qualité, d'époque Napoléon III). Les casques de toutes époques se vendent bien.

En France, les armes étrangères se vendent généralement beaucoup moins bien que les armes nationales.

Dans le domaine des armes à feu, l'amateur peut aussi bien trouver des petits pistolets liégeois à 300 F qu'une paire de pistolets de Boutet à 100 000 F, et bien plus... Les armes à rouet dépassent toutes le cap de 30 000 F. Parmi les armes à silex, il faut distinguer les armes de luxe des armes réglementaires. Les premières continuent à augmenter de valeur, les secondes (dont la hausse a été trop forte ces dernières années) ont tendance à accuser un léger tassement. Il n'empêche que le pistolet modèle an XIII, qui valait 400 F en 1969, plafonnait à 4 000 F en 1979. Il vaut 10 000 F en 1989 (en parfait état).

Les armes à percussion et les fusils de chasse à broche, dont le prix a doublé et même triplé ces dernières années, intéressent de plus en plus de collectionneurs ; elles ne sont pas encore très chères, sont souvent de bonne qualité et représentent un moment important dans l'histoire de l'armement.

Les armes à système ou les armes expérimentales commencent seulement à intéresser quelques amateurs, mais les prix enregistrés sont encore relativement bas.

Les armes américaines ont connu par le passé un très grand succès. Aujourd'hui, cet engouement est plus limité. Un « colt navy » en parfait état, qui valait 4 000 F en 1979, se négocie de 8 000 à 10 000 F en 1989. Une carabine Winchester modèle 1886 s'est vendue 25 000 F à Drouot-Richelieu, le 18 décembre 1987.

Ader, Picard, Tajan

De gauche à droite : *Petit sabre de parement à monture à l'orientale. Couteau de chasse du XVIII*e *siècle, probablement allemand. Deux épées de cour à monture à coquille et à branche du XVIII*e *siècle, de fabrication française. Sabre d'officier supérieur de l'époque Empire à monture à une branche et quillon inversé.*

Ci-dessous : *le modèle 1822 T* bis, *à système à piston.* En bas : *pistolet modèle an XIII estimé 8 000 à 10 000 F en 1990.*

Document ABC Décor-Dragu

Les faux et les imitations

Les armes ont, depuis toujours, attiré les faussaires. Le mauvais état de conservation des armes entraîne aussi parfois des restaurations abusives. Les armes entièrement fausses sont assez rares, car elles sont coûteuses à fabriquer : aussi imite-t-on les armes de grand prix (pistolets à rouet, armes de Le Page et de Boutet...). Mais il est plus difficile de déceler les « améliorations » apportées à une arme authentique pour la valoriser, telles que rajouts de signature ou d'inscriptions. Un procès retentissant a démasqué en 1976 tout un marché de fausses armes réglementaires des modèles appartenant aux gardes du corps du roi. Dans ce cas, il s'agissait de faux notoires... et de haute qualité.

Il faut cependant avoir l'œil averti pour déceler la remise en platine à silex d'une arme qui avait été transformée à percussion. Des noms bizarres, voire argotiques, désignent des pièces qui ne sont pas forcément fausses, mais outrageusement remises en état, ou reconstituées par la méthode dite « de cannibalisation » (récupération de pièces sur plusieurs armes différentes) : la « bidouille » et la « drouille »...

Lors de l'achat d'une arme ancienne, il est préférable d'écouter les conseils des spécialistes — parmi lesquels figurent les experts — et de prendre le temps de consulter l'abondante documentation qui existe, en toutes les langues, sur le sujet.

*Trois épées dites « rapières » du début du XVII*e *siècle : la première, originaire du nord de l'Europe, la deuxième probablement d'Italie et la troisième d'Espagne.*

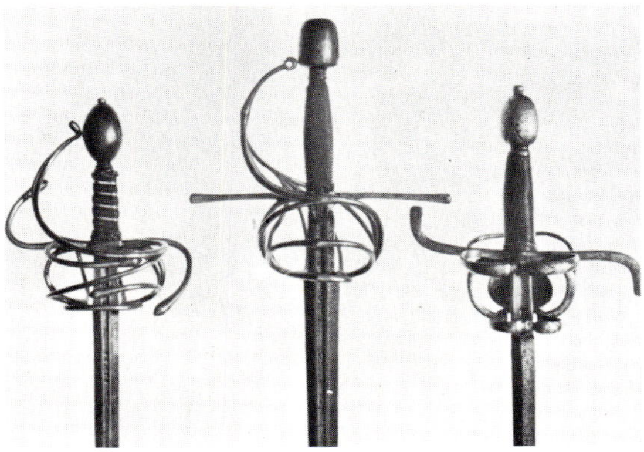

Christie's

Christine de Pisan, le Livre de paix,
*traité politique et moral commencé en 1412, terminé en 1413,
et dédié à Louis, duc de Guyenne, fils aîné de Charles VI.
Le manuscrit sur parchemin comporte 82 feuillets écrits ;
il est illustré de peintures exécutées
dans un atelier flamand vers le troisième quart du XV*[e] *siècle.
L'illustration ci-dessous représente Christine de Pisan
remettant son ouvrage au jeune prince.
Le manuscrit fut relié aux frais de la Bibliothèque royale
par Lefebvre en 1818. Vendu par M*[es] *Ader, Picard, Tajan.*

Ader, Picard, Tajan

LA BIBLIOPHILIE

Le livre est, par excellence, objet de collection. Le goût d'accumuler les pensées des autres sous forme de signes alignés sur des liasses de papier a fait naître la curieuse espèce des bibliophiles. Mais l'amour du livre n'est pas nécessairement l'amour de lire. À partir de l'invention de l'imprimerie, chaque exemplaire sorti des presses excite la ferveur de l'amateur, qui s'intéresse aussi bien au style des caractères, au format, à la qualité du papier qu'à la beauté de la reliure, révélatrice des goûts et des modes.

La bibliophilie est une longue patience qui implique une initiation au langage descriptif des ouvrages et un recours aux ouvrages de référence, si utiles pour connaître notamment les éditions originales, particulièrement recherchées des connaisseurs.

Quelques conseils pour l'entretien et la manipulation des ouvrages ne seront pas superflus avant d'aborder le marché des livres, de plus en plus actif et prometteur d'intéressantes plus-values.

L'amour des livres conduit enfin à évoquer ici deux disciplines voisines, et pour ainsi dire cousines, de la bibliophilie : les autographes et les ex-libris, qui, notons-le, relèvent d'ailleurs des mêmes experts spécialisés.

La bibliophilie est une passion tenace qui prend les formes les plus diverses selon les époques, la mode et la personnalité du collectionneur. On sait que l'amour des livres a donné naissance à un meuble qui répond à ce besoin d'accumulation : la bibliothèque.

D'une façon générale, le bibliophile s'intéresse davantage à la forme du livre qu'à son contenu. Le livre-objet n'a de valeur à ses yeux que par la beauté de chacun des éléments qui le compose : son papier, sa typographie, ses illustrations, sa reliure. Mais, même ainsi réduit à ses qualités physiques, le livre est aussi symbole de culture, ce qui est toujours flatteur. Le bibliophile est souvent davantage sensuel qu'intellectuel. Est-ce à dire qu'il ne lise pas, comme l'assurait Gérard de Nerval ? Le soutenir serait offenser les amateurs pour qui le plaisir de lire est inséparable d'une certaine jouissance esthétique.

De toute façon, il ne faut pas confondre le bibliophile avec le bibliomane ridiculisé par La Bruyère, qui ne songe qu'à faire « visiter sa tannerie qu'il appelle bibliothèque » où s'alignent les livres couverts de maroquin noir, « tous dorés sur tranche, ornés de filets d'or et de la bonne édition ».

Dans son *Grand Dictionnaire universel du XIXe siècle,* Pierre Larousse a lui aussi la dent dure : « Le bibliophile devient souvent bibliomane quand son esprit décroît ou quand sa fortune s'augmente... »

Ne s'improvise pas bibliophile qui veut. Quelques règles essentielles permettent au néophyte d'approcher le livre ou de reconsidérer sa bibliothèque d'un regard averti et prudent. Les propositions les plus alléchantes foisonnent aujourd'hui. Il n'est pas de journaux ou de revues qui ne présentent des placards publicitaires vantant l'édition hors série de grands classiques réalisés en Skaï ou en cartonnages de luxueuse apparence, avec enluminures à l'or fin, et nombreuses reproductions en fac-similé. Ces éditions modernes, même illustrées par des artistes en renom, ne sont en rien comparables aux œuvres des maîtres imprimeurs et relieurs d'autrefois.

UN PEU D'HISTOIRE

Pour connaître les origines du livre, il faut remonter au Ve siècle avant notre ère. L'usage du papyrus se développa chez les Grecs, qui l'appelèrent « chartes », en latin *charta,* d'où le mot « carte ». Les Latins, quant à eux, désignaient le rouleau de papyrus par le mot *volumen* (de *volvere,* enrouler), d'où l'origine de nos « volumes ». Plusieurs rouleaux de longueur égale formaient les volumes importants ; chacun d'entre eux était nommé *tomos* en grec, puis *tomus* en latin. Ceux-ci étaient conservés dans des vases de bois ou de pierre, les *bibliothêke,* en grec, ou *scrinum* (écrin) en latin.

Lorsque l'utilisation du parchemin se généralisa en France, notamment vers les années 450 de notre ère, la manipulation des rouleaux se révélant incommode, on découpa les peaux pour former des cahiers. C'est à cette époque que naquit le relieur, appelé alors « lieur ». Ce

Metropolitan Museum, The Cloisters collection

L'Apocalypse. *Manuscrit sur parchemin exécuté à la fin du XIIIe siècle ou au début du XIVe siècle, illustré de 72 grandes peintures sans doute réalisées dans un atelier italien.*

travail fut l'apanage des moines, qui étaient également copistes, jusqu'à l'invention de l'imprimerie vers 1440. C'est à Strasbourg que Johannes Gensfleisch, surnommé Gutenberg, eut l'idée d'imprimer un livre avec des panneaux de bois sculptés, offrant les lettres gravées à l'envers et en relief. Mais c'est à Mayence, vers 1450, qu'il effectua la première impression avec des planches fixes. Ce fut Pierre Schöffer, l'un des serviteurs de Jean Fust, l'ancien associé de Gutenberg, qui imagina de substituer à ces planches de bois fixes des caractères mobiles, en bois, et ensuite des caractères de métal plus nets. Très vite, Pierre Schöffer tailla des poinçons, frappa des matrices et en retira des lettres séparées et transportables. Tous les éléments étaient réunis pour donner son essor au livre imprimé.

Dans l'histoire du livre, il est d'usage de faire une place à part aux incunables, qui désignent tous les ouvrages imprimés jusqu'au 31 décembre 1500, lorsque l'imprimerie était encore « au berceau » (du mot latin *incunabula*). On distingue les incunables tabellaires, obtenus au moyen de planches de bois d'une seule pièce (on les nomme aussi « xylographiques »), et les incunables typographiques, composés en caractères mobiles, de bois ou métalliques. La « Bible des pauvres », contenant une quarantaine de tableaux représentant les principaux événements de l'Histoire sainte, avec de courtes explications, est un incunable xylographique ; la « Bible de Gutenberg » est, bien sûr, un incunable typographique, bien qu'elle ressemble à un manuscrit. Un des quarante-huit exemplaires connus de cette Bible de 1455 a atteint l'enchère de 5 390 000 dollars chez Christie's, à New York, le 22 octobre 1987, soit 32 340 000 F, prix trois fois plus élevé qu'un exemplaire comparable qui s'était vendu, également à New York, le 7 avril 1978.

Les bibliophiles accordent une importance capitale à la typographie, art et technique qui trouve son expression dans le graphisme des caractères. Le choix des lettres et leur assemblage donnent à un ouvrage un style qui lui est propre. Et nombre d'amateurs se penchent d'abord sur l'« œil typographique » d'un livre pour l'apprécier selon sa juste valeur. Depuis les premiers caractères gothiques du XVe siècle, le graphisme a considérablement évolué.

Les caractères se classent en espèces, types et familles. Les espèces : les bas de casse (b. d. c.) sont les minuscules, prélevées dans la partie inférieure des « casses », c'est-à-dire les boîtes de rangement des caractères ; les capitales (cap.) sont tout simplement les majuscules (notons que ce dernier terme n'est jamais employé en imprimerie).

Les types : le romain est reconnaissable par son dessin vertical. Il est le plus courant ; l'italique est un caractère incliné vers la droite. Il est surtout utilisé en légendes ou en citations. Les graisses ou les gras distinguent, dans une même famille, des caractères plus épais. La chasse, enfin, signifie la largeur du caractère, compte tenu de toute la surface de son support en plomb.

Voici les caractéristiques essentielles des quatre grandes familles de caractères d'après le classement proposé par François Thibeaudeau vers 1920.

Les Elzévirs supplantent les caractères gothiques au cours du XVIe siècle. Ils tiennent leur nom d'une famille d'éditeurs hollandais ; ils se distinguent par des pleins et des déliés et, surtout, par des empattements (traits horizontaux au pied et à la tête de la lettre) triangulaires, bien visibles à la potence des capitales. Variantes : Garamond, Astrée, Plantin, Vendôme, Caslon, Nicolas-Cochin, Baskerville (Angleterre).

Les Didots sont dérivés du « romain du Roi », créé sous Louis XIV ; ils ont été dessinés par François-Ambroise Didot, à la fin du XVIIIe siècle. Ils sont remarquables par leur rigueur géométrique, par leurs pleins et leurs déliés contrastés, par leurs empattements filiformes. Ils sont d'un emploi universel pour tous les ouvrages littéraires. Variantes : Bodoni, Méridien, Normande, Walbaum (Allemagne), Times et Cheltenham (Angleterre).

Les Égyptiennes, venues d'Angleterre (block-letters) au début du XIXe siècle, sont d'un aspect ferme et gras avec des empattements rectangulaires (square sérifs). Amincis à la fin du XIXe siècle, les Égyptiennes ont inspiré les caractères des machines à écrire. Un peu passées de mode dans la presse, elles sont souvent employées dans la publicité à cause de leur lisibilité très appuyée.

Les Antiques, transposées des caractères antiques relevés sur les tombes romaines, ont réapparu au début du XXe siècle, en réaction contre le style « nouille ». Nets et uniformes, ces « bâtons », sans pleins ni déliés, d'aspect moderne, sont de plus en plus employés dans la presse et l'édition. Variantes : Métro, Caravelle, Excelsior, Permanent, Futura, Grotesques.

Les formats

Le format d'un livre varie suivant la façon dont est pliée chacune des feuilles imprimées qui, réunies, forment un volume. Si la feuille de papier est imprimée à plat et n'est pas pliée, il s'agit d'un « in-plano », le format maximal, très rarement employé (0,90 × 0,63 m pour les plus grands in-plano, dits « colombiers »). Une feuille pliée en deux donne un format « in-folio » (0,63 m de haut pour 0,45 m de large). La feuille pliée en quatre, de façon à avoir huit pages, est un « in-quarto », en abréviation « in-4° » (0,45 m × 31,5 cm) ; en huit, de façon à avoir seize pages, c'est un « in-octavo », ou « in-8° » (31,5 cm × 22,52 cm). La feuille pliée en douze, de façon à avoir vingt-quatre pages, est un « in-douze », ou « in-12 » (22,5 × 15,75 cm) ; en seize, pour trente-deux pages, un « in-seize », ou « in-16 » (15,75 × 8 ou 9 cm). Voici pour la règle générale, car les feuilles de papier diffèrent par leur taille selon les fabricants.

En dehors des procédés techniques réservés aux professionnels, le procédé habituel pour reconnaître le format des livres consiste à rechercher au bas de quelles pages sont placées les premières « signatures », c'est-à-dire les premières lettres ou les premiers chiffres marquant l'ordre des feuilles d'impression dont un volume est composé. Le nombre de lettres ou de chiffres qui se succèdent régulièrement permet de compter les pliures de la feuille (in-4°, in-8°, in-12, etc.).

PAPIER

Les bibliophiles sont également sensibles à la qualité du papier, support de l'encre typographique. C'est à partir du Moyen Âge que l'on commença à fabriquer du papier avec du coton, selon une recette arabe, puis avec du chanvre et du lin. La pâte, macérée dans l'eau, était étendue sur des tamis au fond desquels étaient tendus des fils de laiton. Dans le sens de la longueur, ces fils laissaient de fines traces, les « vergeures », et, dans la largeur, des lignes moins rapprochées, les « pontuseaux ». De plus, le papetier posait au fond du tamis un dessin en fer qui donnait le « filigrane », laissant ainsi sa marque, précieuse indication pour identifier parfois l'origine d'un livre.

L'imprimerie utilise toutes sortes de papiers et surtout les fameux papiers de luxe qui justifient les tirages de tête des ouvrages de nos auteurs contemporains. Le « chine » est fait de filaments de bambou ; il est un peu gris. Le « japon impérial » vient du mûrier ; il apparaît jaune et soyeux. Les « vélins » et les « vergés » sont généralement obtenus à partir de vieux chiffons. Les « Arches », « Lafuma », « Rives », « Montval », « Auvergne » sont les noms des moulins d'où sortent ces papiers.

RELIURES

Un livre est ensuite relié ou broché (rel. ou br.). S'il est relié entièrement de la même matière, on écrit pl. rel. (pleine reliure). Les matières sont le maroquin (mar.), le chagrin (ch.), la basane (bas.), le vélin ou parchemin (vél.), la toile (t.), le veau (v.), le carton (cart.).

Comme nous venons de l'indiquer entre parenthèses, les catalogues traduisent ces caractéristiques par un code assez simple, avec lequel se familiarise rapidement le bibliophile.

Certaines reliures possèdent un dos à « nerfs ». Dans ce cas, les ficelles liant les cahiers font saillie au dos de l'ouvrage.

Les « tranches » sont les parties libres des feuillets, la « tête » le haut des tranches et la « queue » le bas des tranches. La « coiffe » désigne l'extrémité du dos (on précise coiffe supérieure ou inférieure).

La « tranchefile », faite, si l'on suit la tradition, entièrement à la main, est le ruban entourant une mince ficelle placé comme ornementation aux deux extrémités de l'intérieur du dos. Ornementation n'est qu'apparence, puisqu'elle renforce en fait cette partie de la reliure particulièrement fragile lors des manipulations.

Les « mors » sont la séparation entre le dos et les plats (les côtés du livre). Si le « mors » est creux, comme dans les reliures à la Bradel (v. l'histoire de la reliure), il se nomme « gouttière ». Dans les « collations », opérations consistant à vérifier si un ouvrage possède toutes ses pages, ses illustrations s'il y a lieu, le feuillet (deux pages,

Le Songe de Poliphile, *de Francesco Colonna, incunable imprimé à Venise en 1499 chez Alde Manuce. C'est un des plus beaux livres illustrés de la Renaissance italienne. Il est orné de 160 figures sur bois.*

TRIVMPHVS

Sopra de'questo superbo & Triumphale uectabulo, uidi uno bianchissimo Cycno, negli amorosi amplexi duna inclyta Nympha filiola de Theseo, dincredibile bellecia formata, & cum el diuino rostro obsculantise, demisse le ale, tegeua le parte denudate della igenua Hera, Et cú diuini & uoluptici oblectamenti istauano delectabilmente iucundissimi ambi connexi, Et el diuino Olore tra le delicate & niuee coxe collocato. Laquale commodamente sedeua sopra dui Puluini di panno doro, exquisitamente di mollicula lanugine tomentati, cum tutti gli sumptuosi & ornanti correlarii opportuni. Et ella induta de uesta Nymphale subtile, de serico bianchissimo cum trama doro texto præluccente Agli loci competenti elegante ornato de petre pretiose. Sencia defecto de qualunque cosa che ad incremento di dilecto uenustamente concorre. Summamente agli intuenti conspicuo & delectabile. Cum tutte le parte che al primo fue descripto di laude & plauso.

*

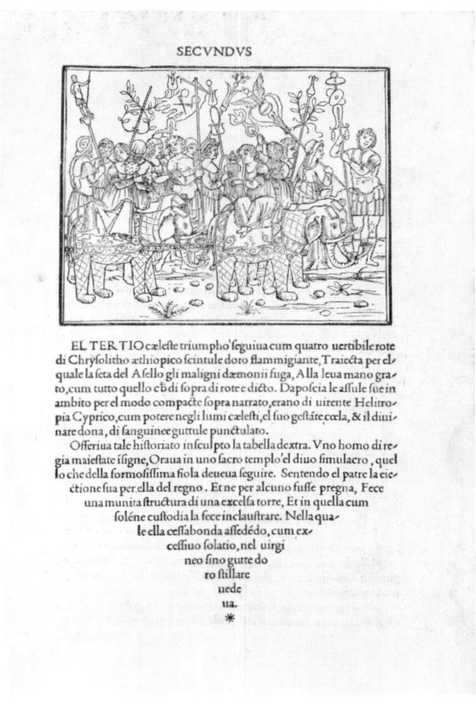
SECVNDVS

EL TERTIO cæleste triumpho'seguiua cum quatro uertibile rote di Chrysolitho æthiopico scintule doro flammigiante, Traiecta per el quale la seta del Asello gli maligni dæmonii fuga, Alla leua mano grato, cum tutto quello cħ di sopra di rote e dicto. Daposcia le assule sue in ambito per el modo compacte sopra narrato, erano di uirente Helitropia Cyprico, cum potere negli lumi cælesti, el suo gestáte cœla, & il diuinare dona, di sanguinee guttule punctulato.

Offeriua tale historiato insculpto la tabella dextra. Vno homo di regia maiestate isigne, Oraua in uno sacro templo'el diuo simulacro, quello che della formosissima fiola deueua seguire. Sentendo el patre la ciectione sua per ella del regno. Et ne per alcuno fusse pregna, Fece una munita structura di una excelsa torre, Et in quella cum soléne custodia la fece inclaustrare. Nella quale ella cessabonda assedédo, cum excessiuo solatio, nel uirgineo sino gutte doro stillare uedeua.

*

Bibl. nat.

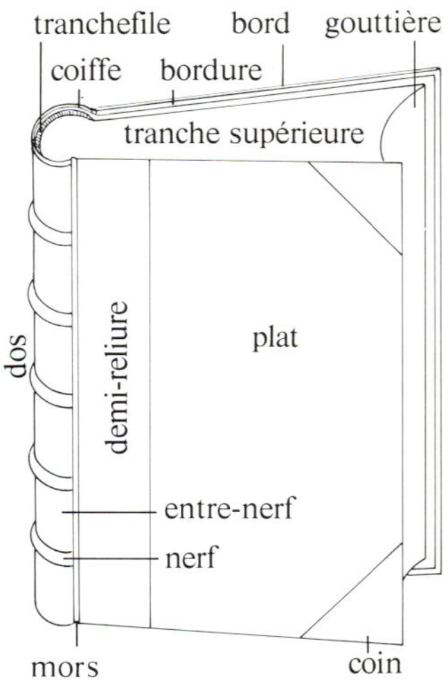

Ader, Picard, Tajan

Œuvres d'Horace. Deux tomes en un volume in-8, Londres, 1733-1737. Reliure mosaïquée de maroquin rouge aux armes des Quarré d'Aligny.

Ader, Picard, Tajan

La Fontaine, Fables choisies, *4 vol. Paris, 1755-1759. Reliure à dentelle autour d'un écusson.*

une page recto, une page verso) s'exprime par « f. », plusieurs feuillets par « ff. » ; la page est désignée par « p. » (au pluriel « pp. ») ; le feuillet blanc est signalé par « f. bl. ».

Les reliures constituent un élément valorisant particulièrement important ; elles déterminent souvent même le choix du bibliophile. Quelques relieurs mettaient leur nom au bas du premier plat ; mais c'est à la fin du XVIIIe siècle que les grands relieurs apposèrent leur nom en lettres dorées au bas du dos. Depuis la seconde moitié du XIXe siècle, ils frappent leur nom à l'intérieur du premier plat ou au milieu de la dentelle intérieure quand il s'agit d'une reliure pleine. Pour les demi-reliures, le nom est imprimé généralement à l'encre, en haut du premier feuillet de garde blanc.

Voici les principaux styles de reliures que tout amateur se doit de connaître.

Les reliures *monastiques* se caractérisent par des empreintes sans or ni couleur, c'est-à-dire des décors « à froid » (selon le langage du spécialiste). Les fers dits « monastiques » représentent la plupart du temps un ornement médiéval, une rose, un dragon dans un cercle ou dans un losange de petite dimension. Les motifs sont en relief sur un fond écrasé.

Les reliures *gothiques* utilisent un procédé plus rapide que les fers, l'estampage à la plaque, qui permet de gaufrer le même décor sur de nombreux exemplaires. Ces plaques reproduisent généralement des scènes religieuses, voire des portraits.

Les reliures *aldines,* créées par les Alde, imprimeurs à Venise, utilisent de nouveaux types de fers qui impriment dans le cuir des ornements typographiques parmi des encadrements de losanges et d'arabesques. Jean Grolier, trésorier de François Ier et passionné de bibliophilie, introduisit à Lyon la mode de ces reliures italiennes à multiples combinaisons d'entrelacs.

Les reliures *royales.* Les rois furent parmi les plus grands bibliophiles. Ils faisaient exécuter pour eux-mêmes, ou pour leurs proches, des reliures ornementées de leurs emblèmes. Pour François Ier, c'est la salamandre ; pour Henri II, ses initiales H. C. ou H. D. composées de telle manière qu'elles rappellent le croissant, emblème de Diane de Poitiers. Les reliures Henri III sont très sobres et ornées de semis d'initiales et de motifs funèbres.

La reliure janséniste désigne une reliure sans aucun ornement extérieur.

Les reliures de Boyet, relieur attitré du Roi-Soleil, se reconnaissent grâce à la répétition d'un seul fer, tandis que celles du XVIIIe siècle sont à motifs combinés.

Les reliures à dentelle présentent un riche encadrement découpé en pointes vers le centre des plats. Ce décor est exécuté aux petits fers ou à la plaque. Le goût raffiné du XVIIIe siècle a conduit toutes sortes de riches amateurs à rechercher à n'importe quel prix les pièces les plus rares.

C'est également à cette époque qu'apparurent les reliures mosaïquées, composées d'alliance de peaux de diverses couleurs permettant à des motifs floraux de se détacher sur certains fonds clairs. Ces reliures, à dentelle ou mosaïquées, portent aussi très souvent des armes frappées ou peintes sous mica.

Inventée en 1775 par le relieur du même nom, la reliure « à la Bradel » consiste en un cartonnage, couvert le plus souvent de papier, ne comportant pas de nerfs au dos grâce à un nouveau procédé de couture. Les premiers « bradels » étaient cousus sur ficelle, puis ils le furent sur ruban. Se succèdent ensuite les styles Empire, à filets droits et fers gréco-romains, et Restauration, aux dessins assez lourds, qui précèdent la reliure romantique, d'une jaillissante invention. Le goût pour le Moyen Âge fait éclore rosaces, arabesques, portiques et ogives de cathédrales où s'entremêlent l'or et l'argent. On retiendra les noms de Thouvenin, Simier, Purgold, Vogel, Duplanil, Bauzonnet et Curmer, maître du style « cathédrale ».

Cette époque est également marquée par l'apparition de la demi-reliure. Elle présente, comme les pleines peaux, un dos plat, sans nerfs ; mais, sur les plats, les mors sont très petits, à peine plus larges qu'un entre-nerf, et il n'y a pas de coins, ou il y a des coins minuscules proportionnés aux mors.

Toujours à la même époque apparaissent les pastiches. Une des plus célèbres reliures du genre est la reliure « à la fanfare », commandée à Thouvenin par Charles Nodier, sans doute le plus grand bibliophile que nous ayons

Ader, Picard, Tajan

Somptueuse reliure d'une Sainte Bible éditée à Lyon par Jean de Tourne en 1554.

Ader, Picard, Tajan

La Princesse lointaine d'*Edmond Rostand (Charpentier et Fasquelle, 1895). Reliure en maroquin blanc créée pour Sarah Bernhardt, dont le chiffre figure sur le second plat avec sa devise « Quand même », en lettres dorées et ciselées.*

connu au siècle dernier, fondateur du *Bulletin du bibliophile* en 1834 (qui existe toujours). Cette reliure comporte un médaillon parmi des entrelacs.

Le second Empire met fin au panache et inaugure, sans le savoir, une foule de styles qu'il est difficile de classer. Quoi qu'il en soit, le cuir à la mode devient le chagrin plutôt foncé, très foncé même, orné de filets gras et maigres en caissons.

Quelques tentatives de reliures, dites *parlantes,* apparaissent çà et là et essaient de reproduire le sujet du livre relié avec des images exécutées en cuir incisé ou repoussé, d'après des dessins d'artistes. Ce genre de reliure rompt finalement avec tous les styles passés et ouvre la voie à d'autres recherches qui ne manquent ni d'audace ni de... mauvais goût.

Ce n'est évidemment pas le cas des reliures réalisées par Charles Meunier et Marius Michel. Ce dernier, établi depuis 1876, possédait une technique parfaite. Il soulignait, en 1889, « qu'il ne fallait pas que la reliure fasse concurrence à l'illustration, mais qu'il fallait tenter d'exprimer l'esprit de l'œuvre dans sa reliure ». Il s'élevait contre les collectionneurs qui faisaient « revêtir » tous leurs livres du même cuir dans la même couleur, comme des livrées de domestique. C'est toujours Marius Michel qui recourut le premier aux décorations florales avec des tracés très « Art nouveau ». Le livre devenait un objet agréable à manier autant qu'à regarder. Les relieurs remirent en honneur les cuirs ciselés, les somptueux fermoirs et les coins d'émail. Ils apportèrent aussi un soin particulier aux gardes et aux doublures, sans oublier les motifs mosaïqués, faits d'arabesques contrastées, caractéristiques de l'époque. Citons, parmi les relieurs de cette école : Cobden-Sanderson, Van de Veld, Rosseti, Binderböl.

Enfin, trois artistes de l'école de Nancy — Prouvé, Martin et Wiener — assurèrent leur succès avec ce qu'on appela la reliure « objet-art ».

Après la Première Guerre mondiale, de nouvelles tentatives, comme celle du décorateur Pierre Legrain, donnent le signal de l'élaboration de nouveaux styles. On emploie des matériaux insolites, comme le galuchat, le métal ou la peau de serpent. L'Art déco s'intéresse aussi aux travaux de reliure. Des laques de Dunand ornent des éditions de Schmied. Aujourd'hui, le relieur tente d'allier le texte et son enveloppe. Si cette heureuse conception provoque des compositions parfois affligeantes, elle conduit aussi à des résultats merveilleux. Souvenons-nous des reliures de Paul Bonet réalisées pour les éditions Gallimard, l'une des rares tentatives de reliure industrielle de qualité, où l'esprit du texte s'harmonise avec le décor de la reliure.

Il est évident qu'il est difficile de savoir si un ouvrage mérite une somptueuse reliure. Mais sachez qu'une reliure médiocre enlève presque toute sa valeur à un livre. Une très bonne lui en rajoute. Le dosage tient finalement au propre goût de l'amateur.

Dans la préface du livre qu'il a consacré à *Dix Siècles de reliure* (éd. Pygmalion, 1977), Yves Devaux, professeur à l'école Estienne, indique clairement les limites du domaine artistique de la reliure : « La représentation exclusivement figurative de la réalité n'est guère permise, de même que la réalisation d'une abstraction complexe : la technique ne s'y prête pas. Jamais, ni les filets, ni les fleurons, ni les mosaïques ne parviendront à donner les mêmes possibilités ou les mêmes libertés d'expression que celles accordées aux peintres et aux dessinateurs par le pinceau, la plume ou le crayon. »

CRITÈRES DE VALEUR

On ne répétera jamais assez que la qualité et la beauté d'un ouvrage, quel qu'il soit, tiennent naturellement, après celles du texte, à son état de conservation. Un livre, pour un bibliophile, doit être dans le meilleur état possible. Toute dégradation, la plus infime soit-elle, est « agent » de dépréciation.

Un livre peut avoir des défauts. Ces derniers doivent obligatoirement être mentionnés dans les descriptions des catalogues de vente. Un livre peut être maculé de « mouillures », de « taches de rousseur », présenter des « cassures » (au dos généralement) ou, ce qui est plus grave, des « déchirures » qui correspondent parfois à une ablation du texte. Il est évident que ces « marques infamantes » déprécient considérablement un livre. Depuis quelque temps, certaines indications de défauts ont curieusement changé de terminologie. Lorsqu'un livre, pour une raison ou une autre, a changé de reliure, on indiquait qu'il était « remboîté » ; certains catalogues précisent seulement que tel ou tel livre a été « placé dans une reliure »... Élégant euphémisme masquant tout simplement une tare. On dit aussi aujourd'hui d'un livre que ses pages sont « très propres ». Cette précision dissimule une opération de restauration qui était exprimée plus clairement par « pages lavées ».

Dans les descriptions, nous trouvons encore les « pièces de titre », celles des « tomaisons » ; les « filets », puis les « fers » (poinçons en cuivre), appliqués à la reliure.

Là encore, le code des abréviations permet au bibliophile de connaître un livre sans le voir, grâce à la description précise des catalogues. Par exemple : Fénelon, *les Aventures de Télémaque,* de l'Imprimerie de Monsieur, 1785, 2 vol., mar. rouge, petite dent. festonnée, dos orn., dent. int., frontispice gravé par Montulay, 72 fig. de Monnet et 24 pl. de sommaires dans les encadrements. Autrement dit : deux volumes reliés en plein maroquin rouge, ornés sur les plats de petites dentelles festonnées, dos orné, dentelles à l'intérieur des plats.

En fin de compte, l'état idéal d'un livre est celui qui est le plus près possible de l'état original. Il s'agit donc de trouver des livres en bon, sinon en parfait état. Ne jamais acheter d'incomplets, de volumes dépareillés ou en reliures disparates (à moins que ce ne soit pour un travail ; mais il n'est plus question de bibliophilie). Un ouvrage incomplet n'a aucune valeur marchande, sinon celle d'une certaine curiosité toute personnelle. Les « incomplets » circulent en nombre incalculable et il y a peu d'espoir de réunir « les frères séparés ». Jusqu'au XVIIIe siècle, les éditeurs faisaient parvenir les livres non reliés et en tonneaux aux libraires. Ces derniers les faisaient relier et frapper à leurs fers. C'est l'une des raisons pour laquelle, même si le hasard met en présence deux volumes d'une même édition dépareillée, leurs reliures sont dissemblables. Des libraires ont tenté, il y a quelques années, de tenir une Bourse des incomplets. Ils ont dû y renoncer.

Les bibliophiles attachent le plus grand prix aux « éditions originales », qui désignent les livres imprimés et édités avec le plein accord de l'auteur. Selon Michel Vaucaire, l'édition originale est la « clef de voûte de la bibliophilie ». Les premières impressions des grands textes classiques étaient déjà recherchées au XVIe siècle sous le nom de « princeps ». Le terme d'édition originale — qui date de la fin du XVIIIe siècle — s'applique en principe au premier tirage d'une œuvre contrôlée par l'auteur. Même avec des imperfections, les éditions originales bénéficient d'importantes plus-values.

Cette épigramme de Pons de Verdun évoque la passion que mettent à rechercher la « bonne édition » les grands bibliophiles, pour ne pas dire les bibliomanes :

« C'est elle ! Dieu que je suis aise !
Oui c'est la bonne édition,
Voilà bien, pages neuf et seize
Les deux fautes d'impression
Qui ne sont pas dans la mauvaise. »

On dit encore d'un livre qu'il est « réimposé » lorsqu'il a fait l'objet d'un tirage à part, après la première édition, sur un papier de luxe en nombre limité.

La provenance, les dédicaces sont aussi des facteurs d'intérêt et de valorisation. On connaît la provenance et les différents propriétaires des grands ouvrages. La mode du XVIIIe siècle de frapper les plats de ses ouvrages de ses armes est parfois une précieuse indication, les « ex-libris » en sont une autre. Quant aux dédicaces, elles sont évidemment recherchées, encore est-il nécessaire de connaître la signature des célébrités qui ont posé leur griffe sur une page de garde.

Les livres « truffés » sont, comme le nom l'indique, enrichis de notes, documents, portraits, prières d'insérer, lettres concernant l'auteur ou le propriétaire du livre. Le président Barthou, rapporte Michel Vaucaire, possédait

Œuvres d'Horace, éditées à Leyde en 1653. Ce petit volume, simplement relié, tire toute sa valeur des annotations de la main de Racine. C'est ce qu'on appelle un livre « truffé » d'un intérêt exceptionnel.

Paul Renaud

une édition originale d'*Hernani* dans laquelle il avait ajouté quatre lettres de Victor Hugo relatives à la célèbre « bataille ». On raconte aussi l'histoire de ce libraire qui, ayant acquis un ouvrage datant du siècle dernier, entreprit de gommer les nombreux commentaires inscrits au crayon dans les marges. Il ne s'aperçut qu'à la dernière page que les commentaires étaient de Sainte-Beuve! Dommage pour lui... et pour nous!

LIVRES DE RÉFÉRENCE

Pour bien connaître les livres, les bibliophiles ne peuvent se passer d'ouvrages de référence. C'est grâce aux études bibliophiliques que l'amateur apprend à identifier les éditions originales et chacune des éditions suivantes, dont la valeur va, en général, en décroissant.

Le premier ouvrage de bibliophilie est le traité que nous a laissé, au XIVe siècle, Richard de Bury, évêque de Durham : *le Philobiblion* (traduit pour la première fois en français au siècle dernier). Après l'édition princeps de 1475, il a fait l'objet de nombreuses rééditions en 1500, 1600, 1610 et 1702 (édition d'Oxford). Ce texte, devenu introuvable, établit une règle fondamentale pour avoir l'assurance de retrouver les livres prêtés : « Si l'on vous demande un livre, prêtez-le, mais exigez en échange un gage d'une valeur réelle plus grande que celle du livre. »

Les traités de bibliophilie ont, depuis, fait école. Si l'ouvrage de Bury est surtout une autobiographie consacrée à l'amour des livres, ceux que l'amateur se doit de consulter aujourd'hui sont des ouvrages de référence, résultats de travaux volumineux et souvent rares. Citons d'abord le *Manuel du libraire et de l'amateur de livres,* cinquième édition 1860-1880, 8 vol., plus un supplément (géographie) par J.-Ch. Brunet, réimprimé en 1966 par les éditions G.-P. Maisonneuve et Larose ; puis le Carteret : *Trésor du bibliophile romantique et moderne* de 1924, réédité par les libraires Coulet et Faure. Ces deux ouvrages ont été actualisés en se fondant, surtout pour le dernier, sur le *Catalogue bibliographique des ventes publiques,* d'Olivier Matterlin, que les éditions Mayer publient tous les deux ans. Les Presses universitaires de France ont réédité, quant à elles, *le Manuel de bibliographie,* de Louise Noëlle Maclès. Cet ouvrage, assez austère, est une source de renseignements inépuisable.

Pour les livres romantiques, il est indispensable de consulter le *Manuel de l'amateur de livres du XIXe,* de Vicaire (Paris, 1894).

Les ouvrages suivants donnent encore de nombreux conseils pratiques aux amateurs :
— *Connaissances nécessaires à un bibliophile,* Edouard Rouveyre (Paris, 2 volumes, 1877. — 3 rééditions jusqu'en 1882).
— *La Bibliothèque d'un amateur,* Mouravit (2 volumes, 1880).
— *La Bibliothèque de l'amateur,* guide sommaire à travers les livres les plus estimés, Edouard Rahir (Paris, 1907).
— *La Bibliographie des auteurs modernes de langue française,* commencée en 1928 et qui comprendra plus de 25 volumes.
— *Le Livre français,* Robert Brun (Larousse, 1948).
— *Guide du bibliophile français,* Marcel Clouzot ; réédité en 1977.

À côté de ces ouvrages, trois revues bibliophiles donnent de nombreuses informations sur les métiers et les événements se rapportant au monde du livre. Une revue belge, *le Livre et l'Estampe,* à Bruxelles, et deux revues françaises, *la Revue d'histoire du livre,* à Bordeaux, et le célèbre *Bulletin du bibliophile,* fondé par Charles Nodier en 1834. Il n'a connu au cours de son existence que huit années d'interruption (1962 à 1970). Plus que centenaire donc, ce bulletin, qui offre des rubriques importantes de bibliographies, de chroniques littéraires et de résultats de ventes, a fusionné en 1971 avec le *Bulletin de l'Association internationale de bibliophilie* et a incorporé en 1978 le *Bulletin du S. L. A. M.* (syndicat de la librairie ancienne et moderne). Il est trimestriel.

G. Meguerditchian

Bibliothèque romantique.
Bibliographie établie par Charles Asselineau (Paris 1867). Eau-forte de Célestin Nanteuil en frontispice. **Coll. part.**

ENTRETIEN ET MANIPULATION

Comme nous l'avons vu, les livres ont de nombreux ennemis. Le temps, bien sûr, et surtout, dans l'ordre, l'humidité, le soleil, les vers et la poussière. Les uns préconisent la bibliothèque vitrée, bien fermée, les autres le grand air sur des rayonnages ouverts dont l'armature s'efface derrière l'éclat des dos.

S'il convient d'épousseter au moins deux fois par an les rayonnages et les livres, il importe avant tout de ne pas placer les bibliothèques face aux baies vitrées largement baignées par le soleil Les dos des livres en souffriraient rapidement. Pour les livres brochés, il n'est qu'une seule façon de les conserver intacts : les recouvrir de papier cristal.

Si l'humidité n'est pas recommandée, la trop grande chaleur ne l'est pas non plus. Quant à la taille des bibliothèques, elle est laissée au bon plaisir de l'amateur avec des rayonnages plus ou moins espacés. Quelle que soit la longueur du meuble, il est recommandé de faire réaliser des cases assez profondes (32 cm, par exemple) afin de placer en double rangée des volumes de format différent. On conseille aussi de disposer les gros et forts volumes au bas des bibliothèques, mais jamais à même le sol, les coups de pied involontaires ou les griffes d'animaux étant à compter parmi les ennemis du livre. Si le rangement des livres est une affaire de goût, il ne faut pas trop les serrer les uns contre les autres : les plats frottés ne sont pas beaux à voir lorsqu'ils sont rayés ! Que l'on prenne soin, au moins, de rédiger à chaque acquisition une petite fiche sur laquelle seront inscrits la description de l'ouvrage, son prix, son origine et tout autre détail que l'on voudra. Ces fiches, classées par ordre alphabétique ou par genre, avec rappel, seront ultérieurement plus utiles qu'on ne le pense.

Parmi les autres ennemis du livre, citons, en vrac : les stylos à bille, les feutres, les insectes, les emprunteurs, les collectionneurs de vignettes et... les amateurs eux-mêmes. Qui sait manipuler un livre ?

Combien de volumes ont les coiffes déchirées ! Si la tranchefile amortit le choc du doigt preneur qui fait pivoter le livre afin de le faire sortir de son emplacement, ce n'est pas sa destination. Les accidents arrivent vite, les preuves en sont flagrantes. Il n'est pas conseillé non plus de poser le doigt sur la tranche supérieure afin de faire également pivoter le livre. Les dorures ne résistent pas aux empreintes digitales. Deux méthodes sont à retenir pour saisir les volumes. Si l'espace derrière la tablette est suffisant, passer la main derrière et pousser vers soi le volume choisi. Sinon, repousser les deux volumes encadrant l'« élu » et saisir celui-ci entre le pouce et l'index. Attirer ensuite les deux volumes restants, légèrement hors de l'alignement. Ranger les trois volumes ensemble en les repoussant à leur place sera un jeu d'enfant.

Est-il nécessaire de cirer les livres ? Oui et non. Une génération de libraires et de bibliophiles sont actuellement en train de gâter irrémédiablement leurs trésors en usant immodérément de cirages ou de crèmes qui, sous l'action de la silicone, sèchent à long terme les cuirs. Alors que faire pour rendre à une bonne reliure son éclat ? Le dépoussiérer d'abord, en passant un chiffon sur sa surface et en battant le livre afin de le dégager des impuretés qui ont pu s'insérer entre les feuillets et sur les tranches. Si le cuir, ou le papier sur le carton, est légèrement éclaté par endroits, humecter un pinceau ou son doigt de colle blanche délayée et repousser délicatement ses éclats en les rabattant, puis les fixer en pressant du doigt. Effectuer cette opération autant de fois qu'elle sera nécessaire. Ensuite, excepté pour les reliures en veau, nettoyer le cuir au moyen d'une éponge à peine humectée, du moins pressée jusqu'à ne conserver qu'un peu de mousse, de produit de sellerie (savon à la glycérine) ; la passer très vite et lustrer. Cette opération ravive les ors. Dans le cas où les basanes sont un peu frottées, il est possible de raviver la couleur avec une petite touche d'aquarelle. Que ce moyen ne soit pas systématique, l'eau n'étant généralement pas bien acceptée par le cuir. Il faut en tout cas, aussitôt après, le passer à la cire d'abeille naturelle, exclusivement. Lustrer avec un chiffon de laine. Ces diverses opérations exigent de la patience, mais le néophyte ne doit pas s'aventurer plus loin et laisser le soin aux « restaurateurs » dont c'est le métier de « guérir » ses livres.

Les grands bibliophiles

Enfermés dans leur passion, les grands bibliophiles vivent le plus souvent cachés et ne se révèlent au public que le jour où ils se séparent de leurs trésors.

À la mort du président Jacques-Auguste de Thou, le 17 mai 1617, ses héritiers découvrirent une bibliothèque de 6 000 volumes répartis en 122 catégories. Mazarin le surpassa en réunissant les 45 000 volumes qui sont à l'origine de la Bibliothèque nationale, comme les 30 000 volumes de la librairie de Michel Fouquet passèrent dans les mains de Louis XIV pour constituer la Bibliothèque du roi.

Mme de Pompadour mérite également une mention pour sa bibliothèque, qui, passée en vente, fit l'objet d'un catalogue comportant 3 525 numéros. Au XIXe siècle, Charles Nodier (1780-1844) réussit, sans grands moyens financiers, à constituer deux volumineuses bibliothèques.

Les ventes de bibliothèques les plus célèbres du XXe siècle portent les noms de J. Gabalda, collectionneur des œuvres de Balzac, Antoine Vautier, sir Robert Abdy, Roger Peyrefitte et Raphaël Esmérian, qui durant cinquante ans s'est efforcé de constituer une bibliothèque exemplaire avec des éditions originales habillées de somptueuses reliures, dans une présentation absolument impeccable. La vente à Paris de la bibliothèque Esmérian, en 1972 et 1973, a fait l'objet de trois catalogues luxueux que s'arrachent encore les bibliophiles.

Scènes de la vie de la Vierge.
« Minuscule » (Venise, vers 1500).
Les couleurs sont restées d'une remarquable fraîcheur.

Christie's

LE MARCHÉ

La bibliophilie est née le jour où le livre est devenu une marchandise de série. Il convenait de produire des livres types qui se distinguaient de la masse, la qualité devant éviter la banalisation. Aujourd'hui, le moindre objet ancien ou original est présenté comme un remède à l'érosion monétaire. Le livre, privilège de la créativité de l'homme, ne pouvait que prendre une place prépondérante dans les valeurs refuges.

La bibliophilie reste l'un des secteurs les plus actifs de l'antiquité. Les éditions originales, les livres illustrés, les ouvrages géographiques ou techniques atteignent d'une vente à l'autre, et par conséquent chez les libraires anciens, des prix de plus en plus élevés. Le *Livre de la chasse* de Gaston Phébus, manuscrit enluminé sur vélin, vers 1430, provenant de la bibliothèque de Marcel Jeanson, a atteint l'enchère de 6 882 000 F chez Sotheby's, à Monaco, le 1er mars 1987.

À la vente de la bibliothèque de Léon Givaudan chez Me Loudmer, à Drouot-Richelieu, le 3 juin 1988, une *Histoire de la princesse Boudour* par J. C. Mardrus dans une reliure de F. L. Schmied, a atteint 330 000 F.

La reliure est souvent un élément valorisant. Un exemplaire de l'édition originale de *la Peste* d'Albert Camus, relié par P. L. Martin, s'est vendu 520 000 F à l'hôtel George-V le 20 mai 1987.

S'il est vrai que ces ventes prestigieuses ont jeté un certain éclat sur le marché du livre, les spécialistes considèrent que les prix se sont envolés non pas par suite d'un nouvel engouement, mais parce que la qualité très grande des ouvrages offerts a inspiré les amateurs et les libraires.

Le marché du livre est composé de deux circuits qui, par hasard ou par défaut, se rejoignent de temps à autre tout en se complétant : celui des ventes publiques et celui des libraires. Il y a des livres qui se vendent surtout en salle des ventes comme certaines grandes collections, et il y a des amateurs pour celles-là, sans compter que ces ventes sont entourées d'une très grande publicité cristallisant autour d'elles toute l'attention des amateurs éventuels, des ignorants et des néophytes. Les montants des adjudications peuvent servir de référence aux prix de marché, à condition qu'ils soient comparés aux estimations et aux prix pratiqués par les libraires ; on sait qu'il se produit toujours dans les ventes un phénomène psychologique qui conduit les acheteurs à surenchérir et acquérir des objets à des prix qu'ils refuseraient dans une librairie. Autre inconvénient des ventes publiques, l'insuffisance des descriptions des ouvrages en l'absence d'experts et de catalogue, en dehors des « belles ventes ». L'acheteur n'a pas toujours le temps ou la possibilité de vérifier et de collationner les ouvrages convoités. Aussi achète-t-il parfois trop cher un livre qui ne vaut pas grand-chose. L'achat en vente publique est un jeu dont les règles obscures, voire occultes, ne permettent pas toujours de gagner. Le plus sage pour un néophyte est de fréquenter les libraires anciens et de se procurer leur catalogue. Ces opuscules, qu'ils font paraître tous les mois ou tous les trimestres, permettent de connaître les titres des ouvrages qui reviennent le plus souvent et de comparer leurs prix. Chaque exemplaire d'un ouvrage est différent par sa reliure, son état, ses illustrations, éventuellement ses rajouts. Les libraires sont à même de conseiller ceux qui leur font confiance. La plupart d'entre eux — trois cents environ dont 80 p. 100 à Paris — sont affiliés à un syndicat (le S. L. A. M., qui publie un petit annuaire des libraires, 117, boulevard Saint-Germain, 75006 Paris).

Contrairement à une idée préconçue, la bibliophilie n'exige pas au début de gros sacrifices financiers. Il est encore possible de se constituer une bibliothèque honnête en sachant y mettre le temps, la connaissance et la curiosité. En somme, acheter au bon moment et au bon endroit. Il existe encore dans les hôtels des ventes — et il existera encore longtemps — des petites ventes dans lesquelles l'amateur trouvera son bonheur et exercera sa perspicacité de la même manière que chez les libraires.

Tout cela pose l'éternelle question de la valeur du livre ancien. Déjà, au siècle dernier, le bibliophile Jacob, dans une préface au catalogue de la librairie Auguste Fontaine, en 1874, s'en montre très préoccupé : « J'ai examiné à la hâte ce catalogue, je l'ai lu parfois attentivement avec un vif plaisir, et je me suis arrêté, stupéfait, devant les prix qui ont doublé et triplé depuis deux ans... » On en pourrait dire autant aujourd'hui. Selon les spécialistes, les prix des livres ont progressé en moyenne de 50 p. 100 de 1980 à 1989. Et les petits livres courants, en bon état et bien reliés, ont augmenté relativement plus vite que les ouvrages importants. Tout permet de penser que le marché du

Ader, Picard, Tajan

Un des livres les plus célèbres du XVIIIe siècle, les Fables *de La Fontaine, illustrées de 275 dessins originaux de J. B. Oudry, le peintre des chasses royales.*

Histoire naturelle des grenouilles *(Nuremberg, 1758). In-folio sous reliure de maroquin rouge, un naturalisme d'une merveilleuse précision.*

Guillot — Connaissance des Arts

livre va encore se développer, d'autant plus que les livres de qualité, une fois acquis par les bibliophiles, ne reviennent plus chez les marchands ni en ventes publiques. N'oublions pas, d'autre part, que les prix de vente des livres neufs ne cessent d'augmenter, ce qui contribue à la hausse générale. Enfin, le temps raréfie sans cesse les ouvrages des époques antérieures, tandis que le nombre des amateurs va croissant et que des bibliothèques étrangères achètent et retirent du marché de très nombreux ouvrages.

L'émulation des bibliophiles ne disparaîtra pas pour autant, si bien que les auteurs du XXe siècle sont de plus en plus recherchés.

La bibliophilie est une vaste entreprise de construction jamais achevée, chacun de ses matériaux s'ennoblit face à ses pairs et contribue d'année en année à toujours donner davantage de valeur à l'ensemble...

THÈMES BIBLIOGRAPHIQUES

Si l'on évoque les thèmes de collection, on constate très rapidement qu'ils se rejoignent et se chevauchent.

Si l'ouvrage de droit est le complément nécessaire pour de nombreuses disciplines non juridiques, les livres issus du régionalisme ont aussi leur importance. Longtemps délaissé et considéré comme mineur, ce genre reprend peu à peu ses droits.

À côté des ouvrages voués à l'histoire de nos provinces subsistent une multitude de petits livres souvent distribués par les colporteurs. Ces sans-grade de la bibliophilie ajoutés les uns aux autres peuvent composer une bibliothèque amusante et curieuse. Rarement reliés, tout au plus cartonnés, ces petits opuscules doivent être en bon état et leur valeur ne doit pas excéder une centaine de francs. Dans les ballots des colporteurs s'entassaient également une foule de petits romans mal imprimés, illustrés de gravures sur bois usées : les romans de chevalerie, en abrégé *(sic)*. Le plus célèbre d'entre eux fut sans doute *les Quatre Fils Aymon,* que l'on vendait encore au milieu du XIXe siècle. Ces petites plaquettes sont rares pour la bonne raison qu'elles étaient prêtées, distribuées et souvent jetées. Pour en savoir plus sur cette littérature, il convient de se procurer la réimpression de *l'Histoire des livres populaires,* publiée en 1854 par Nisard, et l'étude de P. Brochon, *le Livre de colportage* (1954). La littérature populaire plus récente, celle des Xavier de Montépin, Ponson du Terrail, Michel Zevaco, Gaboriau — le premier qui écrivit des romans policiers —, puis de Maurice Leblanc, Gaston Leroux, Émile Souvestre, présente autant de thèmes de collection qui devraient enchanter tout chasseur de curiosité. Les premières éditions brochées avec couvertures en chromo se vendent sur les quais de dix à cinquante francs. Pour ceux que ces petits livres rebuteraient, la littérature fantastique et le roman noir, issus directement de l'influence des œuvres d'Ann Radcliffe, offrent de grandes possibilités de découvertes. Citons seulement Jules Janin, quelquefois Charles Nodier et aussi Théophile Gautier, Eugène Sue, Alexandre Dumas, dont les histoires s'arrachaient en feuilleton dans les journaux de l'époque. Tous les genres sont permis pourvu qu'ils provoquent une recherche d'ouvrages répondant aux critères bibliophiliques.

Le plus connu des livres de Jules Verne, publié par Hetzel en 1870. La vogue de Jules Verne auprès des bibliophiles n'a cessé de croître.

P. Hinous — Connaissance des Arts

La vogue de Jules Verne a provoqué entre 1969 et 1977 des hausses spectaculaires, habilement soutenues par quelques libraires spécialisés. Certaines éditions Hetzel in-octavo, à couverture polychrome, sont passées de 500 à 2 000 F en quelques années, et la plus rare d'entre elles, *Sans dessus dessous,* édition de 1889 avec le « dos au phare » se négocie à plus de 40 000 F.

D'autres engouements inattendus sont toujours possibles, comme on le voit pour les livres en bandes dessinées, telle la série de Tintin, dont certains exemplaires de 1930 valent plus de 20 000 F, tandis que les albums courants sont sans valeur. Le catalogue encyclopédique *les Trésors de la B.D.* (Éditions de l'Amateur) donne un argus complet de plusieurs milliers de titres avec une importante bibliographie. Les cotes des albums de B.D. dépendent de la rareté et du bon état de conservation.

Remplis de curiosités, les « almanachs » ont aussi leurs amateurs fervents. Les plus connus sont les « Almanachs royaux », qui parurent dès la fin du XVIIe siècle jusqu'en 1792. La Révolution abolissant la royauté, l'almanach devint « national », redevint par erreur « royal » en 1805, puis « impérial » jusqu'en 1814, et ainsi de suite jusqu'à la fin du second Empire. Ces volumes, dont la grande époque fut le XVIIIe siècle, contenaient tous les renseignements administratifs du royaume. Ces « bottins » avant la lettre devaient figurer chez tous les particuliers qui en avaient l'usage, mais chacun s'ingéniait à posséder le plus bel exemplaire. C'est pourquoi il n'est pas rare de trouver des almanachs royaux dans de somptueuses reliures signées qui rivalisaient d'audace entre elles. À côté de ce fameux titre fourmillent de nombreux almanachs en tout genre et tout aussi ornés. Les « almanachs des dames », par exemple, généralement présentés en in-24 sous maroquin orné, ou soie brodée, voire papier gaufré. Ces petits volumes contiennent aussi de charmantes gravures qu'il ne faut surtout pas négliger.

Non moins célèbre, *l'Almanach des muses* parut tous les ans, sauf en 1795, de 1765 à 1833 et publia tous les grands auteurs de l'époque. Il existe une bibliographie des almanachs, établie par John Grand-Carteret en 1896. Il cite, par exemple, *l'Almanach des gourmets,* qui ne parut que huit fois, de 1803 à 1812, et aussi *l'Almanach du Gotha,* qui paraît toujours.

Non loin des almanachs se placent les « minuscules ». Ces petits ouvrages — très petits —, parfois magnifiquement reliés, sont encore méconnus.

Meguerditchian

Les Fleurs animées, *par Taxile Delord, 2 vol. grand in-8°, Paris, 1847, particulièrement recherchés pour leurs illustrations dues à Grandville.* Coll. part.

La grande période du « minuscule » se situe en fait au début du XIXe siècle, grâce aux Didot. On cite généralement les « Œuvres poétiques » de Voltaire en un seul volume in-8° de 820 pages pour l'éditeur de Bure, puis un Rousseau en un seul in-8° pour Sautelet, suivi l'année suivante par un Voltaire en trois volumes (la fameuse édition de Kehl des œuvres de Voltaire comprend soixante-dix volumes).

On classe habituellement les minuscules en trois catégories : les livres-jouets, destinés aux enfants et contenant chacun un conte de fées ou une petite histoire ; les livres-bibelots, pour cadeaux aux jeunes filles, c'est-à-dire de ravissantes boîtes décorées et ornées de papier gaufré contenant quatre à huit petits livres couverts de couleurs tendres et ornés de lithos ; enfin, ceux qui sont destinés aux adultes avec des textes classiques ou ... très légers.

On dissimulait l'« enfer » comme on pouvait. Les « curiosa », charmant euphémisme pour désigner les livres érotiques, peuvent également procurer aux collectionneurs certaines satisfactions intellectuelles que ne désapprouverait aucun esthète.

Si l'« enfer » n'est qu'une cote parmi d'autres de la réserve de la Bibliothèque nationale, ce bannissement fait rechercher de tels ouvrages par certains bibliophiles. *La Philosophie dans le boudoir,* ouvrage posthume de l'auteur de *Justine,* le marquis de Sade, a atteint l'adjudication de 24 000 F lors de la vente de la « bibliothèque singulière » de Roger Peyrefitte, en janvier 1977.

Mais érotisme ne signifie pas galanterie. De nombreux petits ouvrages « galants », publiés notamment au XVIIIe siècle, sont fort ennuyeux et discourent à l'infini sur les approches de l'amour. Roger Peyrefitte sut les éviter. Le catalogue de vente de sa « bibliothèque singulière » est un régal, et plus encore sa préface.

« Les ouvrages de ce genre figurent ordinairement sous le nom de *curiosa* dans les catalogues des libraires, ce qui prouve déjà leur intérêt spécial : « un livre curieux », dit Littré, est un livre « digne de curiosité ». Si les livres les plus dignes de curiosité ont été néanmoins appelés des « curiosa », c'était pour faire entendre en même temps qu'ils ne devaient pas être mis entre toutes les mains.

Ceux qui veulent en savoir davantage pourront consulter *les Livres de l'enfer du XVIe siècle à nos jours,* par Pascal Pia (2 vol., Paris, 1978, chez Coulet et Faure), bibliographie la plus complète sur le sujet.

Livres de référence, livres de plaisir, livres de travail : ces quelques thèmes de collection semblent se situer en marge de ce qui préoccupe habituellement la bibliophilie « noble », c'est-à-dire la littérature, l'histoire, les voyages, le naturalisme, les sciences, de même que la gastronomie, les militaria et l'histoire des costumes.

Pour conclure, disons qu'il est difficile de cerner la bibliophilie en une seule définition. Dans sa préface à *la Bibliothèque de l'amateur,* guide sommaire à travers les livres les plus estimés, Edouard Rahir se contente d'indiquer qu'il est destiné « aux amateurs s'intéressant aux livres, comme relique du passé, monuments littéraires, historiques ou scientifiques, œuvres d'art de typographie, de l'illustrateur ou du relieur... »

Et ce ne sont là que les facettes les plus connues de ce monde sans frontières : la bibliophilie.

LES AUTOGRAPHES

Depuis une centaine d'années, l'autographe n'est plus seulement la signature sèche d'un personnage célèbre. Littéralement, l'autographe, qui signifie « écrit par (l'auteur) lui-même », est un manuscrit, généralement une feuille de papier, où une personnalité en renom a posé la main pour y laisser le graphisme de son écriture.

Un tel document est le témoignage direct d'un personnage dans son époque. Et la découverte d'un manuscrit agit parfois comme un révélateur qui confirme — ou infirme — l'opinion que l'on se fait de son auteur. C'est là tout son intérêt !

Les ventes d'autographes, qui passaient jadis inaperçues du grand public, suscitent une curiosité de plus en plus vive. Le marché de l'autographe tend à s'élargir à des dimensions internationales. Les ventes à l'hôtel Drouot se sont considérablement développées, même si elles n'ont pas atteint le niveau des ventes anglaises de Sotheby ou de Christie's.

Les quelque dix libraires spécialisés qui résident à Paris, Londres, New York (Benjamin), en Allemagne (Stargardt) ou en Hollande ne manquent pas d'enrichir constamment leurs collections. Les plus connus de ces spécialistes sont eux-mêmes les descendants des libraires qui constituèrent ces collections et contribuèrent au XIXe siècle à développer le goût des autographes. (Le guide Emer, *Guide européen de l'amateur d'art, de l'antiquaire et du bibliophile,* donne plus de cinquante adresses de spécialistes des autographes.)

On ne s'improvise pas du jour au lendemain collectionneur d'autographes. Encore faut-il posséder le goût de ces « papiers » témoins d'une culture passée. S'il est exact que l'autographe est aussi un placement, il est nécessaire de connaître et de définir l'objet de sa future collection. Les sujets sont innombrables. Ils peuvent concerner une période, une région, une famille, un thème, des séries. Il est conseillé d'acheter, tout au moins au début, peu et bien. Il vaut mieux s'offrir un autographe pour dix mille francs que mille autographes valant dix francs. Il est certain, en effet, que celui qui se procure un autographe d'un prix moyen en espérant de toute façon le revendre avec un fort bénéfice commet une erreur, à moins, bien sûr, d'avoir fait une découverte sensation-

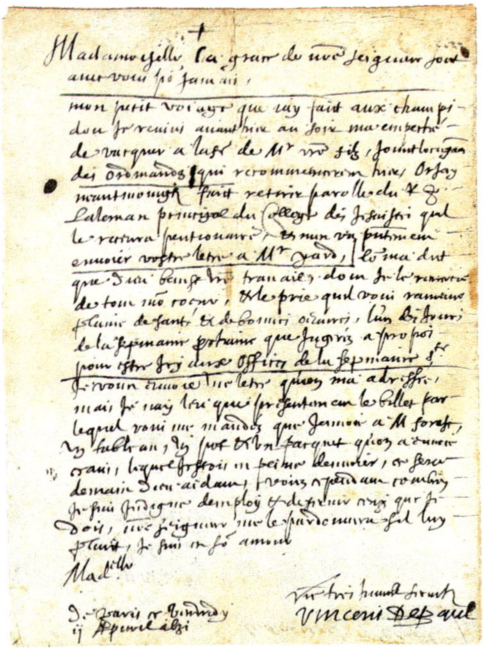

Lettre autographe signée de saint Vincent de Paul et adressée à Mme Legras, à qui il confiait les enfants abandonnés. Adjugée 42 000 F à Drouot par Mes Laurin, Guilloux, Buffetaud, Tailleur, le 20 novembre 1987.

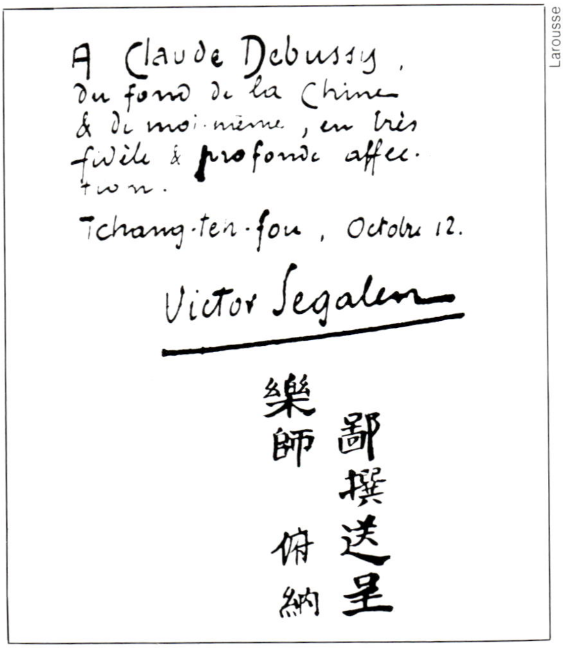

A Claude Debussy,
du fond de la Chine
& de moi-même, en très
fidèle & profonde affec-
tion.
Tchang-ten-fou, Octobre 12.
Victor Segalen

鄙撰送呈
樂師俯納

Autographe de Victor Segalen à Claude Debussy pour Stèles, *poèmes publiés à Pékin en 1912. Ce bel envoi est le témoignage de l'amitié qui unissait les deux hommes.*

nelle. Dans ce domaine, comme dans celui des livres, c'est le plaisir qui prime avant tout. La plus-value viendra plus tard.

Nous savons qu'une signature seule n'offre que peu d'intérêt. Une lettre par son contenu module sa valeur. Un mot de remerciement de Victor Hugo, ou même du général de Gaulle, s'il réjouit le néophyte, n'enthousiasme pas le collectionneur.

Mais attention, lettres et manuscrits sont deux documents différents : ils ne permettent pas la même approche de leurs auteurs. Il serait déraisonnable de dresser une échelle de valeurs des autographes. Une lettre peut être estimée à 100 F, 1 000 F ou 10 000 F, voire 100 000 F.

Un manuscrit autographe de 70 pages de Guillaume Apollinaire s'est vendu 262 700 F (Drouot, 18 mai 1988).

Les manuscrits musicaux obtiennent de très fortes enchères. Les neuf symphonies écrites de la main de Mozart (508 pages 16,5 × 22 cm) se sont vendues 2 585 000 livres (25 788 000 F) à Londres, le 22 mai 1987. Chaque autographe est une pièce unique. Un ensemble, une collection constitue en elle-même une réelle valeur.

À l'autographe s'ajoute encore le « document » historique proprement dit, c'est-à-dire les brevets, les congés de soldats, les diplômes, les « papiers » qui évoquent tel ou tel personnage, les bulletins des armées et les journaux. Ces exemples sont d'une richesse insoupçonnable. Leurs valeurs varient selon leur intérêt.

Où trouve-t-on les autographes ? En fouinant dans les vieux papiers bien sûr, dans les ventes publiques aussi ; mais avant tout chez les libraires spécialisés. Ils sauront aussi vous mettre en garde contre les faux facilement identifiables. Évoquons, à ce propos, la fameuse affaire Vrain-Lucas. Cet ancien clerc d'avoué avait été engagé dans un cabinet héraldique au siècle dernier. Accoutumé à manipuler les vieux papiers, il s'exerça à contrefaire les vieilles écritures. Un naïf lui permit d'exercer ses talents sur une grande échelle. Michel Chasles, géomètre et membre de l'Institut, était un collectionneur acharné. Vrain-Lucas lui apportait des pièces qui l'enthousiasmaient. Dès 1861, il fut inondé de lettres de Pythagore, d'Alexandre le Grand à Aristote, de Lazare à saint Pierre, de Marie-Madeleine à Jésus, de Cléopâtre à César, le tout en vieux français. Prodigieux !

Il convient néanmoins de prendre quelques précautions afin d'éviter d'être pris au piège du faux. Il faut d'abord bien examiner le papier ; sa qualité dépend souvent du rang du personnage. L'encre peut être trop rouge ou trop noire ou avoir pâli. Au cours du XIXe siècle, de nombreuses archives ont été souvent pillées. Certaines pièces peuvent être revendiquées par les organismes officiels. De toute façon, il convient d'éviter les pièces où l'on décèle des traces de grattage.

Le manuscrit le plus cher du monde

Le prix record pour un manuscrit a été prononcé par Sotheby's à Londres, le 17 novembre 1988, pour les pages écrites en allemand sur un cahier (25 × 20) par Franz Kafka pour son célèbre roman le Procès. *Ce document exceptionnel a été adjugé 1 100 000 livres (11 847 000 F) à un marchand, agissant pour le compte de l'Institut littéraire de Marbach, à la demande du gouvernement de la République fédérale d'Allemagne.* Le Procès *de Kafka est considéré comme un monument de la littérature mondiale.*

Le collectionneur d'autographes doit posséder sinon une grande culture, du moins une certaine discipline. Nombre de lettres royales signées « Louis » l'ont seulement été par un secrétaire. Les écritures peuvent avoir changé, les homonymies se multiplier, les lettres ne pas être signées, des textes avoir seulement été copiés ou recopiés... Autant de pièges subtils qu'il est nécessaire d'éviter. Mais ce ne sont que des détails ; les collectionneurs d'autographes sont particulièrement sensibles à leurs découvertes. S'ils mêlent la passion à l'intérêt, ils font leur propre apprentissage et il n'est pas vain de croire que la recherche d'un autographe est « une démarche d'amour » ! Et tout amateur répète cette phrase écrite par André Maurois dans la préface du catalogue du collectionneur Alfred Dupont : « Lorsqu'une collection est de qualité exceptionnelle, elle passe infiniment la collection, elle devient une œuvre d'art, d'érudition et d'amour. »

LES EX-LIBRIS

Face au livre et à l'autographe, la marque, la provenance, l'ex-libris, enfin, prend la place d'une charnière. Signifiant littéralement « des livres », « d'entre les livres », l'ex-libris n'est qu'un insigne de propriété. C'est dans les bibliothèques publiques et dans les anciens cabinets de lecture, où les livres circulent de main en main, que cette marque s'est révélée indispensable : la Sorbonne, Sainte-Geneviève, Notre-Dame ont toujours eu les leurs. Les particuliers, quant à eux, se contentaient de signer de leur nom les pages de garde de leurs livres. Les souverains, nous l'avons vu, faisaient exécuter de somptueuses reliures frappées de leur emblème, quelques riches bibliophiles également. Ces marques n'étaient que le privilège de la fortune. Les vrais bibliophiles, plus modestes, suppléaient à l'absence de somptueuses reliures frappées par l'apposition, au verso du plat de chacun de leurs volumes, d'étiquettes portant, imprimés ou gravés, leurs nom, titres ou armes. Cette idée ne parut pas mauvaise, puisque certains grands amateurs l'adoptèrent et, tout en possédant la reliure, firent usage de l'ex-libris. Très vite, cet usage se raffina, et l'on confia à des graveurs en renom le soin d'exécuter ses ex-libris. Et il est venu à l'idée de certains de les collectionner. Cela devint une véritable folie à la fin du siècle dernier. On les décollait le plus soigneusement possible pour les placer ensuite dans de beaux albums. Ce que nous déconseillerions fortement aujourd'hui. Avant d'être un objet de collection, c'est une marque de provenance souvent utile. Deux solutions sont alors offertes à l'amateur d'ex-libris d'aujourd'hui : se procurer des ouvrages possédant cette marque et la conserver ainsi, quitte à la reproduire pour un album de référence, ou découvrir des étiquettes qui furent décollées par les iconoclastes, ou qui ne furent jamais collées.

Pendant longtemps, l'ex-libris de Charles d'Alboise, d'Autun, daté de 1574 fut considéré comme le plus ancien ex-libris français connu. D'autres découvertes ont permis de dater certains ex-libris du début du XVIe siècle : il semble que le premier ex-libris connu ait été exécuté par Dürer, en 1517, pour le compte de Bilibald Pirckeimer, mais le premier unanimement reconnu est celui de Jacques Thiboust de Quantilly (1520).

L'ex-libris au XVIe siècle est essentiellement héraldique. Les écus se dressent timbrés de heaumes, de casques ciselés et damasquinés. Le siècle suivant apporta grâce à Sébastien Le Clerc plus de souplesse et d'élégance. L'ex-libris, peu commun encore, ne se rencontrait que dans les bibliothèques des riches et nobles amateurs. Ni Bossuet, ni Corneille, ni Boileau n'en possédaient. Au XVIIIe siècle, l'envie de paraître était tel que tout un chacun s'empressa d'ajouter à ses reliures frappées à ses armes, souvent fantaisistes, son ex-libris gravé par Boucher, Moreau ou Choffard. Ces artistes composèrent de délicieuses figures encore assez conventionnelles, puis, très vite, allégoriques. La mythologie et les allégories supplantèrent les figures héraldiques. Cela devint radical, évidemment, sous la Révolution. Le vicomte de Bourbon-Busset affirmait par exemple en 1793 sa qualité de « citoyen français » dans une vignette à encadrement finement gravée, alors que cinq ans auparavant ses titres figuraient pompeusement au-dessous de ses armes, portées sur des nuages et surmontées d'une couronne à fleur de lys !

Parmi les vignettes curieuses ou amusantes, citons celle des Goncourt, figurant deux doigts d'une main allongés sur une feuille de papier où se trouvent les initiales E et J ; celle de Victor Hugo représentant les tours de Notre-Dame zébrées par un formidable éclair ; François Coppée, une lyre brillante au soleil ; Arthur Meyer, directeur du *Gaulois,* fit graver par Stern un coq perché sur un tas de livres avec pour devise : « Je chante clair ». Le baron J. Pichon, président de la Société des bibliophiles, à la fin du XIXe siècle, possédait jusqu'à sept ex-libris différents. L'un d'entre eux le représente assis à son bureau dans sa bibliothèque de l'hôtel de Lauzun avec son fils à ses côtés, jusqu'au jour où il eut le malheur de le perdre ; il fit alors modifier la planche en supprimant la silhouette de son fils.

Nous pourrions énumérer une multitude d'exemples tous aussi farfelus que charmants. Mais souvenons-nous comme le disait Balzac : « La valeur d'un bibliophile est inverse de la dimension de son ex-libris. » Les grands bibliophiles se contentaient d'inscrire leur nom entre deux simples filets d'encadrement. C'est ainsi que procédèrent Jules Janin, Charles Nodier, Louis Ulbach, le baron de Claye, M. de La Roche-Lacarelle. L'ex-libris sort donc un livre de son anonymat. Il est amusant d'en suivre les évolutions et les travers. Les plus grands graveurs laissèrent ainsi leur empreinte, il s'agit de les reconnaître.

Une collection d'ex-libris seuls, orphelins sans les livres, peut prendre une certaine valeur au même titre que tout ensemble témoignage de l'art ; mais une bibliothèque dont les ouvrages montrent leur provenance attire indubitablement la convoitise. La première vente, à l'hôtel Drouot, d'une collection d'ex-libris se déroula le 20 avril 1891. Une autre comprenant 1 600 ex-libris, en 1903, occupa à elle seule trois vacations et produisit 8 600 F. Il n'y a plus à notre connaissance de vente organisée d'ex-libris, car les bibliophiles d'aujourd'hui ne s'y intéressent plus, sinon en tant que marque d'identification. Le seul ex-libris dont on ait parlé récemment est celui que composa Pierre-Yves Trémois pour Roger Peyrefitte. Il fut remis à tout acquéreur d'un volume de sa « bibliothèque singulière » en janvier 1977. Mais, en vérité, il s'agissait d'une vignette imprimée pour la circonstance et donnée « en prime » pour encourager l'achat.

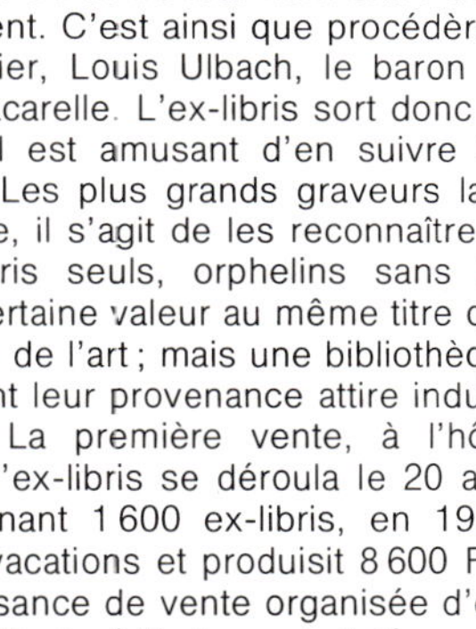

Meguerditchian

Ex-libris des frères Edmond (E) et Jules (J) de Goncourt... symboliquement unis comme les doigts de la main.

Portrait présumé de Gabrielle d'Estrées (école de Fontainebleau, fin XVIe s.).
Les cheveux, couronnés de feuillages,
sont coiffés d'une parure de perles et de saphirs
terminée sur le front par une grosse perle poire
à laquelle répondent celles des pendants d'oreilles ;
autour du cou, un collier court de grosses perles rondes ;
le nœud de la légère draperie de voile est également retenu par une perle.

LES BIJOUX

Qu'il soit parure, placement ou objet de collection, le bijou ancien compte toujours parmi les plus appréciées des valeurs de collection et ne voit jamais sa faveur décliner. On peut collectionner les bijoux depuis l'Antiquité égyptienne et romaine ; ils sont évidemment rares, mais non point introuvables : ce sont des colliers, des bracelets, des bagues en or ciselé, repercé ou filigrané, généralement découverts dans des tombes.

Les bijoux médiévaux, qui vont des grossières fibules barbares en or et pierres de couleurs aux joyaux délicats de l'époque gothique, sont infiniment plus rares. Les parures de la Renaissance sont d'un exquis raffinement : broches, pendentifs et bagues d'or ciselé enrichi d'émaux, de perles et de pierres, tandis qu'au Grand Siècle commence la vogue des diamants blancs, en bracelets, rivières ou parures de corsages, qui ira en se développant et en s'affinant jusqu'à la fin du XIXe siècle.

Les élégantes du temps de Louis XV et de Louis XVI possédaient une grande variété de bijoux charmants : colliers de perles, broches de diamant, parures d'émail, sans compter la montre et sa châtelaine, et les ornements de coiffure.

Mais l'amateur de bijoux doit surtout compter sur le vaste choix des bijoux du siècle dernier : broches de diamants, bracelets d'or, d'émail, discrets ou volumineux, rivières de diamants, sautoirs d'or ou de perles, et très nombreux petits bijoux, peu encombrants et peu coûteux, que l'on trouvait avec plus ou moins d'abondance dans toutes les classes de la bourgeoisie. Ils sont aujourd'hui très appréciés.

Avant d'être parure, le bijou fut talisman. Ce n'est pas pour séduire que l'homme et la femme eurent un jour l'idée de porter sur eux certaines pierres rares, mais d'abord pour se protéger des puissances occultes. À cause de leur éclat, de leur rareté, de leur pérennité, on a, en effet, prêté aux pierres et aux métaux précieux des vertus magiques, tour à tour bénéfiques ou maléfiques. Les plus belles pierres anciennes qui nous sont parvenues sont chargées de légendes étranges : elles possédaient un pouvoir mystérieux et étaient portées pour se concilier les mauvais esprits, en ce monde et dans l'au-delà. L'émeraude et l'opale sont, pour certains, sources de malheur ; le diamant fait plutôt partie des pierres bénéfiques, bien que certains aient traversé l'Histoire en y semant la mort et la discorde... À cause des pouvoirs qu'on lui prête, le joyau est devenu symbole de puissance, et ce n'est pas pur hasard si les monarques de tous les temps se sont couronnés d'or et de pierreries.

Reflet de la puissance des grands de ce monde, le bijou est signe de richesse et parure de princesses ; toutefois, il n'a jamais perdu complètement son pouvoir magique et symbolique : le diamant des fiançailles est promesse de bonheur, l'alliance, symbole de fidélité ; la médaille de baptême, la croix d'or des paysannes ont un rôle protecteur..., et que dire des breloques et petites croix magiques vendues par correspondance !

TECHNIQUES ET MATÉRIAUX

L'art du bijou met en œuvre des procédés dont beaucoup remontent à l'Antiquité, et deux techniques distinctes : l'orfèvrerie (travail du métal) et la joaillerie (travail des pierres précieuses).

L'art de l'orfèvrerie était déjà très avancé chez les Grecs et les Étrusques ; la joaillerie, en revanche, n'a cessé de s'affiner, de l'Antiquité à nos jours, tant pour la taille des pierres que pour les techniques de montures.

Le travail des métaux

Le bronze, l'argent, le platine, le palladium, l'électrum — alliage d'or et d'argent — et surtout l'or, métal de prédilection des orfèvres de tous les temps, sont tour à tour utilisés dans ce métier d'art qu'est l'orfèvrerie-joaillerie. Estimé pour son éclat, l'or a toujours été également apprécié pour sa malléabilité — une once d'or (31,10 g) peut être étirée en un fil de près de 105 km de long.

Avant de devenir joyau, le métal est travaillé avec attention et précision. Tout d'abord, le *choc,* ou la frappe, permet par martelage et laminage d'obtenir des feuilles d'épaisseurs variées. Au cours de cette opération, on peut, par *estampage,* imprimer un relief dans le métal ; par la technique du *repoussé,* on donne du relief à une surface ; par la *ciselure,* grâce à une simple déformation du métal, on réalise des motifs décoratifs, en creux ou en relief. Connus dans l'Antiquité, ces procédés sont encore couramment utilisés de nos jours.

Tandis que le *choc* déforme et enfonce le métal, la technique de la *dent* l'attaque en surface, avec des limes, des scies, des gouges, des ciseaux, des burins, des grattoirs, des forets... Elle permet de délimiter l'emplacement d'une pierre précieuse ou de l'émail, et surtout d'orner le bijou de divers motifs soit par la *taille-douce,* ou gravure en creux, soit à l'aide d'un acide, soit par le procédé du *ramolayé* donnant du relief au métal, ou encore par celui du *champlevé,* consistant à épargner de fins canaux pour recevoir une décoration émaillée. Car des effets de couleur peuvent être obtenus avec l'émail, pâte colorée et vitrifiée qui est étendue dans les zones qui lui sont réservées. Le décor noir s'apparentant à de l'émail, créé par une combinaison de cuivre et d'argent chauffée, est du nielle.

Au burin également, on peut réaliser un décor ajouré d'une seule pièce : il s'agit alors du procédé nommé *opus interrasile,* fort apprécié des Romains.

Autre opération à faire subir au métal : celle de la flamme. Pour rendre sa malléabilité à l'objet devenu dur et cassant au cours des précédentes étapes du travail, on procède au *recuit.* Pour obtenir de petites statuettes, on a recours à la *fonte.* Enfin, pour rendre solidaires plusieurs pièces de métal, martelées et ornées isolément, on fait appel à la *soudure,* qui offre un large éventail de possibilités. En particulier, elle a donné naissance à la technique du *filigrane,* décor à base de fils d'or, ajourés ou plaqués sur une surface unie et dessinant de fines résilles et des ornements en léger relief ; à celle de la *granulation,* pratiquée dans l'Antiquité, spécialement par les Étrusques, qui consiste à appliquer sur le support, par soudure, de minuscules grains d'or dont le diamètre peut atteindre la dimension minimale de 0,002 cm ; quant au *cloisonné,* il sert à enchâsser des éléments rapportés, pierres de couleur, émail, nacre, ivoire, écaille... grâce à un décor, non point creusé comme dans le champlevé, mais fait de minces bandes de métal soudées au support.

Les pierres précieuses

Le diamant

Les seuls gisements diamantifères connus jusqu'au XVIIIe siècle étaient en Inde. À partir de 1728 furent découverts ceux du Brésil, puis au XIXe siècle furent exploités ceux d'Afrique du Sud, et, au XXe siècle, ceux du Zaïre, ceux des États du golfe de Guinée et ceux de Sibérie.

Dans l'Antiquité, le diamant est employé sous sa forme brute, qui est celle d'un octaèdre. Au Moyen Âge, on se contente d'une taille grossière, avec des pointes appelées « naïves ». Puis, dans la seconde moitié du XVe siècle, est réalisée, par Louis de Berkem, lapidaire de Bruges, la première taille à facettes du diamant, procédé qui a considérablement amélioré l'effet de scintillement de la pierre. Un siècle plus tard, l'Italien Peruzzi a mis au point la taille à 58 facettes, qui sera en usage jusqu'au XIXe siècle. Elle est dénommée « brillant taille ancienne », par opposition à la taille moderne, également à 58 facettes, mais beaucoup plus régulière et symétrique. Car, depuis le XVIIe siècle, la taille du diamant a constamment été perfectionnée et diversifiée, améliorations progressives qui ont amené au « brillant moderne » des beaux solitaires actuels.

Dans la « taille de rose », la surface de la pierre, à 24 facettes, est arrondie tandis que le fond est plat. La « taille baguette », ou « taille à degrés », se caractérise par un facettage symétrique dont l'effet de scintillement est plus sobre que dans la « taille brillant » classique.

Les autres pierres précieuses

Outre le diamant, les pierres dites « précieuses » sont l'émeraude, le rubis et le saphir.

L'émeraude, la plus ancienne pierre à avoir été employée dans la joaillerie antique, provient des mines de Colombie, de Rhodésie et du Brésil, essentiellement.

Le rubis et le saphir sont deux variétés de corindon, de couleurs différentes. Les corindons rouges et bleus, peu utilisés dans l'Antiquité, ont ensuite été très prisés. Les gisements les plus importants de rubis et de saphirs sont en Birmanie, à Ceylan, en Thaïlande et en Australie.

LES BIJOUX ANTIQUES

Les bijoux antiques sont essentiellement des bijoux d'or. Quelles que soient l'abondance et l'importance des pierres ou autres éléments, c'est toujours le travail du métal qui domine, et l'art des orfèvres se mesure à leur habileté à travailler l'or, comme l'indique l'étymologie de leur nom (voir le chapitre « Antiques », page 28).

L'origine de l'utilisation des pierres que nous appelons « précieuses », le diamant, le saphir, l'émeraude et le rubis, est obscure. Dans l'Antiquité, le diamant était connu en Inde et il aurait été rapporté par les armées d'Alexandre le

Ensemble de bijoux scythes (IVe s. environ av. J.-C.). Vente Christie's, à Londres en novembre 1977.

Christie's

Grand en Occident, où l'on ne savait pas encore le tailler, le saphir, bien que connu des Grecs et des Étrusques, n'apparaît pas avant l'époque romaine, et le rubis plus tard encore. Seule l'émeraude, extraite des mines de l'ancienne Égypte, était utilisée en joaillerie dès le second millénaire av. J.-C. ; celles de Cléopâtre, comme ses perles, sont demeurées célèbres.

Les joailliers de l'Antiquité utilisaient en réalité des pierres semi-précieuses, dites aussi « pierres fines » : la turquoise, une des plus appréciées, était censée porter bonheur, et sa couleur se retrouve, en Égypte et en Orient, sur de nombreux objets. Le grenat était également très estimé, le lapis-lazuli, d'un beau bleu profond, la calcédoine, la cornaline, la malachite, l'aigue-marine, l'améthyste, le jaspe et tant d'autres pierres aux éclatantes couleurs offraient un vaste éventail de choix aux lapidaires de l'époque.

On ignorait alors, et on ignora encore longtemps, les montures à jour et les tailles à facettes qui font scintiller les gemmes avec beaucoup d'éclat ; les pierres étaient polies en cabochons, grâce à des meules extrêmement fines, et enchâssées dans une gaine d'or.

Dès le début du second millénaire, les Égyptiens fabriquaient de fausses pierres en pâte de verre colorée, d'un fort bel effet. À l'époque hellénistique, on faisait à Alexandrie de ravissantes perles de verre irisées aux mille couleurs, très prisées dans tout le monde méditerranéen.

Si l'art du lapidaire est demeuré, dans l'Antiquité, à un stade encore primitif, le travail du métal, en revanche, a été souvent poussé à la perfection. La finesse et la précision du travail sont, en effet, surprenantes ; étonnant également le goût exquis et très raffiné qui a présidé à la mise en œuvre de bijoux somptueux, comme ceux des Scythes du Caucase, ces populations de rudes guerriers nomades, pourtant réputées barbares.

L'or a été pratiquement le seul métal utilisé par les orfèvres antiques pour la bijouterie ; l'argent aussi, parfois, mais il était trop mou et se ternissait ; en outre, certains bijoux bon marché étaient en fer, ou en bronze. Quant au platine, il n'en était pas encore question : les orfèvres ne commenceront à s'y intéresser qu'à une époque très récente.

Ciselé ou repoussé, moulé parfois en ronde bosse, finement ajouré, filigrané, granulé, l'or est travaillé avec une grande virtuosité, selon des techniques qui laissent parfois perplexes les experts modernes : on n'a pas vraiment élucidé, par exemple, le secret des granulations minuscules et régulières utilisées à profusion et avec une rare maîtrise par les orfèvres étrusques.

Mis à part les bijoux d'apparat, grands pectoraux, lourds diadèmes, bracelets de chevilles..., destinés au souverain trônant en majesté ou au défunt sur son lit de mort, les bijoux antiques sont sensiblement les mêmes que les nôtres : colliers et torques, bracelets souples ou rigides, pendants d'oreilles, bagues, ornements de coiffures, épingles et fibules, ancêtres des broches, boucles de ceintures...

Les bijoux antiques que l'on peut voir dans les musées et les collections privées ont, pour la plupart, été découverts dans des tombes. Certains — c'est le cas notamment en Égypte — avaient un rôle de protection et la mission de préserver le défunt des mille embûches qui pouvaient surgir au royaume des ombres. Les vivants, toutefois, en portaient également, tant pour se parer que pour se protéger des puissances occultes.

Les premiers grands orfèvres furent d'ailleurs les Égyptiens. Dès le deuxième millénaire av. J.-C., ils avaient acquis la pleine maîtrise de leur art, comme en témoignent avec éclat les trésors des tombes royales du Nouvel Empire : pectoraux, diadèmes, larges colliers, mais aussi innombrables talismans et amulettes en pierres vraies ou fausses, petits tours de cou à pendeloques, d'un raffinement exquis, bagues à décor de scarabées ou de motifs floraux, petites breloques de fantaisie.

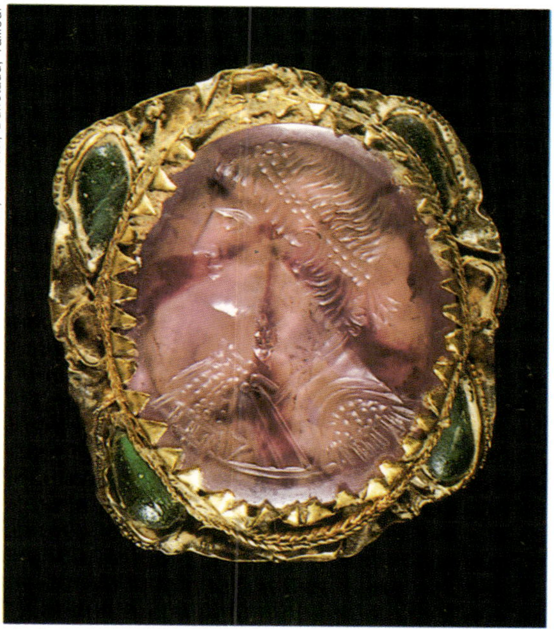

Laurin, Guilloux, Buffetaud, Tailleur

Médaillon de style byzantin provenant d'Antioche (IVe s.). Étude Laurin, Guilloux, Buffetaud, Tailleur.

Le bijou scythe, que les amateurs parisiens ont pu admirer lors d'une exposition au Grand Palais en 1975, était décoré, en ajouré, en repoussé ou en ronde bosse, de scènes de combats, de guerriers, de cavaliers, d'animaux, modelés et martelés avec une étonnante perfection qui atteste un goût particulier pour l'art décoratif. Ces remarquables objets en or doivent certainement beaucoup à l'influence hellénique.

La civilisation grecque classique a hérité de la brillante orfèvrerie minoenne et mycénienne. L'art de l'orfèvrerie a atteint en Grèce un rare degré de perfection, allié à une discrétion de bon ton. Bagues, bracelets, colliers, bandeaux de cheveux, pendants d'oreilles étaient finement ciselés et filigranés dans de l'or incrusté parfois de légères pierreries. Certains bijoux sont d'allure très actuelle : les bagues et bracelets enroulés en serpent ou terminés par des têtes de capridés affrontées inspirent encore certains joailliers contemporains.

Les orfèvres étrusques, influencés par l'Orient et la Grèce, étaient des virtuoses du filigrane et de la granulation ; des scènes entières, des motifs complexes étaient ainsi gravés sur fond uni ou ajouré, travail qui dénote une grande habileté et un réel sens décoratif.

La frénésie de luxe qui s'est ensuite emparée du monde romain à partir du Ier siècle av. J.-C. s'est traduite par une profusion de bijoux d'inégale qualité et par un certain nombre d'innovations ; les pierres ont alors pris une importance grandissante, au détriment du travail d'orfèvrerie proprement dit, et on a commencé à utiliser de véritables pierres précieuses : outre l'émeraude venue d'Égypte, le diamant importé des Indes est également connu, ainsi que le saphir. Les perles étaient aussi fort appréciées.

Les lapidaires, ne connaissant toujours pas la taille à facettes, continuaient donc de produire des cabochons, à

Broche en forme d'aigle, en or incrusté de grenats, art ostrogothique du Ve s. av. J.-C. H. 13 cm. Ancienne collection Béhague, adjugée 14430000 F par Sotheby's à Monaco, le 5 décembre 1987.

face bombée et dessous plat : la gaine d'or qui les enchâssait faisait office de miroir et donnait un certain éclat à l'objet. En revanche, la glyptique, apparue en Grèce dès l'époque classique, a connu alors auprès des riches amateurs une vogue croissante. En outre, les camées romains seront fort appréciés sous la Renaissance.

Tandis que les anciennes techniques du repoussé, de la ciselure et du filigrane ne sont point abandonnées, l'or ajouré, ou *opus interrasile,* et le nielle à partir du IIe siècle de notre ère jouissent d'une grande faveur.

Par ailleurs, sur tout le territoire de l'Empire romain s'est répandue aussi une bijouterie de pacotille usant et abusant de perles et de cabochons en verre de couleur fabriqués en Égypte.

Une place à part doit être faite à la brillante civilisation celte, dont l'épanouissement est antérieur à la conquête romaine et qui a largement popularisé l'usage du métal dans le monde occidental. Colliers en forme de croissant et torques de guerriers, en or martelé et torsadé, sont les créations les plus caractéristiques des orfèvres celtes.

LE BIJOU MÉDIÉVAL

Après la chute de l'Empire romain, au IVe siècle, le bijou a conservé auprès des peuples barbares un prestige quasi religieux. Les tombes des rois mérovingiens et de leurs épouses recèlent des parures d'une extrême richesse : baudriers, gardes d'épées, boucles de ceintures, fibules, épingles, pendants d'oreilles, anneaux sigillaires, servant de sceaux, où étaient inscrits le nom et le monogramme du défunt.

Mais l'Europe était très en retard sur les antiques civilisations méditerranéennes, et les amateurs regardaient davantage à l'effet de richesse et de clinquant qu'à la finesse du travail, aussi la qualité est-elle très variable. D'autre part, l'or était rare à l'époque mérovingienne, et il était destiné uniquement aux parures des souverains et à l'ornement religieux. Mais les orfèvres étaient alors très estimés : Dagobert n'a-t-il pas fait de saint Éloi — resté depuis, le patron de la corporation — son ministre ? Les Mérovingiens connaissaient les procédés du filigrane, de l'*opus interrasile* et du cloisonné, que certains orfèvres exécutaient avec assez d'habileté, tandis que d'autres se contentaient d'une technique assez grossière. Ils affectionnaient les couleurs vives : aux grenats, aux perles et aux pierres plus ou moins précieuses, ils associaient des verroteries, enchâssées comme dans l'Antiquité grâce au métal cloisonné.

À la même époque, l'orfèvrerie byzantine, héritière directe des traditions hellénique et romaine, était incomparablement plus raffinée, dans sa conception comme dans sa facture. Jusqu'à la crise iconoclaste du VIIIe siècle, elle s'est inspirée de l'iconographie chrétienne (croix, figures de saints).

La qualité technique de ces joyaux contraste avec celle des trésors mérovingiens. Le damasquinage, la granulation, le filigrane étaient, en effet, pratiqués avec virtuosité ; les pierres précieuses, fort appréciées, étaient montées avec art, soit en cabochons soit en intailles ou en camées, et l'émail cloisonné était au goût du jour.

L'époque carolingienne a vu une éphémère renaissance, marquée par les influences byzantines mêlées aux traditions mérovingiennes. Les perles alternent avec les pierres, les filigranes d'or ou d'argent ornent les fonds, et l'émail cloisonné tient une place importante.

Dans la société en pleine expansion d'après l'an mille, l'orfèvrerie a tenu une grande place ainsi qu'en témoignent les rues, les ponts, les quais « des Orfèvres » que comptent toutes les cités européennes. En France, l'art du joyau est soutenu par le luxe des rois et des princes et par la richesse de l'Église. Le bijou a alors évolué vers une souplesse et une liberté de composition nouvelles et a introduit des formes neuves inspirées par l'architecture gothique. L'or et la pierre, présentée en cabochons soigneusement polis, ont acquis une importance analogue. De véritables chefs-d'œuvre de la joaillerie sont réalisés, tels les groupes de quatre perles, nommées « troches », encadrant diamant, émeraude, saphir ou rubis. Au XIVe siècle, la monture des bijoux est modifiée : elle affecte une forme tronconique, que borde une fine dentelure, et les rehauts d'émaux tiennent une grande place. Certains bijoux portaient des inscriptions religieuses qui, s'ajoutant à la vertu des pierres, leur conféraient un rôle protecteur. La broche en forme d'anneau remplace la fibule pour attacher un vêtement et devient un type de bijou très courant.

Au XVe siècle, le faste dont se sont entourés les ducs de Bourgogne a renforcé la renommée des orfèvres français : les pierreries de Philippe le Bon et de Charles le Téméraire sont parmi les plus célèbres d'Occident. De ces richesses pillées après la défaite du duc en 1477, il ne subsiste malheureusement que quelques pièces, aujourd'hui conservées au Trésor de Vienne.

LE BIJOU RENAISSANCE

Malgré les ravages des guerres de Religion, l'Europe de la Renaissance est riche, et les pierres et métaux précieux, débarqués du Nouveau Monde par galions entiers, alimentent les ateliers d'orfèvrerie. Les cours d'Europe, grands royaumes et minuscules principautés, rivalisent de magnificence.

Les bijoux du XVIe siècle sont des créations internationales. À Paris, François Ier, passionné d'orfèvrerie, fait travailler des Français aussi bien que des Allemands, des Italiens (Benvenuto Cellini, le plus célèbre graveur de pierres fines d'Italie, a travaillé pour lui). La clientèle européenne passe commande à Anvers, à Milan, à Florence comme à Paris.

Les pierres, les perles, les émaux très brillants sur or, mêlés aux intailles ou camées romains et byzantins sont au goût du jour. Les vraies gemmes toutefois sont encore rares : Benvenuto Cellini lui-même a avoué qu'il colorait certaines pierres pour les rendre plus belles. En fait, l'originalité de la monture l'emporte sur l'éclat de la pierre. Celle-ci n'est que prétexte à des compositions décoratives, sculptures miniatures, fréquemment à thème mythologique. Des devises, des armoiries, des signes particuliers, des petits messages à l'être aimé envahissent également les cartouches, animent les émaux et occupent les espaces laissés vides dans les banderoles.

Les femmes de l'aristocratie ne portent plus de coiffes, mais elles ornent leur chevelure de rangs de perles, d'aigrettes et se parent de boucles d'oreilles. Sur les bras dénudés des belles de la Renaissance, le bracelet reprend la place qu'il avait dans l'Antiquité ; les broches, les pendentifs, les lourds colliers, les ceintures de joaillerie enrichissent les rigides corsages de brocards ; les bagues sont finement ciselées et surmontées de pierres, d'émaux et de devises généralement assez discrètes. L'esprit scientifique du temps trouve écho dans certains bijoux, telles des bagues cadrans solaires, tandis que les premières montres de poche font leur apparition.

Ader, Picard, Tajan

Pendentifs Renaissance à la fin du XVIe siècle, l'un et l'autre en or ajouré d'arabesques, garnis d'émail et de perles baroques.

DU SIÈCLE DU SOLEIL AU SIÈCLE DES LUMIÈRES

À partir du XVIIe siècle, la beauté du bijou réside avant tout dans celle de la pierre précieuse : le travail du joaillier prend désormais le pas sur celui de l'orfèvre, nouvelle orientation qui annonce la conception du bijou moderne. Les progrès constants accomplis dans la taille des pierres expliquent cet engouement. Conséquence directe de cette évolution, les montures s'affinent, s'effaçant le plus possible derrière la pierre. La rose à fond plat est montée en chaton plein, afin que le fond d'or fasse office de miroir pour faire scintiller la pierre.

Grosse émeraude sculptée du profil de Catherine II : beau travail de glyptique serti de brillants et monté en pendentif, véritable pièce de musée.

Christie's

Broche pendentif ornée de deux émeraudes serties de diamants. Un bijou d'une telle qualité ne risque pas de se démoder.

Sotheby

Ader, Picard, Tajan

Montre en or avec sa châtelaine en pomponne, à décor émaillé bleu et camaïeu brun pour les médaillons (Londres, fin du XVIIIe s.).

Pendentif du XVIIIe siècle comportant en médaillon un personnage à perruque.

Ader, Picard, Tajan

Pour capter le maximum de lumière, le brillant, au contraire, demande une monture à jour : c'est au XVIIIe siècle qu'apparaissent les premières montures à griffes ; afin de les rendre presque invisibles, certains joailliers ont préféré utiliser des griffes d'argent, invisibles sur le diamant, malgré le peu de dureté de ce métal.

Les bijoux du siècle de Louis XIV annoncent ceux du XVIIIe siècle. Les nobles dames portent volontiers de grosses perles en collier ras-de-cou ou en longs sautoirs à plusieurs rangs, en pendants d'oreilles, en bracelets ou encore en décorations dans les cheveux. Pour le soir, les diamants sont de rigueur avec le collier de lacs, formé d'une succession de nœuds de diamants, ou avec le « nœud d'estomac », pavé de pierreries, que l'on porte au centre du corsage.

Dès la fin du XVIIe siècle s'est répandue la mode du médaillon à portrait en miniature, qui connaît une grande vogue jusqu'au second Empire. La montre, rehaussée d'émail ou de pierres précieuses, est devenue un élément courant de la parure féminine et masculine. On la porte au bout d'une chaîne, en sautoir, ou bien accrochée à une châtelaine, large plaque ciselée d'or ou de pomponne (or sur cuivre) que l'on glisse à la ceinture et à laquelle on suspend, outre la montre, toutes sortes de breloques, cachets, clefs, peigne, ciseaux, pince... Les montres du XVIIIe siècle sont d'une exquise variété : petites et bombées sous Louis XV, en or guilloché ou orné de motifs d'émail, elles deviennent, au temps de Louis XVI, extrêmement plates, garnies d'émail bleu ou vert sur fond guilloché avec une bordure de demi-perles fines.

Sous Louis XV, avec la mode des cheveux courts et frisés, les femmes ornent leur chevelure d'une plume, ou d'une aigrette l'imitant, ou encore d'un bijou en forme de fleur, d'oiseau ou de papillon, monté sur une tige mobile. Elles portent aussi des girandoles, longues boucles d'oreilles, faites de diamants, perles ou pierreries, assemblés en articulations mobiles, et des colliers, souvent simples médaillons passés dans un ruban de velours, appelés carcans. D'autres modèles sont plus somptueux, comme la rivière de diamants que Marie-Antoinette ne passa jamais à son cou et qui fut le prétexte de la fameuse « affaire du Collier ». En forme de triangle allongé décorant le vêtement de l'encolure à la taille, l'ornement de corsage, ou « pièce de corps », chef-d'œuvre des joailliers, est composé de plaques d'or assemblées et couvertes de pierreries et de perles. Les broches de corsage, « nœuds à l'égaré » ou « bouquets de côté » sont également très en vogue.

Ces bouquets de joaillerie sont d'ailleurs parmi les plus aimables créations de l'époque ; parfois, les principales fleurs de la gerbe sont montées sur des petits ressorts qui les animent d'un léger mouvement, d'où le nom de « trembleuse » donné à ce type de broches.

Le vêtement des élégantes est aussi enjolivé de nœuds d'épaules, de « crevés », agrafes disposées sur les manches, de « trousse-cotte » ou « trousse-queue », qui relèvent les pans et la traîne de la robe à paniers. Quant aux bracelets, composés de motifs assemblés ou de rangs de perles, ils sont garnis d'un fermoir raffiné et ils se portent par paires. Les bagues sont nombreuses et variées, en diamant, en émail, en perles... Un modèle nouveau est particulièrement apprécié : la marquise, de forme ovale, qui convient aux longs doigts fuselés ; elle est souvent en émail bleu foncé garni de roses ou de brillants.

Car, malgré l'engouement pour les pierres précieuses, l'émail conserve une place importante dans la bijouterie du XVIIIe siècle : on en fait des portraits miniatures, et de charmantes scènes champêtres à la Watteau décorent les boîtiers et les cadrans de montres, les médaillons, les broches, les bracelets et les pendants d'oreilles.

LA FIN DU XVIIIe ET LE DÉBUT DU XIXe SIÈCLE

L'appauvrissement général, dans les années qui succèdent à la Révolution française, a une influence sur la joaillerie. Sous le Directoire, les bijoux deviennent plus simples, plus légers, mais non moins gracieux : tours de cou faits de deux ou trois rangs de chaînettes d'or diversement travaillées où s'intercalent de petits médaillons, ou formés de festons de minuscules perles ; des bijoux et des parures entières d'acier poli sont, en outre, créés.

Au temps du premier Empire, le bijou le plus typique est le camée sur agate en médaillon ovale, représentant un profil de femme à l'antique ou une silhouette de nymphe, qui est monté sur or et serti de perles fines. À vrai dire, ce type de bijou avait déjà fait son apparition sous Louis XVI, mais, après la Révolution, il devient réellement à la mode et s'embellit, car il correspond parfaitement à l'orientation générale des arts, tournés vers l'Antiquité. Ce goût va d'ailleurs se prolonger bien au-delà de l'Empire.

Les parures complètes de camées nous semblent maintenant un peu lourdes, mais elles accompagnaient bien la toilette et la coiffure du temps : un grand peigne était planté dans le haut chignon « à la grecque », un diadème descendait sur le front, un important collier meublait les généreux décolletés des robes Empire ; deux pendants d'oreilles et deux bracelets identiques, et parfois une broche pouvant se rattacher en pendentif au collier complétaient la parure.

Malgré la vogue du camée, les perles fines sont toujours appréciées et, pour les grands soirs, diamants, rubis, saphirs et émeraudes sont plus que jamais de la fête. L'impératrice Joséphine en possédait un grand nombre, et les princesses et dames de la cour ne demandaient évidemment qu'à l'imiter.

Ader, Picard, Tajan

Ensemble de bijoux, fin du XIXe siècle : broche, bracelet, bagues, montre de col, en or et pierres précieuses. Drouot rive gauche, Mes Ader, Picard, Tajan.

Ensemble de bijoux, fin du XIXe siècle, pendentif et broches en or, perles, émail.

Sotheby's

Sotheby's

Paire de pendants d'oreilles par Harry Winston, ornés chacun d'un diamant poire détachable, pesant respectivement 34,80 et 37,12 carats, monture en platine. Adjugée plus de 28 500 000 FF par Sotheby's en novembre 1988 à Genève.

Collier et pendants d'oreilles en émeraudes gravées, provenant de l'écrin d'Yvonne Printemps.

Laurin, Guilloux, Buffetaud, Tailleur

LE BIJOU NAPOLÉON III

Au début du XIXe siècle, les bijoux continuent à s'inspirer des styles classiques prédédents sans innovation notable.

On englobe indifféremment sous le vocable « Napoléon III » l'ensemble des bijoux du XIXe siècle. Tout d'abord, la joaillerie, sous la Restauration, poursuit un style assez analogue à celui de l'Empire. Puis, dans le climat romantique des années 1830-1840, l'art du bijou fait quelques concessions à la passion du moment pour le Moyen Âge ; on copie aussi avec beaucoup d'habileté les pendentifs de la Renaissance. Néanmoins, ces réminiscences historiques demeurent assez marginales. À la même époque, l'émail connaît un regain de faveur et décore de gros bracelets rigides noirs ou bleus, garnis de diamants. Le noir, en effet, est à la mode, avec également des bijoux de jais ou d'onyx. Les joailliers utilisent aussi abondamment la topaze, l'améthyste, l'aigue-marine ou le corail, et créent des bijoux relativement peu coûteux, dont les teintes variées offrent la possibilité de s'assortir aux différentes toilettes. Les parures complètes sont toujours de mise, avec des broches étagées sur le corsage, des pendants d'oreilles et des bracelets, généralement rigides, qui vont par paires ; toutefois, le diadème Empire est remplacé par la ferronnière, bandeau ceignant le front, orné d'une seule pierre en son milieu et inspiré de la Renaissance.

À la cour de Napoléon III, la magnificence est de règle. L'impératrice Eugénie, que les portraits officiels représentent couverte de diadèmes, de bracelets et de multiples rangs de perles, donne le ton. Sous le second Empire, les diamants et les perles plaisent beaucoup ; cependant, le diamant est devenu assez rare et cher, et on utilise des montures pouvant grossir son apparence. L'émail est toujours très en faveur, ainsi que le camée en pierre dure ou en coquillage, souvent orné d'une tête de « négresse ». Imités de l'antique, les bracelets serpents, enroulés autour du bras, déjà à la mode au temps du Directoire, connaissent une grande vogue.

Grâce à l'exploitation des gisements du Cap, découverts en 1872, les diamants affluent à nouveau sur le marché et évincent les pierres de couleur. De ce fait, durant les dernières décennies du siècle, le diamant règne en maître chez les bourgeois enrichis — ceux qui ne peuvent se les offrir se contentent de strass. Les brillants, plus gros et plus beaux qu'autrefois, sont mis en valeur par des montures légères. On fait de ravissantes rivières composées de pierres alignées ou agencées en motifs : festons, fleurettes, nœuds... On affectionne particulièrement les parures à transformations : le collier peut se séparer en deux bracelets, tandis que la broche qui l'accompagne peut se porter en pendentif.

La broche est d'ailleurs à la mode, qu'elle soit en plaque, en barrette, en étoile ou en bouquet ; elle est, en général, composée de brillants gros ou petits, sertis sur griffes d'argent et montés sur or jaune. Les bracelets sont souples ou rigides, de diamants pour le soir, d'or simple pour la journée. Les plus modestes sont de simples chaînes d'or décorées de motifs et rehaussées de perles ou de petites pierres ; les plus voyants sont des bracelets larges, enrichis de beaux motifs ciselés en or de trois ou quatre couleurs. Parmi les bijoux d'or on privilégie aussi les longs sautoirs pour suspendre la montre, et les chaînes « gentleman » pour les hommes.

En fait, pendant tout le XIXe siècle, la joaillerie française est renommée dans le monde entier, et Paris est le centre international de la bijouterie, animé par d'authentiques artistes comme Bapst, Froment-Meurice.

DE L'ART NOUVEAU À L'ART DÉCO

Vers 1900, sous l'influence de l'école de Nancy, s'amorce un mouvement nouveau : réagissant contre la surcharge des pierres précieuses, prenant conscience d'une certaine sclérose de l'inspiration, et lassés de reproduire toujours les mêmes formes, les artistes veulent créer des pièces originales.

À leurs yeux, le diamant est devenu trop banal, si l'on peut dire, et ils lui préfèrent des pierres étranges et fascinantes comme l'œil-de-chat, la chrysoprase, la hyacinthe ou, plus encore, l'opale et la pierre de lune, aux couleurs changeantes.

L'esthétique nouvelle se développe avec bonheur sur les parures féminines. L'ornement végétal, débarrassé de son aspect conventionnel de jadis, est à l'honneur : les lianes se répandent en volutes délirantes, les iris tombent en cascades, les pavots déploient leurs pétales fragiles, le muguet et la glycine, les grelots de leurs fleurs. Les joailliers montrent aussi une prédilection pour les animaux légers et gracieux, comme la libellule et le papillon.

Les grands noms du temps sont alors Vever, Fouquet, Falize, Gautrait et surtout Lalique, qui, après avoir dessiné des bijoux, devient lui-même joaillier. On lui doit de très charmants pendentifs en forme de fleurs ou dessinant des profils de femmes aux longs cheveux, ondulations d'émail et de pâte de verre enrichies de pierres précieuses ou semi-précieuses, telle l'opale, et de perles. Des décorateurs et des peintres s'associent aux joailliers pour créer des bijoux étranges. Ainsi Grasset travaille pour Vever ; de même Mucha collabore avec Fouquet et imagine le fameux bracelet-bague serpent d'opales, composé spécialement pour Sarah Bernhardt.

Néanmoins, les véritables créations Art nouveau sont rares ; à l'époque, ces bijoux, considérés comme excentriques, ne sont portés que par quelques femmes à l'avant-garde du goût et de la mode. La bourgeoisie continue à préférer diamants, perles et formes classiques.

Très vite démodé, le bijou Art nouveau disparaît rapidement, malgré la production abondante de broches papillons et de colliers lierres bon marché, bijoux fantaisie, pacotilles de foire et non plus objets d'art.

Mᵉ Paul Renaud

Broche en cristal de roche, onyx, brillants et platine par Cartier, 1923. Adjugée 390 000 F par Mᵉ Renaud à Drouot, le 1ᵉʳ juillet 1987.

Les « années folles » sont une période de grande créativité artistique, et, malgré ses allures de garçonne, la femme est alors raffinée jusqu'au bout de ses souliers et de son fume-cigarette.

En réaction contre les courbes et les volutes excessives de l'Art nouveau, contre les nuances évanescentes et opalescentes, le bijou 1925 impose lignes droites et couleurs franches. Sur les sobres toilettes des couturiers de renom, tels Poiret et Chanel, le bijou prend une importance nouvelle. Les grands joailliers, Fouquet, Cartier, Templier, adaptent leur art à la mode imposée par les couturiers. En outre, le bijou fantaisie de qualité, utilisant des matières belles et relativement de peu de valeur, corail, émail, pierres dures et, plus que jamais, le jais et l'onyx, fait son apparition. On ne dédaigne pas même les perles de bois, pour les sautoirs démesurés tombant en

Exécuté par Georges Fouquet sur un dessin de Mucha pour Sarah Bernhardt, ce bracelet créé à Paris en 1899 s'est vendu à Genève 1 045 000 FS (4 250 000 F), chez Christie's, le 12 novembre 1987.

D.R.

triples rangs jusqu'au ras des jupes courtes. Toutefois, les matières précieuses ne sont pas pour autant définitivement abandonnées. Le diamant est utilisé pour contraster avec l'onyx, le corail, l'émail foncé, le lapis ou la turquoise. Les formes sont strictement géométriques : losanges, rectangles, triangles, pans coupés..., tendance à la ligne droite qui se fait sentir jusque dans la forme des pierres précieuses : au brillant, on préfère souvent le diamant baguette ou en table, taille qui lui enlève une partie de son éclat.

Outre les sautoirs, les bijoux les plus typiques des « années folles » sont les clips de corsage, précieux ou fantaisie, souvent de pierre dure rehaussée de diamants et qui vont généralement par paires. Aux oreilles dégagées par les cheveux courts, se portent de longues boucles descendant jusqu'aux épaules. Les bracelets, en joncs ou constitués de plaques articulées en émail ou en pierres dures, sont parfois rehaussés de pierres précieuses.

Renouant avec une antique tradition, l'art du bijou s'étend aux accessoires : les femmes arborent de longs fume-cigarette en matière raffinée et possèdent de mignons porte-cigarettes plats, en or ou en émail, qu'elles aiment assortir à leur poudrier, accessoires qui peuvent être contenus dans une « Minaudière », boîte rectangulaire faisant office de sac du soir.

Au cours des années 30, l'inspiration des joailliers se tarit quelque peu. Le brillant triomphe à nouveau ; les bijoux, malgré leurs lignes géométriques, n'ont plus l'aimable fantaisie de ceux qui furent créés quelques années auparavant. Les pierres sont montées sans intervalles et forment une sorte de pavage sur les plaques rectangulaires et les longues barrettes, nouvelles broches à la mode, ou sur les gros clips d'oreilles ou de corsage.

Les brillants sont désormais montés sur platine, métal inaltérable et beaucoup plus résistant que l'argent, ce qui permet de réaliser des griffes pratiquement invisibles.

Collier en perles de jade impérial : le plus haut degré de l'élégance par la simple beauté de la matière.

Christie's

LE BIJOU CONTEMPORAIN

Le bijou suit peu ou prou les modes et les goûts souvent mal définis du monde contemporain. Avec Cartier, Chaumet, Boucheron, Mauboussin, Van Cleef et Arpells, le prestige de la haute joaillerie parisienne se maintient ; dans ces grandes maisons classiques sont créés des bijoux et des accessoires vendus en « boutique », qui sont à la portée d'un public plus vaste qu'au siècle précédent. Mis à part ces célèbres joailliers de la place Vendôme, dont l'inspiration reste d'un classicisme de bon ton, plusieurs créateurs contemporains renouvellent actuellement l'art du bijou. Comme au temps de la Renaissance, des peintres et des sculpteurs imaginent en effet des bijoux, véritables sculptures miniatures qui ne sont pas toujours, à vrai dire, destinées à être portées. Que l'on songe aux réalisations d'un Braque ou d'un Dali !

Stimulés par le travail de ces artistes, des joailliers créent des formes nouvelles, utilisent des matériaux nouveaux : le bijou ne dédaigne ni le diamant ni le plastique, ni l'or ni l'aluminium. Ils trouvent des solutions variées, en accord avec notre temps et avec l'esthétique contemporaine. Il faut citer, en France, les noms de Vendôme, Costanza, Gargat, Borovi et Jonemann ; en Allemagne, où le bijou tient une grande place dans l'art actuel, ceux de Reiling et de Becker, entre autres. En Australie, en Belgique, aux États-Unis, au Japon, partout le bijou d'avant-garde, expression artistique empreinte de poésie ou de réalisme parfois brutal, ajoute un chaînon à une histoire vieille comme le monde.

LE MARCHÉ DES BIJOUX ANCIENS

Le bijou occupe la première place dans la hiérarchie des valeurs de placement, parce qu'il est précieux, petit, donc facilement transportable.

Dans les ventes d'archéologie, on trouve parfois des bijoux antiques, égyptiens, grecs, étrusques ou romains, qui sont davantage des objets de vitrine que des parures.

Les bijoux du Moyen Âge et de la Renaissance sont pratiquement inexistants sur le marché, si ce n'est sous forme de copies du XIXe siècle, et il faut aller les admirer dans les musées.

Les bijoux que l'on nomme anciens et, de surcroît, les pierres rares sont généralement antérieurs au XIXe siècle. Les pierres sont inaltérables, mais la monture s'use et passe de mode ; ainsi, la destinée d'un bijou de valeur est d'être transformé à chaque génération en vue de remonter les pierres au goût du jour. C'est pourquoi on ne trouve pratiquement pas sur le marché de bijoux de diamants des XVIIe et XVIIIe siècles.

Bien que les pièces de joaillerie précieuse du XVIIIe siècle aient donc en grande partie disparu, il reste toutefois certains bijoux : ceux qui ne valaient pas la peine d'être transformés, et qui sont souvent tout à fait charmants, comme les bagues et broches d'émail à décor de roses, les médaillons à miniatures, les parures d'émail à scènes champêtres, les grandes châtelaines, qui sont plus fréquemment en pomponne qu'en or, ou encore les montres, qui sont d'une grande beauté avec leurs décors d'émaux et de perles fines. On peut trouver également de nombreuses petites boîtes ouvragées, bibelots plus que bijoux, en réalité.

Ceux du XIXe siècle sont beaucoup plus nombreux, et surtout plus précieux. Si les grandes parures de camées d'époque Empire ne sont guère à la mode aujourd'hui, en revanche, les rivières de diamants, les bracelets souples ou rigides, les broches et pendentifs en bouquets de brillants seraient volontiers portés par mainte femme, de

Ader, Picard, Tajan

Ensemble de bijoux du XIXe et début du XXe siècle comme en offrent de nombreuses ventes aux enchères. Le bracelet d'or, en bas de la photo, est orné d'une miniature de jeune femme signée Millet 1831.

même que les sautoirs d'or, les bracelets lignes, les montres pendentifs et, surtout, les ravissantes petites bagues « romantiques ».

Les bijoux du XIXe siècle semblent avoir été moins transformés que ceux des époques précédentes, grâce au conservatisme de beaucoup de familles bourgeoises et, sans doute, en raison de leur classicisme, qui les met à l'abri des changements de mode.

Le bijou 1900, redécouvert il y a seulement une quinzaine d'années, est d'approche plus difficile et concerne surtout les collectionneurs : mieux vaut, en effet, ne pas exposer aux chocs de la vie moderne un délicat pendentif de Lalique. En outre, les beaux bijoux Art nouveau sont rares, car on en créa peu et pendant un temps très limité.

Les pièces de style Art déco, facilement portables et même fort à la mode actuellement, sont en revanche plus abondantes. Si la pacotille est accessible à moins de 5 000 F, les bijoux signés des grands orfèvres, ornés de diamants, dépassent parfois le million de francs.

Il y a maint avantage à acheter un bijou ancien, et les femmes sont nombreuses à les apprécier. Non seulement ils présentent souvent plus de charme et de variété que les créations actuelles, mais ils sont aussi d'un prix beaucoup plus accessible. Les pierres sont peut-être moins belles et moins bien taillées que celles des bijoux contemporains, mais leur monture a beaucoup de charme.

À valeur égale, un bijou ancien se paie environ la moitié d'une pièce neuve équivalente.

Quant aux bijoux de fantaisie ou de pure orfèvrerie, leur prix évolue en fonction des modes successives, mais ils acquièrent, de toute façon, valeur d'ancienneté. Une signature célèbre comme celle de Froment-Meurice, de Lalique ou de Fabergé est source d'importante plus-value.

On trouve parfois des faux, généralement de petites bagues semaines ou marquises, de petites breloques de roses montées sur argent, qui sont des copies de modèles anciens. Certains antiquaires les vendent pour authentiques ; il y a là supercherie et non tromperie sur le prix, le joyau neuf revenant largement aussi cher, sinon plus, que l'ancien.

Très peu d'ouvriers sont capables actuellement de travailler à la manière d'autrefois, et la fabrication d'un faux bien fait n'est donc pas rentable. Attention cependant aux broches Renaissance fabriquées au temps de Louis-Philippe ! Mais, en fait, même celles-là sont très rares et, si elles sont proposées à des amateurs avertis, ceux-ci ne se laisseront pas abuser.

Pour l'achat d'un bijou ancien, il importe surtout d'être sûr de l'authenticité des pierres et du bon titre du métal. Quelques repères, enfin, permettent de dater approximativement un bijou : les pierres montées sur griffes, par exemple, ne peuvent remonter au-delà du XVIIIe siècle, et les bijoux antérieurs à 1900 garnis de brillants ou de roses sont généralement montés à griffes d'argent — argent qui a noirci avec le temps —, le revers étant en or. C'est seulement après 1914 que le platine fut employé en joaillerie. Enfin, les pierres anciennes sont taillées avec une certaine irrégularité, les brillants, assez bombés, sont moins gros et moins beaux que les brillants modernes à surface très plate, ayant beaucoup d'éclat et une eau parfaitement pure, qui ont infiniment plus de valeur.

De gauche à droite : *paire de clips de revers en cristal de roche, brillants et émail noir, monture en platine et or gris, époque Art déco, adjugés 255 000 F ; bracelet en platine et or gris à décor floral, serti de diamants, onyx et pierres rouges synthétiques, vers 1925, adjugé 85 000 F ; paire de pendants d'oreilles en or gris, sertis de diamants, onyx et pierres synthétiques rouges, vers 1925, adjugés 16 000 F. Vente du 1er juillet 1988, à Drouot, par Me Renaud.*

Me Paul Renaud

Laocoon et ses fils. *Bronze à patine brune du XVIIe siècle, réplique (H. 58 cm) du groupe antique de marbre conservé au musée du Vatican : Laocoon, coupable d'avoir lancé un javelot sur le cheval de Troie, est étouffé, ainsi que ses fils, par deux serpents envoyés par Apollon. Cette œuvre a été proposée aux enchères au palais d'Orsay, en février 1978, sans trouver acquéreur. Vente Ader, Picard, Tajan.*

Ader, Picard, Tajan

LES BRONZES

Les grands amateurs de la Renaissance s'honoraient de leurs collections de bronzes où les « antiques » se mêlaient si bien aux copies d'antiques que les responsables des inventaires n'étaient pas toujours capables de les distinguer.

Depuis cette époque, tous les grands personnages se piquant de connaissances artistiques ont mis un point d'honneur à posséder des ensembles de bronzes de qualité, triés sur le volet : bronzes antiques, mais aussi et surtout statuettes de la Renaissance qui égalent en qualité les modèles grecs et romains. Après l'Italie de la Renaissance et l'Allemagne, le goût du bronze et l'art de le couler gagnent la France du XVIIe siècle.

La vogue du petit bronze patiné s'efface quelque peu au XVIIIe siècle, amplement compensée par celle du bronze doré d'ameublement : flambeaux, chenets, cartels, qui brillent de tous leurs feux dans les appartements raffinés du temps de Louis XV et de Louis XVI.

Le XIXe siècle, au contraire, et le début du XXe portent aux sujets de bronze un amour immodéré que des procédés plus expéditifs de fabrication permettent de répandre dans toutes les classes de la société... pour le meilleur et pour le pire !

De nos jours, l'art du bronze demeure un des modes d'expression des artistes contemporains, apprécié pour sa noblesse et sa pérennité.

Le bronze est l'alliage le plus anciennement connu de l'humanité. Il a d'ailleurs donné son nom à un « âge » préhistorique, qui se situe pour l'Europe occidentale vers 1500 avant Jésus-Christ.

Du poignard préhistorique aux canons d'Austerlitz, du chaudron de cuisine aux cloches de Notre-Dame, de la fibule vestimentaire aux statues monumentales du XIXe siècle, en passant par tous les genres de monnaies et médailles, le bronze a servi, à travers l'histoire, à tous les usages, guerriers, religieux, domestiques, décoratifs... C'est en Italie, au XVIe siècle, que le mot « bronzo » fait son apparition, remplaçant la filiation latine de « aes, aeris », en bas latin « aeramen », devenu « airain » en français. Ce vocable sera, par la suite, délaissé dans le vocabulaire courant au profit du mot « bronze ».

Le bronze est le produit d'un alliage entre le cuivre et l'étain ; son point de fusion est à environ 1 100 °C. Plus dur que l'or, mais d'une brillance altérable, le bronze se patine au contact de l'air d'une belle robe lisse et brune, aux reflets verts ou mordorés. Sa température de fusion relativement faible, sa robustesse, ses qualités plastiques et esthétiques expliquent la faveur dont il a joui pendant plus de trois mille ans.

L'ART DU BRONZE

Les alliages

Selon l'usage que l'on veut donner à l'alliage, les proportions de cuivre et d'étain peuvent varier de manière importante ; on peut aussi y ajouter d'autres métaux pour améliorer l'aspect et la malléabilité du bronze.

Le bronze des statuettes antiques comporte de 8 à 14 p. 100 d'étain et de 86 à 92 p. 100 de cuivre. Pour les miroirs, on utilisait un alliage plus riche en étain : de 25 à 35 p. 100. Les statuettes de la Renaissance et du XVIIe siècle ont de 12 à 20 p. 100 d'étain, on ajoutait parfois à l'alliage un peu de plomb ou de zinc pour en augmenter la plasticité. Les bronzes d'Extrême-Orient ne comptent que 4 p. 100 d'étain, mais environ 10 p. 100 de plomb, 4 p. 100 de fer et un peu de zinc. Le bronze des cloches est particulièrement riche en étain (de 20 à 30 p. 100), ce qui a pour effet de leur conférer une meilleure sonorité. Quant aux bronzes dorés des pendules et autres objets d'ameublement, ils sont faits d'un alliage de 80 p. 100 de cuivre, 4 p. 100 d'étain, 14 p. 100 de zinc, 2 p. 100 de plomb.

Musée royal des Beaux-Arts, Copenhague

Maquette de Desjardins (1640-1694) pour la fonte en un seul jet de la grande statue équestre de Louis XIV. Les « jets » de bronze, qui sont habituellement coupés après dépouille du sujet, ont été maintenus pour en montrer la disposition. H. 55,8 cm. Musée royal des Beaux-Arts, Copenhague.

Mise en place des pièces d'un moule : les morceaux qui forment le bas du menton seront ajustés à l'aide de la ficelle tirée du dehors de la chape. Ce procédé s'applique à la fonte à cire perdue des bronzes monumentaux pour lesquels on ne peut faire un moule d'argile d'une seule pièce. Bibl. nat., Paris.

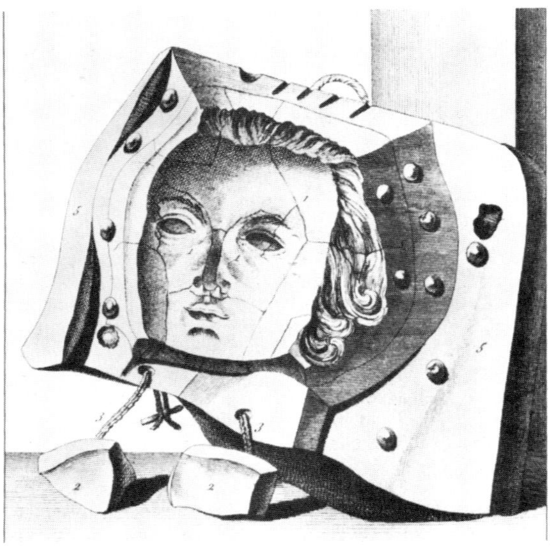

B. N.

On le voit, la composition du bronze répond à des normes pour le moins imprécises ! De plus, il faut citer d'autres matériaux dont les alliages et les usages se rapprochent peu ou prou de ceux du bronze.

Le laiton est un alliage de cuivre et de zinc en proportions variables : de 60 à 80 p. 100 de cuivre et de 20 à 40 p. 100 de zinc.

Le régule est un alliage de plomb, d'étain, de cuivre et d'antimoine.

Le zamac est un alliage de zinc et de plomb.

Ces deux derniers alliages ont servi, au siècle dernier, à couler des sujets « façon bronze », mais ils n'ont pas les qualités ni le bel aspect du véritable bronze, composé essentiellement de cuivre et d'étain.

Le façonnage

Il existe deux manières principales de travailler le bronze : le martelage et la fonte.

Le martelage s'applique uniquement à la fabrication des chaudrons et des récipients. La forme est montée au marteau et à l'enclume ; le décor peut être exécuté au repoussé ou en ciselure, à l'aide d'un marteau et de ciselets, ou bien à l'estampage : la feuille de métal est « solidarisée » par martelage sur une forme de bois sculptée au décor désiré.

La fonte est le procédé utilisé pour les statues, statuettes, vases d'ornement et toutes pièces de forme.

La fonte massive est le procédé le plus simple : le métal est coulé dans un moule de pierre ou d'argile en autant de morceaux que l'objet en exige, et les tronçons sont ensuite soudés entre eux. Mais la fonte massive donne des objets extrêmement lourds ; on ne peut donc l'utiliser que pour de très petits objets. En fait, elle n'est guère pratiquée.

On lui préfère la fonte en creux, qui consiste à ménager un vide important à l'intérieur de l'objet et à amincir au maximum les parois. Les différents modes de fonte en creux se ramènent à l'une de ces deux techniques : la fonte au sable ou la fonte à cire perdue.

La fonte au sable

Le fondeur part d'un modèle façonné dans le bois ou le métal.

Le sable, bien compact, est tassé dans un châssis ; par pression, on y enfonce le modèle à reproduire.

Une fois l'empreinte prise, le moule de sable est durci par cuisson. En utilisant un seul châssis, on obtient évidemment des reliefs à une seule face, comme le sont les mors du Louristan et les bronzes d'applique, par exemple.

Pour les pièces en ronde bosse, il faut confectionner un moule en deux parties. Ce qui, à la « dépouille » (démoulage), donnera à la jointure une légère couture qu'il faudra ensuite limer.

Pour les objets présentant des reliefs compliqués et ne pouvant être dépouillés d'un seul bloc, il faut fabriquer un moule en plusieurs parties, les chapes, qui seront dépouillées une par une, après refroidissement de la fonte.

Qu'il soit simple ou en chapes, le moule comporte, sauf pour les objets plats, des jets pour conduire la coulée, et des évents pour laisser l'air s'échapper. Un noyau est placé au centre pour ménager l'indispensable vide.

La fonte au sable présente l'indéniable avantage que le moule peut être réutilisé pour un certain nombre de tirages. Très employé au XIXe siècle, même pour les bronzes artistiques, ce procédé ne donne cependant pas d'aussi bons résultats que la fonte à cire perdue.

La cire perdue

Cette technique, mise au point en Grèce d'Asie au VIIe siècle avant Jésus-Christ, est la plus raffinée, la plus subtile ; elle ne produit que des pièces « uniques ».

Un « noyau » d'argile, dégrossi à la forme générale du modèle, est recouvert d'une épaisse couche de cire. Celle-ci permet à l'artiste de façonner son modèle avec une extrême finesse de détails. La sculpture de cire obtenue est ensuite badigeonnée à la barbotine (argile liquide) et enrobée dans une gangue d'argile dans laquelle on ménage des conduits, les jets et les évents. On passe l'ensemble au four : le moule d'argile durcit à la cuisson tandis que la cire s'écoule par les évents. Il ne reste plus qu'à verser par les jets le bronze en fusion, qui vient prendre dans le moule la place laissée libre par la cire. Lorsque le métal est refroidi et solidifié, on le dégage en cassant l'argile qui l'enrobe, on extrait le noyau par-dessous. Le modèle de cire a disparu, le moule d'argile est cassé : le bronze obtenu est bien une pièce unique.

Pour les grands bronzes, l'opération de la fonte prend parfois des allures épiques. Benvenuto Cellini relate, dans ses Mémoires, les émotions provoquées par la jetée de son fameux *Persée :* un four spécial avait été construit, contenant les éléments de l'alliage et communiquant avec le moule par les jets. Benvenuto, malade, n'assistait pas à l'opération. On vint lui annoncer que le métal refusait de couler et que la statue était irrémédiablement perdue ! Fou de rage, il saute du lit, se précipite vers le four et fait activer le feu... Le four se fend et le métal, trop faible en étain, ne coule toujours pas ! Cellini jette alors dans le brasier toute sa vaisselle d'étain, et le bronze, enfin, se met à couler dans le moule. Benvenuto tombe à genoux, remercie le ciel, et retourne se coucher !

La cire perdue est pratiquée depuis l'Antiquité. Les grands bronzes grecs ont été fondus selon cette méthode ; d'après Jean Charbonneaux (1), ils étaient coulés en plusieurs parties et assemblés ensuite par soudure.

Au XVIIe siècle, en revanche, Jean-Balthasar Keller fond d'une seule coulée la grande statue équestre de Louis XIV destinée à la place Vendôme.

La réparure

L'objet n'est pas terminé une fois sorti du moule. Il reste encore à accomplir tout le travail « à froid », qui a une grande importance : couper les traces des jets et des évents ; colmater, si elle est visible, la cavité qui a servi à extraire le noyau ; boucher éventuellement les accidents de fonte ; « reprendre » en ciselure l'ensemble de l'objet au ciseau et au burin. Ce travail est généralement exécuté par l'artiste lui-même ou, à défaut, par le fondeur.

Pour les bronzes à cire perdue, le travail de finition se réduit à peu de chose, le détail étant déjà parfaitement rendu. Pour la fonte au sable, le travail de réparure est plus important.

Les patines

L'objet « brut de fonte » est mat : il faut lui donner son brillant par un vigoureux brossage ou par un passage à l'acide. La patine est, dit-on, la caresse du temps ; cette caresse peut être naturelle ou artificielle.

Un objet de bronze laissé sans protection prend une couleur qui varie, selon les proportions de l'alliage, du rose doré au gris bleuté.

Les bronzes antiques n'étaient pas patinés, mais ils pouvaient être peints ou dorés, totalement ou partiellement, ou encore protégés par un vernis. C'est le long séjour dans le sol qui les a parés de ce beau vert de cuivre, le « vert antique », d'un si bel effet que les collectionneurs n'auraient pas l'idée de le supprimer. Les artistes de la Renaissance se sont efforcés, avec succès, de l'imiter : car cette teinte, due à une oxydation superficielle et à la formation de sels de cuivre, peut s'obtenir artificiellement avec une composition à base d'acide acétique. Forts de cette réussite, les bronziers italiens de la Renaissance ont créé d'autres patines.

Le rose Renaissance est une patine brune à reflets rose doré, que l'on retrouve sur les bronzes français du XVIIe siècle.

Le noir de velours, profond, aux reflets atténués, met en valeur la pureté de lignes d'une statue.

Le brun s'obtient avec du soufre, le vert clair avec une solution d'ammoniaque, de chlorure de sodium, de sel d'ammoniac dilué dans de l'acide acétique ; le vert foncé avec une solution d'acide nitrique et de nitrate de cuivre dilués à l'eau, du sel d'ammoniac pour éclaircir, du chlorure de cuivre pour jaunir ; le vert antique avec une solution de nitrate de cuivre, d'acide chlorhydrique et d'eau.

Les colorations ne sont pas obtenues selon des règles fixes. Il faut tenir compte de l'hygrométrie ambiante, de la nature « épidermique » du bronze, etc. Les objets sont immergés dans un bain ou bien enduits au pinceau, puis soigneusement lavés lorsque la bonne teinte est trouvée. Enfin, les bronzes sont cirés et polis, voire quelquefois laqués.

Chaque atelier avait et a encore ses mixtures personnelles à base d'acides, d'ammoniaque, de vernis, de pierre de Barèges ou, plus simplement, de cirages diversement colorés.

La dorure

Les bronzes antiques étaient souvent dorés, et certains, comme le Marc Aurèle du Capitole, en portent encore les traces. À l'époque moderne, seuls les bronzes dits « d'ameublement » — chenets, pendules, flambeaux — sont traités ainsi. La dorure au mercure permet d'obtenir le meilleur effet ; l'objet est badigeonné au pinceau avec un mélange de mercure et de poudre d'or (or moulu), puis passé au feu pour faire évaporer le mercure.

Au milieu du XIXe siècle, ce procédé est remplacé par la dorure électrolytique. La dorure au mercure n'est plus pratiquée aujourd'hui que pour des pièces exceptionnelles ou pour la restauration d'objets anciens.

L'ÉVOLUTION DES STYLES

Depuis l'âge préhistorique qui porte son nom, le bronze a armé, équipé et, beaucoup plus tard, orné, toutes les civilisations. Toutes, cependant, n'ont pas su le travailler avec la même habileté ni avec le même sens artistique. En Occident, l'art du bronze a atteint deux moments de perfection : à l'époque de la civilisation grecque classique (VIe-Ve s. av. J.-C.), puis, au XVIe siècle, à celle de la Renaissance italienne. Ces périodes privilégiées se produisent lorsque la pleine maîtrise de la technique se conjugue avec une puissante inspiration artistique.

Le bronze de collection ne se limite pas, heureusement, à ces deux périodes. Des bronzes du Louristan (IXe s. av. J.-C.) aux animaliers du XIXe siècle, en passant par les

(1) Jean Charbonneaux, *les Bronzes grecs.*

Plaques de mors à décor de mouflons. Louristan, VIIIe-VIIe siècle av. J.-C. H. 13 cm.

bronzes de Chine, d'Inde et du Tibet (1), l'amateur dispose d'un vaste éventail de choix et de prix.

L'Antiquité

Les civilisations antiques ont largement utilisé le bronze : depuis 3000 av. J.-C. en Égypte et en Mésopotamie. Dès le début du deuxième millénaire av. J.-C., les Crétois ont su couler des figurines (assez frustes) à destination religieuse ou funéraire, dont la tradition s'est transmise plus tard en Ionie et en Grèce continentale.

Vers le XVIe et le XVe siècle av. J.-C., les Mycéniens donnent aux objets de bronze un caractère artistique très affirmé. Le Musée national d'Athènes conserve, outre des vases et autres récipients, de superbes poignards à lame de bronze incrustée d'argent, d'or, de nielle, dessinant un décor figuré ou géométrique très élaboré et dénotant un grand sens esthétique. En Égypte, le pays manquant de minerai, l'art du bronze est relativement tardif ; il y est introduit par les peuples voisins d'Asie, au cours du deuxième millénaire. Mais c'est surtout à la Basse Époque (VIIe-IVe s. av. J.-C.) que se développe l'art de la statuette de bronze et de la cire perdue (2).

Les bronzes du Louristan

Ils n'ont été découverts qu'en 1928, dans la province de l'Iran occidental qui porte ce nom, et apparaissent dès cette époque sur le marché parisien, conquérant d'emblée les collectionneurs éclectiques, comme David-Weill.

Les bronzes du Louristan se rattachent à l'art des steppes. Ils ont été exécutés et utilisés par des peuplades de cavaliers plus ou moins nomades ; aussi ont-ils un caractère à la fois utilitaire et artistique lié aux activités de leurs possesseurs. Les haches, probablement votives, sont souvent décorées de digitations du côté opposé à la lame, et la douille d'attache est ornée d'oiseaux, de volutes, de nervures, dont la silhouette est souvent d'une élégance recherchée.

Les plaques de mors représentent, en relief assez plat et linéaire, des chevaux, des fauves, des mouflons, des bouquetins ou autres capridés. On trouve aussi d'autres pièces de harnachement, des boucles de ceintures, des épingles à vêtements, de longues aiguilles ornées d'animaux, des enseignes en forme de bouquetins affrontés, des idoles.

Tous ces objets présentent la stylisation sophistiquée d'un art primitif déjà savant, où l'on retrouve des symboles solaires comme les rouelles, spirales, des lignes géométriques et une très élégante simplification des formes.

La statuaire grecque

La civilisation grecque porte l'art du bronze à son plus haut degré de perfection. Elle avait hérité des civilisations antérieures l'usage domestique, militaire et utilitaire du bronze : armes, armures, vaisselle, chaudrons, vases décoratifs, bijoux, etc. Certes, des statuettes existaient déjà en Crète, en Égypte et en Mésopotamie, de même qu'était connue la technique de la cire perdue, sans laquelle il n'est pas de bronze d'art. Mais c'est aux VIe et Ve siècles que le petit bronze grec se dégage de l'archaïsme et donne le meilleur de lui-même (3). C'est aussi à la même époque qu'apparaissent en Grèce les grandes statues de bronze, jusque-là irréalisables en raison de problèmes techniques difficiles à résoudre.

Le plus ancien grand bronze connu est un Apollon exécuté vers 525 av. J.-C., à mi-chemin entre l'archaïsme et le classicisme ; on peut le voir au musée d'Athènes en compagnie de quelques autres œuvres classiques aussi belles que rares : l'admirable « Poséidon de l'Artémision » (Ve s.) aux bras tendus, l'« Éphèbe d'Anticythère » (IVe s.) à l'allure athlétique et l'éphèbe dit « de Marathon », sans oublier le magnifique « Aurige » de Delphes du Ve siècle, au musée de Delphes.

C'est à peu près tout ce qui reste d'une production qui dut être fort abondante. De nombreux liens existaient entre l'art du bronze et la statuaire grecque classique, et l'on oublie trop souvent que les grands sculpteurs comme Myron, Polyclète, Lysippe furent avant tout des bronziers.

D'autres œuvres, sans doute, dorment encore sous terre ou au fond de la mer, dans les épaves de quelque bateau romain : le développement actuel de l'archéologie sous-marine devrait permettre d'intéressantes découvertes.

À la statuaire hellénique, il faut aussi rattacher les quatre chevaux de bronze qui couronnent le porche de la basilique Saint-Marc à Venise : certains archéologues y voient des œuvres grecques du IIIe siècle av. J.-C. Rarement, en tout cas, chevaux de bronze auront autant galopé : au IIe siècle apr. J.-C., ils ornaient, pense-t-on, l'arc de triomphe de Néron à Rome. Au temps de Justinien, on les retrouve sur l'hippodrome de Constanti-

(1) Voir chapitre Extrême-Orient.
(2) Voir également le chapitre Antiques.
(3) Voir chapitre Antiques.

nople. Après la prise de cette ville par les Vénitiens en 1204, le doge Dandolo les fait transporter à Venise et placer sur la basilique. Six siècles plus tard, en 1797, Bonaparte, victorieux, fait transporter le quadrige à Paris, où il coiffe, pendant dix-huit ans, l'arc de triomphe du Carrousel... en attendant de retourner à Venise après la chute de l'Empire.

Les bronzes étrusques et romains

On verra au chapitre « Antiques » comment la statuaire de bronze, grande ou petite, se développe chez les Étrusques, à Rome, puis dans tout l'Empire romain. Le sol de la Gaule, notamment, a restitué une grande quantité de bronzes de toutes tailles, d'époque romaine ou antérieure, comme le « magistrat » du musée de Vienne ; on peut voir un bel ensemble de bronzes gaulois au musée de Saint-Germain-en-Laye.

Les vestiges de la grande statuaire sont évidemment plus rares : parmi les œuvres étrusques, il faut retenir la célèbre « Louve romaine » probablement du Ve siècle av. J.-C., et le remarquable « orateur étrusque » du Musée archéologique de Florence.

Les statues en pied d'époque romaine sont moins nombreuses que les portraits en buste, grandeur nature, dont l'admirable réalisme fait du portrait romain un des plus expressifs qui soient. On doit à Rome le premier grand bronze équestre monumental : la statue de Marc Aurèle, du IIe siècle après J.-C., primitivement dorée, que l'on peut voir aujourd'hui sur la place du Capitole, à Rome.

Christie's

Statuette de guerrier étrusque, vers 450 av. J.-C. H. 24 cm. Estimée 120 000 F en 1989. Vendue par Christie's

Le Moyen Âge

Après la chute de l'Empire romain, l'art du bronze connaît un net déclin. La grande statuaire et les bronzes décoratifs, liés aux vestiges du paganisme, disparaissent presque totalement avec les ateliers du monde romain. Mais la technique ne se perd pas ; comme tant d'autres, elle se réfugie dans les monastères, où elle se met désormais au service du christianisme. Byzance, pour sa part, continue plus longtemps la tradition antique.

En Occident, outre l'armement, l'équipement domestique et les accessoires vestimentaires (fibules, bijoux, boucles de ceintures, etc.), le haut Moyen Âge produit une orfèvrerie de bronze à usage liturgique (châsses, reliquaires, cuves baptismales).

La Renaissance carolingienne voit renaître le goût du relief, et même de la ronde-bosse : la pièce la plus remarquable à cet égard est la statuette, conservée au Louvre, représentant Charlemagne à cheval (ou son fils, Charles le Chauve) : le cheval est peut-être d'époque antique, mais le cavalier, sans barbe, tenant le globe, l'épée levée, revêtu du costume minutieusement décrit par le chroniqueur Eginhard, est bien du IXe siècle.

D'importants ateliers de bronziers se développent alors en Rhénanie, au cœur de l'Empire ; on leur doit les portes de bronze de la Chapelle palatine d'Aix-la-Chapelle, la colonne, les chandeliers et les portes de l'église de Hildesheim (XIe s.). Plusieurs églises allemandes possèdent encore de belles cuves baptismales de bronze des XIIe et XIIIe siècles ; à Saint-Barthélemy de Liège, la cuve est décorée en haut relief d'un « Baptême du Christ » dont les modelés et les drapés sont très certainement inspirés du goût antique.

Parmi les objets mobiliers, à la limite du religieux et du profane, les aquamaniles — aiguières destinées à verser de l'eau sur les mains — méritent de retenir l'intérêt. Objets liturgiques à l'origine, on les trouve aussi sur la table des grands ; les plus anciens datent du XIIe siècle et

Cavalier, bronze d'Allemagne du Nord, du XVe siècle. H. 28 cm. Collection von Hirsh, vendue par Sotheby's.

Sotheby Parke Bernet and Co

Mercure à la bourse.
Bronze patiné, fin du XVIIe-début du XVIIIe siècle. Les personnages mythologiques ont inspiré de nombreux sculpteurs restés anonymes.

Ader, Picard, Tajan

ont la forme d'un animal fantastique, chien, dragon, lion, chimère, dont la queue recourbée sert d'anse, et la gueule ouverte, de déversoir. Ces objets peuvent être considérés comme les premiers bronzes animaliers en ronde bosse de notre civilisation.

Quant à la grande statuaire, le Moyen Âge ne l'a pas connue : les statues de pierre de Chartres, de Reims et d'Amiens n'ont pas leur équivalent dans le bronze.

Aux XIVe et XVe siècles, l'art du bronze s'affine et se perfectionne considérablement en Allemagne, en France et, surtout, en Italie. Les portes de bronze monumentales, telles celles de San Zeno à Vérone, se multiplient, pour aboutir à la perfection formelle de la « Porte du Paradis » du baptistère de Florence, qui ouvre la voie de la grande Renaissance des XVe et XVIe siècles.

La Renaissance italienne

« L'excellence des bronzes italiens est telle, proclamait Vasari, qu'ils dépassent en qualité les bronzes antiques ! » Ce jugement n'est nullement surfait, encore que la Renaissance italienne, pas plus que l'Antiquité, n'ait produit que des chefs-d'œuvre.

Au début du XVe siècle, c'est en Italie que l'art du bronzier a atteint son plus haut niveau technique. Les meilleurs fondeurs sont à Venise, mais l'impulsion artistique vient de Florence, tandis qu'à Padoue, située entre la capitale toscane et la République sérénissime, naît une école du plus haut intérêt.

Parmi les nombreuses raisons qui expliquent cet épanouissement, la moindre n'est pas l'extraordinaire engouement pour l'art antique : les grands marbres, dont chacun veut avoir une copie, et les petits bronzes, si décoratifs dans les appartements. Des œuvres magistrales comme les portes du baptistère de Florence par Ghiberti — celle, surtout, dont Michel-Ange disait qu'elle était digne de marquer l'entrée du paradis — ont aussi contribué à promouvoir le bronze. Du milieu du XVe siècle au début du XVIe, l'art du bronze italien est dominé par deux artistes de premier plan : le Florentin Donatello et le Padouan Riccio.

Donatello et l'école florentine

On ne connaît pratiquement pas de petits bronzes de Donatello. En revanche, son David du musée du Bargello, un peu plus petit que nature, marquera profondément les statuettes du XVe et du début du XVIe siècle.

Pendant la première moitié du XVe siècle, l'art du petit bronze demeure lié, de près ou de loin, à la religion, bien que le nu, déjà, ait fait son apparition : les gracieux jouvenceaux de Donatello et de son disciple Verrocchio se déguisent en David ou en saint Jean.

Les premiers petits bronzes décoratifs destinés aux particuliers furent des copies d'antiques. L'artiste surnommé l'Antico était, à la fin du XVe siècle, spécialisé dans ce genre d'œuvres ; on lui attribue des réductions de l'Apollon du Belvédère, du Tireur d'épine, d'Hercule et Antée, du Marc Aurèle équestre. Ces copies étaient si bien faites, les patines si bien imitées que, dans les collections, on les confondait parfois avec les véritables antiques.

Dès la fin du XVe siècle, toutefois, les artistes se dégagent de cet asservissement et produisent des œuvres beaucoup plus librement inspirées des Anciens, sur des thèmes mythologiques classiques : Hercule, Vénus, Apollon, Bacchus, Bellérophon. Les sujets sont d'une grâce tranquille et souriante, la beauté plastique du personnage primant sur l'intérêt anecdotique de son geste.

Les petits bronzes figurant dans les musées et les collections particulières sont difficilement attribuables, car les artistes de la Renaissance ne signaient pas leurs œuvres. Bertoldo, élève et successeur de Donatello, contribua fortement à lancer, après la mort du maître (1466), la mode des petits bronzes, et dut être l'auteur d'un certain nombre de modèles.

À l'école de Donatello, il faut rattacher, outre Verrocchio, Pollaiuolo et Michelozzo.

Riccio et l'école de Padoue

L'influence de Donatello rayonne jusqu'à Padoue, où le maître séjourne souvent. Son héritier le plus direct est Bellano, auteur de petits bronzes, notamment un David et un Enlèvement d'Europe, ainsi que de bronzes animaliers.

Mais l'école de Padoue ne serait pas ce qu'elle a été sans Andrea Riccio (1470-1532). Son morceau de bravoure est le candélabre pascal de saint Antoine de Padoue, œuvre étrangement composite où nymphes et centaures voisinent avec des scènes de l'Évangile : cette riche iconographie a inspiré ensuite plusieurs bronziers. Riccio se démarque de l'école florentine par un réalisme plus poussé, un souci de l'anecdote, un sens du pittoresque qui lui font soigner le détail avec minutie.

Ses sujets, faunes, satyres..., toujours puisés aux sources mythologiques, en adoptent l'aspect bucolique et non plus la seule beauté plastique.

Plusieurs petits bronzes lui sont donnés avec certitude. Ses œuvres se signalent par un relief nerveux et précis et une admirable reprise en ciselure. À la patine lisse, Riccio substitue un léger martelage, qui fait vivre et vibrer le métal et constitue une sorte de signature.

Le maniérisme à Florence : Cellini et Giambologna

La statuaire du cinquecento est dominée par le génie de Michel-Ange. Ce géant de l'art ne s'est pas intéressé à la statuette, mais des artistes contemporains se sont appliqués à réduire dans le bronze certaines de ses œuvres magistrales, notamment les statues des tombeaux des Médicis à San Lorenzo, comme ils l'avaient fait des sculptures antiques.

Benvenuto Cellini (1500-1571) ne s'est pas davantage penché sur le petit bronze ; mais son puissant « Persée », puis les audacieux échafaudages de corps de Giambologna (1529-1608) orientent vers une esthétique nouvelle l'art de la statuette, grande ou petite.

Le nu n'exalte plus la seule beauté plastique du corps, mais sa puissance musculaire et sa précision anatomique. Les David, les éphèbes cèdent la place aux Hercule, aux Centaures. Les thèmes mythologiques s'en trouvent renouvelés ; les scènes de combats et d'enlèvements jouissent d'une particulière faveur : Travaux d'Hercule, Hercule terrassant Nessus, Combat des Centaures et des Lapithes, Enlèvement des Sabines, Enlèvement de Déjanire.

Giambologna est le champion incontesté de ces scènes d'enlèvements, où le tournoiement du corps aboutit à des miracles d'équilibre. Contrairement à Michel-Ange et à Cellini, il s'intéresse vivement au petit bronze, réduisant lui-même certaines de ses grandes sculptures, comme l'Enlèvement des Sabines ou le Mercure volant, ou bien créant de nouveaux modèles. Nombre de ses statuettes peuplent les musées et les collections particulières.

Passionné d'anatomie, Giambologna est aussi un excellent animalier ; il exécute des statuettes de chevaux et des combats d'animaux (lion contre cheval ou contre taureau...).

Andrea Susini, élève de Giambologna, avait conservé des modèles de son maître ; il les édita par la suite en un grand nombre d'exemplaires, jusqu'au milieu du XVIIe siècle.

Grâce à ces fontes posthumes et à cette production en série, l'œuvre de Giambologna a donc joui d'une large diffusion en Europe, et particulièrement en France. Elle a servi de modèle aux bronziers parisiens qui, à partir de la seconde moitié du XVIIe siècle, prennent la relève des créateurs de la Renaissance italienne.

Les bronzes français au XVIIe et au XVIIIe siècle

Jusqu'au XVIIe siècle, l'art français ne s'était guère intéressé aux bronzes, même au temps de la Renaissance. Au début du siècle, Paris ne possédant pas de bon fondeur, Marie de Médicis avait dû commander à Giambologna la statue monumentale d'Henri IV.

Mais, dès le règne de Louis XIII, les gens de goût commencent à prêter attention aux statuettes si largement répandues par Susini. Richelieu s'y intéresse, mais c'est évidemment Mazarin qui, avec ses fabuleuses collections, répand le goût du petit bronze dans l'aristocratie française.

Les modèles italiens ne suffisant pas, les bronziers français se mettent à les imiter, avec plus ou moins de liberté, et à les égaler en virtuosité. On copie les groupes chers à Giambologna : l'Enlèvement des Sabines, Hercule et Cacus, Nessus et Déjanire, des dieux, des athlètes, des antiques.

Mais ces sujets classiques — ces poncifs, pourrait-on dire — prennent un aspect « grand siècle » qui leur donne une majesté plus sévère. L'Apollon du Belvédère, par exemple, copie de l'antique, présente un étonnant faciès louis-quatorzien et une abondante chevelure, assez différente de celle de l'original.

Louis XIV s'intéressa d'ailleurs beaucoup aux bronzes. D'après le Journal du Garde-Meuble de 1732, les collections de bronzes royaux se composaient de 310 numéros. On en trouve de temps à autre dans les ventes ou chez les antiquaires.

Les traditionnelles figures mythologiques, Cérès, Junon, Jupiter, Neptune, les combats, les scènes d'enlèvements, se parent d'une grandiloquence qui marque tout l'art de cette époque : gestes théâtraux, expressions pathétiques, envolées de draperies...

Naturellement, la coutume de copier les grandes statues continue, à commencer par le fameux Marc Aurèle du Vatican. Les chevaux de Marly, par Coysevox, sont, en petit, d'un fort bel effet. Mais on copie surtout les grandes statues royales qui se multiplient dans les principales villes du royaume : Paris, Versailles, Lyon, Bordeaux... Les modèles réduits du Roi-Soleil proclament dans les salons aristocratiques la grandeur de la majesté royale. D'excellente qualité, ces statuettes sortent généralement de l'atelier même qui a « jeté » le grand bronze : Girardon, Desjardins, Keller, Coysevox. Parmi les noms de bronziers moins connus, mentionnons Michel Anguier, Pierre Legros, François Duquesnoy. La qualité de leur travail ne le cède en rien à celle des grands ateliers de la Renaissance florentine : on y retrouve la même précision anatomique, la même virtuosité, la même audace dans le mouvement, et cette belle patine mordorée qui donne vie au bronze.

La société du XVIIIe siècle continue d'apprécier les statuettes de bronze, et le début du siècle produit encore de fort belles œuvres. Le duc de Tallard peut écrire en 1756 : « Rien n'est plus convenable pour la décoration d'un cabinet des tableaux ; le contraste que forme la couleur rembrunie du bronze avec le brillant de la peinture des tableaux, joint au vif éclat de leurs bordures, donne au coup d'œil le repos si nécessaire pour produire une sensation agréable. »

On ne peut mieux dire !

Malgré tout, l'intérêt porté aux petits bronzes va en s'affaiblissant au cours du siècle. La mode change, l'époque Louis XV est friande de couleurs tendres et de sujets légers. Les figurines en porcelaine ou en faïence, de Meissen et de Niderviller, les biscuits de Sèvres prennent la place des bronzes patinés : ils conviennent d'ailleurs mieux aux bergeries et aux scènes galantes, qui se sont substituées dans le goût du public aux sujets mythologiques, dont l'intérêt, depuis trois siècles, commençait à s'épuiser.

Grâce à des sculpteurs comme Houdon et Clodion, le bronze de la fin du XVIIIe siècle conserve pourtant une certaine qualité, bien qu'il ne soit pas le mode d'expression favori de ces deux artistes.

Les bronzes dorés d'ameublement

Tandis que, dans les demeures, les bronzes patinés sont délaissés, les accessoires mobiliers de bronze doré prennent au contraire une place envahissante, se courbant et se multipliant au gré du style rocaille.

Les chenets, en forme d'amours dans des enchevêtrements de feuillages, des cartels d'applique aux larges volutes asymétriques, des pendules sur socle rocaille sommés d'éléphants ou de rhinocéros, des flambeaux, des lustres, des bras de lumière..., tous ces objets finement ciselés, découpés, fouillés dans les moindres détails, relèvent davantage de l'art de l'orfèvrerie que de celui du bronzier. Entièrement masqué par la couche de

Couturier, Nicolay

Candélabre Empire en bronze ciselé, patiné et doré. H. 79 cm. La mythologie égyptienne est longtemps restée source d'inspiration.

dorure, le bronze sert seulement de support et n'est plus apprécié pour lui-même.

L'art du bronze doré d'ameublement — auquel il faut rattacher les garnitures de meubles qui, lorsqu'elles sont de grande qualité, augmentent considérablement la valeur d'une œuvre d'ébénisterie — atteint son heure de gloire avec l'époque Louis XV et les exubérances de la rocaille : les artistes les plus connus sont alors Caffieri et Saint-Germain.

Le bronze d'ameublement poursuit sa carrière sous Louis XVI, avec moins de fantaisie mais souvent avec autant de grâce : jolies pendules à sujets, montures de vases, très fines garnitures de meubles ; le nom de Gouthière s'attache à cette époque ; c'est lui qui exécuta les bronzes des meubles les plus soignés de Riesener, par exemple.

Après une courte éclipse, le bronze doré est remis à l'honneur sous l'Empire ; on affectionne les chenets, les pendules, les grands candélabres où, à la chaleur de la dorure, s'associe souvent l'éclat plus discret de la patine. Thomire, le meilleur bronzier de l'époque napoléonienne, ne signait pas davantage ses bronzes que ses prédécesseurs (sauf exception), mais leur main se reconnaît dans les œuvres maîtresses.

Les statues équestres

Si les statues monumentales ne font évidemment pas partie des bronzes de collection, elles occupent une telle place dans l'histoire de l'art du bronze que l'on ne saurait les passer sous silence.

Les Grecs sont probablement les inventeurs du grand bronze équestre, mais la première grande statue équestre connue, celle de Marc Aurèle (IIe siècle apr. J.-C.), est romaine.

Le Marc Aurèle qui fut copié à la Renaissance en « petit bronze » servit de modèle à la grande lignée des statues équestres royales, ducales ou impériales qui, à partir du

D.R.

Chenet en bronze ciselé et doré d'époque Louis XVI. La paire a été adjugée 460 000 F par le groupement de commissaires-priseurs « Arcole » à Drouot, le 2 mars 1988.

XVIe siècle, proliférèrent sur toutes les places publiques des capitales européennes. La première d'entre elles est la statue du condottiere Gattamelata, élevée à Padoue en 1447 par Donatello ; elle est suivie, une cinquantaine d'années plus tard, par le magnifique Colleoni — un autre condottiere — de Verrocchio, à Venise, puis par le Cosme Ier de Médicis, à Florence.

En France, la première des statues royales de bronze est celle d'Henri IV, commandée en 1604 par Marie de Médicis à Giambologna. Le cavalier et sa monture sont mis en place sur le Pont-Neuf à Paris en 1614, après la mort du roi ; ils seront déboulonnés en 1792 et remplacés, après la Restauration, par une nouvelle statue.

Les autres grandes statues équestres des rois de France ont été, elles aussi, déboulonnées sous la Révolution : du Louis XIII de la place Royale au Louis XV de Bouchardon de la place de la Concorde, en passant par le Louis XIV de la place des Victoires par Desjardins et, surtout, le Louis XIV de la place Vendôme, œuvre de Girardon, fondue d'une seule coulée — cheval et cavalier — par Balthazar Keller en 1699.

L'étonnant « Pierre le Grand » de Falconet, à Leningrad, a eu plus de chance avec les révolutionnaires ; cette statue dresse toujours sa fière silhouette cabrée qui, au milieu du XVIIIe siècle, renouvela singulièrement l'art du grand bronze.

Au XIXe siècle, les statues équestres monumentales passent quelque peu de mode. Elles sont supplantées par les colonnes votives (colonne Vendôme, colonne de la Bastille) inspirées de la colonne Trajane de Rome. Mais on coule encore de fort beaux grands bronzes d'extérieur, comme la statue du maréchal Ney, par Rude, place de l'Observatoire. La IIIe République voit refleurir sur les places publiques des bronzes monumentaux, dont le caractère officiel n'est pas le plus sûr garant d'inspiration artistique ; beaucoup ont disparu sous l'occupation allemande. Quant à « la Liberté », de Bartholdi, elle poursuit sa carrière presque centenaire à l'entrée du port de New York.

Le petit bronze de 1840 à 1900

L'époque romantique marque, pour le petit bronze français, le départ d'une nouvelle renaissance.

Grâce aux techniques nouvelles, à l'industrialisation ou, du moins, à la production en série, le goût pour les objets d'art en bronze se répand dans toutes les classes de la société : au prix d'une certaine baisse de qualité, parfois ; mais le petit bronze XIXe produit encore bien des chefs-d'œuvre. La fonte au sable tend de plus en plus à remplacer la cire perdue ; la qualité générale de l'œuvre n'en souffre pas trop quand elle est convenablement « reprise » en ciselure par l'artiste lui-même après la fonte, et le procédé permet un tirage en petite série, de 20 à 30 exemplaires.

En 1839, l'invention du réducteur mécanique par Achille Collas — qui s'associe avec le fondeur Barbedienne — permet de reproduire une statuette à n'importe quelle échelle avec une précision mathématique.

Tant qu'ils sont utilisés sous le contrôle de l'artiste, par un habile fondeur et dans un rigoureux esprit d'exigence artistique, ces procédés produisent des œuvres d'une qualité quasi irréprochable. Malheureusement, ce n'est pas toujours le cas, et les fondeurs cèdent trop souvent à la tentation d'une production rapide et de moindre qualité.

Ces techniques, qui ont permis une large diffusion du bronze dans toutes les catégories sociales (sans parler des contestables succédanés de bazars), ont nui fortement à la réputation des œuvres du XIXe siècle en général : on les avait trop vues en garnitures de cheminées, sur des napperons empesés ! Après un purgatoire d'une quarantaine d'années, le décantage s'est opéré entre le bon et le mauvais et, depuis les années 60, les bronzes de qualité ont retrouvé sur le marché la place qu'ils méritaient.

Sotheby's

A. L. Barye : le Cheval turc. *Bronze à cire perdue, adjugé 14 300 livres (142 000 F) à Londres, le 24 septembre 1987.*

La sculpture du XIXe siècle, dont on ne peut détacher le petit bronze, a été marquée par la forte personnalité de Rude (1784-1855). Certes, l'auteur de « la Marseillaise » n'a pas exécuté de petits bronzes, et ses œuvres n'ont pas été réduites en bronzes d'édition, mais son génie a trop influencé ses successeurs pour qu'on puisse le passer sous silence : ses emportements lyriques, sa puissance de mouvement rejoignent, par-delà Barye, Carpeaux et Dalou, l'expressionnisme d'un Rodin.

Deux thèmes de prédilection se partagent la faveur des bronziers du XIXe siècle : l'animal et la femme.

L'école animalière

Après ceux de la Renaissance, les sculpteurs du XIXe siècle redécouvrent la beauté anatomique, la grâce de mouvement de l'animal, représenté pour lui-même et non plus sous un prétexte mythologique ou historique.

Antoine Louis Barye (1796-1875) est considéré à juste titre comme le plus puissant artiste animalier du XIXe siècle. Il reste fidèle, quand il le peut, au procédé noble et pur de la cire perdue ; cependant, certaines périodes impécunieuses l'ont parfois contraint à avoir recours à la fonte en multiples, et, après sa mort, son fondeur Barbedienne ne se fera pas faute de reprendre ses modèles et d'en effectuer de nombreux tirages.

Le cheval est le sujet favori, mais non point unique, de Barye. Renouant avec les traditions antérieures, il reprend le vieux thème de la statue équestre, traitée de manière évidemment moins pompeuse que les statues officielles d'antan, même quand il met en selle Charles VII, Bonaparte ou le duc d'Orléans. Le sujet se trouve totalement

Louis Barrias : « la Nature se découvrant devant la Science ». Un sujet édité à de nombreux exemplaires en diverses tailles et de qualités très variables. Ici, une fonte de Susse, dorée à deux patines.

Ader, Picard, Tajan

Les amateurs d'art, bronzes de Daumier, fonte de Valsuani, H. 17,8 et 18,3 cm. Adjugés 98 000 et 108 000 F par Me Briest à Paris, le 22 mars 1988.

Me Briest

renouvelé lorsque le cavalier est un jockey et que le cheval est représenté en pleine course. Barye prend d'ailleurs volontiers ses modèles sur les champs de courses.

Souvent, avec « le Cheval turc », par exemple, il donne dans l'orientalisme tant à la mode durant les années 1830-1840. Mais il lui arrive aussi d'aborder les thèmes classiques de la mythologie : Thésée et le Centaure, Combat de Centaure et de Lapithe.

Retrouvant, enfin, l'esthétique de la Renaissance, Barye aime à traduire dans le bronze la puissance musculaire de l'homme et de l'animal, et les mouvements violents donnent lieu à un subtil équilibre des masses : ses groupes sont presque toujours des lutteurs, qu'il s'agisse d'animaux (cheval attaqué par un lion ou par un tigre), ou de l'homme contre un animal.

C'est la puissance de son talent qui a renouvelé l'art du bronze et ouvert la voie à tous ceux qui l'ont illustré par la suite.

Pierre Jules Mène (1810-1879) doit beaucoup à Barye, mais il met en relief l'élégance de la silhouette, la grâce du mouvement, plutôt que la force musculaire. Perfectionniste, il coule ses bronzes à la cire perdue, mais, comme Barye, il sera trahi, après sa mort, par des moulages au sable de moins belle venue que ses originaux.

Mène fut avant tout un animalier du cheval, représenté pour lui-même : Cheval à la barrière, Jument et son poulain et la célèbre « Accolade », tant reproduite ; ou bien teinté d'orientalisme, comme ceux de Barye : Cheval arabe, Fauconnier arabe.

Il a aussi représenté des groupes et de véritables « tableaux en sculptures », comme les scènes de chasse où se mêlent cerfs, chiens, chevaux et cavaliers.

Emmanuel Frémiet (1824-1910), neveu et élève de Rude, réussit à s'imposer très jeune ; devenu l'un des artistes bien en cour du second Empire, il reçoit de nombreuses commandes officielles. Il est l'auteur de plusieurs statues équestres, notamment la Jeanne d'Arc en bronze doré de la place des Pyramides à Paris, pour laquelle il fit poser la célèbre actrice Cléo de Mérode.

Mais sa production officielle n'est pas la partie la plus intéressante de son œuvre. Dans ses petits bronzes animaliers, Frémiet s'exprime avec plus de liberté. Il représente des chevaux, des chiens, des chats, mais aussi des animaux moins classiques : singes, ours, oiseaux, en faisant preuve d'une pénétrante observation de la nature. Son art est d'un réalisme à la fois plus tranquille et plus sensible que celui de Barye : il exprime davantage la « psychologie » de l'animal que sa force. Ce qui ne l'empêche pas de réaliser des scènes de luttes, telles que l'Ours étouffant un homme ou le Gorille enlevant une négresse.

L'école animalière du XIXe siècle compte encore bien d'autres représentants de talent, comme Moigniez, Fratin, Delabrière, le comte du Passage et Isidore Bonheur, auteur d'un superbe « Cheval écorché » ; l'étude anatomique, déjà abordée par les sculpteurs du XVIe siècle, n'est pas négligée par ceux du XIXe siècle ; malgré des différences, la recherche essentielle reste le rendu de l'animal lui-même dans sa précision anatomique et l'exactitude de ses mouvements, exactitude rendue possible par l'utilisation de la photographie, qui permit enfin de décomposer le déroulement complexe du galop du cheval.

Tout autre est la préoccupation des animaliers du XXe siècle. Chez Bugatti comme chez Pompon, pour ne citer que ces deux artistes pourtant si différents, la précision anatomique s'efface au profit de la force d'expression de l'ensemble.

Rembrandt Bugatti (1885-1916). Sa courte carrière ne

se rattache à aucune école et ne se réclame d'aucun maître. Sa manière est plutôt impressionniste. Guidé par une grande sensibilité et un amour infini des animaux, Bugatti les saisit sur le vif, dans les attitudes familières de leur vie quotidienne : cerfs en promenade, chiens à l'arrêt, biches allaitant, éléphants, lionnes en marche. À l'inverse de Barye, il évite de représenter l'effort, le combat, la cruauté.

François Pompon (1855-1933) est également attiré et inspiré par le monde animal, qu'il étudie surtout au Jardin des Plantes. Il élimine délibérément l'accessoire, le détail anatomique ou anecdotique, pour ne voir que le mouvement de l'animal, qu'il considère comme sa principale force d'expression. Sans égard pour la vérité anatomique, il traite sa sculpture, schématisée à l'extrême, en un bloc massif à surfaces lisses.

L'éternel féminin

En rompant avec l'académisme du temps de l'Empire, Rude et, plus encore, Carpeaux imposent une nouvelle vision de la femme.

Jean-Baptiste Carpeaux (1827-1875) est le sculpteur le plus vigoureux et le plus personnel du second Empire. Un élan vital, un tourbillon de mouvements animent toute son œuvre, comme dans le Groupe de la Danse, à la façade de l'Opéra de Paris : la ronde des Bacchantes, le corps adolescent du Génie de la danse, les visages rieurs et presque grimaçants, l'étonnante envolée de l'ensemble mènent bien loin des allégories classiques.

Carpeaux n'a pas, à proprement parler, travaillé pour le bronze d'appartement, mais certaines figures du Groupe de la Danse, notamment la tête du Génie, ont été reproduites en réductions, et il en circule un certain nombre sur le marché.

Le naturalisme exubérant de Carpeaux est repris, avec moins de fougue, par Dalou, son disciple (1838-1902) et marque avec plus ou moins de bonheur, selon le talent de l'artiste, tous les bronzes féminins, du second Empire à la Belle Époque : la femme, tour à tour fleur, nymphe, ange, naïade, danseuse, papillon, n'est plus la Vénus statique de l'art classique, belle de sa seule plastique, mais la femme vivante, éclatante de gaieté, courant, dansant, sautant, échevelée, rieuse, bras éployés ; cette époque, que l'on dit guindée, voit en la femme plus une bacchante qu'une Aphrodite... en un maniérisme qui n'évite pas toujours la mièvrerie et l'excès de préciosité.

Le prototype de bronze de la femme 1900, c'est la Loïe Fuller telle que l'a vue Raoul Larche, dans sa danse du voile : mince, cambrée, légère, tête et bras renversés dans ses écharpes virevoltantes, la célèbre danseuse américaine a inspiré plus d'un artiste. Il existe plusieurs interprétations de bronze, par différents sculpteurs, de sa danse étrange, mais la meilleure reste celle de Larche, dont on connaît de nombreux tirages, de qualités très inégales.

À vrai dire, la vision de la femme par les artistes de la Belle Époque est assez mouvante, dans tous les sens du terme. Hippolyte Moreau la représente épanouie, dans l'opulence de sa beauté. Son frère Mathurin la préfère adolescente, couronnée de fleurs, un oiseau sur l'épaule, dans un style plutôt précieux. Auguste, l'aîné des frères Moreau, traite, dans un genre maniéré, des amours et des enfants. Les femmes de Lévy portent la marque de l'orientalisme alors à la mode. Celles de Drouot — dans Phoebé et l'Ange, par exemple — donnent dans l'excès de préciosité.

Suan Ferville est le spécialiste de la scène anecdotique dans le genre aimablement précieux : amour poussé par des escargots, jeune fille à la rose effeuillée, etc.

Les sujets de bronze, seuls, en vase ou sur pendule, ont été la grande folie des salons 1900, et l'on n'en finirait pas de citer tous les artistes qui s'y sont essayés : parmi les meilleurs, il faut encore nommer Levavasseur, qui pare ses nymphes de guirlandes de volubilis, Barrias, auteur du « Mozart enfant », Carrier-Belleuse, d'un académisme aux accents romantiques, Dubois, auteur d'un célèbre Troubadour...

Cependant, les bronzes de salon font dans l'ensemble la part plus belle au pire qu'au meilleur : seule une très sûre qualité technique et artistique peut faire passer la mièvrerie souriante — pour ne pas dire la platitude — de certains sujets ; dans ce domaine, plus qu'en aucun autre, le collectionneur doit se montrer très sélectif.

Daumier et Degas

Le cas de Daumier (1808-1879) et de Degas (1834-1917) est un peu particulier. Ces deux artistes, connus l'un comme lithographe, l'autre comme peintre, ne furent pas des bronziers. L'un et l'autre, toutefois, pratiquèrent la sculpture, un peu comme des « amateurs ». Balzac ne disait-il pas de Daumier que « ce gaillard-là a du Michel-Ange dans la peau ».

C'est après leur mort, sur des figurines de plâtre ou de terre cuite retrouvées dans leurs ateliers, que l'on tira des moules et des statuettes de bronze en édition limitée.

L'œuvre de Daumier est ainsi répertoriée, numérotée et parfaitement connue. Elle se compose de trente-six bustes caricaturaux d'hommes politiques et avocats du temps de Louis-Philippe, et de vingt-deux statuettes humoristiques dont les sujets reprennent ceux des lithographies satiriques de l'artiste : le Dandy, l'Amateur de tableaux, le

Madame Renoir, *bronze de Renoir. Adjugé 110 000 F à Saint-Dié par Me Guérin, le 29 novembre 1987.*

Rodin : « Grande Main droite », vers 1885.
Fonte à cire perdue d'Alexis Rudier. H. 27 cm.

A. Bourdelle : la Victoire *(tête). Bronze à cire perdue d'A. Rudier. H. 90 cm.*
Patine verte provoquée par une oxydation naturelle.

Sotheby Parke Bernet and C°

Rôdeur, l'Avocat saluant, l'Homme d'affaires et, surtout, le fameux Ratapoil, fondu par Rudier, dans lequel Daumier s'est caricaturé lui-même. Les fontes, signées Rudier, Valsuani ou Siot-Decauville, sont limitées à une trentaine d'exemplaires pour chaque série.

Il en va de même pour Degas : il existe soixante-treize modèles de danseuses et de chevaux, tous numérotés (sauf un, « la Petite Danseuse de 14 ans ») et tirés chacun à vingt exemplaires numérotés de A à T, plus deux épreuves d'artiste marquées HER.

Ces statuettes n'avaient pas été prévues pour être traitées en bronze, ce qui explique leur aspect grumeleux et inachevé si peu habituel, les artistes cherchant d'ordinaire les surfaces polies qui font jouer les brillances de la matière. Cette nouvelle manière aura cependant une forte influence sur les artistes du XXe siècle, qui travaillent parfois leurs bronzes à la façon des terres cuites.

L'école contemporaine

Une large part de la sculpture contemporaine s'exprime par le bronze, grand ou petit. L'école du XXe siècle est trop riche en sculpteurs de talent pour qu'on puisse prétendre les citer tous, et il manque, pour les juger, le recul du temps.

Le début du siècle et la fin du précédent sont dominés par le génie de Rodin (1840-1917), comme le XIXe l'avait été par Rude. Rodin est surtout l'auteur d'œuvres monumentales, mais ses plus célèbres sculptures ont été éditées en réductions de qualité : le Penseur, le Baiser, l'Âge d'airain et, même, les Bourgeois de Calais.

Deux courants se dessinent parmi les successeurs de Rodin. Le premier, avec Bourdelle, Germaine Richier, Maillol, demeure fidèle à l'expressionnisme puissant et réaliste du maître. Giacometti, Duchamp-Villon et Picasso à ses débuts se réclament également de Rodin, avant de s'en éloigner progressivement sous l'influence du surréalisme.

La seconde tendance, représentée par Despiau, Brâncuşi, Zadkine, s'oriente vers un immobilisme et une simplification de plus en plus schématique des formes, dans une voie qui les conduit à l'abstraction. Brâncuşi poursuit sa recherche de la forme pure, qu'il retrouve dans celle de l'œuf originel : ainsi de l'admirable « Muse endormie ». Avec H. Laurens, E. Hadju, Archipenko, Arp, Alechinsky et H. Moore, ce courant débouche sur l'art abstrait, qui s'impose en sculpture nettement plus tard que dans la peinture.

Parmi les « bronziers » actuels en quête d'un large public par la multiplication des tirages, citons notamment Berrocal et laissons à César ce qui lui appartient en propre : une virtuosité déconcertante et des recherches sans fin dans des formes tourmentées, représentatives d'une certaine angoisse de cette fin de siècle.

SAVOIR ACHETER

De toutes les catégories d'objets anciens, les bronzes sont les plus « vicieux », les plus sujets à caution et, surtout, les plus difficiles à identifier, même pour le spécialiste.

De nombreuses copies circulent sur le marché. Certaines sont fort bien faites et les risques sont réels : il importe donc de bien les connaître.

Les faux les plus abondants concernent les bronzes antiques et ceux du XIXe siècle. En revanche, les bronzes de la Renaissance, qui intéressent une clientèle hautement spécialisée et qui échouent forcément un jour ou l'autre chez un grand marchand de Haute Époque, sont moins copiés car ils risquent d'être examinés plus soigneusement et d'un œil plus compétent.

En 1975, le marché des bronzes animaliers du XIXe siècle, alors en pleine expansion, s'est trouvé vicié par des faux très habiles venus d'Italie. Les spécialistes, intrigués par leur soudaine abondance, ont pourtant mis plusieurs mois à les détecter. Cette alerte a refroidi l'ardeur des collectionneurs, d'autant plus que les faux sont toujours en circulation.

Les ventes d'antiques doivent éveiller la plus grande méfiance, à moins qu'elles ne soient cautionnées par un expert reconnu comme qualifié. Ainsi, en mai 1979, une vente de bronzes étrusques où figuraient plusieurs pièces très rares, toutes nanties d'un certificat d'analyse en laboratoire, a dû être annulée : à y regarder de plus près, presque tous les objets étaient des faux fabriqués au XIXe siècle, par une main assurément très adroite.

Les faussaires et leurs méthodes

Le travail des faussaires est facilité par le fait qu'il existe toujours plusieurs modèles d'un même bronze.

Les bronzes du XIXe siècle, fondus au sable, ont fait l'objet d'un tirage, limité certes, mais comprenant tout de même de vingt à quarante exemplaires, ce qui permet au faussaire d'écouler sans trop de peine ses propres fabrications. Les bronzes du XVIe, du XVIIe et du XVIIIe siècle ont été coulés à la cire perdue ; ils sont donc théoriquement à modèle unique : cependant, les modèles les plus appréciés ont été fabriqués à de nombreux exemplaires à peu près identiques : quelques Vénus ou Mercure de plus fabriqués par un habile faussaire peuvent donc bien trouver une place sur le marché.

Quant aux bronzes antiques, s'il en existe de fort beaux, qui sont les plus appréciés, il en est d'assez médiocres, aux reliefs mous, aux lignes raides, sans expression... qui sont assez faciles à imiter et à maquiller sous une belle patine vert antique.

Le faussaire opère généralement par surmoulage à partir d'un modèle original. S'il est habile et « consciencieux », s'il parachève bien le travail de reparure, il peut aboutir à une copie presque parfaite. Cependant, des reliefs surmoulés accusent généralement une certaine mollesse. D'autre part, à cause de la rétreinte au refroidissement, la copie est légèrement plus petite que l'original : mais, bien sûr, il faut avoir ce dernier sous les yeux pour comparer.

Un autre moyen de détection des faux consiste à soulever le bronze de son socle de marbre et à en examiner l'intérieur : on remarque sur le « bon » des oxydations verdâtres cernées parfois de moisissures blanches... œuvre du temps, qui ne figure pas sur la copie récente.

L'analyse en laboratoire ne saurait donner une certitude absolue. Elle renseigne sur la composition du métal, les proportions de l'alliage, la densité, l'épaisseur du bronze et la nature de la patine : si les données ne concordent pas, on est en présence d'un faux ; si elles concordent, la pièce examinée a des chances d'être bonne... à moins qu'elle ne soit un faux bien fait !

Les lacunes artistiques, historiques et techniques des faussaires sont plus nombreuses qu'on ne le croit et ce sont elles qui, finalement, trahissent un jour ou l'autre le contrefacteur (à moins que celui-ci ne limite sa production à un champ très étroit).

L'abondance des bronzes, l'envahissement subit du marché par une série de pièces analogues ou ayant un « air de famille » doivent éveiller la méfiance. Ne signalait-on pas, il y a quelques années, un Jockey et un Lion de Barye qui étaient mis en vente à de nombreux exemplaires sur plusieurs marchés... Il faut évidemment être un habitué pour s'en apercevoir.

Comment acheter en sécurité

Le meilleur moyen de limiter les risques demeure encore le recours à l'expert ou au marchand spécialisé.

La meilleure des garanties est le certificat d'authenticité, rédigé et signé au dos d'une bonne photo. S'il n'assure pas à 100 p. 100 que l'objet est ancien, il engage la responsabilité du vendeur et garantit un éventuel remboursement.

Brâncuşi : la Muse endormie *(1910-1912).*
Coll. particulière, Los Angeles. *Adjugé 1265000 F.*

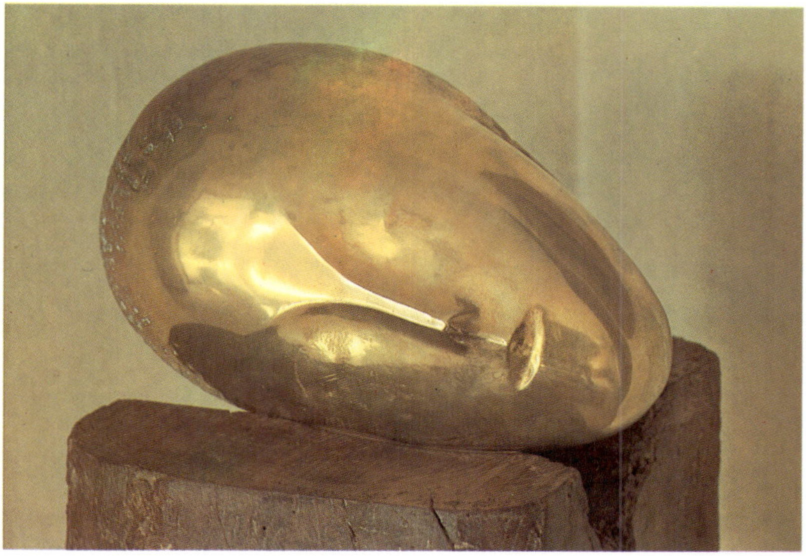

P. Hinous, Connaissance des Arts

G. Meguerditchian

Ensemble de bronzes antiques : Isis (ép. ptolémaïque) ; effigie de Gilgamesh, double visage, avec support d'origine (Louristan) ; l'Enfant à l'oiseau (Rome, Ier-IIe s.) ; deux monstres affrontés, bronze du Louristan avec support d'origine ; bronze étrusco-romain ; coupelle votive (Étrurie, Ve s. av. J.-C.) ; Eros au dauphin (Rome, Ier s.). Galerie Mythes et Légendes.

Certaines pièces arrivent sur le marché munies d'un pedigree : on peut suivre les péripéties de leur existence et connaître les différentes collections auxquelles elles ont appartenu, pendant plusieurs générations, parfois même depuis leur origine. Ce document est un des plus sûrs garants d'authenticité et confère à un objet une assez forte plus-value.

Les critères de qualité

La qualité technique et artistique d'un objet de bronze n'est pas en elle-même une garantie d'authenticité. Cependant, elle constitue une forte présomption, et c'est elle que l'on doit rechercher en premier lieu, avant toute intention d'achat.

Un bon bronze doit être relativement léger ; la minceur des parois est garante de l'uniformité de la coulée et de la bonne plasticité de l'alliage. D'autre part, plus le métal est mince, moins il a tendance à se rétreindre au refroidissement (1).

Certains bons objets peuvent cependant être lourds, notamment ceux qui ont été coulés en fonte massive.

La nervosité des reliefs et des ciselures distingue la main d'un habile sculpteur de celle d'un artiste médiocre, voire d'un vulgaire surmouleur. Elle est fonction de la finesse du modèle original, de la qualité de la fonte et de celle du travail de reparure à froid après le démoulage. Il faut examiner les mains, les cheveux, les détails de la musculature.

Bien entendu, l'élégance des lignes, l'harmonie des proportions sous tous les angles, l'envolée du mouvement sont autant de signes de qualité perceptibles à tout amateur de goût.

La patine, naturelle ou artificielle, varie selon l'époque et l'origine du bronze, mais elle doit concourir à la beauté de la pièce et non en masquer les défauts sous un vernis opaque et uniforme. Elle donne à l'œuvre des reflets changeants, verts, bruns ou mordorés, qui font jouer la brillance du métal.

La signature ne constitue pas un critère de qualité ni d'authenticité, mais elle joue un rôle dans la valeur marchande.

Les bronzes antiques ne sont pas signés, non plus que les bronzes Renaissance.

LE MARCHÉ

Les bronzes des ateliers florentins du XVIe siècle obtiennent les plus fortes enchères. En 1975, un « cheval écorché » de 105 cm avait atteint 1 500 000 F chez Sotheby's à Monaco. Ce record a été largement battu à

(1) Extrait de Barbedienne, dans son rapport au jury international à l'Exposition de 1867 : « ... Le rétrécissement est presque nul sur une fonte légère, tandis qu'il peut atteindre deux pour cent et au-delà sur la même figure coulée à une forte épaisseur... On ne sait peut-être pas assez que la surface de la fonte est d'autant plus fine de grain d'épiderme que le métal a moins d'épaisseur. »

plusieurs reprises. Une statuette d'Hercule de 38,5 cm s'est vendue chez Christie's à Londres, le 20 avril 1988, 440 000 livres, soit 4 687 000 F.

Les bronzes de qualité antérieurs au XVIe siècle sont très rares sur le marché. Rares aussi sont les dispersions de collections complètes comme celle de Robert Strauss par Christie's en mai 1977. En revanche, les grandes ventes de mobilier, tant à Londres qu'à Paris, comportent souvent quelques petits bronzes d'inégale qualité du XVIIe siècle ou de la fin du XVIe (ces derniers provenant généralement des ateliers Susini).

Le record pour des bronzes du XVIIIe siècle appartient à des figures de François Girardon et de son atelier : *Borée enlevant Orythie* et *Pluton enlevant Proserpine* (H. 105 cm) qui ont obtenu chez Mes Couturier-Nicolay une enchère de 13 600 000 F à Drouot, le 4 décembre 1987. Il est vrai que ces deux groupes reposaient sur des gaines octogonales ornées de bronzes ciselés et dorés attribuées à André Charles Boulle.

Ces prix élevés ne valent que pour les très beaux objets. Les autres, de bonne qualité moyenne, demeurent dans une fourchette de 50 000 à 200 000 F, mais d'une année sur l'autre, les sculptures, entraînées par les mouvements de hausse des plus belles pièces, ne cessent de se valoriser dans leur ensemble et de gagner du terrain, par rapport à la peinture moderne qui plafonne à des hauteurs vertigineuses depuis quelques années.

Mes Couturier, Nicolay

Cheval en bronze par Adriaen De Vries, vers 1620. Adjugé 9 200 000 F par Mes Couturier, Nicolay à Drouot, en décembre 1984. Rares sur le marché, les bronzes de cette époque ne cessent de monter.

Les bronzes du XIXe et du XXe siècle

Pour les bronzes animaliers et autres du XIXe siècle et du début du XXe, le marché, très actif jusqu'en 1975, a connu depuis un certain fléchissement, dû à la crainte du faux.

Pour les pièces de grande qualité, les prix se maintiennent à un très haut niveau, parfois comparables à ceux des meilleurs bronzes du XVIe et du XVIIe siècle.

Un « buste de Diego » par son frère Alberto Giacometti, épreuve en bronze d'après le plâtre original de 1954 réalisée par Giacometti (H. 26 cm), s'est vendu 1 750 000 F chez Mes Champin-Lombrail-Gautier à Enghien, le 25 juin 1987.

Les prix des sculptures modernes sont en hausse continue depuis 1985. Une « Ève » d'Auguste Rodin, conçue pour la « Porte de l'enfer » (H. 1,73 m), a atteint 4 600 000 F à la vente de la collection Renand à Drouot-Montaigne, le 20 novembre 1987.

Parmi les bronzes dorés 1900, la lampe représentant la danseuse Loïe Fuller obtient des cotes variables selon la qualité de son tirage, entre 80 000 et 120 000 F.

Les œuvres originales à la cire perdue de Barye se situent dans une fourchette de 30 000 à 300 000 F, mais les tirages postérieurs de Barbedienne ne valent que de 1 500 à 3 000 F. Les chevaux de Mène, Moigniez, Fratin évoluent dans les mêmes prix. En revanche, les œuvres originales en bronze de Rembrandt Bugatti (1885-1916) sont de plus en plus appréciées. Un « Grand Fourmilier » (H. 34 cm), un des quatre tirages de l'édition originale de 1909, s'est vendu 1 200 000 F à Drouot, le 19 juin 1988.

Les œuvres de Camille Claudel, Bourdelle, Degas sont également en hausse depuis quelques années. En tant que valeur de placement et compte tenu du nombre de pièces médiocres en circulation sur le marché — sans même parler des faux —, les bronzes ne peuvent donc être retenus que lorsqu'ils sont d'une irréprochable qualité. Les résultats en salle des ventes pour des pièces qui paraissent identiques peuvent être très différents. Ce sont les retirages qui créent des écarts entre les pièces authentiques et leur reproduction ultérieure.

Anse en bronze en forme de naïade soutenant des conques d'un grand vase en bronze patiné et doré. Époque Empire. Un effet de contraste met en valeur les volumes. La beauté de la composition et la qualité de la patine sont remarquables.

Couturier- Nicolay

Magnifique saladier de Nevers en faïence
à décor polychrome représentant « l'arbre d'amour ».
Les célèbres faïences de Nevers,
qui imitaient la céramique italienne
à la fin du XVIe siècle,
trouvèrent leur style propre au XVIIe et au XVIIIe siècle.
Cette pièce a été exécutée en 1815 pour un marinier
comme l'indique l'ancre placée près de la date.
Ce décor, repris d'une gravure humoristique du XVIIe siècle,
a été exploité à Nevers pendant plus de trois quarts de siècle
sans grande variation, si ce n'est la présence, parfois, en bas du décor,
d'un saint patron accompagné du nom et du prénom du destinataire.
Coll. Cl. Bonnet.

G. Meguerditchian

LES CÉRAMIQUES

La terre et le feu sont à l'origine des céramiques, cette immense famille d'objets créés par les hommes pour la commodité de leur vie quotidienne.

Le mot *céramique* vient du grec *keramon*, « argile ». Cette terre glaise malléable, que les enfants eux-mêmes aiment façonner, contient une part prédominante de silice, de l'alumine, du carbonate de calcium et divers oxydes.

Au commencement était l'argile ; le soleil et le feu fixèrent les formes voulues par la pensée de l'homme et pétries par sa main. Pourtant, même cuite au four, l'argile restait poreuse, d'où la nécessité de la rendre imperméable en la recouvrant d'une glaçure mince et résistante.

Aux formes d'une infinie variété se sont ajoutés les décors qui répondaient aux exigences esthétiques des civilisations successives. Nous avons étudié, au chapitre « Antiques », les céramiques égyptiennes et grecques. Le domaine de la céramique que nous abordons ici englobe la poterie mate, la poterie vernissée, la faïence, la faïence fine, le grès, la porcelaine tendre et la porcelaine dure européennes. Pour s'y retrouver parmi ces productions, pour les mieux connaître et pour les reconnaître, il est indispensable de procéder à un classement. L'originalité de chaque variété réside dans les propriétés de la pâte et les techniques de cuisson, ce que nous verrons d'abord brièvement. La répartition historique et géographique nous permettra ensuite d'examiner les procédés de décoration et leur évolution jusqu'à nos jours.

LES TECHNIQUES

La *poterie mate* est une poterie à l'état brut, qui sert depuis la préhistoire à faire de la vaisselle utilitaire. Les pièces les plus primitives sont travaillées à la main, simplement séchées au soleil ou cuites au feu de bois, à l'air libre. Dès le IIe millénaire, le potier sait se servir du tour. Les poteries mates présentent toutes le même inconvénient : elles sont poreuses.

La *poterie vernissée* devient imperméable grâce à son vernis transparent à base de plomb, dit « vernis plombifère », qui lui donne une teinte jaunâtre. Le vernis peut être coloré en vert ou en brun par addition d'oxydes de cuivre ou de manganèse.

La *faïence* se différencie de la poterie vernissée par l'enduit qui recouvre la pièce ; il s'agit d'un émail blanc et opaque à base de sels d'étain, dit « émail stannifère ». La faïence prend en Italie le nom de *majolica,* qui viendrait de l'île de Majorque d'où l'Espagne exportait sa production céramique (à moins que ce ne soit, comme le pensent aujourd'hui certains auteurs, de Malaga). Les faïences européennes du XVIe siècle, dans la tradition italienne, sont également appelées « majoliques ». Quant au mot *faïence,* employé en Europe, il est tiré de Faenza, ville italienne réputée pour ses créations de majoliques au XVIe siècle. Après une première cuisson, dite « de dégourdi », la pièce est émaillée par immersion ou aspersion. Il y a deux manières de poser le décor.

Dans la technique dite « de grand feu », le décor est peint sur l'émail cru à l'aide d'oxydes métalliques. Décor et émail sont cuits ensemble entre 850 et 1 000 °C. La palette est réduite, car seuls le bleu de cobalt, le vert de cuivre, le violet de manganèse, le jaune d'antimoine supportent les hautes températures nécessaires à la cuisson de l'émail (le rouge de fer est rare, il vire généralement au brun ou à l'ocre). L'émail cru pulvérulent étant très absorbant, l'artiste ne peut se permettre aucune retouche.

Dans la technique « de petit feu », ces inconvénients disparaissent. Le décor est peint sur l'émail blanc déjà cuit. Un fondant mêlé aux couleurs les fixe sur l'émail au cours d'une seconde cuisson à température plus basse. La gamme des couleurs est alors très étendue et permet des décors polychromes d'une grande finesse.

Au grand feu, comme au petit feu, les pièces décorées sont déposées sur des « pernettes », petits supports de terre cuite, en tronc de cône ou en pyramide, permettant de les empiler. Ces supports laissent au dos de la pièce une petite marque après cuisson. Ce détail a son importance : lorsque la pièce est cuite au grand feu, on trouve en général trois traces de pernette au revers. Après passage au petit feu, les pièces sont marquées une seconde fois. Les deux cuissons successives laissent donc six traces au revers de la pièce, et même parfois neuf lorsque le décor exige deux passages au petit feu.

La *faïence fine* n'a de faïence que le nom. Il s'agit d'une

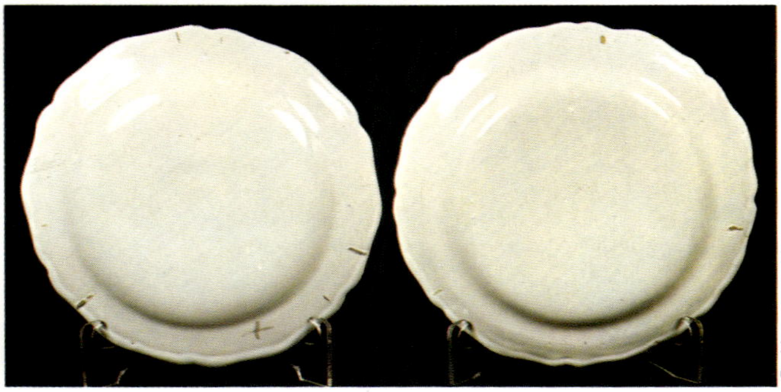

G. Meguerditchian

Assiettes de faïence de Moustiers, l'une au petit feu (à gauche), *l'autre au grand feu* (à droite).
Au dos des assiettes, les marques des pernettes sont au nombre de six pour le petit feu (deux cuissons) et de trois pour le grand feu.
Coll. Hélène Fournier-Guerin.

pâte blanche, opaque, à texture fine, dense et sonore, recouverte d'un simple vernis plombifère transparent.

La faïence fine prend des noms particuliers suivant les particularités de sa préparation : la « terre de pipe » de l'est de la France contient de la chaux ; le « cailloutage », en Grande-Bretagne, contient du silex broyé ; elle devient « porcelaine opaque » quand on y mêle du kaolin. Très plastique, elle permet des ornements en fins reliefs, mais elle peut aussi être colorée dans la masse ou ornée d'un décor peint ou imprimé. Le décor par impression est inventé en Angleterre vers 1750 : à partir d'une planche de cuivre ou d'acier gravée, imbibée de couleurs, une épreuve tirée sur papier mince est imprimée au rouleau sur la pièce qui sera cuite au feu de moufle, c'est-à-dire à l'intérieur d'une « casette » en terre réfractaire, qui évite le contact direct avec la flamme.

Le *grès* a pour origine une argile particulière, peu fusible et capable de supporter de hautes températures (1 200 à 1 400 °C), ce qui mène à la limite de la fusion avant déformation et entraîne un début de vitrification. Après cuisson, le grès est imperméable, sonore, opaque et dur. Il peut rester brut ou, si le potier le préfère, recevoir une couverte. Celle-ci, par la cuisson, fait corps avec la pièce. La couverte peut être un simple vernis au sel, obtenu, par exemple, en jetant du sel en fin de cuisson : la soude se combine à la silice pour donner un silicate de sodium qui se traduira par un vernis. Ce peut être aussi un émail : après une première cuisson douce, qui laisse la terre encore poreuse, le grès est enduit d'émail et subit alors sa forte cuisson. L'émail associe un produit siliceux à un fondant alcalin pour former un silicate, ou verre. La qualité chimique des composants de l'émail — principalement le feldspath, mais les combinaisons sont infinies —, la variété des oxydes métalliques qui le colorent, la possibilité de réduire ou d'augmenter l'arrivée de l'oxygène dans le four transforment complètement l'effet obtenu : la couleur d'un grès émaillé peut atteindre une richesse, une profondeur, une beauté inconnues en faïence.

Le terme *porcelaine* désignait à l'origine les pièces importées de Chine en Italie. Le nom de *porcella,* qui a donné « porcelaine », vient du nom italien d'un coquillage marin nacré qui rappelle par sa forme et son aspect la vulve d'une truie.

La *porcelaine dure* est caractérisée par sa texture vitrifiée, sa dureté, sa sonorité, sa blancheur, sa translucidité (les Chinois accordent plus d'importance aux deux premières qualités qu'à la translucidité et à la blancheur, si chères aux Occidentaux). La porcelaine dure est faite de kaolin (du nom d'une colline chinoise d'où cette argile est extraite), partie infusible qui donne la blancheur, mêlé à du feldspath (*petuntsé* en chinois), partie fusible qui permet d'obtenir la translucidité. L'addition de quartz et de chaux augmente encore la fusibilité. La pièce est cuite une première fois au feu de dégourdi, puis revêtue d'une couverte brillante, de même nature que la pâte, qui, au cours d'une seconde cuisson à haute température (1 300 à 1 400 °C), se transforme en une surface vitrifiée très dure, non rayable à l'acier.

La *pâte tendre* est une tentative d'imitation de la porcelaine dure au kaolin. C'est à Florence, sous le gouvernement de François de Médicis, que l'on réussit à composer, avec les ingrédients les plus divers, la première porcelaine artificielle, translucide, mais épaisse, et dont la couverte — ou glaçure — est rayable à l'acier. Elle est faite à partir d'une fritte, mélange de sable et de soude, dont la composition varie selon les secrets de chaque fabrique. Malgré l'addition d'une marne calcaire et de chaux, la pâte n'est pas assez plastique pour que les pièces soient tournées ; elles sont donc moulées. Elles reçoivent, avant cuisson, une couverte plombifère.

LES TERRES VERNISSÉES

Les céramistes antiques (1) et ceux du Moyen Âge n'ont connu que les terres vernissées cuites à température relativement basse. En Europe occidentale, la technique du vernissage ne fait guère de progrès avant le XIe siècle, époque où de nouveaux décors ornent les carreaux destinés au pavage. La vaisselle ne présente un réel intérêt artistique qu'à partir du XVe siècle, avec des formes originales et des décors qui se diversifient.

Au XVIe siècle, en France, le rôle de la poterie vernissée est très important, malgré l'implantation des faïences primitives à Lyon, à Rouen et dans le Sud-Ouest. Les centres de production sont surtout répartis en Beauvaisis et en Saintonge. À Savignies (Oise), les poteries vernissées (vaisselle ornée de motifs en reliefs appliqués) se développent en même temps que les grès (voir plus loin).

Près de Saintes, à La Chapelle-des-Pots, un centre artisanal important produit des plats à personnages et à armoiries en haut relief, où le vernis prend un bel aspect jaspé.

Les céramiques artistiques de Saint-Porchaire, toujours en Saintonge, occupent, malgré leur rareté, une place privilégiée. Ce sont de grandes pièces décoratives (jarres, vases, coupes...) tournées dans une pâte blanche et fine et parées d'un très fin décor en relief estampé, disposé en registres horizontaux et coloré de brun et blanc.

Il faut faire une place à part aux créations personnelles

(1) Voir aussi les chapitres « Antiques » et « Extrême-Orient ».

de Bernard Palissy, qui fut un temps installé en Saintonge. Né à Agen vers 1510, d'abord maître verrier puis arpenteur à Saintes, il découvre — ébloui par une coupe blanche « en terre tournée et émaillée » — sa véritable vocation en 1559. Il devient potier. Ayant embrassé la religion réformée, il est arrêté à plusieurs reprises comme hérétique et finit ses jours à la Bastille en 1590.

Palissy n'a jamais fait de faïence, bien qu'il ait toute sa vie recherché le secret d'un émail blanc. « Inventeur des rustiques figulines du roi », il emploie une technique très particulière, qui consiste à mouler tous les éléments de son décor (végétaux, serpents, lézards) d'après nature, après les avoir collés ou attachés sur une forme, suivant la composition désirée. Il cuit la pièce et pose au pinceau des émaux sans épaisseur, qui n'empâtent pas les détails. En 1566, Catherine de Médicis lui commande une grotte pour les jardins des Tuileries. C'est la seule œuvre de Palissy dont l'attribution soit certaine, car divers fragments ont été découverts lors de la réfection d'un bassin des Tuileries.

L'œuvre de Bernard Palissy a souvent été imitée, en particulier à Manerbe (Calvados) ou à Avon (près de Fontainebleau). Ce chercheur infatigable, tombé dans l'oubli peu après sa mort, redevient à la mode au XIXe siècle : Avisseau, Barbizet, Pull, Sergent, entre autres, font du Palissy avec ferveur.

En France, d'autres fabriques de poteries vernissées existent au XVIe siècle : en Poitou, en Avignon et dans toute la Provence, en Alsace et en Lorraine (carreaux de poêles).

À partir du XVIIe siècle, la poterie vernissée, concurrencée par la faïence, se cantonne dans un rôle surtout utilitaire. Cruchons, jattes, terrines et autres récipients domestiques sont cependant à la base d'un art populaire régional aux belles formes simples, de plus en plus apprécié des amateurs.

Cette production essentiellement provinciale prend certains aspects typiques suivant les régions. Dans le Nord, où la poterie en terre rouge s'orne de cercles ou de cœurs ponctués, les rôtissoires ressemblent à des cruches, et de grosses cloches servent à faire cuire les pommes de terre. En Alsace, le potier crée des moules à gâteaux de toutes formes, des jouets, des poêles, qu'il décore de motifs en relief simples et très colorés, réservant aux grands plats et aux cruches les ornements les plus riches. Les pots couverts à une anse et les chaufferettes de Lorraine sont parachevés d'un dessin en relief ou gravé assez grossier. Les mortiers, les salières, les pots à lait dits « jambes de chien », partiellement vernissés, sont une spécialité de Franche-Comté et de Bourgogne. Sur les formes assez courantes rencontrées en Savoie, le décor posé sur un fond coloré, parfois jaune et rouge, est géométrique ou inspiré de la flore régionale. Le potier normand, qui multiplie les objets de vaisselle d'usage quotidien et les pots de toutes sortes (à miel, à tripes, à lait ou à crème, à cidre...), réalise aussi des pièces de commande somptueuses (fontaines, épis de faîtage).

Les principaux centres de fabrication sont : à Ligron, dans le Maine, où les objets ajourés sont très appréciés (pots à surprise, coupes à double paroi, bénitiers et, après 1850, grandes fontaines en forme de maison) ; en Touraine, où les « grabouettes », pots à anse perforée, servent à faire cuire les châtaignes, et, en Bretagne, où les écuelles à oreilles, la « bolée » à une anse, la cruche dite « bue », le pot à cidre restent des pièces de vaisselle traditionnelles. Dans le Sud-Ouest, les épis de faîtage se rencontrent nombreux, et les grands cuviers à lessive du Limousin sont très particuliers. L'Auvergne donne des noms chantants à sa poterie robuste et lourde : c'est l'« olitou », jarre à huile, ou l'« olette » pour faire cuire haricots ou porc. Dans le midi de la France, la poterie prend l'allure d'une véritable industrie : vases à orangers et cruches à trois anses pour le vin sont courants en Languedoc ; à Apt, les Bonnet et les Arnoux se font une solide réputation pour leur poterie vernissée colorée ; à Biot, une vaisselle usuelle, dont une jarre ventrue typique, côtoie des objets religieux, des fontaines, des chandeliers, de formes et de décors plus élaborés ; à Dieulefit, les ustensiles utilitaires, très fonctionnels, sont des plus ingénieux, tels les « daubières » au couvercle creusé pour recevoir les braises, ou les égouttoirs à cuillers. Ces poteries sont assez souvent signées au dos ou sur le fond, soit d'initiales, soit d'une signature complète, accompagnée parfois d'une date.

Poterie de Ligron,
ornée et sculptée par Guimonneau de la Forterie,
Courcelle, 1788,
à la poterie de Julien Jubeaux.
Coll. Alain Bavoux.

Dans cette énorme production à la fois simple et variée, l'amateur peut rechercher plus particulièrement les pièces originales ou la vaisselle d'usage courant. Cependant, les pièces exceptionnelles, objets de commande exécutés pour un événement important ou destinés au culte (plats de quête, fontaines de sacristie), ou encore pures créations d'artistes, sont rares, de plus en plus chères, et déjà collectionnées depuis longtemps. C'est le cas des « bleus » de Saint-Vérain, des plats du Beauvaisis, des fontaines décoratives normandes ou provençales... Tandis que la vaisselle usuelle se trouve encore en grande quantité, à des prix abordables, et qu'elle reste un champ d'investigation passionnant. Aujourd'hui, poteries et grès populaires intéressent un nombre de collectionneurs de plus en plus grand et les prix ne cessent de monter.

Des hausses spectaculaires ont été enregistrées sur les terres vernissées d'art populaire depuis 1985. La plupart des prix ont doublé depuis cette date. L'amateur, pour séparer le meilleur du moins bon, doit apprendre à observer la qualité technique de l'objet, la beauté des vernis et l'éclat des couleurs, l'élégance de la forme, qui se doit d'être fonctionnelle. Libre à lui, par ailleurs, d'orienter sa collection sur la production d'un seul centre, sur un seul type d'objets, ou encore sur des pièces choisies pour le simple charme de leurs formes ou de leurs couleurs.

LES GRÈS

La production des grès est liée à deux impératifs géographiques : la présence de veines argileuses riches en fer ou en silice, la proximité de forêts donnant en abondance de bons bois de chauffage. Historiquement, le grès apparaît lorsque le potier domine une technique de cuisson lui permettant d'obtenir de hautes températures (plus de 1 200 °C).

En Europe, les pays de grès se situent principalement au nord de la France, dans les pays germaniques et mosans, ainsi qu'en Angleterre.

France

- *Le Beauvaisis*

Dès la fin du XIVe siècle, le terme « terre de Beauvais » s'applique aux premiers grès français, nés d'une évolution de la technique de cuisson. Leurs qualités particulières et nouvelles les font admettre sur la table royale (inventaire de Charles VI, 1399). Les centres les plus célèbres sont Savignies et La Chapelle-des-Pots.

Le grès du Beauvaisis connaît au XVIe siècle une pleine floraison et un succès qui dépasse les frontières du royaume. Les plus célèbres sont alors les grès azurés : « Nos beaux flacons de Beauvais qui sont azurés et bons à merveille » (*Bringuenarilles, cousin germain de Fessepinte,* 1545). Cette couleur, obtenue par du cobalt, se détache sur des pièces raffinées, ornées de motifs en fin relief, appliqués : armoiries, emblèmes religieux, figures énigmatiques ; plus rarement, le décor est linéaire et gravé, ou constitué de petites perles obtenues par repoussage. Le plus célèbre de ces grès est le plat de Villiers de L'Isle-Adam, évêque de Beauvais (au musée du Louvre). En dehors des plats, les pièces les plus courantes sont les gourdes, les ferrières (bouteilles portatives), les coupes orbiculaires avec ou sans anse, les jattes.

La production plus ordinaire de gobelets, pots, coupes à pied, écuelles, pichets, bouteilles, gourdes, vases à boire de toute sorte, lampes, saloirs, vases de pharmacie se poursuit jusqu'au XVIe siècle, époque où la clientèle de luxe, attirée vers la faïence, plus nouvelle, délaisse le grès. Les formes alors s'alourdissent et la pâte se fait plus grossière, mais ces pièces courantes ont la noblesse de leur sobriété. Ce sont les seules qu'on puisse encore trouver sur le marché.

Le XIXe siècle apporte un renouveau de la production du grès dans cette région. Ziegler (1804-1856), qui s'inspire des grès allemands de la Renaissance, travaille à Voisinlieu, dans l'Oise. Ses pièces, dont la plus célèbre est le *Vase des Apôtres,* sont des modèles d'éclectisme.

- *Le haut Berry*

Le principal centre est La Borne, près d'Henrichemont, où quelques potiers du haut Berry sont restés célèbres : Jacques Sébastien et, surtout, au XIXe siècle, la famille Talbot, dont l'un des membres, Marie, est le plus connu.

Les pièces les plus fréquentes sont d'usage domestique : saloirs, vinaigriers, terrines, arrosoirs, aux formes simples liées à leur fonction et sans décor, si ce n'est parfois des bandes pastillées. Les potiers ont fait aussi des pièces exceptionnelles de caractère religieux, telles que des croix de carrefour ou de cimetière, surmontées d'un coq et dont les bras sont terminés par des boules ou des fleurs de lys, avec des personnages sur le socle. Les potiers de La Borne, au XIXe siècle, reçoivent également des commandes de cadeaux de mariage : bouteilles, vinaigriers, fontaines aux formes humaines et fantasques (charrettes de mariés, couples d'amoureux sous une charmille).

Une fontaine et son bassin de La Borne a été préemptée 50 000 F par le musée des Arts et Traditions populaires (Drouot, 15 décembre 1987). Une bouteille du XVIIe siècle en forme de femme (H. 25,5 cm), originaire de la Saintonge du XVIIe siècle (H. 25,5 cm), a atteint 46 000 F (Drouot, 13 février 1988).

- *La Puisaye*

La Puisaye est en basse Bourgogne. Si la poterie y est connue dès le XIVe siècle, les grès les plus anciens semblent dater de la première moitié du XVIIe. Les principaux centres sont Saint-Amand-en-Puisaye et Treigny. Parmi les potiers célèbres du XIXe siècle, citons Jean Mousset, Dourlot, les Jolivot (vers 1850).

L'Art nouveau (voir ce chapitre) a été pour les potiers de Saint-Amand-en-Puisaye une source d'inspiration féconde, qui a donné une vie nouvelle à ce centre de production de grès.

- *Saint-Vérain (Nièvre)*

Saint-Vérain s'est rendu célèbre par ses grès bleus au cobalt. De la Renaissance au XVIIIe siècle, des ateliers disséminés dans la région ont produit des grès d'une grande pureté et d'une grande régularité de couleur. Les pièces subsistantes datent surtout du XVIIe siècle. Le minerai de cobalt était importé de Bohême par des colporteurs. C'est par erreur que l'on a longtemps attribué les grès émaillés bleus de Saint-Vérain au Beauvaisis ou à l'Allemagne.

Les pièces de luxe, purement décoratives, sont entièrement bleues : écritoires, bénitiers, épis de faîtage. Les

Encrier en grès au sel de La Borne (Cher), attribué à Marie Talbot (1806-1860).

Lauros-Giraudon

objets utilitaires n'ont qu'un soupçon de cobalt sur le goulot ou sur le col, le reste de la pièce étant émaillé de jaune, de brun ou de rouge acajou. À partir du XVIIIe siècle, les pièces trempées se revêtent d'un émail aux chaudes couleurs.

Les grès de Saint-Vérain, vernis au sel, prennent souvent des aspects tachetés, par combinaison avec l'oxyde de fer que contient l'argile. Les pièces les plus ordinaires — bonbonnes à huile de noix, saloirs, pots, cruches, bouteilles — ne sont émaillées qu'à l'intérieur pour faciliter le nettoyage et laissées brutes à l'extérieur.

Une chevrette de Saint-Vérain du XVIIe siècle (H. 22,5 cm) s'est vendue 19000 F (Drouot, 13 février 1987).

- *L'Alsace*

Les grès allemands, voisins, font sentir leur influence en Alsace. Dans la région d'Haguenau, Betschdorf a connu une intense production, principalement au XVIIIe siècle.

Sur ces grès vernis au sel, le gris de l'argile de la forêt de Haguenau est souligné d'un décor bleu à l'oxyde de cobalt. Parfois, le décor gris se détache sur un fond entièrement bleu.

Si les plus belles pièces sont peintes, d'autres sont gravées, striées, estampées, décorées de fleurs et de feuillage à l'aide d'un stylet de bois sur une terre encore crue et humide. Un décor moulé ou rapporté offre des pastilles, des scènes, des médaillons, des ramages, des soleils irradiants, des animaux, particulièrement recherchés.

Un des thèmes locaux est l'étoile à six branches, emblème des brasseurs strasbourgeois. Les dates ou inscriptions marquent un mariage, des fiançailles. Au XIXe siècle, quelques pièces à forts reliefs s'inspirent des grès de la Renaissance.

Les objets sont surtout d'usage culinaire : pots à graisse, à sel, à confiture, à beurre ; cruches à eau, à eau-de-vie, à bière ; récipients à conserve, à choucroute, à salaison ; bouteilles à vis et bouchon d'étain fileté, canettes et bocks à bière tronconiques, cruches pour l'eau de distillation, pots à conserver les œufs.

Cruche en grès de Raeren, ornée d'un décor moulé en relief (XVIe siècle). Musée d'art et d'histoire, Bruxelles.

Guillemot, Connaissance des Arts

Allemagne

La région la plus riche en grès *(Steingut)* est celle des pays du Rhin. C'est du XVe au XVIIe siècle que se situe l'âge d'or de ces grès allemands, appelés à tort, à la fin du XIXe siècle, « grès des Flandres ».

À la fin du Moyen Âge, on trouve des grès bruts à Cologne et à Frechen, ainsi qu'à Siegburg vers 1500. Les cruches Jacobas de Siegburg, de forme élancée, assez grossièrement façonnées, ressemblent à celles qu'une légende attribue à Jacqueline de Bavière, captive au château de Teylingen, près de Leyde ; après les avoir fabriquées, elle les jetait dans le fossé pour laisser un souvenir de sa captivité. Par extension, le nom de « pot jacqueline » a été donné à des faïences qui n'ont qu'un rapport très lointain avec ces grès.

En Allemagne, le grès verni au sel offre divers coloris : blanc couleur d'os, à Siegburg, au XVe siècle ; brun, vers 1600, à Cologne et à Frechen, où, répartis par taches, blanc et brun s'opposent ; brun également à Kreussen. Ces grès sont vernis sur un léger engobe d'argile ferrugineuse, ce qui explique l'importance des décors en fins reliefs. On trouve aussi le bleu de cobalt et le violet de manganèse : le bleu, inauguré à Raeren, dans les pays mosans, à la fin du XVIe siècle, est devenu, avec le violet, la spécialité de Grenzau, dans la seconde moitié du XVIIe siècle. Enfin, le gris, notamment à Freiberg.

En dehors de figures en ronde bosse, les pièces les plus répandues sont de grandes cruches, des pichets, des canettes, des vases, au bec souvent orné d'une figure de vieillard barbu. À partir de la seconde moitié du XVIIe siècle, quelques pièces sont signées.

Les grès blancs de Siegburg offrent en fins reliefs des personnages divers — Charlemagne, Jules César, Alexandre le Grand — ou l'évocation du paradis terrestre, se détachant dans des panneaux verticaux. À Grenzau, les grès sont ornés en relief de motifs géométriques, de frises à figures. Des rinceaux ou des tiges fleuries, gravés ou en bas relief, se détachent sur les pièces de Frechen. Les rinceaux en relief de Cologne, à feuillage naturaliste, sont influencés par l'orfèvrerie. Kreussen connaît à partir de 1622 un décor très particulier, semblable à celui des peintres sur verre : sur un fond brun foncé, une polychromie nouvelle, bleu, rouge, vert, jaune, blanc, rose, accuse les reliefs de divinités mythologiques ou d'apôtres. De même, les grès gris de Freiberg, au XVIIIe siècle, se rehaussent d'ornements émaillés noir et blanc : ce sont les *Trauerkruge,* ou vases de deuil.

L'Allemagne du XIXe siècle a fabriqué des grès inspirés de ceux de la Renaissance.

- *Raeren*

Le centre de grès le plus important d'Europe, au XVIe siècle et au début du XVIIe siècle, c'est Raeren. Raeren, bourg voisin d'Aix-la-Chapelle, ni belge, ni allemand, ni mosan, a subi l'influence allemande de Cologne, Frechen, Siegburg, mais des artistes originaux, tels que Jan Emens et Jan Baldems Mennicken, lui font attribuer une place particulière.

Les grès du XVIe siècle, couverts d'un engobe ferrugineux et vernis au sel, sont d'un beau brun doré ou sombre et s'ornent, comme des pièces d'orfèvrerie, de ces fins décors moulés, appliqués en relief et disposés par compartiments, inspirés des gravures de la Renaissance. Les plus connus représentent des rois, des valets, et sont enrichis d'inscriptions typiques de l'époque. Vers

1550, Raeren, comme Siegburg, en Allemagne, produit des *Sueller*, ces brocs cylindriques atteignant jusqu'à 35 centimètres de haut, au décor de héros et de déesses.

C'est désormais l'âge d'or de Raeren. Les maîtres signent leurs œuvres, destinées aux riches demeures d'Allemagne, de Suède, de Danemark, d'Angleterre. Avec Jan Emens, qui fait ses débuts en 1568, puis avec Jan Baldem Mennicken, les grès atteignent des dimensions, des formes et une qualité artistique inégalées. Les personnages les plus célèbres du temps y figurent — Charles Quint, Philippe II d'Espagne, Charles IX de France — ou sont représentés par leurs armoiries, comme Élisabeth Ire d'Angleterre.

Les vases d'Emens, très hauts, s'ornent de divinités et de scènes antiques — combat de Centaures, jugement de Pâris, triomphe de Flore — ou de scènes tirées de la Bible — rencontre de David et d'Abigaïl, la chaste Suzanne. Entre autres pièces célèbres, celles qui sont ornées de danses de paysans.

À partir de 1583, le brun est supplanté par le bleu de cobalt, dit « bleu de Leipzig », appliqué au pinceau ou au trempé et recueilli dans les creux du décor, tandis que le reste du vase est gris clair vitrifié. Pour ces premiers vases bleus, Emens s'inspire des gravures d'Étienne Delaune, d'Orléans.

À sa suite, Baldem Mennicken se spécialise dans les armoiries et les grands médaillons circulaires, représentant par exemple saint Pierre et saint Paul. La qualité de ses reliefs — frises de paysans, scènes inspirées de l'Antiquité et de la Bible, Vénus et Cupidon, Minerve et Pâris, l'histoire d'Hérode — n'atteint cependant pas la virtuosité d'Emens.

Au XVIIe siècle apparaît le violet au manganèse : des vases gris et bleu, conduits à une température plus élevée, deviennent, de façon peu heureuse, violet et brun. À toutes les époques de production, les pièces les plus courantes sont grises. La guerre de Trente Ans, les campagnes de Louis XIV mettent fin au grand succès de Raeren.

Grès contemporains

Après les grès 1900 et 1925, étudiés avec l'art de ces époques, le grès connaît aujourd'hui une magnifique renaissance. Certains artistes ont atteint une telle notoriété que leurs œuvres sont déjà très recherchées des connaisseurs. Citons, parmi les plus connus, les noms de Bernard Leach, pour l'Angleterre, Hamada pour le Japon, Jacqueline et Jean Lerat, Pierre Baey, Champy, Deblander, Dejonghe, Joulia, Linard, Mohy ou Jean-Marie Petit pour la France. Ce sont, dès aujourd'hui, des valeurs sûres, même si les œuvres de ces potiers originaux ne passent que rarement en ventes publiques.

LES ORIGINES DE LA FAÏENCE

Les céramiques d'Asie Mineure

Les Perses ont longtemps conservé le secret des céramiques recouvertes d'émail, dont l'origine remonte aux civilisations de Chaldée et d'Assyrie.

Au XIe siècle, le moine Théophile décrit des pièces aux couleurs éclatantes, connues alors sous le nom de « faïences persanes ». L'art islamique renouvelle les décors de feuillages, d'oiseaux, d'« arabesques », parfois rehaussés d'or, dont se parent les mosquées et les palais.

Ce sont ces plaques, ces vases, ces coupes, ces plats aux décors féeriques — connus sous le nom d'« ouvrages de Damas » — que les croisés rapportent de leurs expéditions en Terre sainte. D'autre part, les chevaliers de l'ordre de Saint-Jean de Jérusalem installent dans l'île de Rhodes, à Lindos, une véritable manufacture, où travaillent des prisonniers capturés sur un navire turc.

Au XVIe siècle, les faïences d'Iznik, ancienne Nicée, aux tons bleu vif, rouge et vert sur fond blanc, qui empruntent leur décor à la flore orientale, sont les plus représentatives de l'art islamique d'Asie Mineure.

Ces techniques séculaires et ces brillants décors forment un maillon historique entre les céramiques du Moyen-Orient et les faïences hispano-mauresques.

Les céramiques hispano-mauresques

Ce terme englobe les diverses faïences et poteries exécutées sur le sol espagnol à la suite de son occupation par les musulmans.

La faïence lustrée à reflets métalliques, qui remplace la vaisselle d'or et d'argent au Moyen-Orient, est obtenue dès le IXe siècle. Le décor est tracé sur les pièces à l'aide d'oxyde de cuivre ou d'argent après une première cuisson. Au cours d'une seconde cuisson en atmosphère réductrice (sans oxygène), les oxydes se déposent en fines pellicules, qui produisent, après lavage, des reflets d'or ou d'argent.

Les premières expériences de faïences à reflets métalliques, localisées à Malaga, datent de la seconde moitié du XIIIe siècle. Mais c'est à Manises, près de Valence, que sont réalisées au début du XVe siècle les belles pièces de vaisselle lustrée recherchées par l'aristocratie espagnole.

Dans la première moitié du XVe siècle, le style oriental domine dans l'ornementation : d'un motif central (étoile, croix, arbre de vie, animaux affrontés) rayonne un décor réparti en compartiments réguliers (caractères coufiques, entrelacs, palmettes, etc.). Des armoiries remplacent parfois les motifs orientaux au centre de la pièce. Peu à peu, le décor tout entier s'européanise : fleurs et feuillages (persil, fougère, vigne, chardon, etc.), animaux et figures traités de façon plus naturaliste. Lettres et inscriptions gothiques se substituent à l'écriture coufique.

Dès la fin du XVe siècle s'amorce le déclin de cette production : le lustre devient de plus en plus rouge, et un décor de motifs simplifiés est répété inlassablement. La concurrence de la majolique italienne est sévère, et les faïences lustrées hispano-mauresques, qui paraissent démodées à l'étranger, ne sont plus exportées. Une production locale, au décor de plus en plus lâche (œillet, oiseau en forme de corne), se poursuit encore aux XVIIe et XVIIIe siècles dans de nombreux ateliers établis en Castille, en Catalogne et en Aragon. C'est à Paterna (près de Valence) que sont apparues les toutes premières faïences européennes, dès la fin du XIIIe siècle. Les premiers décors, fortement marqués par le Proche-Orient, bien que certains thèmes procèdent parfois des répertoires roman ou gothique, sont dessinés en vert de cuivre et violet de manganèse. Le bleu de cobalt n'apparaît que plus tard.

Les carreaux de faïence, qui ornent murs, sols, plafonds et coupoles, font partie intégrante de l'architecture hispano-mauresque, et l'Espagne en produit des quantités énormes : carreaux émaillés monochromes, dont l'assemblage forme des panneaux mosaïqués ; carreaux aux formes géométriques simples, qui portent chacun leur propre décor émaillé ; puis carreaux de faïence peints en bleu et blanc dans un goût plus naturaliste, qui s'européanise. Au XVIe siècle, le style change complètement à la suite d'influences étrangères. Des fabricants italiens, ins-

Couturier, Nicolay

De gauche à droite : *vase de Deruta à deux anses, début du XVIe siècle. H. 21 cm. Albarello polychrome, début du XVIe siècle. H. 21,2 cm. Deux vases couverts de Castel Durante. Fin du XVIe siècle. H. 27,5 et 28 cm. Aux motifs orientaux se substituent les décors de personnages.*

tallés à Séville, transforment les carreaux en tableaux peints à la manière de la majolique italienne.

La majolique italienne

La majolique est une céramique à vocation purement décorative, ce qui exclut la vaisselle utilitaire.

Dans le nord de l'Italie (Bologne et Padoue), dès le XIVe siècle et jusqu'au XVIIe siècle, une poterie vernissée dite *mezzo majolica* est recouverte d'un engobe fin et blanc, sur lequel est gravé un décor simplifié, selon la technique *a sgrafiatto,* proche de celle du « champlevé » de l'émail. La pièce est achevée par la pose d'un vernis plombifère.

Mais c'est par la beauté et la richesse de ses majoliques que l'Italie atteint la plus grande renommée. Les couleurs sont limitées en raison de l'emploi exclusif de la technique de grand feu (le rouge de fer est rare et manque d'éclat), mais l'adresse des potiers permet de subtiles combinaisons, et l'éclat du décor est encore accru par l'application, avant cuisson, d'un vernis plombifère, la *coperta.*

Les formes sont simples : jarres ovoïdes, pièces de vaisselle, coupes d'accouchées, figures sculptées. Les vases de pharmacie, très nombreux, se présentent sous deux formes bien déterminées : l'*albarello,* pot cylindrique, généralement sans anse, plus ou moins concave pour faciliter la préhension, est réservé aux baumes et onguents ; la *chevrette,* cruche munie d'une anse et d'un bec, sert pour conserver les liquides.

En Toscane, les formes et les décors en vert et violet manganèse, puis en bleu *(zaffara),* dessinant le décor « à la feuille de chêne », restent marqués par le Moyen-Orient. À la fin du XVe siècle, les premières polychromies dégagent les productions toscanes de l'influence hispano-mauresque.

La première majolique italienne datée (1466) est de **Faenza :** c'est l'écusson orné du coq des Manfredi, surmonté d'une fleur de lys. Aux palmettes persanes se substituent les feuilles d'acanthe ou d'iris, les lettres gothiques, les bustes de profil, les décors historiés *(istoriati),* véritables tableaux peints qui s'épanouissent dès le XVIe siècle. Les décors originaux se multiplient et vont être imités dans toute l'Europe, notamment les grotesques et les fruits inspirés du sculpteur Della Robbia.

À **Sienne,** les pièces réservées à l'aristocratie, en terre fine et légère, sont décorées d'émail à pigments au vif éclat (ocre orangé, gris-bleu, noir).

L'atelier des Médicis, créé en 1506 à **Cafaggiolo,** produit pendant un siècle des décors inspirés de Faenza, et les *istoriati* de Maestro Jacopo sont caractéristiques.

Parmi les autres centres, citons Montelupo, qui prend le relais de Cafaggiolo ; Deruta, célèbre par ses grands plats d'apparat ornés d'un profil dans les tons rouge brique ; Gubbio, dominé par Maestro Giorgio ; Castel Durante, aux décors à candélabre ou à trophées sur fond bleu ; Urbino, spécialisé dans les *istoriati* (vers 1520), avec les ateliers de Guido Durantino et des Fontana.

À **Venise,** l'émail bleuté sert de fond aux décors *a frutti* et *a fiori* ou *a foglie* (feuilles peintes en deux tons par moitié).

Tous ces décors Renaissance, sans cesse répétés, se retrouvent également à Rome et en Sicile.

Le XVIIe siècle est une période de décadence pour toutes ces grandes fabriques. Les mêmes thèmes continuent à être traités, mais le graphisme et la palette s'appauvrissent. Le seul centre original de production de majoliques est **Castelli,** dont les plaques circulaires ou rectangulaires et les grands plats, parfois rehaussés d'or, sont recherchés par les amateurs, même lorsqu'il s'agit de pièces du XVIIIe siècle.

Dans les autres villes, la faïence à fond blanc, décorée à la manière française, prend la relève.

LES FAÏENCES DE DELFT

C'est avec la volonté d'imiter la porcelaine de Chine, importée par la Compagnie des Indes, que Delft prend son essor.

G. Meguerditchian

Vases de Delft à décor d'oiseaux et de branchage fleuri en camaïeu bleu. À la base et au col, décor de lambrequins, caractéristique de l'époque Louis XVI. H. 41 cm. L'estimation est de 25 000 F en 1989. Coll. Hélène Fournier-Guerin.

La pâte chamois très fine, qui permet d'obtenir des pièces minces et légères, l'emploi d'un vernis translucide (le *kwaart*), qui avive l'éclat des couleurs, le trait foncé (le *trek*), qui souligne les contours du dessin, permettent une imitation presque parfaite des pièces de Chine. Certains modèles sont plus typiques : tulipières en éventail ou en obélisques, « garnitures » à trois, cinq ou sept vases — sans parler des objets les plus inattendus tels que violons, souliers, etc.

Les débuts de la polychromie à Delft se situent vers 1675. Au bleu, au rouge et au vert de base peuvent s'ajouter le violet et un jaune orangé ; mais, qu'il soit polychrome ou en camaïeu bleu, le décor montre la coexistence de l'inspiration européenne et de l'influence orientale sur des formes variées. C'est aussi l'époque d'une certaine production de carreaux polychromes d'une facture très soignée (panneau du *Trianon de porcelaine,* au musée de Sèvres).

Au début du XVIIIe siècle, les pièces les plus remarquables s'inspirent du grand céramiste japonais Kakiemon. Le *delft doré* (dans le premier quart du XVIIIe siècle) cherche à imiter les porcelaines japonaises dites « vieux japon ». Il est décoré selon la technique mixte, en bleu, rouge et or, de scènes de genre chinoises, d'armoiries européennes ou d'un vase fleuri typique. La technique de petit feu, mise au point vers 1725, reste assez secondaire à Delft. Le rose et l'or y sont abondamment employés. Sujets extrême-orientaux et armoiries sont les thèmes les plus fréquents. Puis les faïenciers essaient d'imiter au petit feu les porcelaines de Sèvres et de Saxe (scènes de genre anecdotiques d'après Watteau ou Boucher).

Le « delft français » désigne certains décors populaires (cris de Paris, comédiens, chansons, etc.), spécialement faits pour la France. Le « delft paysan », qui servait à décorer les fermes, traduit naïvement, dans un dessin fruste et à grosses touches de couleurs, divers thèmes décoratifs, parmi lesquels des thèmes de propagande orangiste.

À la fin du XVIIIe siècle, les pièces arrivent parfois blanches de faïenceries anglaises et sont surdécorées sur place en Hollande. L'expression « delft anglais » désigne des faïences classiques du XVIIIe siècle fabriquées en Angleterre (Leeds, Lambeth), qui sont des imitations presque parfaites de Delft, mais de bien moindre valeur.

Également inspirées de Delft, les faïences d'autres centres hollandais (Haarlem, Arnheim, Makkum) sont moins soignées et dépourvues de glaçure *(kwaart).*

D'autre part, à la fin du XVIIe siècle, des artistes delftois se sont installés en Allemagne, à Francfort, Hanau, Cassel, et leur production est difficile à distinguer de celle de Delft.

En dehors des imitations serviles, l'influence de Delft est immense : c'est la vision hollandaise, autant que les pièces importées d'Extrême-Orient par la Compagnie des Indes, qui inspire de nombreux décors des faïenceries françaises.

LA FAÏENCE EN FRANCE

Au XVIe siècle, l'art de la majolique italienne influence toute la faïence européenne. En France, Lyon, Nevers, Nîmes, Montpellier, Narbonne et Rouen produisent des pièces souvent difficiles à différencier des créations transalpines, d'autant que de très nombreux ouvriers sont des émigrés italiens.

- *Nevers*

Les faïenciers de Nevers se dégagent les premiers de l'influence de la majolique. Le style nivernais s'affirme dans les pièces décoratives à sujets mythologiques ou à scènes de chasse d'après Tempesta, graveur florentin du XVIe siècle.

Parallèlement, les faïenciers interprètent d'une manière éblouissante et originale des emprunts faits à la Chine et à la Perse : fond bleu profond enrichi de scènes orientales ou d'un « bouquet persan » en deux tons de jaune et en blanc fixe. Les « bleu et blanc » de Chine deviennent « chinoiseries », peintes en camaïeu bleu, souvent rehaussé de manganèse.

Le décor « à la palette » (paysage ébauché, traité par

grandes masses de couleurs violentes) et le décor « à la bougie » (grosses taches blanches sur fond bleu) sont propres à Nevers. Un style français se dessine simultanément : feuilles d'acanthe, rinceaux, amours, imités de modèles d'ornemanistes du temps, accompagnent les décors historiés, puis les sujets principaux eux-mêmes sont tirés de gravures contemporaines. Après 1660, l'illustration des romans à la mode (*l'Astrée,* d'Honoré d'Urfé) impose des thèmes de bergeries. Le deuxième quart du XVIIIe siècle est une période de déclin, jusqu'au jour où les faïenciers ont l'idée de s'adresser à une clientèle populaire et de lui proposer des sujets familiers : faïences patronymiques datées, pièces commémoratives commandées par les corporations, sujets humoristiques et faïences « parlantes », évoquant un événement d'actualité (premiers envols des « ballons »), thèmes animaliers ou purement décoratifs. À la fin du XVIIIe siècle, nombre de petites faïenceries s'installent dans la région nivernaise et imitent la production de Nevers. Il est souvent bien difficile de déterminer ce qui revient à Auxerre et à la Bourgogne auxerroise, Ancy-le-Franc, Varzy, Vaum... Sous la Révolution, les assiettes s'ornent de symboles patriotiques. Ces assiettes révolutionnaires seront imitées par de nombreuses fabriques de la région. Les amateurs doivent se méfier des contrefaçons qui ont envahi le marché à la fin du XIXe siècle, et des nouveaux faux qui apparaissent actuellement.

• *Rouen*

Masséot Abaquesne, « esmailleur de terre », avait établi à Rouen, au début du XVIe siècle, une fabrique de carreaux de faïence. On sait qu'il employait des artisans italiens. Une de ses œuvres les plus connues est la décoration du château d'Écouen pour le connétable Anne de Montmorency. Un des carreaux polychromes ornés de motifs d'inspiration Renaissance porte la mention « À Rouen 1542 ». Masséot Abaquesne produisit également des pots de pharmacie décorés de fins rinceaux de feuillages stylisés entourant des profils aux nez busqués et aux lèvres charnues.

L'activité des faïenciers rouennais ne se signale de nouveau qu'en 1644, lorsque Edme Poterat obtient la concession pour cinquante ans d'une manufacture de faïence. La grande originalité de Rouen, au XVIIe siècle, est le décor rayonnant dit « aux lambrequins ».

Bleu, bleu et rouge, bleu et jaune ocré, polychrome, ce décor d'un aspect régulier, symétrique, est composé de guirlandes fleuries et de pendentifs qui convergent vers un motif central (armoiries, personnages chinois, panier fleuri, etc.). Ce style se prolonge au XVIIIe siècle. Le décor dit « à l'ocre niellé » sur des pièces luxueuses et rares, et le décor « à ferronnerie », qui imite les œuvres de fer forgé de l'époque, ont, eux aussi, un caractère essentiellement ornemental.

Rouen a également d'habiles peintres de figures. Chapelle, le plus célèbre, nous a laissé des pièces exceptionnelles (sphères célestes et terrestres du musée de Rouen) ainsi qu'une vaisselle d'usage ornée de scènes d'intérieur, de sujets mythologiques ou de bouquets fleuris.

Dès 1725, tous les motifs chinois ou japonais déjà rencontrés à Delft sont interprétés par les faïenciers de Rouen : personnages allongés, décors « à la guivre » (dragon chinois dressé), « à la perdrix », « à la haie fleurie », « à la grenade et à l'ananas », « au perroquet », « à la pagode », ainsi que les innombrables décors « à la corne » ou « à la double corne », de qualité très inégale. Les Guillibaud donnent une interprétation originale des porcelaines chinoises de la famille verte (aile quadrillée coupée de réserves fleuries et semée de fleurs étoilées

Grande potiche couverte en faïence de Rouen à décor de lambrequins bleu et rouge orangé (XVIIIe s.). H. 51 cm. Estimation de 40 000 F en 1989. Coll. Hélène Fournier-Guerin.

Grande coupe couverte à deux anse torsadées en faïence de Nevers à décor de fleurs en blanc sur fond bleu persan (XVIIe siècle). H. 35 cm.

Ader, Picard, Tajan

stylisées). De cette époque datent aussi quelques fonds colorés, bleu lavande surtout. Vers 1740, le style rocaille s'impose : scènes galantes ou champêtres, d'après les peintres contemporains, s'étalent en plein sur des formes chantournées. Les motifs chinois s'européanisent (décor « à l'œillet épanoui »). Certains thèmes annoncent le goût Louis XVI : décor « au carquois », « à l'aria » (portées musicales), etc.

Seul en son genre, Levavasseur crée des décors au petit feu (vers 1775) à motifs de fleurs, de fruits et d'oiseaux, ainsi qu'un modèle original dit « aux marchands levantins ». À la fin du XVIIIe siècle, la concurrence des faïences au petit feu de Strasbourg et de Marseille et celle de la porcelaine entraînent la ruine des faïenceries rouennaises.

• *Paris - Saint-Cloud*
Il est souvent difficile de distinguer entre ces deux productions, dont les origines restent encore mal définies. À Paris sont en général attribuées les faïences corporatives et patronymiques, décorées du lambrequin rouennais. À Saint-Cloud semble réservée toute une production de vases de pharmacie à émail grisâtre et craquelé, ornés d'un décor floral ou du lambrequin rouennais, en camaïeu bleu cerné de noir.

• *Lille*
Jacques Février y installe une fabrique dès 1696. La toute première production « au lambrequin » est proche de celle de Rouen, avec laquelle elle se confond souvent. Pourtant, à Lille, les pièces sont plus légères, car la terre est la même que celle qui est employée à Delft ; l'émail, directement importé d'Angleterre, est pur, brillant et bien nappé ; le décor rayonnant ou, plutôt, divergent à partir d'une rosace centrale tend à couvrir toute la surface. Au XVIIIe siècle, plusieurs faïenceries sont en activité. Des dessins polychromes de style rocaille (vert olive et jaune jonquille très réussis) remplacent décor rayonnant et scènes de genre dans l'esprit de Delft. La fleur de lys ou le dauphin, qui figurent dans les armes de la ville, sont parfois intégrés au décor. Les faïences corporatives évoquent les métiers locaux avec beaucoup de verve. Magots chinois et pichets en forme de personnages sont typiques.

• *Sinceny*
Des artistes rouennais viennent travailler dans la fabrique de Sinceny (Aisne), créée en 1737 par Jean-Baptiste Fayard, seigneur du lieu. Ils transmettent le goût du décor rayonnant et des sujets chinois en les personnalisant avec souplesse dans des couleurs très vives. Plus tard, de fins tableaux en camaïeu bleu dans des encadrements rocaille polychromes restent des créations propres à Sinceny. Vers 1775, la fabrique adopte le petit feu, mais les bouquets cernés d'un trait, ou chatironnés, sont beaucoup moins riches que ceux de Strasbourg, qu'ils veulent imiter.

• *Saint-Amand-les-Eaux*
Au début du XVIIe siècle, Nicolas Alexis Dorez y crée une première fabrique, bientôt suivie, en 1718, de l'installation de celle de Fauquez, vouée à une grande prospérité.

Saint-Amand-les-Eaux (Nord) doit surtout sa renommée à la création, au milieu du siècle, de faïences à fond d'émail gris perle sur lequel s'enroule, en blanc opaque, un décor dit « au coupon », semblable à une fine dentelle. Des motifs floraux en bleu ou violet manganèse, puis polychromes, en grand et petit feu, sont semés parmi ces rinceaux fleuris (décor repris à Bristol, Rörstrand, Tournai, Delft). Avec la technique du petit feu, adoptée assez tôt, apparaissent les sujets à la Watteau et des bouquets de fleurs chatironnées (gros œillet rouge violacé, feuilles d'un vert cru épais, volubilis bleu).

• *Saint-Omer*
Saladin fait, dès 1751, de la faïence « façon Hollande », aidé de Levesque, qui vient de Rouen : lourdes vaisselles chantournées, au bord mouluré ; terrines en formes d'animaux ou de végétaux dans le goût de Strasbourg. La palette, sans rouge, est dominée par un violet de manganèse remarquable, employé en abondance. Les chinoiseries, aux figures inclinées, sont complétées par une longue branche sinueuse fleurie de pâquerettes, et par la mouche de Saint-Omer. Les fonds colorés, le plus souvent bleus tirant sur l'indigo, parfois jaunes ou gris perle, sont ornés de bouquets de fleurs stylisés.

• *Fabriques secondaires (Nord, Ouest, Centre)*
Tous les grands centres que nous venons d'énumérer font partie de la sphère d'influence de Rouen, mais nombreuses sont les petites fabriques également marquées par le style de Rouen. Il faut citer : Aire-sur-la-Lys, Hesdin, Desvres, Bailleul dans le Pas-de-Calais ; Quim-

Pots « jacqueline » en faïence de Lille (XVIIIe siècle). H. 35 cm. Estimation : la paire de 35 000 à 40 000 F en 1989.
Coll. Hélène Fournier-Guerin.

G. Meguerditchian

G. Meguerditchian

Grand plat de faïence de Moustiers « à la tempesta » début XVIIIe siècle). Long. 57 cm. Coll. H. Fournier-Guerin.

per, où Pierre Caussy fait des copies littérales des faïences rouennaises, mais de qualité moindre ; et en Bourbonnais, Moulins, où Joseph Chambon emploie un rouge de fer analogue à celui de Rouen sur des faïences décoratives luxueuses (décor pseudo-oriental des plus fantaisistes, décor « à la campanule »).

• *La Rochelle*
L'influence de Rouen et surtout celle de Nevers dominent la production. En grand feu, les décors « à la haie », « à la corbeille de raisin », « au paon », « au colibri », les paysages de la région, les sujets patronymiques et révolutionnaires sont très originaux. En petit feu, formes et décors imitent les productions de l'est de la France.

• *Moustiers-Sainte-Marie*
Pierre Clérissy est cité comme « faïencier » dans les archives pour la première fois en 1679. Sa production est en camaïeu bleu de grand feu. La pâte, fine et légère, est revêtue d'un bel émail blanc, brillant et lisse, tirant parfois sur le rosé. Les formes les plus courantes sont de grands plats circulaires ou ovales, dits « plats de chasse », et des bassins à bords godronnés. La première manière de Moustiers est proche de celle de Nevers : scènes mythologiques, sujets bibliques, scènes de chasse inspirées du graveur italien Tempesta. Ces sujets sont parfois remplacés par des armoiries. L'aile de tous ces plats est ornée de griffons et de mascarons, puis de lambrequins dans le goût de Rouen, qui se transforment un peu plus tard en « broderies », semblables à de fines dentelles. À la fin du XVIIe siècle, le décor « à la Bérain », ensemble étonnant de sujets les plus fantaisistes, s'inspire principalement de l'œuvre de cet ornemaniste ; développé en largeur et avec symétrie, il orne toute la surface de la pièce ou bien sert d'encadrement à de petits sujets historiés. Le succès de ce décor égale celui du décor rayonnant de Rouen, et on le retrouve jusqu'en Italie et en Espagne.

Joseph Olérys, de retour à Moustiers après avoir dirigé la fabrique d'Alcora, dans la province de Valence, s'associe en 1738 avec son beau-frère, Jean-Baptiste Laugier, et instaure la polychromie de grand feu, sans rouge. Dans un premier temps, Olérys et Laugier signent des sujets mythologiques et des décors « à la Bérain » dans le goût d'Alcora, ce qui prête parfois à confusion (cependant le jaune et le vert olive de la fabrique espagnole sont caractéristiques). Très vite, ils créent : le décor « à médaillons et à guirlandes » ; le décor « à grotesques » — polychrome ou en camaïeu vert, jaune, violet —, composé de personnages de fantaisie et d'animaux fantastiques (ces décors seront repris par de nombreuses fabriques méridionales ainsi qu'à Alcora, à qui reviennent certains camaïeux bleus) ; le décor « à la fleur de solanée » ; le décor « aux drapeaux et à la fanfare ».

Gaspard Féraud ouvre une ultime fabrique de grand feu, en 1779, pour tenter de relancer cette technique passée de mode depuis longtemps.

En effet, Jean-Baptiste et Louis Ferrat ont adopté la technique de petit feu dès le milieu du XVIIIe siècle, pour essayer de lutter contre la concurrence. Ils imitent tous les décors en vogue dans l'est et dans le midi de la France, et usent d'une palette vive.

La zone d'influence de Moustiers est vaste. De nombreuses petites fabriques s'installent autour de Moustiers même (Varages, Aubagne, Tavernes, etc.). À Lyon, les décors s'inspirent de ceux des Clérissy et d'Olérys, avec un jaune ocre caractéristique. À La Tronche, près de Grenoble, le décor à grotesques, plus sommaire, est souligné d'un jaune très orangé.

• *Montpellier*
À Montpellier (fabriques de Jacques Ollivier, d'André Philip, etc.), l'orientation de la production est marquée au XVIIIe siècle par la venue d'ouvriers de Moustiers et de Marseille. Sur des formes inspirées de l'orfèvrerie rocaille (bouquetières typiques, surmontées d'un haut couvercle en pyramide largement découpé), la pensée sauvage, la jacinthe, la rose épineuse sont constantes ainsi que la rose « bleue », lumineuse sur un fond d'émail blanc ou parfois jaune.

Les faïenciers de Montpellier, à la suite d'une trop forte concurrence, s'expatrient aux alentours et créent des fabriques à Toulouse et dans les environs (Martres-Tolosane et Marignac). À Bordeaux, Samadet, Ardus,

G. Meguerditchian

Assiette en faïence de Montpellier à décor polychrome (XVIIIe siècle). Coll. Hélène Fournier-Guerin.

Montauban, les influences de Moustiers et de Montpellier se mêlent.

• *Marseille*

L'année même où Pierre Clérissy s'établit à Moustiers (1679), Joseph, son frère, installe une faïencerie à Saint-Jean-du-Désert, près de Marseille. Les deux productions présentent bien des points communs, d'autant plus que les même peintres, les Viry, travaillent dans les deux fabriques. Sur une terre rougeâtre, l'émail, moins brillant qu'à Moustiers, est légèrement bleuté. Le décor, en camaïeu bleu de grand feu, est souvent rehaussé de violet manganèse, à la manière de Nevers.

On connaît mal Joseph Fauchier, installé à son compte en 1724, qui sculpta des statues et objets décoratifs dans la tradition des Della Robbia. Son fils Joseph II crée des modèles tout à fait originaux : plats ornés de petits paysages animés, peints en camaïeu jaune, dans de lourds encadrements polychromes d'un style Régence attardé, remplacés un peu plus tard par des fleurs au naturel — roses et pivoines, en violet manganèse pour pallier le manque de rouge, sur des fonds émaillés en blanc ou jaune (les fonds jaunes de Fauchier connaîtront une grande vogue dans tout le midi de la France, interprétés, suivant les fabriques, dans les nuances les plus subtiles).

Louis Leroy nous a laissé des pièces d'une très haute qualité, à l'émail remarquable. Dans le décor domine un bleu intense rehaussé de touches de vert, de jaune citrin et d'un beau rouge posé en hachures comme à Rouen. Cette fabrique donne au décor rayonnant rouennais un caractère floral très particulier, et ses « grotesques » sont conçus dans un esprit tout différent de celui d'Olérys à Moustiers.

Alors que les Fauchier et les Leroy restent longtemps fidèles à la technique de grand feu, d'autres faïenciers adoptent, à la même époque que Strasbourg, le décor au petit feu.

La veuve Perrin acquiert très vite une renommée méritée pour ses belles faïences aux formes rocaille mouvementées, recouvertes d'un émail très brillant, obtenues au feu de moufle. Elle reproduit les chinoiseries créées par les ornemanistes de l'époque (décors « à la Pillement », « à la biche », « au milan et au palmier », « à la fleur de chrysanthème ») et peint des fleurs champêtres, parfois en camaïeu vert, le plus souvent polychromes sur un fond blanc ou sur un fond jaune doré. Les décors « aux poissons » et « à la bouillabaisse » sont parmi les plus célèbres. Paysages et marines s'inspirent de l'œuvre de J. Vernet, d'Hubert Robert ou de peintres locaux.

Les faïences de Joseph Gaspard Robert, installé en 1750, sont d'une délicate finesse. Ses services de table s'ornent de toutes sortes de créations personnelles : paysages en miniature, décors « à l'oiseau branché », « à la bergerie », « à l'oiseau mort », « au poisson et à l'épi », « à la moule », « au nid d'oiseau », « à la houlette », « à la double flèche », etc.

Pot à eau et plat à barbe en faïence de Marseille à décor polychrome, fabrique de Robert (XVIIIe siècle). H. du pot 29 cm. Larg. du plat 33 cm. Pièces remarquables par la finesse des détails.

Ader, Picard, Tajan

G. Meguerditchian

Deux assiettes de Strasbourg, l'une à fleurs chatironnées, l'autre à fleurs fines (XVIIIe s.). Coll. H. Fournier-Guerin.

À partir de 1777, André Bonnefoy, ancien apprenti de Robert, traite tous les décors déjà cités, mais il évolue vite vers un style Louis XVI, plus rigide.

• *Strasbourg*
L'histoire de la faïence de Strasbourg se confond avec celle de la famille Hannong.

.Charles-François Hannong, après avoir été fabricant de pipes et de poêles, installe une faïencerie en 1721. Trois ans plus tard, il crée une succursale à Haguenau. Son fils Paul lui succède en 1732 et poursuit jusqu'en 1748 une fabrication de faïence de grand feu. Dans les débuts, un décor au lambrequin, plus naturaliste qu'à Rouen, orne, en camaïeu bleu cerné d'un trait noir, des formes empruntées à l'orfèvrerie.

La période de polychromie de grand feu n'est pas très originale, et Strasbourg n'est encore qu'une fabrique secondaire du point de vue tant économique qu'artistique. Mais, vers 1748, les frères Löwenfinck apportent le secret du petit feu, appris à Meissen et à Höchst. L'influence allemande est alors prédominante. La vaisselle est de style baroque. Les sculpteurs Jean-Guillaume Lanz et Jean Louis fournissent les modèles sculptés : objets décoratifs, figurines, terrines en forme de végétaux et d'animaux, assiettes garnies de victuailles en trompe-l'œil, dont la mode se répandra dans toute la France. La « fleur des Indes » stylisée est cernée de manganèse. La « fleur de Strasbourg », peinte au naturel, accompagnée de papillons et d'insectes d'après des gravures allemandes, n'est pas cernée de manganèse. C'est la qualité fine. La couleur est posée par petits traits, en hachures plus ou moins serrées. Ce genre de modèle, plus rare, est très prisé des amateurs. En 1754, Paul Hannong commence à marquer sa production du monogramme P. H. Il meurt six ans plus tard.

En 1762, son fils Joseph reprend en main la fabrique de Strasbourg. Techniquement, la fabrication reste dans la tradition du père, mais Joseph crée de nouveaux décors, typiquement français. La fleur des Indes et la fleur allemande font place aux roses finement modelées, aux tulipes et surtout aux bouquets largement jetés sur l'émail. Les décors « au chinois » mettent en évidence l'admirable habileté des peintres employés par la manufacture. Les ateliers ferment en 1781 et l'on n'assiste pas, comme pour d'autres centres, à une lente décadence du style et de la qualité de fabrication. L'influence de Strasbourg est immense ; toutes les fabriques de l'Est, ainsi que celles de Sceaux, de Moustiers et les fabriques allemandes l'ont subie ou s'en sont inspirées.

• *Niderviller*
La faïencerie de Niderviller est créée en 1754 par un dilettante raffiné, le baron de Beyerlé, directeur de la Monnaie de Strasbourg. La plupart des ouvriers qu'il embauche venant de chez les Hannong, les rapports sont étroits entre la production des deux fabriques : pièces « en baroque », « fleurs fines » au naturel, « fleurs des Indes » chatironnées. La palette est dominée par un rose violacé caractéristique.

Le comte de Custine rachète la fabrique en 1770. Les statuettes de Paul-Louis Cyfflé ou de Charles Le Mire, en faïence, plus rarement en porcelaine, font la gloire de Niderviller.

En 1793, la fabrique est reprise par le chimiste François Lanfrey. Le style décline et se rapproche alors de celui de la porcelaine de Paris.

• *Lunéville*
En 1723, Jacques Chambrette fonde à Lunéville une faïencerie qui devient vite prospère et à laquelle il adjoint, en 1738, une fabrication en terre de pipe.

Après une production de grand feu (« lambrequins » en camaïeu bleu), il adopte la technique de petit feu à la suite des Hannong : fleurs chatironnées et décor « au chinois » sont peints en polychromie ou en camaïeu vert. Le « chinois » de Lunéville a son originalité ; après une période de grande qualité, il devient à la fin du siècle assez rustique : il évolue sur une terrasse où des feuilles en étoile, séparées par des graines rouges, voisinent avec des feuillages en virgule, entièrement rouges. Des lions et des chiens de faïence sont exécutés pour orner les jardins.

• *Saint-Clément*
En 1758, le même Chambrette obtient l'autorisation d'installer une fabrique à Saint-Clément (Meurthe-et-Moselle), sur le territoire des Trois-Évêchés. Les premières faïences de petit feu se confondent avec celles de Lunéville. Mais, à partir de 1772, sous la direction de Richard Mique, la

production prend un aspect plus original. En terre de pipe recouverte d'émail stannifère, les pièces sont décorées dans le style Louis XVI, avec une prédilection pour les camaïeux. Les formes imitent celles de la porcelaine.

- *Aprey*

Jacques Lallemant, installé en 1744 à Aprey (Haute-Marne), manie la technique de grand feu d'une manière naïvement rustique, sur des formes massives.

En 1760, Joseph Lallemant, son frère, introduit la technique de petit feu et adopte un décor dit « de type large » : grosses fleurs modelées à larges coups de pinceau, dans des couleurs vives posées en épaisseur. Après 1766, il crée un décor dit « de type fin » : fleurs naturelles, oiseaux fantaisistes de Jacques Jarry, décor « au chinois » à l'ombre de feuilles pointues chargées de graines rouges alignées, paysages miniatures. Les imitations de soieries Louis XVI, rayées rouge et vert, dans lesquelles de larges rubans roses alternent sur l'aile avec des galons à picots, sont des créations d'Aprey.

- *Meillonas-en-Bresse*

Fleurs fines dans le goût d'Aprey et scènes de genre dans des paysages, inscrites dans des encadrements qui imitent le cadre de bois doré de tableaux peints, caractérisent la production de Meillonas entre 1759 et 1779.

- *Sceaux*

La fabrique de Sceaux, développée à partir de 1748 par Jacques Chapelle, associé à De Bey, est marquée par les apports de peintres et de sculpteurs venus d'autres régions (Jean Louis et Jean Rothe ont travaillé dans l'Est) et par son désir de rivaliser avec la porcelaine (Chapelle fait aussi de la porcelaine tendre, malgré le monopole de la manufacture de Vincennes).

La terre est fine, assez lourde, rose chamois. L'émail, d'un blanc laiteux, laisse apparaître sous une certaine lumière un léger réseau de craquelures.

La palette de petit feu, dans les débuts, a moins d'éclat que celle de Strasbourg. De grands plats à l'aile découpée en feuilles de chou largement nervurées, des assiettes aux bords déchiquetés soulignés de peignés bleu intense sont typiques d'une certaine production de Sceaux. Les décors en trompe-l'œil rivalisent avec les meilleures créations de Strasbourg, et les statuettes s'inspirent des sujets sculptés dans l'Est ou à Sèvres.

En 1763, la fabrique est louée à Joseph Jullien et Charles Symphorien Jacques. Décorateurs à Mennecy, ils donnent à la faïence l'aspect de délicates porcelaines, dont les décors ne cesseront de se diversifier. La fabrique de Sceaux est une des premières à adopter le style Louis XVI pour les formes comme pour les décors soulignés de peignés bleu et rose et rehaussés de longs filets d'or.

- *Les Islettes*

La fabrique des Islettes (Meuse), fondée en 1764, s'exprime de la façon la plus originale dans la première moitié du XIXe siècle. Sous la direction de Marie-Parfaite Bernard, elle adopte un style populaire et anecdotique, dans des couleurs franches où dominent les rouges et les verts vifs : portraits d'élégantes du temps, épopée napoléonienne, militaires copiés sur les images d'Épinal, décors « à la girafe », « au hibou et aux oiseaux » sont les sujets les plus célèbres.

Corbeille ajourée en faïence de Sceaux (XVIIIe siècle). Estimation : 10 000 F en 1989. Coll. H. Fournier-Guerin.

G. Meguerditchian

LA FAÏENCE FINE

La très exceptionnelle production de Saint-Porchaire (Charente-Maritime) au XVIe siècle peut faire figure d'ancêtre de la faïence fine. Il faut cependant attendre la seconde moitié du XVIIIe siècle pour voir apparaître en Angleterre, principalement dans le Staffordshire, cette céramique à pâte blanche recouverte d'un émail transparent à base de plomb. D'abord décorée de façon classique, elle devient rapidement un produit industriel grâce à la technique du décor imprimé.

Le plus célèbre potier de l'époque se nomme Josiah Wedgwood. En 1759, il s'installe à son compte à Burslem. Vers 1765, il met au point une faïence fine de ton crémeux : patronnée par la reine Charlotte, elle reçoit le nom de *queen's ware* (pâte de la reine). Vers 1768, il fonde un village de potiers, qu'il appelle Etruria, en l'honneur des vases étrusques. S'inspirant de l'Antiquité, il développe, parallèlement aux faïences fines, une production de grès fins ornés de reliefs néoclassiques. Sa création la plus originale, qui sera souvent imitée, est le *jasper ware*, grès fin coloré de tons divers (le bleu pâle étant le plus connu), éclairé d'ornements en relief d'une éclatante blancheur.

La faïence fine en France

Dès le milieu du XVIIIe siècle, certaines manufactures s'efforcent de rivaliser avec l'Angleterre. Au cours du XIXe siècle, le succès de la faïence fine s'affirme définitivement aux dépens de la faïence classique.

- *Pont-aux-Choux*

Dès sa fondation, la manufacture de Pont-aux-Choux (1743-1788) a droit au titre de « Manufacture royale des terres de France à l'imitation de celles d'Angleterre ». Sa terre ivoirée, plastique, permet de reproduire les formes les plus compliquées de l'orfèvrerie rocaille. Aux formes de vaisselle de table les plus variées (terrines, surtouts de table, etc.), ornées parfois d'armoiries en relief, s'ajoute une aimable production de petites sculptures (figures d'amours, de Chinois, etc.).

- *Lunéville*

Dès 1749, Jacques Chambrette, qui, on l'a vu, fait aussi de la faïence, reçoit l'autorisation « d'établir en la même ville une manufacture d'ouvrages en terre de pipe à l'imitation de ceux qui se fabriquent en Angleterre ». Il est difficile de dissocier ces vases, vaisselles de table ou figures de ceux de Saint-Clément ou de Moyen.

Me Loudmer

Les Petits Jardiniers, *assiette en faïence fine de Choisy-le-Roi, appartenant à une suite de douze. Adjugée 13 500 F à l'Hôtel Drouot, le 20 avril 1986.*

À Lunéville encore, Paul-Louis Cyfflé, sculpteur, s'installe à son compte de 1765 à 1780. Il transforme la « terre de pipe » en « terre de Lorraine », onctueuse comme une porcelaine tendre, par adjonction de phosphate de calcium. Il crée une belle statuaire et, en particulier, des biscuits à la manière de Sèvres, dont le succès est énorme.

Le décor imprimé

Après une courte période d'essai de décorations classiques à la main à la manière des faïences stannifères, le décor imprimé devient la règle quasi générale en France au XIXe siècle (sauf à Forges-les-Eaux, Le Havre et quelques autres petits centres).

Montereau, Creil, Choisy, Gien et Bordeaux sont les centres les plus dynamiques durant la première moitié du XIXe siècle. La fin de ce même siècle et le début du nôtre voient renaître l'industrie faïencière dans l'est de la France, où cette nouvelle méthode, bien qu'adoptée très tôt, n'avait pas apporté une réussite commerciale comparable à celle des manufactures de la région parisienne.

• *Montereau (1749-1955)*
En 1749, un privilège pour dix ans est accordé à Mazois pour faire de la faïence fine à Montereau (la terre de la région, excellente, a déjà permis les élégantes réussites de la manufacture de Pont-aux-Choux). En 1775, la fabrique prend le titre de « Manufacture de la Reine » ; elle est subventionnée par l'État et dirigée par une société composée d'Irlandais.

• *Creil (1797-1895)*
La renommée de la fabrique de Creil (Oise), fondée en 1797, suit une courbe ascendante. La terre fine est recouverte d'un vernis assez tendre. Les formes de ses vaisselles de table sont élégantes. La perfection des décors imprimés sur fond blanc, puis jaune, parfois vert profond, contribue à l'essor de la fabrique.

Parallèlement à cette production de faïence fine, Creil réussit des grès fins, noirs ou jaune nankin, aussi beaux que ceux d'Angleterre. Après 1830, une poterie fine ocrée, sans vernis, est peinte de grands motifs floraux en bleu, noir ou blanc.

• *Creil - Montereau*
En 1840, les deux fabriques s'associent. Les décors imprimés sur les assiettes continuent à être très en faveur : thèmes politiques et d'actualité, rébus, cris de Paris, scènes de cirque, danses et chansons, sujets maçonniques, etc.

En 1895, Creil ferme ses portes, mais ses ouvriers continuent de travailler dans la fabrique de Montereau.

• *Choisy-le-Roi*
Fondée en 1804 par les frères Paillart, venus de Chantilly, la fabrique s'installe sur l'emplacement de l'ancien château royal. Le décor imprimé laisse une grande place au noir. Mais, à la fin du siècle, les « émaux ombrants de Rubelles » tendent à le remplacer.

• *Gien (1822 à nos jours)*
Installée en 1822 par Merlin-Hall venu de Montereau, la fabrique crée dans les débuts des pièces blanches. Puis le décor imprimé s'impose (sujets à la mode, vues de la région, etc.). Vers 1860, Gien, au sommet de sa renommée, reçoit des commandes princières de toute l'Europe. C'est pourtant l'époque où les décors commencent à plagier tous les styles du passé.

• *Bordeaux*
Dans la fabrique créée par Boudon de Saint-Amans en 1829, reprise par Lahens et Rateau (1831-1834), puis par David Johnston (1835-1844), toute la production, formes et décors, rappelle les pièces importées du Staffordshire. La fabrique prend son véritable essor à l'arrivée de Jules Vieillard, qui délaisse le grès fin et se limite à la création de services de table en faïence fine.

Autres centres de faïence fine

• *Longwy (de 1798 à nos jours)*
Napoléon Ier commande le « service de la Légion d'honneur », ce qui tend à prouver que la réputation de cette fabrique est bien établie à l'époque. En 1875, Amédée de Caranza lui donne un nouvel essor en créant les « émaux de Longwy » (technique analogue à celle du cloisonné sur métal).

• *Sarreguemines (de 1778 à nos jours)*
La plus importante des fabriques de l'Est a produit, à côté des pièces d'apparat, des vaisselles de table et des objets courants à effet marbré. Le décor imprimé, un peu flou, évolue selon le style du temps, puis copie celui d'Extrême-Orient ou de Rouen. Les grès fins polis, imitant toutes les pierres dures, et les grès mats dans le goût de la *jasper-ware* connaissent un grand succès.

• *Niderviller*
Plus célèbre au XVIIIe siècle pour ses faïences que pour

Théière en faïence fine de terre de Lorraine, à décor aux grains de riz (XVIIIe siècle). Estimation de 2 500 F à 3 000 F. Coll. Hélène Fournier-Guerin.

G. Meguerditchian

ses faïences fines, elle se consacre exclusivement à cette dernière technique à partir de 1827.

• *Langeais (Indre-et-Loire)* [*1839-1900*]
Charles de Boissimon fait, avec succès, essentiellement des objets décoratifs dans une pâte plastique qui contient du kaolin. Il se spécialise dans les pièces polychromes travaillées comme des vanneries, ornées de feuilles et de fruits en relief ou d'ornements plastiques.

• *Apt (1770 à nos jours)*
La faïence se distingue par une pâte marbrée du brun rouge au blanc jaunâtre. Les formes d'orfèvrerie sont décorées d'ornements en relief (mascarons, fleurs, etc.) d'un blanc crémeux.

• Dans toute l'Europe, à la fin du XVIIIe siècle et au XIXe, sont créées des fabriques de faïence fine (Cassel, Magdebourg, Naples, etc.).

LA PÂTE TENDRE

Avant la découverte en Europe, à Meissen (Saxe), en 1709, du secret de la porcelaine dure — l'utilisation du kaolin —, potiers et alchimistes, dans le désir d'imiter les Chinois, font les essais les plus extravagants à partir de matériaux connus. À Florence, vers 1575, on réussit à composer, avec les ingrédients les plus divers, la première pâte artificielle translucide. Il ne reste aujourd'hui qu'une cinquantaine de ces pièces dans les musées et dans quelques collections privées.

La fabrication florentine s'interrompt vers 1587, et il faut attendre la fin du XVIIe siècle pour qu'à nouveau, en France, puis dans toute l'Europe, on soit capable de faire de nouvelles pâtes tendres, ainsi nommées à cause de la fragilité de leur couverte.

Malgré ses indéniables qualités de finesse et de translucidité, la porcelaine tendre n'arriva jamais à égaler la pâte dure des Chinois, qui résistait mieux au contact des couverts. De plus, ces « cocktails » céramiques étaient malaisés à employer. Le nombre des pièces ayant mal supporté la cuisson et mises au rebut conduisait à des prix de fabrication élevés.

• *Rouen (1673-1696)*
Louis Poterat obtient en 1673 le droit de faire de la porcelaine à Rouen. Sa production est mal connue. Un moutardier aux armes d'Asselin de Villequier (musée de Sèvres) sert de référence à toutes les attributions faites à Rouen. Le dessin ornemental, peint en camaïeu bleu tirant sur le gris, fuse légèrement dans la pâte translucide.

• *Saint-Cloud (vers 1675-1766)*
Pierre Chicaneau fait des essais dès avant 1675. Sous la direction de sa veuve et de ses fils (1677-1705), la technique s'améliore ; le décor au lambrequin est d'un beau bleu intense. La polychromie semble apparaître dès la fin du XVIIe siècle. Les formes des vaisselles polychromes dans une pâte ivoirée, onctueuse et savonneuse au toucher, imitent celles de l'orfèvrerie. Les décors, où dominent les verts et les rouges pâles, copient souvent le style kakiemon, mais on trouve aussi des effets de lambrequins. Les fonds jaunes sont rares. Certaines pièces en noir, rouge et or imitent le décor *imari* (du nom d'un port japonais de porcelaines destinées à l'exportation en Occident — appelées couramment en France « vieux japon »). L'or est parfois posé en léger relief. Des porcelaines blanches imitent les « blancs » du Fou-kien (Chine du Sud). Formes et décors d'esprit oriental s'européanisent peu à peu et deviennent plus naturalistes (décor « en feuilles d'artichaut », fleurs en relief). Toute une petite statuaire est sculptée en biscuit émaillé blanc.

• *Chantilly (1725-1800)*
Louis-Henri de Condé, duc de Bourbon, installe une

G. Meguerditchian

Théière en pâte tendre de Mennecy marquée D. V. (duc de Villeroy). Tasse « trembleuse » en pâte tendre de Chantilly à décor kakiemon (XVIIIe s.). Coll. H. Fournier-Guerin.

manufacture à Chantilly vers 1725, mais il faut attendre dix ans pour qu'il obtienne un privilège pour faire de la porcelaine « à l'imitation de la porcelaine du Japon ». La terre « rousse citronnée » est cachée par un émail stannifère d'un beau blanc laiteux. Les couleurs, cernées d'un trait, sont posées sans dégradés ni ombres. Les statuettes de cette période représentent des magots chinois hilares, aux vêtements ornés de dessins polychromes, parfois richement montés sur bronze doré.

Le décor kakiemon, qui fit la célébrité de Chantilly, laisse peu à peu place à un style de transition, où apparaissent des chinoiseries, des formes rocaille extravagantes et des animaux en ronde bosse.

Après la mort, en 1757, de Cicaire Cirou, directeur de la fabrique, la palette se nuance, le chatironnage disparaît et de fines hachures simulant les ombres donnent un relief inconnu jusque-là. Les formes s'inspirent volontiers de l'orfèvrerie rocaille. Le décor de fleurs est le plus courant : « fleur de fraisier » encore schématique, puis fleurs au naturel en bouquet, en semis, en guirlandes, « à la brindille », « à la grosse fleur », au bleuet. Fleurs et oiseaux sont parfois associés. Les fonds colorés et les rehauts d'or sont rares. Vers 1765, la manufacture se met à faire des « services », comme celui de la Ménagerie aux armes des Condé, ou celui de Villers-Cotterêts au monogramme L. P.

En 1792, la manufacture est reprise par l'Anglais Christophe Potter, qui se consacre à la faïence fine. Il fait faillite en 1800.

• *Mennecy (1748-1773)*
François Barbin s'installe à Mennecy (Essonne), sur les terres du duc de Villeroy, en 1748. La manufacture est rachetée en 1766 par Joseph Jullien et Charles-Symphorien Jacques, qui travaillaient à Sceaux. Ces va-et-vient d'artistes, dans diverses manufactures, expliquent bien des similitudes de style.

À Mennecy, la pâte tire sur le crème. La couverte, brillante, ondule très légèrement. La première production est fortement marquée par l'Extrême-Orient, comme à Chantilly. Mennecy subit ensuite l'influence de la Saxe et des manufactures allemandes : animaux de basse-cour et oiseaux en ronde bosse, végétaux en trompe-l'œil, etc.

Puis le goût français s'affirme. La fleur kakiemon est remplacée par la fleur au naturel, traitée dans une nuance de rose tout à fait caractéristique. Les fleurs en relief, polychromes, en général petites et entassées, décorent toute sorte d'objets. Paysages et marines s'inscrivent dans des brindilles comme à Marseille (sur la faïence) ou en réserve, dans des cartels rocaille, comme à Meissen.

Le décor d'oiseaux apporté par Jacques Jullien est le même que celui de Sceaux.

Plus qu'aucune autre fabrique, Mennecy a eu le goût des petits objets : boîtes en forme d'animal, personnages, commodes, flacons de parfums, boutons, dés à coudre abondent. Mais ce sont les statuettes qui feront sa grande réputation. Rarement marquées, les sculptures polychromes sont reconnaissables au rose particulier de Mennecy. Il semble que l'on ait exécuté les mêmes sujets en biscuit et en polychromie : groupe d'enfants d'après Boucher, personnages de la comédie italienne, bergers et bergères copiés de Meissen... sont délicatement sculptés jusque dans les moindres détails. Vers la fin, la statuaire subit l'influence de la faïence fine et devient tout à fait comparable aux créations de Toul et de Lunéville.

Les petites fabriques de Bourg-la-Reine (1736-1806) et de Crépy-en-Valois (1762-1773) travaillent dans le goût de Mennecy.

• *Vincennes - Sèvres (1738-1800)*

En 1738, les frères Dubois, transfuges de Chantilly, s'installent au château de Vincennes pour faire de la porcelaine tendre. En 1753, le roi devient l'un des principaux actionnaires de la société. La fabrique prend le titre de « Manufacture royale de porcelaine ». Les pièces sont marquées de deux « L » entrelacés, accompagnés d'une lettre-date qui change chaque année en suivant l'ordre alphabétique (A pour 1753, etc.), auxquels s'ajoute le sigle du peintre.

Très vite, les formes sont demandées à Duplessis, orfèvre du roi. Elles sont infiniment variées : pièces de vaisselle, objets plus ou moins utilitaires, vases, etc. Tous les grands personnages du royaume et de l'étranger passent commande de somptueux services de table.

Pour ce qui est des décors, vers 1740-1745, on copie le style kakiemon et on imite les « blancs » de Chine. Les témoignages de cette période de recherche sont très rares aujourd'hui. Puis on essaie de rivaliser avec la Saxe. Paysages et marines dans le goût de Meissen tournent autour des pièces. Les fleurs font l'objet d'un vif engouement : montées sur tige de métal, elles forment des bouquets parfois énormes ou servent à orner bras de lumière, lustres, pendules ; peintes, elles s'inspirent des gravures allemandes. Le décor d'oiseaux, plus ou moins réaliste, semble apparaître dès 1744. Les motifs en relief sous l'émail sont constants à Vincennes. L'or utilisé en encadrement rocaille, en motifs en plein sur le fond blanc, ou en simples filets, fait la gloire de la manufacture.

En 1748, grâce à Taunay, la palette s'éclaircit. Vers 1750-1752, les décors se diversifient et s'inspirent des gravures françaises : enfants d'après Boucher, chinoiseries, paysages, fleurs, amours, en camaïeu bleu ou rose ou en polychromie. Les fonds colorés — bleu lapis plus ou moins « nuageux », turquoise, jaune jonquille très rare, violet, vert à partir de 1756 — sont très appréciés des collectionneurs.

En 1756, la manufacture de Vincennes est transférée à Sèvres, avec son personnel. Elle devient propriété royale trois ans plus tard. Il n'y a aucune coupure dans la production, et l'influence de Vincennes reste longtemps prépondérante.

Le fond rose cependant, appelé aussi « rose Pompadour », n'apparaît qu'à Sèvres, vers 1757. Certains fonds, dits « cailloutés », « vermiculés », « à œil-de-perdrix », « mosaïqués », s'enrichissent d'or. Vers 1780 apparaît le fond « bleu nouveau », dit « bleu de roi ».

L'année 1769, début de la fabrication de la pâte dure, est un tournant. Le style Louis XVI s'impose : oves, rubans, guirlandes, camées dans le goût de l'Antiquité, imitations de Wedgwood. La mythologie fait un retour en force avec le service de Louis XVI (1783-1792), chant du cygne de la pâte tendre. Les effets de dorure se compliquent encore : ors de deux couleurs différentes sur une même pièce et or émaillé. Les pièces enrichies d'émaux connaissent une grande vogue à la veille de la Révolution. Sous la Révolution, les fonds changent (brun chocolat, violet foncé), et les décors allient la tradition Louis XVI aux emblèmes révolutionnaires.

La statuaire à Vincennes - Sèvres

Dès 1746, pour rivaliser avec les figurines de Saxe, la manufacture crée des statuettes émaillées polychromes, surtout des animaux dans le goût de Meissen et des figurines d'après Boucher. Des pièces exceptionnelles sont montées en bronze doré. Les biscuits émaillés blancs sont plus nombreux, et les sujets, plus variés :

Service à café en pâte tendre de Sèvres à fond bleu et réserves polychromes à décor d'oiseaux (d'après Buffon). Les porcelaines tendres de la fin du XVIIIe s. sont très recherchées.

Couturier, Nicolay

figures mythologiques, amours, Chinois de fantaisie, etc. Mais Bachelier, insatisfait de ces créations, propose vers 1751 de renouveler le style en laissant les pièces en blanc, sans décor ni couverte : le biscuit est né, et l'on sait combien il sera prisé. Les biscuits de Vincennes-Sèvres ne sont jamais marqués, ce qui facilite les contrefaçons. À partir de 1773, la plus grande partie de la statuaire est exécutée en porcelaine dure. En 1800, Brongniart, administrateur de la manufacture, décide d'abandonner définitivement la pâte tendre, beaucoup trop coûteuse.

• *Fabriques secondaires*
Quelques fabriques secondaires ont fait de la porcelaine tendre, malgré le privilège de Sèvres : à *Sceaux,* Jacques Chapelle essaie de la faire passer pour de la faïence et l'appelle « faïence japonnée » ; à *Orléans,* à partir de 1766, la fabrique prend le titre de « Manufacture royale de porcelaine d'Orléans » et, deux ans plus tard, on y exécute simultanément pâte tendre et pâte dure ; à *Arras* (1770-1790), formes et décors sont proches de ceux de Tournai ; à *Saint-Amand-les-Eaux* (1771-1778), Fauquez, faïencier, fait un bref essai de porcelaine tendre d'une qualité médiocre, qui ne résiste pas à la concurrence de Tournai.

• *Tournai*
Peterinck fonde à Tournai en 1751 une manufacture, reprise après 1800 par la famille Bettignies et qui passe cinquante ans plus tard entre les mains des frères Boch.

La forme très particulière des assiettes et des plats à l'aile nervurée en spirales, avec un bord sinueux et anguleux, se retrouve dans tout le nord de la France. La plupart des décors sont en camaïeu bleu. Certains imitent le saxe : fleurs allemandes, camaïeux pourpres ; d'autres copient Sèvres, Worcester, Derby : oiseaux exotiques roses ou polychromes, fonds colorés (fonds colorés et dorures sont parfois rajoutés au XIXe siècle). Après 1780 apparaissent des décors de style Louis XVI (service « Buffon » pour le duc d'Orléans en 1787), des fonds « faux bois ». Les biscuits émaillés blancs, avec un goût prononcé pour les groupes étagés en pyramide, présentent une grande similitude avec ceux de Chelsea-Derby.

À la fin du XVIIIe siècle, des pièces de Tournai sont vendues en blanc à La Haye pour y être décorées (marque : une cigogne tenant un poisson dans le bec).

LA PORCELAINE DURE EN EUROPE

Le seul centre européen à connaître le secret de la porcelaine dure au début du XVIIIe siècle était Meissen, en Saxe. Malgré toutes les précautions employées par la manufacture, qui établissait une sévère surveillance sur ses employés, le secret allait peu à peu être divulgué à travers l'Europe par des ouvriers transfuges qui vendaient leur savoir à prix d'or.

Ce secret de la pâte dure était pourtant simple : il suffisait d'utiliser une terre adéquate : le kaolin. À la fin du XVIIIe siècle, la découverte d'un gisement près de Limoges, à Saint-Yrieix, allait marquer le début d'un développement généralisé de cet art.

Manufacture de Meissen (Saxe)

Böttger (1682-1719), alchimiste en quête de la pierre philosophale pour l'Électeur de Saxe, Auguste le Fort, découvre le précieux kaolin presque par hasard vers 1709. Sous Böttger, grès et porcelaine sont produits concurremment.

Le grès rouge, très dur et très plastique, est proche des grès chinois ; les premières porcelaines, de formes identiques à celles des grès, ont un aspect un peu jaune ; le bleu sous couverte, très difficile à obtenir, reste grisâtre. Chaque couleur mise au point est une nouvelle conquête.

À la mort de Böttger, en 1719, Hérold, ancien graveur et émailleur, vient travailler à Meissen. Il améliore et il perfectionne la palette. Formes et décors sont créés dans un désir évident de rivaliser avec la Chine et le Japon : vaisselle de style kakiemon, fleurs adaptées de la famille verte, fonds colorés à partir de 1725 — « bleu poudré », brun feuille morte, verts, rouge pourpre ; le jaune est réservé à l'Électeur de Saxe comme il était réservé à l'empereur de Chine. Vers 1724, Hérold imagine le premier style original de Meissen : Chinois aux silhouettes allongées, placés dans de riches cartels de dentelles d'or, puis paysages ou marines empruntés à des gravures françaises. Les décors en or ou en émail noir sont délicatement exécutés par des peintres à domicile *(Hausmalerei)* d'Augsbourg.

Après la mort d'Auguste le Fort, en 1733, les services de table prennent une importance considérable.

Pendant la guerre de Sept Ans (1756-1763), la fabrique est mise sous scellés. Lorsqu'elle reprend son activité, elle subit à son tour l'influence de Sèvres, devenue un prestigieux modèle pour toute l'Europe. La sculpture s'amollit entre les mains de deux sculpteurs français : Michel-Victor Acier et Jean Troy.

Sous la direction de Marcolini (1774-1814), la fabrique imite Sèvres, Berlin, Wedgwood. On utilise les moules du XVIIIe siècle pour refaire les modèles anciens. La grande époque de Meissen est révolue.

Au milieu du XVIIIe siècle, la porcelaine dure est dans toute sa gloire, et de nombreuses fabriques s'installent dans toute l'Allemagne. Leur production, inévitablement, est plus ou moins marquée par l'influence de Meissen. Les analogies de style sont manifestes ; les mêmes artistes se retrouvent successivement dans différentes manufactures dont les plus célèbres sont : Höchst, Nymphenbourg, Fürstenberg, Louisbourg, Berlin.

Manufacture de Vienne (Autriche)

Dans l'Europe entière, les fabricants subissent l'influence de l'Allemagne pour la technique et de la France pour le décor.

Du Paquier fonde une fabrique à Vienne dès 1719. Les premières pièces ne sont pas marquées, mais recon-

Sotheby's

Pots à condiments en porcelaine de Meissen à décor polychrome, par Klinger, XVIIIe s. Adjugés 90 750 F par Sotheby's à Londres, le 21 février 1989.

naissables à la pâte au ton crémeux, à la technique et à la dorure remarquables. Formes et décors attestent le désir d'imiter la Saxe.

L'influence de Sèvres devient sensible, comme partout ailleurs, après la guerre de Sept Ans. Nidermayer crée de fort beaux modèles de statuettes dans des tons pâles, sur des socles à enroulements, qui deviendront plats par la suite.

Sous la direction de Sorgenthal (1784-1805), les services de table, peints dans un style de miniature, richement dorés, abondent. Après 1792, les principales innovations sont représentées par des fonds colorés d'une grande perfection technique (faux bois, violet profond, lilas, rose sombre, vert de mer, etc.), une couverte imitant le bronze, des effets de joaillerie, des imitations de pierres dures, des grès de Wedgwood, des biscuits de Sèvres, etc.

LA PORCELAINE DURE EN FRANCE

Au XVIIIe siècle

Dès 1751, Paul Hannong, puis son fils Joseph fondent à Strasbourg, concurremment à leur faïencerie, une manufacture de porcelaine. Mais ils se heurtent au privilège de Sèvres et doivent transférer la fabrique à Frankenthal en Allemagne. La porcelaine ne vaudra que des déboires aux Hannong et sera, avant la Révolution, la cause de leur ruine.

En 1764, Brancas-Lauraguais fait quelques essais de pâte dure avec du kaolin grisâtre d'Alençon. Ses recherches cessent en 1768, lors de la découverte de gisements d'argile kaolinique à Saint-Yrieix, dans la région limousine. La France va enfin pouvoir faire de la porcelaine dure. Sèvres et Paris deviennent les principaux centres de production en ce dernier quart du XVIIIe siècle.

- *Sèvres*

Tout en continuant à employer la pâte tendre, Sèvres se met à la porcelaine dure. La plupart des nouvelles formes adoptent le style néoclassique à la mode. Fleurs, fruits, paysages, trophées, oiseaux sont cependant toujours appréciés. La palette des fonds colorés est différente : fond bleu clair tirant sur le gris, pourpre foncé (le favori de Mme du Barry), rose beige, jaune acide, imitation d'écaille ou de laque noire, or, etc.

En 1800, la porcelaine dure remplace définitivement la pâte tendre. Les stocks de cette dernière, vendus en blanc à cette époque, ont permis de faire de nombreux faux.

- *Paris*

Malgré le privilège de la Manufacture royale de Sèvres, plusieurs manufactures de porcelaine dure s'installent à Paris dès 1771, patronnées généralement par les princes du sang.

La porcelaine de Paris, couramment appelée « vieux-Paris », se caractérise par la grande blancheur de la pâte, la finesse du décor, l'emploi d'une riche polychromie et d'une dorure abondante, qui annonce le ruissellement d'or cher au XIXe siècle. Des peintres de Sèvres viennent travailler à Paris. Tous les décors ont en commun le goût d'une peinture précise comme celle des tableaux, des ornements antiquisants, des grisailles, des fonds colorés nouveaux.

Nombre de ces établissements parisiens bénéficient d'appuis princiers : le comte de Provence protège la fabrique de Clignancourt ; le comte d'Artois, celle du faubourg Saint-Denis ; la reine, celle de la rue Thiroux ; le duc d'Angoulême, celle de la rue de Bondy, qui sera une des plus réputées de Paris. La fabrique de la rue Fontaine-

P. Hinous, Connaissance des Arts

Exemple de différents décors d'assiette sur pâte tendre de Sèvres (XVIIIe siècle). Bibliothèque du Musée national de la céramique, Sèvres.

Dessin au crayon d'un « fileur-doreur » de la Manufacture de Sèvres, actionnant sa tournette avec le pied (XVIIIe siècle).

Top

J. Guillot, Connaissance des Arts

Plat à décor mythologique, « Apollon et Daphné », de la Manufacture de porcelaine de Sèvres, Musée national de la céramique, Sèvres.

Ader, Picard, Tajan

Veilleuse-tisanière en porcelaine polychrome de Jacob Petit en forme de pagode à colonne (Paris, XIXe siècle). H. 31 cm. Vente Ader, Picard, Tajan, à l'Hôtel-Drouot.

Plat à barbe en faïence « à la girafe », décor très à la mode vers 1830. Coll. Ch. et Ph. Boucaud.

G. Meguerditchian

au-Roy, bien que sans protection, rivalise avec les meilleures.

Dans ce dernier quart du XVIIIe siècle, les fabriques secondaires se multiplient à Paris, sans parler des ateliers de décoration, tel celui du « Petit Carrousel ». D'autres s'établissent dans les environs, à Étiolles, Vaux, Boissette, et en province (Orléans, Niderviller, Bordeaux, Marseille, Lorient, Lille, Valenciennes, etc.). À Limoges, devenu le fournisseur de kaolin de la France et de l'Europe, la manufacture dite « du comte d'Artois » est créée en 1771. Elle sera rachetée par Louis XVI en 1784, pour être rattachée à la Manufacture royale.

Au XIXe siècle

Sèvres, Paris, Limoges sont les grands centres de production de porcelaine dure au XIXe siècle.

Le style, dans toutes les fabriques, suit l'évolution des styles décoratifs qui se succèdent au cours du siècle. Sous l'Empire, tout concourt à exalter la grandeur impériale. Les vases monumentaux d'après l'antique, parfois montés en bronze doré par Thomire, sont abondamment dorés. Les décors, précis comme des miniatures, dédiés à la gloire de l'Empereur, puisent dans tout le répertoire ornemental de l'Antiquité.

Pendant la Restauration et le règne de Louis-Philippe, les perfectionnements techniques se poursuivent, et la porcelaine participe davantage à la vie quotidienne (bibelots, statuettes). Les formes, d'une complication recherchée, se surchargent d'ornements.

La seconde moitié du XIXe siècle voit l'engouement pour la porcelaine atteindre son paroxysme.

• *Sèvres*

Napoléon Ier inscrit la Manufacture sur sa liste civile et lui passe des commandes pour la cour ou pour ses cadeaux diplomatiques. Sous les rois qui lui succèdent, Sèvres crée des services pour chaque demeure royale — des services historiques, encyclopédiques, etc., des imitations en porcelaine des émaux de Limoges du XVIe siècle, des porcelaines ajourées et, toujours, de somptueuses pièces décoratives. Lorsque Napoléon III prend le pouvoir, il commande à son tour des services pour les demeures impériales, et les modèles de vases sont innombrables.

• *Paris*

Quelques fabriques du XVIIIe siècle ont survécu à la Révolution : celle du faubourg Saint-Denis ; celle de Dihl et Guerhard ; celle de Dagoty et Honoré, qui s'appelle d'abord Manufacture de l'impératrice, puis Manufacture de Madame la duchesse d'Angoulême ; celle de la rue Popincourt, fondée par Nast en 1782, etc.

L'œuvre de Jacob Petit (1796-1865), elle, s'inscrit tout entière dans le XIXe siècle. Ce personnage étonnant triomphe de toutes les difficultés techniques et parvient à créer les formes et les décors les plus extravagants (copies du gothique, de l'Orient, de la Saxe, de Vincennes, etc.). L'imagination la plus vive s'exprime dans ses pots à tabac, ses personnages, ses veilleuses, ses flacons, ses animaux.

• *Limoges*

Une des plus anciennes fabriques de Limoges est celle de Baignol, réputée pour ses pièces de luxe et ses biscuits admirables. Le nom de la famille Alluaud, qui possède d'importants gisements de kaolin, domine toute l'histoire de la porcelaine de Limoges. François Alluaud sait se dégager de l'imitation de Sèvres et de Paris et crée d'importants services de table vers 1825-1830. Ses couvertes brunes, qui jouent avec le blanc des réserves, seront souvent imitées. De nouvelles dynasties de porce-

Mequerditchian, Guillot - Connaissance des Arts

De gauche à droite : *assiette en faïence de Lunéville (XVIIIe siècle) à décor de fleurs au chinois ; assiette de Nevers « à la Bastille », décor révolutionnaire ; assiette en faïence d'Aprey (XVIIIe siècle).*

lainiers s'implantent peu à peu : Tharaud, Ruaud, Valin et Aaron.

Dans la seconde moitié du XIXe siècle, la fabrication limousine se développe à l'échelle industrielle.

- *Bayeux*

À Bayeux, en Normandie, la fabrique de Langlois mérite d'être citée pour ses pièces décoratives d'inspiration japonaise, dont le décor en bleu, rouge et or est très caractéristique.

Si l'Allemagne et la France dominent, au XVIIIe et XIXe siècle, l'art de la porcelaine dure, de nombreux centres se créent dans les différentes cours européennes, pour répondre à la forte demande : Venise, Vinovo, Capo di Monte en Italie, Zurich et Nyon en Suisse, Bruxelles, La Haye, Copenhague, Saint-Pétersbourg... ont produit des objets et statuettes de porcelaine dans le goût de la Saxe, qui ont chacune des caractéristiques particulières.

LE MARCHÉ

Il n'y a pas un marché, mais plusieurs marchés de la céramique, très indépendants les uns des autres. Dès leur sortie des fours, les plus belles pièces étaient autrefois retenues par les grands amateurs et destinées à la décoration beaucoup plus qu'à l'usage quotidien.

Le domaine des céramiques est tellement étendu que même les meilleurs marchands sont obligés de se limiter à certaines catégories. Quant aux plus éminents experts en faïences et porcelaines, ils sont curieusement ignorants lorsqu'ils se trouvent en présence de terres vernissées ou de pièces du XIXe siècle, tant ils se sont spécialisés dans leur siècle de prédilection, le XVIIIe.

Le domaine des simples collectionneurs se restreint plus encore : ils s'intéressent, par exemple, à une seule région, et même à une seule fabrique ; ils recherchent parfois une forme particulière, comme les plats à barbe, les chevrettes, les bénitiers ; ou encore ils s'attachent à des thèmes : animaux, faïences patronymiques, assiettes révolutionnaires, porcelaine à décor floral, etc.

L'époque de l'amateur qui, s'en allant « chiner », revient avec un trésor sous le bras semble bien révolue. C'est finalement chez les antiquaires spécialisés ou dans certaines ventes publiques avec catalogue que le collectionneur a les meilleures chances de faire de bonnes acquisitions.

Les prix, quant à eux, montent régulièrement depuis vingt ans, soutenus par le nombre important des collectionneurs. Les faïences classiques de qualité se valorisent au-delà de l'érosion monétaire et la production de certaines fabriques de faïences imprimées du XIXe siècle, comme Creil, Gien ou Quimper, longtemps négligée, s'est mise à monter depuis 1985.

Le développement du goût pour le régionalisme met en vedette telle ou telle fabrique dont les prix s'élèvent en flèche pendant quelques années. Mais, sur une plus longue période, s'opèrent des « rattrapages » ; en effet, l'ensemble des prix pour les pièces moyennes tend à

De gauche à droite : *assiette de Moustiers (XVIIIe siècle), ornée d'une fleur de solanée, dite « fleur de pomme de terre » ; coupe dentelée, décor polychrome « au carquois » (Rouen, XVIIIe siècle) ; rafraîchissoir à bouteille, en faïence de Lille, décor en camaïeu bleu de lambrequin. H. 16 cm.* Coll. Hélène Fournier-Guerin.

G. Meguerditchian

rejoindre le prix des pièces les plus importantes, qui se font de plus en plus rares. Il suffit de la venue sur le marché de deux ou trois amateurs de pièces de grand prix dans un domaine particulier pour que toute la cote de cette catégorie suive les hausses. C'est le cas, par exemple, des faïences de Moustiers, qui ont connu les plus fortes hausses depuis une vingtaine d'années. Au contraire, si les collectionneurs se détournent d'une fabrique, il se produit alors un phénomène de stagnation, comme le cas se produisit pour les faïences de Lille et de Rouen, entre 1970 et 1980. Et les écarts tendent à s'amplifier, car la plupart des collectionneurs suivent les modes au lieu de s'intéresser aux pièces remarquables de fabriques délaissées. Les amateurs éclairés ont donc intérêt à rechercher les pièces de qualité de certains centres de production en marge des modes éphémères ; ils ne les paieront guère plus cher que les pièces médiocres de fabriques en vogue.

À ces phénomènes généraux s'ajoutent des courants régionaux, souvent liés à la conjoncture économique locale.

Compte tenu de ces divers facteurs, le collectionneur d'aujourd'hui ne doit pas s'illusionner sur la possibilité de découvertes sensationnelles chez des brocanteurs ou dans les petites ventes locales. La bonne affaire peut, certes, se produire quelquefois, mais elle est presque toujours contrebalancée par de mauvais achats répétés. Collectionnées depuis longtemps, les belles pièces ne réapparaissent que dans le circuit des grandes ventes avec catalogue ou chez les bons spécialistes.

Depuis 1980, les porcelaines françaises ont effectué une remontée sensible. Les pièces de forme de Vincennes et de Sèvres rejoignent les niveaux de prix des porcelaines allemandes qui ont eu longtemps la faveur des collectionneurs. Une paire de vases de Sèvres (H. 43 cm) à décor polychrome a obtenu une enchère de 460 000 F (Drouot, 1er juin 1987).

Enfin, il faut savoir qu'il est préférable d'acheter, par exemple, deux pièces importantes à vingt mille francs chacune que dix pièces de qualité courante à quatre mille francs. Le coefficient de valorisation sera toujours nettement plus fort pour les pièces de grand prix.

Comme dans tous les autres domaines de l'antiquité et de la curiosité, les meilleurs achats se font toujours si l'on suit son goût personnel.

LES FAUX

De tout temps, des faussaires, parfois très habiles, ont cherché à imiter les pièces les plus appréciées sur le marché. Il ne faut cependant pas confondre les faux, faits avec le désir évident de tromper, et certaines céramiques faites à l'origine sans intention frauduleuse. C'est le cas, par exemple, des pièces de réassortiment, qui finissent par se confondre avec les autres éléments du service dont elles font partie, ou encore d'une bonne copie d'ancien vendue au XIXe siècle comme telle, mais qui, non marquée, peut passer aujourd'hui pour authentique.

Les véritables faux se trouvent sous les formes les plus diverses : la manufacture de Tournai, au XIXe siècle, en surdécorant des porcelaines tendres du XVIIIe siècle déjà marquées et ornées d'un décor simple, a réalisé du « Sèvres », du « Saint-Cloud », du « Chantilly », du « Worcester » ou du « Vienne » ; d'habiles décorateurs ont parachevé les pâtes tendres de Sèvres vendues en cours d'exécution, en 1800, sur ordre de Brongniart, et les ont écoulées comme authentiques ; certaines fabriques ont obtenu, à partir de moules d'origine, des copies qu'elles faisaient passer pour des pièces d'époque ; d'autres se sont tout simplement appliquées à contrefaire matières et décors à succès de manufactures renommées. C'est ainsi que, dès le XIXe siècle, les imitations de faïences lustrées hispano-mauresques ou de majoliques italiennes se sont multipliées lorsque ces céramiques sont redevenues à la mode ; que la production de Delft a inspiré bien des faussaires à Paris comme en Hollande ; que les répliques des porcelaines de Sèvres ou de Saxe sont innombrables...

Certains faussaires ont su créer la confusion dans les esprits en écoulant sur le marché des pièces non signées, copies de telle ou telle fabrique, qui pouvaient laisser planer un doute sur leur origine. D'autres, tout au contraire, ont abusé des marques, et il faut toujours se méfier d'une pièce trop bien signée. En effet, s'il y a des marques qui sont irréfutables parce qu'elles sont incisées ou imprimées sous glaçure, dans la pâte, avant cuisson, il y a aussi toutes celles qui sont peintes ou imprimées sur glaçure et qui peuvent être délibérément rajoutées à n'importe quel moment. Or rien n'est plus facile à imiter qu'une marque : à Moustiers, les Ferrat ont signé certaines de leurs faïences des initiales PH de Paul Hannong de Strasbourg ; à Marseille, le monogramme VP de la veuve Perrin ou la fleur de lys d'Honoré Savy ont été et sont encore largement reproduits ; à Delft, les signatures célèbres trop bien faites doivent éveiller la suspicion. Il faut donc faire preuve d'une extrême prudence avant toute décision d'achat et tenir compte, dans son examen de l'objet, des plus infimes anomalies : qualité de la terre et des couleurs, car les matières anciennes contenaient des impuretés qui leur conféraient un aspect particulier ; traces d'usure volontairement accentuées ; légère dépression dans la pâte, qui peut révéler une signature grattée ; gauchissement, qui peut signaler une pièce de rebut reprise au XIXe siècle ; dimensions légèrement réduites d'une copie par moulage par rapport à celles de l'original ; fond de couleur surajouté, qui laisse deviner un décor initial sous-jacent ; couverte sans éclat, qui peut indiquer une pièce recuite ; emploi, au XIXe siècle, d'un vert de chrome plus jaunâtre que le vert de cuivre du siècle précédent ; dorure trop sèche ; fonds colorés moins nuancés ; décor dont le style ne correspond pas avec la date indiquée ; certains thèmes décoratifs qui n'ont jamais existé à l'époque, comme le décor « à la guillotine » sur des pièces révolutionnaires, ou les portraits de la famille royale sur des porcelaines de Sèvres du XVIIIe siècle.

LES RESTAURATIONS

Le choix de la restauration dépend de la destination de la céramique à réparer : un musée, plus didactique, laissera certains manques apparents ; un amateur pourra souhaiter une réparation moins visible pour ne pas déparer sa collection. Un habile restaurateur peut réaliser, de nos jours, des prodiges de virtuosité.

Lorsqu'un objet vient de se briser, il faut récupérer tous les morceaux sans exception en évitant de faire des essais répétés de remontage à vide, qui risquent d'éroder les cassures, et les envelopper séparément pour que les cassures ne subissent aucun frottement, dans du papier journal, afin de les déposer chez un spécialiste.

Si l'on se hasarde à faire la restauration soi-même, voici comment il faut procéder. Avant d'entreprendre le collage, il est indispensable de nettoyer l'objet soigneusement, avec une brosse trempée dans un détergent ou une lessive concentrée (un nettoyage trop violent est toujours à éviter sur une poterie tendre). Lorsque la céramique est propre, il reste à la débarrasser des traces de réparations antérieures : suppression des agrafes à l'aide d'une pince, disparition des marques de rouille à l'acide chlorhydrique, dissolution des restes de colle avec un bain d'acétone pour les colles cellulosiques, un décapant à peinture pour les colles insolubles comme l'Araldite, de l'alcool pour la gomme-laque, de l'eau chaude pour la colle de poisson. Puis on reconstitue le puzzle constitué par les nombreux fragments en se laissant guider par le décor, les traces de tournage, les différentes teintes de la terre et de l'émail, la forme des tessons. Lorsque certains morceaux ont disparu ou sont irrécupérables, on peut les refaire entièrement en plâtre dur, teinté de la couleur du biscuit, ou en stuc, plus résistant, s'il s'agit de certaines parties soumises à des manipulations constantes.

Ce travail de préparation étant effectué, il faut choisir judicieusement une colle fine, invisible et d'une résistance adaptée à celle de la matière. On peut employer une colle à l'eau ou à l'acétone ou encore une colle polymérisable très résistante. L'Araldite présente bien des avantages : elle supporte les lavages fréquents et permet le remontage en une seule fois, à condition de travailler vite car la durée de son utilisation ne peut excéder une ou deux heures suivant la température ambiante.

Le collage se fera en assemblant entre eux les morceaux de petites et de moyennes dimensions, de manière à obtenir quatre ou cinq grands ensembles que l'on pourra remonter d'un seul coup. Pour obtenir un collage sans bavure, on dépose à la spatule un très mince filet ou quelques fines gouttelettes de colle au centre de la cassure. On rapproche les deux morceaux en appuyant fortement des deux mains. On maintient l'ensemble en place avec du ruban adhésif posé sur la face et sur le revers. La réparation achevée, on retire l'éventuel surplus de colle au trichloréthylène et on met l'objet à sécher.

Pour faire les retouches de l'émail et du décor, on utilise des émaux « à froid », dits dans le commerce « émaux à poterie », car une céramique réparée ne peut être recuite. Le fond d'émail blanc est posé par couches successives, finement poncées l'une après l'autre. Pour ce qui est du décor disparu, on peut le refaire dans son entier, mais si les manques sont énormes, il est préférable d'en indiquer le contour d'un simple trait.

Une céramique restaurée réclame quelques précautions d'entretien : seul est autorisé un lavage en surface avec du coton hydrophile imbibé d'eau savonneuse, suivi d'un rinçage à l'eau pure. Une pièce réparée perd de sa valeur, ne conservant plus qu'une fonction décorative.

Bol à bouillon et son présentoir en porcelaine de Limoges (XVIIIe siècle). Musée Adrien-Dubouché, Limoges.

Guillemot, Connaissance des Arts

Lexique

aile, *bord horizontal d'un plat ou d'une assiette (appelé couramment « marli » dans le commerce), le marli étant la partie verticale qui sépare l'aile du fond.*

barbotine, *argile délayée dans l'eau, qui sert à coller les parties rapportées d'une pièce (anses, becs, etc.) et à assembler les différents morceaux d'une figure sculptée.*

biscuit, *porcelaine laissée à l'état brut, sans décor ni couverte.*

brunissage, *polissage de l'or ou d'un autre métal précieux appliqué sur porcelaine.*

casette ou gazette, *boîte en terre réfractaire dans laquelle on enfourne les pièces pendant la cuisson pour les protéger de l'action directe du feu.*

chatironné (de l'allemand *Schattierung*, ombre), *se dit d'un décor dont le dessin est cerné d'un fin trait noir qui en précise le contour et qui est, le plus souvent, obtenu à l'aide d'un poncis.*

coulage, *procédé de façonnage qui consiste à verser de la barbotine dans un moule en plâtre, présentant en creux la forme de la pièce à obtenir.*

couverte, *enduit feldspathique translucide, de composition variable, posé sur une porcelaine par immersion ou par insufflation.*

décor en plein, *décor peint qui couvre toute la surface d'une céramique.*

engobe, *couche de barbotine, plus ou moins colorée par des oxydes, posée sur le corps d'une poterie pour cacher sa couleur naturelle. Les décors les plus variés (incisés, gravés, peints, en relief, incrustés...) sont possibles sur un engobe.*

fritte, *mélange de divers ingrédients vitrifiables, la fritte est le constituant de base de la pâte tendre appelée aussi « porcelaine tendre » dite encore « porcelaine frittée ».*

glaçure, *nom général d'un enduit vitrifiable sur la surface d'une pièce qu'il rend imperméable et à laquelle il donne un aspect brillant.*

imari, *nom donné aux porcelaines japonaises en bleu, rouge et or, exécutées spécialement pour l'Europe et exportées par le port d'Imari, qui sont imitées en Europe, en faïence et en porcelaine.*

kakiemon, *nom désignant les décors créés par le potier Kakiemon pour orner les porcelaines japonaises. Imités au XVIIIe siècle dans toutes les grandes manufactures de porcelaine et dans certaines faïenceries, ces décors sont parfois appelés « décors coréens » dans les catalogues de vente.*

poncis ou poncif, *procédé de décor permettant de reproduire le contour d'un dessin à travers une feuille perforée.*

réserve, *partie blanche ménagée sur un fond de couleur.*

Plat en « orfèvrerie d'étain » attribué à François Briot, le plus célèbre « estaimier » français de la Renaissance. Autour du motif central, représentant Adam et Ève, six médaillons ovales figurent Minerve entourée des cinq Sciences : « Astronomie », « Rétorique », « Musique », « Gramatique » (ci-dessous), *« Arémétique » (selon l'orthographe figurant sur le plat). Sur l'aile du plat, douze médaillons représentent des empereurs romains à cheval.*
Coll. Ch. et Ph. Boucaud.

G. Meguerditchian

LES ÉTAINS

Rival de l'argent aussi bien par les formes que par l'aspect, l'étain possède des charmes particuliers qui séduisent depuis longtemps les collectionneurs.

Au service du culte, de la médecine ou de la vie quotidienne, l'étain, qui est un des métaux le plus anciennement connus, a donné naissance à des pièces d'une grande variété de formes, adaptées aux fonctions les plus diverses. Façonné au marteau ou coulé dans des moules par d'habiles potiers, l'étain présente l'inconvénient de s'oxyder lentement et de mal résister aux basses températures.

Très malléable, l'étain n'est pas employé à l'état pur, mais avec une proportion de plomb — moins onéreux — et d'autres métaux qui lui donnent du corps. Dès le XIIIe siècle s'exercent sur les alliages d'étain divers contrôles garantis par des poinçons : vaste champ d'étude pour les collectionneurs et les experts.

À la Renaissance, la somptuosité de l'orfèvrerie d'or et d'argent éclipse l'étain. Mais l'« argent du pauvre » prend sa revanche lorsque Louis XIV envoie à la fonte toute l'argenterie de Versailles. La vaisselle d'étain « à façon d'argent » connaît donc un nouvel essor... jusqu'au jour où se répand l'usage de la faïence, puis de la porcelaine.

Reflets de styles successifs — ce qui donne la possibilité de les dater —, les objets d'étain prennent d'autre part des formes régionales caractéristiques — ce qui permet de les localiser. Les poinçons facilitent cette identification.

Mesures à vin, les pichets passent le cap du XIXe siècle, mais doivent s'aligner sur le système métrique lorsque le litre étalon en étain impose son invariable contenance, au détriment des charmantes formes d'autrefois. Tous les ustensiles d'étain reviennent en faveur lorsqu'aux approches du XXe siècle la nostalgie du passé remet à l'honneur les antiquités. Mais cet engouement a pour effet de faire disparaître les bonnes pièces, auxquelles se substituent d'innombrables faux, poinçons compris, même si les experts sont là pour les débusquer. Cette incertitude sur l'authenticité des étains a parfois refroidi l'engouement des amateurs, et les prix ont subi des tassements depuis 1980. Cette désaffection est sans doute provisoire. C'est une raison de plus pour s'intéresser aux pièces anciennes de qualité, accessibles à des prix intéressants.

D'une beauté à la fois noble et familière, l'étain, aux reflets d'une lumineuse douceur, est un métal souple et facile à façonner.

L'étain (symbole chimique Sn, du latin *stagnum*) se présente comme un métal gris argent, très malléable, dont la température de fusion est peu élevée (232 °C). Sa densité est de 7,2. C'est un mauvais conducteur de la chaleur et de l'électricité. Légèrement élastique, l'étain brusquement plié laisse entendre un son particulier dû à sa structure cristalline et que l'on appelle le « chant » ou le « cri » de l'étain. Il se rompt sous une faible force (8 kg par mm^2). Très stable dans des conditions atmosphériques normales, il résiste bien à l'action de l'air et de l'humidité, ainsi qu'à celle des acides. Cependant, l'étain enfoui dans le sol ou longuement exposé à l'humidité finit par s'oxyder en se couvrant d'une pellicule grisâtre. Cette corrosion superficielle n'est pas grave. On peut y remédier par un nettoyage énergique.

Il n'en va pas de même de la « peste » ou « cancer » de l'étain, qui atteint en profondeur les structures moléculaires du métal. Cette altération désastreuse se produit à très basse température (à partir de − 13 °C). L'étain devient alors granuleux, friable et finit par se désagréger complètement en une poudre grise, sans qu'aucune restauration soit possible. Cette maladie mortelle explique la disparition des pièces les plus anciennes. Très rares sont aujourd'hui les étains antérieurs au XIIe siècle. On sait cependant que les gisements d'étain étaient exploités en Asie Mineure et dans les îles Britanniques plusieurs milliers d'années av. J.-C.

Les usages de l'étain

L'étain n'est pratiquement pas utilisé à l'état pur, mais en alliage, le plus souvent avec du plomb et, dans de plus faibles proportions, avec du cuivre, du fer et de l'antimoine, qui lui donnent plus de dureté. D'où les « titres » très variables des objets en étain. Mais les alliages employés pour les ustensiles destinés à un usage alimen-

G. Meguerditchian

Planche tirée de l'ouvrage de Salmon, l'Art du potier d'étain *(Paris, 1788).* Coll. Ch. et Ph. Boucaud.

taire ne doivent pas contenir une trop forte proportion de plomb, ce qui les rendrait toxiques. Cette crainte d'empoisonnement, parfaitement justifiée, est à l'origine des divers contrôles imposés à la production des vaisselles d'étain.

Les techniques de fabrication

Jusqu'au XVe siècle, les pièces, façonnées au marteau, sont d'une seule venue et sans soudure. La technique la plus répandue à partir du XVe siècle est le coulage dans un moule creux. Le maître potier s'adresse à un tailleur de moules spécialisé, en lui indiquant les formes à réaliser. Les moules sont jalousement gardés par les fondeurs d'étain et leurs descendants, qui limitent leurs fabrications à quelques modèles. Ces moules — en pierre, en terre cuite ou en plâtre — leur permettent d'obtenir de petites séries d'objets semblables. Par la suite, l'utilisation de moules en laiton permettra la production de séries plus importantes, jusqu'à l'introduction des moules en fonte, qui, au XIXe siècle, ouvre la voie aux fabrications industrielles.

Les motifs ornementaux en relief sont obtenus à partir du moule lui-même, dont l'étain en fusion épouse les moindres creux. Une autre technique consiste à couler à part certains accessoires et à les fixer ensuite par soudure sur le corps de la pièce. Mais le mode de décoration le plus couramment employé est la gravure au burin en taille directe dans le métal : c'est la gravure « au trait », tandis que la gravure « au tremblé » est faite d'une succession de petites stries ou de petits points exécutés au burin. L'eau-forte est également employée, comme dans la technique de gravure sur cuivre, pour obtenir des motifs en creux, mais c'est un procédé exceptionnel, qu'on ne trouve qu'en Allemagne au XVIe siècle. Le repoussage se pratique à l'aide d'un marteau en bois, afin de faire apparaître des côtes en relief sur la paroi du récipient (côtes de melon, nervures, godrons). Le bosselage, également réalisé au marteau, fait ressortir un élément décoratif répété à partir d'une matrice comportant des

Aiguière à déversoir sur piédouche élevé, et son bassin. Le corps de l'aiguière est formé de deux « coquilles » soudées verticalement. Poinçon de J. M. Emmerich (XVIIIe siècle). Coll. Ch. et Ph. Boucaud.

G. Meguerditchian

motifs et des ornements en relief. Mais ces techniques sont plus rares que l'emploi du burin.

L'évolution des styles

Avec la Renaissance, la fonction utilitaire des ustensiles en étain passe au second plan pour laisser place à des œuvres qui rivalisent avec les pièces d'apparat en or ou en argent. C'est alors que l'« orfèvrerie d'étain » atteint son apogée et s'épanouit en décors raffinés. Le maniérisme tire excellemment parti de la souplesse du tendre métal et donne naissance à des coupes et des aiguières rehaussées d'arabesques et de bas-reliefs figuratifs. Un orfèvre du nom de François Briot, originaire de Lorraine (ou de Franche-Comté), réalise des chefs-d'œuvre richement ouvragés, notamment un plat et une aiguière dont le sujet principal est la Tempérance, accompagnée de personnages mythologiques, de grotesques, de masques et d'allégories des quatre éléments. Tous ces motifs seront imités par des artisans français, allemands et suisses au XIXe siècle.

Lassés du maniérisme, les « estaimiers » du XVIIe siècle reviennent à des formes plus sobres, mais d'une élégante simplicité. Les plats et les assiettes plates, parfois appelées « assiettes-disques », sont ornés sur leurs larges bords de décors gravés ou en léger relief, avec parfois des effigies de princes, de souverains ou de hauts personnages.

L'assiette « à la cardinal » — plus souvent nommée « assiette cardinal » — et le plat du même nom se caractérisent par un bord plat appelé « ailé », particulièrement large par rapport au fond creux. Ce modèle typique doit son nom au cardinal Mazarin, qui en possédait toute une collection (et non pas, comme on le prétend parfois, au chapeau de cardinal, dont il évoque l'aspect).

À cette époque, les chopes et les mesures à vin se fixent en des formes caractéristiques selon les provinces. Parmi les autres objets domestiques, citons encore les fontaines et les cuvettes, les bouteilles, les salières et les saupoudreuses, les chandeliers et les pique-cierges. Peu de pièces de la haute époque sont malheureusement conservées, car, lorsqu'un usage quotidien les avait altérées ou par trop déformées, leur propriétaire les remettait à un fondeur d'étain, qui en tirait de nouvelles pièces au goût du jour, suivant l'évolution des styles.

À la fin du XVIIe siècle, les fontes d'argenterie imposées par Louis XIV pour renflouer les caisses de l'État, ruiné par les guerres, vont donner une vogue nouvelle à l'orfèvrerie d'étain, qui s'épanouit en œuvres innombrables.

La gloire de l'étain allait durer jusqu'à la fin du règne de Louis XV. La vaisselle « à façon d'argent » requiert tout le talent des potiers d'étain, qui continuent cependant à produire assiettes et pichets pour l'usage quotidien. Une forme particulière, inspirée des pièces d'orfèvrerie, remporte un grand succès : l'écuelle à bouillon. D'une région à l'autre, elle s'agrémente de décors qui permettent d'en reconnaître l'origine. Les écuelles parisiennes présentent un couvercle légèrement bombé, avec une prise en forme de bouton et un décor en fin relief, dit « à la dentelle ». Les écuelles de Strasbourg sont couvertes de feuillages, d'entrelacs et de rosaces ; le couvercle comporte parfois trois petits pieds, de telle sorte que, en le retournant, il puisse servir d'assiette. Dans le décor lyonnais, les oreilles sont légèrement découpées et ornées d'arabesques. Bordeaux produit des écuelles soit à couvercle plat à décors en relief sur fond granuleux, soit à couvercle à peine bombé orné de personnages antiques, soit encore à couvercle très bombé avec un bouton en forme de fruit ou d'artichaut stylisé.

C'est dire la variété des décors que l'on retrouve sur d'autres pièces de forme — tous les objets autres que les assiettes et les plats —, telles que les aiguières, les moutardiers ou les saupoudreuses.

La famille des pichets

Une autre pièce, que l'on retrouve aussi bien dans les cabarets qu'à la table des bourgeois, mérite une place à part pour sa grande popularité : c'est le pichet, qui sert

Famille des sept pichets, à épaulement avec couvercle (Paris, XVIIIe siècle). Ces pichets servaient de mesures avant que le gouvernement révolutionnaire n'imposât le système métrique. Coll. Ch. et Ph. Boucaud.

G. Meguerditchian

avant tout d'instrument de mesure à vin. Là encore, chaque province se distingue par un type déterminé, avec des contenances très diverses. On trouve des pichets « à épaulement », dont la base, assez large, s'amenuise vers le haut : le plus typique est le pichet de Paris. Les pichets « à balustre », c'est-à-dire à large panse, se rencontrent dans le Nord, dans l'Est et à Toulouse. Les pichets en tronc de cône plus ou moins élancé sont particuliers à l'Alsace, au Lyonnais et à l'Auvergne. Quel que soit son type, le pichet obéit à une construction très étudiée : la base est toujours plus large que le haut pour assurer une bonne stabilité, le fond est doublé d'une moulure qui le protège des chocs, le centre de gravité est calculé de façon que l'inclinaison de l'anse tenue en main permette de verser facilement et, grâce au poucier, le couvercle se manœuvre sans peine et peut rester en position ouverte. Sous leurs formes diverses, les pichets se maintiennent jusqu'à la Révolution ; les législateurs d'esprit jacobin auront alors bien du mal à imposer une forme cylindrique permettant l'unification des nouvelles mesures, fondées sur le système décimal. Il faut attendre la loi du 4 juillet 1837 pour que devienne obligatoire, à partir du 1er juillet 1840, la série des mesures décimales, soit sept mesures sans couvercle.

Parmi les autres objets d'étain, dont les formes se sont maintenues au XVIIIe siècle, citons les bougeoirs, les saupoudreuses aux chapeaux ajourés, les aiguières en forme de casque renversé, les cimarres (ou « cymoises »), destinées à offrir le vin et devenues pièces d'apparat.

Dans le domaine des ustensiles domestiques subsistent les soupières, les légumiers, les moutardiers, les « déjeuners de bergers » ou « porte-dîner », dont le couvercle formait écuelle, les boîtes à épices, les boîtes à thé, les brocs, les timbales, les plats à barbe et, bien entendu, les plats, les assiettes et les couverts en tout genre : de la cuiller à crème à la cuiller à ragoût. Parmi les pièces de formes plus volumineuses, citons les cuvettes et les fontaines qu'on accrochait au mur.

Au service de la médecine

L'ingéniosité des maîtres potiers est également mise à contribution pour donner à la médecine hospitalière ses principaux ustensiles et instruments : pots de chambre ronds avec un petit bord horizontal (forme adoptée plus tard par les porcelainiers), petits crachoirs à main, « canards » ou récipients à bec verseur permettant d'alimenter le malade, biberons de bébé, boîtes à onguents, bouteilles hermétiques à bouchon vissé, pots à thériaque (remède contre les morsures de serpent), palettes à saignée, timbales, écuelles, sans oublier le fameux « bouillon pointu », c'est-à-dire la grosse seringue à lavement improprement appelée « clystère » (*clystère* désignant le lavement lui-même).

Le déclin

D'autres ustensiles en étain font également partie de la vie quotidienne : tabatières, encriers et récipients en tout genre.

Cependant, la faïence puis la porcelaine vont à leur tour reléguer l'étain au rang de métal vulgaire. Après la Révolution, qui supprime les corporations, les étainiers se contentent d'imiter, sans effort d'imagination, les pièces classiques ou bien ils se limitent à l'utilisation, pour une faible production, des moules légués par leurs devanciers.

Au cours du XIXe siècle, la production de faïence en grande série achève de ruiner les derniers artisans de l'étain, dont le métier ne consiste bientôt plus qu'à réparer les pots cassés ou à boucher par étamage les fissures des récipients fatigués par un long usage. Le potier d'étain n'est alors guère plus qu'un étameur. Cependant, à la fin du siècle dernier, le goût des antiquités devait remettre à l'honneur les étains d'autrefois. Depuis, leur vogue ne s'est plus démentie, ce qui a provoqué la production de copies, que les faussaires tentent de faire passer pour des pièces anciennes en les maquillant sous une détestable patine.

Les poinçons

On sait que, pour donner plus de résistance à l'étain, il faut y incorporer d'autres métaux (notamment du cuivre ou de l'antimoine, dont la fusion est obtenue plus facilement avec une petite proportion de plomb). Mais, comme l'étain est un métal d'importation de coût élevé, la tentation est grande d'alourdir l'alliage en augmentant

Meguerditchian

G. Meguerditchian

Grand plat ovale dit « à bouts rentrés » (Piémont, XVIIIe siècle). Le poinçon (ci-dessus) *porte le nom du potier Pratelli Respini et les lettres FIN, qui garantissent l'étain au premier titre.*
Coll. Ch. et Ph. Boucaud.

la proportion de plomb, beaucoup moins onéreux. C'est pour empêcher les fraudes que, dès le XIIIe siècle, la corporation des « estaimiers » est placée sous surveillance royale (on écrit indifféremment à l'époque *estamier, estanier, estaimier* ou *estaymier,* ou encore *potier d'étain, fondeur d'étain* ou, plus simplement, *pintier*).

Joël Laffay

Poinçon de maître portant les armes de la ville de Brignole, daté 1738, relevé sur un pichet.

Les poinçons de maître

Le poinçon de maître, rendu obligatoire au XVIIe siècle, se compose essentiellement du nom de l'artisan, avec sa devise ou son symbole (arbre, soleil, oiseau, main, poire, etc.). La mention « étain [ou étin] fin » indique une teneur en plomb de l'ordre de 10 p. 100.

Si le maître potier n'a pas de signe qui le personnalise, il emprunte celui de sa province : une rose à Nancy, une fleur de lis à Lille, un lion pour la Flandre et pour Lyon, une croix de Lorraine ou un ange dans l'est de la France, un marteau pour Paris et la Normandie. Souvent, le potier ajoute à la grande marque un petit poinçon qui porte seulement ses initiales de chaque côté d'un symbole, avec, au-dessous, l'initiale de la ville.

Les poinçons de contrôle

À côté du poinçon de maître, les potiers d'étain durent bientôt faire apposer un poinçon de contrôle. Lorsqu'ils avaient terminé une série de pièces, ils les portaient dans les bureaux de la corporation, où les jurés les examinaient et frappaient un poinçon de contrôle après paiement d'une taxe proportionnelle au poids de la vaisselle d'étain. Un édit de 1674 précisa que les ouvrages d'étain devaient être marqués selon la teneur de leur alliage. Un F (fin) et un L (Louis XIV) entrelacés et couronnés désignaient l'étain fin, ou étain au premier titre, pour une proportion de plomb ne dépassant pas 5 p. 100. L'étain commun, qui en comportait environ 20 p. 100, devait être marqué d'un C (commun) et d'un L entrelacés et couronnés.

En 1728, les alliages comportant une teneur en plomb supérieure à 30 p. 100 firent l'objet d'un poinçon de contrôle spécial, avec les deux lettres C E, ce qui signifiait « Claire Étoffe ». On désignait sous ce nom les ouvrages chargés de plomb qui n'entraient pas en contact avec les aliments : moules à chandelles, boutons, pots à tabac et même pots à pharmacie... malgré les risques de toxicité !

Les poinçons de contrôle ont généralement la forme d'un petit cercle où sont inscrits le nom de la ville, la qualité de l'alliage (F pour fin) et la date de contrôle.

Les contrôles se relâchèrent lorsque se généralisa l'usage des vaissellès de faïence, beaucoup moins chères que celles d'étain. Enfin, les poinçons de contrôle furent abolis lorsque Turgot, en 1776, supprima les corporations, les maîtrises et les jurandes. Les alliages furent ensuite plus ou moins réglementés au cours du XIXe siècle.

Les poinçons de jaugeage

Un contrôle se révéla nécessaire pour les mesures en étain utilisées dans le commerce. Le poinçon de

G. Meguerditchian

Écuelle à bouillon (Lyon, début du XVIIIe siècle). La prise « en salière » est caractéristique de Lyon, ce que confirme, sur une des oreilles (ci-dessus), *le poinçon du maître A. Morand à Lyon.* Coll. Ch. et Ph. Boucaud.

jaugeage, destiné à garantir la juste contenance des pichets, s'imposa rapidement ; il confirmait une vérification officielle par le roi, les seigneurs ou les villes, qui se réservaient, toujours moyennant finances, un droit de jaugeage. Avant leur mise en service, les mesures étaient donc étalonnées, puis frappées d'une fleur de lis ou d'armoiries. Les taxes de jaugeage, soumises aux contrôleurs des poids et mesures, furent supprimées en 1790.

L'application obligatoire du système métrique décimal à partir du 1er janvier 1840 (loi du 4 juillet 1837) imposa sept mesures, du litre au centilitre. Trois formes de mesures étaient acceptées, pourvu que la contenance fût étalonnée : mesures avec couvercle, mesures avec anses et couvercle, mesures avec anses sans couvercle.

Les poinçons de jaugeage permettent de dater ces mesures d'étain avec précision. Les initiales RF furent utilisées jusqu'en 1807 ; puis les poinçons à l'abeille jusqu'en 1814, et à l'aigle pendant les Cent-Jours. Sous Louis XVIII, les poinçons comportaient trois fleurs de lis sous couronne ; sous Charles X, ce fut une couronne royale (1825-1830) ; sous Louis-Philippe, le poinçon à la couronne ; la IIe République adopta la « foi », sous forme d'une poignée de main ; Napoléon III y substitua la couronne impériale ; enfin, à partir de 1870, les poinçons de jaugeage furent marqués d'une « foi » plus allongée, où fut logée une petite lettre correspondant à l'année de contrôle et qui change chaque année — de A à N —, avec renouvellement de la série tous les douze ans (le G et le J ne figurant pas pour éviter les confusions possibles avec le C et avec le I).

Quant aux poinçons de propriétaire, ils ne sont généralement pas considérés par les collectionneurs comme un élément valorisant. Il ne s'agit que de marques fantaisistes destinées à éviter les vols, à confirmer l'appartenance à un particulier, à un cabaretier ou à une communauté religieuse.

En conclusion, il ne faut pas trop se fier aux nombreux poinçons dont sont chargés et surchargés les objets d'étain. Pour déterminer la date d'une pièce ancienne, on devra surtout tenir compte du poinçon de maîtrise, où figure le nom du potier au-dessus d'une date, sans perdre de vue que le millésime correspond à l'année d'obtention de la maîtrise et non pas à la date de fabrication de la pièce. C'est en comparant les formes et les décors qui correspondent à un style déterminé qu'on peut parvenir avec une certaine habitude, à une datation approximative. De même, pour reconnaître l'origine géographique des principaux centres de fabrication, les repères apportés par les poinçons comportent des incertitudes et exigent une connaissance des formes propres à telle ou telle région. Mais il faut avouer que de nombreuses pièces utilitaires, comme les assiettes ou les plats festonnés, caractéristiques de l'époque Louis XV, furent communes à la plupart des provinces.

Les pièces d'étain typiques

Laissons la connaissance des poinçons aux spécialistes qualifiés. Pour les simples amateurs, le répertoire des formes courantes peut servir de base à la constitution d'une collection. Les pièces les plus typiques de la grande famille des étains sont les suivantes : la cimarre, récipient pansu à long col et à couvercle ; les boîtes à saintes huiles ; la pyxide (coffret à hosties) ; le calice et sa patène (petite assiette servant à présenter l'hostie) ; l'écuelle à bouillon, plat creux à couvercle, muni d'oreilles ; le pichet aux formes diverses ; la ferrière, ou bouteille à vin fermée d'un couvercle ; l'élégante aiguière ; le mestier, ou flambeau à chandelles ; le porte-dîner, ou quadrain, utilisé pour les repas en dehors de la maison ; le plat à barbe, généralement festonné ; le plat à quête, généralement de forme ronde ; le plat à la cardinale (ou plat cardinal), en forme de chapeau, dont le large rebord porte souvent des armoiries ; et, bien entendu, toute la vaisselle domestique, toutes les séries de mesures : assiettes, plats, brocs, chopes, moutardiers, pichets, pots à eau, soupières, etc.

Bouteille suisse, décorée au tremblé d'un motif floral gravé près du déversoir, avec son anneau de prise caractéristique. (Berne, fin du XVIIIe siècle). Musée des Arts décoratifs, Paris.

Parmi les étains médicaux : le canard, verseuse sphérique fermée par un couvercle et munie d'un long bec, destiné à l'alimentation des malades alités ; les écuelles d'accouchée ; les biberons ; les boîtes à onguents, qui contenaient les pommades ; les cuillers à sirop, munies d'un petit couvercle ; les palettes, ou écuelles à saignée, pour recueillir le sang ; les seringues à clystères, célébrées par Molière, et les « soi-même », qui permettaient, grâce à un conduit coudé, de s'administrer soi-même le clystère.

Les étains européens

Dans toute l'Europe, l'étain a connu des fortunes diverses, liées aux sources de production, à l'expression artistique — sacrée ou profane —, à l'adaptation de ce métal à la vie quotidienne.

En Grande-Bretagne, où les gisements de Cornouailles ont été exploités bien avant l'ère chrétienne, l'artisanat de l'étain, issu de longues traditions, s'est épanoui au Moyen Âge sous forme d'objets liturgiques : ciboires, reliquaires, fonts baptismaux, ou de petits objets de dévotion, tels que des insignes de pèlerins qui se portaient sur la poitrine, représentant, en relief ajouré, un saint familier.

Les pays germaniques et ceux d'Europe centrale ont laissé depuis le Moyen Âge de nombreux témoignages de l'habileté des orfèvres de l'étain, dont la production fut d'abord essentiellement religieuse. Les décors en relief, obtenus en repoussé à partir de feuilles d'étain, étaient plaqués sur des coffrets et des reliquaires. En Saxe, en Bohême et en Moravie, certains fonts baptismaux en forme de cloche renversée, couverts d'inscriptions latines, avaient un caractère monumental.

L'objet germanique le plus typique est la chope à couvercle, ornée de décors en relief représentant des scènes religieuses. Des médailles ou des pièces de monnaie sont parfois incrustées au fond de la chope, dont l'usage s'est maintenu jusqu'au XVIIIe siècle. À partir de la Renaissance, l'étain précieux (Edelzinn) doit son nom à la qualité du travail artistique particulièrement noble, où s'illustra surtout l'école de Nuremberg avec Nicolas Horchaimer et Albrecht Preissensin, qui s'efforcèrent de rivaliser avec l'orfèvre français François Briot. Caspar Enderlein, Jacob Koch, Melchior Horchaimer et Hans Zatzer ont laissé leur nom à cette orfèvrerie d'étain, caractérisée par une représentation figurative en demi-relief.

Dans les pays scandinaves, en Suède et au Danemark, les potiers se sont inspirés de leurs voisins d'Allemagne du Nord, et l'on retrouve aussi bien à Stockholm qu'à Copenhague des chopes et des gobelets très ouvragés ou de la vaisselle courante, dont les styles suivent les modes françaises ou germaniques.

Les Pays-Bas sont plus riches en pièces domestiques : chopes, verseuses, plats, souvent représentés dans les tableaux des peintres intimistes du XVIIe siècle. La verseuse hollandaise, que l'on peut découvrir sur de nombreux tableaux, a même pris le nom du peintre Jan Steen, qui l'a le plus souvent fait figurer (Jan Steen kann).

La Suisse est également riche en vaisselle, en pichets et chopes d'usage courant. Les objets appelés « bouteilles » suisses sont en forme de cloches allongées (Glockenkanne), avec un bec assez court fermé par un petit clapet, ou de forme pansue se terminant par un col élancé, affectant parfois le contour d'un cœur, auquel s'adaptait un couvercle plat. Le pichet du Valais comporte un poucier parfois garni de deux glands. À Genève et à Lausanne, certaines chopes, également en forme de cloche allongée, sont souvent ornées de fines gravures au trait. En Suisse allemande, la Glockenkanne en forme de cloche est surmontée d'un anneau.

Les pays d'Europe méridionale n'ont pas connu de production aussi abondante que les pays d'Europe centrale, à part toutefois le Val d'Aoste, le Piémont et Venise, dont les artisans se sont surtout inspirés des étains français du XVIIIe siècle, avec des variantes de caractère local dans les décors.

L'Espagne est assez pauvre en pièces d'étain. En revanche, le Portugal a produit, notamment à Porto et à Lisbonne, de nombreuses pièces utilitaires, domestiques ou religieuses, ainsi que de remarquables aiguières et autres formes de verseuses en étain, inspirées, mais éclipsées, par l'orfèvrerie d'argent.

Quelle que soit leur provenance, les étains les plus rares sont les objets religieux du Moyen Âge, ainsi que les œuvres aux décors repoussés de la Renaissance.

Les vrais et les faux étains

Comme toutes les œuvres qui suscitent la passion des collectionneurs et qui deviennent de plus en plus rares, les étains font l'objet de nombreuses falsifications. Les étains à forte teneur en plomb se reconnaissent à leur couleur tirant sur le bleu-gris, alors que les beaux étains au premier titre sont franchement brillants. Ce peut être là un critère intéressant, car les faussaires ont tendance à utiliser un alliage malléable où le plomb, moins coûteux, entre en forte proportion.

Les faux étains ont commencé à se répandre au milieu du XIXe siècle, lorsque la haute époque fut remise à la mode. Les faussaires s'intéressaient alors seulement aux pièces les plus anciennes, les multipliant par moulage ou utilisant certains moules retrouvés, notamment pour produire des étains à décors en relief dans le style de François Briot. Les copies obtenues par surmoulage laissent apparaître des reliefs empâtés, dépourvus de la belle patine qui caractérise les pièces authentiques. Les faux étains produits à partir des moules ont un aspect neuf, qu'il est difficile de vieillir en simulant les inégalités d'usure des reliefs que l'on peut observer sur les pièces originales.

Au XXe siècle, le goût pour l'étain s'étend aux plats et aux pichets, que les faussaires se mettent à fabriquer en série et à couvrir de poinçons, en s'imaginant que ces

Soupière à côtes torses reposant sur quatre pieds à enroulement. (Allemagne, seconde moitié du XVIIIe siècle). Coll. Ch. et Ph. Boucaud.

G. Meguerditchian

G. Meguerditchian

Pichet à épaulement à couvercle, Normandie, fin du XVIIIe-début du XIXe siècle. Estimé 5 000 F en 1989.

Pichet en forme de balustre. Poinçon de F. Michod, potier suisse (XVIIIe siècle). Estimé 7 000 F en 1989.

G. Meguerditchian

marques prétendues authentiques suffisent pour tromper tout le monde, tout le temps. Certains poinçons, purement fantaisistes, peuvent être décelés par confrontation avec les poinçons authentiques, répertoriés. Plus perfides sont les moulages obtenus à partir de vrais poinçons, et plus dangereux encore les véritables poinçons, frappés avec les matrices anciennes sur des copies récentes, fidèles à leurs modèles d'origine.

Mais les faux étains, même s'ils portent — souvent en évidence — l'empreinte de poinçons authentiques, réunissent rarement tous les aspects des modèles qui les ont inspirés. Les copies sont rarement tout à fait parfaites. Il existe souvent des discordances entre les divers éléments, qui donnent à une pièce son authenticité globale.

Selon Philippe Boucaud, antiquaire et expert à Paris, dont les ouvrages font autorité, « de nombreuses pièces d'étain portent des poinçons (pas toutes...) ». Celui du contrôle de 1691 a bon dos : il signifie que la taxe imposée à cette date a bien été payée, mais il n'autorise pas à dater de l'époque Louis XIV les pièces qui le portent, quelles que soient leur forme ou leur patine. À propos de cette date de 1691, un petit geste peut suffire à créer le doute : si l'on gratte la boucle du 9, on obtient la date de 1601, et nous voilà sous Henri IV !

« Méfions-nous : les soupières ne peuvent pas être datées avant la naissance du type — dans la seconde moitié du XVIIIe siècle —, surtout si elles n'ont pas dix ans d'âge et qu'elles portent des poinçons qui ne se rencontrent jamais sur les pièces d'époque, surtout s'il s'agit de modèles auvergnats... On sait que l'étain est relativement lourd (densité : 7,2). Les faussaires ont longtemps été desservis par le poids du plomb (densité : 11,3), dont ils abusaient, mais le progrès est en marche : certains nouveaux alliages sont maintenant plus légers que l'étain lui-même, et une simple pesée devient révélatrice. Mais un amateur ne se munit pas forcément de sa balance, et il n'est pas jusqu'au « cri » de l'étain qui ne puisse faire l'effet du chant des sirènes : malgré sa faveur dans l'esprit des amateurs, ce ne peut être un test d'authenticité !

« Les spécialistes n'ont pas encore bien défini le faux. Il est plus difficile encore de différencier faux, trucages, copies, pastiches, souvent confondus par l'amateur — quand ce n'est pas par le professionnel. »

Voici cependant quelques points d'observation qui pourront faciliter la découverte d'une supercherie.

Il faut avoir présent à l'esprit que les faux exécutés d'après des pièces anciennes n'ont été réalisés que dans la seconde moitié du XIXe siècle et qu'ils sont imprégnés de l'esprit de cette époque. Les artisans ont alors gravé ou repoussé des motifs avec un goût pour la surcharge qui va jusqu'à la caricature. La mièvrerie, l'anecdote, la naïveté n'ont qu'un lointain rapport avec les décors authentiques. En revanche, s'il s'agit d'un étain gravé authentique, mais regravé, un examen attentif du trait pourra révéler que la ligne du motif traverse certaines taches, certaines imperfections de l'étain en attaquant la patine ancienne.

En ce qui concerne les décors surmoulés et rapportés, l'étain employé pour les faux, généralement plus chargé en plomb, n'a ni la même couleur ni la même patine. Les reliefs sont moins nerveux et les maquillages superficiels visant à imiter l'usure, les rayures et les bosselures n'ont pas l'aspect des petits accidents accumulés à la suite d'un usage prolongé.

Les plats et les assiettes authentiques présentent souvent des bords affaissés, un fond faiblement creux. Les faux étains moulés, obtenus par une fonte au sable — et non pas avec les moules d'origine —, laissent apparaître un aspect granité que le polissage ne peut effacer dans les parties creuses ; la fonte au sable ne

Mesure du XVIIIe siècle. Musée des Arts décoratifs, Paris.

Aiguière en casque, moulurée sur piédouche du XVIIIe siècle. Anse en « C », terminée par une crosse en volute. Estimée 18 000 F en 1989. Coll. Boucaud.

correspond pas à une technique ancienne, non plus que la fonte avec des moules de papier, qui laissent des reliefs très flous. Malheureusement, certaines techniques récentes, avec des moules en Néoprène ou en d'autres matières, permettent de reproduire des décors d'une grande finesse. Dans les pièces anciennes, les fines bavures laissées par les jointures du moule ne sont jamais retouchées aux endroits où la reprise au tour n'a pu les atteindre. C'est ainsi que de légères bavures s'observent sur le poucier d'un pichet ou sur l'anse d'une aiguière. D'une façon générale, sur les pièces anciennes, les ajustages et les soudures sont toujours très soignés.

En ce qui concerne les poinçons destinés à faire passer pour authentiques des pièces récentes, il convient de vérifier, d'une part, la correspondance entre les marques de contrôle et les poinçons de maître et, d'autre part, la correspondance entre les formes en usage dans une région et le nom du centre censé les avoir fabriquées. Mais cela exige des connaissances régionales approfondies. En cas de doute, mieux vaut consulter un expert. Enfin, de nombreux poinçons fantaisistes employés par les faussaires constituent souvent la « signature » d'un truquage malhonnête. À ce sujet, on consultera avec profit le livre de Philippe Boucaud *250 Poinçons d'étain, faux, copies, imitations ou truquages,* où sont étudiés les principaux artifices des faussaires.

Les étains dans le décor intérieur

Les œuvres en étain les plus anciennes se marient particulièrement bien avec les meubles de haute époque, c'est-à-dire des meubles du XVe à la fin du XVIIe siècle. Un grand bougeoir ou un pichet en étain s'harmonisent avec les formes simples d'un coffre Louis XIII. Une aiguière ou une cimarre rehaussent le prestige d'une crédence Renaissance. Des assiettes ou des plats disposés sur une table monacale contribuent à adoucir l'ambiance un peu austère d'un tel décor. Un petit pichet trouve une place de choix sur une table Louis XIII, une écuelle à bouillon sur un guéridon d'époque Louis XV, et des assiettes à contours festonnés sur un vaisselier du XVIIIe siècle. Si l'on possède un petit présentoir appelé « étimier » ou « étainier », il prend toute sa valeur avec des assiettes plates, des salières, des saupoudreuses, des boîtes à épices, des moutardiers, etc.

Sur les buffets bas de l'Ile-de-France ou les « traites » picardes, des pichets ou des plats sont les bienvenus. Dans un cabinet médical, une palette à saignée ou une seringue à clystère animent les meubles fonctionnels ou les froids rayonnages d'une bibliothèque.

Certains meubles régionaux sont particulièrement désignés pour accueillir des étains. C'est ainsi que, dans l'Ardèche, les bras des fauteuils comportent parfois une cavité justement calibrée pour recevoir une écuelle d'étain. Enfin, toutes les familles des étains, des pièces de formes aux simples mesures du XIXe siècle, en passant par la vaisselle et les fontaines, décorent agréablement les résidences secondaires meublées à l'ancienne.

Nettoyage et entretien

Si vous découvrez un vieil étain très sale et très sombre, commencez par un simple nettoyage à l'eau savonneuse et passez une brosse douce (surtout pas en métal) dans les reliefs des décors et des gravures. Frottez ensuite avec un chiffon de toile imbibé de térébenthine. Séchez avec une toile à sac, une peau de chamois ou un papier journal chiffonné, vous obtiendrez un éclat doux et mat.

Pour faire valoir un aspect plus clair, plus lumineux, vous pouvez employer les produits servant à faire briller l'argenterie. Une vieille recette consiste à faire tremper la pièce pendant quelques jours dans une décoction de prêle, parfois appelée « herbe à étain », puis à sécher en frottant au chiffon doux. Si l'étain est très oxydé, très noir ou victime de la peste de l'étain, consultez un spécialiste qui vous dira s'il peut sauver la pièce par un bain d'acide et un repolissage.

Finalement, rien n'est plus simple que de maintenir en parfait état une pièce convenablement nettoyée. Il suffit de l'épousseter au plumeau ou de la frotter soit avec un chiffon rêche, une toile à sac, soit avec une peau de chamois. Pour faire reluire les étains sans en altérer la patine, on peut également les passer au chiffon imprégné de bière chaude. Pour protéger l'étain contre l'humidité ou l'air marin, il est recommandé de l'encaustiquer à la

Couturier, Nicolay

Grand plat et assiette dits « à la cardinal » (XVIIe siècle). À droite, cruche à huile dite « dourne » (Rouergue, début du XIXe siècle). Les étains classiques sont passés de mode, mais les pièces régionales gardent la cote.

cire blanche dissoute dans un peu d'essence de térébenthine ou de l'enduire d'un léger vernis transparent. Il faut éviter de frotter trop souvent les étains, ce qui risquerait d'en altérer les moulures et les reliefs. Si vous vous servez de votre vaisselle d'étain, n'y découpez jamais rien avec un couteau ; ne laissez jamais séjourner sur l'étain les fruits qui formeraient des taches brunes difficiles à enlever.

N'oubliez pas enfin qu'à basse température (à partir de – 13 °C) l'étain risque d'être atteint par la peste incurable qui ronge sa substance.

Le marché des étains

L'achat d'une pièce d'étain exige des connaissances solides et beaucoup de prudence, aussi bien chez les antiquaires qu'en salle des ventes.

On ne se méfiera jamais assez des étains négligemment exposés parmi des meubles anciens chez un brocanteur, un marchand forain ou sur les étalages des antiquaires au bord des routes. Les pièces anciennes n'ont de valeur que si elles présentent toutes les garanties d'authenticité, et c'est à ces seules conditions qu'elles peuvent se valoriser avec les années.

On éliminera les pièces qui, à l'évidence, comportent trop de plomb — reconnaissables à leur poids excessif, à leur manque d'éclat, à leur aspect bleuté, terne, plombifère.

La rareté de la pièce et son originalité sont évidemment des facteurs de valeur importants. Les pièces antérieures au XVIIe siècle, le plus souvent acquises par les musées, sont exceptionnelles et d'autant plus chères.

Les pièces anciennes les plus courantes sont les plats, les assiettes et les pichets du XVIIe et surtout du XVIIIe siècle. Il faut s'assurer avant tout de leur époque de fabrication, en comparant leurs formes et leurs décors (moulés ou gravés) avec ceux de pièces analogues étudiées dans les musées ou les collections. Il faut regarder de près la patine et l'inégalité de l'usure selon les parties ; on n'omettra pas de vérifier la concordance entre l'époque présumée de la fabrication et les empreintes des divers poinçons. Entreront ensuite en ligne de compte l'harmonie des proportions, la qualité d'exécution et de finition, la beauté d'ensemble du décor, la finesse de la gravure, la présence ou l'absence d'altérations, d'accidents, de coups malheureux et de marques d'usure. L'état de la pièce est également important : un couvercle refait, une anse rajoutée postérieurement peuvent entraîner une perte de 30 à 50 p. 100. La valeur des pièces dépend enfin de leur provenance, attestée par les formes et les poinçons caractéristiques. Les pichets d'Arras et de Lyon sont particulièrement recherchés. Les pièces d'étain sont souvent dispersées aux enchères, parmi d'autres objets, dans de petites ventes sans catalogue. Elles sont alors données sans garantie, et il importe de les regarder de près avant la vacation, d'en discuter avec le commissaire-priseur et d'en demander un prix d'estimation. On peut accorder plus de confiance aux ventes de collections présentant un ensemble homogène et cataloguées par un expert, qui engage sa responsabilité. Si les étains de qualité moyenne sont encore accessibles à de nombreux amateurs, il n'en va pas de même pour les belles pièces du XVIIIe siècle, que se disputent les collectionneurs passionnés.

Le marché selon les catégories

Pour avoir une connaissance plus précise du marché des étains, il convient d'examiner les pièces par catégories. Certaines voient leur cote monter régulièrement, d'autres sont en stagnation depuis plusieurs années.

Les pichets, dont les contenances variaient selon les provinces, sont plus ou moins appréciés en fonction de leur région d'origine. Les types relativement courants, comme ceux de la Normandie ou du Nord, valent par exemple cinq fois moins cher que les mesures à vin comportant les poinçons de Lyon. C'est ainsi qu'un pichet à épaulement du XVIIIe siècle provenant de la région de Caen valait environ 4 000 F en 1988, alors qu'un pichet lyonnais de la même époque atteignait 10 000 F.

Dans une même région, certaines formes sont plus rares que d'autres, les pièces « à balustre » étant généralement plus recherchées. Quant aux pichets du XIXe siècle, ils valent environ deux fois moins cher que ceux du siècle précédent.

Parmi les autres pots et verseuses, les amateurs recherchent particulièrement les aiguières évasées montées sur piédouche et les aiguières balustres à couvercle ouvragé. Les cimarres à anses latérales, qui servaient à offrir le vin à un hôte de marque, sont extrêmement décoratives — et du même coup très souvent copiées. Il est recommandé de les acheter chez un spécialiste.

Enfin, les séries complètes des diverses mesures sont rarissimes pour les pièces du XVIIIe siècle et même difficiles à trouver pour les mesures cylindriques rattachées au système décimal du début du XIXe. Les mesures qui vont du litre au centilitre se présentent par séries de sept ; les plus rares sont munies d'un couvercle.

La platerie, c'est-à-dire les plats et les assiettes, est au contraire très courante et d'un prix relativement modique pour des pièces du XVIIIe siècle. Une assiette à contour chantourné d'époque Louis XV valait de 600 à 900 F en 1989 et un plat de même style et de même époque entre 2 500 et 4 000 F. Les plats à venaison bordés d'une large moulure sont les plus recherchés pour leur rareté. Ils valent environ deux fois plus que les plats cardinal à aile large et plate.

Les soupières, les écuelles et les légumiers, qui font également partie de la platerie, sont des pièces assez courantes, dont les prix varient en fonction de la richesse des moulures et des motifs décoratifs.

Quant aux couverts d'étain, ce sont sans doute les pièces les moins chères ; du fait même qu'elles ne semblent pas intéresser les collectionneurs (à l'exception de pièces portant des poinçons originaux), on les trouve à bas prix un peu partout chez les brocanteurs.

Les étains médicaux, très appréciés des médecins et pharmaciens, connaissent une forte hausse depuis quelques années. Les palettes à saignée ou les canards d'hôpital ont triplé de valeur en trois ans.

Parmi les étains religieux, qui intéressent certaines catégories de collectionneurs, les plus recherchés sont les coffrets à saintes huiles.

Enfin, certaines pièces décoratives, telles que les vasques et les fontaines, valent d'autant plus qu'elles ont conservé leur support en bois.

En conclusion, les étains qui prennent les plus importantes plus-values sont les pièces les plus rares et portant de bons poinçons. Les étains qui répondent à ces critères sont assurés d'une valorisation à long terme.

Musée des Arts décoratifs, Paris.

Bouteille à vin dite « ferrière », du XVIIe siècle, ornée de mascarons. H. 30 cm. (Sans poinçon.)

Saupoudreuse à pans en forme de balustre sur piédouche (Paris, début du XVIIIe siècle). Coll. Ch. et Ph. Boucaud.

G. Meguerditchian

Bodhisattva à quatre têtes en bronze doré et bronze patiné,
assis en « vajraparyanka », vêtu d'une robe monastique entièrement ornée de bijoux ;
l'expression souriante se retrouve sur les trois têtes supérieures. H. 80 cm.
Chine, fin de l'époque Yuan -
début de l'époque Ming, XIVe-XVe siècle.
Une pièce similaire est exposée
à l'Asian Art Museum de San Francisco.
Galerie Laurence Feuillet, Nice.

Galerie Feuillet, Nice

L'EXTRÊME-ORIENT

L'Extrême-Orient... deux mots qui font rêver. La plupart des pays occidentaux ont enrichi leur propre sensibilité artistique en s'inspirant de nombreux témoignages de ces lointaines civilisations, rapportés, de siècle en siècle, par d'aventureux navigateurs.

Des sculptures gréco-bouddhiques aux peintures sur rouleaux et aux estampes, les œuvres plastiques chinoises, japonaises ou coréennes sont animées d'un pouvoir décoratif vivifiant, dont les styles successifs se retrouvent sur les objets familiers de la vie quotidienne.

Les céramiques, et notamment la porcelaine, les émaux, les laques sont l'expression de techniques originales longtemps gardées secrètes.

Jades, pierres dures, ivoires, sculptés avec une prodigieuse habileté, suscitent l'intérêt de nombreux collectionneurs.

Pour ce qui est du travail des métaux, les artistes chinois et japonais rivalisent d'habileté : pièces archéologiques en bronze, émaux, armes sont de plus en plus recherchés par les amateurs. Les œuvres de qualité se disputent aux plus hauts prix : statues en bronze ou en bois doré, meubles ou objets de vitrine. Un tel engouement — générateur de hausses — provoque inévitablement la mise en circulation de copies récentes, tandis que les pièces les plus anciennes, d'une authenticité indiscutable, ne cessent de se valoriser.

Le monde asiatique a toujours fasciné l'Occident. Dès l'Antiquité, les souverains à la recherche d'or, d'épices, de soieries et de fourrures encouragent les commerçants à naviguer vers des terres inconnues. Alexandre le Grand se lance à la conquête des territoires situés aux confins de l'Indus. Les Romains, bénéficiant des découvertes récentes en matière de navigation (notamment la mousson), installent des comptoirs en Inde orientale. Cet intérêt pour les objets et les produits exotiques se confirme avec les empereurs byzantins, qui découvrent le secret de la fabrication de la soie chinoise. La route de la Soie, traversant l'Asie centrale et les oasis du bassin du Tarim, unit le monde de l'Orient à celui de l'Occident.

Le Moyen Âge et la Renaissance conservent des relations avec la Chine. Dans la seconde moitié du XIIIe siècle, Marco Polo visite l'empire des Song et des Yuan. Quant au Japon, il est connu plus tardivement : saint François Xavier y débarque en 1549.

Mais c'est surtout avec le XVIIe siècle que s'ouvre l'ère de la « chinoiserie ». Louis XIV communique, par l'entremise des Jésuites, avec son contemporain, le grand empereur de Chine K'ang-hi. L'Europe trouve en Asie des formes de pensée, des philosophies et des arts qui stimulent sa curiosité. Ainsi, les Jésuites se font traducteurs des textes chinois et initient l'empereur aux mathématiques et à l'astronomie occidentales ; ils fondent même un observatoire à Pékin. Chaque pays cherche à nouer des relations diplomatiques et commerciales avec le fabuleux Orient. Des Compagnies des Indes orientales voient le jour de bonne heure au Portugal, en Hollande en 1602, en France en 1664 ; au XVIIIe siècle, l'Angleterre possède la sienne vers 1715, la Suède en 1731.

Les boudoirs s'ornent alors de potiches et de chimères ; les meubles laqués, les porcelaines, fabriqués pour répondre à la demande occidentale, sont importés dès cette époque et tout au long du XVIIIe siècle. L'habileté technique, l'esprit de ces peuples attirent les philosophes ; de leur temps, l'exploration de l'Asie et de l'Océanie se poursuit.

Expéditions et voyages prennent une orientation nouvelle au XIXe siècle. Il ne s'agit plus seulement de commercer et de convertir. Les hommes éclairés veulent approfondir leurs connaissances de la vie et des mœurs des peuples des pays lointains. Avec l'ère Meiji (1868), le Japon s'ouvre tout à fait aux Occidentaux ; des ambassadeurs relatent leur visite à « Yedo » (actuelle Tōkyō), la capitale. Les royaumes d'Indochine, d'Ava (Birmanie), du Cambodge et de Thaïlande sont explorés par Delaporte, Mouhot et Grandidier.

Pendant le même temps, les premières boutiques d'objets importés de Chine et du Japon offrent aux Parisiens les créations contemporaines. En 1862, un peintre découvre au Havre, dans les arrivages du port, les estampes japonaises. L'Exposition universelle de 1867 consacre la mode du japonisme. Les publications concernant le Japon et ses arts se succèdent (*Promenades japonaises*, d'Émile Guimet).

À l'Exposition universelle de 1878, la Chine est quelque

Statue en bois de Kouan-Yin (être de miséricorde). Époque Song, Chine, fin du XIIIe s. Élégance et douceur sont caractéristiques de cette époque.

peu dédaignée par les critiques, et le public continue à s'enthousiasmer pour les « nippons ». En vingt ans, des collections se constituent : celles de Louis Gouse, Philippe Burty, d'Ennery, Isaac et Abraham de Camondo, Charles Gillot, Henri Vever. Des graveurs (Bracquemond), des peintres (Manet), des écrivains (Edmond et Jules de Goncourt, Zola), des voyageurs (Henri Cernuschi, Émile Guimet) se précipitent chez les marchands à l'annonce de nouveaux arrivages. Porcelaine, bronze, laque, estampe sont recherchés ; des antiquaires et des marchands, tels Hayashi, S. Bing, C. Langweil, fournissent aux amateurs un choix varié.

Le musée Guimet est inauguré en 1888 et expose les collections d'art religieux de l'Asie réunies par son fondateur, tandis que les arts de l'Indochine sont regroupés au Musée indochinois du Trocadéro.

Les années 1900 marquent le déclin de ce mouvement. De jeunes peintres (Matisse, Picasso, Braque) et des écrivains (Apollinaire) découvrent un art nouveau : celui de l'Afrique. L'Asie est détrônée, et il faut attendre le milieu de ce siècle pour retrouver un enthousiasme manifeste pour toutes les œuvres asiatiques.

SCULPTURE BOUDDHIQUE

Chine

Le bouddhisme du grand véhicule, ou « mahāyāna », parvient en Chine par la route de la Soie et par les voies maritimes au milieu du IIe siècle de notre ère.

Les premières sculptures sont influencées par l'art gréco-bouddhique du Gandhāra. La nouvelle religion, encouragée par les souverains Wei au Ve siècle, triomphe, après la persécution du bouddhisme, en 444. Les Wei, conduits par le désir de racheter cette hérésie, commandent la décoration de grottes rupestres à Yun-kang (Chan-si) de 460 à 494. Les sculptures sont en position frontale, le corps étant peu dégagé de la pierre. Les faces rectangulaires sont animées d'un sourire archaïque.

À la suite du déplacement de la capitale des Wei, le site de Yun-kang est abandonné en 494 au profit d'un nouveau sanctuaire rupestre : Long-men (Ho-nan). La schématisation linéaire chinoise apparaît dans les décorations murales. Les visages s'amenuisent, les corps s'allongent et s'aplatissent. Le sculpteur concentre toute son attention sur les visages aux sourires mystiques et aux paupières closes. Ce style parvient à son apogée au début du VIe siècle : stylisation maximale, plis aigus des vêtements se relevant en ailes. À Long-men, les sculpteurs se plaisent à représenter le bodhisattva Avalokiteçvara assis à l'européenne, jambes pendantes, ou en attitude de réflexion, une jambe croisée sur l'autre, un bras appuyé sur le genou, l'index soutenant le menton.

Dès 534, une réaction contre la schématisation voit le jour. Sous la dynastie des Ts'i du Nord (550-577), cette recherche d'assouplissement se dessine dans les visages plus ronds, les drapés aux plis courbes, les modelés des corps.

L'intérêt nouveau pour les philosophies et les religions indiennes au VIIe siècle amène les moines chinois à voyager vers les contrées occidentales et jusqu'en Inde à la recherche de la Vraie Loi. Les échanges culturels se font par l'Asie centrale et par l'Asie du Sud-Est. Au VIIIe siècle, de nouvelles sectes sont introduites en Chine par des moines indiens (sectes Tch'an et Tchen-yen). Elles sont à l'origine de nouveaux impératifs artistiques et de l'élaboration d'un panthéon bouddhique original (divinités aux aspects terrifiants, aux bras et têtes multiples). Le bouddhisme fleurit pendant les deux premiers siècles de la dynastie T'ang (618-907). La pierre continue à être utilisée, mais elle est concurrencée par le bronze, le bois, l'argile, la laque sèche, la terre modelée et séchée. Peu d'œuvres exécutées dans ces matériaux périssables nous sont parvenues. Le style est alors au réalisme : vêtements souples, corps modelé au déhanchement indien, musculatures exagérées des gardiens de temple (lokapāla et dvārapāla). Les sanctuaires de Long-men, Touen-houang et Mai-tsi-chan sont taillés jusqu'en 845, date de la grande persécution du bouddhisme en Chine et de la destruction des images religieuses, entraînant notamment la fonte des bronzes dorés.

À partir de l'époque Song (960-1279), les formes s'adoucissent. Le bodhisattva de compassion Avalokiteçvara, sous la forme de Kouan-Yin, est l'objet d'une ferveur particulière. Assise sur la rive rocheuse du mont Potala, en position de délassement royal (mahārāja-lilāsana), la divinité protège les marins.

La sculpture bouddhique Yuan semble montrer un retour à l'art des T'ang, accompagné de plus de vigueur et d'élégance ; s'y mêlent certains éléments d'importation tibétains et népalais, introduits avec le lamaïsme par les Mongols. La technique de la laque sèche sur argile (kants'i) retrouve une grande audience grâce au sculpteur Liu Yuan (XIVe siècle).

Sous les dernières dynasties des Ming et des Ts'ing, les sculpteurs innovent peu. Ils complètent les décors des sanctuaires rupestres édifiés sous les Wei au Ve siècle.

Japon

Le bouddhisme, introduit au Japon en 552, est officiellement reconnu comme religion d'État sous le règne de l'impératrice Suiko et du prince Shōtoku. Le style de la sculpture bouddhique durant l'époque Asuka (552-645) subit l'ascendant de la Chine et de la Corée. Le bronze et le bois de camphrier sont les matériaux de prédilection.

Durant l'époque de Nara (645-794), grâce à l'établissement de relations avec la Chine par le biais des ambassades, des moines et des artisans rapportent de nouveaux modèles de statuaire. Le VIIIe siècle voit se développer les techniques de sculpture en laque sèche et en argile. Le bois et le bronze sont concurremment employés. Les premières sculptures ésotériques apparaissent avec les nouvelles sectes religieuses venues de Chine : Kannon aux mille bras (« Senju Kannon »), à onze têtes (« Juichimen Kannon »), à tête de cheval dans la coiffure (« Bato Kannon »), à huit bras (« Fukukensaku Kannon »).

Au cours des ères Kōnin et Jōgan (810-876), les sculptures taillées dans un seul bloc de bois (« ichiboku-zukuri ») de santal (« byakudan ») ou de cyprès (« hinoki ») représentent le nouveau panthéon des sectes bouddhiques Shingon et Tendai.

Les techniques changent avec l'époque Fujiwara (894-1192). Le sculpteur Jōchō (mort en 1057) est considéré comme l'initiateur de la technique de taille des sculptures en plusieurs parties, assemblées par tenon et mortaise (« yosegi-zukuri »). Le bouddha qu'il représente au temple Byōdō-in est assis en méditation sur un lotus ; son corps s'appuie sur une auréole flammée à décor d'« apsara » volants (« hiten-ko »). Cette technique permet de répondre à la demande croissante d'images religieuses due au développement de la secte du bouddha Amida, qui offrait au fidèle un moyen de salut infaillible.

L'époque Kamakura (1185-1333) conjugue divers apports pour créer un style original et puissant. L'influence de la Chine des Song, la renaissance du style de l'époque de Nara et le goût naissant du réalisme servent de points de départ aux créations de nouveaux ateliers nés à Nara lors de la reconstruction des monuments du VIIe siècle détruits par les guerres civiles. Les maîtres Kōkei, Unkei, Kaikei, Jōkei incarnent le mieux ces tendances : visages expressifs, portraits réalistes, aux pupilles incrustées et aux musculatures saillantes.

Après l'époque Kamakura, les représentations des bouddhas seront répétées selon des formules qui deviendront très vite stéréotypées. La sculpture originale se réfugie dans l'art du théâtre nō, né au XIIe siècle et issu de danses populaires. Les masques de nō, à l'expression stylisée, expriment une grande variété de sentiments : jolie femme aux lèvres entrouvertes (ko-omote), fantôme de femme jalouse (hannya), vieillard aux sourcils et à la longue barbe blanche (hakujiki-jō).

Corée

Le bouddhisme du grand véhicule stimule la sculpture dans les Trois Royaumes de Paekche, Silla et Koguryo (IVe s.). Les œuvres du VIe siècle sont marquées d'une

P. Hinous, Connaissance des Arts

Statue en bois sculpté d'une divinité de miséricorde protectrice des enfants, une main tendue en signe de compassion. Japon, Xe siècle. H. 1,55 m.

forte empreinte chinoise des Wei du Nord et des Six Dynasties. La ferveur religieuse entraîne la multiplication des représentations en bronze doré ou en pierre du bouddha de l'Avenir, Maitreya (Mirok).

Les rois de la dynastie Koryo poursuivent la politique d'encouragement du bouddhisme menée par leurs prédécesseurs : statues de pierre de grande taille, de bronze doré ou de fer. Mais la politique d'oppression des Yi (1392-1910) mène la sculpture vers le statisme et la décadence.

PEINTURE

La Chine, la Corée et le Japon ont employé des techniques picturales très proches les unes des autres. La Chine est à l'origine de nombreuses découvertes dans les matériaux utilisés pour la peinture. Dans ce pays, les supports les plus anciens sont principalement le bambou et divers bois présentés sous la forme de tablettes. La soie en tant que support de l'écriture ne devient populaire qu'à partir de la dynastie des Han (206 av. J.-C.-

Peinture chinoise du XIIIe siècle par Ch'ien-Hsuan. Encre, couleur et or sur papier.

200 apr. J.-C.), et il faut attendre le XIIe siècle pour que le papier, dont l'invention est attribuée à Tsai Louen au IIe siècle après Jésus-Christ, serve de support à l'expression picturale. L'encre, composée de suie et de résine ou, plus tard, de colle de poisson, de corne de vache et de bois de cerf, se présente en Asie sous forme de bâtonnets et, aux époques Ming et Ts'ing, sous l'apparence de « gâteaux d'encre » moulés, aux décors en relief très variés. Ces derniers ont fait l'objet de collections. Il existe en Extrême-Orient quatre formats principaux de peinture : le rouleau horizontal (*makimono* en japonais, *cheou-tchouan* en chinois) se lit de droite à gauche. Le rouleau vertical (*kakemono* en japonais, *koua-fou* en chinois) n'apparaît que sous les T'ang (618-907) ; les divers épisodes se lisent de bas en haut. L'éventail et la feuille d'album constituent un format plus réduit, privilégié au XVe siècle par les artistes lettrés chinois. Enfin, la peinture sur paravent et sur portes coulissantes *(fusuma)* est plus particulière au Japon ; les œuvres les plus intéressantes datent, pour la peinture monochrome, de l'époque Muromachi et, pour les peintures polychromes à fond de feuilles d'or, de l'époque Momoyama et du début de Edo.

En Extrême-Orient, les rouleaux peints sont conservés dans un coffret de bois précieux. Celui-ci porte à l'intérieur ou à l'extérieur du couvercle des inscriptions donnant le nom de l'auteur, la date de composition et l'occasion pour laquelle il a été offert. Quelquefois s'y ajoute une poésie calligraphiée par l'artiste. Il est important de prendre grand soin de ce coffret, car il peut quelquefois être le seul élément d'authentification (il en est de même pour les céramiques japonaises, qui, à l'origine, possédaient une boîte).

Le rouleau horizontal est, en Asie, admiré au cours de réunions entre amateurs ; il n'est jamais déroulé sur toute sa longueur, et les différentes peintures qui le composent n'apparaissent que successivement. Le rouleau vertical est suspendu dans une pièce (au Japon, dans l'alcôve appelée « tokonoma »). Le sujet exposé s'accorde avec la saison, la qualité de l'invité, l'humeur de l'hôte. Le choix des peintures est devenu très codifié et a été l'objet d'un ouvrage intitulé « Calendrier pour la disposition des rouleaux ». Les peintures sont très soignées par les amateurs et collectionneurs, les montages sont composés de brocarts et de soies colorées précieuses. Au siècle dernier et encore actuellement, ces montages ont été coupés pour faire entrer la peinture dans un sous-verre. Il est cependant préférable de n'exposer la peinture que durant un temps très court plutôt que de la protéger sous un verre, en lui ôtant une partie de son individualité. Les amateurs de peinture asiatique des siècles passés recommandaient de ne pas exposer une œuvre plus de quatre jours.

Chine

Des découvertes récentes ont permis de mettre en lumière les aspects méconnus de la peinture Han : soie peinte, linteau de chambre funéraire, peinture tombale. À partir du IVe siècle, le paysage traité jusque-là à l'arrière-plan des compositions tend à assumer un rôle indépendant grâce à une nouvelle approche de la nature par les sages taoïstes.

Plusieurs événements artistiques marquent la dynastie des T'ang (618-907) : invention du paysage monochrome attribuée à Wang Wei, vogue des paysages en vert, bleu et blanc (« ts'ing-liu-pai ») peints par Li Sseu-hsun. Les relations avec l'Occident donnent lieu à des portraits de palefreniers d'Asie centrale et de leurs chevaux. L'art profane tient une place importante avec les figures des dames de la cour, les scènes de chasse, de cavalerie et de défilés. À partir du Xe siècle, la couleur est éliminée progressivement dans les peintures de paysage, les jeux du pinceau prennent de l'importance et on voit apparaître les étagements de montagne coupés par des brumes au lavis *(king-hao)*. Une peinture monochrome libre, au trait rapide, influencée par la secte ch'an (zen) se développe particulièrement dans la province du Sseu-tch'ouan.

Sous les Song du Nord (960-1125), les paysages sur rouleaux en hauteur (« koua-fou ») dont la composition se lit de bas en haut, le point le plus éloigné se situant dans la partie supérieure, sont dominés par des roches monumentales.

L'école Ma-Hia des Song du Sud (fin XIIe-début XIIIe siècle) se plaît à représenter des sages méditant sous un arbre ou écoutant le vent dans les feuillages, selon une composition en diagonale. La peinture ch'an de l'époque Song est dominée par le style abrégé de Leang K'ai et par Mou K'i, dont la vision instantanée influencera les peintres de fleurs combattant le genre minutieux de l'académie.

Lors de l'invasion mongole, un mouvement de peintures de paysage, reflets de l'âme du peintre, naît auprès de quatre lettrés (Wou Tch'en, Houang Kong-wang, Ni Ts'an, Wang Mong) et annonce les tendances des œuvres non officielles des Ming.

Tandis que les premiers empereurs Ming (1368-1644) s'entourent de peintres, deux écoles indépendantes s'organisent dans les provinces du Tchö-kiang et du Kiang-sou. La première est animée par Tai Tsin et Wou Wei et se plaît à décrire la vie des pêcheurs de façon spontanée. La seconde donne une vision de la nature environnante. Les quatre « Wang » illustrent le début de l'époque Ts'ing (fin XVIIe-début XVIIIe siècle). Mais le plus grand artiste de ce temps est probablement Kong Hien (actif de 1656 à 1682). Au XIXe siècle, la peinture chinoise se tourne vers son passé et ne produit plus d'œuvre d'inspiration originale.

Japon

Les exemples les plus anciens d'art pictural au Japon apparaissent sur des cloches en bronze et sur des céramiques au Ier siècle de notre ère. Il faut attendre l'époque des Grandes Sépultures (IIIe-VIe siècle) pour trouver des décorations peintes sur les parois de pierre des chambres funéraires (Kyūshū). En 610, un moine coréen, Donchō, introduit dans l'archipel le matériel du peintre et la technique de fabrication des pigments. Les témoignages de la peinture japonaise à l'époque de Nara relèvent de deux ordres : décoration religieuse (peinture murale du Hōryū-ji) et décors profanes ornant des tissus, des instruments de musique.

La période Fujiwara montre une forte japonisation des techniques picturales. La peinture profane et religieuse s'oriente vers des représentations de paysages japonais. Les « raigo-zu » (peinture relatant la descente sur terre du bouddha Amida, sauveur des âmes) se multiplient. Les sectes bouddhiques Shingon et Tendai élaborent des « mandala » (diagrammes mystiques), des figures de dieux et rois gardiens de l'Univers. Les premiers rouleaux enluminés de format horizontal (makimono) illustrent des romans contemporains qui demeureront une source inépuisable pour les artistes japonais de tous les temps *(Genji monogatari)*. Les peintres de rouleaux enluminés (e-maki) de l'époque Kamakura (1192-1333) s'orientent vers des sujets reflétant les préoccupations contemporaines : exploits militaires, vision des enfers bouddhiques, vie des moines fondateurs de temples ou de sectes.

La culture chinoise des Song et des Yuan pénètre au Japon à l'époque Muromachi (1392-1568) grâce aux moines zen. Au XVe siècle, des moines zen pratiquent une peinture monochrome accompagnée de poèmes. À l'époque Momoyama (1568-1603), la peinture tosa de style traditionnel est éclipsée par le peintre décorateur Kanō Eitoku et par ses élèves. Ils créent de grandes compositions sur paravents et portes coulissantes, empruntant aux Tosa l'usage des feuilles d'or, et à la peinture monochrome la ligne et les sujets.

Sōtatsu au début du XVIIe siècle, puis Ogata Kōrin (1658-1716) stylisent les éléments naturels en de somptueuses compositions.

Divers mouvements stimulent les artistes de l'époque Tokugawa (1603-1868) : réalisme de Maruyama Shijō, idéalisme inspiré par les œuvres des lettrés chinois de l'époque Yuan, et illustré par Ike-no-Taiga et Yosa Buson, peinture ukiyo-e à l'origine des premières estampes. (Voir chapitre « Gravure ».)

Corée

Les peintures murales des tombes-tumuli du royaume de Koguryo (IVe-VIIe s.) sont les plus anciens témoins de l'art pictural en Corée : tombe des Danseurs et des Piliers jumeaux. Il faut attendre la dynastie Koryo (918-1392) pour trouver un bureau de peintures de la cour, organisé sur le modèle chinois des Song. La peinture mobile de cette période nous est inconnue, mais les tombes conservent des peintures murales représentant les animaux du zodiaque.

La reconstruction culturelle de la Corée durant la dynastie Yi (1392-1910), notamment sous le roi Sejong, fournit de nouvelles bases à la peinture. Du XVe au XVIIe siècle, la Corée est dominée par l'influence chinoise : style des Song du Nord avec les peintres An Kyon et Ch'oe Kyon ; style de l'école Ma-Hia repris par Kang Hui-an ; style des peintres professionnels Ming (Kim Myong-guk) et de l'école des lettrés de Wu (Chong Son). Un caractère national se dégage à partir du XVIIIe siècle. Les artistes, tels Kim Hong-do et Sin Yun-bok, s'intéressent aux scènes de rues, aux courtisanes et aux danseuses coréennes.

CÉRAMIQUE

Avec la création des Compagnies des Indes, les porcelaines importées de Chine et du Japon, à partir des ports de Canton et de Nagasaki, inondent le marché occidental ; mais, passé le premier engouement, les prix baissent. Des pièces rapportées au XVIIe siècle, il n'en subsiste en Europe qu'un petit nombre. Cependant, les porcelaines bleu et blanc, sang-de-bœuf, et les céladons importés au XVIIIe siècle ornent encore de nombreuses demeures. L'aristocratie européenne appréciait particulièrement les montures en bronze doré exécutées pour les porcelaines par les ciseleurs français. La porcelaine n'était pas considérée comme une pièce rare, c'était sa monture qui lui donnait de la valeur.

Durant la première moitié du XIXe siècle, les productions chinoises, pleines de virtuosité, sont délaissées par les Occidentaux, qui se tournent avec enthousiasme vers les

Sotheby's

Statuette féminine en terre cuite à couverte bleu et or, Chine, époque Tang. Adjugée 880 000 F par Sotheby's à Londres, le 7 juin 1988.

Laurin, Guilloux, Buffetaud, Tailleur

Statuette d'officiel en terre cuite grise. Chine, époque Wei. Début du VIe siècle. H. 68,5 cm. Une sérénité rassurante dans une époque de transition.

Paire de joueuses de polo en terre cuite. Dynastie T'ang (618-907). Long. 39,5 cm. Un des sujets favoris des sculpteurs chinois.

Sotheby Parke Bernet

civilisations grecque et romaine. Il faut attendre la fin du XIXe siècle pour trouver non plus des pastiches d'œuvres asiatiques (comme en exécutent les artisans de Sèvres, Meissen ou Delft), mais une tentative d'étude et une connaissance plus profonde de l'art asiatique, en particulier japonais. Des collectionneurs s'intéressent de nouveau aux porcelaines Ts'ing (Ernest Grandidier) et les prix remontent sur le marché européen. Les fouilles archéologiques entreprises en Chine vers 1910-1920 (Orvar Karlbeck) mettent en lumière des pièces plus anciennes. Peu à peu, le public s'intéresse aux céramiques chinoises des époques Han, T'ang et Song (vente du séquestre Worch en 1922). Les céramiques japonaises sur le marché sont cependant toujours assez tardives, et celles de Corée, peu connues. Les collections les plus importantes sont réunies par des voyageurs, des archéologues et des ethnologues (Victor Segalen en Chine, Edward S. Morse au Japon), par des chercheurs (Gustaf Lindberg) et des diplomates. Ces collections seront dispersées ou viendront enrichir les musées (collections Morse à Boston, Eumorphopoulos à Londres, Calmann à Paris).

Chine

L'art du feu apparaît en Chine à la fin de la période néolithique (IVe millénaire av. J.-C.). Les premiers exemples de poterie ont été mis au jour sur des sites d'habitat et de nécropoles dans la vallée du fleuve Jaune. Des céramiques rouges, montées au boudin d'argile et cuites à environ 1 000 °C, portent un décor peint en noir ou rouge avant cuisson (motifs géométriques, poissons, biches). Cette civilisation gagne au IIIe millénaire les régions occidentales du Kan-sou (jarres funéraires). La culture de la poterie rouge, ou de « Yang-tchao », fait place à une culture de la poterie noire, dite « de Longchan » (vases à parois très minces).

Les poteries se diversifient au cours de la dynastie Chang (XIVe-XIe s. av. J.-C.). Les progrès rapides de la métallurgie stimulent les potiers, qui s'inspirent des décors des bronzes dans des pièces moulées. Céramique utilitaire grise et grossière, ou céramique funéraire de couleur blanche à base de kaolin ont été découvertes dans la capitale, An-yang, et dans les tombes royales voisines.

Après la conquête du territoire Chang par les Tcheou (1027 av. J.-C.), les souverains édifient des cités princières dont les maisons s'ornent de tuiles semi-circulaires à décor imprimé ou moulé. À partir du VIe siècle av. J.-C., les grands vassaux des Tcheou rivalisent pour s'emparer du pouvoir. Cette période troublée est caractérisée par le luxe que déploie chaque vassal pour s'imposer. Les poteries sont ornées, en registres, de motifs géométriques et de scènes de chasse incisés ou moulés ; certaines sont revêtues de laque ou d'incrustations de pâte de verre.

La dynastie Han (206 av. J.-C. - 220 apr. J.-C.) consolide l'empire, commerce avec l'Occident par la route de la Soie. La richesse des tombes découvertes permet d'imaginer la vie somptueuse de la cour. La vaisselle funéraire est très nombreuse. Dans les tombes, les boîtes à fard, les vases « hou », les chandeliers côtoient les « ming-k'i » (« objets de la lumière »), substituts d'êtres vivants qui étaient autrefois sacrifiés pour accompagner le défunt dans sa vie future, et d'objets familiers. Les modèles réduits de demeures, d'animaux domestiques, de danseuses, de marchands... sont en terre cuite rouge ou grise, revêtus ou non de glaçures plombifères colorées d'oxyde de cuivre (vert). À la suite d'un soulèvement paysan et d'attaques répétées des nomades, la Chine se trouve divisée (période des Trois Royaumes et des Six Dynasties). Les nomades se partagent le Nord, l'aristocratie Han se réfugie au sud du Yang-ts'eu-kiang. Les ming-k'i du Nord (dynastie Wei) sont moulés dans une terre grise ou rosée, rehaussée de couleurs peintes sur un engobe blanc. Des thèmes nouveaux apparaissent, trahissant l'origine barbare des souverains : cavaliers montés sur des chevaux caparaçonnés, guerriers cuirassés, chameliers barbares. Le Sud devient le centre des innovations techniques, annonçant les futurs céladons. Durant la brève dynastie Souei (589-618), les ming-k'i moulés sont peints, ou revêtus d'une glaçure transparente finement craquelée.

La dynastie T'ang (618-907) rend à la Chine tout son éclat. La puissance de l'empire aux VIIe et VIIIe siècles, ses relations avec l'Occident se reflètent dans les formes et décors des céramiques polychromes (« san-ts'ai », ou trois couleurs), les porcelaines blanches, les terres cuites marbrées, les grès à couverte bleutée. Les ming-k'i peints ou colorés de glaçures plombifères (bleu, jaune, vert) atteignent de grandes tailles (1,50 m) et sont placés en nombre de plus en plus important dans les tombes ; danseuses, palefreniers, chevaux, éphèbes illustrent le cosmopolitisme de la capitale. Les apports étrangers se retrouvent dans les formes empruntées à l'Iran sassanide (rython, aiguière), à l'Occident (amphore) ou à l'Inde (kundika).

Si la dynastie T'ang est placée sous le signe de l'exotisme, la dynastie Song (960-1279) recherche l'équilibre des lignes et la simplicité des décors chers aux lettrés. La polychromie disparaît. Seul, le four de Ts'eu-tcheou produit des grès à décor peint ou champlevé. Partout ailleurs, grès et porcelaines possèdent des motifs gravés ou incisés sous couverte, moulés et rapportés. Les teintes ton sur ton, les craquelures des couvertes enthousiasment les Chinois. Les porcelaines Ting, blanches, les Jou bleutés, les pièces officielles, Kouan, gris-bleu craquelées, voisinent dans les collections avec les céladons de Long-ts'iuan et les « temmoku ». Ceux-ci sont fabriqués dans la région de Kien (Fou-kien). Ils sont revêtus d'épaisses couvertes chargées de fer et possèdent un bord cerclé de métal. Leurs couvertes prennent, selon la cuisson, un aspect différent, évoquant les « plumes de perdrix » ou « les poils de lièvre ». La province du Kiang-si crée des couvertes imitant les « écailles de tortue ».

En 1276, Koubilai Khan fonde la dynastie des Yuan (1279-1368). Les Mongols renouvellent le répertoire des formes et la grammaire décorative. L'innovation majeure de cette période est l'utilisation d'un pigment de cobalt posé directement sur le corps de la porcelaine avant la couverte. Les couvertes blanches sont encore quelquefois inégales, donnant une texture grumeleuse semblable à de la « peau de pêche ». Le pigment, parfois trop épais, est piqué de points noirs. À la veille de l'époque Ming (1368-1644), les potiers maîtrisent cette technique du bleu et blanc, leurs compositions sont plus variées (phénix, dragons, fleurs) et les décors se rapprochent des peintures.

L'empereur Ming Yong-lo déplace sa capitale de Nankin à Pékin en 1405. Les commandes impériales sont passées à King-tö-tchen, centre principal d'extraction de « pai-touen-ts'eu » et de kaolin, nécessaires à la fabrication de la porcelaine. Les bleu et blanc continuent à avoir la faveur de la cour. Les compositions laissent jouer les fonds blancs. Au XVe siècle, des émaux de petit feu sont utilisés pour des petites pièces (teou-ts'ai). Bientôt, les émaux « cinq couleurs » sont associés au bleu sous couverte. Les terres cuites à glaçure polychrome réapparaissent sur des pièces d'architecture (tuiles faîtières à personnages, briques).

Sotheby's

Vase en céramique chinoise « sgraffiato », fin Xe-début XIe siècle. Époque Song.

Sotheby's

Vase bleu et blanc orné de dragons d'époque Ming (XIVe-XVIIe s.). H. 19,3 cm. Les porcelaines Ming sont en forte hausse.

L'empereur K'ang-hi (1654-1722), de la dynastie mandchoue des Ts'ing (1644-1912), établit une manufacture impériale à King-tö-tchen, mais les fours particuliers répondent à la commande étrangère. Les émaux de la « famille verte » dominent les porcelaines du règne de cet empereur, alors que l'époque Yong-tch'eng (1723-1735) développe les porcelaines dites « de la famille rose », à dominante d'émail rose violacé, dérivé du chlorure d'or. L'empereur K'ien-long (1736-1795) recherche les tours de force : ajourages « grain de riz », broderies « mille fleurs », imitation de pièces anciennes. Au XIXe siècle, les formes s'abâtardissent, et les fours déclinent.

Japon

Les céramiques jōmon, à décor cordé, furent produites dans l'île de Honshū du IVe millénaire au IIIe siècle avant Jésus-Christ, avec des prolongements plus tardifs dans le nord de l'île. Grâce aux relations établies avec la Corée, le Japon apprend l'usage du tour de potier et perfectionne la construction de ses fours. La culture yayoi se caractérise alors par une terre cuite rouge, fine, généralement sans décor.

Le rôle prépondérant de la maison impériale dans la région du Kinai (Kyōto-Nara), les contacts avec le continent asiatique et l'immigration de potiers coréens et chinois sont à l'origine de créations nouvelles durant la période des Grandes Sépultures (« kofun ») au IIIe siècle de notre ère. Des piquets (« haniwa ») de terre cuite rouge, montés au boudin d'argile, sont surmontés de représentations humaines, animales ou symboliques. Ils entouraient l'aire sacrée des sépultures.

Vers le Ve siècle, la poterie rouge est délaissée au profit des « sueki » réservés aux cérémonies de culte, de couleur grise, éclaboussés de retombées de cendres (vert), à motifs incisés, géométriques ou botaniques.

Au VIIIe siècle, sous l'influence de la Chine, une terre cuite recouverte de glaçures de trois couleurs imite les productions chinoises des T'ang, les « san ts'ai ». La production de céramique à glaçure verte et de sueki désormais à usage profane se poursuit durant la période Heian (794-1192).

Deux événements essentiels dans l'art du feu au Japon prennent place au XIIIe siècle (époque de Kamakura) : d'une part, l'apparition à Seto de grès à couverte appliquée et, d'autre part, la fabrication de grès de grand feu dans les fours de Tokoname, Tamba, Bizen, Shigaraki et Echizen. Les potiers tentent d'imiter les céladons chinois à Seto, mais, du fait d'une élévation insuffisante de la température et d'une réduction incomplète dans le four, la couverte vire au brun-ocre et non au bleu-vert désiré. Les décors sont appliqués, estampés, incisés d'arabesques et de plantes.

À la fin du XVIe et dans la première moitié du XVIIe siècle, la céramique gagne de nouvelles régions sous les influences conjuguées de la cérémonie du thé et des potiers coréens faits prisonniers au cours de campagnes militaires. Les artisans de Seto fuient les guerres civiles et se réfugient à Mino, où ils créent les types « shino », « seto jaune » et « seto noir ». Le maître du thé, Oribe, donne un nouvel élan à la céramique de cette région en encourageant la création de formes irrégulières, à décor asymétrique, peintes de couleurs vives (vert et noir). Jarres à eau, vases, bols et pots à thé répondent à la demande accrue des amateurs de la cérémonie du thé.

En 1616, la découverte d'argile porcelaineux à Arita par un émigré coréen, Ri Sampei, engage l'art du feu japonais dans une nouvelle voie. Les premières porcelaines bleu et blanc obtenues à l'aide de cobalt naturel (« gosu ») sont de technique et d'esprit coréens, puis les décors se compliquent au contact des œuvres chinoises Ming. En 1644, Kakiemon est l'initiateur de la porcelaine à décor d'émaux sur la couverte (« aka-e »). Motifs et couleurs, inspirés de livres japonais, peuvent varier à l'infini : Imari de Brocart à cinq couleurs, Imari Kinrande à dessins or sur fond rouge, ou simplement bleu et blanc.

Les pièces dites « ko Imari » sont produites de 1640 jusqu'au milieu du XVIIIe siècle. Elles sont fabriquées à Arita et exportées vers l'Europe par la Compagnie hollandaise des Indes orientales, à partir du port d'Imari. Leurs décors sont reproduits à Delft, Meissen et Worcester.

Le secret de la fabrication d'émaux parvient à Kyōto, où Ninsei (1595-1666) enrichit ses jarres d'un décor crème, gris perlé, noir métallique, et à Kutani. Au XVIIIe siècle, Ogata Kenzan (1661-1742) décore de poèmes des céramiques asymétriques, et Shimizu Rokubei (1740-1799) développe la porcelaine bleu et blanc à Kyōto.

Sotheby

Vase à thé en céramique à patine vert olive foncé d'époque K'ien-long (fin XVIIIe s.). H. 33,5 cm.

Coq, poule et poulet. Céramique japonaise (fin XVIIe s.), très appréciée en Europe.

Corée

Des figurines d'argile et des céramiques grises à couverte naturelle, au décor géométrique incisé, sont déposées dans les tombes à l'époque des Trois Royaumes. À partir du VIIe siècle, des formes nouvelles liées à la pratique de l'incinération présentent des motifs géométriques ou floraux sous des glaçures brun-jaune ou vert olive.

L'époque Koryo (918-1398) est l'âge d'or de la céramique coréenne. Les grès céladon, les porcelaines blanches, les « temmoku » rivalisent avec les pièces chinoises. Les céladons unis, gris-bleu (« pisaek »), sont élaborés aux XIe et XIIe siècles, les « sanggam », ou céladons incrustés, invention coréenne, au cours du XIIIe siècle. L'invasion mongole en 1231 marque le déclin de cette céramique.

La dynastie Yi (1392-1910) est divisée en deux périodes : la coupure de 1592-1598 correspond à l'invasion de la Corée par les Japonais. La première phase se caractérise par les grès « Punch'ong », à engobe posé au pinceau ou à décor incrusté (« mishima » japonais), et à partir du XVe siècle par une porcelaine blanche à décor bleu sous couverte, proche de celle des Ming chinois. Après l'invasion japonaise, cette porcelaine domine toute la production coréenne. Des motifs brun de fer et rouge de cuivre sont posés sous la couverte dans un style plus nerveux que sur les pièces chinoises, laissant visibles les traces du pinceau (XVIIe-XIXe siècles).

LAQUE

Au XVIIe siècle, les voyageurs qui se rendent en Chine s'intéressent à l'extraction et à la fabrication de la laque. Les premières exportations d'objets en laque se situent au début du XVIIe siècle, mais il faut attendre les entreprises des diverses Compagnies des Indes orientales au milieu du siècle pour que les meubles « vernis », comme les appellent alors les Européens, se multiplient dans les demeures et châteaux d'Europe (cabinets de laque, commodes, bureaux, etc.). À la fin du XVIIe siècle et au XVIIIe siècle, de nombreux paravents en laque incisée gagnent l'Occident. C'est un engouement extraordinaire pour tous les meubles et objets laqués. Les ébénistes français se font une spécialité de remonter des panneaux de laque commandés en Extrême-Orient. La région du Fou-kien (Chine) est aussi le plus important fournisseur de laque pour la Russie, le Japon, l'Inde et Java. Cependant, les Européens apprécient plus les laques de Nankin et du Japon. Ils jugent ceux de Canton grossiers et trop rapidement exécutés. Thunberg, voyageur suédois au Japon, à la fin du XVIIe siècle, note dans son journal que « les ouvrages vernissés du Japon sont bien supérieurs à ceux de la Chine et du Siam, et conséquemment à tout ce qu'on fait de mieux en ce genre dans les autres pays... Ils (les Japonais) en enduisent non seulement leurs vaisselles et ustensiles de ménage en bois, mais encore les contours de leurs portes, leurs fenêtres, leurs coffres et leurs meubles, les poignées de leurs sabres, leurs litières, etc. » Marie-Antoinette se passionne pour ces petites boîtes à multiples tiroirs, en laque poudrée d'or et ornées d'un décor miniature, provenant du Japon. Cet amour de l'objet précieux se prolonge bien après la disparition des Compagnies des Indes. Commerçants, voyageurs, intellectuels des XIXe et XXe siècles possèdent un nombre plus ou moins important de ces pièces (boîtes, peignes, inrō en laque du Japon de la collection Sauphar dispersée à Drouot en 1930, meubles et paravents de Chine de la collection Paul Morand dispersée en 1977).

Jarre en céramique coréenne, estimée 800 000 F en 1989.

Sotheby

Depuis quelques années, les amateurs montrent un nouvel intérêt pour tous les laques d'Extrême-Orient. Les objets les plus répandus en salles des ventes datent généralement du XIVe au XIXe siècle pour les œuvres chinoises et du XVIIe au XIXe siècle pour le domaine japonais. Les laques antérieurs à ces dates sont plus rares. Les dispersions offrent un grand choix de pièces : inrō, boîtes à parfums, à encens, à encre de petite taille, et mobilier. Les tables basses, les petits cabinets attirent toujours autant les acheteurs. Par contre, les grands paravents et les armoires chinoises trouvent plus rarement des appartements pouvant les accueillir. Certaines de ces pièces sont malheureusement débitées pour constituer des plateaux de tables basses.

La laque (1) [*ts'i-chou* en chinois, *urushi* en japonais] est extraite de l'arbre « rhus vernicifera ». La sève, recueillie en été, est utilisée comme « vernis » de certains meubles et objets en Extrême-Orient. La laque brute, d'abord filtrée pour en ôter les impuretés et les débris d'écorce, est ensuite écrasée et pressée dans un tissu de chanvre jusqu'à obtention d'un liquide visqueux qui pourra être appliqué au pinceau ou à la spatule sur la pièce à laquer. La laque est colorée en jaune (gomme-gutte), rouge (vermillon naturel), noir (charbon ; limaille et vinaigre) ou en brun (vermillon et noir). L'or et l'argent sont obtenus avec des poudres d'or, de cuivre ou d'argent.

La laque étant préparée, l'objet confectionné en bois très mince est recouvert d'une toile de chanvre ou d'une gaze de soie revêtue de vernis et d'argile brûlée. Une première couche de laque est grossièrement appliquée. Puis des couches successives, de trois à une vingtaine, sont posées avec soin. Chaque couche doit être complètement séchée dans une atmosphère humide avant de recevoir la suivante. L'objet est enfin poncé au charbon de bois. La pièce laquée est alors prête à recevoir diverses décorations.

La dureté de la laque, sa résistance à l'eau chaude (bols à thé ou à riz), aux acides, son aspect brillant durable ont conquis l'Asie et, plus tardivement, l'Occident.

(1) La laque au féminin désigne la matière brute d'origine végétale. Le laque au masculin s'applique aux produits préparés à partir de la laque.

Les laques chinois

Ils se répartissent en trois catégories : les laques peints (« houa-ts'i »), les laques sculptés (« tiao-ts'i »), dans lesquels sont inclus les laques incrustés de pierre dure et de nacre, et les laques de Coromandel.

De nombreux laques peints ont été mis au jour tant en Chine qu'en Corée. Ils datent de la dynastie Han (206 av. J.-C. - 220 apr. J.-C.). La tombe n° 1 de Ma-wang-touei (Hou-nan) a livré quelque cent quatre-vingts laques de cette époque, comprenant paravents, tables, trépieds, louches, bols, coupes, objets de toilette, ainsi qu'un sarcophage peint de nuages et de monstres fantastiques de couleurs rouge, noire, jaune et blanche. Dans la commanderie chinoise de Lolang (Corée), un panier recouvert de laque à décor de personnages montre la popularité précoce de cet art.

Les procédés de laquage se diversifient durant la dynastie Song (960-1279). Le centre principal de fabrication est Kia Hing-fou. Les laques sculptés et incrustés de nacre sont produits à Fou-tcheou et à Ki Ngan-fou. L'époque Ming (1368-1644) voit le développement du laquage. Les laques peints, sculptés ou ceux qui sont dits « de Coromandel » sont employés aussi bien pour des meubles (lit, chaise, cabinet, paravent) que pour des objets de petite taille (plateau, boîte).

Les laques de Coromandel tirent leur nom d'une région de l'Inde où les produits manufacturés en Chine étaient embarqués pour l'Europe. La technique de ces laques est proche de celle des émaux cloisonnés. Une toile fine recouverte de colle et d'ardoise pilée est posée sur le bois. Cette surface ayant été poncée, les couches de laque sont étendues en plus ou moins grand nombre selon l'effet désiré. L'artiste dessine son sujet et le grave en creux dans l'épaisseur des laques. La taille est emplie de couleurs gouachées, et une laque protectrice recouvre toute la surface. De nombreux paravents à plusieurs feuilles ont été exécutés à l'aide de cette technique. La facture en est très réussie au XVIe siècle, puis les décors s'alourdissent et utilisent des poncifs aux époques postérieures. Les paysages, les scènes de jardin, les oiseaux et les fleurs comptent parmi les sujets de prédilection des artistes. L'époque Ts'ing (1644-1911) produisit encore de grands paravents et des meubles. Des panneaux décoratifs parvinrent en Occident au XVIIIe siècle, où ils furent incorporés à des bâtis de commodes et de secrétaires.

Les laques sculptés fabriqués à Pékin à la fin du XVIIe siècle et au XVIIIe siècle dans la manufacture fondée par l'empereur K'ang-hi en 1680 ont quelquefois été appelés « laques de Pékin ». Leur couleur rouge est due à l'emploi d'une fine mouture de cinabre. L'empereur K'ien-long manifesta un goût très prononcé pour les laques sculptés, dont il fit décorer tables, chaises, divans et maint petit objet.

Les laques japonais

La laque a été introduite de Chine au Japon, qui a su en tirer des effets décoratifs particulièrement originaux sur des objets de formes très diverses.

Des laques rouge et noir ont été mis au jour dans les

Paravent en laque de Coromandel (XVIIIe s.). Coll. Mallett.

Cooper Bridgeman Library

grandes sépultures de l'époque des Kofun (IIIe-VIe siècle).

Parallèlement à l'introduction du bouddhisme, en 552, des artisans laqueurs venus du continent s'installent au Japon, où ils font connaître leur art. Images bouddhiques et décor architectural se couvrent de laque. Lors du déplacement de la capitale impériale à Nara (645-794), diverses dispositions sont prises par le gouvernement en vue de développer l'art du laque. Un département spécialement créé à la cour emploie les meilleurs laqueurs, et une loi oblige les paysans à planter des arbres à laque sur les terrains propices. D'autre part, la laque est acceptée en contrepartie de taxes. Les relations intensives avec la Chine des T'ang permettent la diffusion de nouvelles techniques de laquage : « raden » (incrustation de nacre), « yushoku » (couleurs peintes à l'huile), « kingin-e » (dessin d'or et d'argent), « makkinru » (poudre d'or sur laque), etc. Au VIIIe siècle, les artisans utilisent la laque pour orner de petits objets, des masques de danse, et des statues de temple de grande dimension. Ces dernières sont exécutées dans deux techniques de laque sèche très en faveur. La première (« mokushin kanshitsu ») consiste à recouvrir de laque un bois grossièrement sculpté et à reprendre les détails dans les épaisseurs de la laque. Dans la seconde technique (« dakkatsu kanshitsu »), une âme en argile crue mêlée à de la paille séchée est recouverte d'un tissu de chanvre sur lequel est apposée la laque. L'œuvre terminée, l'âme est enlevée avec précaution et remplacée par une armature de bois très légère.

En 894, le Japon cesse toute relation commerciale avec la Chine. Dès lors, techniques et motifs décoratifs prennent un caractère plus proprement japonais, répondant à la demande accrue de la noblesse (paravents, bureaux, lanternes, selles, boîtes...).

L'école de laque de Kamakura apparaît avec le pouvoir shōgunal au XIIIe siècle. La reprise des relations avec la Chine des Song jouera un rôle capital dans la vie artistique japonaise. Le zen et la cérémonie du thé stimulent la production de laque sous les shōgun Ashikaga. Les laqueurs sont désormais connus par leur nom, des écoles et des dynasties apparaissent : Koami Michinaga, Igarashi Shinsai. Au XIVe siècle, les décors se diversifient, ne se limitant plus aux compositions de fleurs et d'oiseaux, mais figurant des paysages et des personnages. L'invasion de la Corée par Hideyoshi à la fin du XVIe siècle provoque un nouvel afflux de techniques et d'artisans étrangers. L'art gagne les châteaux de la capitale et des provinces. Cette époque voit naître l'usage des reliquaires portatifs (« zushi »), des jarres à thé (« natsume ») et des inrō.

Les inrō, sortes de boîtes destinées à contenir un sceau, sont divisés en deux parties, l'une étant réservée à l'encre. Apparus au XVIe siècle, ils deviennent plus nombreux au XVIIe siècle et comprennent de trois à six compartiments servant de boîtes à pilules. Dans ce cas, l'intérieur est recouvert de métal. Faits en bois laqué, ils sont assemblés avec une extrême précision. Les inrō portent généralement la signature d'un artiste sur la base, à l'extérieur de l'objet, plus rarement sur le côté, dans un cartouche, ou à l'intérieur du couvercle. Ils sont glissés dans la ceinture de kimono ; leur usage reste très répandu jusqu'au XIXe siècle.

Le déplacement du shōgunat de Kyōto à Edo (Tōkyō) à l'époque des Tokugawa (1603-1868) attire les créateurs dans la nouvelle capitale. Des familles d'artistes se font connaître : Koma, Kajikawa, Tsuishu. Le peintre et laqueur Hon-Ami Koetsu (1557 ?-1637) décore des boîtes et des inrō. Les masques de nō sont souvent laqués par de grands maîtres. En 1620, Chobei utilise en incrustations de nouveaux coquillages comme l'« awabi » (abalone) et l'« aogai » (nacre) aux reflets verts bleutés, dont l'école Somada fait encore un grand usage au début du XIXe siècle. Ogata Kōrin (1661-1716), dont les œuvres sont rares, acquiert une renommée considérable. On lui attribue l'invention des incrustations de nacre, d'étain et de plomb. De nombreux artistes imitent son style avec moins de vigueur. À partir du milieu du XIXe siècle, les dessins d'estampes et les peintures de Sakai Hoitsu sont transcrits dans la laque.

L'art de la laque, créé au Japon pour des œuvres de grande dimension, a été appliqué de plus en plus à des œuvres de petite taille et à des objets d'usage courant.

MOBILIER CORÉEN ET JAPONAIS

Le marché du meuble coréen et japonais s'est trouvé enrichi depuis quelques années d'un nombre considérable de pièces. Ces meubles en bois non laqués datent bien souvent du XIXe siècle et remontent quelquefois au XVIIIe siècle.

Le mobilier japonais et coréen populaire se caractérise par l'emploi de bois dur (orme, cerisier) en surface et réserve le bois de paulownia pour les tiroirs. Ce bois absorbe plus facilement les moisissures dans un pays au climat chaud et humide comme l'est le Japon en été. Un remarquable travail du métal orne les ferrures. En Corée, les formes les plus courantes sont celles de coffres bas à poignées latérales, de coffres à abattant et tiroirs intérieurs. Le meuble à herboristerie, commun à la Corée et au Japon, est composé d'une multitude de petits tiroirs sur lesquels sont inscrits (généralement au pinceau et à l'encre) les noms des diverses plantes médicinales.

Au Japon, le meuble en bois, appelé « tansu », acquiert à l'époque d'Edo (1603-1868) une très grande complexité. Dans certains cas, les noms de ces « commodes » sont déterminés par leur taille et leur forme : kurumadansu (tansu sur roues), kodansu (petit tansu), yonshakudansu (tansu à quatre pieds). Dans d'autres cas, leur nom explique leur usage : chobadansu (coffre à comptabilité), zeni-dansu (coffre à argent), kusuri-dansu (meuble à

Petit cabinet en laque du Japon à deux portes et sept tiroirs, décoré de laque rouge et or figurant un paysage.

pharmacie), etc. Le plus remarquable de ces meubles est toutefois le « funa-dansu », coffre de bateau de petite taille, recouvert de belles ferrures et muni de petites portes ou tiroirs. Il servait à entreposer l'argent et les missives importantes sur les bateaux de commerce. Ces pièces, dont la plupart datent du XIXe siècle, prouvent l'habileté technique des menuisiers japonais, qui leur a valu une réputation mondiale. Le terme utilisé au Japon pour désigner toute cette catégorie de mobilier est « sashimono ».

JADES ET PIERRES DURES

Les premiers jades apparus en Europe au XVIe siècle furent rapportés d'Amérique du Sud par les navires espagnols et portugais. Les Occidentaux n'eurent entre les mains que peu d'objets aux XVIIe et XVIIIe siècles. Les négociants en jade installés à Canton ne faisaient circuler que des pièces dont les prix atteignaient en Chine des sommes extraordinaires. Dans ces conditions, il était impossible de les exporter vers l'Occident en grande quantité, et les quelques pièces qui nous parvinrent ne pouvaient être que des cadeaux royaux. Bien que Canton ait été au XVIIIe siècle une cité d'artisans qui travaillaient le jade birman, récemment importé et bien moins onéreux que le jade chinois, les prix restèrent tout au long du siècle trop élevés pour la clientèle européenne. Les seules matières précieuses exportées vers l'Occident furent, à quelques exceptions près, certaines stéatites. Par contre, des cargaisons de nacre trouvaient leur route vers l'Angleterre. Matériau très recherché à cette époque, la nacre était utilisée en Europe pour l'incrustation du mobilier.

Jade sculpté, Chine, XVIIIe siècle. H. 18,1 cm. Le rêve de bien des collectionneurs.

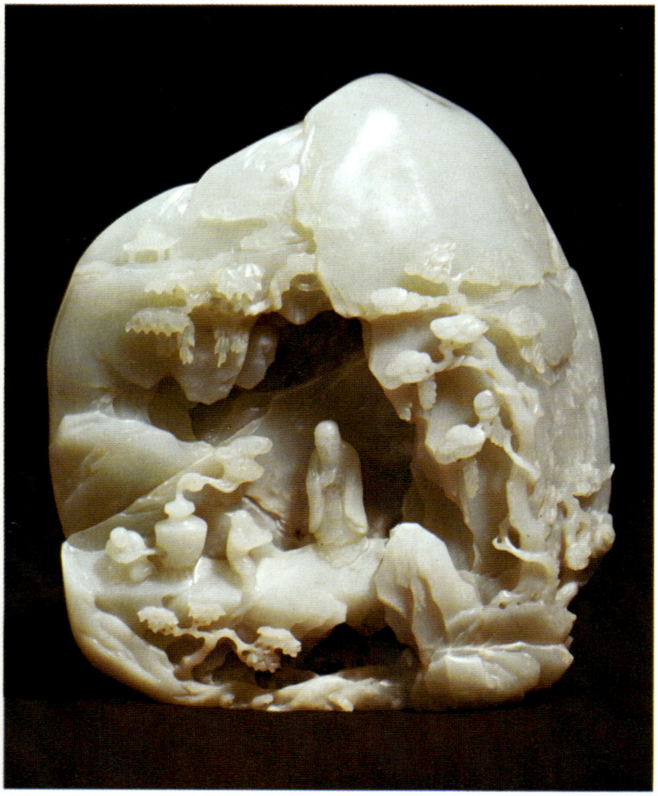

Christie's

La plupart des jades sur le marché actuel datent de l'époque Ts'ing (Chine) [1644-1911]. Les Chinois firent aux XVIIIe et XIXe siècles de nombreuses copies de jades anciens, qui se reconnaissent à leur grande taille et à leur complexité. Un autre critère de datation est le matériau employé : la jadéite très colorée de Birmanie n'est importée en Chine qu'au XVIIIe siècle.

On a découvert et analysé les jades archaïques chinois au début du XXe siècle, lors des fouilles des anciennes capitales Chang (XVe-XIe siècle avant notre ère). Mais les premières collections de jades et de pierres dures se constituent dès la fin du XIXe siècle (animaux mythiques ou réels, divinités, vases Ts'ing imitant les bronzes archaïques). Ainsi, la vente du séquestre de guerre Worch, en 1922, comporte plus de trente pièces de ce genre en jade, cristal de roche, améthyste et lapis-lazuli. Les collections de pierres dures se sont multipliées depuis la Seconde Guerre mondiale, et les amateurs en sont nombreux.

Chine

Les Chinois ont longtemps considéré que le jade (« yu »), pierre fine par excellence, était chargé de vertus magiques et de symboles. Réduit en poudre et absorbé, il aurait permis d'atteindre l'immortalité. Sa translucidité, sa sonorité et sa dureté symbolisaient la franchise, la sagesse et le courage.

Le mot « jade » provient de la déformation de l'expression espagnole « piedra de hijada » (pierre de reins), qui, à la suite d'une erreur de transcription, devint le « jade ». Il faut distinguer deux minéraux parmi les objets communément désignés comme jade : la jadéite (« fei-ts'ouei ») et la néphrite, ou « vrai jade » (« tcheng-yu »). Blanches à l'état pur, elles se teintent de nombreuses couleurs, taches ou veines.

Le jade est extrait du lit des rivières et se présente sous forme de pierres usées. Les principaux lieux d'extraction se situent dans le Turkestan oriental et dans les fleuves du Khotan. L'opération fondamentale, après la taille du jade avec outils et tours actionnés au pied, demeure le polissage.

Les premiers jades travaillés ont été découverts à Anyang, capitale de la dynastie des Chang au IIe millénaire avant Jésus-Christ. Parmi les formes rituelles, le « pi » est un symbole céleste rond, percé en son centre, peut-être au moyen d'un bambou usant la pierre à l'aide de sable et d'eau. Le « tsong », de forme octogonale, était utilisé dans les cérémonies dédiées au culte de la terre. Les morts étaient ensevelis avec les narines bouchées de petits embouts en jade, et ils portaient sur la poitrine une cigale, marque d'éternité, exécutée dans le même matériau.

Les points cardinaux sont représentés par des tablettes ou des animaux gravés ou sculptés dans un jade de couleur différente selon l'orientation et conforme aux prescriptions du rituel.

Du IIIe siècle avant Jésus-Christ au IIIe siècle après Jésus-Christ, le jade répond à deux objectifs : l'un rituel (« robe de jade » couvrant le défunt), l'autre ornemental (boucles de ceinture, agrafes, pommeaux d'épées, incrustations de meubles).

Le jade est peu à peu délaissé au profit de l'orfèvrerie à l'époque T'ang (618-907). Au XIe siècle, le goût pour les objets anciens et les succès de l'archéologie naissante transforment l'art du jade. Les bronzes antiques sont traduits en jade, et les dynastes Song vont jusqu'à faire retailler les jades antiques pour les mettre au goût du jour.

L'art du jade sous la dynastie mongole est encore peu connu, mais sous les Ming (1368-1644) et sous les Ts'ing (1644-1911) il nécessite une véritable dextérité, et les artisans parviennent à des tours de force dans l'élaboration des pièces. L'époque Ming a laissé des formes simples, objets de culte ou objets funéraires (brûle-parfum, statuettes de la déesse Kouan-Yin, de Lao-ts'eu sur son buffle, ou de Confucius méditant). Sous les empereurs Ts'ing, comme K'ien-long, les jades ciselés deviennent très ouvragés, chargés d'animaux fantastiques ou de motifs symboliques.

Le répertoire des jades est extrêmement varié : objets quotidiens (vases, bassins, coupes, flacons à vin, parure féminine), objets de culte (statues de bouddha ou des immortels taoïstes), objets du cabinet du lettré (appui-main, verseuse à eau pour préparer l'encre, pierre à encre, presse-papier, pot à pinceaux).

Les Européens ont été attirés par les pierres dures aux colorations et aux transparences plus variées que le jade. Le cristal de roche, la cornaline, l'agate, l'onyx sont travaillés en Chine dans le même style et avec les mêmes outils que le jade. Les tabatières chinoises forment une des catégories d'objets en pierre dure et en verre les plus souvent collectionnées. Ces tabatières, apparues au XVIIIe siècle en Chine avec la mode de priser le tabac, sortirent des manufactures impériales, restées en pleine activité tout au long de ce siècle. Dès la fin du XIXe siècle, des collections se constituent en Europe (celle de l'impératrice Eugénie notamment). Les matériaux, les décors divers et colorés attirent les Occidentaux. La production de ces tabatières s'est poursuivie jusqu'à nos jours tant en Chine populaire qu'à Hongkong, et le marché est inondé de pièces provenant de ces nouveaux ateliers et fabriques.

Japon

Les fouilles des tombes japonaises ont mis en évidence de petites amulettes en jade (« magatama ») du début de notre ère. Cependant, la quantité restreinte de jadéite au Japon et la nécessité d'importer de Chine la néphrite ont rendu ces matériaux rares et précieux. Les artisans ne les ont que peu travaillés.

IVOIRE

De nombreux objets en ivoire réalisés pour le marché chinois furent exportés vers l'Europe par les diverses Compagnies des Indes au XVIIIe siècle. Les pièces en ivoire qui suivaient la route des Indes étaient en général très ouvragées. Les cabinets d'amateurs s'enrichissaient de sphères d'ivoire ciselées, de modèles de pagodes, de temples ou de jonques d'une habileté technique avec laquelle les ivoires européens ne peuvent rivaliser. (Voir chapitre « Ivoire ».) Les dominos, les échecs, les manches d'éventails et quelques statuettes d'ivoire plus simples avaient aussi la faveur de l'aristocratie. L'ivoire faisait partie des matériaux nobles envoyés comme cadeaux par l'empereur de Chine aux souverains d'Occident. Joséphine Bonaparte reçut en hommage un temple chinois d'ivoire entouré de multiples pavillons.

Le goût pour les ivoires japonais est plus récent. Les netsuke en ivoire, os ou bois furent accueillis avec enthousiasme en Europe à la fin du XIXe et au début du XXe siècle : les collections de Mme d'Ennery, Haviland, Lichtenberger et Hindson sont les plus célèbres. La collection Hindson dut être dispersée durant sept ventes entre 1967 et 1969 et constitua probablement la plus importante vente aux enchères d'objets japonais de petite taille.

Quant aux ivoires chinois, un grand nombre est de fabrication récente et de qualité médiocre.

Chine

Les artisans chinois ont travaillé avec habileté l'os et l'ivoire. Les villes de Pékin et de Canton ont produit de nombreuses sculptures dans ces matériaux. La Manufacture impériale d'ivoire, fondée par l'empereur K'ang-hi en 1680, était située dans le palais de Pékin. Les ateliers furent détruits au milieu du XIXe siècle. Canton se distingue par la grande dextérité de ses artisans, qui ont laissé des œuvres entièrement ajourées, de facture très complexe : modèles d'architecture, boules pendantes. Les cornes de rhinocéros, importées de Sumatra, ont aussi été chargées d'ornements sculptés.

Cet art eut une grande vogue durant toute la dynastie Ts'ing (1644-1910), sous les empereurs K'ang-hi et K'ien-long.

De nombreux objets à caractère décoratif sont encore travaillés en Chine, et le public occidental marque un goût prononcé pour les représentations de la déesse Kouan-Yin, ou de Lao-tseu, sorties d'une seule défense d'éléphant.

Japon

L'ivoire d'éléphant, matière d'importation, était extrêmement recherché au Japon et atteignait des sommes élevées. L'ivoire d'hippopotame, les dents de baleine, de morse ou de narval étaient tout aussi bien utilisés pour la sculpture que les crocs des ours. L'ivoire de mammouth, importé de Sibérie au XIXe siècle, servit à façonner de petits objets. Les pièces en ivoire les plus connues des amateurs sont les « netsuke ». Cependant, il convient de noter qu'ils n'ont pas seulement été exécutés en ivoire, mais aussi en bois (pin, cerisier, cyprès, camélia, racine de bambou...), en pierre (stéatite, obsidienne, corail...), ou recouverts de laque et d'écailles de tortue.

Le netsuke est un petit objet faisant office de contrepoids, destiné à empêcher une cordelière portant une boîte (par exemple un inrō) de glisser de la ceinture de kimono. Les formes des netsuke sont très diverses. Le « manju », rond ou carré, remonte au XVIIIe siècle (bois), les manju en ivoire ne datent que du milieu du XIXe siècle. Le « kagamibuta » (« boîte à miroir ») est semblable à la moitié d'un « manju », les attaches passent au travers d'un trou au centre de la boîte. Le « kurawa » peut être utilisé comme cendrier. Les autres pièces recherchées des collectionneurs épousent la forme de femmes, de masques de nō, des sept dieux du Bonheur, d'animaux en tous genres... Environ 30 000 noms d'artistes de netsuke sont connus, mais peu d'œuvres sont signées.

ÉMAUX

L'émaillerie apparaît en Chine probablement vers le XIIIe siècle, nettement plus tard qu'en Europe. Les premiers émaux cloisonnés furent importés de Constantinople à travers la Mongolie sous la dynastie Yuan. Les émaux cloisonnés de l'époque Ming, en particulier au XVe siècle, possèdent des couleurs chaudes (rouge, plusieurs bleus), mais les cuissons sont encore imparfaites et les émaux sont piqués de trous d'épingle. Sous la dynastie Ts'ing (1644-1911), les techniques s'améliorent. L'empereur K'ien-long commande de nombreux vases et des brûle-parfum pour les temples bouddhiques.

Toutes les formes ont été traitées en émail cloisonné : assiettes, plateaux, vases en formes d'animal, coffrets, boîtes. L'émail est aussi associé au bronze doré. Les formes et les décors se compliquent aux XVIIIe et XIXe siècles (motifs ajourés, rapportés).

Les émaux peints sur cuivre (« yang-tseu ») ont été principalement fabriqués à Canton, où les premiers missionnaires importèrent des émaux de Limoges. Les pièces émaillées sur cuivre ou sur porcelaine reproduisent des décors d'époque Louis XIV et datent de la fin du XVIIe et du début du XVIIIe siècle. Les objets ornés d'armoiries européennes étaient commandés à Canton et transportés par la Compagnie de la Chine fondée par Mazarin, par les compagnies hollandaise et anglaise. La peinture d'émail sur cuivre disparaît à la fin du XVIIIe siècle lorsque la demande occidentale décroît.

Les émaux cloisonnés apparaissent au Japon seulement à l'époque Momoyama (1568-1603). La découverte de l'émaillerie est attribuée à Hirata Dōnin (1598-1646), qui produit des œuvres de petit format à l'aide de cloisons en rubans d'argent, quelquefois doré (« sentoku »). Mais la température n'est pas assez élevée et l'émail ne fusionne pas complètement, laissant apparaître de petits trous. Au XIXe siècle, les artisans ont acquis une grande maîtrise de cette technique et exécutent nombre d'œuvres en émail.

Vase rituel chinois (XIe s. av. J.-C.). Bronze Chang. H. 26 cm; diam. 21,5 cm. Estimé 1 million de francs en 1991.

Christie's

Sabres japonais

Le sabre, élément majeur de la vie des samurai, se distingue par sa haute qualité technique et par son caractère unique au Japon.

Les artisans maîtrisent dès le VIIIe siècle les techniques de fabrication des armes blanches. L'époque Kamakura voit croître le nombre des armuriers. Les poignées et les fourreaux commencent à retenir l'attention des décorateurs pendant l'ère fastueuse des Ashikaga (XIVe-XVe siècle). Tous les éléments composant un sabre s'ornent de motifs d'une haute valeur artistique au XVIIe siècle et sous le shōgunat des Tokugawa. Cet art meurt lorsque, en 1877, un édit interdit aux samurai le port des sabres.

Le « daitō » (sabre long) et le « shotō » ou le « wakizashi » (sabre court) sont les deux armes du samurai, qui les portait glissées dans sa ceinture. Un couteau (« kozuka ») et une petite pointe (« kōgai ») accompagnaient le wakizashi. Le fourreau, généralement formé de deux parties de bois creusées et assemblées, était laqué de noir ou de couleur.

Le « tsuba » est un disque de métal percé d'un orifice central, réservé au passage de la lame, et de deux petites ouvertures destinées au kozuka et au kōgai (ces deux trous sont absents sur le tsuba d'un sabre long). Les Japonais ont porté une attention particulière au décor du tsuba. Celui-ci, destiné à maintenir en place le centre de gravité du sabre, devait posséder un poids et une épaisseur bien évalués. Les tsuba, au décor d'incrustations d'écailles de tortue, de coquillages, de nacre, de laque, de corail, au travail ajouré, ciselé, gravé, portent souvent des signatures d'artistes. Ceux-ci appartiennent quelquefois à de grandes lignées d'armuriers. Cependant, la signature n'est pas une garantie d'authenticité ou d'ancienneté. En effet, l'élève d'un artisan célèbre a pu signer du nom de son maître soit par reconnaissance, soit par admiration. Il a pu aussi utiliser les outils de ce dernier après sa mort.

L'intérêt des collectionneurs s'accroît encore après diverses expositions à Paris au début du XXe siècle. Il n'est pas d'amateur d'art d'Extrême-Orient qui ne s'intéresse aux armes japonaises : en France, Gonse, Haviland, Gillot, Vever ; en Angleterre et aux États-Unis, Cooper-Hewitt, W. A. Compton possèdent des tsuba et des armes. Les marchés de Londres et de Paris proposent encore actuellement un grand choix de ces pièces.

L'ART DU BRONZE

L'art du bronze apparaît en Chine avec la dynastie Chang (XVIe ?-XIe siècle av. J.-C.). Ce n'est qu'à partir de 1928, et grâce aux fouilles entreprises à Ngan-yang, capitale Chang du XIVe siècle av. J.-C., que cette période légendaire commença à être historiquement connue. Il fallut attendre 1950-51 pour que l'histoire de l'âge du bronze prît forme avec la découverte d'une capitale plus ancienne à Tcheng-tcheou. Le déchiffrement des inscriptions sur os et écaille, commencé en 1903, a permis une meilleure connaissance de la vie religieuse et économique de cette époque.

Les vases archaïques en bronze sont parvenus en Occident lors des premières fouilles effectuées en Chine. Actuellement, il est interdit d'exporter ces pièces archéologiques, d'une valeur inestimable. Les découvertes se poursuivent, et il est rare que les ouvriers ne se heurtent pas à des vestiges archéologiques, lors de percées de tunnels, de constructions de chemin de fer ou de routes.

Les bronzes archaïques découverts dans les sépultures et utilisés au cours des cérémonies religieuses se divisent en deux grandes catégories : les récipients pour conserver ou cuire les aliments, et les récipients pour boire l'alcool. Le motif le plus caractéristique à l'époque ancienne est un décor animalier appelé « t'ao-t'ie », composé d'un masque de monstre plus ou moins stylisé et démuni de mâchoire inférieure. Volatiles, animaux réalistes et stylisés (cigales), motifs géométriques sont les ornements courants des bronzes Chang. L'art du bronze se poursuit à l'époque des Tcheou, mais les formes sont plus larges et plus stables, le décor se simplifie et se géométrise, les inscriptions plus longues donnent les circonstances dans lesquelles ont été offerts les vases. À l'époque des Royaumes combattants (v^{e}-IIIe siècle av. J.-C.), les incrustations d'or, d'argent apparaissent. Bientôt (époque Han), les décors appartiennent au répertoire profane (scènes de chasse), et le bronze perd tout symbole religieux.

Les bronzes sont recherchés pour leur intérêt archéologique et leur patine. Cette dernière peut varier d'un bleu vert à un vert foncé selon le terrain dans lequel les bronzes ont séjourné.

LE MARCHÉ DE L'ART ASIATIQUE

Les salles des ventes françaises, anglaises ou suisses offrent un choix impressionnant d'œuvres asiatiques. Il n'est pas de semaine qui s'écoule sans qu'une salle de l'hôtel Drouot ne disperse des œuvres de ces pays. Encore faudrait-il mentionner les petits objets de qualité médiocre, tardifs ou dépareillés, qui apparaissent

Étude Boisgirard

Tabatière chinoise en ivoire sculpté et rehaussé de polychromie, à décor dit « aux mille enfants ». H. 11,2 cm. Étude Boisgirard.

Deux netsuke en ivoire, Japon, XIXe s. Grandeur nature. Vente Ader, Picard, Tajan. Drouot.

Guillemot, Connaissance des Arts

Guillemot, Connaissance des Arts

Divers inrō (boîtes à médicaments) en laque du Japon. Vendus par Mes Laurin, Guilloux, Buffetaud, Tailleur.

Laurin, Guilloux, Buffetaud, Tailleur

Mes Couturier, Nicolay

Torse de Kouan-yin en bois laqué et doré avec traces de polychromie. Chine du Nord, XIIIe siècle. Adjugé 340 000 F à Drouot par Mes Couturier, Nicolay, le 24 avril 1986.

au hasard de ventes diverses et où l'amateur s'efforce de trouver l'objet rare. Ce marché est aussi représenté par de grands marchands chez lesquels des œuvres plus sélectionnées sont visibles.

On ne peut pas parler, pour les objets asiatiques, de domaine oublié ou délaissé. Tout passe sur le marché, de la petite porcelaine chinoise du XIXe accessible à partir de 800 F jusqu'aux jarres en grès de la dynastie Tang (VIIe-IXe siècle), qui peuvent valoir plus de 300 000 F.

Les meubles d'Extrême-Orient en bois laqué ou en bois naturel ont fortement augmenté depuis 1980. Les meubles coréens, qui sont les plus accessibles — malgré les difficultés d'exportation —, valent de 15 000 à 40 000 F.

Les tables basses, les cabinets à tiroirs multiples, les fauteuils chinois prennent place avec bonheur dans les intérieurs contemporains. Les meubles sculptés antérieurs au XIXe siècle sont de plus en plus recherchés et de plus en plus chers. C'est ainsi qu'un lit de repos, formant une large banquette à dossier orné de fines sculptures ajourées, s'est vendu 77 000 $ à New York chez Sotheby's, le 8 mars 1988 (420 000 F).

Quant aux paravents en laque de Coromandel à 12 feuilles du XVIIIe siècle, on ne peut plus les obtenir à moins de 80 000 F.

En sculpture, le goût des amateurs se porte principalement sur les bronzes népalais et tibétains, et sur les pièces plus anciennes de la Chine et de l'Inde. Une forte hausse a été enregistrée sur les sculptures bouddhiques chinoises (20 000 à 200 000 F). Il faut noter le passage en salles publiques de belles pièces en bois polychrome ou en pierre des périodes Song, Yuan et Ming (Xe-XVIIe siècle), représentant la déesse Kouan-yin. Les sculptures de l'Afghanistan appartenant au style du Gandhara ont été remises en valeur et leurs prix multipliés. Les statuettes en métal doré du Népal sont très recherchées à cause de leur aspect décoratif. Les œuvres sont souvent tardives (XIXe siècle), et des fontes modernes aux traits moins finement ciselés sont souvent habilement patinées. Le prix d'un bronze doré ancien tourne autour de 30 000 F et celui d'une œuvre récente est de l'ordre de 10 000 F. L'ancienneté garantit toujours une importante plus-value.

Acheter avec précautions

Les arts de la Thaïlande et de la Birmanie ont, depuis longtemps, intéressé les amateurs et les collectionneurs. Mais le grand nombre de faux en circulation a nettement contribué à déprécier ces sculptures. La Thaïlande est un pays connu pour ses imitations et ses refontes. Le marché européen s'est ainsi trouvé, il y a quelques années, saturé d'objets d'origine plus ou moins douteuse. Cependant, on a assisté ces derniers temps à une plus juste estimation des œuvres. Désormais, seules les pièces de belle qualité conservent des prix élevés avec tendance à la hausse. Les vases en bronze tripodes Chang (XIVe-Xe siècle av. J.-C.) se vendent de 50 000 à 80 000 F. D'autres sculptures en bronze de petite taille obtiennent des prix plus modiques (de 5 000 à 15 000 F selon la taille et la patine).

Bien qu'elles ne présentent que peu d'intérêt artistique, les gazelles thaïes en argent, les sculptures bouddhiques birmanes en bois doré, incrustées de pierreries, ont été remises à la mode par les décorateurs.

Les œuvres japonaises sculptées sont rarement antérieures au XVIIIe siècle. Les masques de théâtre nō varient de 5 000 à 20 000 F. Les bronzes animaliers japonais peuvent valoir de 10 000 à 30 000 F.

Les pièces cambodgiennes sont souvent mutilées mais trouvent toujours preneur. Les têtes de Bouddha de la période préangkorienne peuvent valoir de 15 000 à 40 000 F.

Les stèles chinoises en schiste ou les bouddhas assis en lotus se vendent de 20 000 à 50 000 F. Mais ce sont les pièces archaïques qui, au cours de ces dernières années, ont le plus augmenté. Une statuette funéraire Tang du VIIIe siècle représentant une dame de cour a été adjugée 495 000 $ chez Sotheby's à New York, le 1er juin 1988 (soit 2 928 000 F).

Les peintures japonaises et les thanka tibétains tendent, eux aussi, à monter. Cependant, les peintures sur soie ou sur papier, chinoises ou japonaises, de plus de deux siècles d'ancienneté, sont encore assez rares sur le marché français. La plupart des peintures chinoises ou japonaises demeurent à des prix abordables (de 5 000 à 15 000 F).

Les thanka népalais et tibétains sont maintenant connus du public. Les pièces contemporaines (nombre de ces œuvres n'ont pas plus de cinquante ans d'âge) ne devraient pas dépasser 1 000 à 3 000 F. Les peintures anciennes varient de 15 000 à 50 000 F.

Beaucoup de collectionneurs se passionnent pour les petits objets dits « de vitrine ». Les netsuke, prisés dès la fin du XIXe siècle, sont estimés selon la rareté du matériau dans lequel ils sont exécutés et selon la finesse des représentations (en bois, de 1 500 à 5 000 F ; en ivoire, jusqu'à 100 000 F). Les tsuba (de 3 000 à 20 000 F) et les inrō (de 5 000 à 30 000 F) présentent aussi un large éventail de techniques et de décor. Les laques japonais de petite taille font partie de ces objets décoratifs faciles à mettre en valeur dans un appartement moderne et dont les prix ont fortement augmenté.

Les ivoires et les pierres dures sont les œuvres précieuses par excellence. Il n'est pas nécessaire de connaître les arts asiatiques pour en apprécier l'effet décoratif, la matière et les jeux de transparence. Un brûle-parfum ou un vase en jade, chinois, de 15 à 20 cm, dépassent souvent 20 000 F. À Hongkong, dans une vente organisée par Sotheby's, le 1er mai 1988, une déesse Kouan-yin du XIXe siècle en jadéite s'est vendue 293 445 £ (plus de 3 000 000 de F). Les personnages sculptés dans une défense d'éléphant sont tout particulièrement recherchés. Les Japonais ont laissé des œuvres très habilement exécutées dans ce matériau qu'ils importaient.

Bronzes chinois. Les bronzes archaïques chinois apparaissent assez souvent en salles des ventes (à Londres, à Paris). Ces pièces rares atteignent des prix variant entre 30 000 et 150 000 F. *Bronzes japonais.* Les bronzes animaliers du Japon des XVIIe et XVIIIe siècles obtiennent des cotes de plus en plus élevées. Une tête de singe vers 1750 (H. : 48,3 cm) s'est vendue chez Sotheby's à New York 165 000 dollars le 9 octobre 1987 (990 500 F).

Les porcelaines de la Chine et du Japon ont attiré les hommes de goût depuis le XVIIe siècle. Les porcelaines répondant à la demande occidentale ont été exportées par les compagnies hollandaises. L'intérêt pour les pièces archéologiques, terre cuite et grès, est plus récent. Les amateurs en apprécient l'histoire, la rusticité (grès des Philippines et du Japon, céladons thaïs de Sawankalok) ou l'aspect esthétique (san-ts'ai chinois d'époque T'ang, grès chinois Song). Les chevaux ou chameaux en terre cuite à glaçure « trois couleurs » sont les vedettes. Les prix sont très variables (de 50 000 à 300 000 F). Désormais, la présence des Japonais sur le marché occidental a entraîné une hausse des grès et des terres cuites. Mais on peut trouver des petites coupes, des assiettes en céladon, ou à couverte brune ou crème à des prix abordables.

Les familles roses et vertes de Chine sont présentes dans toutes les ventes d'Extrême-Orient. Leur prix dépend de la taille, de la finesse et de la rareté du décor (de 5 000 à 200 000 F). La porcelaine chinoise garde ses adeptes et les pièces de la plus haute qualité provoquent des enchères qui dépassent le million de francs. Mais depuis quelques années, la porcelaine japonaise est également appréciée. Des vases en porcelaine Kakiemon, fin XVIIe siècle, décorés d'émaux polychromes, ont obtenu des enchères supérieures au million de francs, aussi bien à Londres et New York qu'à Paris.

Portrait d'un moine zen en bois sculpté polychrome.
Japon, XIIIe-XIVe siècle.

Ader, Picard, Tajan

Rembrandt : Autoportrait près d'une fenêtre.
Dans cette eau-forte, le grand maître de la gravure au XVIIe siècle
utilise toutes les ressources
de la pointe sèche et du burin pour mettre en valeur
les jeux d'ombre et de lumière
qui font jaillir les moindres reliefs de la surface plane.
Ici, dans son quatrième état,
le cuivre a gardé toute sa vigueur d'expression.

Christie's

LA GRAVURE

L'amateur d'estampes a une longue histoire. Trois siècles séparent les grands collectionneurs comme l'abbé de Marolles, qui dut céder sa collection à Louis XIV, du baron de Rothschild, dont les pièces sont venues enrichir le musée du Louvre. Si l'amateur d'aujourd'hui recherche toujours avec autant d'opiniâtreté l'œuvre rare, une catégorie de collectionneurs est née. Celle-ci juge l'estampe selon des critères nouveaux : ce sont avant tout des critères d'ordre décoratif qui dominent. L'estampe occupe une place considérable dans la vie quotidienne, orne les murs des appartements et des bureaux. Le public se précipite sur les affiches, les lithographies, les chalcographies, les gravures anciennes pour y trouver un objet de décoration.

Il ne se passe pas de semaine sans que ne s'ouvre une exposition, sans que n'ait lieu une vente aux enchères. Cet engouement se reflète aussi dans la création d'un musée de l'affiche à Paris.

Autrefois réservée aux grands collectionneurs et aux amateurs spécialisés, la gravure est maintenant au goût de chacun. Elle tend à assumer le rôle de tableau dans les appartements et à laisser celui-ci aux bourses plus fortunées.

La plupart des peintres contemporains ne conçoivent pas leur art sans faire intervenir la gravure, qui sert à diffuser leur œuvre et à faire connaître leur nom parmi un public plus vaste que celui des musées ou des galeries. La gravure de reproduction, exécutée par des spécialistes, a cédé la place en 1850 à la gravure originale, qui a obtenu le statut d'œuvre d'art et attire désormais les peintres eux-mêmes.

La gravure est l'art d'inciser ou creuser un support en bois, métal ou autre matière pour faire une plaque imprimante, en relief ou en creux, servant à tirer, sur papier, plusieurs exemplaires de l'image gravée. Le résultat de l'impression est aussi appelé *gravure.*

L'estampe est le résultat de l'impression d'une image à partir d'un support sur un autre ; par exemple, une image gravée sur cuivre reportée sur papier (chalcographie), ou dessinée sur pierre et reportée sur papier (lithographie).

Les reproductions sont obtenues par des procédés photomécaniques, photochimiques (photogravure) ou électrochimiques (galvanotypie). Mais ces mêmes procédés (héliogravure, offset) peuvent être aussi maintenant utilisés dans la création d'estampes originales.

Ainsi, le travail manuel de l'artisan ou de l'artiste n'est plus le seul critère de l'estampe originale.

Le texte amendé de 1936 du Comité international de la gravure retient : « Sont considérées comme gravures, estampes et lithographies originales les épreuves tirées en noir ou en couleurs, d'une ou plusieurs planches, entièrement conçues et réalisées par le même artiste, quelle que soit la technique employée. »

LES TECHNIQUES DE LA GRAVURE

Trois procédés principaux et leurs dérivés permettent de réaliser gravures ou estampes : la gravure en relief, ou taille d'épargne, sur bois, métal, linoléum ; la gravure en creux, ou taille-douce, sur métal ; l'estampage à plat : lithographie sur pierre et presse lithographiques et sérigraphie sans presse.

La gravure en relief, ou taille d'épargne

Il existe deux méthodes de gravure en relief sur bois : la gravure sur bois de fil, la plus ancienne, et la gravure sur bois de bout, apparue à la fin du XVIIIe siècle.

La gravure sur bois de fil utilise des planches qui suivent le sens du fil de l'arbre, de la fibre du bois. On emploie les essences fruitières : poirier, cormier, merisier..., aux fibres serrées. La planche, aplanie et polie, va recevoir le dessin inversé, soit directement, soit sur une feuille de papier collée sur le bois. Le graveur détoure le dessin à l'aide d'un canif : deux entailles en « V », la coupe et la recoupe, dégagent le trait, qui sera encré par la suite. D'autres outils, gouges, ciseaux, échoppes et butavants, en enlevant les parties de bois plus importantes, « champlèvent » les blancs. Le trait épargné, destiné à être imprimé, est alors encré à l'aide d'un « frotton », ou tampon chargé d'encre d'imprimerie, ou au rouleau. On pose une feuille de papier humectée sur le bois gravé, et l'ensemble est passé sous la presse.

La gravure à la manière japonaise utilise avec des variantes le bois de fil. Le sujet est dessiné au pinceau

G. Meguerditchian

Dans cette gravure sur bois du XVe siècle,
la Chronique de Nuremberg, *la lame d'acier a suivi les lignes générales des fibres taillées « en épargne », laissant en relief les parties destinées à l'encrage.*
Coll. S. Fouilloul.

sur une mince feuille de papier. La feuille est ensuite collée à l'envers, à l'aide de colle de riz, sur le bois bien poli au rabot. L'estampe japonaise est imprimée non à l'encre, mais à l'eau dans laquelle sont délayées des poudres de couleur. Elle y gagne des tons légers et transparents. Elle est tirée sans presse, au « baren », sorte de frotton oriental recouvert d'une feuille de bambou.

La gravure sur bois de bout utilise des planches débitées perpendiculairement au sens des fibres. On taille dans le cœur du bois, plus dense, de petits cubes qui, ajustés, collés et polis, donneront une surface dure et lisse. Le meilleur bois est le buis, à la texture très serrée, qui offre une surface comparable à celle du métal et permet une grande finesse de dessin. L'outil est le burin. Les échoppes servent à champlever. Certains outils permettent de travailler plus vite, tels le burin double ou le « vélo », sorte d'échoppe à pointes parallèles. L'impression des épreuves se fait comme pour le bois de fil.

La gravure en relief sur métal fait partie des incunables de la gravure (avant 1500).

La gravure en champlevé consistait à creuser le champ d'une plaque de cuivre, d'étain ou de plomb, et à encrer le dessin épargné.

La gravure au criblé éclaire et nuance le noir des aplats en épargne par de petits trous plus ou moins nombreux faits à l'aide d'un burin, stylet ou clou.

La gravure sur linoléum, procédé moderne, se pratique comme la gravure sur bois, mais avec plus de facilité.

La gravure en creux, ou taille-douce

Il existe trois procédés principaux de taille-douce : l'attaque directe du support métallique (cuivre, acier, zinc) avec un instrument ; l'attaque indirecte à l'aide d'un vernis protecteur et d'un acide ; l'attaque directe par l'acide.

L'attaque directe du métal se fait au burin, à la pointe sèche, à la « manière noire » et à la roulette.

Le burin, lame d'acier à section carrée ou losangée, taillée en biseau et parfaitement affûtée, creuse des sillons plus ou moins profonds dans le métal. La direction des traits est donnée par la main gauche du buriniste, qui fait pivoter la plaque de métal devant le burin presque immobile. Le copeau de métal enlevé par le burin laisse le long du sillon des « barbes », qui accrocheraient l'encre et nuiraient à la pureté du trait. Ces barbes sont enlevées à l'aide d'un « ébarboir », sorte de rasoir à lame triangulaire. Pour adoucir une taille ou l'effacer, on emploie le « brunissoir », qui écrase et polit les sillons.

La pointe sèche est une pointe d'acier qui, tenue presque verticalement, creuse le métal en soulevant des « barbes », lesquelles sont conservées pour donner un noir velouté au trait. Ces barbes, fragiles, sont écrasées après plusieurs passages sous la presse. L'invention de la galvanoplastie, en 1847, a permis de remédier à cet inconvénient en donnant la plaque à l'aciérage (le cuivre gravé est recouvert d'une mince pellicule d'acier).

La manière noire, ou *mezzotinto,* surtout pratiquée au XVIIIe siècle dans les pays anglo-saxons, utilise un « berceau », outil à la base arrondie, garnie de nombreuses pointes. Le berceau, promené sur toute la planche, la recouvre d'un « grainage » qui retiendra l'encre d'imprimerie et donnera à l'épreuve un noir velouté. Sur ce fond noir, le dessin est obtenu en écrasant plus ou moins les grains avec un brunissoir ou un ébarboir. Aucun trait n'apparaît dans la manière noire.

Dans la *gravure à la roulette* ou au *pointillé,* les traits sont remplacés par une série de petits points obtenus à l'aide d'un disque métallique denté.

L'attaque indirecte du métal, mordu par un acide là où il n'est pas recouvert d'un vernis protecteur, est le procédé de l'eau-forte et de ses dérivés.

La technique de l'eau-forte consiste à bien décaper une plaque de métal, à la chauffer et à y étendre une couche de vernis : vernis solide au tampon ou vernis liquide au pinceau. Lorsque le vernis est sec, on dessine sur la plaque avec une pointe en enlevant une mince pellicule de vernis, mettant ainsi le métal à nu. La plaque est alors plongée dans un bain d'acide (acide nitrique, qui attaque violemment le métal et mord le trait généreusement, rendant les lignes imprécises ; ou perchlorure de fer, mordant régulièrement et verticalement). La plaque est ensuite débarrassée de son vernis et peut être encrée. On peut revernir, retravailler et faire mordre à nouveau pour obtenir des tailles plus profondes.

La gravure en manière de crayon cherche à imiter le dessin : pour le procédé au *vernis dur,* on se sert d'outils à plusieurs pointes inégales ou de roulettes qui, passés sur la plaque, font de petits trous dans le vernis ; pour le procédé au *vernis mou,* on recouvre la plaque d'un vernis qui ne sèche pas complètement et reste collant (sur ce vernis, on pose une feuille de papier à dessin humide ; lorsque la feuille est sèche, on dessine au crayon ; la pression du crayon sur le papier fait coller à l'envers le vernis, mettant le métal à nu sous le dessin). La gravure en manière de crayon est imprimée à la sanguine ou à la pierre noire.

L'aquatinte, produisant des effets de lavis, se fait en employant des grains de résine. La plaque, nettoyée, est mise dans une « boîte à grain », où elle est saupoudrée de résine. Retirée de la boîte, la plaque est chauffée et le grain adhère au métal. Le bain d'acide mord ensuite l'espace libre entre les grains. Avant l'encrage, la résine est enlevée à l'alcool.

Le vernis au sucre est une variante de l'aquatinte. De l'encre de Chine saturée de sucre sert à dessiner sur la plaque à la plume ou au pinceau. On pose ensuite un vernis léger sur la plaque et on la plonge dans l'eau. Le sucre se dilue et fait éclater le vernis qui le recouvre, mettant le cuivre à nu aux endroits dessinés, qui pourront être mordus par l'acide.

L'attaque directe du métal par l'acide est un lavis où l'acide est posé au pinceau en aplats sur la plaque, ensuite rapidement rincée. Les parties dépolies par l'acide peuvent retenir l'encre.

L'impression de la gravure en creux se fait à l'aide d'une presse à taille-douce. La plaque gravée, nettoyée et légèrement chauffée, est encrée sur toute sa surface à l'aide d'un rouleau passé sur l'encre d'imprimerie. Une « poupée », ou tampon enduit d'encre, finit de faire bien pénétrer l'encre dans les tailles. L'encre déposée sur les parties planes de la plaque est alors enlevée avec une tarlatane, puis avec la paume de la main. La plaque prête est déposée sur la table de la presse et recouverte d'une feuille de papier humide. On abaisse les « langes » (couvertures de laine servant à assouplir la pression des rouleaux) et on fait passer la table sous les deux rouleaux de la presse.

L'estampage à plat

La lithographie, inventée par Senefelder en 1796, popularisée en France en 1815, n'est plus une gravure, mais un dessin sur la pierre. Cette pierre est un calcaire, soigneusement poli, sur lequel on dessine à l'aide de crayons lithographiques gras ou à l'encre grasse passée au pinceau ou à la plume. La pierre est arrosée d'une solution d'eau et d'acide absorbée par le calcaire poreux sauf aux endroits dessinés au crayon gras. Une deuxième application d'encre grasse ne sera retenue que par l'encre du premier dessin. Pour le tirage, on pose une feuille de papier sur la pierre et on passe l'ensemble sous la presse lithographique, ou « à râteau » (le râteau est une planchette qui appuie sur la feuille de papier lorsqu'elle passe sous lui).

Actuellement, on utilise le zinc, plus pratique, moins cher, mais au grain moins beau que celui de la pierre.

La sérigraphie, comptant une trentaine de procédés, est très utilisée de nos jours. Son principe est celui du pochoir. Sur une trame, à l'origine en soie, aujourd'hui en Nylon, tendue sur un cadre de bois, on dessine avec un liquide plastique le dessin à reproduire. L'ensemble est recouvert d'un liquide coagulant qui bouche les trous de la toile. Avec un solvant, on dissout le liquide plastique du dessin. Les trous correspondants sont libérés et peuvent laisser passer l'encre.

La gravure en couleurs

Dès les XVe-XVIe siècles, on a fait des gravures « coloriées » et des gravures « en couleurs ».

Les gravures sur bois coloriées à la main, ou au pochoir pour les tirages importants (Épinal), sont rehaussées à la gouache ou à l'aquarelle sur l'épreuve après tirage.

Pour les gravures « en couleurs », c'est la plaque de métal ou le bois qui sont encrés avant tirage. L'encrage peut se faire « à la poupée », sur une seule plaque avec toutes les couleurs à la fois, ou « au repérage » avec une plaque par couleur principale. Dans ce dernier cas, des repères, ou petits trous, sur les plaques de métal et les feuilles de papier permettent de les faire coïncider. Les trous sont remplacés par des croix de repérage pour la lithographie ou l'offset.

Une des premières gravures sur bois coloriées à la main : l'Apocalypse de saint Jean, *du début du XVe siècle (Broxbourne Library).*

Sotheby's

Bulloz

Vierge folle, *par Martin Schongauer (XVe siècle). Extrait d'un incunable de la collection Rothschild (Louvre).*

HISTOIRE DE LA GRAVURE

C'est à la Chine que l'on doit l'invention du papier dès le Ier siècle après J.-C., invention qui a permis la reproduction de lettres ou dessins à plusieurs exemplaires par l'intermédiaire de bois gravés (procédé xylographique). [Voir le chapitre « Bibliophilie ».]

L'industrie du papier s'est développée en France et en Allemagne au XVIe siècle, mais les Hollandais sont passés maîtres au siècle suivant. Le papier utilisé pour l'impression doit être homogène et solide, comme c'est le cas du vélin, obtenu dans une forme où la pâte s'égoutte à travers une toile métallique à mailles serrées.

Certains voient dans les cartes à jouer les plus anciennes œuvres xylographiques (gravures sur bois primitives). Ces cartes étaient en usage en France sous Charles VII. Alors que les cartes exécutées en France et en Allemagne au XVe siècle restent primitives, celles d'Italie, ou « tarocchi », deviennent plus artistiques grâce à la mise au point technique de la taille-douce.

Les artistes des Pays-Bas, dès les premières années du XVe siècle, donnent à la gravure sur bois ses lettres de noblesse, sous l'influence de Hubert et Jan Van Eyck.

La plus ancienne des gravures en relief sur métal datées est une estampe criblée (les blancs sont obtenus par des points faits au burin) : le *Saint Bernardin de Sienne* de 1454 (Bibliothèque nationale).

Vasari a attribué à un orfèvre de Florence, Maso Finiguerra (1426-1464), l'invention de la gravure en creux. Finiguerra grave une plaque d'argent et en fixe l'empreinte sur le papier (1452).

À Venise, Andrea Mantegna (1431-1506) grave d'une main rapide et expérimentée des œuvres dont une vingtaine seulement nous sont parvenues : *la Mise au tombeau, le Triomphe de César, le Combat des dieux marins.* Mocetto, Jacopo Francia imitent Mantegna.

Dès la seconde moitié du XVe siècle, la gravure occupe une place importante en Allemagne. Initiateur de la gravure d'art dans ce pays, Martin Schongauer (1430-1491) est suivi par de nombreux disciples. Il fait preuve d'une grande dextérité dans ses tailles croisées (incisions du burin ou de la pointe se coupant sur la planche de bois ou de métal) et d'un sens poussé de la composition.

L'Italie et l'Allemagne au XVIe siècle

À la fin du XVe siècle, en Allemagne, la gravure sur bois se poursuit. Elle est utilisée pour illustrer des ouvrages imprimés en caractères mobiles.

Albrecht Dürer (1471-1528), fils d'un orfèvre hongrois établi à Nuremberg, est placé en 1486 chez Maître Michel, dans l'atelier de Wolgemut. Après une dizaine d'années d'apprentissage, il fait paraître ses premières œuvres au burin. Il utilise par la suite avec un égal bonheur le bois et le cuivre. Il sait rendre avec précision les détails du modelé dans *la Mélancolie, le Chevalier et la Mort* ou le *Saint Jérôme dans sa cellule.*

D'autres maîtres ont été éclipsés par sa puissance créatrice, mais leur valeur n'en est pas moins certaine : Lucas Cranach, Hans Holbein, Hans Baldung Grien.

Les gravures de Dürer se vendent en son temps beaucoup mieux que ses tableaux, au point qu'il est imité à Venise par un artiste qui va jusqu'à contrefaire son monogramme : Marc-Antoine Raimondi (1480-1534) grave des pièces sur la *Vie de la Vierge* d'après Dürer, y ajoutant la marque du maître allemand. Il crée ainsi la gravure d'interprétation, qui allait se perpétuer jusqu'à l'époque moderne. Il transcrit en gravure des œuvres de Raphaël.

Le Porte-étendard, *par ledit Prince Rupert du Rhin, eau-forte (27,8 × 20 cm). Adjugée 521 000 F par Sotheby's à New York, le 27 février 1988.*

Sotheby's

Les graveurs sur bois italiens au XVIe siècle ne se contentent plus d'illustrer des livres, mais ils créent, à l'imitation des graveurs au burin, des œuvres de grand format, indépendantes, reproduisant des dessins ou des peintures. Titien est gravé par Domenico delle Greche, Niccolo Boldrini.

Le Parmesan (1503-1540) fait figure de précurseur en procédant à l'eau-forte, récemment découverte.

La gravure commence à dépérir en Italie et en Allemagne après le XVIe siècle. Cependant, au XVIIIe siècle, Canaletto, puis les Tiepolo et Piranèse atteignent les plus puissants effets d'ombre et de lumière par l'action conjointe de la pointe et de l'eau-forte.

Les Pays-Bas

Jusqu'au XVIe siècle, la gravure au burin et la gravure sur bois étaient restées dans un état primitif aux Pays-Bas, ne pouvant rivaliser ni avec celles des Italiens, ni avec celles des Allemands.

Lucas de Leyde (1494-1533), peintre et graveur, est le premier à manier le burin avec art. Sa première gravure, dont la date nous est connue, est de 1508.

Sous l'autorité de Rubens (1577-1640), les graveurs hollandais et flamands cherchent à rendre toutes les nuances du pinceau et l'originalité de la touche. P. P. Rubens réunit dans sa maison d'Anvers de nombreux artistes, peintres et graveurs au burin, dont il examine et reprend les œuvres de sa main : Pontius, Vorsterman, Soutman. Un de ses élèves, Bolswert, entreprend de graver *le Couronnement d'épines,* d'après Van Dyck.

À la fin du XVIe et au début du XVIIe siècle, les graveurs sont en pleine possession des techniques les plus savantes. Cornelius de Visscher (1619 ou 1629-1662) utilise toutes les possibilités du burin ; Van Dyck (1599-

L'Orfèvre Jan Lutma, *par Rembrandt, pointe sèche (19,6 × 14,9 cm). Adjugée 2 788 000 F par Sotheby's à New York, le 27 février 1988.*

Sotheby's

Bulloz

Portrait d'un jeune homme, *par le peintre-graveur hollandais Lucas de Leyde.* Petit Palais, Paris.

1641), Van Ruysdael (1589-1638), Waterloo (1609-1690) et Seghers (1589-1638) pour les paysages, Potter (1625-1654) et Karel Dujardin (1622-1678) pour les animaux s'expriment à l'eau-forte avec une grande maîtrise.

À côté d'eux, une figure dominante apparaît : Rembrandt (1606-1669). Les eaux-fortes de Rembrandt doivent être placées au tout premier plan de l'histoire de la gravure. Il aborde tous les domaines : scènes de genre, portraits, scènes religieuses, sans oublier de petits paysages.

La France

À la fin du XVe siècle et au début du XVIe, la gravure sur bois est en usage en France pour illustrer les danses macabres et les livres d'heures.

Il faut attendre Jacques Callot (1594-1635) pour que l'art de la gravure se détache de l'Italie et acquière un caractère plus spécifiquement français. Après avoir travaillé à Florence, Callot revient s'installer à Nancy. Il s'attache, dans un style plein de verve, aux représentations d'hommes difformes, aux visages caricaturaux, aux types des bas quartiers, vulgaires ou débauchés. L'eau-forte devient, sous son influence, une forme d'art à la mode. Parmi les séries complètes de Callot, il convient de mentionner *les Mendiants, les Petites et Grandes Misères de la guerre, les Bals de Sfessania* et les deux grandes *Vues de Paris.* À l'école de Callot se rattache Abraham Bosse (1602-1676). Son œuvre abondant dépeint minutieusement les mœurs de son temps.

Parmi les graveurs encouragés par Louis XIV, citons Robert Nanteuil (1626-1678), Edelinck (1640-1707) et Gérard Audran, né à Lyon en 1640 ; celui-ci interprète Raphaël, Poussin, Mignard, soit à l'eau-forte, soit au burin.

Le commerce des estampes devient extrêmement flo-

G. Meguerditchian

Le Dessinateur, *gravure en manière de crayon par Demarteau, d'après Boucher, estimée 15 000 F en 1989. 155 × 210 cm.* Coll. Prouté.

rissant. À côté des gravures historiques et des portraits, les estampes figurant les costumes, les fêtes et les vues de villes sont particulièrement prisées. Les gravures de mode sont publiées dans *le Mercure galant.*

Sous Louis XV, Hyacinthe Rigaud (1659-1743) conserve le style majestueux et allégorique de ses prédécesseurs, alors que des œuvres plus libres et gracieuses gagnent la faveur du public à la suite de Watteau. Scènes galantes et pastorales sont à l'ordre du jour. Les noms des graveurs disparaissent devant ceux des peintres dont ils traduisent les œuvres. Laurent Cars (1702-1771) grave des scènes de Boucher, de Watteau ou de Chardin. D'autres encore, comme Jacques Philippe Lebas, Bernard Lépicié, Pierre Aveline, traduisent les peintures de Chardin, Pater, Lancret, Boucher. Gilles Demarteau se fait une spécialité des sanguines et des estampes en manière de crayon de couleur. Fragonard est reproduit par la main de Nicolas François Regnault *(le Baiser à la dérobée)* ou de Nicolas de Launay *(la Bonne Mère, les Hasards heureux de l'escarpolette).* Les portraits d'Étienne Ficquet *(Madame de Maintenon d'après Mignard)* et d'Augustin de Saint-Aubin sont de petite taille, se découpant sur un fond noir. Jean-François Janinet (1752-1814) exploite la technique de la gravure en couleurs, qui est reprise par Philibert-Louis Debucourt (1755-1832).

L'art du paysage commence à se répandre grâce à Joseph Vernet, dont Vivarès exécute quelques planches.

L'Angleterre et l'Espagne

À la même époque, la gravure anglaise prend son essor grâce à deux artistes éminents : Hogarth (1697-1764), qui se fait remarquer par ses estampes satiriques, et Reynolds (1723-1792), auteur de nombreux portraits. Wool-

La Tentation de saint Antoine *(1635), par Jacques Callot. Eau-forte estimée de 50 000 à 80 000 F en 1989, selon l'état.*

Giraudon

lett, dans la seconde moitié du XVIIIe siècle, publie des paysages de la campagne anglaise d'après Wilson.

L'Espagne ne vient que tardivement à la gravure. Il faut attendre Francesco Goya (1746-1828) pour qu'elle se trouve un maître incontesté. Mais celui-ci appartient plus au XIXe siècle. Il publie son premier recueil de 80 planches en 1799, *les Caprices,* dans lequel il attaque avec virulence le clergé et les rois. Cette suite obtient immédiatement un succès retentissant dans toute l'Europe. Quelques années plus tard, il exprime toute l'horreur de la guerre qui ravage son pays dans la suite *les Désastres de la guerre,* qui, comme *les Disparates* et *la Tauromachie* (1815), ne seront édités qu'après sa mort. En plus de sa production considérable d'eaux-fortes, Goya s'essaie à la lithographie dans la suite dite *les Taureaux de Bordeaux.*

Le XIXe siècle

La gravure sur cuivre au burin, dont Claude Ferdinand Gaillard (1834-1887) est l'un des derniers représentants, est peu à peu délaissée au cours du XIXe siècle. L'eau-forte et ses dérivés, puis la lithographie tentent de nombreux artistes.

Delacroix laisse des aquatintes *(les Arabes d'Oran),* des eaux-fortes *(la Juive d'Alger)* et des lithographies illustrant les œuvres de Goethe, de Walter Scott ou de Shakespeare *(Macbeth consultant les sorcières).* Tony Johannot (1798-1825) et Célestin Nanteuil (1813-1873) se distinguent dans l'illustration des livres romantiques. Achille Devéria (1800-1857) dessine des portraits lithographiés de ses contemporains.

Les illustrateurs, tels Doré, Daumier, Gavarni, Meissonier, Lami, travaillent principalement sur bois. Daumier (1808-1879) grave lui-même plus de mille bois pour *la Caricature* (à partir de 1832), *le Charivari, le Monde illustré,* où il fait œuvre de polémiste. Il consacre une série aux types de commissaires-priseurs et illustre *la Comédie humaine* avec une grande force satirique. Les événements politiques qu'il grave sur pierre lithographique ou sur bois sont l'occasion, pour lui, de faire preuve d'ironie et, avec *la Rue Transnonain,* d'un puissant réalisme.

Les lithographies et les bois de Grandville (1803-1847), satiriques ou fantastiques, aux personnages mi-humains, mi-animaux, sont œuvre de précurseur et ont influencé les surréalistes.

À la fin du XIXe siècle, de nouveaux peintres de mœurs et des caricaturistes apparaissent : Jean-Louis Forain (1852-1931) campe les types humains des différents milieux sociaux de son temps. Steinlen, peintre de la misère, ami des infortunés, travaille tantôt à l'eau-forte, tantôt à la lithographie. Willette croque avec légèreté et humour la femme coquette et la midinette. Ses représentations de Pierrot et de Colombine font sa célébrité. Poulbot, fils adoptif de Willette, crée le type du gamin de Paris.

En France, deux imprimeurs, Lasteyrie et Engelmann, propagent vers 1815 le procédé lithographique, dont l'invention remontant à 1796 était due à Aloysius Senefelder. Ces imprimeurs font travailler Carle Vernet, Eugène Lami, Girodet, Michallon et Charlet. Géricault exécute, entre 1817 et 1823, une centaine de lithographies à sujet équestre. Les paysagistes se laissent aussi séduire : Eugène et Jean-Baptiste Isabey créent des marines, Paul Huet, des vues de Versailles et de Saint-Cloud.

Cependant, l'événement essentiel du XIXe siècle est la renaissance de la gravure à l'eau-forte, sous les encouragements de Burty. Avec l'appui de Théophile Gautier, de Baudelaire et avec le concours de l'imprimerie Delâtre et

G. Meguerditchian

Dancing Dogs, *belle gravure (45,5 × 58 cm) imprimée en couleurs à Londres en 1790, d'après George Morland.*

Volaverunt, *par Goya, numéro 61 des* Caprices. *Eau-forte et aquatinte. Premier tirage sur papier vergé.*

G. Meguerditchian

G. Meguerditchian

Souvenir d'Italie *(1871), par Corot.*
Autographie (reproduction directe d'un dessin à l'encre).
Épreuve du premier état (sur deux). Coll. Prouté.

La Comédie de la mort *(1854), par Rodolphe Bresdin.*
Très belle lithographie du premier tirage. Coll. Prouté.

G. Meguerditchian

de l'éditeur Cadart, la Société des aquafortistes est créée vers 1862. Elle regroupe des noms qui deviendront prestigieux : Manet, Daumier, Jongkind, Degas, Pissarro, Courbet, Boudin. Les œuvres de Bracquemond, Corot *(Souvenir d'Italie),* Manet *(Los Gitanos),* Daubigny sont publiées par ses soins. Les peintres sont eux-mêmes graveurs et ne passent pas par l'intermédiaire d'un graveur professionnel.

Charles Meryon (1821-1868), l'un des meilleurs aquafortistes, se spécialise dans les vues de Paris. Rodolphe Bresdin (1825-1885), révélé par le critique artistique Champfleury, est apprécié pour ses gravures minutieuses, proches du fantastique.

La Société des peintres-graveurs, fondée en 1889, stimule de jeunes artistes. Odilon Redon *(les Songes)* se rapproche, dans ses lithographies, de visionnaires, Blake, Bresdin ou Grandville.

Pissarro est, parmi les impressionnistes, le seul à avoir gravé de façon continue, reprenant ses gravures en plusieurs états et allant jusqu'à transformer radicalement un paysage. Il maîtrise avec une égale aisance l'eau-forte, l'aquatinte et la lithographie.

Degas (1834-1917) trace ses premières danseuses à la pointe sèche vers 1875, rendant avec science les éclairages de la scène. Cherchant constamment à améliorer ses effets, il tire ses estampes en plusieurs états successifs. Ses *Femmes à la toilette,* son *Bain* sont traités sur pierre lithographique.

Renoir (1841-1919) grave occasionnellement quelques portraits souples et vivants.

Mary Cassatt (1844-1926), influencée par les gravures japonaises d'Utamaro, consacre de nombreuses pointes-sèches et eaux-fortes au thème de la mère et de l'enfant.

À la fin du XIXe siècle, les artistes sont tentés par les possibilités qu'offre la lithographie en couleurs : Jules Chéret, Toulouse-Lautrec.

Les peintres nabis, Bonnard, Vuillard, s'intéressent à l'illustration (*Daphnis et Chloé,* de Bonnard) et à l'estampe lithographiques. Vallotton (1865-1925) est le plus important des graveurs sur bois nabis. Son œuvre austère, au dessin ferme, se limite à l'utilisation de noirs purs.

Gauguin (1848-1903) occupe une place particulière dans cette fin du XIXe siècle. Bien avant de graver, il a

Sotheby

Elsa, dite la Viennoise *(1897). Une lithographie en cinq couleurs de Toulouse-Lautrec, « Femme au tub » (1896), s'est vendue 500 000 F à Drouot, le 18 mars 1988.*

sculpté sur bois, au couteau, des panneaux décoratifs dont il prend des empreintes. Il aurait commencé à graver lors de son premier séjour à Tahiti, entre 1891 et 1893. Ses œuvres présentent alors de grandes taches noires modelées par des griffures blanches. La ligne et les blancs prennent plus d'importance dans les œuvres du deuxième séjour.

Henri Rivière (1864-1951) a rénové la gravure sur bois en couleurs. Il a réinventé la technique japonaise, sur bois de fil, avec des couleurs à l'eau. Ses bois bretons sont remarquables par la simplification des lignes et des couleurs.

Le XXe siècle

À la fin du XIXe siècle, la gravure est tombée en discrédit. Cette désaffection du public est due à la vogue de la photographie, qui trouble profondément les graveurs, et à l'utilisation des procédés photomécaniques. Pour survivre, la gravure va s'orienter vers l'estampe d'artiste, l'estampe originale à tirage limité, au détriment de l'estampe de graveur et de reproduction. La consécration de l'estampe comme objet d'art a lieu en 1889 lors de la fondation de la Société des peintres-graveurs français (qui exposent encore tous les ans à la Bibliothèque nationale). Cette conception de l'estampe s'est peu modifiée jusqu'à nos jours.

Cette même fin de siècle voit aussi une transformation de la société et du goût. Un nouveau public s'intéresse à l'estampe originale, ayant statut d'œuvre d'art. Les collectionneurs se multiplient, et un phénomène nouveau apparaît : les éditeurs vont solliciter les artistes. Ces derniers, qui ne sont pas des graveurs de métier, n'hésitent pas à secouer les traditions. Une esthétique nouvelle apparaît : le goût pour la gravure claire, aérée, et aussi pour la couleur.

Dès lors, l'histoire de la gravure, œuvre de peintres, va suivre l'histoire de la peinture.

À la charnière du siècle, le Norvégien Munch, par ses pointes-sèches, bois gravés et lithographies *(le Cri)*, annonce l'expressionnisme.

La Jeune Fille malade *(1896). Lithographie en couleurs d'Edvard Munch sur Japon, 42,4 × 57,4 cm, vendue 250 000 F à Drouot, le 8 avril 1987.*

Laurin, Buffetaud, Tailleur

Dès 1904 se manifeste le talent de dessinateur et de graveur de Picasso avec *le Repas frugal*, eau-forte de la série des *Saltimbanques* et des *Mendiants*. Kandinsky publie de très beaux bois en noir et en couleurs influencés par le loubok (gravure populaire russe). À la même époque, l'expressionnisme allemand renouvelle la gravure sur bois, qui permet un style plus brutal que la lithographie ou l'eau-forte. Ses premiers représentants, Nolde, Macke, Heckel, appartiennent au mouvement Die Brücke (le Pont), créé en 1906. Kandinsky et Marc fondent en 1912 Der Blaue Reiter.

Le fauvisme (1905-1907) est la manifestation française de l'expressionnisme, dont il a les couleurs violentes, mais pas l'agressivité sociale. Derain et Vlaminck gravent leurs premiers bois en 1905 dans leur atelier commun de Chatou. *Le Pont de Cagnes*, gravé en 1910 par Derain, est une des rares eaux-fortes fauves.

Le cubisme n'est représenté pour la première fois en gravure qu'en 1910, avec l'illustration du *Saint Matorel* de Max Jacob par Picasso, puis en 1912 par *l'Homme au chien* de Picasso, *le Papier Job* de Braque, le *Portrait de Guillaume Apollinaire* par Marcoussis, et en 1913 par une suite de très belles gravures de Jacques Villon. On peut citer d'autres graveurs cubistes : Gris, Gleizes, Metzinger, Delaunay... Ces artistes ont profondément changé l'esprit de la gravure.

Les graveurs Boccioni, Rossolo, Romani représentent le futurisme en Italie dans les années 1909 à 1914. Les futuristes s'intéressent à la société industrielle et au mouvement, qu'ils traduisent par des déformations.

La Première Guerre mondiale mobilise les artistes. Certains sont blessés ou tués. Cependant, le mouvement dada naît à Zurich, où Picasso expose des gravures. Dunoyer de Segonzac grave des images du front (suite de pointes-sèches pour *les Croix de bois*), Gromaire grave au burin les bois de *l'Homme de troupe*. D'autres images de la guerre sont dues à Laboureur, Bonfils, Naudin, Forain et, en Allemagne, à Otto Dix.

La Femme qui pleure, *par Picasso, pointe sèche, aquatinte, eau-forte et grattoir sur cuivre (69,2 × 49,5 cm), épreuve du 6e état sur 7, signée et numérotée 11/15. Adjugée 3 633 900 F à Drouot par Me Loudmer, le 23 novembre 1987. Prix record pour une gravure moderne.*

Me Loudmer

L'après-guerre voit le succès d'un cubisme « à la mode » et l'essor de la gravure décorative et de l'affiche, bien représentée par Cappiello, Colin, Cassandre, Loupot.

Le caricaturiste allemand Grosz grave de violentes satires sociales. L'expressionnisme a alors une grande vitalité et est représenté par les bois de Masereel, Barlach, Kirchner, Käthe Kollwitz, Pechstein, Campendonk, Schmidt-Rottluff...

Comme pour le cubisme, la gravure abstraite a du retard sur la peinture : Kandinsky grave ses premières œuvres abstraites en 1922. Chagall illustre alors d'eaux-fortes et de pointes sèches *Ma vie*, puis *les Âmes mortes*, de Gogol. Il s'essaie aussi au bois et à la lithographie.

La gravure surréaliste a pour chefs de file Max Ernst, Duchamp et Dali. Max Ernst a renouvelé l'illustration de livres (*Fiat modes*, 1919 ; *Femmes 100 têtes*, 1929). Dali grave des eaux-fortes pour *les Chants de Maldoror* et illustre de lithographies en couleurs le *Don Quichotte*.

À l'approche des années 1930, Picasso change de style et déforme ses sujets. Il grave les planches des *Métamorphoses* d'Ovide et du *Minotaure et le viol*.

Une école de paysagistes est alors très vivante, dominée par Dunoyer de Segonzac, qui grave des paysages d'après nature *(les Géorgiques)*, et bien représentée par Soulas, Frélaut, Lespinasse, Gross... À ces réalistes, on peut rattacher le buriniste Decaris.

Villon a alors abandonné le cubisme pour une figuration proche de l'abstrait. Morandi travaille dans le même esprit.

Waroquier et Goerg annoncent les tragédies de la guerre.

Après la Seconde Guerre mondiale, sous l'influence de facteurs économiques et sociaux, le marché de l'estampe va beaucoup changer. Un public nouveau, nombreux et divers s'intéresse à l'estampe, qui n'est plus seulement objet de collection, mais de décoration.

En conséquence, un nombre de plus en plus grand d'artistes va pratiquer ce genre avec une invention plus riche que jamais. La gravure en couleurs connaît une vogue de plus en plus grande, et des techniques nouvelles apparaissent.

Cet extraordinaire foisonnement de l'estampe ne permet de citer ici tous les noms qui s'y distinguent. Disons seulement que l'estampe est représentée par toutes les grandes tendances contemporaines : abstraction (Hayter, Manessier, de Staël, Bazaine...), figuration (Giacometti, Pignon, Buffet...), surréalisme (Miró, Coutaud, Magritte, Delvaux...), nouvelle figuration, expressionnisme (Bacon, Dubuffet...), spatialisme (Fontana), pop'art (Lichtenstein...), cinétisme (Vasarely, Soto...), etc.

L'originalité de l'époque se manifeste aussi dans la grande diversité des recherches et des techniques employées. Les techniques traditionnelles font une place privilégiée à la lithographie en couleurs. Une renaissance du bois expressionniste, primitif et colorié, se manifeste à Zurich par la création en 1953 de la Société des graveurs sur bois « Xylon ». On assiste à un réveil de la manière noire (Galanis, Hasegawa, Avati) et du cliché-verre. Le linoléum, la sérigraphie sont couramment employés. Parallèlement, des moyens nouveaux modifient la gravure traditionnelle. Le relief intervient. Hajdu fait des « empreintes » sans utiliser d'encre, Fontana des « lacérations », Vasarely introduit la notion de « multiples », et les hyperréalistes s'appuient sur la photographie.

G. Meguerditchian

Notre-Dame de Lorette, *épreuve coloriée, toutes marges, 38 × 47,5 cm. Cette imagerie populaire a été éditée par Letourmy, à Orléans, entre 1775-1800.* Coll. Prouté.

L'IMAGERIE POPULAIRE

L'imagerie populaire est souvent confondue avec les « images d'Épinal ». Mais sa tradition est bien plus ancienne (elle remonte au XIVe siècle avec les débuts de la xylographie), et Épinal ne fut qu'un centre de fabrication parmi d'autres, dispersés dans toute la France : Paris, Toulouse, Orléans, Chartres, Lille, Cambrai, Nancy... Cependant, Épinal a acquis une renommée universelle et est un centre imagier particulier et exemplaire, car il est le seul à avoir survécu jusqu'à nos jours, et cela, il le doit à l'imagerie Pellerin, qui existe encore. L'activité d'Épinal a commencé vers le XVIIe siècle, mais son succès date de 1810 environ. Ce succès vient de circonstances naturelles (abondance du bois des Vosges) et politiques (transformations sociales sous Napoléon), mais surtout de l'intelligence de Jean-Charles Pellerin (1756-1836), fondateur de l'imagerie Pellerin, d'Épinal.

Le procédé employé par l'imagerie populaire est essentiellement la xylographie, ou gravure sur bois de fil. Avec le progrès technique, on utilise aussi la chalcographie, le bois de bout et la lithographie, mais le bois de fil, plus courant, reste le plus apprécié pour son aspect archaïque.

Chaque épreuve tirée est coloriée au pochoir, ou « patron », parfois au pinceau pour les petits tirages. Les couleurs, peu nombreuses et sans demi-teintes, sont appliquées irrégulièrement et peuvent déborder.

Dès son origine, l'imagerie populaire est faite pour le peuple, destinée à des gens ne sachant pas lire. Les premières images, exclusivement religieuses, ont un rôle magique ou de préservation. Des crucifixions, des images de la Vierge ou de saints, collées dans des coffres, cousues dans des vêtements, devaient protéger les hommes et leurs demeures, les pèlerins. Elles servaient aussi à des fins d'édification, aidaient à « bien mourir » ou à répandre une dévotion. Les images pieuses sont encore faites au XIXe siècle pour être accrochées dans les maisons, les boutiques.

Les images populaires ont aussi un rôle politique et social. On a fait des images de propagande pour les différents partis lors des guerres de Religion, des images d'actualité comme « la prise de la Bastille ». Mais cette imagerie connaît son apogée à partir de 1810 en publiant des apothéoses de Napoléon et des images à la gloire de la Grande Armée. Napoléon III utilisera l'imagerie napoléonienne pour entretenir sa popularité, et l'imagerie militaire soutiendra l'enthousiasme lors de la déclaration de la guerre de 1870. Ces images de propagande ou d'information se retrouvaient dans les « occasionnels », appelés « canards », au XIXe siècle. Ce sont des feuilles isolées, avec une image et un texte présentant des faits historiques ou des faits divers, de préférence « à sensation ».

Des images à but didactique sont gravées dans des calendriers et almanachs remplis de maximes, recettes et conseils médicaux et religieux.

Vers 1850 apparaît l'imagerie enfantine et moralisante, en rapport avec la restauration des valeurs familiales.

Après 1870, l'imagerie populaire devient l'imagerie officielle de la République, qui fait des commandes pour les écoles (tableaux, bons points), pour la propagande politique et pour servir la colonisation (on fait des images avec des légendes en malgache lors du voyage de Gallieni à Madagascar).

Les vues d'optique, contrairement aux estampes dont il vient d'être question, sont des gravures sur cuivre, obtenues au burin ou à l'eau-forte et coloriées au pinceau. Elles représentent des vues panoramiques, des perspectives de sites célèbres, de monuments, de jardins français ou étrangers. Elles devaient être vues dans des boîtes d'optique à l'aide d'un miroir réfléchissant le sujet. Le titre était alors imprimé à l'envers sur l'estampe. Mais un titre imprimé à l'endroit pouvait y être ajouté pour la lisibilité de la vue sans avoir recours à la boîte magique. Ces vues ont été publiées pendant une centaine d'années (1750-1850) par Daumont, Mondhare et Basset, à Paris.

LA GRAVURE CHINOISE

C'est incontestablement à la Chine que nous devons les inventions de l'imprimerie, de l'encre et du papier, qui ont permis l'élaboration de la gravure.

Dès le premier millénaire avant notre ère, le premier échelon qui devait conduire les Chinois à la découverte de la gravure sur bois était franchi : des cachets en bronze étaient fondus. L'encre était un mélange de suie et de résine. À l'invention du cachet et de l'encre s'adjoint par la suite celle du papier, dont la pâte se compose de chiffons de soie, de paille ou de fibres de mûrier.

Les plus anciens exemples d'estampage et d'estampe ont été mis au jour dans le sanctuaire rupestre de Touen-houang (province chinoise du Kan-sou) par Paul Pelliot et sir Aurel Stein au début du siècle. Ils remontent aux VIIIe et IXe siècles et sont conservés actuellement à la Bibliothèque nationale, à Paris, et au British Museum, à Londres. Durant l'époque T'ang (618-907), l'imprimerie se développe dans la province centrale de la Chine, le Sseu-tch'ouan, et les livres publiés donnent accès à des sujets très divers : géomancie, astrologie, dictionnaires, lexiques et textes bouddhiques, sūtra du Lotus et Prajnaparamita imprimés en 868.

Des centres de gravure naissent dans les deux capitales successives de la dynastie Song (960-1279), à K'ai-fong et à Hang-tch'eou. De nombreuses librairies et imprimeries privées occupent les quartiers de la ville. 130 000 planches gravées sont nécessaires pour publier la première édition complète du canon bouddhique, ou Tripitaka, en 5 048 chapitres, présentée à l'empereur en 983. La découverte de l'impression en caractères mobiles est un des grands faits marquants de cette dynastie.

La dynastie Ming (1368-1644) voit s'amorcer le grand épanouissement de la gravure chinoise, qui devait se poursuivre durant trois siècles, du XVIe au XVIIIe siècle. Le déplacement de la capitale impériale à Nankin, l'accroissement de la population citadine, le développement de la classe marchande en Chine centrale favorisent l'essor de l'imprimerie dans les régions du Sseu-tch'ouan, du Fou-kien et de Nankin.

Au XVIIe siècle, les artisans ont l'idée de reproduire dans des ouvrages imprimés les peintures célèbres des maîtres anciens. Ce sont les « houa-p'ou », ou livres d'images. Les éditions successives du *Recueil de peintures du studio des 10 Bambous,* en 1633, 1642, 1715, 1817 et 1879, prouvent sa popularité. Les illustrations polychromes obtenues à l'aide de plusieurs planches apparaissent pour la première fois dans cet ouvrage.

Les impressions populaires chinoises, ou « nien-houa », c'est-à-dire « peintures du nouvel an », étaient placées sur les portes, à l'entrée des pièces, dans les cuisines, et en général partout, aussi bien au-dedans qu'au-dehors des demeures durant les fêtes de nouvel an.

Les nien-houa les plus intéressants du point de vue artistique ont été imprimés sous les dynasties Ming et Ts'ing (XVe-XVIIIe siècle) dans deux centres : Sou-tcheou et Yang-lieou-tsing. Les artistes se spécialisent dans les illustrations de jeunes femmes vaquant à leurs occupations, dans les histoires satiriques, morales ou historiques. Vers 1760, la vie des rues, avec sa foule de saltimbanques, d'acrobates, de marchands, et ses défilés, retient l'attention des artistes.

Après le milieu du XIXe siècle, l'industrie de la gravure sur bois souffre de l'introduction des procédés mécaniques de reproduction. Ce n'est qu'en 1931 que Lu Hsun, aidé de deux artistes japonais, remet en faveur cet art en voie de disparition. Ils créent un mouvement pour la gravure nouvelle d'inspiration communiste : le « Mou-ko-houa ».

L'ESTAMPE JAPONAISE

Les « ukiyo-e », images d'un monde flottant, recherchées par les peintres français du XIXe siècle, sont nées d'une longue tradition que l'on s'accorde à faire remonter à l'époque de Nara (VIIIe siècle).

Les différents modes d'impression (cachets, batik, impressions sur étoffes) furent longtemps réservés, au Japon, à la propagande bouddhique et aux arts mineurs. Les fidèles avaient l'habitude d'acheter dans les temples des papiers imprimés, à l'aide d'un cachet, d'une représentation de la divinité dans un but prophylactique. Deux techniques étaient utilisées : les « inbutsu » (« bouddhas imprimés ») étaient obtenus à l'aide d'un cachet en bois, en cuivre ou en argile. Les « shubutsu » procédaient du frottement du papier sur une planche encrée. Cette pratique, d'origine chinoise, avait été introduite par des moines japonais ayant étudié la loi bouddhique sur le continent.

À l'époque Muromachi (1333-1568), l'impression religieuse prit son essor avec des estampes de grand format, aux couleurs apposées au pinceau. Les planches sont gravées avec plus de soin, et les représentations de dieux se diversifient. À la fin du XVIe siècle, les Japonais reçoivent des livres illustrés de Chine et de Corée, où l'art de la gravure s'épanouit alors. D'autre part, les Portugais introduisent les premières gravures occidentales sur cuivre, dont l'exotisme et la finesse émerveillent les Japonais.

Sous cette influence conjuguée, les premiers textes profanes imprimés et illustrés de gravures en noir et blanc apparaissent à Kyōto au début du XVIIe siècle. Les maisons d'édition se multiplient, certaines étant spécialisées dans des ouvrages luxueux, d'autres dans les livres populaires. À Edo (actuelle Tōkyō), l'édition se répand à partir de 1657.

L'ukiyo-e

Le mot *ukiyo,* à l'origine terme bouddhique, est défini dans un ouvrage publié à Kyōto en 1661 : « Vivre uniquement dans le monde présent, savoir n'être attentif qu'à la beauté de la Lune ou de la neige [...] et, tel un fétu de paille, s'abandonner au courant de la rivière : voici ce qu'on appelle un monde éphémère et mouvant. » Le terme *ukiyo-e,* ou « images d'un monde flottant », apparaît en 1686 dans un roman libertin d'Ihara Saikaku, *la Vie d'une femme aimant l'Amour.* Il désigne dès lors toutes les représentations de la vie contemporaine, tant peintures que gravures. Cet épanouissement de l'ukiyo-e est fortement lié au développement de la classe marchande, méprisée par la noblesse et les samurai, mais dont l'importance financière ne fait que croître. Les hommes dépensent leur fortune auprès des courtisanes des quartiers de plaisir du Yoshiwara, à Edo. Ils emportent en souvenir le portrait gravé de la belle avec qui ils ont passé la soirée, ou encore de celle dont ils n'ont pu obtenir les faveurs. Les femmes se distraient au théâtre kabuki, qui prend sa forme définitive au XVIIe siècle. Tous les rôles, tant masculins que féminins, sont tenus par des hommes. Les femmes achètent le programme ou le portrait de leur acteur préféré dans une scène illustre ou dans une pose exagérée (mi-e), dessinée et gravée par un maître du genre : un Torii ou un Sharaku. Ce sont encore les paysages-souvenirs figurant les étapes et relais successifs le long de la route du Tokaido, unissant la capitale impériale de Kyōto à la capitale shōgunale d'Edo.

Deux cent cinquante ans séparent le premier créateur de l'« ukiyo-e », Hishikawa Maronobu (connu entre 1660 et 1694), de l'un des derniers artistes de cet art, Kobayashi Kiyochika (1868-1912). Considéré comme le chef de file de l'ukiyo-e et tenu par certains comme le créateur de l'estampe séparée (ichimai-e), Hishikawa Maronobu aurait illustré plus de 150 ouvrages, dont 24 érotiques. Ses gravures en noir et blanc, quelquefois rehaussées de couleurs brun-rouge vivement apposées, dépeignent les poètes guerriers, les paysans, les courtisans et les courtisanes.

Le théâtre passionne la bourgeoisie de commerce. La richesse des costumes, les attitudes mouvementées, le décor des « mon » (armoiries) incitent les acteurs à dessiner eux-mêmes les affiches. L'un d'eux est l'initiateur de toute une lignée de peintres : les Torii. Torii Kiyonobu succède à son père en 1702, produisant des affiches pour le théâtre, des livres et des « shunga » (peinture de printemps), ou peinture érotique. Il utilise la technique tan-e.

Pour freiner le luxe que montre la classe bourgeoise, un programme d'austérité est proclamé. Il s'étendra de 1720 à 1760. Les formats des estampes sont réduits (format étroit) et les représentations des courtisanes se font plus rares (Torii Kiyonobu II).

Les techniques se succèdent rapidement selon la

mode : estampe décorée de laque saupoudrée de poudre de cuivre (urushi-e), première utilisation de la perspective occidentale (uki-e) par Okumura Masanobu vers 1740, présentation des estampes en forme de triptyque. Ces inventions devaient conduire le génie japonais à la naissance du nishiki-e (« peinture de brocart ») en 1764, âge d'or de l'estampe japonaise. À cette date, un groupe d'esthètes commande à Suzuki Harunobu (1725-1770 environ) des gravures calendériques (e-goyomi). Nantis d'une fortune personnelle, ils patronnent Harunobu, qui fait de ces estampes des œuvres luxueuses. Il utilise un papier de belle qualité, plusieurs planches gravées pour rendre chaque couleur, et des gaufrages. Harunobu remporte un tel succès qu'il publie plus de 600 « nishiki-e », se plaisant particulièrement dans le format chūban*. Il affectionne les scènes d'intérieur, les figurations de la mère et de son enfant, les parodies de personnages classiques en vêtements contemporains. Ses femmes sont de toutes jeunes filles saisies dans leur vie quotidienne.

Au contraire de Harunobu, Kiyonaga et Utamaro n'idéalisent pas la femme. Le parangon de la beauté (« bijin », ou belle femme) est pour eux la geisha, apparue au Japon en 1629. Torii Kiyonaga (1752-1815) publie dans tous les formats : livres illustrés, diptyques, triptyques, petit format des surimono. Il se distingue par ses figures de grande dimension, au corps allongé qui influence Kitagawa Utamaro (1753-1806). Qu'il dépeigne des courtisanes ou de simples jeunes femmes, celui-ci donne à ses représentations un air aristocratique et sensuel. Il excelle aussi dans les grandes compositions, tel son fameux triptyque *les Pêcheuses d'Awabi.* Le succès d'Utamaro fut immense, et sa production énorme.

Contemporain d'Utamaro, Sharaku présente une énigme pour l'histoire de l'ukiyo-e. Il n'a travaillé que six mois pour l'éditeur Tsutaya (du 5e mois de 1794 au nouvel an 1795) à des portraits d'acteur sur fond micacé.

L'art du paysage gravé, quoique apparu dès 1696 avec Moronobu dans des scènes du Tokaido, se développe surtout à la fin du XVIIIe siècle, en même temps que l'intérêt croissant des Japonais pour les styles européens, peinture à l'huile et gravure sur cuivre. Hokusai (1760-1849), qui étudie ces nouveaux genres, est le premier à sentir les ombres et les lumières, à rendre l'espace tridimensionnel. Dans ses *Trente-Six Vues du mont Fuji* (en réalité 46 estampes), attribuées aux années 1825-1830, *la Vague* est une de ses œuvres les plus achevées. Il publie une série sur les spectres et fantômes japonais, propres à inspirer Lafcadio Hearn. Bientôt, ce « vieillard fou de peinture » voit se profiler en Hiroshige (1797-1858) un rival qui devait le supplanter. Vers 1833-1834, Hiroshige peint pour les éditeurs Hōeidō et Senkakudō *les Cinquante-Trois Étapes du Tokaido,* en fait 55 planches, car, en 1835, le pont de Nihonbashi à Edo et le pont de Gosan-jō à Kyōto, points de départ et d'arrivée de la route, y furent ajoutés.

En dehors des grands centres de publication, comme Kyōto, Osaka et Tōkyō (Edo), des éditeurs s'installent dans d'autres villes. Nagasaki est connu par ses représentations d'étrangers, Hollandais et Chinois, qui relâchaient dans ce port. Hiroshige III dépeint les Russes et les Américains de Yokohama en 1865.

L'utilisation de couleurs à l'aniline (bleu), le plus fort tirage à partir d'une même planche et le traitement beaucoup plus sommaire des figures conduisent l'ukiyo-e vers son déclin. À partir de l'ère Meiji (1868), l'ouverture du Japon à l'Occident, l'introduction des procédés photographiques et de la presse à imprimer accélèrent ce processus. Des ukiyo-e de qualité médiocre décrivent encore des scènes contemporaines.

Bulloz

Deux Jeunes Femmes se promènent dans un champ de graminées. *Estampe de Suzuki Harunobu (1718-1770).*

LES CRITÈRES D'ACHAT D'UNE GRAVURE

Si une gravure vous plaît, regardez-la bien avant de l'acquérir. Et n'oubliez pas que le seul coup d'œil ne suffit pas sans des connaissances techniques complexes.

Après la célébrité de l'auteur et l'originalité de l'œuvre, sa valeur est fonction de plusieurs facteurs ; la condition de conservation est la plus importante. Une gravure tachée, déchirée, même si elle est rare, perdra toute sa valeur. Les autres éléments d'évaluation d'une gravure sont particulièrement en rapport avec l'impression de l'œuvre. Si l'on considère une gravure originale, il faut en étudier la qualité de l'impression, le tirage, l'état et, enfin, la rareté.

La qualité de l'impression est mise en évidence par l'observation de la ligne imprimée et de sa netteté. Le choix du papier, l'habileté de l'encrage, le soin avec lequel l'estampe a été tirée sont autant d'éléments à prendre en considération. Cela requiert une longue expérience, acquise par l'examen de nombreuses estampes.

Pour déterminer s'il s'agit d'une gravure imprimée à une époque contemporaine de l'artiste, le collectionneur ou l'amateur doit examiner les éléments suivants : type et qualité du papier, présence d'un filigrane, d'une marque de collection. Les catalogues raisonnés des œuvres des artistes sont une référence de toute première importance.

La taille de la marge est souvent indiquée sur les

Bulloz

Profil de lumière, *lithographie d'Odilon Redon.*

catalogues de vente d'estampes, car elle constitue en elle-même un élément esthétique. Une gravure retaillée, ou sans marge, peut avoir son prix diminué.

En général, une eau-forte permet de tirer 50 à 100 estampes, et quelquefois plus. Une gravure sur bois donne une centaine de très bonnes impressions, une mezzotinte ne peut pas dépasser 50 à 100 bonnes impressions, et une pointe-sèche 10 à 15 très bonnes impressions.

Le terme d'« état » se réfère aux variations de dessin et aux reprises ou changements que subit une gravure lors de son élaboration ou postérieurement à celle-ci. Si une gravure n'a pas été retouchée après un premier tirage, on considère qu'elle existe en un seul état. Dans le cas contraire, l'artiste aura pu supprimer ou ajouter des traits pour améliorer sa composition ou changer un effet d'ombre et de lumière. L'œuvre existera alors en plusieurs états. Il n'existe aucun critère pour acheter tel ou tel état d'une gravure. C'est une question d'appréciation de l'œuvre. Certains amateurs préfèrent le premier état, car il est le jet initial de l'artiste, d'autres préfèrent le dernier puisqu'il est plus fini et pensé. Généralement, la mention « premier état » ou « deuxième état » figure au bas de l'estampe.

Il existe aussi des épreuves d'essai, non numérotées. L'épreuve d'essai retenue pour le tirage définitif porte la mention « bon à tirer ».

La rareté d'une estampe vient du fait que certaines œuvres n'ont été tirées qu'en un nombre très limité d'exemplaires. Jusqu'au XIXe siècle, l'estampe ne porte pas la mention de la quantité du tirage. Celui-ci pouvait se faire indéfiniment en remordant la plaque. Dès la fin du XIXe et jusqu'à nos jours, un public nombreux s'intéresse à des œuvres qu'il veut rares. Pour satisfaire cette demande et pour faire monter les prix, les marchands vont limiter des œuvres aux exemplaires multiples. Le premier tirage limité est dû à Ph. Burty, qui, en 1869, a l'idée de rayer le cuivre après le tirage d'un certain nombre d'épreuves. Dans le cas des lithographies, on efface le dessin sur la pierre.

Après l'impression, les estampes sont « justifiées » : elles sont numérotées en bas à gauche et signées en bas à droite.

Certains tirages réservés à la collection personnelle de l'artiste ou au dépôt légal sont appelés « épreuves d'artiste » et portent la mention « E. A. » ou encore « H. C. » (hors commerce). En général, ces épreuves ne sont pas numérotées.

D'autres mentions peuvent apparaître sur les estampes : la « lettre », titre ou texte faisant partie de la planche. On trouve dans le commerce des affiches « avant la lettre » ; tirées en général sur plus beau papier, elles se vendent plus cher que l'affiche, mais, perdant leur texte, elles perdent aussi leur sens.

Les gravures anciennes portent souvent les noms de l'inventeur de l'image, du graveur, de l'imprimeur, de l'éditeur : par exemple le nom de l'artiste suivi de « invent. », « inv. » ou « in. » (pour *invenit*), ou suivi de « pinx. », « pin. » (pour *pinxit,* lorsqu'un tableau a servi de modèle) ; suivi de « delin. », « del. » (pour *delineavit,* dans le cas où a été fait un dessin préparatoire à la gravure). Le nom du graveur est suivi de « sculp. » ou « sc. » (pour *sculpsit*), de « incid. » ou « inc. » (pour *incidit*), ou encore de « fecit » ; celui de l'édition de « excud. » ou « exc. » (pour *excudit*), et celui de l'imprimeur est précédé de « ex typis » (pour une presse typo) ou de « ex formis » (pour une presse à taille douce). Souvent l'adresse de l'imprimeur ou de l'éditeur suit.

Il faut noter que la présence d'une signature sur une estampe ancienne n'est en aucun cas une preuve d'authenticité. C'est à partir du XVIe siècle que les artistes prennent l'habitude de signer dans la gravure. La signature ajoutée à la main sur l'estampe ne date que de la fin du XIXe siècle, avec Wistler (1880). Les exemples sont encore assez peu nombreux au XIXe siècle. La pratique est générale dans les estampes contemporaines.

Les problèmes de lithographie contemporaine

De nombreuses galeries ou des dépliants publicitaires proposent sans cesse au public un choix de plus en plus vaste de lithographies, les faisant passer pour œuvres originales. En fait, la lithographie originale est dessinée sur la pierre par l'artiste lui-même, et non par un artisan qui y reproduit son dessin original. Il peut avoir la collaboration d'un imprimeur pour le tirage.

Dès 1937, pour réagir contre les tirages abusifs, le « Comité international de la gravure » définit ainsi les gravures originales : « Les épreuves tirées en noir ou en couleurs d'une ou plusieurs planches entièrement conçues et exécutées à la main par le même artiste quelle que soit la technique employée, à l'exclusion de tous procédés mécaniques ou photo-mécaniques. »

Cependant, des artistes ne craignant pas de dévaloriser leur œuvre signent des gravures exécutées et tirées par des artisans. Dans un cas extrême, quelques-uns ont été jusqu'à apposer leur signature sur des feuilles blanches, ne vérifiant ni le sujet, ni la qualité du tirage.

Ce manque de conscience professionnelle n'est pas uniquement le lot des artistes, mais aussi celui d'imprimeurs et d'éditeurs qui, pour baisser le prix de revient d'une gravure, font imprimer 300 lithographies du même sujet et numérotent chaque centaine de 1 à 100 (1/100), changeant seulement la qualité du papier pour chaque série. Grâce à ce tirage frauduleux, des « lithos » à des prix aussi bas que des reproductions peuvent être écoulées sur le marché. Ces abus de confiance ont provoqué une baisse générale des cours des gravures contemporaines.

Il semble pourtant que dans les années à venir la situation s'éclaircira. Les artistes ou éditeurs s'étant prêtés avec complaisance à ces tirages se trouveront fortement dépréciés et leurs œuvres, incertaines, seront tenues à l'écart du marché.

L'amateur doit savoir que les estampes ou gravures originales sont toujours numérotées, mais que les épreuves sont pratiquement de qualité égale pour les œuvres contemporaines. (Attention : une gravure numérotée n'est pas forcément une œuvre originale.)

En ce qui concerne les grands classiques tels que Dürer, Rembrandt, Goya ou Picasso, les enchères dépassent souvent le million de francs. Mais quel que soit l'artiste, les cotes peuvent varier du simple au double selon la rareté et la qualité du tirage.

En vente publique, il est conseillé d'examiner les œuvres à l'exposition qui précède (généralement la veille) et de consulter l'expert responsable des définitions données au catalogue et susceptible de fournir une estimation de prix, précieuse avant toute décision d'achat.

COLLECTION, CONSERVATION

Dans bien des cas, l'état des gravures est dû plus à une mauvaise conservation ou à une conservation inappropriée qu'à une détérioration physique ou chimique subie au cours des âges.

Visage, *1928. Lithographie de Picasso, très belle épreuve sur japon. Signée et numérotée. Vente Ader, Picard, Tajan.*

Ader, Picard, Tajan

Un soin particulier doit être apporté aux œuvres d'art sur papier lors de leur maniement. D'autre part, un environnement adéquat est essentiel pour les garder dans un état satisfaisant. Le maniement doit être réduit à un strict minimum. Les déchirures, pliures, manques pourront être réparés, mais il en subsistera toujours une trace. Les assemblages bord à bord, la mise en presse, les pièces apposées sur les vides ne doivent être utilisés qu'en dernier recours.

Les mesures de base pour conserver les gravures consistent à leur créer un environnement approprié : les contrôles de l'humidité, de la température, des gaz nocifs présents dans l'air vicié des villes, de la lumière solaire permettent de protéger leur intégrité au maximum. Si le collectionneur et l'amateur ne peuvent souvent rivaliser avec les instituts et les musées, il leur est cependant nécessaire d'avoir toujours présents à l'esprit quelques conseils qui pourront les aider à mener à bien leur collection.

L'air des villes contribue à la décomposition du papier. Les gravures devront être tenues à l'écart des courants d'air amenant des impuretés chimiques. La lumière visible, naturelle ou artificielle, blanchit ou jaunit le papier, fait pâlir de façon irréversible les gravures. Il faudra éviter toute exposition prolongée à la lumière et, en particulier, aux ultraviolets. Lorsque les gravures sont encadrées et accrochées au mur, il est conseillé de veiller à ce qu'un store ou un rideau empêche le soleil de frapper directement sur elles. Elles pourront être protégées par un Plexiglas filtrant les rayons ultraviolets. Si un éclairage est indispensable pour la lecture des œuvres, des lumières fluorescentes filtrées sont à préférer aux lumières incandescentes. Le musée des beaux-arts de Dijon a pris pour parti de recouvrir chaque dessin et gravure exposés d'un rideau que le visiteur soulève lui-même. La lumière rend le papier fragile, cassant, et lui fait perdre de sa résistance. Dès ce moment, il devient plus vulnérable et peut facilement subir les attaques des champignons, des insectes, etc.

Ces effets sont aggravés par une température et une humidité relative élevées. Une fois la dégradation commencée au soleil dans la journée, le processus se poursuivra lentement dans la pénombre. Ce sont surtout dans les régions tropicales et subtropicales que se produit une élévation rapide du taux d'humidité relative. Celle-ci occasionne la prolifération de champignons. Beaucoup de ces champignons sont invisibles à l'œil nu, mais ils se développent rapidement dans les endroits sombres. Dans nos régions, les caves humides et non ventilées sont leurs lieux de prédilection. Ils se propagent sous forme de spores, qui s'envolent au moindre courant d'air et risquent de se déposer sur des planches non contaminées. Ils peuvent aussi rester inactifs pendant plusieurs années sans attaquer le papier, jusqu'au jour où la température et l'humidité deviennent favorables à leur croissance. Le papier est alors absorbant et pelucheux. Les parasites forment des taches de plus en plus importantes, de couleurs brune, jaune, noire, rouge ou bleue selon leur type. Après désinfection et destruction de ces champignons à l'aide des fongicides, les gravures sont blanchies pour leur redonner leur aspect initial.

Les papiers ont, selon leurs éléments de fabrication et leur qualité, une résistance plus ou moins grande aux champignons. Les papiers faits à la main sont les plus solides. Ceux du XVIe siècle, à base de cellulose presque pure, sont en général moins piqués que ceux de la fin du XVIIIe siècle. Les piqûres des gravures sont le résultat de l'interaction chimique des impuretés ferrugineuses contenues dans le papier et des acides organiques libérés par les champignons. Quant aux papiers du XIXe siècle en

Sotheby's

Le Cheval tranquille, *lithographie de Franz Marc.*

Le Rendez-vous des chats, *lithographie d'Édouard Manet, 1868. Très rare épreuve du premier état (sur deux) tirée sur vélin avant la lettre. Dédicacée par Champfleury « À l'ami Nadar ».* Anc. coll. David Weill.

Ader, Picard, Tajan

pulpe de bois, ils posent un problème de conservation du fait qu'ils ont tendance à jaunir.

Une température moyenne (environ 20 °C) et un air sec (45 à 55 p. 100 d'humidité relative) diminuent les risques de dégradation du papier.

Le collectionneur doit tenir ses estampes dans des lieux propres. Les boîtes en bois sont à écarter, car elles pourraient attirer des rongeurs ou des insectes comme les lépismes, les blattes ou les termites, qui se nourrissent des colles et du papier et qui laisseraient après leur passage des taches, des trous, des œufs, entraînant la nécessité d'une désinfection complète du lot de gravures. Les cartonnages renfermant les œuvres sont à choisir avec un soin tout particulier ; s'ils sont de qualité médiocre, ils contaminent la gravure en transférant leur acidité sur le papier avec lequel ils sont en contact. À l'heure actuelle, des laboratoires américains ont mis au point des cartonnages et des papiers de haute qualité ne contenant aucun acide. Malheureusement, ils sont encore le privilège des grandes collections et des musées. Rangées séparément dans des passe-partout épais de 5 mm, les estampes sont conservées dans des boîtes plates ou dans des cabinets à tiroirs plats, dont l'intérieur est garni de métal. Il sera aisé de les classer selon deux ou trois formats de passe-partout pour éviter des dimensions trop diverses de cartonnage. Les gravures peuvent être protégées de la moisissure en insérant sous l'image une feuille volante saturée au préalable d'une solution à 10 p. 100 de thymol dans de l'alcool, ou à 0,01 p. 100 de sodium ortho-phényl-phénate.

Attention au cadre

Un encadrement mal fait peut entraîner la détérioration de la gravure. Il est donc préférable de vérifier l'état du cadre et au besoin de désencadrer au printemps et à l'automne pour procéder à un examen, prévenir tout développement de taches d'humidité et enlever un amas éventuel de poussière qui se serait glissée dans l'encadrement, favorisant l'éclosion d'œufs. En principe, il est recommandé de ne pas laisser une gravure encadrée plus de deux ou trois ans, si elle est de valeur.

Les encadrements nécessitent un très grand soin. Les encadreurs utilisent bien souvent, pour des raisons de coût, des matériaux qui accélèrent la décoloration de l'œuvre (montages avec de la Cellophane, avec des caches, des bandes de papier acide [l'hyperacidité de la pulpe du papier conduit à sa décoloration]). La gravure est quelquefois appliquée directement contre le verre, ce qui favorise les taches de condensation d'eau lors de changements de température et de taux d'humidité. L'emploi d'une marie-louise limite ce risque. Des papiers ou des cartons de mauvaise qualité sont aussi appliqués au dos de l'encadrement. Les rubans collants, les adhésifs synthétiques laissent une trace indélébile et causent des arrachements du papier de l'œuvre. Les anciens encadrements étaient rarement clos de façon hermétique. L'humidité y a pénétré et a laissé de larges taches d'eau sur les bords des gravures.

En règle générale, la négligence, le manque de soins, le choix de matériaux médiocres par les artistes ou par les encadreurs ont entraîné l'état déplorable dans lequel se trouvent nombre de gravures. La restauration de celles-ci est un travail extrêmement délicat, pour lequel il faut faire appel à des spécialistes. Les gravures ont subi au cours des siècles beaucoup d'avanies : guerre, transport, incendie, abandon. Le restaurateur pourra, dans une certaine mesure, leur redonner un aspect présentable, mais jamais leur aspect original. Les gravures en noir et blanc seront lavées, stérilisées, détachées, blanchies, réparées. On procède à ces opérations comme suit :
— stérilisation pour détruire des taches d'humidité ;
— nettoyage à sec avec une gomme ;
— réduction des taches avec des solvants et enlèvement des vernis assombris, qu'il était habituel d'appliquer entre le XVIe et le XVIIIe siècle sur les gravures ;
— trempage dans un bain d'eau pour nettoyer le papier ;
— blanchiment avec de la chlorine dioxide ;
— désacidification et réparation.

N'oubliez jamais que des restaurations par des personnes non expérimentées, des découpages, des graffiti ou des annotations, des collages malencontreux ont détruit à jamais des œuvres de haute qualité.

Sotheby's

Le Sommet de la grande vague à Kanagawa, *par Hokusai,*
planche extraite d'un album de 41 gravures, les Trente-Six Vues du mont Fuji.
Adjugée 66 000 dollars (395 000 F) par Sotheby's à New York, le 15 octobre 1987.

Miniature de l'« horloge de sapience »
de Jehan de Souhaude (XVe s.).
Cet ouvrage de toute beauté
offre ici un document capital
pour la connaissance
de la mesure du temps au Moyen Âge.
Bibliothèque nationale, Paris.

B.N.

L'HORLOGERIE

L'homme de notre temps est cerné de signaux sonores, de chiffres, de cadrans. À l'œil, à l'oreille, chez lui, dans la rue, une puissance invisible lui inflige le décompte du temps qui passe, l'heure qu'il est, l'heure qu'il va être, en grignotant, inexorable, son capital de vie. Il n'est même plus utile de comprendre pour savoir : les pendules électriques affichent l'heure de minute en minute, et l'horloge parlante dit l'heure, d'une voix masculine, aux abonnés du téléphone. À peine entend-on dans ce tintamarre le carillon apaisant des cloches.

L'horlogerie ancienne, c'était autre chose (horloge : du latin *horologium ;* du grec *horologion ;* de *hôra*, heure, et *legein*, dire). On mesure le temps depuis l'antiquité la plus lointaine. Les hommes ont appris à calculer l'ombre projetée par un bâton, à mesurer l'écoulement de l'eau et du sable, la durée de la flamme d'une bougie sans précipiter leurs pas, habitués à vivre au rythme de la nature, ajustant leurs tâches aux mouvements lents des astres, au balancement des marées (les fleurs aussi marquent le déroulement du jour ; Buffon l'a observé et consigné dans *l'Horloge de Flore*).

En perfectionnant les mesures du temps, l'homme est devenu anxieux. Le Temps, représenté souvent sur les horloges et les pendules comme un vieillard barbu, ailé, le front soucieux et plissé, la faux à la main. Il apparaît aussi menaçant que les Parques — filles de la Nuit et de l'Érèbe, filles de la Nécessité et du Destin, honorées par les Grecs et par les Romains —, qui présidaient à la naissance des hommes et fixaient le cours de leurs jours. Les inscriptions qui accompagnent cette figure soulignent la fragilité et la futilité des choses.

L'horlogerie s'est développée grâce au bon plaisir des rois. Eux seuls avaient le pouvoir d'encourager les artistes et les modes. D'une cour à l'autre, on échangeait des présents, en général des instruments de mesure du temps : des clepsydres pour Gondebaud, Pépin le Bref, Charlemagne ; pour Louis XIV, une montre à répétition envoyée par son royal cousin Charles II d'Angleterre... Les rois ont placé des horloges dans les châteaux et les tours, et orné de montres précieuses la gorge des plus belles femmes.

Cette horlogerie-là est du domaine des musées et représente un patrimoine d'une stupéfiante richesse. Les objets auxquels un amateur peut prétendre, pour être infiniment plus modestes, lui procureront cependant de grandes joies.

L'ÉVOLUTION DES TECHNIQUES

Les Chaldéens et les Égyptiens ont commencé par mesurer le temps par l'ombre des choses. La première horloge était une tige, un bâton plantés dans le sol. Le *gnomon,* mot grec qui signifie « fût », « arbre », indique, d'après la longueur et la direction de l'ombre portée sur une surface plane, la hauteur du Soleil au-dessus de l'horizon et son orientation, c'est-à-dire l'heure. Les calculs complexes nécessaires à l'établissement des cadrans solaires et des gnomons ont donné naissance à une science, la gnomonique. Qui a inventé le gnomon ? Selon Pline, c'est Anaximandre. Six siècles avant Jésus-Christ, il aurait tracé un cadran solaire dans la ville de Lacédémone. Pour Hérodote, ce sont les Chaldéens. Pour l'historien Henri Focillon, ce sont les Hébreux.

Cadrans solaires, clepsydres et sabliers

Gravé sur la pierre ou le métal, horizontal dans les jardins et dans les cours, vertical sur les murs et les frontispices, le cadran solaire est un élément de décor architectural. Il est constitué d'une tige parallèle à la ligne des pôles, ou « style », d'une « table » destinée à recevoir l'ombre, et de lignes horaires.

Treize siècles avant Jésus-Christ, les Égyptiens utilisaient le cadran solaire. Les Grecs installèrent un cadran solaire à Athènes en 433 avant notre ère. Sur le Forum, à Rome, un cadran solaire fut dessiné en 164 av. J.-C. Vitruve attribue à un mathématicien grec l'invention des cadrans portatifs. Du XVIe au XVIIIe siècle, il s'en est fabriqué de fort beaux. On y pouvait lire, en plus de l'heure, les lunaisons, les saisons, les révolutions des

R. Michaud - Rapho

Horloge hydraulique. Illustration du Traité sur les automates, *d'al-Jazari. L'ouvrage représente divers « artifices merveilleux » servant à mettre en mouvement les automates.* Musée de Topkapi, Istanboul.

planètes, les jours de la semaine, les fêtes religieuses, l'heure sidérale, solaire, équinoxiale.

Comme instrument de mesure horaire, les Égyptiens ont également utilisé la clepsydre, ou horloge d'eau. La plus ancienne (1400 av. J.-C.) est un vase en forme de cône tronqué renversé, conservé au Musée archéologique du Caire. Les parois du vase portaient des échelles graduées. L'eau devait s'écouler très lentement et régulièrement par des orifices percés à la base. La plus célèbre des horloges à eau fut aménagée à Athènes, dans la tour des Vents, et offerte à la ville par son constructeur, le Syrien Andronikos, au Ier siècle avant J.-C.

Le même principe a servi pendant des millénaires, dans tous les pays du bassin méditerranéen (en Égypte, en Grèce, à Rome et à Byzance, en Gaule et en Islām) et en Chine. Les Alexandrins dotèrent la clepsydre de perfectionnements remarquables. D'abord, l'eau fit mouvoir une aiguille sur un cadran gradué (invention de Ctesibios au IIIe siècle avant J.-C.). Puis les horloges hydrauliques actionnèrent des sonneries et, enfin, des automates.

Quand Haroun al-Rachid, le plus grand et le plus généreux des califes, envoya en 809 une ambassade auprès de l'empereur des Francs, il chargea ses émissaires d'un présent singulier : une horloge hydraulique qui animait des automates. Toute la cour cria merveille, si l'on en croit la chronique d'Eginhard, secrétaire de Charlemagne : de ses douze fenêtres s'ouvrant tour à tour tombaient des billes de bronze dans un bassin de cuivre qui sonnait l'heure... Sur les coups de midi, douze cavaliers sortaient de douze fenêtres qui se refermaient et se rouvraient pour les laisser rentrer après la sonnerie.

Mais l'horloge hydraulique avait un inconvénient majeur : on ne pouvait mesurer avec elle que des temps très courts, faute de pouvoir l'équiper d'un réservoir volumineux. L'horloge mécanique allait permettre de résoudre le problème de la durée, tout en améliorant la précision.

On attribue au moine Gerbert d'Aurillac, devenu pape sous le nom de Sylvestre II, l'invention du poids moteur, au Xe siècle.

Le XIVe siècle : l'horloge à foliot

L'horloge mécanique doit être considérée avec respect. Elle procède de l'horloge antique — certains de ses éléments figuraient déjà dans la clepsydre de Ctesibios (IIIe siècle av. J.-C.) — et, dans ses grandes lignes, elle ressemble encore aujourd'hui à ce qu'elle était il y a près de six siècles. Les horloges monumentales, entièrement constituées de pièces en fer, forgées par d'habiles forgerons, ont traversé les siècles. Pourtant, certains experts affirment qu'il n'existe plus aujourd'hui de mécanisme entier des premières horloges, construites avant le XIVe siècle. On est certain toutefois qu'il reste quelques pièces d'origine de la grosse horloge de Rouen et de la première horloge de Strasbourg.

Les différents temps

Temps sidéral : *temps que l'on déduit de deux passages consécutifs d'une même étoile au méridien. Il est fourni par la rotation de la Terre sur elle-même.*

Temps solaire : *temps fourni par la révolution apparente du Soleil autour de la Terre.*

Temps moyen : *temps défini par les passages au méridien d'un astre fictif qui se meut, en moyenne, comme le Soleil.*

Temps légal : *celui qui, depuis 1911, est défini par rapport au fuseau horaire associé au méridien de Greenwich.*

Fondamentalement, les machines à mesurer le temps sont composées de deux parties distinctes : le rouage, formé par une succession de roues (ou train d'engrenage), dont la fonction est de transmettre en un point donné une force motrice produite par un poids (à l'origine une pierre) ou un ressort ; l'échappement, mécanisme adapté à la fin du train d'engrenage pour régulariser la force motrice. Le système indicateur, ou affichage, est constitué par le cadran et les aiguilles.

Dans les premières horloges, les rouages étaient mis en mouvement par la descente continue d'un poids suspendu à une chaîne ou à une corde enroulée sur un cylindre, dont l'action provoquait le déplacement d'une aiguille sur le cadran.

L'âme de l'horloge, c'est l'organe régulateur, balancier annulaire ou circulaire. Le foliot a été le premier des balanciers. C'est une barre transversale en fer, fixée par le milieu à un axe vertical, la verge, et qui portait à chacune de ses extrémités un poids, ou régule, qu'on éloignait ou qu'on rapprochait du centre pour accélérer ou ralentir le mouvement de l'horloge. Dans les montres, le foliot était constitué par une tige métallique terminée à chaque extrémité par une petite masse. La durée d'oscillation du foliot est la période qui sert d'unité de mesure.

L'échappement gouverne la vitesse de rotation du rouage, il la modère et la régularise. Il rend au régulateur la force perdue après chaque oscillation, en procédant de telle sorte que toutes les oscillations s'accomplissent dans des temps d'une égale durée. Le plus ancien est l'échap-

pement à roue de rencontre. Il comprend une grande roue à denture en couronne et deux palettes portées par l'axe de l'oscillateur, c'est-à-dire la verge. C'est le seul qui fut employé dans les horloges jusqu'à l'époque de Huygens.
Le remontage, dispositif nécessaire pour renouveler la force motrice, est composé d'un pignon, mû par une manivelle qui entraîne le cylindre de l'organe moteur en sens inverse de l'action des poids.
Les premières horloges mécaniques s'écartaient du temps juste, que l'on vérifiait à l'aide des cadrans solaires, car les oscillations du foliot manquaient de régularité.
Pour faire entendre l'heure à ceux qui ne pouvaient la voir, les horloges ont été, par la suite, pourvues de mécanismes supplémentaires appelés « complications ». La première de toutes est la sonnerie.

Le XVᵉ siècle : le ressort moteur

Au début du XVᵉ siècle, le ressort moteur se substitue au poids moteur. C'est une lame d'acier longue et mince, durcie par forgeage, enroulée sur un cylindre. L'extrémité extérieure du ressort est accrochée au bâti de l'horloge, l'extrémité intérieure est fixée au pourtour du cylindre, la bonde. Le remontage, qui est fait avec une clé à carré creux, permet d'enrouler le ressort sur la bonde. Le ressort ainsi armé restitue peu à peu son énergie, et fait tourner la bonde en sens inverse du remontage.
Ainsi libérées du problème du poids moteur, qui imposait de choisir des caisses très hautes ou des positions d'accrochage très élevées, les horloges ont progressivement diminué de taille, ce qui a contribué à étendre leur agrément et leur usage. L'invention de la fusée, en 1525, a permis d'en régulariser la marche.
L'horlogerie connaît alors un essor considérable. À Augsbourg, à Dresde, à Londres, à Paris ou à Blois, les artisans vont s'attacher à réduire le volume des différents mécanismes, à perfectionner l'organe régulateur, afin de rendre ses périodes invariables et constantes, à éliminer toutes les causes de perturbations provenant des autres organes, pour accroître la précision. Ils prennent grand soin, en même temps, d'accorder l'habillement de l'horloge à l'esthétique du moment.

Horloge allemande du XVᵉ siècle, une époque qui a connu des progrès décisifs dans les techniques de l'horlogerie. Musée de Cluny, Paris.

Giraudon

Le XVIIᵉ siècle : le pendule

C'est au milieu du XVIIᵉ siècle, en 1657, qu'est fabriquée à La Haye, par Salomon Coster, la première horloge à pendule ; le mathématicien Christiaan Huygens en est l'inventeur. Le nouvel organe régulateur employé par les Hollandais matérialisait de façon géniale, en les corrigeant, les observations faites en 1583 par l'Italien Galilée sur les oscillations isochrones du pendule.
Les premiers pendules, masse de plomb, boule de platine, oscillaient au bout d'un fil. Le fil fut remplacé par une lame métallique longue et flexible. Le célèbre horloger Julien Le Roy compléta l'invention en employant deux ressorts au lieu d'un pour empêcher les trépidations de la lentille. L'emploi de l'oscillateur à pendule s'est répandu rapidement. En même temps, les formes ont changé pour permettre le libre jeu du pendule.
Pour n'en pas contrarier le fonctionnement, les horlogers ont étudié alors de nouveaux échappements, avec des fortunes diverses. Une centaine d'échappements ont été créés ; dix ou quinze subsistent aujourd'hui, qui sont l'œuvre de grands mécaniciens.
Les horlogers-mécaniciens ont cherché à résoudre le problème de la compensation thermique, pour soustraire le pendule aux variations de la température, qui le contractent ou le dilatent. Ils y parvinrent par l'utilisation de métaux présentant des différences de dilatation : on y eut recours pendant tout le XIXᵉ siècle, jusqu'à la découverte de nouveaux alliages qui valurent à leur inventeur, le Français Charles-Édouard Guillaume, directeur du Bureau international des poids et mesures à Sèvres, le prix Nobel de physique en 1920. En même temps s'est vulgarisé l'emploi de pierres fines (saphirs et rubis) pour les mécanismes d'horlogerie, selon la méthode mise au point par le Suisse Nicolas Fatio, qui l'exploitait à Londres.

XVIIIᵉ siècle : la précision

Les recherches visant à atteindre la précision parfaite se poursuivirent pendant tout le XVIIIᵉ siècle. Deux hommes s'y illustrèrent : l'Anglais John Harrison et le Français Pierre Le Roy. Les « garde-temps » qu'ils ont construits n'ont pas été surpassés.
Jusqu'à la fin du XVIIᵉ siècle, les bâtiments qui naviguaient en haute mer, sans moyen précis de connaître leur longitude, risquaient le naufrage. Trois grandes voies océaniques seulement étaient alors bien connues. Dès 1714, les armateurs anglais sollicitèrent de leur gouvernement la création d'un comité chargé d'étudier la question de la longitude en mer.
La longitude terrestre s'obtient par le calcul de la différence entre l'heure locale et l'heure du méridien d'origine. La difficulté, à cette époque, pour avoir l'heure à bord, était de construire des horloges insensibles aux mouvements du navire ainsi qu'aux variations de température. Le prix de 20 000 livres offert par le gouvernement de Sa Majesté britannique fut gagné, au début du XVIIIᵉ siècle, par l'obstiné John Harrison, qui réussit là où avaient échoué des concurrents très doués comme Jeremy Tacker, Henry Sully, horloger anglais installé en France, ou Jean-Baptiste Dutertre.

En France, les travaux les plus importants sur le chronomètre de marine sont l'œuvre de Pierre Le Roy. La première de ses montres marines fut présentée au roi Louis XV en 1766 et expérimentée au cours de trois expéditions vers la Martinique, Terre-Neuve et l'Islande.

Les montres : le spiral réglant

Les montres ne s'écartent pas du principe de l'horloge mécanique. Le mécanisme a subi peu de changements jusqu'en 1675. Il y a toujours un moteur, un organe régulateur, un échappement. Le ressort (moteur) a besoin d'être contrôlé pour garder du début à la fin de son déroulement une force égale et une vitesse de rotation régulière. C'est la fusée, petite poulie conique, reliée au ressort par une corde à boyau, qui assure ce rôle modérateur. La première montre à fusée que l'on connaisse est datée de 1525.

Le spiral réglant, inventé par Christiaan Huygens, eut autant d'importance pour l'horlogerie de petit volume que le pendule pour l'horlogerie de grand volume. La forme spiralée du ressort permet au balancier des oscillations de grande amplitude. Cette innovation, qui apportait une promesse de régularité, fut saluée comme une grande découverte.

La corde de la fusée a été peu à peu remplacée par une chaînette ; le mouvement, progressivement, s'est aplati. Dans les montres de cette époque, la forme et la disposition du coq sont remarquables. Le coq recouvre la platine supérieure et porte l'une des extrémités de l'axe du balancier, qu'ainsi il protège. On ne pouvait ainsi ni fausser ni arrêter le balancier en ouvrant la montre pour la remonter. Il en était aussi l'ornement, fort apprécié de nos jours de certains collectionneurs. Dès le XVIe siècle, le coq a fait l'objet d'une décoration raffinée, devenue particulièrement somptueuse à l'époque de Louis XIV.

Une véritable œuvre d'art dynamique : le mécanisme d'une montre Breguet à répétition (XIXe s.). Coll. part.

R. Guillemot, Connaissance des Arts

L'électricité, énergie nouvelle, envahit le domaine de l'horlogerie vers le milieu du XIXe siècle. Wheatstone, Bain, Steinheil, Hipp, Breguet ont contribué au développement de son utilisation. La réalisation la plus populaire qu'elle ait permise est l'horloge parlante, conçue par Ernest Esclangon et installée en 1932 à l'Observatoire de Paris.

L'HISTOIRE ET L'ÉVOLUTION DES STYLES

Les horloges monumentales

Les Parisiens qui traversent chaque jour l'île de la Cité peuvent y voir la plus ancienne, la plus vénérable des horloges monumentales de la capitale. Appuyée à l'une des tours carrées du Palais de Justice, à l'angle du quai de l'Horloge et du boulevard du Palais, elle montre, sous un auvent destiné à la protéger des intempéries, un cadran rouge foncé sur fond fleurdelisé, des ors brunis, ternis par la poussière de la ville. La doyenne des horloges parisiennes, restaurée par Lepaute en 1830, n'est plus tout à fait ce qu'elle était en 1370. Présent du roi Charles V à son bon peuple et à son parlement, pour les aider à régler leurs occupations sur la marche du temps, l'horloge avait été commandée à un artisan célèbre, Henri de Vic, un Allemand, ou peut-être un Lorrain, qui consacra huit années à sa construction. Logé dans la tour, il reçut, dit-on, six sous parisis par jour pendant toute la durée des travaux. Plus tard, Charles IX fit entourer le cadran de peintures à fresque, et Germain Pilon l'orna, en 1585, de deux figures allégoriques représentant la force et la justice.

Paris était à cet égard, il est vrai, en retard sur la province et sur l'étranger. Beauvais, Nevers, Caen étaient pourvues d'horloges depuis le début du XIVe siècle. La cathédrale Saint-Étienne, à Sens, l'aînée, donnait l'heure aux Sénonais depuis près de cent ans. Les Anglais, en ce domaine, avaient une bonne avance : c'est dès 1284 qu'avait été mise en place l'horloge de la cathédrale d'Exeter.

Charles V, on l'a compris, avait le goût des horloges. Il possédait une horloge d'argent blanc, « qui se met sur un pilier et qui s'appelle horloge-atlas ». Il avait aussi une horloge portative, achetée à Maître Pierre, de Sainte-Béate, son « orologeur », pour 120 francs d'or.

Les horloges monumentales ont été longtemps des objets de convoitise. En 1382, l'un des frères de Charles V, Philippe le Hardi, duc de Bourgogne, après sa victoire remportée sur les Flamands à Roosebeke, fait démonter l'horloge de Courtrai comme butin de guerre, pour l'installer dans sa ville de Dijon (c'est encore « Marguerite de Courtrai » qui donne l'heure aux Bourguignons du XXe siècle). Cent ans plus tard, cette horloge offrait en plus aux badauds un spectacle inattendu : celui de l'automate appelé Jacquemart, du nom de l'horloger qui l'en avait dotée.

Les beffrois, qui abritaient souvent des automates, étaient particulièrement nombreux dans le nord de la France. En Artois et en Flandres, ils étaient, au temps des tutelles seigneuriales, l'emblème de l'indépendance communale.

Vers le milieu du XVe siècle apparaissent, dans les châteaux et les communautés religieuses, des horloges murales. Leur cadran est enluminé ou peint de couleur vive et orné, au centre, d'une rosace d'or ; les heures sont inscrites en caractères romains. La cage est en fer forgé, surmontée d'un campanile qui contient un ou plusieurs timbres, le mouvement est en fer battu ou en cuivre.

Les horloges Renaissance

Émergeant du Moyen Âge, l'Europe progresse dans tous les domaines : la construction, la navigation, le travail des métaux, la fabrication des étoffes, les techniques et les arts.

On découvre le monde et ses contours. L'Allemand Gérard Mercator dresse en 1538 la première carte du monde. C'est Oronce Fine qui établit la première carte de France en 1525. Les savants ont l'estime des princes ; Oronce Fine devient le premier titulaire de la chaire de mathématiques du Collège royal, fondé par François Ier en 1530 (le futur Collège de France) ; quelques années plus tard, il construit pour le cardinal de Lorraine une horloge astronomique (à la bibliothèque Sainte-Geneviève, à Paris), qui suscite une grande admiration.

Le XVIe siècle est le siècle de Copernic et de Rabelais, celui de Montaigne, Shakespeare, Galilée, Cervantès, celui aussi de Calvin et de Luther. François Ier encourage à la fois les sciences et les arts. C'est à lui que les horlogers doivent leurs lettres patentes. Par un décret de juillet 1544, il garantit la nouvelle corporation, ses privilèges et ses obligations. Et il nomme son horloger, Julien Coudray, natif de Blois, « gouverneur des pendules ».

Les premières horloges d'appartement sont suspendues, ou sur socle. Elles sont en forme de château, de clocher ou de tour. Repercées, gravées, elles sont ornées de colonnes aux angles. Pour mieux voir le mouvement, on taille les pans dans du cristal de roche, et l'on pratique aussi de petites ouvertures pour observer la tension de la corde de boyau. Le cadran est une plaque circulaire où sont inscrites les heures, en cuivre repoussé et doré, argenté ou damasquiné. Une roue l'entraîne, et les chiffres passent devant un index fixe ; ou bien l'index mobile indique les heures sur le cadran fixe où elles sont inscrites.

Des gravures décorent les boîtes et les panneaux. On les exécute d'après les dessins et les gravures de Delaune, orfèvre, graveur et médailleur, dont les petits ornements, inspirés de formes allemandes, ont été repris par tous les décorateurs de son époque, qui font aussi des emprunts à l'œuvre de Corneille de Lyon, portraitiste de la cour et des grands personnages.

L'une des productions les plus réussies est la petite horloge de table à ressort. Ces « montres à mettre sur la table », comme il est dit dans les inventaires du mobilier royal, ont un cadran horizontal. Carrées, rondes, hexagonales, elles présentent parfois des arcades, des clochetons, des coupoles et sont décorées de scènes bibliques ou mythologiques. Le cabinet est souvent en laiton.

D'autres formes ont tenté les horlogers-orfèvres : les horloges de monstrance, qui reproduisent la forme des reliquaires portatifs en honneur au Moyen Âge. Elles ont en général un mécanisme de réveil, sonnent les heures et les quarts et donnent parfois des indications astronomiques. Elles peuvent avoir la forme d'un miroir. Les horloges-crucifix étaient destinées aux dignitaires de l'Église. Une boule tournante, à leur sommet, porte les indications horaires, une tige s'y appuie qui donne le repère des heures.

Les horloges de carrosse, devenues indispensables aux voyageurs, nobles, négociants, banquiers, qui se rendent d'une province à l'autre, sont alors assez semblables aux horloges de table, mais d'un format plus réduit, protégées des chocs par des étuis de cuir renforcés de ferrures. Rondes, assez épaisses, surmontées d'un anneau, elles vont peu à peu changer de forme et de volume. Pour qu'elles sonnent mieux et plus fort, les artisans travaillent à jour le pourtour du boîtier.

Vers la fin du XVIe siècle, de savants horlogers construisent des sphères célestes et terrestres dotées de mouvement d'horlogerie. Deux chefs-d'œuvre de la Renaissance allemande se trouvent au Conservatoire des arts et métiers : l'un est de Jost Burgi, mécanicien du landgrave de Hesse Cassel (1580) ; l'autre, de Jean Reinhold (Augsbourg, 1588). Ces sphères donnent des indications horaires et astronomiques, et un calendrier.

Ader, Picard, Tajan

Horloge de table en bronze ciselé et doré et argent indiquant les heures et les jours avec sonnerie (XVIIe s.). Les six côtés à pans coupés présentent des caryatides ailées. L'horloge repose sur six pieds griffes à masques de femmes et ailes. Vente Mes Ader, Picard, Tajan.

Les horloges astrolabes servent beaucoup, à cette époque, à l'établissement des horoscopes. L'ambition de l'inventeur supposé de l'astrolabe, l'astronome grec Hipparque, deux siècles avant l'ère chrétienne, avait été plus vaste : cet instrument servait à observer la position des astres et à déterminer leur hauteur au-dessus de l'horizon. L'horloge astrolabe indique le calendrier annuel, la marche du Soleil à travers le zodiaque, la hauteur et la position de l'écliptique, le lever et le coucher du Soleil.

L'horloge monumentale de la cathédrale de Strasbourg (XVIe siècle) apportera aux fidèles des notions plus propres encore à provoquer l'émerveillement. L'horloge (reconstituée par Schwilgué de 1838 à 1842) indique les fêtes de l'année, les jours de la semaine, le quantième du mois, les signes du zodiaque, les phases de la Lune, le lever et le coucher du Soleil. Les heures sont annoncées par deux anges jouant de la trompette, puis un coq bat des ailes, enfin une ronde d'automates apparaît et disparaît. L'horloge possède en outre un calendrier bissextile et séculaire, et effectue mécaniquement le calcul de la date de Pâques en tenant compte de toutes les complications qui peuvent se présenter selon les règles grégoriennes.

Pour mettre en œuvre les mécaniques très complexes de ce grand spectacle, savants et ingénieurs, horlogers et forgerons commencèrent à travailler ensemble. Tous les corps de métiers (ébénistes, peintres, fondeurs, tailleurs de pierre et tailleurs de bois, repousseurs sur métaux) conjuguèrent leurs efforts pour la réussite de cette œuvre collective.

Les horloges Renaissance sont rares et atteignent des prix élevés.

Horloge Louis XIV, dite « tête de poupée », en marqueterie écaille et décor à rinceaux. Mouvement de Claude Raillard, à Paris, vers 1675.

L'initiative prise par Henri IV de loger au Louvre, dans le soubassement de la galerie du Bord de l'Eau, « un séminaire des meilleurs ouvriers de France » devait exercer une influence considérable sur l'évolution des arts. Peintres, sculpteurs, arquebusiers, tapissiers-lissiers..., dix-sept titulaires reçoivent alors un brevet de logement. Les artisans de la mesure du temps (horlogers et ouvriers en instruments de mathématiques) sont du nombre, en particulier Abraham de La Garde et les siens, que rejoindront les Bidault, les Martinot, les Thuret.

L'horlogerie du Grand Siècle

La pendule dite « religieuse » représente la première forme du style Louis XIV. Héritière de l'époque Louis XIII, elle a des lignes nobles, un corps sombre, un cadran discret. Sa façade évoque l'entrée d'un palais (peut-être celle du palais Mazarin, devenu la Bibliothèque nationale) ou le porche d'une église (comme la façade de Saint-Gervais, dont Louis XIII a posé, en 1616, la première pierre) ; le cabinet est rectangulaire, surmonté d'une corniche, flanqué de pilastres sous un fronton austère. Les plus anciennes religieuses sont aussi les plus simples. La cage est souvent plaquée d'ébène, de poirier noirci ou de noyer, incrustée parfois de panneaux de cuivre, de corne, d'écaille ou, plus fréquemment, de filets de cuivre, d'étain, d'ivoire, qui en soulignent les contours.

Les cadrans sont encore petits, en argent, en cuivre ou en étain. On attache peu d'importance, semble-t-il, à la lisibilité, au point que les fonds sont souvent tendus de velours noir ou rouge. Les aiguilles, travaillées à la lime, sont fort délicatement ornées, en cuivre découpé, gravé et doré. Les heures sont marquées en chiffres romains, séparés par des fleurons. C'est au début du XVIIIe siècle que l'on fabriquera des cadrans entièrement en émail ; les émailleurs utiliseront quelque temps encore des cartouches juxtaposées, serties dans un cadran en cuivre ciselé ou fondu, ou en bronze ouvragé, avec de larges chiffres en bleu ou en noir, car il était difficile de préparer et de cuire sans défaut de grandes plaques.

L'autre style caractéristique, en usage dans le deuxième tiers du XVIIe siècle, c'est la petite horloge à aiguille unique, dont le large cadran dépasse la cage, sous un fronton en cuivre gravé et découpé.

C'est l'époque où l'on dote les horloges monumentales d'une seconde aiguille pour marquer les minutes. La première ainsi équipée est celle du palais Mazarin (1650).

L'horloge reste encore le privilège de la fortune. Seuls les princes, les prélats et quelques riches bourgeois peuvent s'enorgueillir de posséder des « garde-temps ». À la Sorbonne, faute d'horloge, on utilise le sablier pour compter le temps de parole des orateurs. Pascal y est soumis comme tout le monde.

La seconde moitié du XVIIe siècle voit s'épanouir tous les éléments du style Louis XIV triomphant, un composé d'ordre et d'harmonie, d'ampleur et de distinction, soutenu par le savoir-faire des artisans du Louvre. C'est en 1665 que Colbert invite à la cour le mathématicien hollandais Christiaan Huygens. Mathématicien, physicien, astronome, héritier d'une riche famille des Provinces-Unies, Huygens est, à trente-six ans, un homme célèbre bien au-delà des frontières de son pays natal. Ses travaux lui ont valu d'être admis à la Société royale de Londres, sorte de club scientifique international. Son séjour en France est fertile en études et en découvertes. C'est à Louis XIV qu'il dédie, en 1673, son mémoire *Horologium oscillatorium,* honoré en retour d'une pension de 1 200 livres, portée bientôt à 6 000 livres. Deux de ses découvertes vont révolutionner l'horlogerie dans ses principes et dans ses formes : l'utilisation du pendule comme oscillateur dans les horloges en remplacement des poids, et l'emploi du ressort à spiral pour les petites horloges et les montres.

Avec Huygens, l'horloge change de nom ; elle devient « pendule » et désigne un instrument horaire réglé par un balancier pendulaire. Le nom d'*horloge* est réservé aux horloges monumentales. Fait plus remarquable encore, l'horloge change de rythme. Au règne de l'inexactitude et de l'approximation va succéder, avec Huygens, celui de la précision et de la rigueur.

La plus célèbre des pendules du règne de Louis XIV est l'œuvre d'Antoine Morand, jeune horloger jurassien, que la légende prétend illettré. Son régulateur fut présenté au roi en 1706, et la cour se divertit fort au spectacle de ses automates. On peut encore le voir à Versailles, dans le salon de Mercure.

En matière de technique horlogère, les Anglais s'acquirent alors une renommée mondiale. La précision de leurs montres de marine et des grands pendules royaux logés dans des cabinets en ébénisterie fit d'eux les maîtres du marché.

Rocailles et grotesques

Pour le public de notre temps amateur de pendules, rien n'égale les styles Régence et Louis XV. Coquilles, chicorée, fanfreluches envahissent le mobilier et l'art décoratif, comme en réaction à la grandeur du règne défunt. Fleurs, feuillages, cornes d'abondance, motifs déchiquetés, mouvements asymétriques, profusion de

Galerie Marie-Hélène Poisson

Pendule en corne bleue, écaille brune et bronze doré mouvement de Thuret, époque Louis XIV. H. 37 cm. Estimée 150 000 F en 1989. Galerie Marie-Hélène Poisson.

bronzes et de courbes : le style Louis XV, dit encore « rocaille », ou « rococo », est une concession, disent ses contempteurs, au baroque sur son déclin.

Les pendules d'applique avec socle, dont les premiers modèles apparaissent à la fin du règne de Louis XIV, les cartels Régence accrochés sur le miroir surplombant la cheminée sont recouverts de corne, à laquelle les artisans adroits donnent toutes les couleurs, les plus recherchés étant en corne verte. Mais les cabinets peuvent être également recouverts de vernis Martin ou de laque. Le cadran s'insère dans une monture de bronze au tracé gras, travaillé, galbé comme une pâte superbe. Les bronziers d'alors, Caffieri, Thomire, Gouthière, Saint-Germain, sont aussi sculpteurs, fondeurs, ciseleurs, orfèvres. Les aiguilles sont finement façonnées, terminées souvent par un petit dauphin.

Des amours et des nymphes soutiennent le cadran, quand ce ne sont pas des animaux sauvages (rhinocéros, lion, éléphant) capables de rouler les yeux, de hocher la tête ou même de taper sur un tambour quand l'heure sonne.

C'est dans le salon de la Pendule, au château de Versailles, près du sillon de cuivre qui marque dans le parquet le méridien de Paris, qu'est placée la pendule astronomique de Claude Siméon Passemant, surmontée d'une sphère de cristal qui enferme le système solaire. Dans la sphère qui fait mouvoir la pendule, on peut observer journellement les mouvements des planètes autour du Soleil : Saturne, Jupiter, Mars, la Terre, la Lune, Vénus, Mercure, et leurs lieux dans le zodiaque. En accomplissant sa révolution en 365 jours, la Terre parcourt les douze signes du zodiaque et leurs degrés, marque les mois et leurs quantièmes, indique les saisons, équinoxes et solstices. Sont indiqués le jour et la nuit, le lever et le coucher du soleil pour tous les lieux de la Terre. La pendule marque le temps vrai et le temps moyen. Au-dessous du cadran se présente le jour de la semaine et son quantième.

D. R.

Régulateur à quatre cadrans, indiquant les heures, les minutes, les secondes, les signes du zodiaque, le lever et le coucher du soleil, par Claude Martinot, dans une caisse rocaille fabriquée par Meissonnier, daté 1927. Présenté à la Biennale en 1988 par Gismondi.

Ader, Picard, Tajan

Pendule en forme de vase et à cadran horizontal. Époque Louis XVI. Adjugée 53 000 F en 1979 et 223 800 F en 1985.

Pendule squelette à deux cadrans. Époque révolutionnaire. Ce genre de pendule cote entre 300 000 F et 500 000 F selon le décor et les complications techniques.

Ader, Picard, Tajan

Passemant avait réglé le mécanisme des changements de jours, de mois, d'années et tous les mouvements des planètes pour dix mille ans. Présentée à Louis XV en 1749, la pendule enchanta le monarque, qui gratifia Passemant d'une pension de 1 000 livres et d'un logement au Louvre.

Les pendules Louis XVI à sujet

Moins appréciées que les pendules Louis XV, les pendules Louis XVI montrent une grande diversité dans le décor avec, parfois, de la grandeur, parfois de la mièvrerie ou de la banalité. Il arrive pourtant que la conjonction de deux talents donne naissance à un chef-d'œuvre et provoque une flambée des prix. Ainsi, une pendule-cage, dotée d'un mouvement de Lépine et ornée d'un cadran signé de Coteau, décoré de douze médaillons formant une guirlande, a été adjugée 207 000 francs en mars 1977 ; elle provenait, il est vrai, de la collection Demidoff et l'on en attribue à Marie-Antoinette la propriété première.

Dès l'avènement du roi, en 1774, les artisans cherchent à faire du neuf, bien qu'à la vérité les modèles en honneur quelques années plus tôt n'aient pas cessé de plaire. Les formes changent donc, dans l'essentiel et dans les détails. Mais, surtout, on observe que le sujet se développe et occupe le devant de la scène aux dépens du cadran, repoussé au second plan. L'imagination, stimulée par l'actualité, va bientôt faire des pendules autant de tableaux évoquant une histoire ou un événement.

Pour la forme, on aime le galbe de la lyre, du vase et de l'urne. L'heure se lit alors sur un cadran annulaire tournant.

Matière de choix, le marbre blanc devient temple d'amour ou colonnade et donne aux nymphes de Falconet des grâces diaphanes. On agrémente aussi les pendules de motifs en faïence anglaise de Wedgwood, au relief blanc et bleu, de plaques en porcelaine, en biscuit de Sèvres, d'émaux. On oppose les couleurs du marbre blanc et turquin pour les pendules à colonnettes, ou le marbre et le porphyre. Ce sont les débuts du style néo-classique, sous les auspices de Pigalle et de Falconet, qui est directeur des sculptures à la Manufacture de Sèvres, et avec la contribution de Canova, alors au sommet de sa carrière.

L'actualité enrichit donc la création. L'exploit des frères Montgolfier — l'envol, en juin 1783, d'un aérostat de 750 mètres cubes —, la répétition de l'expérience devant le roi et la cour (la montgolfière emporte cette fois dans les airs une cage contenant un mouton, un coq, un canard) sont reproduits sur de nombreux modèles, dits « ballon », « à la montgolfière ». Il existe sur ce thème une pendule en marbre blanc et bronze doré de Léchopie, au musée des Arts décoratifs.

La guerre de l'Indépendance américaine (1775-1783) fait naître une série de pendules dites « à la négresse ». L'une des plus célèbres, œuvre de Puget (en 1784), réserve plus d'une surprise : les yeux du personnage découvrent les chiffres des heures et des minutes lorsqu'on tire un de ses pendants d'oreilles ; un jeu d'orgue se fait entendre quand on tire l'autre. La publication, en 1787, du roman de Bernardin de Saint-Pierre *Paul et Virginie* contribue à renouveler le décor : des esclaves noirs portent en palanquin les deux héros candides.

On illustre aussi les pendules de sujets ambitieux, de riches allégories : les Arts et l'Arithmétique, l'Éloquence et l'Astronomie, la Géographie, la Musique, les Fleuves. Louis XVI possédait une pendule, sculptée par Houdon, qui représentait le Rhône et la Saône et était dotée d'un mouvement de Lepaute (actuellement au musée des Arts décoratifs).

Par réaction ensuite, on dépouille la pendule de tous ses ornements. Réduite à l'essentiel, la pendule squelette montre en transparence sa délicate ossature ; elle est composée d'une plaque de verre qui sert de support à l'ensemble des rouages. Les pendules à poser, qui prennent parfois la forme de pyramide en marbre blanc surmontée d'une sphère armillaire, ont souvent un socle-coffret, destiné à contenir des carillons, des tympanons, des jeux d'orgue. Certaines peuvent jouer jusqu'à vingt airs différents.

En même temps, on admire les régulateurs de précision sortis de l'atelier d'Antide Janvier, horloger du roi, qui sont d'aspect sévère, mais d'une qualité technique exceptionnelle. Mathématicien, mécanicien, Janvier, le plus illustre des horlogers franc-comtois, avait tous les talents. Ses horloges font connaître le temps vrai et le temps moyen, les phases et l'âge de la Lune, le mois, le quantième, l'heure en tout lieu, l'heure en haute mer, etc.

Les sphinx et les aigles

Les révolutions passent, les artisans demeurent. À peu de chose près, les pendules de style Directoire reproduisent les formes à la mode quelques années plus tôt, sous l'Ancien Régime : pendules obélisques en marbre blanc, par exemple. Le retour à l'antique peut passer pour une nouveauté.

Sous l'Empire, les pendules sont massives, quadrangulaires, en acajou, relevées de motifs en bronze doré, et leurs ornements s'inspirent des symboles de l'épopée napoléonienne : sphinx d'Égypte, aigles, Romulus et Rémus, Mars et Vénus. Elles portent la signature d'horlogers en renom, qui ont commencé leur carrière sous la royauté.

Jusqu'à la Restauration, on reproduit les modèles du passé : pendules-lyres et pendules-vases, où le temps se lit sur un cadran tournant en émail. La pendule-bouquet de Lépine et Neveu (acquise par le Garde-Meuble royal sous Louis-Philippe) offre ainsi le chiffre de l'heure au creux d'une clochette ; le mécanisme se dissimule sous un riche bouquet en bronze ciselé et doré (au Grand Trianon).

L'année 1850 marque les débuts de la période de mécanisation et de grande production. À l'époque Napoléon III, on copie les cartels Louis XIV, en utilisant de bons matériaux (de 15 000 à 50 000 F dans les ventes), et l'on achète les créations de Jacob Petit, décorées de porcelaines baroques.

Au début du XXe siècle, les familles bourgeoises posent sur leurs cheminées des « garnitures » inspirées des styles Louis XV et Louis XVI. Puis, faute de cheminées, les pendules ont disparu. La révolution des arts plastiques des années 1920, sans les réhabiliter, a donné à quelques joailliers, à Cartier notamment, l'idée de créer des pendulettes habillées d'or, d'émail, de pierres dures ; ce ne sont que d'élégants vestiges, qui n'atteignent pas encore à la qualité d'objet d'art.

Les belles provinciales

La plus célèbre des horloges de province, c'est la comtoise, née en Franche-Comté au XVIIe siècle. La première a, dit-on, été construite vers 1675.

Fruits des longs hivers, de la pauvreté des hommes, de leur ferveur, de leur savoir-faire, la comtoise est une horloge « pour le peuple ». Ainsi l'ont voulu les artisans, serruriers de métier, qui, les premiers, l'ont fabriquée. Le cadran était une plaque de laiton ou d'étain ; la forme,

Sotheby's

Pendule baromètre par Janvier, à décor de sphinges en bronze doré, vers 1800. Adjugée 96 800 F par Sotheby's à Londres, le 13 décembre 1988.

droite ou galbée, en sapin, peinte de la façon la plus rustique. L'horlogerie se pratiquait alors en famille dans des ateliers dispersés (1).

La comtoise connaît un succès croissant, justifié par la variété de ses modèles et de son ornementation, promptement adaptée au régime en place : la fleur de lys, les palmes, l'effigie du roi ; les piques, le bonnet phrygien sous la Révolution ; puis les aigles et les aiglons ; les ruches et les abeilles... En un siècle, les frontons des comtoises, en fonte ciselée, ont, à leur manière, raconté l'histoire.

Vers la fin du XIXe siècle, les artisans, délaissant toute allusion politique, ont préféré le soleil rayonnant, les cornes d'abondance, les bouquets, les sujets agraires ou religieux. Le balancier devient un élément important de la décoration, portant des noms évocateurs : « plus que parfait », « épi de blé », « bienvenue », « sans rival ». La caisse d'horloge est en chêne, en loupe de frêne blond ; le fronton est en cuivre estampé, le cadran, émaillé.

C'est par les colporteurs que l'horloge comtoise a pénétré dans toutes les régions. Pour faciliter le transport, les poids étaient fabriqués au domicile de l'acheteur ; ils étaient en pierre, en fonte ou en plomb, et le balancier était pliant, fait en chaîne d'arpenteur.

Dans les provinces, les horloges ont suivi les modes de leur temps : cadrans de bois, de cuivre ou de faïence, ornés de fleurs dans les Ardennes, de laiton ou de cuivre dans les Vosges et en Lorraine ; gaines de noyer, de cerisier, de merisier ou de prunier, de chêne ou de châtaignier selon les régions, à fût droit à Abbeville, ville

(1) La première manufacture nationale d'horlogerie fut créée par un décret de la Convention en 1793 et installée près de Besançon.

renommée pour sa production horlogère au XVIIe siècle, sous un fronton sculpté, galbé comme un violon en Bourgogne selon les règles du style Louis XV, mais aussi de style Directoire ou Empire.

En Bresse et en Bretagne, les horloges ont été logées dans des vaisseliers, les étagères encadrant la gaine du balancier. En Champagne, on les aimait de style Louis XVI avec ornements de rosace, de losange et de cœur. Sobres dans le Massif central, massives dans le Lyonnais, avec une base carrée et des pieds robustes, de forme Louis XIII dans le Rouergue, décorées de marguerites et du soleil chevelu. Les horloges, au Pays basque, portent des décorations faites à l'équerre et au compas. La Provence conserve au musée Calvet d'Avignon de beaux modèles fabriqués entre la Renaissance et le XVIIIe siècle. Protecteur des arts et des sciences, le roi René, en bon prince, favorisa l'épanouissement de l'horlogerie, tout comme les papes Urbain V, Benoît XIII, retirés sur cette terre odorante et chaude, où les fleurs et les fruits ont servi l'inspiration des artistes : roses, myrte, églantine, olives, grenades figurent dans l'ornementation des horloges.

En Normandie, les « demoiselles du Calvados » ont connu un vif et durable succès : horloge à double gaine à Villedieu-les-Poêles, modèle « à taille » du côté de Caen ou de Bayeux, elles étaient pourvues des excellents mouvements fabriqués à Rouen, à Pontfarcy comme à Saint-Nicolas-d'Aliermont depuis le XVIIe siècle.

Concurrent agressif de la comtoise, le coucou, né en Allemagne du Sud, fut d'abord, lui aussi, le produit d'une activité familiale. Fabriqué ensuite à l'échelle industrielle dans la Forêt-Noire, il a pénétré dans tous les milieux. Son cadran naïvement décoré, sa boîte en forme de chalet, ses poids en forme de pin, sa sonnerie imitant l'appel du coucou l'ont rendu partout populaire.

Aujourd'hui, la comtoise prend le dessus. Qu'elle soit d'Yvetot ou de Castres, elle l'emporte dans l'estime des connaisseurs.

LES « PETITS VOLUMES »

Les experts sont à peu près d'accord : l'origine de la montre remonte au début du XVe siècle. Ludovic Sforza, duc de Milan, portait, comme ses courtisans, des montres à sonnerie fixées à leurs vêtements. À la même époque, vers 1480, Louis XI avait lui aussi une montre sonnante. Les premières montres étaient accrochées à une longue chaîne, on les plaçait aussi dans une aumônière, qu'on appelait « poche-bourse », ou bien on les glissait dans la ceinture. Les montres ont alors une aiguille unique. Un couvercle ajouré les protège, sans cacher toutefois le cadran.

L'habileté des Italiens à travailler les « petits volumes » leur valut un grand renom. En 1520, le doge de Venise fit présent au sultan Soliman le Magnifique d'un anneau dont le chaton contenait une montre.

Montres royales

À Blois, à peu près à la même époque, Julien Coudray, « grand maître orogeur », fabriquait pour François Ier des dagues précieuses dont le pommeau renfermait une montre. Tout au long du XVIIe siècle, Blois, centre horloger, devait connaître une grande renommée, soutenu par le voisinage et la clientèle de la famille royale. Marie de Médicis offrait volontiers, aux ambassadeurs étrangers qui venaient la visiter, de petites montres d'or, « fruits rares éclos à Blois », se plaisait-elle à dire.

C'est vers le milieu du XVIe siècle que les montres deviennent des bijoux. Le cristal de roche, l'agate, le jade, les métaux précieux, les pierres fines, les diamants et les perles, rien n'est trop beau pour orner les boîtiers en or guilloché ou ciselé. Gabrielle d'Estrées, aimée du roi Henri IV, avait une montre fort belle, avec « quantité de diamants et une perle en forme de poire ».

La diversité des formes est d'une richesse extrême. Il s'est fabriqué des montres en forme de fleur de lis, de cœur, de coquille, ou « peigne de Vénus », en forme de bouton de fleur, en forme de croix ou de tête de mort (au musée du Louvre, collection Olivier) ; des montres de forme octogonale, sphérique, carrée, prenant la forme d'un losange, d'une mandoline. Un horloger allemand, Hans Schier, construit en 1583 une montre en forme de livre. Pierre Duhamel, en 1660, logera son mécanisme dans un lapin en argent (musée d'horlogerie de Genève).

Les connaisseurs vouent une admiration particulière aux montres des XVIe et XVIIe siècles, rares dans les collections. Les montres à sonnerie et à réveil sont souvent des chefs-d'œuvre de maîtrise. Les orfèvres décorent alors non seulement les parties visibles : boîtier, aiguilles, cadran, mais, intérieurement, plusieurs pièces cachées du mouvement.

À la montre ovale, très appréciée à la fin du XVIIe siècle, succède le boîtier rond, dont la surface permet une ornementation plus détaillée. Émailleurs et miniaturistes, graveurs et ciseleurs conjuguent leurs talents. Le procédé de couleurs vitrifiables sur émail prend un grand essor. La montre s'agrandit et s'aplatit — c'est la montre bassine — pour offrir à l'émailleur un champ plus grand. Jean Toutin, l'orfèvre de Châteaudun, le plus expert de tous, Christophe Morlière, Pierre Chartier, Robert Vauquer, les frères Huaud ornent les boîtiers de fleurs, bouquets ou guirlandes, de scènes pastorales, mythologiques ou allégoriques, ou encore de portraits.

Cinquante montres pour la Dauphine

En septembre 1775, le bijoutier Lazare Duvaux note dans son journal la livraison à Mme de Pompadour d'une « montre à mouvement simple dans sa boîte de porcelaine garnie d'or, sa chaîne d'acier, un cachet en chien d'agate et une cage en or d'Angleterre », pour la somme de 372 livres. La cage, c'était le double boîtier en métal ouvragé et précieux, indépendant de la montre qu'il

Guillemot, Connaissance des Arts

Montre de la fin du XVIIe siècle, avec boîtier décoré. Coll. part.

protégeait. L'intérêt pour l'horlogerie, encouragée par Louis XV, était si vif que les dames de la cour portaient volontiers deux montres en même temps, l'une en or, l'autre en argent. La reine Marie-Antoinette n'avait que l'embarras du choix : sa corbeille de mariage en contenait plus de cinquante.

Les châtelaines, dont se parent alors les élégantes, suivant l'exemple de la favorite, sont constituées par un assemblage de chaînettes auxquelles s'accrochent, outre la montre, divers petits objets : la clé pour le remontage, un petit œuf à parfum, des étuis, des cachets, des breloques.

Pierre Augustin Caron de Beaumarchais, fils d'horloger, horloger lui-même, inventeur, littérateur plus célèbre encore, a créé une châtelaine à breloque, en or, émail peint et translucide, que l'on a pu voir, parmi trente-six châtelaines et cent trente montres, à la vente de la collection Jubinal Saint-Albin.

Les montres Louis XV ont le dos émaillé, le boîtier ciselé ; des brillants et des perles entourent le cadran. Le coq est décoré de feuillages asymétriques, de courbes et de rocailles. Sur les montres calendrier, une troisième aiguille indique les jours. Les montres sont souvent protégées par une enveloppe d'écaille, de galuchat, de peau de requin ou d'argent repoussé. Sous le règne de Louis XVI, les montres s'ornent de phénix affrontés, de masques et de grotesques. Les aiguilles, très ouvragées, sont en forme de fleur de lis.

À la Révolution, le décor change. Sur le cadran, la déesse Raison remplace les amours.

Le retour des Bourbons favorise à nouveau l'activité des « horlogers du roi ». L'Europe tout entière se fournit à Paris, ainsi que les lointains sultans et les mandarins chinois. On fabrique alors en France, pour l'exportation, de riches montres, vendues par paire — le possesseur de la montre était ainsi toujours à l'heure —, entièrement émaillées, enrichies de perles, d'une belle exécution mécanique. Les platines sont entièrement découpées et gravées.

Après 1830, la décoration des montres s'appauvrit, mais la montre continue à se répandre. L'« oignon », que les paysans mettent dans leur poche, est assez semblable à ce que l'on fabriquait cent ans plus tôt, mais il est déjà le résultat d'une production semi-industrielle, et sa qualité est médiocre.

Sotheby Parke Bernet and C°

Montres en or de la fin du XVIIIe siècle. Vendues par Sotheby's.
Anc. coll. Belin.

Le souci de la précision

Parures précieuses, longtemps coupables d'inexactitude — l'un des premiers collectionneurs, Charles Quint, s'en plaignait —, les montres sont, vers la fin du XVIIIe siècle, après l'invention du ressort spiral par Huygens, à peu près sans reproche. Mais la précision reste l'apanage de quelques grands horlogers.

« Avec ma montre de Breguet, j'ai l'impression de porter le cerveau d'un génie dans la poche de mon gousset » avait coutume de dire un noble collectionneur anglais, sir David Salomons, en consultant sa montre-

Guillemot, Connaissance des Arts

Montre à répétition et à sonnerie du début du XVIIIe siècle. Son cadran d'émail possède trois aiguilles et comporte l'indication des minutes.

Sotheby Parke Bernet

Montre en or à 33 complications, créée par Patek Philippe. Vendue 4 500 000 FS (18 000 000 F) le 9 avril 1989 à Genève, elle est considérée comme la plus chère du monde.

carillon. Personne n'a exprimé aussi éloquemment l'admiration suscitée partout par les œuvres d'Abraham-Louis Breguet. Né en 1747 d'une famille picarde huguenote réfugiée en Suisse, il avait grandi dans l'horlogerie. Du fond de la prison du Temple, Marie-Antoinette s'adressait encore à lui pour se procurer une montre modeste ; Bonaparte offrait à ses maréchaux, à ses parents, des montres Breguet, et il se trouve encore aujourd'hui des connaisseurs fortunés qui font copier des modèles Breguet du XVIIIe siècle.

Chez Breguet, le mécanisme prime. Ses montres sont belles, graves et loyales. Leur élégance est discrète. L'enveloppe qu'il leur a choisie n'en fait pas un attribut frivole, mais plutôt un instrument de précision. Parfaitement lisibles, habillées d'argent, d'acier bleui ou d'une feuille d'or, elles se distinguent par leur rigueur et leur fidélité.

La technique se perfectionne de plus en plus. Breguet, notamment, met au point le mécanisme de la montre perpétuelle, inventé par Pérelet en 1780 ; il conçoit la montre tact pour aveugle (les aiguilles et les chiffres sont en relief pour donner l'heure dans l'obscurité) ; la montre sympathique, qui se remet à l'heure quand on la pose sur une pendule mère. Il construit une montre, surnommée « Marie-Antoinette », dotée de toutes les complications possibles. Il trouve aussi le moyen d'incorporer le remontoir à la montre.

C'est le goût de la précision qui a fait de Napoléon le client de Lépine et de Breguet. Il avait avec lui à Sainte-Hélène une montre fabriquée par Lépine. Sa simplicité préfigure le style des chronomètres modernes, qui allaient mettre l'exactitude à la portée de tous.

La montre-bracelet d'aujourd'hui a également une ancêtre célèbre, celle que portait Joséphine alors impératrice des Français, créée en 1806 par Nitot, joaillier de l'empereur. Il a fallu près de cent ans pour qu'elle supplante la montre-gousset et les petites montres guillochées et perlées que les femmes accrochaient encore à leur corsage vers 1900.

Après l'Exposition des Arts décoratifs, en 1925, les formes évoluent, l'angle succède à la rondeur. Si les boîtiers sont modernes, le mécanisme reste classique. Les grands joailliers réussissent aujourd'hui à faire de la montre d'intéressants bijoux.

Automates du XIXe siècle. Coll. F. Damiot.

Chadefaux, Top

AUTOMATES

Les automates sont aussi vieux que les machines à mesurer le temps. Héron d'Alexandrie (Ier siècle apr. J.-C.), mathématicien et mécanicien, a décrit les moteurs à poids qui faisaient bouger certaines statues (la répétition du mouvement du bras, par exemple, était rendue possible par une roue tournant sur un axe, dont les dents agissaient l'une après l'autre sur un taquet pivotant). Il organisait lui-même des spectacles mis en scène avec soin, utilisant, pour animer ses personnages, la compression de l'air et les mouvements des liquides.

Les califes de Bagdad, qui connaissaient parfaitement le mécanisme des clepsydres et leurs possibilités, se servaient de machines hydrauliques pour actionner leur théâtre d'automates.

Ces machines à eau ont été plus tard l'occasion de mille facéties — au Hesdin, notamment, l'un des domaines des ducs de Bourgogne, où les visiteurs se faisaient copieusement arroser. Henri IV et le cardinal de Richelieu ne dédaignaient pas non plus de déclencher des jets d'eau intempestifs aux dépens de leurs familiers.

Jacquemart et les androïdes

À partir du XVe siècle, les automates liés à des mouvements d'horlogerie se multiplient et se compliquent.

Le plus ancien des hommes de bronze se tient au sommet d'une tour, la Torre del Moro, à Orvieto, cité médiévale de l'Ombrie, plantée sur un pic de basalte entre Rome et Florence. Depuis 1361, l'automate frappe les heures. Son bras actionne un marteau grâce à un système de leviers reliés à un mécanisme à poids.

Jacquemart en France, Jack en Angleterre, Jean dans les Flandres, Hans dans les pays germaniques, tous les hommes de bois ou de fer sont animés de la même façon, par des bras de levier solidaires de mouvements d'horlogerie. À chaque heure, et souvent à chaque quart d'heure, le passage d'un cran déclenche l'action d'un contrepoids qui fait pivoter un grand axe vertical. Cette tige, dissimulée en général dans les jambes de l'automate, comporte divers leviers dont les déplacements entraînent les gestes du bras et font remuer la tête. Dans la main de Jacquemart, un marteau frappe l'heure.

Progressivement, les mécanismes qui commandent ces personnages diminuent de volume. Car les gens fortunés souhaitent avoir à demeure le spectacle que goûtent les foules assemblées sur les parvis. Ainsi sont nés de riches objets d'orfèvrerie au moment de la Renaissance : nefs de vermeil emplies de petits personnages, de nymphes et de chimères, qui ornent les tables d'apparat et distraient les convives réunis pour d'interminables banquets.

La miniaturisation des mécanismes, commencée au XVIIe siècle, pour permettre l'installation d'automates dans des horloges murales et des horloges de table, a été poussée à l'extrême au cours du XVIIIe siècle. On ne se contentait plus de placer des personnages — divinités, animaux — sur le cadran d'une horloge ou d'une montre, on imagina dix autres endroits : tabatières, face-à-main, bonbonnières, etc.

La plupart des objets ainsi animés, par la beauté des formes et des matières employées, par le travail raffiné

Sotheby's

Automates du XIXᵉ siècle, France.
Leurs cotes ne cessent de monter.

accompli par les horlogers et les orfèvres, constituaient de riches présents.

Sur le cadran des montres, les artisans les plus adroits parvenaient à réunir plusieurs sujets. Dans des guichets de quelques dizaines de millimètres apparaissaient alors des personnages lilliputiens : amours joufflus, jacquemarts, danseuses ou bergères, chargés parfois de faire entendre les heures et les demies.

Pour les dispositifs à musique, on a multiplié les prétextes. Ils ont été logés tout naturellement dans des cartels à lames, timbres et castagnettes, d'une ébénisterie luxueuse, dans des boîtes et des coffrets, en écaille, en or, rehaussés de perles, dans des cages dorées enfermant un oiseau, mais aussi dans des chatons de bagues, dans des cachets précieux contenant de minuscules rouleaux à picots. Ces cylindres à picots entraînaient de petites tiges d'acier appelées « peignes », dont les vibrations produisaient une série de notes.

Quant à la serinette (qui donna le verbe *seriner*), elle était la petite folie des dames du XVIIIᵉ siècle, qui passaient de longs moments à tourner la manivelle de leur boîte à musique pour entendre le chant du canari jaillir d'un système de flûtes et de soupapes.

La belle époque des automates

La belle époque des automates se situe au milieu du XVIIIᵉ siècle et dans la première partie du XIXᵉ. Les automates les plus surprenants sont l'œuvre de Jacques de Vaucanson et du Suisse Pierre Jaquet-Droz.

D'une famille horlogère de La Chaux-de-Fonds, Pierre Jaquet-Droz a construit plusieurs personnages d'un réalisme stupéfiant. Ces androïdes ont été présentés au public en 1774 : l'« Écrivain » est un joli garçon qui calligraphie d'une main soigneuse, en respectant les pleins et les déliés, une phrase de quarante lettres, dont on peut modifier le texte à volonté, à l'aide d'une came à touches interchangeables ; la « Musicienne », jeune fille de la meilleure société, timide, un peu guindée, joue sur son clavecin cinq mélodies différentes. Elle effleure du bout des doigts les touches qui déclenchent les notes du jeu de vingt-quatre flûtes. Quant au « Dessinateur », bouclé et frais, il est capable de crayonner un portrait de Louis XVI et de Marie-Antoinette, de croquer Louis XV et son petit chien, ou le dieu Amour conduit par un papillon (musée de Neuchâtel).

Jaquet-Droz a construit également des pendules avec jeux de flûte (carillon ou serinette), des boîtes à musique ornées d'oiseaux chanteurs, des montres à automates. De nombreux animaux (grenouilles, lézards, cygnes, chevaux, éléphants) ont amusé les salons au cours du XVIIIᵉ siècle, mais les oiseaux de Jaquet-Droz touchaient et enchantaient par leur naturel. (Des pistons, coulissant dans une soupape à air, reproduisaient les sons selon le système du sifflet ou du tuyau d'orgue.) Les Chinois étaient très amateurs de ces oiseaux merveilleux, qui ont inspiré à Andersen, dit-on, le *Conte du rossignol.*

Mécanicien génial, Jacques de Vaucanson, né lui aussi au début du XVIIIᵉ siècle, allait passionner les savants les plus distingués et étonner les foules. Son premier automate, grand comme un homme, fut exposé à Paris en 1738. Grâce à un système de soufflerie et de tuyaux d'orgue, l'automate tirait de la flûte traversière, par le jeu de la bouche et des doigts, une douzaine de mélodies.

Vaucanson conçut alors un canard devenu, à juste titre, fort célèbre. Non seulement il imitait l'animal vivant, nageant et battant des ailes, mais encore il buvait de l'eau et avalait les graines qu'on lui présentait, et même il les digérait. Puis un joueur de galoubet vit le jour. Une main sur le flageolet et lançant des contredanses, de l'autre il battait du tambour. Un ressort d'acier remonté par une clé entraînait un jeu de chaînes, de cames et de leviers, et rendait possible la simultanéité des deux actions. Vaucanson, nommé à ce moment inspecteur des Manufactures de soie, entreprit alors la construction de machines destinées à transformer l'industrie textile (Conservatoire national des arts et métiers).

Les mystères dévoilés

Au milieu du XIXe siècle, Jean Eugène Robert-Houdin, horloger comme son père, mais doué d'un esprit d'invention considérable, constructeur de plusieurs pendules mystérieuses qui lui valurent la célébrité, créa lui aussi des automates : l'« Escamoteur jouant des gobelets » ou le « Danseur de corde ». Et c'est à Robert-Houdin que fut confié le soin de réparer le canard de Vaucanson, retrouvé à Berlin, dans un grenier, en 1840. Il put alors en expliquer les particularités et les énigmes : l'action des leviers en engrenage, entraînés par un ressort d'horloge, provoquait les mouvements de l'animal. La digestion, qui avait tant intrigué les témoins, représentait en partie un tour d'escamotage. L'eau et les graines tombaient dans une boîte placée sous le ventre du canard. L'évacuation se faisait grâce à un corps de pompe qui expulsait une bouillie verte à base de mie de pain colorée.

Danseuse, magicien, fileuse, fumeur de narguilé, funambule, singe musicien ou acrobate, vendeuse de violettes..., aucun sujet n'a paru indigne aux inventeurs, dont les noms, souvent, sont oubliés, mais dont les personnages demeurent, touchants, raidis dans leurs vêtements fanés. Au XIXe siècle, les marquises poudrées furent remplacées par un petit monde besogneux : blanchisseuses, repasseuses, cuisiniers — nouveaux héros des romanciers populaires.

Certains des mécanismes employés sont rudimentaires et n'autorisent que des gestes fort simples. D'autres font appel à des connaissances très approfondies. Les grands automates présentent des mécanismes très complexes, dont la description serait fastidieuse.

Le marché de l'horlogerie ancienne

Tôt ou tard l'amateur d'horlogerie ancienne trouvera à assouvir ses curiosités et ses passions. Un immense domaine s'ouvre à ses recherches. Les pendules les plus nombreuses sont des productions du XIXe siècle. Les œuvres originales du début du siècle sont signées d'horlogers célèbres, qui avaient commencé leur carrière au temps des rois ; ceux qui avaient travaillé pour Louis XVI ont également servi l'Empire. De la seconde moitié du siècle, et notamment de l'époque Napoléon III, datent quantité de copies honnêtes, bien faites, des modèles les plus appréciés sous les régimes précédents : Directoire, Empire, Restauration, Charles X. On aime alors particulièrement le style Louis XV et les cartels de Boulle. L'on crée aussi des œuvres pompeuses et encombrantes, parfois recherchées par des amateurs étrangers.

Depuis 1985, les ventes d'horlogerie se sont multipliées. Les cartels d'applique et les pendules XVIIIe en bronze doré font l'objet d'un succès soutenu (de 30 000 à 400 000 F). Les pendules XIXe sont également en hausse. Une pendule dite « au nègre fumeur » s'est vendue 310 500 F à Drouot, le 17 mai 1987.

Depuis 1988, les collectionneurs de montres anciennes s'intéressent aux montres-bracelets des années 1930 à 1960, dont les prix sont en forte hausse, surtout si ces derniers témoignages de l'horlogerie mécanique portent des signatures célèbres telles que Jaeger-Le Coultre, Breguet, Rolex, Longines, Cartier ou Boucheron. L'alliance de l'horlogerie la plus fine à l'orfèvrerie de luxe étend la gamme de prix de 3 000 à plus de 50 000 F.

Pendule-console de cheminée (anglaise) en laque, datant de 1755. Coll. Mallett.

Cooper Bridgeman Library, Londres

Les critères du choix

Ce sont : la beauté des bronzes ; le bon état de la marqueterie ; la matière (si elle est rare et bien travaillée, elle ajoute à la valeur de la pendule ; la corne verte de l'époque Louis XV est très recherchée) ; la signature de l'horloger et de l'émailleur ; la qualité de l'exécution (on n'attend pas cependant qu'elle représente une prouesse technique).

On attache également de l'importance aux proportions et aux dimensions (les petites pendules sont aujourd'hui les préférées ; un cartel de 0,70 mètre trouve plus vite preneur qu'un modèle de 1,40 mètre de haut), aux complications qui représentent des perfectionnements techniques.

La beauté toutefois ne suffit pas. Il faut que la pendule soit accordée à son époque. Des références à une époque antérieure sont de nature à gâter son caractère. À ses qualités esthétiques, à son originalité, à son bon état de conservation s'ajoutent parfois une histoire, un passé glorieux. Toute attache avec un personnage illustre peut contribuer à accroître son intérêt et son prix. Il en va ainsi de tous les objets précieux. L'appartenance à une bonne maison ajoute à leur prestige. Mais il faut parfois recourir aux experts pour établir la filiation véritable.

La recherche

Pour la mener à bien, il faut douter. La défiance rapporte plus que la confiance. Il est utile, dans ces circonstances, d'avoir l'œil froid, une observation aiguë, quelques références, de la prudence dans le choix des mots : époque Louis XVI, style Louis XVI ne sont pas des formules interchangeables. Le premier peut qualifier un objet authentique, le second une copie. Les dates sont souvent difficiles à déterminer avec exactitude ; une pendule Louis XVI peut être née sous le Directoire ; les artisans n'ont pas abandonné leurs méthodes de travail ni leur choix de décorations à la mort du monarque.

Certaines particularités peuvent quelquefois fournir une indication d'âge : quand le triangle formé sur le cadran par le centre des aiguilles et les trous de remontoir est très plat, il peut s'agir d'une facture ancienne. Le balancier est-il accroché par un fil de soie ou par une lame métallique ? Le fil de soie est un montage plus ancien.

Pour ce qui est de la boîte, il est difficile d'en établir l'âge avec précision. Les horlogers, les bronziers ont, au cours des XVIIe et XVIIIe siècles et sous l'Empire, conservé pour l'essentiel les formes des époques antérieures, en modifiant simplement quelques détails. Le nom sur le cadran ou la platine ne constitue pas une garantie absolue. On a connu des dynasties d'horlogers dont tous les membres n'étaient pas d'égale valeur. L'usurpation n'est pas non plus impossible. Quant au mouvement, seul un horloger d'ancien peut en juger : structure, mode d'exécution ne livreront rien de leurs secrets à un profane.

Sur certaines pendules Louis XVI, les bronzes ont été surmoulés sur des bronzes Louis XIV dont on a modifié le galbe. Les vis sont mécaniques, au lieu d'être faites à la main. Les marbres aussi apportent des précisions. Ils étaient, à la bonne époque, taillés grossièrement et terminés au burin. Les parties cachées sont alors brutes et présentent au toucher des aspérités, des irrégularités. Les marbres modernes sciés à la machine sont lisses de toutes parts. Selon les méthodes employées, l'épaisseur est différente. Le marbre scié à la main n'a jamais moins de deux centimètres d'épaisseur ; à la machine, on peut le réduire à quatre millimètres d'épaisseur.

Les aiguilles constituent un ornement et un point de repère important. Leur dessin, leur matière donnent des indications sur l'époque de la fabrication. Et, bien entendu, le fait qu'il y ait une ou deux aiguilles (la deuxième aiguille est apparue au moment de l'application du pendule, dans la seconde moitié du XVIIe siècle). Les pendules vendues chez les antiquaires sont en général restaurées. Il n'en est pas toujours ainsi. On a observé que les pendules mises en salles des ventes étaient souvent privées de leur balancier ou de leur clé. Certains acheteurs s'accommodent fort bien d'une pendule muette (dans certaines riches demeures, elles ne sont pas autorisées à sonner !) ; ils l'estiment comme un objet, appréciant simplement sa beauté. D'autres, au contraire, lui veulent une âme.

Pour un achat important, mieux vaut se faire assister par un spécialiste, horloger restaurateur ou expert, capable de décrypter les signes et de déceler l'inavouable.

Dans les autres cas, on peut céder, en calculant les risques, à un entraînement du cœur, à un coup de foudre. Pour éviter toute surprise, on aura toujours intérêt à s'adresser à un spécialiste. En salle des ventes, où chaque pièce est décrite avec précision, la compétence des experts donne une garantie de qualité et l'assurance d'un bon état de fonctionnement.

L'entretien des pendules anciennes

Les pendules anciennes en état de marche ont besoin d'un bon climat, d'une vie tranquille. Leur fonctionnement s'accommode mal des déplacements fréquents, d'une position instable, d'un équilibre mal calculé, d'interventions intempestives. L'excès de chaleur et de froid exerce une influence sur certains mouvements, selon les particularités de leur technique (les variations de température peuvent empêcher toute précision) ; l'humidité est néfaste à tous leurs rouages. Le Soleil, la Lune ont également une influence fâcheuse. Leurs rayons décolorent les cabinets en écaille, en corne, en vernis Martin, en marqueterie et dessèchent les bois. On se méfie du Soleil, beaucoup moins de la Lune.

L'astiquage quel qu'il soit — en dehors des interventions des bronziers spécialistes — doit être banni : il endommage les ciselures et altère les ors. Les décors Louis XV sont, à cet égard, particulièrement fragiles.

Quand le mécanisme est en bon état, l'entretien technique peut se faire à des intervalles très espacés (dix à douze ans). Le « rhabillage », opération de fond pratiquée par des hommes de l'art (horlogers-restaurateurs spécialistes d'ancien), consiste à nettoyer, à vérifier tous les éléments du mécanisme et, éventuellement, à refaire (à la main) certaines pièces, comme les dents de barillet, les pignons, etc.

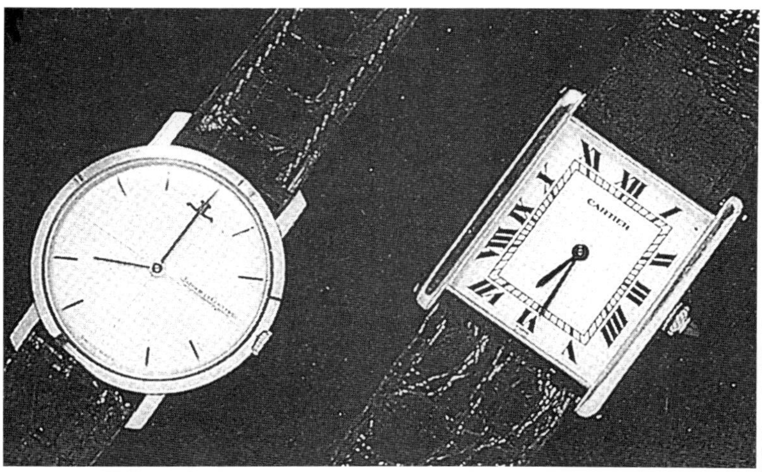

La mode est aux montres-bracelets. À gauche, montre en or Jaeger-Le Coultre (17 000 F). À droite, montre Cartier (5 600 F).

Mes Chayette-Calmels

Horloge de parquet marqueté de quadrillages, mouvement de Pierre Le Roy, époque Louis XV. H. 2,23 m. Adjugée 150 000 F à Drouot le 17 juin 1987.

Mes Couturier, Nicolay

Les Ambassadeurs, *tableau de Hans Holbein le Jeune, 1533.*
Les instruments scientifiques ici exposés sont les cadeaux qu'offrent les ambassadeurs : à gauche, portant les attributs de l'ordre de Saint-Michel, Jean de Dinteville ; à droite, plus modeste de mise et de maintien, Georges de Selve, évêque de Lavaur. Au sol, une anamorphose (image déformée, rendue lisible par un phénomène optique).
National Gallery, Londres.

National Gallery, Londres

LES INSTRUMENTS SCIENTIFIQUES

Tombés en désuétude, mais jamais en disgrâce, les premiers instruments scientifiques ont été, dans le cours de l'histoire, remplacés peu à peu par des instruments plus perfectionnés, fruits de l'évolution des sciences et des techniques. Ils n'ont rien perdu pourtant de leur vocation, ils sont restés, dans leur simplicité, indéfiniment utilisables et justes. Ils demeurent, comme d'autres objets anciens, les témoins d'une époque, estimés pour leur rôle, leur valeur esthétique, appréciés avant même que s'achève le XIXe siècle, qui les a sortis de l'oubli, comme des objets d'art.

Le pouvoir, la magie qu'ils recèlent — cela est vrai pour les plus modestes d'entre eux — n'ont pas échappé aux ornemanistes. L'on a vu apparaître dans le décor des meubles, dans les tapisseries, sur les pendules, les attributs de la science. Sphère armillaire, équerres figurent ainsi parmi les bronzes dessinés vers 1750 par le célèbre Cressent pour une armoire destinée au trésorier général de la Marine. À l'arrière-plan de leurs toiles, les peintres ont souvent placé des compas, des cadrans solaires, des globes terrestres et célestes, objets énigmatiques, symboles de la connaissance.

Les amateurs de notre temps, curieux ou collectionneurs, sensibles à leur secrète fascination, les recherchent et les honorent ; le plaisir de la trouvaille n'est pas réservé aux seuls initiés...

Aujourd'hui redécouverts par les amateurs, les instruments scientifiques ont un passé séculaire. Cadrans solaires, instruments de mathématiques, boussoles, compas de navigation, globes célestes, lunettes astronomiques, microscopes ont été les outils de la lente progression des hommes vers les découvertes de la science.

Les objets exposés dans les musées sont la fleur d'une production importante dispersée par le temps et les bouleversements de l'histoire. Tous se distinguent par leur perfection technique, la beauté de leurs formes, l'élégance de leur décoration. Savants et artistes signaient sobrement ; graveurs et ciseleurs embellissaient sans ostentation. Dans le limbe doré de leurs laitons et de leurs cuivres, ils sont maintenant autant de trésors que les conservateurs ne prêtent qu'après les avoir assurés pour des sommes fabuleuses.

De la curiosité à la science

Vivace en Orient, la science, assoupie en Europe pendant près de mille ans, s'éveille au XIIIe siècle, s'enfièvre à la Renaissance. Les souverains s'entourent de savants, fondent des collèges, des universités, des observatoires : pour le plus grand astronome de son temps, Tycho Brahe, le roi du Danemark, Frédéric II, fait construire sur l'île de Hveen, près de Copenhague, le palais à coupoles d'Uraniborg, doté d'appareils complexes, et notamment d'une armillaire équatoriale de 275 centimètres.

Jusqu'alors, chaudronniers, armuriers, fondeurs ont, dans l'anonymat contribué à façonner les premiers instruments scientifiques, mais, dès la Renaissance, la ferveur, le savoir-faire ne suffisent plus pour satisfaire les exigences des amateurs éclairés. La confection des alidades et des pinnules, ainsi que les gravures d'échelle requièrent désormais des connaissances précises et étendues.

Les meilleurs « fabricateurs » d'instruments scientifiques, qui sont des mathématiciens, des astronomes, ont une clientèle distinguée de princes et de prélats. Ainsi Oronce Fine, titulaire de la première chaire de mathématiques au Collège de France, envoyé de François Ier à Pavie, qui s'attache à restaurer l'horloge astronomique du cardinal de Lorraine (à la bibliothèque Sainte-Geneviève), conçoit également des instruments scientifiques. À la même époque, Gemma Frisius, professeur à l'université de Louvain, confie à ses neveux, les frères Arsenius, l'exécution de remarquables astrolabes. Jost Burgi, astronome à l'observatoire de Kassel, construit des globes terrestres, des horloges planétaires ; Erasme Habermel crée de somptueux instruments pour l'empereur Rodolphe II, et Christopher Schissler, à Augsbourg, élabore les nécessaires astronomiques les plus délicats.

Parmi les artisans logés au Louvre au début du XVIIe siècle par décision du roi Henri IV, Ferrier est l'un des plus célèbres. Collaborateur de Descartes, il était, par ses connaissances en optique et en mécanique, l'égal d'un professeur du Collège royal. Alleaume, à la même époque, a fabriqué des instruments de mathématiques ; Chorez a produit des verres d'optique ; Jean Lebrun construisait des sphères et des astrolabes. Dans la seconde moitié du siècle, Lebas et Ménard ont travaillé avec Cassini à l'Observatoire de Paris ; Pierre Sevin a signé des cadrans solaires, des graphomètres, etc.

Deux noms se détachent vers la fin du XVIIe siècle : ceux de Nicolas Bion et de Michel Butterfield. Esprit lumineux, exécutant rigoureux, Bion, ingénieur du roi, est l'auteur d'un *Traité de la construction et des principaux usages des instruments de mathématiques,* qui connut un grand succès. C'est le savoir à livre ouvert ; Bion, dans un esprit de vulgarisation, y livre les fruits de son expérience : pour lever les plans, mesurer les hauteurs et les distances, construire une horloge à eau ou un cadran solaire, et « plusieurs curiosités qui pourront faire plaisir au lecteur... ».

Michel Butterfield, d'origine anglaise, établi à Paris avant 1680, très versé en science gnomonique, est l'auteur des méridiens en bronze des grands globes de Coronelli, dits « globes de Marly », offerts à Louis XIV par le cardinal d'Estrées. Son nom désigne toujours un cadran solaire de poche, en argent, en ivoire ou en cuivre, de forme octogonale, à style réglable selon la latitude du lieu d'observation.

Célèbre alors à Anvers était Michel Coignet, mathématicien, astronome, cadranier. À Amsterdam, le grand homme était Wilhem Blaeu, cartographe de la cour batave et de la Compagnie des Indes, auteur de sphères remarquablement décorées. À Augsbourg, la dynastie des Rugendas crée, pendant un siècle et demi, des cadrans solaires qui demeurent aujourd'hui parmi les plus admirés.

Homme tenant un nécessaire d'astronomie par Urs Graf (1485-1527). Il s'agit d'un ensemble de poche utilisé par les voyageurs et qui comportait un cadran solaire et une boussole. La même passion anime tous les collectionneurs.

Sotheby Parke Bernet

L'intérêt suscité par la fabrication des instruments d'optique va s'intensifier au cours du XVIIe siècle. Les Hollandais, les Italiens s'y montrent particulièrement adroits.

Reprenant le principe de la lunette d'approche, qui permet de voir les objets situés à une grande distance et qui est fabriquée en Hollande en vue d'applications militaires, Galilée, « n'épargnant ni la peine, ni la dépense », construit une lunette astronomique, découvre ainsi les montagnes et les vallées de la Lune et, en 1610, les quatre satellites de Jupiter.

À partir de la lunette d'approche, de nombreuses variétés ont été créées : longue-vue, lunettes binoculaires, ancêtres des jumelles, lorgnettes. Les microscopes, destinés à l'observation de très petits objets à travers un système de lentilles qui donne une image agrandie, connaissent une vogue considérable à partir du milieu du XVIIe siècle. Le microscope à la main comporte une seule lentille, sertie dans un support de métal. Les plus précis, les plus renommés sont les appareils construits par un Hollandais, Leeuwenhoek, naturaliste et savant du XVIIe siècle. Le microscope composé est constitué par deux lentilles — un objectif, un oculaire —, placées aux extrémités d'un tube qui est fixé à un trépied ou à un support latéral. Il en est en ivoire, en bois, en cuivre doré, présentés dans des tubes gainés de maroquin ou de galuchat. Les microscopes de Passemant, d'Alexandre Magny sont les plus beaux et les plus rares. Le microscope binoculaire, imaginé par le père Chérubin à la fin du XVIIIe siècle, est fait de deux microscopes juxtaposés à l'intérieur d'un châssis en bois peint.

Le XVIIIe siècle voit se développer la mode des cabinets de physique et de curiosités, répandue en Italie depuis la Renaissance. Le « studiolo » d'Isabelle d'Este est donné en exemple. Celle qui fut surnommée « la prima donna del mondo » avait aménagé dans son palais de Mantoue un petit appartement où elle avait rassemblé des collections de minéraux et d'instruments scientifiques.

Les amateurs fortunés collectionnent alors les machines, les appareils qui permettaient la démonstration à domicile des principes de physique récemment découverts ; ils se penchent sur des spécimens d'histoire naturelle et des échantillons minéralogiques.

En Italie, comme en France, les grands collectionneurs se recrutent parmi l'aristocratie et la cour : le duc d'Orléans, passionné d'arts scientifiques, Bonnier de La Mosson, son beau-frère, qui, dans son hôtel de la rue de l'Université, consacre une enfilade de salons à ses acquisitions. Le physicien J. A. Charles est connu de toute l'Europe pour la qualité de ses travaux et la richesse de son cabinet de physique. Professeur à la Sorbonne, Charles, qui avait popularisé les recherches des frères Montgolfier, fut, en décembre 1783, le héros d'une extraordinaire ascension, en montant jusqu'à 3 000 mètres dans un ballon gonflé à l'hydrogène, qu'il avait substitué à l'air chaud. Louis XVI l'avait alors autorisé à installer au Louvre ses collections, dont il fit don à la nation en 1792.

Les philosophes du XVIIIe siècle, passionnés par les découvertes et les expérimentations, entraînent avec eux un public enthousiaste qui applaudit aux exploits des aéronautes, se presse aux leçons de l'abbé Nollet, maître de physique des Enfants de France, ou suit les cours de la Sorbonne, comme la fille de Diderot.

À l'occasion, les fournisseurs de matériel donnent des leçons à leurs clients. Ils se chargent aussi de composer à volonté une collection (baromètre, thermomètre, loupes, lanternes, miroir magique, pompe pneumatique, etc.). Ainsi se propagent dans les salons et dans les rues, dans les boutiques et dans les foires des notions que les bateleurs, organisateurs de spectacles, illusionnistes mettent à profit : étincelles, décharges électriques, machine imitant le tonnerre, « approuvée par l'Académie des sciences », attirent les badauds.

Le caractère artisanal de la production disparaît à la fin du XVIIIe siècle. Pour produire davantage et plus vite, de nouveaux modes de fabrication sont adoptés. La machine va se substituer à l'homme.

Est-ce à Edmond et Jules de Goncourt que l'on doit le renouveau d'intérêt porté aux instruments scientifiques à la fin du XIXe siècle ? Leurs ouvrages consacrés au XVIIIe siècle *(l'Art au XVIIIe siècle, l'Histoire de la société française pendant la Révolution et le Directoire)* ont peut-être inspiré à leurs lecteurs le goût des « curiosités ». Ou bien est-ce à Balzac ? Il restait alors au fond des boutiques et des bibliothèques assez d'objets oubliés, assez de livres et de traités anciens pour satisfaire les nostalgies du passé.

Contemporain des Goncourt, Frédéric Spitzer, Viennois fortuné, s'était attaché à rassembler une collection entièrement dédiée aux arts industriels. Après sa mort, en 1883, 4 000 pièces furent dispersées. Il en avait lui-même dressé le catalogue systématique. Un siècle s'était écoulé depuis la vente du navigateur Courtanvaux, en 1782, la dernière du XVIIIe siècle. La vente des collections de Bonnier de La Mosson, dont le célèbre Gersaint avait rédigé le catalogue, avait eu lieu quarante ans plus tôt.

Au début du XXe siècle, deux ventes — Roussel en 1911, Doucet en 1912 — relancent l'attention. Puis le silence retombe pour un quart de siècle. Deux expositions vont ranimer les curiosités : en 1936, « Instruments et Outils d'autrefois », aux Arts décoratifs ; en 1937, « Anniversaire du *Discours de la méthode* », à la Bibliothèque nationale. Trois autres expositions, depuis dix ans, ont remis à l'honneur les instruments scientifiques : en 1966, au Conservatoire national des arts et métiers, « L'histoire et le prestige de l'Académie des sciences » ; en 1967, à l'Observatoire de Paris, « Trois siècles d'astronomie ».

Périodiquement, des grandes expositions attirent l'attention des amateurs.

De l'alidade au théodolite

Mesurer les angles, calculer les distances, l'heure, la marche des astres..., les instruments scientifiques ont aidé l'homme à résoudre des interrogations fondamentales. Leur nomenclature est vaste ; en voici quelques-uns, dont on peut aujourd'hui retrouver la trace dans les ventes et dans les musées.

Trois termes figurent souvent dans les descriptions, dont il est utile de préciser dès maintenant le sens pour éviter les répétitions. Ce sont : alidade, pinnule et limbe. L'*alidade* est une règle de bois ou de métal qui peut tourner autour d'un de ses points et dont l'une des extrémités se déplace sur une graduation. La *pinnule* est une petite plaque de cuivre élevée perpendiculairement à chaque extrémité d'une alidade ; percée d'un petit trou, elle sert à prendre des alignements. Le *limbe* est le cercle, en métal ou en verre, sur lequel est reportée la graduation angulaire d'un instrument.

Arbalestrille

L'arbalestrille — encore appelée « bâton de Jacob », « verge d'or », « arbalète » — était à ses débuts un instrument de topographie destiné à lever des plans. Les navigateurs l'ont utilisée ensuite jusqu'au XVIIIe siècle pour mesurer les hauteurs d'astres et faire le point. Sur une règle de section carrée, ou flèche, longue de 90 à 130 cm, graduée sur chaque face, coulissent des marteaux de longueur décroissante terminés en biseau. Décrite pour la première fois en 1342, l'arbalestrille est un instrument rarissime. Nicolas Bion conseillait d'utiliser l'ébène pour la flèche, et le poirier pour les marteaux.

Galerie Kugel

Cadran solaire indiquant les minutes en acier et bronze doré, signé Sauter à Saint-Pétersbourg, vers 1780. Galerie Kugel.

Armillaire (sphère)

Ses origines remontent, dit-on, à Archimède. Constituée par une série d'anneaux (armilles), en cuivre, en bois doré et peint, parfois en carton, qui donnent une représentation schématisée de la sphère céleste, la sphère armillaire a connu un prodigieux succès au cours du XVIe siècle. Les astronomes s'en servaient pour l'enseignement. Les plus belles et les plus anciennes reproduisent le système de Ptolémée (la Terre, au centre du monde, est représentée par un globe, des cercles concentriques figurent les astres mobiles), d'autres, le système de Copernic (le Soleil est au centre de l'Univers). On utilisa le système de Ptolémée jusqu'au milieu du XVIIIe siècle (ainsi, la sphère construite par Jérôme Martinot pour Louis XIV). Grandes signatures : Philippe Danfrie, Michel Coignet, Arsenius.

Astrolabe

Si les « estrellabes » d'or et d'argent de Charles V, mentionnés dans les inventaires, n'ont jamais été retrouvés, c'est que nul objet peut-être n'a suscité autant d'admiration. Symbole du génie géométrique grec, l'astrolabe a la plénitude de l'astre rayonnant. Défini comme une représentation plane de la sphère armillaire de Ptolémée, l'astrolabe en position horizontale montre les mouvements du ciel et la position des astres. Son emploi s'est répandu dans tout l'empire arabe à partir du Xe siècle. Les plus anciens datent du IXe siècle (Syrie), les plus récents (XIXe siècle) ont été fabriqués au Maroc ou en Perse.

C'est un disque de cuivre plein, assez épais, parfois de grand diamètre (50 cm). Une face est plate (le dos) ; une face est creusée (la mère), platine fixe qui porte une

Guillemot, Connaissance des Arts

Nocturlabe (France, XVIe siècle), cadran aux étoiles permettant de connaître l'heure la nuit. Coll. part.

projection stéréographique du globe céleste. Sur les tympans (gravés chacun pour une latitude différente, trois ou quatre en général) pivote une carte du ciel, fin réseau ajouré appelé « araignée ».

Utilisé verticalement, l'astrolabe est un instrument de démonstration pour les astronomes et les navigateurs (le plus ancien des astrolabes de mer, daté de 1555, est d'origine portugaise). L'usage de l'astrolabe semble avoir décliné en Occident à partir du XVIIe siècle.

Boussole

Premier des instruments employés pour déterminer la direction du navire, la boussole est décrite dès le XIIe siècle dans les traités de navigation. Elle était, à l'origine, constituée d'une aiguille aimantée se déplaçant sur un disque de bois portant les divisions du vent. Dans les boussoles de marine, la rose des vents et l'aiguille sont suspendues par un système de cardans, afin de diminuer les effets du roulis.

Cadran solaire

« L'horloge à ombre », comme on a appelé le cadran solaire, a succédé au gnomon, première tentative pour mesurer le temps à l'aide d'un bâton. Il se compose d'une table, sur laquelle sont gravées les lignes horaires, et d'un style, tige rectiligne parallèle à la ligne des pôles. Connu des Babyloniens, des Égyptiens, des Grecs, le cadran solaire a, au cours des siècles, emprunté des formes et des dimensions très variées. Du monument au modèle de poche, il est resté en service jusqu'au XVIIIe siècle.

Le cadran solaire horizontal, en argent, en laiton, en cuivre, en ivoire, peut être rond, carré, octogonal ; vertical (le style est alors horizontal), il a la forme d'un cylindre de bois ou d'ivoire de 5 à 7 cm de haut (appelé aussi « horloge de berger »). Tous sont finement gravés. Les cadrans multiples groupent, sur leurs facettes, plusieurs types de cadrans ; les cadrans diptyques, en forme de boîte ovale, carrée ou rectangulaire, comportent deux feuillets qui s'ouvrent à angle droit. Le cadran est contenu dans la base de la boîte ; un fil, qui sert de style, le réunit au couvercle. Les cadrans dits « universels » donnent l'heure sous toutes les latitudes.

Les signatures célèbres, à la fin du XVIIe siècle et au XVIIIe, sont celles de Pierre Sevin, Butterfield, Chapotot, Mocquart, Baradelle. Vers 1660, à Dieppe, alors grand centre ivoirier, Charles Bloud a fabriqué des cadrans magnétiques en argent, en écaille, en ivoire. Nicolas Rugendas (début du XVIIe siècle) est l'inventeur d'un cadran équinoxial de poche, de forme hexagonale, dont la table est pliante.

Les cadrans équatoriaux ou équinoxiaux, en argent, en laiton doré, sont composés d'une table horizontale avec boussole et fil à plomb, au-dessus de laquelle une table mobile et graduée est réglée selon la latitude du lieu pour qu'elle se trouve dans le plan de l'équateur.

L'anneau astronomique est une variété de cadran solaire universel. Les *nocturlabes,* appelés « cadrans aux étoiles », donnaient le moyen de connaître l'heure pendant la nuit, par l'observation des étoiles autour de l'étoile polaire.

Carré géométrique

Instrument de géodésie apparu au XVe siècle, il fut très utilisé au XVIe siècle avant d'être supplanté par le graphomètre. Il est constitué par une plaque de métal carrée, gravée d'un quart de cercle, de rayon égal à son côté. Des graduations sur deux côtés, un fil à plomb ou un index mobile, une pinnule de visée complètent son dispositif. Très rare aujourd'hui, le carré géométrique pouvait être un objet fort somptueux ; ceux qui ont été créés par Schissler, à Augsbourg, étaient richement décorés.

Cercle d'arpentage

Instrument de géodésie du XVIe siècle également, le cercle d'arpentage, plus maniable que le carré géométrique, est en cuivre ou en laiton doré. Utilisé horizontalement, il se compose d'un cercle gradué tout au long de son limbe, de pinnules de visée aux extrémités de ses diamètres, d'une alidade également à pinnules pivotant sur son centre. Le cercle à réflexion de Borda, mis au point en 1772, en découle directement. Les objets d'époque Renaissance sont les plus rares et les plus beaux.

Compas

Le plus familier des instruments de mathématiques connus dès l'Antiquité. À jambes et branches mobiles autour d'un pivot de rotation, les compas servent à tracer des cercles, à reproduire des figures géométriques.

En bois, en cuivre, en laiton, groupés pour plusieurs usages, les compas suivent, pour la décoration, le style de l'époque. Principales variétés : compas à coulisse, ou compas de réduction (à quatre pointes et deux branches), compas à quart de cercle, compas de mappemonde, compas sphérique ou compas d'épaisseur.

Le compas de proportion, dont l'invention est attribuée à Galilée, est plus proche des équerres et des règles, puisqu'il se compose de deux règles semblables reliées par une charnière. En laiton ou en cuivre, les compas de proportion portent la signature de Culpepper, Claude Langlois, Canivet.

Compas de navigation

À bord des navires, le compas de relèvement a remplacé la boussole pour indiquer le cap. Son utilisation était liée à celle du loch, qui permettait de connaître la vitesse, à l'époque de la navigation « à l'estime », et qui a donné naissance aux tables de loch, ou « renard de navigation ». Planchette percée de trous, fabriquée par le charpentier du bord, le renard indiquait la route et la vitesse du navire (chaque demi-heure, une fiche était enfoncée pour marquer la direction lue au compas, chaque heure une autre fiche, dans le bas du tableau, indiquait la vitesse en nœuds lue au loch). Le pilote pouvait alors assez exactement pointer la route suivie sur la carte.

Équerre

En ivoire gravé, en argent, en cuivre, en bois, luxueuse ou simple, l'équerre, dont les origines sont très anciennes, sert à tracer et à mesurer les angles droits. Souvent richement décorées, particulièrement aux XVIe et XVIIe siècles, les équerres sont présentées en série, dans des étuis.

Étui de mathématiques

Des coffrets renfermant tous les instruments en usage aux XVIe et XVIIe siècles (mesure d'angle, demi-cercle, boussoles, équerres, compas, règles, hausses de canon) ont fait le bonheur de quelques amateurs privilégiés. Au XVIIIe siècle, les étuis, dont les dimensions avaient diminué, ne contenaient en général qu'un assortiment de compas. Toutes les pièces regroupées aujourd'hui dans un coffret n'ont pas forcément la même origine.

Globes terrestres et célestes

Représentation du monde, de la Terre et du Ciel, représentation des connaissances à un moment de l'histoire, les globes connaissent depuis plus de mille ans la faveur des mécènes. Les plus anciens, en métal gravé, bronze ou cuivre, sont d'origine islamique (en Europe, le plus ancien, celui de Nicolas de Cusa, est daté de 1444). Le globe de Martin Behaim, le plus ancien des globes en bois, établi pour les échevins de Nuremberg en 1492, est manuscrit, décoré d'enluminures (blasons, pavillons). À partir de Blaeu (XVIe siècle), les globes sont faits de couches de papier superposées et construits sur un axe en bois. La sphère de carton est recouverte de fuseaux imprimés. Les grands globes de Coronelli (seconde partie du XVIIe siècle), construits avec des bois de bateaux morts (pour que le bois ne travaille pas), sont recouverts de toile de lin, puis d'enduit. Les collections publiques sont riches en globes des XVIIe et XVIIIe siècles. Au cours de la première partie du XIXe siècle, on a utilisé des planches gravées au siècle précédent. Les globes, alors moins prestigieux, sont plus précis. Les collectionneurs, selon leur goût, s'attachent soit à la précision, soit à l'esthétique de l'objet. Les globes de Delamarche sont encore d'un prix accessible aujourd'hui.

Graphomètre

C'est un demi-cercle gradué, de cuivre ou de laiton, qui porte, au centre, une boussole. Le limbe circulaire est divisé en deux fois 90 degrés. Inventé en 1595 par Philippe Danfrie, faiseur d'instruments de Catherine de Médicis, il a été utilisé comme instrument d'arpentage pour mesurer les angles dans les relevés de terrain. À partir du XVIIIe siècle, on le trouve à bord de tous les navires de découverte. Bion, Butterfield, Baradelle, Langlois ont signé les plus célèbres et les plus décorés. Le théodolite, le cercle répétiteur l'ont détrôné au début du XIXe siècle.

Hausse de canon

Utilisée par les canonniers pour pointer, cette hausse est une règle verticale de 10 à 20 cm qui se place au-dessus de la culasse. Un fil à plomb oscillant au-dessus d'un secteur gradué détermine l'angle de visée. En laiton, en cuivre, parfois finement ciselée, elle peut être simple ou superbe. Peu commune de nos jours. Les plus belles ont été fabriquées en Allemagne, à Dresde et à Nuremberg.

Nécessaire d'astronomie

Très à la mode aux XVIe et XVIIe siècles, très recherchés par les collectionneurs d'aujourd'hui, les nécessaires

Globe terrestre anglais (1860). Ces globes sont actuellement extrêmement recherchés pour leur caractère décoratif. Coll. Mallett.

Cooper-Bridgeman Library, Londres

d'astronomie sont, sous un très petit volume, un merveilleux condensé des connaissances : des boîtes de petit format, en laiton doré, en bois incrusté de vermeil, renferment un nombre stupéfiant d'instruments, qui se présentent comme autant de volets, de feuillets superposés (cadran solaire, cadran lunaire, nocturlabe, calendrier). Certains contiennent des cartes de géographie miniaturisées, un tableau des longitudes et des latitudes, un astrolabe, un quadrant astronomique. Signatures célèbres : Erasme Habermel, Schissler, Klieber, etc. Les nécessaires français, d'une exécution remarquable, sont rarement signés.

Octant

L'octant est un instrument de marine, en cuivre ou en bois dur, qui permet de faire le point en mesurant la hauteur des astres au-dessus de l'horizon. Il se compose d'un bâti formant les deux côtés d'un angle de 45 degrés (d'où son nom d'octant, tandis que l'arc du sextant est d'un sixième du cercle). Un bras mobile portant un curseur se déplace entre les deux branches sur une règle graduée, en ivoire ou en os. Tenu à hauteur d'œil, l'octant donne par visée la position d'un astre en mer, utilisant le principe des miroirs à réflexion découvert par Hooke (1661), revu par John Hadley (1731). Les octants fabriqués en Angleterre, portant la marque de Cole, Adams, Dollond, Martin, étaient réputés pour leur élégance et leur précision. Pierre Lemaire à Paris, Louis Huet à Nantes étaient également très estimés.

Pied de roy

Étalon de mesure confié à la responsabilité des jurés mesureurs depuis Saint Louis. Malgré les décrets royaux, les mesures variaient d'une province à l'autre. Le pied de roy valait à Paris douze pouces, à Grenoble douze pouces sept lignes, en Lorraine dix pouces neuf lignes. C'est une règle plate à section carrée, en bois, en cuivre, en acier ou en argent, portant le nom du faiseur d'instruments.

Quadrant

Depuis le Moyen Âge, le même mot a désigné des instruments identiques par la forme (un quart de cercle plein en bois ou en métal, destiné à mesurer les angles) : le quadrant d'altitude, connu depuis l'Antiquité, utilisé pour la navigation et l'arpentage ; le quadrant géométrique, pour les relevés topographiques ; le quadrant horaire ; le quadrant à curseur, instrument d'astronomie, comme le quadrant astrolabique.

Sextant (1850). Imaginé par Newton, le sextant est toujours utilisé par les navigateurs pour le point en mer. Coll. Morel.

J. Guillot, Connaissance des Arts

Quartier de Davis

Inventé en 1594 par John Davis, célèbre navigateur anglais, pour mesurer l'altitude des astres et faire le point en mer, c'est une règle de bois de trois pieds de long ; de part et d'autre sont construits deux arcs de cercle gradués, l'un de 30 degrés, l'autre de 60 degrés. Sur chacun coulisse un œilleton de visée mobile ; un troisième œilleton est placé au sommet de l'instrument. En poirier, en ébène, rehaussé de limbes en ivoire ou en laiton doré, le quartier de Davis, dit aussi « quartier anglais », a cédé la place, vers le milieu du XVIIIe siècle, à l'octant à réflexion. Il avait lui-même remplacé l'arbalestrille et le quadrant.

Rapporteur

Demi-cercle plein ou évidé, en métal, en os, en ivoire ou en bois, le rapporteur, instrument de dessin, est utilisé pour le tracé des angles. Le limbe est gradué de 0 à 180 degrés. Le rapporteur, toujours en usage de nos jours, figurait dans tous les étuis de mathématiques.

Récipiangle

Dès le XVIe siècle, on s'est servi du récipiangle pour reporter sur le papier les angles relevés sur le terrain. Le récipiangle est constitué par deux branches, en laiton ou en cuivre, tenues ensemble par un pivot qui sert de centre à un petit cercle gradué. Il suffit d'appliquer le récipiangle sur les angles à mesurer. La valeur se lit sur la graduation du demi-cercle, que l'on peut reporter sur le papier.

Sablier

Pour connaître l'heure en mer, et avant que soient mis au point les « garde-temps », les marins se sont servis du nocturlabe et du sablier. L'horloge des sables (l'horloge de la mer), de différentes tailles, fractionnait le temps par quart de minute, demi-minute ou minute ; des sabliers à deux corps marquaient l'heure et la demi-heure. Les grands sabliers de bataille écoulaient leur sable en quatre heures. Ils étaient encore en usage par gros temps, longtemps après l'avènement des chronomètres de marine. Les montures, en fer, en cuivre ou en laiton, en bois sculpté ou verni, pouvaient être garnies de maroquin ou de métal repoussé. Ils sont rares aujourd'hui, beaucoup ont sombré dans l'indifférence ou dans les naufrages.

Sextant

C'est à la fin du XVIIe siècle que le sextant, plus petit, plus maniable, a remplacé l'octant. Ses formes sont les mêmes ; ses caractéristiques techniques, également. L'arc compris entre les deux bras du sextant correspond en effet à un sixième du cercle, et non plus à un huitième. En cuivre moulé d'une seule pièce, plus précis, plus

Musée de Dieppe, D.R.

Cadrans à boussole en ivoire, travail dieppois du XVIIe siècle. Musée de Dieppe.

solide que les anciens instruments en bois, il comporte un vernier et une lunette. Les sextants de fabrication anglaise (Dollond, Throughton, Jess Ramsden) ont été de tout temps estimés.

Théodolite

La combinaison de deux instruments connus — le cercle d'arpentage et le demi-cercle — a donné le théodolite (destiné à mesurer les longueurs, les largeurs, les distances, les profondeurs), qui résulte des travaux du savant anglais Leonard Digges, décrits en 1571. Le cercle fixe, gradué de 0 à 360 degrés, est placé horizontalement sur un socle, solidaire d'un demi-cercle placé verticalement, capable de pivoter autour de son axe. Son diamètre, prolongé aux deux extrémités, sert d'alidade pour les visées en profondeur et en hauteur. Les théodolites des XVIe et XVIIe siècle en laiton, en cuivre doré, ciselés, signés, sont les plus recherchés. Au XVIIIe siècle, ils sont plus sobres, généralement de fabrication anglaise.

Sotheby's

Microscope par John Marshall, Angleterre, vers 1715. Adjugé 275 000 F, au Musée historique des sciences de Genève, par Sotheby's, à Londres, le 18 avril 1988.

LE MARCHÉ

Les collectionneurs d'instruments scientifiques sont de plus en plus nombreux. Cette curiosité nouvelle, conséquence de la vulgarisation, est souvent aussi déclenchée par le hasard (objet provenant d'un héritage, cadeau d'entreprise) qui ouvre une porte sur un monde inconnu.

Les instruments de mathématiques, d'arpentage, sont en grande faveur. Les instruments de navigation occupent une place privilégiée, en raison de la popularité croissante de la navigation de plaisance. L'optique est un domaine qui s'ouvre aux amateurs. Même les microscopes des cabinets de physique, modestes auxiliaires de l'enseignement, aujourd'hui tout à fait obsolètes, trouvent preneurs.

Les nouveaux collectionneurs, ou les plus jeunes, commencent par acheter des objets courants, dont les prix, proportionnellement, ont monté plus que ceux des objets de grande valeur, ce qui est relativement rare dans le domaine de l'art et de la curiosité. Il n'est jamais indifférent au collectionneur de savoir qu'il fait un placement en même temps qu'il satisfait un estimable penchant.

Les acheteurs chevronnés et pourvus concentrent leurs recherches sur un nom (Langlois, Schissler, etc.). Certains achètent uniquement les cadrans en ivoire de Bloud ou de Béranger. Les plus jeunes, les débutants, sont plus éclectiques ; ils sélectionnent plus tard leurs préférences. Un sextant, il y a dix ans, était vendu 3 000 F ; certains le sont à 30 000 F aujourd'hui. Le marché est stable pour les instruments de gnomonique (cadrans solaires) et les instruments d'astronomie, à moins qu'ils ne viennent d'une grande collection.

Un microscope du XVIIIe siècle, même très simple, dépasse facilement 25 000 F, et les plus précieux atteignent des centaines de milliers de francs.

C'est ainsi qu'un microscope réalisé par Chapotot, gravé par Humbert, offert en 1758 par ses élèves à Buffon, a été adjugé 390 000 F à Semur-en-Auxois, le 8 mars 1987. Cette référence historique au grand naturaliste conférait à cette pièce un intérêt exceptionnel, générateur d'une importante plus-value.

Avant de se mettre en campagne, il convient de se documenter. La patience, qui modère les élans et soutient les recherches, contribue aussi à limiter les erreurs. En attendant la bonne fortune, l'amateur peut s'instruire et méditer ce conseil d'un collectionneur célèbre : « En matière d'objets rares, la connaissance est l'art de se passer de la chance. »

L'originalité d'un instrument, son bon état de conservation sont de nature à emporter une décision. Ces deux aspects peuvent, aux yeux de certains, être parfois plus déterminants que la signature elle-même.

Page de coran enluminé (écriture arabe coufique). Mésopotamie, XIe siècle.
Le Livre saint al-Qur'an, « la Lecture », dicté à Mahomet
par l'archange Gabriel, est par excellence le support artistique des artistes musulmans.
Il est divisé en 114 chapitres, ou sourates.
Ici, il s'agit des deux premiers versets de la sourate *« al An'am » :*
« Gloire à Dieu, qui a créé les Cieux et la Terre,
et qui a fait les Ténèbres et la Lumière... »

Sotheby's

L'ART DE L'ISLĀM

L'art de l'islām fait partie des découvertes relativement récentes du domaine des antiquités. Voici seulement vingt ans, le nombre des connaisseurs était très limité, qui, héritiers d'un certain goût romantique pour l'orientalisme, s'intéressaient aux objets d'art musulmans tels que les céramiques lustrées ou jaspées, les bronzes damasquinés, les miniatures et les calligraphies coraniques, les laques de l'époque Qādjār, les peintures arabes ou turques, les reliures polychromes, les verres émaillés, les tissus à décors floraux ou les tapis aux coloris éclatants. (Les tapis d'Orient qu'il est d'usage de séparer des autres productions trouveront, au chapitre consacré aux tapis, la place qu'ils méritent.)

Tous ces témoignages d'une civilisation subtile et raffinée passaient souvent inaperçus en ventes publiques, parmi d'autres pièces exotiques mal définies ; ils sont aujourd'hui recherchés par des amateurs qui savent en apprécier les qualités esthétiques et les vertus décoratives ; des experts qualifiés dressent des catalogues et organisent des ventes spécialisées.

Les œuvres islamiques ont commencé à sortir des collections lorsque les princes du pétrole ont voulu racheter ces trésors dispersés pour les rapatrier. Les prix sont alors montés en flèche, jusqu'au jour où les tensions internationales liées à la crise du pétrole ont écarté du marché européen ces acheteurs fortunés mais éphémères. Leur brusque retrait a provoqué des rajustements de prix, excessivement gonflés par de hâtives spéculations.

Mais, parmi les véritables connaisseurs, l'intérêt n'a pas faibli, bien au contraire, pour les œuvres traditionnelles les plus représentatives de l'art islamique. Sur ce marché assaini et stabilisé, des découvertes superbes et originales sont encore possibles.

Sous le terme *islām,* qui signifie en arabe « soumission à la volonté de Dieu », on désigne l'ensemble des territoires et des peuples soumis à la religion fondée par Mahomet.

La civilisation islamique s'étend sur treize siècles, du VIIIe au XIXe siècle. Elle perd son homogénéité lorsque, au siècle dernier, l'influence européenne devient prééminente. Elle occupe un vaste territoire s'étirant d'est en ouest sur 15 000 kilomètres, du golfe du Bengale à l'océan Atlantique, recouvrant des peuples différents ayant des traditions religieuses et politiques variées.

On peut diviser ce territoire en cinq grandes aires :
— le Proche-Orient arabe, qui s'étend de La Mecque à Damas et du Caire à Bagdad ;
— le monde iranien, de l'Iran occidental à l'Asie centrale ;
— la Turquie ottomane en Anatolie et les pays soumis à sa domination ;
— la Méditerranée occidentale, avec le Maghreb et l'Espagne ;
— l'Inde islamisée.

APERÇU HISTORIQUE

L'ère musulmane débute le 24 septembre 622, année 1 de l'hégire (émigration), date à laquelle Mahomet et ses compagnons partent pour Médine, où ils établissent le centre non seulement de la nouvelle foi, mais aussi du nouvel État qui s'étend sur une grande partie de l'Arabie.

Mahomet meurt en 632. Ses successeurs, les premiers califes (de « kalifa » : successeur, délégué), prônent la « djihād », ou guerre sainte. Après avoir réprimé les révoltes des tribus arabes, ils conduisent leurs armées hors des frontières et font de foudroyantes conquêtes : la Syrie est enlevée à l'Empire byzantin en 636 ; l'Empire sassanide, renversé en Mésopotamie en 637 ; la Palestine, conquise en 638, le Fārs (Perse), en 649, et le Khorassan, aux frontières de l'Asie centrale, en 651. Vers l'ouest, ils entrent en Égypte, où ils fondent Fostāt en 641, et progressent jusqu'en Tunisie en 647. L'assassinat, en 661, de 'Alī, gendre de Mahomet, provoque une rupture de la communauté : les sunnites, orthodoxes, reconnaissent la légitimité des nouveaux califes, et les chi'ites, ou partisans de 'Alī, entrent dans l'opposition. Actuellement, le chi'isme est la doctrine officielle de l'Iran.

Les grandes dynasties

Les Omeyyades, 661-750

Dynastie arabe, les Omeyyades transfèrent la capitale de Médine à Damas. Le califat devient héréditaire. Une nouvelle vague d'expansion suit trois directions :
— vers Constantinople, qui résiste sans empêcher l'occupation de l'Arménie et de l'Azerbaïdjan ;
— vers l'Afrique du Nord, dont les Arabes s'emparent après la fondation de Kairouan, en Tunisie. En 711, ils entrent en Espagne ; leur progression est stoppée en France, où Charles Martel les défait à Poitiers en 732 ;
— vers l'Asie centrale, où ils prennent Samarkand en 719. Ils atteignent l'Indus et le Pendjab.

Le califat omeyyade est renversé en 750 par les 'Abbāssides, descendants de l'oncle du Prophète, al-'Abbās.

Les 'Abbāssides et les califats rivaux

Sous les 'Abbāssides, l'Iraq devient la province centrale de l'Empire, avec Bagdad comme siège du gouvernement. Cette métropole connaîtra avec Haroun al-Rachid (786-809), le calife des « Mille et Une Nuits », un essor considérable.

Le califat des 'Abbāssides se poursuit jusqu'en 1258 — date de la prise de Bagdad par les Mongols —, mais il n'a vraiment dirigé l'Empire que de 750 à 1055, année où les Seldjoukides, venus des steppes de haute Asie, prenant le titre de « sultan », le mettent sous leur autorité. Ces derniers fondent en Iran et au Moyen-Orient l'Empire seldjoukide (1038-1118) : les Grands Seldjoukides en Iran, et les Petits Seldjoukides à Roum, en Asie Mineure. Auparavant, l'autorité du califat 'abbāsside avait été ébranlée à l'est comme à l'ouest. En Espagne, un émirat indépendant transformé en califat est créé à Cordoue sous l'autorité du dernier des Omeyyades.

Ce califat disparaît en 1031. Le morcellement politique qui lui succède (Reyes de Taïfas) permet aux chrétiens de reprendre Tolède. L'islām, en Espagne, est alors secouru par les Almoravides, puis par les Almohades, dynasties berbères régnant au Maghreb.

Un second califat rival, celui des Fāṭimides, chi'ites, est créé au Caire au début du Xe siècle. Il est renversé en 1171 par un officier d'origine kurde, Ṣalāḥ-al-din Ayyoub, connu en Europe sous le nom de Saladin, qui fonde la dynastie des Ayyoubides (1171-1250).

L'Égypte passe ensuite aux mains des Mamelouks, dynastie issue d'esclaves turcs (1250-1517).

Illustration de l'Histoire universelle des Mongols *de Rachid ed-Din. Miniature moghole. Inde. Vers 1596. Ancienne collection Pozzi vendue par Mes Rheims et Laurin.*

Rheims-Laurin

Les Mongols

Au XIIIe siècle, l'invasion mongole de Gengis khān déferle sur les pays musulmans orientaux. Elle est stoppée par les Mamelouks en Syrie. Les pays conquis sont dévastés, mais en contrepartie les échanges sont accrus en Asie, et l'islām progresse en Extrême-Orient.

Les Timourides

Un conquérant islamisé d'Asie centrale, Timour Lang (Tamerlan), tente de reconstituer l'unité de l'Empire mongol, tombé dans l'anarchie. En 1404, son successeur transporte la cour à Hérat. Cette période florissante est appelée « Renaissance timouride ».

Les Séfévides

La dynastie chi'ite des Séfévides règne de 1501 à 1732 sur l'Iran, qui connaît alors la prospérité et prend conscience de son originalité. Son souverain Chāh 'Abbās (1587-1629) rénove la capitale, Ispahan.

Les Qādjārs

La dynastie iranienne des Qādjārs se perpétue jusqu'en 1925, date à laquelle elle est remplacée par celle des Pahlavi. Fath-Ali Chāh (1789-1834) installe sa capitale à Téhéran.

Les Ottomans (1290-1922)

Après la chute du sultanat seldjoukide de Roum, la Turquie d'Anatolie se morcelle en une dizaine de petits émirats, dont le plus important, celui des Ottomans, va devenir la principale puissance de l'islām. Sous Soliman le Magnifique, l'Empire s'étend de la Hongrie à l'Algérie, et de l'Égypte à la Perse. Après la défaite de Lépante (1571), qui l'oppose à une coalition occidentale, la puissance ottomane ne cesse de décliner. L'Empire ne s'éteint cependant qu'en 1924, après la proclamation de la république (1923) par Mustafa Kemal.

Les Grands Moghols (1526-1858)

Babour, descendant de Tamerlan et se réclamant de Gengis khān, fonde en 1526 la dynastie des Grands Moghols, qui s'illustre avec Akbar (1556-1605) et Chāh Djahan (1628-1658).

AMATEURS ET COLLECTIONNEURS

Dès le Moyen Âge, à travers les croisades et l'activité commerciale de Venise, l'Occident entre en contact avec l'art islamique oriental. Mais, hormis quelques céramiques, conservées aujourd'hui dans les musées, et de rares objets précieux, abrités dans les trésors des églises, l'intérêt des amateurs se porte surtout sur les tapis et les velours, comme en témoignent de nombreux inventaires ou des tableaux d'Holbein. Au XVIIe siècle, Rembrandt copie des peintures mogholes. Plus tard, Delacroix introduit dans ses œuvres divers objets d'Orient d'un style assez tardif. À l'Exposition universelle de 1878 figure pour la première fois une section d'art islamique. Mais on est encore surpris de l'indifférence des visiteurs à son égard.

En revanche, le début du XXe siècle marque une étape décisive dans la connaissance de l'Orient islamique en Europe. Entre 1903 et 1912, trois grandes expositions offrent au public un panorama presque complet des arts de l'islām : non seulement des miniatures persanes, turques, arabes et mogholes, mais toute la gamme des arts traditionnels (bronzes, céramiques, armes, textiles).

La première exposition d'art musulman, qui a lieu en 1903 à Paris au musée des Arts décoratifs, constitue un événement historique. C'est une découverte non seulement pour le public, pour les collectionneurs, mais aussi pour des artistes tels que Matisse et Marquet.

En 1910, une autre exposition, organisée à Munich par deux archéologues, F. Sarre et F. R. Martin, a un immense retentissement et suscite la passion des collectionneurs.

Enfin, en 1912, une troisième exposition organisée de nouveau au musée des Arts décoratifs à Paris, à l'instigation d'un grand amateur russe, V. Goloubew, et de quelques collectionneurs parisiens, revêt une ampleur particulière dans le domaine des miniatures.

Ces trois expositions sont liées à la crise qui affecte les empires turc et persan, ébranlés par des révolutions nationalistes. Cette période d'instabilité provoque l'affluence d'objets orientaux sur le marché européen. Dans le sillage des historiens et des premiers collectionneurs apparaît une nouvelle classe d'amateurs : le joaillier Henri Vever, le bijoutier Cartier, le couturier Jacques Doucet... Les objets qu'ils recherchent avec ferveur influencent leurs créations et mettent le « goût oriental » à la mode.

Depuis cette période, les expositions se sont succédé ; de nombreux ouvrages sur ce thème ont été publiés. Nul n'ignore plus aujourd'hui l'importance de l'art islamique et sa profonde originalité.

LES ARTS INDUSTRIELS

Dotés d'un artisanat organisé en corporations très structurées, tous les pays de l'islām possèdent, quels que soient le lieu et l'époque, de grands centres de fabrication d'objets manufacturés, dont les périodes d'apogée coïncident avec celles de la suprématie politique des pays où ils sont installés. Bronziers, dinandiers, armuriers, tisserands, maroquiniers, verriers, céramistes exportent leurs produits dans tout l'islām, en Europe et même en Chine. Le rayonnement mondial de leurs activités a largement contribué à l'éclat de la civilisation islamique.

Sotheby's

Illustration de l'un des Cinq Poèmes *de Niẓāmī : « Les amours du roi Khosroes et de la princesse Shirin. » Hérat, de la période dite « renaissance timouride » au XVe siècle.*

LA CÉRAMIQUE

La céramique musulmane offre des productions d'une extrême variété, et l'intensité des échanges commerciaux crée des interférences qui rendent imprécises certaines attributions de provenance. De plus, l'absence de rigueur des fouilles archéologiques entreprises au début du siècle et la pauvreté des sources littéraires ne permettent pas de suivre exactement l'évolution stylistique des céramiques. En tenant compte de la chronologie des dynasties sous lesquelles elles sont apparues, mais aussi et surtout de la structure même des objets (pâtes, engobes, glaçures, émaux), l'expert Jean Soustiel distingue dans son livre *la Céramique islamique* deux grandes familles de fabrication qui évoluent presque indépendamment l'une de l'autre. La plus spectaculaire et la plus appréciée des collectionneurs est la gamme des produits destinés à la cour et aux princes, ou voués à l'exportation. Cette fabrication de prestige ne relève pas, comme on le croit souvent, de l'artisanat, mais d'une entreprise rigoureusement organisée, faisant appel à des ateliers expérimentés et dépendant de directives officielles. Ceux-ci sont établis près des capitales et des grandes villes. Ils produisent également les carreaux émaillés qui font la renommée de nombreux édifices religieux et publics.

L'autre type de production, moins élaborée, qualifiée parfois de céramique « commune », « provinciale » ou « populaire » selon les auteurs (appelée « traditionnelle » par Jean Soustiel), est moins connu du grand public. Cette production est surtout destinée à l'usage domestique et au transport des denrées, et elle est distribuée sur tous les territoires, dans toutes les villes et dans tous les villages. Elle a marqué cependant par sa grande diffusion l'histoire internationale des arts du feu.

Technique

Ces types de productions très variés sont le résultat, d'une part, de la synthèse de tous les procédés hérités de l'Antiquité et, d'autre part, de l'invention de nouveaux procédés de cuisson et de décor. La cuisson se fait dans un four à deux chambres et à températures variées selon le type de fabrication recherché (entre 850 °C et 1 100 °C). On obtient alors soit des poteries (terre crue), soit des céramiques à décor engobé (engobe : pâte permettant de masquer les imperfections du corps de l'objet et servant aussi de décor), soit des céramiques recouvertes de glaçures (glaçure : matière vitreuse imperméable aux liquides et aux corps gras pouvant recouvrir également un engobe). Ces glaçures changent d'appellation selon les éléments dominants (glaçures alcalines ou plombifères) ; elles peuvent être soit transparentes (incolores ou colorées), soit opacifiées avec de l'étain : dans ce dernier cas on les dit « émaillées ».

En général, les procédés de décoration découlent de la recherche d'un effet de relief (incision, gravure, champlevage, estampage, ajourage, modelage...) ou d'un effet de couleur (engobe, glaçure colorée ou émail...).

Les céramiques orientales les plus communes, dites « traditionnelles », sont invariablement constituées d'un support argileux plus ou moins rougeâtre, recouvert d'un engobe dont la gamme des glaçures ne dépasse jamais deux ou trois couleurs (se cantonnant le plus souvent dans le vert de cuivre et le violet de manganèse), le tout recouvert d'une glaçure plombifère. Mais les céramistes musulmans vont exceller dans les procédés de fabrication et de décor plus perfectionnés à des températures de cuisson plus élevées. Ils inventent alors de nouvelles techniques appelées à un grand avenir.

1. La faïence, apparue vers le VIIIe siècle, est une céramique argileuse revêtue d'une glaçure opaque à l'oxyde d'étain (émail qui donne un aspect crémeux). Ce procédé, abandonné en islām vers le XIe siècle, est, par la suite, largement exploité en Occident.
2. Le lustre métallique apparaît à la même époque. C'est l'une des techniques les plus remarquables et dont le monde musulman conserve le monopole jusqu'au XVe siècle. Le décor, peint avec une pâte chargée en oxydes de cuivre et d'argent, s'applique sur une glaçure déjà cuite et cela avant une deuxième cuisson en atmosphère réductrice, c'est-à-dire sans oxygène, l'oxyde de carbone « réduisant » alors les oxydes à l'état de métal.
3. Les pâtes tendres sont des céramiques qui deviennent translucides après cuisson par l'apport d'une grande quantité de silice. L'Occident n'en redécouvrira la technique que bien après son apparition, vers le XIe siècle.
4. Les céramiques de petit feu, connues vers le XIIe siècle, dérivent d'une série de cuissons à basses températures, qui permettent un choix étendu de couleurs posées sur une glaçure déjà cuite. Cette technique est connue en Iran sous le nom de « minaï » ou « haft-rang » (sept couleurs).

Les productions

Elles peuvent se classer en trois grandes périodes :
Céramique archaïque, VIIIe-XIe siècle ;
Céramique médiévale, XIIe-XVe siècle ;
Céramique des Temps modernes, XVIe-XIXe siècle.

Céramique archaïque

- *La céramique omeyyade (661-750)*

Comme pour tous les autres arts, la période omeyyade perpétue les modèles préexistants à l'islām : ceux des Parthes, des Sassanides et des Byzantins. On distingue deux groupes de céramiques :
— des poteries de formes très variées (grandes jarres et toute une gamme de vases, pichets, gourdes, cruches...) et de décors divers (motifs incisés, gravés, champlevés, moulés, ajourés), avec une prédilection pour le décor à la « barbotine » (coulée sur les parois des objets à l'aide d'un cornet à douille) ; ces décors s'enrichissent après l'apparition de la calligraphie arabe de style coufique. Les objets de ce type auraient été, pour la plupart, fabriqués en Syrie, mais il est bien difficile de les localiser avec précision et, surtout, de les dater, car on les retrouve sur tous les sites musulmans jusqu'au XVe siècle ;
— des céramiques (notamment des jarres) recouvertes de glaçures vertes et bleu turquoise, rappelant indifféremment les jarres parthes ou chinoises.

- *La céramique 'abbāsside (750-1258)*

C'est une des grandes périodes de la céramique islamique, celle où les potiers réussissent la synthèse de tous les procédés hérités de l'Antiquité et inventent de nouveaux procédés de décor sans parvenir toutefois à découvrir le secret de la porcelaine chinoise.

Jusqu'à la fin du IXe siècle, la céramique présente une certaine homogénéité sur tous les sites de l'Empire. Les premières céramiques véritablement islamiques proviennent des commandes officielles, qui se juxtaposent aux productions traditionnelles (en Iraq, Samarra ; en Égypte, Fostāt ; en Iran, Suse et Nichapour). On y trouve des céramiques de quatre types :
— des céramiques dites « jaspées », proches du décor des céramiques chinoises T'ang, à trois couleurs (jaune, vert, marron), aux glaçures colorées se répartissant surtout en taches, telles des éclaboussures, ou en coulées rayonnantes ; ce décor « jaspé » peut être aussi incisé (« sgraffiato ») sous les glaçures et présente alors des motifs d'écailles, de demi-palmettes ou des quadrupèdes et des oiseaux ;
— des céramiques à décor moulé, en relief, sous glaçures plombifères dans des tons ambrés, bleutés et vert bouteille, proches des précédentes mais plus délicates, à

Coupe en céramique, à décor polychrome. Prototype des premières « faïences ». Mésopotamie, art abbasside. IX-Xe siècle. Coll. Abegg, Berne.

J. Soustiel

Boisgirard, Heeckeren

Ensemble de céramiques à décor engobé, du nord-est de l'Iran. Au premier plan, à droite : une coupe dite « ladjvardina » (de petit feu), de l'Iran mongol. Nichapour, Sari et Samarkand, IX-XIe siècle. Les collectionneurs se disputent aux plus hauts prix ces pièces originales rares sur le marché.

pâte siliceuse fine (grands plateaux, coupelles, gobelets, dont beaucoup ont été trouvés à Samarra, à décor inspiré de la faune et de la flore hellénistiques, avec des rinceaux noués et des inscriptions coufiques) ;

— des faïences, d'abord apparues en Mésopotamie, produites en Iran à Nichapour et en Égypte à Fostāt, où elles se maintiennent plus longtemps avant d'être connues par l'Espagne, la Sicile, l'Italie et enfin toute l'Europe ; au décor d'abord bleu sur fond blanc crémeux avec des motifs assez simples (palmiers, grenades, fleurons ou rosettes épigraphiques), puis polychrome avec des motifs centraux comme associés aux coulures et aux taches des pièces jaspées ;

— des faïences lustrées : cette technique remarquable, inventée peut-être pour imiter les vaisselles d'or et d'argent, est spécifique aux musulmans, qui ne cesseront de l'utiliser.

À la fin du IXe siècle, le pouvoir central étant disloqué, on voit apparaître des productions plus spécifiques dans les contrées devenues plus ou moins indépendantes.

• *La céramique iranienne*

Au nord-est de l'Iran naît une école qui appartient à des provinces gouvernées par diverses dynasties autonomes. Les centres importants sont Nichapour, Samarkand et un centre moins connu, Sari. Il s'agit, avec cette production, de l'une des plus importantes de l'islām, par la quantité des pièces. Par son type de décor très caractéristique (style très rude, archaïsant, dans des tons de brun, jaune, rouge brique, excluant le bleu), elle est aussi l'une des mieux connues des amateurs et des faussaires. Son décor très varié (géométrique, calligraphique ou animé par une faune caractéristique) utilise les multiples combinaisons des glaçures et engobes, mais toujours sur une terre argileuse.

Au nord-ouest de l'Iran, on trouve un autre type de production, qui se maintient jusqu'au XIIIe siècle environ. Ce sont les céramiques connues sous le nom de « guebri », fabriquées dans la région de Zendjan, où les Guèbres, adeptes du zoroastrisme et chassés par l'islām, s'étaient réfugiés. Cette production est nettement empreinte des traditions sassanides (pièces en pâte argileuse brune, à décor fortement champlevé, rehaussé de vert sur engobe crème, ornées surtout d'animaux fabuleux sur un fond de grosses palmettes ou bien d'énigmatiques personnages aux attitudes hiératiques et porteurs d'emblèmes mystérieux).

Dans la même région nord-ouest, mais plus au nord, la production d'Agkhand se reconnaît par un décor surtout animalier, qui se détache sur un fond de rinceaux et de tiges fleuries s'enroulant sur elles-mêmes, le tout dans les tons vert, jaune, ocre roux ou brun, délimités par de profondes incisions.

Enfin, la production d'Amol, au sud de la Caspienne, se caractérise par un décor d'animaux stylisés avec exubérance, dans un réseau de quadrillage ou de motifs géométriques qui se détachent en vert sur fond crème.

• *La céramique égyptienne*

À l'instar des provinces de l'est de la Perse, l'Égypte confirme son indépendance avec les Fāṭimides (Xe-XIIe siècle). Le style de la céramique, sous leur règne, est tout d'abord assez voisin de celui de la Mésopotamie, mais il évolue rapidement vers un style plus raffiné et plus accompli. Le centre principal de fabrication est Fostāt. La production de céramiques à reflets métalliques, considérée à juste raison comme l'un des fleurons de l'art musulman, est connue par de rares exemplaires. Elle est caractérisée par la représentation animée : décor de cavaliers, de danseurs, d'animaux fantastiques et de scènes d'influence chrétienne ; dans des tonalités claires, qui vont en s'assombrissant vers le brun à la fin du XIIe siècle.

Autour de la région du Fayoum, une production qui succède aux céramiques à décor jaspé, communes aux sites 'abbāssides, porte un décor moiré, marbré ou en coulées radiées, aux teintes claires (vert, jaune, blanc) et foncées (vert, brun). Ce type de décor se maintiendra jusqu'au XIVe siècle en Méditerranée orientale, avec même un regain d'intérêt sous les Ottomans.

Christie's

Trois céramiques avec décor à reflets métalliques. Iran. Kāchan, art seldjoukide. Début XIIIe siècle. Une technique de cuisson dont les faïenciers européens ignoraient le secret.

Céramiques médiévales en Iran, en Syrie et en Égypte

• *XIIe-XIIIe siècle*

Au début du XIe siècle, les Turcs Seldjoukides reconstituent pour un moment l'unité politique du monde musulman en régnant à la fois sur la Mésopotamie, sur une partie de l'Asie Mineure et sur toute la Perse.

• *En Iran*

La production, très féconde, représente quasiment à elle seule plus du quart de tout ce qui a été reproduit et publié sur la céramique musulmane. Son histoire s'articule principalement autour du nom de quatre villes situées au nord de l'Iran : la plus importante, Rey (Raghes), de la fin du XIe au XIIe siècle, puis Kāchan, du XIIe au XIIIe siècle, Saveh et Gorgan.

Avec le perfectionnement des procédés de fabrication, les types de céramique deviennent plus variés. On y dégage notamment quatre grands groupes :

— les céramiques monochromes : qu'elles soient moulées, incisées ou gravées, elles comprennent deux séries. L'une est blanche, à décor de palmettes, d'entrelacs ou de calligraphie, ou encore, parfois, ajourée en « grain de riz » ; très prisée des amateurs, peut-être à cause de sa ressemblance avec les porcelaines blanches contemporaines de la Chine. L'autre est bleu turquoise, bien plus diffusée que la précédente, et ses formes très variées présentent surtout des décors de frises, de rinceaux, d'animaux courants ou de calligraphie en léger relief ;

— les céramiques à décor engobé ou peint sous glaçure : le décor dit « en silhouette » évoque un théâtre d'ombre où les motifs floraux, peints en noir et recouverts d'une glaçure turquoise ou ivoire, se mêlent à la faune ;

— les céramiques à reflets métalliques : très appréciées des amateurs et largement cotées sur le marché, elles se remarquent par une solide composition et un décor animé rigoureux, représentant la vie du roi et son entourage, des scènes de chasse, des joueurs de luth, etc. ;

— enfin, les céramiques dites « minaï » : leur technique de cuisson au petit feu, décrite dans un célèbre traité médiéval (d'Abdul Qasim), ne sera reprise en Europe qu'au XVIIIe siècle ; par leur grande gamme de coloris, elles constituent l'une des séries les plus raffinées de la céramique islamique. Leur décor se rattache au monde de la miniature persane avec ses thèmes poétiques et légendaires.

• *En Syrie*

Les principaux centres, Raqqa, Rausafa et Meskeneh, reprennent à peu près les mêmes séries qu'en Iran, mais avec des variantes dans la technique, les coloris et les formes. Leur production influence à son tour les ateliers d'Anatolie (Konya). D'autre part, à Alep et à Al-Mina apparaît une céramique à décor incisé, recouverte de glaçures vertes ou jaunes, qui n'est pas sans rappeler les productions jaspées de la période 'abbāsside.

• *En Égypte*

On retrouve à Fostāt à peu près les mêmes types de fabrication avec, notamment, une prédilection pour les céramiques imitant les céladons, qui étaient alors importés de Chine.

• *XIVe-XVe siècle*

Historiquement confuse, cette période l'est aussi dans le domaine de l'art. En effet, les bouleversements politiques entraînent des migrations d'artistes qui créent des interférences notables entre les productions de l'Iran, de la Syrie et de l'Égypte. De nouveaux types de décors apparaissent, notamment le bleu et le blanc, ainsi que des formes nouvelles définissant un style mongol : coupes à multiples pans sur piédouche, présentoirs à épices, bouteilles à long col où figurent dragons chinois, phénix, fleurs de lotus, nuages à enroulement, etc. Plus islamique est le décor « radié », composé de secteurs réguliers enfermant des motifs alternés, floraux, animés ou calligraphiques ; en ce qui concerne les coloris, ce sont les grisailles qui dominent, aux contours noyés dans des fonds fourmillants, rehaussés de noir ou de bleu.

• *En Iran*

Malgré la réputation dévastatrice des Mongols, l'activité des fours se maintient. Kāchan reste un important centre de fabrication. Quant au groupe dit « de Sultanabad », il présente un type de céramiques particulières, dont la plus notable offre un décor où le dessin peint en noir, avec des effets ombrés de grisaille et des tonalités de différents bleus, se détache d'un fond semé de fleurettes.

• *En Syrie*
À Damas, comme à Hama, on retrouve encore les séries de céramiques lustrées chères à la Syrie ; on relève surtout les pièces à décor noir et bleu qui sont destinées à assurer vers l'Europe le conditionnement des épices et des onguents médicaux. Tous ces objets sont ornés le plus souvent de bandes disposées en registres verticaux et contenant des éléments floraux, des arabesques ou bien des formules calligraphiées. Les céramiques à décor bleu et blanc font ici aussi leur apparition, peut-être même davantage qu'en Iran, avec un style un peu plus rude. Les plus représentatifs sont des vases et des albarellos ornés de grandes lettres calligraphiées ou d'oiseaux en vol, le tout sur un fond floral stylisé.

• *En Égypte*
Toujours à Fostāt, la série la plus caractéristique des céramiques égyptiennes de cette période est constituée par un ensemble d'épaisses céramiques en terre argileuse rougeâtre, ornées d'un décor champlevé ou incisé, rehaussé de glaçures à dominante jaune, ocre ou brune ; les motifs de prédilection sont les bandeaux calligraphiés interrompus par des blasons. Cette céramique est largement connue sous le nom de « céramique mamelouke ».

Céramiques des Temps modernes

Du XVIe au XIXe siècle, l'aire culturelle du monde islamique se déplace géographiquement, et son histoire est liée à celle de deux grands empires : l'un, celui des Séfévides, qui règnent en Iran, l'autre, celui des Ottomans, dont le pouvoir s'étend de la mer Noire à la Méditerranée.

• *En Iran*
Avec une dynastie nationale, celle des Séfévides, la civilisation iranienne connaît dès le XVIe siècle un deuxième « âge d'or » dans tous les domaines artistiques, et notamment dans la céramique. La technique des potiers atteint un haut degré de perfectionnement. On distingue sept types principaux de fabrication :
— tout d'abord, les céramiques à décor bleu et blanc, dans le style chinois, fabriquées à Meched et Kirman, connaissent une très grande vogue ;
— les céramiques polychromes, produites, dit-on, à Kirman au XVIIe siècle, sont surtout des bouteilles ou des narguilés à décor floral agrémenté quelquefois de personnages ;
— la production des céramiques lustrées se poursuit, mais on n'en connaît pas avec précision le centre de production (Ispahan ?). Le lustre est plus cuivré qu'à l'époque médiévale, alternant très souvent avec des rehauts de bandes bleues ornées de motifs floraux, fougères ou arbustes ;
— les céramiques à fond monochrome (bien représentées dans les différents musées et collections privées), assez voisines des céladons chinois, composent des séries de couleurs variées tirant du vert céladon au jaune en passant par les brun, moutarde, vermillon et bleu foncé. Des motifs en léger relief de fleurs ou de plantes, peints en blanc dit « blanc fixe », y sont souvent ajoutés ;
— un autre type de céramique, totalement monochrome, est constitué par un groupe d'objets (petites bouteilles, vases à long col, narguilés) en pâte très dure recouverte d'une glaçure épaisse, le plus souvent vert bouteille ;
— le nom du village de Naïn, souvent lié à celui du port de Gombrun (Bander Abbas), qui assurait l'exportation de ses céramiques, est associé à un groupe de pièces blanches, proches des céramiques seldjoukides monochromes (par leur décor ajouré, dit « en grain de riz ») ;
— quant aux céramiques dites « de Kubatcha », ville située au nord-ouest de l'Iran, dans le Daghestan, elles résultent d'un mélange d'influences turques et persanes.

• *En Turquie*
Avec les Ottomans apparaît toute une série de céramiques bien connues et fort appréciées en Europe. Les céramiques turques atteignent en effet un sommet technique rarement égalé ; de même, par leurs coloris très vifs, elles sont au-dessus de toute rivalité. C'est à Isnik qu'a été fabriquée la quasi-totalité des pièces connues.

Arthur Lane, qui fait autorité en la matière, divise chronologiquement cette production en trois grands groupes :
— le premier, dit « Iznik I », de 1490 à 1525 : à décor de fleurs, arabesques, calligraphie, en bleu cobalt sur fond blanc ;
— le second, dit « Isnik II », entre 1525 et 1555 (il comprend notamment les céramiques anciennement attribuées à Damas et celles qui sont dites « de la Corne d'Or ») : à motifs bleus en spirales, agrémentés de fleurettes ;
— enfin, Isnik III, entre 1555 et 1700 (auquel il attribue toutes les céramiques anciennement dites « de Rhodes », caractérisées par l'introduction du rouge tomate) : à décor de fleurs, de bateaux à voiles et de personnages.

Toutes ces céramiques qui ressemblent à des faïences ne le sont pas en fait : la pâte siliceuse est enduite d'un engobe très blanc, recouvert lui-même d'une glaçure transparente. Quant aux formes, ce sont presque toujours les mêmes : larges plats à bords chantournés, grandes vasques, aiguières, lampes de mosquées, encriers, etc., sans oublier les carreaux de revêtement, qui font encore la gloire des mosquées ottomanes. Le déclin de la production commence au début du XVIIe siècle avec une baisse de qualité dans la technique : les couleurs fusent sous la glaçure, et le motif est beaucoup moins précis.

Pescheteau

Plat en céramique, à décor polychrome dit « aux quatre fleurs ». Turquie, Iznik, art ottoman. XVIe siècle. Estimé 50 000 F en 1989.

J. Soustiel

Grande bouteille en céramique, à décor polychrome sur fond turquoise dit « aux animaux ». Turquie. Iznik, art ottoman. Fin XVIe siècle.
Coll. Joseph Soustiel, Paris.

Laurin, Guilloux, Buffetaud, Tailleur

Chandelier en cuivre, à décor gravé et incrusté d'argent. Proche-Orient (Syrie ou Égypte), art mamelouk. XIVe siècle. La finesse des motifs témoigne d'une virtuosité exceptionnelle.

LE MÉTAL

L'art du métal jouit au Moyen-Orient d'un grand prestige. Exécutés en bronze ou en cuivre, les objets ont un aspect fastueux qui correspond à la puissance et à la richesse de ceux qui les possèdent. Il s'agit, le plus souvent, de pièces de commande portant une dédicace aux princes et aux nobles pour lesquels ils ont été exécutés et, parfois, les noms des artisans qui les ont façonnés et décorés.

Techniques

La production de cuivre était assurée par des mines, au nord de l'Iran et de l'Iraq, suffisamment riches pour approvisionner tous les centres métallurgiques du Moyen-Orient. Au XIIIe siècle, le bronze (80 p. 100 de cuivre) est concurrencé par le cuivre jaune et par le laiton (alliage de cuivre et de zinc). Quant au fer, les artisans le réservent à la fabrication des clefs, cadenas et panneaux décoratifs de portes et fenêtres.

Pour le travail du bronze, les artistes utilisent les principales techniques de fonte et d'orfèvrerie hellénistiques et sassanides : fonte au sable ou fonte à cire perdue. La finition de la pièce se fait au tournage ; le décor peut être gravé au burin, repoussé en relief ou ajouré.

Bien que ces fontes aient été pratiquées dans tout l'Orient jusqu'aux Temps modernes — avec une phase culminante aux XVe et XVIe siècles —, c'est surtout dans le travail du cuivre que les musulmans se révèlent d'incomparables artistes. L'objet est d'abord façonné dans une feuille de cuivre plus ou moins épaisse, puis décoré avec des procédés variés : la *gravure,* pratiquée avec un burin comme sur les bronzes ; le *repoussage,* qui consiste à frapper le revers du métal avec un poinçon de manière à provoquer un relief à l'extérieur ; l'*ajourage,* où le métal est découpé avec des gouges, des perçoirs, des scies, les irrégularités étant rectifiées à la lime ; le *ciselage,* qui permet de modeler les motifs en creux en prélevant un peu de métal ; il sert aussi pour le travail d'incrustation, ou *damasquinage,* connu en Iran dès le XIe siècle et repris dans tout l'Orient. Le décor, préalablement tracé sur le support métallique, est ensuite creusé au burin de manière à former des rainures aux parois en biseau. Sur ces rainures, on applique la feuille d'incrustation soit par martelage, soit par encastrage. Au début, cette feuille est en cuivre d'une autre tonalité que le support. Vers le milieu du XIIe siècle apparaît l'argent, puis, à la fin du XIIe siècle, l'or, réservé aux pièces les plus précieuses. Un effet de niellure peut être obtenu en comblant les vides autour des motifs incrustés avec une pâte bitumeuse (le nielle est un sulfure d'argent qui, posé sur une plaque d'argent, provoque une oxydation et donne un effet d'émail noir).

La technique d'incrustation pratiquée sur les bronzes pendant la période médiévale est encore utilisée.

Les productions

La réputation de l'art du métal sassanide en Iran étant bien établie, il n'est pas surprenant qu'elle se soit maintenue. Les principaux centres de production sont au nord-est de l'Iran. Ils produisent des plateaux gravés de palmettes et de félins ; des aiguières à panse globulaire ; des coupes sphériques en bronze blanc, à décor géométrique et abstrait.

Il faut attendre le Xe siècle pour que les bronziers iraniens, ayant accompli la synthèse de courants divers, créent enfin un répertoire de formes originales, caractérisées par un cloisonnement prononcé des volumes et du décor. Notons cependant quelques résurgences sassanides (motifs en cône de lotus et « tête de clou ») et l'apparition d'un élément nouveau, la calligraphie, qui va prendre une place de plus en plus importante dans l'ornementation. Elle court en frises continues, énonçant tantôt des maximes, tantôt des vœux adressés au propriétaire de l'objet.

L'arrivée des Turcs Seldjoukides au Moyen-Orient, au XIe siècle, suscite un renouvellement des formes et du répertoire ornemental des ateliers iraniens. Ce sont tout d'abord les bronzes moulés à décor en relief, notamment des plaques, des miroirs exécutés en Iran et en Mésopotamie septentrionale. Les motifs varient avec la taille des pièces : planètes et signes du zodiaque sur les plus grandes, sphinx ou frises d'animaux avec inscriptions sur les autres. Une remarquable série de brûle-parfum en fonte de bronze atteste la prédilection des Seldjoukides pour l'art animalier. La plupart des objets d'usage quotidien, aiguières, mortiers, lampes, chandeliers, appartiennent aux mêmes techniques.

Au XIIe siècle, l'incrustation d'or et d'argent surpasse tous les autres procédés. Il s'agit d'objets prestigieux convoités aujourd'hui par tous les musées et collectionneurs : petits encriers en forme de mausolée à plan circulaire surmonté d'une coupole, coffrets, boîtes, chandeliers, aiguières, bols, plateaux, bassins, etc. Le décor, réparti en plusieurs registres, présente des médaillons animés de scènes de chasse ou de festins alternant avec des bandeaux calligraphiés en différentes écritures : coufique (anguleuse), puis naskhi (cursive). Les hampes des lettres se terminent parfois par des têtes humaines jaillissant des rinceaux ondulés.

À la suite des invasions mongoles, au début du

XIIIe siècle, les centres de production se déplacent vers l'Iraq. Ces bronzes, connus comme venant de Mossoul, reproduisent le plus souvent les modèles de cuivre fabriqués dans le Khorassan. Ils s'en distinguent toutefois par un jeu de fond caractéristique, formé de « T » imbriqués ou d'entrelacs d'arabesques. Les thèmes ornementaux reprennent ceux de l'iconographie seldjoukide : scènes de chasse et figuration du souverain accroupi sur son trône entre deux dignitaires. On relève parfois sur ces bronzes des thèmes empruntés à l'iconographie chrétienne, transmis sans doute par les croisés. Ceux-ci appréciaient vivement l'art du métal incrusté et commandaient des pièces à leur usage qu'ils ramenaient en Europe. L'école dite « de Mossoul » englobe en fait tous les objets fabriqués en Syrie, en Égypte et en Iran, sans qu'il soit possible de différencier la production de chacun de ces pays. L'art du métal y atteint son apogée au XIVe siècle, sous le règne des sultans mamelouks. Cette période nous a laissé de très beaux objets, parmi lesquels d'innombrables cratères, chandeliers, aiguières et plateaux.

Bien que l'influence du style mossoulien ait persisté longtemps encore, le goût des sultans syro-égyptiens impose de nouveaux décors où l'épigraphie se substitue aux personnages. L'écriture cursive de ces inscriptions monumentales est interrompue par des blasons qui indiquent les titres et les charges des différents destinataires.

En Iran, c'est à peu près à la même époque que s'effectue, dans la région méridionale du Fārs, la décoration des cuivres incrustés. Le répertoire ornemental du Fārs est caractéristique : rondeaux à décor figuré ou stylisé, alternant avec des cartouches épigraphiques. Ces motifs se détachent sur un fond dense de svastikas ou de rinceaux subtilement enchevêtrés, parfois entrecoupés de roues solaires à six raies brisées. Les thèmes animés reprennent, en les schématisant, ceux de l'école de miniatures de Chīrāz (capitale du Fārs) à la même époque : fastes de la cour, chasses au faucon, au guépard, jeu de polo, cavaliers s'affrontant en combat singulier, etc. On les retrouve avec quelques variantes aussi bien sur des chandeliers tronconiques ou à pans coupés que sur des bassins, des encriers. À la fin du XIVe siècle, le décor devient plus complexe et plus abstrait ; il se fragmente en sections, se divise en registres, la figuration disparaît. Les motifs géométriques puis la calligraphie reprennent une place prééminente.

De l'Iran timouride, au XVe siècle, les pièces parvenues jusqu'à nous sont peu nombreuses, mais d'une indiscutable qualité. Elles reflètent un style intermédiaire entre la tradition mossoulienne et celle du Fārs. Les thèmes figuratifs tendent à se miniaturiser, puis le décor essentiellement floral et géométrique prolifère à la surface de l'objet. Traités avec sécheresse, les motifs tirent parfois leur origine de répertoires étrangers, tels la fleur de lotus égyptienne et le nuage stylisé chinois.

À la fin du siècle, l'apparition de nouvelles formes, aiguières, bouteilles à long col, pichets à panse globulaire mais sans piédouche, annonce déjà la renaissance séfévide. On retrouvera ces modèles dans le nord de l'Inde, en Turquie (où les Ottomans perpétuent avec éclat l'art du métal fondu et la technique de l'incrustation) et à Venise, où se développe une école parallèle à celle des Séfévides.

L'avènement de la dynastie séfévide (1502-1736) provoque des changements profonds dans l'art du métal. Aux incrustations d'or et d'argent des cuivres martelés, les souverains séfévides préfèrent le bronze fondu et le cuivre rouge étamé, orné d'un décor ciselé en champlevé. L'application d'une pâte bitumeuse dans les espaces creux met en valeur le dessin des motifs. Quelques rares effets de polychromie sont obtenus avec des pâtes de couleur.

À ces procédés nouveaux correspond une évolution des formes. Les plus typiques sont le bassin à fond plat et à large rebord légèrement convexe, et le flambeau-colonne divisé en registres ou orné de cannelures torsadées. Le bassin traditionnel (tās) a une panse plus bombée, rabattue vers l'intérieur, surmontée d'un col cintré. Quant au seau de bain (satl), son profil, très cintré à la base et bombé à l'épaulement, rappelle certains modèles d'inspiration sassanide.

Au XVIIe siècle, le décor devient de plus en plus prolifique, notamment sur les cuivres étamés. Cette exubérance s'atténue peu à peu, mais le style persiste jusqu'à l'arrivée des Qādjars (1787-1925).

Rappelons, enfin, que les deux techniques de décoration du cuivre, l'incrustation d'or et d'argent et la gravure, n'ont jamais été totalement abandonnées par les dinandiers musulmans. En Afrique comme en Asie, il n'est pas aujourd'hui de bazar ou d'échoppe dans lesquels le visiteur ne puisse découvrir des artisans travaillant dans les mêmes traditions.

Fontaine en tombac ciselée de fleurs. Turquie, seconde moitié du XVIIIe. H. 27 cm. Adjugée 350 000 F, à Drouot, 4 mars 1986.

Coffret mamelouk en cuivre ciselé incrusté d'argent. Égypte ou Syrie, début XIVe. H. 26 cm. Adjugé 450 000 F

LES TEXTILES

La vie, dans un intérieur musulman, se déroule au niveau du sol sur des tapis, des matelas, des coussins : on s'y installe pour prendre ses repas, recevoir ses amis, dormir. L'industrie textile joue donc un rôle primordial puisqu'elle fournit, outre le vêtement, tout le « mobilier » (au sens strict du terme : ce qui est mobile) : tentes, sofas, coussins, tentures, dais... Aisément transportables d'une région à l'autre, les tissus favorisent de féconds échanges de motifs décoratifs. De plus, le monde islamique détient en abondance les matières premières (soie, laine et teintures) et possède également la maîtrise des techniques qui permettent leur transformation.

Techniques

La technique de tissage la plus utilisée est celle des « tissus façonnés », c'est-à-dire les tissus dont la décoration s'effectue en même temps que leur fabrication (1). Cette production se fait sur un métier spécial, dit « métier à la tire ». Les techniques le plus fréquemment utilisées

(1) Voir le chapitre consacré aux tapis.

*Satin tissé en polychromie sur fond rubis : un page présente des fruits à un jeune prince assis sur un trône. Iran, art séfévide. Début XVI*e *siècle.* Coll. Joseph Soustiel, Paris.

aboutissent à l'exécution de brochés, lamés, camas, lampas (étoffe de soie à dessins en relief), samit (étoffe à chaîne de soie sur trame de fil), tous les velours (coupés, frappés, ciselés...).

Quant au décor proprement dit, il s'obtient :
— avant le tissage, par la coloration des fibres ;
— pendant le tissage ;
— après le tissage, par le trempage et par la broderie.

Pour les techniques dites « de tapisserie », plus rares, les artisans utilisent les métiers de haute et de basse lice (le décor polychrome est obtenu par l'action de plusieurs trames juxtaposées).

Les productions

Les Arabes, après leurs conquêtes, se gardent bien de mettre fin à l'activité des ateliers de tissage existant dans les pays qu'ils ont soumis.

*Tapisserie à décor d'animaux fantastiques et de calligraphie coufique. Anatolie, art seldjoukide. XI*e *siècle.*

L'Empire sassanide, par sa situation géographique, avait le monopole du commerce de la soie ; il a longtemps produit des étoffes variées d'une grande richesse décorative : roues, tangentes, galons perlés, rais-de-cœur, larges palmettes, animaux affrontés de part et d'autre de l'arbre de vie, oiseaux cravatés ou aux ailes barrées d'un bandeau de perles, scènes de chasse.

Les tissus byzantins, eux-mêmes influencés par les productions sassanides, offrent un choix de thèmes presque uniquement zoomorphes. Cette double inspiration se manifeste dans les premiers tissus islamiques. En Iran, aux xe et xie siècles, les principaux centres se trouvent en Transoxiane et dans le Khorassan (Samarkand, Nichapour et Merv). La plupart des tissus sont des « samits » façonnés et des « lampas ».

Sous les Seldjoukides (xie-xiiie siècle), l'art du tissu se libère de la raideur archaïque des arts sassanide et byzantin tout en conservant les représentations animées (animaux affrontés, scènes de chasse).

En Égypte, les tisserands coptes, passés maîtres dans cet art depuis l'Antiquité, contribuent dans une large mesure à la fabrication des textiles de la période musulmane. L'époque la plus brillante est celle des Fāṭimides, où l'on voit se développer de nombreux centres de tissage : c'est dans le Sud, autour du Fayoum, que la tradition copte se maintient le plus longtemps (décors de frises d'oiseaux et de quadrupèdes sur fond de lin). Au nord, autour de Tinnis, les tisserands fabriquent de grandes robes de laine brodées de soie. D'autres villes, comme Fostāt et Alexandrie, fabriquent également ce type de vêtement. Un groupe particulier de tissus égyptiens comme iraquiens reçoit la dénomination de « tiraz ». Ce nom, dérivé de l'appellation des manufactures officielles, désigne en même temps les tissus brodés avec inscriptions honorifiques qui y sont produits en vertu d'un véritable monopole d'État.

Au xve siècle, le monde islamique se partage entre deux grands empires rivaux, la Perse et la Turquie. L'activité se concentre alors à la cour des Séfévides et chez les Ottomans. Des villes comme Konya, Sivas, Brousse (l'ancienne capitale) et Constantinople rivalisent, en Turquie, de luxe et de richesse. Leurs lampas et leurs velours influencent alors nettement les ateliers italiens de Gênes et de Venise. L'ensemble le plus extraordinaire est celui de Top Kapi Sarail, à Istanbul, où sont présentés les admirables caftans au décor robuste et sobre ou d'un baroque excessif. Les tissus turcs, contrairement à la plupart des tissus du monde arabe et iranien, s'inspirent presque essentiellement d'un répertoire floral plus ou moins stylisé. Le thème le plus prisé est celui des « quatre fleurs » : tulipes, jacinthes, œillets et églantines, mêlées aux pivoines, aux asters et à quelques grandes palmes. À la fin du XVIe siècle, la production évolue vers un plus grand réalisme, mais avec une profusion de détails qui donne souvent une impression touffue.

À l'époque ottomane, l'influence des textiles turcs se répand rapidement au-delà de l'Asie Mineure, dans les Balkans, en Grèce, dans les îles du Dodécanèse, les Cyclades et les îles Ioniennes. On trouve là les thèmes ottomans associés à ceux de la tradition chrétienne (scènes de mariage, personnages et animaux, notamment sur les broderies destinées aux trousseaux des jeunes femmes). Les brodeuses d'Afrique du Nord (Fès, Alger, Tunis, etc.) reprennent également les motifs turcs, qu'elles mêlent aux motifs d'origine maghrébine, dans d'innombrables écharpes, couvertures, tentures et accessoires du costume. Le schéma géométrique y est très affirmé, excluant totalement les personnages et les animaux.

En Perse, au contraire (notamment à Tabrīz, Ispahan et Kāchan), la faune et les personnages, inspirés des miniatures, composent en soie et en velours d'harmonieux jardins où se déroulent réceptions, scènes galantes et scènes de chasse. Des ateliers spécialisés dans les velours comme dans les lampas exécutent également de grandes ceintures (sash) en soie, dont les pans sont agrémentés de représentations de grands bouquets floraux. Les tissages persans à décors floraux des XVIIe et XVIIIe siècles sont disponibles chez les antiquaires spécialisés ou en salles des ventes à des prix assez modiques.

LE VERRE

Le verre produit dans le monde islamique a atteint au Moyen Âge un remarquable degré de perfection. Les artistes musulmans ont été les premiers à pratiquer et à maîtriser la technique de l'émaillage et de la dorure sur verre.

Techniques et productions

Les émaux colorés opaques sont appliqués à froid à la surface du verre, qui est soumis, pour les fixer, à une deuxième cuisson.

La dorure est constituée soit par une mince feuille d'or découpée, soit par de la poudre d'or (c'est le cas le plus fréquent). Elle est cuite en même temps que les émaux.

On distingue trois grandes périodes :

— du VIIe au XIIe siècle : la production est répartie sur l'ensemble des territoires conquis. Les décors, exécutés avec des procédés mécaniques, sont taillés, incisés, meulés... ;

— du XIIIe au XVe siècle : la fabrication du verre semble devenir le monopole de la Syrie et de l'Égypte. C'est la grande période des verres émaillés polychromes ;

— aux XVIe et XVIIe siècles : la production ottomane et séfévide est assez voisine de celle de l'Europe.

Sous les Omeyyades et jusque sous les 'Abbāssides, l'industrie du verre est axée essentiellement sur les récipients nécessaires au transport et à la conservation des parfums et cosmétiques. Ce sont surtout de petites

J. Soustiel

Lampe sépulcrale en verre émaillé polychrome, au nom d'un dignitaire, « l'intendant Argun en-Nasiri ». Syrie, Alep, art mamelouk. Début XIVe siècle.
Coll. part., Koweït.

bouteilles (de forme ventrue, à panse basse et goulot à bord plat), des flacons et des vases de formes et de tailles diverses.

Les verriers reprennent les techniques des périodes précédentes : verres soufflés, soulignés de festons, de cabochons, d'ondulations en verre filé et étiré, de différentes couleurs ; verres moulés et taillés à la meule (à facettes ou en nid d'abeilles). Ils façonnent aussi des objets moulés, petits flacons ovoïdes ou quadrangulaires à col tronconique, contenant les essences et parfums.

Vers la fin du califat 'abbāsside se dessine un intérêt nouveau pour les gobelets taillés à la meule, ceux de Bagdad et de Rey étant les plus réputés. En Égypte, à Fostāt, les verriers fabriquent des verres « camées » aux effets saisissants : le plus connu est un bol (au musée du Caire) sur lequel figurent des ibex bleus et des inscriptions sur fond incolore. Notons aussi une série assez différente, dont le décor rappelle celui des cristaux : les verres de Sainte-Edwige (tous conservés en Europe).

Vers les XIe-XIIe siècles, la renommée des verriers est due surtout à l'invention de l'émaillage et de la dorure. Ces productions semblent, à partir du XIIe siècle, se localiser essentiellement en Syrie et en Égypte. Elles approvisionnent tout l'Orient, l'Europe et la Chine. Il s'agit de coupes, de hauts gobelets à bord évasé, de vases, de bouteilles à long col et surtout des fameuses lampes que l'on suspendait par des chaînes aux plafonds des mosquées. Les formes évoluent très peu : lampes à col large, à panse tronconique, munies de boucles de suspension et montées sur pied évasé. Elles s'ornent pour la plupart d'inscriptions mameloukes en naskhi, citations coraniques et noms de donateurs, interrompues par des blasons.

Parmi les grands centres de fabrication, citons, au XIIIe siècle, Tyr, Antioche, Alep et, au XIVe siècle, Damas, dont les ateliers restent en activité jusqu'à l'arrivée de Tamerlan, qui transféra, dit-on, les ouvriers de Damas à Samarkand. C'est Venise, ou plus exactement Murano, qui reprend alors la fabrication des coupes émaillées et dorées, et celle des lampes de mosquées.

Au XVIe siècle, on assiste, avec les Séfévides, à un renouveau des arts décoratifs en Perse avec une production variée : bouteilles carrées rehaussées d'émail peint, vases décorés de fils enroulés, verseuses évoquant les modèles de bronze, bouteilles à facettes, à côtes verticales ou hélicoïdales. Parmi les couleurs, le jaune ambré, le vert émeraude et le bleu saphir prédominent.

Du XVIe au XVIIIe siècle, la Turquie importe d'innombrables verreries de Venise, de Bohême et de Saxe. C'est seulement à la fin du XVIIIe siècle que se développe une véritable production locale dans le village de Beykos, sur la rive asiatique du Bosphore. Il s'agit surtout de cristaux taillés et dorés, ou d'opalines blanc et bleu opaque : vases, confituriers, flacons à eau de rose, rehaussés d'émaux peints très caractéristiques. Un village voisin de Beykos est connu pour ses bouteilles de couleur et ses cannes dites « tchechmi bulbul » (yeux de rossignol), en verre filigrané à décor de spirales blanches.

LES LAQUES

Les objets laqués islamiques que l'amateur rencontre le plus fréquemment, tels les miroirs, reliures, étuis, plumiers et autres coffrets, sont quasiment tous d'origine iranienne. Avant 1977, ils n'étaient encore qu'à peine mentionnés dans les catalogues de ventes publiques. Dédaignés par les collectionneurs et ignorés par les historiens d'art, ils ont été, en fait, redécouverts (surtout les plumiers « qalamdan ») par des Iraniens amoureux de leur passé. Ce réveil national a provoqué en Occident une émulation bénéfique, et ils ont pu atteindre (surtout lorsqu'une signature plus ou moins prestigieuse les accompagne) de surprenantes enchères.

Ces plumiers, connus il y a quelques années sous le nom de « vernis Martin », étaient aussi baptisés « papiers mâchés ». Il s'agit effectivement d'un support en papier, broyé avec une colle, puis pressé, moulé et verni. Les pièces les plus notables se distinguent par certaines qualités très recherchées des amateurs :
— la perfection technique de l'exécution : précision du trait et finesse les rendant dignes des plus grands miniaturistes ;
— le raffinement et la minutie des compositions sur fond d'or ;
— le charme insolite du sujet, où la tradition iranienne se mêle parfois aux influences occidentales ;
— le goût « exotique » : paysages européens, copies de gravures romantiques, maniérisme ou réminiscences indiennes ;
— l'éclat et l'équilibre des compositions florales ;
— enfin et surtout l'ancienneté, qui rappelle que cet art était en faveur à la cour des Séfévides, où il avait une destination royale.

Deux plumiers en « papier mâché ».
Décor laqué polychrome.
Ateliers de Sadeq (1791) et de Mohamed Isma'il (vers 1870). Iran, art qādjār. Fin XVIIIe siècle et fin XIXe siècle.
La vogue des plumiers — dont certains se vendaient plus de 100 000 F en 1979 — est retombée.

Couturier-Nicolay

Cette production connaît surtout sa grande vogue à l'époque Qādjār, c'est-à-dire depuis la fin du XVIIIe jusqu'à la fin du XIXe siècle.

L'ART DU LIVRE

La civilisation islamique est, au plus haut point, une civilisation du livre. L'homme de l'islām, en effet, a toujours placé la langue arabe au-dessus de toute chose ; c'est en arabe que Mahomet reçut la révélation divine transmise par le Coran (la « Récitation » du livre par excellence). L'arabe devient non seulement le langage de la foi, mais aussi le langage universel des arts, de la science et de la diplomatie comme le fut pour nous le latin. Nous n'aborderons ici que le domaine des livres que l'amateur peut rencontrer dans les musées, les expositions ou bien les ventes publiques, c'est-à-dire, d'une part, les corans et, d'autre part, les manuscrits dits « à peinture » (enrichis de miniatures).

Les corans

À la différence des traditions européennes, le musulman place nettement l'art de l'écriture (la calligraphie) au-dessus de la peinture. Sans doute à cause de l'interdiction religieuse (cependant non coranique) de toute représentation figurée, humaine ou animale, la calligraphie est devenue en islām la forme artistique par excellence ; la première activité des artistes fut donc de copier le Coran (et cela, évidemment, sans jamais l'orner de figures animées) en n'utilisant, pour rehausser le texte, que des motifs géométriques et floraux entrelacés.

Les premiers corans sont calligraphiés sur papyrus ou sur parchemin. Si l'usage du papier, venant de Chine, apparaît en Orient dès le VIIIe siècle, il ne sera vulgarisé qu'au XIIe. Notons ici que, entre l'an 700 et le début du XVIe siècle, la graphie des lettres arabes change plusieurs fois de style :
— L'écriture coufique, utilisée aux origines, est rendue par des caractères verticaux, anguleux et donne une impression d'austérité et de force. Un peu plus tard, cette écriture s'orne de motifs floraux : c'est le coufique fleuri.
— Sous les Mamelouks, au XIIIe siècle, se développe une écriture cursive, le naskhi, apparu au Xe siècle, qui supplante le coufique. C'est l'époque des magnifiques corans où les calligraphes rivalisent d'adresse avec les enlumineurs et mettent en honneur une forme particulière de naskhi, aux proportions bien définies, le thuluth.
— Le sommet de l'écriture cursive se situe en Iran avec le nastaliq, écriture inventée par le fameux scribe Mir Ali de Tabrīz au XVe siècle. Avec sa variante le shekaste (aux lettres enchevêtrées), il sera utilisé aussitôt par tous les écrivains orientaux.

Les manuscrits à peinture

On évoque souvent à propos de l'art islamique le principe de l'interdiction des images. Or, l'interdit fondamental ne concernait initialement que la représentation de Dieu. Par la suite, les religieux l'ont étendu à toute figuration d'un être vivant afin d'éviter, pense-t-on, le retour au culte des idoles.

Cette prescription figure non pas dans le Coran, mais dans les commentaires théologiques postérieurs (hadith). L'art sacré, les édifices du culte sont donc voués à l'abstraction ornementale. Mais l'art profane, en revanche, ne néglige aucunement les thèmes animés, et le miniaturiste ne manquera pas d'illustrer aussi bien les faits du prince que les scènes de la vie quotidienne.

La technique des miniatures se rapproche de celle de la gouache et de celle des fresques : les peintres tracent leur esquisse avec un pinceau fin imbibé d'un rouge léger, qui peut facilement s'effacer. Après quoi, ils étalent sur toute la surface une mince couche de blanc, sous laquelle on devine seulement les traits des contours. Ceux-ci sont repris avec un pinceau imbibé de noir, en tenant compte seulement des traits définitifs ; il ne reste plus qu'à remplir de couleurs les champs ainsi délimités.

La peinture arabe

On désigne sous le nom de « peinture arabe » les premières peintures islamiques connues (du XIIe jusqu'au XIVe siècle en Iraq, en Syrie et en Égypte). Elles reflètent l'influence des manuscrits byzantins et des évangiles syriaques, qui étaient encore diffusés en Orient à cette époque. La production est malheureusement très peu abondante : les manuscrits, dans leur grande majorité, sont conservés par les musées et ne se rencontrent que bien rarement sur le marché ; dans ce cas, ils atteignent des prix très élevés. Les plus célèbres sont les manuscrits à caractère scientifique, avec les traités de médecine des auteurs grecs traduits en arabe (*Sur la matière médicale,* de Dioscoride, par exemple, ou *le Livre des antidotes,* du pseudo-Galien), les ouvrages de physique, les traités sur les automates et les livres d'astronomie. Parallèlement, des œuvres littéraires se développent. Ce sont notamment *le Livre de Kalila et Dimna,* version arabe des *Fables* de Bidpay, dont la renommée gagne depuis l'Inde tout le Proche-Orient et même l'Europe (La Fontaine). Enfin, les récits de voyages sont aussi très prisés, comme les célèbres *Séances* (Maqamat), de Hariri, qui relatent les aventures d'un vagabond philosophe. Tous ces ouvrages seront repris par l'école mamelouke au XIVe siècle.

La peinture persane

Dans l'esprit du grand public, la miniature persane correspond le plus souvent à l'essentiel de la peinture islamique, car en sont exclues inconsciemment les autres productions arabes, turques ou indiennes.

C'est vers le XIVe siècle, peu après la période des invasions mongoles, que la miniature persane prend son essor. Elle coïncide avec l'apparition à la cour de Tabrīz de nombreux ouvrages scientifiques, historiques ou littéraires, que les peintres étaient chargés d'illustrer. Le plus diffusé d'entre eux est sans aucun doute le fameux *Chah Nameh (Livre des Rois)* du poète Ferdousi, sorte de « Légende des siècles » iranienne. Un autre livre rivalise avec le précédent dans le cœur des Iraniens, le *Khamse (Cinq Poèmes).* L'auteur, Niẓāmī, est considéré comme le maître du roman versifié persan avec deux de ses poèmes les plus célèbres : *Amours de Layla et de Madjnūn* et *les Sept Portraits.* Les miniatures qui ornent ces manuscrits reflètent déjà le naturalisme élégant du XVe siècle et un goût évident du fabuleux. Les paysages y tiennent pour la première fois une place importante.

C'est non pas à Tabrīz, mais à Hérat à la fin du XVe siècle et à la cour des princes timourides qu'apparaît Behzad, le maître de la peinture persane, qui bouleverse les anciennes conceptions par un réalisme plus affirmé et une liberté plus grande dans ses compositions.

Un peu plus tard, aux XVIe et XVIIe siècles, la dynastie séfévide marque une nouvelle période de splendeur à Qazvin, puis à Ispahan. Les peintres délaissent plus ou moins les épisodes lyriques ou épiques du *Chah Nameh* et du *Khamse* au profit de sujets plus familiers : scènes d'intimité, portraits de jeunes gens (princes, courtisans avec leurs animaux domestiques, jeunes femmes et échansons) habillés avec recherche et représentés dans des poses nonchalantes. Le grand artiste de cette période est Reza-Abbassi, qui fixa avec préciosité les traits, les costumes et les coiffures des élégants de la cour.

Enfin, avec la dynastie Qādjār, installée à la fin du XVIIIe siècle et pendant tout le XIXe siècle à Téhéran, s'ouvre la nouvelle et dernière phase de la peinture persane. Le roi Fatḥ 'Ali chāh, vivement impressionné par l'Occident, favorise alors la diffusion de nouvelles techniques, comme la peinture laquée sur « papier mâché » et, surtout, la peinture à l'huile : de grands portraits du chāh, de ses dignitaires, ou bien de danseuses et de musiciennes, tous peints sur toile, tapissent les murs des palais et des pavillons. Dans les années 1970, ils ont atteint des prix records dans les ventes publiques.

La peinture turque

Commencé après la prise de Constantinople, l'art de la peinture ne prend véritablement son essor en Turquie

Miniature persane illustrant un poème mystique d'Amir Khosrow, copié en 1514 par Sultan Mohamed. Iran oriental, Hérat. Début XVIe siècle. La peinture persane est alors à son apogée.

Christie's

qu'après les conquêtes de Selim Ier sur la Syrie, la Perse et l'Égypte. Il fait venir à sa cour de nombreux calligraphes, des miniaturistes persans, et va jusqu'à y inviter des peintres européens.

Au XVIe siècle prédominent surtout les manuscrits « historiques », sortes de grands recueils qui chantent la gloire du sultan au milieu de ses armées victorieuses ou assistant à des représentations de fêtes (intronisation, circoncision, commémoration...).

La peinture moghole

Si l'influence de la peinture persane est bien perceptible en Turquie, elle l'est encore plus en Inde, à tel point que la peinture moghole fut connue pendant très longtemps sous le nom de « peinture indo-persane ». Les premiers grands empereurs moghols, surtout Akbar, firent venir à leur cour de nombreux peintres persans et indiens pour illustrer des manuscrits historiques *(Babur Nameh)*, religieux (musulman : *Akbar Nameh ;* hindous : *Mahābhārata* ou *Rāmāyana ;* chrétiens : *Bible, Vie du Christ*). L'influence persane, qui est très marquée au XVIe siècle, se manifeste par le goût des couleurs vives, des compositions asymétriques et tourbillonnantes, par la multiplication des scènes secondaires. Il s'y superpose vite une recherche de couleurs chaudes et d'harmonies hardies, un goût du rythme et du réalisme, et surtout le sens de la nature.

Le style « moghol » ne devient vraiment original qu'avec l'empereur Jahangir (milieu du XVIIe siècle), grâce, cette fois-ci, à l'apport de l'Occident. Cette influence se fait nettement sentir non seulement par les emprunts iconographiques, mais surtout par le traitement, par une meilleure construction de la perspective (inconnue dans la peinture persane) et par le rendu de la profondeur et de l'atmosphère des lointains. Les peintres, commandités par l'empereur, préfèrent aux récits légendaires les représentations des événements de la vie quotidienne, les études d'après nature de plantes et d'animaux. Nombreuses sont les miniatures représentant de fins profils de princes auréolés, tenant un bijou ou une fleur, ou encore des portraits de groupe (audiences royales).

Au XVIIIe siècle, les artistes de la cour s'intéressent plutôt aux scènes d'amour qu'à l'évocation des conquêtes militaires.

Les reliures

Les reliures islamiques sont essentiellement de deux sortes : en cuir et en laque. Les premières reliures en cuir, les plus fréquentes, sont estampées aux « petits fers » de motifs géométriques très simples, avec des galons pointés.

À l'époque mamelouke, le décor principal est issu du polygone étoilé, semblable à celui de la boiserie contemporaine. Mais, au XVe siècle, particulièrement en Perse, on voit apparaître un nouveau décor : le cuir est découpé suivant un décor de médaillons polylobés, de rosaces et d'écoinçons, qui deviendra très courant au XVIe siècle. Puis les médaillons vont se diversifier, tendre vers des formes plus élaborées : en amande avec des appendices, ou ornés de motifs en relief dorés, rehaussés d'arabesques, de rubans et de nuages. Parallèlement, le décor floral va devenir plus compliqué avec l'apparition, dans les rinceaux, d'animaux et de personnages. À l'intérieur des reliures, on voit surgir un décor polychrome obtenu par le jeu d'un fin découpage de papier (résille) appliqué sur des fonds colorés.

Les reliures laquées n'apparaissent qu'après le XVIe siècle. Elles présentent un décor floral ou animalier (les personnages sont exceptionnels) en vive polychromie, mais le support en carton se dégrade assez facilement, et peu de reliures sont restées intactes.

Enfin, il faut signaler que la technique de la reliure persane se répand dans l'Empire ottoman et qu'elle atteint l'Europe essentiellement par l'intermédiaire de Venise : son influence n'y est pas négligeable.

LE MARCHÉ

Vers 1960, le marché des antiquités islamiques était, en France, quasiment inexistant. Les quelques objets qui se négociaient, le plus souvent à Paris, n'intéressaient que de rares spécialistes ou amateurs fanatiques. Les prix s'en ressentaient, et aujourd'hui on peut dire, en connaissance de cause, qu'ils étaient dérisoires. Seuls les tapis, qui ont toujours constitué un marché traditionnel, les miniatures persanes et mogholes et quelques céramiques anatoliennes (pièces de forme d'Isnik) possédaient une cote officielle sérieuse. Le reste, c'est-à-dire le principal, était, on peut le dire sans exagération, méprisé.

À partir de 1970, on assiste à un changement radical. Les arts musulmans sont devenus une spécialité à part entière, et de belles ventes aux enchères publiques se déroulent sans discontinuer avec la présence d'experts chevronnés. Que s'est-il donc passé ? En fait, le monde a changé. Les « princes » du pétrole cherchent à placer leur argent dans l'achat d'objets de collection sérieux. En outre, l'information aidant, l'esprit de l'Occidental moyen

Miniature illustrant la vie de l'empereur moghol Baber qui a conquis les Indes (1483-1530) ; page provenant d'un livre dit Babur Nameh. *Ici, il « ordonne » la création d'un jardin près de Kaboul. Inde, art moghol. Vers 1595.* Ancienne coll. Joseph Soustiel, Paris.

J. Soustiel

J. Soustiel

Deux gobelets en verre émaillé polychrome. Le premier porte les noms d'« Allah » et de « Mohammed », le second est décoré de personnages. Syrie, Alep, art ayyoubide. Milieu du XIIIe siècle. Coll. part., Koweït.

a évolué et a compris qu'il y avait d'autres cultures que la sienne, aussi prestigieuses, et méritant son intérêt.

Ces changements, comme toujours, ne sont pas allés sans quelque exagération, et on a pu assister à la montée, fracassante et incompréhensible pour un vieux collectionneur, des peintures, des laques et des émaux iraniens de la période Qādjār, très tardifs et fortement influencés par l'Europe. Cette surcote, favorisée par l'action de la cour d'Iran, n'a pas résisté à la chute des Pahlavi.

En revanche, la forte hausse des prix des métaux, des armes et des calligraphies apparaît comme un phénomène normal et justifié, prouvant, par ailleurs, que la clientèle est devenue plus cultivée et plus réfléchie.

Cependant, toutes ces constatations prouvent que le marché des antiquités islamiques, trop récent, trop spécialisé, est fragile et fluctuant en fonction de la mode.

Un plat d'Iznik, décoré de vagues ondulantes dans les tons bleu turquoise sur fond blanc (vers 1540), a obtenu l'enchère record de 365 000 F (Drouot, 24 juin 1987), alors que des petites coupes iraniennes du Xe siècle restent à des prix abordables (5 000 à 8 000 F).

Il est vrai que les céramiques d'Iznik ont toujours attiré les collectionneurs. Le prix des pièces de grande qualité a décuplé en dix ans. Un plat d'Iznik à décor noir-vert a atteint 46 200 £ (454 700 F) chez Sotheby's à Londres, le 16 avril 1987.

Les pièces de forme à reflets métalliques sont également très recherchées. Un pichet d'Iznik vert et bleu du XVIe siècle atteint près de 300 000 F à Drouot, le 17 juin 1988. Les amateurs occidentaux recherchent de préférence les pièces anciennes, tandis que les acheteurs orientaux s'intéressent aux œuvres plus récentes (XVIIIe-XIXe siècle), du moment qu'elles ont un aspect décoratif. Les carreaux de revêtement à décor d'œillets dans les tons bleu cobalt, vert et rouge brique sur fond blanc, longtemps délaissés, commencent à attirer les collectionneurs, surtout s'ils forment des panneaux complets (29 700 £, soit 316 000 F, chez Sotheby's à Londres, le 13 avril 1988). Les « zellijes » (nom arabe des azulejos espagnols) commencent à trouver des amateurs.

Méprisés encore récemment, les bronzes islamiques sont enfin appréciés à leur juste valeur. Un vase turc en cuivre doré, début XVIIe siècle, s'est vendu 218 200 F à Drouot, le 7 mars 1988. Le record appartient à Sotheby's pour un aquamanile du XIIe siècle en forme d'oiseau, vendu à Londres 220 000 £ (2 200 000 F), le 14 octobre 1987.

Quant aux plumiers, boîtes, miroirs, en laque peinte et vernis selon la technique dite chez nous « du vernis Martin », ils avaient atteint les plus hauts prix de 1976 à 1980 (record à 220 600 F en 1979), mais leur vogue est rapidement retombée. Un plumier persan décoré de scènes de bataille (début XVIIIe siècle) s'est vendu 84 900 F le 17 mars 1988. Les pièces ordinaires sont accessibles à moins de 20 000 F.

Les peintures en pays d'islām sont rares, à l'exception des toiles qādjārs ou turques du XIXe siècle. Cela explique les prix toujours élevés. Le génie musulman en peinture s'est surtout exprimé dans l'art du livre avec les miniatures, les enluminures et les calligraphies. Les belles reliures ne sont plus négligées comme autrefois. Les prix sont soutenus, et même plutôt en hausse. Les miniatures persanes, de bonne qualité et sans repeints, sont de plus en plus recherchées. Celles de l'Inde moghole également : ce qui est normal, car ce sont souvent de purs chefs-d'œuvre de l'art pictural. Les très beaux corans turcs ou iraniens atteignent maintenant des prix considérables : 118 000 F en 1979 pour un coran impérial. Les tissus, les ivoires et les bois sont en hausse. La verrerie également, bien que fort rare.

À vrai dire, de nos jours, les arts de l'islām sont à la mode de manière indiscutable, car ils s'accordent fort bien avec les décorations contemporaines, et, de plus, les objets d'art islamiques sont fort peu encombrants.

Enfin, on ne le dira jamais assez, la qualité paie : la pièce moyenne ou médiocre se vend mal. Ainsi, un objet excellent double l'estimation de l'expert, tandis qu'une pièce moyenne ne fait que la moitié de l'évaluation.

On ne saurait de même trop mettre en garde contre les faux, qu'il est toujours possible de rencontrer sur le marché. L'expérience acquise permettra d'éviter bien des erreurs. Ainsi, un œil averti décèlera — avec l'aide d'une loupe — les repeints d'une miniature ancienne, les surépaisseurs sur des parties usées. Il faut se méfier des miniatures en provenance de l'Orient : il y a encore de très habiles miniaturistes en Iran et en Inde... L'expérience également permet de distinguer le vrai du faux dans les faïences de haute époque — Nichapour, Samarkand, Raqqa, Gorgan, par exemple —, où la matière et les couleurs ne sont pas les mêmes. Par contre, il faut être très prudent au sujet des restaurations et des manques, fréquents sur les pièces de fouilles : les restaurations partent sous l'action de l'alcool. Certaines faïences sont formées d'éléments composites anciens. Si l'on peut trouver tant de faux, n'est-ce pas le signe que le marché connaît actuellement une certaine prospérité ?

Détail d'une frise coranique en céramique émaillée polychrome (carreaux de revêtement) provenant d'une mosquée d'Istanbul. Turquie, Iznik, art ottoman, vers 1570. Ancienne coll. Joseph Soustiel, Paris.

J. Soustiel

Plaque en ivoire sculpté (XIe s.),
que certains experts attribuent à l'école de Metz, réputée pour ses ivoires religieux.
D'après ses dimensions (20,6 × 30,8 cm), il s'agit sans doute d'une couverture d'évangéliaire.
Elle représente en bas relief une crucifixion
entourée de scènes de la vie du Christ tirées de l'Évangile,
de l'Annonciation à l'Ascension. Caractéristique de la production médiévale
des ivoires religieux, cette plaque provient de la collection von Hirsch.
Elle a été adjugée 90 000 £ par Sotheby, à Londres, le 22 juin 1978,
prix justifié par la qualité de la sculpture,
le bon état de conservation et la beauté de la patine.

Sotheby Parke Bernet

LES IVOIRES

L'ivoire fut utilisé dès l'aube de l'humanité. Comme cette matière, relativement facile à trouver sur des squelettes d'animaux, présentait les avantages d'être très dure, imputrescible, d'une belle couleur et aisée à travailler, les premiers hommes s'en servirent pour fabriquer non seulement des outils et des armes, mais aussi des objets magiques et cultuels.

Depuis, l'ivoire n'a cessé d'être employé à travers les siècles et dans la plupart des régions du Globe, que ce soit comme simple élément décoratif ou comme objet de culte porteur des croyances et des rêves des hommes.

L'Égypte ancienne en usa, de même que les royaumes assyriens et mésopotamiens. On rapporte que le trône du roi Salomon en était recouvert. Mais, si les ivoires byzantins sont plus célèbres que les productions de la Rome antique, les ivoires les plus appréciés par leurs formes restent, aux yeux des amateurs, les ivoires sacrés ou profanes de la période gothique.

Les ivoires flamands connurent leurs heures de gloire, de même que les baroques allemands, où se déploie une virtuosité technique rarement égalée. Enfin, le romantisme, le style néo-gothique ravivèrent le goût du public pour cette matière naturelle et noble, dont le déclin ne cessa ensuite de s'accentuer, surtout après la découverte de matières synthétiques, d'un prix de revient bien inférieur.

Parallèlement à son histoire européenne, l'ivoire connut également des alternances d'engouement et de désintérêt en Afrique et en Asie, où les artisans le façonnèrent en objets utilitaires ou religieux.

La vogue des ivoires a pour effet la multiplication des faux, destinés à abuser les moins avertis des amateurs. Il n'en reste pas moins que ces objets, où s'incarne l'esprit de telle ou telle civilisation, tiennent toujours une place de choix dans les vitrines des collectionneurs.

Le nom d'*ivoire* est aussi doux à l'oreille que la matière est lisse au toucher. Il fait revivre en nous le souvenir de lectures adolescentes qui nous emmenaient, en longues colonnes écrasées de chaleur et bravant les dangers, à la recherche des légendaires cimetières d'éléphants où les pachydermes, venus mourir loin des hommes, avaient accumulé leurs précieuses défenses.

On a pu écrire sans exagération que « l'histoire de l'ivoire se confondait avec celle de l'humanité ». Il faut dire que, avec la pierre, le bois et l'os, ce fut une des toutes premières matières que l'homme préhistorique trouva à sa disposition. Elle pouvait être travaillée et convertie en objets d'usage sacré ou profane : outils, armes ou objets cultuels. Avant d'aborder le récit de l'utilisation de l'ivoire à travers les siècles, essayons de définir ce que l'on doit englober sous ce terme.

IVOIRES ET IVOIRE

Dans le langage commun, on appelle « ivoire » la substance osseuse blanche, dure et dense que fournissent les défenses d'éléphant et, au sens large, les dents d'animaux comme l'hippopotame, le rhinocéros, le sanglier, le cachalot, le morse, le narval ou le mammouth, également fabuleux. Pour employer le langage plus précis de la science, ajoutons que l'ivoire est une dentine translucide, jaunâtre, chimiquement composée de calcium et de phosphate, dont le poids spécifique varie de 1,70 à 2 et la dureté de 2,5 à 2,75.

La loi française se montre plus restrictive, puisqu'elle stipule que l'appellation « ivoire » est réservée à la seule matière provenant des défenses d'éléphant. Nous nous en tiendrons donc à cette définition, nous ménageant la liberté d'évoquer, lorsque nous le jugerons nécessaire, les autres espèces d'« ivoire ».

Les défenses d'éléphant sont, en fait, les incisives supérieures de cet imposant herbivore, qui revêt un aspect différent selon qu'il vit en Afrique ou en Asie. L'éléphant d'Afrique est plus grand que son cousin de l'Est : il mesure jusqu'à 3,50 mètres, alors que l'éléphant d'Asie n'atteint que 3 mètres au maximum. Ses oreilles sont plus larges ; quant à ses défenses, qui nous intéressent plus particulièrement, elles adoptent une forme tronconique. Elles pèsent en moyenne 70 kilos chacune et mesurent de 2 à 2,50 mètres. Certaines, cependant, trouvées en Afrique à la fin du siècle dernier, pesaient plus de 100 kilos. Pourtant, elles sont creuses.

Les défenses de l'éléphant d'Asie sont moins volumineuses, mais, quel que soit le continent, les attributs

Metropolitan Museum of Art, New York

Corne de chasse en ivoire d'éléphant, incurvée en forme de tête de monstre (début du XVIIIe siècle).

dentaires du mâle sont toujours plus importants que ceux de la femelle. Sur le continent africain, l'éléphant vit principalement au centre et à l'ouest : en Côte-d'Ivoire, au Cameroun, au Congo, au Gabon, en Angola, en Guinée, au Soudan, au Sénégal, au Niger ; au sud, au Cap et, à l'est, au Kenya, au Tanganyika et à Zanzibar, et aussi en Éthiopie.

En Asie, il prolifère aux Indes, en Birmanie, au Siam (aujourd'hui Thaïlande) et surtout dans l'île de Ceylan. Les spécialistes distinguent généralement l'ivoire dur — dont le veinage et le grain sont moins marqués, récolté sur des animaux ayant vécu dans des régions humides — de l'ivoire doux, provenant d'éléphants ayant séjourné dans des régions très sèches et ensoleillées, lequel est plus tendre, plus facile à travailler. Précisons également que l'ivoire du Siam est plus prisé que certains ivoires africains provenant du Gabon ou de la Guinée.

Lorsqu'on parle de « morfil », il s'agit de défenses d'éléphant à l'état brut, non encore travaillées. On qualifie de « vert » l'ivoire recueilli sur des animaux fraîchement abattus, et de « mort » l'ivoire prélevé sur des restes d'animaux morts depuis un certain temps. Quant à l'ivoire « fossile », il appartient aux mammouths disparus au début de l'ère quaternaire, mais dont les glaciers nous ont conservé les corps ou les squelettes.

Tête de Christ en ivoire sculpté,
Milan, Xe siècle.
Landes Museum, Darmstadt.

Lessing-Magnum

LE TRAVAIL DE L'IVOIRE

Les techniques du travail de l'ivoire n'ont pas beaucoup changé depuis les origines. L'ivoire présente un certain nombre de points communs avec le bois, dont le fameux « fil » que l'on peut observer sur les pièces. Comme le bois, il se sculpte, se perce et se tourne.

La première opération consiste à choisir la partie de la défense qui se prêtera le mieux au travail projeté. On sait que la défense est creuse à l'intérieur, à partir de la base jusqu'aux deux tiers environ de sa longueur. La partie la plus recherchée, la plus noble, est donc la section du tronçon plein dont le diamètre est appréciable. On la réserve pour sculpter, par exemple, une statue de grandes dimensions, taillée d'une seule pièce.

On commence l'ébauche par un travail de dégrossissage à la scie, puis à la lime. Le bloc d'ivoire est ensuite taillé à la gouge et au ciseau. Puis intervient un autre outil, la grêle, sorte de petite râpe dentelée, qui lisse l'ivoire sans le rayer et dont la forme permet d'atteindre certains endroits difficiles d'accès, comme les plis des vêtements, par exemple. Burins, grattoirs sont utilisés pour la finition.

Vient alors le ponçage, qui s'effectue avec de la poudre de ponce mélangée à de l'eau et appliquée à la brosse. Pour finir, on procède au polissage, à l'aide de blanc d'Espagne. L'ivoire est très difficile à travailler : le sculpteur doit bloquer sa pièce dans une cheville — pièce de bois échancrée et fixée sur l'établi — et appuyer fortement de la main gauche, la droite guidant l'outil. Le pouce gauche d'un ivoirier (qui guide et sert de point d'appui pour les droitiers) est souvent couronné d'un cal à la partie supérieure.

De nos jours, si l'on utilise la scie mécanique et des roulettes de dentiste pour le dégrossissage, l'emploi de la grêle et des grattoirs reste indispensable à une bonne finition. Certaines productions actuelles d'Extrême-Orient sont entièrement mécaniques : les sculptures en pâtissent, manquent de précision, de netteté, et les traits restent toujours mous. Lorsque l'ivoire à travailler se révèle trop sec, on peut le « mouiller », c'est-à-dire lui faire subir un séjour dans un endroit humide ou l'entourer d'un linge mouillé. Cette opération facilite la taille, mais n'amollit nullement le matériau. Après avoir été poncés et polis, les ivoires étaient parfois peints et dorés — à l'époque gothique notamment — ou blanchis, oxygénés comme les ivoires baroques; ou encore patinés, grâce à un trempage dans du thé ou à une exposition à la fumée.

DE L'ÂGE DES CAVERNES À L'ANTIQUITÉ MÉDITERRANÉENNE

Matière première naturelle, comme la pierre ou le bois, l'ivoire fut utilisé, travaillé dès que les hommes surent façonner leurs premiers outils. Il servit à la fabrication d'objets répondant à des fonctions bien précises, indispensables au maintien de la vie : la chasse et la pêche (des aiguilles, hameçons, harpons, pointes de flèches, sagaies, etc.). Mais l'ivoire préhistorique se présente également sous forme de statuettes, auxquelles on attribue généralement un rôle culturel, ou de plaques gravées de scènes de chasse stylisées ou réalistes. Il semble aussi que des défenses de mammouth aient été utilisées en guise de poteaux de cabane, comme à Arcy-sur-Cure, dans la grotte du Renne. On a même qualifié certaines civilisations d'« éburnéennes » (du latin *ebur,* ivoire), pour souligner l'importance du rôle qu'y tenait ce matériau.

On possède de nombreux objets nés de la main des artistes égyptiens, comme des manches de couteau gravés de scènes de chasse et de sujets mythologiques, ainsi que des statuettes à l'effigie des pharaons.

Venant d'Afrique via l'Égypte, et d'Asie via l'Empire perse et la Phénicie, l'ivoire fut travaillé dans tout le bassin méditerranéen. Cependant, ce sont les Grecs qui l'ont fait passer de simple élément décoratif aux hautes destinées de la statuaire. On connaît les ivoires de Mycènes et de Délos, qui étaient traités, comme les ivoires orientaux, en éléments décoratifs. À l'époque classique, des sculpteurs grecs comme Théodes, Émilos, Dorycldas, Niédon et surtout le fameux Phidias se sont illustrés dans la réalisation de statues représentant Zeus, Héra, Artémis, Athéna. Il s'agissait de statues chryséléphantines, c'est-à-dire faites d'or et d'ivoire. L'ivoire était utilisé pour composer les parties nues de la statue : visage, mains, pieds; l'or recouvrait, sous forme de plaquettes, une âme de bois préalablement enveloppée de métal moins noble.

À Rome, c'est essentiellement dans le domaine décoratif que l'ivoire fut employé : on ne cite qu'une statuette chryséléphantine de Jupiter, commandée par l'empereur Hadrien. L'ivoire incrustait les chaises curules des sénateurs; les sceptres impériaux et les bâtons de commandement.

Les œuvres byzantines les plus caractéristiques sont les diptyques, qui, comme l'indique leur étymologie, sont composés de deux volets, reliés entre eux par une charnière. La face externe de ces deux volets était sculptée, la face interne était garnie de cire, sur laquelle on pouvait écrire au moyen d'un stylet.

Au VIIIe siècle, la crise iconoclaste fait dévier l'art religieux vers un art civil et profane. Les ivoiriers byzantins produisent alors des coffrets, des olifants, etc.

LES IVOIRES D'OCCIDENT

En ce qui concerne la France, ou plus exactement la Gaule, les ivoires les plus anciens que l'on connaisse remontent à la première moitié du Ve siècle. Ce sont des ivoires de caractère religieux.

De l'époque carolingienne, il nous reste, dans les musées et les cathédrales, des coffrets, des peignes, des couvertures d'évangéliaires, des croix, des bas-reliefs. On connaît des travaux analogues issus de monastères allemands ou anglo-saxons.

Presque partout en Occident, la sculpture sur ivoire s'inspire très librement des œuvres des miniaturistes. Mais l'art de l'ivoire atteint son apogée à l'époque gothique, et plus particulièrement à Paris, qui devint le siège de nombreux ateliers d'ivoiriers, concentrés autour de la porte Saint-Denis, dite « porte aux Peintres ». L'ivoire arrivait à Paris après avoir transité par Dieppe et Rouen. Il semble que le travail de l'ivoire ait été soumis à une réglementation assez stricte.

Sotheby's

Statuette féminine en ivoire. Égypte, Nouvel Empire : vers 1567-1530 av. J.-C. H. 10,5 cm. Adjugée 3 108 000 F par Sotheby's à Monaco, le 5 décembre 1987.

Les ivoires religieux

On a coutume de diviser la production des ivoires en deux catégories bien distinctes : les ivoires religieux et les ivoires profanes. C'est ainsi que la production de l'époque gothique fut riche non seulement en diptyques représentant des scènes de la Bible, en statues de la Vierge, du Christ, de saints et de saintes, en tabernacles, reliquaires, crosses d'évêque et peignes liturgiques, mais aussi en objets de toilette, en boutons, boucles de ceinture, boîtes à miroir, manches de couteau, de poignard, en plaques de couverture de tablettes à écrire, etc.

L'art du diptyque à colonnettes et à frises d'arcatures est caractéristique du milieu du XIVe siècle et se perpétue jusqu'au XVe. Comme la plupart des ivoires de ce temps, les diptyques sont peints, rehaussés de couleurs, dorés, quelquefois incrustés de pierres précieuses. Cependant, la sculpture en bas ou haut relief constitue l'essentiel du décor : les scènes sont traitées dans la veine naturaliste ou classique. L'impression de vie que donnent les meilleures œuvres est plus le résultat des attitudes, des scènes, des situations que de la physionomie des personnages, très souvent impersonnelle et figée.

Lauros-Giraudon

Vierge à l'Enfant,
ivoire français du XIIIe siècle.
Musée des Beaux-Arts, Caen.

Le culte de la Vierge, qui se développe en France au cours de la seconde moitié du XIIIe siècle, a amené la multiplication des statues représentant la mère du Christ. Au début, les ivoiriers s'inspirent de la sculpture monumentale, puis ils recherchent une expression originale. Certaines statues destinées aux autels sont habillées, parées de bijoux, et elles sont porteuses de reliques de saints. À la période des Vierges reines succèdent celle des Vierges mères, celle des Vierges à l'Enfant. Les Vierges au visage allongé en triangle, aux yeux bien marqués, au maintien aristocratique sont sculptées en obéissant à la forme de la défense d'éléphant : l'ivoirier obtient naturellement la position « hanchée » caractéristique de la sculpture de l'époque. Elles se distinguent par une élégance un peu mondaine, assez sévère, et par leur beauté très pure.

Dans l'évolution du travail de l'ivoire, il faut souligner l'apparition, au XIVe siècle, du maniérisme, qui devait s'accentuer avec le temps. D'ailleurs, les ateliers parisiens font des émules aux quatre coins de l'Europe, en Italie, en Angleterre, en Allemagne, dans les Flandres, en Espagne. Après s'être inspirés directement, voire servilement, des ivoires parisiens, les ivoiriers s'émancipent et donnent naissance à un style qui leur est particulier. Dans les pays scandinaves, où l'on travaille beaucoup l'ivoire de morse, on reste fidèle à des traditions locales fortement enracinées.

Les ivoires profanes

Les ivoiriers ne vivaient pas uniquement de la fabrication et de la vente d'ivoires religieux. Ils produisaient également des reliures de carnets à écrire, des plaquettes, des objets de toilette, des boutons, des boucles de ceinture, des navettes de tisserand, des valves de boîtes à miroir, que l'on faisait alors en métal poli, des éventails, des dévidoirs, des quenouilles et même des instruments de musique ; sans oublier les manches de grattoir, de couteau, de poignard, les peignes et les pièces de toutes sortes de jeux, notamment le jeu d'échecs. Ces pièces sont généralement décorées de scènes de chasse ou, plus souvent, de sujets galants. Rappelons que, depuis la fin du XIIe siècle, trouvères et auteurs de « romans » ont fait triompher l'amour courtois, introduisant ainsi les thèmes de l'amour profane dans l'art occidental.

Si les artistes de la Renaissance produisent quelques belles et parfois magnifiques pièces d'ivoire — certaines œuvres sont attribuées à Benvenuto Cellini, à Michel-Ange ou à Jean Goujon —, leur style, leur sensibilité préfèrent s'exprimer dans le marbre, le bronze, le bois ou la terre cuite.

C'est du XVIe siècle que date la naissance du goût pour les portraits en ivoire, qu'il s'agisse de médaillons traités en bas relief, selon la technique des médailleurs et des orfèvres, ou de bustes de dimensions variées, en ronde bosse. C'est à partir de la Renaissance également que la pratique du tournage devient courante.

Les ivoires français et allemands du XVIIe siècle

Au XVIIe siècle, les centres ivoiriers français ont pour nom Dieppe et Saint-Claude. On suppose que le port normand, où arrivait la matière première, a produit des pièces d'ivoire dès le XIVe siècle, mais les premières pièces identifiées avec certitude comme provenant de Dieppe datent du XVIIe siècle. Les ivoiriers fabriquaient toutes sortes de choses : depuis des objets de piété jusqu'à des objets usuels comme boîtes, navettes, éventails, coffrets à poudre, à mouches, à épingles, en passant

Ivoire allemand, fin XVIIe-début XVIIIe siècle, représentant Persée. Coll. Claude Ferment.

G. Meguerditchian

par des instruments scientifiques comme des cadrans solaires, des boussoles ou des maquettes, sans oublier les fameuses râpes à tabac, ou « grivoises », dont l'usage se développa en même temps qu'on commençait à goûter aux charmes de l'herbe à Nicot. Ces râpes permettaient de réduire en poudre le tabac, qui était vendu sous forme de paquets de feuilles serrées, appelés « carottes ».

Mais le XVIIe siècle est surtout la grande période des ivoires baroques allemands. À ce moment, l'ivoire arrive, entre autres, par les ports flamands et hollandais. Toutefois, les cales des navires ne contiennent pas seulement des défenses d'éléphant ; elles apportent également des objets d'art en provenance de Chine, nouvelle source d'inspiration pour les artistes européens. Cette influence de l'Extrême-Orient est nettement visible dans le pokal (coupe à couvercle et à pied élevé), dans les globes utilisés comme lanternes magiques à pied ovale et dans les boules ajourées, renfermées les unes dans les autres, dont un grand nombre sortirent des ateliers des Zick, à Nuremberg.

Notons que l'on retrouve l'exubérance, la surcharge même qui caractérisent les ivoires baroques allemands dans des objets aussi divers — par leur usage et par leur taille — que les vidrecomes (grands verres à boire que les convives se passaient de main en main), les hanaps, les plats de chasse, les pulvérins (poires à poudre), les chopes, les salières, les canettes et même les statues. Des cortèges de dieux et de déesses figurent en bas relief sur des vidrecomes, des hanaps aux montures d'orfèvrerie. La virtuosité technique devient la règle et l'emporte sur le goût ; la sobriété, qui donnait tant de noblesse aux ivoires de haute époque, n'est plus appréciée.

Les ivoires français du XVIIIe siècle

Au XVIIIe siècle, la nouvelle production se caractérise par des ajourages et des mosaïques. Pierre Bazin, conservateur du musée de Dieppe, cite dans son catalogue consacré aux ivoiriers de Dieppe un prospectus, édité au début du XVIIIe siècle, qui constituait la publicité de l'ivoirier Antoine Belleteste ; on y lit : « Antoine Belleteste demeurant à Dieppe, grand'rue, la boutique à côté de la place Royale, fait et vend toutes sortes de curiosités en ivoire, étuis sculptés, guillochés, cannelés et découpés à la scie ; tabatières à jour et autres tabatières travaillées de toutes façons ; navettes pour les dames ; couteaux, cure-oreilles, paniers, moulinets et trompettes, crucifix communs et autres crucifix bien finis et de toutes grandeurs, figures saintes montées sur des piédestaux et autres figures pour garnir les cheminées ; toutes sortes d'éventails découpés et sculptés de toutes façons ; tabatières à telles armes et chiffrées que l'on veut ; billes et boules billard, cornets, dés pour le tric-trac ; jeux d'échecs et de dominos ; et généralement tout ce qui se fait en ivoire, en os et en coco, à prix raisonnable. » Quelle diversité ! Pourtant, cette énumération serait incomplète si l'on ne mentionnait encore les miniatures collées sur fond bleu ou sur verre ; les statuettes représentant les quatre saisons, dont un groupe aurait été offert à Marie-Antoinette vers 1780. La période révolutionnaire et les guerres napoléoniennes sont défavorables au travail de l'ivoire, à l'exception des travaux exécutés par les prisonniers détenus sur les sinistres pontons britanniques. C'est ainsi que sont fabriqués des écrins, de petits métiers à tisser, des boîtes de dominos et autres coffrets, sans oublier les fameuses maquettes de bateaux.

À la Restauration, la duchesse de Berry, se souvenant sans doute que Louis XV avait travaillé l'ivoire, met Dieppe à la mode en venant s'y installer pendant la saison des

Musée de Dieppe, D.R.

Trois râpes à tabac en ivoire, travail dieppois du XVIIIe siècle, représentant Vénus et l'Amour (à gauche), *Jupiter* (au centre), *et une scène galante* (à droite). *Musée de Dieppe.*

bains de mer. Aussitôt, le goût pour l'ivoire revient en force : on ne veut pas quitter Dieppe sans emporter, en souvenir ou en guise de présent, un ivoire de production locale. Cette mode allait durer jusqu'en 1850.

Trois cent cinquante ivoiriers travaillaient à Dieppe au XVIIe siècle ; une centaine durent s'exiler après la révocation de l'édit de Nantes. Pourtant, il n'y en avait pas moins de cinq cents en 1855. C'est l'époque où un artiste dieppois, P.-A. Graillon, sculpte ses pêcheurs polletais : Le Pollet était un quartier situé à l'est du port et dont les habitants, prétendait-on, étaient originaires de Venise.

L'apparition du Celluloïd, en 1869, portera un coup fatal à la fabrication des objets de toilette, des boîtes diverses. En 1882, il n'y a plus à Dieppe que cent vingt ivoiriers, dont la production se borne à des copies d'objets et de statuettes Renaissance ou de haute époque.

L'ivoire fut utilisé pour la statuaire chryséléphantine de

De gauche à droite : la Terre et un dosseret de bénitier, deux pièces caractéristiques des ateliers dieppois (XVIIIe s.) ; une cuillère à manche ouvragé, travail français du XVIIe siècle. Coll. Claude Ferment.

G. Meguerditchian

style Arts déco autour de 1925. Depuis, le nombre des ivoiriers n'a cessé de diminuer et, aujourd'hui, les sculpteurs d'ivoire se comptent sur les doigts des deux mains. La disparition prévisible de cet art en France et en Europe, la multiplication quasi industrielle de pièces stéréotypées en Extrême-Orient, à Hongkong notamment, amèneront les amoureux de l'ivoire à considérer d'un œil plus indulgent les pièces anciennes du XIXe siècle, naguère encore négligées.

LES IVOIRES ESQUIMAUX

Bien que nous ayons choisi de ne considérer en tant qu'ivoire que celui de l'éléphant, il nous faudra faire une exception pour l'ivoire de morse si nous ne voulons pas ignorer les objets créés par la culture esquimaude.

Le monde esquimau s'étend du Groenland à la Sibérie, en passant par l'Alaska et le Canada. Les archéologues y distinguent deux groupes géographiques : à l'ouest, les cultures de la mer de Béring et d'Ipiutak ; à l'est, celles de Dorset et de Thulé, dont les sculptures en ivoire de morse évoquent des scènes de la vie quotidienne ainsi que des événements marquants.

Les contacts avec l'homme blanc, dans la période dite « de transition », entre 1800 et 1945, ont transformé peu à peu l'art esquimau. Aux œuvres spontanées, qui répondaient aux besoins profonds de l'homme esquimau, vont s'ajouter des objets appréciés, voire recherchés par les premiers touristes. On découvre parfois dans les ventes publiques, en ivoire de morse jaune orangé, des figurines de jeux en forme d'oiseaux, des statuettes représentant des ours, des phoques, des masques. On trouve aussi des sections de défenses de morse, gravées de scènes de chasse, des leurres pour la pêche, etc.

LES IVOIRES ISLAMIQUES

Fort étendue dans le temps et dans l'espace, la civilisation islamique a donné de très belles pièces d'ivoire.

De l'époque fâtimide (XIe-XIIe siècle), on peut admirer au musée du Bargello, à Florence, une plaque de coffret ajourée ; elle est finement sculptée de personnages et d'animaux encadrés de rinceaux.

Le musée du Louvre possède une boîte en ivoire signée d'El Mughirah, datée de 968, sculptée de médaillons représentant des personnages et des animaux ; les spécialistes voient là un travail andalou du Xe siècle.

Des pièces d'un jeu d'échecs offert par Haroun al-Rachid à Charlemagne sont conservées à la Bibliothèque nationale. De cette époque, il reste de nombreux coffrets et boîtes diverses, qui sont autant de preuves de la dextérité technique et du style de ceux qui les ont faits comme du goût de ceux qui les ont commandés. Les décors sont souvent composés d'arabesques, de rinceaux et de feuillages.

Lorsque les Normands eurent succédé aux Arabes en Sicile, ils surent s'attacher les services des excellents artistes locaux, qui créèrent notamment de très beaux coffrets polychromes à décor d'animaux et de personnages. Quant au célèbre miroir de Soliman le Magnifique, c'est un témoignage précieux de l'art de la Turquie ottomane.

Il arrive de trouver des coffrets siculo-arabes en vente publique : ils sont généralement composés de minces feuilles d'ivoire assemblées par de petits clous de cuivre, et ornés soit de scènes animées polychromes inscrites dans des médaillons, soit de rinceaux et d'arabesques.

Figure de chef en ivoire sculpté du Bénin.
British Museum, Londres.

LES IVOIRES AFRICAINS

Deux régions d'Afrique se sont particulièrement illustrées dans le travail de l'ivoire : les royaumes du Bénin et du Ba Kongo. Le musée des Arts africains et océaniens de Paris abrite, entre autres objets d'ivoire, une défense d'éléphant sculptée, dont les bas-reliefs représentent l'Oba, chef spirituel et temporel au Bénin. (Voir le chapitre « Art primitif ».)

Pratiquant un art figuratif assez réaliste, le Ba Kongo a produit des objets aussi divers que des marteaux de tambour, des poignées de chasse-mouches, des trompes d'appel, des dimba, fétiches de protection des femmes enceintes, des statuettes, etc. Tous ces objets sont caractérisés par une patine rouge orangé ou brun-rouge.

Les poignées de chasse-mouches, qui mesurent de 10 à 30 centimètres, peuvent être décorées de torsades, de points, de cercles, ou sculptées en forme de plantes ou de personnages. Les trompes d'appel sont sculptées d'anneaux ou bien de scènes diverses, telles qu'un bélier attaché à un tronc d'arbre. Leur extrémité est circulaire ou à pans coupés.

LES IVOIRES AFRO-PORTUGAIS

Les rencontres de civilisations de cultures différentes donnent souvent naissance à des courants artistiques, à des styles d'une originalité séduisante, mais qui sont encore mal connus, si ce n'est totalement inconnus. C'est le cas notamment des ivoires afro-portugais, nés des contacts et des liens établis entre les négociants portugais et le monde africain.

Les pièces que l'on connaît, tasses à pied, cornes de chasse, fourchettes et cuillers ainsi que d'autres objets — dont une corne à poudre (musée de Cluny) —, ont suscité de multiples hypothèses. William Fagg, qui a consacré des recherches à ce sujet, estime qu'il y a trois lieux d'origine possibles : la Sierra Leone, où les Portugais avaient

Werner Forman

Groupe en ivoire sculpté, caractéristique de l'art afro-portugais. British Museum, Londres.

installé un comptoir à Nitombo ; la côte du Ba Kongo, à l'embouchure du fleuve Congo ; et enfin l'ancienne côte des Esclaves, entre Lagos et Porto-Novo ; certains pensent même à Ouidah, autrefois port du Dahomey. C'est donc en un de ces lieux qu'au XVIe siècle des sculpteurs africains auraient exécuté des objets en ivoire destinés aux nobles portugais. Art de commande, donc ; en apportent la preuve ces olifants (entre 40 et 60 cm de long) troués au bout comme les cornes de chasse européennes et non sur le côté, comme le sont les trompes africaines. Ils sont ornés de motifs imitant le tressage de la vannerie ou de bas-reliefs représentant des scènes de chasse sans caractère spécifiquement africain, mais exécutées sans doute d'après des gravures ou des sculptures sur bois importées d'Europe. On retrouve le décor de vannerie sur les tasses, sortes de récipients plus ou moins globulaires montés sur pied et portant un couvercle. Leur hauteur totale varie entre 23 et 30 centimètres. Elles sont ornées d'animaux, de personnages aux traits typiquement africains, mais vêtus à l'européenne. Leur utilisation reste un mystère.

Certains objets paraissent avoir été tournés. Or, le tour était inconnu en Afrique. On en déduisit qu'il s'agissait d'un travail d'artisans africains... émigrés au Portugal.

LES IVOIRES DE GOA

Autre produit d'une rencontre de deux civilisations, les ivoires de Goa. L'expert français Claude Ferment considère cet art indo-portugais « comme une sorte de symbiose réunissant l'esprit artistique européen et l'art de travailler les ivoires des Indiens ». Il n'hésite pas à comparer cette production aux porcelaines de la Compagnie des Indes, fabriquées en Chine pour une clientèle européenne.

En 1510, les Portugais font de Goa la capitale des Indes portugaises ; ils y installent des comptoirs commerciaux, afin de drainer vers l'Europe les matières premières et les précieuses épices. Mais il ne faut pas sous-estimer la puissante volonté d'évangélisation des conquérants. À la fin du XVIe siècle, la Compagnie de Jésus débarque en force avec, dans ses bagages, des images des saints, du Christ, de la Vierge. Les artisans locaux vont s'en inspirer et, pour répondre à la demande, ils reproduisent en ivoire des modèles apportés d'Europe.

Nous possédons peu de pièces de cette époque ; elles représentent la Vierge et des saints vêtus de draperies, des Enfants Jésus potelés. Ce sont des œuvres de qualité, sans ornementations superflues. Mais au début du XVIIIe siècle, le caractère indien des ivoires de Goa commence à se manifester ; dans le visage, le regard et la chevelure notamment. Les yeux s'enfoncent dans les orbites, la fente se rétrécit, la tête s'allonge, les plis du drapé tombent à la verticale. La polychromie apparaît, sur les yeux et les lèvres d'abord, puis elle s'étend à l'ensemble des statuettes, dont la taille varie entre 9 et 40 centimètres (20 à 25 cm en moyenne).

Il arrive que les statuettes soient rehaussées d'orfèvrerie. Elles représentent le Christ bénissant, l'Enfant Jésus, la Vierge à l'Enfant, le Bon Pasteur ou saint Jean vêtu d'une peau de mouton, endormi sur un rocher, au sommet d'une montagne, ou portant une brebis sur les épaules.

Au début, ces pièces étaient essentiellement destinées à un usage religieux local, mais, étant donné la qualité du travail et son faible prix de revient, les Portugais ne tardèrent pas à les exporter non seulement au Portugal, mais aussi vers les pays sous domination lusitanienne, le Brésil par exemple.

LES IVOIRES DE L'INDE

L'art de l'Inde est avant tout lié à l'expression d'une pensée religieuse. Il est codifié, laissant peu d'initiative à l'artisan, qui doit respecter des canons édictés directement ou indirectement par les textes sacrés.

Le travail de l'ivoire n'échappe pas à cette règle. Cette matière, que l'on trouvait à profusion, a sans doute été utilisée dès les origines ; elle était très recherchée et on l'employait dans la décoration architecturale, ou bien dans la fabrication de meubles, sous forme d'incrustations. Les

Statuette de saint Jean, travail indo-portugais de la fin du XVIIe siècle, directement inspiré par l'art religieux européen. Coll. Claude Ferment.

G. Meguerditchian

Grande statuette (H. 86 cm) d'une « dame de qualité » richement vêtue, sculptée suivant la forme naturelle de la défense. Chine, fin du XIXe siècle. La hauteur et la finesse du détail en font le prix.

Laurin, Guilloux, Buffetaud, Tailleur

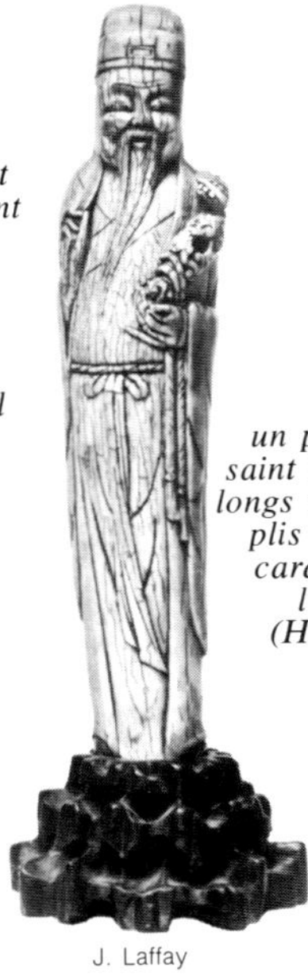

Statuette représentant le dieu du Bonheur (divinité taoïste), d'une sobriété caractéristique de l'époque Ming. (H. 20 cm.)

J. Laffay

Statuette représentant un personnage ou saint bouddhiste en longs vêtements aux plis enveloppants, caractéristique de l'époque Ming. (H., sans le socle, 22 cm.) Coll. part.

Ader, Picard, Tajan

motifs sont soit des plantes, soit des animaux fantastiques, soit des femmes aux formes opulentes très légèrement revêtues de riches bijoux.

Des statuettes et des pièces de jeux d'échecs datent de la période Gupta (IVe-VIe siècle). Après l'arrivée des Occidentaux, celle des Portugais notamment, on créa à partir du XVIe siècle des meubles de style dit « indo-portugais », qui utilisaient beaucoup les bois sombres, sur lesquels se détachaient des incrustations d'ivoire.

Du XVIIe siècle, on connaît des plaques cingalaises décorant des trônes. Durant la domination britannique, on employa beaucoup l'ivoire dans la fabrication des meubles : on trouve des plaques d'ivoire sur des palanquins ; elles sont ornées d'éléphants, de tigres, de motifs floraux et d'arabesques. La période récente se caractérise par une large production, souvent stéréotypée, de statuettes de dieux et de déesses des différents panthéons indiens, de coffrets, de pièces d'échecs, dont l'intérêt artistique est assez inégal.

LES IVOIRES CHINOIS

Il existe des ivoires à décor gravé d'époque Chang et Tcheou (1050-249 av. J.-C.). Leurs motifs décoratifs rappellent ce que l'on trouve dans l'art du bronze. Comme en Inde, l'ivoire servait à la décoration des palanquins, des trônes, des chars. D'après des textes, on sait aussi qu'il existait des peignes de cette matière sous les Han et les T'ang (618-907). Des objets utilitaires ou rituels en ivoire furent fabriqués à l'époque Song, mais il est très rare de trouver des pièces antérieures aux Ming (1368-1644). De cette époque datent des sculptures représentant des dieux, des déesses, des moines, des soldats, des empereurs et de hauts personnages. Des statuettes de la déesse Kwan-Yin ne sont pas sans évoquer, par la finesse de leurs traits et par leur léger déhanchement (correspondant à la courbure de la défense d'éléphant), certaines statues gothiques françaises. Aux époques ultérieures, les œuvres vont perdre de leur simplicité pour tomber dans un maniérisme qui ira, en s'accentuant, jusqu'à l'exubérance.

Dans le domaine de la statuaire, nous citerons également les fameux « ivoires médicaux », statuettes représentant des femmes nues qui permettaient aux patientes d'indiquer à leur médecin le siège de la douleur, sans avoir à se déshabiller.

L'art des ivoiriers chinois s'exerça en outre dans l'élaboration de maquettes et de modèles réduits de maisons, de jardins, de temples, de sampans et de jonques. De la fin du XVIIIe siècle datent de petites tabatières à priser, en forme de flacon, hautes de 5 à 15 centimètres, décorées de scènes variées, très fouillées, à nombreux personnages, comme dans le décor dit « aux mille enfants ».

LES IVOIRES JAPONAIS : LES NETSUKÉ

Nul n'ignore l'influence importante de l'art japonais sur l'art européen, et plus spécialement sur l'Art nouveau, à la fin du XIXe siècle. C'est à cette époque que commencent à se constituer des collections de netsuké, dont la mode fut lancée par les frères Goncourt. Le mot *netsuké* vient de l'assemblage de deux mots : *ne* (racine) et *tsuké* (pendre, accrocher). Le netsuké est essentiellement un petit contrepoids qui maintient l'*inrō*, petite boîte à plusieurs compartiments, accroché par un cordon de soie à une ceinture.

Lié au port du kimono traditionnel, le netsuké devait péricliter avec lui. L'année 1868 voit le Japon adopter le costume occidental, tandis que s'accentue l'engouement des Occidentaux pour les arts japonais, entraînant la commercialisation intensive des netsuké. Ils deviennent des pièces strictement décoratives : les okimonos, dont la qualité artistique est très inégale. (Voir chapitre « Extrême-Orient ».)

L'art de l'ivoire est également représenté au Japon par des statuettes ; là aussi, le meilleur côtoie le pire. Sont représentés les dieux et déesses des trois religions du Japon ou bien les mille et un personnages qui animaient jadis la vie quotidienne : bûcherons, pêcheurs, enfants portant des lanternes ou des cages à grillons, pèlerins, jeunes femmes avec leur enfant sur le dos, paysans, paysannes, saltimbanques, sages, guerriers, singes, animaux marins... Leur taille varie de 15 à 141 centimètres (ce qui est exceptionnel) ; la moyenne est d'une vingtaine de centimètres.

Ces statuettes sont traitées dans un style très réaliste et témoignent bien du don d'observation des sculpteurs japonais ; certaines s'enrichissent de mille détails et sont rehaussées de savantes polychromies ; parfois, elles sont même incrustées de pierres précieuses.

FAUX ET IMITATIONS

Une loi regrettable régissant le monde des antiquités veut que le succès amène la fraude. L'ivoire, les ivoires, hélas, n'échappent pas à la règle. Les pièces de grande valeur ont suscité de coupables industries et encouragé des ivoiriers méconnus à exercer leur talent dans la clandestinité. Avec le mouvement romantique, on a vu renaître le goût pour l'art gothique, la nostalgie des châteaux crénelés, des dames coiffées du hennin : le mouvement « troubadour », ou néo-gothique, a rendu leur prestige aux œuvres de haute époque et, lorsqu'elles se faisaient rares, on en a fabriqué. Les faussaires taillaient leurs œuvres soit dans des ivoires anciens sans grande valeur qu'ils resculptaient, soit dans de l'ivoire fraîchement « cueilli » qu'ils vieillissaient artificiellement.

Les meilleures copies furent faites d'après le modèle lui-même, d'après des gravures ou des dessins. C'est ainsi qu'il y eut des faux gothiques, des faux byzantins, voire des faux carolingiens. On copia même des ivoires baroques du XVIIe et du XVIIIe siècle.

Heureusement pour les experts, les tricheurs manquent généralement de culture ; ils mélangent des motifs décoratifs anachroniques, donnant aux drapés, par exemple, des aspects fantaisistes.

Par ailleurs, si des artistes s'attachèrent à tromper, grâce à l'habileté de leurs ciseaux et de leurs burins, des chimistes et des « alchimistes » s'efforcèrent d'imiter la matière elle-même. Ce genre d'idée avait dû germer très tôt dans les esprits, car, dès 1485, des statuts corporatifs interdirent de mêler de l'os blanc à l'ivoire.

On s'efforça de composer des matières ayant l'apparence de l'ivoire en faisant macérer des poussières et des déchets d'os et d'ivoire dans des solutions de chlorure de chaux mélangées à des matières aussi diverses que la laine, le coton, la soie. On utilisa aussi des composés de phosphates de chaux, de plâtre de Paris. Un système plus ancien consistait à faire bouillir des pommes de terre dans de l'acide sulfurique, qui les durcissait et leur donnait un aspect, une texture proches, dit-on, de l'ivoire. Au début du XIXe siècle, on réalisa des imitations à partir de l'ivoire végétal, ou corozo. On le tirait de noix de palmier récoltées dans les forêts d'Amérique du Sud, plus particulièrement au Brésil, au Pérou et en Guyane. L'ivoire végétal, plus facile à travailler que l'ivoire animal, se teignait facilement. Il était plus tendre et moins cassant. On l'utilisait pour la fabrication de boutons, de petits objets, de manches d'ombrelle, etc. Un peu d'acide sulfurique frotté en un endroit quelconque d'une pièce en ivoire végétal fait apparaître quelques minutes plus tard une tache rosâtre qui disparaît une fois lavée ; cette tache n'apparaît pas sur de l'ivoire véritable.

Le Celluloïd, fabriqué industriellement dans le dernier quart du XIXe siècle, devint un concurrent sérieux de l'ivoire. Depuis, des matières plastiques plus élaborées encore et l'utilisation de résines plastiques ont permis d'obtenir des agglomérés qui parviennent quelquefois à créer la confusion. Néanmoins, les matières synthétiques présentent une teinte uniforme, sans zones, un aspect

G. Meguerditchian

Au XVIIIe siècle, les ivoiriers européens ont rivalisé d'habileté dans le tournage des pièces. Ici, un rouet très ajouré. Coll. Claude Ferment.

G. Meguerditchian

Les artisans dieppois aux XVIIIe et XIXe s. ont souvent fabriqué des jeux d'échecs en os. Celui-ci, où l'on remarque les costumes d'époque Empire d'un côté et turcs de l'autre, date du premier quart du XIXe siècle. Coll. Claude Ferment.

Sotheby Parke Bernet

Cette pièce d'échecs (7,3 cm) figurant un jeune roi imberbe assis sur un trône représente (sans doute) Frédéric II. Travail du sud de l'Italie de la fin du XIIIe siècle. Pièce exceptionnelle de l'ancienne collection von Hirsch, vendue par Sotheby's.

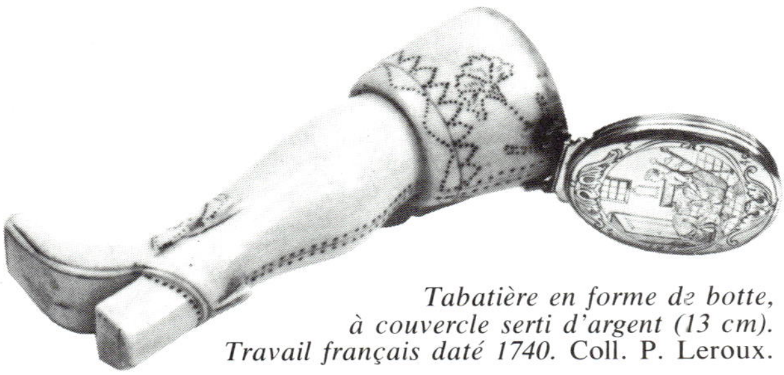

Tabatière en forme de botte, à couvercle serti d'argent (13 cm). Travail français daté 1740. Coll. P. Leroux.

En haut, manche de couteau sculpté en mufle de lion, Italie, XVIe s. De gauche à droite : boîte à couvercle sculpté, travail flamand, fin du XVIIIe s. ; boîte dieppoise, XVIIIe s. ; boîte avec guillochage faite au tour, Allemagne, XVIIIe s. Coll. C. Ferment.

G. Meguerditchian

mat et des détails moins fouillés, moins nets — surtout s'il s'agit de pièces moulées — que l'ivoire.

Pour séparer le bon grain de l'ivraie, les amateurs emploient parfois un « truc » simple. Ils font chauffer au rouge une aiguille ou une épingle et tentent de la faire pénétrer dans la masse, en un point discret. Si elle s'enfonce avec facilité, ce n'est pas de l'ivoire. Hélas, aujourd'hui, il existe des matières synthétiques aussi dures que l'ivoire. Quant au Celluloïd, il est plus facile à reconnaître : frotté vivement, il dégage une odeur de camphre.

Il existe de nos jours des moyens moins empiriques pour reconnaître l'ivoire, et la Chambre de commerce de Paris possède un laboratoire capable de déterminer avec la plus grande précision la nature des matières présentées à ses analyses. Toutefois, on ne dispose pas encore de moyens suffisants pour effectuer des datations très exactes, et c'est là que les connaissances, l'expérience et le sixième sens de l'expert entrent en jeu. La photographie des pièces face aux rayons infrarouges, avec pellicule noir et blanc, permet de faire apparaître en noir, lorsqu'elles existent, les traces de polychromie. Quant à l'exposition à la lampe de Wood, elle rend visibles des réparations ou restaurations particulièrement bien faites, qui auraient échappé à un examen visuel.

Rappelons enfin que la loi, évoquée au début de ce chapitre, instituant que la dénomination « ivoire » devait être réservée à la matière naturelle provenant des défenses d'éléphant, interdit également de mettre en vente sous le nom d'« ivoire », avec ou sans qualificatif, des objets comportant une quantité même minime de matière autre que l'ivoire. Elle précise aussi que, lorsque des produits portant le nom d'« ivoire » sont présentés avec des objets en matière d'imitation, ceux-ci devront porter une étiquette bien visible sur laquelle sera inscrit très lisiblement le nom de la matière qui les compose ou bien le mot « imitation », sans autre mention.

L'ENTRETIEN DE L'IVOIRE

L'entretien de l'ivoire demande une grande prudence. Dispensez-vous de toute initiative hasardeuse qui risque de détériorer une pièce. La première règle est de se souvenir que l'ivoire est une matière vivante, sensible aux conditions climatiques et à la lumière. Évitez de placer vos objets dans un local surchauffé et sec. L'ivoire peut se fendiller, se craqueler. Les propriétaires de galeries, les professionnels exposent leurs pièces dans des vitrines éclairées à la lumière fluorescente, qui ne chauffe pas, et équipées d'humidificateurs d'air. La lumière altère l'ivoire, c'est-à-dire qu'elle jaunit l'ivoire blanc d'origine et qu'elle blanchit l'ivoire jaune d'origine.

Il ne faut pas confondre patine et saleté. On peut nettoyer l'ivoire à l'eau savonneuse légèrement tiède. Cependant, certains ivoires exotiques ont subi des teintures, à base de bétel ou de noix d'arec, qui leur donnent des tons bruns, jaunes, orangés, etc., qu'il faut conserver. Il y a des produits à proscrire, comme des solutions d'acide nitrique, qui ont la propriété d'amollir l'ivoire.

Certains amateurs, désireux de donner à leurs objets un aspect patiné, utilisent à cet effet des décoctions de chicorée ou de thé, qui nuancent la matière de brun ou de doré. Lorsque des ivoires sont rayés, on peut les repolir à l'aide d'un peu de blanc d'Espagne dissous dans de l'eau à peine tiède. Mais il est plus sage de laisser ce soin à des spécialistes. Pour l'entretien des objets usuels — manches de couteau, touches de piano, objets de toilette —, utilisez de l'alcool à brûler dilué dans de l'eau.

Vous pourrez trouver çà et là d'autres recettes, d'autres

Coupe en ivoire tourné, Allemagne, XVIIe siècle, d'une qualité remarquable par la perfection du détail et la symétrie des motifs. Coll. Claude Ferment.

G. Meguerditchian

Ader, Picard, Tajan

L'art du diptyque s'est prolongé en France jusqu'au XVe siècle, comme l'atteste cette double plaque en bas relief. À gauche, la Sainte-Trinité ; à droite, le Christ en croix entre la Vierge et saint Jean. H. 6,9 cm, long. 9,2 cm. Ce travail, où le réalisme se combine à la recherche ornementale, annonce la fin de l'époque gothique.

procédés, d'autres « trucs » ; une seule consigne : prudence et circonspection ; c'est à ce prix que vous pourrez conserver, pour votre plaisir, vos objets d'ivoire.

LE MARCHÉ DES IVOIRES

Appartenant à tous les âges de l'humanité, sculpté sous presque toutes les latitudes, l'ivoire a connu, nous l'avons vu, des destinations et des formes d'une diversité presque infinie. L'éventail des prix du marché est à l'image de cette pluralité. On trouve des ivoires à partir de 200 francs jusqu'à... plusieurs dizaines de milliers de francs.

Les critères qui établissent la valeur d'un ivoire sont d'abord la qualité artistique, la finesse du travail — qu'il ne faut pas confondre avec la virtuosité —, puis la rareté de l'objet. La taille joue un certain rôle également, mais non proportionnel à la valeur. Sont particulièrement recherchées les grandes pièces taillées d'un seul tenant, plutôt que celles qui sont faites de plusieurs morceaux. L'origine de l'ivoire n'est pas un facteur important.

Les ivoires de l'Antiquité ou les ivoires byzantins sont pratiquement introuvables en vente publique. Ceux du Moyen Âge sont non moins exceptionnels. On en trouve quelquefois dans les ventes d'objets de haute époque ou de grande curiosité. Quant aux ventes spécialisées en objets d'ivoire européens (du XVIIe au XIXe siècle), leur nombre dépasse rarement la demi-douzaine au cours d'une année.

Inutile de préciser que, lorsque des ivoires de haute époque font leur apparition sur le marché, grands collectionneurs et musées se disputent ces pièces peu communes à des prix inaccessibles pour la plupart des amateurs.

Les ivoires européens des XVIIe et XVIIIe siècles (ivoires français, flamands, ivoires baroques allemands) sont relativement peu courants. Leurs prix peuvent s'échelonner entre quelques milliers de francs et 10 000, 20 000, voire 60 000 et 70 000 francs. Il résulte de cette hausse des prix que de nombreux objets du XIXe siècle, délaissés auparavant et même méprisés, trouvent de plus en plus d'acheteurs et voient leur cote monter au marché des objets d'art.

Les ivoires africains sont nombreux, encore que les pièces récentes dominent un marché où les sculptures anciennes sont prisées, et pas seulement par la clientèle d'arts dits « primitifs ».

En ce qui concerne l'Extrême-Orient, il y a pléthore ; ivoires chinois et japonais pullulent. Mais, là également, l'ivraie a tendance à étouffer le bon grain. Les statues Ming, d'une trentaine de centimètres de haut, taillées d'une seule pièce, peuvent dépasser 50 000 francs. En revanche, les objets de bazar, de production récente, ne dépassent pas 2 000 à 4 000 francs. Les prix des ivoires japonais peuvent varier selon des coefficients de 1 à 100, en fonction de l'époque et de la signature. Certains netsuké peuvent dépasser 100 000 F s'ils sont signés d'un artiste connu. Mais les plus courants valent de 5 000 à 10 000 F. Les okimonos, statuettes réalistes de la période 1880-1925, peuvent être acquis dans une échelle de prix s'étendant de 6 000 à 30 000 francs (8 000 francs en moyenne), selon la taille, la qualité artistique et la rareté du personnage ou du groupe.

D'une manière générale, en une dizaine d'années, le prix des ivoires a été — en schématisant — multiplié entre sept et dix fois. Avec le correctif de l'inflation, disons qu'en valeur absolue les ivoires ont augmenté entre trois et trois fois et demie. Cela précisé, il faut, quelles que soient la mode et les folies passagères du marché, raison garder. N'oubliez jamais qu'il est préférable, pour la même somme, de posséder une pièce de qualité plutôt que deux médiocres, moins intéressantes. En matière d'antiquités, comme en d'autres domaines, la prudence conseille d'engager des investissements suffisants pour avoir l'assurance de substantielles plus-values.

L'Enfant aux jouets. *Ce tableau anonyme rayonne d'une lumineuse sérénité qui se concentre dans ce jeune visage épanoui et attentif. Tambour battant, le petit garçon mène une charge imaginaire. L'univers des jouets est à la fois réalisme et poésie.* Coll. R. Capia.

Meguerditchian

LES JOUETS

Ceux qui contemplent un jouet ancien à travers la vitrine d'un antiquaire retrouvent la lueur candide d'un regard d'enfant, que soudain ravive la flamme du souvenir. À la vue d'une poupée, d'un cheval de bois, d'une voiture en tôle, d'un soldat de plomb, les couleurs et les détails que l'on croyait oubliés surgissent du fond de la mémoire plus sûrement que la saveur fugace de la petite madeleine. C'est le « temps retrouvé », avec parfois la vivifiante pensée qu'une reprise de possession vous rendra les années passées. Seuls les jouets possèdent le pouvoir étrange de perpétuer les illusions perdues. Mais les jouets sont aussi les fidèles témoins de leur temps, ce qui leur donne un rôle spécifique dans l'histoire des hommes : jouets d'argile des enfants pauvres comme l'oiseau du Christ que certaines Vierges portent sur le bras ou jouets de luxe des enfants royaux, en attendant leur multiplication en série industrielle à cet âge d'or des jouets que fut le XIXe siècle.

Compte tenu du nombre impressionnant des collectionneurs de poupées, nous donnerons une place de choix à « ces demoiselles plus que centenaires ». Pour les poupées comme pour les figurines de plomb, les automates, les jouets scientifiques ou les jouets inspirés par la locomotion, nous indiquerons les détails nécessaires permettant de les identifier. Car il importe de bien les connaître pour les bien acheter quand le nombre grandissant des amateurs les raréfie sur le marché.

« Le jouet est un historiographe bavard, qui enregistre et raconte les menus faits de la vie publique, la petite chronique, les mémoires de son temps, les questions politiques, sociales, économiques, morales, religieuses. » En s'exprimant ainsi, Léo Clarétie mettait l'accent sur la valeur de témoignage que prend le jouet avec le recul du temps. Il est, en effet, le reflet d'une époque et fournit des renseignements précieux aussi bien sur la mode vestimentaire avec les coquettes poupées, sur les uniformes militaires avec les soldats de plomb, sur les carrosseries du premier âge de l'automobile avec les petites voitures que sur certains événements de l'actualité : après les exploits des premiers grands aviateurs, les engins de Wright ou de Blériot n'ont-ils pas été reproduits en miniature à des milliers d'exemplaires ? De même, une « auto-accident », explosant après un court trajet, a été inventée à la suite de la meurtrière course automobile Paris-Madrid de 1903. Opportunisme de la part des fabricants de jouets ? Certes, mais aussi réponse aux besoins constants des enfants d'imiter les adultes — quels sont ceux qui n'ont pas reproduit les gestes et les paroles de leurs parents en s'amusant avec leurs poupées ? — et de se donner l'illusion de vivre dans le même univers. Ainsi, par exemple, après la guerre de 1870, les enfants ont manifesté leur désir de faire comme les grands en « jouant à la guerre » avec les petits canons, les sabres, les fusils, les panoplies militaires que se sont empressés de créer les fabricants de jouets.

À leur manière, les jouets retracent l'histoire, et on comprend l'engouement dont ils sont l'objet chez certains amoureux du passé.

LE JOUET DANS L'HISTOIRE

Connu dans l'Antiquité, le jouet n'était pas alors seulement un objet coutumier des jeux de l'enfant : il était également lié à certaines pratiques funéraires et religieuses. Ainsi, en Égypte, les enfants étaient ensevelis avec leurs jouets, objets qui devaient les accompagner après la mort dans leur vie future. Dans la Grèce antique, les jeunes filles consacraient une offrande à Aphrodite avant leur mariage : elles déposaient leurs poupées dans le temple de la déesse. Les premiers jouets étaient d'une fabrication très simple, et ils le sont restés pendant tout le Moyen Âge.

À la Renaissance, la production s'est quelque peu diversifiée. À partir du XVIe siècle, le plus grand centre de fabrication des jouets a été Nuremberg, qui a désormais dominé le marché européen. Les jouets allemands étaient, en effet, très estimés et, au XVIIe siècle, Colbert importait de Nuremberg et d'Augsbourg de ravissants objets pour le divertissement du jeune Dauphin. En France, c'est seulement au XIXe siècle que s'est véritablement développée une industrie de jouets spécialisée.

En outre, à chaque époque, il faut faire une distinction

entre le jouet de luxe, utilisant de précieux matériaux et réservé uniquement à quelques privilégiés, et le jouet populaire en bois, en carton, en plâtre. Longtemps, l'industrie du jouet s'est adressée à une riche clientèle et s'est limitée à la fabrication de jouets somptueux destinés aux enfants issus de familles aisées. Et c'est seulement dans la seconde moitié du XIXe siècle que le jouet est devenu plus populaire. L'essor du machinisme, les progrès techniques, l'apparition de matières nouvelles, comme le fer-blanc, le Celluloïd ou le caoutchouc, et l'augmentation du pouvoir d'achat de la bourgeoisie ont alors favorisé la production en plus grande série et la diversité des modèles. Témoins de la vie quotidienne, les jouets n'ont plus été uniquement ces magnifiques objets que contemplaient précédemment des yeux émerveillés et que personne n'osait toucher. À partir de cette époque, il en existe pour toutes les bourses, et peu à peu les jouets sont élevés au rang des produits de grande consommation.

Le XIXe siècle est donc bien l'« âge d'or » des jouets, pendant lequel les deux grands pays producteurs et concurrents ont été l'Allemagne et la France. En Allemagne, les principaux centres ont été Nuremberg, spécialisée dans la production des petits trains et des soldats d'étain, et Sonneberg, où ont été fabriqués d'amusants objets en carton moulé. La France a été par excellence le pays de la poupée, et, au cours du siècle, d'importantes manufactures se sont établies et développées à Paris et dans sa banlieue, fabriques utilisant pour les têtes des poupées la porcelaine de Sèvres, de Vincennes, de Sceaux.

LES POUPÉES ANCIENNES

La poupée jusqu'au XVIIIe siècle

Dans les premiers siècles de l'ère chrétienne, les poupées sont de modestes objets en terre cuite, en bois, en os et parfois en ivoire. Figurines aux formes simples, elles mesurent entre 10 et 35 centimètres environ ; les plus élaborées ont les membres articulés, maintenus au corps au moyen de fils, comme les poupées modernes, qui sont montées avec des élastiques.

Peu de documents fournissent des renseignements sur les poupées du Moyen Âge. Celles de la Renaissance, par contre, sont beaucoup mieux connues : taillées dans le bois généralement, elles ont une tête finement dessinée avec des yeux et des cheveux peints ; leur taille peut aller jusqu'à 80 centimètres et elles sont fréquemment habillées de vêtements somptueux. Puis, cette tradition de poupées élégantes étant établie, elles deviennent des objets de luxe. Cadeau de souverains ou messagère de l'élégance féminine, la poupée n'est pas toujours un jouet d'enfant. Elle acquiert même un rôle d'ambassadrice de mode au cours des XVIIe et XVIIIe siècles, en France particulièrement. Car, centre de la mode, Paris fait connaître ses nouveaux modèles de vêtements féminins en envoyant à l'étranger des poupées richement vêtues. Ainsi, l'Angleterre se tient au courant des dernières coquetteries parisiennes grâce à deux poupées célèbres, la Grande Pandore, mannequin de la grande toilette, et la Petite Pandore, mannequin du déshabillé. Quant aux poupées spécialement destinées aux enfants des familles fortunées, elles ont au XVIIIe siècle l'anatomie d'un corps d'adulte. Leur visage est en bois ou en papier mâché, leurs yeux sont en verre, leur bouche est parfois ouverte et laisse entrevoir de petites dents de paille ou d'émail ; leur corps est en chevreau et, conformément à la tradition, elles sont des modèles d'élégance et de raffinement.

La poupée au XIXe siècle

Le XIXe siècle apporte de considérables bouleversements dans la fabrication des poupées. Le principal changement est tout d'abord l'utilisation des têtes en porcelaine — avec des paupières mobiles à partir de 1826. Puis le corps de la poupée se transforme vers 1850, avec la gutta-percha, sorte d'ancêtre de la matière plastique, qui permet de renforcer le système d'articulations des membres, mais qui toutefois durcit avec le temps et

Les poupées s'entourent volontiers de petits meubles à leur échelle où s'étalent et se rangent des trousseaux sur mesure. Coll. R. Capia.

Meguerditchian

rend le corps plus fragile. Il est d'ailleurs difficile de trouver aujourd'hui des poupées en gutta-percha en parfait état de conservation. Enfin, à partir de 1880, est utilisé le Celluloïd.

Au cours du siècle sont fabriquées des poupées de toutes sortes, du poupard à un sou aux somptueuses élégantes présentées au public français lors des grandes expositions parisiennes, expositions qui se soldent par des récompenses et qui stimulent les fabricants concurrents dans leur production. Chacun d'eux veut montrer son originalité et sa supériorité en exposant un modèle extraordinaire, à la fois par la beauté du visage, par la toilette et par les capacités de la poupée. Les plus belles sont capables de prouesses inattendues et fort spectaculaires : elles parlent pour la première fois en 1824, elles marchent en 1826, l'une nage en 1876, l'autre sait téter en 1879...

Autre révolution : à côté de la poupée à corps d'adulte apparaît, en 1851, le « bébé », qui donne réellement à l'enfant l'illusion d'avoir lui aussi son propre enfant.

Parallèlement à la fabrication des poupées, une industrie est en plein essor dans le monde des jouets : celle du matériel de poupées. Car ces jeunes personnes sont très coquettes et elles possèdent de merveilleux trousseaux de vêtements, parures qui ont parfois plus d'importance aux yeux du collectionneur actuel que la poupée elle-même. Dans le *Journal des dames et des modes* de 1821, on apprend qu'une poupée digne de ce nom doit posséder un trousseau de seize pièces comprenant des robes, des souliers, des gants, des chapeaux..., et de dix pièces de layette. Il est malheureusement peu probable de trouver aujourd'hui un trousseau complet et en bon état, tel celui qui était vendu avec les poupées Huret, par exemple, dans la seconde moitié du XIXe siècle : une malle de vêtements et d'accessoires divers — montre, éventail, livre de messe, ombrelle — accompagnait les demoiselles sorties de cette maison.

La fabrication du mobilier et des ustensiles de la maison est également complémentaire de l'industrie des poupées. Il faut des meubles, un piano, une cuisine, de la vaisselle et une quantité d'objets miniatures pour constituer à la poupée — et à son heureux propriétaire — un univers qui soit une reproduction exacte, en réduction, du monde des adultes.

Les grandes fabriques françaises

Parmi les nombreux fabricants qui ont contribué en France au perfectionnement des poupées à la fin du XIXe siècle, plusieurs grands noms sont à retenir, et certains détails particuliers à telle ou telle maison doivent être connus du collectionneur.

Les poupées Simonne, de 1837 à 1878, se distinguent par un corps en peau d'agneau avec, le plus souvent, une tête et des bras en porcelaine ; un tampon en caoutchouc indiquant l'adresse de la maison permet parfois de les dater.

Les poupées Jumeau, qui ont vu le jour entre 1845 et 1899, sont célèbres dans le monde entier. Ce sont soit des poupées avec un corps en cuir bourré de sciure et une tête de porcelaine, soit des bébés articulés, ces fameux « bébés Jumeau » aux visages d'enfants qui succèdent aux poupées à visages d'adultes. Certains modèles, créés après 1893, sont souriants, et leur bouche ouverte laisse entrevoir une rangée de petites dents.

Les poupées Huret, fabriquées de 1851 à 1920, sont de grandes élégantes. Certaines sont des poupées mannequins avec un corps en bois et des mains métalliques.

Les poupées Rohmer portent souvent sur leur corps la

Meguerditchian

Les poupées n'étaient pas seulement destinées à l'amusement des petites filles ; habillées avec élégance, elles avaient rang d'ambassadrices de la mode parisienne à l'étranger.
Coll. R. Capia.

Deux grandes marques rivales : poupée Jumeau (à gauche) *et poupée Steiner* (à droite). *Elles sont parmi les plus recherchées des collectionneurs français et étrangers.*
Coll. R. Capia.

Meguerditchian

Une autre grande marque : les poupées Gaultier. Coll. R. Capia.

marque de la fabrique, active de 1856 à 1880. C'est dans cette maison qu'est mis au point, en 1858, le système des têtes pivotantes.

Les poupées Schmitt, nées entre 1857 et 1890, se reconnaissent à leurs yeux étonnants, constitués de lamelles de sulfure ; en outre, elles portent la marque de la maison avec les lettres SCH, inscrites sous les fesses.

Les poupées Gaultier sont marquées parfois des initiales F. G. Il existe des bébés articulés à bouche ouverte ou à bouche fermée, et des poupées de mode d'une très grande variété, car différents matériaux ont été utilisés pour leur fabrication : certains corps sont en cuir bourré

À partir de 1893, les poupées Jumeau « bouche ouverte » laissent entrevoir une rangée de petites dents. Ici, modèle n° 10. Coll. R. Capia.

de sciure de bois, d'autres sont en bois et d'autres encore sont constitués avec des éléments de porcelaine.

Les poupées Steiner ont été créées entre 1861 et 1907. La principale originalité de la maison Steiner a été la fabrication de poupées mécaniques qui marchent et qui parlent, appelées « poupées valseuses ». Des bébés mécaniques, à tête de porcelaine avec une bouche ouverte à deux rangées de dents, ont également été fabriqués. Leur corps, en carton recouvert de toile, est relié aux jambes par une culotte en peau d'agneau.

De 1860 à 1915, plus de cent cinquante modèles ont été proposés à la clientèle par la maison Gesland. Bien que qualifiées de « bébés », ces poupées ont un corps avec une taille très marquée qui ressemble en réalité à un corps de femme. Leur particularité réside dans des articulations de fer recouvertes de tissu.

À la fois les plus solides, les plus belles, les mieux articulées et les plus élégamment habillées, les poupées Bru sont les seules à avoir les yeux entourés de cils naturels. Elles offrent une grande diversité de matière : entre 1868 et 1899 sont en effet fabriquées des poupées en peau, en porcelaine, en caoutchouc et en bois.

Nées entre 1875 et 1899, les poupées Thuillier, bébés articulés en bois et en peau, avec une tête de porcelaine subtilement colorée, sont de très bonne qualité.

Il faut encore citer les poupées Jullien, bébés, poupées, mignonnettes et marottes, qui ont vu le jour entre 1875 et 1899, ainsi que les poupées articulées Rabéry et Delphieu, fabriquées également entre 1875 et 1899, les poupées Bouchet, qui dans les années 1890 portent le monogramme A. B., et également les belles poupées Denamur, marquées généralement des initiales E. D.

En outre, à la suite de ces grands noms, un événement important doit être mentionné : en 1899, la création de la Société française de fabrication de bébés et jouets a bouleversé l'industrie du jouet ; cette société anonyme, dénommée la « S. F. B. J. », regroupe les maisons Jumeau, Bru, Steiner, Gaultier et Bouchet. Sa production la plus originale a été celle des « bébés caractère », poupées aux visages très réalistes et empreints d'humour.

FIGURINES HISTORIQUES ET SOLDATS DE PLOMB

Des fantassins à l'assaut, des chasseurs alpins, des fusiliers marins, des cavaliers, des mitrailleurs, de simples soldats, des généraux, etc. : toute une armée sur une table, de quoi faire rêver le plus antimilitariste des collectionneurs !

Dans l'Antiquité déjà, des petites figurines en terre cuite ou en bois représentaient des soldats. Il semble même que les Romains fabriquaient des figurines en métal moulé destinées aux enfants. Durant le religieux Moyen Âge, aux personnages militaires s'ajoutent des figures de saints : les représentations de saint Georges, de saint Martin, de la Fuite en Égypte sont alors vendues à proximité des cathédrales. Mais ce n'est réellement qu'à partir de la fin du XVIIIe siècle que des figurines de métal sont fabriquées en grande quantité, dans plusieurs villes d'Europe. Les enfants jouaient auparavant plus fréquemment avec des figurines de carton, exception faite pour les jeunes Louis XIII et Louis XIV, qui avaient reçu, en prévision de la formation militaire qu'exigeait leur future fonction, tout un luxueux régiment de petits soldats d'argent.

Est-ce à la suite des victoires du roi de Prusse que les manufactures de Nuremberg fabriquent leurs premières figurines militaires ? Cela est fort possible. Ce sont des figurines plates, obtenues en coulant de l'étain dans un moule dont un seul côté est en relief. Elles ont un immense succès, et de nombreux fabricants allemands lancent sur le marché leur armée de petits soldats ; les principaux et les plus célèbres sont Hilpert (Nuremberg), Allgeyer (Fürth), Wehrli et Gottschalk (Aarau).

Au XIXe siècle, on trouve encore des figurines d'étain, mais en réalité on leur préfère des soldats de plomb en ronde bosse, entièrement moulés en relief. On suppose que cette innovation revient au Français Lucotte, qui, quelques années après la Révolution, aurait suggéré l'emploi du plomb pour obtenir des petits personnages beaucoup plus réalistes que les figurines d'étain. Néanmoins, le plomb pur s'est avéré être un métal trop mou, et les soldats ont été, en fait, moulés dans un mélange de plomb et d'antimoine. C'est en France surtout que se développe l'industrie des soldats de plomb, et la société Mignot, à laquelle on doit les plus beaux, est active jusqu'en 1914.

Mais les petits militaires français, très recherchés aujourd'hui par les collectionneurs, étaient d'un prix de revient fort élevé. Aussi, en Grande-Bretagne, William Britain, qui ouvre sa propre fabrique en 1893, met-il au point un système de fabrication moins coûteux en créant des soldats de métal, également en ronde bosse, mais creux. Toujours très nombreux, les amateurs de soldats de plomb semblent se regarder en ennemis héréditaires lorsqu'il s'agit de classement et d'estimation esthétique sur des « rondes-bosses », des « soldats plats » et des « Quiralu ».

Si depuis fort longtemps on trouve dans les vitrines des magasins de curiosités des soldats en étain, depuis relativement peu de temps on voit de nouveaux venus : les « Quiralu ».

Les « rondes-bosses » fabriquées avant 1914 et de marque Lucotte sont les pièces particulièrement prisées par les amateurs quand l'état et la couleur n'ont pas trop souffert des batailles. Ces soldats portent souvent pour marque « L. C. » avec une abeille. Les cavaliers, plus recherchés que les fantassins, sont plus rares.

Moins demandés, les soldats de marque Mignot, parce que de moins belle qualité, sont actuellement boudés par les collectionneurs.

Parmi les « soldats plats », les porte-drapeaux, dans leur boîte d'origine, sont les pièces les plus cotées. Depuis le milieu du XIXe siècle, la région de Nuremberg envahit l'Europe de ses soldats, au plus grand plaisir des amateurs pacifiques de guerres en modèle réduit.

Toutes sortes de soldats de plomb ont vu le jour au XIXe siècle, et les enfants ont pu reconstituer aussi bien de célèbres batailles antiques que des événements militaires contemporains. Parfois, ces jouets ont été vendus accompagnés d'une notice explicative pour instruire l'enfant sur le déroulement de telle ou telle guerre et pour élargir ses connaissances historiques.

Après s'être passionnés pour les figurines plates et en ronde bosse, les collectionneurs, depuis quelques années, s'intéressent aux « Quiralu ». Les « Quiralu » sont des figurines en aluminium, fabriquées de 1933 à 1961 ; s'ils sont moins recherchés, ils n'en sont pas moins, aujourd'hui, rares et difficiles à trouver en bon état.

Durant longtemps, ces petites figurines passèrent pour être en une matière peu noble, les collectionneurs préféraient le plomb et l'étain.

M. Quérin, le fabricant-inventeur, représenta tous les uniformes français contemporains, il réalisa également quelques modèles conformes aux uniformes du second Empire et des grenadiers de Napoléon. Parmi les nombreux modèles qui furent créés, les amateurs préfèrent les pièces représentant des soldats debout défilant.

AUTOMATES ET JOUETS MÉCANIQUES

Objets d'un raffinement exquis, les automates, dont la fabrication est en plein essor à partir du XVIIe siècle, n'ont jamais été de véritables jouets. Certes, de tout temps, ils ont fasciné les enfants, mais leur fragilité les a éloignés des petites mains trop souvent maladroites, car ces pièces ont toujours été fort coûteuses. Les automates à tête de cire ou de porcelaine, vêtus somptueusement, sont au XVIIIe siècle munis d'un mécanisme élaboré et très complexe, souvent agrémenté d'un boîtier à musique (sur les automates, voir le chapitre « Horlogerie »). Au XIXe siècle, des pièces moins compliquées, vendues à un prix relativement plus modique, sont fabriquées en France. Paris est alors spécialisé dans cette production ; le plus prestigieux fabricant de l'époque est Lucien Bontemps, dont les automates portent les initiales L. B. sur les petites clés qui mettent le mécanisme en marche. Parallèlement, les fabricants de jouets, tels Jumeau ou Steiner, ont créé des poupées « animées », qui marchent, qui parlent... Néanmoins, ce sont encore des objets précieux et de luxe. Et c'est seulement après 1870 qu'apparaissent sur

Meguerditchian

Les jouets Martin tirent parti de la locomotion sous toutes ses formes : la calèche, le « cheikh » sur son chameau et le « Rickshaw » (pousse-pousse), souvenir de l'Exposition coloniale de 1889. Au premier plan, la promenade en tricycle est un jouet Lehmann. Coll. Ozanne.

Meguerditchian

Ce jouet Lehmann, fabriqué en Allemagne vers 1915, était baptisé « la Fiancée inquiète ». *Le tricycle, animé par un ressort en spirale, poursuivait sa course en zigzag et la « fiancée », au bord des larmes, secouait la tête et agitait son mouchoir.* Coll. Ozanne.

Les machines à vapeur en cuivre, fidèles reproductions de modèles d'usine, fonctionnaient avec une petite lampe à alcool. La vapeur agissait sur un piston qui entraînait une bielle et faisait tourner un volant. Ici, modèle « Märklin » 1909. H. 53 cm. Remarquez la lettre « M » qui sert de support à l'axe des poulies, signature d'une marque très appréciée. Coll. Pontremoli.

Meguerditchian

le marché, à la suite de progrès industriels et de la production de ressorts en spirale, des jouets mécaniques bon marché, fabriqués en grande quantité.

Ces petits automates populaires, joujoux de fer-blanc, légers et résistants, donc appropriés aux jeux des enfants, ont vu le jour en Allemagne, en particulier dans la maison Lehmann, et en France, où l'usine de Fernand Martin a fourni près de 800 000 jouets par an entre 1878 et 1912. L'ingénieux inventeur des fameux « bonshommes Martin » a fait preuve dans ses merveilleuses créations d'un sens profond de l'observation. Ses personnages, pris dans les rues de Paris, sont tout à fait pittoresques : le violoniste des cours, vêtu d'une longue houppelande à col de peluche et coiffé d'un chapeau tube à bords plats posé sur de longs cheveux raides ; le pochard avec son pantalon à carreaux et sa large blouse, qui lève son verre rapidement et très souvent ; le marchand de tonneaux qui avance difficilement en faisant rouler ses deux barriques... Ces modestes automates en fer estampé et agrafé, aux pieds de plomb et aux membres en fil de fer recouvert d'étoffe, ont connu un très grand succès en raison de leur drôlerie et de leur prix dérisoire : alors qu'un automate valait 50 francs en 1900, un « Martin » ne coûtait que 25 sous ! Personnages du merveilleux et de la réalité, créés parfois à la suite d'un fait divers marquant l'actualité, ils ont séduit plusieurs générations d'enfants et nous fascinent encore aujourd'hui ; ils nous font signe d'un geste saccadé, comme pour nous dire que leur jeunesse est éternelle, malgré leur grand âge.

LES JOUETS SCIENTIFIQUES

Les sciences et les techniques ont trouvé à la fin du siècle dernier une application directe dans la fabrication de jouets qui reflètent parfaitement les rêves et les recherches de cette époque. C'est après la guerre de 1870 que l'on trouve dans le commerce les premiers jouets dits « scientifiques ».

Les machines à vapeur

Verticales ou horizontales, en cuivre ou simplement en tôle, les machines à vapeur miniatures ont émerveillé les enfants, qui, surpris par le bruit, le mouvement et le petit nuage de vapeur s'élevant au-dessus de la cheminée, ont été enchantés par ce jouet nouveau et original. Maintes variétés de petites machines sont sorties des usines anglaises, allemandes et françaises. De nombreux accessoires, tours, meules, scies, ponceuses, perceuses, ont, en outre, permis de créer des ateliers complets, telles des scieries ou des distilleries miniatures, fonctionnant à la vapeur. Et si l'enfant d'alors n'avait pas un goût marqué pour le travail forcené, le collectionneur actuel a quelque chance de trouver ces pièces en bon état ! Par ailleurs, l'invention des machines à vapeur a entièrement renouvelé l'industrie des jouets de locomotion : celle des trains bien évidemment, et aussi celles des bateaux.

Les phonographes

En 1893, une poupée-phonographe a suscité l'intérêt des Parisiens. Le « Lioretgraph Bébé-Jumeau », dû à la collaboration de Jumeau et d'Henri Lioret, est une luxueuse poupée qui tient un long discours, qui chante grâce à un petit appareil très léger placé en son corps et dont le mécanisme se remonte avec une clé placée dans son dos. Un an plus tard apparaît le premier réel phonographe pour enfants : il est baptisé le « Merveilleux » par son créateur, Henri Lioret. Il ne s'agit pas encore d'un phono à disques : c'est un appareil à cylindres, assez simple, constitué d'une boîte en carton dans laquelle se trouve un diaphragme surmonté d'un résonateur également en carton.

Dans la fabrication de ce genre d'appareils, devenue peu à peu de plus en plus élaborée, les Allemands ont été très productifs et, entre 1920 et 1940, Bing a inondé le marché européen de ses phonographes en tôle peinte, décorés sur le socle de charmantes scènes représentant des musiciens, et de ses disques, de 15 centimètres de diamètre, de chansons et contes pour enfants. La maison Nirona a également fabriqué des petits phonographes aux couleurs vives dont la particularité est un résonateur en forme de cloche.

Les lanternes magiques

Énigmatiques petites boîtes, qualifiées de « magiques » par des spectateurs impressionnés, les lanternes magiques sont une invention du XVIIe siècle attribuée à un ingénieux jésuite allemand, le père Athanase Kircher. Elles sont l'objet d'un véritable engouement au XIXe siècle, sous l'impulsion du ferblantier Auguste Lapierre (v. 1840) et de ses successeurs, dont l'usine de Lagny, à proximité de Paris, est la plus importante fabrique européenne de lanternes magiques en 1900.

Ces mystérieux et très beaux objets, généralement en fer-blanc peint en noir ou polychrome, font la joie des collectionneurs ; le plus souvent, ceux-ci cherchent à acquérir en même temps que la lanterne les plaques de verre qui permettent, grâce aux dessins peints ou appliqués en décalcomanie, la projection des images. Par dessins successifs, ces plaques racontent des contes de fées, des épisodes tirés de l'histoire sainte, des épopées guerrières... Il existe aussi des séries de caricatures et des séries documentaires. Plus difficiles à trouver sont les plaques animées comportant deux éléments coulissants qui transforment l'image, et les rosaces aux couleurs changeantes, constituées de deux plaques qui se meuvent en sens contraire grâce à une petite manivelle.

Les phénakistiscopes et les praxinoscopes

Avec les lanternes magiques d'Auguste Lapierre, les appareils cinématographiques destinés aux enfants et créés à la fin du XIXe siècle sont les ancêtres du cinéma ; les découvertes des frères Auguste et Louis Lumière, puis de Léon Gaumont sont le résultat de plusieurs années de recherches, appliquées fréquemment à des jouets aux noms quelque peu barbares, tels le phénakistiscope ou le praxinoscope.

Le phénakistiscope donne l'illusion de mouvement grâce à la persistance des images rétiniennes. Il est constitué d'un cylindre de carton percé de fentes dans sa partie supérieure à travers lesquelles se regardent les images, qui, par rotation du cylindre, décomposent les gestes des personnages et créent ainsi le mouvement et l'animation. Les dessins représentent souvent des animaux. Cet appareil est aussi appelé *zootrope*.

Le praxinoscope utilise un système de fonctionnement analogue, mais plus élaboré : un prisme dont chaque face est recouverte d'un miroir reflétant les images est ici placé au centre du cylindre.

Ces petits appareils au mécanisme encore imparfait ont une place dans l'histoire du cinématographe et ont beaucoup de charme. Il est malheureusement très difficile de les trouver en bon état.

Meguerditchian

Lanterne magique à plaques de verre, époque Napoléon III. Coll. R. Capia.

LA « LOCOMOTION » : JOUETS ET MODÈLES RÉDUITS

Dès la fin du siècle dernier, et surtout au début du XXe, automobiles, bateaux, trains et avions miniatures ont inspiré des fabricants de jouets qui, stimulés par l'actualité, ont copié des modèles contemporains pour créer d'une part des modèles réduits, fidèles reproductions d'automobiles ou de locomotives réelles, et d'autre part des jouets plus fantaisistes dont les proportions ne sont pas toujours conformes à celles des originaux. L'Allemagne est à cette époque réputée pour la solidité de ses jouets et elle est le premier pays producteur de jouets mécaniques, lesquels sont exportés dans toute l'Europe — elle alimente tout particulièrement le marché britan-

Le phénakistiscope, appelé aussi « zootrope », a donné naissance aux premiers dessins animés. Coll. R. Capia.

Meguerditchian

nique. Les fabricants français ont d'ailleurs à lutter contre cette concurrence allemande, la production étrangère étant plus industrialisée et par conséquent d'un prix de revient moins élevé que la leur.

Les principaux fabricants allemands sont Märklin, Bing et Carette. L'entreprise Märklin, fondée en 1859 à Göppingen par Theodor Friedrich et sa femme, fabriquait initialement des ustensiles de cuisine pour poupées, et c'est seulement dans les dernières années du XIXe siècle qu'elle se lance dans la création de petites voitures, de navires et de trains miniatures qui sont aujourd'hui convoités par les collectionneurs du monde entier. Modèles robustes et élaborés, aux belles couleurs vives, marqués des lettres « C. M. » entrelacées, ils dominent le marché européen, avec ceux de la maison Bing, jusque dans les années 20. La fabrique fondée par Ignaz et Adolf Bing en 1863 produit des jouets métalliques à partir de 1880. Sa prospérité est rapide et, en 1914, l'usine compte 5 000 employés ; elle est alors très réputée pour ses modèles réduits, conformes dans les moindres détails aux originaux. Quant au Français Georges Carette, établi à Nuremberg, il fabrique de très beaux jouets de 1886 à 1917.

Les chemins de fer

Les amateurs de circuits anciens, les fanatiques de locomotives à vapeur, de vieux wagons et de trains de la Belle Époque sont nombreux. De toute évidence, ils cherchent à acquérir en priorité les modèles les plus anciens, ceux du XIXe siècle. Néanmoins, les superbes modèles réduits, les jouets et les petites gares des années 1900-1920 font également la joie des collectionneurs, car ce sont des objets magnifiques qui n'intéressent pas seulement les passionnés de l'histoire du rail.

Au moment de Noël, les grands magasins envoyaient d'innombrables catalogues tentateurs.
Une page du catalogue de jouets de la Samaritaine, avec les prix, en 1933. Coll. R. Capia.

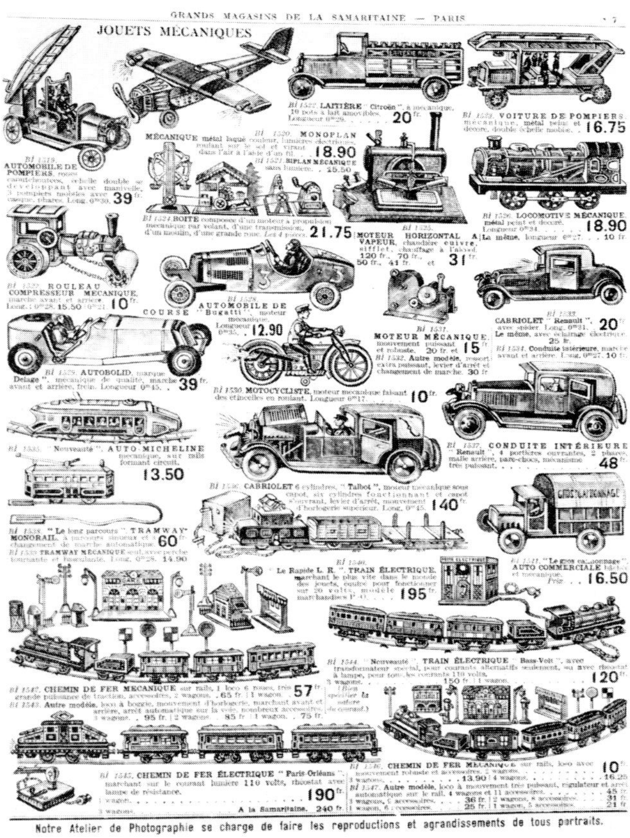

Meguerditchian

Les automobiles

Outre la production allemande, dominée par Märklin, Bing et Carette, et également par Paul Lehmann et Leonard Hess — père des jouets « Hessmobil » —, il faut mentionner la production française, importante en ce domaine. Les fabricants parisiens, inspirés par l'« Obéissante » d'Amédée Bollée, qui a l'audace de faire du 40 kilomètres à l'heure en 1872, par la Panhard-Levassor, par la torpédo, par la double phaéton, par la de Dion-Bouton, par la trèfle Citroën ou par l'Hispano-Suiza, ont d'abord créé des automobiles en tôle agrafée ou soudée et peinte, d'une fabrication souvent artisanale et destinées aux enfants. Ces petites voitures sont de dimensions variables, et les trois tailles les plus courantes sont 22, 32 et 40 centimètres. Dans la production française, qui se singularise par le fini des objets, se distinguent les modèles de Charles Rossignol et de son successeur, Charles Roitel, actif jusqu'en 1918. Puis, à partir de 1923, apparaissent les jouets Citroën, qui obtiennent un immense succès ; à cette époque, pour André Citroën, « il faut que les trois premiers mots qu'un enfant connaisse soient papa, maman et... Citroën » ! Quant à la maison Jep, fondée en 1899, ce n'est que vers 1928 que ses petites voitures deviennent très demandées.

Il ne faut pas confondre ces jouets avec les modèles réduits qui ont vu le jour en 1933 à la société Dinky-Toys et qui sont la reproduction exacte d'un modèle existant, réduit quarante-trois fois.

Certains modèles sont très recherchés : les jouets conçus à la suite d'une course automobile importante, telles par exemple les voitures « de sport » inspirées des automobiles ayant pris le départ du premier Paris-Bordeaux-Paris de 1895 ou du Paris-Vienne de 1902, ou encore du Paris-Madrid de 1903. En outre, les voitures de pompiers, les omnibus, les taxis parisiens et les limousines font aussi le bonheur et la ruine des collectionneurs.

Les bateaux

Le bateau est un très vieux jouet, mais un jouet saisonnier, vendu de préférence au printemps, pour les jeux de plein air, et il figure au XIXe siècle relativement en faible quantité dans les catalogues de jouets de Noël.

Dans les années 1880-1920, les fabricants renouvellent leurs modèles et proposent un choix important de bateaux mécaniques, à vapeur ou électriques. On trouve des sous-marins, des torpilleurs, des bateaux de plaisance, des voiliers, des canots, des barques à moteur, des paquebots, des vaisseaux de guerre, des navires à roues...

Les jouets aéronautiques

Les premiers avions miniatures sont les témoins éloquents des rêves les plus fous qui ont marqué les années charnières des XIXe et XXe siècles, époque où le rêve d'Icare se réalise enfin : en 1890, Clément Ader s'envole pour une cinquantaine de mètres sur sa chauve-souris géante. À la suite de tentatives analogues, on voit se multiplier les machines volantes miniatures. Les jouets réalisés alors, plus exactement les maquettes fabriquées à un seul exemplaire, sont en réalité les œuvres d'ingénieurs préoccupés par leurs recherches plus que par l'invention de nouveaux jouets.

Toutefois, à la suite des expériences des frères Wright, qui, aux États-Unis (à Kitty Hawk, en Caroline du Nord), parviennent le 17 décembre 1903 à faire voler leur aéroplane, et après l'exploit de Louis Blériot, qui, le 25 juillet 1909, effectue la première traversée de la Manche, les fabricants de jouets, toujours à l'affût de nouveautés, lancent des aéroplanes miniatures. En 1908, Märklin propose l'appareil des Wright en réduction, en trois tailles différentes. Quatre ans plus tard, on trouve dans tous les catalogues de jouets en fer le modèle de l'avion de Louis Blériot. En Allemagne, la maison Plank, qui fabriquait des jouets à Nuremberg depuis 1806, réalise alors des avions copiés notamment sur les engins de Farman et des frères Wright. De même, la maison Bing crée en 1913 un monoplan qui est aujourd'hui très recherché des collectionneurs. Cependant, les jouets aéronautiques sont difficiles à trouver : auraient-ils subi plus de catastrophes que les autres jouets ?

COLLECTION ET MARCHÉ DES POUPÉES ET JOUETS ANCIENS

L'amour du passé, le plaisir de posséder de merveilleux objets et la fascination pour le monde de l'enfance poussent l'amateur de jouets anciens à se constituer une collection. Poupées, petits soldats de plomb, automates, voitures, avions, bateaux et trains miniatures, jouets mécaniques..., tous ces objets fantastiques qui ont enchanté des générations d'enfants à une époque où la matière plastique n'existait pas, font, en effet, aujourd'hui la joie de maints adultes — eux-mêmes peut-être à la recherche d'une enfance perdue ou, tout au moins, d'un univers de rêve. Aussi les collectionneurs sont-ils de plus en plus nombreux, bien que cet intérêt pour les jouets soit un phénomène relativement nouveau : les premières collections datent seulement du début du XXe siècle. Ce marché étant encore très récent — comparativement en tout cas à celui de la plupart des objets d'art et de brocante —, les cotes des jouets anciens ne sont pas très rigoureuses. Leur prix peut d'ailleurs passer du simple au double, et leur valeur varie en fonction des pays et de la demande.

En ce qui concerne le marché des poupées, il faut signaler, par ailleurs, que l'amateur non averti peut se trouver en présence de faux, car d'innombrables copies ont été faites à la fin du XIXe siècle et au début du XXe.

Pour se constituer une collection de jouets anciens, il est nécessaire d'avoir un minimum de connaissances. Il est impossible d'établir un barème précis des prix, vu la gamme étendue des marques, des modèles, des tailles et des fabricants ; aussi est-il indispensable au collectionneur qui veut acheter une pièce dans de bonnes conditions de savoir, par exemple, la date d'apparition de tel ou tel modèle de poupée ou de telle marque de jouet. Il doit également pouvoir, par l'observation de certains détails, reconnaître le lieu de fabrication du jouet. Ensuite, les facteurs d'appréciation de l'éventuel acheteur sont liés à l'état et à l'ancienneté de l'objet, à sa rareté et bien évidemment à sa beauté et à son charme.

Meguerditchian

Bateau à ailettes latérales (long. 25 cm) de la fabrique Schoener (Allemagne), vers 1885. Coll. Ozanne.

Deux jouets Martin, « le dandy » et « l'entravée », donnent une idée de la mode en 1910. H. 20 cm. Coll. Ozanne.

Meguerditchian

Train « Renard », un des premiers trains tout terrain en modèle réduit, du nom de l'ingénieur Renard, fabriqué par la maison F. V. vers 1840, en trois tailles. Ici, longueur totale : 1 m. Coll. Ozanne.

Meguerditchian

« Saint Joseph tenant un vilebrequin. » (Détail du panneau droit du triptyque de Mérode, par le Maître de Flémalle.) Cette œuvre atteste que les menuisiers du XVe siècle utilisaient la plupart des outils que nous connaissons.
De haut en bas sur l'établi : une tarière, un marteau, un ciseau, un couteau à ébarber et une tenaille. Metropolitan Museum of Art, New York.

Phot. du Musée

LES MEUBLES

Le mobilier dont l'homme s'est entouré depuis l'aube des civilisations apparaît comme le témoignage le plus expressif de son savoir-faire. D'âge en âge, nous suivrons la progression des techniques de fabrication destinées à faciliter la vie quotidienne, orientées vers un plus grand confort et accompagnées d'une certaine volonté ornementale, premier reflet d'un idéal esthétique. C'est justement cette organisation des lignes et du décor, appliquée à des structures matérielles en évolution qu'on appelle « le style ». Encore que les novations soient lentes à s'imposer et que les styles ne doivent pas s'enfermer dans les strictes limites d'une période historique ou du règne éphémère d'un souverain qui lui laisse son nom. Il n'en reste pas moins que chaque époque sécrète son style, dont la connaissance est indispensable pour authentifier les meubles disponibles sur le marché. En même temps, nous suivrons les variations du goût qui porte sa capricieuse préférence sur tel ou tel style de meubles anciens, jusqu'au dernier style haussé à la dignité d'antiquité, l'« Art déco » qui n'a guère plus d'un demi-siècle. À travers les passages successifs de la droite à la courbe, nous saisirons l'essentiel : cet harmonieux équilibre qui, toujours, caractérise les créations des grands ébénistes français, aboutissement des techniques mais aussi reflet des mœurs et des idées de chaque époque.

Les grands styles nationaux ne nous feront pas négliger pour autant les meubles régionaux qui, à partir du XVIIIe siècle, s'inspirent avec un certain décalage du répertoire décoratif parisien. Nous nous appliquerons à reconnaître les caractéristiques régionales par le détail des sculptures et des ferrures.

Notre panorama de l'histoire du mobilier s'élargira enfin au-delà de nos frontières pour apprendre à distinguer les principaux meubles étrangers, dont le marché, également très actif, s'ouvre à des amateurs sans cesse plus nombreux.

À L'AUBE DES TEMPS

Le mot latin *mobilis,* qui donnera *mobile* en italien, *muebles* en espagnol, *Möbel* en allemand et « meuble » en français, désigne tout ce qui peut être déplacé, par opposition aux constructions inamovibles. Mais, si l'on remonte aux premiers âges de l'humanité, cette distinction entre le meuble et l'immeuble n'est pas évidente. L'habitat et son contenu ne sont que la conjonction plus ou moins fortuite d'une cavité naturelle et de quelques supports constitués de fragments rocheux. C'est dans la mesure où l'homme substitua ses propres créations aux produits de la nature que s'affirmèrent les civilisations.

Les premiers sièges sont en pierre taillée, puis ornés de sculptures en léger relief, tel le trône du palais de Cnossos en Crète (v. 1700 [?] av. J.-C.). Par la suite, des arbres déracinés ou abattus et débités ont servi de matière première aux meubles primitifs. Pendant des millénaires, le bois sera la précieuse substance dans laquelle s'inscrira l'histoire du mobilier. L'aspect que prennent les meubles est lié à l'outillage qui permet de les façonner. À partir des planches taillées à la hache vont naître sièges, lits, coffres et tables.

Le besoin de confort crée la fonction, et la fonction dicte la forme.

La recherche esthétique est venue plus tard, au terme d'une lente évolution. Les structures deviennent alors le support de motifs symboliques et décoratifs. Ainsi naissent les styles, inspirés par des considérations religieuses et souvent fécondés par des influences extérieures. Au gré des artistes créateurs s'épanouissent les goûts et les modes. À la fois par leur fonction spécifique et leur valeur décorative, les meubles comptent parmi les témoignages les plus significatifs des grandes époques historiques.

Splendeur du mobilier égyptien

Que savons-nous des premiers meubles ? Ce sont, sur ce point, les témoignages laissés par la civilisation égyptienne qui nous renseignent avec le plus de précision. Les tombeaux égyptiens sont pour ainsi dire le berceau de l'histoire du mobilier. Intacts dans leur splendeur, de nombreux meubles ont été retrouvés dans les lieux sacrés où la piété des peuples les avait déposés. Les plus anciens témoignages sont sculptés dans la pierre. Une statue représente la princesse Redidje, de la IIIe dynastie (XXVIIIe s. avant notre ère), assise sur une chaise à court dossier, soutenue par des pieds droits assemblés en équerre (Musée égyptien de Turin).

On peut voir, au musée du Caire, un cabinet de cèdre et d'ébène incrusté d'or, dont les élégantes proportions

Artisans chaisiers au travail, d'après le dessin d'une tombe égyptienne du XVe siècle av. J.-C. Les outils représentés ici, l'herminette (ou hachette) et le foret (tournant au moyen d'une corde tendue sur un archet), permettaient de réaliser des assemblages par tenons et mortaises. Tombe du vizir Rekhmere, Thèbes. Nouvel Empire (XVIIIe dynastie).

Lessing-Magnum

Des chaises de ce type (ci-dessous), à pattes de félins et dossiers sculptés, ont été retrouvées dans diverses tombes de la XVIIIe dynastie (XVIe-XIVe siècle av. J.-C.). Metropolitan Museum of Art, New York.

rappellent étonnamment les meubles d'ébénisterie de Ruhlmann, créés 3 500 ans plus tard. Une chaise funéraire provenant de la tombe de Sennedjem, artisan de Deir el-Medineh (Thèbes-Ouest) qui vivait sous Ramsès II (1300-1235), est en bois recouvert de stuc, et ses diverses parties sont assemblées par tenons et mortaises (comme l'a révélé son démontage) ; le siège est constitué par une toile stuquée et peinte, le dossier est renforcé par trois lattes formant contreforts placées en équerre sur l'arrière du siège. Des dessins découverts dans une autre tombe nous renseignent sur les techniques de fabrication alors en usage ; on y peut voir deux artisans qui montent une chaise du même type : l'un fait tourner un foret au moyen d'une corde tendue sur un archet ; l'autre vérifie l'épaisseur d'une mortaise qu'il vient de tailler à l'herminette ; une équerre posée sur un billot atteste le souci de précision dans les ajustages des pièces en cours d'achèvement.

Phot. du Musée

D'autres documents nous apprennent que les artisans égyptiens utilisaient scies, marteaux, ciseaux à bois, ronds et plats, vrilles, poinçons, tenailles, et même des lampes à souder pour le travail des métaux. Il faut attendre la Renaissance pour retrouver le niveau technique déjà atteint par les fabricants de meubles égyptiens.

Parallèlement à la civilisation égyptienne, les peuples d'Assyrie et de Mésopotamie ont construit des meubles assemblés à angle droit et ornés de motifs décoratifs, mais on ne les connaît que par leur figuration dans les pierres des temples. La Chaldée, dont la civilisation s'est épanouie vingt siècles avant notre ère, a également laissé des monuments où figurent des pièces de mobilier.

En Anatolie centrale (Turquie d'Asie), l'aristocratie guerrière des Hittites, découverte depuis peu par les archéologues, offre toutes les marques d'une société fortement structurée. Un bas-relief hittite, daté du XIVe siècle avant J.-C., figure une déesse assise sur un tabouret à quatre pieds reliés par une entretoise et terminés par des sabots carrés (reliefs d'orthostates du Musée archéologique d'Ankara). Dans l'ouvrage de Kurt Bittel consacré aux Hittites (*l'Univers des formes,* Gallimard, Paris, 1970), où sont reproduits de nombreux bas-reliefs montrant diverses formes de sièges, de coffres et de tables, on peut voir notamment une scène de banquet du Xe siècle av. J.-C., dont les personnages, assis sur de confortables fauteuils carrés garnis d'accotoirs sculptés, semblent festoyer autour d'une table à pieds incurvés (Musée archéologique d'Istanbul).

Un bas-relief en basalte du IXe siècle avant notre ère représente la déesse Kubaba assise sur un haut trône, dont le dossier mouluré s'achève par un motif incurvé en crosse.

Au VIIIe siècle apparaissent des trônes ornés de têtes de taureau (sur la ceinture), de pommes de pin (aux pieds) et de motifs géométriques en spirale (sur les entretoises) ; un tabouret de même style est placé devant le trône, faisant office de repose-pied (reliefs d'orthostate, Berlin, Staatliche Museen).

De la Grèce à la Gaule

Le mobilier grec est d'abord connu par allusions littéraires : les récits d'Homère font l'état d'accessoires de la vie quotidienne tels que trépieds, trônes et lits en airain ciselé. Les Grecs connaissaient également les tables et les sièges, le plus souvent en bois, ornés d'incrustations d'ivoire et d'argent. En bronze ou sculptés dans le marbre, les pieds des sièges se terminaient parfois par des pattes de lion — effet, sans doute, d'une influence égyptienne rapportée par les navigateurs.

D'inspiration grecque et étrusque, les meubles romains se caractérisent par des éléments sculptés formant support et des pieds tournés en forme de grains ou d'urnes. On sait par Cicéron que Verrès possédait de précieux meubles d'origine grecque. De son côté, Pline l'Ancien parle de la mode des tables en bois de thuya. Enfin, les cendres du Vésuve ont recouvert et conservé le mobilier des villas romaines de Pompéi : lits en bois sauvés de l'incendie par leur placage d'argent, chaises et tabourets en bronze, dont on connaissait d'ailleurs les formes, relevées sur de nombreux vases peints. On sait aussi que les Romains disposaient d'armoires de rangement comportant des séries de casiers. Les tables reposaient souvent sur des supports en bronze affectant la forme de pieds d'animaux, notamment des griffes de lion. Des candélabres et des trépieds attestent encore l'habileté des artisans romains à fondre et à ciseler les métaux. En dépit des commentaires de César sur la barbarie des peuples de la Gaule au moment de la conquête romaine, il semble bien que les Gaulois aient été parfaitement capables de fabriquer des meubles dignes de ce nom. Il paraît en effet difficile d'admettre qu'ils aient ignoré la taille et l'assemblage des planches pour des usages domestiques, alors qu'ils disposaient de solides navires qui sillonnaient la Seine, la Loire et le Rhône. Les chars et les voitures de charge, utilisés bien avant l'invasion romaine, montrent que les Gaulois connaissaient fort bien les techniques de la charpente et du charronnage. L'archéologue Émile Thevenot rappelle enfin que la tonnellerie est une invention gauloise, alors que les Latins ne savaient conserver les boissons que dans des amphores en terre cuite. Il est donc permis de penser que les artisans des premiers meubles français n'ont fait que retrouver de lointaines traditions, sans doute améliorées au cours de la longue paix romaine. Mais la destruction de la civilisation gallo-romaine par les grandes invasions venues de l'Est allait obliger les artisans à réapprendre peu à peu toutes les techniques de fabrication des meubles.

Les premiers meubles français

L'évangélisation de la Gaule au IVe siècle, grâce à l'apostolat de saint Martin, et les victoires de Clovis sur les Alamans, les Burgondes et les Wisigoths contribuèrent à faire du royaume naissant la forteresse de l'Occident. Mais rares sont les vestiges de cette époque parvenus jusqu'à nous, en dehors des armes et des objets du culte. Un pupitre en bois sculpté conservé au monastère de Sainte-Croix de Poitiers, fondé par sainte Radegonde, épouse de Clotaire, est daté de la fin du VIe siècle. Cette œuvre des premiers « huchiers » offre un double intérêt, technique et décoratif : le pupitre est assemblé à tenons, mortaises et chevilles, ce qui indique que les conquêtes techniques de l'Antiquité s'étaient perpétuées, tout au moins dans les communautés religieuses ; il met en évidence la volonté des sculpteurs sur bois (noyer et buis) de se conformer au répertoire décoratif utilisé par les tailleurs de pierre des églises romanes : croix, rosaces, torsades, animaux et végétaux, combinés avec une certaine rigueur géométrique, mais d'où l'invention ni la fantaisie ne sont exclues.

Le sens des proportions, la recherche d'éléments naturalistes intégrés dans des compositions symétriques, bref, l'harmonie des lignes qui laisse place à l'imagination créatrice est l'une des constantes des ornemanistes français, depuis les huchiers du Moyen Âge jusqu'aux ébénistes du XVIIIe siècle, tout comme des sculpteurs sur bois de la plupart des meubles régionaux.

Également hérités de l'Antiquité, mais enrichis d'éléments orientaux, sont les sièges mérovingiens en bronze qui ont résisté à l'épreuve du temps, ce qui ne veut pas dire que les chaises, bancs, coffres et autres meubles en bois d'usage courant n'existaient pas. Sur certains bas-reliefs figurent de confortables fauteuils à dossier et accotoirs enveloppants. Le fameux trône dit « de Dagobert », conservé au cabinet des Médailles de la Bibliothèque nationale, a l'apparence d'une chaise curule romaine en bronze doré, montée sur des pieds à tête et à griffes de lion, lesquels sont reliés par des branches en « X ». Il s'agit d'un modèle de siège pliant qu'on appellera par la suite « faudesteuil ». La possibilité d'en rapprocher les montants mobiles autour d'un axe indique suffisamment que les rois mérovingiens, toujours prêts à partir en guerre contre les incessantes incursions barbares, n'avaient ni palais ni meubles à demeure. D'après les spécialistes qui ont étudié les motifs décoratifs ciselés dans le bronze doré, ce siège serait plutôt du VIIIe siècle que contemporain du fils de Clotaire, le roi Dagobert, enseveli à Saint-Denis (629-639).

De plus, ce trône a été restauré au XIIe siècle par l'abbé Suger, l'homme de confiance de Louis VI et de Louis VII, qui fit placer un dossier en bronze ajouré entre les

Relique de l'art mérovingien : le « trône de Dagobert », sans doute du VIIIe siècle, est inspiré de la chaise curule romaine. Restauré au XIIe siècle, il a été doté d'un dossier et d'accotoirs. Bibliothèque nationale, Paris.

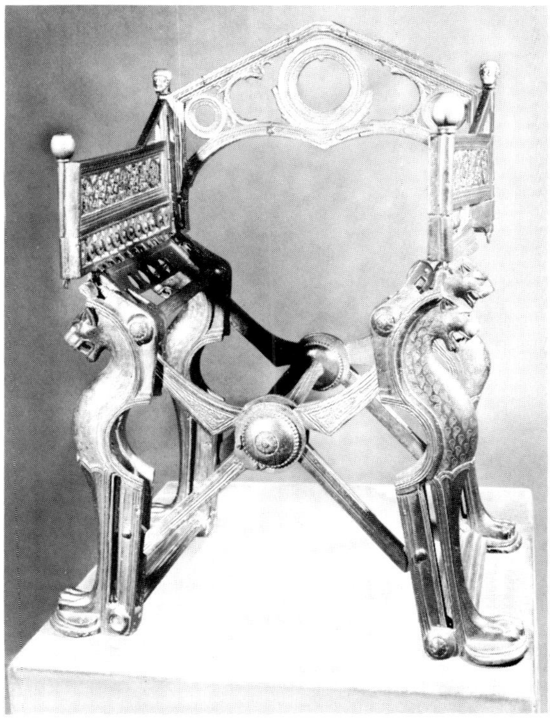
Lauros-Giraudon

accotoirs. Ainsi modifié, le trône légendaire du bon roi Dagobert fut placé dans la nouvelle abbaye de Saint-Denis comme une relique symbolique marquant la continuité royale des Mérovingiens aux Capétiens. Ce genre de siège pliant se maintient pendant plusieurs siècles, avec une tendance à la simplification décorative lorsqu'il ne fut plus destiné seulement à des souverains ou à des évêques. Le faudesteuil en fer forgé du trésor de Bayeux en est une illustration au XIVe siècle : en forme de « X », ses branches également courbées sont terminées par des panneaux ; le siège est constitué par une double feuille de cuir tendue entre des traverses horizontales. Retenons encore deux éléments décoratifs intéressants : une rosace centrale dans l'axe des branches, à double rangée de pétales, et des traverses plates formant accotoirs, ajourées de dix petits motifs quadrilobés, gracieux ornement que nous retrouverons dans toute l'histoire du meuble, jusque dans les placages d'ébénisterie du XVIIIe siècle dits « à la reine ».

Cependant, à l'époque carolingienne, apparaissent sur les manuscrits la représentation de sièges en bois à pieds tournés et de fauteuils à panneaux verticaux appelés « chayères », ou « chaières ». Une enluminure du IXe siècle de l'évangéliaire de la cathédrale de Cologne montre un grand siège façonné en joncs tressés. La recherche du confort se développe lentement mais sûrement, tandis que s'organise la société féodale.

À l'aube du Moyen Âge, les artisans, comme le montrent les enluminures, semblent s'inspirer davantage des formes orientales apportées par les Arabes, qui occupent encore l'Espagne, que des modèles gréco-romains. Les bois débités à la cognée donnent des meubles assemblés à joints vifs et consolidés par des pentures de fer forgé. La décoration se borne à des motifs en léger relief — transposition sur la façade des meubles du répertoire ornemental des églises romanes. C'est ainsi que l'armoire d'Aubazines (Corrèze), le plus vieux meuble français à portes encore debout, s'orne de deux rangées d'arcades en plein cintre soutenues par des colonnettes et coiffées d'une corniche droite décorée de motifs en dents de loup. Ce meuble en chêne massif, où se perpétue le décor roman, est considéré comme étant de la fin du XIIe siècle. Les planches des vantaux sont posées à joints vifs, sans rainures ni languettes, et fixées aux montants par des pentures à charnières en fer forgé retenues par de grands clous. Les assemblages à joints vifs relèvent d'une technique primitive, mais les madriers verticaux dressés aux angles sont reliés par des poutres horizontales assemblées à tenons et mortaises et solidement maintenues par des chevilles. Ce mode d'assemblage, qui est une des clés de tous les ouvrages de menuiserie, fait ici son apparition dans un meuble d'imposantes proportions (2,20 m de haut, 2,40 m de large, 0,85 m de profondeur).

En chêne massif décoré d'arcs romans, l'armoire d'Aubazines (fin du XIIe siècle) est le plus vieux meuble français à portes. Les montants sont assemblés par tenons et mortaises. Église d'Aubazines (Corrèze).

Lauros-Giraudon

L'armoire de la cathédrale de Noyon (début du XIIIe s., malheureusement détruite en 1917) et celle de la cathédrale de Bayeux (fin du XIIIe s.) ont été construites selon les mêmes principes architecturaux et les mêmes techniques d'assemblage.

Tandis que s'élabore le style ogival, les assemblages à rainures et languettes, puis à queues d'aronde permettent progressivement aux menuisiers, à partir du XIVe siècle, de se dégager des contraintes d'une construction massive et monumentale pour donner aux meubles des structures plus légères et plus complexes. Un dernier perfectionnement apparaît vers la fin du XVe siècle : la coupe d'onglet, qui permet d'encadrer les panneaux décoratifs par des coupes en biseau, plus élégantes et plus solides. Tous les types de meubles sont désormais possibles. Leurs décors évolueront en suivant de près les styles architecturaux, avant le renouvellement du répertoire ornemental apporté par la Renaissance.

ÉVOLUTION HISTORIQUE ET TECHNIQUE

L'organisation du métier

Massifs et taillés à la grande cognée, les premiers meubles sortirent des mains des charpentiers. Vivant en atelier près des abbayes, étroitement soumis à la discipline ecclésiastique, les charpentiers travaillaient, aux côtés des tailleurs de pierre et des sculpteurs, à la construction des bâtiments monastiques et des églises, dont ils équarrissaient et dressaient les charpentes. C'est à la suite d'une lente division du travail que certains d'entre eux délaissèrent le gros œuvre pour se spécialiser dans la fabrication des bancs et des coffres. Il faut attendre le XIIIe siècle pour qu'ils gagnent une certaine indépendance, à la faveur de l'établissement des communes, progressivement placées sous l'autorité royale. Et c'est par privilège royal qu'ils purent bientôt s'unir en un seul corps de métier. En 1254, des ordonnances de Philippe Auguste définissent les droits et devoirs de la corporation des charpentiers.

De la branche maîtresse des charpentiers, qui ne traitent que le « gros bois » équarri à la grande cognée, se détachent ensuite les huchiers de petite cognée, chargés de l'exécution des portes, fenêtres et volets, autrement dit des parties mobiles de la maison. Et nous en arrivons aux meubles proprement dits, « qu'on peut transporter de lieu en autre et qui suivent le corps », comme l'écrit Bouthillier en 1380 dans sa *Somme rurale*. C'est dire que dans ses déplacements, encore si fréquents, le seigneur transporte avec lui le plus de commodités possible. Les huchiers, qui se consacrent plus

Stalle de chœur du XVe siècle. Le siège rabattant est orné d'une tête sculptée soutenant un petit plateau appelé « miséricorde » ; ce siège de secours permettait aux chanoines de se reposer discrètement.
Musée des Arts décoratifs, Paris.

particulièrement à l'exécution des coffres, bancs, bahuts, armoires, veulent bénéficier d'un statut différent de celui des charpentiers. Ils auront bientôt gain de cause, à Paris d'abord, puis en province.

D'après Roubo *(l'Art du menuisier),* un arrêt rendu le 4 septembre 1382 ordonne qu'à l'avenir on désigne sous le nom de *menuisiers* ceux qu'autrefois on appelait « huchers » ou « huissiers », à cause de l'ancien mot *huis,* qui signifie « porte de chambre ». Et Roubo définit le menuisier comme « un ouvrier qui travaille à de menus ouvrages ». Comme les huissiers, les menuisiers emploient des outils tranchants, hache et couteau, ainsi que la scie à débiter. Le tour, dont l'usage ne s'est jamais perdu depuis l'Antiquité, fait naître des pieds de chaises et des supports de pupitres en chapelet ou en fuseau. Le rabot, qui fait son apparition au cours du XIVe siècle, permet d'amincir le bord des panneaux pour les « enchaciller » par rainures et languettes entre les montants des meubles, eux-mêmes assemblés à tenons et mortaises. Les coffriers fournissent les malles et étuis qui servent à plier bagages, à ranger vaisselle, bijoux, tentures et tapisseries pour des déménagements hâtifs d'un château à l'autre. Aux huchiers s'associent souvent les sculpteurs — on disait alors « imagiers » —, qui, à partir du XIIIe siècle, enrichissent les stalles d'églises d'ornements en bas relief et en ronde bosse.

Il faut croire que les artisans de la capitale du royaume avaient déjà une réputation bien établie, car les chroniqueurs rapportent que les princes étrangers cherchaient à se procurer les meubles que l'on désignait sous le nom de « travail de Paris ».

Une stricte réglementation définissait les conditions d'accès au métier de menuisier. Il fallait être un « ouvrier suffisant », soumettre un chef-d'œuvre aux jurés et verser un droit d'entrée de douze sols, dont six pour le roi et six pour la confrérie.

Quant aux conditions de fabrication, elles étaient définies dans le moindre détail : choix des bois, épaisseur des fonds, modes d'assemblage, proscription de l'aubier (bois tendre) pour les montants et panneaux, etc. Ces règlements furent confirmés par lettres patentes de Louis XI en 1467, puis assortis de dispositions nouvelles sous Henri III et sous Louis XIII. L'édit de 1645 précise que l'apprenti « ne peut présenter son chef-d'œuvre avant six années entières chez un maître menuisier », et énumère les normes de fabrication concernant notamment la taille et les assemblages, de sorte que « le tout soit de bon bois loyal et marchand, à peine de dix écus d'amende et lesdits ouvrages brûlés devant la porte de l'ouvrier » (cité par A. Champeaux, *le Meuble, Moyen Âge*). À noter encore que les statuts autorisaient les menuisiers à « faire en leurs ouvrages toutes sortes de statues, portraits, images grandes et petites taillées en bois à la mode antique ou moderne avec toute autre sculpture et architecture telle qu'elle puisse être pour la perfection et l'enrichissement de leurs ouvrages ».

Admis par les menuisiers, les sculpteurs étaient parfois membres de l'académie de Saint-Luc, qui, concurremment avec l'Académie royale de peinture et de sculpture fondée par Le Brun, avait un rôle didactique et honorifique. Dans les principales villes du royaume, les communautés des maîtres menuisiers se firent accorder des statuts identiques à ceux de Paris, statuts qui restèrent en vigueur jusqu'au moment où les ébénistes revendiquèrent à leur tour un régime particulier.

Menuisiers et ébénistes

Le mot « ébéniste » apparaît dans les statuts de 1743, où il est spécifié que les ébénistes ne constituent pas une communauté séparée des menuisiers. Ces mêmes statuts donnent une indication intéressante sur le caractère religieux de cette communauté : l'article 10 précise que les menuisiers ont pour patronne sainte Anne, dont ils célèbrent la fête le 26 juillet ; à Paris, l'église des Carmes de la rue des Billettes (aujourd'hui rue des Archives) appartient à la communauté.

Les réunions de la communauté et les nominations des jurés donnaient lieu à de nombreuses festivités. La confrérie était placée sous la dépendance de l'archevêque ; elle veillait à ce que ses membres accomplissent leurs devoirs religieux et donnait assistance aux confrères en difficulté et à leur famille au nom de la charité chrétienne. Cette solidarité professionnelle se perpétua, après l'abolition des corporations, dans le compagnonnage, qui se développa vigoureusement au cours du XIXe siècle sous forme de sociétés secrètes (telle celle des « Compagnons du devoir », ou gavots, qui se disaient « enfants de Salomon »). Malgré l'interdiction qui frappa les coalitions ouvrières, ces compagnonnages, plus ou moins clandestins, continuèrent à jouer un rôle de formation professionnelle (tour de France, chefs-d'œuvre) et à assurer le placement. Selon Luc Benoist, ce compagnonnage fut « mutualiste avant la mutualité, syndicaliste avant les syndicats, coopérateur avant les coopératives » *(le Compagnonnage et les métiers).* Bien que les métiers de menuisier et d'ébéniste relèvent de techniques différentes, ils avaient en commun les mêmes règles morales et professionnelles et le même goût du travail bien fait.

Pour comprendre comment s'instaura la division du travail entre menuisiers et ébénistes à l'intérieur de la même corporation, voyons de plus près les circonstances de cette mutation, qui porta les meubles français au plus haut niveau de qualité.

La marqueterie — dont les artisans italiens, allemands,

Phot. du Musée

Détail du cabinet connu sous le nom de « Wrangelschank » (armoire du comte Wrangel), travail d'Augsbourg daté 1566. Landesmuseum, Munster

Porte d'un cabinet Renaissance où les placages d'ivoire jouent sur fond d'ébène. Coll. part.

Chadefaux-Top

hollandais et flamands s'assurent d'abord la maîtrise et que les ébénistes français ont ensuite pratiquée avec brio — a pour origine les *intarsia,* venus d'Orient par Florence et Venise. Mais il ne faut pas confondre la marqueterie avec les techniques d'incrustations qui lui sont antérieures. Au XVe siècle, la technique des *intarsiatori* consiste à creuser un panneau de bois massif pour enchâsser, dans la forme exacte découpée, des pièces d'ébène, d'ivoire, de nacre, d'étain, d'écaille, de marbre ou de pierre dure.

Bien que les incrustations fussent déjà connues à la cour de France au XIVe siècle — un inventaire de 1317 mentionne « deux tables incrustées d'ébène et d'ivoire » —, cette technique ne retint pas l'attention des huchiers français ; et pas davantage après les expéditions de Charles VIII et de Louis XII en Italie, qui ouvrirent les voies de la Renaissance.

En revanche, la marqueterie, dont la technique s'apparente davantage à la mosaïque qu'à l'intarsia, allait bientôt prendre son essor.

L'ébénisterie, telle qu'elle se pratiquait déjà en Italie, en Allemagne et dans les Flandres, consiste à fixer par collage des feuilles de bois précieux sur le bâti du meuble, et non en entaillant la surface pleine du support. L'ossature du meuble se trouve ainsi masquée par les bois rapportés, qui forment un décor où jouent les oppositions de matières et de couleurs. Pour encourager le développement de la marqueterie, car la mode était alors aux cabinets plaqués d'ébène et d'ivoire, Henri IV envoya des artisans étudier ces techniques en Allemagne et en Flandre et fit venir au Louvre les maîtres ébénistes de ces pays.

L'ébénisterie, ou « menuiserie en ébène », florissante en France dès le début du XVIIIe siècle, est dans son principe très différente de la menuiserie traditionnelle. Dans cette dernière, les panneaux qui supportent les décors sculptés peuvent jouer dans leur encadrement, ce qui permet au bois de se contracter ou de se dilater. Au contraire, dans les meubles d'ébénisterie, les feuilles de placage solidement encollées forment un système bloqué qui ne tolère aucun mouvement des molécules du bois. Les menuisiers construisent le bâti du meuble selon les procédés traditionnels, tandis que les ébénistes lui appliquent des placages de bois précieux : il s'agit donc de deux techniques différentes, mais complémentaires.

Dans son *Art du menuisier,* Roubo distingue l'ébénisterie, « celle où, avec les bois précieux, on emploie l'écaille, l'ivoire, les métaux, les pierres précieuses, etc. » ; la menuiserie de placage, ou marqueterie, qu'il appelle également « mosaïque » ou « peinture en bois », « celle où l'on représente des fleurs, des fruits et même des animaux et des figures humaines par le moyen de bois, teints ou de couleurs naturelles, appliqués sur fond de bois ou incrustés dans d'autres bois précieux ».

Roubo énumère quarante-huit bois « étrangers », connus sous le nom de « bois des Indes », de l'acajou de Ceylan au violet (palissandre, dit « sainte-lucie »), auxquels s'ajoutent vingt-trois bois de France, de l'alisier au sureau.

À l'ébène, qui donne son nom aux ébénistes, ont donc succédé l'écaille, le cuivre et l'étain (matières traitées avec virtuosité par André Charles Boulle), puis toute la gamme des bois des îles, qui permirent des combinaisons décoratives d'une extrême variété. C'est ce qu'on appelle l'« ébénisterie de bois de rapport ».

En règle générale, les ébénistes fabriquent eux-mêmes ou font fabriquer dans leurs ateliers les bâtis des meubles. Mais ils ont aussi la faculté de faire exécuter les carcasses par d'autres menuisiers. Bien entendu, les menuisiers traditionnels continuent à fabriquer pour leur compte toute sorte de meubles en bois massif (on dit aussi « en bois naturel »), dont les sièges, qui constituent la part la plus importante de leur production. Comme le note Pierre Verlet : « Les ébénistes pensent souvent en menuisiers lorsqu'ils construisent leurs meubles, mais il se libèrent de la tradition lorsqu'ils les décorent » *(l'Art du meuble à Paris au XVIII*[e] *siècle)*. Mais l'auteur fait remarquer qu'en vieillissant le placage claquera bien souvent selon les lignes de construction du meuble : « La menuiserie semble se venger. »

Également exigeants sur les qualités de fabrication, menuisiers et ébénistes possèdent un règlement commun, confirmé par les statuts de 1743. De nombreux ébénistes venus d'Allemagne ou des Flandres se font admettre sans trop de difficulté dans la vieille corporation placée sous le patronage de sainte Anne.

Restent en dehors de la corporation les artisans sous privilège royal — qui travaillent au Louvre, aux Gobelins ou à l'Arsenal — et les ouvriers libres, qui, moyennant certaines redevances, vivent en petites colonies dans les communautés religieuses, au Temple, à l'Université, aux Quinze-Vingts ou au faubourg Saint-Antoine, vaste domaine de l'abbaye de Saint-Antoine-des-Champs. Les ouvriers libres sont néanmoins soumis aux visites sans indulgence de la jurande, qui contrôle la qualité des meubles et peut éventuellement les saisir s'ils ne sont pas fabriqués conformément aux normes imposées par les statuts de la corporation.

La jurande, ou bureau, est composée de six jurés choisis parmi les maîtres les plus réputés, qui veillent jalousement au respect des traditions professionnelles, examinent les candidatures à la maîtrise, jugent les chefs-d'œuvre, apposent les poinçons J. M. E. (jurande des menuisiers-ébénistes) sur les ouvrages qui leur sont obligatoirement soumis, toujours moyennant redevance. Les menuisiers et les ébénistes qui ont accédé à la maîtrise, après six ans d'apprentissage et au moins trois ans de compagnonnage, doivent (à partir de 1751, mais certains meubles sont signés avant cette date) marquer de leur estampille les ouvrages qui sortent de leurs ateliers. Pour assurer l'identification et la conservation des estampilles, le fer qui porte le nom du maître est d'abord inscrit en creux dans la nappe de plomb conservée au siège de la corporation — ce qui est pour elle l'occasion de percevoir un « droit d'étalonnage ». Sous l'œil du maître, qui met rarement la main à l'établi lorsqu'il a pris la direction commerciale d'un atelier, apprentis et compagnons sont astreints à de longues journées de besogne : onze heures et demie de travail effectif, de 6 heures du matin à 7 heures du soir, avec deux interruptions pour les repas.

Ils utilisent soit leurs outils personnels (scies, équerres, trusquins, maillets, rabots, guillaumes, bouvets, compas, bédanes, gouges, vrilles et tenailles), soit les outils « de la boutique », selon l'expression de Roubo, d'où nous tirons ces énumérations, à savoir : scies à main, trusquins, compas, sergents (serre-joints), valets, pieds-de-biche, colle et pots en cuivre pour la faire chauffer.

Quant aux techniques de fabrication, elles sont minutieusement décrites dans les statuts de la corporation pour chaque type d'ouvrage, avec force précisions sur le choix des bois, la solidité des montages, les modes d'assemblage, la qualité des sculptures, le collage des placages, l'usage des outils nécessaires, etc. Tout doit être fait « suivant l'art » et « à peine d'amendes » (plus ou moins importantes) infligées par la confrérie de Sainte-Anne.

Portrait présumé d'André Charles Boulle (1642-1732), réalisé en marqueterie, selon les techniques en usage dans l'atelier du plus grand ébéniste du XVIIe *siècle.*
Musée des Arts décoratifs, Paris.

Phot. du Musée

Évolution des goûts et des styles

Étant donné la rigueur de ces normes, il est permis de se demander comment, au cours des siècles, ont pu naître et s'épanouir des styles successifs aussi différents. À l'exception de quelques créateurs de génie — tels Boulle, Cressent, Œben, Riesener et Jacob, conscients des variations du goût —, ce ne sont pas les artisans menuisiers qui font évoluer les lignes et les décors du meuble, mais le mouvement des idées. En fait, les modifications profondes sont aussi lentes à se manifester dans le mobilier que dans l'architecture, qui lui montre la voie. Les structures, résultant de techniques lentement élaborées, restent ce qu'elles sont. Le passage d'un style à l'autre se fait d'abord de façon superficielle ; l'évolution des formes est pour ainsi dire extérieure au métier. Aux exécutants de s'adapter à des demandes nouvelles. Les progrès de l'outillage et les améliorations techniques permettent seulement à l'artisan de mieux se plier aux exigences de la mode, qui elles-mêmes procèdent d'un certain art de vivre en société.

N'oublions pas, comme l'a dit Malraux, que « pour un homme du XIIIe siècle, le gothique était moderne ». Quand un style nouveau se manifeste, les artisans cherchent à le traduire dans la matière par les signes extérieurs les plus marquants ; ils chargent les formes existantes d'ornements qui tendent à masquer les structures anciennes ; c'est par la suite que les lignes se dégagent, s'épurent et s'affirment en des formes finalement « stylisées ».

Si, jusqu'à la fin du XVe siècle, le style médiéval reste aussi homogène, dans les pierres des cathédrales comme dans les panneaux de bois, c'est que l'architecture religieuse commande tous les arts. Un coffre ou une armoire ressemblent à une façade d'église à plusieurs nefs ; une châsse ou un dressoir, à une chapelle en miniature.

Tandis que la France et l'Angleterre épuisent leurs forces et leurs ressources dans la guerre de Cent Ans, l'Italie prépare sa Renaissance. Le quattrocento (XVe s.

italien) fait jaillir une esthétique nouvelle puisée aux sources profondes de l'antiquité grecque et de l'antiquité romaine : feuilles d'acanthe, palmettes, corbeilles et rinceaux se déploient aux frontons des monuments comme sur les façades des meubles, couvrant toutes les surfaces disponibles.

Sensibles aux apports extérieurs, les sculpteurs interviennent plus activement que les menuisiers dans la transformation du décor.

Tandis que l'ornementation évolue en surface, les formes qui la supportent s'adaptent progressivement pour mettre en évidence les décors les plus caractéristiques du dernier style, qu'on qualifie alors de « moderne ». Lorsque au XVIIe siècle les techniques de marqueterie prennent leur essor, les ébénistes passent du simple placage d'ébène aux décors de cuivre et d'écaille, puis aux savants assemblages de bois rapportés, d'abord en « frisage », puis en compositions figuratives où abondent paysages et bouquets. Certes, les matières employées et les techniques qui les mettent en œuvre contribuent aux transformations successives qui confèrent au style de chaque époque un ensemble de particularités originales. Mais c'est hors du métier que s'exercent les pressions qui imposent les changements : c'est, en fin de compte, la clientèle qui crée la mode.

Jusqu'au XVIIe siècle, les menuisiers travaillent uniquement sur commande. Lorsque les meubles ont cessé de plaire, on les transfère à l'office ou dans les logements subalternes, ou bien on les relègue dans les garde-meubles. Il arrive aussi qu'on les abandonne à vil prix à des marchands qui les revendent aux déshérités.

C'est seulement au début du XVIIIe siècle que s'instaure un véritable commerce de meubles neufs. Directement intéressés au renouvellement des commandes, les marchands merciers jouent alors un rôle très actif, à la fois pour inviter leurs clients à se meubler en « moderne » et pour stimuler les menuisiers en vue de la réalisation de nouveaux modèles. S'il faut en croire Sébastien Mercier dans son *Tableau de Paris,* « tous les six ans, on change son ameublement pour se procurer tout ce que l'élégance du jour a imaginé de plus beau ».

Mais, dans l'ensemble, les menuisiers sont plutôt routiniers et se contentent de reproduire les modèles qu ils connaissent selon les mêmes « calibres » (formes fixes, qui permettent de reproduire exactement le contour d'une traverse de commode ou d'un pied de fauteuil). Si, à la demande d'un mercier qui veut du nouveau, ils décident de créer une forme inédite, les menuisiers s'adressent à un dessinateur modéliste ou ils font réaliser par un sculpteur une maquette qui leur servira de modèle. Lorsque les menuisiers-ébénistes cherchent seulement à renouveler un ornement, ils se procurent, chez un imagier de la rue Saint-Jacques, des planches de gravures où figurent les dernières créations en vogue. Les estampes, que les « décorateurs » font imprimer à des centaines d'exemplaires, jouent au XVIIIe siècle un rôle important dans la diffusion des nouveautés du mobilier parisien.

Mais les changements de style ou de détails ornementaux sont évidemment beaucoup plus lents à s'imposer dans les ateliers de province que dans ceux du faubourg Saint-Antoine. Roubo lui-même, qui se veut le conservateur des bonnes traditions de l'art du menuisier, s'irrite du manque d'invention des maîtres ébénistes, recourant sans cesse aux mêmes calibres pour refaire les mêmes modèles. Mais il s'inquiète aussi de l'ingérence des marchands qui, pour obtenir la livraison de leurs commandes, « poussent l'ouvrier à ne plus rien soigner » ; et il s'en prend aux menuisiers, « dont toute l'application ne consiste qu'à faire beaucoup d'ouvrages en très peu de temps, sans s'embarrasser de la perfection, vu que ce ne sont pas eux qui vendent au particulier, qui alors ne peut leur faire aucun reproche sur les mauvaises qualités de leur ouvrage ».

Les caprices du goût sont-ils à l'origine d'un abaissement de la qualité de fabrication ? C'est possible. « Il est presque honteux de ne pas être à la mode tant dans ses meubles que dans ses habits », dit encore Roubo, moraliste d'une profession dont il prétend arrêter le déclin en fixant les règles de la bonne fabrication. Mais, pour les habits comme pour les meubles, chacun sait que le propre d'une mode est qu'elle se démode. Et lorsque, aux yeux des grands personnages qui décident du « bon ton », un style a épuisé les attraits de la nouveauté, il dégénère en outrances et provoque la lassitude, bientôt suivie d'un phénomène de rejet.

L'alternance de la courbe et de la droite

Tout au long de l'histoire du mobilier français, on assiste à l'alternance des styles, avec de brèves périodes de transition. Les engouements des modes précèdent des mouvements plus profonds, où s'affirme une tendance opposée. La profusion succède à la rigueur. On aimait la droite, on ne jure plus que par la courbe. La majestueuse symétrie du Grand Siècle s'achemine, en passant par la Régence, vers les sinuosités capricieuses du Louis XV. Mais les aspirations néo-classiques n'attendent même pas la fin du règne pour imposer le style à la grecque, dont s'inspire l'élégance équilibrée du Louis XVI. Les grâces de ce dernier style se guindent dans la raideur de l'Empire. D'où naît l'attrait contradictoire pour les rondeurs louis-philippardes, qui annoncent les curieux mélanges du second Empire, éclectique jusqu'à l'écœurement. L'académisme salonnard provoque un désir de changement, qui fait bientôt jaillir les galbes, floraux ou féminins de l'Art nouveau... jusqu'au jour où l'accablante profusion des courbes naturalistes fait aspirer au dépouillement géométrique et fonctionnel de l'Art déco.

Ainsi vont les goûts et les modes, dont les meubles sont les témoins muets, mais combien éloquents.

LA HAUTE ÉPOQUE ET LA RENAISSANCE (Xe-XVIe s.)

Une lente évolution

L'expression « Haute Époque » est parfois contestée à juste titre par les historiens d'art ; mais, comme elle est couramment adoptée par les antiquaires et les commissaires-priseurs dans leurs catalogues, il importe d'en préciser les limites.

Rares sont les meubles antérieurs au XVIe siècle. Difficiles à dater, ce sont des meubles de musée qu'on ne rencontre qu'exceptionnellement chez les antiquaires, lesquels, pour cette raison sans doute, sont tentés de donner à la Haute Époque des limites très élastiques. On désigne sous cette expression les premiers meubles français, jusqu'à Louis XIII... inclusivement disent les antiquaires — ce qui est abusif. Nous avons donc replacé dans leur époque les meubles spécifiquement qualifiés de « Louis XIII », le premier des Louis qui ait donné son nom à un style (le dernier étant Louis-Philippe, deux siècles plus tard).

On sait que le Moyen Âge s'étend sur dix siècles, de la chute de l'Empire romain d'Occident (476) à la prise de Constantinople (1453). En ce qui concerne le mobilier, il n'existe pratiquement pas de témoignages directs antérieurs au Xe siècle ; d'autre part, la Renaissance n'apporte

Archives photographiques

Coffre en chêne sculpté à décor d'ogives (fin du XIIIᵉ s.), inspiré de l'art architectural français. Musée de Cluny, Paris.

aux meubles hérités des siècles précédents qu'un formulaire décoratif qui n'affecte pas les structures essentielles.

La Haute Époque se situe donc entre le xᵉ siècle et la fin du xviᵉ siècle, avec des subdivisions plus ou moins arbitraires et sans véritable discontinuité dans la très lente évolution des styles de meubles.

C'est au cours de cette longue période que s'organise, comme nous l'avons vu, la corporation des menuisiers, d'abord appelés « huchers » ou « huchiers », qui, au cours du xivᵉ siècle, s'est peu à peu détachée des charpentiers, dont ils dépendaient jusqu'alors. Les charpentiers ne travaillent que les « gros bois », qu'ils se contentent d'équarrir à la cognée. Les menuisiers opèrent un travail plus diversifié : ils débitent, corroient (rabotent), ajustent, assemblent, ornent de moulures, collent et polissent toute espèce de bois. On distingue par la suite la menuiserie d'assemblage « dormante », qui concerne les boiseries fixes, et la menuiserie d'assemblage « mobile », qui concerne la fabrication des meubles.

Au Moyen Âge, deux périodes se distinguent par des styles nettement différents, qui correspondent à des types d'architecture dont les meubles sont généralement le reflet : l'époque romane (jusqu'à la fin du xiiᵉ s.), caractérisée par l'arc en plein cintre, et l'époque gothique, où la voûte d'ogive se complique progressivement de fenestrages nervurés, dont s'inspirent charpentiers et huchiers.

Pendant cette période d'insécurité qui oblige les féodaux à d'incessants déplacements, les principaux types de meubles sont mobiles par destination, quoique lourds et massifs. Taillés dans le chêne à la cognée (mais aussi dans le noyer à partir du xivᵉ s., selon les inventaires), ils sont assemblés à tenons et mortaises et souvent renforcés de pentures en fer forgé. Les assemblages plus raffinés à queue d'aronde (xivᵉ s.), puis à rainures et languettes (xvᵉ s.) permettent l'utilisation de panneaux plus minces où s'épanouissent de foisonnantes sculptures.

Ader, Picard, Tajan

Chaière (ou chaire) du XVᵉ siècle, à dossier orné de panneaux à plis de serviette (à orbevoie) et surmonté d'une frise à motifs ajourés (à claire-voie). Le siège forme coffre.

Éléments décoratifs

Les arcades en plein cintre de l'époque romane n'ont laissé leurs formes architecturées que sur quelques coffres et sur une armoire dont ne ne connaît qu'un exemplaire : celle d'Aubazines en Corrèze, considérée comme le plus vieux meuble français à portes (voir p. 246).

À partir du xiiiᵉ siècle, ce sont les sièges des stalles d'église qui inspirent surtout les sculpteurs. En bas relief et en ronde bosse, branchages, fleurons, personnages et animaux sont taillés dans le chêne.

Mais c'est surtout sur les panneaux visibles des coffres, des chaises et des bancs que les imagiers transposent avec talent les décors de l'architecture religieuse : ogives, rosaces, fenestrages, anses de panier se détachent du fond en reliefs vigoureux, qui accrochent la parcimonieuse lumière des salles de châteaux. Le décor sur fond plein est dit « à orbevoie » (du lat. *orbus,* « aveugle »), avec des reliefs imitant les nervures des fenestrages. Il est dit « à claire-voie » lorsque les panneaux sculptés à la gouge dans toute l'épaisseur du bois sont ajourés. Un décor naturaliste à feuillages, à fleurs, à branches et à fruits orne les meubles les plus simples.

À la fin du xvᵉ siècle, un autre élément original agrémente les coffres et les chaises : c'est le parchemin plié, simple ou à plusieurs plis, également baptisé « pli de serviette ». On le dit inspiré d'une gaine de cuir recroquevillée qui aurait laissé son empreinte dans le bois, ou des draps pliés qui servaient à recouvrir les meubles. Selon Guillaume Jeanneau, on trouve encore ce décor traditionnel sur de nombreux meubles jusqu'en 1520.

À la fin du Moyen Âge, le décor flamboyant atteint une virtuosité qui ne parvient cependant pas à masquer la massivité des structures. Le décor médiéval va disparaître peu à peu devant les motifs antiques puisés dans le répertoire ornemental, rapidement francisé, de la Renaissance italienne. Les guerres, les conflits locaux, le brigandage obligent les seigneurs, leurs troupes et leurs gens à se transférer rapidement avec leurs meubles de châteaux en forteresses. Le seul élément de confort relatif est constitué par les étoffes de velours et de soie dont on couvre l'austérité du bois. Les tapisseries accrochées sur les murs ou les portières placées devant les ouvertures protègent tant bien que mal des courants d'air et contribuent à donner aux grandes salles où flambent des feux de bois une ambiance chaude et colorée.

Principaux meubles

Le *coffre,* élément de base du mobilier, sert à la fois de siège, de table et de meuble de rangement ; il est appelé « huche » lorsqu'il est à dessus plat ; il prend le nom de « bahut » lorsque, surmonté d'un couvercle bombé, il est plus spécialement destiné aux transports des hardes et tapisseries. La fermeture est assurée par une grosse serrure en fer forgé.

Le *fauteuil* (fau d'esteur, faulx d'esteuil, puis faudesteuil), siège réservé à l'origine au souverain, se présente sous deux formes : le siège « à la Dagobert », inspiré de la chaise curule romaine, sorte de pliant en bronze en forme de « X », dont les branches pivotent sur un axe horizontal maintenu par de gros boulons ciselés (il peut être plié pour le transport, d'où peut-être l'origine germanique du mot faudesteuil, *faldestoel,* c'est-à-dire « chaise pliante ») ; le siège à dossier, comportant des panneaux latéraux formant accoudoirs, qui se rapproche de la chaière.

La *chaière* (XIIe s.), ou chaire (XIVe-XVe s.), réservée au seigneur, est un coffre flanqué de montants latéraux et d'un haut dossier. Elle est rendue plus confortable par des « carreaux » (coussins), des étoffes et des fourrures — que l'on range, en cas de besoin, sous le couvercle à charnière qui ferme le coffre et sert en même temps de siège.

La *fourme* est une chaise d'apparat à deux places destinée au seigneur et à son épouse.

Le *banc* est également appelé « forme » lorsqu'il est long et sans accotoirs, et « banquet » lorsqu'il est court et garni d'accotoirs.

Le *tabouret,* le *placet,* le *ployant,* la *scabelle (escabelle),* sièges volants ou sièges de table les plus courants, sont cependant agrémentés de sculptures sur les côtés et en ceinture. Des « goussets », pièces de bois placées en équerre entre le siège et le pied, consolident les assemblages.

Le *banc tournis* est muni d'une « reigle » (barre horizontale) pivotante et formant dossier, qui permet de s'asseoir soit face au foyer, soit le dos au feu, face à la pièce principale.

La *bancelle* est un banc dont les planches qui forment les pieds se prolongent en hauteur de chaque côté du siège.

Le *châlit,* simple cadre de bois, reçoit la paillasse et la courtepointe. Au-dessus de la couche, l'épervier est une pièce de drap formant baldaquin.

Le *lit* comporte des fuseaux tournés ou des colonnes (quenouilles) supportant parfois un ciel de lit en bois où s'accrochent des « courtines » (rideaux), relevées en bourses dans la journée.

Le *dressoir,* apparu à la fin du XIVe siècle, prend par la suite le nom de *buffet.* Il est formé de plusieurs gradins disposés au-dessus d'un soubassement ouvert. C'est un meuble d'apparat permettant de présenter la vaisselle et les pièces d'orfèvrerie. Certains dressoirs à décor gothique comportent un tiroir en ceinture.

L'*armoire* est le plus souvent un meuble de sacristie formé de quatre étais, montés à tenons et mortaises, qui enserrent des panneaux à joints vifs (XIIIe s.), puis à rainures et languettes (XVe s.).

Le *lutrin,* pupitre de lecture, est soutenu par une colonne tournée, fixée à sa base dans un caisson carré ou dans un tambour cylindrique.

Changement de décor

Dès la fin du XVe siècle, un nouveau langage décoratif apparaît en France à la suite du retour d'Italie de Charles VIII, fondateur du royaume de Naples en 1495, puis de Louis XII. Ces deux souverains ont eu, au cours de leurs campagnes, la révélation d'un style ornemental tout différent. Les *grotteschi* découverts sur les stucs des

Crédence en chêne finement sculpté, ornée de blasons aux armes de Charles Quint. Époque Renaissance. Le prix des meubles de cette qualité a décuplé en 10 ans.

Ce genre de meuble à portes sculptées porte encore le nom d'armoire à la fin du XVIe siècle. Le noyer se prête mieux que le chêne à la finesse de la sculpture. Coll. Bresset.

Guillemot, Connaissance des Arts

palais de la Rome impériale ont inspiré le talent des artistes italiens du quattrocento. Bientôt, motifs floraux stylisés, rinceaux, arabesques, médaillons, bustes féminins, héros mythologiques prennent, sur les panneaux de bois sculpté, la place des fenestrages gothiques.

L'utilisation du noyer, qui se substitue au chêne, offre à la gouge des sculpteurs une taille plus nerveuse et plus fouillée.

Les Renaissances

La première Renaissance française trouve sa plus forte expression avec l'école de Fontainebleau, animée par les Italiens que François Ier a fait venir à sa cour (Primatice, Rosso) et par des artistes français tels que Jean Goujon et Germain Pilon, dont les élégances décoratives restent d'inspiration « raphaélesque ». En ce qui concerne les meubles, la décoration « à l'antique », moins étroitement soumise à la fonction du support, évolue librement d'un panneau à l'autre avec une savoureuse exubérance. Sous le règne d'Henri II, des décors de composition plus équilibrée tempèrent ces fantaisies de jeunesse : c'est alors ce qu'on appelle parfois la seconde Renaissance, qui voit le triomphe de l'italianisme sous l'influence de la jeune reine Catherine de Médicis. Mais l'excessive passion de l'Antiquité allait dégénérer en préciosité et en maniérisme.

Pour stimuler l'imagination des artisans qui exécutent les buffets et les armoires, les ornemanistes proposent leurs « desseins », collections de gravures représentant des modèles de meubles et de détails ornementaux tels que caryatides, oves, perles, godrons, rinceaux, strigiles (cannelures sinueuses), feuilles d'acanthe, rais-de-cœur, coquilles, amours, mufles de lions, motifs de passementerie (rubans, entrelacs, jeux de bandes ou de lanières de cuir entrelacées). Tous ces motifs d'origine romaine animeront les façades de la plupart des meubles, aussi bien à Paris qu'en province, jusqu'à la fin du XIXe siècle — avec toutefois une longue éclipse sous Louis XV, époque où les créateurs de meubles s'attacheront davantage à la recherche de formes et de décors originaux qu'à l'imitation de motifs puisés dans le répertoire de l'Antiquité.

Les créations les plus caractéristiques de la Renaissance sont les suivantes.

L'*armoire à deux corps* et quatre portes, synthèse d'une élégante légèreté de l'armoire et du buffet du Moyen Âge. Le corps supérieur, en retrait par rapport à la base, est surmonté d'une corniche moulurée ou d'un fronton triangulaire brisé de chaque côté d'une petite niche. Les antiquaires du Sud-Ouest parlent, pour désigner ces « deux-corps », de « buffet à diminutif ». De moindre volume, les buffets à vantaux sont des meubles de rangement comportant des tiroirs en ceinture.

La *crédence,* haut de buffet soutenu par un piètement sculpté ou des colonnes tournées autour d'un guichet.

La *table,* qui remplace les simples volets sur tréteaux. Son lourd plateau est supporté par des pieds en balustre sur patin, reliés par une large traverse d'où s'élèvent parfois des colonnettes soutenant le milieu du plateau. La table à rallonges coulissantes, « à l'italienne », apparaît à la fin du XVIe siècle.

Le *cabinet,* qui est soit un petit meuble que l'on peut poser sur une table, soit un meuble complet reposant sur des pieds en colonnes. Derrière les vantaux sculptés apparaissent des guichets évidés entourés de petits tiroirs, ou « layettes » (qui font leur apparition au XVe s.).

Un inventaire du château d'Angers, dressé en 1471, fait état d'un petit établi d'orfèvre sur lequel « deux léaites se tirent l'une deçà l'autre delà ». Le mot *layette,* employé pour « tiroir », devient d'usage courant au XVIe siècle.

La *chaise à bras* (qui n'apparaît que dans la seconde moitié du XVIe siècle), montée sur quatre pieds tournés reliés à la base par des traverses. Les accotoirs, assemblés à tenon dans le dossier, reposent sur des consoles tournées dans le prolongement des pieds avant.

La *caquetoire,* à l'origine une « chaise à femme », sans bras et à haut dossier. Selon Henri Estienne, les femmes de Paris, « qui n'avaient pas le bec gelé [...], ne se sont pu tenir d'appeler des caquetoires, leurs sièges ». On désigne également sous ce nom une chaise à bras caractérisée par un siège trapézoïdal (« en façon de tallemouze »), qui permet aux dames vêtues de robes à vertugadin de s'asseoir plus facilement.

La *chaise à dos* (fin du XVIe s.), comportant un dossier en forme de cadre évidé ou richement sculpté.

La *chaise à tenailles,* réminiscence de la chaise curule d'inspiration italienne (*sedia dantesca,* ou « à la Savonarole »). Les branches supérieures du « X » sont surmontées latéralement par des accotoirs et reliées entre elles par une bande de cuir ou un panneau formant dossier.

Le souci d'un certain confort se manifeste à la fin du XVIe siècle avec l'apparition des premiers rembourrages, qui vont peu à peu se substituer aux coussins.

Les *lits,* toujours de structure gothique, comportent un ciel soutenu par quatre colonnes. Ils sont souvent d'un grand luxe décoratif, avec incrustations d'ébène et d'ivoire.

Un architecte et dessinateur, Jacques Androuet Du Cerceau (1512-1584), publie un recueil de meubles dont les menuisiers sauront tirer parti. Retenons, parmi ses divers modèles, l'armoire flanquée de colonnettes et le buffet à deux portiques séparés par un tiroir.

Armoire attribuée à Hugues Sambin où la rigueur de la construction architecturale s'harmonise à la fantaisie du décor. Aux caryatides humaines s'ajoutent fleurs et fruits dans une exubérance équilibrée.
Musée du Louvre, Paris.

Giraudon

Couturier, Nicolay

Coffre (fin du XVIe s.), orné au centre d'un bas-relief entouré d'un encadrement de feuilles et de demi-rosaces entre des pilastres et des angelots. La richesse des sculptures montre une volonté décorative qui l'emporte sur l'utilité fonctionnelle.

Variantes régionales

À la fin du XVIe siècle commencent à s'affirmer — avec cinquante ans de retard sur Paris — plusieurs styles régionaux. Toutefois, les historiens du meuble trouvent hasardeux de parler d'« écoles », dans la mesure où des gravures représentant des modèles de meubles et des ornements décoratifs circulent dans toute la France. On ne peut cependant nier l'existence de centres régionaux particulièrement actifs sous l'impulsion de menuisiers et de sculpteurs d'une talentueuse fécondité. Le « courant lyonnais », qui reste sous l'influence italienne, produit des meubles massifs mais équilibrés, d'où se détachent des motifs sculptés tels que les miroirs bombés et les réseaux d'arabesques gravées en creux, appelés « vermiculure ».

En Bourgogne, où se fait sentir l'apport des Flandres, feuillages, guirlandes et festons s'épanouissent sur toutes les façades des meubles, dont les éléments architecturaux sont flanqués de colonnettes.

Un maître menuisier de Dijon, Hugues Sambin (élève, dit-on, de Michel-Ange), montre sa virtuosité de sculpteur en ajoutant au répertoire décoratif des figures humaines, des animaux, des chapitaux, des choux frisés. On dirait qu'une sorte d'horreur du vide le conduit à fouiller de son ciseau la surface entière du bois pour en faire jaillir tous les ornements à la mode — et il en rajoute ! Certains de ses buffets imposants se distinguent par des pilastres en gaine ou des colonnes feuillues, d'où émergent des torses d'hommes ou de femmes appelés « termes ». Parmi les émules d'Hugues Sambin, Denis Bredin et Pierre Chenevière étendent jusqu'en Franche-Comté la réputation du maître de Dijon.

La Provence est également riche d'ornemanistes, qui pratiquent à la fois l'incrustation à l'italienne et la sculpture en plein bois d'où se dégagent des caryatides dénudées.

Venu d'Espagne, le décor en pointe de diamant remonte vers la Dordogne, gagne le Poitou, se répand en Auvergne et jusqu'en Bretagne, où il s'associe parfois à des motifs ornementaux d'origine celte, tels que les rosaces et les « gâteaux » à moulures concentriques.

Les ébénistes entrent en jeu

Les matières employées et les techniques jouent aussi un rôle dans les transformations qui confèrent aux styles de chaque époque un ensemble de particularités originales.

Venues d'Italie, ainsi que d'Espagne, d'Allemagne et des Flandres, les techniques d'incrustation consistent à creuser le bois massif pour y insérer, à la forme exacte de la découpe, des pièces d'ébène, d'ivoire, de nacre, d'écaille, de marbre ou de pierres dures.

Bien que les incrustations ne soient pas d'un graphisme très fouillé, tous les motifs de la nouvelle gamme décorative sont présents sur les meubles : oves, perles, coquilles, vases, corbeilles de fruits, feuilles d'acanthe et motifs de passementerie. Les graveurs flamands reproduisent, en les déformant à leur façon, les décors de Raphaël inspirés de l'Antiquité, et les sculpteurs français les interprètent également en étirant les formes ou en les outrant jusqu'au baroque.

Notons que le décor « à la plume », qui figure sur les montants des buffets, disparaît curieusement au cours du XVIIe siècle du répertoire inspiré de l'antique, tandis que la plupart des autres motifs passent d'un style à l'autre avec quelques distorsions. Quant au « décor à la mauresque », venu de l'Orient par Venise et Florence, il consiste en motifs incisés dans le bois et blanchis au mastic pour faire ressortir les arabesques.

Le décor de « chartrousine », où, dit-on, excellent les chartreux, est réalisé avec de petits morceaux de nacre incrustés. La marqueterie par collage de bois teintés sur fonds unis apparaît sur certains cabinets italiens, espagnols, allemands et hollandais. Les ébénistes français délaissent alors les techniques d'incrustation pour s'en tenir à ce nouveau procédé de placage, où ils vont bientôt passer maîtres.

LE STYLE LOUIS XIII

Bien que le roi Henri IV n'ait pas laissé son nom à un style, son règne est marqué par un effort de rénovation artistique et artisanale, que favorise une politique de stabilisation et d'apaisement.

Le mobilier reste très mobile, car la cour et les seigneurs se déplacent encore fréquemment pour des motifs divers, et les meubles suivent. Coffres, sièges et bahuts sont toujours « transbahutés » d'un château à l'autre. Toutefois, les meubles les plus importants et les plus ouvragés tendent à devenir des éléments fixes du décor intérieur.

D'autre part, la petite noblesse et la bourgeoisie commencent à s'installer dans leurs meubles. Le mobilier utilitaire se dépouille des décors sculptés. On demande aux artisans de fabriquer du solide et du fonctionnel — ce qui n'exclut pas un certain confort. Ce qu'on appelle le « style Louis XIII » est plus bourgeois qu'aristocratique. Il est né dans les dernières années du XVIe siècle, après l'avènement d'Henri IV (1594), et il se prolonge, bien après le règne de Louis XIII (1610-1643), jusqu'à l'époque, après la mort de Mazarin (1661), où Louis XIV prend en main le destin du royaume. Le style Louis XIII s'étend en fait sur presque un siècle, et l'on continue même à en fabriquer jusqu'à la fin du XVIIe siècle à l'usage d'une bourgeoisie en plein développement. Ce nouveau style est marqué par une double influence étrangère : flamande et hollandaise d'une part, italienne de l'autre.

Innovations techniques et types de meubles

Les innovations techniques les plus caractéristiques sont les suivantes.

Le *tournage du bois,* qui permet, notamment pour les pieds des sièges, un décor élégant à moindre prix.

Les *garnitures fixes* en cuir frappé, à gros clous, ou en tapisserie à l'aiguille.

L'*emploi du placage* (technique hollandaise), que les « menuisiers en ébène » pratiquent avec des feuilles d'ébène ou d'autres bois exotiques. Ils connaissent également les *incrustations* de cuivre et d'étain sur fond d'écaille, selon une technique venue des Pays-Bas.

Enfin, aux ornements Renaissance, qui tendent à disparaître, se substituent les moulures et les pointes de diamant.

Parmi les nouvelles créations, remarquons l'armoire à deux portes divisées en panneaux. Les buffets à deux corps se multiplient, flanqués de colonnettes tournées et richement ornés de motifs en léger relief.

Des *tables,* qui sont pour la plupart en noyer sculpté ; il existe plusieurs modèles. Certaines sont à pieds droits (quatre ou six) réunis deux à deux par des entretoises plates et basses ; ce sont les plus anciennes. D'autres ont des patins sculptés qui, à chaque extrémité du plateau, forment une masse en éventail très ouvragée, dont la partie basse et resserrée rejoint un piétement à large entretoise ; deux colonnettes sculptées ou des arcatures à colonnettes viennent parfois en renfort entre l'entretoise et le dessous du plateau ; ces tables sont inspirées du *cartibulum* romain, modèle repris par la Renaissance italienne. On fabrique également des tables à pieds en balustres ou en colonnes renflées, avec entretoise en « H » garnie en son milieu de motifs en toupies. Pour doubler la surface des tables, il suffit de tirer, par-dessous, le plateau des rallonges « à l'italienne », qui se bloquent par un système de butée. Enfin, d'autres tables plus légères ont des pieds fins tournés en balustre, en chapelet ou en spirale, avec des entretoises en « X » que surmonte une toupie en panache.

Les tables à écrire sont recouvertes d'une étoffe de bure qui leur vaudra bientôt le nom de « bureau ».

Les bureaux « façon table » comportent, au-dessous du plateau, des tiroirs disposés de chaque côté d'un vide ménagé pour placer les jambes. Ce modèle est l'ancêtre du bureau à caisson qui, sous Louis XIV, deviendra le « bureau Mazarin » (appellation contestable), puis le « bureau ministre » au siècle suivant.

Les *sièges* Louis XIII — qu'on a fabriqués jusqu'à la fin du XVIIe siècle — sont encore nombreux sur le marché de l'antiquité, sans doute parce qu'on a continué et que l'on continue encore à en faire, ce style se copiant facilement.

Les fauteuils, qui prennent le relais de la chaise à bras, ont des pieds tournés en chapelet ou en spirale qui se prolongent en accotoirs. Le dossier bas est souvent

Cabinet XVIIe en marqueterie d'ébène, d'écaille et de cuivre, soutenu par quatre statuettes de nègres en bois doré. Petits panneaux de glace parmi des guirlandes polychromes. Selon la tradition, ce meuble d'inspiration italienne aurait été offert par Louis XIII à sa vertueuse amie Louise de Lafayette.

Bureau à caissons en placage d'étain, ébène et bois de violette, à décor de rinceaux et de feuillages. Époque Louis XIII. L'étain sur ébène préfigure les marqueteries d'A. C. Boulle.

Ader, Picard, Tajan

Table à écrire en ivoire à décor de dessins géométriques, époque Louis XIV. Adjugée 511 830 F par Christie's, à Londres, le 17 juin 1987.

légèrement incliné en arrière. De petits motifs sculptés en têtes de lion ou en bustes ornent parfois l'extrémité des accotoirs.

Fixées par de gros clous dorés, des garnitures en cuir, en velours ou en tapisseries recouvrent un rembourrage de crin. Les motifs à fleurs, à feuillages ou à chevrons vert et rouge apportent une note de gaieté sur les bois sombres.

Les *lits à baldaquin* présentent des châssis entièrement recouverts d'étoffe et se ferment par d'épais rideaux qui tombent du ciel de lit entre les colonnes torses.

Les *cabinets* à nombreux tiroirs restent en vogue, mais sont plus sobres que sous la Renaissance.

Enfin, les premières commodes font leur apparition, sans doute dans le midi de la France, sous l'influence italienne. Ce sont des meubles simples, à tiroirs superposés, qui ont la structure d'un coffre monté sur de petits pieds ronds ou en galette. Les prises de tiroir sont faites d'un anneau ovale en fer forgé. Les commodes-bureaux les plus anciennes sont venues d'Italie au début du XVIIe siècle : une commode florentine en noyer porte la date de 1475 (vue à la Biennale de Fontainebleau, 1979). D'autre part, les commodes-scriban à l'anglaise, formées à l'origine de deux coffres en chêne superposés, avec un tiroir à glissière dans la partie supérieure, datent du début du XVIIe siècle (d'après *The Shorter Dictionary,* de D. Ralph Edwards) — mais ces meubles sont exceptionnels sur le marché.

D'une façon générale, jusqu'au milieu du XVIIe siècle, les meubles ne jouent pas encore un rôle important dans le décor. Les tables, sièges et coffres ne montrent pas leur bois, caché par des étoffes abondantes et variées.

LE STYLE LOUIS XIV

« Louis XIV aimera en tout la splendeur » écrit Saint-Simon. Splendeur, grandeur, magnificence, majesté, tels sont les mots qui viennent à l'esprit pour évoquer la richesse des arts appliqués dès le début du règne du Roi-Soleil.

Le Brun et Berain

Le grand maître d'œuvre est le premier peintre du roi, Jean-Charles Le Brun, placé à la tête de l'Académie royale de peinture et de sculpture, mais qui dirige aussi la Manufacture royale des meubles de la Couronne, fondée par Colbert aux Gobelins. Pendant près de vingt ans, il surveille les architectes du Louvre, organise le décor de la galerie des Glaces, fournit des modèles aux orfèvres et aux tapissiers, sans négliger de dessiner de sa main d'innombrables projets de meubles.

L'ensemble des œuvres issues de ce style royal est

Commode en placage d'écaille rouge et cuivre sur fond d'ébène, à décor dans le goût de Berain. Époque Louis XIV. Une commode de ce type s'est vendue 2 000 000 de F à la Biennale des Antiquaires de 1988.

Christie's

Bureau plat en marqueterie de Boulle, à décor de masques en bronze ciselé et doré, époque Louis XIV. Adjugé 1 592 360 F par Christie's, à Londres, le 17 juin 1987.

donc d'une unité exceptionnelle, comme le souhaite d'ailleurs le souverain. Mais le règne de Louis XIV s'est prolongé jusqu'en 1715, vingt-cinq ans après la mort de Le Brun, si bien qu'on peut y distinguer deux périodes : celle de la splendeur décorative, qui s'étend jusqu'à la disparition de Le Brun, et celle des défaites, des deuils, du déclin, qui va de 1690 aux derniers jours du règne, période où les formes s'allègent et s'assouplissent discrètement, annonçant déjà la Régence.

Jean Berain, qui succède à Le Brun, se montre plus libéral et plus fantaisiste ; il introduit dans le décor des éléments naturalistes, des figures grotesques, des singes, des danseurs, qui restent cependant enfermés dans des réseaux d'arabesques symétriques. Il laisse son nom à une ornementation caractéristique, faite d'entrelacs, de lambrequins et de fleurons, le décor « à la Berain ».

Jusqu'à l'avènement de Louis XIV, artistes et artisans travaillaient en ordre dispersé, sans directives, ne cherchant qu'à satisfaire le goût des aristocrates ou des bourgeois et puisant leur inspiration décorative aux sources aussi bien italiennes qu'espagnoles.

Sans renier cet apport cosmopolite ni abandonner les références à l'Antiquité, les créateurs du style Louis XIV savent tempérer et harmoniser l'ensemble de ces influences, pour donner naissance à un style proprement français, à un art équilibré où la volonté d'ordonnance et de symétrie s'oppose aux délires du baroque, qui fleurit alors de l'Italie aux Pays-Bas.

Alors que la Haute Époque est en France une époque de recherches et de découvertes, le Grand Siècle est une période d'affirmation souveraine, ce qui n'exclut pas de fécondes innovations.

Les meubles Boulle

Laurent Stabre, Vincent Petit, Jean Macé, Pierre Boulle, dont les noms figurent dans les comptes royaux, sont à l'origine d'une école de « menuiserie en ébène » illustrée par André Charles Boulle, passé maître dans une spécialité originaire d'outre-Rhin mais qu'il sut porter à la perfection : les incrustations de cuivre et d'étain. Le décor prend désormais le pas sur la structure, et le bâti des meubles n'est que le support de somptueux revêtements.

André Charles Boulle (1642-1732) est le virtuose incontesté de ces techniques savantes. Le recommandant à Louis XIV, Colbert le désigne comme l'ébéniste « le plus habile de Paris dans son métier ». Le roi lui attribue alors (en 1672) un atelier et un logement dans les galeries du Louvre, ce qui lui donne le privilège d'exercer à la fois les professions d'ébéniste, de sculpteur, de fondeur et de ciseleur — cumul interdit par les règlements corporatifs. Deux de ses fils lui succèdent au Louvre et deux autres produisent également des meubles Boulle dans leurs ateliers parisiens. Enfin, l'ébéniste du roi a des imitateurs de talent, dont les plus connus sont Pierre Golle, Gaudron et Oppenordt.

André Charles Boulle invente et perfectionne la « technique de la partie et de la contrepartie », qui permet de réaliser simultanément deux compositions ornementales, l'une sur fond de cuivre, l'autre sur fond d'écaille. Pour y parvenir, il colle face à face une feuille de cuivre et une d'écaille, et il les recouvre d'un calque en papier porteur d'un motif ; suivant les lignes avec une scie à lame étroite, il découpe ensemble les plaques de cuivre et d'écaille, puis les sépare ; il ne reste plus qu'à incruster le motif prélevé dans la feuille de cuivre dans la feuille d'écaille et réciproquement. Les contours des deux matières s'épousent alors parfaitement. On désigne sous le nom de « marqueterie en première partie » la plaque d'écaille qui sert de fond au décor de cuivre, et sous le nom de « contrepartie » la plaque de cuivre qui enserre le décor d'écaille. Ce procédé a permis de plaquer un même décor, soit en cuivre, soit en écaille, sur deux meubles de structures identiques se faisant pendant : encoignures, cabinets, médailliers, commodes, gaines, etc.

Au XVIIIe siècle, et davantage sous Louis XVI que sous Louis XV, puis au XIXe siècle sous Napoléon III, de nombreux ébénistes continuent à faire du Boulle. Mais aucun n'atteint la perfection d'exécution de l'ébéniste de Louis XIV — qui n'a jamais signé ses œuvres.

C'est surtout par les formes des meubles — et accessoirement par les bronzes — que l'on peut distinguer les Boulle du XVIIIe ou du XIXe siècle des Boulle de l'époque Louis XIV, dont le nombre est très limité.

Les matériaux

Les ébénistes ne travaillent pas seulement le sombre bois d'ébène, mais recherchent des revêtements plus colorés et plus variés, affinant sans cesse leur technique. La corne, la nacre, l'ivoire et l'os constituent des matériaux nouveaux, dont les ébénistes multiplient et combinent les effets en de savantes incrustations.

Dans les dernières années du règne commence à se répandre une autre technique ornementale, qui va connaître sous Louis XV son plein épanouissement : la marqueterie, où les éléments du décor, nous l'avons vu, ne sont pas incrustés dans l'épaisseur du panneau, mais juxtaposés à plat et fixés par collage sur la carcasse servant de support. Un type de marqueterie florale particulièrement raffiné comporte des bouquets de fleurs de jasmin en ivoire sur fond de palissandre ; ce décor « à la jasmin » (et non inventé par un hypothétique ébéniste Jasmin), que l'on rencontre à l'origine sur des cabinets hollandais, a été réalisé dans des ateliers parisiens sur des bureaux Mazarin et sur des commodes.

Autre reflet du luxe somptuaire, les *meubles d'argent* sont soit en métal massif travaillé par les plus grands orfèvres (Pierre Germain, Loir, Cousinet et surtout Ballin), soit plaqués de feuilles d'argent par des menuisiers spécialisés. Malheureusement, les meubles d'argent de Versailles furent les premières victimes des fontes de 1689, puis de 1710, destinées à renflouer les finances du royaume.

Autre matériau somptueux, le *bois doré,* que les menuisiers et sculpteurs utilisent avec virtuosité en s'efforçant d'imiter les fines ciselures des meubles d'argent, disparus dans les fontes. Sous les feuilles d'or appliquées à la détrempe resplendissent tous les motifs imaginables : en léger relief dans les parties planes, en ronde bosse, en sculptures ajourées entre les pieds des tables et des consoles ou en bouquets aux feuilles déchiquetées (mais symétriques) placés sur les entretoises. Des « nattes » et des « tresses » décorent aussi les motifs de fond, qui peuvent être striés en losanges ou en quadrillés, enserrant un semis de fleurettes.

Les *bronzes,* incorporés aux ornements des meubles (dont ils protègent en même temps les parties vulnérables), sont également une innovation du siècle de Louis XIV. Finement ciselés et dorés, ils soulignent et accompagnent le décor du meuble : entrées de serrure, renforts des angles, sabots de pieds, équerres d'assemblages dissimulent leur aspect fonctionnel sous une profusion de motifs admirablement traités. Les poignées de tirage sont mobiles et fixées latéralement par de petits pivots sur fond de marguerites en bronze aux pétales serrés.

Les ornements

Si les lignes droites dominent dans l'ensemble du mobilier, elles sont sans raideur et adoucies par des guirlandes de feuillage et des feuilles d'acanthe. Les mêmes motifs décoratifs se retrouvent sur les bois sculptés et les bronzes comme sur les pièces d'orfèvrerie.

Les ornements en faveur sont les lambrequins, les fleurons, les mufles de lion, les têtes de bélier, les dauphins, les griffons, les masques barbus ou bien féminins, ornés de collerettes, parfois auréolés de rayons disposés en palmettes, ou « queues de paon ». Les mascarons sont des têtes de faune couronnées d'éléments végétaux. Les feuilles d'acanthe, d'une grande variété de formes, s'enroulent en larges volutes ou se resserrent en culot suivant leur nécessité fonctionnelle, l'harmonie de l'ensemble ou la fantaisie du sculpteur. Les symboles guerriers et mythologiques sont accompagnés de couronnes, de soleils, de cornes d'abondance, de guirlandes de feuillage, de festons, de rinceaux et autres éléments végétaux élégamment stylisés.

Principaux meubles

De cette époque fastueuse, de nombreux meubles subsistent et sont encore disponibles sur le marché, aussi bien en salles des ventes que chez les antiquaires ; ils sont appréciés pour leur effet décoratif dans les intérieurs modernes, où l'on se plaît à les isoler.

Pendant cette même période, parallèlement aux œuvres de grand prix, de nombreux meubles utilitaires en bois massif commencent à se généraliser. Les *armoires* les plus répandues, aussi bien à Paris qu'en province, sont généralement en bois naturel — chêne ou noyer —, de grandes proportions, très architecturées, avec de forts montants droits qui se terminent en pieds rectangulaires. Autour des panneaux sculptés de légers feuillages formant parfois des médaillons courent de vigoureuses moulures, droites, légèrement cintrées ou en accolade, dont les mouvements symétriques se répondent d'une porte à l'autre.

Les armoires incrustées de cuivre et d'écaille à la manière de Boulle sont hautes et raides, garnies de

Christie's

Bureau Mazarin en marqueterie à plateau ouvrant, orné d'un médaillon et de filets en ébène incrustés d'étain, époque Louis XIV. Adjugé 625 570 F par Christie's, à Londres, le 17 juin 1987.

bronzes dorés et ciselés, mais elles sont très exceptionnelles. Un modèle de ce genre, attribué à Boulle en toute certitude, est exposé au musée du Louvre.

Les *buffets bas,* ou *bas d'armoire,* sont en bois naturel, avec deux petits tiroirs dans le haut de chaque porte, du côté extérieur ; ceux que recouvre un marbre épais sont parfois appelés « buffets de chasse ».

Les grands *buffets à deux corps,* avec quatre portes moulurées et la partie supérieure en léger retrait, ressemblent plus ou moins à des armoires et sont animés du même décor. Ils ont toutefois une fonction différente, celle de conserver et de présenter l'argenterie et la vaisselle, tandis que les armoires contiennent le linge et la garde-robe. Au moment des repas, ils sont largement ouverts, les portes étant articulées en volets à charnières qui permettent de les rabattre sur les côtés.

Dans les *armoires-bibliothèques,* les portes n'ont pas de panneaux, mais des treillages de fil de fer en alvéoles, fixés derrière les moulures d'encadrement.

Hérités de la Renaissance, les *cabinets* d'inspiration flamande sont incrustés d'ivoire ou d'écaille, avec des motifs gravés en arabesques sur les montants. Ils s'ouvrent par deux vantaux qui laissent découvrir un tabernacle encadré de nombreux tiroirs.

Dérivés des cabinets, les *bureaux* dits « Mazarin » reposent sur huit pieds jumelés, reliés quatre à quatre par deux traverses croisées en diagonale ; ils sont plaqués d'écaille sur toutes les faces, et leurs plateaux, où jouent le cuivre et l'étain, présentent des compositions foisonnantes d'arabesques qui se répondent symétriquement. Les bureaux évoluent vers une simplification pour devenir, à la fin du siècle, des « bureaux plats », mais toujours d'un décor très soigné, et rehaussés de bronze ciselé. Boulle lui-même en a dessiné.

Du bureau à la commode. C'est dans les dernières années du siècle qu'apparaît un nouveau meuble appelé à un prodigieux succès : la *commode.* Contrairement à ce que soutiennent certains historiens du meuble, Boulle n'en est pas l'inventeur, mais les commodes qu'il réalisa pour la Cour, en marqueterie d'écaille et de cuivre, en lancèrent la vogue. En réalité, les premières commodes étaient nées vers le milieu du siècle, lorsque les menuisiers adaptèrent au bâti d'un grand coffre des tiroirs superposés. Les plus anciennes, en bois massif, très basses sur pieds et munies d'anneaux de tirage en fer forgé, ont toute l'apparence des meubles Louis XIII provinciaux.

Mais le mot *commode* n'apparaît qu'en 1708, lorsqu'il est mentionné dans le *Dictionnaire de Trévoux* « un bureau en commode ayant trois grands tiroirs avec anneaux de cuivre ». On dit encore à l'époque « table en bureau » ou « bas d'armoire garni de tiroirs ». Et Salverte définit ainsi les premières commodes : « C'est un ancien bahut du Moyen Âge, auquel auraient été adaptés les perfectionnements du cabinet » (c'est-à-dire les tiroirs). Les comptes des Bâtiments du roi de 1708 et 1709 font état d'un versement de 3000 livres à Boulle pour la livraison de deux « bureaux » au palais de Trianon. Il s'agit en fait de deux meubles à tiroirs, très ouvragés, qu'on a pris l'habitude de désigner sous le nom de « commode ». On peut les admirer à Versailles, et deux répliques existent au château de Vaux-le-Vicomte. Ce n'est qu'au début du XVIIIe siècle que la commode désigne autre chose qu'un bureau à tiroirs.

À la commode « tombeau » à deux tiroirs, très basse sur pieds, succède bientôt la commode à trois tiroirs qui s'allège et prend sa forme classique, en bois massif ou en marqueterie, avec ou sans marbre.

Un autre meuble beaucoup plus représentatif du style Louis XIV est la *console d'applique* en bois doré et

Guillemot, Connaissance des arts

Console en bois doré, dans le goût de Toro ; dessus de marbre vert, fin de l'époque Louis XIV. Une exubérance baroque cependant équilibrée.

sculpté, qui se place contre un mur. Le dessus est en marbre ou en mosaïque de pierres de couleur ; les pieds et la ceinture sont en bois doré, très richement sculptés de motifs symétriques (palmettes, feuilles d'acanthe) qui s'ordonnent autour d'une coquille large et plate, de têtes de femmes, de trophées ou de soleils.

De même conception que les consoles et non moins ornées, mais reposant sur quatre pieds en balustre, les *consoles de milieu* sont également appelées *tables-consoles.*

Les tables en bois naturel, plus légères et plus maniables, servent de tables à écrire ou de tables à jeu ; leurs fonctions déterminent leurs formes : rectangulaire, carrée, parfois triangulaire.

Les *guéridons* à plateaux circulaires sont soutenus par un personnage allégorique ou un esclave maure, supporté par trois pieds.

Sièges en tout genre

Les sièges marquent plus les différences hiérarchiques d'une société gouvernée par l'étiquette qu'ils ne servent au repos. Ils s'orientent néanmoins vers un plus grand confort et forment une gamme de créations variées.

Le *placet* est un tabouret à quatre pieds droits en balustre, renforcés par un entrejambe en « H ».

Le *ployant* comporte un siège de tapisserie fixé sur un châssis, lui-même supporté par deux pieds en « X », reliés par une traverse.

La *chaise,* d'abord appelée « chaise à dos », est en bois doré à dossier rectangulaire assez haut et légèrement incliné vers l'arrière. Les pieds sont en balustre, en console ou en gaines, reliés par un entrejambe en « H » ou en « X ». Les chaises à piétement en « os de mouton » sont tardives (et ne relèvent aucunement du style Louis XIII, comme on le dit parfois). Bien plus, elles annoncent les premières courbes qui se développeront sous la Régence. (Dans *l'Art du menuisier* de Roubo [1768-1775], ces « chaises d'usage » sont représentées par un dessin avec la légende « vers 1700 ».)

De même, les accotoirs des fauteuils évoluent de la droite à la courbe.

Les *canapés,* en bois sculpté ou doré, sont bâtis sur le même modèle que les fauteuils, avec un siège assez large pour trois ou quatre personnes.

Biennale internationale des Antiquaires, Paris

Commode arbalète en bois noir à décor de filets géométriques en laiton, ornementation de bronzes ciselés et dorés, époque Louis XIV. Présentée à la XIIIe Biennale du Grand Palais par Farley, antiquaire à New York.

Les lits. De taille monumentale, les lits, flanqués aux quatre angles de « quenouilles » qui supportent des baldaquins, sont recouverts de lourdes étoffes de laine, de soie ou de satin, parfois brodées d'or. Le lit prend des noms différents selon la disposition du ciel de lit : *à l'impériale,* il est en forme de dôme ; *à la duchesse,* le ciel rectangulaire est suspendu au-dessus de la couche ; le *lit d'ange* présente un ciel qui ne surplombe que la moitié de la couche, du côté du chevet.

Les lits où les dames recevaient à demi couchées dans la « chambre de parade » reflètent par la richesse de leurs étoffes la fortune de leur propriétaire. Le lit était considéré comme la principale pièce de l'ameublement, « de même que la ruelle de la chambre à coucher était la salle de réception officielle » (A. de Champeaux).

Les lits d'époque Louis XIV, qui n'avaient d'intérêt que par la beauté des tissus qui les drapaient, ont totalement disparu.

Quant aux *sièges,* rares sont ceux qui nous sont parvenus sans importantes restaurations. Les chaises et les fauteuils en « os de mouton » sont lourds, mais solides. Les chaises en paille, dites « à la capucine », comme on en voit dans les tableaux de Le Nain et de Chardin, ont un solide piètement en bois tourné, renforcé par des barreaux. Il ne s'agit pas d'une nouveauté, mais d'un modèle aux très lointaines origines : certaines chaises égyptiennes à fonds tressés remontent à la XVIIIe dynastie ; c'est dire qu'elles précèdent de trente siècles les chaises paillées, qui leur ressemblent étonnamment — et qui figurent également sur certaines gravures italiennes et françaises des XVIe et XVIIe siècles. À ces chaises d'usage, très répandues dans toutes les couches de la société, chez les paysans comme dans les châteaux, aucun privilège spécial n'est attaché.

De tous ces meubles, les mieux conservés et les plus accessibles sont en bois naturel : armoires, buffets, tables. Les « marqueteries » de Boulle, qui ont presque toujours été restaurées, sont des meubles de luxe qui figurent en haut de la gamme des plus belles œuvres du Grand Siècle.

Au cours de ce long règne, les ébénistes du Louvre et du faubourg Saint-Antoine n'ont cessé de perfectionner leur technique, qui s'applique avec bonheur aux types de meubles les plus achevés — les bureaux plats et les commodes —, tandis que les meubles en bois massif et les sièges perdent en solennité ce qu'ils gagnent en élégance. Au début du XVIIIe siècle, la fantaisie de Berain et la verve de dessinateurs tels que Gillot font évoluer le goût vers une plus grande liberté de création, et déjà s'assouplissent les courbes qui vont bientôt s'affirmer sous la Régence.

Tabouret d'époque Louis XIV en bois sculpté et doré. Petit siège représentatif du goût fastueux de l'époque, réservé à la haute noblesse.

Ader, Picard, Tajan

LE STYLE RÉGENCE

Un passage décisif : 1715-1723

La Régence n'est qu'un passage, un mouvement du goût qui entraîne le déclin du style Louis XIV, majestueux et contrôlé, vers les libres épanouissements du style Louis XV.

Les huit années du règne de Philippe d'Orléans (1715-1722) marquent une période de transition décisive pour l'évolution des formes. En transférant la cour et même le siège du gouvernement de Versailles au Palais-Royal, le Régent encourage une vie de société beaucoup plus libre, où la femme tient une place éminente.

De nombreux artistes contribuent à la formation du goût nouveau, notamment les décorateurs Claude Audran et Claude Gillot. Robert de Cotte, l'architecte du Palais-Royal, s'inspire des leçons de Berain, dont l'indépendance d'esprit avait déjà allégé la pesante raideur du style versaillais. Watteau, le peintre des fêtes galantes, est à l'origine des motifs les plus réussis des bronzes d'ameublement, entre autres les charmantes « espagnolettes », ces bustes féminins qui animent les angles des bureaux.

Ornements et tendances

Les motifs ornementaux, en bronze doré au mercure avec le plus grand soin, sont la coquille à nervures symétriques, les rinceaux, les feuilles d'acanthe, les lambrequins qui ornent souvent les boiseries, les mascarons, les palmettes, les fleurs et les feuilles sur fonds réticulés (à la ceinture des sièges, des tables, des consoles). Enfin, les sujets d'inspiration exotique sont très à la mode : chinoiseries et singeries.

Le mobilier d'époque Régence, tout en conservant des structures massives mais équilibrées, se caractérise par l'assouplissement des lignes. Les principaux bois utilisés sont le chêne et le noyer pour les meubles, le hêtre pour les sièges. L'acajou, qui apparaît vers 1725, s'emploie en bois massif ou en placage. La marqueterie se généralise, avec la mise en œuvre de placage aux reflets satinés d'amarante, de bois de rose, de bois de violette ou de palissandre, dont les jeux de veines sont habilement utilisés pour obtenir des effets contrastés.

Premier ébéniste du duc d'Orléans, Charles Cressent est l'artiste le plus représentatif du style mobilier français de cette époque. Fils de sculpteur et sculpteur lui-même, il s'est surtout attaché à faire ressortir l'élégance des bronzes, qu'il fondait et ciselait lui-même — ce qui lui valut de pénibles procès avec les maîtres bronziers —, mais il maîtrisait aussi à la perfection toutes les techniques de l'ébénisterie. Ses commodes aux courbes savantes ont lancé la vogue des commodes « à la Régence », dont la fabrication s'est poursuivie jusqu'au milieu du XVIIIe siècle.

Principaux meubles

Les commodes, qui se répandent dès les premières années du XVIIIe siècle, prennent rapidement l'allure classique qu'on leur connaît. C'est vers 1720 qu'elles présentent une façade ventrue, entre des montants légèrement galbés, avec des marqueteries à motifs géométriques et de riches ornements de bronze ciselé et doré d'une grande qualité ; la traverse inférieure est ornée de coquilles ou de masques, parfois encadrés de crossettes ou de cornes d'abondance. Cressent s'est fait une spécialité de ces commodes à tiroirs séparés par une traverse à peine visible dans l'encadrement des bronzes et dont la façade est mouvementée en « arc d'arbalète », selon la propre expression du grand ébéniste de la Régence. À la fin de la Régence, en présage du style rocaille, l'ornementation de bronzes ciselés se répand sur toute la façade, s'étale en rinceaux et en enroulements de feuillages où s'insèrent des poignées fixes (et non mobiles comme précédemment), qui suivent le mouvement des bronzes dans lesquels elles s'incorporent harmonieusement.

Avec la console apparaît également une forme nouvelle très caractéristique de la Régence ; le pied « en console » se substitue au pied droit et en balustre des meubles d'appui du siècle précédent. À vrai dire, dès 1710, les pieds étaient incurvés pour soutenir le plateau de marbre, mais dans un mouvement aux courbes sages et sans

Christie's

Commode en marqueterie faisant partie d'une paire, au riche décor de bronzes ciselés et dorés, attribuée à Cressent, époque Régence. Les enchères ont été poussées à 9 000 000 de F pour cette paire exceptionnelle chez Christie's, à Monaco, le 19 avril 1988.
À gauche, détail d'une « espagnolette » de Cressent d'après Watteau.

Fauteuil d'époque Régence en bois sculpté à fonds de canne, avec manchettes d'accotoirs en cuir. L'entretoise est le dernier vestige de la Régence.

Fauteuil d'époque Régence à dossier plat en bois naturel sculpté de coquilles sur fond quadrillé. C'est déjà l'élégance du style Louis XV.

ramifications dans les sculptures. Les pieds des consoles Régence sont au contraire remarquables par leurs contorsions, qui soutiennent un foisonnement de sculptures en bois doré.

Les bureaux plats en poirier noirci ou en bois de placage, ornés de bronzes en ceinture et d'espagnolettes aux quatre angles, sont parmi les plus belles réussites du style Régence. Ils sont aujourd'hui parmi les meubles du XVIIIe siècle les plus recherchés et les plus chers, plus encore même que les bureaux plats Louis XV, parfois trop galbés et souvent trop chargés d'ornements.

Les bureaux à caissons du type Mazarin sont supportés par huit petits pieds galbés, reliés quatre à quatre par des entretoises sinueuses.

Des tables légères en bois massif font leur apparition et se débarrassent de leurs entretoises : tables à écrire, table de milieu (de salon), tables à jeu, tables de nuit destinées aux petits appartements préludes aux soupers intimes qui font les belles soirées de l'époque Louis XV.

Les buffets, appelés alors « bas d'armoire », s'ouvrent par deux vantaux moulurés et sculptés. Les buffets à quatre portes, dont la partie supérieure est très haute, permettent d'exposer la vaisselle d'argent, les portes se rabattant par des volets à double charnière sur les flancs du meuble.

L'armoire prend des proportions monumentales, et sa façade sculptée s'anime de belles moulures qui encadrent des médaillons fleuris sous un fronton cintré.

Les lits à quenouilles laissent la place aux lits à bois apparent, présentant deux chevets reliés par un dossier latéral sinueux, mouluré et sculpté.

Les sièges

Les chaises et les fauteuils conservent une certaine majesté. Les pieds galbés restent encore reliés par une entretoise en « H » ou en « X », mais qui tend à disparaître. À partir de 1720, l'ampleur des robes à paniers fait reculer les bras des fauteuils, en décrochement par rapport aux pieds antérieurs — ce qui change l'allure du siège tout en l'allégeant. Les pieds eux-mêmes s'incurvent en pieds de biche, terminés par un escargot ou un petit sabot.

Les hauts dossiers des sièges monumentaux de la fin du style Louis XIV s'abaissent et forment une accolade dont les côtés descendent vers les bras ; la ceinture du siège est, elle aussi, légèrement cintrée, avec des ornements sculptés (feuilles d'acanthe, coquilles, palmettes, lambrequins). Le siège est en bois apparent, ciré, doré ou peint. Les garnitures en tapisserie, en soie ou en velours enveloppent des coussins rembourrés. Enfin, les « fonds de canne », c'est-à-dire les tiges de rotin (venues de Hollande), sont tressés en croisillons, sur lesquels s'adaptent en hiver de confortables coussins.

La *bergère* à joues pleines, à fond garni de gros coussins et parfois munie « d'oreilles » de chaque côté du dossier devient la vedette des salons.

La *duchesse* est une bergère à siège profond et devient « duchesse brisée » lorsqu'un ou deux tabourets la prolongent pour soutenir les jambes.

Le *sofa* est un large fauteuil à trois places, un canapé garni d'un matelas monté sur un châssis reposant sur huit pieds cambrés.

Ces divers sièges prennent souvent place dans un décor de boiseries au naturel, qui se substituent aux lambris de marbre rehaussés de bronzes : cette relative sobriété, que seuls animent les chauds reflets du bois, fait appeler ce décor « à la capucine », comme on le dit également des sièges les plus simples, sans dorures, ni peintures, ni étoffes, sans plus de luxe que n'en voulaient sans doute les moines mendiants de saint François d'Assise.

Dans les salons, on ne néglige pas pour autant les riches étoffes en brocart et les passementeries rehaussées de fils d'or. Dans les petits appartements du Régent, les damas jaunes ou bleus sont ourlés de galons d'argent.

Sans atteindre la légèreté et la perfection du style Louis XV, qui lui succède, le style Régence est toujours apprécié pour sa solidité équilibrée et la qualité de ses bronzes dorés.

Depuis que le public s'est lassé des grands ensembles tels que salon Louis XV ou salle à manger Louis XVI, le mobilier d'époque Régence, très beaux sièges et commodes, est aujourd'hui recherché pour son aspect décoratif ; et les amateurs n'hésitent pas à le payer un prix élevé, assurés par ailleurs de faire un très bon placement.

Certains antiquaires proposent des modèles de sièges ou de meubles d'époque Régence portant une estampille, et ils avancent le nom d'un ébéniste célèbre. Il faut alors se méfier, car très peu de meubles Régence ont été marqués d'une estampille, laquelle n'a été obligatoire qu'en 1751 ; il est vrai que certains grands ébénistes — tels Cressent, Gaudreaux ou Migeon — ont apposé leurs fers avant cette date, mais c'est exceptionnel.

Les antiquaires ne sont pas les seuls à faire état d'estampilles trop tardives pour être authentiques. C'est ainsi qu'on peut lire dans le catalogue d'une vente la description d'une commode « d'époque Régence, estampillée de P. Fléchy [...] reçu maître en 1756 » (plus de trente ans après la mort du Régent !).

Cette période féconde, pleine de grâce mesurée, ouvre la voie au plus français des styles : le Louis XV.

LE STYLE LOUIS XV

De tous les styles qui se succèdent de Louis en Louis, du XVIIe au XIXe siècle, le Louis XV est sans aucun doute le plus original, le plus élégant, le plus libre, le plus riche d'inventions, le plus ornemental — finalement le plus français. Et c'est ce qui justifie son rayonnement universel.

Il n'empêche que le style Louis XV est d'abord parisien. Versailles ne dicte plus un style de cour, mais ce sont les grands seigneurs, les commis de l'État, les bourgeois enrichis, les financiers qui l'inspirent, par l'intermédiaire des décorateurs à leur service. Constamment soutenus par de nouvelles commandes, des artisans, ou plutôt des artistes créateurs incomparables, font jaillir de leurs mains des œuvres innombrables.

Le Louis XV, comme l'a démontré l'exposition qui lui était consacrée en l'hôtel de la Monnaie en 1974, est vraiment « un moment de perfection de l'art français ».

Ce n'est pas tant l'évolution des formes — déjà amorcée sous la Régence — qui caractérise le début du règne, mais plutôt le désir de prendre ses aises.

Le style Louis XV est relativement limité dans le temps, puisqu'il commence à la majorité du souverain (1723) pour s'orienter, dès 1750, vers un retour à l'antique et un dépouillement qui annoncent le style Louis XVI. Mais le règne du Louis XV se prolonge en province et hors de France jusqu'au XIXe siècle, pour resurgir sous le second Empire sous forme de pastiches, d'ailleurs d'une excellente exécution. Bref, le Louis XV a la vie dure. Et, aujourd'hui encore, il reste le plus copié de tous les styles.

S'il est vrai que le style Louis XV se caractérise par l'emploi systématique des courbes en « C » ou en « S », il serait caricatural de le confondre avec le style baptisé au XIXe siècle « rocaille » ou « rococo », qui s'applique davantage à des meubles italiens, autrichiens ou allemands, produits tardifs d'une décadence que l'on peut considérer « comme un prolongement maniériste de l'art baroque » (Pierre Kjellberg, *le Mobilier français*). Le seul meuble Louis XV que l'on pourrait qualifier de « rocaille » est la console d'appui en bois doré, dont les pieds, justement parce qu'ils ne portent qu'une partie de la charge, semblent se jouer de la pesanteur et se tordent en une succession de sinuosités déchiquetées.

Les autres meubles offrent des lignes qui s'enchaînent avec une élégante fermeté et sans rupture de rythme. Ainsi, les moulures chantournées des sièges descendent du haut du dossier vers les accotoirs, suivent le mouvement de la ceinture et filent vers les pieds sans discontinuité, ne marquant leur point d'arrêt qu'au niveau du sabot, où la dernière volute se boucle en escargot. L'asymétrie se manifeste plus dans les ornements que dans les structures, et les grandes lignes de construction des meubles restent ordonnées autour d'un axe idéal.

Les techniques de construction des meubles étant désormais maîtrisées, c'est dans la variété des formes que se manifestent les innovations les plus significatives.

Bois précieux, laques et bronzes

Sur les bâtis des meubles en sapin ou en peuplier, plus rarement en chêne, les bois précieux sont appliqués en minces placages. Mais la difficulté d'exécuter des placages solides sur des formes galbées incite les ébénistes à recourir à la marqueterie, qui prend dès lors un développement considérable. Aux bois indigènes, tels que buis, if, olivier, houx, amandier, s'ajoutent les bois exotiques, appelés « bois des îles », ou encore « bois des

Secrétaire en placage de bois de rose marqueté, attribué à Migeon, époque Louis XV
Adjugé 38 500 F par Me Guérin à Saint-Dié, le 7 mai 1988.

Indes », dont l'importation prend une grande extension.

Dans *l'Art du menuisier*, ouvrage fondamental publié de 1768 à 1775, André Roubo énumère « les bois propres à la marqueterie », notamment l'ébène (noire, rouge et verte), les acajous de toutes espèces, le santal rouge, l'amourette brun-rouge des Antilles, le bois de rose du Brésil, le campêche de la Martinique, à veines jaunes et rouges, le bois de gaïac, qui donne les verts, le bois de violet ou de violette, « d'une odeur agréable », le bois de Sainte-Lucie, le palissandre brun-violet et le « pernambouc dont la couleur approche celle de l'or ». Pour souligner la préciosité de ces essences, Roubo précise que « tous ces bois se vendent à la livre à cause de leur rareté et ne s'emploient qu'en placage ». Ce qui n'est pas tout à fait exact, car l'acajou du moins est utilisé pour les meubles en bois massif, appelés « meubles de port », qui apparaissent dans la région de Bordeaux vers 1730, puis à Nantes, Saint-Malo et Dieppe. L'acajou, semble-t-il, ne gagne Paris — où il est surtout employé en placage — que dans la seconde moitié du siècle. Il connaîtra par la suite un immense succès lors des premiers fastes de l'Empire puis sous la Restauration.

Avec cette palette, nuancée plus encore par l'emploi d'acides et par des brûlages au sable chaud (qui permettent d'ombrer délicatement), les ébénistes transforment les surfaces des meubles en véritables « peintures en bois », selon l'expression de Roubo.

Les marqueteries « en mosaïque », exécutées d'après

Commode galbée en plaque à décor de bronzes dorés, estampillée B. V. R. B. et livrée en 1737 pour la reine Marie Leszcynska à Fontainebleau. Adjugée 8 800 000 F par Sotheby's, à Monaco, le 17 juin 1988.

Sotheby's

des dessins au calque, emploient parfois une centaine d'essences de nuances différentes, cette technique permettant la réalisation de tableaux avec personnages sur fond de paysage, ou de compositions de trophées, ou d'autres ornements figuratifs.

Les procédés de « frisage » consistent à tirer tous les effets possibles des veines du bois en opposant les directions des « fils ». C'est ainsi qu'avec quatre morceaux de placage découpés en triangle on obtient un « frisage en diamant » qui prend un relief saisissant.

Dans le même esprit, la marqueterie « à jeux de fonds » combine des éléments géométriques formant des damiers, des séries de carrés en diagonales, des compartiments en losanges ou en étoiles ou encore des cubes superposés à faces de différentes couleurs — autant de sources d'amusantes illusions d'optique d'un grand effet décoratif.

La laque, timidement apparue sous Louis XIV (notamment dans les collections du cardinal Mazarin), connaît de nouveaux développements. Les panneaux importés de Chine sont d'abord sciés en épaisseur et plaqués sur la carcasse des meubles ; puis les ébénistes préfèrent préparer des panneaux qu'ils expédient en Chine pour les faire laquer, avec des décors dorés sur fonds noirs ou rouges. Particulièrement appréciés sont les laques de Coromandel, dont les couleurs, appliquées sur plusieurs niveaux creusés dans la matière, font un effet de cloisonnement.

Enfin, vers 1745, les frères Martin réussissent à mettre au point la formule d'un vernis « façon Chine » qui imite les laques d'Extrême-Orient, donnant ainsi de nouvelles ressources à l'art de la chinoiserie ou du paysage appliqué aux meubles. À base de résine de copal, le vernis Martin, comme la laque, est appliqué en couches superposées, mais il jaunit en vieillissant et se couvre de fines craquelures.

L'écaille, la nacre, le cuivre et l'étain restent employés « à la façon de Boulle » par de grands ébénistes tels qu'Étienne Le Vasseur et Philippe Montigny, tous deux

Les mystères du « C » couronné

Certains meubles de grande qualité portent des bronzes dorés et ciselés où l'on trouve par endroits une marque très petite (4 mm) : le « C » couronné. On a cru longtemps qu'il s'agissait du monogramme d'un bronzier célèbre, Caffieri ou Cressent.

J. Laffay

En réalité, des recherches récentes ont permis de découvrir que le « C » couronné était un poinçon de contrôle correspondant au règlement d'une taxe exceptionnelle sur les bronzes et les cuivres, taxe prélevée entre 1745 et 1749, aussi bien pour les garnitures de meubles que pour les candélabres ou les chenets.

Le « C » couronné permet de dater certains bronzes de meubles avec précision, mais il n'a été que rarement appliqué, les fraudeurs étant plus nombreux que les bons contribuables.

reçus maîtres en 1766, qui se permettent de signer aussi bien les meubles des ateliers de Boulle restaurés par leurs soins que les copies fidèles qu'ils en font.

L'emploi des bronzes dorés et ciselés est également caractéristique de la volonté d'enrichir des meubles de toutes les parures possibles. Les bronzes dorés au mercure — on dit alors « à l'or moulu » — comportent une couche épaisse de métal précieux finement reprise à l'outil et qui résiste à l'usure du temps. Les motifs décoratifs soulignent les lignes générales, viennent en renforts sur les côtés, dont ils épousent le galbe, s'appliquent autour des entrées de serrure, gainent les sabots de pieds ou s'abandonnent à des effets purement décoratifs qui n'ont plus rien de fonctionnel : rinceaux, volutes, crosses et crossettes jouent alors sur les surfaces avec une exubérante fantaisie. Les poignées de tirage des tiroirs, aux lignes tortueuses, voire rocaille, sont fixées par des vis discrètes (et non par des pivots comme sous Louis XIV). Toujours à la recherche de la nouveauté, certains ébénistes découvrent le charme des porcelaines tendres, qu'ils incrustent en médaillon dans les panneaux de bois précieux.

Le répertoire ornemental

Les motifs en vogue au siècle précédent, empruntés à l'architecture où à l'Antiquité, sont pour la plupart abandonnés ; d'autres sont déformés, telles la coquille, dont les nervures sont distordues et les contours déchiquetés comme ceux d'une huître, ou la feuille d'acanthe, étirée en fines volutes.

Sur les sièges, les fleurs légèrement stylisées — marguerites ou roses enserrées de fins branchages — remplacent la coquille au centre de la ceinture et agrémentent les moulures qui descendent de la ceinture.

Détail d'une encoignure de Nicolas Pineau réalisée pour l'ébéniste J. Dubois. Vendu 7 600 000 F en 1979 à Monaco. Ce meuble a été longtemps le plus cher du monde. Il a été détrôné par un médaillier de Beneman d'époque Louis XVI vendu 16 650 000 F (frais compris) le 11 novembre 1984, à Monaco.

Sotheby

Au répertoire animalier, les sculpteurs préfèrent les souriants visages de femmes ou les attributs qui autorisent toutes les fantaisies : attributs amoureux (amours, cœurs, carquois), attributs de chasse, de pêche, de sciences ou de musique. Aux attributs martiaux de l'époque Louis XIV se substituent chinoiseries ou turqueries.

Les meubles

La tradition des *meubles en bois massif* n'est pas abandonnée, mais c'est plutôt en province qu'à Paris que l'on trouve des bas d'armoires, ou buffets bas à deux ou trois portes, des buffets à deux corps et quatre portes, des buffets vaisseliers dont la partie supérieure est seulement garnie d'étagères, enfin de grandes armoires de rangement, ou garde-robes. Dans tous les cas, les vantaux sont divisés en panneaux encadrés de moulures chantournées ; ils sont fixés par de longues fiches « à lacets », c'est-à-dire à pivots munis d'un anneau et solidement ancrés dans le bâti par une vis finement filetée, bloquée par un écrou de serrage.

À partir du milieu du siècle, tous ces meubles massifs prennent un caractère régional qui s'affirme dans la disposition des moulures et des sculptures (voir le chapitre « Meubles régionaux »).

Les *commodes* sont les meubles les plus typiques et les plus achevés de l'époque Louis XV.

Cressent avait mis au point les structures classiques de la commode « en tombeau », avec deux ou trois tiroirs, un plateau généralement en marbre et un tablier sinueux entre de petits pieds cambrés. Ce type de commode, qu'on appellera longtemps « à la Régence », est fabriqué à un grand nombre d'exemplaires jusqu'au milieu du XVIIIe siècle. C'est pour cette raison que des commodes dites « Régence » sont assez souvent estampillées d'un maître ébéniste, alors que l'estampille n'est obligatoire qu'à partir de 1751, bien après la mort du Régent.

De lignes plus légères, la commode à deux tiroirs séparés par une traverse, puis à deux tiroirs sans traverse (v. 1740) est plus haute sur pieds, mieux proportionnée, plus élégante. À partir de cette structure générale, les commodes prennent les aspects les plus divers selon le placage, la marqueterie, l'emploi de la laque, l'importance des bronzes, la beauté du marbre, souvent assorti à la couleur dominante du meuble.

Les commodes en bois massif, plus régionales que parisiennes, s'inspirent directement des commodes en marqueterie à trois tiroirs. Les commodes « de port », en acajou massif, sont plus ou moins ouvragées selon leur région d'origine.

Dérivé de la commode, le *chiffonnier* est un petit meuble à cinq tiroirs, tout en hauteur sous un plateau de marbre, d'une marqueterie presque toujours très soignée.

La *chiffonnière,* ou table en chiffonnière, est une table à ouvrage qui ressemble à une étroite commode à deux tiroirs de face et un de côté. Le plateau, souvent en marqueterie soignée, s'entoure parfois d'une petite galerie de cuivre.

Les *encoignures,* qui vont par paires et sont souvent assorties aux commodes dans un même ensemble, constituent des meubles de rangement dont les deux côtés du fond sont à angle droit et dont le troisième, un vantail galbé, s'ouvre sur des planchettes et des tiroirs.

Les *consoles* en bois doré, dont le plus large côté est fixé au mur, sont soutenues par deux pieds en volutes très ouvragées. Les pieds sont parfois si contournés qu'ils se rejoignent à la base « en cul-de-lampe », d'où surgissent des motifs rocaille de feuillages ou de coquilles ajourées. Les consoles de qualité sont en chêne et gagnent à être décapées — ce qui fait ressortir la beauté

D.R.

Bureau à cylindre à décor marqueté, fin de l'époque Louis XV. Estimé entre 120 000 et 150 000 F en 1988. Coll. part.

des sculptures — plutôt que redorées. Certaines consoles en fer forgé se hérissent d'un foisonnement de motifs en fer martelé — volutes de feuillages, agrafes, ailes de chauve-souris.

Les *bureaux plats,* directement hérités des bureaux plats de l'époque précédente, ont un plateau rectangulaire légèrement festonné, muni de trois tiroirs en ceinture, dont celui du centre légèrement en retrait. Des bronzes ciselés soulignent le contour des tiroirs. Les pieds sont renforcés de sabots garnis de petites feuilles d'acanthe.

Le *bureau en dos d'âne* comporte en principe un caisson « à double pente » que referment deux abattants qui dissimulent des casiers. Les bureaux que l'on devrait appeler « en demi-dos d'âne » n'ont qu'un seul abattant. Ce sont les plus courants, et on les nomme plus simplement « à dessus brisé ». L'abattant ouvert formant écritoire repose sur deux tirettes coulissantes ou reste retenu par des compas ou des tiges de fer articulées. Dans la seconde moitié du siècle, l'ébéniste Œben met au point le *bureau à cylindre* « à lattes mouvantes », dont le modèle le plus connu est celui que Louis XV a commandé pour Versailles en 1760. Les modèles courants de bureaux à cylindre se referment par un couvercle rigide semi-circulaire qui disparaît à l'intérieur du meuble, lorsqu'on tire le plateau formant écritoire.

Le *bureau capucin,* appelé à l'époque « table à la Bourgogne », est un secrétaire qui, par un mécanisme à manivelle, fait surgir d'un caisson recouvert par le plateau une série de casiers à tiroirs.

Enfin, le *secrétaire de dame,* l'une des plus élégantes créations des ébénistes du XVIIIe siècle, comporte un corps inférieur fermé par deux vantaux et une partie supérieure à abattant, souvent ornée de marqueterie, qui découvre des casiers et des tiroirs.

Dans la seconde moitié du XVIIIe siècle se multiplient les *bibliothèques,* soit à hauteur d'appui, larges et couvertes d'un marbre, soit à deux corps, munies de fins grillages en laiton doré.

La multiplication des tables

Les tables, adaptées à toutes sortes de fonctions, perdent l'entrejambe qui les entravait sous la Régence, et semblent s'élancer sur des pieds cambrés terminés en pieds de biche par des sabots en bronze doré. Les ceintures, plus ou moins galbées, s'ornent de jeux de marqueterie.

Un nouveau modèle de table, haute sur pieds celle-là, apparaît vers 1755 : la table ellipsoïdale, suivie d'une variante de petite taille, dite « en haricot » ou « en rognon ». Elle sert à poser un flambeau ou un bibelot.

La *petite table* à quatre côtés est, comme la table ronde, généralement couverte d'un marbre blanc entouré d'une galerie de cuivre. Les deux modèles servent indifféremment pour le service du thé et même du « petit déjeuner à l'anglaise ».

La *table à ouvrage* tripode, à deux plateaux d'entrejambe et « cave » cylindrique, est plus tardive (1765), mais elle se multiplie rapidement.

Bureau plat en bois de placage marqueté en feuilles à décor de fleurs et feuillages ; très bel ornement de bronze ciselé et doré. Attribué à B. V. R. B. (Bernard Van Riesen Burgh). Vente Ader, Picard, Tajan.

Ader, Picard, Tajan

Christie's

Christie's

Bergère (d'une paire) en bois doré, estampille de I. Gourdin, époque Louis XV, adjugées 796 180 F par Christie's à Londres, le 17 juin 1987. Petit canapé marquise en bois sculpté à dossier plat et côtés arrondis, estampillé Heurtaut. Fauteuil (à une paire) en bois doré dans le goût de Tilliard, époque Louis XV. Adjugée 307 000 F par Christie's, à Londres, le 17 juin 1987.

Très féminines, les *tables à écrire* sont de petits bureaux plats avec tiroir en ceinture et tirettes latérales.

La *table liseuse* présente un petit pupitre que l'on peut dresser au centre du plateau et incliner à volonté grâce à une baguette à crémaillère.

Les *tables à ouvrage,* rondes ou rectangulaires, sont pourvues de tiroirs compartimentés.

Pour les soins de beauté, la *table de toilette,* ou *coiffeuse,* comporte des caissons qui s'ouvrent de chaque côté par des plateaux à charnières, découvrant des casiers à flacons ou à perruques. Le volet central est intérieurement garni d'un miroir inclinable.

La *table de lit,* qu'on appelle souvent « table d'accouchée », fait à la fois office de coiffeuse ou de liseuse, avec son panneau central formant pupitre d'un côté et miroir de l'autre ; ses pieds très courts permettent de la poser sur le lit pour la toilette, la lecture ou même les repas.

Nombreuses sont encore les tables de chevet en bois naturel ou en marqueterie, avec ou sans marbre, à casier ouvert ou fermé par un volet coulissant.

On appelle « en-cas » une table de nuit à deux petites portes ou bien à deux rideaux coulissants qui découvrent une « cave », c'est-à-dire un petit garde-manger, au cas où l'on éprouverait le besoin de prendre une collation.

Non moins abondantes sont les tables à jeu. Chaque jeu a la sienne : rectangulaire et généralement à pivot pour le piquet ; carrée pour le quadrille ; à cinq pans pour le brelan ; à trois pour l'hombre, etc. Nombre d'entre elles sont pliantes. Celles qui sont rigides comportent souvent au milieu une dépression circulaire dans laquelle on plaçait un flambeau. D'autres dissimulent aux quatre coins des porte-flambeaux amovibles. Vers la fin du règne apparaîtront les tables de tric-trac, à dessus réversible, offrant sur une face un damier, sur l'autre un échiquier.

Les tables à café sont munies d'un rebord chantourné pour recevoir le plateau.

La « servante », petite table permettant de poser les plats, prend le nom de « rafraîchissoir » lorsqu'elle est garnie d'un caisson d'étain pour mettre les bouteilles à rafraîchir, ou de « jardinière » lorsqu'une cuve métallique peut recevoir fleurs et plantes.

La table de salle à manger n'apparaît qu'à la fin du règne, car, même sous Louis XV, on continue à dresser le couvert sur des tréteaux recouverts d'une nappe. La plupart des tables de salle à manger dites « Louis XV » sont en réalité de style Louis XV et non pas d'époque.

Sièges et lits de repos

Le mobilier n'est plus, comme au Grand Siècle, la manifestation ornementale d'une volonté politique. Le style Louis XV est avant tout un art de vivre.

Les meubles — et notamment les sièges — sont destinés à faciliter les rapprochements entre convives, sans étiquette ni cérémonial ; ils quittent les murs des salons où ils faisaient tapisserie pour entrer dans le cercle des conversations, des soupers et des jeux. Les sièges « meublants », qui faisaient partie d'un décor solennel, deviennent des sièges « courants ». Plus légers, plus confortables, plus maniables, ils prennent place près des tables servies, des tables à ouvrage ou des tables à jeu.

La mode contribue à modifier les structures des sièges : les encombrants paniers qui garnissent les robes des dames (v. 1720) ne peuvent trouver place sur les fauteuils que par un recul des consoles d'accotoirs. Les consoles « à retrait » se substituent donc aux consoles droites dans l'alignement des pieds antérieurs. Dans le même temps, les bras et les pieds se galbent plus fortement en un mouvement sinueux, souligné par la continuité des moulures. La disparition des croisillons d'entrejambe allège l'ensemble et donne au siège Louis XV son architecture générale, harmonieuse, équilibrée.

Les menuisiers font preuve d'une grande habileté dans le jeu des courbes et des contrecourbes, animant ainsi de nombreux sièges. Une des plus belles réussites des sièges Louis XV est le fauteuil à la reine (v. 1725-1730), dont le dossier plat est légèrement incliné en arrière entre des bras qui s'ouvrent sur une large ceinture moulurée et ornée de motifs floraux finement sculptés.

Déjà apparue sous la Régence, la *bergère* se met au goût du jour : c'est un fauteuil bas, confortable et profond, qui se caractérise par des joues pleines, c'est-à-dire garnies d'étoffe entre l'accotoir et le siège, l'un et l'autre rembourrés. « Voilà un fauteuil qui me perd », dit une des filles de Louis XV, amoureuse des « commodités de la vie » (d'après les Mémoires de Mme Campan). La bergère est dite « en confessionnal » lorsque le haut du dossier est muni de deux « oreilles », où l'on peut appuyer la tête. Certaines bergères prennent la forme d'une chaise

Le secret des meubles en laque

Séduits par la beauté des meubles en laque d'origine chinoise et japonaise, les ébénistes du XVIIIe siècle ont cherché à tirer parti de cette matière, qui a longtemps gardé son secret.

La laque, substance résineuse tirée de l'arbre à laque, subit divers traitements qui la transforment en vernis très résistant, utilisé pour la protection des meubles et objets contre les intempéries. Le produit fini s'appelle alors un laque.

Les meubles sont laqués par application successive de plusieurs couches (de trois à dix-huit), dont les dernières sont teintées en noir pour recevoir un décor peint.

Les laques dits « de Coromandel » (du nom de la côte indienne qui servait de relais maritime) sont sculptés en relief au burin pour faire ressortir les aplats et les contours.

À partir des surfaces laquées et décorées provenant généralement des paravents, les ébénistes hollandais et français ont réalisé des placages adaptés à différents meubles : commodes, encoignures, secrétaires. Cette opération était d'autant plus délicate qu'il s'agissait d'adapter à des surfaces galbées (du moins sous Louis XVI) des panneaux plats.

Pour y parvenir, les ébénistes sciaient dans leur épaisseur les panneaux de paravent (ce qui permettait du même coup de récupérer les deux faces), ils les chauffaient légèrement et les appliquaient en force sur les bâtis des meubles en les maintenant pendant le collage avec de lourds sacs de sable. Pour simplifier cette opération, les ébénistes ont également commandé de petits panneaux décoratifs découpés sur mesure aux dimensions des meubles.

On a parfois prétendu que les carcasses de meubles étaient envoyées jusqu'en Chine pour recevoir les laques. Il n'en est rien, du moins au XVIIIe siècle. Cette légende est sans doute née — mais à la fin du XIXe siècle seulement, alors que les transports maritimes étaient plus faciles — de l'envoi en Extrême-Orient de quelques meubles de style Louis XV ou Louis XVI, *qui ont été effectivement laqués sur place en Chine ou au Japon.*

Enfin, devant le succès des meubles laqués, les vernisseurs ont cherché à imiter les décors d'Extrême-Orient en élaborant des produits de substitution « façon de la Chine ». Les frères Guillaume, Étienne et Robert Martin, vernisseurs du roi, ont réussi à mettre au point les vernis qui portent leur nom. Les vernis européens, qui ont tendance à jaunir, se détériorent en un réseau de fines craquelures, tandis que les meubles en laque véritable se fendent et se cassent par endroits en longues crevasses (dues à la courbure en force des laques compactes).

Les meubles en laque sont parmi les créations les plus recherchées et les plus coûteuses des grands ébénistes du XVIIIe siècle. En juin 1979, à l'exposition des antiquaires de l'hôtel George-V, une commode en laque du Japon, signée de Joseph Baumhauer (dit « Joseph »), ébéniste privilégié du roi vers 1770, était proposée à 3 millions de francs.

Ader, Picard, Tajan

Bureau en dos d'âne en laque de Chine à décor de paysage ; ornementation de bronze ciselé et doré qui souligne l'élégance des lignes et met en valeur le décor de laque.

longue, dont la partie avancée, destinée à soutenir les jambes, est munie d'un petit dossier : c'est la « duchesse en bateau ». Lorsque le siège se prolonge par un ou deux tabourets amovibles — appelés « bouts-de-pied » —, voici la « duchesse brisée ». En forme de demi-canapé pouvant accueillir deux personnes, la « causeuse » et la « marquise » sont des bergères très larges à dossier bas. Plus longs et plus larges encore sont les sofas, à accotoirs pleins, sans bois apparent.

L'« ottomane » est un petit lit de repos avec un dossier en corbeille qui se prolonge en accotoirs. Les « veilleuses », que l'on installe souvent par paire près de la cheminée, sont des chaises longues à accotoirs de hauteurs inégales. La « sultane » est un confortable lit de salon à deux chevets symétriques en forme de crosse (le sofa se distingue par un dossier droit). La « paphose » est un large siège à dossier concave, qui s'incline en double pente vers les pieds antérieurs. Enfin, la « turquoise » est également un grand siège de repos avec un dossier amovible entre deux chevets symétriques.

Ces noms bizarres, selon Roubo, « n'ont d'autre étymologie que le caprice et la cupidité des ouvriers et des marchands ». Il faut admettre que toute novation provoque des engouements profitables pour tous ceux qui vivent de l'industrie et du commerce des meubles.

Sièges à tout faire. Le siège « en cabriolet » (apparu v. 1740) est un fauteuil léger à dossier incurvé « en hotte » pour épouser la forme du dos. S'étonnant qu'on l'ait nommé « cabriolet », Roubo écrit : « Je ne sais trop pourquoi, n'imaginant aucun rapport entre une chaise cintrée en plan et les voitures qu'on nomme de ce nom, mais enfin c'est la mode, une chaise pouvant aussi bien ressembler à une voiture que la coiffure d'une femme [...] les sièges en cabriolet sont les plus à la mode et en même temps demandent le plus d'attention de la part de l'ouvrier, surtout par rapport à la construction et au débit du bois du dossier, ce que les menuisiers appellent "faire la hotte". »

Le fauteuil de cabinet se caractérise par un pied central au milieu de la ceinture, « ce qui est très commode pour ceux qui sont obligés d'être assis longtemps et penchés devant » (Roubo, *l'Art du menuisier*).

La chaise « voyeuse » permet à un spectateur de poser les coudes sur le dossier de la chaise ou de la bergère où siège un joueur, tandis que la « voyelle » est un petit siège violonné, où les hommes peuvent s'asseoir à califourchon en posant les bras en appui sur le dossier formant accoudoir. Lorsque le haut du dossier de la voyeuse recouvre sous sa manchette un petit coffret où l'on range les jetons servant à « ponter » (à miser), on l'appelle « chaise ponteuse ».

Le fauteuil « à poudrer » se distingue par un dossier bas et échancré, où l'on pose le cou pour s'en remettre aux soins du coiffeur. On appelle sièges « foncés de canne » (apparus sous la Régence) les chaises ou les fauteuils garnis d'un treillage de canne (un genre de roseau taillé en fines lamelles). Légers, agréables en été et deux fois moins chers que les sièges garnis d'étoffe, les fonds de canne sont placés sur des bâtis moins chargés en sculptures, mais moulurés avec élégance et parfois peints.

Plus modestes et moins coûteux encore, les sièges garnis de paille tressée « à la capucine » sont d'un usage généralisé. Dans les salons aristocratiques, la recherche de confort et de beauté se traduit pour les sièges par l'emploi de riches étoffes. La garniture du siège est faite d'un rembourrage de crin maintenu par des sangles en forte toile et recouvert de soierie, de velours à ramages ou de tapisserie.

Les sièges « à châssis », où le coussin est monté sur un cadre adapté au siège, permettent des changements de décor à volonté. Ils sont particulièrement recherchés aujourd'hui, car ils sont toujours d'une grande qualité.

Les lits

Sous Louis XV, les *lits* sont également de formes variées et se différencient des ouvrages de tapissier du siècle précédent, où le bâti était invisible. Les lits à bois apparent sont désormais des œuvres de menuisiers, qui portent parfois des estampilles renommées.

Les *lits de milieu* occupent le centre de la chambre avec le chevet placé contre le mur du fond. Le lit classique à quatre colonnes, ou « à la française », comporte un baldaquin placé juste au-dessus de la couche et de mêmes dimensions. Le lit « à la duchesse » est dépourvu de colonnes et dresse son baldaquin à l'équerre du mur. Dans le « lit d'ange » (apparu sous la Régence), le ciel est moitié plus court que le bâti de la couche.

Les *lits de travers*, qui se multiplient dans la seconde moitié du siècle, ont un dossier à bois apparent entre les chevets et se placent en longueur, parallèlement au plus grand pan de mur de la chambre.

Le lit « à la polonaise » est flanqué de quatre colonnes légères qui soutiennent un baldaquin en forme de dôme sur armature de fer, d'où retombent des rideaux drapés.

Le lit « à la turque », placé sous un baldaquin fixé au mur, est à trois dossiers, le plus grand placé le long du mur, les deux autres terminés par des volutes qui prolongent les moulures. Ces lits sont plus généralement appelés « lits à crosse ».

Les lits « à l'italienne », ou « à la romaine », sont recouverts d'un petit baldaquin en forme de toit, qui, prolongé par des rideaux, donne à l'ensemble l'aspect d'une tente.

Le style Louis XV évolue avec une étonnante richesse d'imagination, un dynamisme et une liberté qui favorisent la création d'innombrables modèles de meubles.

Dans les ateliers du faubourg Saint-Antoine, des milliers d'artisans cherchent à satisfaire le goût du jour à la demande des tapissiers et des décorateurs. Lorsqu'un modèle plaît au public, on le multiplie à de nombreux exemplaires grâce aux « calibres », ces formes en bois découpées qui servent de patron. Mais l'excès des courbes finit par lasser. Ce style ne tarde pas à se tempérer, tandis que s'élabore la nouvelle doctrine néo-classique, déjà inscrite dans les pierres des monuments. Dès le milieu du siècle, un style de transition présage le changement.

Ce bureau d'apparat, réalisé par E. J. Cuvelier vers 1760, est un typique exemple du premier style Louis XVI qui, à la courbe de la rocaille, substitue la ligne droite inspirée de l'antique, remis à la mode par les premières découvertes d'Herculanum et de Pompéi. Ce curieux bureau, orné de bronzes de Delafosse, a été présenté par Maurice Segoura à la Xe Biennale des antiquaires au Grand Palais en 1980.

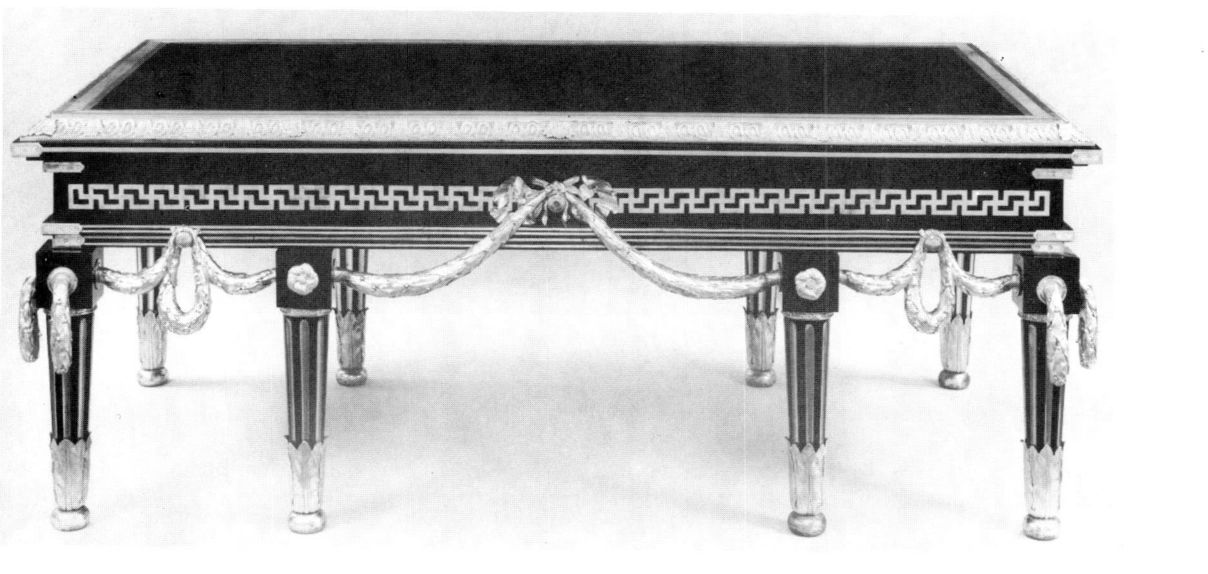

LE LOUIS XVI

Du style Transition au style Marie-Antoinette

Bien avant la mort de Louis XV, un autre style se fait jour qui ne porte pas encore le nom d'un souverain. Ce n'est qu'avec un long recul, lorsque le style Louis XVI s'est définitivement imposé, que l'on en vient à parler d'un style Transition, qui se caractérise essentiellement par l'harmonieuse alliance de la courbe Louis XV et de a droite néo-classique.

Au moment où le grand théoricien du meuble André Roubo publie son *Art du menuisier,* le style en cours d'élaboration est encore mal défini. Sur une planche où figurent les dessins de plusieurs chaises à médaillon que l'on qualifierait aujourd'hui de Louis XVI, on peut lire en tête de la page : « Plans et élévations de plusieurs chaises à la mode. » Il est vrai que sur la même planche sont également présentées des chaises aux pieds galbés et aux dossiers décorés de sculptures rocaille. Nous sommes en 1772, deux ans avant la mort de Louis XV — et en pleine confusion, c'est-à-dire en pleine transition. C'est si vrai qu'une aquarelle de Moreau le Jeune représente Louis XV, au cours d'une soirée à Louveciennes, assis sur une chaise à dossier en médaillon ovale et à pieds droits fuselés qui sont de pur style Louis XVI. Tout le décor du pavillon construit par Claude Nicolas Ledoux pour la dernière favorite, la comtesse du Barry, est d'ailleurs « à l'antique », avec ses balcons à balustres et ses hauts pilastres droits couronnés de chapiteaux corinthiens.

En réalité, les origines du style néo-classique remontent beaucoup plus loin.

Dès le milieu du XVIIIe siècle, les grâces contournées du style Louis XV cessent de plaire. Du reste, depuis Louis XIV, le goût de l'Antiquité ne s'est jamais perdu. Louis XV lui-même, comme s'il participait à la disparition de son propre style, encourage déjà son premier architecte, Jacques-Ange Gabriel, à s'inspirer des temples antiques à hautes colonnes cannelées rectilignes.

Le Petit Trianon à Versailles est construit en 1762, alors que l'architecte Soufflot met en chantier le « temple » du Panthéon. Et la place Louis-XV (aujourd'hui place de la Concorde) n'est-elle pas encadrée de monuments de style Louis XVI ? C'est aussi l'époque où, à l'Académie de France à Rome, les jeunes artistes français, sous l'influence de Piranèse, déclarent la guerre au style rocaille et relèvent sur leur carnet de croquis tous les ornements de l'architecture gréco-romaine.

Bulloz

Gravure de Moreau le Jeune représentant une réception de Louis XV par Mme du Barry à Louveciennes (1771). Au centre, on aperçoit le roi Louis XV assis sur un siège de style Louis XVI, remarquable notamment par ses pieds fuselés à cannelures ; on sait d'autre part que l'ébéniste Delanois a livré de nombreux sièges pour le pavillon de Mme du Barry, les uns à dossiers en médaillon (bien visibles sur cette gravure), les autres à dossier en forme de fer à cheval. Musée du Louvre, Paris.

Biennale internationale des Antiquaires

Commode à ressaut en placage de satiné et d'amarante, estampillée Œben, époque Transition Louis XV-Louis XVI. Présentée à la Biennale internationale des Antiquaires en 1988 par la galerie Méchiche.

Cette chaise exceptionnelle provient en toute certitude du pavillon de Louveciennes ; elle faisait partie de la livraison de Delanois en 1769 pour Mme du Barry qui avait payé la paire 100 livres. La paire vaudrait au moins 500 000 Francs en 1989.

Sotheby

Traditions classiques

Vers 1750 commence l'exploration scientifique de ruines d'Herculanum et de Pompéi — qui permet au comte de Caylus de publier bientôt son *Recueil d'antiquités égyptiennes, étrusques, grecques, romaines et gauloises.*

En 1754, Nicolas Cochin, dessinateur et graveur, lance ses attaques contre les excès du style rocaille (« abattez tous ces herbages ! ») et préconise le style à la grecque qui gagne bientôt tout Paris. « Tout se fait aujourd'hui à la grecque », écrit Grimm en 1763. Ce style perpétue les grandes traditions classiques des lignes droites et symétriques. Sous l'influence personnelle de Mme de Pompadour (dont le frère, le marquis de Marigny, est nommé directeur des Bâtiments, Arts et Manufactures), le style néo-classique prend un caractère officiel et se substitue progressivement au Louis XV sinueux du début du règne.

Dans le domaine du mobilier, l'un des plus purs exemples du style Transition est le « bureau du roi », que l'on peut voir à Versailles : commencé par Œben en 1760, il fut terminé par Riesener en 1769. Harmonieusement dosé, le mélange des styles est évident : les pieds sont légèrement galbés et chargés de bronzes, mais la galerie est droite, et le décor de baguettes enrubannées et de guirlandes de lauriers relève du répertoire « à la grecque ». Les caractéristiques du style Transition se retrouvent dans les commodes à caisse droite et à montants à pans coupés qui se terminent par de petits pieds galbés. Bonheurs-du-jour, coiffeuses, tables de chevet s'adaptent également au style à la mode, dont le décor est directement inspiré des ornements à la grecque, mais dans une très libre interprétation. Louis XVI peut se faire sacrer, il a déjà son style. Mais, comme le remarque très justement Pierre Verlet, « ne devrait-on pas désigner du nom de la reine ce style, l'un des plus grands et des plus vivants de l'art français, dont elle apparaît la vedette pour une très large part et probablement pour l'essentiel ? » *(Styles, meubles, décors,* Larousse).

Il convient d'ajouter que c'est également l'entourage du roi et de la reine qui confirme la mode pour en faire le style représentatif d'une société qui se qualifie elle-même de « moderniste ».

Guéridon en bronze ciselé et doré, plateau formé d'une plaque en porcelaine de Sèvres dont la peinture est attribuée à Bouillat père, époque Louis XVI. Adjugé 1 251 140 F par Christie's, à Londres, le 17 juin 1987.

Ce prix élevé s'explique à la fois par l'originalité des lignes, la finesse des bronzes ciselés et la qualité raffinée du décor floral aux harmonieuses polychromies. Le panier et le nœud de rubans sont parmi les éléments favoris du style « Marie-Antoinette ».

Du décor à la grecque au décor à l'étrusque

Après les tâtonnements de l'époque Transition, que l'on peut situer entre 1755 et 1770, apparaît un style moins sévère, plus élégant, qui se prolonge jusqu'au Directoire, le style Marie-Antoinette. Le style Louis XVI n'est pas né d'une évolution des formes, comme s'était faite la transition du Louis XIV au Régence, mais d'une réaction esthétique réclamée par des théoriciens. Pierre Kjelleberg écrit très justement à ce propos : « Autant le style Régence peut être comparé à une fusion harmonieuse entre des éléments traditionnels et un esprit nouveau, autant la transition entre les styles Louis XV et Louis XVI se présente comme une juxtaposition » *(le Mobilier français).* En fait, le style néo-classique, que l'on qualifiait à l'époque de « moderne », renoue avec le goût de l'art antique, mais il sait éviter la lourdeur et la solennité du style Louis XIV. Pierre Verlet observe qu'il est parfois difficile de distinguer les motifs de 1680 de ceux de 1770, « sinon par une précision de main plus grande au XVIIIe qu'au XVIIe siècle ».

Le retour à la symétrie se fait dans la légèreté et l'élégance, avec une tendance au fonctionnalisme qui caractérise la fin du règne. C'est également vers 1780 que le style à la grecque évolue vers un décor plus dépouillé, imprégné d'austérité et que l'on baptisera « style à l'étrusque ».

Matériaux employés

Comme sous Louis XV, les meubles sont en bois massif ou plaqué, souvent avec des marqueteries de cubes ou de paysages délicats. Le noyer, la loupe de noyer (dont les ramages forment des motifs fantaisistes) et le frêne sont les bois les plus courants pour les bâtis des meubles, tandis que le hêtre est réservé à la fabrication des sièges. Le chêne, en Île-de-France, en Normandie et dans tout le Nord-Est, est un signe de qualité. L'acajou, de plus en plus en vogue, est employé en massif pour les sièges et en plaqué pour les tables ou les secrétaires, avec des effets de moirage ou de mouchetage. Le citronnier et l'ébène, délaissés sous Louis XV, reviennent à la mode pour certains meubles.

La laque de Chine et le vernis Martin sont mis à contribution pour les meubles de luxe. Les bronzes sont d'une aussi belle qualité que sous Louis XV et adoptent des décors symétriques par rapport à un axe médian. Le ciseleur Gouthière invente la dorure au mat, obtenue par trempage du bronze chauffé dans l'eau froide. La porcelaine est fréquemment employée en médaillons ou en incrustations. Enfin, l'acier fait son apparition, soit dans les piétements de guéridon, soit en simples filets.

Les principaux ornements, qui se retrouvent aussi bien en marqueterie que dans les sculptures des bois massifs ou dans les bronzes, sont les grecques, les baguettes, les feuilles de laurier, les piastres, les perles, les oves, les rais-de-cœur, les cannelures, les nœuds de ruban, les caryatides et les attributs symboliques (champêtres, de chasse, d'amour ou de musique).

Principaux meubles

Les ébénistes de l'époque Transition recherchent l'équilibre entre les formes droites, rigoureuses, architecturales, qui définissent les parties hautes du meuble, et la souplesse des pieds galbés et des pieds-de-biche, qui persistent longtemps, jusque vers 1780. Pour briser la rigidité des lignes, les angles sont taillés en pans coupés ou en ressauts arrondis. Comme toujours, les décors se modifient plus vite que les structures. On peut cependant mettre à l'actif des ébénistes de cette période les bonheurs-du-jour, les petits bureaux à cylindre, les vitrines, les commodes rectangulaires à ressauts, les commodes demi-lune, les commodes-dessertes, les consoles-servantes, les tables-bouillottes et les tables à la Tronchin. La beauté des meubles tient avant tout à l'équilibre de leurs proportions.

Commodes et secrétaires. Les commodes sont parmi les meubles les plus réussis. Alors que sous Louis XV la forme et son décor semblent indépendants de la structure, le style Louis XVI évolue vers une harmonieuse alliance entre les lignes imposées par l'architecture du meuble et l'aspect du décor. Dans les premières commodes Transition, les tiroirs sans traverse se fondent dans la marqueterie, tandis qu'en plein Louis XVI les tiroirs apparaissent pour ce qu'ils sont, soulignés par des baguettes de bronze.

L'anneau des poignées de tirage, garni de fines perlettes, repose sur un petit disque à filets concentriques. Une nouvelle forme de poignée apparaît aussi : les « mains-pendantes », qui suivent un dessin rectangulaire, les deux petites branches étant rattachées à un pivot.

La commode Louis XVI la plus typique est de type rectangulaire, à pans coupés décorés de bronzes dorés. Les commodes « à ressaut » présentent des tiroirs en légère saillie sur la façade. La commode semi-circulaire, ou « en demi-lune », est souvent ornée d'un cul-de-lampe en bronze doré au centre de la traverse inférieure.

Les commodes-dessertes, ou « à l'anglaise », sont munies de chaque côté des tiroirs, au-delà des pieds antérieurs, d'étagères latérales à deux ou trois plateaux, avec ou sans galerie de cuivre. Derrière les tablettes à bords arrondis, une glace garnit souvent le panneau de fond.

Les consoles-servantes sont du même type que les précédentes, mais des étagères en façade ont pris la place des tiroirs. La dernière évolution logique de la console est l'absence complète de panneau de fond. Le plateau de marbre, dont la ceinture ne comporte plus qu'un seul tiroir, est soutenu par quatre pieds droits.

Le bonheur-du-jour, apparu sous Louis XV, mais baptisé de ce nom sous Louis XVI, se compose d'une table à écrire sur laquelle se dresse, en retrait, un petit casier à portes surmonté d'une galerie. Certains prennent la forme d'un petit bureau à cylindre, que surélève une petite armoire à plusieurs portes.

Les bureaux à cylindre, à panneaux pleins en arc de cercle, ornés de belles marqueteries, sont très en vogue. Les chiffonniers à cinq tiroirs deviennent, avec deux tiroirs de plus, des « semainiers ».

Les secrétaires à abattant s'adaptent avec bonheur aux lignes verticales et horizontales qui découpent les surfaces planes. Ils sont généralement à pans coupés et garnis, sous le marbre qui les recouvre, de motifs en bronze ciselé empruntés au répertoire à la mode : rinceaux, godrons, piastres, feuilles de laurier, etc. Les pieds sont en toupies rondes, ou effilés en gaines. Le corps inférieur comporte trois ou quatre tiroirs, dissimulés derrière des vantaux dans les plus luxueux modèles.

Les tables. Moins nombreuses que sous Louis XV, elles se caractérisent par des pieds droits cannelés, effilés vers le bas et prolongés sous le plateau par des montants qui encadrent des tiroirs en ceinture.

Assez tardives (1770), les tables « à l'anglaise » sont une résurgence des tables à rallonges en usage au XVIe siècle. Les tables ovales ont un tiroir en ceinture et deux petits tiroirs latéraux, qui parfois pivotent sur des charnières au lieu de glisser sous le plateau.

Les tables-bouillotte, qui tirent leur nom du jeu de bouillotte, présentent un plateau circulaire évidé en son centre d'une cavité où se loge un petit plateau rond et creux destiné à recevoir les mises ou à poser la « lampe-bouillotte ».

Les tables à ouvrage et les tables-liseuses, souvent très légères, sont soit rectangulaires et munies d'un plateau en entrejambe, soit rondes, à deux plateaux circulaires bordés d'une galerie et montés sur un axe central, qui repose lui-même sur trois pieds légèrement galbés.

La table à la Tronchin, du nom du médecin genevois Théodore Tronchin, qui l'avait commandée à Louis Dufour en 1777, permet de lire ou d'écrire debout, en surélevant le plateau par un système de crémaillère commandé par une manivelle. Du plateau supérieur se détache un pupitre à charnières qui peut s'incliner à volonté.

Sièges et lits Louis XVI

Les sièges Louis XVI résultent d'une adaptation des modèles précédents aux lignes droites et aux motifs qui caractérisent le retour au décor à l'antique. Tout naturellement, ce « redressement » commence par les pieds, entaillés de cannelures qui vont en s'effilant du haut en bas ou qui butent sur des moulures « rudentées » (c'est-à-dire pleines). Certaines cannelures fuselées comportent un raffinement supplémentaire, les « asperges », motif de petites feuilles disposées en épis. On trouve encore des cannelures en spirales ou des cannelures enlacées par de fins rubans sculptés et surmontées de godrons, de plumes ou de feuillages.

Le mouvement des consoles d'accotoir allonge pro-

Duchesse brisée en bois rechampi gris et or, estampillée de J. B. Sené. Époque Louis XVI. Le sommet du luxe et du confort.

Bergère d'enfant de forme gondole, en bois doré mouluré, travail provincial d'époque Louis XVI. Adjugé 11 500 F par Mes Couturier et Nicolay, à Drouot, le 14 mars 1987.

gressivement l'appui des bras vers le devant de la ceinture. La transition s'opère par le passage de la console en courbe concave à la console droite, retenue à l'appui des pieds antérieurs par l'intermédiaire d'un dé de raccordement au niveau de la ceinture. Ce dé est souvent frappé d'une rosace sculptée, dont les pétales symétriques s'inscrivent dans un carré.

La chaise « à la reine » présente plusieurs types de dossiers : le dossier « en médaillon » ; le dossier « en raquette », mis à la mode par Louis Delannois, fabricant des sièges de la comtesse du Barry à Louveciennes ; les dossiers carrés, rectangulaires ou trapézoïdaux ; les dossiers en écusson, resserrés au niveau de la ceinture ; les dossiers en anse de panier, dont les côtés cintrés rejoignent les montants verticaux, qui se prolongent par un petit motif en panache ou en pomme de pin ; enfin, les dossiers ajourés, ou « à la grille », inspirés des modes anglaises, dont les formes variées suivent le goût du jour — qui fait naître par exemple les sièges « à la montgolfière » pour célébrer l'envol des premiers ballons en 1783.

La ceinture des sièges est droite, légèrement bombée ou presque circulaire, en forme de fer à cheval (« à la d'Artois »). Les fauteuils et les chaises en cabriolet ont un dossier galbé en creux, ovale ou trapézoïdal, surmonté d'une traverse supérieure en chapeau ou en anse de panier.

Les bergères, profondes, basses et confortables, suivent les lignes générales adoptées par les autres sièges et évoluent comme eux des formes Transition, encore légèrement galbées, vers les consoles droites à l'aplomb des pieds antérieurs. Les chaises de jeux, voyeuses, voyelles ou ponteuses, suivent le mouvement de redressement et d'allégement des formes. La chaise basse en forme de prie-Dieu, à dossier surmonté d'une manchette rembourrée, s'appelle parfois « voyeuse à genoux ». Les veilleuses sont des sièges bas, encadrés par un dossier en pente douce entre des accotoirs de hauteurs inégales. Pour les duchesses — brisées ou non —, les chaises longues et les lits de repos, la fantaisie des menuisiers n'est pas moins grande que sous le règne précédent, mais les dossiers et les chevets, au lieu d'être incurvés, sont rectilignes ou légèrement galbés, et toujours ornés de motifs sculptés du répertoire néo-classique. Le lit de milieu, dont la plus grande longueur est perpendiculaire au mur, est dit « à la duchesse » s'il n'a qu'un grand chevet sous un baldaquin fixé au mur.

Comme sous Louis XV, la plus grande fantaisie préside à la désignation des « lits de travers » (parallèles au mur), dits « à l'italienne », « à la turque », « à la chinoise » selon les détails ornementaux ; les plus classiques restent « à la polonaise », avec leur petit baldaquin en dôme monté sur des colonnes d'angles dissimulées par des rideaux.

Les bois de lit, comme les bois de siège, sont peints dans des tons uniformes, blancs ou gris, assortis aux boiseries, rarement dorés. Les lignes un peu sévères des encadrements sont égayées par des tapisseries à fleurs ou à scènes champêtres, tissées aux Gobelins, à Aubusson et surtout à Beauvais, où l'on s'efforce de multiplier les coloris pour égaler les nuances des tableaux (ce qui fait perdre en vigueur aux tapisseries ce qu'elles gagnent en polychromie).

Autre facteur de plus-value pour les meubles et les sièges Louis XVI, l'estampille des maîtres ébénistes qui vient confirmer la qualité de l'exécution.

Canapé à dossier rectangulaire en bois repeint, pieds fuselés à cannelures rudentées (garnies d'une baguette sculptée), estampillé de Cl. Séné. Un classicisme qui ne risque pas de se démoder.

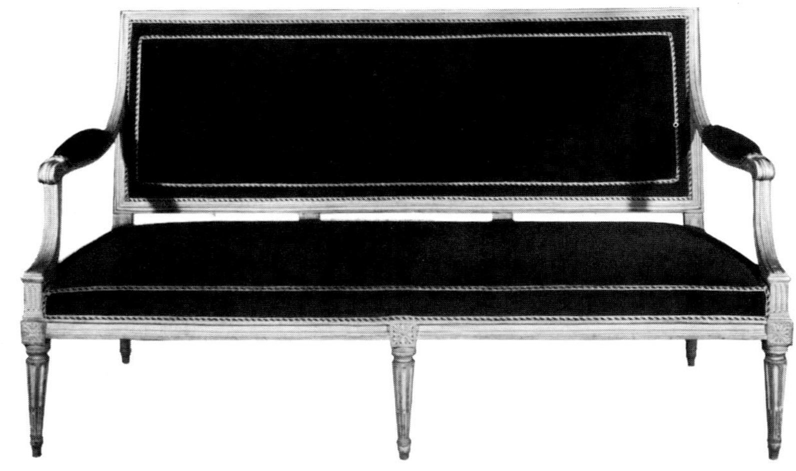

LE DIRECTOIRE (1795-1799)

Entre Louis XVI et l'Empire, le Directoire n'est qu'un passage dont tout le monde sent la précarité. Il est néanmoins remarquable qu'au cours d'une aussi courte période ait pu prendre forme un style caractérisé, qui se reconnaît davantage par les ornements que par les structures. La Révolution de 1789 a fait disparaître la clientèle traditionnelle des grands ébénistes et ruiné les ateliers du faubourg Saint-Antoine. Les meubles fabriqués malgré tout pendant cette période conservent à première vue le même aspect. Seuls sont supprimés les décors royalistes comme les fleurs de lys, auxquelles on substitue parfois des emblèmes révolutionnaires — bonnets phrygiens et faisceaux —, mais on ne touche guère aux ornements hérités de l'antiquité gréco-romaine, dont se réclament d'ailleurs les théoriciens révolutionnaires. C'est donc le choix de certains ornements, qui, s'ajoutant à la ligne générale, fait l'originalité du style Directoire.

Caractéristiques et répertoire ornemental

Après la Terreur, une nouvelle clientèle de profiteurs peu exigeants est à la recherche d'un décor inédit. Ces parvenus, ces « ventres dorés » comme on dit alors, s'attachent davantage aux apparences qu'à la valeur réelle.

Malgré l'abolition des corporations, qui a pour conséquence la levée des disciplines professionnelles et des contrôles de qualité, les artisans, qui ont connu de mauvaises années, n'ont pas perdu la main et sont prêts à reprendre du service. Les mêmes bois, les mêmes matériaux, les mêmes techniques et les mêmes outils vont produire des meubles directement inspirés du style Louis XVI, sans en avoir la richesse de décor : le répertoire ornemental de l'époque Directoire est assez pauvre et se limite — en dehors des éléments repris au style étrusque, tels que baguettes et faisceaux — aux flèches, aux losanges et aux palmettes. Le retour d'Égypte et le Consulat relancent les motifs égyptiens et les glaives croisés.

Dérisoire changement : aux sphinges Louis XVI figurant des bustes de femmes se substituent des sphinx de sexe masculin. On voit aussi apparaître le scarabée, le lotus et la pyramide, motifs largement exploités plus tard par l'Empire. Autres motifs à l'antique déjà vus sous Louis XVI : le vase en forme de soupière, les lions ailés, les sirènes, les cygnes, les griffons, les génies ailés, les renommées, ces nymphes élancées qui brandissent des palmes ou des couronnes. Aux fortunes pacifiques et aux piques vengeresses, qui chassent rapidement les coqs gaulois, s'ajoutent les rameaux de chêne, symboles des vertus civiques, les triangles ornés d'un œil évocateur de la Raison et les mains unies où se nouent les sentiments fraternels des sans-culotte. D'autres détails ornementaux relèvent de la simple géométrie traditionnelle : carrés ou rectangles striés horizontalement, losanges en hauteur ou en largeur entourant une soupière. Sur les dés de raccordement des sièges, la rosace aux stries serrées remplace les rosaces finement sculptées. Enfin, les entrées de serrure caractéristiques sont de simples écussons en cuivre. En dehors de rares motifs gréco-romains finement ciselés, les bronzes disparaissent provisoirement.

Les meubles sont le plus souvent en bois massif (noyer, chêne, bois fruitiers, orme, hêtre). Seuls les meubles de luxe, réservés à un petit nombre, sont en acajou massif ou en placage de bois précieux, dont les arrivages se raréfient.

Couturier, Nicolay

Le Directoire a largement puisé son répertoire ornemental dans les motifs antiques, comme l'atteste ce petit rafraîchissoir (H. 42,5 cm) en porcelaine de Paris dans une monture en bronze ciselé et doré. Le motif central en dorure sur fond bleu est la fidèle copie d'une gravure représentant une danseuse d'après une fresque retrouvée à Herculanum. Ci-dessous, *la gravure originale, telle qu'elle est reproduite dans le recueil des ornements relevés dans les fouilles romaines par F. Mazois. Ainsi est né le style alors baptisé « à l'étrusque », qui a succédé au style « à la grecque ».*

Bibl. nat., Paris

Giraudon

Mme Récamier à l'Abbaye-au-Bois *(gravure de Dejoine).*
L'égérie du Directoire et de l'Empire est ici allongée sur une méridienne de style Directoire.
Le piano forte est déjà de style Empire.

Couturier, Nicolay

Piano forte en acajou, orné d'appliques en bronze ciselé et doré à décor de cygnes et de renommées, piétement supporté par des têtes de femmes ailées en bronze sur des pieds fuselés, ornements caractéristiques du style Empire.

Les meubles sont presque toujours peints dans une gamme de couleurs limitée : gris, blanc, tilleul, vert d'eau. Les incrustations de bois d'ébène et de citronnier tendent à remplacer la marqueterie, qui exige une main-d'œuvre trop coûteuse. Dans l'ensemble, le style Directoire est d'une élégance un peu froide.

Principaux meubles

Dans chaque catégorie de meuble, les principaux types se réduisent à un modèle qui tend à devenir unique. C'est ainsi que la *commode* rectangulaire, à trois tiroirs sur pieds droits, se banalise, parfois flanquée de colonnes ou de pilastres sans cannelures. Les pieds droits et courts sont tournés en toupies ou sculptés en griffes de lion. Les *tables* sont réduites aux modèles les plus simples. Les guéridons, parfois en acajou, présentent un ou deux plateaux ronds supportés par un trépied.

Les *consoles* perdent leurs coins arrondis pour devenir rectangulaires. Les pieds effilés disparaissent pour laisser place à quatre colonnes entravées à la base par un cadre de bois.

Les *armoires* en bois massif conservent leur structure traditionnelle et se parent discrètement de losanges et de soupières.

Les *bibliothèques,* qui se détachent des murs, sont en bois peint ou en acajou, rectilignes, presque sévères.

Les *secrétaires à abattant* sont en bois naturel clair et garnis de montants en pilastres ou de colonnes ornées de chapiteaux à l'antique.

Les *bureaux en dos d'âne,* simples et droits, décorés de peintures à motifs à la mode, sont en voie de disparition.

En revanche, les *psychés* font leur apparition dans les dernières années du siècle. Ce sont des glaces de grande taille pivotant sur leur axe entre deux montants en colonnes plantées dans un socle épais, et garnies de bras de lumières.

Les *lits* ne retiennent des nombreux modèles Louis XVI que les dossiers symétriques flanqués de colonnes ; parfois, ils s'évasent vers l'extérieur. Les traverses inférieures sont ornées de soupières ou de losanges allongés, peints ou en léger relief. Les chevets les plus caractéristiques sont à fronton triangulaire entre des montants coiffés de pommes de pin.

Certains modèles de lits en acajou ont des chevets qui s'évasent, amorçant ainsi le lit bateau qui sera en vogue pendant tout le siècle suivant. Les lits de repos s'inspirent des lits antiques, telle la méridienne, dont le plus haut chevet se prolonge en dossier qui descend jusqu'aux pieds.

Les *sièges* sont les éléments les plus variés du mobilier. Ils retiennent du Louis XVI les dossiers ajourés, animés de motifs en losanges ou en palmettes.

Les fauteuils sont le plus souvent en hêtre peint et couverts d'étoffes à décor de grecques et de palmettes. Les dossiers à bandeau ont une large traverse décorée de motifs peints : losanges, rosaces, sphinx ailés ou griffons. Les accotoirs, de section carrée ou en colonnettes tournées, retombent à l'aplomb des pieds avant sur un dé de raccordement frappé d'une rosace en relief. Le dossier à crosse s'enroule en volute tournée vers l'arrière retenant parfois un barreau tourné. Aussi bien pour les chaises que pour les fauteuils, les pieds arrière sont en forme de sabre « à l'étrusque ». Enfin, autre retour aux sources de l'Antiquité, le fauteuil curule « à la romaine » a des pieds en « X » terminés par des griffes de lion.

La chaise en gondole, à mettre au compte des innovations, offre un dossier enveloppant qui descend en pente douce vers la ceinture du siège.

Après la campagne d'Égypte, qui prélude au 18 brumaire, les sièges en acajou massif ont des accotoirs qui descendent d'une seule pièce jusqu'aux sabots de pied, sans s'arrêter à la ceinture. Des têtes de sphinx ou des lions ailés surmontent la console et forment l'accotoir. Le style Empire n'est pas loin.

Couturier, Nicolay

Console en bois sculpté et doré reposant sur des Égyptiens. Époque Retour d'Égypte, comme l'indiquent abondamment les sculptures et les bas-reliefs.

Fauteuil curule en acajou sur piétement en « X », attribué à G. Jacob ou Jacob frères, vers 1796. Encore un modèle original inspiré de l'antique.

Couturier, Nicolay

LA GLOIRE DE L'EMPIRE (1804-1815)

Dans les dernières années du XVIIIe siècle, le mobilier est l'expression domestique du style néo-classique inspiré de l'antiquité grecque et de l'antiquité romaine. Mais le goût du changement, aussi bien en politique que dans le domaine de l'ameublement, conduit à rechercher un nouveau style ornemental. Et, comme il est toujours plus facile de modifier les éléments du décor que les formes qui le supportent, c'est d'abord par des adjonctions au répertoire puisé dans les travaux des archéologues que se marque le passage du Directoire (1795-1799) à l'Empire (1804-1815), en passant par le Consulat (1799-1804). Les bons citoyens de la République, avant d'accepter la fastueuse autorité d'un nouveau souverain, considéraient comme excessive la richesse ornementale du style à la grecque, héritée de l'Ancien Régime. Plus sobre, plus dépouillé, le style « à l'étrusque » ne retient des modèles antiques que les éléments qui paraissent les plus originaux : lotus et palmettes, colonnes et pilastres, caryatides et sirènes. Le peintre Louis David se fait le champion de l'esthétique nouvelle, dont il fixe certaines formes sur les grands tableaux de l'histoire romaine (le *Serment des Horaces,* que l'on peut voir au Louvre, est, en 1785, la dernière commande officielle de l'Ancien Régime). Dessinateur d'une rigoureuse précision, il fournit à l'ébéniste Georges Jacob les modèles des fauteuils « curules » à la romaine.

Sous le Directoire, les fils du grand Jacob, Georges II et François Honoré, meublent l'appartement de la rue Chantereine où s'installe un jeune général nommé Bonaparte. C'est encore David qui présente au Premier consul les architectes Charles Percier et Pierre Fontaine, amis inséparables et bientôt grands maîtres du style napoléonien — un style qui obéit à un dessein politique et se veut d'une noblesse monumentale, un style à la mesure d'une certaine idée de la grandeur et voué à la gloire de l'Empire.

Napoléon lui-même s'est toujours montré très attentif au mobilier des palais impériaux et désireux d'y laisser sa marque personnelle. Il demande pour les meubles « de bons dessins et de beaux modèles à l'abri des variations de la mode actuelle, et de manière qu'ils durent le plus longtemps possible » (note à l'administrateur du Mobilier impérial du 11 septembre 1807). Là se traduit un double souci de qualité et de durée, ce qui correspond à un désir à la fois d'économie et de pérennité, dans la perspective d'un très long règne. Sa doctrine esthétique se résume en peu de mots : « Ce qui est grand est toujours beau [...] Ce que je recherche avant tout c'est la grandeur. »

Athénienne (ou guéridon), en marbre vert antique, surmontée d'une vasque. H. 80,5 cm. Un meuble digne de figurer dans un tableau de David.

Couturier, Nicolay

Matériaux

Massif ou employé en placage, l'acajou au grain serré est le bois de prédilection du style Empire, mais son emploi se trouve restreint par les aléas de la politique : il faut le faire venir d'au-delà des mers, ce qui sera difficile après Trafalgar et le blocus qui s'ensuit. À regret, Napoléon en interdit l'importation en 1810.

Les ébénistes doivent se contenter de bois nationaux tels que l'érable, le noyer et autres bois fruitiers, l'if, l'olivier, le buis, la loupe d'orme. Le poirier, le tilleul, les conifères cachent leurs origines sous une couche de peinture, de même que le hêtre, surtout destiné aux sièges.

Le piétement de certains meubles, tels que lavabos ou jardinières, est parfois en bronze à patine verte rehaussée d'or, en fer forgé, plus rarement en fer peint verni. Le marbre prend souvent place sur les tables, les commodes, les secrétaires. Les porcelaines de Sèvres ou les plaques de verre peint sont parfois utilisées en incrustations. Les moulures s'affinent et disparaissent. Les sculptures atténuent la rigueur des lignes. D'une façon générale, les motifs ornementaux évitent la monotonie des compositions symétriques entre les colonnes et les pilastres. Enfin, les tentures drapées ou plissées, les rideaux de percale et de mousseline, les toiles de Jouy et les papiers peints créent une ambiance chaude, colorée, diversifiée, qui fait oublier la raideur majestueuse de l'ensemble du mobilier.

Nouveau répertoire ornemental

Le répertoire du XVIIIe siècle finissant comportait déjà certains éléments inspirés de l'art pharaonique ; l'expédition de Bonaparte sur les bords du Nil multiplie les emprunts à l'antiquité égyptienne. Certaines caryatides, à l'image des silhouettes féminines des monuments funéraires égyptiens, portent le *klafft,* cette coiffure dont les pans retombent de chaque côté du visage et sur les épaules. À la sphinge ailée des Grecs, on préfère le sphinx mâle et dépourvu d'ailes. Pour égayer les grandes surfaces nues des placages cirés et vernis, les bronzes dorés sont d'une grande finesse d'exécution. Les motifs les plus typiques sont les couronnes de chêne à petits rubans flottants, les branches de laurier, les palmes et les palmettes. Au symbolisme glorificateur appartiennent les victoires porteuses de couronnes ou de palmes, les renommées sonnant de la trompette, les foudres ailées de Jupiter, les tridents de Neptune, les déesses drapées, les lances et les glaives. Au répertoire animal figurent les aigles, les abeilles, les têtes de lion et de bélier, les chevaux marins, les sirènes à queue en volute et les cygnes au long col. D'autres motifs sont utilisés isolément ou en bandeau, notamment les étoiles, les rosaces, les lyres, les fleurs de lotus déployées en éventail, les cornes d'abondance et les amphores.

Les vernis et les laques sont passés de mode, de même que les marqueteries. On leur préfère les grandes surfaces massives ou plaquées d'acajou, dont les jeux de veines font des effets décoratifs discrets, mais suffisants.

Les créations

Parmi les meubles nouveaux, la *psyché* est un haut miroir rectangulaire, dans un cadre d'acajou ou d'ébène surmonté d'un fronton triangulaire que soutiennent des caryatides à longues gaines ou des colonnes, rondes ou carrées.

La *toilette,* ou *coiffeuse,* est une table à plateau de marbre, avec un tiroir en ceinture et deux colonnes qui portent des candélabres et soutiennent l'axe d'un miroir pivotant. Les pieds sont en « X », en lyre ou en griffons ailés.

La coiffeuse portative est une simple tablette sans pieds, surmontée d'un miroir, rond ou en écusson.

Le *lavabo* est un trépied à l'antique supportant une vasque dans la partie supérieure, et un pot à eau en aiguière sur un petit plateau fixé dans l'entrejambe. Les montants sont parfois en forme de caryatides, de cols-de-cygne ou de jambes cambrées en jarret, terminées par un pied griffu.

Le *somno* est un petit caisson cylindrique à porte incurvée, qui se substitue à la table de chevet.

L'*athénienne* est un trépied qui peut servir de guéridon, de corbeille ou de table à ouvrage, de cassolette à parfum ou de jardinière. Le plateau peut être en porphyre, en malachite ou en cristal. Ces meubles légers à usages multiples ne constituent pas une véritable novation, car ils ont vu le jour sous Louis XVI, mais ils sont de plus en plus appréciés et donnent lieu à d'ingénieuses fantaisies dans les formes géométriques des croisillons de soutien à partir des piètements circulaires, hexagonaux ou triangulaires.

Principaux meubles

Dans la gamme des meubles traditionnels, les structures restent stables ; les techniques, admirablement maîtrisées par les menuisiers et les ébénistes, sont en fait pratiquées par les mêmes mains. En dépit de l'abolition des règlements corporatifs, les meilleures traditions du métier se maintiennent dans le désir de satisfaire les exigences de la nouvelle aristocratie.

Les *commodes* de style Empire ressemblent aux commodes Louis XVI par la disposition des tiroirs apparents et par l'importance des montants, qui prennent la forme de colonnes détachées ou de caryatides engainées semblant soutenir de la tête le tiroir supérieur. Une variante est constituée par le modèle où des vantaux dissimulent les tiroirs et qu'on appelle parfois « bas d'armoire » ou « armoire basse », à cause de sa ressemblance avec un meuble à portes. Les « serrures perdues » désignent les ornements de bronze qui dissimulent les entrées de serrure. Certaines commodes présentent des ornements utilitaires, comme les mufles de lion qui retiennent un

Fauteuil d'apparat en bois doré à dossier renversé en crosse. L'époque Retour d'Égypte est ici affirmée par les motifs de lotus et de palmettes qui resteront à la mode sous l'Empire.

Secrétaire en acajou daté 1806, décoré d'appliques en bronze doré telles que Diane sur son char (au centre) et l'histoire de Psyché (à la frise supérieure). Les références à la mythologie atténuent la sévérité des structures.

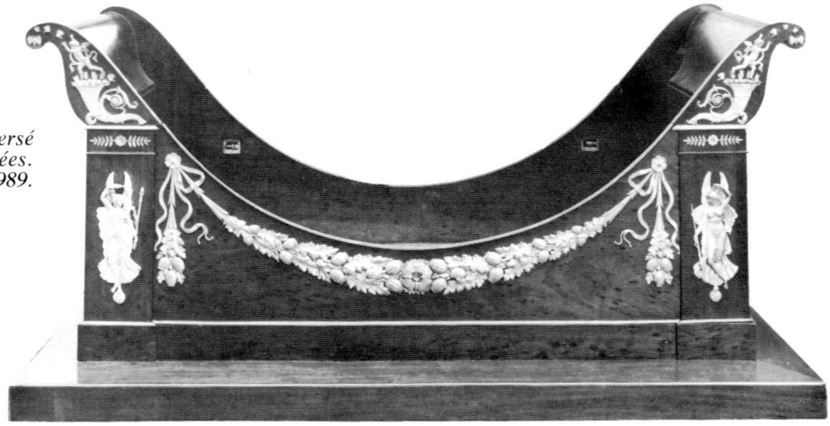

Lit bateau à chevet renversé décoré de renommées. Estimé 25 000 F en 1989.

Couturier, Nicolay

anneau de tirage pour l'ouverture des tiroirs. On retrouve ces ornements sur les chiffonniers et les semainiers, également montés sur des pieds en griffes de lion.

L'*armoire* Empire est assez haute, à portes unies sans moulures, avec un fronton triangulaire soutenu par de longues caryatides, toujours dans un style très architectural.

Il en va de même des *bibliothèques,* construites sur les mêmes principes, avec de hautes vitrines côte à côte (de deux à six) reposant sur des armoires basses à autant de portes que de corps supérieurs.

Le style Empire se prête particulièrement bien aux structures du *secrétaire à abattant* en acajou, surmonté d'un plateau de marbre. Au-dessus de la partie basse à deux vantaux refermés sur des tiroirs, l'abattant s'ouvre sur une niche centrale entourée de petits tiroirs ; les montants sont en pilastres, en caryatides, en colonnes détachées ou en demi-colonnes. Les bronzes ciselés et dorés, reproduisant des motifs du répertoire romain ou égyptien, sont répartis symétriquement.

Le *bureau ministre* comporte des caissons à tiroirs jusqu'au sol ou des colonnes carrées qui supportent un large plateau.

Le *bureau à cylindre* reste en faveur. Une partie semi-circulaire rigide disparaît dans le caisson arrière lorsqu'on tire la tablette à écrire. Le piètement, souvent monumental, est fait de deux groupes de quatre pieds ou d'un arc de cercle au-dessous des tiroirs. Notons que les bureaux en dos d'âne (dits « bureaux à pente » ou « à dessus brisé ») ont pratiquement disparu depuis le Directoire.

Le *bonheur-du-jour,* massif mais de petites proportions, repose sur une console (parfois à fond de glace) et présente un corps rectangulaire s'ouvrant à deux battants.

Les *tables,* rondes ou rectangulaires, ont un épais plateau posé sur un bandeau de bois uni décoré de bronzes ciselés. De nouveaux types de piètement apparaissent pour les tables circulaires : une colonne centrale entre trois colonnettes dressées sur un trépied, ou une colonne simple centrale, ou trois colonnettes seulement.

Les *guéridons circulaires* à plateau de marbre montrent parfois un piètement en sphinx ou en griffons ailés montés sur un jarret de lion, mais les guéridons les plus courants ont une colonne centrale ou trois pieds incurvés reliés par une tablette, ou encore trois pieds droits en colonnettes.

Les *consoles,* rectangulaires, à dessus de marbre, sont raides et lourdes sur des pieds à caryatides en gaines. Les montants arrière encadrent parfois une glace montée sur un socle épais.

Les *sièges* Empire sont d'une grande variété, généralement d'aspect assez lourd et richement décorés. Les pieds arrière sont souvent en sabre, s'écartant légèrement de la ceinture vers les sabots, ce qui assure une grande stabilité. Les dossiers, le plus souvent rectangulaires et parfois en hotte, sont rembourrés (s'ils ne sont ajourés en grilles, en gerbes ou en losanges) ; les sièges confortables sont garnis de ressorts.

Les fauteuils ont des accotoirs formant angle droit avec le dossier, mais leur raideur est souvent masquée par la fantaisie décorative des consoles : lions, chimères, sphinges ou cygnes à col sinueux. Sur la plate-bande en ceinture et sur la traverse supérieure du dossier se détachent, en léger relief, des palmettes, des lotus ou des rosaces.

Les *lits de repos* s'appellent désormais « méridiennes » lorsqu'ils ont des chevets inégaux renversés en crosse, comme on en peut voir sur le tableau de Gérard représentant Mme Récamier (1802, Petit Palais). Les sofas à deux ou trois places ont un dossier légèrement renversé entre des accotoirs soutenus par des cygnes ou des caryatides.

Les *lits* sont soit à chevets droits ornés de bustes de femme, soit à dossiers latéraux évasés en crosse. Ils s'installent le long du mur d'alcôve sous un baldaquin.

D'une façon générale, les sièges et les lits ont la majesté du décor, où ils s'intègrent parmi les tentures, les tapisseries et les rideaux.

Les sièges comme les meubles tendent à s'alourdir à mesure que passent les années ; les formes se figent dans la solennité. Les couleurs délicates des premières années du règne sont employées en contrastes, tels le pourpre et le vert antique rehaussés de lourdes passementeries d'or.

Le masque empâté de l'Empereur s'est substitué au profil aigu du général de la Révolution.

LES STYLES DU XIXe SIÈCLE, DE LA RESTAURATION AU SECOND EMPIRE

« La Restauration fut simplement la suite de l'Empire et maintint l'orientation culturelle dont la monarchie traditionnelle avait favorisé l'avènement. » Guillaume Janneau *(Historique du meuble)* résume ainsi l'idée directrice de l'évolution du mobilier au cours du XIXe siècle.

Cette « orientation culturelle » n'est qu'un prolongement sans imagination de toutes les formes inspirées par l'Antiquité (grecque, romaine et égyptienne). « Nous ne vivons que de débris », écrit Musset, désabusé.

Lorsque les deux frères de Louis XVI, qui se succèdent sur le trône de France, s'installent dans les palais abandonnés par Napoléon et sa cour, ils ne se sentent nullement dépaysés par le décor, puisqu'ils avaient été les premiers, avant la Révolution, à préconiser pour les meubles le retour à l'antique. Dans ce domaine, la Restauration, c'est donc l'Empire moins l'autoritarisme. D'où un assouplissement des formes qui prépare le passage de la droite rigide à la courbe encore timide.

À l'évolution des structures s'ajoutent des fantaisies de circonstance, inspirées par un désir d'éclectisme. C'est ainsi que le mouvement romantique contribue à rajeunir le formulaire classique en réveillant l'intérêt pour l'art médiéval et les civilisations orientales.

Entre 1820 et 1840, en France et dans toute l'Europe, la mode est au gothique, célébré par Chateaubriand et Victor Hugo. Mais il s'agit en réalité d'une libre interprétation d'une esthétique très mal connue, qui se mélange aux styles néo-classiques hérités de l'Empire. Le gothique troubadour, illustré par les meubles « à la cathédrale », n'est qu'une sorte de déguisement, à l'image de la duchesse de Berry costumée en reine du Moyen Âge à l'occasion d'une fête mondaine.

Il n'en reste pas moins que ces fantaisies marquent une rupture avec la solennité des meubles d'acajou et préparent les esprits à d'autres évolutions stylistiques, qui laissent prévoir l'épanouissement d'un style vraiment nouveau à la fin du siècle.

Les couleurs changent aussi dans la décoration intérieure, où les étoffes prennent une place prépondérante. Les bois eux-mêmes s'éclaircissent, et le blanc — couleur royale — se substitue au sombre acajou impérial. Les bois des îles, dont l'importation est de nouveau possible, ouvrent le champ aux marqueteries contrastées, où se détachent les bois clairs français tels que le citronnier, le sycomore, l'orme et la loupe de frêne. Les motifs floraux qui s'incrustent dans les fonds sont toujours d'un dessin raffiné et précis. Enfin, une grande qualité d'exécution, imposée par des connaisseurs exigeants, caractérise les meubles Louis XVIII et Charles X.

Parmi les grands ébénistes de cette époque, on retrouve les héritiers de Georges Jacob : ses deux fils, François Honoré et Georges Jacob-Desmalter (1770-1841), et son petit-fils Georges Alphonse (1799-1870), qui prend la succession en 1825. D'autres fournisseurs des Bourbons, Pierre Antoine Bellangé et son fils Alexandre Louis, ainsi que Jean-Jacques Werner, se signalent par des fabrications luxueuses et soignées. Quelques nouveaux venus font preuve de plus d'invention, notamment Jeanselme, François Baudry, Félix Rémond et Louis Édouard Lemarchand.

Guéridon en porcelaine et bronze ciselé et doré, comportant un plateau signé Nast, daté 1825 (détail ci-dessus). La beauté du décor de procelaine s'harmonise avec l'opulence des formes.

Principaux meubles Restauration et Charles X

Plus caractéristiques que les meubles Louis XVIII, qui prolongent le style Empire (moins les ornements napoléoniens), les meubles Charles X se distinguent par des pieds légèrement courbés ou en forme de lyre et des incrustations en bois clair sur fond sombre ou inversement.

Les *commodes* à placage sombre, dites « à l'anglaise », sont sans colonnes latérales ni pilastres, sur des pieds bas et trapus. Les secrétaires sont en belle marqueterie d'amarante ou d'acajou, à abattant droit au-dessus d'une partie inférieure fermée par deux vantaux.

Les *consoles* ressemblent encore beaucoup aux consoles Empire, mais leurs supports commencent à se galber. Les petites tables se multiplient dans toutes les pièces ; tables-servantes à plusieurs plateaux, guéridon à fût central monté sur un trépied, tables à ouvrage dont les pieds portent une corbeille en entretoise ou un sac de soie en ceinture, tables-bureaux assez massives, tables à jeu rondes du type « bouillotte » ou rectangulaires d'inspiration Louis XVI, tables en tout genre à piétements fantaisistes en jarret, en col-de-cygne ou en lyre.

Les *lits* en acajou ont adopté la forme bateau avec incrustations de bois clairs.

Les lits en fer sont souvent peints et dorés.

Les *canapés* restent en vogue, avec une ceinture basse formant support des garnitures. Ils conservent le nom de « sofa » (à deux places assises et garnis de coussins) ou de « méridienne » pour la position allongée, avec des chevets de hauteurs inégales.

Les *sièges* évoluent vers un plus grand confort grâce à l'emploi de ressorts à la place du rembourrage de crin. Les formes s'assouplissent, quoique les pieds avant, en balustre ou galbés, restent assez lourds.

Le modèle le plus représentatif de la Restauration est le siège en gondole, dont les montants latéraux

Couturier, Nicolay

Fauteuil à dossier en gondole en frêne moucheté, à motifs incrustés de palmettes et volutes en ébène, avec accotoirs en col-de-cygne. Une création originale et raffinée.

descendent vers la ceinture en une courbe continue, aussi bien pour les chaises légères que pour les fauteuils, dont les accotoirs se terminent soit en col-de-cygne, vestige de l'Empire, soit en volute ou en crosse (détail beaucoup plus caractéristique).

Les chaises ont souvent des dossiers ajourés en grilles, en croix de Saint-André dont les branches forment des diagonales, en ogives « à la cathédrale ». Enfin, le fauteuil dit « Voltaire » — qui n'a aucun rapport avec le philosophe — fait son apparition : c'est un siège bas et confortable à dossier élevé, légèrement renversé.

À noter que les sièges ne sont plus sculptés, mais doivent leur élégance à la souplesse de leurs lignes et à l'emploi des bois clairs.

Meubles et sièges Louis-Philippe

Le « roi des Français » a donné son nom à un style beaucoup plus caractérisé que ne le sont les formes de transition des derniers Bourbons. Le souverain, qui prend le pouvoir à soixante ans, a gardé des goûts « modernes », mais son image de marque est celle d'un roi bourgeois, soucieux avant tout de confort.

C'est le règne des tapissiers. De plus, la fabrication des meubles devient industrielle, et l'emploi de moyens mécaniques multiplie les mêmes modèles et met fin au travail artisanal. Toutefois, les ébénistes maintiennent la qualité par le choix des bois et les finitions à la main.

Les meubles Louis-Philippe sont solides, imposants, bien construits, mais sans aucune recherche de fantaisie : ils ont une allure commune, reconnaissable par des formes générales assez molles et par la qualité des matériaux.

L'acajou fait un retour triomphant, et le palissandre est à la mode, mais le noyer, le merisier, l'érable, la loupe d'orme sont également utilisés en même temps que les bois indigènes teintés en noir et parfois ornés de motifs peints. À la marqueterie, on préfère en général les incrustations. Un retour au goût Louis XV suscite l'utilisation du bois de rose.

L'ornementation, fabriquée en série, se limite à des entrées de serrure en cuivre et à quelques bronzes qui reprennent les motifs traditionnels — palmettes, étoiles, coquilles ou feuilles d'acanthe — empruntés au style Louis XV. C'est surtout à leur profil que l'on reconnaît les meubles louis-philippards : angles arrondis ; panneaux plats sans mouluration ; hauts des armoires, secrétaires et commodes galbés en « doucine » (on dit aussi « en tulipe »).

Au lieu de tirer parti des moyens mécaniques pour créer des formes originales, les fabricants de meubles ne font que reproduire les styles anciens, en simplifiant les formes. Toutefois, les financiers et la grande bourgeoisie ne se contentent pas de meubles de série. Les ébénistes en renom, tels que Bellangé, Lemarchand, puis Meynard, Chabert et Grohé, créent des meubles de luxe et d'un grand prix, mais sans orjginalité ni véritable élégance.

Les *bureaux* sont de formes variées avec une prédominance du bureau ministre en acajou, dont le plateau garni de cuir repose sur des caissons à tiroirs et tirettes.

Pour les dames, des bureaux plats plus légers sont parfois surmontés de casiers formant bonheur-du-jour.

Les *secrétaires à abattant* sont en placage d'acajou, avec des intérieurs en citronnier, à tiroirs multiples et casiers à secret ; un dessus en marbre gris ou blanc surmonte un tiroir en doucine.

Un souci de rangement fait naître les cartonniers, où des boîtes en carton superposées sont maintenues par des montants latéraux à charnière.

Les *tables de salle à manger* prennent une nouvelle importance. Elles sont rondes ou ovales, à quatre, six ou huit pieds selon le nombre des rallonges qui peuvent s'insérer entre les extrémités du plateau. Les plus grandes peuvent s'allonger sur quatre mètres de long, permettant à vingt-quatre convives de tenir à l'aise.

Guéridons, tables à ouvrage, tables à jeu reprennent les types hérités des styles Louis XV et Louis XVI, avec des pieds cannelés ou tournés en doubles balustres inversés du type « Jacob ».

Coiffeuses, jardinières et *consoles* se répandent dans les chambres et les salons.

Les *somnos* sont des tables de chevet à fût cylindrique.

Les *pianos*, portant les marques de Pleyel ou d'Érard, montés sur des pieds en colonnes massives, avec une lyre qui porte les pédales, sont accompagnés d'un siège nouveau : le tabouret à vis, réglable à la hauteur voulue.

Les *commodes* Louis-Philippe, dont la fabrication se poursuit jusqu'à la fin du siècle — et au-delà —, sont en placage d'acajou ou en acajou massif, avec un tiroir supérieur en doucine, qui porte un plateau de bois ou, le plus souvent, un marbre mouluré. La commode-toilette à dessus ouvrant, avec cuvette et miroir, fait son apparition.

Les *sièges*. Les chaises en gondole sont de plus en plus en vogue, avec un dossier semi-cylindrique enveloppant, ajouré ou garni de tissu.

Les « chaises ballon » ont un dossier arrondi, des pieds arrière déversés et des pieds avant en balustre, cannelés ou légèrement galbés.

Les fauteuils à dossier rectangulaire légèrement déversé ont des accotoirs en crosse, les pieds antérieurs en console, souvent sculptées.

Les fauteuils Voltaire sont plus confortables et plus enveloppés d'étoffe.

Parmi les nouveautés, le fauteuil crapaud est un siège assez bas, sans bois apparent, entièrement capitonné. On peut situer son apparition vers 1840, mais c'est surtout sous Napoléon III que son confort cossu lui assure une grande popularité.

Le confortable fauteuil « Voltaire » a été ainsi baptisé par les fabricants de sièges du temps de Louis-Philippe.

Autre nouveauté, les fauteuils en fonte de fer, destinés au jardin, ont des accotoirs en crosse et des lignes chantournées, dernière réminiscence, dans une matière nouvelle, du style Louis XV.

La « causeuse » est un petit canapé à deux places, au dossier sinueux. Enfin apparaissent trois sièges nouveaux, dont les formes s'affirmeront dans la seconde moitié du XIXe siècle : le « confident » à deux places, affectant la forme d'un « S », ce qui permet le vis-à-vis, l'« indiscret » à trois places, en hélice, qui permet à une troisième personne de s'immiscer dans la conversation ; la « borne », canapé circulaire dont le fût central supporte une statue ou une jardinière à plantes vertes.

Quant aux ottomanes, sofas et autres divans, ils sont abondamment garnis de rembourrages et de coussins.

Enfin, le lit bateau évolue vers des lignes plus raides, avec des chevets verticaux surmontés d'une grosse barre « en rouleau ». Les lits sont souvent placés sous un baldaquin « à la couronne », d'où tombent des rideaux enveloppants.

Le goût du confort s'accompagne d'une surabondance de coussins, de housses, de portières et de tentures, qui forment une ambiance calfeutrée, que l'époque Napoléon III va bientôt reprendre à son compte.

La bourgeoisie louis-philipparde, qui a su prendre ses aises, survit aisément à la flambée des enthousiasmes républicains de 1848 et se perpétue dans la prospérité sous le second Empire.

LES STYLES NAPOLÉON III

On hésite parfois à employer l'expression « style Napoléon III ». En réalité, il convient de distinguer au moins trois styles Napoléon III, ce qui indique que les productions disparates et contradictoires de cette époque forment un curieux amalgame qui, avec le recul du temps, finit par prendre un aspect homogène.

Imitations, pastiches et style boudoir

Le style « imitation » se contente de recopier fidèlement les plus beaux modèles du XVIIIe siècle. Les plus grands ébénistes s'y emploient avec succès. Les copies de meubles Louis XV et Louis XVI sont faites avec des bois superbes, la qualité d'exécution est impeccable. Les assemblages sont réalisés à l'ancienne, avec mortaises et queues d'aronde, mais on les reconnaît à la perfection du trait, à la netteté des coupes géométriques, obtenues grâce à des outils mécaniques (ce qui ne veut pas dire que les meubles d'un Riesener, d'un Carlin ou d'un Weisweiler étaient moins bien finis, mais on y sent malgré tout la main de l'artisan).

Ces luxueuses copies ont été pour ainsi dire redécouvertes vers 1970, et elles sont enfin appréciées à leur juste valeur. Leurs prix tendent même à rejoindre les cotes des modèles qui les ont inspirées.

Le style « pastiche » marque une volonté d'accentuer certains traits des styles antérieurs qui aboutit à la caricature : meubles couverts d'écaille et de cuivre à la manière de Boulle sur des structures qui n'existaient pas sous Louis XIV ; commodes trop ventrues ; bureaux surchargés de bronzes rocaille ; tables aux pieds d'inspiration Louis XV, excessivement galbés ou d'inspiration Louis XVI, d'une gracilité sans harmonie.

Partout, l'accessoire mal adapté, déplacé, erroné, confus prend une place disproportionnée.

Les marchands de meubles qui, aujourd'hui encore, font de la copie d'ancien baptisent parfois du nom de « style moustache » ces meubles où les attributs d'une époque sont plaqués sur la façade d'une autre.

Le style « boudoir » a le mérite d'une certaine originalité. Il désigne des meubles en bois sombre, à incrustations ou à décor polychromes d'inspiration florale sur fond noir. C'est le style « fleuri », qu'on appelle aussi « burgauté », du nom d'un coquillage de l'océan Indien (le burgau) dont on prélève la nacre.

Les meubles de ce genre sont plus ou moins riches ; s'ils sont exécutés avec raffinement, ils ne manquent pas

Chaise en poirier noirci dite « burgautée », du nom du coquillage nacré (burgau) qui en compose les ornements floraux. Une des rares inventions de l'époque.

Bureau plat en placage d'ébène surchargé d'une marqueterie de branchages fleuris et de bronzes dorés. Les pieds cambrés sont ornés d'espagnolettes dans le goût de Cressent... La perfection d'exécution fait oublier le manque d'imagination créative.

Couturier, Nicolay

de charme, mais s'ils sont produits en grande série, ils deviennent d'une triste banalité.

Sous le second Empire, les meubles courants cessent de relever de l'artisanat pour devenir des produits de grande consommation fabriqués en grand nombre. La bourgeoisie a besoin de confort, mais elle a le sens de l'économie. Les nouvelles techniques industrielles sont considérées comme des moyens d'abaisser les prix de revient et sont saluées comme des conquêtes de la civilisation « moderne » — en attendant les productions massives de la future société de consommation.

Les milieux de la cour et des affaires se réservent les plus coûteuses copies, avec un manque total de discernement. Tous les styles se succèdent et se mélangent — depuis le style gothique, qui s'est déjà manifesté sous Charles X, jusqu'à la résurrection du style Empire le plus imposant. Enfin, sous l'impulsion personnelle de l'impératrice Eugénie, qui éprouve une admiration sans borne pour Marie-Antoinette, le style « Louis XVI impératrice » accumule les motifs ornementaux, en contradiction avec l'esprit de ce style dépouillé.

Techniques, matériaux et décors

Ce n'est qu'à la fin du règne que, de ces amalgames de reproductions d'ancien et de productions en série, se dégage un ensemble de qualités et de défauts issu de la multiplicité des sources d'inspiration.

Un autre phénomène tend à leur donner malgré tout une certaine homogénéité : c'est que les ouvriers, autrefois dispersés entre différents corps de métiers, sont regroupés dans des ateliers communs qui deviennent de véritables « usines de meubles » où la production est organisée selon une division du travail bien coordonnée. Cette solidarité technique assure à la plupart des meubles une bonne qualité d'exécution.

Pour permettre à la moyenne bourgeoisie d'imiter le luxe de l'aristocratie, les fabricants ont recours à des matériaux de moindre valeur : le métal argenté remplace l'argent massif, le plâtre se substitue au marbre, le papier aux étoffes et le poirier noirci à l'ébène. Enfin, un nouveau matériau venu d'Angleterre, le « papier mâché », qui est en réalité du carton bouilli, permet la fabrication de meubles ou de sièges légers sous leur laque noire. Le rotin, liane souple importée de Malacca, permet la création de tables et de sièges de jardin qui s'harmonisent avec les plantes vertes des jardins d'hiver et des salons.

À l'heure où le Japon s'ouvre aux étrangers (et l'Indochine, aux canonnières françaises), les décors orientaux redeviennent à la mode. L'ébénisterie « prend son bien partout où elle se trouve », selon les termes d'un rapport sur l'Exposition universelle de 1865.

Les ornements les plus typiquement Napoléon III sont des fleurs en bouquets ou en corbeilles, les rubans et les nœuds (d'inspiration Marie-Antoinette), les filets d'or, les têtes et les masques en bronze au coin des bureaux et des secrétaires ; les décors « aux chinois » sont aujourd'hui moins prisés que les fleurs en bouquets, et, parmi les décors nacrés, les « blancs », sans autres motifs polychromes, sont les plus recherchés.

Pouf sur piètement torsadé, dit « à cordages », en bois sculpté et doré, une création tardive du style Napoléon III.
Musée des Arts décoratifs, Paris.

Phot. du Musée

Tapissiers et ébénistes

Les tapissiers jouent un grand rôle dans l'aménagement du décor. Les plus célèbres sont Deville, Jeanselme, Lièvre, Verdellet et Roudillon, qui travaillent pour la Cour en ayant soin de concilier l'apparat et le confort, notamment par l'emploi de capitons.

Parmi les ébénistes, Sauvrezy et Winckelsen sont les spécialistes des incrustations de pierres dures et d'ivoire. Frédéric Roux reconstitue les décors de Boulle en écaille, étain et cuivre. Fannière est réputé pour la splendeur de ses bronzes. Sormani est un imitateur de meubles Louis XV et Louis XVI de grande qualité, avec des marqueteries en bois de rose. Bronzier et ébéniste, Beurdeley réussit particulièrement bien dans le style Louis XV, tandis que Liénard reconstitue des meubles Renaissance et que Henri Dasson refait des modèles de meubles royaux. Guillaume Grohé, fournisseur de Louis-Philippe, puis de l'impératrice Eugénie en 1852, meuble les palais des Tuileries, de Compiègne et de Saint-Cloud, sans parler de nombreux hôtels particuliers.

Alexandre Fourdinois et son fils Henri, qui travaillent également pour la Cour, sont souvent primés aux expositions universelles pour la très grande qualité de leur production.

Principaux meubles et sièges

C'est du côté des meubles de salon qu'il faut chercher quelques innovations.

Les *tables*, toujours aussi variées, prolongent les fantaisies imitatives du style Louis-Philippe.

Les tables gigognes soutiennent des plateaux de plus en plus petits sur les piétements légers qui s'emboîtent les uns dans les autres. Les guéridons sont en acajou ou en poirier noirci, circulaires ou ovales, à contours festonnés. Le guéridon « pare-feu » comporte un trépied et un plateau circulaire basculant qui, en position verticale, se présente comme une cible ; il est décoré de fleurs polychromes ou d'incrustations de nacre.

La fonte industrielle donne naissance à des meubles fabriqués en série à partir d'un moule : lits, tables, sièges, à contours ajourés en volutes, sont peu à peu admis dans les salons et dans les chambres.

Plus légers, les meubles de rotin passent facilement du jardin d'hiver au jardin d'été.

Création du style Napoléon III, l'*armoire à glace* trône désormais dans la chambre à coucher, meuble typiquement utilitaire, « enjolivé » de guirlandes d'inspiration Louis XV.

Les *cabinets* à tiroirs, niches et cloisonnements s'inspirent des décors de Boulle. Les buffets bas, recouverts d'un marbre, présentent des panneaux décorés de sculptures en relief ou de marqueteries. Les *bibliothèques* en bois noirci ou en faux Boulle ont des allures Renaissance lorsqu'elles sont de proportions monumentales. Plus ingénieuses sont les bibliothèques tournantes constituées par des casiers pivotant autour d'un axe.

Les *sièges* expriment mieux que tous les autres meubles l'esprit de l'époque Napoléon III, parce qu'ils répondent à une volonté de confort et qu'ils s'intègrent dans un ensemble décoratif. Certains ont un piétement en bois sculpté qui simule de gros cordages noués.

Parmi les innovations, les poufs permettent aux dames d'étaler leur crinoline. Autre fantaisie : les chaises et pliants en bambou, qui introduisent une note exotique. Quant aux autres sièges qui existaient déjà sous Louis-Philippe, ils sont garnis de capitons et de franges qui dissimulent le bois.

Aux « crapauds » à dossier cintré, aux « confidents », aux « indiscrets » et aux « bornes », sièges circulaires garnis de capitons et que l'on place au centre d'une pièce, s'ajoutent les « boudeuses » à deux places séparées par un dossier commun, de telle sorte que les personnes assises se tournent le dos. Légers et maniables, fauteuils et chaises sont en bois doré ou en poirier noirci rehaussé de filets d'or, ou encore en papier mâché — carton compressé mécaniquement —, souvent en forme de gondole.

La chaise volante la plus caractéristique est à dossier « ballon » semi-circulaire, orné d'incrustations de nacre.

Phot. du Musée

Console exécutée en 1864 pour l'hôtel de la Païva. Les caryatides de bronze sont du sculpteur Dalou, ce qui fait l'originalité et la beauté de ce meuble. Musée des Arts décoratifs, Paris.

Certains fauteuils en acajou d'inspiration Louis XV ou Louis XVI sont recouverts d'étoffe et munis de roulettes, de même que certains fauteuils « Voltaire » à haut dossier. Partout le tapissier prend le pas sur le menuisier.

Les canapés font partie de la famille des « confortables », c'est-à-dire des sièges rembourrés, couverts d'étoffe et sans bois apparent. La « dormeuse » est une chaise longue sans accotoir. La « causeuse » est un siège à deux places, à dossier bas. La « chauffeuse » présente un siège encore plus bas et prend le nom de « fanfan » lorsque le siège n'est qu'à 30 centimètres du sol.

Les *lits,* placés perpendiculairement au mur principal, sont en bois peint en blanc ou en doré, ou en noir, où se détachent des bouquets de roses. Les plus luxueux ont un haut chevet en bois noir incrusté de nacre ou d'émail.

Meubles, sièges et lits sont le reflet d'une époque encore imprégnée des réminiscences du passé, mais où domine une volonté de confort qui n'exclut pas de charmantes fantaisies.

Mais de la multiplication des styles, aucun style original ne se dégage. Il faut attendre la fin du siècle pour que s'élabore une doctrine esthétique capable de renouveler les formes et les décors du mobilier français et européen.

LES STYLES DE LA IIIe RÉPUBLIQUE

L'Art nouveau (1890-1914)

C'est aux alentours de 1890 qu'apparaît enfin un style original qui se développe en Europe sous différents noms : Art nouveau, Jugendstil, Liberty, Secessionstil, modern style, style métro ou plus simplement style 1900.

Ce nouvel élan redonne vie à toutes les formes d'expression contemporaines, depuis les arts plastiques jusqu'aux arts appliqués.

L'Art nouveau est le produit d'une lente assimilation d'influences gothiques, byzantines, extrême-orientales, déjà sensibles aux époques précédentes et qui bientôt s'épanouissent en formes exubérantes. À l'encontre de l'académisme figé et du pastiche des styles d'autrefois, le mouvement qui se déclenche dans les dernières années du XIXe siècle possède un pouvoir libérateur sans précédent. Des créateurs de formes réussissent avec talent, parfois même avec une étincelle de génie, à exprimer une époque qui leur offre les plus grands moyens : richesse des matières nouvelles, techniques modernes, main-d'œuvre à bon marché et fortune des amateurs éclairés.

La femme est le plus bel ornement du style 1900. Détail d'un meuble en noyer réalisé par le sculpteur Rupert Carabin.
Musée du Luxembourg, Paris.

Guillot-Top

Cette éclosion — liée à l'architecture — connaît très vite le succès et se développe en quelques années, le snobisme aidant, mais dégénère dans les excès à la veille de la Première Guerre mondiale. Ce qui distingue le mouvement de l'Art nouveau des recherches hésitantes qui l'ont précédé, c'est d'abord une volonté de rupture avec les styles imitatifs. On a rapproché parfois le style 1900 du style Louis XV. Leur point commun n'est pas tant la courbe que le désir de créer des formes originales. « Il faut remonter à l'époque Louis XV pour trouver pareille absence de conformisme et pareil goût du contourné », écrit Pierre Verlet *(Styles, meubles et décors).*

On ne voit trop souvent dans le style 1900 que le triomphe des courbes végétales ou féminines ; or, il ne s'agit pas de n'importe quelles courbes, mais de lignes tendues par un mouvement continu qui cherche son inspiration dans l'élan vital de la nature.

Les plus ardents pionniers de cet Art nouveau se nomment Majorelle, qui a commencé sa carrière comme ébéniste ; Eugène Grasset, architecte et illustrateur ; Émile Gallé, céramiste et verrier ; Samuel Bing, éditeur et décorateur ; Hector Guimard, architecte, décorateur et dessinateur des entrées du métro. Ils sont à la fois théoriciens et initiateurs de programmes réalistes. Avec Eugène Gaillard, Georges de Feure, Henry Van de Velde s'esquisse, d'autre part, un retour aux formes rationnelles. Enfin, ces doctrinaires ont des prétentions sociales : ils veulent que le progrès industriel permette la production en série de meubles d'art accessibles à tous. Sur ce dernier point, leurs efforts restent vains, à une époque où les amateurs cherchent avant tout le luxe ostentatoire. (Sur la naissance et l'évolution du style 1900, voir le chapitre « Art nouveau ».)

En ce qui concerne les meubles, une sève féconde semble parcourir les bois, qui se parent de tous les matériaux possibles et s'intègrent à l'ensemble du décor, dans la clarté orange ou mauve des premiers éclairages électriques.

Les essences de bois préférées sont l'acajou, le noyer, le citronnier et le bambou. Les placages de bois précieux de couleur sombre sont utilisés en marqueterie, en contraste avec les bois clairs. Des verres de couleur et des carreaux de céramique se détachent en mosaïque sur les façades des meubles.

Les pieds s'étirent en forme de branches ou de tiges sinueuses. Des fleurs stylisées, roses ou nénuphars, s'épanouissent en bordure des plateaux de table ou aux ceintures des sièges. Des sculpteurs de talent comme Eugène Vallin et Carabin font surgir du bois des fleurs et des femmes en ronde bosse.

Les ébénistes créent des ensembles où les sculptures se répondent harmonieusement d'un meuble à l'autre : tables et sièges des salles à manger ; lits, coiffeuses et tables de chevet des chambres à coucher ; guéridons et sièges des salons et des boudoirs.

Les meubles

Les *armoires,* d'abord inspirées des styles Henri II, Louis XV ou Louis-Philippe, s'en dégagent progressivement. Elles sont de grandes proportions, à une ou deux portes, avec des frontons sculptés où les motifs végétaux multiplient leurs volutes, qui envahissent également les montants et les traverses inférieures.

Les *buffets* Henri II à deux corps sont toujours en faveur, mais ils se « modernisent » dans les dernières années du siècle par des moulurations sinueuses qui encadrent les portes, où s'inscrivent des marqueteries et des sculptures florales.

Un peu délaissées, les *commodes* sont le plus souvent des imitations outrées des styles classiques, notamment du Louis XV, dont les galbes sont soulignés par des moulures, des torsades et des entrelacs.

Les *tables* se caractérisent par des plateaux à rebord sinueux sur d'épais piètements galbés, sans autre recherche ornementale.

Les *bureaux* modern style échappent aux formes géométriques traditionnelles ; le plateau s'incurve sur une ceinture qui suit un mouvement asymétrique. Les piètements sont faits de deux caissons à tiroirs de volume inégal enserrés par des moulures sinueuses. Sur les côtés, des tablettes aux formes irrégulières offrent des surfaces de rangement, et des casiers cartonniers fixés sur le plateau complètent ce meuble monumental à prétention rationnelle.

Les *lits* se prêtent mieux aux fantaisies du décor 1900. Les chevets inégaux sont reliés par la ligne continue du cadre où se place le sommier, pris dans un réseau de moulures qui se ramifient en excroissances, formant les pieds. Les grands panneaux des chevets présentent des surfaces décoratives, en bois clair, où jouent des entrelacs plus foncés qui cernent des bouquets de fleurs ou des paysages d'inspiration japonaise. Le musée de l'école de Nancy expose un lit réalisé par Émile Gallé, dont les chevets affectent la forme de grandes ailes de papillon en marqueterie de bois précieux, rehaussées d'incrustations de nacre.

Les *sièges* se caractérisent par leurs piètements en branches d'arbres ou en lianes. Les dossiers se prolongent parfois en diagonales qui plongent vers les pieds avant, ou, inversement, une traverse part des pieds arrière pour rejoindre la ceinture et se transforme en console d'accotoir.

Le confort est parfois sacrifié à la forme : aux accotoirs rembourrés, on préfère les bois nus où rampent les légères sculptures de lianes feuillues et de branches fleuries, qui en atténuent la sécheresse ; chrysanthèmes, pavots, iris, lotus, chardons, gui, houx, pommes de pin font partie du répertoire floral. À ces motifs s'ajoutent des plantes grimpantes, comme le lierre et la vigne, d'où sortent parfois des grenouilles, des oiseaux, des libellules ou des papillons. Enfin, les ornements géométriques favoris sont les spirales, les volutes et les arabesques.

Comme à l'époque précédente, les petits meubles sont toujours appréciés : guéridons à plateaux chantournés, sellettes servant à mettre en valeur les plantes vertes, petits bureaux de dame et bonheurs-du-jour.

Le style floral fait naître, sur les plateaux des tables, sur les abattants des secrétaires ou sur les commodes, des marqueteries raffinées, dignes des grands ébénistes du XVIIIe siècle.

Mais Gallé lui-même, conscient des difficultés soulevées par la recherche de solutions économiques, se souciait déjà de « renouveler, sans prodigalité de sculpture, le moulurage des ébénisteries par la plante », et recommandait l'adoption de « formules plastiques d'une exécution rapide ».

L'idée d'une simplification des formes n'allait pas être perdue : après la Première Guerre mondiale se produit l'inévitable réaction contre les floraisons échevelées de l'Art nouveau. La Belle Époque a fait dégénérer la verdeur du modern style dans la banalité du style « nouille ». « L'art est descendu dans la rue, mais la vulgarité s'est substituée à la vulgarisation » écrit Maurice Rheims, qui, sachant séparer le bon grain de l'ivraie, a fortement contribué à la réhabilitation de ce style, vite renié par les générations d'après-guerre.

N'oublions pas cependant que ce mouvement novateur puissant est à l'origine de toutes les révolutions esthétiques qui se succèdent depuis l'aube du XXe siècle. Paul Morand ne croyait pas si bien dire lorsqu'il écrivait : « Cher 1900, nous lisons notre avenir dans vos rides... »

D. R.

Fauteuil en acajou mouluré et sculpté faisant partie d'un salon composé d'un canapé et de deux fauteuils, travail anonyme. Adjugé 29 000 F par Me Guérin, à St-Dié, en janvier 1987.

Guéridon à deux plateaux en acajou mouluré, marquetés de décors floraux, travail de Majorelle. Adjugé 33 500 F par Me Guérin, à St-Dié, en janvier 1987.

D. R.

Phot. du Musée

Meuble d'appui, en maroquin vert du Cap,
intérieur en parchemin, piétement en ivoire par P. L. Mercier vers 1928.
Ancienne coll. J. Doucet. Musée des Arts décoratifs, Paris.

L'Art déco (1920-1930)

Les floraisons du style 1900 prolongent leurs épanouissements pendant la Belle Époque, dont le charme est brutalement rompu lorsque éclate la Première Guerre mondiale.

Après le temps du sang et des larmes, les « années folles » autorisent toutes les licences, aussi bien dans les mœurs que dans la littérature et dans les arts plastiques.

Dans le domaine du mobilier, tous les styles sont permis, mais aucun style homogène ne se manifeste. L'Art nouveau survit encore dans des formes bâtardes, en dépit d'une lassitude générale pour l'excès des courbes.

Les enroulements végétaux et les ondulations des femmes-fleurs apparaissent comme un placage artificiel sans sève ni saveur sur des structures désuètes. Des exigences fonctionnelles, incompatibles avec la courbe, vont faciliter la réhabilitation de la droite. Certains décorateurs le pressentaient depuis longtemps, tel Paul Iribe (1883-1935), qui, avant 1914, dessinait déjà des meubles dépouillés, s'éloignant du style Art nouveau par une volonté d'équilibrer les volumes et les formes. De même, Eugène Vallin (1856-1922) simplifie les structures et s'écarte du naturalisme ornemental pour s'orienter vers l'abstraction géométrique.

Décidée dès 1912, l'Exposition internationale des Arts décoratifs devait se tenir en 1915. Dix ans plus tard, ses organisateurs demandent aux exposants de présenter des œuvres ayant un caractère de nouveauté, où le modernisme préside à la naissance d'un art « destiné à tous ». On retrouve ici le vieux cheval de bataille des pionniers de l'école de Nancy, qui n'ont pas su faire prévaloir leurs théories socialisantes prônant la réalisation en grande série de meubles peu coûteux.

Dans l'ensemble, l'exposition des Arts « déco » sacrifie une fois de plus l'essentiel à l'ornement. Dans la plupart des pavillons, le décor submerge les structures au lieu de s'y subordonner. Seule la « cellule » de Le Corbusier, qui fait scandale par son dépouillement, laisse percevoir le souffle de « l'Esprit nouveau », nom que porte avec un certain orgueil le petit pavillon d'avant-garde.

Cependant, d'autres créateurs se détachent de la grisaille décorative. Le peintre-architecte Louis Süe et le peintre décorateur André Mare proposent un mobilier où le confort et le luxe s'expriment en lignes sobres, ce qui permet d'envisager des fabrications en série à partir de prototypes rationnels.

L'ensemblier Francis Jourdain oriente ses recherches vers des meubles simples et économiques, adaptés aux espaces réduits des maisons modernes.

En marge de cette tendance résolument « moderniste », Rateau, Follot, Michel Dufet et surtout Ruhlmann s'inscrivent dans un courant « néo-traditionaliste » qui entend renouer avec l'élégance et la perfection technique des grands ébénistes du XVIIIe siècle.

D'autre part, l'influence du cubisme se fait sentir chez certains décorateurs comme Pierre Chareau, Pierre Legrain, Jules Leleu, qui créent des meubles où les volumes fonctionnels, soutenus par des lignes strictes, laissent au décor un rôle discret, mais précis, raffiné, adapté aux structures, qu'il valorise. C'est notamment à Jules Leleu, qui s'efforce de réaliser la synthèse des différents courants esthétiques, que l'on doit la décoration de plusieurs paquebots, dont le *Normandie*.

Parmi les créateurs de formes, il faut encore citer Marcel Coard, qui s'inspire des arts nègres et océaniens. Chacun interprète les doctrines et les courants artistiques selon son tempérament personnel, ce qui donne à l'ensemble du mouvement Art déco une diversité parfois déroutante, d'où se dégagent un certain nombre de constantes, qui en font malgré tout un style original, sinon homogène.

Dans le domaine du mobilier, le chef de file le plus représentatif est incontestablement Émile Jacques Ruhlmann (1869-1933), qui expose pour la première fois au Salon d'automne de 1913 ; il s'impose bientôt par un style inspiré des meilleures traditions classiques et par des formes nouvelles traitées dans des bois précieux incrustés d'ivoire ou gainés de galuchat (peau de petits squales savamment traitée). Ruhlmann n'est pas lui-même ébéniste — contrairement à ce qu'on a dit, sous prétexte qu'il signait de son estampille —, mais concepteur de meubles : il en dessine avec précision des modèles, qu'il fait exécuter par de remarquables artisans. Il joue avec bonheur des droites rigoureuses et des courbes harmonieuses, comme en témoignent les pieds en fuseau au galbe discret, qui donnent leur légèreté et leur élégance aux commodes et aux coiffeuses.

« La mode ne vient pas d'en bas », disait-il ; ou encore : « Créer coûte cher. » Cette conception aristocratique et cette volonté de perfection dans l'exécution se traduisent par des prix de fabrication si élevés pour une clientèle si restreinte que l'atelier de Ruhlmann ne survit pas à la crise, dont les effets commencent à se faire sentir.

Il tente d'introduire les chromes dans la fabrication des meubles et des sièges en vue d'abaisser les prix de revient, mais cela ne suffit pas pour lancer un mobilier à la fois esthétique et fonctionnel, accessible au plus grand nombre.

D'autres décorateurs en vogue, notamment Paul Follot et Maurice Dufrène, Sognot, Djo Bourgeois, se voient confier la direction des ateliers d'art des grands magasins : « la Maîtrise » aux Galeries Lafayette, « Pomone » au Bon Marché, « le Studium » au Louvre et « Primavera » au Printemps. Ces efforts pour maintenir la qualité d'un mobilier construit en petites séries s'épuisent en créations originales, mais sans rencontrer l'adhésion du grand public, tandis que les fabricants industriels se contentent d'une grammaire ornementale indigente, avec lignes en zigzags, cercles concentriques et roses pauvrement stylisées.

Les matériaux

Les matériaux employés sont d'une extrême diversité. Aux bois traditionnels : chêne, acajou, palissandre, citronnier, sycomore, loupe d'orme, loupe de noyer, s'ajoutent des essences plus rares (ébène de Macassar et loupe d'Amboine). L'acier poli, le métal chromé, le verre s'assemblent en combinaisons géométriques à angles vifs. D'autres métaux sont utilisés dans un désir de renouveau ornemental : fer forgé, brut ou laqué, bronze doré, cuivre, aluminium.

Les étoffes imprimées destinées à l'ameublement suivent les fantaisies de la mode et reproduisent les cartons de peintres célèbres, tels que le styliste figuratif Raoul Dufy ou Sonia Delaunay, qui introduit l'art abstrait dans les tentures et les tapisseries.

Le cuir, et de préférence le cuir clair, est non seulement utilisé pour les sièges, mais aussi appliqué sur des plateaux de table ou sur des panneaux de porte. Le daim, l'ocelot ou le poulain recouvrent fauteuils et divans. Le galuchat, jadis employé pour les fourreaux de sabre, est remis à l'honneur sur de nombreux petits meubles.

C'est parfois dans l'accessoire que se manifeste une certaine préciosité : sabot et entrées de serrure en ivoire ou en argent, incrustations de lapis-lazuli, placages de parchemin. Le marbre est souvent mis en valeur comme plateau de table, de guéridon ou de console, sur des piètements en fer forgé ou en bronze doré.

Jean Dunand, dinandier et laqueur, dessine et fabrique de nombreux meubles recouverts de laque rouge ou noire, parfois incrustée de coquilles d'œufs. L'emploi de matériaux aussi variés exprime une des tendances qui vont précipiter le déclin du style Art déco : le goût de la décoration pour la décoration, sans regarder à la dépense.

Les meubles

Les *armoires* rivalisent de somptuosité, avec leurs frontons enrichis de marqueterie où l'on perçoit encore une influence Louis XV. Autour des panneaux incrustés d'ivoire ou revêtus de cuir, des moulures saillantes se prolongent en guirlandes de roses. Encadré de nervures ou de filets, un grand tiroir, à la base, offre un vaste espace de rangement. L'intérieur des armoires est garni de tablettes et de tiroirs, parfois gainés de cuir, à côté d'une penderie où coulissent des cintres.

L'armoire à glace est toujours à l'honneur dans la chambre à coucher, à moins qu'on ne lui préfère une *psyché-coiffeuse* à miroir ovale flanquée de petits tiroirs à fards, crèmes et parfums.

De simples *coiffeuses,* hautes sur des pieds légèrement galbés, entre des caissons fermés par des plateaux à charnières, s'inspirent des poudreuses Louis XV.

Les *lits* présentent des chevets de hauteurs inégales, de chaque côté d'un cadre qui enrobe le sommier sur de petits pieds en fuseaux. Les bois employés sont de préférence l'ébène, le palissandre ou la loupe de noyer, avec incrustations d'ivoire.

Très à la mode, les *divans,* sans chevet et sans bois apparent, sont entièrement recouverts d'un dessus-de-lit en étoffe au goût du jour, qui lui-même disparaît sous de nombreux coussins en soie, en velours ou en fourrure.

Droites ou très légèrement galbées, les *commodes* à tiroirs superposés évoquent les styles Louis XVI ou Transition. Elles sont en sycomore, en citronnier, en bois de rose, en ébène ou en bois laqué. L'intérieur des tiroirs est tendu d'étoffe ou gainé de cuir. Le décor, très soigné,

Écran de cheminée en ébène massif, décor floral en marqueterie de nacre, par Sue et Mare. Adjugé 220 000 F, à Drouot, le 2 juin 1986.

Ader-Picard-Tajan

est fait d'incrustations de bois précieux ou d'ivoire, qui dessinent des fleurs stylisées ou des motifs géométriques.

Les poignées de tiroir, les entrées de serrure, les sabots des pieds sont en bronze doré ou parfois en argent.

Les *tables* ont un plateau rond, ovale ou rectangulaire, posé sur une large ceinture et soutenu par un piétement légèrement galbé. D'allure élancée, elles s'ornent, en ceinture, d'incrustations ou de sculptures en léger relief.

Les *guéridons* de salon, ronds ou carrés à pans coupés, sont en ébène ou en bois précieux.

Les *tables basses,* placées devant les canapés pour servir l'apéritif ou le café, constituent une nouveauté très en vogue ; elles présentent un plateau de marbre sur un piétement en fer forgé ou sur de petits pieds en fuseaux.

D'une grande variété, les formes des *sièges* dénote une volonté de confort. Dans l'ensemble, les dossiers sont assez bas et larges, recouverts de cuir ou cannés. Les chaises ont des pieds inclinés, plus ou moins galbés, et sont ornées de moulures et de sculptures. Les styles régionaux (Alsace, Provence, Pays basque) se manifestent dans la diversité des motifs sculptés.

Les fauteuils, larges, bas, massifs, moelleux, garnis de larges accotoirs, sont particulièrement caractéristiques d'un style qui se prolonge bien au-delà de l'époque Art déco : cinquante ans plus tard, ils ne semblent pas démodés, d'autant que l'ornementation qui les surcharge d'abord tend à s'alléger.

Le plus réussi est le « fauteuil club », en cuir, d'inspiration anglaise, très court sur pieds et dont le siège s'enfonce vers la base du dossier, lui-même incliné en arrière. Les canapés prennent également une place importante dans les salons ; ils maintiennent les styles anciens, en augmentant le confort grâce à l'apport de coussins, ou bien ils s'inspirent des modèles anglais capitonnés.

Enfin, parmi les meubles accessoires, l'époque Art déco lègue à l'avenir quelques innovations qui se dégagent par la suite du style ornemental, grâce à leur intérêt fonctionnel : lampadaires, souvent en fer forgé ; cache-radiateur ; tables basses, réalisées avec les matériaux modernes les plus divers.

Lorsque survient la crise de 1929, avec l'écroulement des valeurs boursières à Wall Street, on mesure l'étendue du désastre qui ravage les États-Unis et l'on frémit. « C'était, comme le dit A. Maurois à propos de la civilisation américaine, la fin du monde pour un peuple qui avait joué toute sa mise sur le tableau de la richesse. » (Cité par Giulia Veronesi, *Style 1925*.)

À un moindre degré en France, l'excès de luxe conduit à sa perte le style Art déco.

LE MODERNISME FONCTIONNEL (1950-1980)

Les années de pénurie qui suivent la Seconde Guerre mondiale retardent l'évolution du mobilier en quête d'un style. L'amalgame, désormais admis, de l'ancien et du moderne, forme un décor hétéroclite, aussi bien dans les vieilles maisons que dans les immeubles collectifs qui sortent de terre.

Les industriels de l'ameublement cherchent à produire, pour les petits budgets, des meubles utilitaires où dominent le métal chromé et les matières plastiques, qui se prêtent à toutes les formes, y compris, hélas, celles des consoles Louis XV et des buffets rustiques. Cependant, on commence à comprendre avec retard la leçon de Le Corbusier qui voulait que la structure des meubles, comme celle des maisons, ne fût pas camouflée par l'ornement. Car, selon lui, la forme est belle du moment qu'elle manifeste clairement son utilité. En Grande-Bretagne, l'*industrial design* a depuis longtemps échappé aux surcharges décoratives.

Le mot passe difficilement la Manche : les marchands de meubles prononcent « dessine » (au lieu de « dizaïn »), ce qui est après tout un retour aux sources — avec un contresens étymologique. Le *designer* est en effet un concepteur qui dessine ses projets sur le papier, mais le mot *design* signifie « dessein » et non « dessin ».

Bref, on dit d'un meuble qu'il est de « style design », ou simplement « design », lorsqu'il a été conçu, dessiné, élaboré par un créateur de formes, en vue de sa réalisation industrielle à de nombreux exemplaires.

Mais rares sont les fabricants de meubles français qui, dans les années 1950, font appel aux spécialistes de l'esthétique industrielle. Un certain mécénat d'État se manifeste, en 1964, avec la fondation de l'Atelier de recherche et de création du Mobilier national, dans le site historique des Gobelins. Cet institut de recherche suscite les projets de maquettistes et de créateurs de prototypes, que les éditeurs de meubles ont ensuite la faculté de mettre en fabrication, avec l'obligation de porter sur les modèles commercialisés le label du Mobilier national (c'est le cas, par exemple, des meubles d'Olivier Mourgue diffusés par Prisunic).

Mais, pendant longtemps, en France, le design apparaît comme un luxe emprunté aux styles scandinaves et italiens, qui ont déjà fait leurs preuves aux États-Unis. Le Danois Arne Jacobsen, les Finlandais Alvar Aalto et Eero Saarinen, l'Américain Charles Eames, l'Italien Marcello Nizzoli créent des modèles diffusés par de grandes firmes industrielles (Knoll, Formes nouvelles). Ces prototypes, bientôt multipliés en série, sont en bois naturel, en bois moulé ou en matière plastique, mais toujours de fabrication et de finition très soignées.

Le style italien, également revenu en Europe après un détour par les États-Unis, réagit contre l'uniformité un peu triste des meubles scandinaves. Joe Colombo, Gio Ponti créent et font diffuser, par de grandes chaînes commerciales, des meubles qui se distinguent par l'originalité des lignes fonctionnelles, l'emploi de matériaux nouveaux (agglomérés, résines, plastiques) et la valorisation des formes par la vivacité des couleurs.

En France, l'évolution des styles reste freinée par la pesanteur des goûts traditionnels. Les fabricants produisent dix fois plus de meubles imités des styles du XVIIIe siècle ou des styles « rustiques » (qui connaissent un nouvel essor avec la multiplication des résidences secondaires) que de meubles proposés par les designers. Ni la IVe ni la Ve République ne donnent naissance à un style. Dans le domaine du mobilier, aucun courant original ne semble se dégager en cette fin de siècle. Cependant, le désir de confort, l'aspiration à des moments de détente capables de compenser les tensions professionnelles, le goût des loisirs à domicile (télévision, musique, lecture) entraînent une modification du décor quotidien.

Les nouvelles conceptions architecturales contribuent d'autre part à transformer progressivement l'ensemble du mobilier. Enfin, la mise à la disposition de l'industrie du meuble de matériaux nouveaux favorise la multiplication de modèles plus ou moins inspirés du « design ».

Matériaux

Le *bois* lui-même change de nature : en contreplaqué, en aggloméré, en latté, il acquiert de nouvelles propriétés et, sous les presses à emboutir, il se plie aux exigences de formes inédites.

Les *métaux,* grâce aux alliages dont la résistance est calculée avec précision, se prêtent à d'audacieux porte-à-faux. Ils forment souvent l'ossature des meubles et des sièges, ainsi libérés des structures traditionnelles. L'acier chromé, l'acier inoxydable, l'aluminium et la fonte d'aluminium multiplient leurs emplois. Les traitements en surface des parties métalliques visibles atténuent leur aspect dur et froid.

Le *verre,* devenu d'une grande résistance aux chocs par les techniques de trempage, peut être utilisé en surface, mais aussi en piétement ou en console. Il se combine parfois avec les métaux, qui en renforcent la solidité. Une plaque de verre sur des tréteaux en fil d'acier donne la plus simple des tables, qui s'escamote en un clin d'œil s'il s'agit de gagner de la place. L'Altuglas ou le Plexiglas (verre acrylique) sont une matière plastique transparente qui a toutes les apparences du verre, mais plus de résistance et de souplesse et qui peut, par moulage, prendre toutes les formes voulues, de la table basse d'un seul bloc au fauteuil à bascule.

Sotheby's

Bureau moderniste en fer forgé et bois, par Pierre Chareau. Adjugé par Sotheby's, à Monaco, le 4 décembre 1988.

Les *matières plastiques* peuvent se substituer à presque n'importe quel matériau. Moulés, compressés, expansés, transparents, opaques ou de toutes les couleurs, ces produits de synthèse issus des industries chimiques ouvrent un nouveau champ de possibilités à tout ce qui relève de l'ameublement. Dans le domaine des sièges notamment, ils font naître la chaise-coquille (créée par Saarinen), à piétement en forme de tige évasée à la base ; le tabouret « diabolo », le plus simple des sièges de cuisine ; les confortables fauteuils moulés, rembourrés de mousses synthétiques et recouverts de Skaï, qui imite le cuir à s'y tromper ; les sièges gonflables et transparents, qui jouent sur l'élasticité de l'air ; les sacs remplis de billes de caoutchouc, malléables à volonté et qui font disparaître jusqu'à la notion de siège pour épouser le corps humain dans des positions choisies.

Une firme norvégienne a même mis au point une forme entièrement nouvelle de siège, conçue par des designers, qui permet de se tenir et de se reposer confortablement, paraît-il, en position « assise-à genou », les tibias à l'horizontale sur un coussin de mousse.

Ainsi, le style contemporain tend à réduire les formes aux fonctions essentielles de l'activité humaine : table à plan horizontal pour manger ou travailler, accompagnée d'un siège enveloppant, pour la position assise ; fauteuil ou canapé de relaxation en position semi-allongée pour les loisirs audiovisuels ; lit pour dormir en position couchée ; casiers coulissants pour ranger les objets utilitaires. Certains petits meubles de commodité n'osent même plus dire leur nom : on les appelle « éléments modulaires de rangement ».

D'une façon générale, les volumes habitables se sont resserrés. Les petites pièces réduisent le mobilier au minimum indispensable et provoquent des contractions, des emboîtages, des empilages ou des redéploiements, selon les nécessités du moment.

Les chambres d'enfants comportent des lits superposés, gigognes ou escamotables, et même des meubles évolutifs en fonction de l'âge des occupants.

Aux armoires et aux commodes, on préfère les espaces de rangement encastrés derrière des portes coulissantes, allant du sol au plafond. La bibliothèque laisse place aux simples rayonnages, qui servent aussi bien à accumuler les livres qu'à placer des lampes ou des bibelots.

Au salon s'est substitué le « living », pièce à vivre, ou « salle de séjour », centrée sur le récepteur de télévision, qui fait désormais partie des meubles, avec, en face du petit écran, les grands fauteuils et le canapé à transformation qu'une mécanique invisible change en lit disponible pour un parent ou un ami de passage.

Il faut bien constater que, de nos jours, c'est plus un style de vie qu'un style de meubles qui s'impose.

Une telle « fonctionnalisation » fait éclater les styles ornementaux. Et peut-être ne sommes-nous pas éloignés d'un style « cosmonaute », où seule la nécessité dicte la forme. Les valeurs esthétiques traditionnelles n'ont plus leur place dans la maison et la notion même de décor s'efface au profit de nouvelles harmonies fonctionnelles. Ce n'est sûrement pas par hasard que, devant cette absence de style, les « antiquités » avec lesquelles se consolent les nostalgiques retrouvent une place d'honneur entre les murs de ciment. Considérés comme de précieux témoignages, les meubles anciens sont alors mis en valeur et présentés comme des pièces uniques, ce qui est une façon de rendre hommage au passé.

Si les formes disparates du mobilier contemporain paraissent déconcertantes, il se peut que des dénominateurs communs finissent par s'en dégager. Et il n'est pas exclu qu'aux approches du XXIe siècle des créateurs de génie sachent utiliser les ressources infinies des techniques modernes pour faire naître un style nouveau, mais, pour l'instant, l'imagination a du mal à en faire le projet. Il en va du mobilier comme du futur langage de l'art, qui, selon Malraux, « est toujours un langage inconnu ».

Les meubles régionaux

Lauros-Giraudon

Armoire de Nîmes du XVIIe siècle dont les panneaux sculptés représentent les Saisons et les Vertus. Les meubles sculptés évoquant des scènes profanes ou bibliques sont caractéristiques du Languedoc protestant. Il est rare cependant que les meubles régionaux antérieurs au XIXe siècle puissent être localisés par leur style ornemental. Cette armoire est une magnifique exception. Musée du Vieux Nîmes.

Les meubles régionaux présentent des aspects aussi variés que divers, correspondant aux goûts, aux mœurs et aux traditions des habitants de chaque grande province française. Ainsi, un buffet breton ressemble aussi peu à un buffet provençal qu'un pêcheur des Côtes-du-Nord à un joueur de pétanque marseillais.

En outre, le mobilier paysan était inexistant ou encore trop rudimentaire jusqu'au XVIIe siècle pour que l'on puisse en établir les particularités régionales. Elles n'apparaissent en fait qu'après une longue évolution qui s'étend sur plusieurs siècles. Il faut attendre, en effet, d'une part que les artisans locaux expriment réellement la sensibilité artistique de leur province et, d'autre part, que les structures propres à chaque meuble soient vraiment définies : ainsi, jusqu'au XVIIe siècle, désignait-on, par exemple, sous le nom d'*armoire* aussi bien les placards aménagés entre deux murs que les buffets à quatre portes symétriques, les buffets à deux corps, les cabinets à une porte ou les grandes garde-robes, appelées « presses » dans le Nord.

En réalité, les différenciations n'apparaissent qu'à la fin du XVIIe siècle ; elles se dégagent nettement au XVIIIe siècle et s'affirment enfin avec vigueur au cours du XIXe, âge d'or des meubles régionaux ; puis elles tendent à disparaître lorsque les moyens mécaniques industriels se substituent au savoir-faire des artisans. Pendant cette période relativement courte, les grands styles classiques qui s'épanouissent à Paris contribuent à faire évoluer les formes et enrichissent le répertoire décoratif original des meubles régionaux, qui conservent cependant des traits bien spécifiques permettant de les localiser.

D'une part, certaines provinces ont marqué une prédilection pour des meubles particuliers : en Normandie, les armoires ; en Bretagne, les lits clos ; en Auvergne, les buffets à deux corps ; dans le Bordelais, les commodes massives ; en Provence, les buffets à glissant et les panetières. D'autre part, il ne faut pas perdre de vue que les meubles obéissent à des préséances sociales et il faut faire une distinction entre les styles aristocratiques des châteaux, les meubles fonctionnels des humbles fermes et le mobilier de la bourgeoisie provinciale, qui adopte les lignes et les décors en vogue à la Cour, sans en exiger tous les raffinements.

Longtemps dédaignés, les meubles improprement qualifiés de « rustiques » sont depuis quelques décennies très recherchés, et leurs prix ont considérablement augmenté, surtout à partir de 1970, augmentation relativement plus rapide et plus importante que celle qui a touché les productions classiques et raffinées des ébénistes du XVIIIe siècle. Toutefois la progression en valeur des meubles régionaux a connu un ralentissement depuis 1980, parallèlement à la diminution de la demande des résidences secondaires.

CARACTÈRES GÉNÉRAUX

Le meuble régional reflète assez bien son pays d'origine, et son aspect concorde souvent avec les types d'habitat. C'est ainsi que le meuble breton sombre, carré, massif est à sa place entre des murs de granite, tandis que les sculptures ajourées des meubles provençaux prennent toute leur valeur dans les pièces lumineuses d'une maison provençale.

Le meuble régional est avant tout utilitaire. Il répond à des besoins précis, car on commande à l'artisan local une

Scène de la vie de province dans une famille savoyarde. Cette gravure populaire du XIXe siècle montre les principaux meubles alors en usage dans la salle commune. Musée des Arts et traditions populaires, Paris.

Phot. du Musée

Roger-Viollet

Détail d'une porte d'un cabinet bourguignon (fin du XVIe s.). Parmi les ornements puisés dans le répertoire de la Renaissance, remarquer les « plumes » Henri II. Musée de Dijon.

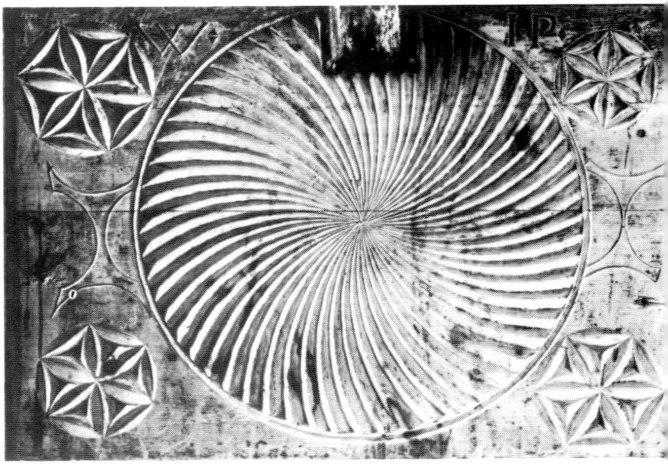

Lavaud

Au centre d'une façade de coffre en pin des Hautes-Alpes : la rouelle, symbole du Soleil, entourée de rosaces. Musée des Arts et traditions populaires, Paris.

Giraudon

Détail d'une porte d'armoire d'Ille-et-Vilaine signée et datée 1759 par Jehan Tullon, ébéniste et sculpteur rennais. Musée des Beaux-Arts, Rennes.

table pour manger, un bahut pour ranger du linge, un buffet pour disposer la vaisselle, un lit pour dormir. Il doit par ailleurs correspondre au pouvoir d'achat du demandeur. D'où la nécessité pour le menuisier du pays d'employer les matériaux disponibles sur place et de se limiter aux ressources forestières locales, tout en se conformant au goût des usagers. Ainsi, le chêne domine dans les provinces de l'Est, le mélèze en Savoie, tandis que le noyer et les bois fruitiers constituent la base du mobilier régional de la Loire au Midi.

Quant aux éléments décoratifs, ils sont inspirés le plus souvent des sculptures que l'on peut observer sur les édifices religieux. Les matériaux luxueux comme le marbre et les ornements comme les bronzes dorés ou la marqueterie sont généralement ignorés. Les ferrures et les entrées de serrure sont ciselées à l'économie, ce qui n'exclut pas une certaine élégance des formes. Les ornements dégagés de la masse du bois sous la gouge du sculpteur décorent presque toujours les mêmes parties des meubles : corniche, traverse supérieure, ceinture, traverse inférieure.

Les moulures qui soulignent les formes générales des panneaux constituent souvent un moyen de localisation des meubles : leur finesse, leur épaisseur ou leur forme sont parfois un moyen de déceler une origine particulière.

Néanmoins, on trouve également, d'une région à l'autre, des séries de motifs presque identiques puisés dans un fond traditionnel commun : étoiles, rosaces, coquilles, éventails, guirlandes, feuillages constituent une sorte de langage universel. Toutefois, le style d'interprétation de ces décors géométriques ou naturalistes est différent selon les régions.

La façon de traduire les grands styles classiques et nationaux entre, par ailleurs, en ligne de compte dans l'étude des meubles régionaux. Ainsi, le style Louis XIII apporte une composition architecturale rigoureuse avec des panneaux droits où s'inscrivent d'abord de simples losanges, qui, dans le courant du XVIIIe siècle, prennent du relief et se transforment en pointe de diamant. De même,

Laffay

Croix à virgules, symbole de la vie, inspirée du svastika, détail d'un ornement sculpté dans la ceinture d'un buffet basque.

Tableau de synthèse des meubles régionaux

²rovinces	Meubles représentatifs	Particularités	Bois	Formes et styles	Motifs et ornements	Garnitures métalliques
ACE t-Rhin, Rhin)	coffres, armoires, crédences à colonnes, buffets à deux corps, meubles peints	assemblages à clavettes, tables et chaises à pieds divergents	chêne et noyer massifs, noyer plaqué, pin et sapin, bois fruitier en marqueterie	formes massives, corniches droites, puis cintrées (XVIIIe s.), styles Renaissance et Régence, pieds boules, grosses moulures	colonnes annelées, sculptures en fort relief, fleurs, cœurs, symboles peints, marqueteries et incrustations, dossiers ajourés	plaques découpées (XVIe-XVIIe s.), ferrures de cuivre serpentines, serrures en acier gravé, crémones en acier
ERGNE -de-Dôme, al, e-Loire)	buffets à deux corps, lits demi-clos, cantous	armoires d'Aurillac à tiroir bombé, chaise de dentellière du Velay	noyer, chêne, hêtre, châtaignier	formes massives, austères, d'esprit Louis XIII	motifs géométriques, disques, pointes de diamant	serrures en crêtes de coq, petits gonds ou flèches à sommet en balustre, prises de tiroir en goutte d'eau
RN nées- tiques) S BASQUE	coffres, armoires, buffets à deux corps	buffets, coffres « manka » ou « commoda », « cicelu » (banc à abattant)	chêne, noyer, merisier, châtaignier	formes massives d'inspiration Louis XIII	éventail, plumes (Béarn), rosaces, oiseaux, svastika (Pays basque)	petits gonds ou grandes fiches (plus rares), ferrures en fer petites et plates
RGOGNE -d'Or, e-et-Loire) SSE	cabinets (armoires), bahuts-buffets à deux corps horloges ventrues	buffets-vaisseliers bressans à horloge encastrée pieds en miches	noyer, chêne, loupe d'orme ou de frêne	formes monumentales Renaissance et Louis XIII, Louis XV à panneaux moulurés	choux sculptés, masques, feuillages, pointes de diamant	longues entrées de serrure en fer plat, ajourées, petites accolades en fer forgé ciselé
TAGNE e-Bretagne tère, ihan, s-du-Nord)	lits clos, coffres	lit clos du Léon, gros balustres, volets découpés meubles de port (St-Malo, Nantes)	chêne, châtaignier, buis merisier, noyer	aspect rectiligne, robustesse, bâti rectangulaire proportions équilibrées	décor géométrique, clous de cuivre, galettes, fuseaux corniche à double cintre, moulures,	gonds et fiches en fer, puis en cuivre
e-Bretagne et-Vilaine)	armoires, bonnetières	lits à colonnes, armoires de Guérande peintes en rouge			fleurs et animaux stylisés	ferrures en fer découpées
MPAGNE e, Marne, e-Marne, nnes)	buffets à deux corps	ménagers (buffets bas à étagères) buffets superposés	chêne	sobriété, équilibre	marguerite à cinq pétales, moulures entrelacées de motifs sculptés	gonds et entrées de serrures en fer forgé finement ciselés, petites accolades
RAINE se, the-et-Moselle, lle, Vosges)	crédence, bahut à deux corps vaisselier à 2, 3, 4 portes	armoires à trois portes (Charleville), tables à glissière garde-manger	chêne noyer, sapin	style Louis XV sobre pieds en miches	quadrilobes, étoiles, coquilles, bouquets, rosaces	
IDRE et Flandre)	ribbank, armoires à coussins	archelles, presses à calandrer, essuie-mains	chêne sombre	Renaissance, massiveté opulente, corniches débordantes	pilastres, godrons mufles de lion, caissons	gonds en fer forgé

→ suite des autres provinces page suivante

→ **Tableau de synthèse des meubles régionaux**

Provinces	Meubles représentatifs	Particularités	Bois	Formes et styles	Motifs et ornements	Garnitures métalliques
FRANCHE-COMTÉ (Haute-Saône, Doubs, Jura, Belfort)	armoires à incrustations horloges comtoises	armoires de Montbéliard à deux corps superposés	noyer, chêne, cerisier, hêtre, sapin en montagne	formes équilibrées, géométriques, pieds-miches	fortes moulures, pointes de diamant, puis motifs floraux	gonds en fer épais et courts, flèches plaquées de cuivre ou cuivre massif
ÎLE-DE-FRANCE (Seine, Essonne, Yvelines, Oise, Val-d'Oise, Seine-et-Marne, Loiret, Aisne)	armoires, buffets à deux corps, commodes	armoires parisiennes à vis, buffets beaucerons	chêne, puis noyer et merisier	formes équilibrées, élégantes, frontons cintrés, traverses inférieures chantournées	coquilles, rinceaux, rosaces, bouquets, fines sculptures Régence, moulures bien profilées	grandes fiches fer
LYONNAIS (Rhône) **DAUPHINÉ** (Isère, Hautes-Alpes, Drôme) **SAVOIE** (Savoie, Haute-Savoie)	armoires, buffets, commodes coffres du Queyras meubles d'alpage	commodes de Hache (Grenoble), meubles du Queyras à décor sculpté au couteau, lits demi-clos (en montagne)	noyer, châtaignier, mélèze, sapin	façades galbées, traverses chantournées	coquilles au fronton, moulures rehaussées de vernis noir, sculptures géométriques au couteau et au compas	en fer forgé ou en cuivre ciselé
NORMANDIE Haute-Normandie (Seine-Maritime), Basse-Normandie (Orne, Eure, Calvados, Manche)	armoires, buffets à deux corps, paliers (vaisseliers) et faux-paliers	armoires cauchoises en pin, armoires de la Manche en acajou	chêne, pin	esprit Louis XV, belles et grandes proportions, corniches droites ou en chapeau de gendarme	fleurs (roses), nids de colombes, attributs de chasse ou champêtres, médaillons, corbeilles	cuivre (près des côtes) petits gonds en cuivre ou grand fiche en acier
PÉRIGORD (Dordogne)	armoires, cabinets, coffres	table-pétrin de Nontron avec tiroir à sel	noyer (parfois clair)	structures massives, corniches saillantes	moulures grasses, pointes de diamant en fort relief.	petites fiches
LIMOUSIN (Haute-Vienne, Creuse, Corrèze)	buffets bas, buffets à deux corps, vaisseliers	« commode » (haut buffet à deux portes), pantalonnière	châtaignier, cerisier, orme	buffet « à diminutif » (corps supérieur en retrait)	pointes de diamant aplaties, plaquettes, fleurs, rosaces	entrées de serrure serpentines, plates
PICARDIE (Oise, Somme) **ARTOIS** (Pas-de-Calais)	traites, fauteuils « cadot », horloges séages potières	étimier-égouttoir, table à pain	chêne, merisier, orme	robustesse, sobriété, style Louis XV, Régence Ile-de-France	églantine stylisée sur tige gracile, pampres, losanges	entrées de serrure discrètes et peu o
PROVENCE **LANGUEDOC** (Bouches-du-Rhône, Gard, Vaucluse, Var, Alpes-Maritimes, Alpes-de-Haute-Provence, Hérault, Aude)	armoires, commodes, buffets, tables à gibier	buffets à glissants (Arles), panetières et pétrins, tamisadou (blutoir)	noyer, olivier, mûrier, bois fruitiers	exubérance, Louis XV à galbes accentués, pieds en volute, moulures larges et peu profondes	coquilles ajourées, colimaçons, guirlandes de roses, feuillage d'olivier, laurier, vigne, blé, soupière ajourée, fuseaux	longues entrées de serrures en aci découpé, étagées en hauteur, gonds de fort diamètre (2 à 4 cm) terminé en olive
POITOU (Vendée, Vienne, Deux-Sèvres), **SAINTONGE-AUNIS** (Charente, Charente-Maritime)	armoires à une porte, buffets enfilades, vaisseliers	pointes de diamant et disques dans le marais, buffet-vaisselier à corniche avancée chantournée, meubles de port (La Rochelle)	merisier, noyer, châtaignier, orme, loupe d'orme, frêne, loupe de frêne	style géométrique ou meubles d'inspiration Louis XV	mouluration sinueuse, disques et gâteaux, marqueterie, pointes de diamant, croix de Malte, étoiles	gonds en acier ou grandes fiches, entrées de serrure longues, larges, très ajourées, parfois cuivre (Vendée)

une autre innovation de l'époque Louis XIII modifie et allège la ligne des sièges, grâce à la technique du bois tourné, qui se généralise dans la première partie du XVIIe siècle. Le règne de Louis XIV, dont la majesté ostentatoire s'appliquant aux arts est le domaine réservé de la Cour et de son entourage, n'a que peu d'influence sur le mobilier régional. Les artisans locaux retiennent toutefois du « style Louis XIV » le système de mouluration symétrique sur les panneaux des armoires ou des buffets.

Enfin, le style Louis XV apporte, avec ses nombreuses innovations, une modification fondamentale de l'architecture des meubles, et son influence se fait ressentir jusqu'au fond des provinces. Les artisans abandonnent les techniques traditionnelles de fabrication pour introduire courbes et contre-courbes dans la structure, le découpage et le décor. Le style nouveau gagne la France entière au cours du XVIIIe siècle et se prolonge pendant près d'un siècle.

Adopté et adapté, le style Louis XV prend une saveur rustique qui n'altère en rien le caractère spontané de l'ornementation traditionnelle ; elle fleurit entre les moulures en conservant des symboles venus du fond des âges : ornements d'origines celtique (torsades, spirales, croix potencées, entrelacs), gothique (ogives, fleurons) ou Renaissance (cannelures, pilastres, plumes, oves, médaillons, angelots), que les artisans mélangent et amalgament au gré de l'inspiration.

Il convient encore de noter que chaque province réagit différemment aux apports des styles nouveaux qui apparaissent entre le XVIIe et le XIXe siècle. Certaines régions, comme l'Auvergne ou la Bretagne, marquent une prédilection pour la rigueur des lignes Louis XIII, qu'elles perpétuent ; d'autres, comme la Normandie ou la Provence, accordent leur préférence aux grâces contournées du style Louis XV.

ÎLE-DE-FRANCE

Caractères généraux

Toutes les influences se sont rencontrées et mêlées en Île-de-France, où sont nés les grands styles classiques qui, de la Renaissance à l'Empire, ont guidé l'évolution du goût dans le monde occidental. Comme l'histoire de France est pendant des siècles celle de la monarchie, les styles s'enchaînent l'un à l'autre sous l'étendard des souverains successifs. C'est ainsi que, pendant plus de deux siècles, à partir de Louis XIII, la lignée des styles est ininterrompue jusqu'à Louis-Philippe, dernier roi à avoir laissé son nom et son image de marque dans l'histoire du meuble.

C'est de Paris, de Fontainebleau ou de Versailles que viennent les modèles qui inspirent les artisans. Partant de la Cour comme des ondes, les techniques et les goûts se propagent et donnent le ton à la France entière.

Cette prééminence du style de cour éclipse parfois le caractère régional du style parisien. Cependant, lorsque la bourgeoisie du XVIIIe siècle, puis la paysannerie du XIXe siècle manifestent le droit de se meubler comme dans la capitale, mais à moindres frais, les artisans locaux de la région s'efforcent d'adapter les structures traditionnelles au style élaboré sur les bords de la Seine. Il s'en dégage un style plus sobre, mais qui n'est pas sans saveur.

Avec un décalage dans le temps — relativement plus bref que pour les autres provinces —, les caractéristiques d'un style, les lignes générales des formes nouvelles et le décor réduit à un sobre jeu de moulures et de sculptures, sans faire appel aux combinaisons plus subtiles de la marqueterie, apparaissent dans les meubles parisiens. Ainsi naissent, par exemple, des commodes et des armoires typiquement « Île-de-France » d'une remarquable qualité de fabrication où l'œil saisit avec délectation l'harmonie des proportions, l'équilibre des volumes, la beauté des sculptures rehaussée par la grâce de puissantes moulures.

Se rattachent directement au style Île-de-France les meubles en bois massif du Val de Loire, région où le roi et la Cour ont longtemps séjourné durant le XVIe siècle, puis lors de fréquents déplacements au cours des siècles suivants.

Principaux meubles

L'*armoire* en chêne ou en noyer, de grande taille, se distingue par les harmonieuses proportions des panneaux symétriques qui sont ornés de moulures vigoureuses, avec parfois un médaillon central. Le fronton, légèrement cintré, est souvent sculpté avec quelquefois un panache en son milieu. Quant à la traverse inférieure, elle est très chantournée. Dès la fin du XVIIe siècle, les assemblages sont abandonnés pour de grosses vis en fer à têtes carrées, boulonnées à l'intérieur, ce qui permet un démontage facile en cas de transport. Les pieds cambrés apparaissent dans le premier quart du XVIIIe siècle.

L'Île-de-France est la première région à adopter la *commode,* de style Louis XIV, en bois massif à quatre rangées de tiroirs, à pieds et avec des moulures symétriques en creux et des tiroirs garnis de poignées en cuivre ou en bronze, ornées d'une marguerite au niveau de l'attache.

Les *buffets bas* d'Île-de-France à deux portes surmontées de deux tiroirs ont une mouluration assez sobre avec des éléments décoratifs en léger relief qui varient d'un endroit à l'autre : rosaces et épis de blé dans la Brie, guirlande de feuillage dans le Vexin, panache de feuilles à la jointure des moulures dans le Loiret.

Les *buffets à deux corps* présentent une partie supérieure élancée dont les moulures soulignent la hauteur.

Buffet en chêne sculpté (fin du XVIIIe s.). L'harmonie des moulures et des sculptures caractérise les meubles d'Île-de-France et du Val de Loire.

Les *tables de ferme* à long plateau rectangulaire sont à pieds tournés reliés par un entrejambe en « H ».

Les *sièges* garnis de paille nattée, à pieds tournés, ont un dossier à traverses légèrement incurvées entre les montants droits parfois terminés par une boule. Les chaises paillées du type « bonne femme », qui se retrouvent dans toutes les provinces françaises, n'étaient pas seulement en usage dans les fermes du Vexin, du Val d'Oise ou de la Beauce, mais aussi dans les maisons bourgeoises, ainsi qu'en témoignent au XVIIIe siècle les peintures de scènes d'intérieur de Greuze ou de Chardin.

ALSACE

Le mobilier bourgeois

En Alsace, le mobilier a longtemps évolué en dehors des influences françaises, puisque cette province n'a été totalement rattachée au royaume qu'à la fin du XVIIe siècle. Aussi le meuble alsacien se distingue-t-il par son originalité et surtout par sa qualité d'exécution. Aux XVIe et XVIIe siècles, il est essentiellement bourgeois et aristocratique et se rattache aux styles germaniques et suisses, auxquels se mêlent des influences de la Renaissance italienne. Ce sont des coffres et des armoires massives et quadrangulaires dotés d'une ornementation riche en couleurs et en reliefs.

Les coffres sont au XVIe siècle les meubles principaux. Les plus beaux ont une caisse juchée sur pieds avec une façade compartimentée d'arcatures, de colonnes ou de pilastres, et des incrustations de bois de couleur.

Puis, à la fin du XVIe siècle, le meuble d'apparat est l'armoire à colonnes, divisée en deux étages qui comportent chacun trois grandes colonnes et quatre petites formant sur chaque porte un petit édicule avec fronton et soubassement. L'ordre ionique est généralement adopté pour l'étage du haut et l'ordre dorique pour l'étage du bas. L'armoire repose sur des pieds boules et son fronton est horizontal. À partir du XVIIe siècle, l'armoire à colonnes devient plus simple et elle ne comporte plus qu'un seul corps, deux portes et sept colonnes. Les colonnes antiques sont souvent remplacées par des colonnes annelées, et l'ornement sculpté (têtes d'ange, enroulements) devient important. Sur le même modèle que l'armoire apparaît la crédence, petit meuble à une ou deux portes, juché sur de hauts pieds balustres, surmonté d'un dosseret à gradins et orné de colonnes annelées et d'éléments sculptés. Ces meubles sont alors en placage de noyer clair sur bâti de sapin, ornés d'incrustations de bois de couleur, plus ou moins importantes.

Enfin, au XVIIIe siècle, l'influence française confère au meuble alsacien un changement radical. L'armoire prend des proportions plus élancées, avec un couronnement en chapeau de gendarme. La crédence est remplacée par le haut buffet à deux corps de style Régence, coiffé d'un chapeau analogue. Une certaine massivité demeure cependant de règle, les pieds restent en boule, tandis que les colonnettes, les sculptures et les incrustations disparaissent peu à peu et sont remplacées par une mouluration profonde et épaisse. Les armoires et les buffets les plus soignés sont galbés en façade et sur les côtés. Le chêne et le noyer massifs sont désormais utilisés au détriment du bois de placage ; le noyer est particulièrement apprécié.

Vers le milieu du XVIIIe siècle, l'influence parisienne est sensible : la commode devient plus petite, simple et galbée en façade ; posée sur des pieds boules, elle est en bois massif avec parfois des décors de marqueterie. On trouve également des petites tables à écrire, des coiffeuses, des bureaux à cylindre, des tables demi-lune, des étagères en encoignure. Les marqueteries alsaciennes sont sobres, mais non démunies d'élégance, qu'elles soient en cubes, en fausses cannelures, en médailles de bouquets ou représentant des instruments de musique...

Le mobilier paysan

Parallèlement à ce très beau mobilier citadin et bourgeois, des meubles paysans, d'un grand charme, sont aussi fabriqués en chêne et en noyer ou, le plus

Phot. du musée

Armoire alsacienne à colonnes antiques (fin du XVIIe s.). Le motif du panier fleuri, au-dessus des portes, indique qu'il s'agit d'un meuble de mariage. Musée des Arts décoratifs, Paris.
Ci-dessous : *buffet à deux portes en pin à décor polychrome, travail alsacien du XIXe siècle, estimé 15 000 F en 1989.*

D. R.

souvent, en un bois résineux, matériau bon marché dont on masque la banalité sous un aimable décor polychrome. Les premiers coffres et armoires de cette sorte apparaissent au XVIIe siècle. Ils sont décorés de simples motifs noirs au pochoir (entrelacs, animaux stylisés) égayés parfois de rehauts de rouge.

La véritable polychromie apparaît au XVIIIe siècle avec de jolis motifs de bouquets rouges, bruns, verts, bleus... Puis la gamme colorée s'enrichit au XIXe siècle : les verts dominent avec des rouges éclatants, des turquoises vifs, éclairés par des touches de blanc et de jaune. Les fonds sont alors badigeonnés de couleur opaque.

Les meubles peints sont le plus souvent des meubles offerts en cadeau de mariage, aussi sont-ils millésimés et marqués au nom de la jeune femme. Ce sont des coffres et des armoires, des buffets à évidement central, appelés parfois « olmer », des encoignures, des lits à colonnes et même des chaises. Mais ces dernières sont plutôt, pour la grande majorité, en noyer plein, sans peinture. Les chaises alsaciennes sont de type escabelle, avec quatre pieds divergents surmontés d'un siège de bois. Les dossiers sont ajourés de cœurs ou ornés d'entrelacs, de motifs en forme de bretzels ou d'aigles affrontés plus ou moins stylisés.

Les tables à manger reposent également sur quatre pieds divergents ou droits, annelés ou en balustre, avec un plateau largement débordant, un tiroir à pain et parfois un petit tiroir à couverts.

AUVERGNE

Caractères généraux

Les premiers meubles auvergnats sont ceux de la pièce principale, appelée « la salle » ou « la maison ». Les bois du coffre, du « cantou », de la table, du lit sont taillés à l'herminette et assemblés à tenons et mortaises. Les structures médiévales se maintiennent dans les demeures paysannes jusqu'au XVIIe siècle. Puis le style Louis XIII est adopté jusqu'au XIXe siècle pour les armoires et les buffets-bahuts à quatre portes, eux-mêmes également appelés « armoires ». Les formes sont, dans l'ensemble, massives, austères, d'esprit Louis XIII. Enfin, le mobilier auvergnat n'a retenu du style Louis XV que les pieds galbés, les traverses chantournées et les moulures.

Les bois généralement employés sont le chêne, surtout en Haute-Auvergne, et plus encore le noyer, aussi bien dans les plaines de la Basse-Auvergne que sur les hauteurs. En outre, le hêtre est utilisé pour les sièges. Les plateaux de table et les panneaux de buffet sont parfois en orme ou en frêne. Le châtaignier, le merisier dans la région des Dômes, le sapin, le tilleul dans le Velay servent également, en fonction des ressources locales. Certains meubles sont d'ailleurs fabriqués par l'assemblage de bois divers.

Les motifs décoratifs les plus courants sont les pointes de diamant en fort relief, en étoile ou en croix de Malte, ainsi que les cercles concentriques nommés « cibles », que les carrés en relief inscrits au centre des portes ou que les losanges en légère saillie avec de petites pyramides triangulaires dans les coins du panneau. D'autres motifs géométriques sculptés au couteau viennent souvent décorer la ceinture des tables, le dossier des bancs, les devants de lits clos, les traverses des chaises de dentellière, qui sont particulièrement ouvragées.

Les entrées de serrure sont ajourées ou en crêtes de coq. Les gonds des portes sont assez courts jusqu'au XVIIe siècle, puis en longues fiches dont l'extrémité est façonnée en balustre. Les boutons de prise de tiroir sont en fer forgé, en forme de larme ou de « goutte d'eau ».

Chadefaux-Top

Buffet-bahut auvergnat, avec une partie supérieure en léger retrait. Les portes sont garnies de « larmes » en fer forgé, au centre des losanges.

Principaux meubles

Le banc-coffre à panneaux encadrés d'épaisses moulures avec couvercle à charnières (appelé aussi « marche-banc ») est placé le long du lit, auquel il permet d'accéder ; il est utilisé également pour « serrer » les vêtements. Quant au coffre à grains, ou « archou », il se place dans un coin de la salle commune.

Les lits d'alcôve sont demi-clos et fermés par des rideaux. Placés bout à bout le long du plus grand pan de mur de la salle commune, ils forment des « lits wagons » à façade ornée de sculptures. Dans les intérieurs bourgeois, le lit à colonnes, dit aussi « à quenouille », est surmonté de colonnettes en chapelet ou en spirale soutenant un ciel de lit, ou baldaquin.

Le buffet-bahut à deux corps superposés est soit avec quatre portes symétriques, soit avec le corps supérieur en retrait, séparé du bas par des tiroirs, en général deux tiroirs côte à côte, parfois quatre tiroirs superposés deux à deux et séparés par un petit tiroir étroit. Une corniche moulurée en forte saillie est parfois couronnée de petits fuseaux tournés ou, dans certains cas, surmontée d'un fronton sculpté.

Le buffet à deux corps, à panneaux en pointe de diamant, est flanqué de chaque côté de colonnes en chapelet ou en spirale ou encore de demi-colonnes torsadées. Les plus simples et souvent les plus anciens ont des montants décorés d'une longue plume découpée de style Henri II.

Dans le même esprit, le cabinet est en quelque sorte un buffet à deux corps, moins large et plus haut, improprement appelé « homme debout » ou bonnetière.

Quant au buffet bas à deux portes côte à côte, parfois appelé *commode*, il ressemble aux buffets d'inspiration Louis XV des autres provinces : avec portes moulurées, traverses inférieures chantournées et petits pieds galbés.

Au cours du XIXe siècle, le bas du buffet sert de support à une étagère qui donne ainsi naissance au buffet vaisselier à trois, quatre ou cinq niveaux où l'on range les assiettes inclinées en avant. Il existe aussi un buffet garde-manger, appelé *fromager,* meuble à deux corps dont la partie supérieure évidée entre les cadres des vantaux est garnie de barreaux tournés.

La prédilection accordée au buffet-bahut relègue l'armoire au rôle de meuble de rangement annexe. Ce n'est que tardivement que sont fabriquées des armoires lingères de grandes dimensions, qui, au XIXe siècle, sont d'inspiration Louis XV et prennent place dans la chambre à coucher. En noyer, en merisier ou en orme, leurs portes sont divisées en deux ou trois panneaux moulurés, surmontés d'une corniche cintrée. Les pieds en escargot sont surélevés par un petit talon droit.

Les tables de ferme, en chêne, en orme ou en noyer, se caractérisent par un plateau de plusieurs centimètres d'épaisseur et par une très large ceinture ornée de motifs taillés au couteau. De profonds tiroirs à chaque extrémité servent de réserve à pain ou de garde-manger. Pour que la traverse permette de glisser les genoux sous la table, les pieds sont assez hauts, carrés, massifs et reliés entre eux par une barre à double « T ».

Les bancs sans dossier tout en longueur ont un piétement consolidé par une barre d'entretoise. Les autres sièges les plus courants sont la « selle » et le « cantou ». La « selle » est un petit tabouret à trois pieds divergents enfoncés dans une large rondelle prélevée sur un tronc d'arbre. Par contre, la selle à traire, que le vacher se fixe autour des cuisses par des courroies, n'a qu'un seul pied. Le « cantou » est un fauteuil carré à une ou deux places, formant coffre à sel, entre des accotoirs qui reposent sur des montants verticaux. Quant aux chaises et aux fauteuils paillés dont le siège est fait de tiges de seigle solidement tressées, ils ont des dossiers étroits à traverses légèrement cintrées et souvent sculptées au couteau. Enfin, les chaises de dentellière sont les plus originaux des sièges auvergnats et les plus décorés : des motifs géométriques, à caractère symbolique (étoiles, chrismes, cœurs ajourés, roues à rayons, spirales...), recouvrent les traverses du haut dossier.

Armoire de mariage basco-béarnaise, avec ses palombes affrontées, sculptées sur la corniche. Sur les portes, fleurs de lys, cœurs et pointes de diamant en croix de Malte. Musée pyrénéen, Lourdes.

Lauros-Giraudon

BÉARN — PAYS BASQUE

Caractères généraux

Bien que le Béarn et le Pays basque — comprenant les anciennes provinces de la Basse-Navarre, de la Soule et du Labourd — soient deux régions bien distinctes, leur mobilier, révélant des influences espagnoles assez sensibles, notamment dans les sièges, s'insère dans une tradition analogue qui remonte à plusieurs siècles.

Les bois utilisés sont le chêne et le noyer, plus rarement le merisier et le prunier, spécialement en Basse-Navarre. Les meubles béarnais sont plus massifs et d'une exécution plus soignée que les meubles basques, dont la caractéristique est un décor sculpté original. Certains motifs décoratifs, rosaces, éventails, oiseaux et cœurs, se retrouvent dans les deux provinces ; toutefois, le svastika et les cercles concentriques sont particuliers au Pays basque, tandis que la double plume en panache et le vase barré d'une chaîne sont typiquement béarnais.

Principaux meubles

Les coffres, abondants surtout au Pays basque, comportent des panneaux à fenestrage gothique ou d'inspiration Renaissance, décorés de rosaces, plumes, éventails et rinceaux. En Béarn, l'éventail est accompagné de croix et de calices.

Les armoires à trois panneaux moulurés avec un grand tiroir à la base sont ornées de pointes de diamant et de croix de Malte, avec parfois, en Béarn, des fleurs de lys ou des marguerites aux angles des panneaux. L'influence Louis XV se manifeste tardivement, au XIXe siècle, par des traverses chantournées et des pieds galbés.

Les bonnetières également décorées de croix de Malte et de pointes de diamant sont parfois ornées d'un cœur ou d'oiseaux (des palombes stylisées) ou de marguerites, de rosaces et de rouelles. En Béarn, sur les armoires et les bonnetières dites « de mariage », on trouve deux palombes affrontées au-dessus d'un calice ou un vase à

Petit motif en « panache », ou « plumet », sculpté sur la traverse inférieure d'un buffet béarnais.

Laffay

long col barré par une chaîne suspendue à ses deux extrémités.

Les buffets-vaisseliers sont constitués par un bas de buffet à deux ou trois portes avec tiroirs en ceinture, surmonté d'étagères à barrettes et de petites armoires latérales en hauteur à panneaux moulurés. Les vaisseliers de la vallée d'Itxassou (Pays basque) se distinguent par des cœurs ajourés dans les barrettes plates. Les buffets à deux corps séparés par deux tiroirs sont de structures classiques, comme dans tout le Sud-Ouest, avec des motifs sculptés en pointe de diamant ou, le plus souvent, en croix de Malte.

Le buffet bas à deux portes est appelé « commoda » en Navarre et « manka » dans le Labourd ; les portes sont surmontées d'un plateau à charnière qui recouvre un grand coffre intérieur.

Quant aux tables de ferme, elles sont à large plateau reposant sur des pieds en balustre reliés par une entretoise en forme de « H ». En Béarn, le « taulo » est une grande table garde-manger constituée par un coffre sur pieds à balustres, avec tiroirs et petites portes en ceinture.

Les bancs à dossiers longs et étroits se placent de chaque côté de la table. Le « cicelu » est un siège basque très particulier : c'est un banc à trois dossiers dont le panneau central se rabat pour former le plateau d'une petite table, soutenu par un pied fixé par une charnière. Les autres sièges sont pour la plupart raides et rectilignes avec des dossiers de cuir clouté ; des petits fuseaux entre les traverses des dossiers évoquent un style espagnol d'esprit Louis XIII. En Béarn, les fauteuils paillés comportent de larges accotoirs soutenus par des balustres ; ils sont en forme de trapèze, avec un dossier légèrement cintré, garni de traverses plates ou en accolade.

BOURGOGNE — BRESSE

Caractères généraux

Sur le plan géographique comme sur le plan artistique, la Bourgogne se divise en deux parties : la Bourgogne du Nord, au-delà de Dijon, et la Bourgogne du Sud, qui comprend le Mâconnais, le Charolais et la Bresse. Au nord, l'influence vient d'Île-de-France, de Lorraine et même des Flandres, tandis que le sud est plus perméable aux apports méditerranéens. Au nord, le mobilier adopte des lignes architecturales équilibrées, des pointes de diamant, des médaillons, et cette région est parfois qualifiée de « Bourgogne gothique ». Les artisans de la Bourgogne du Sud, surtout à partir du XVIIIe siècle, privilégient la marqueterie en utilisant des bois variés de couleurs différentes et des panneaux en loupe de frêne ou d'orme, encastrés dans un bâti de noyer.

Au XVIe siècle, l'artisan Hugues Sambin fait triompher les façades richement ornées sur des meubles luxueux : guirlandes de fruits, rinceaux de lierre, mufles de lion, caryatides, masques et « chou bourguignon » (palmette à feuillage touffu) occupent toute la façade, les tiroirs et les frontons.

Principaux meubles

Les « cabinets », ainsi qu'on qualifie les armoires en Bourgogne, offrent une très grande variété. Les plus simples sont en chêne ou en châtaignier, les plus luxueux en noyer. Ils sont souvent d'inspiration Louis XIII, munis de deux portes comportant chacune trois panneaux. Le panneau central, le plus important, est orné de pointes de diamant. D'épaisses moulures soulignent la corniche horizontale ainsi que la base du meuble. Les pieds sont très ramassés, larges et ronds : ce sont des disques aplatis appelés « miches » ou des boules très bombées nommées « michons », « raves » ou « oignons ». Cette forme de pieds se maintient même lorsque l'inspiration est de style Louis XV, dans des armoires à corniches cintrées et à panneaux à contours galbés. Ce n'est qu'à la fin du XVIIIe siècle que ces « miches » laissent la place à des pieds cambrés.

Martin

Buffet bressan (XIXe siècle), reconnaissable à l'emploi de la loupe d'orme en panneaux. Curieux emblèmes révolutionnaires, incrustés dans la traverse inférieure.

Les buffets à deux corps, où le retrait du corps supérieur est à peine prononcé, sont très discrètement sculptés ; leur corniche saillante et une certaine rigueur d'architecture en feraient un meuble sévère si l'utilisation de bois de couleurs différentes n'apportait une fantaisie qui n'enlève rien à sa noblesse et à sa classe. Généralement, les deux ou trois portes du haut et du bas sont séparées par un nombre égal de tiroirs.

Les buffets-vaisseliers bourguignons offrent de multiples combinaisons de corps et d'étagères, toujours dans de belles proportions et d'une finition très soignée. Les buffets-vaisseliers bressans se distinguent par un corps inférieur à trois portes surmonté de trois tiroirs en ceinture. Les panneaux de portes unis sont en loupe de frêne ou en loupe d'orme, et les petits panneaux fixes qui séparent les portes, ainsi que le bâti, sont en noyer. La traverse de base, festonnée, se termine en pieds cambrés. Le corps du haut, très en retrait, rassemble quatre ou cinq étagères dont les montants sont délicatement sculptés ; elles sont destinées au rangement des assiettes, lesquelles s'appuient d'arrière en avant sur les barres des galeries. Les étagères du bas butent à chaque extrémité sur de petites armoires conçues pour les bouteilles de liqueur. L'ensemble du meuble est chapeauté par un baldaquin festonné qui se termine à chaque extrémité par des toupies moulurées renversées. Parfois, une horloge est encastrée dans la partie supérieure de ces meubles typiques, qui sont très recherchés.

Les bureaux bourguignons en dos d'âne sont généralement en bois fruitier et enrichis de marqueterie. Plus rares sont les bureaux plats et les meubles servant à la fois de bureau, de bahut et de bibliothèque.

Giraudon

Façade (fermée) du lit clos breton de Cornouaille, d'époque XVIIIe siècle. Balustres tournés et rosaces sont les ornements favoris et répétitifs des meubles bas-bretons.
Musée des Beaux-Arts, Rennes.

Détail des sculptures à motifs floraux bordés de perlettes ornant la traverse oblique d'une armoire d'Ille-et-Vilaine. Chez M. Danguy, antiquaire à Nantes.

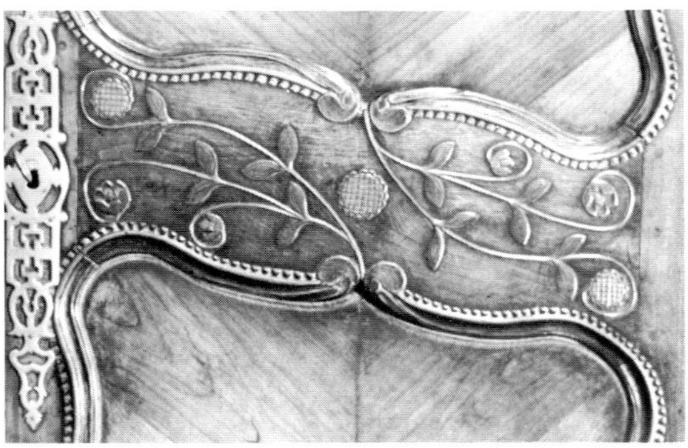

Dans le Mâconnais, les commodes sont ventrues et sculptées. En Bresse, elles se présentent sous deux aspects : les unes sont très sobres avec des façades aux galbes à peine prononcés ; les autres, en chêne ou en noyer, sculptées ou marquetées, ont l'élégance des commodes Louis XV parisiennes.

Quant aux horloges, elles offrent une très grande variété de modèles. Les plus anciennes, que l'on trouve dans la Côte-d'Or et le Chalonnais, sont à caisse droite ou pyramidale. Dans le Mâconnais et en Bresse, la forme violonée est plus fréquente : la corniche supérieure est alors cintrée.

Des dossiers élevés se terminant par des quenouilles à chaque coin caractérisent les lits bourguignons et bressans ; un large volant ceinture le ciel de lit, d'où descendent des rideaux de cretonne.

Les pétrins bressans et bourguignons, joliment sculptés, reposent sur de hauts pieds au galbe harmonieux. Ils côtoient de beaux meubles classiques dans les intérieurs bourgeois.

Les tables bourguignonnes sont longues et étroites, avec des rallonges à l'italienne et des pieds en balustre. Les tables de ferme du XIXe siècle sont également à pieds tournés avec une large ceinture à deux ou trois tiroirs. Il existe aussi des tables rondes avec des pieds à charnières qui peuvent se replier.

La plupart des sièges sont de type « bonne femme », avec des traverses chantournées, ornées de lyres et de gerbes. Les fauteuils paillés ont des accotoirs haut placés.

BRETAGNE

Caractères généraux

Le lit clos, orné d'innombrables fuseaux dessinant rosaces et galeries, est sans doute le plus typique des meubles bretons, mais il est surtout représentatif de la Basse-Bretagne (Finistère, Côtes-du-Nord et une partie du Morbihan) et ne doit pas faire oublier les belles armoires de Rennes ni le mobilier original de Haute-Bretagne. En fait, la Basse-Bretagne, cernée par l'Océan, est restée fermée aux influences extérieures, tandis que la Haute-Bretagne, ou Pays gallo, a été sensible au voisinage de la Normandie, du Maine et de l'Anjou.

Trois courants artistiques successifs sont aux sources de l'art breton et expliquent la diversité des motifs sculptés : l'inspiration celtique, qui se traduit par des spirales et des torsades, l'inspiration gothique, à l'origine des ogives, des rosaces, des fleurons, des plis de serviette et des motifs floraux, l'inspiration Renaissance, évidente dans les fleurs stylisées, les pilastres, les médaillons, les cartouches et les têtes d'angelots. Par ailleurs, un art d'origine purement populaire a donné naissance à des motifs géométriques simples, tels les chevrons, les triangles, les cercles concentriques, les galettes, les animaux et les personnages naïvement ébauchés.

La plupart des meubles sont en châtaignier ou en chêne. Le noyer et le merisier sont, en outre, fréquemment utilisés en Haute-Bretagne.

La Basse-Bretagne

Les coffres ayant chacun une fonction particulière sont les meubles essentiels : coffre à grains, coffre à vêtements, bahut de voyage à fortes poignées et lourdes serrures. Les façades, faites de panneaux encastrés, sont ornées par la gouge de sculpteurs qui se sont inspirés des motifs admirés dans les églises.

Le lit clos est, au XVIIIe siècle et jusqu'au début du XIXe, la pièce maîtresse du mobilier. Il est formé de quatre panneaux embrevés entre de forts montants équarris : les deux panneaux de côté sont fixes, tandis que deux autres coulissent horizontalement pour dégager l'ouverture. D'abord décorés de simples motifs géométriques, de crucifix, de fleurs et d'animaux, ils s'enrichissent à partir du XIXe siècle des fameux fuseaux de buis tournés qui se multiplient en figures diverses et dont le nombre reflète la richesse du propriétaire. Le lit clos sans plafond, pour assurer l'aération, et sans corniche, pour s'appliquer contre d'autres meubles, sert de point d'appui aux armoires, aux buffets, aux horloges, aux vaisseliers, qui se juxtaposent tout autour de la salle commune. Ainsi, le long de la façade, prend place le banc-coffre qui sert à la fois de marchepied pour monter se coucher, de coffre à linge, de support pour le berceau et de siège pour manger face à la grande table familiale à profonds tiroirs.

Les lits demi-clos de la région de Vannes ont une ouverture fixe plus haute et plus large. Ils se distinguent par l'abondance de fuseaux et par l'adjonction d'une planchette mobile ajourée (l'arzelle), destinée à maintenir matelas et couverture. En Cornouaille, les sculptures incisées sont soulignées par quelques clous de cuivre qui se multiplient abusivement sur les façades de tous les meubles bretons à la fin du XIXe siècle.

Caisses rectangulaires en châtaignier montées sur patins, les berceaux sont décorés de petits fuseaux ou de fines sculptures géométriques.

L'armoire, fortement charpentée, à corniche horizontale et pieds carrés, présente des vantaux divisés en trois panneaux à moulures saillantes. Le décor « à gâteau », cercle concentrique au milieu du panneau, n'apparaît qu'au XVIIIe siècle.

Le buffet à deux portes, tardivement influencé par le style Louis XV, devient vaisselier lorsqu'il supporte une étagère à larges tablettes.

Les bancs de formes variées avec ou sans dossier constituent la majorité des sièges, avec des tabourets à trois pieds et quelques fauteuils carrés servant aussi de coffres à sel.

Deux chaises lorraines en chêne du XVIIIe siècle. Un siège simple et robuste tout indiqué pour les maisons de campagne.

La Haute-Bretagne

En Ille-et-Vilaine, les meubles sont agencés dans la salle commune selon une logique toute fonctionnelle : la table flanquée de bancs est dans l'axe de la cheminée, les buffet, vaisselier et armoires sont disposés devant les pans de murs disponibles, les lits dans les angles.

L'armoire du pays de Rennes, en chêne, en châtaignier ou en merisier, est d'inspiration Louis XV, avec des panneaux à moulures chantournées et de petits pieds cambrés. Chaque vantail est divisé en trois panneaux lisses par de fines moulures. Les sculptures en léger relief foisonnent sur les traverses. La corniche, très caractéristique, est à double cintre, infléchie au centre, d'où se dégage parfois un fleuron sculpté parmi des feuilles d'acanthes ou de fougères. Le dormant, ou plus exactement le faux dormant qui fait corps avec le vantail gauche, est également orné de fleurs, feuilles et guirlandes.

La bonnetière est une petite armoire à une porte ornée de sculptures florales qui sert à ranger du linge ou des objets personnels ; à l'origine, on y rangeait des coiffes, d'où le nom de *bonnetière*. De nombreux meubles de la sorte ont été remontés avec des portes d'armoires alors que les vraies bonnetières avaient des portes plus larges.

Les buffets bas, les buffets à deux corps, les vaisseliers ont des proportions élégantes et sont ornés, comme les armoires, de feuilles et de fleurs, de pampres et de corbeilles.

Les lits ouverts sont à colonnes tournées en chapelet qui prolongent les montants et soutiennent un ciel de lit.

La table « huche » en forme de coffre, à plateau débordant tenant lieu de couvercle, cède la place au XVIIe siècle à la table de style Louis XIII à pieds tournés en balustre, reliés par une barre médiane. Parfois, sous l'influence du style Louis XV, la ceinture chantournée est soutenue par des pieds légèrement galbés. Dans l'ensemble, les meubles d'Ille-et-Vilaine s'apparentent plus au mobilier de Basse-Normandie qu'à celui de Basse-Bretagne.

CHAMPAGNE — LORRAINE ARDENNES

L'emploi du chêne en panneaux épais donne aux meubles champenois, lorrains et ardennais une robustesse équilibrée, allégée par un décor de motifs géométriques et floraux traité avec élégance.

Les armoires rectilignes à corniche horizontale, d'inspiration Louis XV et Louis XVI, possèdent souvent de petits pieds courts, courbés et en escargot. Les panneaux sont ornés de quadrilobes moulurés avec, au centre, une étoile ou un bouquet. Les autres motifs sont des coquilles, des rosaces, des feuilles d'acanthe et parfois des étoiles polychromes en marqueterie, placées sur le dormant central. L'armoire lorraine comporte souvent deux tiroirs à la base, alors que l'armoire champenoise n'en possède qu'un. Quant à l'armoire de Charleville, elle a parfois trois portes aux moulures très ouvragées.

Les bahuts à deux corps, d'esprit Louis XIII, sont flanqués de colonnettes tournées ; leurs panneaux sont ornés de panneaux moulurés au carré ou de pointes de diamant aplaties.

Le buffet champenois à façades superposées semble constitué de deux meubles disposés l'un sur l'autre : un espace de rangement sépare les deux corps. La traverse inférieure est chantournée et les portes sont parfois séparées par un bâti comportant trois tiroirs superposés dans un encadrement de fines sculptures. Ces buffets possèdent souvent trois tiroirs ; celui du centre, plus étroit, correspond à un panneau fixe entre les deux portes. Le « ménager », ou buffet bas surmonté d'une étagère, est en chêne dans les Ardennes et en bois fruitier en Champagne.

Les commodes (rares en Lorraine) sont galbées en façade avec des jeux de marqueterie dans des couleurs différentes ; les poignées de cuivre sont ciselées de motifs rocaille.

Les tables en chêne sont à pieds tournés en balustre, reliés par des traverses également tournées. Les tables rondes basculantes sur un pied à patins peuvent s'aligner contre un mur lorsque le plateau est ramené à la verticale.

Les horloges lorraines et champenoises sont en noyer ou en chêne, à caisses très élevées (2 m parfois et plus), droites ou galbées sous une corniche cintrée. Une lucarne ronde ou elliptique laisse apercevoir le balancier de cuivre. L'ornementation est souvent en marqueterie polychrome et, dans l'Aube, la caisse est peinte de motifs floraux de vives couleurs.

Les chaises lorraines, en chêne, sont raides et droites avec un dossier rectangulaire formant un simple cadre qui se prolonge par les pieds arrière ; le siège n'est qu'une planche carrée posée sur quatre traverses (celle du devant étant chantournée) que soutiennent des pieds avant tournés en balustre entre des cubes parfois reliés au-dessous du siège par une traverse tournée. Une entretoise en « H » relie les pieds avant et arrière. Les chaises et fauteuils champenois sont paillés, de type « bonne femme » avec des pieds en bois tourné et un dossier parfois ajouré de divers motifs.

FLANDRE

Caractères généraux

Le meuble créé en Belgique occidentale et en France du Nord, dans les régions de Lille, Douai, Gand, Bruges, diffère sensiblement du meuble picard par l'utilisation quasi exclusive du chêne et par une forte prédilection, jusqu'au XVIIIe siècle et même au-delà, pour les formes Renaissance.

Il s'agit surtout d'un mobilier bourgeois richement orné aux formes lourdes et quadrangulaires et dont la sculpture est rythmée par des pilastres, des corniches, des moulures et des motifs d'angles.

Ces meubles imposants sont assez peu diversifiés : lourde table rectangulaire, avec rallonges coulissantes à l'italienne et gros pieds tournés en balustre supportant un plateau bordé d'épais godrons ; grand lit avec baldaquin supporté par des colonnes en balustre ou torsadées, et souligné également d'une grosse corniche à godrons ; sièges, garnis de cuir ou de velours, ornés parfois de sculptures, avec des pieds tournés et un haut dossier droit.

Armoire liégeoise à deux corps (début XVIIIe s.), caractérisée par les motifs sculptés en forte saillie entre de vigoureuses moulures.
Musée des Arts décoratifs, Paris.

Phot. du Musée

Principaux meubles

Le meuble de rangement, le coffre, est remplacé dès le XVIe siècle, dans les maisons bourgeoises essentiellement, par le « ribbank » ; tantôt buffet, tantôt armoire ou secrétaire, ce meuble, dont le nom vient d'un verbe néerlandais signifiant « ranger », peut adopter différentes tailles et plusieurs formes selon l'usage auquel il est destiné. Le type le plus classique est celui de l'armoire-bahut, assez peu élevée (1,80 m environ), à deux portes surmontées d'une grosse corniche à godrons contenant un tiroir ou un casier.

Le ribbank peut être aussi un petit meuble à une seule porte ou un « homme debout » à deux portes superposées séparées par une grosse corniche intermédiaire avec un tiroir, ou bien un meuble à quatre portes dont les deux parties sont aussi séparées par une grosse corniche saillante, ou encore un meuble à cinq portes, deux en bas et trois en haut. Grand ou petit, le ribbank se distingue généralement par son opulente richesse décorative empruntée au répertoire de la Renaissance et par sa structure vigoureusement soulignée. La corniche saillante et bombée est garnie de gros godrons ou de rinceaux et est flanquée aux extrémités de mufles de lion munis d'un anneau dans le nez. Les montants verticaux et le dormant central sont soulignés par de forts pilastres, des colonnes ou des caryatides à mi-corps, le bas se terminant par une lourde chute de fruits ou de fleurs. L'important soubassement, marqué de fortes saillies à l'endroit des pieds, est décoré d'une frise : les pieds sont en boule ou en patte de lion. Les panneaux des portes sont moulurés de petits caissons irréguliers, avec parfois au centre une tête de lion à anneau. Une tête de lion analogue peut également se retrouver en poignée de tiroirs.

L'armoire proprement dite, que l'on distingue néanmoins difficilement du ribbank, est plus simple. De faible hauteur, elle a parfois les mêmes proportions que le ribbank ; elle peut cependant avoir une silhouette élancée et se rapprocher des armoires classiques. Ce sont souvent des meubles sans ornement ; les armoires les plus soignées sont « à coussins », décorées sur les portes d'une forte saillie en tronc de pyramide.

Les petits meubles sont relativement peu nombreux. L'« archelle » est toutefois un meuble typique : grosse corniche soulignée de godrons et de mufles sur laquelle on pose plats, jattes et pots, elle sert, grâce à une rangée de crochets de cuivre, à suspendre une série de pichets d'étain ou de cuivre. Dans la cuisine flamande, on trouve aussi un petit meuble essuie-mains, muni d'un rouleau et d'un tiroir, et surtout la « presse à calandrer » pour repasser le linge : sorte de petite table munie d'une presse à grosse vis, de quatre pieds balustres et d'un tiroir de ceinture, elle est d'une fabrication extrêmement soignée. De ce fait, ce meuble à fonction utilitaire est devenu un véritable élément décoratif.

FRANCHE-COMTÉ

Caractères généraux

Entre la Bourgogne et la Champagne, la Lorraine et l'Alsace, la Franche-Comté est un carrefour historique où se font sentir tour à tour les influences germaniques, espagnoles et françaises.

Moins abondant qu'en Bourgogne ou en Bresse, le mobilier franc-comtois est par contre d'une grande diversité. Les bois employés sont le chêne et le noyer dans les vallées, le sapin en montagne ; mais plusieurs bois sont fréquemment utilisés dans la fabrication d'un même meuble.

Les décors offrent des combinaisons de motifs géométriques (carrés, triangles, quadrilobes), de traits réalisés au fer chaud pour imiter les cannelures ou encore de marqueterie de bois clairs à encadrements de bois foncés.

Il convient, en ce qui concerne la marqueterie, de mentionner l'activité de l'ébéniste Nicolas Abraham Couleru, actif à Montbéliard vers 1750. D'une grande virtuosité, il était spécialisé dans les marqueteries en bois fruitiers et bois des îles sur fond de noyer. Il fit école et son influence fut sensible jusqu'au début du XIXe siècle.

Principaux meubles

Les armoires franc-comtoises sont de plusieurs types : soit à panneaux sculptés de décors géométriques d'inspiration Louis XIII (losanges, pyramides à base triangulaire, quadrilobes), soit avec des incrustations ramifiées, soit à sculptures florales entre fines moulures. L'armoire de Montbéliard est en réalité un bahut à deux corps superposés ; d'importantes poignées de fer permettent de les séparer. Les quatre portes symétriques sont à décor sculpté en fort relief. Les frontons sont également enrichis de sculptures ajourées ou soulignés par de fortes moulures, en un rang de denticules. Les pieds-miches sont ici des boules aplaties ou à huit pans coupés.

De même, les buffets-bahuts à deux corps sont constitués par deux buffets bas posés l'un sur l'autre : certains sont de type classique avec deux vantaux moulurés et deux tiroirs, d'autres sont à trois portes et trois tiroirs. Les buffets-vaisseliers, souvent en chêne, possèdent trois à cinq étagères à longues tablettes, sans galerie. Parfois, au-dessus d'un bas de buffet à deux ou trois portes, une horloge est incorporée entre des étagères flanquées de petites armoires.

Les horloges, en noyer ou en sapin, de forme violonée, sont souvent très hautes et ornées de décors variés : fines moulures galbées autour de la lucarne, incrustations de bois clairs et foncés, décor peint à motifs floraux...

Les tables à pieds tournés sont longues et étroites avec plusieurs tiroirs en ceinture sur les plus grands côtés.

Les commodes en bois massif ont de belles proportions. Certaines sont en placage de bois fruitiers avec des encadrements de filets foncés.

Les sièges à haut dossier sont garnis de cuir, à l'espagnole, ou simplement paillés avec quelques motifs floraux sur les traverses.

On trouve aussi en Franche-Comté de beaux coffres à panneaux sculptés entre de fortes moulures et de petits coffres et coffrets d'esprit Louis XV à côtés galbés, incrustés de motifs en bois clairs, de fleurs et de rinceaux.

Ader, Picard, Tajan

Petit canapé d'angle, attribué à Nogaret, un des rares ébénistes lyonnais qui ait signé ses sièges d'un style personnel, caractérisé notamment par la continuité des moulures.

LE LYONNAIS

Caractères généraux

Les meubles lyonnais ont quelque parenté avec leurs cousins bourguignons, mais une subtile influence italienne leur apporte un raffinement particulier. Toujours en bois massif, très souvent du noyer, le meuble est orné de fortes moulures harmonieusement équilibrées. L'ébénis-

Crédence lyonnaise ornée de caryatides à la partie supérieure soutenue par des chimères. La richesse des sculptures évoque la fécondité bourguignonne d'Hugues Sambin.

Couturier-Nicolay

terie lyonnaise a été marquée par la personnalité de Nogaret, dont la réputation dépassait largement les frontières locales lorsque en 1778 il se fixa à Paris ; également par celles de Parmentier et de Piollet, qui se qualifiaient de « menuisiers en bois de sièges dans le goût lyonnais ».

Néanmoins, la production lyonnaise s'est concentrée sur certains meubles, commodes, sièges et petits meubles, rustiques et sans grande originalité, qui sont en chêne ou en noyer et, plus rarement, en bois fruitier.

Principaux meubles

L'armoire lyonnaise est imposante. Les portes à panneaux moulurés et sculptés dans les angles supérieurs sont munies de petites fiches. Le fronton est souvent orné d'une coquille rocaille.

Les buffets à deux portes avec ou sans tiroir sont parfois recouverts d'un plateau en pierre (pierre grise du mont d'Or ou pierre rose mouchetée de Saint-Fortunet), élément fort original qui témoigne d'une grande qualité. Il existe aussi des buffets à deux corps, comprenant quatre portes dans la partie supérieure en retrait.

À côté des bureaux en dos d'âne classiques, les petits meubles en noyer sont une spécialité des artisans lyonnais : guéridons, vitrines, tables de chevet, liseuses, travailleuses à trois pieds, coiffeuses, tables à jeu...

Les commodes lyonnaises sont d'une très grande variété : plates, ventrues ou galbées, elles s'inspirent généralement des styles Louis XV et Louis XVI, mais il n'est pas exclu de trouver également des commodes Louis XIV à pieds droits, ornés de dessins symétriques en creux.

Elles sont le plus souvent en noyer avec des tiroirs en chêne. Les sculptures légères en feuillages ou en feuilles d'acanthe sont situées sur les côtés extérieurs des moulures. Les commodes du XVIIIe siècle en bois naturel ont des poignées en cuivre quand elles ne sont pas sculptées dans le bois, particularité très lyonnaise.

LE DAUPHINÉ ET LA SAVOIE

Caractères généraux

Le Dauphiné occidental est une voie de passage donnant sur la vallée du Rhône. Il est normal que de nombreuses influences venues d'Italie, de Provence et de Bourgogne s'y soient manifestées.

Les bois utilisés sont très variés : le noyer, le plus employé, le bois fruitier, notamment le figuier, l'olivier. En outre, le mélèze et le sapin ont, dans la montagne, la faveur des artisans, qui ne dédaignent pas non plus le châtaignier, le bouleau, le frêne et, parfois, le mûrier.

Principaux meubles

Les armoires ont un fronton à coquille, des pieds ronds ou sphériques, et leurs portes sont articulées sur de grandes fiches. En montagne et notamment dans le Queyras, les armoires en mélèze sont sculptées de motifs géométriques au couteau.

Dans la région de Grenoble, les commodes sont souvent de l'école des Hache, véritable dynastie d'ébénistes à l'origine d'un décor de marqueterie en loupe d'orme ou de frêne avec des filets et des incrustations de bois indigènes teintés en noir ou en vert foncé. Alors que l'intérieur des tiroirs des commodes lyonnaises est en chêne, il est en sapin dans le Dauphiné.

Les buffets bas, en noyer ou en mélèze, supportent souvent une étagère formant vaisselier. Les deux corps comportent une rangée de tiroirs, et le corps supérieur est parfois vitré.

Les coffres de mariage savoyards en mélèze sont naïvement sculptés en creux, toujours au couteau, de motifs géométriques en étoile ou en cercle.

Dans les hautes vallées des Alpes, les lits demi-clos, simples ou superposés, sont très hauts sur pieds, ce qui permet aux moutons de se réfugier sous le châlit.

Les tables-pétrins du Dauphiné et de la Savoie, comme celles du Lyonnais, sont constituées d'une caisse rectangulaire montée sur des pieds tournés de style Louis XIII.

En montagne, la table à abattant est fixée au mur, et son plateau est parfois creusé en forme d'écuelle. Le banc à dossier prend place à côté de la cheminée. Les chaises sont faites d'un tronc coupé en disque où sont enfoncés trois pieds divergents ; le dossier est fait d'une simple planche rectangulaire, ornée de motifs ajourés en cœur ou en étoile.

NORMANDIE

Caractères généraux

Région d'échanges et de passage, l'opulente Normandie a donné naissance à des meubles nombreux,

Les armoires de mariage normandes aux sculptures foisonnantes se maintiennent de 25 000 à 40 000 F selon la richesse des sculptures, symboles de prospérité.

variés, toujours très fonctionnels mais richement sculptés et souvent d'une beauté ostentatoire. À l'origine, les communautés religieuses de Rouen, de Gaillon, de Gisors, de Fécamp entretenaient des écoles d'artisans réputés pour leurs sculptures. Le mobilier civil se limitait à des coffres et des bahuts taillés dans des madriers épais par des menuisiers qui avaient hérité des techniques des charpentiers de marine que furent d'abord les « pirates du Nord ». Les premiers meubles normands sont en chêne, plus rarement en orme ou en frêne, parfois en prunier, en merisier ou en pommier et, dans certaines régions proches des côtes, en pin.

Prudhomme

Détail d'un panier fleuri sculpté au fronton d'une armoire de mariage normande du XIXe siècle, entre des éléments décoratifs du répertoire Louis XVI. (À noter que la pomme, symbole du fruit défendu, ne figure pas parmi les fruits... même au pays des pommes.) La sculpture en plein chêne défie le temps.

Principaux meubles

L'armoire, qui est sans aucun doute le meuble normand le plus important, n'apparaît avec ses caractéristiques essentielles qu'à la fin du XVIIe siècle, succédant aux buffets à quatre battants, carrés et massifs. Les armoires à deux vantaux symétriques ont à l'origine une ornementation sobre : les sculptures, limitées aux angles des portes et au dormant central, se répandent ensuite sur les traverses et s'épanouissent sur la corniche en bouquets foisonnants. L'influence du style parisien Louis XV est sensible à travers les moulures souples et sinueuses qui courent sur les panneaux. L'armoire de mariage, très ornée, est faite dans un chêne particulier, abattu après la naissance d'une fille et au début de l'hiver (à sève « au repos ») pour que le bois ne gauchisse pas et résiste à l'attaque des vers. Les planches sont ensuite refendues dans le sens du fil et séchées sur cales jusqu'aux fiançailles.

Armoire à deux corps du XIXe siècle, en chêne sculpté de Haute-Normandie, avec les attributs de mariage traditionnels : vasque de fleurs et fruits, couples de colombes. Le meuble complémentaire de l'armoire traditionnelle.

Il existe plusieurs sortes d'ornementation, selon les régions. Dans la Manche, l'armoire est à panneaux simplement moulurés sous une corniche droite légèrement débordante. Les portes sont soutenues par trois petits gonds en cuivre. Le tiroir du bas se confond avec la traverse inférieure ; en outre, on trouve également, dans la région de Cherbourg et de Granville, des armoires de port en bel acajou de Cuba. Dans l'Orne, les sculptures sont particulièrement fines, en léger relief, et la corniche droite surmonte un bouquet de fleurs et de fruits stylisés. Dans l'Eure, les armoires présentent, sous une corniche droite, des montants légèrement arrondis, souvent garnis de feuilles de laurier. Les moulures encadrent des médaillons ronds ou ovales ornés de fleurs diverses. En Seine-Maritime, les armoires de Rouen sont ornées de sculptures saillantes sous une corniche légèrement cintrée, et les dormants sont décorés de guirlandes de roses. En pays de Caux, les armoires à corniche en chapeau de gendarme présentent des sculptures particulièrement exubérantes où s'entremêlent les éléments floraux et les motifs Louis XV et Louis XVI.

En chêne et en pin également, les buffets bas ou à deux corps révèlent, selon les régions, les mêmes motifs décoratifs que les armoires. Certains buffets à deux corps ont des portes supérieures vitrées, permettant de présenter la vaisselle, en faïence de Rouen ou de Forges-les-Eaux.

Le « palier », ou buffet-vaisselier, comporte une étagère à trois ou quatre niveaux dressée sur un buffet bas. Le « faux-palier » est une étagère dont les montants latéraux prennent appui sur le sol au lieu de reposer sur un buffet. Parmi les petits meubles de cuisine, citons encore le « salin », ou coffre à sel, le « verrier », qui est une étagère à claire-voie, la « huche », ou pétrin à plateau supérieur mobile, la « laiterie », simple buffet grillagé utilisé pour ranger les récipients à lait et à crème.

Les tables normandes sont à grands plateaux rectangulaires en chêne, en orme ou en sapin, reposant sur quatre pieds carrés chanfreinés, reliés par une entretoise en « H ».

Les bancs les plus courants sont à quatre pieds reliés par une épaisse traverse. Les chaises et les fauteuils paillés se distinguent par des traverses en accolade, légèrement cintrées et agrémentées de sculptures florales.

PÉRIGORD — LIMOUSIN

Caractères généraux

Le talent artistique des menuisiers du Périgord s'est librement exprimé à travers de puissantes sculptures, dont les pointes de diamant sont les plus caractéristiques. Le style périgourdin a influencé les provinces voisines, du Limousin à la Gascogne. Cependant, les buffets et les armoires de la Creuse et de la Haute-Vienne s'apparentent davantage aux meubles du Poitou et du Berry.

Quant au décor des meubles limousins, il est plus léger avec ses fleurettes naïves, ses feuillages, ses rosaces et ses fines moulures. Le meuble le plus représentatif du Limousin est le buffet, ou bas d'armoire, orné de sculptures en léger relief, avec deux portes moulurées, deux tiroirs et une traverse inférieure chantournée. Les buffets à deux corps sont de même inspiration, ainsi que les armoires : néanmoins, on trouve également en Limousin des armoires à pointes de diamant.

Les bois employés dans ces provinces sont essentiellement le beau noyer au grain serré et aux teintes rougeâtres, le merisier, le poirier et la loupe d'orme. Le chêne est plus particulièrement réservé aux coffres et aux pétrins de forme classique.

Les ferrures sont en fer forgé, parfois étamé et découpé en jolies ciselures. Les gonds, souvent de grandes dimensions, sont en fer ; les plaquettes d'entrée de serrures sont plus modestes.

Dresse-égouttoir de Picardie en chêne massif. Un meuble fonctionnel enrichi par la beauté des moulures.

Principaux meubles

La grande armoire lingère à pieds « fromage », les cabinets, ou buffets à compartiments, les bonnetières sont d'inspiration Louis XIII, bien qu'ils datent le plus souvent du XVIIIe siècle ou même du XIXe. Ici triomphent les pointes de diamant en étoile ou en croix de Malte et les corniches saillantes à plusieurs rangs de moulures. Les buffets et buffets-vaisseliers relèvent davantage du style Louis XV.

On appelle « maie » un pétrin qui fait en réalité office de huche à pain et qui peut servir de table.

À partir du XVIIIe siècle, les commodes ventrues sont à deux ou trois tiroirs à poignée en fer ou en bronze doré.

Les tables en noyer sont munies d'un grand tiroir en bout pour couper la « tourte », gros pain de 10 livres.

Les fauteuils Louis XIII, à grands dossiers rectangulaires très inclinés, ont des pieds tournés reliés par des entretoises. Ils cèdent la place au XIXe siècle à des sièges paillés en merisier, aux pieds largement cambrés, renforcés par des bâtons tournés.

PICARDIE

Caractères généraux

L'ensemble des régions que regroupe la Picardie ne correspond pas à une véritable province, ni au sens historique ni au sens géographique du terme. Le mobilier est donc assez varié, mais d'une originalité relativement peu marquée. Au sud, toutefois, le Beauvaisis, l'Oise, la Thiérache ayant été fortement influencés par l'Île-de-France, on trouve de très belles armoires Régence en chêne mouluré et sculpté et des buffets à deux corps dont la richesse et la qualité contrastent avec la simplicité du mobilier picard en général. Par ailleurs, du côté du Vimeu, à la frontière du pays de Bray, le meuble devient presque normand, tandis que celui de l'Artois et du Boulonnais se rapproche beaucoup du mobilier flamand.

Le véritable meuble picard est celui de la région d'Amiens. Quant aux bois utilisés, ils varient selon les ressources locales : le chêne domine généralement, mais, dans les régions côtières, on lui préfère parfois l'orme, qui lui ressemble un peu ; en Amienois, on privilégie souvent le merisier, surtout au XIXe siècle.

Principaux meubles

Le meuble picard par excellence, c'est la « traite », long buffet bas démesurément étiré dont les plus beaux exemplaires sont originaires de la région d'Amiens. La traite peut être simplement à deux ou trois portes, mais lorsqu'elle est conçue sur place, aux mesures de la pièce à laquelle elle est destinée, elle peut adopter des dimensions impressionnantes. Le menuisier sait éviter la monotonie d'un alignement de portes en faisant alterner les portes, qui vont généralement par paires, avec des rangées de tiroirs et des panneaux dormants. Beaucoup de ces longs meubles ont d'ailleurs été transformés et coupés au cours des âges, ce qui explique parfois certaines dissymétries anormales. Les traites sont en fait les seuls meubles picards à être enrichis d'un décor assez recherché. Les plus belles, fabriquées à la fin du XVIIIe siècle ou au début du XIXe, sont d'un style Louis XV assez discret : le galbe des pieds, les contours de la traverse et des moulures sont, en effet, peu accusés. Plus récentes et plus nombreuses, les traites de style Directoire ont des lignes et des pieds droits, des moulures quadrangulaires, et leur décor se réduit à quelques sobres losanges distribués sur les tiroirs et les panneaux. Il n'est toutefois pas rare de voir associer sur un même meuble les galbes Louis XV et les losanges Directoire.

En fonction du style, du bois et du décor, on distingue dans la région d'Amiens plusieurs types de traites. La traite de Poix est en principe en chêne, de style Louis XV ou Directoire, mais de décor assez sobre avec des moulures ou des églantines stylisées au haut de longues tiges, que l'on appelle parfois les roses de Picardie. La traite de Vignacourt est généralement en merisier, de style Louis XV, avec un décor sculpté relativement abondant : à la ceinture, notamment, on peut trouver une frise de grappes et de pampres, allusion à la racine du nom de la ville. La traite de Canaples se reconnaît à ses légères marqueteries de bois de couleurs dessinant de gracieux bouquets d'églantines, des frises et des ornements géométriques.

En Artois et en Boulonnais, la traite est assez souvent remplacée par le « séage », buffet bas et long muni d'un évidement central ou latéral. Traite ou séage supportent fréquemment une « potière », ou étagère à un ou plusieurs degrés destinée à la vaisselle de faïence ou de cuivre.

Les autres meubles de la maison sont d'une grande sobriété ; les armoires quadrangulaires sont en chêne ou en orme, sans sculpture et à peine moulurées ; les commodes sont rares, petites et droites, sans ornement ; les tables de ferme reposent sur des pieds tournés assez gracieux et comportent, comme en toute région, un ou deux tiroirs à pain ; les horloges peuvent être assez typées, notamment celles que l'on nomme « demoiselles de Picardie », hautes et étroites ; les fauteuils paillés, très fréquents en Picardie, se nomment « cadets » et ne présentent pas une très grande originalité.

Il est enfin quelques meubles plus originaux, propres à la région : l'étimier-égouttoir, petit meuble étroit et bas équipé de deux tablettes à claire-voie, qui, malgré son primitif rôle utilitaire, est d'une fabrication assez soignée et se transforme facilement en petite étagère décorative ; la table à pain, petite table ronde à trois pieds dont un rabattable, ce qui permet de la replier contre le mur après usage.

Lauros-Giraudon

D'inspiration italienne, l'armoire peinte d'Uzès (Gard), à décor de paysages et de portraits, est unique en son genre (époque Louis XVI). Musée du Vieux Nîmes.

PROVENCE ET LANGUEDOC

Le sens du confort et de la douceur de vivre remonte au passé antique de la Provence, et cette province occupe une place privilégiée dans l'histoire du mobilier régional. Bourgeois et paysans, les meubles y sont plus diversifiés, plus raffinés et beaucoup plus ornés qu'en aucune autre région. Dès le Moyen Âge, les « fustiers » (menuisiers en provençal) fabriquaient de beaux meubles destinés à la société aristocratique. À partir du XVIIe siècle et surtout au XVIIIe s'est développé un véritable mobilier de terroir, aux aspects différents selon les époques et les régions.

Le mobilier de Haute-Provence et des Cévennes

Un mobilier très simple, de noyer foncé, équipe les maisons paysannes des pays montagneux comme la Haute-Provence et les Cévennes : des armoires, des buffets bas, des panetières, des pétrins, des étagères à vaisselle qui sont très sobres avec des barreaux tournés droits et un décor réduit à une simple mouluration. Les seuls meubles ornés que l'on rencontre dans les Basses-Cévennes sont les armoires huguenotes des XVIIe et XVIIIe siècles, à fronton triangulaire ajouré et à façade compartimentée abondamment sculptée de scènes bibliques encadrées de feuillages. Il faut mentionner également les armoires d'Uzès, en bois pauvre, ornées d'entrelacs et de motifs de ferronnerie peints en jaune sur fond rouge, vert ou noir.

Commode provençale d'époque Louis XV en bois naturel mouluré et sculpté, avec traverse inférieure ajourée, caractéristique de la virtuosité des sculpteurs provençaux. Estimée de 120 000 à 150 000 F en 1989.

D. R.

Panetière provençale dans le style de Fourques, XVIIIe siècle. Estimée 28 000 F en 1989.

Le mobilier provençal

Le meuble provençal proprement dit est étroitement lié aux styles qui se sont développés en Arles à partir du XVIIIe siècle, épousant avec complaisance les galbes et les chantournements du Louis XV et donnant naissance à un mobilier aussi original que diversifié.

Comme en bien des régions, le meuble principal est l'armoire, qui est aussi le meuble de mariage. Dans la chambre à coucher, on lui adjoint, même en milieu rural, une commode, particulièrement belle en Provence, et une petite table à écrire ou à coiffer. Le reste du mobilier prend place dans la grande salle du mas. La table à manger et les bancs n'ont pas de caractère particulier : le buffet à gradins, dit aussi « à glissants » qui occupe le centre du panneau principal, se compose d'un buffet bas surmonté d'un petit étage fermé par deux portes coulissantes avec un tabernacle central ; son décor est particulièrement soigné.

Le pétrin, en auge sur pièces, accompagné de sa panetière assortie, à barreaux fuselés, couronnée de bobèches, joue aussi un grand rôle décoratif. De même, un grand nombre de petits meubles étagères ornent les murs : l'« estagnié » pour les étains, le « verriau » pour les verres, l'« escudelié » pour les poteries, la « farinière », la boîte à sel...

Les chaises et les fauteuils de paille, ainsi que les banquettes à trois ou quatre places, ne sont pas d'une originalité très marquée, mais leur paillage fantaisie, leurs barreaux fuselés, leur légèreté de ligne leur donnent toutefois un accent de terroir assez plaisant.

Sculpture ajourée dans la traverse inférieure d'une armoire provençale du XIXe siècle. Ce motif, baptisé à tort « soupière », est en réalité une « cassolette » du répertoire Louis XVI.

J. Laffay

Les styles provençaux

Le style dit « de Fourques », que l'on peut situer à peu près entre 1730 et 1760, constitue le premier des styles arlésiens. Il se caractérise par des lignes Louis XV (frontons en chapeau, traverse inférieure chantournée, pieds en escargot), par un délicat décor linéaire à la gouge dont les sinuosités s'enroulent en colimaçon et par des moulures assez larges mais peu profondes, ornant les portes des armoires et des buffets.

Le style fleuri qui lui succède conserve les lignes du style de Fourques en les agrémentant d'un décor sculpté exubérant et abondant, faisant appel à un répertoire essentiellement végétal. La mouluration des portes et traverses demeure importante, et l'intérieur des panneaux est laissé sans sculptures. Les meubles les plus ornés sont les armoires de mariage, les buffets à glissants et les commodes, lesquels sont garnis à la traverse inférieure d'une large rocaille ajourée se prolongeant de chaque côté en guirlandes de feuillages. Des guirlandes d'oliviers, de roses ou de fleurettes courent au fronton des armoires, à la ceinture des buffets et sur les tiroirs des commodes. Des motifs symboliques comme la vigne ou l'épi de blé ornent fréquemment les armoires de mariage.

Puis, à la fin du XVIIIe siècle, le style Louis XVI apporte un certain renouveau : la « soupière » ajourée remplace la rocaille et laisse apparaître des médailles, des cannelures, des rosaces, des lyres et des guirlandes de laurier et même, dans la dernière décennie du siècle, des piques et des bonnets phrygiens.

Toutefois, dès le XIXe siècle, le style fleuri reprend le dessus avec une abondance et une exubérance décorative accrues. Les détails ont alors une grande importance et sont toujours extrêmement soignés : des barreaux fuselés et finement tournés ornent la panetière et le garde-manger, les petits meubles sont couronnés de gracieuses bobèches de bois. Les garnitures métalliques sont artistiquement travaillées, aussi bien les hautes fiches d'acier tourné que les entrées de serrure découpées d'enroulements gracieux et disposées par séries de deux ou de trois sur les vantaux des buffets et des armoires.

Le mobilier languedocien

Quant au mobilier languedocien, il se rapproche du mobilier provençal par ses formes générales et par ses différents types de meubles : on retrouve notamment en Languedoc la panetière et les petits meubles étagères, les motifs de traverses ajourées, mais les lignes sont plus droites, les silhouettes plus robustes, les ornements plus sobres et le bois employé est presque toujours le noyer.

Bahut à deux corps du Languedoc (fin du XVIe s.), orné d'angelots et de grappes de fruits. Les meubles de cette qualité échappent à la baisse des meubles régionaux.

Les meubles charentais comportent souvent des marqueteries de bois clairs et foncés en alternance entre deux filets, disposées horizontalement au-dessus des portes ou verticalement le long des montants. Les entrées de serrures s'étirent en motifs ajourés.

VENDÉE — POITOU — SAINTONGE

Caractères généraux

Entre l'embouchure de la Loire et celle de la Gironde, le Poitou, la Vendée, l'Aunis et la Saintonge forment une région carrefour entre les pays de Loire et le Sud-Ouest proprement dit. Le mobilier y présente une certaine unité, malgré des différences notoires entre le pays maraîchin, très pauvre, le bocage, plus riant, et les riches plaines agricoles et viticoles de la Saintonge.

Au XVIIe siècle et au début du XVIIIe, le style Louis XIII est de rigueur dans les familles bourgeoises. Armoires, bonnetières et cabinets sont à pointes de diamant, en étoile ou en croix de Malte d'inspiration périgourdine en Saintonge, tandis qu'en Poitou et dans le Bocage on trouve plutôt des disques et des galettes d'influence bretonne. À partir du XVIIIe siècle, le mobilier adopte les lignes Louis XV, jusque dans les campagnes. Les meubles paysans sont assez simples, mais soignés et plaisants, exécutés en bois blond (merisier ou noyer) souvent associé à la loupe d'orme (« ormeau galeux ») ; d'une part, ils sont garnis de légères moulures sinueuses et de motifs incrustés, opposant un bois clair et un bois foncé : étoile, croix de Malte, frises de damiers, triangles ou losanges ; d'autre part, les entrées de serrure, larges, longues et gracieusement découpées d'entrelacs et d'enroulements, jouent également un grand rôle décoratif.

Principaux meubles

Les meubles les plus caractéristiques sont, en Saintonge et en Vendée, le cabinet, dit aussi « homme debout », à deux portes superposées séparées par un tiroir, et l'armoire à une porte appelée à tort « bonnetière », équipée d'un tiroir dans le bas. C'est par erreur que l'on nomme parfois « homme debout » l'armoire à une porte. Au temps de la guerre de Vendée, c'est dans le cabinet à tiroir que se cachait, dit-on, le « blanc » surpris par les soldats révolutionnaires. À cet effet, on enlevait le fond du tiroir et les planches des placards, ce qui permettait à l'homme de s'y tenir debout : ce meuble éveillait évidemment moins la suspicion que l'armoire à une porte. Cabinet et bonnetière ont les mêmes proportions ; ils sont le plus souvent en merisier ou en noyer, avec panneaux de loupe et quelques légers décors d'incrustation, de belles ferrures découpées sur les vantaux des portes et sur les façades des tiroirs.

L'armoire à deux vantaux est plus rare et plus bourgeoise ; elle est coiffée d'un chapeau de gendarme, et une haute moulure sinueuse encadre en un seul panneau toute la hauteur de la porte, comme sur les armoires nantaises.

Le vaisselier est une des pièces maîtresses du mobilier paysan. La partie basse a l'apparence d'un buffet bas, avec deux portes dont les panneaux intérieurs peuvent être en loupe, deux tiroirs de ceinture et toujours de très belles ferrures. Le haut de l'étagère forme souvent une corniche en avancée terminée aux extrémités par des motifs en chute, de bois tourné. Sur les rayonnages sont disposées les faïences de Marans ou de La Rochelle.

Cabinet vendéen en ronce de noyer (fin du XVIIIe s.), parfois appelé « homme debout », remarquable par ses ferrures ciselées. Plus apprécié et plus rare que les bonnetières à une porte.

Grande armoire gasconne en noyer sculpté en pointes de diamant disposées en croix de Malte. Époque Louis XIII, mais dont la fabrication s'est poursuivie aux XVIII et XIXe siècles.

En milieu bourgeois, le buffet à deux corps est préféré au vaisselier. Son corps supérieur, qui peut être à l'aplomb ou à retrait, est généralement coiffé d'un chapeau de gendarme. Mis à part ce détail, le deux-corps présente les mêmes caractéristiques que les autres meubles : moulures chantournées, panneaux de loupe, incrustations claires et sombres et larges ferrures ornementales. Le buffet bas est soit de type classique à deux portes, soit à trois ou quatre portes (rarement plus), et il prend alors le nom d'« enfilade ».

Dans la salle commune, on trouve encore la table de ferme, sans grande originalité et souvent très rustique. Elle prend parfois, comme en Bretagne, l'aspect d'une table-huche, à abattant dans le plateau. Les sièges sont des bancs, des fauteuils paillés à hauts dossiers ou des banquettes également paillées à trois ou quatre places.

Dans les demeures bourgeoises existent, en outre, un assez grand nombre de petits meubles raffinés : guéridons, tables à écrire, tables de chevet, commodes, bureaux en dos d'âne, consoles à tiroirs... de style Louis XV, Louis XVI ou Directoire.

LES MEUBLES DE PORT

Dans les ports du littoral atlantique, de Boulogne à Bordeaux, s'est développé, de la fin du XVIIe siècle jusqu'au milieu du XVIIIe, un mobilier très particulier.

Les « meubles de port » utilisaient les bois exotiques rapportés des colonies par les vaisseaux de haute mer soit comme fret de retour, soit sur leur coque en guise de réparation, d'où l'expression de « meubles en bois d'épave », utilisée parfois. En fait, ce sont les « bois des isles », acajou, amarante, palissandre, citronnier, bois de rose..., utilisés en massif et non en placage, comme le feront plus tard les ébénistes parisiens.

Chaque centre de fabrication présente ses particularités : les deux principaux sont Bordeaux et Nantes, où l'on trouve beaucoup de commodes, mais aussi des armoires, des buffets hauts, des buffets bas, des secrétaires en dos d'âne, des petites tables à écrire.

À Bordeaux, la commode type est ventrue et bombée, tandis que la commode nantaise est droite avec une façade à arbalète et une légère sculpture de coquille à la traverse inférieure : quant aux commodes boulonnaises, elles sont droites et très simples, à façade unie.

Les armoires et les buffets à deux corps bordelais sont de type Régence classique avec des portes moulurées et un fronton droit ou en chapeau. Ceux de Nantes sont de même type, mais bordés, sur toute la hauteur de la porte, d'une fine moulure chantournée.

Les armoires malouines sont carrées et massives, avec des portes compartimentées en caisson d'où se détachent des cabochons octogonaux inspirés des meubles hollandais.

En certaines régions, notamment autour de La Rochelle et de Saint-Malo, les menuisiers ont créé des effets de contrastes de couleurs entre les différents bois, acajou et citronnier, par exemple, ou acajou et loupe d'orme ou de noyer, le bois sombre étant utilisé en encadrements et montants, le clair pour les panneaux.

Sur les meubles de port, les poignées de tiroir et garnitures métalliques sont généralement de cuivre, métal qui est d'un bel effet sur le sombre acajou et, surtout, que l'air marin ne rouille pas comme il le ferait du fer.

Destinés à l'opulente classe des armateurs et grands commerçants, les meubles de port sont toujours de fabrication très soignée, d'une beauté sévère : la mouluration, avec les cuivres, forme l'unique décor, les sculptures étant absentes ou fort discrètes.

Souvent exécutés à la commande, selon le goût et la fantaisie du destinataire, ces meubles révèlent difficilement leur provenance géographique exacte.

Scriban bordelais en acajou massif mouluré du XVIIIe siècle. Estimé 80 000 F en 1989.

D. R.

L'Italie

Le morcellement, jusqu'à la fin du XIXe siècle, de l'Italie en royaumes, duchés, républiques ne facilite guère l'étude de son mobilier. Cependant, certains phénomènes culturels tendent à unifier les traditions locales : la civilisation étrusque, trop souvent oubliée au profit de la Rome antique, qui a laissé des traces non négligeables ; la Renaissance, qui a donné aux esprits une unité culturelle et artistique et, enfin, le goût tout méditerranéen du « décor pour le décor ».

Cette ornementation, exubérante et variée, qui s'accorde si intimement au tempérament italien, compense en partie l'indigence de la matière première, le bois. Très tôt, la maigre forêt méditerranéenne s'est épuisée ; le chêne comme le noyer deviennent si rares qu'on doit avoir recours, dans de nombreux cas, au bois blanc ; celui-ci est parfois revêtu de « feuillards » de châtaignier, d'orme, de frêne, de peuplier, de cyprès. La pauvreté du matériau est masquée par un décor de plus en plus sophistiqué, grâce à des procédés et à l'utilisation de matériaux divers.

Le Moyen Âge

Profitant de la lutte entre les empereurs germaniques et la papauté, les cités, tout en rivalisant entre elles, consolident leur indépendance. Venise, Milan, Gênes, Florence puis Naples dominent l'économie italienne. Riches négociants et princes font de leurs villes des foyers d'art et de culture où, au début du XVe siècle, s'annonce la Renaissance.

Jusqu'au XVe siècle, le mobilier italien reste, comme celui de toute l'Europe, très rudimentaire ; il se résume alors au coffre, qui fait à la fois fonction de garde-robe, de caisse de sûreté et même de lit, à quelques sièges pliants et à la table sur tréteaux. C'est à Florence, au XVe siècle, que se prépare la Renaissance : le mobilier civil y fait en effet ses véritables débuts. De son côté, Venise ouvre l'Italie au monde et aux influences orientales.

L'autorité pontificale est rétablie et les États princiers sont consolidés : c'est l'apogée de la Renaissance. Les arts italiens règnent sur l'Europe, malgré les guerres incessantes que suscite la convoitise des autres puissances européennes.

Pleine Renaissance

Le coffre est toujours roi, mais il est désormais largement décoré, notamment le coffre de mariage (cassone), et il affecte, de plus en plus, la forme « tombeau ». L'ornementation « a sgraffito », la plus usitée(1), est concurrencée par la scogliola(2). De très grands maîtres, tel Uccello, participent fréquemment à son élaboration.

Parmi les sièges, les plus remarquables sont les « chaises de fileuse », auxquelles trois pieds donnent un meilleur équilibre et dont le dossier, très droit, s'orne de sculptures ; les sièges lombards, plus lourds, présentent parfois un siège paillé ou légèrement rembourré de cuir ; enfin, la « savonarole », dont la forme est inspirée de celle de la chaise curule, est l'ornement des demeures princières (on peut la voir dans de nombreux tableaux).

Giraudon

Dès le XVIe siècle, les artisans italiens pratiquent avec virtuosité les incrustations d'ivoire et de pierres dures. Ici, décor de la porte intérieure d'une armoire (fin du XVIe s.).
Hospice de Villeneuve-lès-Avignon.

Renaissance tardive

Vers 1575, la population devenant plus sédentaire, de nombreux meubles se répandent, notamment l'armoire. Très sobre jusque-là, sa structure et son décor font toujours référence à l'architecture, mais en conférant de plus en plus d'importance et de soin aux motifs ornementaux (colonnes, corniches, statues ou caryatides). Les

(1) Littéralement « égratigné », graphisme obtenu par des hachures tracées sur un enduit blanc appliqué sur fond de stuc noir.
(2) Décor par incrustation de pierres dans des pâtes colorées prenant l'aspect du marbre.

Ader, Picard, Tajan

Somptueux cabinet en ébène du XVIIe siècle incrusté de lapis-lazuli, de jaspe et d'agate. Vendu par Mes Ader, Picard, Tajan.

ébénistes toscans en produisent de beaux exemples. Le cabinet (stipo) avec ses incrustations de pierres dures et ses garnitures de bronze, les tables en marbre au riche décor mosaïqué, aux supports richement décorés (feuillages, volutes, griffes) font présager déjà des excès du Baroque. Enfin, le « studiolo » — équivalent du « tall boy » anglais — apparaît dans les demeures : il présente, tel un secrétaire, un corps inférieur muni de vantaux, un corps supérieur divisé en nombreux tiroirs et un abattant à usage de table à écrire.

Parmi les sièges, la « sedia dantesca » connaît un grand succès : formée par deux couples parallèles de branches en contre-courbe que relie un axe, son aspect général est cependant lourd. Le dossier se suffit d'une traverse, et le siège d'une simple feuille de cuir. Les tabourets « sgabello », très décorés, sont abondants.

XVIIe siècle, le premier seicento

L'action conjuguée des guerres, de l'oppression espagnole et de l'Inquisition romaine provoque le déclin des cités et des États. La crise économique est générale. La Renaissance, sur sa fin, s'« expatrie », fournissant les cours européennes en hommes d'État, artistes, penseurs...

Le bois tourné est désormais très employé, surtout pour les sièges, dont les formes deviennent plus légères ; l'ornementation des dossiers est encore plus accentuée : aussi aboutit-on souvent à des sièges plutôt décoratifs qu'utilitaires, tendance qui s'affirmera dans les périodes suivantes. Banquettes et tables ont des pieds cambrés. Le coffre a totalement disparu au profit d'un bureau-trumeau, à tiroirs dans sa partie inférieure et vantaux masquant étagères et casiers à la partie supérieure. Les cabinets, dont la perspective centrale est nommée « certosina », sont toujours très en vogue. Les premières commodes apparaissent.

La période baroque

Elle est marquée par l'abolition totale de l'angle droit, l'exubérance des formes et l'outrance du décor sculpté et doré, feuillages, pampres, amours, sphinges... Toutefois, un souci de confort se manifeste en ce qui concerne le fauteuil, qui se garnit de coussins rembourrés, en velours ou damas précieux.

XVIIIe siècle

Toujours morcelée, l'Italie subit l'occupation étrangère. L'Autriche affermit son emprise sur le Nord, tandis qu'au sud elle se heurte aux Espagnols. La dernière décennie du siècle est marquée par l'intervention des armées françaises et la création de républiques, d'abord bien accueillie par les libéraux italiens.

L'influence de la France se fait sentir, sans pour autant modérer l'importance prise par le décor ; le bois doré se retrouve dans tous les types de meubles et on a tendance, comme un peu partout en Europe, à négliger les meubles à usage domestique (l'armoire, notamment) au profit des meubles de prestige : consoles surchargées de sculptures (à Gênes), tables aux piétements alourdis, vastes fauteuils. À Venise, où trois cents ateliers d'ébénisterie sont en activité, c'est le triomphe des laques : laques blanches réchampies vert et doré, dont les réserves révèlent d'exquis paysages, des scènes maritimes ou des pastorales légères ; laques à l'imitation de la Chine, d'un

Fauteuil dit « Dagobert » pliant à piétement en « X » sur patins. Début du XVIIe siècle.

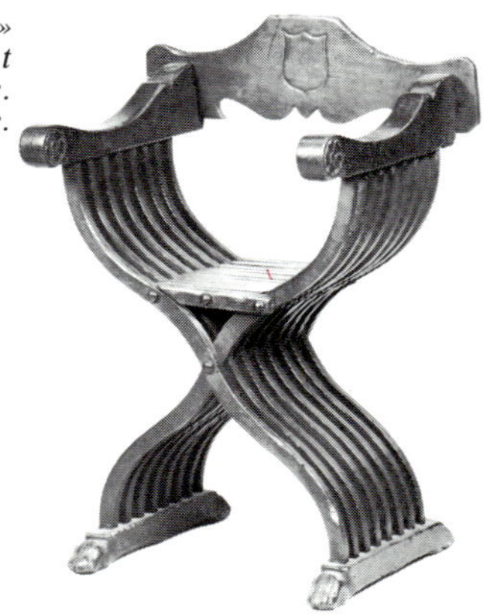

Chaise dite « escabelle » en bois sculpté, époque Renaissance.

exotisme raffiné bien qu'approximatif. Elles décorent commodes, cabinets, petits bureaux ainsi que ces « scribannes » dont Gênes se partage, avec Venise, la remarquable création vers 1725. Ce charmant meuble à deux corps avec abattant offre la particularité d'être, dans sa partie supérieure, utilisé seulement à des fins décoratives, soit qu'il serve de dressoir, soit qu'il se présente comme une sorte de retable. À Venise, un miroir orne son fronton et rappelle la proximité de Murano.

Une heureuse réaction se produit, dans le courant du XVIIIe siècle, contre l'outrance des formes. C'est alors qu'apparaît un certain style Louis XV, celui du début du Rococo, d'une élégance relativement dépouillée par rapport à l'ornementation baroque. Ce retour vers plus de simplicité s'accompagne de la naissance et de la généralisation de la salle à manger. Jusqu'ici, le plus souvent, la table était dressée sur des tréteaux dans une pièce quelconque ; désormais, les repas bénéficient d'un décor fixe ; c'est l'occasion pour les ébénistes de multiplier consoles, dessertes, vitrines ; les chaises se font légères et d'une assise plus confortable, tandis que la table se partage entre le marbre et l'acajou verni. À cette époque, en effet, les réserves de bois dur (noyer et chêne) sont presque totalement épuisées. Aussi doit-on faire appel aussi bien à l'acajou qu'aux bois de placage, ces derniers étant destinés à masquer pin, tilleul, eucalyptus, matériaux dont la structure n'offre guère d'intérêt.

Dans les pièces de réception, on accumule des petites commodes bombées, des bureaux-commodes dits « ribalta », les tables-cabarets ; les canapés ont des formes très allongées ; les fauteuils sont tantôt « à la française », tantôt « à l'anglaise » (tardive influence Queen Anne ou Chippendale).

Le Néo-classicisme

Le retour aux sources s'affirme, comme partout en Europe. On s'entiche de l'Antiquité au travers de nombreuses influences issues du Louis XVI français et de nombreux emprunts à l'Angleterre. Il faut noter cependant la permanence des galbes Louis XV, chers aux Italiens, et celle des décors somptueux. C'est ainsi que Maggiolini, artiste lombard et grand maître en marqueterie, utilise jusqu'à 86 bois différents pour orner ses cabinets, sur structure de noyer !

Couturier-Nicolay

Commode scribanne en bois laqué polychrome, Italie, XVIIIe siècle. Adjugée 160 000 F par Mes Couturier-Nicolay, à Drouot, le 14 mars 1987.

Le style Empire

Tout au long de la première moitié du XIXe siècle, les libéraux luttent, sans succès décisif, contre la mainmise autrichienne sur la Lombardo-Vénétie et le conservatisme du roi de Naples et du Piémont-Sardaigne. Ce n'est qu'avec l'aide de la France que Cavour parvient, en 1861, à faire proclamer Victor-Emmanuel II roi d'Italie.

Comme en Espagne, et par le jeu des guerres napoléoniennes, le style Empire envahit l'Italie ; seuls quelques petits détails de style permettent parfois de différencier les provenances. Les formes sont lourdes ; les sculptures dorées (têtes et pattes de lion, palmettes, guirlandes, têtes à l'antique...) envahissent les meubles, peints en blanc.

Le style dit « Carlo Felice » s'inspire du Charles X et du Louis-Philippe français, avec prédominance de l'acajou verni et du bois peint.

L'Espagne

Très peu étudié jusqu'ici, en dépit des pièces anciennes que détiennent musées et édifices religieux, le mobilier espagnol semble, au premier abord, se situer en dehors des autres productions européennes. Son aspect massif et austère aussi bien que certaines de ses outrances décoratives lui donnent en effet une place particulière.

D'une part, l'isolement politique et économique dans lequel l'Espagne a longtemps vécu, le partage de la société en deux catégories de très riches et de très pauvres, la rigueur de la discipline religieuse ont fortement marqué les mœurs ; d'autre part, les conquérants arabes ont laissé, bien après la Reconquête espagnole, l'empreinte de leurs modes de vie et, dans de nombreux secteurs (mobilier, céramique, étoffes, etc.), légué des techniques originales de fabrication et d'ornementation. Au long des siècles, le « mudejar » (mauresque) s'associe de plus en plus étroitement au style proprement ibérique. Par ailleurs, la diversité des traditions locales a conduit à différentes interprétations des types de meubles.

La prééminence du menuisier sur l'ébéniste a longtemps eu pour conséquence une certaine « rusticité » d'exécution, compensée par la saveur d'un habile savoir-faire. L'ébéniste, tel qu'on l'entendait en France ou en Angleterre, est venu tard, soit qu'il appartienne aux Ateliers royaux, soit que, indépendant, il cumule ses fonctions avec celle d'imagier ou de sculpteur de retables.

Enfin, par le jeu des relations politiques, l'Italie, la Hollande, la France, le Portugal, l'Angleterre (Minorque appartint longtemps aux Anglais, qui y avaient installé une « industrie » du meuble) influent sur le style du mobilier.

Gothique, le chêne

Occupée par les Arabes au VIIIe siècle, l'Espagne met près de sept siècles à retrouver son intégrité territoriale.

Bargueño en bois naturel décoré de pentures en fer forgé. L'abattant découvre les tiroirs incrustés d'ivoire et flanqués de colonnettes torsadées. Époque XVIIe siècle. Un style typiquement espagnol.

Les deux grandes familles rivales de Castille et d'Aragon réunies assurent, en 1469, l'unification du pays.

Le mobilier épouse les lignes architecturales des édifices gothiques ; très tôt, menuisiers, ciseleurs, sculpteurs s'organisent en corporations et affinent leurs techniques. Motifs floraux (chardon, vigne) ou motifs de linge plié ornent de très beaux coffres ; les décors géométriques composent des sortes de « dentelle » d'une rare virtuosité. Dans les coffres de mariée sont aménagés des tiroirs pour « serrer » bijoux et tissus ; le décor intérieur montre des peintures religieuses ou allégoriques, ainsi que des armoiries. Cette mode se perpétue jusqu'au XVIIIe siècle.

Conjointement, le meuble « mudejar », dont les premiers spécimens appartiennent au bas Moyen Âge, poursuit sa carrière. Des fauteuils en « X » (appelés « cacolets » à Grenade) et des coffrets sont entièrement décorés d'une marqueterie très typique d'os, de buis, d'ébène. Grenade est le centre de la production. On retrouvera ce type de marqueterie, plus tard, sur les bargueños.

Renaissance, le noyer

Cette période coïncide, en Espagne, avec l'âge des grandes découvertes et avec l'achèvement de la Reconquête sur l'envahisseur maure : en 1492, Grenade est reprise. Le pays s'ouvre à de nombreux artistes flamands, italiens et français dont l'influence va tempérer l'empreinte de l'Islām. Avec Charles Quint, la puissance de l'Espagne atteint son apogée ; il est maître de l'Europe, de l'Amérique centrale et du Sud. La civilisation castillane s'épanouit dès le milieu du XVIe siècle.

Le noyer est désormais plus employé que le chêne ; on trouve également le châtaignier et le pin, naturel ou teinté.

Le décor dit « plateresque », inspiré par l'argenterie, emprunte à la flore, à la faune, mais aussi au bestiaire légendaire (griffons, monstres...). Les marqueteries de type grenadin ont pour élément de base le « grain de blé » (« grano de trigo » ; en catalan, « spinyonet »). Les incrustations d'os sur noyer sont fréquentes. Pièces tournées, appliques de fer, garnitures de velours (souvent rouge ou vert) et cuirs polychromes s'intègrent dans le décor.

Le célèbre « cordouan » recouvre sièges, secrétaires, armoires et jusqu'aux murs et au sol ; cette mode réapparaîtra d'ailleurs au début du XXe siècle et, mal interprétée, dénaturée, banalisera de nombreux décors intérieurs. Tissu ou cuir sont fixés par des clous en bronze doré dont les formes et l'ornementation sont très variées.

Mis à part le très spectaculaire mobilier religieux (la bibliothèque du monastère de l'Escurial, par exemple), les archétypes du meuble espagnol sont le « frailero », le « bargueño » et les tables.

Le frailero

Le fauteuil conventuel (dit « de mission » en Amérique latine) a un bâti droit, rigoureux et des bras horizontaux. Dossier et siège sont souvent formés d'une large bande d'étoffe ou de cuir. Les traverses sont ajourées ou sculptées ; on en fabriquera jusqu'au XVIIIe siècle.

Parmi les sièges, on trouve également des fauteuils « à la dantesque », pris à l'Italie, des bancs, tapissés ou non, de cuir travaillé. Les chaises présentent les mêmes caractéristiques que les fauteuils.

Le bargueño, ou vargueño

« On ne sait pas où commence, où finit le bargueño » (Feduchi). En effet, ce meuble, dérivé du coffre de mariée et qui correspond au cabinet français, a eu un tel succès, a subi tant d'influences et a été sujet à de si nombreuses copies qu'il est difficile à définir. Pour l'essentiel, c'est un meuble à deux corps. La partie supérieure est formée par un coffre à poignées latérales ; la façade s'ouvre (abattant ou portes) et démasque des tiroirs et des casiers au décor somptueux ; le bargueño peut être peint, doré, polychrome, marqueté, orné de fines sculptures se détachant sur un fond de velours ou de soie et de plaques d'acier ajourées... La partie inférieure est de deux types : soit en forme de crédence à quatre tiroirs (parfois dissimulés par des portes), soit en forme de coffre surélevé par des colonnettes.

Les tables

Les tables ont un grand plateau de noyer, un « X » de fer forgé réunissant les pieds tournés et de fortes traverses. De nombreuses tables, de dimensions plus réduites, peuvent servir de bureau, et leurs tiroirs, très sculptés, prennent de plus en plus d'importance ; elles sont souvent munies de poignées latérales pour le transport. La « mesa de campana », « table de campagne », facile à transporter de château en château, est l'apanage des hauts personnages ; de petites proportions, démontable, son décor sculpté est particulièrement riche.

Les tables sont souvent habillées de tapis de velours de soie descendant jusqu'au sol.

Baroque, le noyer, les bois exotiques

Le XVIIe siècle est le siècle d'or des arts et des lettres. Et pourtant, les revenus coloniaux s'amenuisent et le déclin de l'Espagne, inexorable, se poursuivra durant tout le XVIIIe siècle.

Le Baroque se manifeste dès le milieu du XVIIe siècle. Tandis que la Renaissance a été empreinte d'une profonde unité, le Baroque espagnol se manifeste par un éclatement en tendances diverses : « churriguaresque » sous les derniers monarques de la maison d'Autriche ; français avec le premier Bourbon, Philippe V ; teinté d'italien sous le règne de Charles III, précédemment roi des Deux-Siciles.

Le dossier, plus haut, s'incline, pour rendre le siège plus confortable ; les bras ont des lignes sinueuses et se terminent en volute vigoureuse ; les pieds galbés se présentent à l'anglaise, en « claw and ball ».

À ce type de transition, se substituent peu à peu des modèles aux formes tourmentées, aux sculptures violentes. Les chaises et fauteuils de style rocaille sont peints ou dorés ; les chaises dérivées du style anglais Queen Anne sont à dossier en forme de lyre. Les banquettes, aux lignes simples, prennent place dans les salons et galeries.

Sur le bargueño, le décor fait appel à l'écaille, au verre églomisé (doré à l'intérieur), à la nacre, à l'ivoire, aux pierres dures.

Les tables et consoles sont surchargées de dorures et de sculptures.

Les commodes, qui exigent un art consommé, ont quelque peu souffert des outrances du baroque ; les experts déplorent également un certain manque d'expérience de la main-d'œuvre de l'époque. De belles marqueteries fleuries rappellent les meubles hollandais.

Le mobilier, qui se diversifie toujours plus, comprend en outre des armoires-vitrines (« vitrine ») ; des secrétaires à abattant (en catalan « canterano ») ; des lits à l'effet « théâtral » : lits levantins ornés de peintures religieuses, lits à baldaquin, lits olotins de la région d'Olot, peints et dorés ; sans oublier une pièce pittoresque, la « cornucopia », glace à cadre surdécoré, indispensable à toute demeure, qui a laissé son nom à un genre maniéré, le style « cornucopia ».

Néo-classicisme, l'acajou

Réagissant contre les « folies » du Baroque, le Néo-classicisme se développe en Espagne, comme à travers toute l'Europe, et donne naissance à un mobilier assagi, aux lignes architecturées, aux proportions harmonieuses. Le meilleur créateur est Ventura Rodriguez, architecte et dessinateur de meubles qui bénéficie de l'aide des Ateliers royaux, où travaillent Angel Maeso, Pedro Palencia et Quintana. L'acajou est roi, relayé parfois par le hêtre, le pin, le poirier. Beaucoup de meubles sont peints, ou décorés de marqueteries à dessin géométrique avec des motifs de panier fleuri en réserve ; les bronzes ornementaux sont discrètement ouvragés.

Un joli modèle de chaise, dit « peineta », au dossier marqueté d'ébène, exécuté avec soin, mérite l'attention des amateurs.

Le style Empire

Malgré une vive résistance, le style Empire pénètre peu à peu dans les riches demeures espagnoles et — baptisé « Fernandino », du nom du monarque Ferdinand VII — connaît un vif succès, surtout aux Baléares et en Catalogne.

On a pu dire que la version espagnole du style Empire était « ingénue » (Feduchi), parce qu'elle a été le fait de menuisiers ou de modestes ébénistes régionaux, dont les créations, parfois naïves, ont souvent gardé les traces savoureuses de modèles locaux. Mais le Fernandino a ses grands créateurs ; ainsi Adrian Ferran, dit « L'Adria », excellent ébéniste qui a laissé des meubles remarquables, d'une facture irréprochable.

Avec Isabelle II, détrônée en 1868, le romantisme à l'espagnole investit les palais et les riches demeures. Du style « troubadour » au « rococo », des meubles, parfois

Ader, Picard, Tajan

Ce cabinet « contador », de style indo-portugais (fin du XVIIe s.), combine les structures du meuble espagnol et le décor exubérant d'inspiration exotique, ce qui donne cependant un meuble équilibré.

Les tables portugaises se distinguent par un piétement torsadé et des tabliers ornés de sculptures ajourées qui allègent l'ensemble.

Ader, Picard, Tajan

manufacturés, aux styles très proches font, à travers l'Europe, le bonheur des nouveaux riches et des cours.

Cependant, alors que partout ailleurs au XIXe siècle la production en série devient la règle, en Espagne, pour des raisons souvent plus économiques qu'artistiques, la fabrication artisanale se perpétue ; avec le temps, cette production, qui ne manque pas de charme, a pris une certaine valeur.

Le marché

Depuis 1960, le meuble espagnol a été l'objet d'un engouement consécutif à la brusque ouverture de l'Espagne au tourisme. Les connaisseurs étant rares, cette vague soudaine a suscité la fabrication de faux ou de mauvaises copies exécutés en série, vieillis en quelques semaines. En outre, la modération des prix tentait toujours l'acheteur étranger, dans le climat artificiel des vacances... Actuellement, la situation s'est clarifiée ; passé ce caprice de la mode, le beau meuble espagnol est réapparu sur le marché.

Cependant, les amateurs ne peuvent ignorer que des restaurations maladroites ont été réalisées avec des éléments de vieux meubles (quand ce n'est pas avec des bois artificiellement vieillis) ou avec des morceaux de retables ; que des copies grossières de bargueño ont été fabriquées au début du XXe siècle ; que le Baroque, longtemps trés dédaigné, est extrêmement rare ; enfin que, parmi les sièges, les faux sont abondants.

Les Pays-Bas

Le mobilier hollandais fait depuis peu une percée, encore timide, sur le marché français. À juste titre, les amateurs apprécient la beauté puissante de ces meubles, la vigueur de leur bois, la richesse de leur ornementation sculptée ; ils pourraient pourtant leur reprocher leur encombrement — comme ils le faisaient, récemment encore, pour tant d'armoires régionales françaises —, mais l'inédit, l'aspect « jamais vu » semblent compenser, dans leur esprit, la difficulté qu'ils peuvent éprouver à les loger dans une demeure moderne.

L'époque gothique (1500-1545)

Charles Quint, pour faciliter le gouvernement de son vaste empire, met en place un gouvernement central des Pays-Bas (on réunit alors sous ce vocable ce qui correspond approximativement au Benelux actuel) et place, à la tête de chaque province, un stadhouder, ou gouverneur. Marguerite d'Autriche, tante de Charles Quint, puis sa demi-sœur, Marie de Hongrie, assurent la charge du gouvernement. Une ère de prospérité s'ouvre pour les Pays-Bas. Le grand commerce se développe et des échanges fructueux entre l'Orient et l'Occident s'organisent. La Flandre joue un rôle prédominant.

Alors que l'Europe goûte aux plaisirs de la Renaissance, aux Pays-Bas on continue à bâtir et à vivre à l'heure du gothique : de nombreux édifices, tant religieux que laïques, en témoignent.

Dans la maison, les meubles sont encore rares ; ils répondent soit à des besoins proprement utilitaires — tables sommaires, coffres de rangement, sièges réduits à leur expression la plus simplifiée —, soit au désir d'honorer un personnage haut placé : ainsi en va-t-il de la chaire, siège du monarque ou du seigneur.

Le chêne est pratiquement l'unique matériau utilisé et le décor le plus remarquable est celui dit « du linge plié ».

Les belles armoires, aux pentures en fer forgé que recouvre une couche d'étain, sont, en grande majorité, biens d'Église.

La première Renaissance (1545-1600)

Charles Quint abdique en 1555 au profit de son fils. Mais l'intolérance de Philippe II ouvre aux Pays-Bas une période de troubles. Toutes les classes de la population entrent en lutte pour l'indépendance nationale et la liberté religieuse. Guillaume le Taciturne, avec l'aide des nobles révoltés, les « Gueux de la mer », reconquiert sur le duc d'Albe les villes côtières des provinces de Zélande et de Hollande. En 1609, l'Espagne signe une trêve avec les Pays-Bas.

Malgré cette situation, le mobilier gagne en importance, tout en restant fidèle aux coutumes et aux modes de l'époque précédente. Le noyer concurrence le chêne, et la décoration sculptée s'enrichit de nombreux motifs : colonnettes, mascarons, personnages en relief. Le coffre est toujours présent dans les foyers, où apparaît le cabinet — une des gloires de la maison hollandaise — avec son riche décor de fenestrages et de pinacles gothiques ; l'armoire, de grandes proportions, a quitté la sacristie pour devenir l'ornement de la pièce principale ou de la chambre d'apparat : ses personnages sculptés, allégoriques ou religieux, semblent veiller sur les trésors de linge ou de vaisselle qu'elle recèle.

La table, le plus souvent en noyer, offre des rallonges. Les fauteuils, légers, à pieds et bras en colonnettes élégantes, rappellent les caquetoires françaises (chaises basses réservées aux femmes) ; le fauteuil-à-joues est réservé aux hôtes de marque.

La pleine Renaissance (1600-1650)

La trêve conclue avec l'Espagne, puis le traité de paix de 1648 donnent aux Pays-Bas leur indépendance. C'est pour tout le pays le début d'une ère de prospérité exceptionnelle, qui connaîtra son apogée dans la seconde moitié du XVIIe siècle.

Le mobilier se démarque enfin des périodes précédentes ; le gothique attardé, abâtardi est délaissé. Les meubles sont nombreux, gagnent en élégance, se diversifient suivant leur province d'origine ; on commence à utiliser, en placages, des bois exotiques, tels le palissandre et l'ébène, bien que le chêne et le noyer soient toujours appréciés. Les boiseries, qui forment encore le principal revêtement des murs intérieurs, sont parfois remplacées par des tentures en point de Hongrie, qui donnent au meuble plus de liberté dans le style et dans le décor. Celui-ci évolue aussi : aux motifs et figures sculptés s'ajoutent de fines marqueteries, d'habiles incrustations d'ivoire annonçant les recherches de l'époque suivante. Les chaises, aux formes robustes, bien proportionnées, confortables, tour à tour ajourées, dentelées, torsadées, sont de petits chefs-d'œuvre d'ornementation.

De nombreux tableaux de l'époque montrent un fauteuil assez bas, à pieds en « X » ; ce type de siège, avec son décor de figures humaines à queue de dauphin, fut certainement très répandu. D'autres modèles ont un dossier orné de petits lions sculptés avec esprit.

Le cabinet, qui rappelle parfois le bargueño espagnol, affirme son importance ; bientôt, toutes les demeures hollandaises en feront leur orgueil. Il s'enrichit de portes, de tiroirs, de superbes caryatides, symboles des vertus cardinales, de la Fortune, ou offre l'image, si populaire, des quatre saisons. La table, ronde et pliante, conserve un aspect massif. Le lit reste très souvent incorporé aux boiseries de la chambre, son habillage de panneaux sculptés prolongeant les boiseries elles-mêmes ; c'est un lit clos ou mi-clos, fermé de lourdes courtines.

À la fin de cette époque, la demeure hollandaise offre le visage d'une paix retrouvée : les faïences qui courent le long des boiseries, les larges coussins dits « de magistrats », enrichis d'armoiries et de devises, qu'on expose dans les pièces d'apparat, tout proclame que « la vie est trop bonne pour chercher hors de ses aspects quotidiens » (É. Faure).

C'est le « Gouden Eeuw », le Siècle d'or. La marine hollandaise, forte de deux fois plus de bâtiments que celle de l'Angleterre et celle de la France réunies, sillonne les océans, établit partout des comptoirs, rapporte à Amsterdam, dont la Bourse est ouverte deux heures par jour, des richesses de toute nature.

Le Baroque, 1650-1700 (influence française)

La maison s'agrandit ; on fait construire à la campagne une belle résidence, solide, entourée d'un jardin, aussi « netjes » que possible, c'est-à-dire d'une propreté méticuleuse. Si, au début, les caractéristiques du mobilier restent très hollandaises, elles se teintent progressivement d'influences étrangères et, dans un premier temps, de celle de la France. En effet, de nombreux protestants se sont réfugiés en Hollande et, parmi eux, Daniel Marot, architecte et décorateur. Guillaume III, stadhouder de Hollande, futur roi d'Angleterre, l'attache à sa personne ; ainsi Marot voit-il grandir son importance.

En général, Marot se contente de transposer le style Louis XIV ; il en donne une version puissante, d'une élégance quelque peu ostentatoire parfois, mais qui ne sacrifie pas le confort à la somptuosité. Ces caractères sont particulièrement apparents dans les lits, auxquels sculptures et rideaux de damas ou de de velours ciselé confèrent une sorte de solennité, ou dans les chaises et fauteuils, très ornementés (dossier à sculptures ajourées, traverses aux formes mouvementées, pieds boules, siège recouvert de tissu précieux), qui semblent attendre les hôtes de marque.

Parmi les meubles qui doivent témoigner de la fortune de leur propriétaire, il faut citer, toujours, les cabinets et les tables ornés de marqueterie en bois clair, en ivoire ou en écaille rouge. La fleur en semis, en guirlandes, en bouquets est reine et on peut y retrouver, comme dans les natures mortes, les espèces rares dont on se dispute la possession : tulipes, renoncules, anémones, iris, fleurs des Indes ou du Brésil. La table, presque toujours placée contre un mur, forme, avec deux guéridons et un miroir à l'ornementation semblable, un ensemble d'une grande richesse.

À côté des pièces d'apparat, à la cuisine et à la lingerie, notamment, le baroque somptueux cède le pas à un style plus authentiquement hollandais : c'est le triomphe du noyer, aux reflets luisants ; la table, l'armoire ou le cabinet se contentent de ce bois ; leurs formes sont pures,

Ader, Picard, Tajan

Buffet-vitrine à deux corps où se lit l'opulence équilibrée des Flandres au XVIIIe siècle. (H. 2,66 m). Les sculptures en plein chêne sont d'une finesse remarquable.

Buffet en acajou marqueté, travail hollandais du XVIIIe siècle. Adjugé 45 000 F par Me Guérin, à St-Dié, le 30 janvier 1987.

D. R.

Armoire allemande en noyer marquetée de fleurs, de feuillages et d'oiseaux où se fait sentir l'influence hollandaise. Début du XVIIIe siècle. Beaucoup d'ébénistes allemands viennent alors faire carrière en France. Ils possèdent une technique de fabrication sans égale qu'ils sauront adapter au goût français où le décor s'épanouit entre des structures équilibrées.

Table à écrire en noyer et ronce de noyer marqueté, Augsbourg, XVIIe siècle. L'Antiquaire du Paradou.

sobres, les sculptures font appel à une symbolique traditionnelle. Le musée central d'Utrecht montre l'intérieur d'un riche bourgeois du XVIIe siècle : du sol de marbre noir et blanc au cabinet à pilastres appuyé au mur, jusqu'au tapis qui recouvre la table, c'est l'ordonnance d'un Vermeer.

D'autres meubles méritent d'être mentionnés : le banc de corridor, « spécialité » hollandaise, en noyer, dont les sculptures rappellent parfois le dessin compliqué des velours ciselés qui avaient fait la réputation d'Utrecht. Remarquables également, les vitrines à faïences et porcelaines, aux lignes sobres et élégantes ; elles sont généralement de grande dimension ; certaines, dont les portes et les côtés sont entièrement en verre, dégagent beaucoup de charme et mettent bien en valeur les pièces de céramique ou d'argenterie.

Les Hollandais sont passés maîtres dans l'art de l'ébénisterie. Grâce à leur flotte puissante, les Pays-Bas deviennent le principal pays importateur de bois des îles. Alors s'épanouissent sur les meubles d'éblouissantes compositions florales. La Hollande exporte non seulement l'ébène, le palissandre, le bois de violette et le bois de rose, mais les artisans capables de les travailler. C'est ainsi qu'on retrouvera sur les bureaux Mazarin le décor dit « à la jasmin », où l'ivoire s'incruste parmi les feuillages chatoyants. En retour, le majestueux équilibre du style Louis XIV vient tempérer l'exubérance des meubles baroques hollandais.

Enfin, c'est à l'époque baroque que se répand la mode du mobilier canné, qui apporte une note plus légère dans le style toujours un peu sévère des demeures hollandaises.

Le Baroque, 1700-1750 (influence anglaise)

L'influence française, qui persiste jusqu'en 1740-1750, est néanmoins relayée par celle de l'Angleterre ; entre celle-ci et la Hollande, on observe souvent (et pour mainte raison économico-politique) un mouvement de balancier : aussi ne sera-t-on pas surpris de retrouver en Hollande, dans cette première moitié du XVIIIe siècle, les fameux pieds « claw and ball », les chaises à dossier courbé et des meubles, mi-bibliothèques, mi-secrétaires, qui prennent l'allure des bookcases d'outre-Manche. (Voir le chapitre « Grande-Bretagne ».)

La succession du Siècle d'or s'avère difficile. Riche, sûre d'elle-même, tolérante, « affairiste », la Hollande s'ouvre désormais au monde, ce qui ne va pas sans danger en ce qui concerne l'art de vivre, les traditions, les coutumes, le folklore...

Rococo (1750-1785) et Classicisme (1785-1815)

Le meuble, s'il conserve l'aspect massif qui lui est propre, s'européanise de plus en plus, sous l'influence tantôt de la France (dominante au XVIIIe siècle, où l'on imite le Louis XV, et, plus tard, sous le règne de Louis Bonaparte), tantôt de l'Angleterre, tantôt encore de l'Allemagne. L'acajou et le satiné tendent à devenir les matériaux de base ; les décors évoluent des chinoiseries du Rococo aux décors peints « à l'étrusque » ou « à l'antique » du Classicisme et du Louis Bonaparte. Le frère de Napoléon ne fait-il pas remeubler de fond en comble le Palais royal d'Amsterdam ? Parmi les ébénistes qui travaillent pour lui, on peut relever les noms de Carel Breytspraak et de Joseph Cuel. Pendant toute cette période, les meubles, pour répondre aux besoins et aux mœurs des Hollandais, continuent à être fabriqués sans qu'il soit trop sacrifié à la mode du moment : cabinets dont les portes s'ornent de tapisserie au petit point, armoires, vitrines à porcelaine. De son côté, le meuble paysan affirme sa beauté directe, sans afféteries. Mais l'esprit créateur ne renaîtra vraiment qu'avec la grande lame de fond qui va réveiller l'Europe tout entière, le Modern Style.

Les meubles indonésiens

La longue histoire coloniale des Hollandais a favorisé l'introduction aux Pays-Bas d'un mobilier indonésien d'un charme certain. Le mobilier indonésien, d'ailleurs, depuis le XVIIe siècle, n'a pas été sans subir l'influence hollandaise. Parmi ces meubles au décor très fin, bien que chargé, produits d'un artisanat indigène conditionné par l'Occident, les sièges et les coffres sont particulièrement prisés (ateliers de Djakarta et de la côte de Coromandel).

Le marché

On trouve peu de meubles hollandais sur le marché français ; toutefois, à partir de 1978, quelques exemplaires sont apparus dans les ventes publiques, et les antiquaires prévoient un prochain intérêt des amateurs pour ce mobilier.

La Grande-Bretagne

Alors que, pour désigner le mobilier, la plupart des langues empruntent au mot latin « mobili », les Anglais, marquant nettement leur originalité, utilisent le mot *furniture*. Ce désir de se singulariser se manifeste clairement dans l'histoire du mobilier anglais.

Dès le Moyen Âge se révèlent des attaches profondes entre mobilier et architecture. Elles déterminent, en grande partie, le décor intérieur, et l'importance donnée aux boiseries influence le style d'ornementation du mobilier. De même, le « hall », living-room avant la lettre apparu dès le XXe siècle, est typiquement anglais.

L'histoire du mobilier anglais peut être décomposée en trois périodes : âge du chêne, de 1500 à 1660 (en France : 1500-1550) ; âge du noyer, de 1650 à 1730 (en France : 1550-1650) ; enfin, âge de l'acajou et des bois exotiques (en France, placages, marqueteries, incrustations : 1650-1800 ; acajou et citronnier : 1800-1880).

Sotheby's

Bureau cabinet en laque noire du Japon, Angleterre, fin XVIIe siècle. Adjugé 1 400 000 F par Sotheby's, à Londres, le 7 juillet 1986.

Le style Tudor-Elisabethan (1500-1600) Le chêne

Henri VIII, fils de Henri VII, fondateur de la dynastie des Tudors, en rompant avec Rome et en se proclamant chef de l'Église anglicane, isole l'Angleterre du continent, ce qui a pour effet de retarder la pénétration de la Renaissance. Élisabeth Ire fonde la religion anglicane et fait du pays une puissance maritime. C'est l'âge d'or de la culture anglaise, le temps de Shakespeare.

La dynastie Tudor donne son nom au style de vie : on s'habille, on se meuble, on construit en Tudor. Le faste « Elisabethan » se reflète dans le mobilier. Sur fond de boiseries aux motifs d'arcatures se détachent de beaux meubles richement ornés de sculptures ou d'incrustations ; la ligne reste sobre, mais le décor a, selon les courants commerciaux, des accents flamands, vénitiens ou même orientaux.

Les coffres « Nonesuch » présentent un décor incrusté de motifs architecturaux qui rappellent une luxueuse demeure d'Henri VIII.

Buffet, crédence, dressoir

Ce mobilier massif est dérivé du coffre et du bahut, meubles de huchiers. Les portes à fin treillis de certaines crédences semblent indiquer que celles-ci servaient de garde-manger. La « crédence de cour » est un dressoir à deux étages ; elle devient « cabinet de cour » quand elle est munie de portes. Les colonnes sont fortes avec des moulures vigoureuses ; les larges bandeaux sculptés accusent un léger relief. Le « strapwork », motif de bandes entrelacées, est issu de belles miniatures de l'époque.

Les tables, de grande dimension, sont sobrement

décorées d'incrustations ; les pieds moulurés supportent un entrejambe au ras du sol.

Les sièges

Les fauteuils à dossier incrusté de buis ont des accotoirs galbés.

Le lit, à haute corniche horizontale et à colonnes bulbeuses, est fermé par de lourdes tentures. On notera, dès cette époque, l'importance de l'étoffe.

Le style Jacobean (1600-1660) *Le chêne*

Cette période évolue en trois phases successives : le Jacobean à proprement parler, 1600-1625 (Jacques Ier Stuart, contemporain du Français Louis XIII) ; le Carolean, 1625-1649 (Charles Ier) ; le Cromwellian, 1649-1660. L'architecte Inigo Jones fait redécouvrir aux Anglais une Antiquité qu'il voit avec les yeux de Palladio. Nommé premier architecte de la Cour après un long séjour à Rome, il exerce une influence déterminante.

Le mobilier évolue lentement et reste fidèle aux modes élisabéthaines. Les influences hispano-flamandes sont sensibles notamment dans les formes rigides des sièges et les tournages en forme de vase, griffon, balustre, perle ; les panneaux s'ornent de moulures rapportées à figures géométriques et ressauts.

Des nouveautés séduisent la Cour, telles les colonnettes tournées ou appliquées des dressoirs et les incrustations de nacre et d'os. Mais la création la plus originale est la *gate-leg,* table ronde, pliante, de bonnes proportions. Les pieds pivotants, sur lesquels reposent deux panneaux mobiles, permettent de varier les fonctions et l'encombrement.

Lits et sièges sont habillés de « turkey work », tapisserie à semis de fleurs et de branchages sur fond clair ou noir.

Le style Queen Anne (1660-1714) *Le noyer*

Après la république de Cromwell, l'autorité royale est rétablie (époque « Restauration ») au profit des derniers Stuarts, puis est offerte à Guillaume d'Orange-Nassau (époque « William and Mary ») et, enfin, à la reine Anne. L'Angleterre devient une monarchie constitutionnelle, à régime parlementaire. L'*Acte d'union* entre l'Angleterre et l'Écosse donne naissance au Royaume-Uni.

Des influences diverses marquent les ébénistes, dont l'habileté s'affirme : marqueteries fleuries à la hollandaise, laques orientales, placages de bois clairs ou délicatement veinés (olivier, bois de violette) sur des fonds sombres et réciproquement. Daniel Marot, architecte que les querelles religieuses ont chassé de France, adapte le style Louis XIV à l'Angleterre et on emprunte à l'Italie l'usage du « gesso », décor de plâtre sculpté et doré, pour rehausser boiseries et meubles.

Les sièges de style Restauration sont à dossier canné entouré de motifs tournés ou torsadés ; la traverse des pieds antérieurs est ornée de lourds rinceaux. Le style « William and Mary » se distingue par de hauts dossiers élancés que surmontent des motifs ajourés ou sculptés de rinceaux. Les pieds sont fuselés ou en « bol renversé ».

Quant au style « Queen Anne », il se reconnaît aux célèbres pieds « claw and ball », d'inspiration orientale ; la perle chinoise enserrée par le dragon impérial serait à l'origine des griffes (claw) retenant une boule.

Les commodes sont encore des coffres à tiroirs ; la hauteur de ceux-ci va en décroissant de bas en haut, avec

Cooper Bridgman Library

Secrétaire en laque du Japon, du début du XVIIIe siècle, avec des pieds « claw and ball » de style Queen Anne. Mallett and Son Antiques.

Table demi-lune en noyer dont les pieds en crosse permettent de dater des environs de 1710. Mallett and Son Antiques.

Cooper Bridgman Library

un rang supérieur scindé en deux compartiments. Le « tall boy » (littéralement « grand garçon ») est formé, au début, par la superposition de deux coffres ; ses formes longues et minces, son ornementation très sobre la sauvent de la lourdeur.

Bureaux-bibliothèques : le « writing-cabinet » peut être rangé dans ces meubles « à tout faire », pratiques, qu'affectionnent les Anglais ; c'est une commode surmontée d'un corps supérieur comportant des tiroirs et des casiers ; elle est munie d'un abattant qui se transforme en écritoire. Le « knee-hole » est un bureau à deux rangées de tiroirs latérales qui laissent une place pour les jambes.

Les tables « gate-legs » sont souvent ovales. D'autres ont des plateaux rectangulaires, minces, supportés par des pieds torses ou tournés, avec un entrejambe en double « Y ». Les tables à jeu offrent de magnifiques marqueteries : rangements à jetons pratiqués dans le bandeau ; pieds galbés se terminant en « claw and ball ».

Le style Early Georgian (1714-1760) L'acajou Chippendale

Les deux premiers monarques de la maison de Hanovre (George Ier [1714-1727] et George II [1727-1760]) s'adaptent difficilement à l'Angleterre. Le système représentatif s'affermit. Les tories sont pour le maintien des prérogatives royales, tandis que les whigs se font les défenseurs des droits du Parlement. Dès le milieu du siècle s'amorce la révolution industrielle qui fera de l'Angleterre la grande puissance du XIXe siècle.

Dans une Europe « francisée » — du point de vue artistique —, l'épanouissement de l'art du XVIIIe siècle anglais se prépare cependant. L'architecte William Kent, le mécène lord Burlington ouvrent la voie en engageant l'Angleterre dans un néo-classicisme racé, hérité, à travers Palladio et Inigo Jones, de l'antiquité romaine.

Dès 1725, l'acajou triomphe, tandis que commence à se manifester le talent de Thomas Chippendale (v. 1718-1779), le plus grand sans doute des ébénistes anglais. C'est en 1727 que ce fils d'ébéniste va à Londres, où il ouvrira son propre atelier en 1749. La parution en 1754 de son ouvrage, composé de 160 planches, *Gentlemen and Cabinet-maker's Director* (« Guide des gens de qualité et des ébénistes ») lui vaudra une immense notoriété, non seulement en Angleterre, mais dans toute l'Europe.

Chippendale n'ayant jamais signé son mobilier, il est malaisé de situer ses débuts et de suivre sa carrière. Cependant, le style « Queen Anne » semble se prolonger jusqu'en 1730, époque où la « patte » de Chippendale devient nettement plus visible ; on reconnaît notamment son art très particulier d'assimiler, d'angliciser, comme en se jouant, des influences tour à tour rocaille, gothiques, hollandaises ou orientales. La construction de ses meubles reste sobre, précise, harmonieuse surtout. Inspiré peut-être par le vieil Hogarth, qui prônait la « ligne serpentine, ligne de la beauté et de la grâce », Chippendale adopte pour ses plus beaux meubles un dessin sinueux. C'est ainsi que la ligne de ses chaises et fauteuils, justement réputée, semble se dérouler doucement du dossier jusqu'aux pieds. Parmi ses décors préférés figurent les motifs de ruban empruntés au Rocaille (dossiers de chaise) et les motifs de chinoiseries (dossiers, baldaquins

Cooper Bridgman Library

Secrétaire-bibliothèque en acajou de construction rigoureuse agrémentée par la ligne serpentine des moulures de vitrage, du plus pur style Chippendale. Mallett and Son Antiques.

Cooper Bridgman Library

Luxueuse table en bois doré et sculpté à pieds fortement galbés, par de lourds « claws and balls » tels qu'on les appréciait encore au temps de George Ier. Mallett and Son Antiques.

Cooper Bridgman Library

À gauche : *fauteuil en bois laqué d'inspiration orientale, aimable fantaisie de style Chippendale vers 1760.* Au centre : *bergère en acajou à motifs sculptés en léger relief, d'inspiration néo-classique de la fin du style Georgian.* À droite : *fauteuil à dossier médaillon ajouré, curieux mélange des divers styles Georgian.* Mallett and Son Antiques.

en forme de pagode). On retrouve très fréquemment l'ornementation élégante du « lattice work », croisillons ajourés ou sculptés en léger relief, et de l'« open work », travail d'ajourage, qui reflètent le goût de l'époque pour tout ce qui est oriental.

Commodes, tall boys, writing-cabinets n'offrent pas de changements notables : en revanche, les bibliothèques sont remarquables et admirablement proportionnées, les portes en acajou sombre de la partie inférieure faisant valoir les hautes vitres à décor de « tracery » (« petit bois », minces baguettes à décor géométrique) ; elles s'agrémentent en outre d'une corniche à fronton brisé autour d'un socle destiné à recevoir un buste antique ou une potiche chinoise. Les tables volantes et les guéridons se multiplient : les tables à thé proposent de charmants modèles, très « chinois », ornés de « lattice work » ; le guéridon le plus en vogue a un plateau bordé d'une ligne sinueuse dont les fines sculptures évoqueraient... la croûte d'un pâté ; aussi cette ornementation, complétée de fleurettes, s'appelle-t-elle « crust pie ». La console, à décor sculpté un peu trop doré, est très appréciée.

Le style Late Georgian (1760-1820) *L'acajou, le citronnier*

L'avènement, en 1760, de Georges III, prince cultivé, marque le début d'une période intense sur le plan artistique. Une personnalité de premier plan s'impose : Robert Adam. Presque à la même époque, l'ébéniste Hepplewhite, le décorateur Sheraton et l'architecte Holland préparent l'éclosion du style Regency.

Robert Adam

Adam recherche avant tout les lignes fluides (plan en demi-lune des commodes, consoles, cabinets) et les ensembles raffinés. L'acajou est fortement concurrencé par le citronnier, le satiné, le sycomore teint (hare wood) et le tulipier, qui font corps avec les coloris adoucis des murs. L'ornementation atteint à la perfection : marqueteries de bois clair sur un acajou bien veiné, motifs peints de bouquets ou de paysages vaporeux à la Gainsborough, plaques de Wedgwood. Adam excellera dans le meuble verni à décor d'intailles ou de staff.

C'est l'époque où, la salle à manger devenant une pièce bien distincte des autres, le « sideboard » ne va plus seulement faire office de présentoir, mais va servir aussi de desserte. À cet effet, Adam lui donne une structure simple, allongée, de ligne serpentine, d'accès facile ; la partie centrale est flanquée de deux coffres de rangement. Seul détail pittoresque : de courts rideaux en soie, fixés par une tringle de cuivre au-dessus du plateau, servent de « faire-valoir » à la vaisselle. Le « pedestal sideboard » s'accompagne de deux urnes en bois dans lesquelles on range l'argenterie. Des « side tables » (consoles aux pieds cannelés) et de longues tables rectangulaires (décor de filets de marqueterie) complètent l'ameublement. Chaises et fauteuils sont d'un décor soigné, mais leur facture, comparée aux autres pièces de mobilier, marque quelque lourdeur.

George Hepplewhite

On a peu de renseignements bibliographiques sur Hepplewhite. On sait toutefois qu'il possédait une grande fabrique de meubles à Londres. Par ailleurs, *The Cabinet-Maker and Upholsterer's Guide* (« Guide de l'ébéniste et du tapissier »), qu'il publie en 1788, nous éclaire sur sa personnalité et son œuvre. Héritier d'Adam sur bien des points, il sait, comme il le prônait, « allier l'utile à l'agréable ». D'une grande élégance, de belles proportions, les œuvres de Hepplewhite sont souvent plus « habitables » que celles d'Adam ; celui-ci se laisse parfois entraîner par son goût du décor, voire du théâtral, alors que son successeur vise au confort, à l'agrément. Ainsi se précise l'engouement pour les meubles légers, facilement transportables d'une pièce à l'autre, à usages multiples : « sofa-tables », « breakfast-tables », travailleuses, petits secrétaires aux lignes élancées, « butler's tray » (table à thé, de forme ovale ou rectangulaire, portée par des pieds fixes ou pliants). Les bureaux « rognon » se gainent d'acajou et les canapés ont de moelleux capitonnages. Des décors de marqueteries claires, des incrustations d'ivoire, des panneaux de laque ornent de belles commodes galbées.

Mais c'est avec les sièges que Hepplewhite donnera le meilleur de lui-même ; il y excelle autant que Chippendale et mieux qu'Adam. Son goût pour le Louis XV et le Louis XVI s'y affirme. Il est d'une invention étonnante dans le décor des dossiers : motifs ovales ou en cœur, rayonnants, en bouclier, bouquets de feuilles, d'épis et surtout le fameux « Prince of Wales motif », aux trois plumes d'autruche, d'une grâce charmante. En général, les pieds des chaises sont droits, tandis que ceux des autres sièges restent fidèles au galbe du Rococo.

Ce n'est qu'après sa mort que Hepplewhite accédera à la notoriété.

Thomas Sheraton (1751-1806)

D'origine modeste, mais ambitieux et travailleur, Sheraton s'installe à Londres vers l'âge de quarante ans et publie deux ouvrages qui le signalent à l'attention du public : *Designs for Furniture* (1790, 84 planches) et surtout *The Cabinet-Maker's and Upholsterer's Drawing-Book* (« Album de dessins de l'ébéniste et du tapissier », 1791-1794).

La Révolution française facilite la carrière de Sheraton ; en effet, la confusion règne parmi les amateurs de beaux meubles, car ils ne peuvent plus se fournir en France. Aussi Sheraton se crée-t-il rapidement une clientèle étendue, à Londres et dans de nombreuses cours européennes. D'autant que son mobilier, qui s'inspire du style Louis XVI, répond à la demande d'un public plus large : l'industrie naissante veut, dans tous les sens du terme, « se mettre dans ses meubles ».

Moins créateur qu'adaptateur, Sheraton renouvelle, avec beaucoup d'ingéniosité, les modèles des ébénistes français ou de ses prédécesseurs : par exemple, la « French work table », table à ouvrage ; la « Harlequin Pembroke table », avec son casier à secret ; ou le « lady's writing fire-screen », charmant écritoire qui épouse les lignes d'un écran de cheminée. En revanche, la « Carlton House table » est une création originale, réalisée en l'honneur du futur George IV, qui résidait alors à Carlton House (Londres). C'est un élégant bureau-bonheur-du-jour en forme de demi-lune, avec de nombreux tiroirs et une galerie.

L'influence française domine encore dans le décor des sièges : motifs géométriques, fleurs au naturel, ornements peints animent le dossier, désormais quadrangulaire ; le piétement est élégant, mince, tourné et fuselé ; une ou plusieurs petites toupies le terminent.

Sheraton utilise l'acajou, le citronnier, le hêtre (qu'il peint ou orne de dorures) ; des incrustations de bronze ou d'étain confirment l'impression de distinction, un peu froide parfois, que dégage l'ensemble de son mobilier.

Le style Regency (1790-1840)
L'acajou

Le Regency anglais n'a rien à voir avec le Régence français. Ni la « manière » ni les dates ne concordent. C'est Holland, architecte du futur George IV (régent, puis roi de 1820 à 1830), qui, par ses travaux sur les différentes demeures princières, Carlton House, Southill, Pavillon de Brighton, en est le père.

Le mobilier se veut avant tout brillant. Il faut, pour éveiller l'intérêt d'un public blasé, du meuble éclatant, des formes qui amusent l'œil, qui piquent la curiosité. Désormais, la rigueur du Néo-classicisme ennuie et, selon l'humeur du prince, on sera gothique, chinois ou égyptien (pour célébrer la victoire d'Aboukir), le tout nuancé d'un romantisme à la Walter Scott. Auteur d'un album de modèles, *Household Furniture and Interior Decoration* (« Mobilier et décoration »), paru en 1807, l'architecte Thomas Hope dessine lui-même de nombreux meubles, notamment d'intéressantes tables de bibliothèques.

Cooper Bridgman Library

Serviteur muet (« Dumb Waiter »), belle réalisation de Sheraton dont le piétement en sabre annonce déjà le style Regency.
Mallett and Son Antiques.

Fauteuil de style Regency dont la raideur est adoucie par les souples caducées du dossier.
Mallett and Son Antiques.

Cooper Bridgman Library

Table à abattant sur un piètement original formé de balustres reposant sur quatre pieds en accolade, de style Regency.
Regency Antiquités.

Comme Percier et Fontaine en France, il prend le parti d'un décor néo-égyptien ; il aura plus de succès que son contemporain, l'ébéniste George Smith, dont le mobilier, imité du style Empire, sera souvent dédaigné. L'acajou massif reste le matériau de base ; cependant, le palissandre, le teck, le hêtre et même le noyer, peints ou laqués, sont fréquemment utilisés (notamment pour les sièges).

Parvenu à ce stade de développement, l'ébéniste ne peut guère innover, sauf dans le décor. La structure, les attributions des principaux types de meubles (bureau, bibliothèque, table) sont fixées et leur évolution reste liée, la plupart du temps, aux seuls caprices de la mode ; aussi, pour provoquer la consommation, multiplie-t-on les variétés et les besoins : « drum-table », en forme de tambour (« drum ») et « rent-table », toutes deux tables de bibliothèques garnies de tiroirs ou de casiers ; « canterbury », pittoresque casier à musique devenu porte-revues ; « chiffonier » (l'anglais a repris le mot français), en bois de rose à plateau de marbre. Les bibliothèques, en bel acajou ciré, aux vitres ornées de « tracery », ainsi que les longues tables de salle à manger, fréquemment à rallonges, sont réputées pour leur élégance ; leur piètement reste léger (deux pieds tripodes et pieds fuselés pour les rallonges ; ou bien pieds incurvés en « X »).

Parmi les nombreux sièges à piètement en « sabre », les chaises et fauteuils en faux bambou sont très plaisants. D'autres offrent des dossiers renversés, ajourés, à décor d'ancres, de cordages marins, sans oublier la célèbre « Trafalgar chair », créée en l'honneur de Nelson. Les canapés aux enroulements mouvementés, ainsi que les tabourets, qui sont en grande faveur, font présager l'ère victorienne.

Le style Victorian (XIXe s.)

Comme le style Napoléon III, le Victorian, après avoir régné sur la société industrielle du XIXe siècle, a été par la suite totalement oublié, méprisé, moqué ; mais, toujours à l'image du Napoléon III, il a connu un regain de faveur dans les années 1960-1970.

La reine Victoria, soucieuse d'établir le renom de l'Union Jack, s'entoure d'un appareil théâtral, qui puise dans les siècles précédents ce qu'ils ont de plus marquant : éléments gothiques, Renaissance, Rococo, laques chinoises, incrustations diverses. On y ajoute le « papier mâché », ainsi que le « pen work », application sur une surface laquée de papier découpé, recouverte ensuite d'un vernis épais. Les demeures s'emplissent, dans un décor de peluche, miroirs, dorures et cristaux, de meubles surchargés de bibelots.

Si les ensembles victoriens peuvent souvent paraître lourds, il n'en est pas de même si l'on s'intéresse au mobilier en tant que tel, en le sortant du contexte décoratif de l'époque : « davenport », petit bureau-pupitre charmant et pratique ; « whatnot », étagère aux supports de fines colonnettes ; « teapoy », guéridon à trois pieds (l'origine de ces deux pittoresques dénominations n'est pas connue) ; sellettes en bambou ; tables à jeu dont le plateau présente une marqueterie en damier ; tables à plateau mosaïqué (incrustations de bois précieux ou de marbres) ; « nest of tables » (« nid de tables »), tables gigognes de tous les genres. On a pensé à tout : fauteuils pour fumeur (« smokers chair »), prie-Dieu, fauteuils de repos (« grandfathers chair »), de bibliothèque, de couture, de babysitting (« nursing chair ») ; canapés capitonnés ; ottomanes, chaises longues, « chesterfield » en cuir et autres sièges confortables.

Lexique

Bachelor-chest : *petite commode.*

Bureau-bookcase *et* **tall-boy :** *meubles associant un bureau et une bibliothèque.*

Chest : *coffre.*

Chest, chest of drawers : *commode.*

Cupboard : *buffet.*

Harlequin Pembroke table : *table à volets pourvue d'un casier escamotable.*

Inlay : *marqueterie, incrustation.*

Japanned : *japonné (ce terme s'applique à tout meuble laqué, quelle qu'en soit l'origine).*

Library table : *table de bibliothèque, en général de bonnes dimensions ; exemples : la* **drum table,** *la* **rent table.**

Mahogany : *acajou.*

Oak : *chêne.*

Pembroke table : *table à volets (elle aurait été dessinée par le comte de Pembroke).*

Pier table : *console en demi-lune (en général placée entre deux fenêtres).*

Walnut : *noyer.*

Wood-carving : *sculpture sur bois.*

En ce qui concerne les sièges, on notera que, si le français emploie le seul mot de pieds pour désigner les supports, l'anglais se sert de legs *(jambes) et de* feet *(pieds), distinguant nettement les deux parties. Ainsi, une chaise Queen Anne peut avoir des* cabriole legs *(jambes galbées) sur des* claw and ball feet (*pieds* claw and ball).

Un style austro-allemand : le Biedermeier

Fortement influencés par le style anglais Regency et par les styles bourgeois français, les ébénistes allemands et autrichiens ont créé, de 1815 à 1848, des meubles simples et confortables, que l'on a baptisés par la suite Biedermeier. Ce nom bizarre est la contraction des noms de deux personnages dérisoires rendus célèbres par un hebdomadaire satirique sous le nom de Biedermann et Bummelmeier (puis Meier). En fait, il s'agissait moins de caractériser des types de meubles qu'une certaine ambiance douillette et feutrée parmi des rideaux de mousseline et des portraits d'ancêtres sur des murs couverts de papiers peints. La salle à manger-salon se compose généralement d'une grande table ronde, centre de la vie familiale, entourée de sièges à large dossier, de petites tables volantes et de vitrines. Des meubles en encoignure servent au rangement de la vaisselle. La grande armoire traditionnelle et les commodes (de type Louis-Philippe) trouvent place dans les chambres. Les secrétaires, alors très en vogue, s'imposent dans les pièces de réception comme dans les chambres.

Les meubles Biedermeier sont exécutés avec le plus grand soin dans des bois clairs : merisier, érable et bouleau, et les surfaces planes, de formes géométriques, sont agrémentées de sobres sculptures plaquées. Les sièges — chaises, fauteuils, canapés — ont des pieds incurvés et offrent des dossiers à motifs ajourés en forme d'éventails ou de palmettes.

Longtemps négligé, le style Biedermeier a retrouvé la faveur des amateurs dans les années 80 en Allemagne et en Autriche, puis en France en 1988-89. Les prix se situent au-dessus de la cote moyenne du Louis-Philippe (12 000 à 15 000 F pour une commode, 20 000 à 25 000 F pour un secrétaire).

Les États-Unis

Comme les Anglais, les Américains utilisent, pour désigner le mobilier, le mot « furniture ». D'autre part, ils ne considèrent comme des « antiquités » que les meubles en provenance de France, d'Angleterre, voire du Mexique, et ce n'est pas aux États-Unis qu'on entendra célébrer le charme des meubles campagnards en pin ou en érable. Quant au « Early American », il ne remonte tout au plus qu'au début du XIXe siècle.

Il n'est pas toujours facile de dissocier l'héritage anglais de ce qui est issu plus directement du génie américain. Quoi qu'il en soit, pour la dénomination des périodes et les styles, deux séries sont utilisées ; la suivante est empruntée à l'Europe.

Angleterre :
— Queen Anne, 1725-1750 ;
— Chippendale, 1755-1790 ;
— Hepplewhite, 1785-1800 ;
— Sheraton, 1795-1815.

France :
— Directoire, 1805-1815 ;
— Empire, 1810-1840.

L'autre, dont les dénominations ont été forgées aux États-Unis, désigne un mobilier dont les attributions, les matériaux, les formes reflètent les besoins de l'« American way of life ».

L'Early American se limite à une période qui débute vers 1800 et englobe certaines premières fabrications de série, vers 1840-1850. Ce style se prête à de nombreuses interprétations et il doit être accepté avec une certaine circonspection. « Country style » qualifie les meubles de style campagnard ; « cottage style » est une expression qui évoque, d'une manière assez floue, un ameublement aimable et sans façon ; « colonial pine furniture » s'applique aux beaux meubles en pin fabriqués depuis les premiers temps de la colonisation jusqu'à la fin du XVIIIe siècle. Par la suite, le « Victorian furniture » coïncide avec le règne de la reine Victoria et englobe le style Napoléon III à la mode américaine.

Meubles de style européen

Longtemps après le débarquement du *Mayflower,* les premières colonies ont vécu à l'anglaise en adoptant les styles en faveur à Londres, mais avec un certain décalage : le Queen Anne, qui triomphe à Londres de 1710 à 1720, est connu en Amérique de 1725 à 1750. Il en sera de même pour le Chippendale, très prisé, le Hepplewhite, le Sheraton, etc. Une partie du mobilier est importée d'Angleterre, mais elle est minime par rapport à ce qui est fabriqué sur place, ce qui permet aux Américains de parler de « leur Chippendale » (il y aura même un Chippendale campagnard) ou de « leur Hepplewhite ». Si les ébénistes (« cabinetmakers ») imitent d'assez près le mobilier original, ils n'ont pas manqué d'y laisser l'empreinte d'un savoir-faire personnel. Les meubles sont robustes, de proportions mesurées ; dans l'ornementation sculptée, les influences hollandaises sont perceptibles.

Très typiques sont le « Martha Washington chair » (fauteuil Martha Washington), recouvert de tissu, à haut dossier et pieds fuselés ; le « wing chair », confortable fauteuil à oreilles, en honneur depuis l'époque « Queen Anne » ; la commode « block-front », ornée de larges

Commode américaine en acajou, attribuée aux ateliers de l'ébéniste John Townsend à Newport, vers 1770.
Musée H. F. Du Pont, Winterthurt.

Phot. du Musée

panneaux compartimentés (blocks), surmontés chacun d'une importante coquille sculptée : les ébénistes Goddard et Townsend de Newport (Rhode Island) s'en firent une quasi-spécialité.

Vers 1800, l'influence française s'affirme, mais on observe encore des décalages dans le temps, et l'on préfère parler d'« American Sheraton » et d'« American Empire », plutôt que de Directoire et d'Empire. Ces deux styles, qui relèvent du Néo-classicisme, sont désignés aux États-Unis par le terme de « Early Federal », dénomination qui a le mérite de se référer à l'histoire proprement américaine. Le style du mobilier est assez lourd ; il présage le Victorian par l'abondance des dorures et des marbres sur acajou massif ; dès lors, comme en Grande-Bretagne, les ébénistes américains puiseront dans le répertoire des styles passés pour produire à leur façon des meubles en tout genre selon les caprices des goûts et des modes.

Sotheby Parke Bernet

Robuste et sans façon, le « Chippendale » américain fait prévaloir l'utilité fonctionnelle sur le décor. Commode galbée en acajou, fabriquée dans le Massachusetts. Les meubles américains sont en forte hausse depuis 1980.

Meubles américains authentiques

Les meubles américains les plus anciens, qui remontent aux XVIe et XVIIe siècles, très rares, se trouvent dans les musées ou dans les grandes collections. L'amateur doit donc se satisfaire de meubles du XIXe siècle qui, artisanaux ou manufacturés, font déjà figure d'antiquités.

Les bois les plus employés sont le pin et l'érable, mais le chêne, le noyer et les bois fruitiers sont recherchés. Il s'agit essentiellement d'un mobilier de « settler » (colon) : tables, chaises, bancs, fauteuils (plus rares), vaisseliers, dressoirs, auxquels s'ajoutent quelques pièces plus originales : garde-manger (« milk safe », « pie safe »), banc de cordonnier (« cobbler's bench »), rocking-chair et « banket-chest », où la ménagère range les couvertures et autres patchworks (« banket »).

Deux types de chaises ont traversé les siècles : la « Windsor chair » et la « Hitchcock chair ». La première — un héritage anglais — a connu de nombreuses versions : « bow-back » ou « loop-back », à dossier incurvé ; « comb-back », à dossier « en peigne » ; « fan-back », en forme d'éventail ; « low-back », à dossier bas ; « hoop-back », avec ornementation de cercles.

Quant à la Hitchcock chair, elle tire son nom du fabricant Lambert Hitchcock, de Hitchcocksville (Connecticut), qui fit fortune en produisant en série, vers 1820, cette chaise légère, décorée au pochoir ou peinte. Elle a rapidement envahi le marché américain, et son nom désigne actuellement encore tout genre de siège pratique, peu encombrant. Les Hitchcock d'origine ont toutefois leur nom inscrit au pochoir, au revers du dossier.

On a prétendu que c'est Benjamin Franklin qui a « inventé » le rocking-chair, en fixant sous une simple chaise des « patins-balanciers » ! En tout cas, c'est à Boston qu'apparurent les premiers prototypes (« Boston rocker ») de ce siège dont le succès ne s'est jamais démenti. Les rocking-chairs en rotin sont rares et recherchés.

Après les tables à tréteaux des premiers temps de la colonisation (« trestle table ») et de nombreuses imitations des « gatelegs » anglaises, on fabrique un modèle à plateau pivotant et à rallonges, la « butterfly table » (« table-papillon »), ainsi appelé parce que le panneau sur lequel pivote la table a la forme d'une aile de papillon.

C'est à peu près à l'époque où Hitchcock se fait connaître qu'une autre production de série apparaît ; son style, très populaire, est connu sous le nom de « spool furniture », son ornementation très simple rappelant les bobines de fil (« spool »).

Décor sculpté sobre, donc, mais aussi décor peint. Quel que soit le bois employé, de nombreuses pièces de mobilier sont peintes ; un vert très foncé et le noir sont d'ordinaire réservés aux sièges, alors que coffres, buffets, etc., sont couverts de polychromies. Un rouge très assourdi, l'« Indian red », est également très employé. Plus tard, on imitera même le bois ou le marbre...

Meubles de style Victorian

Dans la dernière partie du XIXe siècle, le style Victorian triomphe chez les gens aisés ; on retrouve encore des traces dans certaines habitations : il décore des bars, des hôtels, etc.

Aux États-Unis, le Victorian a inspiré des formules variées : Gothique vers 1830, Rococo de 1840 à 1860, Renaissance classique pour quelques années, Jacobean à partir de 1870 et, enfin, oriental. Gothique, le Victorian l'est surtout par ses décors délicatement sculptés. La formule rococo, où s'illustre le New-Yorkais John Belter, jouit d'une immense faveur : bois précieux, formes lourdes, décor de fleurs et de fruits, capitons composent des ensembles riches, presque étouffants. Le Victorian Renaissance procède un peu de la même manière, puis le ton se calme ; l'influence de l'Orient renouvelle avec bonheur un style qui s'épuise.

Le marché

En quête de leurs racines, les Américains payent au plus haut prix les meubles de leurs premiers ébénistes. Un bureau-bibliothèque en acajou de John Godard s'est vendu 12 100 000 dollars chez Christie's à New York le 3 juin 1989 (soit 80 000 000 F), record du monde pour un meuble.

L'Extrême-Orient

Si, par mobilier oriental, on entend généralement mobilier chinois, il ne faut pas oublier que le Japon, comme toute l'Asie du Sud-Est, Siam, Birmanie, Corée..., a eu sa propre production. Mais, depuis le début du XVIIe siècle, époque à laquelle ces meubles commencèrent à être introduits en Europe, les marchands n'ont pas cherché à distinguer la part qui revient à chaque pays ; on estime néanmoins que la Chine a joué en ce domaine un rôle prépondérant. (Voir aussi le chapitre « Extrême-Orient ».)

Les ébénistes chinois n'ayant laissé aucune trace écrite sur leurs travaux, il faut attendre l'établissement des premiers comptoirs européens pour mieux connaître le mobilier. En 1514, lorsque les Portugais s'installent aux portes de la Chine, celle-ci vit à l'heure de la céramique bleu sur blanc, période qui correspondrait, dans l'esprit des spécialistes, tel G. Ecke, à l'apogée de l'ébénisterie orientale.

Ce n'est qu'un peu plus tard, au XVIIe siècle, et surtout au XVIIIe, que le mobilier chinois se répand en Europe, notamment en Hollande et en Angleterre, mais aussi à Venise et en France, où Mme de Pompadour collectionne les « chinoiseries ». Sous le nom de « curiosités indiennes », coffres, tables à thé et panneaux de laque prennent place dans les plus belles demeures ; les inventaires en témoignent. Cela n'ira pas sans de regrettables excès : l'artisan chinois, sous l'afflux des commandes européennes, n'a plus le temps de soigner l'exécution : « Il travaille ces sortes d'ouvrages avec trop de précipitation et, dès lors qu'ils plaisent à l'œil des Européens, il s'en contente (1). » En Angleterre et en France, la demande est telle qu'on n'hésite pas à morceler de magnifiques panneaux de laque pour habiller des commodes ou pour en faire des revêtements muraux.

Les conservateurs de musées et les grands collectionneurs anglais et américains s'accordent pour situer très tôt le déclin de l'ébénisterie orientale : pour les uns, il commencerait dès le XVIe siècle et, pour d'autres, un siècle plus tard. Cependant, le respect des traditions (méthodes de travail, techniques, styles) a permis, au XIXe siècle, la production de beaux meubles pour amateurs.

Le mobilier se divise en deux catégories : mobilier en bois dur, préféré par l'aristocratie et la classe aisée ; mobilier laqué, réservé aux palais, aux temples et aux lieux de plaisir. C'est de loin celui qui est le plus ornementé. Grâce à un savoir-faire acquis par un long apprentissage, l'ébéniste assemblait les pièces des meubles sans clous ni vis, avec le minimum de colle. Dans la plupart des cas, les meubles étaient démontables.

La dénomination occidentale « bois de rose » couvre de nombreuses variétés ; les plus connues sont le « tseu t'an », assimilable au bois de santal rouge, au grain serré d'un brun tirant sur le violet, et le « houa li », bois de rose chinois, lourd, odorant. Certains bois sont réservés au seul usage de l'empereur ou des temples. Le camphrier, en raison de ses vertus aromatiques, sert aux coffres, tandis que l'acajou brun et le sapin sont utilisés pour les meubles ordinaires.

Mobilier en bois dur

Conçu d'après des schémas traditionnels d'une grande sobriété, ce mobilier doit son succès à la beauté du bois, à son poli et à ses proportions très pures. Les pièces les plus recherchées sont les chaises et les fauteuils, ainsi que les tables rectangulaires. Une natte de paille ou un simple cannage forment souvent le siège, et le dossier s'orne de symboles (immortalité, bonheur) sculptés d'une main légère ; ces meubles ont un tel charme que Chippendale, le célèbre ébéniste anglais, n'a pas hésité à les imiter de très près. Les tables étroites — certaines, destinées aux offrandes rituelles du culte des ancêtres, portent des traces de brûlures ou des taches — ont fréquemment un bandeau de grecques ajouré. S'inspirant des goûts occidentaux, des plateaux ornés de marqueterie à la hollandaise se rencontrent plus rarement.

Armoire en laque noir et or (d'une paire) [époque Ming], provenant sans doute du palais d'Été, surmontée d'un coffre à portes. Le décor s'étale sur toute la surface disponible.

Meubles laqués

Ornementées en relief, peintes, taillées ou incisées, les laques forment un décor dont la somptuosité même, après avoir séduit la haute société du XVIIIe siècle, sera, par la suite, mal comprise. Puis quelques esprits éclairés ont perçu ses affinités avec un certain style « Belle

(1) Du Halde, *Description de la Chine,* 1735. Cité dans *Arts de la Chine.*

Époque » : couleurs chatoyantes, motifs floraux, paysages ondulants animés d'oiseaux. Il est intéressant de noter que, contrairement aux ébénistes, les laqueurs ont laissé de nombreux traités sur leurs ateliers et leurs procédés, ce qui permet de trouver quelques repères de datation.

La laque incisée, connue en Europe au XVIIIe siècle sous le nom de « travail de Bantam », eut un énorme succès ; la technique, minutieuse, consiste à recouvrir le bois de trois ou quatre couches d'une argile très fine ; ces couches sont ensuite polies pour parvenir à une surface lisse sur laquelle les couches de laque seront étendues. Un long temps de séchage est nécessaire entre chaque couche : ainsi obtient-on un revêtement durable, d'une admirable profondeur. Ensuite, le décor est incisé, puis, dans les creux, le laqueur pose des touches de couleur ou de dorure.

Parmi les pièces les plus recherchées figurent les paravents, les coffres et les malles, ainsi que les tables basses. Certaines tables, très légères, dont les pieds galbés reposent sur un socle et dont le plateau est orné d'incrustations de nacre, ont été fréquemment copiées au Japon. De beaux cabinets rectangulaires sont pourvus de plaques de serrure et de pièces d'angle en cuivre. Les armoires et les lits sont plus rares. La commode ornée de laques constitue un cas particulier : le mobilier oriental n'en comportait pas et il ne peut donc s'agir que d'une « chinoiserie » fabriquée pour l'Europe. Il est souvent très difficile de différencier un meuble laqué d'origine d'un meuble élaboré en Europe, soit en partie avec des panneaux de laque authentiques, soit avec des vernis européens, tel le célèbre vernis Martin.

À l'opposé, les laques rouges sculptées, dites « laques de Pékin », étaient destinées, à de très rares exceptions près, au marché intérieur et non à l'exportation.

Mobilier en bambou

Élégant, charmant dans ses formes et ses proportions, le mobilier en bambou est malheureusement rare. Destiné à agrémenter les pavillons d'été, il fut très prisé au XVIIIe siècle, mais sa fragilité est telle que très peu de pièces sont parvenues jusqu'à nous.

JAPON ET ASIE DU SUD-EST

On attribue au Japon des meubles, en général de petites dimensions : tables basses, coffres, étagères à décor de laque noire et dorée, avec fleurs et faune au naturel.

On sait encore peu de chose sur le mobilier de l'Asie du Sud-Est ; de la Corée, on connaît surtout quelques cabinets, apparus récemment en ventes publiques ; leur structure et leur décor sont assez composites.

Les très bonnes époques sont le XVIIe et le XVIIIe siècle, correspondant à la fin de la dynastie des Ming (1368-1644) et au début de celle des Ts'ing (règnes de K'ang-hi [1662-1722] et de K'ien-long [1763-1796]). Mais les meubles de ces époques sont rares et leur datation, comme leur origine, incertaine. En effet, la provenance dont ils étaient gratifiés était le port de chargement de la marchandise (Coromandel, Bantam, par exemple) et non le lieu où ils avaient été fabriqués. C'est dire que la présence et la garantie d'un expert sont indispensables lors d'un achat, d'autant que de nombreuses « reproductions » sont réalisées actuellement, tant en France qu'en Angleterre. On trouve le plus fréquemment sur le marché des meubles du XIXe siècle : tables basses, coffres, cabinets et sièges sont les mieux cotés. Le meuble laqué est plus abondant que le meuble en bois dur, ce dernier n'ayant pas eu preneur en Europe aux XVIIe et XVIIIe siècles.

En France, l'engouement pour le mobilier oriental remonte à 1970 et, depuis lors, les prix ont marqué de fortes hausses. Toutefois, les petits meubles japonais du XIXe siècle, les meubles coréens, les meubles chinois destinés à l'exportation dits « laques de Canton » restent abordables.

Le marché des meubles anciens

Le marché des meubles anciens s'est considérablement développé depuis la fin de la Seconde Guerre mondiale, et plus précisément à partir de 1950. Il s'est en même temps profondément modifié pour répondre à l'évolution du goût.

Devant la difficulté de se procurer des pièces anciennes de bonne qualité — que leurs propriétaires, conscients de leur valeur, s'efforcent de conserver —, les antiquaires et brocanteurs ont cherché des produits de substitution, soit en orientant la demande vers de nouvelles catégories jusqu'alors négligées (c'est le cas des meubles en bois naturel), soit en invitant à la découverte de styles relativement récents, tels que le Louis-Philippe ou le Napo-

Table de style Louis XVI « enrichie » de caryatides, exemple du style Napoléon III réhabilité depuis 1975. L'excès des ornements révèle le pastiche.

Ader, Picard, Tajan

Chaise « ponteuse » avec accoudoir sur dossier en lyre, création originale attribuée à Georges Jacob, en 1787.

Christie's

Commode en placage de satiné à décor de plaques de porcelaine et bronzes ciselés et dorés, époque Louis XVI, estampille de Dester. Adjugé 5 687 000 F, par Christie's, à Londres le 17 juin 1987.

léon III, jusqu'alors déconsidérés, ou encore l'Art nouveau et l'Art déco qui n'avaient même pas droit au titre d'antiquités.

Ces phénomènes ont eu pour conséquences une très forte augmentation des prix dans tous ces secteurs. C'est ainsi qu'une armoire normande ou provençale, qui valait 1 000 F en 1960, en atteignait 30 000 en 1980, ou qu'un simple buffet bas régional passait dans le même temps de 500 à 8 000 F. Les meubles Louis-Philippe et Napoléon III ont d'autre part vu monter leur prix en flèche à partir de 1960.

Toutefois, depuis 1985, les commodes et les meubles XVIIIe siècle en marqueterie, ainsi que les meubles régionaux ont subi un tassement, puis une légère régression. La progression des meubles Art nouveau, qui a été très vive à partir de 1970, s'est maintenue pendant quinze ans, bientôt supplantée par les créations de l'époque Art déco.

Certains meubles de grands concepteurs tels que Rulhmann, Pierre Chareau, Jean Dunand ou Eugène Printz dépassent souvent le million de francs en salle des ventes. Un simple fauteuil de Ruhlmann, en ébène et marqueterie d'ivoire, s'est vendu 154 000 dollars (875 000 F) à New York, chez Sotheby's, le 23 avril 1988.

Ces exemples exceptionnels ne doivent pas cependant éclipser l'ensemble du marché des meubles classiques. Dans ce domaine, les prix augmentent régulièrement pour les pièces de qualité. Malgré les difficultés économiques qui ont sensiblement ralenti la demande à la suite de la crise pétrolière de 1974, les meubles anciens n'ont pas, dans leur ensemble, véritablement baissé.

Il faut souligner d'autre part que les très belles marqueteries signées d'ébénistes célèbres et les sièges de grande qualité ont échappé à la baisse, car il y a toujours des amateurs près à surpayer les œuvres magistrales. À ceux qui parfois s'indignent du prix élevé des meubles anciens, les antiquaires font observer que, s'il fallait les refaire à l'identique, avec des bois aussi précieux, des ornements aussi raffinés, des artisans aussi qualifiés, les prix de revient dépasseraient encore de beaucoup les cours des productions d'autrefois offertes sur le marché. En fin de compte, ce que les connaisseurs déplorent, c'est moins une hausse du prix des antiquités qu'une baisse de qualité. De nombreux antiquaires et brocanteurs n'hésitent pas à mettre sur le marché des meubles abusivement restaurés, des pièces reconstituées avec des éléments anciens, ou même des copies de style qu'ils tentent de faire passer pour authentiques.

L'augmentation du nombre des amateurs, liée au désir d'investissement, stimulé par la perspective d'intéressantes plus-values, maintiennent une forte demande de meubles anciens. La production d'un mobilier contemporain, qui n'a pas conquis la faveur du public, ne risque pas, pour le moment, de détourner le goût des amateurs d'antiquités.

En dépit d'une inéluctable raréfaction des plus beaux meubles, dont les acquéreurs ne veulent plus se séparer, et peut-être en raison même de cette absence, le marché de l'antiquité, toujours orienté vers la recherche des dernières « nouveautés » du passé, reste très actif et ne marque, en cette fin de siècle, aucun signe d'essoufflement.

Il faut noter que le krach boursier d'octobre 1987, loin de ralentir l'activité du marché des antiquités, lui a donné un nouvel élan, comme on a pu le constater à la Biennale de 1988. De plus, la décision gouvernementale de ne pas faire entrer en ligne de compte les biens artistiques dans l'assiette de l'impôt de solidarité sur les grandes fortunes a contribué à stimuler les achats, non seulement de tableaux, mais de meubles et objets anciens.

Le retour au bois naturel s'est confirmé à partir de 1975. Mais, après une hausse rapide, les prix se sont stabilisés.

Les bijoux sont de tous les temps,
mais ce « collier de chien » conçu par René Lalique (1860-1945)
exprime parfaitement l'esprit de la « Belle Époque »
qui n'était pas seulement celui de la frivolité,
mais portait les artistes créateurs vers un « art nouveau ».
Par la préciosité des matières premières, l'originalité de la composition,
le décor floral harmonieusement adapté à la fonction,
la finesse du détail,
ce bijoux rend un double hommage à la nature et à la femme.

Michaelides

ART NOUVEAU ART DÉCO

L'« Art nouveau », dans les vingt dernières années du XIXe siècle, bouleverse tous les concepts artistiques des arts décoratifs et conserve le privilège d'être le premier style original de la seconde moitié du XIXe siècle. En France ou en Belgique, il s'exprime dans un style ornemental tout en courbes et arabesques dynamiques tandis que, à la même époque, certaines créations plus dépouillées des artistes anglais, allemands ou autrichiens préfigurent les lignes strictes de ce qui deviendra l'« Art déco », entre les deux guerres. Un même souci de rationalisation et d'épuration des formes se confirme dans les recherches de l'école de Vienne et du Bauhaus, dont les modèles fonctionnels sont d'une construction rigoureuse et géométrique. Parallèlement, divers courants esthétiques révolutionnaires en peinture comme en sculpture, les Ballets russes, l'Art nègre, apportent une conception neuve de la couleur et de l'espace. Le style « Art déco » reste l'aboutissement logique de toutes ces tentatives de renouvellement de l'art.

L'« Art nouveau », à l'existence éphémère, fut vite dédaigné par les partisans des formes logiques et rationnelles, et l'« Art déco » tomba complètement dans l'oubli après la Seconde Guerre mondiale. Mais aujourd'hui, un renouveau d'intérêt pour ces expressions artistiques originales, injustement décriées ou méconnues, a provoqué un essor prodigieux du marché. Les amateurs sont de plus en plus nombreux et aspirent à mieux connaître ces nouveaux thèmes de collection pour orienter judicieusement leur choix et éviter les erreurs majeures.

Au milieu du XIXe siècle, peintres, architectes, sculpteurs, dénués d'esprit créateur, se contentent de répéter à satiété les styles du passé, ce qui plaît d'ailleurs à une clientèle satisfaite d'un conservatisme routinier. Le fossé qui sépare alors les beaux-arts des arts dits « mineurs » paraît infranchissable. Pourtant, une prise de conscience se fait jour lors de l'Exposition universelle de 1851, où les produits de l'art et ceux de l'industrie se trouvent réunis pour la première fois ; le marquis de Laborde, conscient de la stagnation artistique, peut affirmer à cette occasion : « L'avenir des arts, des sciences et de l'industrie est dans leur association. » Sensible à la nécessité de concilier l'art et la nouvelle civilisation industrielle, William Morris (1834-1896), à la suite de John Ruskin (1819-1900), souhaite créer des objets utiles de caractère artistique, accessibles au plus grand nombre. Paradoxalement, pour réaliser cet idéal d'un art social, il rejette les méthodes industrielles qui pourraient servir ses desseins, et fait appel à l'artisanat. Une dignité nouvelle s'attache à tout objet usuel sorti des mains d'un artisan créateur.

Le retour à la nature, déjà célébré par les romantiques, s'affirme comme un des éléments essentiels du renouveau dans l'art en cette fin du siècle ; elle devient la grande inspiratrice des impressionnistes, qui l'observent sans se lasser sous les effets de lumière les plus changeants et les plus éphémères ; les symbolistes, héritiers des préraphaélites, trouvent en elle de subtiles correspondances qui leur livrent les secrets de l'invisible, et, à leur suite, les artistes de l'Art nouveau créeront meubles et objets d'art « parlants », susceptibles de frapper la sensibilité et l'imagination.

Cette approche de la nature se retrouve dans toute la production artistique du Japon, qui va jouer un rôle déterminant dans l'élaboration de la nouvelle esthétique. Le contact étroit de l'artiste avec la nature et son graphisme constructif seront autant d'éléments qui marqueront les arts décoratifs autour de 1900.

Phénomène éphémère dans la vie des arts, l'Art nouveau se développe et atteint son sommet dans les vingt dernières années du XIXe siècle. Ce style est connu sous des noms différents suivant les pays : en France et en Angleterre, on emploie les termes « Art nouveau » et « Modern style » ; en Allemagne, on parle de « Jugendstil » ; à Vienne, de « Secession-Stil » ; en Italie, de « Liberty » ou de « Stile nuovo » ; en Espagne, de « Modernista », d'« Arte jove », puis de « style Gaudi » ; aux États-Unis, de « style Tiffany ». À tous ces noms, il faudrait ajouter encore une multitude d'appellations plus ou moins ironiques : « style nouille », « style Belle Époque », « style métro », « style ténia », « style Loubet », « style Guimard »... ou, tout simplement, « style 1900 ».

Le style Art nouveau, spécifiquement occidental, apparaît presque simultanément à Bruxelles, à Nancy et à Paris, à Vienne, à Munich, à Londres et à Glasgow ; il est créé par des hommes qui s'ignorent pour la plupart, mais

Ader, Picard, Tajan

La Muse, *aquarelle symboliste de Carlo Schwabe, 1903. Vente Ader, Picard, Tajan.*

Les tendances de l'Art nouveau se manifestent dès 1867 dans ce vase en céramique (Sèvres), de Bruire Nicolle. La monture de bronze préfigure la femme 1900.

Chadefaux-Top

qui ont tous le même désir de concevoir un art moderne appliqué à leur époque : il cherche plus à provoquer l'émotion qu'à satisfaire la raison et la logique.

C'est le règne de l'ornement : courbes, arabesques, vagues enroulées, méandres, serpentins, tout est mouvement et dynamisme. La femme elle-même devient fleur, forme souple et voluptueuse aux longs cheveux déployés en volutes ondulantes. Nuances subtiles et tonalités douces concourent à l'harmonie des ensembles décoratifs conçus suivant un principe nouveau, l'unité dans l'art : l'architecte dessine dans ses moindres détails l'aménagement intérieur de ses constructions, et l'ornemaniste s'intéresse à toutes les formes d'art appliqué.

Le renouveau de l'art à la fin du XIXe siècle ne s'exprime pas toujours dans le style ornemental, tout en courbes, propre à la Belgique ou à la France. Et les lignes strictes de ce qui deviendra, entre les deux guerres, le style Art déco se trouvent déjà contenues dans certaines créations dépouillées d'artistes anglais (Arthur Heygate Mackmurdo, Charles Rennie Mackintosh) ou allemands (Obrist, Endell, Eckmann Pankok) qui s'orientent vers l'abstraction décorative. C'est en Lorraine que l'Art nouveau va trouver ses meilleurs représentants, rassemblés autour du pionnier que fut Émile Gallé.

L'ÉCOLE DE NANCY

Après la défaite de 1870, des artistes de valeur chassés des territoires occupés se réfugient en Lorraine. Peintres, sculpteurs, architectes, décorateurs, verriers, ébénistes nancéens, tous très marqués par le style Art nouveau, se groupent autour d'Émile Gallé, qui fonde en 1901 l'école de Nancy, Alliance provinciale des industries d'art, société dont le but est d'encourager la renaissance des métiers d'art et de susciter la collaboration entre industriels et artistes. Majorelle, Daum, Vallin, Victor Prouvé mettent l'accent sur le rôle social de l'artiste et soulignent l'indispensable nécessité de faire collaborer science, art et industrie.

La verrerie

Émile Gallé naît à Nancy le 4 mai 1846. Passionné par la botanique et la chimie — dont il apprend tous les secrets à la fabrique de Meisenthal —, il prend en 1874 la direction de l'affaire paternelle. Il regroupe tous les ateliers à Nancy (gobeleterie et faïencerie de Saint-Clément) et y ajoute sa propre verrerie. Il meurt le 23 septembre 1904, atteint de leucémie. Son gendre, le professeur Perdrizet, poursuit son œuvre jusqu'en 1931. La production industrielle de cette période, sans originalité, est signée du nom de Gallé précédé d'une étoile.

Gallé s'inspire d'abord des productions du passé les plus diverses. Puis il découvre chez les impressionnistes l'étude directe de la nature, et, surtout, l'art japonais lui est révélé par les estampes de Hiroshige et Utamaro. Il a de subtiles affinités avec Baudelaire, Maeterlinck, Robert de Montesquiou. Tous ses décors puisés dans la flore et la faune, qu'il complète parfois de citations « parlantes », sont chargés de symboles. Les formes de ses vases et de ses coupes, influencées au début par les styles antérieurs, traduisent très vite toute l'ondoyante diversité de l'Art nouveau. Les plus grands orfèvres de son temps (Falize, Bonvallet, Sandoz, Guerchet, entre autres) lui fournissent des montures en argent ou en vermeil. À l'Exposition universelle de 1878, il présente ses premiers verres colorés, dont un bleu « clair de lune » à l'oxyde de cobalt, inspiré de certaines porcelaines Song, qui sera souvent imité. À partir de 1889, il parvient à obtenir les tons les plus variés. Il est bon de préciser un point qui prête souvent à confusion : toute la production de Gallé est en verre soufflé à l'air libre ; il ne faut donc pas parler de « pâte de verre » pour désigner ses œuvres. Dès 1873, Gallé emploie la technique de l'émaillage : sur le verre transparent, teinté ou non, l'artiste exécute le dessin choisi, qu'il cerne d'un trait brun, à l'intérieur duquel il dépose l'émail opaque ou translucide. Vers 1889 apparaissent les émaux translucides mêlés à des émaux opaques, les émaux champlevés, les émaux-bijoux. Pour obtenir des « applications », le verrier dépose à chaud, sur les pièces à décorer, des verres colorés ; l'adhérence se fait au moment du refroidissement, puis la pièce est retravaillée à la molette.

Par la technique de la gravure, Gallé attaque plusieurs couches de verre superposées, teintées différemment, et obtient des effets décoratifs très heureux. Toutes ses gravures, qu'elles constituent la base du décor ou un simple élément de finition, sont d'abord exécutées au touret, à la roue ou à la molette. Mais, à partir de 1884, il emploie parallèlement la gravure à l'acide, qui permet une production industrielle en grande série, à un prix de revient réduit. Dans cette technique plus rapide, l'artiste reproduit les mêmes thèmes et emploie une gamme de couleurs assez limitée.

En 1889, Gallé perfectionne un grand nombre d'autres techniques : imitations de pierres dures, craquelures, bullages, réseau de perles métallisées, flambages, inclusions d'or ou de platine, verres soufflés dans des moules. En 1898, il dépose le brevet d'invention de la « marqueterie ». C'est, adapté au verre, la technique du bois marqueté. Ce procédé est souvent associé à celui de la « patine ». À partir de 1900, les décors de Gallé sont de plus en plus dépouillés, allant parfois jusqu'à l'abstraction, et il crée d'admirables vases-sculptures.

Si l'art du verrier est sa passion dominante, Émile Gallé fait également de la céramique (torchères en forme de lions héraldiques, animaux en ronde bosse, dont une série de chats au pelage jaune vif rehaussé de bleu).

Les frères Daum, Auguste (1853-1909) et Antonin (1864-1931), présentent leurs créations, à partir de 1893, dans toutes les grandes expositions.

Pendant un temps, ils s'inspirent du passé, mais, à partir de 1900, formes et décors, influencés par le graphisme japonais, sont puisés dans la nature. Dès 1891, « la Verrerie de Nancy » (la fabrique Daum sera ainsi appelée jusqu'à la Seconde Guerre mondiale) est capable de combiner à peu près toutes les techniques déjà employées par Gallé. Elle met également au point des procédés particuliers, de technique délicate, qui sont parmi ses plus grandes réussites artistiques : un « décor intercalaire », qui donne au dessin sous-jacent une sorte de mystère ; un décor à base de « poudres colorées », déposées à la surface de la pièce rendue rugueuse ou, à partir de 1900, intercalées entre deux couches de verre, selon la technique dite « verre de jade ». Le « martelage » de la paroi d'un vase, combiné avec une gravure à l'acide, donne des effets très caractéristiques. Les vases mouchetés, en forme de coloquinte, dont la tige ondulante sert de bouchon, sont parmi les plus étonnantes réussites. Les verres soufflés-moulés, seule concession à l'emploi d'un moule, sont d'une technique meilleur marché, qui sera reprise systématiquement par Lalique. Daum crée des veilleuses, des lustres, des lampadaires et des lampes-fleurs d'un grand raffinement.

Les frères Muller, d'une famille d'artisans verriers, se fixent à Lunéville après la défaite de 1870 et s'installent à leur compte vers 1895-1900. Leurs verres sont soufflés à Croismare (près de Nancy) et décorés à Lunéville. Ils pratiquent surtout la gravure à l'acide sur des vases qu'ils ornent de fleurs et d'insectes. Leurs ateliers fermeront définitivement leurs portes en 1936. Jusqu'en 1914, ils signent « Muller Croismare près Nancy » et, à partir de 1919, « Muller Frères Lunéville ».

Signature d'Émile Gallé dite « au chardon », fleur symbolique de l'école de Nancy.

Vase à décor de papillons signé É. Gallé (H. 38,5 cm). Verre soufflé à décor polychrome travaillé à chaud.

Ader, Picard, Tajan

« L'origine de nos plantes potagères ».
Description d'une
Table de Salle à Manger
en intarsias polychromes
Composition, dessins et exécution
Atelier d'Émile Gallé
Maître Ébéniste à Nancy.
1892.

Hinous-Connaissance des Arts

Émile Gallé n'était pas seulement un « poète du verre », mais aussi un chercheur. Sous la signature, remarquez la mention « Maître ébéniste à Nancy, 1892 ».

Le mobilier

Les deux créateurs les plus originaux de l'école de Nancy restent Gallé et Majorelle. D'autres, tels Grüber ou Émile André, suivront la voie qu'ils ont tracée. Eugène Vallin (1856-1922) crée des meubles plus personnels, d'aspect robuste, qui laissent transparaître l'influence de Viollet-le-Duc.

Émile Gallé, en 1884, ajoute un atelier d'ébénisterie à ses ateliers de verrerie et de céramique. Il fabrique aussi bien des petits meubles en bois ciré marqueté (guéridon, étagères, tables à double plateau...), manufacturés en grandes séries, que des pièces de commande luxueuses, d'une fabrication coûteuse et longue.

Ce bronze doré d'une femme nue émergeant des roseaux (H. 74 cm) porte la signature de Raoul Larche, un des sculpteurs les plus représentatifs de l'époque 1900. On lui doit notamment la statuette de la danseuse Loïe Fuller.

Louis Majorelle (1859-1926), ébéniste et ferronnier, crée, à partir de 1889, des ensembles auxquels il donne des noms de plantes (clématites, ombelles, nénuphars, pins...). Comme Gallé, il produit parallèlement meubles de série et meubles de commande. Les premiers, qui se multiplient surtout après 1900, ornés d'un simple décor sculpté de motifs végétaux, sont d'une élégance raffinée (mobiliers de salon en noyer). Ils ne peuvent cependant rivaliser avec ses meubles en acajou aux lignes structurées — dont les pieds largement nervurés, robustes comme des branches, se dédoublent à leur sommet —, ornés d'importants bronzes dorés en forme de plantes qui s'intègrent magistralement à l'ensemble.

Le vitrail

Jacques Grüber (1870-1936), qui travaille pour Daum de 1894 à 1897, fournit d'abord des projets de céramique aux frères Mougin, des modèles de meubles à Majorelle, des dessins de reliures à Wiener ; puis il se consacre exclusivement à l'art du vitrail. Après la Première Guerre mondiale, Grüber s'installe à Paris, où il poursuit son activité avec son fils Jean-Jacques.

PARIS 1900
L'architecture et la décoration

À l'Exposition universelle de 1900, les exemples de constructions « modernes » sont encore peu nombreux. Hector Guimard (1867-1942), pourtant, révolutionne l'architecture en construisant, dès 1894, le Castel Béranger, rue La Fontaine, dont il dessine les éléments de décoration intérieure. Il préconise l'emploi de toutes les ressources de l'industrie de son temps, et du fer plus particulièrement, qui se tord, s'enroule et se transforme en balcons, rampes d'escalier, tables, sièges, chenets, boutons de porte... Plus spectaculaires encore sont les entrées de la première ligne de métro, dont il dote Paris en 1900. Jules Lavirotte (1864-1924) décore les façades de ses immeubles dans le style Art nouveau (Céramic Hôtel, orné des grès de Bigot). Les grands magasins se transforment en cages de fer et de verre, largement ouverts à la lumière (la Samaritaine, par Frantz Jourdain, 1905). Cafés et restaurants sont aménagés somptueusement. Le vitrail prend une place très importante dans le décor Art nouveau.

Le mobilier

À Paris, le mobilier Art nouveau n'a pas la vigueur de celui des ébénistes de l'école de Nancy. Guimard fait jouer d'une manière originale l'enroulement des lignes souples, mais sans asymétrie, qui s'entrecoupent avec une grande élégance. Georges Hoentschel (1855-1915) donne à ses meubles la solidité de ramures fleuries. Trois ornemanistes de talent, Édouard Colonna (1862-1948), Georges de Feure (1868-1928) et Eugène Gaillard (1862-1933), dessinent des meubles pour Bing et participent à l'aménagement du pavillon de l'Art nouveau à l'Exposition universelle de 1900. À Milan, Carlo Bugatti conçoit un mobilier orné de parchemin, dont les lignes dépouillées sont bien en avance sur son temps.

La sculpture

Si Rodin (1840-1917) appartient par certains aspects de son œuvre au symbolisme et à l'Art nouveau, si Dalou (1838-1902) sort des chemins traditionnels, il n'y a pas à proprement parler de grande sculpture de ce style. Un nombre impressionnant de statuettes et de bibelots font leur apparition : encriers, cendriers, vide-poches, pendules, vases, objets de bureau, cadres, lampes, etc.

Jean Dampt reste très influencé par le Moyen Âge, cher aux préraphaélites. Raoul Larche (1860-1912) crée des modèles de surtouts de table et de petites sculptures, que reproduira en étain ou en bronze le fondeur Siot-Decauville. Ses réussites les plus recherchées sont ses lampes en bronze doré, inspirées par Loïe Fuller ; nombre d'autres artistes (Th. Rivière, A. Léonard, P. Roche, Saint-Lerche, Wagner...) immortalisent aussi, avec plus ou moins de bonheur, la célèbre danseuse américaine. Alexandre Charpentier (1856-1909) collabore avec Muller pour ses sculptures en céramique ; ses plaques en bronze, ornées de jeunes femmes, dont il pare meubles, reliures et même boutons de porte ou serrures, sont justement appréciées.

Jules Brateau (1844-1923) contribue plus que tout autre à la renaissance de l'étain. Il inonde le marché de petits objets ornés à profusion de figures féminines et d'une flore exubérante, comme le font aussi Chalon, Bouval, Dejean, Desbois, Causse. François-Rupert Carabin (1862-1932) se distingue par le réalisme de ses figures de femmes, statuettes ou caryatides qui supportent tout le poids de ses meubles chargés d'allégories.

Le luminaire

L'éclairage électrique révolutionne le monde moderne et s'impose peu à peu à la fin du XIXe siècle. Si bougeoirs et chandeliers aux arabesques linéaires — en bronze doré ou argenté, en cuivre ou en étain — subsistent encore comme objets de décor, la lampe devient un élément essentiel de la décoration : lampe-statuette de Larche ou Léonard, lampe-sculpture de Léo Laporte-Blairsy ou Wolfers, lampe-plante en fer forgé d'Émile Robert, lampe-fleur de Gallé ou de Daum, qui exalte le chatoiement des verres aux colorations chaudes et mystérieuses, lampe-vitrail de Tiffany, lampes de Lalique aux verres transparents et limpides. Lampes, suspensions, lampadaires, appliques, veilleuses, tout concourt à valoriser la « fée Électricité ».

La verrerie

Les verriers perfectionnent leurs moyens d'expression et leurs connaissances techniques. François-Eugène Rousseau (1827-1891) présente à l'Exposition de 1878 des imitations de pierres dures, des verres jaspés, pailletés, moulés, gravés, émaillés, et des craquelés très caractéristiques. En 1885, il s'associe à Ernest-Baptiste Léveillé ; ils font exécuter leurs modèles par Eugène Michel et Alphonse Georges Reyen. Amédée de Caranza signe certaines pièces à reflets métalliques du nom de Mme Duc associé au sien. Les frères Pannier vendent dans leur magasin, l'Escalier de Cristal, des vases montés en bronze.

Les créations industrielles de Legras, d'Argental, Delatte, Schneider restent plus ou moins influencées par l'œuvre de Gallé. Aux États-Unis, Louis Comfort Tiffany (1848-1933) joue un rôle aussi important que celui de Gallé en France.

Les expériences pour obtenir de la « pâte de verre », d'une technique très différente de celle du verre soufflé, se multiplient en fin de siècle. La pâte de verre se prépare par amalgame à froid de verres et d'émaux broyés ; la pâte obtenue est déposée dans un moule pour y subir la cuisson, au cours de laquelle les éléments qui la composent se soudent et s'agglomèrent. Henri Cros (1840-1907), contemporain de Gallé, le premier à avoir redécouvert le secret de la pâte de verre, reste cependant traditionaliste dans son expression d'une beauté classique. Mais, par ses recherches, il a ouvert la voie à de remarquables artistes. Albert Dammouse (1848-1926), sculpteur, peintre, céramiste, expose des coupes, calices, bols, gobelets, ornés avec une harmonie raffinée de fleurs et de feuillages en relief qui s'enroulent autour du bord de la pièce.

Cette petite bibliothèque ornée d'un paysage et d'une gerbe d'iris en marqueterie est une création de Louis Majorelle, un des ébénistes les plus doués de l'école de Nancy.

Ader, Picard, Tajan

Trois lampes « champignon » d'Émile Gallé qui a su adapter son art à la nouvelle technique de l'électricité dont l'éclairage valorise le décor. Les lampes-champignons à décor gravé valent de 50 000 F à 300 000 F.

Genin-Griffe-Leseuil

Georges Despret (1862-1952) imite en pâte de verre la céramique, le bronze, les pierres dures. Ses thèmes décoratifs sont empruntés à la nature (vases aux hippocampes). Il réussit de nombreux masques féminins très expressifs et de véritables sculptures dans une matière semi-transparente.

François-Émile Décorchemont (1880-1971) passe la majeure partie de sa vie à Conches, sa ville natale. Peintre, puis céramiste, il opte définitivement vers 1903 pour le travail du verre. Pendant quatre ans, il crée des « pâtes d'émail », très minces, peu translucides, à la surface mate, qui diffèrent de la pâte de verre par leur composition. Coupes et gobelets de formes simples et de petites dimensions sont ornés d'un décor floral ou végétal en léger relief, aux tons doux et pâles. Vers 1907-1908, Décorchemont obtient de véritables pâtes de verre translucides et épaisses, parfois semblables à des pierres dures. Ses formes et ses décors restent longtemps influencés par l'Art nouveau, puis son style se géométrise sous l'influence de l'Art déco.

La céramique

Dès le milieu du XIXe siècle, le goût pour les arts orientaux (service « japonais », par Bracquemont, 1866) va renouveler l'art de la céramique du point de vue technique et artistique. Les grès japonais, présentés à l'Exposition universelle de 1878, vont être à l'origine de la vocation de Jean Carriès, ébloui par la pureté de leur matière et la sobriété de leur décor stylisé, entièrement inspiré de la nature.

Jean Carriès (1855-1894), en effet, abandonnant la sculpture, consacre les six dernières années de sa courte vie à retrouver tous les secrets du grès. En 1888, il s'installe à Saint-Amand-en-Puisaye, dans la Nièvre, et crée des pièces fortement influencées par les formes japonaises, animées de coulées d'émaux inégalables, parfois rehaussées d'une touche d'or. Carriès signe de son nom en toutes lettres. À sa suite, l'école de Saint-Amand renouvelle l'art du grès : Hoentschel, Grittel, Jeanneney, William Lee, de Vallombreuse, Nils de Bark s'efforcent de rendre à cette matière toute sa puissance artistique ; sur place, l'abbé Pacton, Jean Pointu, Amand et Eugène Lion, Théo Perrot s'orientent vers le grès d'art.

Tous les céramistes, en cette fin du XIXe siècle, ne se consacrent pas au grès d'une façon aussi exclusive ; bon nombre d'entre eux travaillent, parallèlement, porcelaine, faïence ou poterie vernissée. Mais tous font œuvre d'artisans et de créateurs, refusant la production en grande série et la facilité.

Ernest Chaplet (1835-1909) met au point un procédé dit « à la barbotine », qui permet une peinture sur céramique proche de l'esprit impressionniste. En 1881, il crée des grès bruns à la matière rugueuse ; leur décor naturaliste, aux contours largement incisés, est rehaussé d'émaux sans éclat, soulignés d'or. (En 1886-1887, Paul Gauguin, séduit par cette technique, fait cuire ses premières pièces dans ses ateliers.) Vers 1884, Chaplet retrouve le secret de la fabrication du rouge sang-de-bœuf. Installé définitivement à Choisy-le-Roi, il crée des pièces de porcelaine, montées au tour, visant à la perfection par leur simplicité même et la subtilité des émaux qui les recouvrent. Il marque sa céramique d'un rosaire.

Albert Dammouse (1848-1926), aidé de son frère Édouard, réalise des grès, des porcelaines et des faïences. Ses plus belles pièces sont ornées d'un décor floral aux tons fondus.

Édouard Lachenal (1850 - v. 1930) s'installe en 1880 à Châtillon-sous-Bagneux. Ses grès aux formes simples sont teintés de japonisme, puis ornés de toute la flore qui anime le style 1900. Il interprète des œuvres de sculpteurs réputés, tel Rodin, et crée pour l'Exposition universelle de 1900 un mobilier en grès. Au début du XXe siècle, Lachenal laisse la direction de son atelier à son fils Raoul.

Pierre-Adrien Dalpayrat (1844-1910) met au point le « rouge Dalpayrat ». Ses créations en grès, parfois en porcelaine ou en faïence, zoomorphes ou ornées d'une flore et d'une faune tourmentées, sont influencées par le Japon. Il produit des pièces uniques, associées parfois à des montures d'argent, et des grès artistiques à bon marché en collaboration avec Adèle Lesbros et Voisin. Signature à la grenade ou « D. V. », pour Dalpayrat-Voisin.

Jean-Charles Cazin (1841-1901) fonde en 1875 un atelier près de Boulogne-sur-Mer, où il travaille avec son fils Michel. Le style japonisant marque ses premiers grès, gravés en creux, ajourés ou décorés en relief ; ensuite, il décore ses pièces de motifs floraux.

Auguste Delaherche (1857-1940), né dans le Beauvaisis, région de grès par excellence, reste un des piliers du renouveau de la céramique. Ses premiers grès sont vernis au sel. Divers procédés de cuisson lui permettent d'obtenir de riches coulées d'émail, semblables à celles qui sont admirées sur les grès japonais. L'Exposition universelle de 1889 assure le triomphe de ses grès aux formes robustes, au décor toujours sobre (ornements végétaux gravés sur engobe, branchages en relief). Peu à peu, ses créations aux lignes épurées sont mises en valeur par la seule couleur des fonds et des émaux. Après 1904, il tourne lui-même ses pièces et ne fait plus que des modèles uniques. Entre 1904 et 1907, il réalise d'admirables porcelaines à riches coulées d'émail ocré, moucheté de jaune, bleu, vert ou or. Il signe d'un cachet, d'une signature manuscrite ou d'un monogramme.

L'enthousiasme suscité chez Alexandre Bigot (1862-1927) par les grès d'Extrême-Orient, admirés à l'Exposition universelle de 1889, a déterminé chez ce docteur ès sciences une vocation de céramiste. Il est l'auteur de pièces en grès, de formes simples, ornées de glaçures colorées, de sculptures et de décors architecturaux.

Émile Muller, fabricant de tuiles, sait tirer parti de cette industrie pour créer des revêtements architecturaux en céramique. Après sa mort, en 1889, son fils Louis poursuit son activité et sculpte des grès flammés.

Clément Massier (1845-1917), installé en 1872 à Vallauris avec son frère Delphin et son cousin Jérôme, recouvre d'un lustre métallique des plats et vases en grès. Le secret de cette technique délicate semble avoir été retrouvé par le peintre Lévy-Dhurmer, qui signe avec eux les plus belles pièces. La véritable originalité de Massier réside dans la création d'une harmonie vert et violet qui recouvre bouteilles et urnes à l'antique, aussi bien que des formes mouvantes et contournées ornées de figures ondulantes.

André Metthey (1871-1920) connaît le succès en 1901 avec des grès flammés dans le goût japonais. Installé à Asnières, il se consacre à la faïence, qu'il fait décorer par des peintres aujourd'hui célèbres (Renoir, Bonnard, Vlaminck, Rouault, Denis...). Il abandonne à son tour cette matière pour la terre vernissée, qu'il décore désormais lui-même. Il marque ses pièces en toutes lettres ou d'un monogramme au trèfle.

Taxile Doat (1851-1938), passé maître dans la technique porcelainière, remporte un beau succès à l'Exposition universelle de 1900. Il travaille alors parallèlement grès et porcelaine. Il se fait une spécialité des décors en « pâtes rapportées » : camées, guirlandes, arabesques ornent en léger relief des plats circulaires, des vases, des presse-papiers. Il excelle dans les glaçures et dans les cristallisations. Ses pièces en forme de coloquinte sont

Michaelides

Femme à la marguerite, *velours imprimé (60 × 80 cm), vers 1898, d'après des motifs inventés par Mucha.*

parmi ses plus remarquables créations. Sa réputation s'étend jusqu'aux États-Unis, où il est nommé, en 1909, directeur de l'école de céramique de University City, dans le Missouri.

La Manufacture de porcelaine de Sèvres, sous la direction de Théodore Deck, multiplie les perfectionnements techniques et ouvre ses portes au grès.

À Limoges, à partir de 1880, la production de la porcelaine est pratiquement industrialisée, et le japonisme atteint à des degrés divers toutes les fabriques.

À l'étranger, certaines fabriques s'efforcent également de renouveler formes et décors : Keramis (fabrique Boch) en Belgique, Max Laeuger en Allemagne, Zsolnay à Pecs, en Hongrie, la Manufacture royale de porcelaine et la Manufacture Bing et Gröndahl à Copenhague.

L'orfèvrerie, les émaux

Dans le domaine de l'orfèvrerie, la maison Christofle crée dès 1895 des modèles à décor naturaliste, asymétrique, marqués par le Japon, tout en développant les techniques les plus modernes. Vers la même époque, Frédéric Boucheron (1830-1902), avec la collaboration de Lucien Hirtz (1864-1928) et de Jules Brateau (1844-1923), commercialise des créations de style Art nouveau, ainsi que Chaumet (acquéreur du fonds de Bapst et Falize). Lucien Gaillard (né en 1861) applique des gravures héliographiques à l'orfèvrerie d'or et d'argent et introduit la laque en joaillerie. Au Danemark Geörg Jensen, en Finlande Ehrström, aux États-Unis Louis Comfort Tiffany renouvellent aussi formes et décors en s'inspirant de la nature.

Parmi les émailleurs de style Art nouveau, Feuillâtre et Thesmar restent les plus étonnants (applications d'émail sur argent et même sur platine).

Papiers peints, tissus, tapisseries, tapis

La décoration murale joue un rôle important en cette fin de siècle, et la plupart des ornemanistes dessinent des projets de papiers peints, tissus, cartons de tapisserie ou tapis dans l'esprit nouveau. Fleurs et animaux stylisés prennent une grande valeur décorative. La tapisserie est quelque peu négligée à l'époque ; en France, Paul Ranson (1862-1909) crée les meilleurs cartons de cette période. La broderie n'est plus un art exclusivement féminin : Van de Velde, Ranson, Obrist, Mackmurdo et bien d'autres donnent libre cours à leur imagination. Les projets de tapis sont plus rares que les dessins de tissus et de tentures.

L'affiche

L'art descend dans la rue, et les affiches se répandent sur les murs de la capitale. La grande période de production se situe dans les vingt dernières années du XIXe siècle. Deux courants d'expression sont à considérer. D'une part, les affiches qui illustrent les tendances artistiques du temps et qui visent à faire connaître les idées nouvelles ; elles annoncent les expositions ou salons de divers groupes d'avant-garde : le Groupe des Vingt, puis la Libre Esthétique, l'Art idéaliste, le Salon de la Rose-Croix, le Salon des Cent. D'autre part, les affiches essentiellement publicitaires, qui touchent les domaines les plus variés : produits alimentaires, moyens de transport, spectacles, mode féminine, grands magasins, etc. Les plus grands peintres de l'époque ne dédaignent pas de consacrer leur talent à ce nouvel art et s'imposent dans ce genre. Henri de Toulouse-Lautrec (1864-1901) crée sa première affiche en 1891 et il en dessinera trente et une. Son style emprunte beaucoup aux gravures japonaises (le Divan japonais, Jane Avril, Aristide Bruant...). Les

Sotheby's

« Saxoléine », affiche publicitaire de Jules Chéret, adjugée 3 940 F par Sotheby's, à Amsterdam, le 3 mai 1988. Prix doublé en 8 ans.

nabis, Maurice Denis, Pierre Bonnard (France-Champagne), Édouard Jean Vuillard (Bécane) réalisent de fort belles créations. Jules Chéret (1836-1932) reste le pionnier de l'affiche en couleurs, qu'il anime d'une figure féminine fraîche et gracieuse, la « Chérette » ; il en compose plus d'un millier (Saxoléine, Olympia). Pal, Guillaume, Meunier, Dudley Hardy vont suivre son exemple. De Feure représente des femmes-fleurs rêveuses (le Journal des ventes, 1897). Grasset dessine des affiches marquées par son goût du vitrail et du Moyen Âge (Salon des Cent, 1894, Jeanne d'Arc). Paul Berthon (1848-1909) subit son influence. Alphonse Mucha (1860-1939) reste pendant six ans l'affichiste attitré de Sarah Bernhardt. Steinlen (1859-1923) dessine des affiches publicitaires et dénonce l'injustice sociale.

Mais, déjà, le style change à l'aube du XXe siècle. Leonetto Cappiello (1875-1942) révolutionne l'art publicitaire et devient, après la guerre, le chef de file des jeunes affichistes (il compose plus de 3 000 affiches).

L'Art nouveau, qui a éveillé des échos dans toute l'Europe et jusqu'en Amérique, décline après 1900. C'est un échec du point de vue social, car le désir de démocratiser l'art s'est révélé utopique, et, du point de vue artistique, les excès même de son naturalisme exacerbé, parfois jusqu'à l'outrance, ont provoqué une réaction en faveur de la rigueur et du fonctionnel. Pourtant, l'Art nouveau conserve le privilège inestimable d'être le premier style original qui ait réussi à sortir l'art de l'enlisement où il végétait.

Le marché de l'Art nouveau

C'est autour des années 1950 qu'on commence à redécouvrir l'Art nouveau. Pendant un temps, les prix montent sans discernement, qu'il s'agisse de pièces de qualité ou de productions industrielles plus ordinaires, et suscitent des vendeurs : les pièces les plus disparates sortent des greniers, chacun s'imaginant posséder une petite fortune. C'est alors que le tri peut se faire et qu'une évolution se précise vers une plus grande qualité.

Les Églantines, *lithographie de P. Berthon, significative de l'évolution de l'Art nouveau vers un certain dépouillement stylistique.* Coll. S. Fouilloul.

Meguerditchian

Les critères de valeur

Ils sont communs à l'Art nouveau et à l'Art déco, et valent aussi bien pour le mobilier que pour les objets. Les pièces les plus typiques des styles 1900 et 1925 ont pris une plus-value appréciable. À ce critère, il faut ajouter la recherche de la perfection technique, de la qualité des matériaux, de l'équilibre et de la justesse des proportions, de l'élégance des lignes, de la rareté (pâtes d'émail de Décorchemont, fontes à cire perdue de Lalique, pièces uniques). L'état de conservation est également très important. Les artisans capables de refaire certains travaux délicats (placage de nacre, d'ivoire, de galuchat sur des meubles Art déco, par exemple) sont rares, et la restauration à envisager devient alors très coûteuse.

Tendances actuelles

En verrerie, les amateurs risquent toujours des sommes spectaculaires pour les très belles pièces de Gallé (une coupe dite « la feuille de Rhubarbe » s'est vendue 6 millions de francs à Genève, le 27 juin 1988) ; mais les prix de la production industrielle semblent s'être stabilisés au niveau relativement bas qu'elle méritait. On commence à faire une meilleure discrimination entre les diverses créations de Daum : un vase avec une rose en relief a atteint l'équivalent de 3 150 000 F à Tokyo en 1987. Les pâtes d'émail de Dammouse ou de Décorchemont, rares car très fragiles, atteignent des prix considérables. En céramique, plus qu'ailleurs, le critère de la qualité est de première importance, et il y a de gros écarts de prix entre l'ordinaire et le très beau.

Les faux

Il n'existe pas de faux à proprement parler, mais de mauvaises attributions. Il y a plusieurs manières de faire de faux verres de Gallé : on peut surajouter sa signature sur des vases de De Vez, par exemple ; on peut reprendre à la meule une pièce gravée à l'acide pour donner une plus-value à l'objet. Des imitations de chats en faïence de Gallé ont été fabriquées en Italie.

L'ART DÉCO

L'Art déco reste le nom retenu pour désigner le style qui se développe dans les années 1920 et atteint son sommet dix ans plus tard. Cette expression trouve son origine dans le nom même de l'Exposition internationale des Arts décoratifs et industriels modernes, qui présente au public, en 1925, des ensembles architecturaux et décoratifs aux lignes symétriques, rigoureuses et géométriques. Ce style dépouillé découle logiquement des tentatives de tous les pionniers qui, de William Morris à Gropius, ont désiré adapter l'art et la vie aux conditions nouvelles du machinisme.

Dès le début du XXe siècle, divers courants esthétiques réagissent violemment contre l'optique traditionnelle, tant en peinture qu'en sculpture. Après le fauvisme passionné de couleur pure, l'Art déco affirme son goût pour les couleurs vives, qui s'opposent aux nuances douces prônées par l'Art nouveau. De son côté, le cubisme entraîne les arts plastiques à la découverte d'une nouvelle expression spatiale qui rencontre l'adhésion de nombreux sculpteurs : Archipenko, Czaky, Laurens, Lipchitz, Miklos ; son influence est considérable sur les arts appliqués, marqués également, à des degrés divers, par les nouveaux mouvements artistiques qui se multiplient (suprématisme, constructivisme, néoplasticisme, futurisme, De Stijl). Les Ballets russes de Serge de Diaghilev révolutionnent le monde des arts, lors de leur première représentation à Paris en 1909, par la révélation d'un univers coloré et somptueux. L'art nègre, découvert dès 1905 par les fauves, mieux connu après la guerre (expositions, vulgarisation du jazz), exerce son influence dans tous les domaines des arts décoratifs.

Ader, Picard, Tajan

Aquarelle de George Barbier, destinée à l'illustration de l'ouvrage Personnages de comédie, *paru chez Meynial, Paris, 1922. L'évolution du style vers des lignes épurées ne s'est pas encore libérée d'un certain maniérisme 1900.*

L'architecture et la décoration intérieure

Dès la fin du XIXe siècle, l'usage de nouveaux matériaux (fer, verre, béton armé, acier) dans le monde industriel bouleverse les principes de l'architecture tradi-

Ader, Picard, Tajan

Panneau en laque de Jean Dunand représentant un chasseur dans un paysage exotique. Ses œuvres obtiennent des cotes de plus en plus fortes.

tionnelle. En Europe, le point de départ réel de la nouvelle expression architecturale se situe en Allemagne, avec Gropius, en 1911. À sa suite, un vaste mouvement international naît vers 1914.

À Paris, Auguste Perret élève en ciment armé le Théâtre des Champs-Élysées. La voie est tracée et, pourtant, rares sont les architectes et les décorateurs qui ont parfaitement assimilé les leçons de l'école viennoise et du Bauhaus. Parmi eux, Le Corbusier (Charles Édouard Jeanneret, dit) [1887-1965] est certainement le plus révolutionnaire. Il met ses théories en pratique dans le pavillon de l'Esprit nouveau, à l'Exposition de 1925 : formes rationnelles, parfaitement adaptées à leur fonction, sans ornement inutile, dans des matériaux modernes (tubes d'acier, tôles, etc.).

On retrouve la même prédilection pour des meubles en tube d'acier et en cuir, aux formes pures et géométriques, chez Mallet-Stevens (1886-1945), Djo Bourgeois (1898-1937), René Herbst (né en 1891) ; la même recherche de l'équilibre entre les masses, les lignes et les couleurs dans les créations de Francis Jourdain (1876-1958), qui s'adressent à une clientèle populaire grâce à la production en série qui sort de ses Ateliers modernes ; le même désir, chez Pierre Chareau (1883-1950), d'« aménager » plutôt que de décorer la surface d'habitation de plus en plus restreinte imposée par les nouvelles conditions d'existence (« Maison de verre » du docteur Dalsace, rue Saint-Guillaume). Cette conception fonctionnelle d'un univers à la portée du plus grand nombre se concrétise en 1930, au pavillon de Marsan, avec l'Exposition de l'Union des artistes modernes (U. A. M.), dont les ensembles sont si étonnamment « modernes » qu'ils restent la source indiscutable des formes de l'actuel design. Pourtant, à l'époque de leur création, ces ensembles logiques furent fortement critiqués.

En fait, dans les années 20, la majorité des décorateurs continuent à créer, dans un esprit traditionaliste et pour une clientèle fortunée, un mobilier d'une qualité digne des meilleurs ébénistes des XVIIIe et XIXe siècles. Les matériaux choisis sont très luxueux et très variés : bois exotiques aux chaudes colorations, bois argentés ou dorés à la feuille, bois peints, laqués, incrustés d'argent, d'étain, d'ivoire, d'écaille ; parchemin, cuirs de toutes sortes, crocodile, lézard, galuchat (peau de squale) gainent les meubles ; ivoire, bronze ou passementerie ornent les poignées et anneaux de tirage. Les formes restent assez proches de celles des siècles précédents, mais le décor s'est géométrisé sous l'influence du cubisme : fleurs et fruits stylisés sont disposés en guirlandes ou groupés dans des corbeilles d'une manière très caractéristique. Nombreux sont les créateurs de ces ensembles d'esprit traditionaliste, mais leur production est inégale selon qu'il s'agit de pièces de commande ou de fabrication de série.

Précurseur, annonçant les ornemanistes de l'entre-deux-guerres, Paul Iribe (1883-1935), secondé par Pierre Legrain (1889-1929), propose entre 1910 et 1914 des meubles, des bijoux, des papiers peints, des tissus dans un style quelque peu influencé encore par les formes mouvantes de l'Art nouveau, mais il a un certain goût pour l'ornement stylisé, et la « rose Iribe » deviendra une sorte d'emblème du style Art déco.

Émile Jacques Ruhlmann (1879-1933), de loin le plus remarquable des ornemanistes Art déco, multiplie les projets de tapis, tissus, lampadaires, carrosseries de voiture même, projets qu'il fait exécuter dans les établissements « Rel » (Ruhlmann et Laurent). Ses meubles aux formes souples, aux pieds fuseaux légèrement galbés, en placage de bois précieux enrichis d'incrustations d'ivoire, de maroquin, de galuchat, sont d'une qualité telle qu'ils ne peuvent s'adresser qu'à une clientèle d'amateurs riches et raffinés. Chaque modèle créé porte le nom du client qui l'a commandé et peut être refait sur demande à quelques exemplaires très limités.

Louis Süe (1875-1968), architecte et peintre, et André Mare (1887-1932), peintre et surtout ornemaniste, s'unissent en 1919 pour fonder la Compagnie des Arts français, car ils souhaitent un travail d'équipe pour réaliser des ensembles « sérieux, logiques, accueillants », en s'appuyant sur la tradition (maison de Jane Renouardt [1924], boutique des parfums d'Orsay).

Armand-Albert Rateau (1882-1938) reste très vivement marqué par l'Orient et l'Antiquité. Une de ses œuvres les plus significatives reste sans doute la salle de bains aux murs en laque d'or à décor persan, installée en 1926, à Madrid, dans le palais de la duchesse d'Albe. Dans l'appartement de Jeanne Lanvin, qu'il aménage en 1920, il emploie le bronze à la manière antique, avec la collaboration du sculpteur Paul Plumet.

Clément Rousseau, sculpteur, crée assez tardivement quelques meubles et sièges élégants aux tonalités riches, et Clément Mère affectionne dès 1910 les meubles de petites dimensions, dans des matières précieuses.

André Groult (1884-1967), beau-frère de Paul Poiret, refuse toute construction géométrique pour ses meubles aux formes bien galbées, éclairés d'harmonies lumineuses dues au choix des matériaux (mobilier gainé de galuchat blanc-gris, incrusté d'ivoire).

Paul Follot (1877-1941), partisan d'une ornementation sculptée abondante, sur de belles matières coûteuses, accepte pourtant, à 46 ans, le poste de directeur de l'atelier Pomone aux magasins du Bon Marché, où il édite ses modèles en série. Parmi les créations qui font la synthèse des techniques industrielles : les ensembles de Dominique (association d'André Domin et de Marcel Genevrière) sont élégants et bien construits, de même que les œuvres très dépouillées de Maurice Dufrène.

Jules Leleu (1883-1961) décore plusieurs paquebots et de nombreuses ambassades. De son atelier d'ébénisterie sortent parfois, à côté d'une production en série, des ensembles uniques.

Citons encore parmi les décorateurs de talent Henri Rapin, Maurice Jallot, Philippe Petit et René Joubert. Les grands magasins créent des rayons d'ameublement et de décoration pour diffuser l'art moderne dans les couches sociales modestes grâce à une production manufacturée.

On ne saurait parler de style Art déco sans mentionner l'ensemble le plus remarquable réalisé dans le genre, le « Studio Saint-James », que Jacques Doucet fit aménager dans sa villa de Neuilly, en 1928, deux ans avant sa mort. M. Ruau en est l'architecte ; Pierre Legrain (1889-1929) préside à la décoration et fait appel à des artistes aux idées neuves : Rose Adler, Jean-Charles Moreux, Clément Rousseau, André Groult, Marcel Coard pour les meubles ; Miklos, Csacky pour les sculptures ; Marcoussis pour les tapis ; Degaine, Eileen Gray pour les laques.

La sculpture

Les statuettes en bronze doré ou argenté, rehaussées d'ivoire et d'incrustations, montées sur des socles de formes géométriques en marbre ou en onyx, sont parmi les sculptures les plus typiques du style Art déco. Le thème essentiel en est la femme, hiératique ou figée dans un mouvement ébauché, en danseuse orientale, en odalisque ou sous tous les aspects de la vie quotidienne. Les auteurs de ces statuettes, appelées « chryséléphantines », très à la mode entre 1920 et 1930, sont nombreux et d'inégale valeur (Preiss, Sosson, Bouraine, Lipszyc, Jack, Godard, Colinet, etc.). Le Roumain Démétré Chiparus, dès 1924, s'impose dans ce genre.

Métaux, laques et émaux

Le travail du cuivre et de la laque tient une place importante dans la décoration de style Art déco.

Jean Dunand (1877-1942), né à Genève, se fait d'abord connaître par des vases en métal repoussé au marteau, incrustés d'or, d'argent, de nickel, influencés par le style Art nouveau. Il évolue dès avant 1914 vers une géométrisation savante. Initié par un spécialiste japonais à la technique de la laque, il installe vers 1925 une menuiserie, d'où sortent des meubles laqués, ornés d'un décor peint, gravé, sculpté, enrichi d'incrustations de nacre, de pierre ou de coquille d'œuf. Ses sujets sont figuratifs, géométriques ou inspirés de l'art nègre. L'État lui commande de grandes décorations pour les paquebots *Atlantique* (1931) et *Normandie* (1932). Jean Dunand apparaît comme le chef de file de laqueurs tels que Bobot, Bouvrat, Midavaine.

Claude Linossier (1893-1953) subit aussi l'influence de Dunand dans ses créations de vases et de plats en cuivre ou en maillechort repoussé, ornés d'incrustations géométriques en argent, cuivre, ferro-nickel.

Les vases émaillés de Camille Fauré (1872-1956) sont chatoyants et très décoratifs.

La verrerie

Après Gallé, mort en 1904, mais dont la fabrique produit des vases industriels jusqu'en 1931, la verrerie d'art s'oriente vers un style fait de rigueur géométrique, de monochromies nuancées et de transparences.

Genin, Griffe, Leseuil

Ce bureau à cylindre d'un classicisme équilibré et raffiné est en ébène de Macassar et marqueterie d'ivoire. Il porte l'estampille E. J. Ruhlmann, 1926, ce qui lui a valu une adjudication particulièrement élevée : 312 000 F, le 9 mars 1980, à l'Hôtel des ventes des Tuiliers, à Lyon, par Mes Genin, Griffe, Leseuil. Depuis cette date, les meubles de Ruhlmann n'ont cessé de monter, avec un record à 1 550 000 F chez Sotheby's, à Monte-Carlo, le 4 décembre 1988.

La Femme aux oiseaux-lyres, *sculpture chryséléphantine (bronze et ivoire) de H. Grisard, genre très à la mode dans les années 30 et de nouveau en vogue depuis 1975. Une œuvre de Chiparus s'est vendue 175 000 F à Drouot, en 1986.*

Vase de Daum à décor de libellules en cabochon sur fond bleu, vert et jaune. Adjugé 120 000 F par Me Guérin, à Saint-Dié, le 7 mai 1988.

La fabrique Daum utilise les techniques déjà mises au point, tout en adaptant sa production au goût de l'époque. Sur des pièces très caractéristiques du style 1925, on grave à l'acide, sur deux couches de verre superposées de tons contrastés, soit un décor floral ou animal très stylisé, soit des motifs géométriques. On réalise des verres transparents, le plus souvent teintés dans la masse en jaune paille, vert d'eau, ambre fumé, bleu glacier, gravés en creux ou en relief. De 1920 à 1950, Daum ajoute à sa traditionnelle signature le nom « France ».

René Lalique (1860-1945), renommé pour ses créations de bijoux, s'intéresse vers 1902 à la verrerie. Il a une prédilection pour les verres incolores, ou à peine teintés, par réaction contre le verre coloré, dont l'époque précédente a abusé. Dès 1920, les formes sont stylisées, qu'il s'agisse de vases aux noms de fleurs ou de villes, de flacons à parfum, de garnitures de toilette, de services de verre, de pendulettes, de bouchons de radiateurs, des fontaines ou des décors des voitures Pullman de la Compagnie internationale des Wagons-Lits.

La cristallerie de Baccarat lance vers 1910 des flacons à parfum en verre. Après la guerre, parallèlement à une production de série d'usage courant, mais de grande qualité, Baccarat crée des pièces exceptionnelles, tel ce lustre dit « des jets d'eau » pour le théâtre de Sydney.

À côté de ces grandes fabriques de style industriel, des artistes verriers travaillent seuls, d'une manière encore artisanale. Maurice Marinot (1882-1960), le plus grand de l'entre-deux-guerres, décore d'émaux polychromes et d'or des pièces en verre transparent, parfois teinté. Il met peu à peu au point de nouvelles techniques pour améliorer ses flacons et ses vases aux épaisses parois, où la matière seule engendre son propre décor : gravure à l'acide ou à la roue sur verre clair ou teinté, pour obtenir des givres légers ou des entailles profondes ; modelages à chaud, à partir de 1927, pour provoquer des bulles intercalées entre deux couches de verre et savamment réparties, des craquelures, des traînées d'oxydes. Il signe parfois d'un M, le plus souvent Marinot. Les œuvres d'Henri Navarre (1885-1970) et d'André Thuret (1898-1965) sont fortement influencées par ses créations.

Auguste Heiligenstein (1891-1976) orne ses vases d'un décor floral stylisé en émail blanc semi-transparent rehaussé d'or, puis de motifs géométriques dans une palette réduite.

Il faut citer encore l'importante production des fabriques Le Verre français et Verlys, l'œuvre de Sabino (verres opalescents), de Sala (verres à bulles), et les verreries émaillées de Marcel Goupy. D'autres artistes préfèrent travailler la pâte de verre. Gabriel Argy-Rousseau (Joseph Gabriel Rousseau, dit) [1885-1953] expose à partir de 1914 des coupes et des vases de petites dimensions, au corps translucide, encore fortement marqués par l'Art nouveau.

François-Émile Décorchemont reste influencé jusqu'après la Première Guerre mondiale par le style 1900. Puis ses créations s'ornent de fleurs et de fruits, à tendance géométrisante. Ses couleurs sont très variées, à dominante de brun, manganèse, jaune. À partir de 1928, des facettes lisses, parfois animées d'un motif linéaire, soulignent des formes épurées.

La céramique

La céramique Art déco suit le mouvement artistique général qui incite les créateurs à rechercher la sobriété de l'ornement, le dépouillement des formes et la pureté des volumes.

Depuis Carriès, le grès a incontestablement pris le pas sur la faïence. C'est pourtant cette matière que préfère René Buthaud, né en 1886 à Bordeaux. Figures de femmes, fleurs, bouquets stylisés, d'un style typiquement Art déco, ornent ses vases dans des tonalités brunes, ocre, vertes. Plus tard, il sculpte de robustes statuettes recouvertes d'émaux aux tons vifs.

Jean Mayodon (1893-1967) poursuit la tradition de Metthey et façonne des faïences et des poteries vernissées ornées de figures à l'antique, d'animaux, de motifs floraux, aux riches effets décoratifs polychromes et dorés.

La Manufacture de porcelaine de Sèvres, après la Première Guerre mondiale, dans un désir de relance et pour renouveler son style, fait appel à des artistes de l'extérieur, sculpteurs, peintres ou décorateurs : Jean Dufy, Joël et Jean Martel, Zadkine (bas-relief allégorique monumental pour l'Exposition de 1937), Laurens, Eric Bagge, Maurice Dufrène, etc. En 1927, elle obtient son autonomie financière et juridique, mais elle souffre de la concurrence sévère du grès et de la faïence.

À Limoges, William Haviland décide, à partir de 1921, de créer un nouvel art de la table aux formes neuves, sobres, ornées de décors simplifiés parfois jusqu'à la géométrisation, d'après les dessins de Jean Dufy, Suzanne Lalique, Solange Patry-Bie. L'ornement disparaît presque complètement après 1925.

Jean Luce (1895-1964), céramiste et verrier, fournit à la Compagnie générale transatlantique des services de table en porcelaine et en verre aux décors dépouillés et linéaires.

Les ateliers d'art des grands magasins produisent des séries de figurines de fantaisie en porcelaine ou en faïence fine (animaux de Joël et Jean Martel, édités par Lallemant, et de Sandoz en porcelaine de Limoges).

Émile Lenoble (1876-1940) commence ses recherches personnelles dès 1903, époque à laquelle il s'installe auprès de Chaplet, à Choisy-le-Roi. Son décor gravé se déroule en frises géométriques sur des formes bien équilibrées. Une de ses originalités, vers 1910-1912, est le grès à décor peint. Entre 1918 et 1930, il s'attache à perfectionner et à diversifier les émaux, mettant au point le vert céladon et toute une gamme de bleus.

La production d'Émile Decœur (1876-1953) est tout entière caractérisée par le sens de la mesure. Ce qu'il souhaite avant tout, c'est l'accord parfait entre les émaux, les volumes, la matière, et il y réussit d'une manière éblouissante. Vers 1927, il améliore sa pâte à grès en y mêlant du kaolin pour disposer d'une matière plus fine et plus plastique. Le décor, qui, pendant un temps, souligne encore discrètement la forme, s'amenuise jusqu'à disparaître. Les émaux monochromes aux mille nuances raffinées et subtiles restent seuls pour exalter les formes au galbe parfait. Georges Serré et Henri Simmen restent influencés par l'Extrême-Orient.

Raoul Lachenal (1885-1956), après des débuts de céramiste auprès de son père Edmond, installe en 1911 ses propres ateliers à Boulogne, où il produit grès, porcelaines, faïences. Il signe, à côté d'une céramique de série, des créations originales, aux formes sobres, souvent ovoïdes, aux décors simples, à tendance géométrisante, dans des dominantes de noir et de blanc à rehauts colorés.

Henri-Paul-Auguste Beyer (1873-1945) reprend, pour orner ses grès, la technique du vernis au sel des anciens potiers, et Séraphin Soudbinine (1870-1944) traite ses grès brun foncé comme de véritables sculptures.

La ferronnerie

Il convient de considérer dans la ferronnerie d'art deux sortes de créateurs : les ensembliers, qui conçoivent des projets pour toutes sortes d'expression décorative en fonction d'un ensemble à réaliser, et les ferronniers de métier. Parmi ces derniers, Edgard Brandt (1880-1960) et Raymond Subes (1893-1970), plus novateurs, marquent l'entre-deux-guerres de leurs réussites esthétiques.

Tissus, papiers peints, tapisseries, tapis

À partir de 1920, les mêmes modèles sont imprimés indifféremment sur papier ou sur tissu, à la planche ou au rouleau. Le décor mural participe à l'unité de l'ensemble décoratif. L'art textile des années 20 doit beaucoup aux innovations de Raoul Dufy (1877-1953) dans les tissus et tentures qu'il a conçus pour Paul Poiret dès 1908, lorsque celui-ci lui a confié la direction d'un atelier d'impression à la planche sur étoffe. La même année, le célèbre couturier (1879-1944) avait créé l'Atelier Martine (du prénom d'une de ses filles) dans le désir de renouveler l'esprit des arts décoratifs. Là, des adolescentes, sans professeurs, exclusivement guidées par l'observation de la nature, imaginaient des dessins de tapis, tissus, coussins aux couleurs vives, qui révolutionnaient l'art traditionnel. Esprit éclectique d'avant-garde, Poiret « le Magnifique » a largement contribué, par ses créations audacieuses, à l'éclosion du monde moderne.

L'influence de Dufy se poursuit longtemps. Pour l'Exposition de 1925, il décore les trois péniches de Poiret, « Amours », « Délices » et « Orgues ». Il ne cesse de créer soieries, tentures d'ameublement et toiles imprimées, de 1912 à 1930, pour Bianchini-Férier, puis, de 1930 à 1933, pour Onondaga à New York. Édouard Bénédictus (1878-1930) se spécialise dans le dessin de tissus d'ameublement pour Tassinari et Chatel, Brunet, Meunier et Cie. Stephany et Fontayne dessinent la plupart des tissus et papiers peints, ornés de grands motifs géométriques ou naturalistes, utilisés par Ruhlmann. Hélène Henry travaille surtout avec Francis Jourdain, Chareau, Mallet-Stevens ; l'intérêt de ses tissus réside dans l'originalité de leur texture. Michel Dubost (1879-1952), professeur à l'École de tissage de Lyon, puis à l'atelier de François Ducharne de 1922 à 1933, tire directement son inspiration de la nature. Plus classiques sont les productions de René Gabriel (1890-1950), présentées à partir de 1920 dans son magasin de papiers peints imprimés à la planche.

Devenue reproduction de peintures, la tapisserie était tombée en désuétude au cours du XIXe siècle. Elle amorce une renaissance triomphante sous l'impulsion de peintres fameux tels que Henri de Waroquier, Gromaire, Rouault, Dufy et surtout Jean Lurçat (1882-1966). Car c'est à ce dernier que revient le mérite d'en avoir rénové les techniques, en réduisant à l'essentiel le nombre des couleurs employées. Enfin, les plus grands peintres et décorateurs de l'époque créent des modèles de tapis : Léger, Bacon, Miklos, Marcoussis, Sonia Delaunay-Terk, Lurçat, Francis Jourdain. Fayet s'inspire des fleurs d'Odilon Redon. Da Silva Bruhns a, jusqu'en 1939, un atelier de fabrication de tapis à Savigny-sur-Orge. Le décor géométrique, issu du cubisme, reste l'élément essentiel de l'ornementation des tapis Art déco, à dominante de brun, noir, rouge, vert, blanc.

L'affiche

Les jeunes affichistes des années 20 ont transporté sur les murs les découvertes chromatiques et plastiques des fauves et des cubistes. Cassandre (Adolphe Mouron, dit) [1901-1968], chef de file des affichistes modernes, est le « metteur en scène de la rue » (Blaise Cendrars). L'image du petit personnage de style cubiste qu'il imagine pour « Dubo, Dubon, Dubonnet » devient très populaire. Dans son chef-d'œuvre, *l'Étoile du Nord,* de 1927, le

Affiche de Cassandre pour les Chemins de fer du Nord.

Lauros-Giraudon

dessin des rails de chemin de fer qui convergent vers une étoile est d'une puissance percutante. De 1927 à 1934, il réalise pour l'Alliance graphique une série de chefs-d'œuvre. Charles Loupot (1892-1971) participe avec Cassandre et Moynand à l'Alliance graphique avec un sens de la stylisation qu'il concrétise dans des créations éblouissantes (Valentine, Saint-Raphaël). Jean Carlu, né en 1900, contribue au bouleversement de l'art publicitaire ; ses affiches sont directement influencées par le cubisme (Mon Savon, l'Aquarium de Monaco, etc.). Paul Colin travaille comme décorateur et affichiste pour Rolph de Maré et le Théâtre des Champs-Élysées, ainsi que pour divers spectacles *(la Revue nègre)*. Dans l'école qu'il a ouverte, il forme des centaines d'affichistes aux idées modernes. Charles Gesmar (1900-1928), décorateur et créateur d'affiches, marque le monde du music-hall.

Citons encore : Robert Bonfils, Charles Kiffer, Marcel Vertès, René Vincent, Georges Barbier, Coulon, Gio Ponti, Loutry, Maurus, Poyet, Salzedo, Solon.

Le marché de l'Art déco

C'est un marché très neuf, car le style des « années folles » était complètement tombé dans l'oubli après la Seconde Guerre mondiale. En 1966, l'exposition « les Années 1925 », au musée des Arts décoratifs, contribue à faire redécouvrir l'Art déco. Vers la même époque, de jeunes ménages en quête d'un mobilier à bon marché s'aperçoivent que le style 1925 s'harmonise heureusement avec le contemporain. Ils s'intéressent alors aux meubles et objets Art déco, qui commencent justement à réapparaître sur le marché, avec les premières ventes de succession, et qui ne valent pratiquement rien, à l'exception de quelques pièces de Ruhlmann. Des marchands spécialisés dans l'époque 1900 commencent aussi à acheter du « 1925 », et le marché tend à s'organiser vers 1970.

Chandelier et théière présentés par Christofle à l'Exposition de 1925.
Musée des Arts décoratifs, Paris.

L'Amazone, *bronze argenté de Bouraine (H. 38 cm ; long. 65 cm). Les petits bronzes Art déco sont encore accessibles à petits prix (de 5 000 à 15 000 F).*

Mais le véritable point de départ de l'engouement pour le style Art déco, c'est la vente de la collection Doucet. À la mort du couturier Jacques Doucet, une partie de ses collections fut donnée par son neveu au musée des Arts décoratifs de Paris. La partie restante, après un long sommeil en garde-meuble, fit sa réapparition lors de la vente du 8 novembre 1972 au palais Galliera. La grande publicité faite autour de cette vente attira des amateurs étrangers. Seules la qualité exceptionnelle et la rareté des meubles présentés ont justifié les enchères spectaculaires (un paravent en laque d'Eileen Gray, décor vert bronze et argent sur fond rouge : 170 000 francs ; un canapé forme gondole de Marcel Coard : 150 000 francs ; un petit meuble en laque rouge de Pierre Legrain : 89 000 francs ; une table en ébène et galuchat de Rose Adler : 75 000 francs).

La cote des objets et meubles Art déco s'est confirmée à partir de la vente Doucet, mais il est évident que des meubles aussi originaux et aussi précieux ne se trouvent qu'exceptionnellement en vente publique, et les amateurs rencontreront plus souvent un mobilier d'esprit plus traditionaliste. Les pièces de commande par Ruhlmann, Süe et Mare, Clément Mère, Clément Rousseau, Rateau... dépassent parfois le million de francs parce qu'elles sont rares et de très haute qualité. Plus accessibles sont les meubles fabriqués en série (Follot, Leleu, Jallot, Rapin, etc.).

Les collections d'affiches Art déco, comme celles de style 1900, se font plus par thèmes que par auteurs.

Les faux

Des contrefaçons de meubles Art déco ont été réalisées à l'époque même dans le faubourg Saint-Antoine. Il faut être très prudent dans l'achat d'une statuette de cette époque et se rendre compte d'abord qu'il s'agit bien d'ivoire et de bronze et non pas d'ivoirine et d'un métal quelconque ; dans la seconde hypothèse, la pièce ne vaut pas grand-chose. En verrerie, on rencontre de faux Marinot. Ce sont des vases de Thuret ou de Navarre sur lesquels on a surajouté la signature de Marinot.

L'Art nouveau se maintient moins bien sur le marché que l'Art déco.

La cote de l'Art nouveau a monté lentement, mais régulièrement, tandis que le marché de l'Art déco est en partie aux mains de marchands « spécialisés », qui ont créé une cote pour ainsi dire réservée à quelques clients fortunés.

L'« Art nouveau », qui a trouvé un écho dans toute l'Europe et jusqu'en Amérique, conserve le privilège inestimable d'être le premier style original de la seconde moitié du XIXe siècle qui ait réussi à sortir l'art de l'enlisement où il végétait. Aux artistes « Art nouveau » revient le mérite d'avoir brillamment démontré l'impérieuse nécessité de réaliser l'unité dans l'art, l'harmonie totale entre l'architecture et la décoration intérieure.

En revanche, l'Art nouveau n'a pas atteint son but du point de vue social, car son désir de démocratiser l'art s'est avéré utopique : les techniques artisanales trop coûteuses n'ont pu être appréciées que par des amateurs

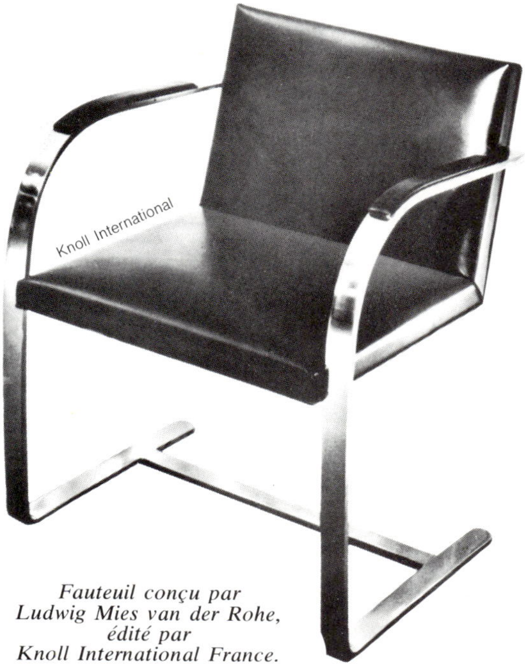

Fauteuil conçu par Ludwig Mies van der Rohe, édité par Knoll International France.

Garniture de toilette en cristal taillé et bouchons en argent. Les flacons sont devenus des objets de collection dont les prix ne cessent de monter depuis 1985.

Pendulette borne réalisée par Cartier en laque noire et rouge, chiffres en nacre, socle en onyx à incrustations de nacre (H. 20 cm).

Torchère d'Edgar Brandt représentant un cobra dressé, soutenant une vasque de Daum en verre marbré orangé (H. 1,64 m). Vendue 160 000 F, Drouot, 19 juin 1987.

fortunés ; le symbolisme hermétique n'a été compris que de quelques initiés ; les œuvres d'art surchargées d'ornements devenues essentiellement décoratives n'ont pas répondu aux besoins de la société moderne.

Du point de vue artistique, les excès même de son naturalisme, exacerbé parfois jusqu'à l'outrance en France, appelaient une réaction vers la rigueur et le fonctionnel. Dès la fin du XIXe siècle, la Grande-Bretagne est à l'origine d'un courant esthétique puriste, car l'« Art nouveau » s'y réalise dans un style dépouillé, fondé sur le jeu des lignes droites. La lutte contre l'ornement se confirme et s'organise avec la fondation de l'école viennoise, en 1903, dans le but d'« intervenir partout où il s'agit de combattre un art désuet, de mettre à sa place des formes adaptées à leur usage, logiques, économiques, répondant à des nécessités esthétiques », avec la création de la Deutscher Werkbund à Munich, puis du Bauhaus à Weimar, en 1919. Toutes ces réalisations ont des répercussions profondes dans l'Europe tout entière. En France cependant, ceux qui, à leur suite, veulent instaurer un nouvel art de vivre et imposer le beau dans l'utile, les « modernes » dont Le Corbusier reste le chef de file génial, se heurteront à une grande incompréhension et ne seront admis qu'avec une extrême réticence. Pourtant, précurseurs éclairés, ce sont eux qui ouvrent la voie au design contemporain : ils imaginent des formes si parfaites et tellement en avance sur leur temps que certains de leurs meubles sont encore réédités de nos jours (chaise longue de Le Corbusier, tabouret « Barcelone » de Mies van der Rohe).

En fait, le style « Art déco » qui séduit vraiment les amateurs aujourd'hui, c'est celui dit « néo-traditionaliste » qui refuse les débordements ornementaux de l'« Art nouveau » et renoue avec le sens bien français de la mesure et de la clarté pour adopter un décor stylisé et géométrisé d'une grande rigueur ; c'est celui qui a su créer, pour une clientèle riche, des ensembles remarquables par leur perfection technique et le luxe raffiné de matériaux rares ou insolites. En un mot, c'est celui qui dominait à l'Exposition universelle des Arts décoratifs et industriels de 1925.

« Les Collecteurs d'impôts », toile de Marinus van Reymerswael, 60 × 65 cm ; adjugée 2 600 000 F par Sotheby's, à Monaco, le 2 décembre 1988. Ces faciès saisissants expriment l'amour de l'or, tout comme la main aux doigts crochus qui s'approche des précieuses monnaies.

Sotheby's

LA NUMISMATIQUE

Les dictionnaires définissent la numismatique comme la « science des médailles et monnaies ». C'est d'ailleurs, peut-être, cet aspect « scientifique » qui a longtemps tenu la numismatique éloignée du grand public : les numismates, considérés comme des savants et des collectionneurs de haute érudition, faisaient si peu parler d'eux que leur commune passion est demeurée un domaine pratiquement ignoré pendant la première moitié du XXe siècle et même un peu au-delà.

L'intérêt croissant porté par notre type de société aux objets d'art et d'antiquité a projeté les feux de l'actualité sur la numismatique, et le nombre des numismates collectionneurs s'est accru très rapidement en France à partir des années 1960. Depuis, l'augmentation rapide des collectionneurs a même entraîné un certain nombre de modifications du marché numismatique.

Qu'est-ce que la numismatique ?

Si la numismatique a été en premier lieu une science, c'est que la monnaie existe depuis 2 600 ans et qu'elle a toujours reflété l'évolution économique et politique des nations ; elle constitue donc un sujet d'étude et un domaine de recherche particulièrement fructueux pour l'historien. Document parfaitement authentique de l'époque dont elle témoigne, la monnaie atteste l'existence de certains royaumes ou de certains monarques qui n'ont laissé d'autres traces que leur empreinte monétaire. Considérée au XIXe siècle comme une « science auxiliaire de l'histoire, la numismatique apparaît aujourd'hui comme une science majeure et à part entière : la présence de numismates au sein des équipes archéologiques interdisciplinaires qui s'attachent à étudier les grands sites de fouilles du bassin méditerranéen et du Moyen-Orient en est une preuve. En dehors de sa contribution à l'histoire, la numismatique permet une meilleure connaissance de l'économie d'un pays. C'est ainsi que le droit de battre monnaie est l'affirmation d'un appareil étatique. De plus, l'étude des circulations monétaires et, par-là, des grands mouvements d'invasion ou de colonisation peut se faire à partir de monnaies enfouies au cours des siècles ; d'autre part, les dévaluations officielles ou de fait se retrouvent à l'époque des monnaies de métal noble (or et argent) dans la variation de l'« aloi » des pièces. La monnaie est donc le reflet fidèle de l'économie d'un pays.

Si la numismatique est la science et l'art de collectionner la monnaie, il nous faut maintenant définir cette dernière. L'étymologie du mot « numismatique » nous fait d'ailleurs remonter au terme *nomisma,* qui était employé dans la Grèce antique pour définir d'une manière assez vague la monnaie, c'est-à-dire un instrument matériel d'échange économique répondant aux critères suivants : il est constitué d'un matériau résistant aux dégradations de toute sorte et possédant, par sa nature, une valeur propre ; il possède un poids déterminé, s'inscrivant dans un système pondéral préétabli ; il porte la marque d'une autorité responsable, cette marque garantissant la valeur de la monnaie, c'est-à-dire à la fois la nature du métal (ou de l'alliage des métaux) et son poids.

Les premiers échanges économiques remontent à la civilisation du troc : avant de découvrir la monnaie, l'homme, pour acquérir ce dont il avait besoin, a dû échanger. Il échange d'abord des produits agricoles et, plus particulièrement, des têtes de bétail : le personnage d'Eschyle, dont le silence a été acheté, ne dit pas qu'il a été payé à prix d'or, il déclare qu'il a un bœuf sur la langue ! Nous verrons que les premières monnaies romaines portent la trace de ce type d'échange, et le mot latin *pecunia,* qui désigne l'argent ou la richesse, dérive directement du mot *pecus,* signifiant « bétail ». Le développement du commerce rendit bientôt nécessaire l'utilisation de moyens d'échange plus pratiques : aux têtes de bétail non divisibles et périssables, on substitua divers objets qui constituent l'ensemble des documents prémonétaires. Certaines grandes civilisations fort anciennes (l'Égypte pharaonique) ou beaucoup plus récentes (les Incas, les Aztèques d'Amérique centrale) n'ont pas connu la monnaie et en sont restées à l'utilisation des documents prémonétaires, tels que la poudre d'or contenue dans les « tiges » de plume ; elles constituent toutefois des exceptions, et l'on peut dire que, depuis plus de 2 500 ans, la plupart des peuples habitant notre planète ont frappé monnaie.

Domaines couverts par la numismatique (en grisé le domaine de la numismatique)

Instruments d'échange économiques	Objets monétiformes à intérêt historique et artistique
Documents prémonétaires	
Monnaies Billets de banque	Médailles Jetons
Effets de commerce	

La numismatique s'intéresse donc à toutes ces monnaies et également à des documents monétiformes qui s'apparentent aux monnaies par leur aspect et par leur technique de fabrication, mais qui s'en éloignent par leur destination : médailles et jetons. Enfin, les numismates collectionnent aussi le nouvel instrument d'échange monétaire apparu au XVIIe siècle, qui est le billet de banque.

Origine de la monnaie

L'évolution et le perfectionnement des documents prémonétaires aboutirent assez vite à l'utilisation de barres de métal (fer ou cuivre), de disques, de bijoux ou de lingots en métaux précieux. Peu à peu, on prit l'habitude de fabriquer ces lingots avec des formes et des poids assez réguliers, mais il fallait tout de même avoir recours à une pesée pour chaque règlement. La monnaie était en train de naître. L'invention qui la fit s'épanouir et réellement entrer dans la vie de tous les jours fut l'établissement d'une marque officielle qui était apposée sur les lingots. Par ce signe, l'administration responsable garantissait le poids de métal précieux contenu dans le lingot, et aussi le titre de ce métal. Ainsi, il n'était plus nécessaire de peser les unités avant de s'en servir ; c'était un souci de moins qui faisait gagner du temps aux commerçants et aux acheteurs. Cette invention survint en Asie Mineure au milieu du VIIe s. av. J.-C., vraisemblablement sous le roi lydien Ardys (652-615). Les monnaies sont alors faites d'électrum, alliage d'or et d'argent. Il faudra attendre le dernier et fameux roi de Lydie, Crésus (561-546), pour que s'installe un bimétallisme d'or et d'argent, avec la frappe des célèbres « créséides », dont l'or provenait de pépites trouvées dans le fleuve Pactole. Cyrus, fondateur de la dynastie achéménide, bat Crésus et érige la Lydie en satrapie perse, et, peu de temps après, Darius le Grand reprend le système lydien en faisant frapper les dariques d'or et les sicles d'argent qui devaient avoir cours jusqu'à la conquête de la Perse par Alexandre le Grand.

À la civilisation du troc a donc succédé définitivement la civilisation de la monnaie : première révolution d'ordre économique d'une importance capitale puisque, dès lors, à toutes les époques et dans presque tous les pays du monde, on a frappé monnaie et que, de nos jours, cet instrument privilégié d'échange économique est resté dans sa forme primitive, à quelques améliorations techniques près.

Monnaie du roi de Lydie, Crésus (560-546 av. J.-C.) : statère d'or pur, la première monnaie d'or frappée au monde (à gauche) *et statère d'argent* (à droite). Au-dessus, *agrandissement de l'avers.* Bibliothèque nationale.

Darique en or : monnaie perse achéménide représentant le roi en archer barbu (Ve siècle av. J.-C.). Bibliothèque nationale, Paris.

Tiers de statère, monnaie d'électrum archaïque frappée en Asie Mineure entre 600 et 550 av. J.-C. Avers : tête de lion. Revers : deux carrés creux.

Bibl. nat., Paris

× 2

Origines de la collection de monnaies

La numismatique peut vraisemblablement revendiquer, parmi toutes les formes de collection, les plus anciennes et les plus prestigieuses lettres de noblesse : il est très probable que les Romains collectionnaient déjà les monnaies grecques et les princes de la Renaissance aimaient à réunir ce qu'on appelait alors les « médailles » de l'Antiquité, c'est-à-dire les monnaies grecques et romaines. Au XVIIe siècle, Louis XIV prenait plaisir à contempler les richesses de ses médailliers en soulevant, à l'aide d'aiguilles d'or, les pièces enchâssées dans le velours ; le Roi-Soleil s'intéressait non seulement à la numismatique antique, mais aussi aux monnaies beaucoup plus récentes, faisant ainsi de nombreux émules dans le royaume, comme en témoigne cet extrait de *la*

Nous ne pouvons, dans la limite de cette étude, que traiter l'essentiel de la numismatique française ; toutefois, pour mieux saisir l'évolution des systèmes monétaires, nous consacrons une partie historique aux monnaies grecques, romaines et byzantines, auxquelles s'intéressent également de nombreux collectionneurs français.

Science des médailles, traité publié en 1692 : « Tout ce qui suit hors des médailles romaines dans les trois derniers siècles est appelé moderne chez les curieux... depuis qu'à l'exemple du Roy les particuliers ont commencé à ramasser ces sortes de Médailles, l'étude en est devenue d'autant plus agréable... »

Plus près de nous, le roi Farouk d'Égypte possédait toutes les raretés en or et en platine de la numismatique des XIXe et XXe siècles. (Cette collection a été vendue aux enchères au Caire en 1954.) En dehors de ces exemples royaux, les numismates formèrent, du XVIIe à la première moitié du XXe siècle, un cercle restreint d'amateurs éclairés, souvent érudits, qui pouvaient consacrer une grande partie de leur temps et de leur fortune à acheter des monnaies et à les étudier. Parmi ces numismates se trouvent de grands noms de la noblesse, de l'industrie, des arts, de la médecine.

Depuis 1960 environ, le cercle des numismates s'est considérablement agrandi et, s'il comporte toujours des amateurs célèbres par le nom, la gloire ou la richesse, il comprend également des milliers de collectionneurs plus modestes quant à leurs ressources et à leurs connaissances, mais dont la passion ne le cède en rien à celle de leurs collègues plus connus.

La croissance véritablement étonnante de l'audience numismatique au cours des vingt dernières années est attestée par de nombreux facteurs, sur lesquels nous reviendrons en étudiant le marché numismatique ; le plus significatif est peut-être le nombre de sociétés ou d'associations qui ont récemment vu le jour et qui regroupent tous ceux qui cristallisent sur les monnaies leur passion de l'art et de l'histoire.

Les techniques monétaires

Quand on observe, blottis au creux de la main, quelques chefs-d'œuvre de la numismatique, on ne peut s'empêcher de se demander quelles sont les techniques qui permirent d'aboutir à des résultats aussi achevés sur une surface de métal aussi réduite. Si l'on considère soit une épaisse monnaie d'argent grecque de très haut relief, soit le fragile et mince disque d'or d'une monnaie gothique, soit encore le profil net et précis — un peu sec peut-être — d'un portrait néo-classique gravé sur une monnaie du XIXe siècle, on pourrait imaginer que des changements nombreux et importants sont intervenus dans la manière de frapper monnaie. On aurait tort : curieusement, en effet, l'histoire de la technique monétaire ne suit pas l'histoire de l'art monétaire. Autant ce dernier est varié et reflète, à travers les lieux et les âges, l'évolution du goût et de l'esprit, autant la technique monétaire est immuable, quasi figée au cours des siècles : elle n'a subi, en plus de deux millénaires d'existence, que deux ou trois changements capitaux.

En quoi consiste donc la fabrication d'une monnaie ? Il s'agit d'imprimer, sur les deux faces d'un disque de métal spécialement préparé — le flan —, les empreintes de gravures exécutées sur deux matrices, appelées coins monétaires. La technique monétaire se divise donc en trois stades très différents : la préparation des flans, celle des coins et la frappe proprement dite. C'est surtout ce dernier aspect technique que nous tâcherons d'évoquer. La frappe utilise, comme son nom l'indique, la percussion comme moyen de transmission de l'énergie. Le monnayeur grec ou romain disposait d'un coin inférieur fiché dans un billot et d'un coin supérieur tenu à la main (directement ou par l'intermédiaire de tenailles) : de sa main libre, il tenait un marteau avec lequel il frappait sur le coin supérieur. Parfois les deux coins, inférieur et supérieur, étaient liés pour former un outil ayant l'aspect d'une tenaille : une fresque de Pompéi, datée d'environ 80 av. J.-C., représente des ouvriers monnayeurs — sous la forme d'Amours ailés ! — battant monnaie à l'aide d'un marteau, d'une enclume et d'une tenaille à coins.

On s'est souvent demandé comment un procédé aussi rudimentaire permettait d'obtenir une quasi-perfection dans la frappe de pièces de l'épaisseur des sesterces de bronze romains ou des tétradrachmes d'argent grecs. La réponse n'est pas simple, mais deux éléments sont sûrement à retenir : d'une part, le génie des graveurs de coins dans l'Antiquité ; d'autre part, la préparation spéciale des flans de métal, qui, juste avant la frappe, étaient ramollis par chauffage.

Il est intéressant de signaler que, si les coins étaient gravés à la perfection, ils n'en étaient pas pour autant très solides et pouvaient se briser rapidement au cours d'une émission. On regravait alors des coins au même type monétaire, mais, la main ne redonnant jamais deux fois le même résultat, les pièces obtenues étaient légèrement différentes de celles qui étaient issues des premiers coins : cela explique l'extraordinaire individualité — inconcevable de nos jours — des monnaies antiques. Car les exemplaires que nous retrouvons ne proviennent que très rarement d'une même paire de coins. Quel charme alors pour le collectionneur de suivre les changements de style et d'arriver même à repérer les changements de graveur dans la production d'un atelier monétaire qui a fonctionné voilà plus de 2 000 ans !

Au Moyen Âge, la frappe au marteau demeure inchangée. Le coin inférieur s'appelle « pile » et le coin supérieur « trousseau », ce qui nous donne l'origine de l'expression

« Amours monnayeurs », frise de la maison des Vettii à Pompéi, représentant la frappe et le pesage des pièces romaines. Larousse.

Brogi-Giraudon

Giraudon

*La frappe au balancier améliore considérablement la qualité de la gravure des pièces. Ce document tiré de l'*Encyclopédie *de Diderot et de D'Alembert permet de saisir la puissance de frappe obtenue par la rotation des lourdes masses de métal qui font descendre la vis sur le coin monétaire.*

« pile ou face », car, durant une certaine période, il fut de coutume de graver le portrait (face) sur le coin supérieur. À cette époque, les flans métalliques sont si minces que la gravure d'un côté de la monnaie (par exemple la croix, motif fréquent des revers) vient transparaître sur l'autre côté sous l'effet de la percussion. Les outils de monnayage, toujours très simples, sont attestés par de nombreuses sources iconographiques : les monnaies elles-mêmes, comme ces deniers d'argent de Louis le Pieux ou de Charles le Gros du IXe siècle représentant deux coins et deux marteaux ; la sculpture, avec un chapiteau du XIe siècle de l'abbaye de Saint-Georges de Boscherville, où l'on voit un monnayeur à l'ouvrage ; l'estampe, enfin, et, plus tardivement, de nombreuses gravures du XVIe siècle représentant l'activité d'ateliers monétaires.

La première révolution technique survient vers 1550, avec l'invention, en Allemagne, du balancier. C'est à Augsbourg qu'un orfèvre du nom de Marx Schwab met au point un procédé révolutionnaire du monnayage. Le principe du balancier monétaire est simple ; un bâti métallique comporte à son sommet un écrou dans lequel peut tourner une vis. Dans la tête de la vis est encastré un bras horizontal, muni à ses extrémités de deux masses métalliques : c'est le balancier proprement dit. Sous la partie inférieure de la vis, on présente le flan encastré dans les deux coins monétaires, puis on imprime un mouvement de rotation au balancier, ce mouvement fait descendre la vis jusqu'au moment où sa partie inférieure vient percuter le coin monétaire supérieur.

Ce procédé présente non seulement l'avantage d'augmenter les cadences de production, mais encore celui d'améliorer considérablement la qualité des pièces frappées : on peut enfin obtenir des monnaies au contour régulier, qui ne sont pas susceptibles d'être « rognées » par les fraudeurs. Le roi de France Henri II, conscient de l'importance de cette découverte, envoya à Augsbourg une mission pour en négocier l'achat. Un nouvel atelier monétaire, la Monnaie du Moulin, fut alors installé à Paris sous la direction d'Aubin Olivier. Ce dernier réalisa des frappes de qualité exceptionnelle, grâce à sa propre maîtrise technique et au talent du graveur général Marc Bechot. Mais la supériorité même des résultats obtenus suscita la jalousie de l'ancienne Monnaie de Paris, qui, après des années de lutte, finit par l'emporter. La Monnaie du Moulin, créée en 1551, disparut presque complètement en 1585, époque à laquelle elle fut condamnée à ne frapper que des pièces de plaisir, des jetons, des médailles et des pièces de cuivre.

Il faut attendre Jean Warin pour que triomphe à nouveau, et cette fois définitivement, le balancier. Ce grand artiste, graveur et monnayeur, assura la suprématie de cette

Larousse

Graveur de grand talent, Jean Warin finit par imposer le balancier à la Monnaie de Paris.

technique et fit installer en 1660 (plus de cent ans après leur invention !) des balanciers à la Monnaie de Paris.

La dernière révolution technique qui affecta la frappe monétaire fut le remplacement de l'énergie humaine, utilisée pour actionner le balancier, par l'énergie de machines à vapeur, puis par l'énergie électrique. Les étapes de cette évolution sont marquées successivement, de 1861 à nos jours, par l'apparition du « balancier à friction », mû d'abord par un moteur à vapeur, puis par un moteur électrique et, enfin, par l'introduction de la presse hydraulique à vis, dernière-née d'une technologie qui repose toujours sur la percussion des coins monétaires par une vis, tout comme au XVIe siècle.

Les thèmes de collection

Le domaine de la numismatique est tellement vaste qu'un des premiers soucis de l'amateur est d'apprendre à s'orienter dans ce monde apparemment si divers et si complexe. Vers quelle partie de la numismatique doit-on se diriger et quelles sont les monnaies ou les médailles que l'on peut collectionner ? Comme pour toute forme de collection, le choix est avant tout une affaire de goût personnel, mais encore faut-il avoir accès aux objets susceptibles d'être collectés.

Quelles sont donc les grandes familles de monnaies accessibles au numismate ? Traditionnellement, on distingue les monnaies antiques (grecques, romaines et byzantines), les monnaies anciennes (médiévales et royales) et les monnaies modernes (XIXe et XXe siècle) ; pour ces deux dernières catégories, il faut bien sûr distinguer les monnaies nationales — françaises en ce qui nous concerne — et les monnaies étrangères. Parmi les monnayages étrangers les plus intéressants, on peut citer ceux des grands États d'Europe : Italie, Allemagne (Saint Empire germanique), Angleterre, Espagne, ou ceux de la Russie, des États-Unis, des pays d'Amérique latine, etc. Les monnayages régionaux ou ceux de petits pays (Belgique, Suisse, Monaco, etc.) ont aussi, à juste titre, leurs partisans. Comment choisir alors parmi ces immenses possibilités ? En guise de préambule, précisons que nous ne considérons pas le problème financier comme un élément propre à diriger les choix du collectionneur. Il vaut mieux acheter rarement, mais de belles monnaies qui correspondent exactement à vos goûts, plutôt que d'augmenter la fréquence d'achats douteux.

Cela dit, nous pouvons aborder le difficile problème du choix. Il s'agit avant tout de trouver le thème qui va guider votre action. Les seuls critères valables en ce domaine sont, à notre avis, ceux qui constituent les centres d'intérêt de la passion du numismate. Sans prétendre être exhaustif, nous pensons que ces critères sont au nombre de cinq : l'intérêt historique, l'intérêt technique, l'intérêt de curiosité, l'intérêt de rareté et l'intérêt esthétique.

Les deux premiers critères correspondent au caractère purement scientifique de la numismatique, tandis que les trois derniers sont communs à beaucoup d'amateurs d'art et correspondent plus généralement aux besoins de cet animal bizarre qu'est le collectionneur. Selon ses goûts, sa formation et son tempérament, chacun accordera plus ou moins d'importance à l'un ou à l'autre de ces critères et au premier ou au second de ces deux groupes, mais il serait néfaste de les dissocier totalement les uns des autres, car c'est au contraire leur complémentarité qui fait toute l'originalité et tout l'intérêt de la numismatique.

Compte tenu de tous ces éléments, on pourra choisir parmi les grandes familles de collections que nous avons citées. Mais il existe aussi d'autres centres d'intérêt pour un collectionneur que les grandes époques historiques, et nous nous garderons bien d'oublier les collections thématiques, qui peuvent se présenter soit sous l'angle d'un thème proprement dit, soit sous l'angle de la réunion d'une série ; les collections peuvent enfin être consacrées à l'évolution d'un type monétaire donné.

On peut aussi penser à réunir des portraits royaux ou des effigies d'hommes célèbres dans des domaines variés.

Les cabinets de curiosité accordaient au XVIe s. une place importante aux collections de monnaies, comme l'atteste ce tableau, par H. Van der Borcht. Musée de l'Ermitage, Leningrad.

Les collections fondées sur l'évolution d'un type monétaire se rapprochent des collections thématiques, mais elles apportent un plus grand enrichissement sur le plan numismatique, car elles amènent à étudier le pourquoi et le comment des modifications apparues au cours des âges pour un type de monnaie. Ces modifications peuvent d'ailleurs être de diverses natures. Il peut s'agir simplement d'une altération de valeur (étude des mutations, ou changements des valeurs nominales, en fonction du poids de la monnaie et du pourcentage de métal fin dans l'alliage monétaire ; parmi les premières et plus fameuses mutations de l'histoire monétaire française, il faut placer celles du règne de Philippe le Bel). Il peut aussi s'agir d'étudier l'esthétique et la typologie : ainsi, l'écu d'or au soleil, créé en 1475 par Louis XI, voit, sous Charles IX, son revers s'orner d'une croix composée de quatre arcs, dont les extrémités sont terminées en spirale et surmontées chacune d'une fleur de lis ; la croix des écus d'or se maintiendra sous cette forme de Charles IX (1560) à Louis XIV (jusqu'au « Lis d'or », en 1653), avec quatre types principaux et de nombreuses variétés. Cette croix est un des types qui se sont conservés le plus longtemps sur les monnaies royales françaises (92 ans, sous six règnes différents), et la réunion d'exemplaires illustrant cette évolution dans la stabilité est un excellent thème de collection.

LES GRANDES FAMILLES DE COLLECTION

Après avoir ainsi énuméré quelques éléments propres à aider le collectionneur dans le choix de l'itinéraire numismatique qu'il va faire, nous allons maintenant donner brièvement des renseignements sur les grandes

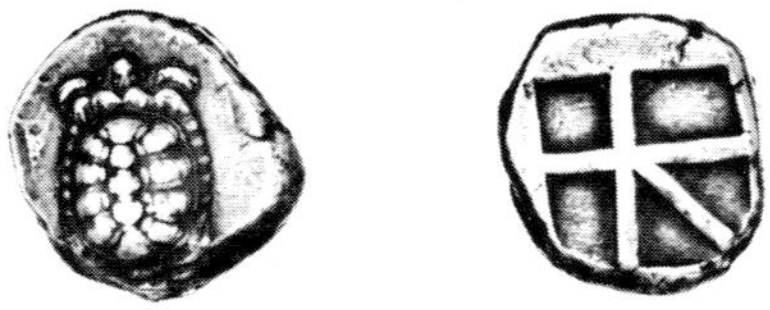

Première monnaie grecque : le statère d'Égine en argent à tortue en relief et à carré incus au revers est apparu au VIIe s. av. J.-C. De 20 000 à 150 000 F selon l'état.

Athéna casquée sur un tétradrachme athénien en argent ; au revers, la chouette (avant 490 av. J.-C.). Un monnayage ininterrompu pendant cinq siècles.

Statère corinthien en argent, avec la tête casquée et laurée d'Athéna à l'avers et Pégase au revers (IVe siècle av. J.-C.).

familles de collections : les monnaies grecques, les monnaies romaines, les monnaies byzantines, les monnaies royales françaises, les monnaies françaises modernes, les médailles, les jetons.

Les monnaies grecques

Parmi toutes les monnaies de collection qui, depuis des siècles, attirent les numismates, les monnaies grecques sont assurément celles qui ont toujours rencontré l'intérêt le plus soutenu et suscité les passions les plus vives. Un tel phénomène s'explique par le double et exceptionnel intérêt historique et artistique du monnayage grec antique, qui occupe, en effet, une place tout à fait particulière dans l'ensemble des innombrables témoignages et monuments que nous a légués l'Antiquité.

Ainsi que l'ont écrit fort justement Frank et Hirmer, ces monnaies, « bien qu'elles aient été un objet d'usage courant dans la vie quotidienne et profane, ne nous procurent pas seulement, dans une suite presque sans lacune, une information sur l'évolution artistique, depuis l'époque archaïque jusque bien avant dans l'ère de l'Empire romain, mais aussi une image remarquablement vivante de la spiritualité, des croyances, de l'histoire et des mythes du temps passé ».

La naissance de la monnaie grecque, c'est-à-dire la naissance de la monnaie elle-même, nous a apporté deux révolutions. La première est, comme nous l'avons expliqué, d'ordre économique. La seconde est d'ordre artistique, car cette naissance coïncide avec des moments décisifs de l'art grec, celui de la conception figurative des mythes et des symboles, et celui de l'invention de l'effigie du dieu-homme, déjà présent dans les récits homériques.

Tout au long de l'histoire de la Grèce, l'art monétaire suivra l'évolution stylistique de l'ensemble des autres formes artistiques, suivant un classement (daté avant J.-C.) que l'on peut résumer de la manière suivante :

Dates	Événements historiques	Style artistique
700	Début de l'amphictyonie ionienne	Style archaïque : 1re période
600	La ligue péloponnésienne	
580	Fondation d'Agrigente, en Sicile	Style archaïque : 2e période
490	Victoire de Marathon	Style archaïque : 3e période
480	Victoire de Salamine	
464	Révoltes des ilotes à Sparte	480-440 Style sévère
443	Périclès (443-429)	Style classique 440-436
404	Fin de la guerre du Péloponnèse	Style affiné
336	Avènement d'Alexandre	Style hellénistique
323	Mort d'Alexandre	
264	Première guerre punique	
219	Deuxième guerre punique	
148	La Macédoine, province romaine	
86	Sac d'Athènes par Sylla	

Si nous revenons à l'histoire de la monnaie, il faut noter qu'après son invention en Lydie, vers 650 av. J.-C., elle connut un grand succès et quitta les rivages de l'Asie Mineure pour aborder ceux de la Grèce continentale. C'est ainsi que les premières monnaies grecques peuvent être datées d'environ 625 av. J.-C. : ce sont des statères d'argent représentant, d'un côté, une tortue de mer, symbole de la ville d'Égine, et, de l'autre côté, un carré creux incus. Puis, vers 575, apparaissent conjointement, à Corinthe et à Athènes, des monnaies qui vont connaître un succès extraordinaire et jouer un rôle prépondérant dans les échanges économiques du monde grec.

Les poulains de la ville de Corinthe vont être frappés sans interruption de 625 à 300 av. J.-C. Ces statères d'argent, dénommés « poulains » à cause de la représentation de Pégase qui les orne à l'avers, présentent à l'époque archaïque un carré en creux au revers, remplacé par la suite par la représentation d'Athéna coiffée du casque corinthien.

Les « chouettes » d'Athènes en argent connurent une vie plus longue encore puisque — à l'exception de quelques interruptions — elles furent monnayées pendant près de cinq siècles (de 575 environ à 86 av. J.-C.). Elles constituent un des classiques du monnayage grec et sont aujourd'hui difficiles à trouver en bel état de conservation.

À la suite d'Égine, de Corinthe et d'Athènes, la plupart des grandes cités grecques eurent leurs propres

Statère de Sybaris en argent, avec un taureau sur chaque face (VIe s. av. J.-C.).

monnaies, représentant souvent des animaux ou des divinités (Zeus, Apollon, Hélios, Pan, Héraclès, Poséidon, etc.).

La numismatique grecque n'est pas limitée à la Grèce continentale : on sait, en effet, que la civilisation hellénique s'est étendue très tôt à tout le bassin méditerranéen et a connu — sous Alexandre le Grand — un essor prodigieux, qui l'a conduite jusqu'en Inde.

Les statères d'or frappés par Philippe II de Macédoine (359-336) et par son fils Alexandre le Grand (336-323) constituent une prestigieuse manifestation de la puissance universelle des deux grands rois.

Statère d'or de Philippe II de Macédoine (359-336). Tête laurée d'Apollon avec, au revers, un bige à deux chevaux. Reflet de la puissance des rois de Macédoine.

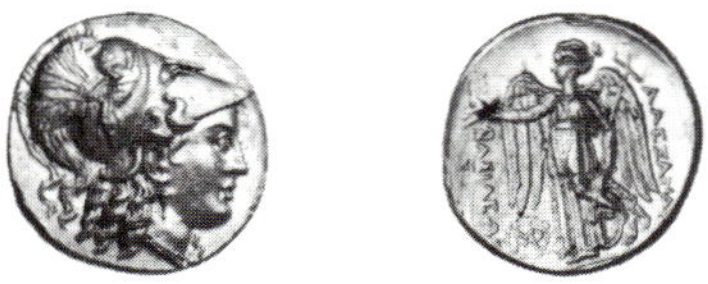

Statère d'or d'Alexandre le Grand (336-323). Tête d'Athéna casquée à l'avers et la Victoire au revers. Pièce rare par le griffon figurant sur le casque. Estimée de 25 000 à 50 000 F.

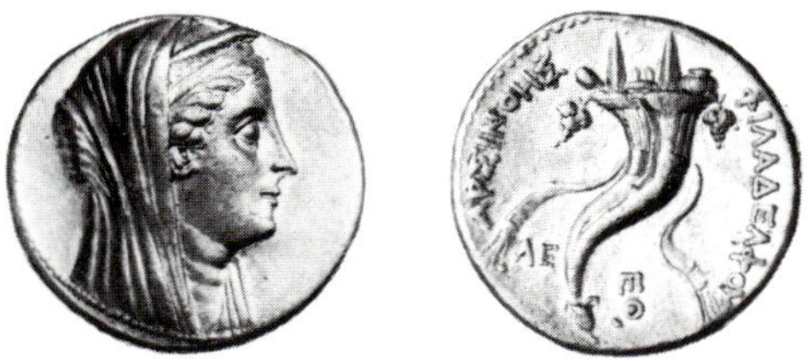

Octodrachme d'or des Lagides, souverains grecs d'Égypte. Tête d'Arsinoé II (Philadelphe, 270-246). Double corne d'abondance au revers. Exemplaire superbe.

Statère en électrum du Ve siècle av. J.-C., de Cyzique, en Phrygie, représentant le buste de Gê (la Terre) au-dessus d'un thon. Grossie 2 fois et demie.

Toutes les pièces représentées dans ces pages avec une référence de prix proviennent des ventes de Mes Ader, Picard, Tajan, assistés de M. Jean Vinchon, de Mmes Françoise Berthelot-Vinchon et Annette Guyonnet-Vinchon, experts.

Devant la complexité des divers systèmes monétaires du monde hellénique, nous donnons ci-dessous en exemple le schéma du système monétaire athénien avec les correspondances entre les poids et les espèces monétaires, système utilisé à Athènes à l'époque classique.

Schéma du système monétaire athénien

Système pondéral		Espèces monétaires
1 talent vaut 60 mines	1 talent = 26,196 kg 1 mine = 436,6 g	Ces unités ne correspondent pas à des objets monétaires ; elles sont démeurées unités de compte
qui valent 6 000 drachmes	1 drachme = 4,36 g	Drachme (ou hémistatère)
qui valent 36 000 oboles	1 obole = 0,73 g	Tétrobole Triobole Diobole Obole

Il ne faut pas toutefois se laisser impressionner par les difficultés de l'étude du monnayage grec, car il n'est point besoin de science, mais seulement de sensibilité pour apprécier les chefs-d'œuvre de gravure que nous ont

× 2

Larousse

Décadrachme d'argent de Syracuse à l'effigie d'Aréthuse (vers 400 av. J.-C.), gravée par Évaïnète.

légués les monétaires grecs. Comme l'a chanté José Maria de Heredia :

Et seul le dur métal que l'amour fit docile
Garde encore en sa fleur, aux médailles d'argent
L'immortelle beauté des vierges de Sicile.

Les monnaies romaines

Les premières monnaies romaines, assez frustes, consistent en de grands lingots de bronze coulé : ce sont les *aes signatum* du début du IIIe siècle av. J.-C., qui portent la représentation d'un bœuf (nous avons déjà signalé qu'en latin le mot *pecunia*, argent, vient de *pecus*,

Larousse × 0,5

As romain primitif (aes signatum) : *lingot de bronze coulé à la fin du IVe siècle av. J.-C.*

As libral en bronze (225 av. J.-C.) avec la tête barbue de Janus et, au revers, une proue de navire avec la marque de valeur I (taille réelle). Bibliothèque nationale, Paris.

qui signifie « bétail »). Apparaît ensuite une série de monnaies, également en bronze coulé, consistant en l'unité de base, l'*as grave,* valant 12 onces (soit environ 280 grammes), et ses divisionnaires : *semis* (6 onces), *triens* (4 onces), *quadrans* (3 onces), *sextans* (2 onces), et *once.* Toutes ces monnaies, émises à partir de 269 av. J.-C., portent, au revers, la proue d'un navire et, à l'avers, la tête d'une divinité : Janus pour l'as, Jupiter pour le semis, Minerve pour le triens, Hercule pour le quadrans, Mercure pour le sextans et la tête de Bellone pour l'once.

Ces monnaies, trop lourdes, firent rapidement place à des monnaies d'argent, frappées vers 269 av. J.-C. Lors de la première guerre punique, les Romains émirent une série de didrachmes d'argent, inspirés tant par le système pondéral que par le style des monnaies grecques. La naissance d'un système monétaire proprement romain eut lieu en 187 av. J.-C., avec la création du denier d'argent, monnaie frappée en remplacement des monnaies de bronze coulé. Le denier, base de la monnaie romaine, dura jusqu'au règne de l'empereur Caracalla (211-217), qui y substitua l'antoninien, dont la teneur en argent alla en s'amenuisant au fil des ans jusqu'à devenir une pièce de bronze.

Pour ce qui est du monnayage d'or, il fut très rare sous la République et ne connut donc son plein développement qu'avec l'avènement d'Auguste : l'aureus — d'une valeur de 25 deniers — fut frappé pendant plus de trois siècles sous l'Empire, puisque c'est seulement Constantin le Grand (308-337) qui le remplaça par le solidus — le sou d'or —, ancêtre de notre monnaie nationale. Pour répondre aux besoins économiques qui se faisaient sentir d'une province à l'autre, de nombreuses cités romaines frappèrent leurs propres monnaies, où figuraient diverses représentations allégoriques. À partir du IIIe siècle, des marques d'atelier, symbolisées par des abréviations, permettaient de connaître le lieu d'origine de la monnaie et indiquaient par des lettres que l'or ou l'argent avaient fait l'objet d'un contrôle lui donnant cours légal.

Denier d'argent de la République romaine (56 av. J.-C.). Avers : tête de Diane. Revers : devant Sulla (felix), Bocchus roi de Mauritanie tend une branche d'olivier. Derrière lui, Jugurtha captif.
Bibliothèque nationale, Paris.

Denier d'argent à l'effigie de Jules César, le premier qui ait osé faire graver son image sur une monnaie (au revers, déesse tenant un sceptre et un caducée).
Bibliothèque nationale, Paris.

× 2

Aureus d'or à l'effigie de César Auguste. Le titre d'Augustus figurant au revers, au-dessus d'une vache marchant, lui avait été décerné par le sénat en 27 av. J.-C.
Bibliothèque nationale, Paris.

× 2

Principaux dieux apparaissant sur les monnaies romaines

Nom latin	Nom grec	Domaine protégé	Attributs ou objets symboliques associés	Épithètes latines associées
Apollon	Apollon	Dieu du Soleil, de la Musique et des Arts	Lyre	*Conservator, propugnator*
Bacchus	Dionysos	Dieu de la Vigne	Coupe de vin, thyrse	
Cérès	Déméter	Déesse de l'Agriculture	Épis de blé, torche	
Cybèle		Déesse de la Fécondité	Lion	*Mater deum*
Diane	Artémis	Déesse de la Lune, de la Chasse et de la Jeunesse	Croissant de lune, arc, biche	*Conservatrix, ephesia, victrix*
Dioscures		Il s'agit de Castor et Pollux	Leurs chevaux	
Esculape	Asklépios	Dieu de la Médecine	Caducée	
Grâces (les trois)		Aglaé, Thalie, Euphrosyne, protectrices des artistes		
Hercule	Héraklès	Dieu de la Force	Massue, peau de lion	*Defensor, conservator, victor*
Janus		Dieu du Présent et du Futur	Représenté par une tête à deux visages	
Junon	Héra	Déesse du Mariage	Sceptre, paon, patère	*Regina, lucina, victrix, conservatrix*
Jupiter	Zeus	Dieu du Ciel, père des dieux	Foudre, aigle	*Stator, conservator, victor, liberator,* etc.
Mars	Arès	Dieu de la Guerre	Lance et bouclier	*Victor, pacifer, propugnator, ultor,* etc.
Mercure	Hermès	Dieu du Voyage, du Commerce, messager des dieux	Pégase ailé, caducée	*Pacifer, conservator*
Minerve	Pallas, Athéna	Déesse de la Sagesse	Casque, victoire, chouette	*Pacifera, victoria*
Neptune	Poséidon	Dieu de la Mer	Trident, dauphin	
Rome		Déesse tutélaire de la ville		
Sol	Helios	Dieu du Soleil		*Comes, invictus*
Vénus	Aphrodite	Déesse de la Beauté et de l'Amour	Pomme, palme	*Victrix, felix, genitrix*
Vesta	Hestia	Déesse du Feu et de la Famille	Patère, sceptre	*Mater, sancta*
Vulcain	Hephaistos	Dieu du Feu	Outils du forgeron	

Les principaux types de monnaies romaines

Le denier républicain porte le plus souvent à l'avers la tête casquée de Rome et, au revers, des représentations de divinités (notamment les Dioscures, Castor et Pollux) ou des scènes diverses. À Rome, c'est César qui, le premier, en 44 av. J.-C., osa faire frapper monnaie à son effigie. Premier des imperatores à user de cette prérogative, il fut imité par tous ses successeurs, qui s'emparèrent d'ailleurs de son nom comme d'un titre et devinrent les « césars ». Par la suite, toutes les monnaies de l'Empire portèrent à l'avers le portrait de l'empereur, parfois de l'impératrice ou encore d'un membre de la famille impériale, tandis que le revers s'ornait d'une très grande diversité de sujets, que l'on peut grouper en quatre catégories principales : les représentations de

Nom latin	Nom français	Attributs
Abundantia	l'Abondance	épis de blé, corne d'abondance
Aequitas	l'Égalité	balance corne d'abondance
Aeternitas	l'Éternité	torche, globe, sceptre
Annona	la Récolte (de blé)	épis de blé, corne d'abondance
Clementia	la Clémence	patère, sceptre
Concordia	l'Entente	sceptre, patère, corne d'abondance
Felicitas	le Bonheur	caducée et corne d'abondance
Fides	la Bonne Foi	patère et corne d'abondance
Fortuna	le Destin	gouvernail et corne d'abondance
Hilaritas	la Gaieté	palme, enfant, corne d'abondance
Indulgentia	l'Indulgence	patère et sceptre
Justitia	la Justice	balance, patère, sceptre, branche d'olivier
Laetitia	la Joie	sceptre et couronne de laurier
Liberalitas	la Générosité	tessère et corne d'abondance
Libertas	la Liberté	pileus et sceptre
Moneta	l'Atelier monétaire	balance et corne d'abondance
Patientia	la Patience	sceptre
Pax	la Paix	branche d'olivier et sceptre
Pietas	la Foi	patère, sceptre, autel
Providentia	la Providence	bâton et sceptre
Pudicitia	la Chasteté	voile, sceptre
Salus	la Santé	patère et serpent autour d'un autel
Securitas	la Sécurité	sceptre
Spes	l'Espérance	fleur
Victoria	la Victoire	(personnage ailé) palme et couronne de laurier
Virtus	le Courage	lance, statuette de la Victoire

divinités (voir page 357) ; les allégories (voir tableau ci-dessus) ; les représentations des œuvres de l'empereur (monuments, conquêtes, distributions de blé ou d'argent, etc.) ; enfin, les représentations symboliques diverses (aigles, animaux, enseignes).

Les monnaies byzantines

Les monnaies byzantines jouissent d'une faveur assez récente auprès des collectionneurs. En dépit de l'aspect monotone de certaines séries, du style très sommaire par rapport à l'art monétaire grec et romain, et de la difficulté de l'épigraphie, les monnaies byzantines permettent encore certaines découvertes.

Rappelons que l'on peut définir l'Empire byzantin à partir du transfert de la capitale romaine de Rome à Byzance sous Constantin Ier, en 324, ou bien à partir de la séparation des empires d'Orient et d'Occident (395).

Byzance avait gardé le solidus, ou sou d'or, créé par Constantin Ier, et eut le courage et l'intelligence de le conserver inaltéré en poids (4,48 grammes, soit un soixante-douzième de livre) et en titre jusqu'au XIe siècle. Cette rare longévité dans la stabilité donne à la monnaie d'or byzantine une force et un rayonnement encore plus grands que ceux qui ont été apportés par l'étendue et la puissance de l'Empire lui-même. À côté du monnayage d'or, l'argent fut peu souvent frappé, tandis que le bronze retrouvait, après les errances du Bas-Empire (multiplication des petits bronzes, de plus en plus dévalués), une place solide grâce à la réforme d'Anastase Ier : ce dernier institua en effet une nouvelle monnaie, le follis de bronze, valant 40 nummi (du latin *nummus,* pièce de monnaie), qui se caractérisait par sa grande taille et sa marque de valeur (M = 40 nummi) figurée au revers. À partir de Nicéphore II (963-969), les « nomisma », qui relayèrent le solidus, changèrent de poids et de forme, évoluant de dévaluation en dévaluation vers les pièces en forme de cupules appelées « scyphates ». La conquête de Constantinople par les croisés (1204) et l'établissement des

Aureus en or de l'empereur Pertinax (193 av. J.-C.). Au revers, la Providence et son étoile.

Aureus en or de Manlia Scantilla, épouse de Didius Julianus. Au revers, Junon et son paon.

Aureus en or de Didius Julianus (mars-juin 193 apr. J.-C.). Au revers, la Fortune.

Aureus en or de Septime Sévère (193-211), avec, au revers, son épouse Julia Domna.

Multiple d'or (valant 9 solidi), atelier de Ticinum (Pavie), 313 apr. J.-C., représentant accolés le buste du Soleil et celui de Constantin le Grand (306-337), à l'avers.

Au revers, Constantin à cheval, lauré et cuirassé. Bibliothèque nationale, Paris.

Solidus en or de Constance II (337-361). Au revers, Rome et Constantinople tenant un bouclier. Vente Ader-Picard-Tajan ; J. Vinchon expert.

Solidus en or frappé à Lyon, représentant le buste de Constance III (421). Au revers, l'empereur, le pied sur un captif.

Monnaie byzantine en bronze, représentant Michel II et l'impératrice ; au revers, M signifiant 40 « nummi » (pièces). Bibliothèque nationale, Paris.

Monnaie byzantine en forme de cupule (scyphate), forme prise à la suite des dévaluations successives.

royaumes de Trébizonde, d'Épire et de Nicée ont laissé un monnayage aussi compliqué que l'histoire de l'époque. On retiendra seulement la rupture avec la tradition de la frappe de l'or au milieu du XIVe siècle.

LA NUMISMATIQUE FRANÇAISE

Les monnaies royales françaises sont assurément une des séries les plus recherchées par les collectionneurs de notre pays. D'or, d'argent ou de bronze, elles sont le reflet fidèle de l'histoire politique, économique et artistique de la France. Les monnaies royales françaises comprennent le monnayage des Capétiens directs et de leurs successeurs, les Valois, les Valois-Orléans, les Valois-Angoulême et les Bourbons, jusqu'à Louis XVI. La numismatique française ancienne comprend également les monnayages gaulois, mérovingiens et carolingiens.

Le monnayage gaulois

Son étude et sa collection sont passionnantes, car il constitue, par son appartenance aux monnaies celtiques, la transition entre le monnayage antique et notre numismatique nationale. Les monnaies celtes, en effet, sont nées des imitations du monnayage grec par les différentes populations celtiques d'Europe, après la création de l'Empire macédonien. Ainsi, les Celtes des Balkans imitèrent les tétradrachmes de Philippe II de Macédoine (359-336) et d'Alexandre le Grand (336-323).

En Gaule, les modèles principaux furent d'abord le statère d'or de Philippe II et les drachmes d'argent de Massilia (Marseille) : les Arvernes les copièrent aux IIIe et IIe siècles av. J.-C., battant monnaie grâce aux nombreux gisements aurifères et argentifères du sol gaulois. Mais, en 121 av. J.-C., les Romains conquirent la région méditerranéenne, détruisirent l'hégémonie arverne et partagèrent le territoire entre une Gaule restée indépendante

Statère en or à l'imitation de l'Apollon des monnaies grecques. Il a longtemps passé pour représenter Vercingétorix. Au revers, un cheval et une amphore. Vers 50 av. J.-C. Bibliothèque nationale, Paris.

Statère parisien en or (IIe-Ier s. av. J.-C.). La tête (au revers) de guerrier, avec un fleuron devant la bouche, comme le cheval sont très typiques du style gaulois tendant à l'abstraction. Bibliothèque nationale, Paris.

et la Narbonnaise. Dès lors et jusqu'à la fin de la guerre des Gaules (51 av. J.-C.), les émissions de la Gaule libre furent extrêmement diversifiées, chaque peuple ayant ses types monétaires et ses ateliers, mais elles n'échappèrent pas au processus inéluctable des dévaluations. Les Gaulois eurent enfin recours aux pièces dites « fourrées », constituées par des monnaies en métal vil, comme le cuivre et le bronze, recouvertes d'une mince pellicule de métal précieux. Les dernières pièces de monnaie gauloises sont en bronze frappé, ou en potin (étain allié à un peu d'argent). Les monnaies en potin étaient coulées, afin de supprimer la frappe. En effet, on coulait directement le métal en fusion dans des moules gravés, et, ainsi, plusieurs pièces étaient fabriquées en une seule fois. Il y eut même certains statères d'or réalisés selon cette méthode. C'est grâce aux poids et aussi grâce à la couleur des pièces d'argent et d'or qu'on peut suivre l'expansion, puis la décadence du monnayage gaulois.

Il serait trop long d'énumérer les types figurant sur toutes les monnaies gauloises et mieux vaut se rapporter à un ouvrage d'ensemble, dont les illustrations aideront beaucoup le collectionneur. Il faut retenir que la plupart des monnaies gauloises ont, au droit, la représentation d'une tête, souvent imitée de celles qui figurent sur les monnaies grecques, et que le bestiaire a joué un très grand rôle dans le monnayage gaulois, de même que des symboles divers. Le sens religieux de ces différents attributs a été démontré : « Si les monnaies gauloises ont emprunté leurs modèles aux civilisations classiques, elles les ont dissociés en signes abstraits. Ce ne sont point là de simples stylisations décoratives, mais des motifs ayant une signification. » Cette phrase de G. Fabre *(l'Art gaulois)* montre bien que le côté faussement naïf n'est pas dû, comme se plaisent à le répéter certains auteurs, à des imitations maladroites de graveurs qui ne savaient pas se servir de leurs outils. Le mérite des peuples de la Gaule est d'avoir adapté les symboles pris sur les monnaies étrangères pour en faire des signes distinctifs de leurs ethnies. Par la collection des monnaies gauloises, nous assistons à la naissance de l'esprit de région, et même de province. Certaines tribus vont en absorber d'autres, plus petites et moins puissantes, jusqu'à ce que nous arrivions à la répartition de la Gaule en quelques grandes divisions, préfigurant les futurs États qui allaient composer la France du milieu du Moyen Âge.

Statère en argent du peuple des Élusades (Gers), visage abstrait et cheval ailé au revers. Vente Laurin, Guilloux, Buffetaud, Tailleur.

Statère en or des Morins (région de Calais), avec une protubérance irrégulière et, au revers, un cheval disloqué entouré de symboles.

Le monnayage mérovingien

Il nous est encore très mal connu, en partie à cause de la rareté du matériel dont nous disposons pour l'étudier. C'est le type du monnayage peu « accessible », tant physiquement qu'intellectuellement. Nous en dirons cependant quelques mots indispensables à la compréhension de l'évolution de la numismatique française.

Après les invasions barbares et la chute de l'Empire romain, l'or devint extrêmement rare en Europe ; les Mérovingiens tentèrent cependant de garder le système du bimétallisme dans un monnayage indépendant (bien qu'imité) des frappes romaines. C'est Théodebert Ier qui, le premier, frappa des monnaies d'or à son nom. Ce monnayage d'or a commencé en 539, après les victoires que ce roi avait remportées sur Justinien et sur le roi des Ostrogoths, Vitigès. On trouve alors des sous et des tiers de sous qui portent la titulature DN THEODEBERTVU VICTOR, ou VIC, et qui sont imités d'un modèle byzantin de Justinien Ier. L'argent fut employé assez régulièrement, mais le système de ce monnayage est compliqué. Certains types ont été empruntés au système monétaire romain, mais les poids ne correspondent pas tout à fait.

Sou d'or de Théodebert Ier (539), la première monnaie sur laquelle figure le nom d'un roi mérovingien. Bibliothèque nationale, Paris.

Le monnayage carolingien

Chez les Carolingiens, le monnayage repose uniquement sur l'argent ; l'unité de monnaie est le denier d'argent, et l'or va disparaître jusqu'à Saint Louis. Entre le monnayage mérovingien et celui qui est adopté par Pépin le Bref, la transition s'est effectuée par un capitulaire promulgué en 755 après le concile de Vernon-sur-Seine : il stipule que la taille des deniers doit être telle qu'ils aient un poids de 1,08 gramme environ. Plus tard, l'édit de Pîtres, pris par Charles le Chauve en juin 864, insiste beaucoup sur le titre de l'argent employé et sur le poids des pièces qui doit être élevé. Cette réforme limite à neuf le nombre des ateliers.

Parmi les différents types que l'on peut trouver sur les monnaies carolingiennes, citons : les monogrammes des rois ; les sceaux de Salomon ; les croix de divers genres, qui sont parfois cantonnées de points ou de globules ; les constructions comme le temple, les portes de villes, les tours, etc., et, exceptionnellement, des effigies (sur des monnaies de Charlemagne frappées après son couronnement).

Denier d'argent carolingien de l'atelier de Mayence, à l'effigie de Charlemagne (Karolus). Au revers, un temple. Bibliothèque nationale, Paris.

Le monnayage capétien et les monnaies royales françaises

Un préalable indispensable à la bonne compréhension du monnayage royal est d'assimiler le double système de monnaie de compte et de monnaie d'espèces, qui a eu cours jusqu'à la Révolution. Cette notion est souvent mal assimilée par les numismates novices ; nous allons l'expliquer aussi simplement que possible à l'aide d'un exemple concret. Si vous achetez aujourd'hui une douzaine d'œufs, l'épicier ou le crémier vous en comptera le prix en francs, par exemple 6 F, et vous paierez également en francs, avec 6 pièces de 1 F : le compte et le paiement ont été effectués avec la même monnaie.

Sous la royauté, le crémier vous aurait compté la douzaine d'œufs en livres, par exemple une demi-livre, et vous auriez payé en sols, 10 sols (l'équivalent d'une demi-livre) : le compte et le paiement auraient été effectués avec deux catégories de monnaie, la monnaie de compte pour le compte et la monnaie de paiement — plus communément appelée « monnaie d'espèces » — pour le paiement. La monnaie de compte n'a pas d'existence physique, seule la monnaie d'espèces en a une ; il existe physiquement des pièces de 1 sol, 10 sols, etc.

Pendant toute la durée de la monarchie capétienne, la monnaie de compte restera immuable : c'est la livre, valant 20 sous (ou sols), ou 240 deniers (le sou valant 12 deniers). Pendant cette même période, il y eut un très grand nombre de monnaies d'espèces, dont la valeur en monnaie de compte varia au cours des temps. Ces mutations furent très nombreuses sous l'Ancien Régime — mais nous les connaissons également aujourd'hui sous le nom de « dévaluation ».

La seule petite difficulté de tout ce système est que monnaies de compte et monnaies d'espèces portent parfois le même nom, mais pas toujours : ainsi, il n'y a jamais eu d'espèce métallique française s'appelant la « livre » (mais il y a eu des écus d'or ou d'argent valant plusieurs livres). En revanche, les noms de « sou » (ou sol) et de « denier » correspondent à la fois à des réalités bien distinctes : les sous et deniers de compte, et les espèces d'argent (puis, plus tard, de bronze).

Revenons maintenant aux grandes dates de notre monnayage royal. Il est capital de souligner la lutte incessante de nos rois pour arracher à la féodalité les privilèges de frappe seigneuriale et pour construire une monnaie royale unique : cette lutte est exactement parallèle à celle qui est menée pour la réunion au royaume des terres des grands feudataires. L'unification monétaire et territoriale ne mit pas moins de sept siècles à se réaliser, puisque c'est seulement sous Louis XIV que tombèrent les derniers vestiges de la féodalité ; Gaston d'Orléans, frère du roi, prince des Dombes, battait encore monnaie à son nom en 1650, et Strasbourg, bien qu'annexée à la France en 1682, garda le droit d'émettre jusqu'à la fin du règne du Roi-Soleil !

De Hugues Capet à Saint Louis, la monnaie capétienne reste très proche de la monnaie carolingienne avec, comme seules émissions, des deniers et des oboles d'argent. Saint Louis (1226-1270) va réaliser des réformes monétaires capitales en limitant la circulation de la monnaie seigneuriale aux seules terres relevant du seigneur et, surtout, en créant deux nouvelles espèces qui devaient longtemps demeurer le symbole de la bonne monnaie et dont l'une marque le retour au bimétallisme après quatre siècles d'abandon de la frappe de l'or. Ces nouvelles espèces sont l'écu d'or, pièce devenue aujourd'hui rarissime, puisque seulement huit exemplaires nous sont parvenus, et le gros d'argent, émis pour 12 deniers. Dès lors, le monnayage français comprendra toujours des pièces d'or, d'argent (la « monnaie blanche ») et, pour les petites valeurs (deniers et oboles), de billon, ou bas argent (la « monnaie noire »). La monnaie de cuivre n'apparaîtra que beaucoup plus tard, sous Henri III.

L'écu d'or de Saint Louis (1226-1270) marque le retour au bimétallisme. Pièce rarissime puisque huit exemplaires seulement subsisteraient. Bibliothèque nationale, Paris.

Gros tournois d'argent de Saint Louis (1270). Avers : croix encadrée d'une légende religieuse : Benedictum sit nomen Domini nostri Dei Iesu Christi. *Revers : châtel et bordure de douze lis. Ces symboles se perpétuent jusqu'au XVIIe siècle.* Bibliothèque nationale, Paris.

Les monnaies d'or des XIIIe et XIVe siècles constituent un témoignage précieux sur l'art gothique. Philippe IV le Bel (que seuls les ignorants continuent à appeler le « roi faux-monnayeur » : il fut en fait le seul à comprendre le mécanisme de l'économie inflationniste) et surtout

En haut : *écu d'or de Philippe VI de Valois (première émission, 1er janvier 1337). Le roi est sur un trône gothique. Au revers, croix tréflée dans un quadrilobe.*
En bas : *pavillon d'or de Philippe VI de Valois. Au revers, croix feuillue et fleurdelisée dans un quadrilobe.*

Philippe VI de Valois ont laissé de purs chefs-d'œuvre. Chaise d'or, masse, pavillon, royal et double-royal, ange et lion d'or indiquent par leurs noms les sujets des avers, où le roi apparaît presque toujours, tandis que les revers s'ornent d'une subtile composition de rosaces entourant une croix ornementée. Notons au passage la première monnaie à porter le nom de *franc :* il s'agit du « franc à cheval » de Jean le Bon, émis en 1360 pour payer la rançon du roi retenu prisonnier par les Anglais. Cette très plaisante monnaie est (avec le « franc à pied » de Charles V) une des pièces d'or gothiques les plus courantes ; elle représente à l'avers le roi vêtu d'une cuirasse fleurdelisée et l'épée haute, galopant sur un cheval caparaçonné.

En haut : *franc à cheval en or ; le roi Jean II le Bon (1350-1364) à cheval. Au revers, croix tréflée dans un quadrilobe.*
En bas : *franc à pied en or, représentant Charles V (1364-1380) sous un dais gothique. Au revers, croix feuillue cantonnée de couronnelles et fleurs de lis.*

Charles VI apporte une innovation importante pour notre monnayage : il institue, en 1389, le point secret d'atelier (point placé à un certain endroit, sous une lettre de la légende), qui va permettre aux initiés de savoir où la pièce a été frappée. Bien entendu, à cette époque, les monnaies ne portent ni date ni indication de valeur.

Salut d'or d'Henri VI d'Angleterre : la Vierge et un ange au-dessus des écus de France et d'Angleterre. Au revers, croix latine dans un entourage festonné à dix lobes.

Écu d'or à la couronne de Charles VI (1380-1422). Au revers, croix feuillue et fleurdelisée dans un quadrilobe. Dernier témoignage de l'art gothique.

Double ducat d'or de Milan, figurant Louis XII (1498-1515), duc de Milan, au chaperon fleurdelisé. Au revers, saint Ambroise à cheval. Très rare et en bon état de conservation.

Vestige de l'occupation anglaise de la France, le monnayage d'Henri VI (1422-1453) nous a laissé les magnifiques « salut d'or », dont l'avers représente l'Annonciation de l'ange Gabriel à la Vierge. C'est l'une des dernières pièces à sujet religieux ; désormais, les espèces d'or porteront, en règle générale, l'écu de France à l'avers.

Avec Louis XII (1498-1515), l'esthétique de nos monnaies change considérablement sous l'influence de la Renaissance italienne : les légendes sont gravées en lettres latines et non plus gothiques et, surtout, apparaît pour la première fois le portrait du roi, avec la création d'une nouvelle monnaie, le teston d'argent. En fait, le tout premier portrait de Louis XII apparaît sur les monnaies franco-italiennes frappées dans la seigneurie d'Asti, que possédait Louis d'Orléans.

L'époque des Valois

À partir de 1513 commence le monnayage des testons français (du vieux français *teste,* parce que sur la

Teston en argent de François Ier, cuirassé et coiffé de la couronne fermée. Au revers, écu de France couronné. Très bel exemplaire.

Piéfort en argent de quatre quarts de franc (1577), représentant le buste lauré et cuirassé d'Henri III. Au revers, croix fleuronnée et fleurdelisée avec un « H » au centre. Pièce rare.

Double-henri d'or (Toulouse 1553). Henri II cuirassé. Au revers, croix formée de quatre « H » couronnés et cantonnés de deux lis et de deux croissants. Vente Laurin, Guilloux, Buffetaud, Tailleur ; J. Vinchon, expert.

Piéfort en argent de quatre demi-francs (1607), représentant Henri IV lauré et cuirassé. Au revers, croix fleuronnée et fleurdelisée avec un « H » au centre. Superbe exemplaire. (Le piéfort est plus épais que la pièce courante.)

pièce figure la tête du souverain). Ils sont d'un moins bon style que ceux d'Asti, mais ils traduisent bien l'innovation apportée par les artistes de la Renaissance : représenter les traits réels et donc la personnalité du souverain, au lieu de symboliser uniquement la majesté de sa fonction. François Ier, Henri II, Charles IX et Henri III font frapper un grand nombre de testons. François Ier, notamment, a laissé une série très nombreuse de ces pièces, avec des portraits très différents. C'est sous son règne qu'une importante réforme fait, en 1540, remplacer le point secret d'atelier par un code plus clair et plus pratique : chaque atelier monétaire se voit attribuer une lettre (ou plus rarement un symbole), qui doit figurer clairement sur la monnaie. Ainsi, A pour Paris, B pour Rouen, K pour Bordeaux, etc., demeureront-ils jusqu'à la réforme de 1878 — soit pendant plus de trois siècles — les signes distinctifs de l'atelier d'émission. De plus, il devient obligatoire de faire également figurer sur la monnaie le signe distinctif — le « différent » — du maître de la Monnaie, responsable de l'atelier monétaire considéré.

Le règne d'Henri II apporte aux monnaies une modification très appréciée des collectionneurs : la présence de la date. C'est également sous Henri II qu'est introduit en France le procédé mécanique de frappe au balancier, installé à Paris, au Moulin des Étuves. De très beaux testons « au Moulin » et des essais d'or, comme le splendide « double-henri d'or à la Gallia », inspiré des monnaies de Trajan, sont encore là pour en témoigner. Après le règne de François II, qui ne frappe pas de monnaies courantes à son nom, son frère Charles IX accède au trône pour un règne funeste, en proie aux guerres de Religion. Comme toujours, la numismatique reste le reflet fidèle des événements, et les amateurs recherchent aujourd'hui avec intérêt le fameux « teston morveux » de Charles IX, frappé à Orléans par les huguenots.

Malgré les troubles du règne d'Henri III (1574-1589), on peut assister à deux importantes nouveautés numismatiques : la création d'une monnaie d'argent du nom de « franc », créée en 1575 pour une valeur de compte d'une livre (c'est la première monnaie française d'argent à porter ce nom, et la deuxième à être ainsi baptisée après le franc d'or de Jean le Bon), et la création de petites monnaies de cuivre, les deniers tournois et doubles tournois, portant l'effigie du roi à l'avers et des fleurs de lis au revers.

Les monnaies des rois Louis

La numismatique de Louis XIII, Louis XIV, Louis XV et Louis XVI comporte à coup sûr les séries les plus en faveur auprès des collectionneurs français. De nombreuses raisons justifient cette popularité : une histoire proche de nous et connue de tous, un monnayage abondant et facile à identifier, des types monétaires très variés et d'excellents portraits dus à des graveurs de talent.

Le règne de Louis XIII connaît trois grands graveurs monétaires : Nicolas Briot, Jean Warin et Guillaume Dupré ; c'est sous leur influence qu'on abandonne définitivement l'antique frappe au marteau au profit de la frappe au balancier. Warin fut vraiment le rénovateur du monnayage français, tant sur le plan technique que sur le plan artistique. Il devint le maître de la Monnaie des médailles au balancier du Louvre, puis, vers 1660, réussit à faire entrer les balanciers à la Monnaie de Paris. Il mourut en 1672 et, près de cent ans après sa mort, Abot de Bazinghen le célébrait en ces termes : « C'est le célèbre Warin qui a commencé à mettre la fabrication des médailles sur le pied d'excellence et de perfection où elle est présentement : c'est au Balancier du Louvre qu'ont été frappées ces belles médailles qu'il gravait lui-même et qui font encore l'ornement des plus beaux cabinets ! »

En 1640 fut créée pour Louis XIII une nouvelle pièce d'or, le « louis », qui allait pratiquement remplacer l'écu

Double-louis d'or (Paris, 1640) de Louis XIII à la tête laurée. Au revers, croix formée de huit « L » couronnés et cantonnés de fleurs de lis. Très beau. Estimé 35 000 à 50 000 F.

Demi-écu carambole en argent (Paris, 1685). Buste de Louis XIV drapé avec Soleil et Globe. Au revers, écu couronné, écartelé de France et de Bourgogne. Les divers types d'écus se multiplient.

Écu à vieille tête en argent (Rouen, 1774) représentant Louis XV lauré, « Roi de France et de Navarre par la grâce de Dieu ». Au revers, écu ovale couronné entre des branches de laurier. Rare en cet état de conservation.

d'or jusqu'à la fin de la monarchie. Pendant une courte période de transition, de 1641 à 1643, on frappa également des louis d'argent de 60 sols et de 30 sols — pièces qui, sous Louis XIV, devinrent l'écu et le demi-écu d'argent, les écus d'or ayant disparu. La beauté et la rareté de ces louis d'argent en font des pièces très recherchées. Il en existe deux types, dits « du 1er poinçon » et « du 2e poinçon », qui se différencient par la gravure du vêtement du roi.

Quant au louis d'or, il s'accompagna d'un sous-multiple, le demi-louis, et d'un multiple, le double-louis, qui devaient se maintenir jusqu'à la Révolution. Sous Louis XIV (1643-1715), l'écu d'or vécut ses dernières heures et ne fut frappé qu'au tout début du règne : de 1643 à 1651. Désormais, le terme de « louis » sera réservé aux espèces d'or, et celui d'écu aux espèces d'argent. Les deux grandes caractéristiques numismatiques de ce règne sont la variété considérable d'espèces de types différents émises et le phénomène des réformations. Plus de dix types de louis d'or et plus de vingt-cinq sortes différentes d'écus furent monnayés, mais, à partir de 1688 environ, beaucoup d'espèces furent réformées du fait des incessants besoins financiers de l'État, dont la trésorerie était épuisée par les guerres. On appelle *réformation* la frappe sur d'anciens flans monétaires pris tels quels, sans avoir été refondus en lingots puis redécoupés en flans neufs. La monnaie réformée présente donc toujours, sous le type monétaire le plus récent, les traces de la première frappe, celle du type monétaire plus ancien. Louis XV n'apporta pas de changement important à notre numismatique. Il faut toutefois noter l'apparition du sol de cuivre en 1719. On compte, sous ce règne, huit types différents pour l'écu et autant pour le louis. La numismatique de Louis XVI se divise en deux séries : la série royale proprement dite et la série constitutionnelle à partir de 1791. La série royale comporte seulement trois types de louis d'or, dont le plus courant est celui au buste nu, et un seul type d'écu, l'écu aux lauriers, monnaie extrêmement courante, mais qu'on trouve rarement aujourd'hui en parfait état.

Puis c'est le tournant décisif de 1791, avec, pour la première fois, un concours monétaire pour la création des nouveaux types qui vont bouleverser la physionomie de nos monnaies. Le graveur Dupré remporte le concours avec un écu présentant à l'avers le Génie de la France gravant la Constitution ; la légende est en français et non plus en latin, la titulature royale se résume à « Louis XVI roi des François », et la date est exprimée en « an de la liberté ». Cet écu est frappé de 1791 à 1793, tandis qu'un louis d'or aux mêmes types, émis pour 24 livres, est frappé en 1792 et 1793. Ainsi s'achève la série des monnaies des rois Louis, qui peut être complétée agréablement par les monnaies divisionnaires, les monnaies de billon et de cuivre et les monnaies coloniales, dont on pourra trouver une description dans les ouvrages cités en bibliographie.

Les monnaies françaises modernes

On entend par monnaies modernes, dans la numismatique française, toutes les monnaies qui ont été émises à partir de la Révolution de 1789, les pièces de la

Écu constitutionnel de Dupré.
Avers : génie de la France gravant la Constitution.
L'an 4 de la Liberté.
Revers : Louis XVI, roi des Français.
Bibliothèque nationale, Paris.

monarchie constitutionnelle de Louis XVI constituant un *no man's land* tantôt intégré aux séries royales capétiennes, tantôt intégré aux modernes. Pour des raisons proprement numismatiques, c'est à partir de 1880 que le monnayage français prend le visage qu'il connaît actuellement : un seul atelier monétaire, Paris, avec sa lettre d'atelier A (le second atelier en activité, à Bordeaux, ayant fermé officiellement en 1878).

L'exploitation de la monnaie, jusqu'alors confiée à des maîtres de Monnaie pour les divers ateliers provinciaux, est placée en régie, ce qui a pour effet de fixer le « différent », ou marque, du directeur de la Monnaie, de manière définitive, au type de la corne d'abondance, qui était le différent de Ruau, directeur en fonctions au moment de l'entrée en régie (1er janvier 1880).

Les monnaies françaises modernes comportent donc, à l'avers, la signature en toutes lettres ou en initiales du graveur et, au revers, le différent de la régie (la corne d'abondance) et celui du graveur général (actuellement, le dauphin d'Émile Rousseau). La lettre d'atelier a complètement disparu (le A de Paris a subsisté jusqu'en 1898), à l'exception des frappes effectuées dans les ateliers annexes : pour Poissy, un éclair, de 1922 à 1924 ; pour Vincennes, une torche, de 1924 à 1926 ; pour Castelsarrasin, un C en 1914, puis de 1942 à 1946 ; pour Bruxelles, un B dans un cercle, en 1938 et 1939 ; pour Beaumont-le-Roger, un B, de 1943 à 1958.

Après l'écu de 6 livres de la Convention, frappé en 1793 et 1794 et faisant suite à l'écu constitutionnel de Dupré, apparaît notre première pièce de 5 F, due également à Dupré, au type d'Hercule entouré par la Justice et par l'Égalité, avec la légende « Union et Force ». Ce type devait être repris en 1848, mais avec la légende « Liberté, Égalité, Fraternité », puis en 1870, puis en 1964, mais cette fois pour une pièce de 10 F, et enfin en 1974 pour la pièce de 50 F en argent.

Un autre domaine fort intéressant est celui des essais et des piéforts. Les essais ont de tout temps attiré les collectionneurs : la période moderne en comporte un grand nombre, et ces essais sont de plus en plus recherchés. Quant aux piéforts, ce sont des spécimens de monnaies courantes frappées sur un flan plus épais et plus pesant que celui de l'émission, destinés à servir de modèles à la fabrication.

La première pièce de 5 F, de Dupré. À l'avers, Hercule entre la Justice et l'Égalité. Au revers, l'an 5 (de la Ire République) : 1796/1797. Bibliothèque nationale, Paris.

Médaille de bronze gravée par Pisanello, fondue en 1447 et représentant Cécile de Gonzague, fille de Jean-François Ier, marquis de Mantoue.

LA COLLECTION DE MÉDAILLES

Nous avons tous tenu une médaille entre les mains, et cet objet de métal, qui nous paraît aussi familier sinon plus qu'une monnaie ancienne, est pourtant une invention relativement récente dans le domaine de la numismatique. C'est en effet à la fin du XIVe siècle qu'apparurent les premières médailles, alors que les plus anciennes monnaies datent du VIIe siècle av. J.-C.

Si l'on ne peut attribuer avec certitude l'invention de la médaille au Padouan Pisanello (1380-1456), on s'accorde cependant à lui reconnaître une place prépondérante dans cet art, et il est intéressant de souligner que les premières médailles — celles de la Renaissance italienne — constituent un sommet artistique jamais encore dépassé, de même que les premières monnaies — celles de la Grèce archaïque et classique — représentent encore de nos jours la perfection de l'art monétaire.

Il faut attendre les règnes de Charles IX et d'Henri III, avec Germain Pilon, et ceux d'Henri IV et de Louis XIII, avec Jean Warin, pour que la France connaisse deux très grands médailleurs d'inspiration nationale.

Les « incunables » de la médaille française (pièces antérieures à 1600) sont très difficiles à trouver. Il reste quand même aux collectionneurs une période de quatre siècles, de Louis XIII à nos jours, période dans laquelle on distingue traditionnellement cinq types de collection : les médailles royales, les médailles révolutionnaires, les médailles de l'Empire, les médailles « modernes » (XIXe siècle et début du XXe siècle), les médailles contemporaines.

Conçue principalement pour commémorer un homme ou un événement, la médaille reflète l'infinie diversité des activités humaines : médaille de propagande politique, médaille publicitaire, médaille de piété, insigne ou récompense. Bien d'autres exemples encore sont inclassables, telle la médaille célébrant un événement qui n'eut pas lieu (comme le débarquement de Napoléon en Angleterre).

LA COLLECTION DE JETONS

Le jeton français remonte au Moyen Âge. Il servait à l'origine à compter. On jetait sur la table à compter (comptoir) des pièces métalliques et monétiformes désignées en vieux français sous le nom de « gestouer », « gettouer » ou « gecton ».

Le jeton du Moyen Âge se présente donc la plupart du temps comme une imitation de la monnaie officielle (d'où l'expression « faux comme un jeton » ou « faux jeton »), mais on voit peu à peu apparaître des jetons dont le type est particularisé : le premier jeton royal, vers 1250, est frappé pour Saint Louis.

Jeton en argent à l'effigie de Louis XV, daté 1771 à l'occasion d'un déplacement en province. Imitation de la monnaie officielle servant à compter.

Au XVe siècle, il existe des jetons frappés spécialement par les villes. Puis la frappe des jetons s'étend aux corporations, aux grandes administrations royales, aux états de province, aux facultés, etc. On peut observer, parallèlement à cette évolution typologique, une évolution de la destination du jeton en fonction de ses deux emplois principaux : instrument de compte et instrument de gratification. Le jeton en tant qu'instrument de compte disparaît à la fin du XVIIe siècle (à l'exception, toutefois, du jeton de jeu, qui dure jusqu'à nos jours), tandis que son rôle d'instrument de gratification s'accroît sensiblement dès le XVIe siècle, pour devenir prépondérant au XVIIIe.

Dans son introduction au *Catalogue des jetons* de la Bibliothèque nationale, Henri de La Tour note que cette branche de la numismatique fournit « les plus utiles renseignements sur l'art, l'héraldique, la littérature, l'histoire, le costume, la généalogie ».

LE MARCHÉ NUMISMATIQUE

Nous conseillons au collectionneur, même débutant, d'entretenir des relations régulières avec un expert ou un marchand réputé ; compte tenu de ses goûts ou de son caractère, il trouvera assez vite le professionnel avec qui le dialogue se poursuivra sur le plan amical, ce qui arrive presque toujours entre deux personnes partageant une même passion ; il accordera sa confiance à ce professionnel et suivra ses indications dans une spécialité qui exige une somme de connaissances et d'expériences. En retour, il recevra des conseils éclairés et se verra réserver la pièce rare, le millésime recherché, l'état de conservation exceptionnel qu'il convoitait pour sa collection. Il peut être amusant, voire intéressant, d'acheter en dehors des spécialistes, mais, alors, attention aux faux qui peuvent être vendus même de bonne foi !

Les faux

Le problème des faux se pose pour les monnaies comme pour la majorité des objets d'art ou d'antiquité, mais le caractère tout à fait particulier de la monnaie, instrument économique, nous conduit tout de suite à distinguer deux grandes catégories de faux : le faux pour tromper le public et le faux pour tromper le collectionneur.

Le faux pour tromper le public, c'est la fausse monnaie au sens propre, destinée à tromper l'utilisateur d'une espèce donnée à un moment donné. Ce faux est donc toujours « d'époque » et a donc une certaine valeur historique, mais il reste peu collectionné. Il est d'ailleurs intéressant de noter que ce genre de faux est souvent assez grossier et qu'il trompe beaucoup moins le numismate moderne que l'utilisateur du temps passé, car les faussaires anciens ne disposaient pas de moyens techniques très perfectionnés ; il n'en est — hélas ! — plus de même de nos jours, et les faux modernes donneront du fil à retordre aux numismates de demain.

Le faux pour tromper le collectionneur n'a, théoriquement, aucune valeur (sinon le poids du métal) et se rencontre malheureusement de plus en plus fréquemment ; qui d'entre nous ne connaît un ami ayant ramené de tel ou tel pays du bassin méditerranéen une belle monnaie antique proposée à vil prix par des jeunes gens du pays sortant tout juste d'un chantier de fouille ! Les faux pour tromper le collectionneur ne datent d'ailleurs pas d'aujourd'hui, et l'on connaît des faux anciens présentant un certain intérêt esthétique. Ainsi, les fameux padouans sont des bronzes faits en Italie à l'époque de la Renaissance, à l'imitation des grands bronzes romains antiques.

Le collectionneur se trouve donc confronté à un réel problème dont l'ampleur n'ira qu'en s'amplifiant, car le marché numismatique est en phase d'expansion. Toutefois, la solution de ce problème est simple, du moins pour le collectionneur : il lui suffit d'acheter chez des marchands patentés et connus, ou chez des experts qui lui apporteront leur garantie personnelle d'authenticité. Quant aux monnaies acquises en vente publique, elles sont automatiquement garanties tant par l'expert que par le commissaire-priseur. Signalons que, dans la plupart des catalogues établis par les experts, on trouve des listes d'estimations, précieuses indications pour les amateurs.

Les catalogues de ces ventes, abondamment illustrés, constituent une excellente documentation, et certains d'entre eux — ceux des ventes anciennes les plus célèbres — sont fort recherchés et fort onéreux. Aussi l'amateur a-t-il intérêt à recevoir gratuitement les catalogues des ventes contemporaines en se faisant inscrire sur les fichiers des experts.

Les collectionneurs qui désirent perfectionner leurs connaissances peuvent adhérer à des sociétés de numismatique. Quant aux experts, leurs noms et leurs adresses figurent dans les annuaires professionnels.

La valeur des monnaies de collection

Contrairement à ce que l'on pourrait croire, ce n'est pas le métal qui la compose qui donne sa valeur à une monnaie. Comme le rappelait déjà, en 1692, *la Science des médailles :* « Le prix des médailles ne doit point être considéré précisément par la matière, puisque souvent une même médaille frappée sur l'or sera commune, qui sera très rare en bronze... » Et, de nos jours, le numismate, même débutant, sait bien que ce ne sont pas les quelques grammes d'or des belles monnaies gothiques françaises qui justifient les milliers de francs qu'il faut débourser pour les acquérir. Est-ce alors son ancienneté ? Pas nécessairement, car certaines pièces modernes se paient actuellement beaucoup plus cher que des monnaies grecques ou romaines fort intéressantes.

En fait, les prix des monnaies obéissent à un ensemble complexe de règles, qui sont, pour la plupart, communes à tous les objets d'art et d'antiquité : beauté, originalité, style, qualité d'exécution, nature du sujet, prestige de la matière, rareté, etc. Il existe pour les monnaies deux causes particulières de raréfaction : la thésaurisation et la refonte des monnaies.

L'or et l'argent ont toujours été thésaurisés, et chacun de nous connaît ou a connu le bas de laine, le coffret ou la cassette renfermant des louis et des écus. Cette raréfaction par thésaurisation est en partie autocompensée par les découvertes assez fréquentes de trésors monétaires. Il n'existe, en revanche, aucun recours contre les refontes monétaires officielles et privées qui font disparaître des milliers d'exemplaires perdus à tout jamais pour les collectionneurs.

La rareté provoque toujours de fortes enchères. C'est ainsi qu'un double de royal d'or de Guillaume III l'Insensé, émis du 22 août 1358 au 15 avril 1359 (on ne connaît qu'un seul autre exemplaire), s'est vendu 378 000 F le 12 avril 1988, sur expertise de M. Jean Vinchon, chez Mes Ader-Picard-Tajan, à Drouot (acquisition de la Bibliothèque nationale).

Un « huit louis d'or au col nu », de 1640, a atteint 400 000 F chez Me Dumousset, experts Émile et Sabine Bourgex (Drouot, 7 décembre 1988). Cette pièce s'était vendue 35 000 F en 1967 !

En ce qui concerne la qualité, qui, pour les monnaies, est un important critère de valeur, il convient de distinguer la qualité de conservation, la qualité d'exécution (pratiquement d'un niveau constant depuis la frappe au balancier, vers 1550) et la qualité de création, qui exprime le degré de perfection du style propre au graveur. La qualité de conservation est d'une importance particulière, puisque le degré d'usure de la pièce a fait l'objet d'une codification par les experts. Un système de notation — ayant des normes à peu près semblables dans tous les pays — permet ainsi au numismate d'évaluer les états de conservation, depuis le rarissime exemplaire « fleur de coin » jusqu'à la rondelle métallique à la légende quasi indéchiffrable, dont l'état est pudiquement qualifié de « beau ». Ces notations sont les suivantes.

Fleur de coin : état d'une pièce parfaite, telle qu'elle a dû sortir du coin monétaire. Cet état suppose que la pièce n'a pas circulé ; elle ne doit présenter ni rayures, ni usure si minime soit-elle, ni trace de chocs.

Superbe : état d'une pièce presque parfaite, ayant peu circulé et dont les défauts — peu visibles à l'œil nu — peuvent apparaître plus clairement à la loupe (légères stries, légères usures des parties les plus en relief, comme les cheveux).

Très beau (ou *TTB*) : état d'une pièce dont l'usure montre clairement qu'elle a circulé, mais qui garde encore un très bel aspect, des reliefs très peu fatigués et qui ne présente pas d'accidents majeurs.

TB : état d'une pièce ayant beaucoup circulé : certains détails de la gravure commencent à s'estomper ; la surface métallique est terne et hachée de petites stries ; des accidents peuvent être visibles (chocs sur la tranche, rayure importante, etc.).

Beau : euphémisme pour désigner l'état d'une pièce extrêmement usée, aux légendes et aux reliefs en partie effacés.

En conclusion, les pièces parfaitement frappées, parfaitement conservées et du meilleur style sont — si elles ne relèvent pas du domaine de l'utopie — celles qui valent le plus cher et celles qui prendront le plus de valeur. Est-ce à dire que les autres monnaies sont quantité négligeable ? Certes non. Une pièce usée, mais rare ou de beau style, conserve toujours une valeur et peut, de toute façon, procurer de grandes satisfactions à son propriétaire. Enfin, une pièce usée et mal frappée garde encore assez de pouvoir émotif, par l'histoire dont elle est chargée, pour retenir l'intérêt.

La célébration du bicentenaire de 1789 a provoqué une forte hausse des monnaies révolutionnaires. En dehors de phénomènes événementiels, les monnaies intéressent de plus en plus les investisseurs : elles ne craignent aucune dévaluation. Longtemps négligées par les numismates, les médailles connaissent un regain d'intérêt depuis 1988, dans la mesure où elles ont une valeur de témoignages historiques ou anecdotiques. Une médaille de la Bastille s'est vendue 13 800 F, le 5 décembre 1988.

Lexique

avers, *côté de la pièce portant le type monétaire jugé le plus important, généralement un portrait du souverain, ou les armes d'un État, ou la représentation symbolique de l'autorité émettant la monnaie (ce terme a pour synonymes « droit » et « côté face »).*

billon, *alliage monétaire correspondant à un argent de faible titre et utilisé sous l'Ancien Régime pour les petites monnaies divisionnaires.*

différent, *marque distinctive d'une émission, d'un graveur ou d'un haut fonctionnaire d'un hôtel des Monnaies. Le différent d'atelier — celui qui permet de reconnaître l'atelier où a été frappée la monnaie — fut créé par Charles VI sous la forme d'un point secret, puis transformé par François Ier en lettre d'atelier. Les différents de graveurs généraux ou de maître des Monnaies sont en général de petites figures symboliques (animaux, astre, ancre, etc.) choisies par les intéressés.*

incus, *se dit d'un motif lorsqu'il apparaît en creux et non en relief sur la monnaie. Une monnaie peut être entièrement incuse lorsque le motif frappé en relief sur l'avers apparaît en creux sur le revers, c'est le cas d'un certain nombre de monnaies grecques antiques.*

piéfort, *spécimen de monnaie frappé sur un flan plus épais — donc plus pesant — que celui de l'émission à laquelle il appartient. Utilisé comme modèle de fabrication sous l'Ancien Régime, le piéfort connaît de nos jours une nouvelle destination : le plaisir des collectionneurs, attirés par la rareté et le prestige de ces exemplaires.*

réformation, *frappe de monnaies sur d'anciennes pièces et non sur des flans neufs. Une monnaie « réformée » présente donc toujours sous le type monétaire le plus récent des traces du type monétaire précédent. La réformation, qui était en fait une dévaluation déguisée, a été notamment utilisée par Louis XIV, car les finances du pays, affaiblies par de très nombreuses guerres, nécessitaient sans cesse de nouvelles espèces monétaires.*

revers, *le second côté de la pièce (par rapport à l'avers). Dans les monnaies modernes, ce côté porte la valeur faciale — c'est-à-dire l'indication des unités de compte ou des sous-multiples — de la monnaie (ce terme a pour équivalent « côté pile »).*

Le Soir, *par le photographe américain Edward Steichen (1879-1973).*
Par la beauté de la composition et la subtilité des couleurs,
cette œuvre nous invite à découvrir avec une sensibilité nouvelle
les images et les scènes de la vie quotidienne,
« comme jamais encore vues toutes choses qui sont au monde » (Paul Valéry).
Tel est le pouvoir de la photographie où l'alliance de la poésie
et de la véracité ouvre les voies d'un certain impressionnisme,
en rupture avec l'esthétique traditionnelle de l'univers pictural.
Metropolitan Museum of Art, New York. Alfred Stieglitz Collection.

Phot. du Musée

PHOTOGRAPHIES ET CARTES POSTALES

Le marché des antiquités et de la brocante s'est ouvert à deux nouvelles spécialités : la photographie et la carte postale ancienne. Elles occupent une place honorable si l'on en croit le montant des cotes et des enchères atteintes dans l'un et l'autre domaine.

Nous avons tout lieu de penser qu'il ne s'agit pas seulement d'une mode ou d'un engouement passager. En outre, l'intérêt suscité par ces supports de l'image déborde des frontières commerciales et spéculatives. C'est une raison supplémentaire de miser sur leur durée.

L'étude que nous leur consacrons traite respectivement de l'histoire et de la valeur artistique et documentaire de la photographie et de la carte postale, mais aussi des différents critères de valeur retenus par les collectionneurs. Nous indiquerons également l'évolution possible d'un marché, certes très actif mais jeune encore, et par conséquent des plus fluctuants.

Des informations pratiques aideront enfin les amateurs à s'y reconnaître, à déjouer les pièges et à traiter leur collection dans les meilleures conditions possibles ; en résumé, à faire de leur petite passion, qu'il s'agisse de la photographie ou de la carte postale, un plaisir durable.

LA PHOTOGRAPHIE SUR LE MARCHÉ DE L'ART

Lorsque cette prodigieuse invention qui s'appelle la photographie cessa de copier la peinture et se vulgarisa par le moyen de supports qui lui faisaient perdre une grande partie de ses qualités esthétiques, elle cessa d'être considérée comme un art.

Néanmoins, elle fut reine. Elle fut reine parce qu'elle était le témoin, le document, l'instant saisi au vol. La télévision l'a détrônée. Dans la presse, la place réservée à l'image se réduit de plus en plus. De grands journaux illustrés, que l'on croyait invulnérables, ont disparu. L'événement, fixé par l'objectif du photographe, ne fascine plus les foules. C'est sur le « petit écran » désormais et à travers l'œil de la caméra que les gens le vivent. Il bouge. Il parle. La photo, elle, reste immobile et muette.

La photographie demeure pourtant bien vivante. Il se vend toujours autant d'appareils photographiques et il se fait toujours autant de photographies. Mais les professionnels doivent, en grand nombre, chercher, pour s'exprimer, d'autres voies que celle du reportage. Ils publient des livres ; ils exposent ; ils font de la recherche graphique. Et le public redécouvre que la photo est une manière de retenir le temps ou de le ressusciter. Elle lui donne la mesure des choses. Elle favorise l'observation et la réflexion. On s'aperçoit aussi, grâce aux galeries d'exposition, en regardant ces documents fixés sur un mur, à la verticale, que la photographie, que l'on voyait mal, peut être une chose très belle, un objet d'art. On retrouve également les photographies anciennes et l'on s'étonne que la photographie ait été inventée il y a si longtemps déjà.

C'est ainsi qu'elle prend un intérêt nouveau. Certains même commencent à se passionner et vont grossir la famille des collectionneurs. Paris, quelques années après Londres, New York, Cologne et Francfort, connaît ses premières ventes publiques de photographies contemporaines et anciennes. Rappelons-en les dates, puisqu'elles marquent, pour chacune de ces catégories, un point de départ : 27 avril 1977 pour la première, 27 mai 1978 pour la seconde, ces deux ventes s'étant déroulées par l'office de Me Loudmer-Poulain (photos contemporaines ; expert J.-J. Damou) et Me Michel Maignan (photos anciennes ; expert Gérard Lévy).

Contrairement à une idée répandue, le marché de la photographie considérée comme objet de spéculation n'est pas très ancien aux États-Unis, puisque c'est seulement en 1969 que s'est ouverte chez Witkin, à New York, la première galerie photographique. Les grands photographes contemporains, américains principalement, ont d'emblée bénéficié de cotes élevées qui les placent, dans leur catégorie, en tête du marché mondial.

LES THÈMES DE COLLECTION

On peut diviser l'histoire de la photographie en trois grandes périodes : d'abord, la photo ancienne depuis ses origines jusqu'aux environs de 1900 ; ensuite, la photo-

Roger-Viollet

Le daguerréotype marquait un progrès considérable par rapport à l'invention de Nicéphore Niepce. L'image reproduite permettait d'entretenir la mémoire des familles. Mais il s'agissait d'une épreuve unique.

graphie moderne, jusqu'aux années 1940 ; enfin, la photographie actuelle. Le collectionneur n'est pas tenu de respecter ces limites. Mais le domaine est si vaste que des choix sont quand même nécessaires.

À l'intérieur de ces frontières relatives et mouvantes, les genres les plus variés s'offrent aux préférences et à la sagacité des amateurs (portraits, paysages, scènes de genre, événements, académies, etc.), les documents les plus beaux, les plus rares, les signatures les plus prestigieuses emportant la décision.

Rien n'interdit, malgré la hardiesse et le coût de l'entreprise, de s'attaquer à une collection « verticale », qui consiste à tenter de réunir toutes les images photographiques possibles, depuis le daguerréotype — où l'image est fixée sur feuille d'argent — jusqu'au Polaroïd à développement quasi instantané, la boucle étant ainsi bouclée, puisque le Polaroïd, comme son lointain ancêtre le daguerréotype, produit une épreuve unique.

Tout collectionneur sait que le prix d'un objet subit des fluctuations. La photographie n'échappe pas à cette règle. Nombre de facteurs interviennent. On sait, par exemple, que la cote d'une même photo peut varier selon qu'elle est mise en vente à Londres, New York, Francfort ou Paris. Tel autre document, au contraire, se vendra au même prix, quel que soit l'endroit de la vacation. C'est ainsi qu'un « envol de ballons » photographié au siècle dernier est quatre fois plus cher à Londres qu'à Paris, parce qu'il y a des « ballonnistes » dans la capitale anglaise. Mais les daguerréotypes atteignent le même prix de part et d'autre de la Manche. Une photographie peut bénéficier, en vente publique, du duel de deux amateurs acharnés et dépasser, de ce fait, son prix ordinaire.

Certaines catégories de daguerréotypes sont particulièrement recherchées. C'est le cas des vues stéréoscopiques et des « après-décès ». Au XIXe siècle, dans certaines familles, quand se produisait un deuil, on faisait venir le photographe pour prendre une photo du défunt sur son lit de mort. C'était la « photo-souvenir ». Les daguerréotypes « après décès », rares en France, sont courants aux États-Unis. Leur prix est plus élevé que celui des daguerréotypes ordinaires. Très recherchés sont les daguerréotypes de paysages, car ils sont rares. Il est naturel de voir les amateurs de ce type de photos anciennes préférer et payer plus cher les portraits de jeunes et jolies femmes que des portraits d'hommes.

LES GRANDS NOMS DE LA PHOTOGRAPHIE

Il est impossible d'établir la liste complète des grands noms de la photographie dignes de figurer dans une collection de photos anciennes. De toute façon, certaines pièces de musée sont inaccessibles aux amateurs, comme les premières épreuves héliographiques de Nicéphore Niepce (1765-1833), le père de la photographie, réalisées entre 1822 et 1828, puis les daguerréotypes des toutes premières années, qui ne sont jamais passés dans une vente publique.

Les premiers chasseurs d'images

Le premier daguerréotype, signé de Daguerre (1787-1851) porte la date de 1837. C'est une nature morte, qui appartient à la Société française de photographie.

À la même époque, l'Anglais William Henry Fox Talbot (1800-1877) réalisait le calotype, ou talbotype, procédé permettant l'impression de l'image sur papier à partir d'un négatif. La multiplication des épreuves était ainsi rendue possible, alors que le daguerréotype ne permettait que la reproduction d'un positif unique sur un support métallique.

Le procédé de Talbot fut amélioré par le Lillois Louis Désiré Blanquart-Evrard (1802-1872), pionnier de l'imprimerie photographique et historien de la photographie.

Si le portrait et la nature morte sont les sujets de prédilection des premiers photographes, dont beaucoup avaient une formation de peintres, architectes et archéologues se sont servi avec bonheur de l'appareil photographique. Maxime Du Camp (1822-1894) a rapporté d'un voyage au Proche-Orient, fait en compagnie de Flaubert, deux cents précieux calotypes qui permirent, en 1852, l'impression d'un luxueux album de 125 photographies tirées par Blanquart-Evrard. Il coûtait la somme considérable de 500 francs-or, mais fut rapidement épuisé.

C'est à Blanquart-Evrard, également, que l'archéologue John B. Green, jeune Anglais vivant à Paris — et mort à vingt-quatre ans en 1856 —, confia les clichés qu'il avait pris en Égypte. De nombreux négatifs originaux de Green sur papier, en partie inédits, sont en possession du département d'égyptologie du musée du Louvre.

Henri Le Secq (1818-1882) compte parmi les premiers calotypistes français. Ses documents archéologiques révèlent l'architecture de nos cathédrales avant les restaurations de Viollet-le-Duc.

Les portraitistes

Dans la lignée des grands portraitistes, le Français Étienne Carjat (1828-1908) est un peu éclipsé par Nadar, dont nous reparlerons ; Carjat a laissé des portraits de ses amis Baudelaire, Rossini, Gauguin, Verlaine.

Outre-Manche et à la génération précédente, l'Écossais David Octavius Hill (1802-1870), avec le physicien Robert Adamson, avait fait 1 500 portraits photographiques.

Portrait de William Henry Fox Talbot (1800-1877) par Claudet, d'après un daguerréotype (1846). Talbot a été l'inventeur d'un procédé permettant l'impression de l'image sur papier à partir d'un négatif (calotype ou talbotype). Leacock Abbey-National Trust.

USIS

Arrivée d'émigrants italiens dans le port de New York en 1905, par le grand reporter Lewis W. Hine. George Eastman House, Rochester.

Les portraits de Julia Margaret Cameron semblent animés de secrètes pensées.

Archives Magnum

de l'aristocratie d'Édimbourg. Également portraitiste de renommée mondiale, l'Anglaise Julia Margaret Cameron (1815-1879) est célèbre en particulier par sa série de portraits du savant Herschel.

Adam Salomon (1811-1881) a été le portraitiste à la mode de la société du second Empire. Le Suédois Gustav Rejlander (1813-1875) peut être considéré comme l'inventeur du premier nu photographique artistique. C'est à Gustave Le Gray (1820-1882) que la photographie doit la possibilité de voyager : peintre et photographe, Le Gray a inventé le négatif sur papier ciré, invention qui facilita le transport et la conservation des négatifs.

Les débuts du reportage

Parmi les premiers photographes correspondants de guerre, il faut citer les Américains Matthew Brady (1823-1896) et Timothy O'Sullivan (1840-1889), dont les épreuves de la guerre de Sécession s'arrachent à prix d'or. Roger Fenton (1819-1869) avait, avant eux, parcouru les champs de bataille de Crimée sur un chariot à vin dans lequel s'entassait son matériel. James Robertson avait complété ce reportage très statique, l'équipement utilisé par Fenton ne permettant pas de prise de vue sur le vif.

Charles Nègre (1820-1880) s'est appliqué à reproduire sur ses calotypes les rues de Paris. Il a inventé un procédé à l'albumine permettant d'obtenir des positifs sur papier sensible, ce qui favorisait la netteté du détail. Le lot des photographies originales de Charles Nègre se trouve en totalité entre les mains d'un collectionneur et marchand de photographies, qui a eu la chance de retrouver l'atelier de Nègre et de l'acheter. Les photos de Charles Nègre sont donc hors commerce, mais il vient de

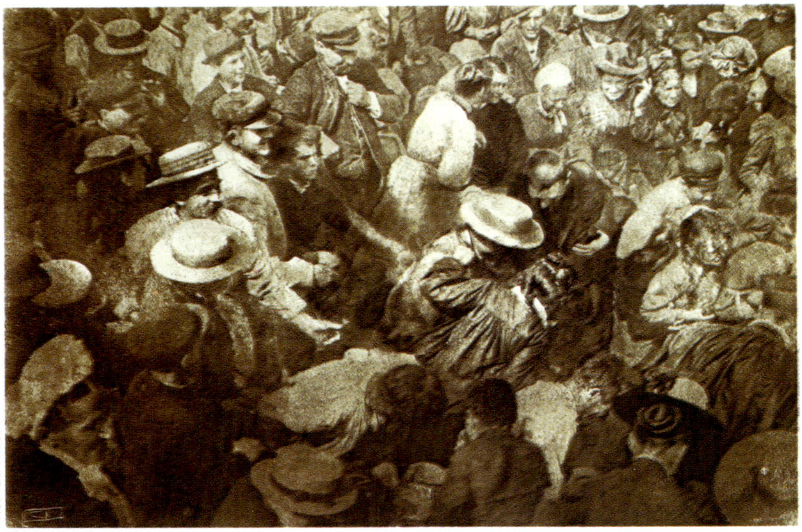

Phot. du Musée

La Foule *(1910), par le photographe français Robert Demachy dont le talent transforme l'instant en mouvement et la photo en œuvre d'art.* The Metropolitan Museum of Art, New York. Alfred Stieglitz Collection.

se créer à Grasse une « Association des amis de Charles Nègre » pour perpétuer son souvenir.

Arnold Genthe (1869-1942) photographia le tremblement de terre et l'incendie de San Francisco en 1906. William Henry Jackson (1843-1942) affronta en 1875 les montagnes Rocheuses avec un appareil 50 × 60. Robert Demachy (1859-1936), banquier de son état, défendit la photographie artistique contre la photo « presse-bouton », aidé par l'officier d'artillerie Puyo (1857-1933).

Ici coulait la Bièvre. Photo prise en 1891 à l'emplacement du boulevard Auguste-Blanqui, par Eugène Atget. Étonnant témoignage sur Paris.

Il faut accorder une mention spéciale aux frères Louis Auguste et Auguste Rosalie Bisson, photographes d'architecture et de montagne. C'est Auguste Bisson qui réalisa en juillet 1861 la première photographie du sommet du mont Blanc après une ascension de trois jours effectuée avec vingt-cinq porteurs transportant son matériel. Les tirages originaux des frères Bisson sont aujourd'hui rarissimes.

Grand photographe à l'époque des premiers tirages sur papier, Adolphe Braun (1811-1877), d'abord dessinateur sur étoffe, s'attaqua lui aussi à la haute montagne avec le lourd matériel qui était alors indispensable.

Le nouveau réalisme

Le marché de la photographie subit les caprices de la mode, lesquels ne sont pas forcément de mauvais aloi. Eugène Atget (1857-1927) en bénéficie actuellement. Sorte de Douanier Rousseau de la photographie, il se situe à la charnière de deux époques et a été porté au pinacle par les Américains, qui voient en lui le père du nouveau réalisme. À travers la vision personnelle d'Eugène Atget revit le Paris d'hier, un Paris disparu, que s'arrachent les amateurs. En 1975, à Cologne, un tirage original d'Atget fut adjugé 4 100 Deutschmark.

Né à Libourne en 1856, Atget était venu tardivement à la photographie, et sa carrière fut discrète. Amoureux du vieux Paris, dont il se fit l'archiviste, se spécialisant dans la photographie des monuments et des sous-bois silencieux, Atget gagnait surtout sa vie en travaillant pour les peintres. Il leur fournissait des portraits de modèles et comptait, parmi ses clients, Man Ray, son voisin de la rue Campagne-Première, à Paris, Dunoyer de Segonzac, Derain.

La majorité du fonds Atget, soit un peu plus de 8 000 plaques, est détenue en France par la Bibliothèque nationale, le musée Carnavalet, les Archives des monuments historiques de la Ville de Paris et quelques rares collectionneurs privés. Le reste de la collection Atget se trouve aux États-Unis, où près de 1 800 plaques et négatifs ont été apportés par une amie du « Père Atget », une élève de Man Ray, la photographe américaine Berenice Abott.

Les amateurs payent donc très cher une photographie

originale d'Eugène Atget. Aussi cher, sinon plus, qu'une épreuve du grand Nadar, qu'il est pourtant loin d'égaler.

Nadar, témoin de son temps

Homme de lettres, journaliste, dessinateur, pionnier de la navigation aérienne, Félix Tournachon, dit Nadar (1820-1910), est surtout connu par les extraordinaires portraits photographiques qu'il a laissés de ses contemporains — portraits d'une rare profondeur psychologique que n'explique pas seulement la haute compétence du parfait technicien qu'était Nadar. Ainsi que l'a fait remarquer Étienne Dennery, administrateur général de la Bibliothèque nationale, c'est justement à ses débuts, à un moment où le photographe ne disposait encore ni de studios perfectionnés ni de nombreux collaborateurs, que Nadar produisit ses œuvres les plus remarquables. Il savait établir avec son modèle une communication confiante. Il créait le climat propice à la photographie, de telle sorte que, face à l'objectif, le sujet non seulement restait naturel, mais tirait une part de sa personnalité profonde.

Parmi les collaborateurs de Nadar, son fils Paul fut l'un des plus importants et dirigea l'atelier familial. Mais les photographies de Paul Nadar, même quand elles sont charmantes et de bonne facture, ne sauraient être confondues par le collectionneur avec une œuvre de son père.

Sarah Bernhardt vue par Nadar. Coll. Sirot.

Portrait de Stieglitz et d'Emmy, par Eugène Frank. Le créateur de la revue Camera Work, *fixé sur plaque autochrome en 1907.* Metropolitan Museum of Art, New York. Alfred Stieglitz Collection.

Phot. du Musée

Lotus, Mount Kisco, New York, *par Edward Steichen, épreuve signée (1915). Vendue 4 500 dollars par Sotheby Parke Bernet, à New York, le 8 mai 1979.*

Amateurs et professionnels

La photographie a compté un certain nombre de non-professionnels, qui ont contribué à donner à cet art ses lettres de noblesse. Citons l'Anglais Charles Dodgson (1832-1898), plus connu sous le nom de Lewis Carroll, auteur d'*Alice au pays des merveilles,* dont la réputation de photographe égale celle du romancier et du mathématicien qu'il fut d'abord. Ses œuvres photographiques provoquent toujours de fortes enchères.

Alfons Mucha (1860-1939), Tchèque établi à Paris, affichiste célèbre de Sarah Bernhardt, s'adonna lui aussi à la photographie, avec moins de science il est vrai que Lewis Carroll. Mucha ne considérait pas ses photographies comme une fin en soi, mais comme un simple moyen qui lui permettait de peindre ses amis et ses modèles à partir des tirages obtenus. Les originaux de Mucha, assez rares, atteignent des prix importants.

Plus près de nous, les documents exceptionnels des grands photographes contemporains, Américains principalement, suscitent la passion des collectionneurs. Citons notamment : Edward Steichen (1879-1973) ; Alfred Stieglitz (1864-1946), le créateur de la fameuse revue *Camera Work,* dont la collection complète (1903-1917) atteint des prix vertigineux ; Edward Weston (1886-1958) ; Dorothea

Le viaduc de Meudon en 1928 : photo-témoignage d'André Kertecz. Des habits à la locomotive, tout reflète l'époque.

André Breton devant l'Énigme de l'oracle *de G. De Chirico, par Man Ray (1921). Le surréalisme donne à la photo une nouvelle dimension artistique.*

Lange (1895-1965) ; Man Ray (1890-1976), enfin, qui, par son originalité, son esprit d'invention, son engagement artistique, tient une place éminente dans cette cohorte, où l'on trouve encore, à des niveaux très élevés, Paul Strand, Ansel Adams, Frédérick Sommer, Harry Callahan.

L'ère des grands reporters

Font également partie du peloton de tête : le Français Jacques Henri Lartigue (né en 1896), qui a accumulé depuis son enfance les témoignages d'une époque insouciante ; l'Allemand August Sander (1876-1964), témoin vigilant et douloureux de l'Allemagne de l'entre-deux-guerres et qui, en 1944, perdit 100 000 de ses négatifs dans un bombardement ; son compatriote Erich Salomon (1896-1944), qui, à la même époque, fixa sur la pellicule les grands moments de la diplomatie mondiale ; Gisèle Freund, qui, dès 1938, utilisa la couleur pour réaliser une galerie de portraits d'hommes et de femmes célèbres.

Terrain d'élection de la photographie moderne, le reportage a ses héros et ses martyrs : Robert Capa, reporter en Espagne, puis en Indochine, où il trouva la mort en 1954 ; Larrys Burrows, Gilles Caron, David Seymour, morts en mission, eux aussi, comme bien d'autres.

Henri Cartier-Bresson et Robert Doisneau, hommes de tempéraments presque opposés, sont probablement les deux plus fortes personnalités du reportage contemporain : le premier va jusqu'au bout de l'événement ; le second s'attarde à regarder les gens et les choses avec tendresse, humour et poésie.

Ce sont des dizaines et des centaines de noms qu'il

Archives Magnum

La photo vous rend familier le visage des grands hommes. De gauche à droite, Max Planck, Ramsay MacDonald, alors Premier ministre de Grande-Bretagne, Albert Einstein et d'autres personnalités à une réception diplomatique à Berlin en 1931, vue par Erich von Salomon (1896-1944).

Archives Magnum

Fleur de dancing, *par Robert Doisneau... où l'instantané éternise l'instant.*

Chine 1938. *Une fresque vivante dont la puissance classe l'auteur Robert Capa au premier rang des grands reporters.*

faudrait ajouter à ceux de Brassaï, Boubat, Marc Riboud, Willy Ronis, Janine Niepce, Lucien Clergues, Cecil Beaton, Ernst Haas, Bill Brandt, Hosoe Eiko, Hamilton, etc., parce que, chaque jour, naissent des vocations et s'affirment de nouveaux talents.

UN ART D'INTERPRÉTATION

L'intervention de la photographie sur le marché de l'art suscite des interrogations. On s'est étonné, par exemple, du vocabulaire utilisé qui assimile la photographie à l'estampe : « épreuve d'artiste », « premier tirage ». Il n'est pourtant pas difficile de retirer une photographie pensent certains. Et d'autres trouvent excessifs les prix demandés pour un simple tirage, que l'on peut reproduire à des centaines, voire à des milliers d'exemplaires.

On sait mal, en vérité, que le négatif n'est que la moitié de la photographie. Le tirage en est l'interprétation. C'est lui qui donnera, en définitive, la véritable image. Or, il y a mille façons d'interpréter un négatif qui, au dire des connaisseurs, peut se comparer à une partition de musique. Dans tous les cas, le tirage reste une technique, mais il s'agit ici d'une technique liée à un art. L'auteur sait mieux que quiconque quelles valeurs, quelles tonalités particulières il entend donner à son sujet. Certes, quelle que soit la qualité du tirage, le contenu documentaire reste le même, mais le traitement de l'épreuve donne à l'image sa magie. Il y a la matière, le grain. Ces tirages-là ne peuvent être confiés à un laboratoire de tirage automatique.

On comprend, dès lors, tout le prix que les amateurs attachent au document original signé et numéroté. Encore qu'une photographie non numérotée puisse être plus rare qu'une épreuve comportant un numéro. Dans ce dernier cas, l'artiste se sera astreint à tirer les 20 ou 25 exemplaires indiqués, alors qu'il pourra n'avoir reproduit tel autre cliché non numéroté qu'à un seul exemplaire.

Alchimie et spéculation

Quand il s'agit d'œuvres anciennes, appartenant à des photographes disparus, la cote la plus haute est atteinte par les « vintages », terme américain désignant les tirages d'époque, faits par le photographe lui-même, à la date où fut prise la photographie.

Ces documents ne sauraient être « refaits ». Mais les reproductions de photographies anciennes (annoncées comme telles) peuvent constituer des œuvres intéressantes et appréciées des amateurs si le retirage est traité avec goût et compétence. Certains passionnés de la photographie s'emploient à reconstituer des papiers de même nature que ceux qui étaient utilisés naguère. C'est là un travail d'alchimiste. On ne saurait trop rendre hommage à la fidélité dont font preuve ces artisans à l'égard des pionniers de la photographie, dont ils perpétuent ainsi l'héritage.

À l'opposé, on ne peut que flétrir le procédé qui consiste à détruire le négatif après un, deux ou cinq tirages, afin de faire monter artificiellement les prix des documents ainsi raréfiés.

Ici, la spéculation se fait l'ennemie de la photographie en tuant la source même de l'image. L'on ne saurait invoquer, en guise de justification, la destruction des plaques de cuivre opérée par les graveurs après le tirage d'un certain nombre d'épreuves. Si ce qu'on appelle le « goulage » se justifie dans un cas, parce que les plaques de cuivre se détériorent au bout d'un certain nombre de passages, il n'en va pas de même des négatifs.

L'usure du négatif, quand elle se produit, est un phénomène peu fréquent, qui n'intervient qu'au terme d'une longue durée.

La fin des albums

Depuis plusieurs années, le papier photographique traditionnel, baryté et à base de fibres de bois, est remplacé par un support en polyéthylène appelé papier RC *(resin coated)* ou, plus couramment, papier plastifié. Les professionnels ont émis les plus expresses réserves quant à la conservation de ce nouveau support. Des expériences de vieillissement accéléré font prévoir une durée maximale de quinze ans. Autant dire que, avec ce support, il n'est plus d'archivage possible. C'est la fin des « albums de famille ».

Archives Magnum

Archives Magnum

Deux visions insolites : le peintre Giacometti regagne son atelier sous la pluie, par Henri Cartier-Bresson, et le professeur Oppenheimer explique les lois de la gravitation..., saisi au vol par Philippe Halsman.

Pourtant, un photographe professionnel qui vend une œuvre à un collectionneur ou à un musée doit certifier que lavage et fixage sont conformes aux techniques éprouvées et que le tirage se conservera. Il ne peut donc utiliser ce nouveau papier plastifié et doit rechercher un support plus rare, donc plus cher.

En réponse à ces objections, les fabricants font valoir les avantages du nouveau procédé : meilleure stabilité dimensionnelle, raccourcissement sensible du temps de lavage (5 minutes au lieu de 30), suppression du glaçage et accélération du séchage. Quant à la qualité et à la durabilité des photographies tirées sur papier RC, les fabricants estiment qu'elles sont plus liées aux conditions de traitement et d'archivage qu'au support lui-même.

FAUX, RETIRAGES, CONTRETYPES

Le faux existe-t-il en photographie ? Des collectionneurs peuvent-ils être victimes de faussaires ?

Le faux existe, c'est un fait. On peut fabriquer des daguerréotypes comme on en faisait il y a plus d'un siècle. Une exposition de daguerréotypes modernes s'est d'ailleurs tenue au musée photographique de Rochester. Certains d'entre eux auraient fort bien pu passer pour des daguerréotypes anciens. Si, dans certains cas, la méprise n'est pas possible, par exemple lorsque le daguerréotype représente l'Empire State Building, il n'en va pas de même lorsqu'il s'agit d'une nature morte. En ce qui concerne le nu féminin, la morphologie ayant beaucoup changé depuis un siècle, un faux daguerréotype ne saurait tromper un œil exercé.

En réalité, la fabrication de faux daguerréotypes anciens présente peu d'intérêt pour le faussaire éventuel. En revanche, on peut se trouver devant des tirages postérieurs présentés comme des originaux, ou bien devant des contretypes.

En ce qui concerne les retirages, le phénomène est beaucoup moins courant dans la photo ancienne que dans la photographie contemporaine.

Comment déjouer la supercherie ? D'abord par le flair, qui ne vient qu'après une longue pratique : « On ne décèle bien un faux, nous disait un expert, qu'après s'être fait prendre une fois. » C'est la meilleure leçon et le meilleur apprentissage. Une bonne connaissance du sujet met aussi l'amateur à l'abri des surprises désagréables. Il a tout intérêt à étudier l'histoire de la photographie et à se familiariser le plus possible avec les grandes œuvres. Il ne doit pas craindre, non plus, de consulter un expert, qui se fera un plaisir de le conseiller.

LES APPAREILS PHOTOGRAPHIQUES ANCIENS

Le matériel photographique ancien recèle des trésors. Des centaines de millions d'appareils ont été mis sur le marché depuis que la photo existe en France. On comprend que ces boîtes magiques aient suscité des passions de collectionneurs. Cent cinquante années d'histoire offrent un vaste champ d'investigation et de quoi alimenter l'insatiable appétit des bricoleurs d'objectifs et autres chercheurs de curiosités.

Rappelons que c'est en 1822, à Saint-Loup-de-Varenne, près de Chalon-sur-Saône, que Nicéphore Niepce (1765-1833) parvint, le premier, à réaliser à l'aide d'une chambre noire une image photographique durable.

À la différence de ce qui se passe aux États-Unis ou en Allemagne, aucun club, pour le moment, ne rassemble chez nous les collectionneurs d'appareils anciens. Les amateurs semblent assez jaloux de leurs secrets. Cependant, c'est en très grand nombre qu'ils se retrouvent, chaque année, le premier dimanche de juin, à Bièvres (Essonne), où se tient la foire au matériel photographique d'occasion, organisée par le Musée français de la photographie. De bonne heure le matin, de nombreux marchands et collectionneurs, venus de toute la France et de l'étranger, vendent et échangent une imposante quantité de matériel ancien. Il va sans dire que c'est très tôt que se traitent les meilleures affaires.

Les sanctuaires de la photo

La foire de Bièvres n'est pas le seul endroit où les collectionneurs peuvent « chiner ». En dehors des « puces » traditionnelles, des foires à la brocante, où rares sont les occasions miraculeuses, c'est chez les spécialistes, compétents et peu nombreux, que les amateurs ont le plus de chance de trouver de la bonne marchandise de collection.

Si l'on veut avoir une vision historique de la photographie, la visite de quelques sanctuaires s'impose. Par exemple celle du Musée français de la photographie, qui, après avoir végété dans des locaux exigus, présente maintenant sur trois étages, à Bièvres, une collection de huit mille pièces réunies par des amateurs acharnés.

On trouvera aussi un bel échantillonnage d'appareils anciens, remontant aux origines de la photographie, au musée Nicéphore-Niepce de Chalon-sur-Saône.

La collection du Conservatoire national des arts et métiers, à Paris, mérite également un déplacement.

La Société française de photographie est riche, elle aussi, en matériel, mais principalement en documents. Sa collection n'est accessible qu'à ses membres.

Citons encore le musée Kodak, à Vincennes, qui possède des pièces inestimables, auxquelles le grand public ne peut avoir accès, sauf dérogation spéciale. On peut voir dans ce musée, classés chronologiquement, tous les appareils Kodak, ainsi que la collection Daguerre avec le matériel utilisé pour faire des daguerréotypes.

Ces collections, si intéressantes soient-elles, ne peuvent prétendre à la richesse du musée Kodak de Rochester (États-Unis), le premier du monde par son importance.

Collections en tout genre

Comme toutes les collections, celle des appareils anciens offre des possibilités variées. On collectionne les chambres, les objectifs, les appareils stéréoscopiques, miniatures, insolites, etc. Les marques peuvent également faire l'objet de collections spéciales. On peut aussi s'en tenir aux débuts de la photographie. Quand on n'a pas d'idées préconçues, on ramasse tout. Plus tard, on sélectionne.

Il existe beaucoup de collectionneurs de « Leica ». C'est à la foire de Leipzig, au printemps de 1925, que les premiers appareils de cette marque firent leur apparition. La publicité « Leica » fut essentiellement basée sur l'utilisation du film cinéma 35 mm et sur la maniabilité du boîtier. Or, avant « Leica », quantité d'appareils dont on ne parle pas ont utilisé le film 35 mm. À l'attrait que la collection « Leica » peut présenter pour un amateur s'ajoute un intérêt historique du fait que, pendant la Seconde Guerre mondiale, des appareils de cette marque furent utilisés par la Luftwaffe, la Kriegsmarine et la Wehrmacht.

La cote des appareils anciens subit la loi de l'offre et de la demande. Mais, au sommet, on trouve les pièces les plus rares, dont les prix découragent les collectionneurs. Par exemple, le « Sutton Panoramic » fut adjugé 25 360 dollars chez Christie's, à Londres, en avril 1974. Fabriqué en 1858 par Ross and Co., à Londres, cet appareil était utilisé avec des plaques incurvées de 12 × 25 cm et comportait un objectif angulaire de 120 degrés.

C'est à une cote équivalente que pouvait prétendre, à la même époque, le « Photo-Revolver » Enjalbert, dont cinq exemplaires seulement sont connus. On ne voit pratiquement jamais cette pièce dans les ventes publiques. Fabriqué en 1882, le « Photo-Revolver » Enjalbert a très exactement la forme d'un revolver à barillet. Il a été conçu pour 10 vues de 16 × 16 mm sur plaque. La rotation du barillet commande le changement de plaque et, simultanément, arrête l'obturateur. Cet appareil, à la différence des « appareils-espions », ne pouvait passer inaperçu, mais il permettait des prises de vue rapides et précises.

Des cotes fluctuantes

Tel type d'appareil peut bénéficier, un certain temps, d'une cote élevée et voir son prix s'infléchir quand, soudain, l'offre devient supérieure à la demande et qu'il y a saturation du marché. Cela peut arriver lorsqu'on a affaire à des appareils produits en grand nombre, comme les « photosphères ». Il s'agit d'appareils ingénieux, solides, de format 9 × 12, fabriqués pour être utilisés dans les pays chauds. Ils furent lancés en 1888 par la Compagnie française photographique.

Le même phénomène s'est produit avec les « montres-photographiques ». Rien ne dit, cependant, que ce matériel ne suscitera pas, demain, un regain de faveur.

Brigitte Bardot vue par Walter Carone reporter photographe des années 60. Adjugée 10 000 F à la vente Ader-Picard-Tajan du 17 juin 1987.

La rareté de certains appareils, des prototypes, assure à ceux-ci une surcote et une valeur relativement stable. Mais on rencontre également sur le marché des objets fabriqués jadis en grande série, à des millions d'exemplaires, comme le « Vest-Pocket » des soldats de la Première Guerre mondiale, qui, tout en restant des modèles courants, ont maintenant une valeur certaine de collection.

Il en va de même du « Franceville », un petit appareil en carton bouilli, d'une extrême simplicité, fabriqué à Paris en 1908. Constitué d'un minuscule boîtier pour plaques de 4 × 4 cm, il possédait un obturateur coulissant et se vendait 1 F (l'affranchissement d'une carte postale coûtait alors 10 centimes). Le « Franceville » était un appareil que l'on ne faisait pas réparer, mais dont on se débarrassait quand il ne fonctionnait plus. Soixande-dix ans plus tard, ce petit appareil vaut mille fois son prix d'origine.

On retiendra que les appareils les plus rares, donc les plus recherchés, ne sont pas forcément les plus sophistiqués.

Lexique de la photographie ancienne

albuminotypie, *copie sur papier à noircissement direct. Les albuminotypes, très riches en détails, se reconnaissent à leur couleur brune ou brun-violet.*

calotype, *procédé photographique découvert par Talbot en 1841 et par lequel on obtient un négatif sur papier. Le calotype est caractérisé par des effets picturaux comportant des zones claires et obscures, qui nuisent à la netteté du détail.*

collodion, *solution de nitrate de cellulose dans de nombreux procédés, soit sous forme humide, soit sous forme sèche.*

daguerréotype, *imaginé par Niepce et Daguerre, c'est le plus ancien procédé photographique. Il fut, de 1839 à 1849, la forme la plus populaire de la photographie.*

stéréoscopie, *image en relief obtenue par des appareils de prise de vue à deux objectifs.*

CARTES POSTALES

Longtemps dédaignée, la carte postale ancienne connaît un regain de faveur. Radio, télévision, presse écrite commentent ce phénomène avec une curiosité mêlée de considération. Il est vrai que le marché de la carte postale ancienne, qui n'était encore, il y a quelques années, qu'un négoce extrêmement marginal, a acquis une réputation internationale. L'Hôtel des ventes de Paris lui a ouvert ses portes, imité en cela par la province. Les enchères atteignent des prix appréciables, quelquefois même stupéfiants. Le Salon international de la carte postale, qui, depuis 1975, se tient deux fois par an à l'hôtel George-V, ajoute encore à sa notoriété. Les amateurs se disputent âprement les pièces rares.

Mais la carte postale ancienne n'intéresse pas seulement les collectionneurs et les marchands. La Bibliothèque nationale lui a consacré une exposition. Elle fait l'objet de thèses universitaires, d'ouvrages et d'études variés. Le musée des Arts et Traditions populaires est fier de posséder un fonds de 100 000 documents répertoriés et classés, que les chercheurs, les étudiants viennent con-

Roger-Viollet

Le marchand de cartes postales a fait son apparition sur le boulevard à la fin du siècle dernier... ainsi que les « cartophiles » qui, déjà, rangent leurs trouvailles dans des boîtes à chaussures (à gauche sur la photo).

sulter pour leur intérêt esthétique ou ethnographique. À Chalon-sur-Saône, berceau de la photographie, le musée Nicéphore-Niepce, où s'est tenu le premier colloque national sur la carte postale, se réclame de sa vocation naturelle et d'une collection d'un million de clichés pour revendiquer l'honneur de devenir le musée de la carte postale. Des expositions, petites ou grandes, lui sont ainsi consacrées un peu partout en France.

Naturellement, les points de vente se sont multipliés. À Paris, en quelques années, le nombre des marchands spécialisés a quintuplé. Les amateurs trouvent également des cartes postales anciennes chez les brocanteurs, et nombreux sont les bouquinistes qui, sur les quais de la Seine et ailleurs, proposent en vrac aux chineurs, dans des boîtes à chaussures, les fascinants petits rectangles. Certains marchands de timbres de collection ou de monnaies anciennes ne dédaignent pas d'avoir eux aussi un rayon de cartes postales.

Il faut répondre à la demande, et celle-ci ne cesse d'augmenter. Les collections comprenant plus de 100 000 cartes ne sont pas exceptionnelles. Et le nombre des collectionneurs est évalué à plus de 30 000.

LES ORIGINES DE LA CARTE POSTALE

Les origines lointaines et quasi archéologiques de la carte postale ne sont pas contestées. Il existe en revanche une controverse en ce qui concerne ses débuts contemporains. Le débat porte surtout sur la question de savoir s'il convient d'accorder quelque crédit à la « légende Besnardeau », ce libraire installé à Sillé-le-Guillaume, dans la Sarthe, qui, lors de la guerre de 1870, aurait eu l'honneur d'éditer la première carte postale illustrée française.

C'est aux Chinois, paraît-il, que l'on doit la mise en circulation, au début du Xᵉ siècle, des premières cartes de vœux illustrées. Sautons plusieurs siècles et enjambons les continents pour nous retrouver, Louis XIII régnant, dans le royaume de France. Il était d'usage, à cette époque, de se servir de cartes à jouer comme de cartes de visite. Par la suite, ces cartes se couvrirent de dessins, et l'on prit l'habitude de se les adresser entre amis pour se souhaiter la bonne année. Au commencement du XVIIIᵉ siècle, l'industrie et l'emploi des cartes illustrées connurent une relative progression, mais cela ne concernait qu'un nombre restreint de privilégiés. Il faut attendre la seconde moitié du XIXᵉ siècle pour que s'ouvre l'ère de la carte postale.

À Bâle, en 1855, l'on reproduit et l'on met en vente une gravure sur bois due à Fenner Matter. Cinq ans plus tard, le lithographe allemand Liesler tire et répand des vues de Berlin. En 1868, une carte à vues multiples de Berlin circule dans la capitale prussienne. Mais rien d'officiel ni de codifié n'existe encore. Au congrès postal de Karlsruhe, qui se tient en 1865, le conseiller Stephan, secrétaire d'État aux Postes allemandes, propose l'emploi de cartes postales officielles. Il n'est pas approuvé, mais l'idée est retenue par le docteur Emmanuel Hermann, qui la fait adopter par M. de Marly, directeur des Postes de l'Empire austro-hongrois. Le 1ᵉʳ octobre 1869, la première carte postale officielle imprimée est diffusée en Autriche. Cet exemple est suivi, un an plus tard, par la Grande-Bretagne. Les Anglais vont vite en besogne puisque, dès 1870, il se vend en Angleterre 2 millions de cartes postales par semaine. Ces cartes sont mises à la disposition du public par les « Contributions intérieures », et les recettes qu'elles procurent aident à combler le déficit du budget de Sa Gracieuse Majesté.

Les premières cartes postales françaises

En France, il faut attendre l'année 1872 pour qu'un décret autorise l'impression et la circulation de cartes postales officielles. Il existe cependant des cartes antérieures à cette date. En septembre 1870, dans Strasbourg cernée par l'armée prussienne, une carte postale estampillée de l'emblème de la Croix-Rouge avait été mise en circulation par les soins de la Société de secours aux blessés. Le général Weider, commandant le corps d'armée assiégeant, avait donné son accord pour que cette carte pût franchir la ligne de front, permettant ainsi un contact humanitaire entre la ville assiégée et l'extérieur.

Signalons encore, du côté français, la carte postale par « ballon monté », frappée aux armes de la République et introduite par un décret du 26 septembre 1870. L'on peut aussi, pour mémoire — bien qu'il ne s'agisse pas de cartes postales, et encore moins de cartes postales illustrées —, évoquer ces héroïques dépêches-réponses, autorisées par un décret du 10 novembre 1870, pour permettre une correspondance privée, mais codée et extrêmement lapidaire, entre Paris encerclé et la province.

D'un usage compliqué, aléatoire et problématique, ces dépêches-réponses expédiées par ballons se vendirent en quantités limitées, et beaucoup d'entre elles se perdirent. Mais, si ces dépêches échappent à la cotation cartophile, elles n'en constituent pas moins des pièces de valeur puisque le timbre de 5 centimes « Empire français », qui les affranchissait obligatoirement, atteint la cote philatélique de 1 500 F.

Il nous faut reparler maintenant de Léon Besnardeau. En 1902, le 6 septembre, soit plus de trente ans après l'événement, un article du *Petit Journal* relata les circonstances qui auraient conduit M. Besnardeau, libraire à Sillé-le-Guillaume, à « inventer » la carte postale illustrée au cours de la guerre de 1870. À proximité de Sillé-le-Guillaume se trouvait le camp militaire de Conlie, où s'ennuyaient 40 000 soldats destinés à former l'armée de Bretagne. Besnardeau, en commerçant avisé et patriote, aurait conçu l'idée de mettre à la disposition de cette troupe désœuvrée des cartons rectangulaires de 66 × 98 millimètres, à expédier sans enveloppe. Au recto, portant l'adresse, étaient imprimés des faisceaux d'armes, des allégories patriotiques et les armes de la Bretagne ; sur une banderole, une inscription rappelait l'origine de la carte. Le verso était réservé à la correspondance.

Le succès de cette première carte aurait été tel qu'au

Reproduction, au début du siècle, de la carte postale de Léon Besnardeau dont les cartophiles français firent à l'époque l'« inventeur » de la carte postale.
Coll. S. Zeyons.

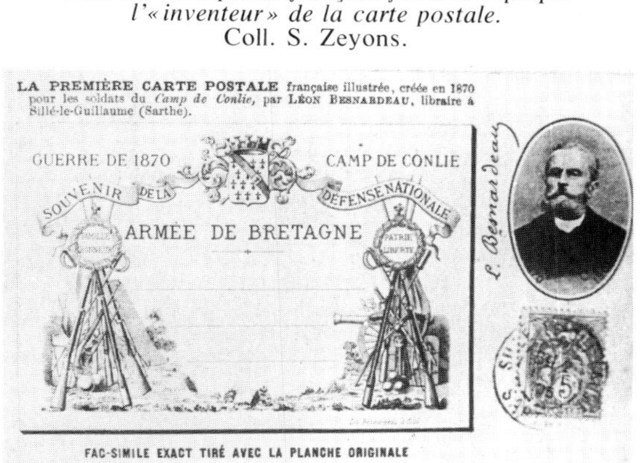

Larousse

Larousse

Affiche de J. Atché, créée en 1897 et, le succès aidant, reproduite en carte postale dans la « Collection Job ». Les cartes postales publicitaires sont toujours très recherchées, car elles constituent des thèmes de collection et des témoignages comme celles de Job ou du « Palais de l'Optique », le Sagittaire (série du Zodiaque), créée pour l'Exposition universelle de 1900. Coll. P. et I. Boubet.

début de 1871 Besnardeau en aurait fait imprimer une seconde, destinée, celle-là, à l'ensemble de l'armée et portant un cartouche en blanc dans lequel — sans souci de la censure — l'expéditeur aurait indiqué son arme et le numéro de son régiment. C'est à l'imprimerie Oberthur, de Rennes, que Léon Besnardeau aurait confié ce travail, mais on n'a jamais retrouvé trace, chez Oberthur, des commandes passées par le libraire de Sillé-le-Guillaume.

Quand parut l'article du *Petit Journal,* ce fut, chez les cartophiles de l'époque, une explosion de joie. Enfin la France avait son inventeur de la carte postale illustrée. Le club cartophile belge « le Libre Échange » offrit à Besnardeau un album d'honneur signé d'artistes en renom. Un autre club lui remit un groupe en bronze représentant une Victoire ailée brandissant un drapeau au-dessus d'un soldat. On imprima des cartes postales à son effigie, sa photographie fut répandue partout et son histoire contée dans toutes les langues.

On s'inquiéta peu de savoir pourquoi, pendant trente ans, M. Besnardeau s'était montré si discret, et personne n'eut l'idée de lui demander pourquoi, après la guerre, il n'avait pas fait fructifier son invention en poursuivant son ingénieux commerce. Mais il importait peut-être, avant tout, que la carte postale eût pour inventeur quelqu'un portant un nom « bien de chez nous ». Nous avons eu en main l'une de ces fameuses cartes. Elle ne comporte pas de correspondance mais le nom manuscrit d'un sous-officier, comme s'il s'agissait d'une sorte de carte de visite ou de carte-souvenir non postale du camp militaire de Conlie. C'est l'hypothèse que nous retenons.

C'est en 1875 qu'est promulgué le décret autorisant, cette fois, l'industrie privée à éditer des cartes postales en respectant les règles de l'Administration. Ce décret ne déclenche pas du jour au lendemain l'essor de la carte postale. Les procédés de reproduction utilisés alors — pointe sèche, burin, lithographie — ne permettent pas des impressions rapides ni en très grand nombre. La carte postale, encore assez chère, reste ignorée du grand public.

La carte postale publicitaire est une des premières à faire son apparition. L'initiative, dans ce domaine, revient peut-être au magasin la Belle Jardinière, avec une carte datant de 1873. La Méthode sténographique Duployé est également l'une des premières firmes à utiliser la carte postale illustrée comme support publicitaire ; elle devait susciter de nombreux imitateurs, tant en France qu'à l'étranger — en Allemagne surtout, où la carte postale connaît un développement plus précoce et plus rapide que chez nous.

Ce n'est qu'en 1880 que le dépôt légal obligatoire entre en vigueur en France et que la Bibliothèque nationale commence à archiver les cartes postales. Mais elle ne possède que le dixième, peut-être même que le vingtième de toutes les cartes postales éditées en France.

Tous les collectionneurs français s'accordent à reconnaître que l'Exposition universelle de 1889 constitue le véritable lancement de la carte postale illustrée. C'est de la tour Eiffel qu'elle prit son envol, grâce à la carte dessinée par Léon Charles Libonis, sculpteur et dessinateur français (1841-1901). L'impression de cette carte postale fut une des attractions de la tour. Une imprimerie provisoire avait été installée au premier étage, et les cartes étaient imprimées sous les yeux des visiteurs et expédiées avec une oblitération spéciale par un bureau de poste fonctionnant à proximité. Émises à partir d'août 1889, ces cartes furent vendues à quelque 300 000 exemplaires ; il en resterait encore environ 5 000.

On en connaît plusieurs modèles. Deux cartes représentent la tour Eiffel en pied, dessinée sur la partie gauche du rectangle. Une autre montre la tour à mi-étage. Une quatrième est une vue des ascenseurs, et la cinquième est une vue plongeante sur l'Exposition. Les Libonis en bon état atteignent des cotes élevées (en 1980, elles se situaient entre 500 et 1 000 F).

Aucune des cartes qui ont suivi n'a égalé la célébrité de la Libonis. Mais il serait injuste de ne pas citer celles qui furent éditées en 1894 à l'occasion de la Foire internationale de Lyon. À Marseille, à la même époque, apparaissent des « cartes-souvenirs » composites, montrant des dessins et des photographies de la ville ; on en trouve portant les cachets postaux des années 1891 et suivantes. En Allemagne et en Autriche, ce sont les cartes dessinées, dites « Gruss-aus » (souvenir de...), qui remportent un vif succès. Il en existe de nombreuses versions, imprimées entre 1882 et 1900.

La carte postale photographique

La photographie, invention déjà ancienne, arrive tardivement au secours de la carte postale, mais elle va s'implanter partout en France, et c'est notre territoire qui sera bientôt le plus complètement illustré par ces cartes postales photographiques. Les principales villes de France sont, les unes après les autres, mises en cartes postales : en premier, Marseille, Mulhouse, Strasbourg, Paris ; ensuite, les agglomérations moins importantes, puis les petites villes. On s'attache le plus souvent à reproduire des vues générales, d'un intérêt restreint ; mais ces cartes valent surtout par leur ancienneté et par l'affranchissement qui en fait foi.

C'est en 1900 que la carte postale illustrée entre dans son âge d'or. Elle le doit beaucoup au développement de la poste, mais plus encore à l'invention de la phototypie. A partir de cette technique de reproduction qui permet d'imprimer des images d'un réalisme fidèle, la carte postale devient un témoignage d'une incontestable véracité. C'est ce qui fait son succès. La phototypie lui apporte la rapidité d'impression en même temps que le « fini ».

La technique de la phototypie, basée sur les réactions de la gélatine bichromée exposée à la lumière, l'emporte sur les autres procédés. Moins coûteuse que les compositions sujettes à l'interprétation de l'artiste qui les grave sur cuivre, pierre ou bois, ou que les clichés au trait, la phototypie permet la reproduction objective d'une photographie et son impression à un grand nombre d'exemplaires, avec toutes ses valeurs d'ombre et de lumière.

La diffusion de la carte postale illustrée est donc, en ce début de siècle, à mettre au compte de la phototypie. Mais on ne saurait oublier le rôle que certains passionnés ont joué en faveur de la carte postale de qualité. Émile Strauss fut de ceux-là. Écrivain, essayiste et critique d'art, il était le neveu du professeur Germain Sée, du parlementaire Camille Sée et d'Arthur Meyer, directeur du *Gaulois.* Dans sa revue *la Carte postale illustrée,* fondée en 1899, il fit campagne pour une carte postale susceptible de supporter esthétiquement la concurrence étrangère. Son appel fut entendu des éditeurs et des imprimeurs.

Valeur documentaire de la carte postale

Si le succès de la carte postale tient d'abord au procédé souple et bon marché qui permet sa diffusion massive, il est dû aussi à la nature même de ce petit morceau de carton porteur d'un double message. En premier lieu, celui de l'expéditeur au destinataire ; la carte postale est un moyen de communication, c'est sa raison d'être. Affranchie des contraintes de la lettre, à une époque où le téléphone est encore d'un usage restreint, elle permet un contact aisé, rapide. Un salut, une signature (les premières cartes laissent peu de place à la correspondance, parfois aucune), et la petite carte a rempli son office.

Mais il y a quelque chose de plus : l'image transmise par le dessin et la photographie, l'image que vont chercher partout d'inlassables photographes porteurs de lourds appareils. Qui plus est, alors que le cinéma en est encore à ses débuts, que l'illustration est peu répandue dans la presse, que la radio et la télévision sont encore à naître, l'image que diffuse la carte postale se veut documentaire.

De ce fait, la carte postale illustrée est un moyen d'information. L'événement, qu'il soit de caractère local, national ou même international, trouve un écho dans la carte postale. C'est ainsi que 4 000 cartes racontent l'Affaire Dreyfus ; d'autres ont pour sujet la guerre du Transvaal, la chasse aux « pirates » en Indochine ou aux « rebelles » du Maroc. D'autres encore commentent les méfaits de la « bande à Bonnot » ou le drame de l'affaire Caillaux. Les grèves, celles de Paris et des grandes villes, celles aussi des bourgades de province, font l'objet de « reportages » illustrés.

Les thèmes quotidiens, quels qu'ils soient, trouvent place dans les cartes postales : le folklore, la mode, les petits métiers, le travail. On y découvre aussi les personnages pittoresques des villages et l'animation des rues. On suit, grâce à elles, les étapes de la conquête du ciel avec les dirigeables, les aérostats et les premiers aéroplanes, ainsi que la chronique du rail avec les locomotives

Larousse

Les voitures à chien excitent la convoitise des collectionneurs : ici la « Poste en campagne », Vienne-en-Val, Loiret. Coll. P. et I. Boubet.

Larousse

Les cartes postales relatant des manifestations populaires ont leurs fervents : celle-ci représente les délégations ouvrières du département du Cher à la manifestation contre la guerre à Bourges, en 1912. Coll. P. et I. Boubet.

« Casque d'or, la célèbre gigolette » a toujours ses admirateurs. Autre vedette de l'actualité : Bonnot et sa bande. Cette carte est intitulée « Fin d'une terreur. La tragédie de Choisy-le-Roi. Les Agents descendent Bonnot en piteux état » (1912). Coll. P. et I. Boubet.

Larousse

Larousse

Un des plus spectaculaires accidents de chemin de fer. Le 21 octobre 1895, une locomotive a crevé la verrière de la gare Montparnasse. Cela valait bien une carte postale... et quelques « bons baisers ». Coll. part.

à vapeur, et celle de la route avec les rallyes et les courses automobiles. Tous les types de navires figurent sur les cartes postales. Les cures thermales, les bains de mer, prétextes à montrer d'affolants maillots dérobant aux regards le plus de chair possible, font le bonheur des éditeurs. Les faits divers, les accidents, les catastrophes alimentent également cette extraordinaire « gazette pour tous » qu'est la carte postale illustrée.

Il faut vingt-quatre heures pour « sortir » une carte postale et, dans les meetings d'aviation, on vend les cartes-vues photographiques de la veille. Quelquefois, les vues sont truquées, et l'on devine aisément que l'avion a été surajouté dans le ciel. Il arrive même à l'éditeur de devancer l'événement pour être le premier sur le marché : la carte postale est alors fabriquée à l'avance, comme ce fut le cas en 1919, lorsque Georges Clemenceau présenta sa candidature à la présidence de la République. Une carte postale, imprimée prématurément, le représente portant les attributs de grand chancelier de la Légion d'honneur, avec une légende sans ambiguïté : « Georges Clemenceau, président de la République, élu le 17 janvier 1920. » Mais le Tigre ne fut pas élu, et toutes ces cartes postales, ou presque, furent mises au pilon.

La carte « Clemenceau, président de la République » ne constitue pas un faux à proprement parler, puisqu'elle ne fut pas mise en circulation. Mais bien d'autres ont donné lieu à des supercheries, à des trucages, à des falsifications. On peut dresser la liste des cartes ayant été ainsi manipulées pour les besoins de la propagande. Tous les records, de ce point de vue, ont été battus durant la Première Guerre mondiale. Mais l'usage de faire « parler » les cartes postales d'une certaine manière est antérieur au conflit. Il existe, par exemple, une carte postale montrant l'exécution des généraux Clément Thomas et Jules Lecomte, le 18 mars 1871 (premier jour de la Commune de Paris), au nº 6 de la rue des Rosiers à Montmartre. Or, Clément Thomas et Lecomte n'ont pas été fusillés ensemble : le premier le fut par les gardes nationaux ; le second, par ses propres soldats, qui s'étaient mutinés. Ces péripéties n'enlèvent pas à la carte postale, dans l'ensemble, son incontestable valeur documentaire.

L'on fabrique aussi des cartes-pétitions, destinées à porter jusqu'au gouvernement les protestations ou les revendications populaires. En 1903, on inventa la carte postale-journal, qui, moyennant 10 centimes, apportait à domicile un résumé des nouvelles les plus importantes et une gravure illustrant le fait saillant de la journée. La carte postale-journal eut une vie éphémère : un mois, pas davantage.

Ajoutons à toutes ces cartes-témoignages les innombrables cartes de fantaisie. La mièvrerie, le mauvais goût, l'imagination la plus délirante s'y donnent libre cours à côté de compositions d'une grande finesse artistique.

Le carton n'est pas le seul support utilisé. L'on a recours au bois, au cuir, au métal léger, décorés, à l'occasion, de plumes d'oiseaux, de rubans, de cheveux — accessoires que l'Administration des postes devait interdire en raison des poussières nocives qu'ils dégagent.

Variations sur le thème

On inventa également la carte postale parlante, la « phonocarte », avec un disque miniature. Toutes sortes de cartes à système virent le jour. Les Suisses imaginèrent la carte postale-assurance : vendue 20 centimes, elle couvrait de tous risques son destinataire pour une durée d'un mois ; en cas de décès, la famille du bénéficiaire touchait la somme de 10 000 F ; le cachet de la poste indiquait la date d'entrée en vigueur du contrat.

Par ailleurs, il était impossible que la carte postale ne devînt pas le véhicule de plaisanteries dites « populaires » et de gauloiseries qui, auprès d'un certain public, font toujours recette. Fort heureusement, de vigilants censeurs veillaient aux portes de la vertu. En 1904, le sénateur Bérenger fit prendre un décret ordonnant la suppression de toute pilosité sur les modèles anatomiques ; il créa la Société générale de protection contre la licence des rues et poursuivit de sa férule les éditeurs de cartes postales coupables, selon lui, de diffuser des images contraires à la bienséance. En 1910, quatorze éditeurs ou revendeurs parisiens eurent à répondre en justice d'outrages aux bonnes mœurs.

Illustrateurs et publicitaires

Mais la carte postale ne serait pas ce qu'elle est si les illustrateurs de la Belle Époque ne l'avaient marquée de leur griffe. Ils furent nombreux, et non des moindres,

Deux cartes postales de Steinlen dans deux genres différents : le bal en plein air et « à la Roquette », illustration d'une chanson d'Aristide Bruant, pour son cabaret à Montmartre. Coll. P. et I. Boubet.

Larousse

à dessiner pour la carte postale, et celle-ci est le reflet des différents styles qui se sont succédé depuis 1895, avec, en vedette, des noms célèbres, comme ceux de Mucha, Jacques Villon, Caran d'Ache, Maurice Denis, Benjamin Rabier, Toulouse-Lautrec, Jules Chéret, Vallotton, Steinlen, Hansi, Poulbot.

Derrière ces artistes connus, qui ne sont pas nécessairement les plus prolifiques, se pressent plusieurs milliers de dessinateurs, et la cote de certains dit assez la faveur dont ils jouissent auprès des collectionneurs : Raphaël Kirchner, Orens, Sager, Arpad Basch, Gisbert Combaz, Henri Boutet, de Feure, Henry Meunier, Gaston Noury, Cappiello, Mille, Robida, Laskoff, Mela Kohler, Kupka, E. Döcker, etc.

C'est dans le style Art nouveau que les illustrateurs se manifestent principalement, leur chef de file restant l'artiste tchèque Alphonse Mucha (1860-1939), qui, établi à Paris, fut l'un des promoteurs du Modern Style. Les cartes postales de Mucha, bien qu'elles aient figuré en tête du classement longtemps avant que les séries « illustrateurs » atteignent la renommée que nous leur connaissons aujourd'hui, ne détiennent plus la palme. Mais Mucha constitue une valeur stable. Il bénéficie d'un grand renom

Larousse

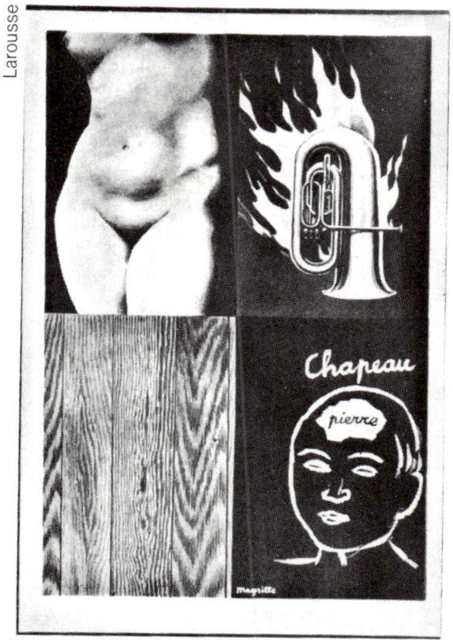

« La solution du rébus », une énigme surréaliste de René Magritte. Coll. P. et I. Boubet.

Les grands illustrateurs soutiennent, de leur talent, les cotes les plus élevées. À gauche, *les spécialistes reconnaissent le graphisme de De Feure.* À droite, *cette jeune fille en fleur est signée Mucha.* Coll. P. et I. Boubet.

Larousse

Toujours les grands illustrateurs : deux fantaisies représentatives de l'Art nouveau, par Raphaël Kirchner, une signature très recherchée des « cartophiles ».

et d'une cote internationale en tant qu'affichiste, illustrateur, décorateur. On peut miser sur sa pérennité.

Le symbolisme, le romantisme, le fauvisme, le surréalisme sont présents dans la carte postale, les cartes surréalistes, surtout, étant recherchées par certains amateurs.

Nous avons vu que la publicité fit très tôt appel à la carte postale. Il existe quelques séries célèbres, comme celle du Concours Byrrh, avec cent douze participants, au nombre desquels on retiendra notamment les noms de Maurice Denis et de Félix Vallotton. Citons aussi l'Album Mariani, réalisé en 1910 par les Vins Mariani, avec le concours d'environ cent quarante dessinateurs. Le champagne fait aussi pétiller la carte postale, grâce à Mucha et à d'autres. Des marques de chocolat, de pneumatiques, etc., l'utilisent également.

L'imagination et le talent des meilleurs se trouvent incontestablement réunis dans la Collection des Cent, série non publicitaire, qui fait l'objet de passionnantes et coûteuses recherches de la part des amateurs. La Collection des Cent fut une tentative qui n'aboutit pas totalement, puisqu'elle ne comprend en réalité que 94 noms pour 99 cartes. Mais le rencensement de la série n'est pas achevé. Composée d'œuvres en majorité originales, c'est-à-dire spécialement conçues pour cette série, elle bénéficie de cotes élevées. On y trouve presque tous les grands noms français de la carte postale.

Dans le même esprit, nous avons les séries de la revue *la Critique*, les Maîtres de la carte postale, le Gala Henri Monnier (1904), la Collection Job. Au-delà des frontières, ce sont les éditions viennoises, belges et allemandes d'avant 1900 qui sont les plus demandées — les séries de Philipp et Kramer bénéficiant d'une attention particulière, de même que les cartes des Wiener Werkstätte (Kokoshka, Egon Schiele). Mais nous n'en avons pas fini avec les illustrateurs. Certains d'entre eux se sont affirmés avec éclat dans la caricature et la satire politique. L'Affaire

Larousse

Deux cartes postales artistiques viennoises éditées par Philipp et Kramer, à l'occasion de l'Exposition de 1900, «par les artistes reconnus». La série de 10 cartes valait alors 1,25 F. Chacune d'elles était estimée 2500 F en 1989. Coll. P. et I. Boubet.

Dreyfus leur fournit un thème de choix. Il y en eut d'autres, les ministres et autres célébrités de l'époque faisant les frais de la verve satirique d'Orens, Mille, Sirat, Moloch, Léal de Camara, etc., dans des séries à tirages limités : l'Arc-en-Ciel (par Mille), tirage de 100 exemplaires en 1905 et 1906, le Burin satirique (par Orens), tirage annuel, à partir de 1903 et jusqu'en 1909, de 100 cartes, à raison de 8 cartes par mois, plus 4 cartes hors série (ces dernières étant des eaux-fortes).

Faut-il distinguer les œuvres spécialement conçues et réalisées pour la carte postale de celles qui ne sont que les reproductions de dessins, gravures, peintures, lithographies, estampes ? Certaines cotes tiennent compte de la différence. Selon Gérard Neudin (*la Lettre ouverte,* nº 2, 8 septembre 1977), l'œuvre originale s'impose de préférence à la reproduction, mais il existe des exceptions, car une œuvre non originale peut parfaitement s'insérer dans l'esthétique propre à la carte postale.

Par exemple, telle carte de la série les Maîtres de la carte postale (1899), dessinée par Jossot (carte nº 4), est la reproduction d'un dessin paru quatre ans auparavant dans une revue. Elle n'en est pas moins très recherchée et hautement cotée. En revanche, si une carte signée Commère vaut assez cher lorsqu'il s'agit d'un dessin fait pour l'Album Mariani, la reproduction d'une des toiles de ce peintre sur une carte postale ne confère à celle-ci aucune valeur.

Le succès de la carte postale à son âge d'or est attesté par ses tirages. Vers 1900, les statistiques de la production donnaient les chiffres suivants : en Allemagne (55 millions d'habitants) : 88 millions de cartes postales ; en Angleterre (38,5 millions d'habitants) : 14 millions de cartes postales ; en Belgique (6,5 millions d'habitants) : 12 millions de cartes postales ; en France (38 millions d'habitants) : 8 millions de cartes postales.

Dix ans plus tard, en 1910, la production de cartes postales illustrées était estimée en France à 123 millions d'exemplaires, et cette industrie employait plus de 30000 personnes.

Carte postale pour l'exposition d'art de Venise et la première exposition internationale de la carte postale illustrée (fin du XIXᵉ s.). Coll. P. et I. Boubet.

Larousse

HISTORIQUE DE LA CARTOPHILIE

Les cartophiles étaient déjà fort nombreux en 1900, aussi nombreux que les philatélistes. On ne saurait dire qu'ils sacrifiaient alors à un quelconque engouement pour la chose ancienne. La carte postale n'exhalait pas ce parfum suranné qui nous charme aujourd'hui. Quoi de plus moderne, en 1900, qu'une carte postale illustrée ?

C'est à l'instigation d'Émile Strauss, créateur en 1899, nous l'avons dit, de la première revue cartophilique, *la Carte postale illustrée,* que se regroupent les premiers cartophiles. Leur association prend le nom de « Poste Carte Club ». Des cercles semblables existent depuis plusieurs années dans les grandes villes allemandes : Breslau, Leipzig, etc. Le « Poste Carte Club » fait école et d'autres clubs cartophiles se constituent chez nous, comprenant chacun plusieurs centaines de membres. Ces associations publient des revues ; il en existe alors plus de trente. Elles donnent des informations techniques, passent des annonces d'échanges, des listes de nouveautés. Leur périodicité est variable ; la plupart sont mensuelles. Presque toutes ont une existence éphémère. La plus connue et la plus intéressante de toutes est la revue créée par Émile Strauss, *la Carte postale illustrée,* qui paraît tous les mois de janvier 1899 à 1908.

Citons aussi *la Diane,* revue littéraire de la carte postale illustrée artistique et du timbre-poste. Fondée le 15 décembre 1908, elle cesse de paraître en 1912. *La Diane* annonce un tirage de 25000 exemplaires et entretient des relations étroites avec le Libre Échange, organe du club cartophile de Belgique, qui compte alors 1500 adhérents. À noter encore, parmi les bonnes revues cartophiles, *la Revue illustrée de la carte postale,* qui fut d'abord l'organe de l'Association philatélique nancéienne, puis devint le bulletin de la Société internationale des amateurs de cartes postales illustrées. Tirée sur un papier de luxe permettant des reproductions de qualité en noir et en couleur, cette revue se distinguait aussi par la valeur de ses articles sur l'histoire de la carte postale, les nouveautés, etc. Contrairement aux autres publications, elle traversa la tourmente de la Première Guerre mondiale et ne cessa de paraître qu'en 1922.

Enfin, on ne saurait passer sous silence l'*Annuaire Berry,* qui, en 450 pages, donnait aux collectionneurs du monde entier une foule de renseignements et d'informations de toutes sortes sur la carte postale. Malheureusement, l'*Annuaire Berry* ne parut qu'en 1904 et 1905.

La Première Guerre mondiale, qui marque la fin d'une époque, met en même temps un terme à l'âge d'or de la carte postale, qui ne devait jamais retrouver sa gloire passée. Faut-il donc considérer comme sans intérêt pour les collectionneurs cette période tragique où nous voyons la carte postale entièrement subordonnée à la propagande et à l'effort de guerre des belligérants ? Instrument d'un bourrage de crâne intensif, où l'odieux le dispute au ridicule, la carte postale dite « patriotique » fut pendant longtemps dédaignée des amateurs. Ils la redécouvrent aujourd'hui grâce aux ouvrages et aux expositions qui lui ont été consacrés.

Au chapitre de la Première Guerre mondiale s'inscrivent également, en dehors des innombrables cartes postales de ruines, des cartes documentaires extrêmement curieuses. La plupart des dessinateurs laissés disponibles par la mobilisation participèrent à la propagande par l'image à la suite du dessinateur alsacien Hansi, qui aurait incité Clemenceau à créer avec eux une sorte de « Groupe d'action psychologique » : le Centre de propagande du papier. Les signatures connues que l'on retrouve le plus souvent sur les cartes postales de propagande de la Première Guerre mondiale sont celles d'Abel Faivre, Guillaume, Sager, Dupuis, Steinlen, Willette et, naturellement, Poulbot, qui, dans le genre, fut le plus prolifique et le plus populaire. La cote de ces cartes reste moyenne.

D'une façon générale, la carte postale illustrée de la Première Guerre mondiale n'a pas brillé par sa qualité esthétique. Il y eut certes des réussites artistiques, mais le mauvais goût ou le style « roman-photo » dominent en général. Entre 1914 et 1918, la carte postale obéit à la nécessité impérieuse, pour l'éditeur, de répondre le plus vite possible et par des tirages massifs aux sollicitations de la propagande officielle. Et cela l'emporte sur toute autre considération.

Au lendemain de la Première Guerre mondiale, la carte postale connaît un certain sursaut, et la production artistique, entre 1918 et 1920, n'est pas négligeable, mais nous entrons dans la période de déclin. Cela ne signifie pas que la production régresse. Au contraire, les tirages sont fabuleux — fabuleux, mais de qualité médiocre, l'un étant un peu le corollaire de l'autre.

Nous ne défendons pas la cause du « tirage limité » : à notre avis, il est contraire à la raison d'être de la carte postale, qui doit faire l'objet d'une diffusion massive, à condition, bien entendu, que celle-ci ne nuise pas à la qualité. Mais les gros tirages n'expliquent pas à eux seuls le déclin de la carte postale. Après la guerre, il lui est impossible de reprendre la place qui fut la sienne avant le conflit. Les moyens d'information se sont développés et vont prendre un essor prodigieux. Le cinéma, partout

Carte postale dessinée par Félix Vallotton pour le « Comité d'entente internationale pour le Désarmement universel ». La carte postale est aussi le support d'un idéal. Coll. P. et I. Boubet.

Larousse

Meguerditchian

Cette « Rêverie au champ d'honneur » transformée par l'envoyeur en « champ d'Horrheur » (sic) *a aussi valeur de témoignage, dans l'espoir d'un lointain bonheur à repartager.* Coll. M. R.

présent, va bientôt commencer à parler. L'image photographique envahit les journaux. La radio apporte la nouvelle immédiate. La carte postale redevient exclusivement un message personnel et touristique et, si elle porte encore en telle ou telle occasion un regard sur l'événement (l'Exposition des Arts décoratifs en 1925, les grèves de 1936 et les premiers congés payés, la Seconde Guerre mondiale), elle n'apprend plus rien à personne.

L'Administration, de son côté, lui mène la vie dure. Son affranchissement, qui bénéficia pendant quelque temps d'un certain régime de faveur, s'est alourdi au point qu'il est pratiquement au niveau de celui de la lettre. En outre, même affranchie au tarif normal, la carte postale, parente pauvre de la correspondance, a de fortes chances de voyager en petite vitesse.

Les avanies subies par la carte postale illustrée ne s'arrêtent pas là. Les éditeurs eux-mêmes, sous la contrainte des nécessités commerciales et industrielles, prêtent la main. Il leur faut, pour être concurrentiels, vendre le maximum de cartes dans le minimum de temps. Alors que la rentabilité était assurée naguère avec un tirage en phototypie de 300 exemplaires, le seuil est maintenant de 3 000 à 4 000 cartes.

Les techniques ne sont pas en cause. Ce n'est pas le progrès qui tue la carte postale. Dans les années 1960, la carte au bromure a pris la relève de la phototypie, qui demandait une préparation trop longue et ne correspondait plus aux normes modernes. Au bromure ont succédé l'héliogravure et l'offset. Ce dernier procédé permet l'impression rapide de cartes postales en couleur de grande qualité. Malheureusement, les critères retenus pour la composition des cartes postales modernes laissent peu de place à l'imagination et à la créativité. De rigueur est le beau temps, avec ciel bleu obligatoire ; de rigueur les vertes frondaisons printanières ; de rigueur les vues générales sans personnages ni voitures, la mode chan-

Meguerditchian

Dans la revue le Minotaure, *fondée en 1933 par Albert Skira et André Tériade, le poète Paul Eluard relançait déjà l'intérêt pour les collections de cartes postales anciennes.*

geante et les nouveaux modèles d'automobiles risquant de faire dater les cartes postales d'une année sur l'autre. On fait exception pour les plages et les stations de ski, qu'il est de mauvaise politique de montrer désertes. Et l'on accorde la préférence aux cartes « composées », même si les vues groupées sur une si petite surface ont le format d'un timbre-poste. Ce sont, paraît-il, celles qui se vendent le mieux.

Il faut dire, à la décharge des éditeurs, que la présence de personnages sur les cartes postales pose de plus en plus de problèmes. Paradoxalement, alors que nous sommes au siècle de l'image, les gens consentent bien moins volontiers que par le passé à se laisser photographier pour une carte postale. La loi les protège. Un éditeur, s'il est poursuivi par un particulier qu'il a fait figurer sans son autorisation sur une carte postale, doit pouvoir prouver sa bonne foi en démontrant que la présence de la personne en question est accidentelle. Dans ce cas, la surface occupée par celle-ci sur le cliché ne doit pas excéder le tiers de la surface totale de l'image.

Les éditeurs ont eu des procès. L'un d'eux a été traduit en justice par une cover-girl dont le portrait avait été publié des centaines de fois dans des magazines. Mais la reproduction sur cartes postales ne faisait pas partie du contrat passé avec le photographe. La jeune femme fit valoir que la carte postale la « dévalorisait » et conférait à la photographie un caractère quasi permanent, non limité dans le temps. Or, ladite personne ayant cessé ses activités artistiques et s'étant mariée fort respectablement, il lui semblait incompatible avec son nouvel état de continuer à agrémenter de son sourire les présentoirs des marchands de journaux.

On voit que le métier d'éditeur de cartes postales est semé d'embûches. Cependant, la carte postale moderne est entrée dans une période de renouveau. Loin de chercher à copier les cartes anciennes, elle est en train de trouver un second souffle avec la reproduction d'œuvres d'art. On voit également apparaître au bas de cartes actuelles les signatures de photographes en vue. Les caricaturistes, les peintres et les graveurs redécouvrent que la carte postale est un support populaire non négligeable. Des séries documentaires ou satiriques, liées ou non à l'actualité, font en grand nombre leur apparition.

Les critères de valeur

Le prix d'une carte ancienne, comme toute marchandise, obéit à la loi de l'offre et de la demande. La cote d'une carte s'inscrit dans une « fourchette » dont les branches sont plus ou moins écartées — trop écartées selon certains — et qui tient compte d'un certain nombre de facteurs.

Il y a d'abord l'ancienneté de la carte. On distingue, en premier, ce que d'aucuns nomment les « incunables », c'est-à-dire les cartes postales datant des origines jusqu'à 1889, date de sortie de la Libonis. Ensuite, il y a les « post-incunables », ou cartes anciennes, de 1889 à 1900, immédiatement suivies par les cartes postales de l'âge d'or, la période s'étendant de 1900 à 1914 selon les uns, de 1900 à 1920 selon les autres.

L'identification de la carte est une donnée indispensable. Une carte ayant voyagé, c'est-à-dire possédant un affranchissement oblitéré, présente une garantie d'authenticité. Et souvent la correspondance ajoute à l'intérêt de la carte ; on veillera cependant à ce qu'elle n'empiète pas sur l'image, la photographie ou l'illustration. Mais on ne craindra pas d'avoir des cartes un peu écrites, car la correspondance et l'affranchissement donnent à la carte postale une grande partie de son charme.

La rareté de la carte postale est un élément capital de la cotation. Les cartes les plus anciennes sont en général les plus rares, ainsi que les cartes numérotées, quelquefois signées à la main. Mais, en dehors de ces cas d'espèce, destinés, dès le départ, à la collection, il existe des cartes dont le tirage, pour des raisons diverses, fut très limité. Il y a eu aussi des cartes qui ont bénéficié de tirages importants, mais qui, dispersées, détruites, sont devenues presque introuvables.

Le lieu concerné est un élément d'appréciation. Sont recherchés les petits villages, les hameaux, les rues des villes, les établissements publics et privés, s'ils ont disparu. La demande pour les cartes régionalistes va en s'accentuant, car la carte reste souvent le témoin unique, irremplaçable d'une manière de vivre et d'un cadre de vie totalement bouleversés. On s'attachera évidemment au sujet traité, à l'importance des personnages représentés, en distinguant les « gros plans » des « plans moyens » et des « petits plans », en accordant la préférence aux premiers.

Les noms des éditeurs, des photographes et la qualité de la série peuvent donner à la carte postale une plus-value. Atget, pour les photographes de la Belle Époque, par exemple, ou Bergeret, pour les éditeurs, constituent, parmi d'autres, des références sérieuses. Mais, s'agissant d'Atget, il faut savoir que les 80 cartes composant sa série des « P'tits Métiers de Paris » ne portent pas de signature. Autre série convoitée, le « Paris vécu », très difficile à réunir ; une dizaine de collectionneurs posséderaient les 105 cartes qui composent cette série.

L'amateur veillera à la qualité technique de la carte postale. Un document plié, jauni, rogné a perdu une notable partie de sa valeur marchande. On se méfiera aussi des fausses cartes recollées (les cartes postales sont en général constituées de trois épaisseurs de papier). On prendra garde aux rééditions, qu'un examen du cliché et du dos de la carte permet de déceler. À partir de 1923, le nom de l'imprimeur figure au verso, verticalement au milieu de la carte.

La qualité esthétique de l'image est à considérer, qu'il s'agisse d'illustrations ou de reproductions photographiques.

Le classement des cartes postales

Les catalogues de cartes postales anciennes fournissent des formules de classement assez scientifiques, qui facilitent la consultation. Mais chacun peut instaurer son mode personnel de classement, qui dépend d'ailleurs de la nature même des collections. Il existe en effet trois grandes sortes de collections : les ensembles géographiques, les collections thématiques, la collection générale.

La collection géographique (ville, département, région) implique que soient regroupées les cartes d'un même lieu, avec une place à part pour les cartes les plus intéressantes et les séries. Une collection thématique suppose un classement alphabétique (par exemple, les Illustrateurs). La collection générale n'a d'intérêt que si l'amateur ne conserve que les plus belles cartes de chaque sujet et, là encore, c'est le classement alphabétique qui sans doute s'imposera. On peut également fignoler en regroupant les cartes par éditeur, par ancienneté (tout à fait opportun, s'il s'agit de cartes très anciennes ou d'incunables), par procédé de fabrication, ou même par formats (le format 9 × 14 des cartes anciennes n'a pas été respecté par tous les éditeurs).

Mais, répétons-le, chacun peut agir à sa guise. Si tel ou tel système permet de mieux s'y retrouver quand la collection devient importante, il va de soi que la fantaisie et l'imagination du collectionneur peuvent parfaitement bousculer les règles établies.

La conservation des cartes postales

Si les boîtes à chaussures peuvent servir d'abris provisoires commodes avant le classement des cartes, la place de celles-ci est naturellement dans les albums spéciaux. Les albums anciens, très « kitch », ont conservé un parfum suranné qui convient bien à la carte postale ancienne. Malheureusement, ils ne sont pas pratiques, entraînent des manipulations délicates et donc de sérieux risques de cassures. Les albums modernes, avec leurs pochettes en plastique, ont moins de poésie, mais sont d'une bien plus grande sécurité pour les cartes. Dans tous les cas, on évitera les lieux humides.

Beaucoup de cartes anciennes ont bien résisté aux outrages du temps et conservé une étonnante jeunesse. Mais beaucoup d'autres sont défraîchies, froissées, maculées. Il en est aussi dont les supports en carton se décollent et se détachent. Pour le nettoyage des cartes, il est recommandé d'agir avec précaution. Le jet d'un produit volatil (type K2R) vient, le cas échéant, à bout des taches de graisse. Les cartes décollées se réparent avec la colle blanche de bureau, bien répartie en une couche légère sur la partie à recoller ; placer ensuite la carte entre deux livres très lourds. On peut encore avoir recours au papier adhésif à chaud que l'on dispose à la place du support intermédiaire. On appliquera ensuite un fer à repasser tiède sur la carte reconstituée, à travers un linge mince et sec. Et l'on placera la carte sous presse. Pour effacer la correspondance, trop envahissante au gré de certains collectionneurs, on emploiera un tampon abrasif à sec, en frottant doucement en rond et en lissant ensuite avec l'ongle ou un objet lisse. Mais nous sommes d'avis, sauf exception, de laisser les cartes telles qu'elles sont et de ne pas tenter de leur redonner une intégrité factice qui n'ajoute rien à leur intérêt.

Larousse

Les scènes de la vie de province, comme les scènes de la vie parisienne, évoquant divers métiers, sont particulièrement appréciées des collectionneurs. Les unes valent par l'anecdote, les autres par la beauté du document. Coll. P. et I. Boubet.

Le marché de la carte postale

Jusqu'en 1975, date de parution du premier catalogue français de cartes postales anciennes, dû à Joëlle et Gérard Neudin, la cote des cartes postales était des plus aléatoires. Seuls quelques initiés avaient accès aux informations restreintes, fragmentaires, publiées par *le Cartophile,* petit bulletin, très documenté d'ailleurs, du Cercle français des collectionneurs de cartes postales anciennes.

Les cartes s'achetaient alors à bas prix, par lots entiers. On pouvait aussi, avec quelques francs, voire quelques centimes, se procurer des cartes rarissimes. Mais les amateurs, peu nombreux, savaient depuis longtemps repérer les « bonnes » cartes. Ils sont maintenant dans l'obligation de partager leur science avec leurs nombreux émules.

Après la philatélie, la « cartophilie » est devenue la spécialité qui attire le plus grand nombre de collectionneurs. On estime que 15 p. 100 des Français collectionnent des cartes postales.

Au cours d'une période d'ascension continue de 1970 à 1980, le prix moyen d'une carte postale de Paris ou de la banlieue représentant une rue ou un monument avec des personnages est passé de 1 F à 15 F.

Même chose pour les cartes régionales évocatrices

Larousse

Ce n'est pas tant la machine volante que recherchent les collectionneurs, mais toute la série, éditée à titre publicitaire par une célèbre marque de biscuits. Coll. P. et I. Boubet.

d'un terroir auquel sont sensibles les cartophiles. Depuis 1980, les cotes se sont stabilisées, ou du moins les poussées de hausse ont été moins rapides. Elles sont cependant plus fortes que la hausse générale des prix. Il n'en reste pas moins que des scènes comme « Paris vécu », reflet des mœurs, des modes et des métiers, se négocient de 250 à 500 F. Les plus rares, comme par exemple « les Pélicans au Jardin des plantes » peuvent atteindre 1 000 F. Les cartes régionales représentant des métiers typiques se vendent de 100 à 300 F et, parfois, beaucoup plus. Une marchande de poisson avec sa voiture à chien de Vierville (Calvados) s'est vendue 2 900 F (Drouot, 19 mai 1987).

Les moyens de transport sont également appréciés : l'avion et le ballon, les voitures automobiles et les tramways, les chemins de fer et les bateaux. Un tramway funéraire est estimé 1 450 F par le Neudin (édition 1989). Les autobus sont cotés de 350 à 650 F selon les villes.

Le spectacle et ses vedettes obtiennent également des cotes élevées. La plus collectionnée des artistes de la Belle Époque, Sarah Bernhardt, est estimée de 100 à 500 F.

Les cartes consacrées aux sports et aux loisirs sont depuis peu des thèmes de collection et les cotes, encore modestes (5 à 120 F), sont en hausse. Les grands illustrateurs qui ont contribué par leur talent au succès de la carte postale, tels que Mucha, Kirchner, Kokoschka, Toulouse-Lautrec, sont passés de 10 à 50 F de 1970 à 1980. Leur cote n'a cessé depuis de progresser bien au-delà de 1 000 F. Ce phénomène s'explique par l'engouement pour ces illustrateurs des collectionneurs américains qui, une fois de plus, ont fait monter les prix.

Une aimable fantaisie : ascension d'une femme-montagne, au clair de la lune qui écarte les nuages. Coll. P. et I. Boubet.

Larousse

On notera de même une bonne demande pour les cartes postales relatives aux événements politiques et sociaux, les « soupes communistes » faisant, dans ce domaine, des scores élevés, avec une surcote pour les plus rares d'entre elles, et principalement pour les « petites grèves », c'est-à-dire les grèves de caractère local.

Les collectionneurs recherchent aussi et paient cher, parce qu'elles sont rares et recèlent une valeur sentimentale spécifique, les cartes postales éditées par les clubs cartophiles du début du siècle.

Si les ballons sphériques s'arrachent à bon prix, par contre les zeppelins plafonnent, de même que les « femmes cochers » de Paris, les locomotives et les cartes postales sur l'aviation, les unes et les autres semblant souffrir d'une désaffection qui n'est peut-être que passagère. Soumis aux modes, le marché de la carte postale ancienne devient capricieux, et plus d'un « retour de bâton » est à craindre.

La raréfaction des bonnes cartes et leur coût élevé incitent les amateurs à sortir des sentiers battus. On découvre, par exemple, que les « Bains de mer » sont des cartes amusantes, curieuses, intéressantes, qu'on aurait tort de délaisser. Les cartes de fantaisie offrent également un vaste secteur de recherches et de découvertes.

Dans un marché quelque peu soumis à la spéculation, où la flambée des prix éloigne de la collection les amateurs aux revenus modestes, il existe encore des cartes accessibles et certaines possibilités pour qui sait faire preuve de flair, d'imagination et de ténacité.

Conserver les cartes postales anciennes ne signifie pas toujours que l'on soit collectionneur. Il existe dans les greniers et les commodes quantités d'albums qui se transmettent d'une génération à l'autre. Ces albums ont surtout une valeur sentimentale ; ce sont des souvenirs de famille. On n'y trouve pas beaucoup de bonnes cartes et moins encore de cartes exceptionnelles : il y en a cependant dans la proportion de 1 p. 100, et 10 p. 100 du reste ne sont pas des cartes négligeables.

Pendant de longues années, ces albums ont été la proie des écumeurs de greniers. Ces chasseurs de cartes faisaient la « tournée des nécessiteux » pour acheter à bas prix des pièces qu'ils peuvent maintenant revendre très cher. Un collectionneur chevronné se flattait un jour d'avoir payé 400 F un album de 500 très bonnes cartes « politiques », qu'il allait pouvoir revendre 50 et 100 F l'unité.

Mais ce genre d'opération devient difficile. La carte postale ancienne bénéficie, nous l'avons dit, d'une intense publicité. En outre, les possesseurs de cartes peuvent disposer en France de deux catalogues annuels : le *Neudin* (déjà nommé) et l'*Argus Fildier,* qui donnent les cotes des cartes postales anciennes. Les amateurs belges disposent du catalogue *Rostenne* (Bruxelles), et les Britanniques des catalogues *IPM* et *Picton* (Londres). Il s'ensuit que les possesseurs d'albums de famille ou de lots de vieilles cartes ont perdu beaucoup de leur innocence et sont devenus méfiants. Parfois même, le vertige les prend à l'énoncé des prix pratiqués dans telle ou telle vente ou par tel ou tel marchand. Alors, ils se mettent à rêver et croient posséder des fortunes.

Les ventes publiques offrent régulièrement aux amateurs, aussi bien à Paris qu'en province, un choix important de cartes postales qui permettent de dégager les tendances du moment. Les cartes qui constituent un témoignage historique, social ou politique semblent de plus en plus recherchées. À la vente de Mes Lenormand et Dayen, à Drouot, le 8 octobre 1988, quatre cartes illustrées par des photos de camps de réfugiés espagnols dans les Pyrénées-Orientales ont obtenu une enchère de 1 250 F, et une série de douze cartes-photos de la révolution spartakiste de 1919 à Berlin a atteint 2 200 F. À cette même vente, deux cartes d'Oskar Kokoschka, un des maîtres de l'expressionnisme, pour les Wiener Werkstätte (Ateliers viennois fondés en 1903) se sont vendues 6 300 à 6 500 F. Du même artiste, une carte portant sa signature manuscrite au recto a obtenu une enchère de 12 500 F.

Enfin, au chapitre des records, une carte du jubilé de la première carte postale autrichienne portant la signature de Herrmann, a provoqué des enchères jusqu'à 31 000 F (Drouot, 8 octobre 1988). Record qui sera certainement battu un jour par une rivalité d'enchères entre deux collectionneurs passionnés, pour qui la rareté n'a pas de prix.

Dans les ventes de cartes postales, il arrive que des albums entiers soient proposés aux cartophiles ; ces albums sont par la suite « désossés » et les cartes triées et classées par thèmes sont vendues à l'unité, ce qui permet de réaliser des bénéfices intéressants. Ce sont le plus souvent des marchands qui les recherchent, de même qu'ils acquièrent des lots entiers sans faire le détail.

Rien n'interdit aux simples collectionneurs de se procurer des cartes de la même façon. Encore leur faut-il avoir la possibilité d'investir des sommes appréciables dans des achats comportant une large proportion de cartes inutiles, dont, à la différence des marchands, il leur sera très difficile de se défaire. Dans ces conditions, l'amortissement des bonnes cartes devient aléatoire, et l'amateur préférera acquérir des cartes à l'unité, des séries et d'une façon générale des pièces et des lots correspondant au thème de sa collection.

Les ventes de cartes postales ont lieu à l'hôtel Drouot plusieurs fois par mois, soit dans des ventes comportant d'autres spécialités telles que livres ou gravures, soit dans des ventes homogènes. Un commissaire spécialisé, Me Morand, offre (souvent le samedi après-midi) des ventes de cartes sélectionnées. En province, les ventes sont moins fréquentes et elles ont lieu généralement le samedi ou le dimanche ; elles attirent des foules considérables et réalisent des enchères parfois supérieures à celles de la capitale (Vesoul, Dole, Rouen, Troyes et Forges-les-Eaux). Ces ventes drainent non seulement des acheteurs venus de toute la France, mais aussi des amateurs anglais, belges, allemands, hollandais, italiens et même américains.

Les enchères atteintes en ventes publiques par les cartes postales anciennes constituent de précieuses indications sur leur valeur commerciale, mais il convient de tenir compte de l'ambiance particulière aux salles des ventes. Certains marchands, aidés en cela par les commissaires-priseurs, n'hésitent pas à « pousser » leurs propres cartes, créant ainsi une surenchère artificielle. La fièvre peut s'emparer du collectionneur, entraîné malgré lui par le jeu des enchères et par le désir de l'emporter sur ses concurrents. Chez un modeste marchand — et certains sont bien disposés envers leurs clients et leur consentent volontiers des remises —, la même carte eût peut-être été acquise à un prix nettement inférieur.

N'oublions pas que le collectionneur, même le plus raisonnable, obéit à des pulsions et des motivations que les professionnels, rompus aux pratiques et aux combinaisons des ventes aux enchères, savent fort bien exploiter. Sachons donc garder la tête froide.

La carte postale ancienne est-elle un placement d'avenir ? Qui pourrait le dire ? Nous rencontrons à ce sujet les opinions les plus opposées. Pour les uns, il n'y a aucune raison que cela s'arrête. La carte — la bonne carte s'entend — se fait rare, elle est demandée et elle continuera de monter, compte tenu, bien entendu, d'un marché fluctuant et, nous l'avons dit, de modes capricieuses. D'autres pensent, au contraire, que la disparition des bonnes pièces, raflées à prix d'or par quelques gros collectionneurs, découragera la masse des amateurs, qui finiront par se détourner de la carte postale. Les possesseurs de trésors n'auront plus alors qu'à les transmettre à leurs héritiers ou à en faire don aux musées nationaux.

Larousse

Autres cartes postales fantaisies : ci-contre : la Femme papillon dans la tourmente, *par Reutlinger ;* ci-dessous : l'Excursion à Zurich, *qui est un simple montage photographique.*

Larousse

La diversité des thèmes de collection fait surgir chaque jour de nouveaux cartophiles... mais il ne faut pas trop rêver à de fabuleux placements. Coll. P. et I. Boubet.

La télécartomanie

Le marché de la carte postale vient d'accueillir une nouvelle venue qui paraît promise au plus bel avenir : la télécarte. Certaines de ces petites cartes en plastique destinées aux cabines téléphoniques sont illustrées d'un message publicitaire, d'un monument ou d'une œuvre d'art. Elles ont vu le jour en 1987. Ces télécartes se négocient à Paris au Carré Marigny, le fameux marché aux timbres, proche du Rond-Point des Champs-Élysées. Une télécarte de 50 unités représentant la place Stanislas à Nancy était cotée 40 F en 1989.

La carte à mémoire, et notamment la télécarte, est en train de devenir un objet de collection particulièrement significatif de notre époque. Selon *le Collectionneur français* (n° 263) de janvier 1989, les « télécartistes » seraient environ 10 000, et, sur les 40 millions de cartes annuelles mises en circulation, la moitié porterait une illustration.

Dégorgeoir de fontaine en mélèze, travaillé au couteau en bois de bout (XIXe s.). Exemple d'une sculpture d'art populaire destinée à enjoliver et à égayer une arrivée d'eau en transformant un simple disque en bois en un visage épanoui ; les yeux, faits d'un motif en double losange, sont rendus spontanément expressifs par le trou des prunelles et les entailles figurant les cils.
Galerie Michel Sonkin.

Meguerditchian

L'ART POPULAIRE

L'âge d'or de l'art populaire s'est épanoui en France du milieu du XVIIIe siècle au milieu du XIXe. Les objets antérieurs sont trop rares pour figurer dans les collections privées. Mais, en l'espace d'un siècle, quelle richesse, quel foisonnement de formes et d'objets ! Outils agricoles et artisanaux, ustensiles et équipement domestiques, meubles et objets de décoration prennent, avec chaque province, des accents régionaux particuliers et savoureux qui les font apprécier de notre monde contemporain toujours en quête d'identité et d'originalité. Ne pouvant prétendre en ces quelques pages étudier l'une après l'autre toutes les catégories d'objets, nous avons préféré les classer par matériaux et par « familles de techniques ». Le bois est peut-être la matière la plus utilisée en art populaire : de l'outil à la charpente, il est partout présent dans la maison. La terre cuite est, elle aussi, d'un usage universel ; malgré sa fragilité, nous en avons encore d'abondants exemples. Le fer et le cuivre sont les métaux les plus utilisés pour l'équipement, et le verre, la vannerie, le textile ont donné naissance à une foule d'objets d'un grand intérêt.

L'art populaire est un art du décor : ornements simples nés spontanément sous le couteau ou le pinceau de l'artisan, motifs symboliques et prophylactiques, tels rouelles, rosaces, svastikas, cœurs..., remontant du fond des âges, ou décors inspirés simplement par l'observation de la nature ou la ferveur religieuse : fleurs, animaux, figures de saints. Immense domaine pour lequel les conseils pratiques ne peuvent être qu'indicatifs.

DÉCOUVERTE DE L'ART POPULAIRE

La notion de culture populaire n'apparaît en Europe qu'au XVIIIe siècle, pour se développer au siècle suivant avec l'éveil des nationalités et la revendication des peuples du droit à disposer d'eux-mêmes. Du Moyen Âge à la Renaissance, les théologiens et les clercs considèrent les traditions populaires comme des superstitions ou des survivances païennes. Seuls de rares esprits éclairés, tels Rutebeuf, Villon, Rabelais ou Montaigne, enrichissent leur langage, leur inspiration et leur pensée, souvent subversive, de dictons, fabliaux, proverbes et contes populaires. Grâce à eux, la culture populaire sera mieux connue des milieux lettrés, bien que toujours dévalorisée par rapport à la culture dite « savante ».

Quant à la notion d'art populaire, elle est encore plus tardive. Au XIXe siècle, la métamorphose rapide de la société française — provoquée par la Révolution et l'uniformisation des coutumes et croyances locales due au Code civil et à la Constitution — donne à quelques érudits le désir de préserver de l'oubli et de la destruction les arts populaires des différentes provinces.

George Sand et Victor Hugo répandent et valorisent alors la littérature populaire, mais les objets d'art n'éveilleront un intérêt analogue qu'à la fin du siècle.

C'est donc seulement à l'ère industrielle, qui rend caducs les procédés artisanaux, que des érudits, des historiens, des collectionneurs se penchent enfin sur notre culture préindustrielle, lui reconnaissant une valeur réelle et autonome.

La vogue des musées régionaux, si féconde maintenant, a été lancée au début du XXe siècle par le poète Frédéric Mistral, ardent défenseur de la langue et des traditions provençales. En 1907, avec le montant de son prix Nobel, il fonde à Arles le Museon Arlaten. En 1920, Abel Mestreau crée de ses propres deniers l'un des plus beaux musées d'art régional à Saintes, sa ville natale.

Cette découverte de notre patrimoine régional touche ensuite les peintres symbolistes, qui tentent de se délivrer du carcan de l'académisme pour puiser aux sources vives de l'art populaire. Paul Gauguin et Émile Bernard trouvent ainsi à Pont-Aven une inspiration riche de traditions bretonnes. Poteries, faïences et imagerie populaire séduisent les fauves Derain, Vlaminck, Dufy par leur sobriété et leur puissance expressive.

Le domaine des arts populaires est si riche et si vaste qu'il n'a encore fait l'objet d'aucune étude systématique d'ensemble. Seuls certains spécialistes commencent, dans leur propre pays, à travailler la question ; chaque nation, voire chaque province, possède en effet un art qui lui est particulier.

Nous aborderons ici, à travers les matériaux et les décors, les aspects essentiels de l'art populaire français à partir du XVIIIe siècle, car les témoignages antérieurs sont trop rares pour figurer dans les collections privées.

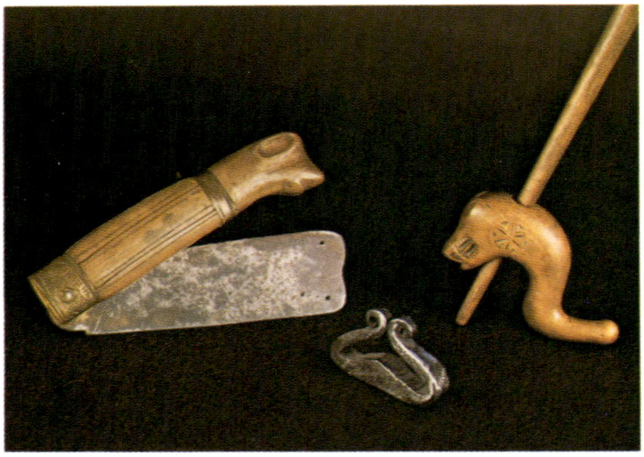

Meguerditchian

Couteau de berger. L'ornement se réduit à l'ébauche d'une tête d'animal, à des stries parallèles et à deux bagues de laiton incisées. Le briquet à grattoir (au centre) tire sa beauté du fer forgé étiré en deux volutes symétriques. La houlette de berger forme un monstre à la gueule ouverte, orné sur le flanc d'une étoile à six branches. Galerie M. Sonkin.

FORMES, MATIÈRES, TECHNIQUES

« Le Beau ne fleurit que sur l'Utile », a écrit le philosophe Alain : n'est-ce pas la forme parfaitement adaptée à sa fonction qui confère à un objet d'art populaire sa beauté ? C'est une poignée de rabot taillée, galbée de manière à être le mieux préhensible, c'est un évidement décoratif placé à un point faible, c'est une partie portante renforcée par un motif large et puissant.

Par la multiplicité et la particularité des objets à fabriquer, par la diversité des matériaux travaillés, les arts populaires touchent pratiquement à toutes les techniques artistiques. Nous ne parlerons pas ici des étains et des faïences, qui font l'objet de chapitres particuliers.

Le bois

À travers toute la France, principalement dans les montagnes, riches en forêts d'essences variées, et dans les provinces éloignées de la capitale et des grandes voies de communication, comme la Bretagne, le bois est certainement le matériau le plus utilisé pour ses qualités pratiques autant que plastiques. Fibreux et tendre sous la hache et l'herminette, résistant et souple, chaud au regard et doux sous la paume, le bois connaît des usages très divers ; il se prête aussi aux décors les plus variés, gravés au ciseau ou à la gouge, peints de couleurs vives, incrustés de métaux brillants. Le travail du bois, assez simple, requiert dans deux domaines spécialement une technique particulière et une grande maîtrise : la saboterie et la tonnellerie.

La science du sabotier, délicate et recherchée, nous a été léguée, dit-on, par les Celtes. Taillés le plus souvent en hêtre — bois choisi pour sa résistance, sa facilité de travail et sa légèreté —, les sabots ne varient guère, selon les provinces et les siècles, que par la longueur de leur pointe et leur décor plus ou moins élaboré (dessus de cuir, ornements cloutés). Ainsi, les sabots que les Ariégeoises chaussent pour les fêtes atteignent une longueur proportionnelle à la coquetterie et au rang social de leur propriétaire.

Assembler des planches pour obtenir un volume limité par une surface courbe, voilà l'essentiel du métier de tonnelier — métier venu du fond des temps, puisque les Gaulois employaient déjà, pour le transport du vin, le tonneau, qui finit par supplanter la jarre à travers l'Empire romain. Avant que ne se répande le « feuillard » de fer, fabriqué industriellement, le cerclage du tonneau, également en bois, était l'œuvre du « cerclier », forestier expert en cette technique complexe. Les plus beaux cerclages, qui représentent un magnifique travail d'assemblage, ont été faits en Auvergne au XVIIIe siècle. Ils couvrent toute la surface des douelles, ou douves : on nomme ainsi les planches formant le tonneau, qui sont taillées et amincies à l'aide d'une petite hache, la *doloire*. Les régions viticoles sont naturellement les plus riches en ce domaine : tonneaux pour récolter le raisin, pour le presser, pour transporter le vin et pour le faire vieillir ; tonnelets, « barricous », « fiascos » pour apporter aux champs la ration du paysan.

Le tonnelier fournit aussi aux éleveurs et aux bergers les ustensiles indispensables à la laiterie : baquets, seaux à traire, jattes pour le caillage. Dans les régions montagneuses et isolées, le travail du bois est particulièrement important et ornementé. Le pasteur, pendant ses longues journées de garde, le paysan au coin du feu au cours des veillées d'hiver ont ainsi créé une foule de beaux objets quotidiens, très recherchés aujourd'hui mais de plus en plus rares.

Émietteur à pain, daté 1781, et quatre marques à pain en bois sculpté de diverses régions. Galerie M. Sonkin.

Meguerditchian

Deux cuillers de mariage du début du XIXe s. (l'une datée 1819), ornées de motifs et de symboles traditionnels bretons (étoiles, croix, rosaces, fleurs de lis). Galerie M. Sonkin.

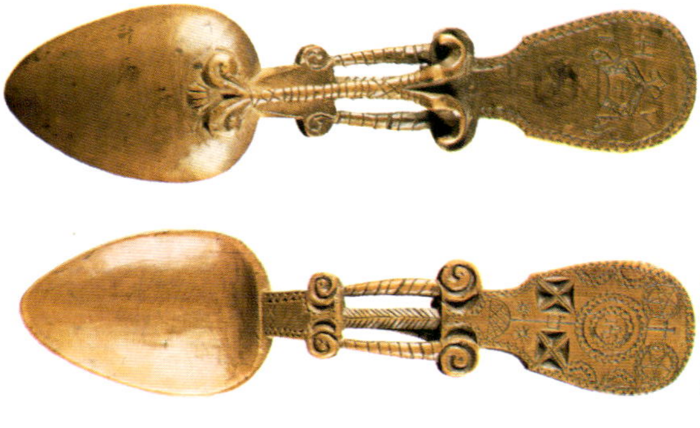

Meguerditchian

Meguerditchian

Affiquets, que les tricoteuses serraient dans leur ceinture comme porte-aiguilles. Grèce, XIXe s. Galerie M. Sonkin.

L'admirable forme du joug, véritable sculpture, découle de sa fonction même — unir des bêtes attelées par un morceau de bois qui doit épouser leur nuque en évitant les cornes. Abondamment orné de motifs gravés, le joug s'enrichit parfois du « soubrejoug », ou surjoug, dressé au front de l'animal. Le jouquetier, notamment en Gascogne, comme d'ailleurs au Portugal, donne au surjoug l'allure d'une tour évidée en multiples endroits et abritant des clochettes pour écarter le passant autant que la foudre ou le mauvais œil.

Autres objets spécifiques aux éleveurs et aux bergers, les ustensiles de laiterie comme les formes à fromage, les marques et les tapes à beurre, couverts de motifs géométriques ou floraux du plus bel effet. La sobriété, proche de l'épure, des cruches à lait, louches et cuillers à crème, nues de tout ornement, leur confère une beauté plastique très voisine des productions du design.

Les outils agricoles en bois sont assez nombreux et variés (étuis de pierre à faux, pales à chaumes), de même que les ustensiles réservés aux travaux féminins : les quenouilles, les affiquets, ces petits accessoires de bois qui servent à maintenir rapprochées l'une de l'autre les deux aiguilles quand le tricot est arrêté, les passettes à rubans, les plaques de dentellière, les boîtes et les coffrets, les porte-lampes, les battoirs à linge sont souvent décorés avec une recherche esthétique, une harmonie décorative extrêmement soignées — en Normandie et en Auvergne, centres de broderies et de dentelles, principalement. Offerts souvent comme « présents d'amour » par un fiancé, ces objets remplissent une fonction sociale et décorative autant qu'une fonction utilitaire. Certains *plioirs,* ou planchettes à plier la dentelle, sont ajourés comme la dentelle qui devait s'y enrouler. De nombreuses boîtes sont couvertes sur toutes leurs faces d'un foisonnement de motifs rares. Selon le comte Begouen, les quenouilles de l'Ariège étaient peintes en rouge lors des fiançailles, garnies de clous au mariage et peintes en noir si le fiancé venait à mourir !

Les outils d'artisans suscitent l'enthousiasme de collectionneurs de plus en plus nombreux. Rigueur et perspicacité doivent présider au choix de ces amateurs et leur faire écarter tout objet de série, même pittoresque, fabriqué industriellement. Pour prendre valeur d'objet d'art, l'outil doit être fait entièrement à la main.

La terre

De même que le bois, la terre se travaille dans toute la France. La province du Beauvaisis entre le XVIe et le XVIIIe siècle, les provinces de Normandie et du Berry du XVIIIe au XIXe siècle sont les plus fécondes en pièces remarquables. Les formes des objets de terre sont fort diverses, car elles répondent à différents usages domestiques, agricoles ou simplement décoratifs. Parfois laissée nue, la terre se recouvre en général d'un enduit, engobe, glaçure, ou bien d'un émail et peut s'orner quelquefois de motifs gravés, appliqués, peints, modelés ou moulés.

Le potier d'autrefois travaille empiriquement, car il ne possède pas le moindre rudiment de chimie. Si la terre ne contient pas assez de feldspath, il ajoute un fondant à base de sodium ou de potassium ; si le silex n'est pas suffisant, il ajoute du sable en guise de graissant. Pour rendre ses poteries étanches et leur donner du brillant, le potier recouvre ses pièces d'une glaçure obtenue par des alcalis, des sulfures ou des oxydes de plomb. Colorées d'oxyde de cuivre, les glaçures verdissent ; avec l'oxyde de fer, elles se teintent d'ocre, de brun, de rouge. Un engobe, composé d'une terre différente de celle de la poterie, remplace parfois la glaçure : sur une terre claire, on utilise un engobe foncé, et vice versa. La couche d'engobe peut supporter un décor peint ou gravé qui laisse apparaître la terre du fond.

Le Beauvaisis produit des œuvres très particulières, pièces de vaisselle d'apparat où la terre crème se couvre d'un engobe et d'une glaçure au plomb. Le décor est exécuté à la barbotine ocre rouge, posée au cornet avec des rehauts au vert de cuivre appliqués au pinceau. Le centre de Martincamp, dans le pays de Bray, connaît aux XVIIIe et XIXe siècles les mêmes productions.

La technique du grès se rencontre aussi en Beauvaisis, en Normandie et dans les pays rhénans. La glaçure au sel, projetée au cours de la cuisson par des ouvertures plus ou moins larges ménagées dans le dôme du four, est tantôt légère, tantôt uniforme. La rétraction de la glaçure en cours de cuisson, autrefois considérée comme

Pichets dit « d'amitié », en terre vernissée du Pré-d'Auge. XIXe s. Celui de droite porte le nom du destinataire à Commes (Calvados). Coll. A. Bavoux.

Meguerditchian

Jarre à huile, appelée « buire ». Auvergne, fin du XVIIIe s. Estimée 3 000 F en 1989. Coll. A. Bavoux.

Pichet anthropomorphe : personnage barbu à tricorne, dont la pointe avant sert de bec verseur. La Borne (haut Berry), XIXe s. Estimé 12 000 F en 1989.

Bavoux

un ratage, est recherchée aujourd'hui par les potiers pour obtenir une matière originale, notamment à La Borne.

Une fontaine en grès émaillé jaune de La Borne s'est vendue 50 000 F à Drouot, le 25 décembre 1987, chez Me Ferri sur expertise de Mlle Houzé.

L'invention créatrice des potiers s'est particulièrement manifestée à travers trois formes : les tonnelets, les gourdes et les fontaines, pièces très précieuses aux yeux des collectionneurs actuels et rares sur le marché.

Le fer

Le fer est le métal le plus couramment utilisé en art populaire. Il se forge le plus souvent, mais aussi s'estampe et se cisèle. Le forgeron martèle sa pièce en la chauffant pour l'allonger, l'aplatir, la diviser.

Moule à gaufres en fer forgé (France, XVIIIe s.) orné d'un cerf stylisé. L'autre partie de la pince est décorée de motifs géométriques. Galerie M. Sonkin.

Meguerditchian

L'assemblage se fait par soudure à très haute température ou par rivetage. Les instruments du foyer, gril, chenets, landiers, crémaillères, sont toujours en fer forgé, et souvent aussi les luminaires ; les tiges spiralées des lampes à huile et des bougeoirs confèrent à ces objets une grande solidité tout en leur donnant une allure décorative. Quant aux gaufriers, ils sont ciselés avec une finesse et une richesse qui en font des ornements fort attrayants ; le décor de ces moules joue un rôle quasi religieux, si l'on se souvient que les gaufres étaient consommées le jour de Pâques.

À côté de ces instruments domestiques, nous trouvons des outils d'agriculture, d'élevage, d'artisanat en fer. C'est avec le bois le principal matériau composant ces objets. Le forgeron y recherche moins évidemment la beauté plastique que pour les objets de la maison, mais il crée néanmoins des outils aux formes équilibrées et fortes, comme les raclettes à pétrin, les colliers de bovins, les ciseaux à tondre ou les fourches.

Le cuivre

Le cuivre a servi pour façonner nombre de récipients à usage domestique ou pastoral. Le métier de chaudronnier requiert une haute maîtrise, fruit d'une solide expérience. Il faut d'abord dresser les feuilles de cuivre (0,5 mm à 0,5 cm d'épaisseur sur 1,20 m de large et 1,20 à 1,40 m de long) sur un marbre, pour les découper à la cisaille. Pour obtenir un récipient circulaire, le chaudronnier emboutit la feuille au maillet ou au marteau en la plaçant sur un billot, afin de la rendre concave, puis il la rétreint, c'est-à-dire en réduit le diamètre aux endroits désirés. Un motif décoratif peut se faire par martelage, estampage à chaud ou repoussage à froid. Les pièces les plus ornées, telles les fontaines et les bassinoires, sont destinées à décorer les murs des salles communes.

Le verre

Le noble art du souffleur de verre est connu dans les régions rurales depuis les Gaulois. C'est un art délicat que de souffler à la canne la matière brûlante en un temps très limité ; les moules fermés n'apparaissent, en effet, qu'à la fin du XIXe siècle. L'art populaire de la verrerie nous a transmis de beaux modèles de verres à pied, à coupe conique et à fût droit, de merveilleux gobelets, vigoureusement teintés au cobalt, au cuivre ou au fer, qui abritaient les bougies et diffusaient de douces lumières colorées. À la fin du XVIIIe siècle, le gobelet s'offre en gage de fidélité, d'amitié et il se couvre alors d'émaux colorés, représentant des scènes de la vie champêtre accompagnées d'inscriptions ou attestant un amour immortel : « Comme ces fleurs, point ne change mon cœur », « À la santé de ma bien-aimée ». La Provence produit, aux XVIIIe et XIXe siècles, des gourdes de pâte bleutée qu'une enveloppe de vannerie ou de treillage de roseaux protège des chocs.

Pichets, carafes, cruches, huiliers, burettes, toutes les formes de récipients à liquide ont été soufflées, mais certains objets particulièrement fragiles et délicats sont l'œuvre de verriers virtuoses qui se jouent des difficultés : bénitiers, baromètres, veilleuses et surtout bouteilles de la Passion, où flottent des ludions en verre filé porteurs des instruments du martyre du Christ, larmes de sang, clous, échelle, fabriqués par des religieuses de Nevers aux XVIIIe et XIXe siècles pour les vendre aux dévots et aux pèlerins de Notre-Dame-de-Liesse, dans l'Aisne.

La vannerie

Tenue encore aujourd'hui pour une technique négligeable et commune, parce que trop connue et trop bon marché, la vannerie remonte à la nuit des temps : ronce, jonc, roseau, osier, châtaignier, paille fournissent une matière première inépuisable. Deux mains solides, dix doigts habiles, voilà le meilleur outillage du vannier pour tresser les fibres, les tisser, les câbler. Seule la paille est utilisée par poignées enroulées en spirale par de la ronce. Pêcheurs, éleveurs, fermiers produisent eux-mêmes les récipients dont ils ont besoin. Seul l'osier blanc est l'œuvre de l'artisan vannier. Il faut une extraordinaire virtuosité pour travailler à jour et en éclisse, puis en volume hélicoïdal, un hochet d'enfant, comme le fait encore maintenant un vannier tourangeau, ou pour confectionner une quenouille, des palmes des Rameaux, des bouquets de moisson en forme d'ostensoir que l'on tresse à Pâques dans le Pas-de-Calais et pour la Saint-Jean d'été.

La corne

Sur la corne perdue par les bêtes de leurs troupeaux, les bergers ont parfois gravé leur manière de vivre, leur métier, leurs rêves. La forme naturelle de la corne, pure et belle, a servi de sifflet, de corne à boire ou de corne à huile ; pour ajouter à sa beauté et pour en personnaliser l'appartenance, le pasteur y a gravé les motifs de son choix. Les gardians de Camargue ont tenté de traduire le cadre sans limites, plat, presque irréel de leurs longues chevauchées. L'artisan professionnel sait amollir la corne à l'eau chaude pour lui imposer la forme désirée, en général celle d'une boîte ou d'une tabatière, que son propriétaire orne ensuite lui-même de scènes évoquant les plaisirs ou les travaux des champs, parfois de façon humoristique.

La pierre

Trop dure à travailler et à décorer, la pierre n'est que rarement employée pour les outils agricoles ou les ustensiles ménagers. Certains objets nous sont pourtant parvenus qui possèdent l'austère beauté, la puissance, le dépouillement d'une véritable sculpture : moulins à sel auvergnats, en grès ou en granit, façades de fourneaux d'ardoise noire du Pays basque.

Le tissu, la dentelle, la broderie

Les costumes régionaux nous donnent, à partir du XIXe siècle, une idée de la richesse et de la variété des tissus d'art populaire. L'originalité de la Charente est d'avoir tissé des « lirettes », petits tapis de chiffons composés d'une trame de laine et d'une chaîne de lin. La trame est formée de bandes de tissus multicolores déchirés puis cousus bout à bout par la paysanne, qui les portait ensuite au tisserand. Le droguet, à trame de laine et chaîne de lin, et le drap de laine sont les tissus les plus courants ; la toile de chanvre et de lin sert pour le linge de corps et les draps.

Si la dentelle reste jusqu'à la Révolution l'apanage des classes riches et du clergé, elle est l'œuvre de femmes du peuple. À partir du XIXe siècle, chaque région se met à produire ses propres coiffes, orgueil des paysannes coquettes et soucieuses d'affirmer leur appartenance à un village, à une province. Les coiffes, dites « bigoudens », de Pont-l'Abbé, prodiges d'équilibre et de virtuosité, en témoignent. Alors que Le Puy, Valenciennes, Chantilly, une partie de la Normandie pratiquent la dentelle au fuseau, les centres d'Alençon, d'Argentan préfèrent le travail à l'aiguille.

Quant aux broderies, elles courent sur les vêtements des jours de fête et s'exécutent sur les matières les plus variées, soie, toile, cuir, laine, où se déploient parfois des motifs brodés de fils d'or et d'argent. La broderie bigouden emploie des motifs spécifiquement bretons, qui se retrouvent sur les meubles et les objets populaires de cette région : cercles concentriques, entrelacs, spirales, en fil de soie jaune d'or sur un fond de drap noir.

Meguerditchian

Objets en corne, gravés par des bergers : deux gobelets et une tabatière avec son couvercle en bois sculpté représentant un canard. France, XIXe s. Galerie M. Sonkin.

Dans toutes les provinces, les femmes ont porté des bonnets de dentelle, façonnés selon des caractéristiques très précises. Ici, coiffe de Saint-Brieuc (Côtes-du-Nord).

H. Roger-Viollet

Meguerditchian

« Le Moine ». Marionnette d'Italie du Nord. XIXe s.
Galerie Michel Sonkin.

Les marionnettes

L'art des marionnettes, ces poupées — sculptées et peintes — en bois, en chiffon ou en papier, prend une place de choix dans le domaine des divertissements populaires. Ces figurines, qui remontent à une origine lointaine (envoûtements en Égypte, pratiques occultes dans l'Empire romain), empruntent à l'homme son aspect, accentué et déformé jusqu'à la caricature, et présentent un caractère outré, simplifié à l'extrême. Le nom de *marionnette* provient de Marion, Marie, noms donnés aux petites poupées articulées que l'on meut par des fils, des ressorts ou par les mains. Le spectacle de marionnettes, tel le célèbre Guignol lyonnais, s'oppose au théâtre savant par la simplicité de l'intrigue, le rôle sans nuance des personnages et par le fait qu'il n'est jamais le fruit d'une invention personnelle, mais procède plutôt de contes et de légendes lointaines, imités, transformés, adaptés par des générations de montreurs qui travaillent sur les foires depuis le Moyen Âge.

LE MONDE DES SIGNES ET DES SYMBOLES

Un ustensile domestique, un outil agricole, un objet cérémoniel, un meuble témoignent à travers leur décor d'un souci permanent d'invention artistique, d'iconographie personnelle, voire d'originalité de la part de l'homme qui les a conçus. Selon Georges-Henri Rivière, « s'y expriment de façon diffuse ses connaissances techniques et ses besoins, ses croyances et ses pratiques, son aspiration à la création artistique ». Motifs géométriques et figuratifs, devises, dédicaces, dates, signatures viennent décorer la plupart des œuvres d'art populaire. Se pencher sur l'origine de ces documents, sur les signes et les symboles, cachés ou évidents, qu'ils recèlent est nécessaire pour comprendre les croyances, les us et les coutumes, les traditions de la société qui les fit naître.

L'extrême centralisation des beaux-arts et des académies, organisée par Louis XIV et Colbert, qui établissent la hiérarchie des genres et élaborent les règles du « grand goût », institutionnalise la faille entre beaux-arts et arts appliqués. Mais, dans la seconde moitié du XVIIIe siècle, la paysannerie s'enrichit, les artisans se rassemblent en compagnonnages, diffusant ainsi leurs acquis culturels et leurs secrets techniques lors du tour de France dans les villes provinciales et chez les riches campagnards. L'art populaire, en se rapprochant ainsi de l'art dit « savant », connaît son apogée entre 1750 et 1860 environ. Les plus beaux objets, témoins de ce rapide essor de la culture populaire, ont, pour la majorité, vu le jour à cette époque. L'aisance à assimiler les modèles du grand art en les mêlant aux traditions lointaines et persistantes de leurs régions stimule alors l'imagination des artisans en leur permettant de créer néanmoins des styles originaux. Cet enrichissement, né de la synthèse de deux cultures, est particulièrement manifeste dans le mobilier (voir chapitre consacré aux meubles régionaux). La coutume populaire suivant laquelle l'artisan date son œuvre permet de constater un réel décalage entre un style déterminé et son application sur un meuble régional. Le style géométrique est le plus fréquemment utilisé dans le Queyras, car les résineux, mélèze, pin, sapin, se prêtent à ces décors qui, taillés en biseau à la gouge, font jouer profondément les ombres et les lumières. Rouelles, rosaces, tiges stylisées sont les ornements les plus utilisés sur les coffres et sur les berceaux. Les styles médiéval et Renaissance ont marqué de leur empreinte les meubles alsaciens avec des motifs tels que les entrelacs des dossiers de chaises et les meubles savoyards ornés de rinceaux renaissants italiens, jusqu'au XIXe siècle. Profondes moulures, découpages des surfaces à décorer, pointes-de-diamants, épaisses corniches caractérisent le style Louis XIII adopté dans la France de l'Ouest, en Bretagne, en Poitou et en Guyenne, ainsi qu'en Auvergne et en Bourgogne du Nord jusqu'à la fin du siècle dernier. Quant aux styles Louis XV et Louis XVI, ils fleurissent sur un grand nombre de meubles régionaux des XVIIIe et XIXe siècles et n'ont plus que de lointains rapports avec la facture traditionnelle des meubles populaires, car, fabriqués par des artisans professionnels dans les villes, ils sont destinés à une clientèle bourgeoise. Toutefois, sur d'humbles fauteuils « bonne femme », un dossier chantourné ou un accotoir en volute montre l'intégration sur un meuble paysan d'un élément de style.

Dans l'étude des motifs et des signes, ne cherchons pas à faire surgir des symboles enfouis dans chaque virgule, chaque spire, chaque entrelacs ou chaque fleur. Historiens et ethnologues actuels oublient trop souvent que le paysan, le berger, l'artisan obéissent en premier ressort à des impératifs techniques dictés par la matière, dure ou tendre, et par leur propre habileté. Ils puisent leur inspiration au gré des circonstances, et leurs sources sont essentiellement religieuses. Ils ont, en effet, tout loisir d'observer chandeliers, croix et ostensoirs, le dimanche à l'église, motifs qui, transposés sur des objets d'usage quotidien, perdent alors toute signification : ils sont simplement décoratifs et faciles à dessiner. La disposition du décor découle, par ailleurs, d'une logique plastique autant qu'ésotérique, mythique ou symbolique.

MOTIFS GÉOMÉTRIQUES

L'artisan s'oriente spontanément vers un répertoire remontant bien au-delà de l'ère chrétienne : le répertoire *géométrique.* L'art populaire du XVIIe au XXe siècle reprend à son compte les signes qui décoraient les pierres antiques, les terres cuites crétoises ou les sceaux sumériens, motifs alors riches d'intentions symboliques. Mais sur ces objets français et européens, leur rôle n'est-il pas purement ornemental ? Il est évident que la persistance de tels signes tient plus à une utilisation de techniques semblables qu'à une croyance analogue. Tous les enfants du monde ne dessinent-ils pas au compas les mêmes rosaces ? Il n'est donc pas surprenant que l'artisan, à l'aide de l'aiguille, de la gouge, du pinceau, du ciseau, ait utilisé des motifs antiques immuables, simples et beaux. Selon H. Clouzot, le répertoire géométrique, véritable alphabet décoratif, serait le seul langage universel. Néanmoins, la persistance de certaines images sur des objets déterminés prouve qu'elles revêtent parfois un sens symbolique.

Croyances et superstitions

Si le *cercle* prend chez les Ostrogoths, les Celtes, les Coptes une valeur cosmique, il serait hasardeux de déduire que les boutons de culotte bretons gravés de cercles concentriques possèdent une signification astrale ! Mais il est troublant d'observer que les bergers ont maintenu jusqu'après la dernière guerre le décor de cercles cloutés de cuivre sur les colliers de leurs brebis. D'ailleurs, par le *Grand Calendrier et compost des bergers,* le plus lu des almanachs vendus par colportage, le berger a continué longtemps de croire à l'influence des astres et à un destin cosmique.

Fascinante *spirale !* Elle déroule ses rinceaux, ses volutes et ses crosses depuis la nuit des temps. En France, l'art populaire du Pays basque, d'Alsace et surtout de Bretagne l'a particulièrement privilégiée. Spire végétale quand elle se peuple de feuilles et de rinceaux, spire animale lorsqu'elle stylise le serpent, l'escargot, les cornes de bouc ou de bélier. Il est malaisé de rattacher la spirale au grand groupe des symboles cosmiques et il ne faut peut-être y voir qu'un motif qui, lié à la technique de la ferronnerie, s'est par emprunt appliqué à d'autres techniques, notamment la broderie du pays bigouden. Cependant, le rôle prophylactique de certains ornements spiralés a été prouvé par Arnold Van Gennep, père de l'ethnographie en France, sur des tapes à beurre savoyardes dont le décor devait éviter à l'aliment de devenir rance ! C'est la Révolution qui aurait supprimé ces motifs, jugés à bon escient superstitieux.

Symbole solaire dans l'Antiquité, la *rosace* vient nimber Apollon Hélios et autres divinités, tandis que, au Moyen Âge, elle représente la signification cosmique de l'immortalité. En art populaire, la rosace est parfois dénuée de tout sens sur les quenouilles, les plioirs à dentelle et les battoirs à linge, par exemple. Mais elle peut prendre une valeur magique pour protéger des maléfices : certaines jattes à sel sont couvertes de motifs rayonnants pour signaler le rôle propitiatoire du sel, rôle qui persiste encore dans le rite du baptême catholique — le sel protège du Malin. Les rosaces du Queyras se déploient sur les berceaux, pour éloigner de l'enfant les maladies, et sur les coffres, pour abriter de la moisissure et du chapardage les précieux trésors qu'ils recèlent.

Rouelles à rayons droits, rouelles fulgurantes à rais en hélice ont été chargées par les chrétiens d'un contenu hautement métaphysique, ainsi qu'en témoignent chrisme, nimbe crucifère et roue de fortune, symbole de la destinée humaine hérité de croyances funéraires romaines. Est-ce pour cette raison que la roue figure si souvent sur les pierres des tombes et sur les berceaux en bois ? En Bretagne, des roues de fortune ornées de clochettes possédaient encore récemment un sens divinatoire et propitiatoire, lointain souvenir de l'Antiquité. L'association, trop fréquente pour n'être que fruit du hasard, de la rosace et de la rouelle dérive peut-être de raisons techniques comme l'emploi du compas sur le bois, mais joue assurément un rôle religieux. Ces deux motifs joints, flanqués en principe d'une croix, représenteraient l'un le Soleil, l'autre la Lune.

Le signe de la *croix* n'a pas attendu la mort du Christ pour faire son apparition : il est un des motifs les plus fréquemment utilisés en art populaire. Croix latine, elle suscite chez le chrétien le souvenir de la mort de Jésus, du Salut, de l'Église, tout en le protégeant des esprits sataniques et des méfaits d'éventuels loups-garous. La tradition populaire est, en effet, invariablement mêlée de croyances païennes et de rites chrétiens. Représentée sur des bijoux, des broderies, des assiettes, des meubles, des outils, la croix est constamment présente dans la vie rurale française.

Jusqu'à l'avènement du IIIe Reich, le *svastika* avait en Europe une signification bénéfique et talismanique. Rien cependant ne permet d'affirmer qu'il représente l'emblème du Soleil en mouvement venu d'Asie Mineure. Orientée à droite ou à gauche indifféremment, cette croix gammée, appelée également croix à virgule, est un motif de prédilection de l'art populaire alsacien et basque, ornement qui se retrouve aussi en Ardenne, en Auvergne, en Bretagne, en Lorraine et en Savoie.

Le dessin d'un *cœur,* si gracieux et si « parlant », est commun à tous les âges et à toutes les classes de la société. Il est aisé de le tracer au compas, ce qui explique le foisonnement des cœurs aux volets et aux portes de nos campagnes, sur les objets en terre, en fer, en vannerie, en bois. Ce motif recèle des significations variées, mais toutes issues de la vie du... cœur, bien sûr ! Demande en mariage, amour passionné, fidélité, constance, désespoir, engagement s'expriment par ce cœur, qui, selon les circonstances, est percé de flèches, fendu en deux, couronné de flammes, agrémenté d'initiales et de dates. Les collectionneurs sentimentaux aiment à

Les plioirs à dentelle donnent l'occasion au fiancé de montrer son talent de sculpteur ; on y retrouve les éternels motifs géométriques à caractère symbolique. Remarquez le petit coq (à gauche) entre deux cœurs. Auvergne, XIXe s. Galerie M. Sonkin.

Meguerditchian

Meguerditchian

Tambour de dentellière en mélèze avec le « lac d'amour », nœud à double boucle, symbole de fidélité conjugale. Savoie, XIXe s. Galerie M. Sonkin.

rassembler les « présents d'amour » ornés d'un cœur : ceintures et bijoux bretons, objets de dévotion, faisselles à crème et à fromage destinées à mouler les aliments lors du repas de mariage, etc. Accompagné de roses, d'épines ou d'une croix, le cœur acquiert un sens religieux et il est associé aux cultes du Sacré-Cœur et de sainte Thérèse de Lisieux. Lors des guerres de Vendée, les insurgés portaient, sur un brassard, un cœur rouge et une croix brodés, signe de fidélité à Dieu et au roi. Emblèmes que l'on retrouve sur des meubles, des faïences et des outils de cette région, en gage de choix politique.

Savoyards, Basques et Alsaciens éprouvent un certain penchant pour les motifs en *virgule,* qui ne paraissent pas posséder d'intention symbolique cachée, sauf peut-être en Savoie, où la virgule, appelée « corne de bœuf », sur les jougs, colliers et sonnailles, semble devoir protéger les bêtes contre le mauvais œil et, sur les tapes et marques à beurre, préserver les aliments de la pourriture.

Moule à gâteau en forme d'écrevisse (symbole de fécondité), en terre vernissée rouge de Soufflenheim (Alsace). Coll. part.

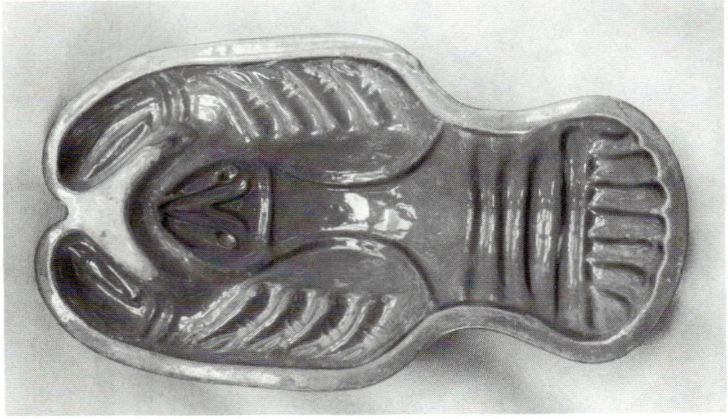

Laffay

On ne peut dénier à l'*étoile* sa valeur astrologique ! Son sens ornemental varie selon le nombre de ses branches. Ajoutez le nombre 3 (l'homme) au 2 (la femme) — n'en déplaise aux féministes — et vous obtenez le chiffre 5, symbole du mariage. L'étoile à six branches du sceau de Salomon évoque la paix, l'équilibre. Résurrection, justice et surtout renouveau par l'initiation s'expriment à travers l'étoile à huit branches, qui figure sur maint outil de compagnonnage. Les traités de magie, diffusés par colportage, ont énormément servi à maintenir les caractères ésotériques de ces étoiles talismaniques.

Le *nœud* à double boucle si répandu en Alsace et en Savoie, où il porte le joli nom de « lac d'amour », imite le huit couché, représentation de l'infini, de la longévité. Dans la symbolique franc-maçonnique, ce nœud s'appelle la « cordelière d'union », pour illustrer le lien parfait. En Bretagne, associé au cœur, le nœud signifie l'amour lié ou délié, le mariage ou le veuvage : la langue parle avec les mêmes images de liens *tissés,* d'idylles *nouées.*

Quant aux *zigzags, chevrons, épis* et *dents de loup,* autant de variantes et de combinaisons du V, ils constituent les signes les plus propices à souligner une bordure, à délimiter un espace. Leur effet esthétique, ajouté à leur facilité d'exécution, fait de ces décors en angles des motifs fort utilisés qui viennent s'épanouir sur les panses ventrues des poteries comme sur les surfaces planes des plioirs à dentelle auvergnats du XVIIIe siècle.

MOTIFS VÉGÉTAUX

Plus complexe à traduire que ces figures géométriques, le *décor végétal* est toutefois très fréquemment employé sur les objets domestiques populaires. Le paysan, le berger, l'artisan vivent dans la campagne au contact de la nature et c'est dans l'observation des fleurs et des plantes de leur région qu'ils trouvent leur inspiration. *Tulipes, tournesols, anémones* tombent en chute ou se lient en bouquets sur les meubles et les objets alsaciens, ardennais et briards. Le Savoyard grave, peint et sculpte des *campanules,* des *pensées,* des *gentianes* et des *myosotis ;* le Bressan préfère la *feuille d'eau ;* le Lorrain, la *fleur de lys,* symbole de noblesse et de grandeur.

Ces mille bouquets de fleurs, de fruits et de feuillages parlent au cœur autant qu'aux yeux grâce aux vertus que leur attribue la sagesse populaire : l'amoureux déclare son amour par le truchement de l'*œillet,* de la *rose* (la passion), du *myosotis* (le souvenir). Il chante les qualités de l'aimée par le même langage poétique sur les présents qu'il lui destine, quenouilles, affiquets, coffrets, marques à pain et à beurre, bassinoires ou moules à gâteaux, et sur les meubles : à la modeste, le *liseron* et la *violette ;* à la plus belle, la *rose ;* à la fidèle bien nantie, *corbeille* et *corne d'abondance !* Le rôle de ces objets va d'ailleurs peu à peu se limiter à une fonction essentiellement décorative ou sociale. C'est ainsi que le battoir à linge est offert en Alsace à l'épouse par le mari qui entend lui rappeler de la sorte son devoir de tenir maison nette et linge propre. L'Alsace manifeste, en outre, une nette prédilection pour les végétaux. Terres cuites, verreries et meubles décorés sont rehaussés de gerbes polychromes.

MOTIFS ZOOMORPHES

La fascination exercée par les animaux sur l'imagination populaire s'exprime déjà avec force dans le foisonnant et prodigieux bestiaire médiéval : aux chapiteaux, aux tympans des portails, aux vitraux des églises grouille tout un monde de monstres hybrides, de démons fantastiques échappés de l'enfer ou écrasés par des saints héroïques, comme saint Georges et le dragon, sainte Marthe et la Tarasque... Les fabliaux et les contes animaliers, le *Roman de Renart, la Farce de maître Pathelin,* ont également contribué à stimuler l'imagination paysanne. Mais, très prosaïquement dans ce domaine encore, l'observation directe permet plus aisément à l'artisan de représenter sur ses outils ou ses ustensiles des animaux domestiques et familiers. L'élément zoomorphe participe donc au décor populaire, mais la difficulté à traduire la vie, le mouvement rend plus rares les représentations animales que les décorations florales.

Il était bien normal en France que, parmi les animaux, le *coq* soit le plus riche en significations et omniprésent dans le décor rural. Symbole de la Résurrection, lié à l'apparition du jour, et de l'âme vigilante pour l'Église, il vient se percher rituellement sur les clochers, les girouettes, les lampes, les porte-lampes.

La pacifique *colombe* tient aussi une place primordiale dans le bestiaire populaire, où, comme dans l'art religieux, elle annonce paix, bonheur, prospérité, amour divin et amour terrestre. De ce fait, elle appartient au répertoire traditionnel des « présents d'amour » et des armoires de mariage, en Normandie principalement.

Quant à l'image du *cerf,* elle revêt une très haute signification dans l'iconographie chrétienne puisqu'elle représente le Christ.

Compère *Renard,* lui, jouit depuis le Moyen Âge de la sympathique réputation de maraudeur débrouillard et plein d'astuces, renommée issue du célèbre *Roman de Renart.* Et, dans le Vexin, plusieurs hachoirs et couperets sont en forme de renard, la queue servant de manche.

IMAGERIE RELIGIEUSE

L'art populaire français, qui s'épanouit au sein d'une culture chrétienne, a multiplié les images de Dieu, déjà admirées aux portes des églises, dans les foyers, dans les champs, dans les ateliers. L'iconographie religieuse populaire prend essentiellement source dans l'art médiéval. Dieu apparaît le plus fréquemment sous l'aspect du *Christ en croix,* au carrefour des chemins, au chevet des lits, sur les objets d'usage courant, tabatières, râpes à tabac, coffres, assiettes et sur les objets de culte comme les bouteilles de la Passion.

La Vierge

Défenseur du faible, du malade et de l'innocent, intercesseur auprès du Christ, la *Vierge* est présente dans tous les foyers, placée, comme jadis les dieux lares romains, aux portes d'entrée dans une niche ou au-dessus des lits, sur les cheminées et à l'extérieur sur les fontaines et même au creux des arbres. N'y a-t-il pas là une supplantation, par le culte marial, d'une ancienne croyance celtique en une déesse mère, symbole de fertilité et d'abondance et protectrice des enfants et des morts ?

Les saints patrons

Saint patronymique, saint protecteur d'un corps de métier, saint médiateur que l'on prie dans des circonstances précises, maladie, objet égaré, femme volage, etc. : les représentations dévotes ont proliféré au cours des XVIIIe et XIXe siècles, dans les églises et lieux de pèlerinage, bien évidemment, mais aussi dans les maisons, sur les ustensiles domestiques, moules à gaufres, bassinoires ou râpes à tabac, sur les outils et sur la vaisselle de faïence. Les images de *saints patrons* figurent en priorité sur les outils propres et les objets des artisans qu'ils protègent : *saint Jacques,* patron des pèlerins, est par extension devenu le protecteur des compagnons, grands voyageurs du tour de France : sa coquille suffit parfois à l'évoquer. *Saint Yves* et *saint Nicolas* préservent du naufrage les marins. *Saint Honoré* patronne la confrérie des boulangers. *Saint Éloi* accorde assistance aux forgerons et aux muletiers ; à ce titre, il est ciselé sur le cuivre de plus d'une plaque de harnachement de mulet. *Saint Joseph* protège les charpentiers, *saint Jean-Baptiste* les doleurs et tonneliers...

Meguerditchian

Réussite de l'expression spontanée : sur ce coffret de fiançailles, la légèreté aérienne du trait donne des ailes aux oiseaux affrontés autour d'une fleur de lis. Galerie M. Sonkin.

Sauvé (de la chute) par Jésus... grâce lui soit rendue. Ex-voto du XIXe s. peint sur bois. Galerie Michel Sonkin.

Meguerditchian

Doisneau-Rapho

La recherche de formes qui restent fonctionnelles donne souvent des effets comiques inattendus.

FIGURATION DE L'HOMME

Dans l'iconographie populaire, une place de choix est accordée à la *représentation humaine.* En effet, l'homme, qu'il soit artisan, pasteur, agriculteur, aime à se figurer dans sa vie professionnelle, familiale, sociale et parfois dans ses engagements politiques. L'être humain, en art populaire, peut être vu sous sa forme la plus réaliste, comme sous l'angle le plus géométrique. Alors asexué, il se réduit à un assemblage de cercles, de triangles, de zigzags et est très voisin, par sa schématisation, des statuettes votives gallo-romaines ou des figurines archaïques de la protohistoire, comme en témoignent certaines cuillers bretonnes en buis, utilisées pour les repas de cérémonie, ou des porte-lampes auvergnats de bois sculpté et ajouré.

LES TRAVAUX ET LES JOURS

Pour commémorer un événement familial, social ou historique marquant, paysans, artisans et bergers datent souvent leur œuvre. Ils la signent, la commentent, la dédicacent afin d'immortaliser un jour pour eux important, le mariage par exemple. Les présents en cette occasion portent ainsi fréquemment la date et les initiales des époux. Vaisseliers, coffres de bois, armoires à linge, gaufriers, palettes à crêpes, marques à pain et à beurre, plaques à dentelles sont soigneusement et amoureusement gravés au ciseau et à la gouge de rosaces, fleurs, zigzags, figures, puis datés et signés comme une œuvre artistique. Caricatures, devises, proverbes, plaisanteries font naturellement partie des dédicaces traditionnelles portées sur les cadeaux de mariage. « Au plaisir, ma belle, ne soyez plus rebelle », trace l'impatient fiancé normand sur un gobelet de verre, tandis que le potier tourangeau inscrit avec philosophie : « La cruelle jalousie est le poison de la vie. »

Orgueil de l'artisan, l'outil même porte souvent ses initiales, son nom, la date de fabrication, sur le manche ou la poignée. Ainsi nombreux objets personnels, râpes à tabac, tabatières, cornes à vin ou gobelets, et maint outil, marques à fromage, boîtes à sel, jougs, colliers et sonnailles, étuis de pierres à faux, sont personnalisés d'une humble signature peinte, sculptée ou taillée sur l'objet que l'artisan a voulu immortaliser. À côté de ces signatures, dates et monogrammes voisinent parfois des *scènes de la vie laborieuse,* observées sur le vif assurément tant les gestes sont précis, les expressions exactes, même lorsqu'elles sont maladroitement rendues.

À LA RECHERCHE DU TEMPS PASSÉ

Vaste domaine que l'art populaire français ; preuves matérielles d'une culture disparue et encore méconnue, ils sont multiples ces objets attachants, beaux, variés et riches de significations. Au sein de cette énorme production apparaît quelquefois une œuvre aussi achevée, aussi parfaite, aussi pure qu'un réel chef-d'œuvre artistique, tels les sabots élancés de la vallée de Bethmale dans l'Ariège, appelés « esclops », ou les savoureuses bouteilles de grès créées à La Borne, près d'Henrichemont, dans le Cher par une certaine Marie Talbot, à la fin du XVIIIe siècle, ou encore les délicats ploirs à dentelle auvergnats au décor si harmonieux qu'on pourrait le dire « classique ».

Cependant, insidieusement, lentement, à partir de la seconde moitié du XIXe siècle, la culture populaire va être condamnée à disparaître. Des pans entiers de notre passé collectif s'écroulent peu à peu ; danses et traditions orales, couvertes par le bruit des phonos, des radios, des télévisions ; survivances préchrétiennes extirpées à jamais des pratiques religieuses ; rites saisonniers rompus par un rythme de vie trépidant ; costumes locaux submergés par l'afflux des textiles anglais et par l'apparition de la confection en série ; outillage manuel dépassé rapidement par les machines ; faïences patronymiques, objets pieux, verrerie, mobilier englouti sous l'amas de médiocres productions industrielles. Ignorance et mépris qui tendent néanmoins à s'affaiblir de plus en plus, sinon à disparaître depuis une dizaine d'années.

Sur le thème des cœurs unis, gravés sur le couvercle de ce coffret de fiançailles, le sculpteur a réussi un petit chef-d'œuvre appliqué, symétrique et plein d'amour... « pour Hélène ». Galerie Michel Sonkin.

Meguerditchian

Saturé de matière plastique, d'acier, de verre, le Français a soudain pris envie de s'entourer de bois brut, de s'alimenter « naturellement », d'aller cueillir des fraises dans un panier d'osier, de cirer son vaisselier de pin, d'égoutter son fromage dans un petit cœur blanc, et de chausser des sabots ! À la recherche de ses propres racines, le citadin se plonge avec avidité dans des livres comme *Montaillou, village occitan,* de Le Roy-Ladurie, ou *le Cheval d'orgueil,* de P. J. Hélias, et dans les ouvrages exhaustifs sur « l'architecture rurale en France ». Échoppes d'artisans et folkloristes, sacrifiant à la mode, proposent alors leurs productions de poteries, bijoux ou bois taillé, créés en série, donc trop souvent sans âme et de facture sèche. Ces objets « dévitalisés » ne peuvent guère composer qu'un décor artificiellement rural. Les véritables amateurs d'art populaire, désireux d'authenticité et de beauté plastique, vont se mettre en quête d'objets témoignant d'une tout autre intention esthétique. Il faut, en effet, rappeler qu'un véritable collectionneur doit se fonder d'abord sur la valeur esthétique de sa découverte, puis sur son état de conservation, sur son originalité, sur son ancienneté — rares sont les œuvres antérieures à la fin du XVIIIe siècle en France. Il devra aussi imposer des limites au genre d'objets à réunir et s'y tenir. C'est le meilleur moyen d'apprendre à reconnaître la pièce rare, curieuse, authentique, qui parle au cœur autant qu'aux yeux. Une collection n'est-elle pas toujours une histoire d'amour ? Bon moyen aussi pour écarter les faux qui pullulent dans certaines catégories d'objets, simples à copier, comme les ploirs à dentelle, les rouleaux à beurre, les marques à pain ou à fromages, tous en bois et décorés au ciseau ou à la gouge, et comme les outils de ferronnerie. Nombreux sont si bien imités, car reconstitués à partir d'une pièce ancienne ou refaits avec des matériaux anciens, qu'il est extrêmement délicat de déceler le vrai du faux. Il convient d'exiger de l'antiquaire un certificat d'authenticité écrit au dos d'une photo de l'objet, qui, elle, ne peut mentir, alors qu'un certificat sur papier libre peut toujours être contesté. La fausse patine, la reteinte d'un bois récent sont jeux d'enfants pour les faussaires. Certains n'hésitent pas à sculpter, à dater, à signer un banal outil ancien dépourvu de décor, afin d'en obtenir un bon prix !

Une fois acquis, l'objet doit être nettoyé avec grand soin, car il faut conserver la patine et l'usure naturelle des matériaux, quels qu'ils soient.

Les objets d'art populaire, de faibles dimensions le plus souvent, s'adaptent aussi bien à un cadre campagnard qu'à un décor citadin, mais le pire sort qui leur soit réservé est certainement le détournement de leur fonction d'origine. Combien de jougs de bœufs transformés en portemanteaux ou en suspension ! Ces objets, même humbles, méritent respect et amour. Ils ne peuvent être réutilisés sans risque de cassure ou d'usure et, d'ailleurs, qui maintenant se soucie de marquer son pain chez le boulanger, de mouler son fromage, de plier des dentelles ? Ces objets, « mis à mort socialement » selon la puissante formule de Jean Cuisenier, ne peuvent revivre à l'ère industrielle dans un cadre artificiellement maintenu. Tenter de les faire ressusciter en les employant est tout à fait illusoire. Mieux vaut leur attribuer un rôle de décoration et de témoignage.

LE MARCHÉ DE L'ART POPULAIRE

Le marché de l'art populaire s'élargit progressivement d'année en année. Dans chaque région et même à Paris apparaissent des antiquaires qui se spécialisent de plus en plus. Beaucoup se consacrent aux objets de bois, aux meubles de bergers et aussi aux outils en tout genre qui connaissent, depuis 1975, une faveur croissante auprès des jeunes collectionneurs surtout : toujours cette quête de l'authentique, de la valeur humaine qui est le souci principal du collectionneur moderne. Certains s'intéressent à une catégorie d'outils, ou à une corporation donnée : le tonnelier, le forgeron, les outils de la vigne... Les poteries populaires, grès et terres vernissées, qui étaient très mal connus, commencent à être étudiés systématiquement, et certains marchands, à Paris et en province, s'en font une véritable spécialité. Autre signe de cette faveur de plus en plus prononcée : les ventes vouées aux meubles populaires, aux outils, aux poteries se multiplient de mois en mois : à Drouot, en région parisienne ou en province éloignée, il n'est guère de semaine qui n'en comporte au moins une ou deux.

Cet élargissement du marché a pour corollaire inévitable un appauvrissement en quantité et en qualité de la marchandise proposée, et une montée des prix assez spectaculaire : entre 1979 et 1989, ils ont doublé et parfois triplé, pour certaines catégories comme les outils et les poteries... bien que cette évolution ne soit pas très nette. Les cotes ne sont pas encore stabilisées, elles varient beaucoup d'un marchand à l'autre et même chez un même marchand ; en effet, les antiquaires en art populaire sont généralement raisonnables et tachent de fixer leurs prix de vente en fonction de leur prix d'achat... ce qui freine un peu la hausse. Toutefois, ils ne peuvent empêcher les enchères de s'emballer en vente publique... et les détenteurs d'objets, forts de ces résultats officiels, de ne lâcher leurs trésors qu'au plus haut prix. Enfin, les amateurs auront toujours intérêt, lorsqu'ils achètent, à s'adresser à un marchand spécialisé. Devant le succès de l'art populaire, il convient donc, lorsque les objets proposés ne sont pas cautionnés par un expert, de s'entourer de toutes les précautions nécessaires aussi bien chez les marchands de rencontre que dans les ventes aux enchères.

Passette à ruban du Puy-en-Velay (Haute-Loire). Navette à tisser de Calabre. Cœur saignant orné d'un feuillage (Grèce). L'art populaire n'a pas de frontière, son langage est universel. Galerie Michel Sonkin.

Meguerditchian

*« Art maudit pour beaucoup encore, l'art nègre aura un jour la consécration qui lui est due, et nous ne désespérons pas de voir un jour au musée du Louvre, à côté des salles égyptiennes et mésopotamiennes, une salle réservée aux plus belles réalisations des Noirs »,
a dit René Rasmussen, un des plus grands collectionneurs français d'art primitif. Cette tête en terre cuite d'Ifé (Nigeria) est l'un des témoignages les plus anciens et les plus nobles de l'art africain (XIIe-XVe siècle).*
Nigerian Museum.

Werner Forman

L'ART PRIMITIF

Les arts primitifs appartiennent à l'histoire de l'humanité au même titre que les autres formes d'expression que sécrète toute civilisation. À la fois de tous les temps et hors du temps, les arts primitifs ne doivent cependant se confondre ni avec l'art populaire ni avec l'art brut.

C'est par les arts africains que les Occidentaux ont eu la révélation de ce phénomène culturel jusqu'alors méconnu, voire inconnu, qui remet en cause les valeurs esthétiques des civilisations gréco-latines et qui, par la suite, les féconde, donnant naissance à de nouvelles sources d'inspiration.

Le culte des ancêtres provoque souvent la création artistique et, d'une ethnie africaine à l'autre, les styles sont d'une infinie variété. Nous ne pouvons évoquer ici que les plus typiques où dominent les bois sculptés en tout genre, mais les œuvres de bronze, d'or, d'argent ou d'ivoire sont également représentatives de royaumes disparus.

En Océanie, l'art fantastique de la Nouvelle-Guinée, les grands masques en fibres végétales de la Nouvelle-Bretagne, les monumentales et énigmatiques statues de pierre de l'île de Pâques bouleversent également les canons esthétiques du monde occidental. En Amérique, les arts indiens issus de cultures préhispaniques nous laissent encore les étonnants témoignages d'un riche passé à peine défriché et déchiffré. Ces arts primitifs éveillent la curiosité d'un public encore limité, en raison même des connaissances spécialisées qu'ils exigent. Le marché s'en ressent et les cotes sont alors irrégulières, ce qui, justement, permet de belles découvertes à des prix intéressants, en dehors de spectaculaires exceptions.

L'art primitif ou, plutôt, les arts dits « primitifs » appellent une définition précise pour lever toute ambiguïté. Qu'est-ce que l'art primitif ? Le terme est employé pour désigner les créations artistiques de certaines cultures de l'Afrique, de l'Asie, de l'Océanie et de l'Amérique : elles concernent tous les continents, à l'exception de l'Europe.

Le mot « primitif » est lui-même complexe, car il peut prendre le sens péjoratif de « simple », « grossier », voire « primaire ». Il s'agit, en fait, d'un art de début, des origines de la civilisation et de l'aventure de l'humanité. Il marque une étape de l'évolution socio-économique, étape pour nous révolue. À notre économie industrielle s'oppose celle de l'homme dit « primitif », qui est encore fondée sur la cueillette, la chasse et la pêche.

L'art primitif est par conséquent une manifestation culturelle arrêtée dans le temps à un moment donné et qui n'est guère susceptible de modification majeure. L'art primitif est essentiellement intemporel, sans aucune chronologie. L'art primitif ne peut pas non plus être assimilé à ce que nous appelons l'art « brut », invention d'artistes contemporains s'écartant des lois académiques traditionnelles et cherchant parfois leur inspiration dans des civilisations jusqu'à nos jours fort négligées.

L'art primitif ne doit pas davantage être confondu avec l'art populaire, expression régionaliste du folklore local, en opposition souvent avec une culture officielle qui lui fournit d'ailleurs de nombreux thèmes.

L'art primitif ignore l'art pour l'art tel que le connaissent les civilisations avancées. L'artiste « primitif » est motivé par des fins différentes : il doit répondre à des impératifs où la religion, le culte, la magie et les rites se rencontrent. Son art est l'expression du groupe social dans lequel il vit, de sa tribu, de son clan ou de son ethnie. Il est donc étroitement assujetti à des tabous et à des interdits de toute espèce. Contrairement à ce que pouvaient penser les philosophes du XVIIIe siècle, le « bon sauvage » n'est pas un être totalement libre... Cependant, grâce à son génie créateur, l'artiste primitif a su, le plus souvent, surpasser sa simple fonction sociale pour laisser libre cours à son sens de l'invention.

Il est d'usage, quoique arbitraire, de ranger sous le vaste pavillon de l'art primitif les œuvres des civilisations américaines naguère baptisées « précolombiennes », et que nous appelons aujourd'hui « préhispaniques ». En réalité, nous sommes là en présence de cultures évoluées, appartenant à des empires puissants, structurés, étatisés. Si, toutefois, nous les plaçons immédiatement à la suite des « Arts primitifs », c'est pour nous en tenir à une réalité qui correspond davantage à des secteurs d'activités professionnelles qu'à une volonté de classification raisonnée. Au surplus, même en ventes publiques, les experts en « arts primitifs » sont également considérés comme compétents pour les civilisations américaines. Notre souci de présenter une encyclopédie pratique nous a conduit, dans une étude d'ensemble, à traiter des arts préhispaniques juste après les arts primitifs, ce qui n'implique pas qu'ils y soient rattachés.

L'AFRIQUE NOIRE

Les arts primitifs de l'Afrique noire se sont manifestés de diverses manières en utilisant des techniques et des matériaux constants : sculptures, en bois principalement, en pierre plus rarement, en bronze, en laiton, en fer, en ivoire, modelages en terre cuite, travail de l'or, vannerie, tapisserie, etc.

Le bois et la pierre

Stylisés, schématisés, cubistes, voire abstraits ou surréalistes, idéalisés, plus rarement réalistes, tels sont les différents visages que peut prendre la statuaire des peuples de l'Afrique noire. L'artiste africain ne cherche pratiquement jamais à reproduire la nature telle que nous la voyons.

Caractères fondamentaux

Le bois est le matériau favori, même si l'on trouve de rares sculptures en pierre. Il est léger et, de ce fait, pratique pour les objets de culte, qui doivent être mobiles ; il est abondant et facile à travailler. Le motif le plus fréquent est celui de la personne humaine, sous forme principalement de masques ou de statuettes. Les statues se présentent comme des objets de dimensions généralement modestes, dont même les plus grandes n'atteignent jamais des proportions écrasantes pour l'être humain et restent presque toujours à la mesure de la main qui les a façonnées. Elles étaient non pas destinées aux regards et à la manipulation, mais aux rites et, de ce fait, exigeaient d'être ointes de sang ou d'autres enduits de sacrifice. Le bois n'est pas toujours employé seul, et l'impression générale que dégage une sculpture dépend fortement des accessoires joints : jupe en fibres et en paille, ou cache-sexe en écorce, argile, sang séché, coquillages incrustés (particulièrement les cauris), bijoux en métal, perles multicolores, plumes, fragments de cuir, cornes d'animaux ou même clous de fer et lames d'acier fichés dans la matière pour les envoûtements. Ces accessoires sont très importants pour la bonne intelligence du rôle des objets africains, et cette constatation apparaît particulièrement évidente lorsqu'on examine les masques tronqués conservés dans les collections publiques ou privées.

La sculpture africaine a un rôle précis et une destination définie. Ainsi, masculines ou féminines, les statues d'ancêtres sont tantôt asiles provisoires pour les esprits des défunts, tantôt simples images à but commémoratif. Gardées chez le doyen du lignage, dont l'habitation abrite le culte familial, ces statues doivent être différenciées des « fétiches » (du portugais *feiticio,* signifiant « image au charme magique ») proprement dits, qui ont pour rôle de défendre leur possesseur contre un malheur imprévisible et contre la volonté mauvaise d'un ennemi redoutable.

Techniques

Les sculpteurs partent toujours d'un bloc plus ou moins cylindrique formé par un tronc ou une branche d'arbre, dont la longueur et la grosseur leur conviennent.

Meguerditchian

Taillée dans un tronc d'arbre, cette sculpture en garde la forme générale. L'esprit de l'arbre, invoqué lorsqu'il fut abattu, reste présent dans cette maternité Mbembe (Nigeria). Galerie H. Kamer.

Après une courte invocation à l'esprit de l'arbre, souvent suivie du sacrifice d'une poule, ils abattent et écorcent sur place. Le bloc est d'abord dégrossi et affiné à l'aide d'une hache, puis il est amené au lieu de travail, qui n'est pas nécessairement le lieu d'habitation. Le travail de sculpture véritable est effectué à l'herminette et au couteau. L'œuvre terminée pourra recevoir un décor gravé au couteau et sera poncée à l'aide de feuilles rugueuses, jouant le rôle du papier de verre. Le sculpteur pratique la taille directe, sans dessin ni maquette de l'œuvre projetée : il travaille par approximations successives et a donc besoin d'un matériau assez tendre qu'il puisse retoucher. Le bois, de ce point de vue, est idéal.

L'artiste ne dispose, en règle générale, que d'une seule masse — tronc ou branche d'arbre — donnée au départ et à laquelle il ne peut rien ajouter. Il ne pourra donc qu'évider. C'est ce qui explique le nombre de sculptures primitives qui gardent la forme de poteau et dont les proportions des sujets représentés ne peuvent être respectées.

En séchant, beaucoup de statues africaines se sont fendues : c'est la conséquence logique de l'emploi du bois vert pour leur confection. Les Africains, n'ignorant pas ce danger, cherchent à le limiter par une carbonisation superficielle, l'application d'une teinture ou la pose d'un enduit gras constitué de beurre végétal ou d'huile de palme, selon les régions.

Datation

L'appétit insatiable des termites et l'humidité du climat sont les deux grands ennemis du bois ; aussi, la durée moyenne d'une sculpture serait de vingt à vingt-cinq ans... Fixer l'âge d'un bois africain est une tâche bien difficile. La seule date que l'on puisse considérer comme sûre est celle de l'acquisition sur le terrain ; mais le lieu de la trouvaille n'est pas forcément celui d'origine, car les œuvres, comme les sculpteurs, voyagent beaucoup. Peu de pièces en bois auraient eu plus de cinquante ans lors de leur acquisition.

Styles et zones géographiques

Chaque tribu ou chaque ethnie possède un art qui lui est propre. De grandes zones stylistiques horizontales apparaissent toujours parallèles entre elles et elles semblent correspondre aux grands empires du passé : la savane soudanaise (empire du Mali, Empire songhaï, etc.) ; la côte atlantique et le golfe de Guinée (royaume du Bénin, Confédération ashanti, etc.) ; la région équatoriale congolaise (royaume de Kongo, etc.) ; les grands lacs de l'Est ; les régions australes et méridionales (Monomotapa, Confédération zoulou, etc.), Madagascar.

La savane soudanaise

Dogons

Les Dogons sont installés depuis plusieurs siècles au centre de la boucle du Niger, sur le rebord d'une grande table rocheuse, où ils ont aménagé les éboulis en y installant des maisons à terrasses et de curieux greniers. Dans ces retraites, les Dogons ont conservé intactes leurs traditions. Les statues se rapportant au culte des ancêtres sont allongées et anguleuses : personnages debout ou assis, parfois les bras levés. Les volets ou les portes de grenier sont ornés de plusieurs frises de figures alignées. Les serrures en bois sont décorées du couple ancestral. Les coupes cylindriques ou les boîtes à beurre sont surmontées d'un individu assis ou d'un cavalier. Les masques, attributs de la société masculine, sont conservés hors du village près de la « mère des masques », énorme visage prolongé par une planche sinueuse atteignant parfois une dizaine de mètres ; ils sont taillés dans le bois en plan transversal, avec un décor peint, souvent effacé ; un couvre-nuque en fibres est fixé sur le pourtour. Les yeux sont des ouvertures triangulaires, et le nez forme une mince arête verticale coupant le visage en deux. Les masques — souvent en « peignes » — stylisent soit des types de la société, soit des animaux. Plus récent est le masque dit « maison à étage », réalisé dans un seul tronc de plus de cinq mètres de hauteur : le plus courant, dit *kanaga,* est en forme de croix de Lorraine. Rien ne nous permet d'affirmer qu'aucune des œuvres des Dogons soit antérieure au XIXe s. et, en particulier, les pièces attribuées aux mythiques « Tellems », prédécesseurs des Dogons.

Bambaras et Malinkés

Les Bambaras du groupe mandé sont installés au Mali. Les bois tendres, tels le fromager ou le kapokier, sont utilisés pour les sculptures, qui sont incisées ou pyrogravées et rehaussées de feuilles métalliques, de cauris, de perles et parfois de miroirs. On trouve des statuettes d'ancêtres, des marionnettes, des poupées, des statuettes de jumeaux et surtout des masques comme ceux du *ntomo* (groupement de préparation des adolescents pour les fraternités d'adultes), qui offrent un visage humain surmonté de cornes et quelquefois d'une figurine féminine nue. Il existe également des masques zoomorphes destinés aux associations secrètes de chaque village : *komo, koré, nama,* etc. Particulièrement célèbres et appréciées des collectionneurs sont les grandes antilopes audacieusement stylisées, sommets de coiffures et principaux attributs des travestis *tyiwara* (les « grands cultivateurs »). Quant aux serrures en bois, elles sont de type islamique.

Les Malinkés, proches parents des Bambaras, dont le nom rappelle l'empire du Mali, produisent des statuettes de fertilité pour les jeunes filles, et des masques qui ne sont pas sans rappeler ceux des Sénoufos.

Statue en bois sculpté du « Nommo », le moniteur de Dieu. Ce personnage, sacrifié et ressuscité, est le symbole, dans la mythologie dogon, de la fécondité créatrice et du triomphe de la vie sur les instincts destructeurs. Galerie H. Kamer.

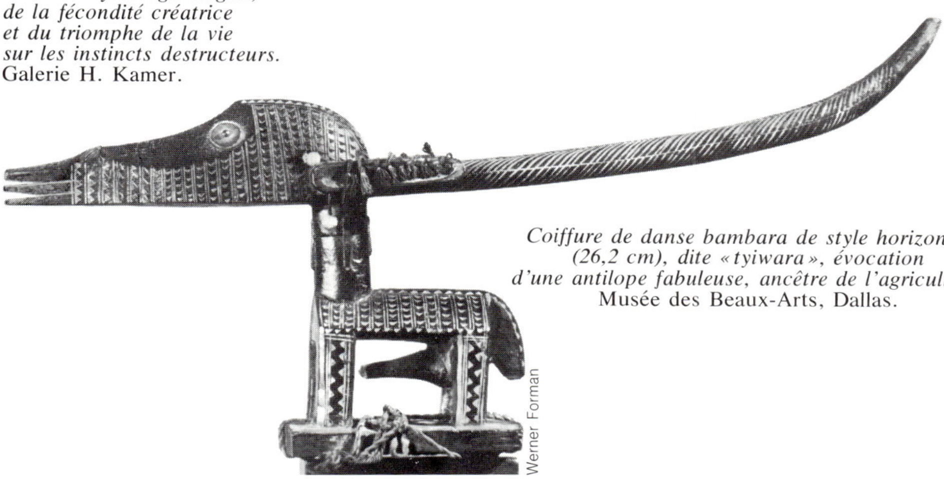

Werner Forman

Coiffure de danse bambara de style horizontal (26,2 cm), dite « tyiwara », évocation d'une antilope fabuleuse, ancêtre de l'agriculture. Musée des Beaux-Arts, Dallas.

Sénoufos

Les Sénoufos occupent un territoire que se partagent aujourd'hui la Côte-d'Ivoire, le Mali et la Haute-Volta. Le bois qu'ils travaillent le plus est le *sun-sun,* ébénacée commune, dont le bois, tendre lorsqu'il est vert, durcit après façonnage. Les sculpteurs terminent leurs œuvres en les teintant de noir sur un fond d'apprêt rouge. La statuaire se compose principalement de figures d'ancêtres des deux sexes, au visage très étiré, au prognathisme marqué et à la chevelure formée d'une crête en forme de cimier : les têtes caractéristiques sont toujours en forme de cœur. Les masques, énormes, à têtes zoomorphes, dits *gbon,* de la société koruba, sont portés la nuit par les « cracheurs de feu ». Les ancêtres sont figurés par de grands calaos, que l'on retrouve sur les portes, les couvercles de boîtes à beurre et les poulies de métier à tisser.

Bobos et Lobis

Les Bobos, à cheval sur le Mali et la Haute-Volta, réalisent des tabourets à quatre pieds, à poignée et à décor anthropomorphe. Les masques, les *do* — « génies protecteurs du village » —, sont exécutés par les forgerons dans du bois de fromager ou de caïlcédrat. Ces masques, souvent polychromes, symbolisent des animaux ou des individus (« jeune fille peul », par exemple) et sont parfois surmontés d'une grande planche ornée d'un décor à damier rappelant la « maison à étage » des Dogons.

Les Lobis, tribu de la Haute-Volta empiétant sur la Côte-d'Ivoire, réalisent des statuettes en forme de poteau et des sièges tripodes munis d'une crosse sculptée d'une tête double, sorte de Janus, dont la coiffure est en forme de casque.

Mossis et Kurumbas

Les Mossis réalisent des masques, *waogo,* de forme ovale, percés de trous pour les yeux, tranchés par une arête verticale au centre et ne possédant pas de bouche. Deux cornes et une lame en bois de plus de deux mètres, ajourée en damiers et à décor géométrique bariolé, le surmontent.

Les Kurumbas sont aux frontières du Mali et de la Haute-Volta, et ils réalisent des coiffures représentant une antilope.

Bagirmis

Ce peuple guerrier, vivant près du lac Tchad, a donné de curieuses poupées stylisées, avec une coiffure dont la crête centrale forme une sorte de cimier.

La côte atlantique et le golfe de Guinée

Bidyogos

Les Bidyogos, habitant l'archipel des Bossagos en face de la Casamance, sont des navigateurs. Leur art s'exprime dans les couples d'ancêtres, les statuettes féminines aux corps minces et allongés, et les masques ou proues de canot en forme de tête d'hippopotame ou de taureau, au style vif et puissant.

Bagas

Les Bagas, demeurant en Guinée, possèdent des sociétés d'initiés qui dansent autour de sculptures, comme l'oiseau au long bec *anok.* Le *basonyi,* lié à l'initiation virile, est constitué d'une planche découpée et peinte dépassant six mètres de haut, terminée par une plume ou un morceau de tissu. *Banda* est une tête de crocodile, cornue et polychrome. La déesse de la Fécondité, *Nimba,* est représentée sous la forme d'un immense buste féminin à la tête étroite en encorbellement.

Kamer

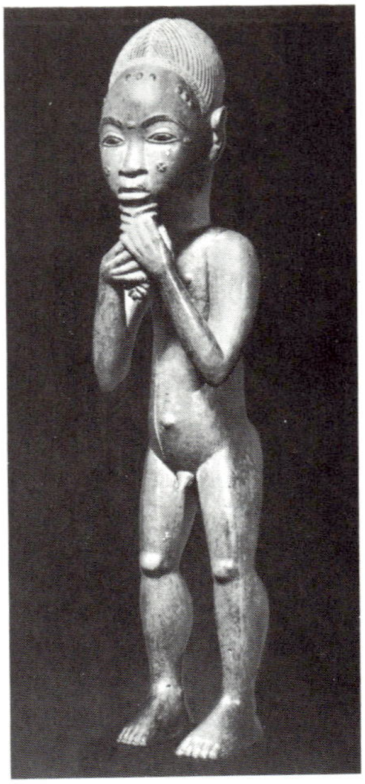

À gauche : *statuette baoulé (H. 0,38 cm) en bois clair, à patine lisse (Côte-d'Ivoire).*
À droite : *masque bobo (Haute-Volta), décoré. Ce masque du « do » sort à l'occasion des cérémonies funéraires ou agraires.* Galerie Kamer.

Mendes, Sherbros et Kissis

Les Mendes, qui forment la tribu la plus importante de la Sierra Leone, réalisent des statuettes de femme — les *minsereh* — en bois noirci. Les masques-heaumes, à deux ou quatre faces, sont portés par des femmes.

Les statuettes en pierre tendre, stéatite ou pierre de savon — les *nomoli* —, furent probablement l'œuvre des Sherbros et des Temnes. Elles sont le plus souvent anthropomorphes, et les plus anciennes semblent dater du XVIe siècle, comme le laissent supposer certains détails d'équipement rappelant les Portugais.

Les Kissis, apparentés aux Sherbros et aux Temnes, habitent des deux côtés de la frontière séparant la Guinée de la Sierra Leone. Leurs sculptures en stéatite — les *pomtan,* c'est-à-dire « images des morts » — sont très proches des *nomoli ;* leur forme est cylindrique.

Kras, Dans, Guerés, Wobes, Tomas et Guerzes

Les Dans-Guerés — complexe de tribus — vivent dans les régions contiguës du Liberia oriental, de la Guinée et de la Côte-d'Ivoire occidentale. Les masques, art réunissant toutes les tribus, sont dus à l'influence cohésive du *poro,* société d'hommes.

Le *ma* était un petit masque, d'environ huit ou dix centimètres, véritable portrait et double d'un individu, qui ne devait jamais s'en séparer.

Les masques du groupe dan-gueré — rassemblant également les Kras, les Wobes, les Tomas et les Guerzes

Meguerditchian

Masque dan (Côte-d'Ivoire). Patine noire brillante (H. 23,5 cm). Les masques peuvent valoir de 5 000 à 20 000 F selon leur qualité.
À droite : *statue yorouba (Nigeria) de belle patine rouge (H. 1 m).*
Galerie Kamer.

— sont d'une grande pureté de lignes chez les Dans, expressionnistes avec des traits déformés chez les Guerés-Wobes, et plats avec un front protubérant surmonté de deux cornes chez les Tomas (ou Lomas).

Les Akans : Baoulés, Agnis et Ashantis

Les Baoulés, les Agnis, les Atyes et les Ashantis sont des tribus de langue akan. Leur position sur de bonnes routes marchandes, le commerce de l'or et des esclaves leur procurèrent la puissance.

Les Baoulés, installés en Côte-d'Ivoire, à la hauteur de Bouaké, réalisent de nombreux objets usuels à décor sculpté : cuillers, bobines de tissage, peignes, épingles, tabourets et portes sont fréquemment décorés d'une représentation humaine ou animale. Un vase en bois — le *fa* — souvent orné d'un personnage permettait de faire des prédictions, selon les parcours des souris que l'on y plaçait. Les statuettes de personnages aux lignes minces, aux traits fins, aux élégantes coiffures, en bois poli, à l'expression calme et recueillie, aux sourcils en arc de cercle et aux paupières à demi fermées, sont parmi les plus recherchées. Un masque baoulé de l'ancienne collection Vlaminck a atteint l'enchère record de 1 250 000 F chez Me Guy Loudmer, à Drouot, le 2 juillet 1987.

La puissante et jadis si redoutée Confédération ashanti, dont les descendants sont installés dans les environs de Kumasi en Gold Coast (Côte-de-l'Or, ou Ghana), apparaît sur la scène historique à la fin du XVIIe siècle. Orfèvres et céramistes, les Ashantis ne développèrent point de manière importante la sculpture sur bois : les objets les plus importants taillés dans cette matière furent des tabourets et des poupées. Tous les tabourets descendent du « tabouret d'or », tombé du ciel sur les genoux du souverain Osaï Tutu au début du XVIIIe siècle, qui est le symbole de l'unité ashanti et le sanctuaire de l'âme tribale. Les sièges de bois, à base rectangulaire, à plateau incurvé, supporté par plusieurs montants, pouvant prendre la forme d'un animal, servent d'autel pour le culte des ancêtres, qui ne dédaignent pas de revenir s'y asseoir... Les curieuses poupées, dites *akua ba,* dont la morphologie générale n'est pas sans rappeler les miroirs du Nouvel Empire de l'Égypte pharaonique, en bois noir soigneusement poli et brillant, sont portées par les petites filles ou par les femmes enceintes. Ces énigmatiques figurines offrent en guise de visage un disque rigoureusement plat, vraie figure lunaire ; le cou est étiré par une succession de cercles rappelant des colliers, et le corps n'est qu'un cylindre d'où partent deux appendices formant les bras. Le dicton déclare : « Le long cou et le beau visage de l'*akua ba* aideront la future mère à engendrer un enfant qui possédera ces attributs. »

Les Fons

Les Fons, parents des Ewes du Togo, s'imposèrent au Dahomey (appelé de nos jours république du Bénin), qui fut, au XIXe siècle, l'un des États les plus prestigieux de l'Ouest africain et le plus puissant de la côte du Bénin, avec une machine de guerre disciplinée et impressionnante, utilisant même des femmes-guerrières : les célèbres « amazones ». Tout l'art des Fons du Dahomey — « dans le ventre de Dan », nom d'un ancien chef — était sous le contrôle du roi et de sa cour, et les œuvres où se retrouve l'esprit guerrier avaient pour but essentiel d'exalter les souverains et leurs exploits militaires. Les portes en bois des palais sont ornées en haut relief de devises et de proverbes : ainsi, l'éléphant dit que « toutes les bêtes effleurent le sol, mais l'éléphant le piétine » ; un calao au bec démesuré rappelle que « tous les oiseaux ont un bec, mais le mien est énorme » (allusion à l'accroissement du pouvoir royal). Certains décors montrent des *recades,* sortes de bâtons de commandement portant les blasons de leurs propriétaires. Quant aux sièges, ce sont de véritables trônes, ornés de multiples personnages figurant la cour du roi, et peints de vives couleurs. On sent parfois dans le style l'influence des Yoroubas, particulièrement dans les poteaux d'auvent sculptés du littoral sud du Dahomey.

La divination par le *Fa,* technique d'origine musulmane, a apporté l'usage d'une coupe en bois peinte, au support animal ou humain. Le *Fa* appartient à la mythologie vaudou, et *Legba,* le plus vénéré des dieux, est présent partout sous forme de statuettes. Quant aux *bochio,* taillés dans le bois, ce sont les gardiens de la maison.

Les Yoroubas

Les Yoroubas peuplent le sud-ouest du Nigeria et une partie de la république du Bénin (anciennement appelée Dahomey) : tous se disent venus d'Ifè, dont leur mythologie fait le centre du monde habité. Le pays yorouba fut un des plus extraordinaires foyers d'art de toute l'Afrique, et le raffinement de sa culture pose bien des énigmes.

L'art du bois est puissamment dynamique et surréaliste par le jeu d'audacieuses stylisations. Les statuettes en bois, dites *ibeji,* sont commandées à un sculpteur lors de la mort d'un jumeau : elles se trouvent donc toujours par paire. De grands poteaux de soutènement, destinés aux cases des chefs, représentent les dieux, plus particulièrement Obatala sur son cheval, souvent coiffé d'un grand chapeau. Les masques, parfois polychromes, peuvent prendre divers aspects. Certains présentent un visage assez plat, aux traits allongés, au crâne étiré et à la coiffure recherchée ; d'autres, en forme de heaume, dits *epa* (du nom d'une société secrète), ont une base cylindrique, parfois à double visage, comme une tête de Janus, et sont surmontés d'un groupe de plusieurs personnages, dont l'un est de taille plus élevée que les autres. La société ogboni, qui détient le pouvoir politique et judiciaire, possède des tambours à reliefs, dits *agba*.

Le plus important ensemble africain de statues en pierre est celui des environs d'Esie, dans la province d'Ilorin, en plein pays yorouba, qui fut découvert en 1934 : il compte environ huit cents pièces. Ces figures de pierre, mesurant 50 centimètres environ, représentent des personnages le plus souvent assis sur des tabourets. Leur traitement les rapproche de la dernière période des bronzes et terres cuites d'Ifé.

Les Ibos

Les Ibos occupent les plateaux du Nigeria oriental, de part et d'autre du delta du Niger. Les statues en bois, dites *ikenga,* peintes de couleurs violentes, représentent des hommes assis, à longues cornes, fumant la pipe ou brandissant une tête humaine et un couteau. L'*ikenga* peut être à plusieurs étages de personnages. Son rôle est de protéger la demeure. Les masques funèbres de la société mmwo offrent un visage de mort, tragique, aux orbites vides, aux traits décharnés, recouvert d'une teinture blanche.

Les Ijos

Les Ijos occupent le delta du Niger et réalisent les « visages des morts » — les *nduen fobara* —, qui sont d'importants autels dédiés aux membres défunts de la société ekiné : sur un cadre en rafia se détachent plusieurs personnages assis ; celui du centre est toujours plus grand et a probablement rang de chef. Les fêtes de la société sakapu étaient données en l'honneur des esprits de l'eau — owu —, et les masques intervenaient. Ceux-ci, très schématiques, montrent un visage plat, triangulaire, étiré, avec un front en corniche, des yeux cylindriques et un nez en T renversé ; quelquefois, ils sont doubles et constitués de volumes en combinaison de cylindres. Certains masques mélangent des éléments humains avec des éléments animaux (poisson, hippopotame), et l'effet devient fantastique.

Statue d'ancêtre ibo en bois polychrome (Nigeria). H. 1,10 m. Galerie H. Kamer.

Mequerditchian

Sculpture bamilékée (Cameroun), en bois recouvert de perles fixées sur un tissu étroitement ajusté. Le siège est soutenu par un animal à quatre pattes. Galerie H. Kamer.

Les Ibibios

Les Ibibios sont groupés dans les régions de Calabar et d'Owerri. Leur statuaire comprend des masques et des statues en bois, figurant des ancêtres ou des génies protecteurs, qui ont la curieuse particularité d'avoir une mâchoire ou des membres articulés. Les masques de la société ekpo sont violemment réalistes, et les traits en sont accusés jusqu'à la déformation par de savants jeux de courbes.

Au sud, les Orons possèdent des statues-colonnes à figures d'ancêtres, les *ekpu,* mesurant parfois plus d'un mètre.

Les Ekois

Les Ekois vivent sur le cours supérieur de la Cross River, près des Ibibios. La société secrète egbo comporte sept grades, ayant chacun son masque : tête humaine sculptée dans le bois et recouverte de peau d'antilope. Ces masques, *ekkpe,* sont très naturalistes, avec des dents de bois et de métal : près des yeux, on peut voir de petits cercles indiquant le grade des initiés dans l'association secrète ; parfois des cornes immenses les surmontent. On trouve des têtes à double visage : noir (masculin) et blanc (féminin).

À la frontière du Cameroun, près de 300 blocs de basalte (souvent de dimensions importantes) ont été découverts. Plus gravés que taillés, ils sont dits *akwanshi* — « être mort dans le sol » —, ou *atal* — les « pierres » —, et représenteraient des *ntoons* (des chefs). Ces pierres, de forme phallique, figurent des personnages debout : l'accent est mis sur le visage, sur le sexe et sur les tatouages. Ces monolithes, situés en plein pays ekoi, sont énigmatiques : ils seraient peut-être l'œuvre des groupes nta et nselle.

Les Bamilékés et les Bamoums

Les Bamilékés, occupant les hauts plateaux herbeux du sud-ouest de l'Adamaoua, sont organisés en chefferies. Les trônes en bois, à haut dossier, sont recouverts de perles fixées sur un tissu ajusté au meuble, et le siège repose sur une femme et sur un animal. Pour leurs demeures, les notables sont autorisés à faire sculpter les encadrements de portes (montants, linteaux) et à placer autour de leur case des poteaux sculptés formant une colonnade.

Venus du Nord, les Bamoums s'établirent dans la savane de haute altitude du Cameroun, les Grasslands, et y organisèrent un puissant royaume, d'où sortit, en 1895, un monarque exceptionnel : Njoya. Les sculpteurs sur bois réalisaient, comme leurs voisins Bamilékés, des éléments architecturaux, des statues, des masques et des trônes. Le somptueux trône de Njoya est entièrement recouvert de perles multicolores. Les masques de grandes dimensions se caractérisent par la perfection des plans et le sens des volumes : les visages présentent de grosses joues boursouflées, un front exagérément bombé, une bouche entrouverte et de grands yeux interrogateurs.

Reliquaire bakota destiné à conserver les ossements des ancêtres. Le visage du gardien des morts est une plaque de cuivre ciselé fixée sur une âme de bois. Un masque de ce type atteint l'enchère record de 1 764 500 F (Drouot, 7 juin 1988).

Meguerditchian

Loudmer

Masque kwélé en forme de cœur, Gabon. Collection Tristan Tzara. Adjugé 2 000 000 de F par Me Loudmer, à Drouot, le 24 novembre 1988.

Les Douala

Les Douala, habiles pêcheurs, occupent le fond du bassin du Cameroun, formé par les embouchures de trois fleuves. L'art des Douala ne comporte pas de statues. Les masques présentent des têtes de bovidés à décor peint géométrique.

La région équatoriale et congolaise

Les Fangs

Les Fangs, Pangwes ou Pahouins, au Gabon, s'éparpillent de la Sanaga à l'Ogooué. Les têtes et statues en bois, sculptées à l'image des défunts, très recherchées des amateurs, surmontaient les reliquaires cylindriques à ossements. Les têtes offrent une morphologie très particulière, avec la partie inférieure du visage étirée vers un menton proéminent, un grand front très bombé et une chevelure, très en arrière, descendant sur la nuque. Le cou est souvent étiré, et les yeux sont formés de petits disques de métal. Les personnages assis ont les hanches larges et les jambes assez courtes et trapues. La patine noire, obtenue à l'huile de palme, est luisante. Les masques de la société nga sont peints en blanc avec des rayures grises. Les autres masques sont en forme de cœur.

Les Bakwélés et les Bakotas

Les Bakwélés, au Gabon, réalisent des masques en forme de cœur, partiellement peints en blanc et souvent encadrés de cornes stylisées. Des casques de danse portent quatre visages blanchis.

Au Gabon occidental et au Moyen-Congo, les Bakotas conservent les ossements de leurs ancêtres dans des « corbeilles à crânes », également appelées « reliquaires » ; ils placent au-dessus des sculptures étonnantes, traitées en deux dimensions, résolument abstraites. Elles se composent d'un visage ovale, soit concave, soit convexe, surmonté d'un croissant, reposant sur un corps en losange ; le tout est recouvert de feuilles de cuivre. Certaines, en Janus, possèdent deux faces opposées. Encore plus imaginatives sont les sculptures osyebas : le visage est recouvert de lamelles de cuivre ou de fer.

Les Balumbos et les Batékés

Dans la région sud-ouest du Gabon, les Balumbos sculptent dans du bois tendre des masques peints en blanc, représentant des visages raffinés aux yeux clos, qui ne sont pas sans rappeler les masques de théâtre japonais. Les cheveux sont soigneusement tressés, et deux coques surmontent le front. Ces belles figures sont également attribuées aux Punus et aux Mpongwes.

Les Batékés, dans la région du Bakongo, fabriquent des fétiches barbus, les *bitéké,* au corps sommairement exécuté. Une cavité dans l'abdomen contient des substances magiques. Les visages sont scarifiés de manière rituelle. Les masques, abstraits, plats, sont décorés de motifs géométriques polychromes.

Les Bakongos

À l'embouchure du Congo et aux confins de l'Angola, les Bakongos ont produit une statuaire de haute qualité, parfois d'inspiration chrétienne. Des statuettes à usage funéraire, les plus anciennes en pierre, et aussi en bois, représentent des personnages pensifs assis, les jambes croisées, la tête appuyée dans la main. Une mère assise, le corps finement tatoué, allaite son enfant ; la patine du bois est des plus brillantes.

Plus étranges et inquiétants sont les fétiches *nkisi nkonde,* destinés aux envoûtements, en bois, entièrement hérissés — la tête exceptée — de clous ou de lames de fer.

Les Babembes

Les Babembes, ou Wabembes, tribu établie près de Brazzaville, sculptent de minuscules statuettes, véritables miniatures mesurant de 10 à 15 centimètres, parfois appelées *sibiti* (d'après le nom d'un village), qui représentent des personnages au corps scarifié avec soin. Les

Statuettes fétiches babembe (Congo-Brazzaville). H. de 13 à 19 cm. Estimées de 7000 à 10000 F en 1989.

Sotheby

masques, audacieusement stylisés, sont d'une grande beauté ; ils offrent l'aspect d'une chouette, l'oiseau Kolyolo, incarnant un esprit protecteur des jeunes, et sont portés solennellement par les nouveaux initiés.

Les Bayakas et les Bapendés

Les Bayakas demeurent près de deux grands affluents méridionaux du Zaïre. Ils réalisent des sculptures anthropomorphes caractérisées par de gros yeux gonflés et un nez épaté. Les visages des masques de danse présentent un nez proéminent en groin ; peints en blanc, ils sont prolongés par une barbe de fibres.

Les masques des Bapendés, tribu installée plus au sud vers l'Angola, reproduisent un faciès au front bombé, aux arcades sourcilières marquées au-dessus de paupières lourdes, un nez épaté et retroussé, et une bouche garnie de dents triangulaires.

Les Bakoubas ou Bushongos

Les Bakoubas, ou Bushongos, fondateurs d'un véritable empire qui connut son apogée au XVIIe siècle, vivent dans la région qui s'étend entre les fleuves Kasaï et Sankourou. Les statues de souverains assis se présentent à peu près toujours sous le même aspect : jambes croisées, la main droite sur le genou, tandis que la gauche tient un couteau, emblème du pouvoir.

Proches du style bakouba, les statues commémoratives des Denguésés se reconnaissent à l'étirement extraordinaire du buste, presque cylindrique, l'allongement des bras et l'abondance des tatouages et des scarifications recouvrant presque tout le corps.

Les Béna-Loulouas

Les Béna-Loulouas, établis au sud du Zaïre, se séparèrent des Baloubas. Ils ont réalisé des statuettes anthropomorphes de grande qualité, devenues très rares aujourd'hui en raison, semble-t-il, d'un interdit religieux qui, vers 1880, proscrivit la représentation de la figure humaine. Ces statues sont caractéristiques : le corps est allongé, les articulations et les muscles saillants, le nombril fortement proéminent. Des tatouages en relief en couvrent toute la surface. Les personnages sont toujours debout ; la patine est brillante.

Les Baloubas

Les Baloubas, formés d'une grande diversité de groupes tribaux, occupent un très vaste territoire au sud du Zaïre. D'inspiration naturaliste, leur art raffiné atteste l'influence de la cour.

Les Basongués

La statuaire des Basongués, peuple fixé dans le bassin du fleuve Sankourou, transforme l'anatomie humaine en formes cubistes et expressionnistes, d'où se dégage une sorte de violence : le nez est en losange et la bouche, ouverte, en forme de 8 horizontal. La tête s'orne souvent de clous en cuivre, et le corps, assez raide, est très différent des souples formes baloubas. Les personnages, toujours masculins, ont un aspect agressif. Les fétiches sont porteurs d'une substance magique

Siège de chef Tshokwe (Sud-Zaïre), représentant une femme assise (H. 36,5 cm).

Meguerditchian

« Aloalo », poteau funéraire mahafaly en bois sculpté (Madagascar). Cette caryatide féminine qui supporte un édifice géométrique couronné d'un zébu est le symbole des liens entre le ciel et la terre (H. 1,80 m). Galerie Kamer.

contenue soit dans une corne sur leur tête, soit dans une cavité creusée dans leur ventre. Les masques de danse, dits *kifwébé*, sont d'un style cubiste très poussé ; le visage stylisé présente un front bombé, dont l'arête médiane descend jusqu'à la base du nez en pyramide ; les yeux se surmontent de lourdes paupières gonflées ; la bouche, en encorbellement, affecte la forme d'un parallélépipède. Sur toute leur surface, les masques sont gravés de sillons, souvent peints de couleurs vives.

Les Batshokwés

Les Batshokwés, qui habitent au sud du Zaïre et sur une partie de l'Angola, réalisent des sculptures présentant des caractères assez proches de celles des Baloubas. Les têtes, souvent masquées, fait rare dans les cultures zaïroises, sont surmontées d'une importante chevelure au dessin complexe. Les jambes fléchies reposent sur de grands pieds, larges et plats.

Les Baragas

Les Baragas, ou Waragas, sont surtout connus pour leurs ivoires sculptés. Les masques en bois sont rares, de forme ovale, avec une surface convexe où s'inscrit un visage aux traits schématisés. Les obligations rituelles de la société bwamé sont les sources essentielles des créations artistiques.

Les Mangbétous et les Azandés

Dans le Zaïre du Nord-Ouest, près du Soudan de Khartoum, vivent les Mangbétous, en association étroite avec les Azandés, qui débordent sur la République centrafricaine. Leur sculpture anthropomorphe se caractérise par des têtes aux crânes très allongés. Ce phénomène se remarque également sur les poteries et les ivoires. Les statues azandés sont plutôt frustes et simples ; les bras se réduisent à des moignons.

Les grands lacs de l'Est

Baris, Bongos, Gatos, Konsos et Shilluks

En pays bari, les figures masculines, au torse étiré, aux membres longs et raides, à la tête simplifiée, sont indissociables des sculptures funéraires des populations nilotiques. Les Bongos représentent leurs morts par des poteaux à encoches dont chacune correspond à un animal tué par le défunt, tandis que les Gatos et les Konsos, au sud-ouest de l'Éthiopie, sculptent des pieux anthropomorphes, dont la tête ovale est ornée d'une coiffe en pointe ou en cimier.

Kondes, Bukobas et Angurus

À l'inverse des autres régions de l'Afrique, dans les sociétés des Grands Lacs, la sculpture sur bois semble jouer un rôle assez secondaire. Les Kondes réalisent des masques et des statues figurant le plus souvent une femme au visage coupé par un labret (ornement de lèvres) et aux mains tendues à l'horizontale à la hauteur de la poitrine.

Les régions australes méridionales

Lozis, Rotses et Zulus

À la fin du siècle dernier, le royaume lozi ou rotse accueillit des groupes émigrés d'Angola : aussi la marque des civilisations angolaises est-elle forte sur les sociétés zambiennes, mais se remarque moins en pays shona, zulu, suto, tswana, tonga ou venda. Au Zambèze et plus au sud, on trouve de beaux récipients en bois engobés, peints ou patinés, dits *tubana*, œuvres des Rotses. Deux animaux ou deux personnages semblables sont fréquemment sculptés sur le couvercle plat des marmites en bois. Les appuis-nuques sont également très esthétiques.

Les « Cafres », ou Zulus, Amazulus, « Ceux du ciel », selon le nom donné par le fameux conquérant Chaka (1787-1828), surnommé le « Napoléon des Bantous », à l'ensemble des tribus qu'il réunit en un puissant empire, malgré le temps passé à leurs activités belliqueuses, réussirent cependant à sculpter d'intéressantes statuettes ou poupées d'un style vigoureux et dépouillé.

Madagascar

Mahafalys, Antandroys, Tsimihetys

La grande île de Madagascar est, en fait, un morceau séparé du continent africain et elle en a reçu l'influence, mélangée à des apports malais et indonésiens. Les Noirs soudanais, Mahafalys, Antandroys, élèvent sur leurs tombes d'étonnants *aloalo*, poteaux de bois sculpté, hauts de deux à quatre mètres, dont le nombre et les motifs varient suivant le rang et la richesse du défunt. Elsy Leuzinger précise qu'« un roi doit en avoir soixande-dix » ! Le décor est arabo-oriental, avec arabesques, rosaces, demi-lunes, disposées autour de figures humaines ou animales. Les *aloalo* symbolisent les liens existant entre le ciel et la terre.

LES MÉTAUX

Les bronzes, laitons et cuivres

On emploie communément le mot « bronze » pour désigner, en Afrique, des alliages divers, à base de cuivre, de zinc, de plomb, d'étain, dans des proportions variables : les plaques à bas-reliefs du Bénin renfermaient 84 p. 100 de cuivre, 8 p. 100 de plomb, 2,5 p. 100 d'étain. Ces alliages vont des laitons à des matières qui ne peuvent recevoir de dénomination précise. Quoi qu'il en soit, les « bronzes », cuivres ou laitons de l'Afrique noire, sont façonnés partout de la même manière, selon la technique de la cire perdue, et celle-ci s'est propagée des origines jusquà nos jours.

Le Bas Niger

Les bronzes de cette région sont, semble-t-il, les plus anciens de l'Afrique noire. Dans une première période (VIIIe-XIIIe siècle), les pièces de fouilles (cloches-pendentifs, bracelets, petites figurines et pommeaux d'épées) sont remarquables par leur belle patine verte. La seconde période (XIIe-XIXe siècle) est représentée par toute une série de statuettes, de plaques-pendentifs et de groupes en laiton très savoureux, d'objets à rôle rituel, dont le style rappelle si fortement l'art du Bénin qu'ils ont, pendant longtemps, été confondus avec ce voisin si célèbre.

Ifé

En 1938, à Ifé, ville de la région occidentale du Nigeria, capitale religieuse des Yoroubas, un ensemble magnifique de têtes de bronze en grandeur nature était mis au jour, portraits réalistes de dignitaires aux visages décorés de lignes de scarifications servant d'identifications ethniques.

Sotheby

Plaque du Bénin (ex-Dahomey), en bronze à relief, représentant un guerrier casqué avec son bouclier, témoignage d'une technique artistique très évoluée.

Le Bénin

L'expansion politique et culturelle du royaume du Bénin ne commence qu'à la fin du XIVe siècle. Un siècle plus tard, les voyageurs portugais trouvent ce pays en pleine puissance et, au XVIe siècle, il connaît sa plus grande extension territoriale, des confins de l'actuelle république du Bénin (ex-Dahomey) jusqu'au-delà du delta du Niger. Le royaume, parfaitement organisé, était dirigé par une cour qui gravitait autour du roi divinisé, et la production des bronzes, intensive, était essentiellement destinée à la vie de cour : il s'agit là d'un art aulique.

Les formes essentielles sont des statues, des effigies commémoratives, des groupes, des plaques à reliefs commémorant des faits importants ou des batailles, des cloches et heurtoirs, de petits masques ou des plaquettes portées à la ceinture comme insignes de dignité.

Les Ogbonis

Au Nigeria, chez les Yoroubas, la société secrète ogboni jouait un rôle très efficace de justice, de police, d'exécution des coupables, de représailles contre tous les fauteurs de troubles dans un groupe social hiérarchisé. La mythologie et le symbolisme compliqué de cette société l'amenèrent à produire, du XVIIIe siècle à nos jours, en dehors des bijoux, des baguettes *(edan)* à figurines, fondues à cire perdue en cuivre ou en laiton, pendues par deux à une chaîne et qui servaient d'insigne aux membres initiés. On trouve également des bâtons ou des sceptres, dont les extrémités sont formées de têtes ou de personnages, souvent un couple mâle et femelle qui semble symboliser le dualisme du culte de la terre. Tous les personnages portent sur le front un signe curieux : deux croissants opposés, emblème de l'association ogboni.

Les Akans

La puissance des peuples akans était bâtie sur le commerce de l'or, systématiquement établi à partir de la fin du XVIIIe siècle par les Portugais. Les poids servant à peser la poudre d'or furent fabriqués en nombre considérable. Toujours exécutés à la cire perdue en un très beau laiton, ils furent l'œuvre aussi bien des Ashantis que des Agnis ou des Baoulés.

Les Ashantis fabriquèrent les *koudouo* en laiton, sortes de récipients à couvercle en forme de marmite, à la panse ornée de motifs géométriques et à la base souvent ajourée. Les couvercles sont surmontés de figurines en ronde bosse représentant des combats d'animaux ou le roi entouré de ses dignitaires, de ses femmes et de ses gardes, fumant une longue pipe. Ces récipients recevaient les offrandes au *n'toro,* principe masculin, et étaient déposés dans la tombe de leur propriétaire.

Les Senoufos, les Bobos et les Fons

Les Senoufos fabriquèrent, en bronze ou en cuivre, de multiples répliques de petite taille du *kpelie,* masque facial à tête humaine, aux yeux étirés en amande, surmonté de cornes de bélier, et les *nyikar-yi* ou « bagues de silence », figurations aplaties d'une tête de buffle aux cornes arquées, destinées aux initiés.

Les Bobos produisirent des bijoux et des figurines de laiton comparables aux œuvres des Akans.

Quant aux Fons, spécialistes du laiton, ils réalisèrent des statues d'animaux, des effigies de Gu, dieu de la Guerre, et, à partir de 1900, on vit surgir à Abomey des figurines et des groupes pleins d'humour, à caractère profane, produits en très grande quantité.

À la fin du XIXe siècle, des pipes de laiton richement décorées étaient distribuées comme cadeaux de mariage ; les fourneaux étaient en forme de tête d'éléphant ou de masque facial aux joues exagérément gonflées.

Masque en or ashanti, fonte à cire perdue (H. 0,18 cm). Ce masque faisait partie du trésor du roi Kofi Kakari (1867-1874). Wallace Collection, Londres.

Werner Forman

Les Bakongos

L'implantation du christianisme en Afrique centrale fit naître un art sacré à caractère mixte, où se mêlent les vieux fonds de traditions et les tendances chrétiennes inspirées par les missionnaires (Vierge et Enfant-Jésus, Christ en croix), et chargées de pouvoirs bénéfiques.

L'or et l'argent

Les Africains ont travaillé l'or pour en faire des bijoux et ils ne s'en sont jamais servis comme monnaie d'échange : l'or, insigne de distinction sociale, demeure imprégné de notions religieuses. Les plus purs chefs-d'œuvre de bijouterie ont été réalisés par les Akans (Ashantis et Baoulés) selon les techniques de la cire perdue et du filigrane ; les motifs représentés comprennent de délicats visages cornus, des têtes animales ou des bêtes stylisées. Ces joyaux dateraient du XVIIIe siècle. Les Fons travaillent l'argent en confectionnant des bracelets, des pendentifs et des statuettes dont l'âme est parfois en bois recouvert de plaques en métal précieux.

Les ivoires

Des défenses servaient d'olifants royaux dans toute l'Afrique. Au Bénin, ciselées ou non, elles surmontaient les têtes de bronze de l'Oba. Dans la région des Grands Lacs, elles servaient de pieds à certains trônes de chefs. Cependant les grands chefs-d'œuvre furent produits dans des zones d'élection, dans les pays du golfe de Guinée et du Bénin, particulièrement chez les peuples akans et yoroubas, et, au Zaïre, chez les Bakoubas, les Balubas, les Bakongos, les Bushongos et les Baragas, dont les statuettes présentent un visage concave éclairé par des yeux en cauris. Les pièces peuvent être taillées dans la masse, utilisant la courbure de la pointe, ou être formées d'éléments ajustés pour les objets de grande dimension, comme les extraordinaires panthères du Bénin à décor incrusté. Les styles vont de l'expressionnisme (Baraga) au naturalisme (Bénin).

Terres cuites et poteries

Tous les peuples et toutes les civilisations de l'Afrique ont produit des objets ou des statues en terre cuite. Les têtes d'Ifé, de style identique à celui qui règne sur les bronzes, représentent sans nul doute la perfection et datent du XIIIe siècle. Elles ne sont cependant pas les plus anciennes, comme le démontrent les terres cuites de la culture de Nok (au Nigeria), qui datent de bien avant le début de notre ère. Les Saos, au Tchad, se sont rendus célèbres par leurs œuvres d'un caractère caricatural et expressionniste.

L'ASIE

En Asie du Sud-Est et en Indonésie, toutes les pénétrations étrangères n'ont point anéanti le vieux fonds primitif de certaines populations qui ont su conserver durant des siècles et, de manière étonnante, leurs modes de vie d'origine mégalithique. Aussi cette partie du monde nous présente-t-elle à la fois les arts « dénaturalisés », d'inspiration indienne ou musulmane, et les arts primitifs du vieux fonds indigène possédant un dénominateur commun, de l'ancienne Indochine à Formose : le culte des ancêtres. (Voir le chapitre « Extrême-Orient ».)

Christie's

Sotheby's

À gauche, *totem en bois de l'île de Rarotonga, en Polynésie, recueilli par le révérend John Williams entre 1823 et 1827 (H. 48 cm). Adjugé 2 333 000 F par Sotheby's, à Londres, le 11 juillet 1988.*
À droite, *statuettes en bois sculpté masculine (H. 21,25 cm) et féminine (20,25 cm) du lac Sentani (Nouvelle-Guinée). Vendues à Londres, par Sotheby's.* Coll. Ortiz.

L'OCÉANIE

La Nouvelle-Guinée

La culture originaire d'Indonésie, qui a apporté en Nouvelle-Guinée de nouveaux styles de culture et de décoration, a beaucoup enrichi les formes artistiques encore primitives de la baie de Geelvink, à l'extrémité occidentale de l'île. Des figures d'ancêtres servirent d'urnes pour l'esprit des défunts. Ces figurines très vénérées sont souvent ornées de plumes de casoar, oiseau coureur, inapte au vol, reproduisant exactement la chevelure épaisse des habitants de Geelvink. Certaines perpétuent la tradition de la pose dite « du penseur », tandis que d'autres tiennent des boucliers ou des bols, ou enlacent doucement des figurines de taille moindre ; parfois, le crâne de l'ancêtre est soit posé au sommet du corps sculpté à la place de la tête en bois, soit incrusté dans le dos de la statue. Ces statuettes magiques sont dites *korwars,* pour rappeler qu'il s'agit d'un vase anthropomorphe destiné à contenir les crânes qui recèlent la force vitale. Le *korwar* a également donné son nom à un style de sculpture caractérisé par des têtes de grande taille, une forme de crâne cubique, des visages rectangulaires, des silhouettes à arêtes et par des figures accroupies que l'on trouve en Nouvelle-Guinée.

Le grand marais, où les Asmats construisent leurs maisons, couvre toute la partie sud-ouest de la Nouvelle-Guinée, à l'intérieur du pays, vers les montagnes. Les Asmats sont un peuple violent et belliqueux, vivant dans une région encore presque inconnue de nos jours, et où les conditions de vie sont très dures. L'art des Asmats que nous connaissons se trouve entre les fleuves Kampong, Lorentz, Eilanden et le Digoel. Jusqu'à présent, des statues en ronde bosse n'ont été trouvées que dans des régions voisines de la rivière Lorentz. Elles incarnent des ancêtres sous l'aspect de « figures de squelette », maigres et effilées, en position accroupie, les coudes appuyés sur les genoux et le menton reposant dans les mains. Les membres sont d'une longueur exagérée, et la tête est en forme d'œuf. Ces figures sont souvent peintes avec de la terre colorée et rehaussées de cordelettes, d'écorce ou de plumes de casoar. On trouve également des poteaux de commémoration, appelés *bis,* composés de plusieurs figurines humaines superposées, surmontant une pirogue miniature. Des têtes d'oiseaux, notamment de calao, oiseau en voie de disparition et symbole de l'au-delà, aident à identifier les personnages comme étant des ancêtres. Tous ceux-ci sont en fait des victimes des combats entre chasseurs de têtes, et les poteaux représentent des vaisseaux de mort dont l'érection permettait de voyager dans un monde meilleur.

Les habitants du golfe de Papouasie produisent un art surréaliste et fantastique, très audacieux dans sa conception, au dessin ferme, rehaussé de couleurs violentes ; ainsi en est-il des crochets doubles, en forme d'ancre, ou des escabeaux anthropomorphes.

Les peintures sont représentées en Nouvelle-Guinée par les *tapas,* qui offrent au toucher et à la vue l'apparence du tissu. En réalité, ils sont obtenus en traitant l'écorce du mûrier suivant un procédé particulier : un long trempage, suivi d'un battage à l'aide d'un battoir spécial à section carrée, assouplit les fibres, les feutre et donne des feuilles qui atteignent jusqu'à deux fois leur largeur primitive. Le décor, très raffiné, est soit fait à la main, soit imprimé au moyen de plaquettes de bois gravé faisant fonction de matrices. Les couleurs les plus employées sont le rouge, le noir et le brun.

La Mélanésie

Près de la Nouvelle-Guinée, l'archipel Bismarck comprend les îles de la Nouvelle-Bretagne, de la Nouvelle-Irlande et de l'Amirauté. On y trouve des récipients en bois, de dimensions variables, en forme d'oiseau-frégate ou décorés de personnages.

La Nouvelle-Bretagne réalise de grands masques en fibres végétales, aux formes étonnantes, à base de *tapas* colorés.

L'art de la Nouvelle-Irlande, violemment surréaliste, se manifeste dans les masques, les statues d'ancêtres dites *uli* et les cases du cycle rituel, *malanggan,* aux grands piliers sculptés et bariolés, anthropomorphes et complexes.

L'archipel des Salomon possède des statues d'ancêtres, très stylisées, baptisées « statues à chapeaux », en raison de l'énorme masse qui les surmonte, des ornements de pirogue, souvent peints en noir et incrustés de nacre, et des coupes rituelles, parfois en forme d'oiseau et munies d'anses sculptées.

Les Nouvelles-Hébrides se caractérisent par un style d'art très particulier, d'une grande richesse expressive, qui se manifeste dans les proues de bateaux, les massues rituelles, les grands masques d'écorce peinte ornés de chevelures en fibres végétales, les têtes surmodelées, les tambours de place de village et, surtout, dans de grandes statues taillées dans des troncs de fougères arborescentes, au visage en croissant de lune, au nez long et crochu, aux yeux en relief ; le sommet du crâne est souvent en triangle.

Quant à la Nouvelle-Calédonie, elle sculpte des statues d'ancêtres, de nombreux chambranles de porte, des poutres, des linteaux, des poteaux et des faîtières : les visages sont très larges et, sur les masques, apparaît

Sotheby Parke Bernet

Chambranle sculpté d'une porte de case (H. 1,81 m), symbole protecteur de l'autorité du chef de tribu (La Grande Terre, Nouvelle-Calédonie). Vendu à Londres, par Sotheby.

Sculpture polynésienne maori, représentant « tiki », un être surnaturel, pris dans le bois ajouré d'un linteau de porte. Vendue à Londres, par Sotheby.

Sotheby Parke Bernet

souvent un nez en bec de perroquet. Les haches rituelles, utilisées pour faire tomber la pluie, sont en pierre.

La Polynésie

Une poussière d'îles constitue la Polynésie, partie orientale de l'Océanie. Les thèmes centraux de la sculpture sont le célèbre *tiki* à visage d'homme, être surnaturel doué de pouvoirs divins, et les motifs sont en spirales incisées dans le bois. Les îles Fidji, Tonga, Samoa et Wallis conservent d'antiques traditions, visibles dans les statues d'ancêtres, les *tapas* décorés, les massues et les pagaies rituelles. La partie orientale de la Polynésie, comprenant les îles Marquises et l'étonnante île de Pâques, est la plus importante. Aux Marquises, le tiki est roi, sous sa forme anthropomorphe au grand visage solidement schématisé; on le trouve sur les statues d'ancêtres en bois ou en pierre, parfois de dimensions importantes, sur les avants de pirogue et sur les objets rituels, telles les massues en bois de casuarina, ou « bois de fer ».

L'île de Pâques se singularise par ses statues monumentales en pierre, véritable énigme historique, qui se divisent en deux catégories : d'une part, des statues anthropomorphes de taille approximativement humaine, placées à même le sol et, d'autre part, d'énormes blocs, dont la hauteur peut dépasser dix mètres, représentant des personnages au visage prognathe et au corps grossièrement équarri, érigés sur des plates-formes et tournant le dos à la mer. Malgré la rareté du bois dans l'île, on trouve de très belles statuettes sculptées dans ce matériau. Selon Jean Guiart : « Le corps des statuettes *(moai kavakava)* mâles est remarquable par le décharnement du tronc... ; les côtes inférieures sont saillantes... La tête est également décharnée, avec une barbiche à la pointe d'un menton osseux, un nez fortement aquilin, des pommettes protubérantes, des yeux sertis d'obsidienne... L'ensemble du corps est en semi-flexion... Les statuettes féminines apparaissent beaucoup plus schématisées, dans la position de la Vénus pudique, une main sur le ventre, l'autre recouvrant le sexe. Ces statuettes plates *(moai paepae)* sont assez gauches dans leur exécution... Dans des pièces de bois plus incurvées, on a représenté deux sortes de personnages : l'un à tête d'oiseau *(tangata manu)*, l'autre à tête de lézard. »

Aux îles Hawaii, la sculpture est de deux ordres : l'une, qui rappelle la Nouvelle-Zélande, offre des visages où la bouche grimaçante repousse les yeux sous une coiffure à multiples dentelures, les narines ouvertes à la verticale étant ce qui subsiste du nez; l'autre représente un corps féminin, bien dessiné, traité avec un réalisme remarquable, à l'exception du raccourcissement des avant-bras, avec des yeux en nacre et de vrais cheveux. L'art s'exprime également dans les *tapas* et dans les décorations en plumes.

La Nouvelle-Zélande est la région la plus riche de toute la Polynésie méridionale sur le plan artistique; elle est habitée par les Maoris, qui sont d'habiles sculpteurs, à la technique accomplie et raffinée. On retrouve encore ici le *tiki* et les motifs en spirales.

L'AUSTRALIE

Les aborigènes de l'Australie ont laissé des témoignages artistiques influencés par la Nouvelle-Guinée : poteaux de sections quadrangulaires sculptés en forme d'homme, peintures sur écorce d'eucalyptus à motifs géométriques, peintures rupestres figurant des scènes de la vie quotidienne.

Meguerditchian

Petites statuettes funéraires mexicaines .(H. de 15 à 20 cm). Ces Vénus en terre cuite ont été retrouvées en grand nombre à Tlatilco, près de Mexico (période préclassique, de 1500 av. J.-C. environ jusqu'au début de notre ère). Galerie H. Kamer.

L'AMÉRIQUE

Les arts indiens, fort anciens, de l'Amérique préhispanique ne relèvent pas, en fait, de ce qu'il est convenu d'appeler l'« art primitif », car ils appartiennent à de grandes civilisations organisées en États bien hiérarchisés, pour la plupart, comme ce fut le cas, par exemple, au Mexique ou en Amérique du Sud.

Le Mexique

Le Mexique est un véritable monstre culturel, et les antiquités précortésiennes regroupent un ensemble de civilisations multiples et variées. Quand Albrecht Dürer (1471-1528) vit pour la première fois des objets provenant du sac de Tenochtitlán — l'actuelle Mexico — par les conquistadores de Cortez, il fit, paraît-il, ce commentaire : « Je ne suis pas tant surpris de la richesse des matériaux que de l'extrême qualité de l'exécution. »

Période préclassique

La période préclassique et ses trois phases, inférieure, moyenne et supérieure, remonte à 1500 av. J.-C. pour aller jusqu'au début de notre ère. L'aire d'implantation se situe sur le haut plateau central, avec les sites Zacatenco, El Arbolillo, Tlatilco, Chupicuaro et même Ticomán. Les vases décorés de Zacatenco sont les plus anciens, mais c'est à Tlatilco, près de Mexico, que l'on a retrouvé un grand nombre de statuettes de fécondité, dites « Vénus », reproduisant presque toujours le même type de jeune femme, au buste étroit avec de petits seins, des bras courts et une stéatopygie prononcée à la manière préhistorique. Il existe également de nombreuses représentations d'enfants nus, au corps trapu, aux joues rebondies et gonflées, qui les ont fait nommer *baby faces* (visages de bébés); ces visages sont typiquement olmèques.

À Ticomán apparaît un personnage qui deviendra le « dieu du Feu », représenté sous les traits d'un vieillard assis, les jambes croisées et courbé sous le poids d'un foyer qu'il porte sur la tête. Sur la côte du Pacifique, à Chapicuaro, on a trouvé de petites statuettes connues sous le nom de *pretty ladies* (jolies dames), modelées à la main au « pastillage » (par adjonctions successives de « pastilles » d'argile). Elles sont petites, légères et ont le dos aplati.

Meguerditchian

À gauche, statuette de jadéite de Teotihuacán (H. 25 cm). 300-700 apr. J.-C.
À droite, masque olmèque de pierre dure (H. 12 cm). 1500-800 av. J.-C. Galerie H. Kamer.

Olmèques

Les Olmèques sont parmi les plus anciens habitants de la côte du Golfe, et leur civilisation raffinée remonte sûrement à la période préclassique, même si leur apogée se situe vers le Ve ou le VIe siècle av. J.-C. Les rapports avec la culture de Tlatilco sont évidents. Les centres les plus riches, dans les États de Veracruz et de Tabasco, sont Tres Zapotes, San Lorenzo et La Venta. Les Olmèques furent de grands sculpteurs et réalisèrent, en pleine jungle, des statues gigantesques et d'énormes autels servant peut-être au culte du jaguar. Les visages olmèques sont caractérisés par une grande largeur, donnant une impression d'aplatissement, et par des bouches aux grandes lèvres sensuelles et tombantes. Les Olmèques sculptaient aussi de petites figurines masculines, en jade, et leurs poteries se reconnaissent aisément aux visages poupins des personnages. On peut également rapprocher de ces *baby faces* les figurines dites « aux têtes souriantes », à bouche entrouverte et à la déformation crânienne de tradition mésoaméricaine ; elles sont creuses et réalisées au moule.

Régions du Nord-Ouest

Dans les États du Nord-Ouest, où vivent les Indiens Tarasques, on a récemment découvert les cultures de Colima, Nayarit, Jalisco, Michoacán et Guerrero, où les hommes étaient des « fous de céramique »... Des milliers de terres cuites reconstituent pour nous la vie quotidienne de peuples dont nous ne savons pratiquement rien.

La céramique classique de Chupicuaro est caractérisée par la polychromie, les tons dominants étant le rouge, le blanc et le noir. La surface est bien polie, et les figurines anthropomorphes, simples, sont soulignées de motifs géométriques. Les récipients, coupes, bols, vases, dont certains ont une anse en étrier, si particulière au monde américain, portent parfois un décor en peinture négative.

La culture de Nayarit se spécialise en des figurines de personnages massifs, à l'aspect assez grotesque. Les détails des vêtements et des bijoux (anneaux de nez et boucles d'oreilles) sont bien marqués. La peinture est fine, sur des fonds rouges ou bruns. Les terres cuites de Jalisco, souvent de grande taille, sont mieux proportionnées que celles de Nayarit et apparaissent plus sereines. Celles de Colima sont parmi les plus évoluées, et le sens du geste fugitif est remarquable dans sa transcription stylistique. Les personnages sont le plus souvent nus ou vêtus d'un simple cache-sexe. On trouve des femmes en gésine, symboles de fécondité, des personnages au genou en terre et de curieux chiens *techichi*, bien gras, sans poils, élevés pour la boucherie. Plus rudes sont les guerriers casqués et armés. La pâte est polie et brillante, et la palette chromatique est riche.

Les figurines de Zacatecas comprennent des couples : l'homme joue souvent du tambour, et sa tête s'orne de petites antennes qui lui donnent l'air d'un Martien. Les Tarasques fondèrent au Xe siècle un royaume dans la province de Michoacán et se montrèrent habiles dans le travail de l'obsidienne, des métaux précieux et de la céramique. L'État de Guerrero, à la période classique, se particularise par de petits masques et des sculptures lithiques. La vallée du fleuve Mezcala présente des statues et statuettes en pierre dure, polie et luisante, non sans rapport avec le style olmèque.

Meguerditchian

Figurine assise. Terre cuite vernissée de Colima, d'une belle patine rouge (Colima, 500-1000 apr. J.-C.). Galerie H. Kamer.

Teotihuacán

La ville de Teotihuacán, avec ses pyramides et ses constructions, a été la plus importante de la vallée de Mexico pendant le premier millénaire de notre ère. Cette civilisation particulièrement raffinée a duré jusqu'au XIe siècle. Les masques au visage humain, en pierre semi-précieuse, présentent des lignes simples et géométriques. L'usage des moules permet de reproduire en série les céramiques. Les vases sont le plus souvent montés sur trois pieds et sont peints à fresque ou décorés d'émaux. Les exemplaires nommés *thin orange* (fine orange), de teinte merveilleuse, sont en pâte très fine.

Les Zapotèques

Les Zapotèques s'installèrent à Monte Albán, dans l'État d'Oaxaca, et leur civilisation s'étendit de 400 à

1000 apr. J.-C. Les sculptures sur pierre et sur jade sont nombreuses. La céramique, très abondante, comporte des urnes à la décoration exubérante, exécutées par moulage autour d'un personnage central. Certains personnages portant des coiffures coniques sont connus des spécialistes sous le nom de « personnes de compagnie ».

Les Totonaques et les Huaxtèques

Les populations qui vécurent près du golfe du Mexique, dans la région de Veracruz, furent nombreuses. Dans la zone olmèque, Tres Zapotes est un site archéologique important. Les trois principaux types de sculptures en pierre, auxquelles leur forme a fait donner les noms de « jougs », de « haches » et de « palmes », jouaient sans doute un rôle important dans les cérémonies qui accompagnaient le jeu rituel de la pelote. De nombreuses figurines en terre cuite à « têtes souriantes » ont été retrouvées, et elles peuvent aussi bien être attribuées aux Olmèques qu'aux Totonaques, dont un grand centre classique fut El Tajín. La céramique totonaque comprend le plus souvent des récipients : bols, vases cylindriques à pieds tronconiques. Le décor zoomorphe est très stylisé. La couleur rouge-orange est souvent employée. À Orizaba, les statuettes de grand format sont nombreuses et représentent Tlaloc, le dieu de la Pluie, ou plus simplement des têtes de félin ou de coyote.

Les Huaxtèques se distinguent par une statuaire de haute qualité, aux formes simples. Quant à la céramique, elle emploie un tesson léger, une grande variété de formes, dont celle dite « en samovar », à la panse bosselée, et une décoration peinte, rouge ou noire, à motifs géométriques.

La civilisation maya

La civilisation maya est peut-être la plus étonnante de toutes celles du monde préhispanique. Ses connaissances scientifiques remarquables, en astronomie notamment, rivalisaient avec la beauté des arts. L'hégémonie maya s'étendit sur un vaste ensemble géographique comprenant une bonne partie du Guatemala (Petén), le Chiapas au Mexique et la presqu'île du Yacatán. La culture maya, qui s'élabore vers 1000 av. J.-C., se divise en périodes préclassique, classique et postclassique.

À Petén (Uaxactun), la couche stratigraphique préclassique a conservé de grands vases globulaires et des récipients tétrapodes en terre grise ou beige ; il s'agit de la céramique de Mamom. Plus tard, celle dite « de Chicanel » présente des formes plus variées, où apparaissent des éléments en saillie. Au Guatemala, les vases et les petites têtes modelées préclassiques sont connues sous le nom de Las Charcas et Miraflores.

À l'époque classique, l'architecture (pyramides, palais), la peinture murale (à fresque) ou de manuscrits (codex à hiéroglyphes et miniatures), la sculpture et la céramique s'épanouissent dans les cités-États. La sculpture, bas-reliefs ou statuaire, emploie tous les matériaux : pierre, jade, stuc et bois. Un bleu intense caractérise les fresques. Quant à la céramique, elle est somptueuse et exubérante ; les premières pièces classiques appartiennent à l'époque dite « Tzacol ». À l'époque appelée « Tepeu », les vases cylindriques sont ornés de décors peints polychromes, à scènes religieuses et rituelles. Les vases de la sierra de Chama, au Guatemala, se distinguent par la beauté de leur couleur « fine orange », sur laquelle se détachent les scènes.

Dans l'île de Jaina, près de Campeche, on a retrouvé un grand nombre de statuettes en terre cuite destinées à prendre place dans les tombes. Elles représentent de solennels dignitaires, des femmes aux riches coiffures et des hommes de divers rangs, dont tous les attributs sociaux sont détaillés et rehaussés parfois de peinture bleue. Elles forment quelquefois un sifflet ou un ocarina, et sont, par la suite, produites en série dans des moules. Un récipient nouveau apparaît : l'« encensoir ».

Figurine en terre cuite totonaque (région de Veracruz). H. 35 cm. Galerie H. Kamer.

Sculpture huaxtèque en pierre (H. 80 cm) [*région du golfe du Mexique, 1000-1300 apr. J.-C.*]. Galerie Kamer.

Meguerditchian

Sculpture maya, expression la plus raffinée des civilisations préhispaniques. Galerie H. Kamer.

Kamer

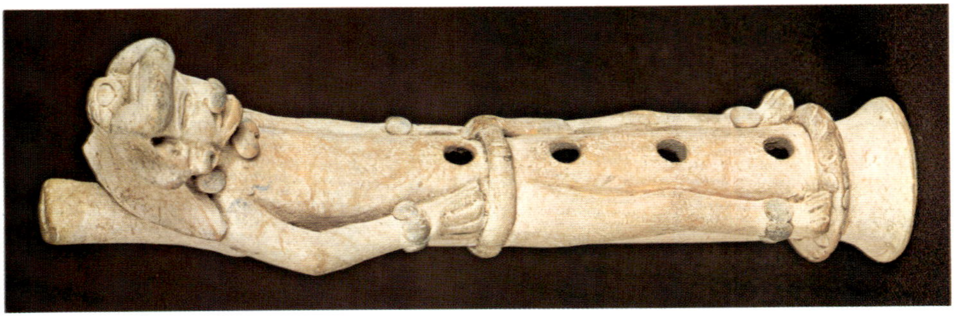

Meguerditchian

Flûte jaina en terre cuite (long. 25 cm), figurant un personnage allongé ; traces de polychromie. Galerie H. Kamer.

À l'époque postclassique, un type de vase à décor incisé, connu sous le nom de « pizarra de Yacatán », est réalisé dans la technique du faux champlevé : le fond est creusé autour du décor, qui ressort en bas relief plan. Enfin, la céramique dite *plumbate*, sorte de poterie lustrée à glaçure vitrifiée, abonde au Guatemala et au Salvador du Xe au XIIe siècle. À Mixco Viejo, on a découvert de nombreuses cruches à panse globulaire, à décor peint en rouge sur crème, ou en rouge et noir sur crème.

Les Toltèques

L'invasion d'un peuple étranger, les Toltèques, apporta vers les XIe-XIIe siècles des changements notables dans la civilisation maya. Leur chef, Quetzalcóatl, à qui l'on rendait un culte et qui était censé destiné à revenir sur terre après sa mort — ce qui provoqua la célèbre confusion, en 1519, avec Cortez, pris pour la réincarnation du dieu — s'installa à Tula, dans l'État de Hidalgo. L'art toltèque s'est principalement manifesté dans le domaine de l'architecture (ruines de Tollan ou Tula, de Chichén Itzá, au Yucatán, et de Mayapán), dans le domaine de la sculpture, avec des caryatides en basalte, souvent polychromes, et des bas-reliefs montrant des représentations de Chac-Mool ou de Quetzalcóatl, dans le domaine de la fresque et dans celui, enfin, du travail des métaux et de la céramique. L'art toltèque s'est mêlé et a fusionné avec la culture maya. Du puits des sacrifices, à Chichén Itzá, on a ramené au jour des bijoux d'or et de cuivre, des objets en jade et des ornements en turquoises. Les bijoux d'or semblent prouver l'existence de relations avec la Colombie.

À Mayapán, le type de céramique le plus courant est l'écuelle à décor géométrique et dessins reproduisant la coupe d'un coquillage, symbole du dieu Quetzalcóatl. Des coupes tripodes, aux pieds mamelliformes, sont rattachés au style dit « de Coyotlatelco ». La céramique polychrome de Jalapazco est probablement l'œuvre des Toltèques. Les pièces représentent le dieu du Feu tenant un éclair devant lui et portant parfois un récipient pour brûler le copal. La céramique dite « des volcans » comprend des vases au décor pastillé, avec une représentation de Tlaloc, dieu de la Pluie. Quant à la céramique de Cholula, dans la vallée de Puebla, elle brilla du XIe au XIIIe siècle sous les Toltèques et elle fut une des plus renommées en raison de sa peinture « laquée », obtenue par la superposition de plusieurs couches de peinture passées sur le fond d'un vase cuit une première fois. La décoration peinte est très particulière : sur fond orange, le dessin apparaît en blanc, noir et rouge brun.

Les Mixtèques

Au XVe siècle de notre ère, les Mixtèques se répandirent dans la région de Puebla et occupèrent Monte Albán. Le style mixtèque survécut à la conquête aztèque, mais non à l'arrivée des conquistadores. Les céramistes se sont consacrés à la fabrication de vases tripodes ou de longs calices à piédouche, à décor figuratif peint, très riche et de coloris éclatant. Parmi les motifs, on trouve souvent des emblèmes macabres : tibias ou têtes de mort. Ces céramiques, qui ne sont pas sans rappeler celles de Cholula, ont été influencées par les miniatures des codex mexicains. On trouve à Puebla des divinités en terre cuite rouge, peinte à fresque. L'art mixtèque a brillé également dans la fabrication de petits vases en pierre dure, comme l'albâtre ou le jade, et dans celle de bijoux d'or et de cuivre à incrustations de turquoise. Les têtes de mort en cristal de roche sont hallucinantes. En orfèvrerie — l'art de fondre les métaux apparut avers l'an 1000 —, les Mixtèques sont considérés comme les plus brillants artisans du monde, et aucune technique métallurgique ne semble leur avoir été inconnue. Les codex, manuscrits sur peau de chevreuil, en tissu ou en papier, traitent de sujets divers (historiques, théologiques, juridiques) et utilisent un système d'écriture à base d'idéogrammes.

Les Aztèques

Les Aztèques, qui se nommaient « Mexica » et se disaient originaires d'Aztlán, étaient de redoutables guerriers qui s'imposèrent sur le plateau central pour se répandre ensuite sur l'ensemble du Mexique. En 1337, ils fondèrent la ville de Tenochtitlán. L'empire était strictement hiérarchisé selon un système de castes. Les Aztèques furent non seulement de bons architectes, mais aussi de grands urbanistes, qui firent l'admiration des chroniqueurs espagnols. Les sculptures, en basalte ou en andésite, sont massives, violentes et expressives. Elles représentent une multitude de dieux et de déesses (dont la célèbre déesse du Maïs), le serpent à plumes, des chevaliers-aigles, des chevaliers-jaguars et des porte-étendards (souvenir toltèque). Il existe également de nombreuses œuvres en mosaïque de turquoise, jade, corail et coquillages, figurant des masques humains ou des serpents. Des tambours de guerre en bois sculpté ont été conservés. Il semblerait que l'orfèvrerie, la joaillerie et, dans une moindre mesure, la céramique fussent l'œuvre des Mixtèques. Les codex, également, doivent beaucoup à ces derniers.

À Tenayuca, localité proche de Tenochtitlán, la céramique est à décor géométrique ou à motifs floraux réalistes. La région de Texoco a produit des écuelles, des vases évasés à pied conique, à motifs linéaires, et de nombreuses statues moulées de divinités, identifiables grâce à leurs attributs. Il existe également des encensoirs, des pipes, des instruments de musique et des pintaderas (sortes de sceaux) en céramique à décor varié. En 1521, Fernand Cortez met un terme à la civilisation aztèque et s'installe dans l'ancienne capitale, rebaptisée Mexico.

Sotheby Parke Bernet

Vase en marbre du Honduras, 900-1000 apr. J.-C., flanqué de deux jaguars stylisés (H. 21 cm).

L'AMÉRIQUE CENTRALE

Honduras

La région du río Uloa a livré des vases en albâtre, dont le décor ressemble à des écailles. Il en existe des imitations en céramique. Les terres cuites polychromes de Comayagua sont enrichies de motifs variés, de même que celles des îles de la Baie.

Nicaragua et Costa Rica

Le Costa Rica offre une grande variété de styles de sculptures en pierre basaltique. On trouve dans la péninsule de Nicoya des sculptures anthropomorphes, où le personnage est assis sur un tabouret, des statues appelées *alter ego* (personnage avec une réplique plus petite) et des « métates », sortes de tables qui servaient à moudre le maïs. Le versant atlantique du Costa Rica et le haut plateau central ont conservé des statues d'hommes assis, baptisées *sukia* (sorcier), en méditation ou jouant de la flûte. Les visages peuvent être de véritables portraits. En revanche, la sculpture de la région dite « de Disquis » présente un schématisme assez abstrait.

La péninsule de Nicoya est riche en céramique polychrome à décor de personnages et d'animaux, peints en rouge et noir sur fond blanc. Les vases sont le plus souvent de forme ovoïde, soutenus par trois pieds en forme d'animaux et ornés de motifs zoomorphes modelés.

Panamá

Au Costa Rica et surtout au Panamá, les ornements en or sont nombreux, particulièrement dans la province de Veraguas. Les thèmes utilisés comprennent la figure humaine et les animaux, principalement l'aigle. Les pectoraux sont réalisés dans un alliage d'or et de cuivre appelé *tumbaga.* Le travail est exécuté à la cire perdue, au filigrane, et le procédé de la « mise en couleur » en augmentait la qualité. Par oxydation, au moyen du suc d'une plante, on éliminait le cuivre en surface de l'objet pour ne laisser apparaître que la composante or de l'alliage. On a trouvé également au Panamá, dans la province de Coclé, nombre de bijoux en pierre dure, en ivoire ou en coquillage.

La céramique est abondante dans les régions Chiriquí, Veraguas, Coclé et du Darién. Elle ne semble pas remonter plus haut dans la chronologie qu'au XIVe siècle. Les formes sont variées et élégantes ; les décors, noirs ou rouges sur fond crème, sont fortement schématisés ; le motif le plus courant est une sorte de crocodile très stylisé.

LA COLOMBIE

Le travail de l'or

La Colombie est le pays d'El Dorado, l'« homme recouvert d'or » selon le récit légendaire fait par un Indien aux conquistadores. Les populations de Colombie retiraient l'or des sables d'alluvions à la batée, à la manière des chercheurs d'or du Far West, ou l'extrayaient de mines. Les procédés techniques utilisés pour travailler le

Charbonnier-Top

Pectoral en or ciselé (Nariño). Les pectoraux servaient aux guerriers de protection contre les flèches empoisonnées. Musée de l'or. Bogotá.

À droite, *urne funéraire (Tamalameque), Colombie.* Galerie Kamer. À gauche, *statuette-flacon en or fin. (Quimbayas). Colombie.*

Desjardins-Top

Mythes et légendes

métal étaient très perfectionnés : fonte à cire perdue, emploi du filigrane ou même du faux filigrane, oxydations diverses, martelage, laminage, soudures.

Les Quimbayas

Les Quimbayas, qui prospéraient le long des vallées de Magdalena et du Cauca, dominées par les hauts massifs montagneux des Andes, produisirent des flacons, des vases et des coupelles aux formes simples et pures, sans aucun décor. Les vases sont le plus souvent à panse globulaire, tandis que les flacons sont en forme de gourde très aplatie. Mais ce sont surtout des bijoux qui ont été fabriqués en quantités (colliers composés de petits animaux découpés et traités au repoussé [insectes, grenouilles], plaques pectorales en métal plein, ornements de nez [*narigueras*], boucles d'oreilles [*orejeras*], épingles).

Les Chibchas

Les bijoux des Chibchas, puissant peuple guerrier installé sur tout le plateau de Bogotá, Boyacá et Cundinamarca, sont caractérisés par des ajours très fréquents et des surcharges de filigranes. Les *narigueras* peuvent atteindre des dimensions considérables, cachant tout le bas du visage. Certaines figurines anthropomorphes, dites *tunjos,* tout à fait remarquables, sont d'une stylisation audacieuse. D'autres, couvertes de filigranes, sont appelées avec humour « figures en téléphone » par les archéologues américains, en raison de la multitude des fils... Les couteaux-tranchets à lame semi-circulaire en croissant, ou *tuni,* sont également caractéristiques de l'orfèvrerie chibcha. La plupart de ces bijoux relativement ostentatoires étaient portés par les guerriers, et les chroniqueurs rapportent que leurs colliers et pectoraux étaient si grands qu'ils pouvaient servir d'éléments de cuirasse contre les flèches ou les lances de l'adversaire. Les orfèvres du cacique de Guatavita étaient célèbres pour l'extrême finesse de leur travail.

Les Taíronas

La sierra Nevada de Santa Marta fut le centre de la civilisation des Taíronas, qui donnèrent vie à de grands ensembles urbains. L'orfèvrerie se compose de beaux pendentifs, parfois en or rose, en forme de guerrier portant une grande coiffe en éventail surmontant le casque, de boucles d'oreilles filigranées et d'anneaux de nez en croissant ou en forme d'ailes de papillon. Parfois ces bijoux sont rehaussés de perles de madrépore et de cornaline.

La céramique

Les poteries, brutes ou peintes, abondent dans toute la Colombie et se distinguent par leur élégance de forme et par l'esprit d'invention qui les anime. On trouve des coupes montées sur un haut piédouche, de curieux vases à deux tubulures montées sur une même panse. Dans la même région furent trouvées de grandes urnes funéraires à couvercle anthropomorphe ; le personnage représenté porte même l'anneau de nez en or.

Les Chibchas du plateau de Bogotá produisirent des masques à visage humain, à décor de tatouages géométriques, et des figurines anthropomorphes à grosse tête, avec des yeux en « grains de café ».

Les Quimbayas de la vallée du Cauca ont façonné des statuettes de taille parfois assez importante, représentant tantôt un cacique assis, les yeux figurés par un simple trait dans une tête démesurément élargie et portant l'anneau de nez en or, tantôt un guerrier en armes, également assis, avec, au dos, la figure de son double aux jambes hypertrophiées. Les Quimbayas firent également des récipients d'offrande à forme humaine, soigneusement peints en rouge et rehaussés de décor losangique en noir et blanc, utilisant le plus souvent la méthode de la peinture négative, où les motifs apparaissent cernés par l'engobe plus foncé. Certaines pièces portent également un décor gravé.

La province de Nariño, près de l'Équateur, nous a laissé un grand nombre de céramiques, dont la décoration rouge ou noire se détache sur un fond ocré. Leur style est fréquemment influencé par celui des régions amazoniennes. D'amusants personnages, assis sur des tabourets, mâchent du coca (ce sont les *coqueros*) et nous considèrent de leurs grands yeux globuleux.

Dans la province de Las Esmeraldas, sur la côte du Pacifique, on a retrouvé une multitude de charmantes figurines moulées, pleines de vie, et de grands guerriers assis et souvent pensifs, en terre cuite blanchâtre, dont le style relève de la véritable statuaire. À San Agustín, près des mystérieuses figures monolithiques, on a découvert des céramiques de forme simple, sans anse, au tesson bien cuit.

L'ÉQUATEUR

Les cultures équatoriennes sont aussi diverses que nombreuses. En outre, l'une d'elles est la plus ancienne de tout le continent américain.

Valdivia

La culture, dite « de Valdivia », qui s'étend sur les côtes des provinces de Guayas et d'El Oro ainsi que dans la province de Manabí et sur les rives du fleuve Daule, est la plus ancienne qui nous soit connue de toute l'Amérique, car elle remonte à 3500/3200 av. J.-C. et serait contemporaine du style Jōmon au Japon. Les jolies petites statuettes féminines en céramique de Valdivia — les « Vénus » — ont un type asiatique accentué, avec leurs grands yeux bridés et leur coiffure enveloppante en casque. Des archéologues sérieux, se fondant sur des similitudes stylistiques, soutiennent la thèse de l'existence d'un contact transpacifique avec la civilisation de Jōmon au Japon.

Esmeraldas et Manabí

Les cultures de Manabí et d'Esmeraldas se développèrent dans la région côtière. En sculpture, on a trouvé des sièges en forme de « U » avec caryatides et des statues-colonnes anthropomorphes. En terre cuite, on peut noter la présence de figurines féminines nues, probablement des déesses de la Fécondité.

Quant à la civilisation d'Esmeraldas, elle offre, elle aussi, des représentations humaines en céramique, modelées ou moulées, rappelant les Mayas, car elles sont affectées de la même déformation crânienne. Les *pintaderas* (cachets) en céramique sont innombrables. Dans le domaine de l'orfèvrerie, il existe des disques et des masques de cuivre ou d'or.

Carchi

La céramique de Carchi, qui se prolonge jusque dans le sud de la Colombie, se caractérise par de grands vases en forme d'amphore, à décor en peinture négative, par

Figurine en terre cuite d'Esmeraldas (Équateur), probablement déesse de la Fécondité (H. 35 cm).
Galerie H. Kamer.

des coupes dites *compoteras,* et par des personnages allongés mastiquant du coca *(coqueros).* Diverses civilisations des Andes équatoriennes (Chimborazo, Pingurahua, Cerro Narrio) ont développé de nombreux styles avant d'adopter celui des Incas.

Panzaleo

Au centre de l'Équateur, la culture dite « de Panzaleo » se singularise par une céramique particulière qui fait supposer une origine amazonienne.

LE PÉROU ET LA BOLIVIE

Les cultures péruviennes sont aussi riches que celles du Mexique.

Les premiers « horizons »

L'archéologue américain Bennett a établi une chronologie de la céramique des Andes centrales comportant six phases successives, appelées « horizons », qui ne sont, en fait, que des points de repère. C'est dans une localité des Andes septentrionales, à Chavín de Huantar, que l'on a retrouvé les vestiges péruviens les plus anciens sous forme de stèles sculptées à décor champlevé de motifs zoomorphes, où figure surtout l'image du félin.

D'autres centres, analogues à celui de Chavín, ont été découverts, tel Cupisnique dans la vallée de Chicama, et l'origine de ces cultures remonterait à 400 av. J.-C. À cette phase de formation, il faut rattacher la civilisation de Salinar, dans la partie centrale des Andes, et celle de la péninsule de Paracas, au sud. On y trouve de nombreuses céramiques dites « blanc sur rouge », et les formes variées des récipients sont très originales : l'anse en étrier, si caractéristique, apparaît déjà, et les figures humaines ou animales sont utilisées.

Dans la péninsule de Paracas, qui conserve deux antiques cultures : Paracas Cavernas et Paracas Necropolis, les poteries se distinguent par leur polychromie et leur vase convexe, l'emploi de l'anse en pont et du double goulot. Les tissus brodés, provenant de ponchos, sont ornés de motifs humains et animaliers, étroitement mêlés, rehaussés de vives couleurs.

Mochica

Les Mochicas, peuple de cultivateurs et de pêcheurs, dont la culture « classique » s'étend sur six siècles, étaient

Masque en bronze vicus, remarquable par la finesse de l'alliage et la beauté de la patine (côte septentrionale du Pérou, 300 av. J.-C. - 300 apr. J.-C.). H. 25 cm.
Galerie H. Kamer.

Meguerditchian

Meguerditchian

Vase en terre cuite nazca (côte sud du Pérou) représentant un pêcheur (300-600 apr. J.-C.). Galerie H. Kamer.

Meguerditchian

Vase-portrait et vase zoomorphe en céramique mochica (côte septentrionale du Pérou), d'un saisissant réalisme (300-600 apr. J.-C.). Galerie H. Kamer.

rassemblés dans la vallée de la côte septentrionale. Leur céramique est somptueuse et adopte des formes variées : vases à bec tubulaire en étrier, vases à anse recourbée et creuse, gourdes aplaties avec anses sur le côté. Les couleurs utilisées sont le brun-rouge et le blanc crème. Toutes sortes de scènes réalistes sont représentées, y compris des scènes érotiques. Les vases-portraits, d'un réalisme rigoureux, sont particulièrement célèbres. De beaux tissus brodés recouvrent les momies. Dans le domaine de l'orfèvrerie, on trouve toutes sortes de bijoux en or ou en pierre dure.

Nazca

La civilisation de la vallée de Nazca et d'Ica a produit un grand nombre de tissus brodés ou utilisant les tech-

Meguerditchian

Tissu chancay à divinités et motifs géométriques (XIe-XIIIe siècle apr. J.-C.). Galerie H. Kamer.

niques du brocart, de la gaze ou de la peinture sur textile. Les couleurs sont franches et les décors, variés. La céramique, de forme assez simple, se distingue par des décors peints de haute qualité, où un trait noir vigoureux cerne les motifs.

Recuay

Dans le Callejón de Huaylas, au sud de Chavín, le centre de Recuay a livré des sculptures en haut relief et des céramiques aux formes diverses, en argile blanche, à la décoration négative en trois couleurs, ou positive en blanc et rouge. L'homme et l'animal sont souvent associés dans les décors. Le félin est partout.

Tiahuanaco

Aux environs de l'an 1000, un nouveau style s'est imposé, celui du site de Tiahuanaco, près du lac Titicaca, dans la zone frontalière de la Bolivie. Les décors de la célèbre porte monolithique, dite « porte du Soleil », ont inspiré les motifs décoratifs des tapisseries polychromes, des tissages et, pour une moindre part, des poteries où apparaissent des têtes de puma ou de condor appliquées à l'encolure des récipients. Certains vases sont en forme de lama.

Sotheby

Masque funéraire en or de Chimu (larg. 45 cm). Cette civilisation a laissé de somptueuses pièces d'orfèvrerie (900-1400 apr. J.-C.).

Chimú

Au nord du Pérou, vers 1300, la civilisation Chimú se développe et s'exprime dans l'urbanisme, l'orfèvrerie somptueuse d'or et d'argent (vases, gobelets, masques, pectoraux, colliers, etc.), et la céramique moulée, dépourvue d'engobe, laissant apparaître la couleur naturelle de la terre. Certains vases très caractéristiques sont de teinte gris-noir.

Inca

Les Incas, peuple guerrier originaire du nord du lac Titicaca, ont fondé un immense empire et établi à Cuzco leur capitale. C'est donc à partir de 1438 que commence, au Pérou, la dernière période préhispanique. L'État était hiérarchisé, l'organisation administrative, parfaite. L'agriculture était intensive, et le réseau routier, excellent. L'architecture et l'urbanisme atteignirent la perfection.

L'art des Incas se manifeste dans de petites sculptures de lama, en pierres dures, présentant une cavité sur le dos, et dans les céramiques, où une forme nouvelle apparaît : l'aryballe, vase dont la base en forme de cône renversé est prévue pour être enfoncée dans le sol ; son décor est géométrique et zoomorphe stylisé. Certains vases sont en bois polychrome et pourraient être postérieurs à la conquête. La métallurgie utilise le bronze, le cuivre, l'or et l'argent.

En 1532, les conquistadores balaient le puissant Empire inca.

Argentine

La céramique des Indiens Diaguites de la vallée de Calchaqui est caractérisée par de grandes urnes funéraires à décoration peinte, où apparaît souvent un visage stylisé.

Chili

La poterie diaguite, au Chili, est variée : on trouve des vases-sabots, des bols et des coupes au décor soigné, géométrique, zoomorphe ou anthropomorphe.

AMAZONIE

Marajó

Un grand nombre de poteries ont été trouvées dans l'île de Marajó, à l'embouchure de l'Amazone. Des rapports ont pu exister avec le nord-est du continent sud-américain et les Antilles (Arawaks). Les formes sont variées, et les urnes, fréquentes. Le modelage, le champlever et la peinture sont employés sur toutes les surfaces des pièces. Les motifs sont géométriques, mais doivent avoir un sens symbolique précis. Une cuiller triangulaire, assez particulière, porte le nom de *tanga* (en raison probablement de sa ressemblance avec les cache-sexe des femmes de la région).

Santarém

La céramique de Santarém, aux formes étonnantes, semble avoir subsisté jusqu'au XVIIIe siècle. Les deux principaux types sont des vases à caryatides et des vases en chandelier.

Meguerditchian

Kero, vase inca en bois polychrome laqué. Galerie H. Kamer.

L'AMÉRIQUE DU NORD

Les Esquimaux

Les Esquimaux, d'origine asiatique, s'installèrent dans une zone immense englobant l'Alaska, les côtes nord du Canada et le Groënland. On peut dater de 500 à 400 av. J.-C. la première phase de leur civilisation, celle d'Okuik, parfois appelée « culture de la mer de Béring », qui se caractérise par des sculptures sur bois ou sur os à décors géométriques. Pendant la période Ipiutak, les thèmes sculpturaux deviennent zoomorphes.

Les Indiens du Nord-Ouest

La culture des Indiens de la côte du Nord-Ouest est brillante et s'étend sur une vaste région comprenant l'Alaska (baie de Yakutat), une bonne partie du Canada (Colombie britannique) jusqu'à l'Oregon aux États-Unis (fleuve Columbia) ; elle est limitée à l'est par les montagnes Rocheuses. L'art s'est manifesté dans les tissus, les vanneries, les peintures et, surtout, dans d'étonnantes sculptures pleines de vie et de force. Les poteaux totémiques (troncs d'arbre entièrement sculptés pouvant atteindre jusqu'à trente mètres) sont des insignes héraldiques de tribus et non de divinités (même si *totem* signifie « divinité »). L'érection d'un nouveau totem était l'occasion d'une cérémonie publique, le *potlach.*

Dans les masques, deux tendances apparaissent : le naturalisme réaliste et la schématisation, à base d'éléments géométriques. Ils sont en bois peint, rehaussés de couleurs violentes et parfois incrustés de nacre. Il arrive qu'ils soient doubles, c'est-à-dire emboîtés l'un dans l'autre, ou que certains éléments soient articulés pour prendre, au cours de la danse, des positions différentes. Quant aux « boîtes à âmes », elles se présentent sous l'aspect d'un petit étui ou d'un fourreau d'ivoire gravé ; elles servaient aux chamans, détenteurs de pouvoirs surnaturels, pour enfermer l'âme des malades. La sculpture sur pierre se manifeste dans des objets d'utilisation courante, de petits totems et des statues de dimensions réduites, souvent en forme de mortier.

Les Indiens des États-Unis

Les cultures indiennes des États-Unis peuvent se subdiviser en trois grandes zones : forêts de l'Est, Grandes Plaines et Sud-Ouest. Le territoire des forêts de l'Est s'étend des Grands Lacs jusqu'au Mississippi, où s'installèrent les « Bâtisseurs de tertres » *(Mound Builders).* Leur art se manifesta dans des coquillages gravés et dans de nombreuses poteries anthropomorphes. Chez les Iroquois, les masques revêtent un aspect expressif. Les Indiens des Grandes Plaines nous ont laissé des peintures sur peaux de bison, de somptueuses coiffures de guerriers à plumes d'aigle et ornements de perles, des pipes, dites « calumets », des armes, dont le célèbre tomahawk, ou hache de cérémonie, souvent associé à un calumet, et des vanneries.

Les Indiens du Sud-Ouest, souvent sédentarisés, possèdent un art raffiné s'exprimant dans le tissage, l'art des tapis, la vannerie, les petits objets d'argent et surtout la céramique (particulièrement chez les Pueblos, dont les décors sont sobres et équilibrés). Pour leur part, les Zunis ont réalisé des masques fascinants et des poupées, dites *katchinas,* aux traits d'un cubisme expressionniste étrange, en bois et tissu. Cet art encore méconnu a cependant fait l'objet de plusieurs ventes à Paris, où les amateurs avertis ont pu acquérir à peu de frais des petites poupées fascinantes et de magnifiques coiffures de plumes.

LA COLLECTION

Le goût, en Occident, pour les arts, dits « primitifs », est relativement récent et il demeure, même de nos jours, fort limité. Ce phénomène n'a rien d'étonnant. La culture occidentale se réclame, consciemment ou inconsciemment, de la civilisation gréco-latine sous sa forme la plus académique. Or rien n'est plus antiacadémique, sauf exception, que l'art « primitif ». Il faut attendre la Première Guerre mondiale, qui renverse les valeurs ancestrales traditionnelles, et les mouvements du fauvisme et du cubisme pour qu'apparaissent des attitudes nouvelles face à un art totalement inconnu de la bourgeoisie. Auparavant, de très rares amateurs éclairés possédaient des fétiches, cachés dans le silence de leur cabinet de curiosités. Notons cependant une exception : les ivoires dits « afro-portugais » étaient jadis admirés à la cour de Lisbonne. Quant aux arts préhispaniques — qui ne sont pas, au sens exact du terme, des arts « primitifs » —, seules les productions aztèques tardives sensibilisaient le goût esthétique des Espagnols, qui, d'ailleurs, s'intéressaient surtout aux matériaux utilisés : or et pierres précieuses. D'autre part, pour apprécier sérieusement, en dehors de la jouissance plastique, un objet « primitif », quelques connaissances d'ethnographie sont nécessaires. C'est pourquoi, à Paris par exemple, l'art nègre figure non pas au Louvre, mais au musée de l'Homme.

De plus, en dehors des obstacles psychologiques, des difficultés d'ordres différents se présentent à l'amateur. Elles sont de deux sortes : problèmes de datation et mystères des provenances. Ainsi les objets d'art nègre (à l'exception des terres cuites de Nok et Sao [sans parler d'Ifé] et des bronzes du Bénin) sont fort difficiles à dater. En fait, ils sont le plus souvent peu anciens : trouver un masque de cent ans d'âge est pratiquement impossible. En Afrique, le masque usagé ou non utilisé est détruit ou caché de manière rituelle ; celui qui le remplacera sera exécuté dans le même style. Pour ce qui est du monde américain, les chronologies établies demeurent encore incertaines et vagues : les analyses scientifiques à la thermoluminescence se sont souvent révélées décevantes et soulèvent plus de problèmes qu'elles n'en résolvent. Quant aux provenances, elles sont le plus souvent inconnues, et seule la « récolte », comme disent les ethnologues, sur place des objets peut apporter de précieux renseignements, tout en n'excluant pas le problème des faux... L'amateur en est le plus souvent réduit à l'analyse stylistique de l'objet qui, il est vrai, peut « parler » à celui qui a une longue expérience.

Les grandes collections d'art africain se sont constituées en fin de la période de la colonisation. Aujourd'hui la réglementation des jeunes États est devenue sévère, et les objets d'art ne doivent plus, en principe, franchir les frontières de leur pays d'origine. Logiquement, les pièces d'art « primitif » doivent se raréfier de plus en plus, car les sources qui alimentaient le marché sont taries. C'est le cas pour l'art africain et océanien. En revanche, le marché des céramiques préhispaniques a connu l'inflation de l'offre, grâce aux nombreuses découvertes récentes qui ont mis au jour des milliers de poteries. Mais, là aussi, la législation a régularisé les sorties d'objets d'art : le Mexique, en particulier, a multiplié les contrôles de douane.

Le marché

Rien n'est plus aléatoire que le marché des œuvres d'art « primitif ». Hausses et baisses se succèdent régulièrement, sans raisons évidentes. En fait, le nombre des vrais amateurs est limité dans cette spécialité, qui exige un minimum de connaissances. Une certaine saturation semble apparaître, expliquant les prix modestes obtenus par des pièces de qualité moyenne ou courante. Seuls les objets exceptionnels ou à la mode atteignent des sommets dans l'échelle des prix.

C'est ainsi que l'on peut trouver chez les antiquaires non spécialisés, voire les brocanteurs, des masques dan (Côte-d'Ivoire) de 3000 à 8000 F. Mais, dès qu'une référence de collectionneur célèbre est avancée en salle des ventes, les enchères atteignent des sommets.

Chez Sotheby's, à New York, le 10 mai 1988, une statuette d'un gardien de reliques fang s'est vendue 253000 dollars (1451000 F) ; bien que cette statuette soit en partie mutilée, elle a obtenu une aussi forte enchère grâce à son pedigree : elle avait figuré à la première rétrospective d'art africain au musée d'Art moderne de New York (MOMA) en 1935. D'autres exemples de prix très élevés ont provoqué la surprise à l'hôtel Drouot, le 24 novembre 1988, pour des œuvres africaines et océaniennes provenant de la collection du poète Tristan Tzara. Un masque guro-bete (Côte-d'Ivoire), en bois dur à patine ancienne et traces de polychromie, a atteint l'enchère de 1900000 F et un masque kwélé (Gabon), en forme de cœur, à patine blanche de kaolin et noire de pyrogravure a fait monter les enchères jusqu'à 2000000 de F.

La rareté, la qualité esthétique et la connaissance exacte de la provenance sont donc les facteurs déterminants de la montée des enchères lors de la vente publique. Une œuvre répertoriée, analysée et connue se vend toujours mieux qu'une œuvre de même qualité, mais inédite.

Cependant, pour l'art « primitif », les prix records, relativement rares, s'attachent souvent aux mêmes types d'objets : les masques-reliquaires bakotas, par exemple, accentuent régulièrement leur hausse, continue depuis une dizaine d'années, avec à nouveau une forte poussée de hausse en 1988 et 1989 : 1764500 F le 16 juin 1988 et 3100000 le 27 février 1989. L'amateur peu fortuné peut se battre sur de beaux masques à 3000 F ou sur de charmantes poulies de métier à tisser baoulé à 1000 F pièce. Souvent le spectaculaire est recherché par l'acheteur. Ce n'est pas nécessairement la rareté ou la qualité qui font la valeur marchande, l'aspect décoratif d'un objet est très important, d'autant plus qu'en général l'art primitif s'intègre très bien dans les intérieurs modernes dépouillés, car il est intemporel. Depuis 1980, le goût se porte sur des objets abstraits. Les pièces les plus appréciées sont celles du Mali, les objets dogons et tellems, et les statues du Zaïre (Balouba notamment). Les antilopes stylisées bambaras sont très recherchées en raison de leur grâce indiscutable.

Dans le même esprit, un appui-tête d'Afrique centrale en bois, figurant deux personnages assis se tenant par les épaules, avec d'opulentes coiffures en cascade, a obtenu une enchère de 209000 dollars (1198000 F) chez Sotheby's, à New York, le 10 mai 1988.

Certaines terres cuites fort rares apparaissent sur le marché, provenant du Nigeria ou du Tchad (Sao). Elles sont payées au prix fort : phénomène normal en raison de leur qualité et de leur intérêt archéologique. Il est cependant difficile d'établir une cote.

Les bronzes du Bénin, rarissimes en France, sont fréquents en Angleterre, où ils atteignent des prix très élevés quand il s'agit de pièces de la meilleure période (fait exceptionnel).

Contrairement à l'art nègre ou à l'art océanien, l'art préhispanique n'a jamais été à la mode en France, même si, à la fin du XVIIIe siècle, le médecin naturaliste français Eugène Dombey, envoyé au Pérou par Louis XVI, rapporta des poteries de ce pays. Quelques rares grandes collections furent constituées au XIXe siècle par Angrand (consul au Pérou), Latour Allard (pour le Mexique) et par le dessinateur Franck. De ce fait, on n'a presque jamais connu dans ce domaine de grandes flambées des prix. Les fouilles ont livré de fabuleuses quantités de terres cuites qui, jetées ensemble sur le marché, ont bousculé quelque peu la cote. Il s'agit donc d'un marché complexe et difficile. Il est vrai que les études systématiques de l'archéologie de l'Amérique centrale et de l'Amérique du Sud ne datent que d'une cinquantaine d'années et qu'il y a, selon une expression consacrée, plus de mille ans de fouilles à faire. Il existe des objets préhispaniques en France depuis le XVIIIe siècle et des ensembles d'objets américains d'avant la conquête espagnole sont présentés, depuis quelques années seulement, en ventes publiques

Roger-Viollet

André Breton fut parmi les premiers « inventeurs » des arts dits « primitifs ». Les surréalistes ont fortement contribué à développer le goût de la collection dans ce domaine encore inexploré.

en tant que spécialités à part entière. Objets et masques de jade, statuettes de pierre, céramiques commencent à susciter des amateurs en Europe — depuis que le marché de l'Amérique du Nord connaît une certaine saturation. D'une manière générale, la sculpture est plus appréciée que les objets usuels. Pour les céramiques, la cote est souvent liée au décor : ainsi, tel vase orné de peintures polychromes — vase maya, par exemple — aura plus de succès qu'une coupe archaïque. Les objets zoomorphes, plus rares, sont plus prisés que les statuettes anthropomorphes... sauf si celles-ci sont à sujet érotique. Des expositions peuvent faire monter temporairement la cote de certaines civilisations, placées alors sous les feux de l'actualité artistique. Fait remarquable sur le marché de l'art, on peut encore trouver de très beaux objets, qui demeurent à la portée du plus grand nombre. Des figurines en terre cuite et des vases à décors animaliers du Mexique, du Pérou ou du Costa Rica sont encore accessibles de 2000 à 10000 F. En revanche, les sculptures anthropomorphes en serpentine du Mexique, antérieures de plusieurs centaines d'années av. J.-C. dépassent souvent 10000 F. Sont également recherchés, pour leur valeur décorative, les pendentifs en or représentant des aigles à ailes en forme de croissant, avec les pattes en relief terminées par des anneaux supportant des plaquettes mobiles (Costa Rica, 800 à 1500 apr. J.-C.). Ces bijoux peuvent valoir de 30000 à 100000 F.

Les masques funéraires en albâtre de Teotihuacán (Mexique) valent de 25000 à 50000 F, et bien davantage pour les pièces exceptionnelles.

Les statuettes aztèques en pierre volcanique du Mexique sont d'une émouvante beauté. Une sculpture du XIVe siècle apr. J.-C. s'est vendue 60000 F chez Me Loudmer, à Drouot, le 24 novembre 1988.

Pour les objets de l'Amérique du Nord, fort rares en France, il est très difficile d'établir une cote, même s'il arrive qu'une vente se révèle être un succès.

Copies artisanales

Contrairement à une opinion assez répandue, les faux dans le domaine des arts primitifs ne sont pas plus répandus qu'ailleurs ou, pour être plus exact, n'atteignent que certaines catégories d'objets, les plus cotés sur le marché, évidemment. Ainsi, il faut se montrer prudent lors de l'examen d'un bronze du Bénin, d'un ivoire africain, d'un jade mexicain ou de certaines poteries mexicaines et péruviennes. La pratique la plus courante, pour le Bénin, est le surmoulage d'une pièce ancienne. On doit se souvenir que le surmoulage est toujours plus petit que le modèle original. D'autre part, les faux suivent la mode : les masques dogons, très recherchés, sont les plus copiés. Il faudra examiner et regarder avec soin la patine et l'usure du bois, s'assurer que la croûte de l'objet n'est pas artificielle et superficielle.

Depuis quelques années, des statuettes artisanales représentant avec un humour naïf les occupants des anciennes colonies et baptisées des « colons » passent en ventes publiques. Les plus réussies valent de 40000 à 60000 F.

Il faut bien distinguer entre le faux et l'artisanat. L'artisanat peut d'ailleurs prendre des aspects différents, allant de l'art de « trottoir » ou d'« aéroport », la plus basse des catégories, à la création originale, avouée et honnête, ne répondant d'ailleurs plus guère aux antiques exigences, venues du fond des âges, de l'art primitif.

Grand plat maya à décor de scènes rituelles en couleur « fine orange ». Galerie H. Kamer.

Meguerditchian

Meguerditchian

Petites sculptures de Costa Rica en jadéite (H. de 15 à 20 cm). En vente, de 2 000 à 8 000 F environ. Galerie H. Kamer.

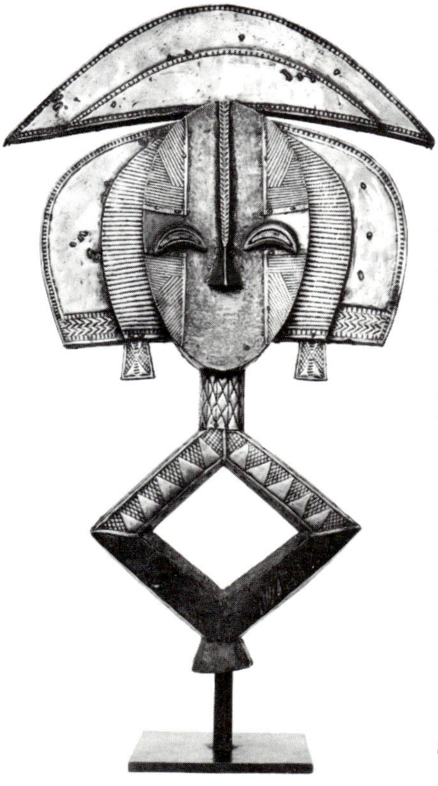

Reliquaire bakota à double-face, recouvert de feuilles de cuivre jaune et rouge (H. 74 cm). Collection Rasmussen. Un masque analogue s'est vendu 3 100 000 F, le 27 février 1989, à Drouot-Montaigne.

Figurine féminine mende en ivoire (H. 16 cm). Les colliers sont caractéristiques de la tribu Mende (Sierra Leone). Galerie H. Kamer.

Miniature persane de l'école Séfévide représentant un souverain assis sur un trône dans un parc. Le rôle essentiellement décoratif du tapis est ici mis en évidence. D'autre part, on retrouve dans le parterre de fleurs la source d'inspiration de nombreux tapis persans, notamment ceux d'Ispahan.
Bibliothèque nationale, Paris.

Bibl. nat., Paris

LES TAPIS

Par la richesse de leurs coloris et de leurs motifs, aux combinaisons infinies, les tapis évoquent les paysages féeriques des *Mille et Une Nuits.* Hérités des plus anciennes civilisations, les tapis sont d'abord un élément du confort domestique, bien que, de nos jours, les amateurs en retiennent surtout l'aspect décoratif. Les tapis artisanaux anciens, ou fabriqués à l'ancienne, et que jamais n'égaleront les tissages mécaniques, tendent à se raréfier en raison des transformations sociales qui secouent la plupart des centres de production. Du même coup, le prix des tapis ne cesse d'augmenter ce qui leur confère, outre leurs qualités originelles, une valeur d'investissement.

Passer de l'amateur au connaisseur implique un certain savoir historique, géographique et technique. Les tapis d'Orient se différencient selon les matières premières (laine, coton, soie et autres textiles), les provenances qui permettent de les identifier, les métiers employés, les façons de nouer les points et les décors truffés de symboles stylisés qui donnent lieu à de nombreuses interprétations. Plus limités sont les centres de fabrication français dont les plus célèbres sont la Savonnerie, Aubusson et Beauvais. Quant aux tapis du Maghreb — victime d'une injuste désaffection —, ils ont sans doute des chances de retrouver bientôt la faveur du public. Le choix d'un tapis est aussi affaire de goût. Quelques conseils d'achat permettront de retenir les principaux critères de valeur, en tenant compte également de la destination qu'on entend donner au tapis.

Le mot *tapis* (du grec « tapêtion ») désigne tous les ouvrages textiles qui, selon une technique millénaire, sont produits par l'entrecroisement de fils verticaux, ou chaîne, et de fils horizontaux, ou trame. Si des nœuds relient entre elles chaîne et trame, c'est un tapis « velours, à points noués » de formule classique, comme ceux produits par l'Orient, la Chine ou la Savonnerie ; sinon, l'on obtient des tapis « ras », tels ceux d'Aubusson, qui ne se différencient pas des tapisseries.

La distinction admise actuellement par le public entre le tapis, qui recouvre le sol, et la tapisserie, qui fait office de tenture murale, ne correspond pas à la réalité historique. En effet, jusqu'au XVIIe s. en Europe, les tapis, en raison de leur prix élevé, étaient plutôt utilisés pour réchauffer les murs des demeures seigneuriales ou pour recouvrir les tables, comme on peut le remarquer sur de nombreux tableaux des XVe et XVIe s. ; de nos jours, de nombreux amateurs ont adopté cette pratique, afin de protéger leurs pièces contre le piétinement ou le poids excessif des meubles. En France, la charge de tapissier du roi, qui fut remplie notamment par le père de Molière, comprenait l'entretien des tapis et des tapisseries de la maison royale ; des voitures légères, appelées « tapissières », étaient spécialement affectées au transport des tapis et des meubles. L'acception actuelle du mot « tapis » est donc récente et elle ne correspond pas à l'évolution historique.

Repères historiques

S'il est impossible de dater avec précision la fabrication des premiers tapis, du moins peut-on supposer que la tapisserie a existé dès la plus haute antiquité. L'homme primitif, pour améliorer ses conditions de vie, eut tôt fait de comprendre qu'une brassée de feuillage, en isolant son corps du sol, le protégeait du froid, puisque, en agglomérant des feuilles à de la terre ou à des touffes en mousse, en y enchevêtrant de pauvres matériaux — lianes, poils, plumes —, il façonnait une surface meilleure, plus isolante. Mêler, croiser, recroiser... Pour l'essentiel, la technique du tapis était née ; actuellement, de jeunes créateurs redécouvrent d'ailleurs, en utilisant des matériaux très divers, ces techniques primitives, « sauvages ».

Élément du confort des premiers hommes, le tapis évolua ensuite lentement, pour se transformer en un objet de luxe, à vocation essentiellement décorative. Tant chez les Sumériens que chez les Égyptiens, il fut l'apanage des grands, qui s'en réservaient l'usage pour les demeures royales ou les temples, comme en témoignent les bas-reliefs de Ninive ou de Persépolis. De même la Bible, dans le livre de l'Exode, évoque avec précision « les bandes d'étoffe de fin lin retors, de pourpre violette et écarlate et de cramoisi, longues de vingt-huit coudées et larges de quatre coudées » qu'il faut tisser pour orner le sanctuaire destiné à contenir l'arche d'alliance. L'un des

L'Astronome et sa femme, par Gonzales Coques ; ce tableau montre que les tapis d'Orient étaient, au XVIIe siècle, utilisés comme tentures ou comme dessus de table. Musée des Beaux-Arts, Strasbourg.

plus luxueux tapis de l'histoire ancienne est sans doute celui que le roi sassanide Chosroês Ier fit confectionner pour son palais de Ctésiphon, au bord du Tigre (VIe s. apr. J.-C.) : il représentait un jardin paradisiaque dont tous les éléments étaient tissés de fils d'or et d'argent rehaussés de pierres précieuses.

La matière même des tapis étant particulièrement fragile, nous ne posséderions aucun échantillon de ces tapis antiques si, au cours de fouilles conduites en 1949 à Pazyryk, en Mongolie, par les archéologues russes Rudenko et Griaznov, une tombe scythe, ou kourgane, n'avait livré, parmi ses trésors, un grand tapis (environ 2 × 1,80 m) que l'on peut dater approximativement du Ve s. av. J.-C. Très représentatif du style animalier particulier aux Scythes et tissé selon une technique particulièrement soignée, le « tapis de Pazyryk », conservé au musée de l'Ermitage à Leningrad, présente une décoration complexe : vingt-quatre caissons sur fond rougeâtre en composent le centre, et les bordures sont formées de cinq bandes ornées de cavaliers, d'élans et de griffons traités en vert, jaune et rouge. Si l'on excepte cette œuvre, les plus anciens spécimens de tapis orientaux que nous possédons ne remontent pas au-delà du XVIe s.

Le manque d'informations ne permet pas de dater avec précision l'époque à laquelle les Européens découvrirent les tapis d'Orient. Leur pénétration en Occident dut être lente, progressive, et s'opérer grâce à des relations commerciales mal définies ou par le biais des invasions, comme ce fut le cas en Espagne, après sa conquête par les musulmans. Les somptueux tapis offerts par Haroun al-Rachid à Charlemagne, les descriptions faites par les quelques voyageurs parvenus jusqu'en Orient ou en Chine, enfin, les pièces du butin des croisés permirent aux Européens de se familiariser avec les techniques des tapis à points noués. Dès le XVe siècle, les tapis d'Orient devinrent un élément décoratif, recherché pour l'ornement des riches demeures. À partir du XVIIe siècle, les pays d'Europe se mirent à leur tour à fabriquer des tapis et, en France, des manufactures, consacrées primitivement à la tapisserie, comme Aubusson ou les Gobelins, adoptèrent les techniques des artisans orientaux.

Suscitées par la demande européenne, et même américaine, les premières manufactures sont créées en Orient dès la seconde moitié du XIXe siècle. Le roi d'Iran, en 1935, encourage l'installation de grands centres à Tabriz, Kāchān, Kirman, Hamadhān, Meched, Goum, Nā'in. En Turquie, l'activité se regroupe à Smyrne, Sivas, Isparta ; en Chine, à Pékin, Canton, T'ien-tsin. La modernisation atteint plus récemment le Caucase et l'Asie centrale. S'appuyant sur une production régulière, préparée avec soin et constamment surveillée, les manufactures ont vu peu à peu grandir leur réputation. Le préjugé défavorable, longtemps nourri envers ces ateliers par la clientèle, s'est estompé notablement ; mais certains n'en regrettent pas moins la saveur rustique des ouvrages des nomades ou des artisans.

De nombreux pays ont produit jusqu'à l'époque contemporaine des tapis possédant des caractéristiques originales (par exemple, l'Italie ou l'Angleterre), mais le marché français se partage essentiellement entre trois types de productions : les tapis d'Orient, les tapis français et les tapis d'Afrique du Nord.

LES TAPIS D'ORIENT

Les tapis d'Orient proviennent de six grandes régions ou pays (Perse [Iran], Turquie, Caucase, Asie centrale, Inde, Chine) et portent le nom soit de leur lieu d'origine (par exemple, « Ispahan »), soit des tribus nomades qui les ont tissés (par exemple, « Béloutche »).

La fabrication des tapis

Le matériau le plus utilisé pour la confection des tapis est la laine, provenant de la tonte de moutons vivants, et qu'on lave dans une eau très peu calcaire. Dans la fabrication de certains tapis entrent aussi le coton, le lin, le jute, le chanvre et le poil de chèvre ou de chameau ; la soie est réservée aux pièces de luxe.

Jusqu'à la fin du XIXe s., la teinture est faite avec des colorants naturels — par exemple, l'indigo pour le bleu, la garance pour le rouge. Ensuite, l'utilisation de couleurs chimiques à base d'aniline, dont la rapidité d'emploi diminue le prix de revient du tapis, marque une nette régression du point de vue artistique. Des colorants chimiques nouveaux à base de chrome ont permis de retrouver une qualité satisfaisante et sont employés concurremment aux modes traditionnels de teinture. Les variations que l'on peut observer dans les couleurs d'un tapis sont, dans la plupart des cas, d'excellentes preuves d'ancienneté. Ces ruptures de ton, appelées « abrach », apparaissent fréquemment dans les tapis des nomades, car elles sont inhérentes aux difficultés de la vie errante (réassortiment impossible, hasard des teintures naturelles) ; elles ne diminuent pas la valeur d'une pièce.

Le métier à tisser est soit horizontal, comme celui qu'utilisent généralement les nomades, soit vertical, comme il est fréquent dans les manufactures, car cela permet à plusieurs ouvriers de travailler conjointement. L'artisan, qui ne se sert que d'un minimum d'outils (peigne, couteau, ciseau), crée son décor en suivant son inspiration ou bien a recours à une maquette précise.

Dans de nombreuses régions (Asie centrale, Anatolie, Caucase, Inde), on confectionne une catégorie spéciale de tapis, les *kilims*, qui résulte du simple entrecroisement des fils de trame avec les fils de chaîne. Cependant, la technique la plus courante est celle des points noués, qui exige beaucoup d'habileté et de soin. Les nœuds sont faits à la main (à de très rares exceptions près, comme à Tabriz, où les points sont noués au crochet). Il existe deux catégories de nœuds : le nœud turc, ou *Ghiordès*, utilisé le plus souvent en Turquie et au Caucase, qui consiste à faire ressortir les deux extrémités du brin de laine groupées au milieu de deux fils de chaîne ; le nœud persan, ou *Senneh*, préféré en Asie centrale et en Chine, qui fait sortir chaque brin isolé entre deux fils de chaîne. Alors que le nœud turc s'adapte bien aux décors anguleux, le nœud persan convient mieux aux dessins curvilignes. La beauté et la solidité d'un tapis dépendent à la fois du nombre, de la finesse et du serrage des nœuds.

Plus d'un mois de travail est nécessaire à un tapissier pour nouer un mètre carré de tapis. Sur les fils de chaîne, il commence par nouer un premier rang de brins de laine, puis passe quelques rangs de fils de trame, tasse alors l'ensemble du travail avec un gros peigne et recommence un nouveau rang de nœuds. Lorsque plusieurs rangées de nœuds sont effectuées, les brins de laine sont coupés pour faire apparaître le « velours ». C'est une opération particulièrement délicate, car le décor d'un tapis rasé trop haut manque de netteté ; au contraire, un ouvrage rasé trop bas risque de manquer de solidité. Les fils de chaîne constituent aux deux extrémités du tapis des franges qui sont nouées deux par deux.

Lorsqu'il est terminé, le tapis est longuement lavé dans une eau douce, ce qui ravive les coloris, puis il est séché au soleil. Dans certains cas, on opère différents traitements pour donner au tapis une bonne patine ou pour le vieillir prématurément, par exemple, en le faisant piétiner par des troupeaux ou en employant des produits chimiques.

La décoration des tapis

La richesse ornementale des tapis d'Orient tient à la fois au poids des traditions orientales, qui déterminent le choix des motifs ou des couleurs, aux influences fort diverses subies par les peuples orientaux et, enfin, à la destination particulière de chaque tapis, car l'ornementation d'un tapis de prière est fort différente de celle d'un tapis destiné à embellir une demeure ou à faire partie des bagages de nomades. Le décor d'un tapis oriental se « lit » lentement et peut se prêter à de multiples interprétations.

L'ornementation est d'abord fonction de la taille du tapis, qui dépend elle-même de son utilisation (tapis de selle, de foyer, de galerie ou de prière), et de son format (carré ou rectangulaire). Ainsi, un tapis de foyer a-t-il fréquemment pour mesure 190 × 130 cm, un tapis de galerie, 310 × 75 cm, et un tapis de mosquée, 400 × 100 cm.

Dans le nœud persan (Senneh), le brin de laine s'enroule autour d'un seul fil de chaîne.
Dans le nœud turc (Ghiordès), les deux extrémités du brin de laine se bouclent sur deux fils de chaîne.
Plus les nœuds sont serrés, meilleure est la qualité du tapis.

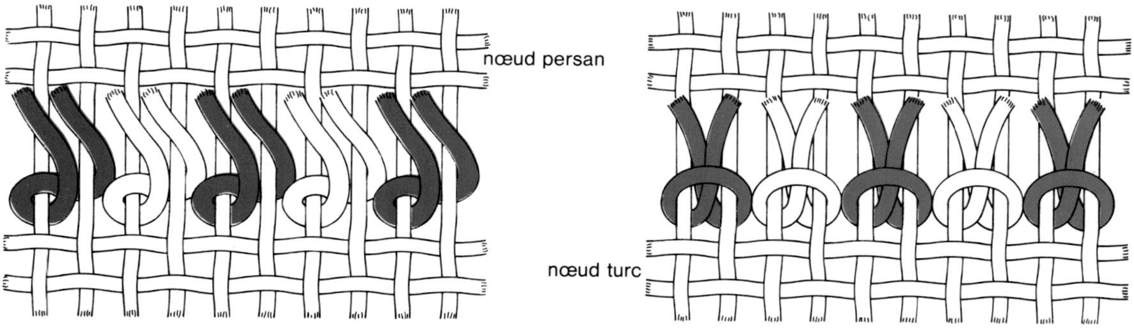

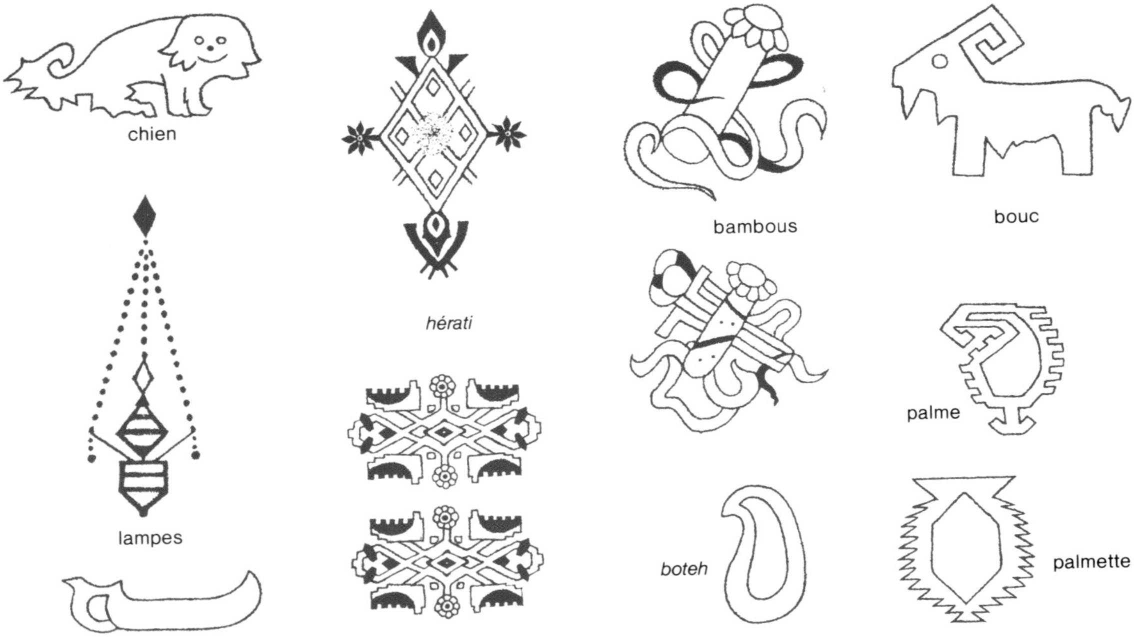

Les motifs stylisés font partie du décor des tapis. Animal sacré, le chien est l'ami de Mahomet. Le motif « hérati », fait de losanges et de fleurons, est symbole d'immortalité. Le bambou est un signe protecteur. Le bouc conjure le mauvais sort. Les lampes évoquent la longévité. Le boteh symbolise la vie.

Sotheby

La palmette (boteh) fleurie de ce Chirāz, répétée en rangs serrés, est une façon de souhaiter la fécondité au destinataire du tapis.

Sotheby

« Hérati » d'un tapis du Caucase (fin du XIXe s.) réduit à un graphisme stylisé alors que ce motif est souvent foisonnant.

Généralement, le tapis d'Orient présente un champ central comportant la représentation d'une scène ou une décoration abstraite, entouré de plusieurs bandes de bordure où se répète un motif ornemental. Étant donné les interdits de la religion musulmane en ce qui concerne la représentation de l'homme, l'artisan se complaît souvent à tracer signes, lignes et arabesques dont l'utilisation n'est pas aussi libre qu'on pourrait le croire, mais qui obéit à des lois rythmiques et à des alternances évocatrices des cadences de la prière. Les ouvriers disposent d'un répertoire de motifs — de nature animale, végétale — ou de lignes, auxquels sont souvent attribués des pouvoirs bénéfiques ou maléfiques, protégeant l'homme et sa maison, exorcisant les esprits malins, etc.

Le répertoire animal, d'une grande abondance, est tiré des concepts magiques ou religieux des anciennes religions orientales (Hittites, Perse, Élam...) ; par la stylisation des lignes et des formes, il évoque l'esthétique des peuples archaïques. L'aigle, emblème sacré, assure la communication entre le ciel et la terre ; bicéphale ou non, c'est l'image de la divinité suprême.

Le cheval est inséparable de l'homme ; il l'accompagne et le protège aussi bien dans la vie que dans la mort.

Le cerf, symbole d'immortalité, est devenu, plus récemment, le protecteur de la famille, l'image du père.

Le dragon et le griffon, animaux fabuleux, renforcent la puissance et le pouvoir des représentations.

Le poisson, emblème de l'eau, est symbole de fécondité, de sagesse.

Deux serpents accolés évoquent l'union des principes mâle et femelle.

À ces figurations fondamentales s'ajoutent l'abeille (travail), la cigogne (longévité), la colombe (paix), le coq (victoire de la lumière), le cygne (envol de l'esprit), le paon (amour) ; le papillon et le perroquet ont surtout une valeur décorative. D'autres animaux relèvent de traditions domestiques ; le bouc conjure le mauvais sort ; la chèvre symbolise la frugalité ; le chameau, la tempérance ; le chien est l'ami de Mahomet. Le scarabée, le phénix et la chauve-souris sont particulièrement employés en Chine.

Dans le répertoire végétal, une place à part doit être faite au *boteh,* petite palmette très décorative et fréquemment utilisée, qui serait un symbole de fécondité et d'immortalité, ainsi qu'au motif *hérati,* composé d'une rosette encadrée d'un losange garni à ses quatre pointes de rosettes plus petites.

Parmi les motifs linéaires, les plus utilisés sont l'arabesque, les palmettes, des symboles solaires comme la roue ou le cercle, la croix, qui représente la cohésion parfaite, la *svastika,* bénéfique ou maléfique selon l'orientation de ses branches, et de très nombreux motifs géométriques : le carré (la Terre), le cube (qui peut représenter la Ka'ba), l'étoile (guide de l'esprit), etc.

Les tapis de prière comportent généralement des éléments rituels : le *miḥrāb,* représentation de la niche qui, dans les mosquées, indique aux fidèles la direction de La Mecque, la lampe, la cruche rituelle, le bouquet d'offrande. Certains présentent l'image plus ou moins stylisée de deux mains sur lesquelles le fidèle posera les siennes en se prosternant.

Dans le même ordre d'idées, des éléments d'architecture, des objets familiers (éventail, flûte, jarre, etc.), des nuages, la conque marine... participent au décor. Certains très petits tapis, à usage de coussins ou de sacoches, sont piqués de perles, de coquilles d'escargot ou de minuscules coquillages.

Les bordures et contre-bordures, très variées, de facture et d'importance diverses, participent à la beauté du tapis. Elles ont d'ailleurs une fonction d'ordre « magique »,

Ader, Picard, Tajan

Tapis Heriz de prière en soie à miḥrāb, orné de deux colonnes et d'un lustre suspendu (186 × 138 cm).

Comme le montre cette carte, les centres de fabrication de tapis les plus nombreux se trouvent en Turquie et en Iran.

Cornette de Saint-Cyr

Tapis Ispahan à fond bleu roi, orné d'un médaillon rouge cerise entouré de rinceaux fleuris, riche bordure à fleurs et branchages stylisés, 225 × 380 cm. Adjugé 30 600 F par Me Cornette de Saint-Cyr, à Drouot, le 25 mars 1988.

puisqu'elles font « frontière » entre le monde extérieur et le champ du tapis, sur lequel le propriétaire est isolé, protégé. Leur décoration utilise toute la gamme des représentations animales et végétales, et des signes géométriques... ; elle a aussi pour but de mettre en valeur l'ornementation du champ lui-même.

Les fils de chaîne constituent la frange du tapis fait main (ainsi peut-on aisément connaître la nature de la chaîne). En Perse, de nombreux tapis n'ont qu'une seule frange. Nouées à la main par l'artisan, les franges sont un signe d'excellente qualité. Quant aux tapis modernes, ils présentent, pour la plupart, des franges rapportées.

Les couleurs revêtent une signification symbolique qui, de nos jours, tend à s'affaiblir : rouge, emblème de la beauté ; jaune, symbole du soleil et de l'or. Jusqu'à une époque relativement récente, les artisans musulmans évitèrent d'employer le vert, couleur sacrée dédiée au Prophète.

La Perse

Pour beaucoup, l'expression « tapis d'Orient » est synonyme de « tapis persan » et ce n'est pas sans raison. De tout temps, l'élevage pratiqué par les nomades a favorisé la fabrication des tapis, et les nombreuses dynasties qui se sont succédé à la tête du pays ont favorisé la réalisation de somptueuses pièces. La Perse — devenue l'Iran en 1925 — est, depuis le début du XXe s., le meilleur exportateur de tapis, grâce à la variété de ses productions, à la modernisation de son équipement textile et à ses relations commerciales anciennes avec l'Occident. L'amateur de tapis persans n'a que l'embarras du choix tant est grande la variété des décors, des formats et des techniques.

Les tapis persans étaient déjà appréciés au Moyen Âge pour la finesse de leur laine et la qualité de leurs décors. Ils symbolisent, hier comme aujourd'hui, la richesse et le goût raffiné de leurs propriétaires.

De même qu'on reconnaît en peinture l'ancienneté et le style d'un tableau, les tapis persans se différencient par le tissage et le décor propre à chaque centre de production. Les tapis anciens antérieurs à 1860 sont remarquables par l'harmonie des couleurs, ce qui les distingue des tapis plus récents, même exécutés avec une technique parfaite. Les couleurs à l'aniline, utilisée à la fin du XIXe siècle, n'ont pas l'intensité lumineuse des coloris anciens. De plus, certaines couleurs d'autrefois ont tendance à s'éclaircir. Le jaune notamment pâlit en gardant sa teinte spécifique, tandis que, pour les tapis récents, il tourne à l'orange ou prend des teintes brunâtres. « Plus le tapis est récent, plus le décor s'estompe et plus les couleurs semblent dégénérer », écrit à ce propos Ulrich Schürmann. (*Les Tapis d'Orient,* Ebeling verlag, Luxembourg, 1979.)

Parmi les plus somptueuses productions, il faut citer les tapis de *Nā'in,* au tissage particulièrement fin et aux coloris discrets, mais très lumineux ; les *Qoum,* souvent en soie et décorés de boteh ; les *Senneh,* très souples et ornés de rosettes ou de palmettes ; les *Sarouk,* célèbres par la netteté de leur dessin et le charme de leur décoration florale ; les *Joshaghan,* aux grosses fleurs sur fond bleu marine ou rouge ; les *Tabriz,* dont la renommée très ancienne tient à la variété des décors composés de motifs répétés ou de scènes mêlant animaux et personnages humains ; les rarissimes *Polonais,* en soie, parfois brochée d'or et d'argent, qui, tissés en Perse aux XVIe et XVIIe s., auraient été prisés par l'aristocratie polonaise, d'où leur nom.

De très nombreux types de tapis persans présentent un médaillon central orné aux coins de motifs rappelant le

Cornette de Saint-Cyr

Tapis Bidjar à fond ivoire, orné d'un médaillon tête-de-nègre à décor hérati et de quatre écoinçons tête-de-nègre, riche bordure turquoise à fleurs et feuillages stylisés, 405 × 305 cm. Adjugé 32 000 F par Me Cornette de Saint-Cyr, à Drouot, le 25 mars 1988.

motif central : les *Heriz,* souvent de grandes dimensions, au médaillon très décoré sur fond rouge ou bleu ; les *Ispahan* et les *Téhéran,* à motifs floraux ou à scènes de chasse. *Kāchān* a une production renommée pour la finesse de ses nœuds et la grande variété de sa décoration florale ou animalière. Les *Kirman* doivent leur célébrité à leurs nuances profondes et à la diversité de leur ornementation. Le médaillon des tapis de *Meched* ressort sur un fond généralement fleuri, et celui des *Hamadhān* prend la forme d'un losange.

Les palmettes ou les rosettes sont les motifs les plus fréquemment reproduits sur les tapis de *Bidjar,* sur ceux de *Feraghan,* dont la bordure était autrefois verte, ainsi que sur les *Khorasān, Serabend* et *Veramine.*

Le décor géométrique, généralement adopté par les nomades, rappelle parfois celui des tapis caucasiens. Les tapis d'*Ardébil,* de *Karadja* et du *Louristan* présentent des coloris lumineux. Les *Bakhtiar* sont divisés en plusieurs compartiments. Les couleurs sombres et la variété des décors des tapis *kurdes* en font l'originalité. Enfin, la ville de *Chirāz* rassemble les productions de nombreuses tribus nomades — telles celles des *Afchārs,* au décor géométrique disposé en treillis, ou des *Kashgaï,* qui sont particulièrement renommées.

La Turquie

Pays de hautes terres au relief tourmenté, la Turquie reste, en dépit de ses efforts d'industrialisation, un pays de tradition rurale où le développement de l'élevage ovin a favorisé la fabrication des tapis. La qualité de ceux-ci, dont Marco Polo célébrait déjà les mérites et qui sont reproduits sur les tableaux d'Holbein et de Lorenzo Lotto, vaut celle des tapis persans. À la fabrication ancienne, essentiellement artisanale, s'est ajoutée à la fin du XIXe s. la production des manufactures, qui, bien qu'actuellement très soignée, souffre encore du discrédit qu'elle encourut à ses débuts pour avoir entraîné une baisse de la qualité. En tout état de cause, la production contemporaine est bonne dans son ensemble ; mais la qualité est sujette à des variations notables : ainsi trouve-t-on à Bursa (Brousse) de magnifiques tapis de soie à côté de médiocres ouvrages en coton mercerisé ou en bourre de soie.

La décoration des tapis turcs présente des caractéristiques originales qui tiennent à l'empreinte très forte de l'islām. Les éléments décoratifs, comme les coloris, composent une synthèse de qualités contradictoires : richesse orientale des motifs géométriques ou floraux qui servent généralement de base à la composition, d'une part, et une sorte de rigueur religieuse, d'autre part. Les bordures prennent une place importante. Chaînes et trames des tapis sont en laine, en coton, en poil de chèvre.

On trouve des tapis de prière à *miḥrāb* unique ou multiple dans la plupart des régions.

Les plus fameux tapis de Turquie viennent de la ville de *Ghiordès.* Leur finesse est presque inégalable et leur décor floral raffiné ; les *Ghiordès-kız* (« Ghiordès de jeune fille ») se caractérisent par leur petite taille. Les *Hereke,* dont la production commença en 1848, sont de très belles pièces, généralement en soie, qui reproduisent des thèmes traditionnels. Parmi les tapis exceptionnels, citons aussi ceux de *Koum Kapou,* très rares, et exécutés en soie ; les *Ladik,* tapis de prière à *miḥrāb,* qui sont ornés

Sotheby Parke Bernet

Tapis de prière Koum Kapou (Turquie) avec fils de soie et de métal. Le miḥrāb, décoré de palmettes et de nuages en arabesques, comporte un verset de prière. Il date de 1900 environ (185 × 122 cm).

traditionnellement de tulipes stylisées ; les *Koula,* dont la décoration se rapproche de celle des Ghiordès ; les *Ouchak,* à fond bleu ou rouge sur lequel se détachent des motifs à arabesques ou des médaillons à étoiles.

Les tapis de *Transylvanie,* dont l'origine prête à controverse, séduisent par leurs couleurs franches, la rigueur élégante de leur décor et la beauté de leur large bordure. Les anciens tapis de *Mélas,* aux coloris clairs, comportaient des *miḥrāb* enrichis d'éléments floraux. La ville de *Bergame (Pergame)* fabrique une catégorie particulière à décor géométrique sur un fond rouge foncé. Les productions de *Smyrne (Izmir)* et d'*Isparta* sont classiques, mais manquent d'originalité. Les tapis confectionnés à *Brousse, Césarée, Panderma* et *Sivas* sont généralement d'excellente qualité et reproduisent souvent les thèmes traditionnels des œuvres persanes ou turques anciennes.

Une place à part doit être faite aux tapis artisanaux de *Kircheir* et de *Mondjour,* aux coloris éclatants, ainsi qu'aux créations des nomades *yürük,* dont les décors géométriques traités en couleurs vigoureuses séduisent par leur vivacité et leur originalité.

Le Caucase

De hautes et fertiles vallées coupent la chaîne montagneuse du Caucase, qui, de la mer Noire à la Caspienne, s'étend sur 1 200 km et se répartit entre plusieurs pays, l'Arménie turque et les républiques soviétiques d'Azerbaïdjan, de Géorgie et d'Arménie. Ces régions, chargées d'histoire, présentent un assemblage hétéroclite de langages, de croyances et de races.

Les tapis du Caucase, bien que tributaires de cette diversité, possèdent cependant un certain nombre de traits communs. De confection artisanale, ils sont fabriqués en milieu rural ou nomade et sont essentiellement des objets domestiques destinés à améliorer le confort de la maison ou de la tente. Malgré les tentatives des

Soviétiques pour rentabiliser la fabrication, les Caucasiens restent fidèles à leurs techniques traditionnelles.

La laine, provenant d'élevages réputés, est magnifique au toucher, épaisse et brillante ; lavée dans des eaux très pures, elle est teinte avec des colorants naturels. Le tapis, noué par les femmes sur un métier horizontal, est généralement de largeur réduite (rarement plus de 2 m), mais peut atteindre de 4 à 5 m de longueur.

Le décor qui prédomine et donne au tapis caucasien son originalité est plein de vivacité et d'une exubérance un peu sauvage : palmettes, fleurs, animaux, verres à vin, peignes, étoiles, etc., sont utilisés à profusion. Malgré le traitement géométrique souvent anguleux de cette ornementation, les naïvetés du style préservent l'ensemble de toute sécheresse, et la variété des coloris contribue à renforcer l'impression de vigueur : au bleu et au rouge fondamentaux s'ajoutent des jaunes rares, des ivoires, des bruns sourds, des roses passés, des touches de vert et un bleu turquoise d'une étonnante luminosité.

Dans certaines productions du Caucase, on peut trouver une influence persane ou l'empreinte de la civilisation chinoise ; il existe même des imitations naïves, mais charmantes, des Savonneries françaises du XVIIIe s.

Actuellement, la production étatisée (en Azerbaïdjan, au Daghestan [République autonome, en Russie méridionale], en Arménie soviétique, en Géorgie) a souci de maintenir auprès de nombreux amateurs la réputation des tapis caucasiens. Grâce à une fabrication rendue très résistante par l'emploi du coton pour la chaîne et la trame, à leurs bonnes couleurs synthétiques et à la reprise des thèmes traditionnels, ces tapis sont d'excellents tapis d'usage, très agréables à l'œil.

Très recherchés, les tapis du *Daghestan,* aux coloris assez foncés, présentent souvent des bandes en diagonale ; dans cette région sont aussi fabriqués les *Seikhour,* avec leur décor caractéristique de croix de saint André, et les petits tapis de prière *Tchitchi,* au *miḥrāb* couvert de fleurettes multicolores. *Chirwān* et *Kouba* ont produit dans le passé des pièces de collection, bordées de plusieurs bandes très décorées. Les plus rares décors caucasiens se trouvent dans les œuvres de *Khila,* agrémentées d'oiseaux bleu ciel et or. Typiques de la fabrication caucasienne, les tapis *kazakhs* comportent de nombreuses figures, dont la plus recherchée est l'« aigle » stylisé. Quant aux artisans arméniens de *Karabakh,* ils font preuve d'un art animalier d'un grand pittoresque ou s'inspirent des productions de la Savonnerie, ce qui conduit à des rencontres plaisantes entre des éléments proprement caucasiens et des bouquets de fleurs très XVIIIe siècle français...

On doit mettre à part les *Soumak,* les *Sileh* et les *Verneh,* qui, tissés et non noués, s'apparentent aux *kilims.* Les Soumak, aux décors classiques, sont particulièrement recherchés.

L'Asie centrale

On groupe sous la dénomination « tapis d'Asie centrale » la production du Turkestan soviétique (Kazakhstan, Kirghizistan, Ouzbékistan, Tadjikistan et Turkménistan) et de l'Afghānistān . De nombreuses analogies existent entre ces deux productions : composition géométrique du décor, prédominance des fonds rouges, sobriété des coloris. À l'exception de quelques rares tapis de soie ou à motifs de soie, les tapis turkmènes et afghans sont en laine, avec une chaîne et une trame en laine ou en poil de chèvre, et ils sont noués avec le nœud persan.

Au Turkestan, les tapis les plus réputés — et de production fort ancienne — sont les *Boukhara,* à fond

Sotheby Parke Bernet

Tapis de prière kazakh (Caucase), caractérisé par la vigueur des motifs géométriques. Le miḥrāb comporte deux emblèmes russes à aigles stylisés. (Vers 1829 ; 117 × 107 cm.)

Tapis Bechir (Asie centrale), à motifs végétaux stylisés (387 × 188 cm).

Christie's

rouge ornés d'octogones nommés « güls », que séparent des motifs en forme de croix. Chaque octogone propose plusieurs *güls* à motifs de « pattes d'oiseau » ; les *Boukhara Tekke* sont particulièrement prisés. Les *Bechir* présentent de grands médaillons enrichis de motifs végétaux et des décorations en forme de serpents. Les *Khiva-Hatchlou,* presque carrés, ont un décor en forme de croix très caractéristique. Les motifs losangés ivoire et bleu sombre des *Kizikayak* se détachent sur un fond brique ou rouge. La tribu des *Yomoud* produit des tapis appréciés à *gül* losangé entouré de bordures étroites.

Les tapis *afghans,* d'une exécution plus rustique que les Boukhara, ont le fond rouge et sont ornés de motifs octogonaux « pieds d'éléphant » ; ceux-ci sont partagés en quatre parties entourant un carré central à décor fleuri. Les bordures sont ornées d'étoiles, de crochets et de grecques.

L'Inde et le Pākistān

Les tapis indiens connurent leur apogée à l'époque de l'Empire moghol (XVIe-XVIIe s.) et, en raison de l'inspiration persane dont ils témoignent, sont désignés par le terme d'indo-persans. Cependant, la stylisation des motifs persans fait place à un traitement naturaliste des sujets typiquement indien, et les animaux fabuleux et les génies de la mythologie indienne sont souvent représentés. Sur les tapis de prière très ornementés, le *miḥrāb* prend la forme renflée de la coupole d'une mosquée.

Les tapis anciens, d'une grande finesse, connaissent, à la fin du XVIIe s., une nette décadence, et il faut attendre le XIXe s. pour assister, sous l'influence de l'occupation anglaise, à un renouveau de la production.

Parmi les tapis indiens les plus recherchés : les *Agra,* de grand format ; les *Lahore,* au beau décor floral. Les *Dari,* souvent appelés « tapis tibétains », sont tissés en coton, et les *Namdar,* gais et de prix abordable, sont en feutre brodé de fleurs polychromes.

Le décor des tapis du *Pākistān* s'inspire de celui des Afghans et des Boukhara ; s'ils ne font pas preuve d'une très grande originalité, ces tapis sont toutefois d'une bonne qualité.

Giraudon

Détail d'angle d'un tapis chinois du XVIIIe siècle. Musée Guimet, Paris.

La Chine

La production des tapis anciens s'est concentrée à Pékin, en Mongolie intérieure et au Turkestan chinois. Bien que l'on ne dispose que de peu de documents sur l'histoire du tapis chinois, on pense que la production remonte au Xe s.

Le tapis chinois se différencie très nettement des autres tapis orientaux. Parce que son champ comporte peu de décoration, celle-ci, par contrecoup, prend plus de force aussi bien sur le plan symbolique que sur le plan ornemental. Le répertoire fait appel aux principes bouddhiques ou taoïstes (comme celui du *yin* et du *yang*), à un bestiaire symbolique (chien de « Fo », éléphant, dragon...), à de nombreuses représentations florales, ainsi qu'à des figures abstraites. Des scènes pleines de charme s'animent de personnages et d'animaux sur fond de paysage : oiseaux au bord d'une rivière, tigres s'abreuvant, caravanes traversant le désert, etc. Les couleurs sont particulièrement belles, notamment le bleu, d'une rare profondeur, le jaune, très doré, et le corail, lumineux.

La production contemporaine s'inspire des décors classiques d'Aubusson et de la Savonnerie, avec un grand médaillon central arrondi, des bouquets de fleurs et une large bordure, le tout dans des coloris clairs.

Les tapis de *Pékin,* aux coloris éclatants, comportent un médaillon central où lotus, pivoines, papillons, branchages fleuris et dragons s'enlèvent sur des fonds jaunes, corail ou bleu intense.

La *Mongolie-Intérieure* a produit des tapis aux couleurs soutenues, décorés d'objets rituels.

Le *Turkestan chinois* est surtout célèbre par ses tapis dits de *Samarcande,* qui étaient confectionnés en fait autour de Kashgar, Jaskand et Khotan. Ils présentent une alliance inédite des motifs décoratifs du Turkestan, des éléments chinois et d'une composition équilibrée propre à l'Islām. Utilisant le nœud persan sur une chaîne et une trame en coton, ils font appel à quatre principaux thèmes d'ornementation : les branches de grenadier, les « pattes d'éléphant », le médaillon et les motifs turcs.

Les tapis de selle de *Mongolie,* matelassés et bordés de tissus, comportent une décoration abondante en laine de couleurs vives ; ils sont tissés en deux parties raccordées par une bande de tissu centrale.

Ader, Picard, Tajan

Grand tapis de la Savonnerie (5 × 3 m), tissé pour la couronne vers 1740. L'absence de fleurs de lis suggère qu'il devait être offert par le roi. Adjugé 748 600 F en 1979. Ces tapis, rares en salle des ventes, atteignent toujours les plus hauts prix.

LES TAPIS FRANÇAIS

Il est difficile de dater avec précision les débuts de la fabrication des tapis en France, car, si les textes permettent de reconstituer les débuts de la Savonnerie, d'Aubusson ou de Beauvais, et si certaines pièces conservées dans les collections de l'État sont datées avec certitude, on sait par des témoignages littéraires ou iconographiques que les tapis ont été confectionnés en France avant le XVIIe s. La confusion entre les termes de « tapis » et de « tapisserie », l'absence d'utilisation spécifique de l'un ou de l'autre ne sont pas faites pour préciser l'information. Cependant, de nombreux inventaires du Moyen Âge et de la Renaissance révèlent la présence de « tapis sarrazinois » et, à la fin du XIVe s., Nicolas Bataille, dans les ateliers duquel fut tissée la célèbre *Apocalypse* d'Angers, vendait des « tapis d'œuvre d'Arras ». Mais ce fut seulement au XVIIe s. qu'une manufacture, celle de la Savonnerie, ouvrit un atelier de tapis, suivie au XVIIIe s. par Aubusson et Beauvais.

La Savonnerie

Encouragés par le désir qu'avait Henri IV de mettre un frein aux importations de tapis, trop onéreuses, Jehan Fortier et Pierre Dupont se lancent dans la confection de tapis et, dès 1608, Pierre Dupont, qui a obtenu le droit de dresser ses métiers dans les galeries du Louvre, présente à la Cour les échantillons de son savoir-faire. En 1624, un de ses élèves, Simon Lourdet, installe une ébauche d'atelier dans une ancienne fabrique de savons adossée à la colline de Chaillot, que le peuple appelle « la Savonnerie » ; en 1627, il obtient un privilège de dix-huit ans. En 1660, Colbert accorde sa protection à la Savonnerie, qui va former de nombreux élèves et exécuter, sous le contrôle de Le Brun, de nombreuses commandes royales pour Versailles, Marly et Trianon. La réalisation de 93 tapis, mesurant chacun 9 m et destinés à la Grande Galerie du Louvre, nécessite plus de vingt ans de travaux et assure la notoriété de la manufacture royale de la Savonnerie au XVIIe s.

Cependant, la Savonnerie connaît au XVIIIe s. une période de déclin et, en même temps que diminue le nombre des ouvriers, la production, pour des raisons d'économie, s'oriente vers une simplification du dessin et des matières. Il faut attendre 1826 pour que le rattachement de la Savonnerie aux Gobelins permette une reprise de l'activité de la manufacture, comme en témoignent les commandes de Louis-Philippe (tapis pour le chœur de Notre-Dame) et de Napoléon III (tapis des salons de l'impératrice aux Tuileries). Après un nouveau déclin à la fin du XIXe s., la Savonnerie, comme les autres manufactures, connaît après 1937 une renaissance qui s'opère au travers des œuvres d'artistes tels que Lurçat, Le Corbusier ou Gromaire. Actuellement, la Savonnerie, toujours rattachée aux Gobelins, réserve sa production à l'État comme par le passé et on y élabore, avec l'aide de créateurs comme Vasarely, Agam ou Penalba, des œuvres conçues dans un esprit résolument moderne.

Les techniques de la Savonnerie sont toujours les mêmes depuis la création de la manufacture. Les tapis « velours » sont tissés sur des métiers de haute lisse par deux ou trois ouvriers lissiers qui travaillent sur l'endroit du tapis à la lumière naturelle. La précision dans le contour du dessin nécessite de longs et minutieux travaux et exige une extraordinaire adresse manuelle. Il fallait autrefois quarante-huit jours au « savonnier » pour tisser une aune (environ 1,16 m) de tapis à dessin plein. De nos jours, 7 métiers et 22 lissiers sont encore en activité.

Les premiers tapis de la Savonnerie sont de petites dimensions et présentent un décor dense sur un fond noir ; mais la commande des 93 pièces pour la Grande Galerie du Louvre va orienter le style de la manufacture :

le décor à compartiments clairs s'enlève sur un fond plus sombre. Des tableaux allégoriques traités en camaïeu, des paysages sont encadrés par les motifs ornementaux chers à Le Brun (trophée d'armes, rinceaux d'acanthe, cornes d'abondance, mufles de lion...), le tout servi par des couleurs éclatantes. Pendant les siècles suivants, la décoration se modifie selon les goûts propres à chaque époque : style bucolique au XVIIIe s., « guerrier » sous l'Empire ou « gothique » à l'époque romantique.

Aubusson

À Aubusson, la fabrication des tapis « à l'imitation des tapis de Turquie » s'est greffée en 1743 sur celle des tapisseries, qui, elle, datait de la Renaissance. La situation des ateliers de tapisserie s'étant progressivement détériorée, en particulier à cause de la révocation de l'édit de Nantes, qui avait poussé vers l'exil des familles entières de lissiers, la recherche de nouveaux débouchés conduisit à la création d'ateliers de tapis, dans lesquels étaient employées des femmes. Elles y montrèrent une si grande habileté que l'histoire garde le nom de quelques-unes d'entre elles (Gillette Bussière, Marie Tailland, Marguerite Giverneau) ; de nos jours encore, ce sont des femmes qui exécutent les tapis. Une des premières commandes importantes passées à Aubusson fut celle du cardinal de Rohan pour sa résidence épiscopale de Strasbourg ; ce tapis, parvenu jusqu'à nous, rappelle, par son ornementation et ses couleurs, les productions de Smyrne. Les ateliers d'Aubusson connurent au XIXe s. des difficultés comparables à celles de la Savonnerie, mais la production a repris à un très haut niveau après la guerre de 1914. Le statut spécial « d'ateliers sous le contrôle de l'État » permet de travailler à la fois pour les commandes de l'État et pour une clientèle privée.

Tapis d'Aubusson d'époque Napoléon III. La finesse du détail des armoiries et motifs floraux est très caractéristique de cette époque (638 × 430 cm). Galerie Koller, Zurich.

Les tapis d'Aubusson sont des tapis « ras » et, jusqu'à une époque récente, ils avaient la trame et la chaîne en laine ; actuellement, le coton est employé pour la chaîne, ce qui permet d'obtenir des ouvrages d'une plus grande solidité. Le métier est de haute lisse, et le lissier, assis derrière le métier, travaille sur l'envers du tapis à contre-jour, contrôlant l'image de son travail grâce à un miroir. Il fallait douze jours pour tisser une aune de tapis (1,16 m environ).

La décoration des tapis d'Aubusson a suivi les modes et les goûts de l'aristocratie : aux motifs polychromes de style rocaille des débuts succède, sous le Directoire, un décor en « treillis » dans des coloris discrets, qui remporte beaucoup de succès. Sous Napoléon III, on exécute des pièces au décor très chargé de fleurs, rinceaux, guirlandes et festons. De façon générale, le style d'Aubusson est moins classique que celui de la Savonnerie et prend davantage de liberté pour traiter la décoration des tapis.

Beauvais

En 1780, Menou, directeur des « Manufactures royales de haute et basse lisse établies en la ville de Beauvais », crée un atelier de tapis de haute lisse à côté de celui de tapisserie, qui, fondé en 1644, s'était rendu célèbre par ses tentures et ses garnitures de sièges.

Exécutés sur des métiers de haute lisse avec le point de la Savonnerie, les tapis, qui portent la marque de l'entrepreneur, *D. M. Beauvais,* présentent un décor de fleurs, de nœuds de feuillage et de rubans. L'atelier, installé dans une église, fait travailler 40 ouvriers sur des cartons de Percier, Fontaine, Bonvalet et Brongniart, mais cesse toute activité lors de la Révolution.

Le Mobilier national ne possède pas d'exemplaires des tapis de Beauvais dans ses collections.

LES TAPIS D'AFRIQUE DU NORD

Les tapis du Maghreb — Maroc, Algérie et Tunisie — connaissent une vogue inférieure à celle des tapis d'Orient, et il est relativement difficile d'en voir hors de leurs pays de production. L'acheteur éventuel ne les trouve guère que dans quelques expositions commerciales ou dans des magasins spécialisés dans l'artisanat de l'Afrique du Nord. La documentation à leur sujet est quasi inexistante et ils sont généralement ignorés dans les ouvrages consacrés aux tapis par les collectionneurs et les experts.

Comment expliquer cette désaffection du public ? Parmi les nombreuses causes possibles, on peut avancer avec prudence des raisons économiques et sociales. Au Maroc, en Algérie ou en Tunisie, le tapis fut longtemps un objet d'usage domestique, que la colonisation allait subitement transformer en un objet d'art, et il devint le symbole d'un certain mode de vie coloniale réservé à une classe sociale. Parallèlement, les techniques et les traditions ornementales, déjà en péril avant la colonisation, furent éliminées par une semi-industrialisation du tissage, qui n'alla pas toujours dans le sens d'une amélioration de la production. Le marché de l'art réserve toutefois tant de surprises qu'il n'est pas impossible qu'un jour ou l'autre les tapis maghrébins n'y apparaissent en force. Il est d'ailleurs à noter que la solidité des tapis modernes et la gaieté de leur tissage semblent leur attirer actuellement une clientèle jeune.

Les tapis produits par les trois pays d'Afrique du Nord présentent un certain nombre de caractéristiques communes ; tout d'abord dans leur destination : ceux qui relèvent du « type rural » servent indifféremment de revêtement de sol ou de mur, de matelas ou de moyen d'isolation de la tente ou de la maison. Comme les tapis de selle ou les vêtements de la tribu, ils sont généralement tissés en automne et en hiver par les femmes, qui ont préalablement filé et teint elles-mêmes la laine. Ils peuvent aussi être confectionnés par des corporations itinérantes de tisserands, qui louent leurs services à des collectivités ou aux chefs de tribus. Les tapis dits de « type urbain », tissés pour être offerts à une mosquée, à une école religieuse ou à un haut personnage, sont de confection plus soignée et sont généralement d'un format assez particulier : destinés à des pièces dont la largeur atteint rarement 3 m et la longueur varie de 8 à 10 m, ils se présentent fréquemment sous la forme de rectangles très allongés sur lesquels l'ornementation du champ est sacrifiée à celle des bordures. Le décor est constitué par un foisonnement de motifs géométriques dont la signification symbolique était tombée dans l'oubli dès le XIXe s.

Le Maroc

L'art du tissage fut de tout temps très répandu au Maroc, et la production des tapis, fort diversifiée : tapis berbères du Moyen et du Haut Atlas, tapis plus récents de Rabat. Traditionnellement chaque famille possédait autrefois un métier, vertical dans les villes ou horizontal chez les nomades ; mais cet artisanat traditionnel a disparu au profit des techniques modernes, qui ont entraîné une fabrication intensive. Le Maroc produit en majorité des tapis de haute laine à points noués, chaque nœud étant un élément du dessin général.

Les tapis de *Rabat* présentent un champ garni à l'extrême de motifs répartis de façon symétrique et entouré de trois à sept bordures polychromes.

Les pièces les plus « typiques » doivent être cherchées dans les productions du Moyen ou du Haut Atlas. Les tapis berbères du *Moyen Atlas,* à dominante blanche ou noire relevée de touches de couleurs vives, sont exécutés par les femmes, qui nouent une laine touffue sur un tissu très solide. De nombreuses astuces de fabrication (par exemple, des brins de laine à deux bouts retordus ou le nouage sur 3 ou 4 fils de chaîne) contribuent à rendre ces tapis plus épais et plus résistants.

Les tapis du *Haut Atlas,* dits « tapis *glaoua* », utilisent une laine bien lustrée, qui ne feutre pas. La chaîne est souvent teinte de plusieurs couleurs qui, visibles seulement à la frange, contribuent à réchauffer la coloration générale du tapis. Les tapis *chichaoua* de la région de Marrakech ont été longtemps recherchés pour leur rusticité. Composés d'une chaîne de laine et de poil de chèvre et d'une trame en poil de chèvre teinte en rouge, ils offrent de belles nuances rouge chaudron ou vieux rose et sont ornés de motifs géométriques où peuvent apparaître parfois des silhouettes de cavaliers ou d'animaux.

Les tapis marocains, et notamment les tapis de haute laine, décoratifs, résistants et confortables, commencent à regagner la faveur du public.

La Tunisie

L'industrie du tapis en Tunisie est essentiellement centrée à Kairouan. De haute laine ou ras, les tapis étaient, à l'origine, confectionnés par les femmes, qui se transmettaient les méthodes de tissage et les traditions ornementales ; en raison de leur richesse, ils constituaient un cadeau de mariage très apprécié. D'après la légende, la fille d'un gouverneur turc aurait introduit au XIXe s. les tapis d'Anatolie en Tunisie ; il est certain que l'on ne peut nier la ressemblance entre les deux productions, notamment dans la composition des Kairouan, qui rappelle celle des Ghiordès. Le décor, essentiellement floral, se plaît à répéter un même motif selon une disposition bien équilibrée et judicieusement rythmée. Les couleurs sont franches et l'emploi du bleu, du rouge et du vert est prédominant. Les tapis de Kairouan ont inspiré les productions de Bizerte et de Gabès.

Une place à part doit être faite aux tapis des tribus bédouines, qui s'inspirent de modèles rapportés par des caravanes faisant commerce avec l'Est, ou par des pèlerins revenant de La Mecque. Exécutés pour des chefs locaux, ils sont conçus par un tisserand et tissés par les femmes. De forme rectangulaire, ils présentent un champ divisé en plusieurs compartiments d'importance inégale, et entouré de minces bordures. Le décor est composé de motifs géométriques stylisés à l'extrême.

L'Algérie

La production des tapis occupe en Algérie une place moins importante qu'au Maroc et en Tunisie. La fabrication de tapis à décor géométrique est concentrée à Tlemcen.

L'ACHAT D'UN TAPIS

LE MARCHÉ DU TAPIS EN FRANCE

Si, depuis quelques années, les ventes de tapis se multiplient en France, les amateurs se plaignent pourtant de la qualité moyenne, pour ne pas dire médiocre, des pièces proposées. Une des raisons en est qu'il y a très peu de Français collectionneurs de tapis d'Orient, alors qu'on peut admirer en Allemagne ou en Italie des collections nombreuses et inestimables. De plus, on peut noter qu'à l'heure actuelle, en France, les jeunes générations préfèrent à l'accumulation d'une collection la pièce unique qui, par sa personnalité propre, s'intègre à un ensemble et propose une image harmonieuse d'un certain mode de vie. De là vient sans doute la vogue des tapis caucasiens, dont les décors et les coloris éclatants s'accordent bien au style de notre époque.

Par ailleurs, les techniques millénaires de confection des tapis tendent à disparaître progressivement, ce qui entraîne une raréfaction du nombre des pièces intéressantes présentées aux acheteurs français. Les productions des pays d'Orient sont menacées par la concurrence des salaires offerts par le pétrole et les industries. En Iran, la scolarisation et la réforme agraire ont détourné de nombreux ouvriers et ouvrières de leurs métiers. En Chine, la disparition des petits ateliers au profit de vastes manufactures où le travail est standardisé a conduit à une baisse rapide de la qualité.

Il est toujours possible d'acheter de très belles pièces en salle des ventes. Il est alors conseillé d'examiner les pièces avant la vente et de demander l'avis de l'expert, qui doit être en mesure de donner une estimation de prix. D'une façon générale, on a intérêt à acheter un tapis chez un spécialiste, dont les conseils se révèlent fort utiles.

Loudmer, Poulain

Tapis kazakh (Caucase), à représentation du motif symbolique de la « main de Fatma » (245 × 120 cm). Ces décors géométriques sont toujours appréciés.

Il n'est que trop fréquent d'être sollicité, même par téléphone, par de soi-disant marchands de tapis tout disposés à vous faire profiter d'« occasions exceptionnelles ». Il ne faut jamais se laisser tenter par ces marchandises, qui ne présentent aucune garantie. L'achat d'un tapis doit passer obligatoirement par l'intermédiaire d'un spécialiste, et non se faire au hasard d'une foire ou d'une vente à domicile.

Le choix d'un tapis

Pour l'amateur de tapis de collection, les critères d'ancienneté et de provenance (par exemple, un *Nā'in* en soie vaut presque le double d'un *Qoum* de même nature) sont essentiels pour guider son choix ; mais l'originalité du décor, la rareté et l'harmonie des coloris entrent aussi en ligne de compte. Bien entendu, la présence d'une signature ou d'une datation ne fait qu'ajouter à la valeur du tapis.

Plus nombreux sont les acheteurs qui voient dans un tapis un objet de décoration susceptible de s'accorder avec le style de leur intérieur, et les critères de leur choix sont alors plus subjectifs. Parmi les plus appréciés, on trouve les tapis orientaux, qui s'adaptent à de nombreux décors et font ressortir le mobilier d'une pièce, quel que soit son style. Les tapis persans, en particulier, grâce à la variété de leurs décors et de leurs coloris, s'harmonisent avec les ensembles du XVIIe et du XVIIIe s. Les tapis, plus folkloriques, du Caucase ou de Turquie font de subtils mariages aussi bien avec les meubles de haute époque qu'avec les décors modernes ; on peut aussi les utiliser avec profit pour « relever » d'une façon originale le mobilier rustique d'une résidence secondaire. Quant aux tapis chinois, s'il est possible de les associer à de nombreux styles, ils concluent des alliances raffinées avec les ensembles modernes. Seuls les tapis français sont d'une utilisation plus limitée : à cause de leur décor nettement « daté » et de la richesse de leur ornementation, ils ne s'intègrent parfaitement qu'à un décor classique.

Dans le choix d'un tapis, entre aussi en jeu sa destination : généralement, il est posé sur le sol, parfois il est utilisé en tenture murale. Les *kilims* peuvent ainsi décorer agréablement un mur, séparer des pièces trop vastes, être jetés sur une table ou sur un lit. Enfin, les tapis de selle et les petits tapis de prière composent sur un mur de merveilleux tableaux.

Il est certain que l'adaptation du tapis à l'usage que l'on veut en faire et l'harmonisation de son décor et de son coloris avec l'ameublement de la pièce à laquelle il est destiné entrent pour une large part dans le choix, mais celui-ci ne doit pas être limité par des idées préconçues. Il faut en effet accorder une extrême importance à l'état de conservation du tapis : un tapis semi-ancien (c'est-à-dire ayant de trente à cinquante ans d'âge) qui présente une usure généralisée perd jusqu'à 90 p. 100 de sa valeur. Des franges abîmées, des lisières élimées, des parties décolorées sont également cause de fortes dépréciations. En revanche, un tapis manquant de symétrie ou dont les bords s'enroulent garde sa valeur, car un spécialiste peut facilement rectifier ces défauts minimes. On doit aussi s'assurer de la solidité de l'ouvrage en vérifiant le serrage des nœuds, apprécier la beauté et la souplesse des matériaux, enfin se méfier de certaines couleurs susceptibles de jaunir, comme le blanc, ou de passer, comme le bleu clair ou les demi-teintes.

Tout cela demande du temps et de la réflexion. Il est même souhaitable, avant de se décider, de demander au marchand de venir présenter à domicile quelques-uns de ses tapis, pour fixer en toute connaissance de cause son choix sur celui qui s'harmonisera le mieux avec le décor.

La restauration du tapis

Le tapis peut avoir besoin d'être restauré. Avant de prendre une décision qui peut s'avérer coûteuse, il faut consulter un expert, qui sera à même d'évaluer si le tapis « mérite » ou non cette restauration.

Ensuite, il est indispensable de choisir un bon restaurateur, en se méfiant du « bon marché », du « travail rapide »..., car rien n'est plus ruineux qu'une restauration mal exécutée, qui déprécie totalement une pièce. La restauration d'un tapis d'Orient ou d'une Savonnerie est une véritable spécialité qui exige de l'artisan une parfaite connaissance de toutes les « écoles », des styles et des particularités de technique et de décoration. C'est, d'autre part, une œuvre de longue haleine, faite à la main et non à la machine. Par exemple, la réparation d'un trou d'environ 70 × 30 cm nécessite quatre cents heures de travail.

Le tapis dans la maison

Un proverbe oriental affirme que « là où est ton tapis est ta demeure »... Quelques précautions permettront de conserver le tapis en bon état pendant de nombreuses années.

Avant de donner au tapis sa place définitive dans la maison, il faut se rappeler que, comme le velours, il a un « sens ». Vu dans le sens du poil, il paraît plus lumineux ; en revanche, vu à rebrousse-poil, il semble plus foncé, et le décor gagne en relief ce qu'il perd en netteté. L'effet recherché dépendra donc de son orientation.

Afin que le tapis ne glisse pas sur le sol, il peut être nécessaire de demander à un spécialiste de poser une thibaude ou même de le coudre sur une moquette ; mais cette dernière opération ne doit pas être pratiquée sur les tapis de soie, trop fragiles. Il est recommandé par ailleurs, pour que l'usure se répartisse uniformément, de modifier au moins une fois par an la position et l'emplacement du tapis.

Il ne faut jamais secouer ni battre un tapis, mais le brosser doucement dans le sens du velours avec un balai de paille de riz et, une fois par semaine, enlever la poussière avec un aspirateur. Il est bon de faire appel, tous les cinq ans environ, à un spécialiste qui procédera à un lavage à plat.

Lorsqu'il doit être rangé, ou lors des vacances, surtout en été, le tapis doit être protégé contre les mites ; il faut l'enrouler dans des journaux avec de la naphtaline.

On aura toujours intérêt à assurer aux tapis un bon état de conservation ; il ne faut en effet pas perdre de vue qu'il sera toujours possible de les revendre si l'on vient à s'en lasser. La plupart des marchands sérieux sont prêts à reprendre les tapis qu'ils ont vendus pour en proposer de nouveaux dans la même gamme de prix. Cette possibilité de revente est un des avantages incontestables des tapis anciens, qui ne cessent de se valoriser par rapport aux fabrications récentes.

Les tapis d'Orient tendent à se raréfier, surtout depuis les événements d'Iran qui en était le principal fournisseur. D'après les prix moyens relevés à l'Hôtel Drouot en 1980, l'échelle des prix s'étend de 10 000 à 80 000 F pour les tapis persans ou turcs — de bonne qualité —, cote souvent dépassée pour les tapis de soie et les modèles plus originaux.

L'offre étant plus limitée pour les tapis français, la fourchette moyenne se situe entre 20 000 et 60 000 F, sauf pour les pièces exceptionnelles.

Tapis de prière de Transylvanie de la première moitié du XVIIIe siècle avec miḥrāb à colonnettes (155 × 120 cm). Galerie Koller, Zurich.

Pénélope et son éternelle tapisserie, imaginée par le peintre Pinturicchio à la fin du XVe siècle, dans cette fresque du Retour d'Ulysse.
L'invention du métier à tisser remonte en effet à plusieurs millénaires.
National Gallery, Londres.

Top

LA TAPISSERIE

L'art traditionnel de la tapisserie s'était figé, à la fin du XVIIIe siècle, dans la froideur, l'académisme et la médiocrité. Son renouveau s'est accompli au cours du XXe siècle, sans doute parce que, comme au Moyen Âge, il répondait à la nécessité de couvrir des murs froids et nus en les réchauffant — au propre comme au figuré — au moyen de vastes « murailles de laine ». La verve narrative et le génie décoratif des grands lissiers de l'âge gothique, qui semblaient à jamais taris, ont soudain rejailli par la volonté de quelques hommes tels que Lurçat, Gromaire, Picart Le Doux et tant d'autres, qui ont aujourd'hui redonné à la tapisserie son originalité, son indépendance et sa noblesse.

À partir d'une technique venue d'Orient et qui s'est implantée en Europe occidentale dès le XIIe siècle, l'histoire de la tapisserie est surtout liée à l'évolution des styles ornementaux, avec un âge d'or qui va du XIVe au XVIIe siècle. La renaissance de la tapisserie contemporaine a permis de se rendre compte qu'il s'agit là d'un art relativement coûteux par suite d'une inévitable lenteur d'exécution. Sur un marché de la tapisserie qui reste très actif, on retiendra, parmi les facteurs qui valorisent les œuvres anciennes, l'état de conservation, la fraîcheur des couleurs et l'intérêt du sujet. Comme toutes les œuvres de qualité, les tapisseries anciennes ou modernes ne cessent de bénéficier de régulières plus-values.

La tapisserie — terme dérivant du mot tapis (voir le chapitre : « Tapis ») — remonte bien au-delà des temps homériques. En effet, dès qu'il songea à se vêtir autrement que de peaux de bêtes, l'homme trouva le moyen de composer un tissu, formé par l'entrecroisement des fils de chaîne avec les fils de trame ; puis il teinta les fils de trame de couleurs variées afin de constituer un décor, intégré à la texture même du tissu. Dans la tourbe qui recouvrait les anciennes cités lacustres de Gaule, on a retrouvé ces restes de vêtements tissés.

De nombreux témoignages — écrits, peints, sculptés ou gravés — prouvent l'existence très ancienne de la tapisserie. On ne peut malheureusement préciser où ni quand apparut le premier métier à tisser : à Sumer, peut-être, à moins que ce ne soit en Égypte où il était connu dès le IIIe millénaire, comme en témoigne une peinture d'une rare précision décorant l'hypogée de Beni-Hassan. On y voit deux femmes travaillant sur un métier rudimentaire à chaîne verticale, qui comporte déjà les caractéristiques essentielles d'un métier de haute lisse, tel qu'on l'utilisera aux Gobelins : deux poutres cylindriques (ensouples), pour maintenir la chaîne ; des bâtons de croisure, pour séparer en nappes les fils de chaîne pairs et les impairs ; des cordelettes de lisses, pour amener la nappe arrière vers l'avant ; une broche garnie de fil coloré, un peigne pour tasser les fils de trame sur toute la longueur de la chaîne.

Jusqu'au XIVe siècle, les termes de *tapis, tentures, broderies, tapisseries* furent sans cesse employés les uns pour les autres. Le plus notoire de ces contresens, perpétué encore de nos jours, est illustré par la fameuse « tapisserie » attribuée à la reine Mathilde, qui fut, en réalité, brodée à l'aiguille sur toile. Rappelons tout de suite que le dessin d'une tapisserie fait partie intégrante de la trame, alors qu'une broderie est superposée à la trame existante.

TECHNIQUE

Voyons tout d'abord comment s'élabore une tapisserie, depuis le « carton » jusqu'à l'accrochage, et en quoi la haute lisse diffère de la basse lisse. Selon le grand spécialiste, Dario Boccara, « l'exécution de la tapisserie fait apparaître l'esprit d'équipe et l'interdépendance des artistes et des artisans, chacun voyant sa part de travail assujettie à celle de l'autre, comme le sont les bâtisseurs pour les cathédrales gothiques ».

Haute lisse, basse lisse, il est à l'heure actuelle impossible aux spécialistes de discerner à coup sûr avec quel métier a été réalisée telle ou telle tapisserie.

Le métier de basse lisse

Le métier de basse lisse vit probablement le jour en Orient. Il se compose de deux cylindres de bois parallèles — appelés *ensouples* —, espacés d'un mètre environ et

Bibl. nat., Paris

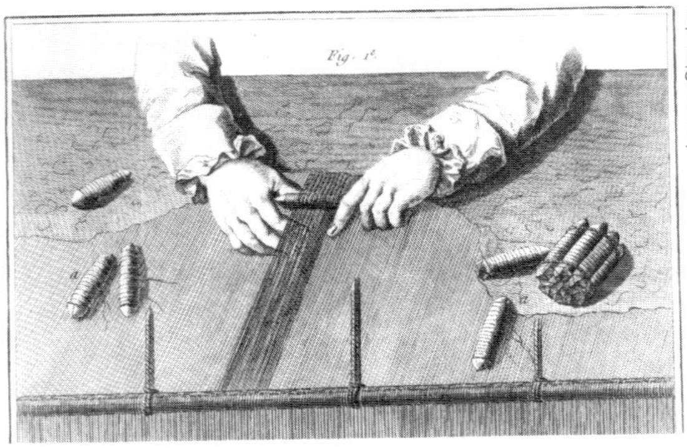

Lauros-Giraudon

Cette miniature illustrant un livre de Boccace, Des claires et nobles femmes *(XVe siècle), montre le cardage de la laine (à droite), le filage à la quenouille et le tissage avec la navette passée entre les fils de chaîne du métier de basse lisse. La figure de* droite, *tirée de l'*Encyclopédie, *représente les mains du lissier glissant les flûtes chargées de laine entre les fils de croisure. Également extrait de l'*Encyclopédie, *un lissier au travail sur un métier de haute lisse des Gobelins* (ci-dessous). Bibliothèque nationale, Paris.

qui servent à tendre les fils de chaîne dans un plan horizontal. Les axes (en métal) de ces ensouples sont fixés à chaque extrémité dans de solides montants de bois ou de métal appelés « coterets » ou « jumelles ». Le lissier est assis devant l'ensouple avant, sur laquelle s'enroule la tapisserie au fur et à mesure qu'elle est tissée, tandis que l'ensouple arrière supporte la chaîne encore nue. La chaîne est très fortement tendue entre les deux ensouples. Chacun des fils de chaîne est passé dans la boucle d'une cordelette de coton appelée « lisse ». Toutes les lisses des fils pairs sont attachées à un même bâton de bois — appelé *barre à lisse* — et toutes les lisses des fils impairs sont attachées à une autre barre à lisse. La nappe de chaîne se trouve donc divisée en deux : fils pairs, fils impairs. Chaque barre à lisse est elle-même reliée à une pédale appelée « marche », permettant de faire alternativement monter et descendre chacune des nappes. Ce dispositif à pédales — qui fit appeler les basse-lissiers « marcheteurs », ou « tapissiers à la marche » — laisse aux artisans le libre usage de leurs deux mains, raison pour laquelle la tapisserie de basse lisse monte d'un tiers plus vite que la tapisserie de haute lisse.

Dans l'espace que le lissier ménage entre les deux nappes croisées de chaîne (paire et impaire) en appuyant sur l'une de ses pédales, il fait glisser de droite à gauche une *flûte* chargée de laine : cela s'appelle faire une *demi-passée.* Il tasse cette demi-passée de sa main droite avec un petit peigne, appelé *grattoir.* Le lissier appuie alors sur l'autre pédale, obtenant ainsi le croisement inverse des fils de chaîne ; il fait une demi-passée de gauche à droite et tasse la laine de la main gauche cette fois. Le basse-lissier travaille donc des deux mains ; deux demi-passées forment une passée, ou une *duite.*

Après trois ou quatre passées, le lissier tasse la trame avec un peigne généralement en ivoire. Lorsque la tapisserie est montée d'une trentaine de centimètres, le lissier l'enroule sur l'ensouple avant et refixe le calque qu'il a établi à partir du carton original, et qui le guide tout au long de son travail. Le métier de basse lisse a l'inconvénient de ne pas permettre au lissier qui travaille sur l'envers, de voir l'ensemble de la tapisserie. C'est à l'aide d'un miroir placé sous les fils de chaîne qu'il peut, en les écartant, juger de son ouvrage. Il n'en a donc qu'une vision fragmentaire et inversée. C'est pourquoi,

Lauros-Giraudon

sur certaines tapisseries, on trouve parfois des inscriptions retournées.

Le métier de haute lisse

Le métier de haute lisse est vertical. Il comporte lui aussi deux ensouples mobiles autour de leur axe, éloignées d'un mètre cinquante environ et maintenues par des coterets. Un tube de verre — appelé « bâton de croisure » — sépare, en deux nappes (avant : fils pairs ; arrière : fils impairs), les fils de chaîne en maintenant entre eux un écartement constant. Seuls les fils de la nappe arrière (impairs) sont passés dans des lisses et c'est en tirant sur ces lisses de la main gauche que le lissier amène les fils arrière (impairs) en avant et obtient le croisement des fils de chaîne. Pour tisser, le haute-lissier qui, lui aussi, travaille sur l'envers de son ouvrage, passe sa main gauche dans l'espace constant ménagé par le bâton de croisure, glisse de sa main droite la *broche* chargée de laine de droite à gauche. De sa main droite encore, il tasse la demi-duite obtenue avec l'extrémité de la broche taillée en pointe. Puis il tire les lisses de sa main gauche (pour obtenir, nous l'avons vu, le croisement des deux nappes de chaîne), glisse la broche, toujours de la main droite, mais cette fois de gauche à droite, et fait donc une nouvelle demi-duite. Deux demi-duites forment une duite. Après quelques duites, la trame est tassée à l'aide d'un peigne. À la différence du basse-lissier, le haute-lissier ne fixe pas de calque à sa tapisserie. Il fait un relevé des principales indications du carton original et les reporte à l'encre directement sur les fils de chaîne. Ces tracés lui servent de guide tout au long de son travail. La haute lisse présente pour le lissier l'avantage de lui permettre une vue d'ensemble de son travail, quand il passe derrière la chaîne verticale. Plusieurs lissiers travaillent ensemble sur une même pièce. Autrefois, les plus habiles se réservaient les personnages, les passages des couleurs délicats, les jeunes apprentis se consacrant aux fonds et aux bordures. Le travail des différents artisans doit progresser au même rythme, le plus difficile étant de tasser la tranche en exacte perpendiculaire avec la chaîne.

Couleurs et interprétation

Quant aux coloris, ils sont, au Moyen Âge, limités à quinze ou vingt tons, vifs et naturels, obtenus par des teintures végétales. Cela explique la force et la clarté des tapisseries médiévales, les francs passages entre les couleurs, l'effet puissamment décoratif, en plans larges et bien délimités, la robustesse du modelé, qualités que l'on retrouve sur les vitraux de cette époque.

Les XVIIIe et XIXe siècles, en étendant la gamme des coloris, ôtent à la tapisserie ses qualités plastiques et son originalité et les lissiers du XXe siècle sont revenus à plus de sagesse en limitant le nombre des couleurs.

Au Moyen Âge et sous Louis XIV encore, la technique des passages entre les couleurs est franche et visible. Ces passages s'obtiennent soit par des *hachures* de forme triangulaire où s'interpénètrent deux tons, soit par des *battages :* rayures irrégulières où se mêlent les deux tons. Aujourd'hui, ces deux techniques sont toujours pratiquées, mais on utilise plusieurs tons pour obtenir un passage plus doux entre deux couleurs.

Quelle part revient au lissier ? Au Moyen Âge, il peut donner libre cours à sa fantaisie, à son goût, à son instinct dans une interprétation toute personnelle des cartons : deux tapisseries bien différentes, créées à partir d'un même modèle par deux lissiers, en apportent la preuve (*l'Honneur,* musée de Cluny). Si Le Brun accorde encore confiance et entière liberté à ses équipes de lissiers aux Gobelins, en revanche, Mignard, qui lui succède, et Oudry surtout leur imposent une imitation scrupuleuse des peintures achevées, qui font désormais office de cartons. En l'espace de deux générations, la tapisserie va se trouver totalement assujettie à la peinture, privée de son autonomie et, partant, de sa « muralité » et de sa monumentalité, qualités qui ne devaient réapparaître que vers 1940, grâce au talent de véritables cartonniers.

ÉVOLUTION DES STYLES

De l'époque gothique aux premiers éveils de la Renaissance, l'art de la tapisserie connaît son âge d'or en Occident et principalement en France, où les murs des châteaux et les nefs des cathédrales se parent de prodigieuses séries narratives, dont l'ampleur décorative et monumentale peut se comparer aux vastes fresques qui naissent au même moment en Italie. Jamais les lissiers des siècles suivants n'atteindront cette harmonieuse sérénité, cette vie intense, cette spiritualité rayonnante qui imprègnent les œuvres de ce temps, si puissantes dans leur mise en scène, si parfaites dans leur technique, si mesurées dans leurs coloris, si émouvantes dans leur contenu.

Pourquoi, en ces siècles pleins de rudesse, ce soudain essor d'un art doux, lumineux et lentement élaboré ? À cela plusieurs raisons : d'abord le fait que la tapisserie est un bien aisément transportable, qualité appréciée des seigneurs, qui sans cesse chevauchent, chassent et guerroient et qui aiment s'entourer de leurs tentures préférées. Pliées, serrées dans des coffres, portées sur des chariots, elles suivent leur propriétaire dans ses randonnées. Selon Pierre Verlet, « les tapisseries formaient une part si habituelle des bagages d'un prince qu'elles faisaient ensuite partie de son butin quand il était battu ». Cette maniabilité entraîne, hélas ! une certaine désinvolture dans la manière de traiter ces précieuses « murailles de laine ». Nul n'hésite à couper, plier, clouer, afin d'adapter aux mesures d'un nouveau décor une tapisserie payée pourtant fort cher. Mais les princes ont beau mener vie dure et périlleuse, ils ne sauraient plus se passer du merveilleux qu'apportent ces tentures façonnées en rideaux, courtines, portières, panneaux, qui constituent le meilleur remède à l'humidité glacée des châteaux forts et des églises, en conservant longtemps la chaleur d'un feu de cheminée et en coupant les courants d'air. De plus, dans les églises, ces merveilleux répertoires d'images offrent le grand avantage de contribuer à l'édification des fidèles — comme le font les sculptures des portails —, en leur montrant les feux de l'enfer, en célébrant la vertu et le courage des seigneurs qui les gouvernent. Rois, princes et prélats, grands amateurs de ces chaudes tentures, exercent en leur faveur un mécénat éclairé, voire fastueux ; ils créent ou encouragent des ateliers dans leurs provinces. Ces somptueux témoins des siècles passés qui nous sont parvenus constituent, selon Focillon, avec les vitraux des cathédrales, l'expression la plus originale, la plus colorée de l'art médiéval français.

L'âge roman

Ce n'est qu'au début du XIIe siècle que l'usage de la tapisserie se généralise, mais, dès le début de l'époque romane, quelques ateliers travaillent déjà à Poitiers,

Saumur, Limoges et sur les bords du Rhin, dans des monastères, lieux relativement à l'abri en ces siècles de tourmente. Dès la première croisade (1099), quelques tapisseries byzantines arrivent en Occident. Il n'est donc pas surprenant que les premières tapisseries occidentales connues soient encore tributaires de l'art byzantin.

Alain Spy-Top

Les tapisseries françaises d'inspiration religieuse ont été mieux conservées que les tentures à scènes historiées. Ici, une Annonciation *du début du XVe siècle.* The Metropolitan Museum of Art, New York.

Les siècles d'or

Dès le XIIe siècle, la tapisserie est donc implantée en Occident ; d'abord limitée aux monastères, elle se répand progressivement dans le monde laïque, en raison de l'évolution même de l'architecture gothique. Faite pour vêtir les murs, la tapisserie prend une importance croissante dans les bâtiments civils, tels les châteaux forts, dont les immenses salles aux murs épais ont besoin d'être réchauffés, tandis qu'elle disparaît peu à peu des églises, dont les murs, dès la fin du XIIe siècle, s'évident de hautes verrières et d'« étages clairs ». Les inventaires des rois de France et des ducs de Bourgogne attestent d'une véritable passion pour cet art. Les tapisseries recouvrent bientôt non seulement les murs, mais aussi les meubles et même le sol. Elles participent aux décors des fêtes, joutes et festins. Pour chaque pièce, il existe parfois deux jeux complets de tentures, que l'on change selon l'humeur, la mode ou la saison. Les commandes religieuses semblent réduites à côté de cette profusion. Cependant, plus nombreuses que les tapisseries à thèmes historiques, se sont conservées les tapisseries à thèmes religieux, car celles-ci, appartenant en général au trésor d'un évêché, ont subi moins de déplacements et furent mieux protégées que les œuvres civiles. En revanche, les tapisseries historiques du XIVe siècle ont toutes disparu, comme ont disparu les mille-fleurs à fonds jaunes ou blancs des XIVe et XVe siècles. Selon une estimation approximative, on évalue à cinq pour cent la proportion de tapisseries médiévales actuellement conservées, qui ont échappé aux mites, aux rats, aux transports, au froid, au feu et, surtout, au vandalisme.

Le XIVe siècle voit rivaliser les deux grands centres de la tapisserie médiévale, Paris et Arras. Arras est connue depuis le XIIIe siècle pour ses draps et la belle qualité de ses laines, tandis que Paris l'est déjà par ses tapisseries de haute lisse. Mahaut d'Artois (1302-1327) encourage ces deux centres et contribue au développement des ateliers de Lille, Tournai, Valenciennes. Charles V, grand amateur de tapisseries, manifeste le même éclectisme. Dans l'inventaire de son fabuleux trésor, il est fait mention de plus de deux cents tapisseries. Mais où sont ces tumultueuses *Vies des preux,* ces héroïques épisodes des épopées antiques, ces *chasses,* ces *Douze Moys de l'an,* ces élégiaques pastorales, ces scènes édifiantes empruntées aux Évangiles ? Presque rien ne subsiste, à part le pur chef-d'œuvre, déjà considéré comme tel en son temps, qui est *l'Apocalypse* d'Angers. Ce « biau tapis » est l'œuvre du plus fameux lissier parisien du XIVe siècle, Nicolas Bataille, qui créa deux cent cinquante tapisseries entre 1387 et 1400. En sept ans, Bataille réussit à mener à terme cette immense entreprise : sept pièces de tapisserie de laine, mesurant à l'origine 24 mètres de long sur environ 6 mètres de haut, illustrant l'Apocalypse de saint Jean ; quelque soixante-dix-sept scènes sont parvenues jusqu'à nous.

À ces larges scènes aérées, retenues, toutes en courbes, vont s'opposer en Flandre les « décors couvrants », peuplés d'une foule animée, compartimentés par des éléments d'architecture qui délimitent strictement l'espace. Ces deux courants s'orientent, à la fin du XVe siècle, vers des styles divergents ; les mille-fleurs des pays de Loire dérivent directement de l'art souriant des ateliers parisiens : les fastueuses tapisseries flamandes prennent peu à peu des allures de tableaux, dans la recherche des effets de perspective et dans le modelé par la couleur.

Le XVe siècle

Les péripéties de la guerre de Cent Ans amènent la ruine des ateliers parisiens. En 1442, à la mort de Charles VI, dans un Paris livré à la misère et à l'anarchie, ne subsistent que deux lissiers, là où, trente ans auparavant, œuvraient plus de vingt-cinq maîtres. Ateliers de haute et de basse lisse émigrent à la suite de Charles VII, le « roi de Bourges », sur les bords de la Loire. À mesure que se développent les ateliers d'Arras, la décadence de Paris se précipite. Les « princes des lys » sont éclipsés par le prestigieux mécénat des ducs de Bourgogne, soucieux de favoriser les artistes de leurs provinces du Nord.

Pendant le long règne pacifique du duc Philippe le Bon (1419-1467), Arras voit prospérer plus d'une centaine d'ateliers de haute et de basse lisse, qui devaient essaimer ensuite vers Gand, Audenarde, Mons et, surtout, Bruxelles. Dès le XVe siècle, en effet, l'immense vogue de la tapisserie gagne tout l'Occident. En France s'ouvrent de nouveaux ateliers, tant à Lyon, à Aubusson et à Felletin (Creuse) qu'à Troyes et à Perpignan. Les princes italiens accueillent à bras ouverts les lissiers de Bruges et d'Arras, d'abord à la cour des Gonzague, à Mantoue en 1419, où ils travaillent sur des cartons de Mantegna, puis à

Ader, Picard, Tajan

Tapisserie des Flandres (vers 1510), dite « mille-fleurs », ornée de singes, oiseaux, chiens et lapins, avec, au centre, des symboles héraldiques (290 × 230 cm). Œuvre vendue au palais Galliera, par Mes Ader, Picard, Tajan.

Couturier, Nicolay

Florence, à Venise, à Ferrare, à Sienne et à Rome.

Le style flamand du XVe siècle abandonne peu à peu l'aimable style figurine pour incliner vers le naturalisme. Les scènes imposantes, voire grandioses, s'animent d'une vie grouillante et tumultueuse ; les compositions religieuses, mythologiques, épiques, historiques, de même que les allégories, les pastorales, les chasses déroulent avec ampleur leurs images merveilleuses. La crise morale que subit ce siècle ravagé par les horreurs de la guerre va faire renaître les monstres hybrides et terrifiants du bestiaire roman. Parmi les plus belles tapisseries flamandes du XVe siècle, encore visibles aujourd'hui, citons la grandiose *Vie de saint Piat et de saint Éleuthère* de la cathédrale de Tournai, tissée à Arras en 1402, qui évoque l'art recueilli et serein des Van Eyck ; l'étonnante série des *Quatre Chasses* (Victoria and Albert Museum, Londres), faite à Arras en 1450 ; et, parmi les tapisseries à sujet antique, les quatre fabuleuses *Histoires de Jules César* (musée de Berne), où se retrouvent mêlés légende, roman épique, histoire. Ce même souffle héroïque animait sans doute la célèbre *Tenture de Gédéon,* tissée vers 1450 à Tournai sur des cartons de Baudouin de Bailleul, et malheureusement disparue.

Tapisserie de Tournai datant de la fin du XVe s. (273 × 236 cm). Vendue par Mes Couturier, Nicolay, au Palais d'Orsay.

Ader, Picard, Tajan

Tapisserie des Flandres de la fin du XVIᵉ siècle, représentant Hercule terrassant l'Hydre de Lerne (310 × 395 cm).

Quant à la tapisserie parisienne, réfugiée sur la Loire, elle manifeste un esprit très différent des œuvres septentrionales et fait éclore les bouquets les plus charmants sur les fonds des fameuses « mille-fleurs ». Sur ces fonds de semis champêtres, les thèmes traités avec une élégante préciosité appartiennent en général au répertoire profane, comme la *Noble Pastorale* du Louvre, les *Scènes de la vie seigneuriale* du musée de Cluny à Paris, ou encore l'énigmatique *Dame à la licorne,* également dans ce musée.

Le XVIᵉ siècle

Au XVIᵉ siècle, alors que les ateliers bruxellois sont à leur apogée et que commence le rayonnement de l'influence italienne, la tapisserie aborde un tournant décisif de son histoire. Elle se trouve remise en cause par l'esprit même de la Renaissance, qui proclame la primauté de la peinture sur tous les arts. Le premier acte de cette « déviation » se joue à Rome sous le pontificat de Léon X (1513-1521), qui charge le Bruxellois Pierre Van Aelst d'exécuter, le plus fidèlement possible, des cartons d'après les *Actes des Apôtres* de Raphaël. Les lissiers flamands et parisiens, il est vrai, n'abdiquent pas de sitôt leur indépendance et laissent libre cours à leur verve et à leur imagination jusqu'à la fin du XVIIᵉ siècle. Mais les compositions « à l'italienne » séduisent les grands mécènes de la Renaissance, comme Charles Quint, Jules II, François Iᵉʳ, Henri II, aux dépens des pittoresques assemblages des lissiers de l'âge gothique. La prédominance des ateliers bruxellois, qui couvrent les cours d'Europe de leurs foisonnantes « verdures », est alors à son comble. Bientôt le souci de la perspective et la volonté d'installer un décor, sous l'influence des modes italianisantes, vont faire éclore de nouveaux chefs-d'œuvre. Les plus célèbres sont les douze pièces des *Chasses de Maximilien,* exposées au Louvre, et la splendide tenture de *David et Bethsabée,* gloire du musée d'Écouen, où la beauté des détails s'inscrit dans la rigoureuse composition d'un décor d'architecture. Les cartons sont désormais brossés par des Italiens : Mantegna, Raphaël, Jules Romain (auteur de la tenture de l'*Histoire de Scipion,* commandée par François Iᵉʳ). Cependant, dans la seconde moitié du XVIᵉ siècle, contraints à un travail trop rapide par l'excès des commandes, les lissiers flamands cessent de renouveler leurs inventions, manquent de soin dans le détail, négligent les bordures. De plus, la brutale politique menée par le duc d'Albe sur les Pays-Bas espagnols à la fin du XVIᵉ siècle va peu à peu éteindre les foyers actifs de ces régions et favoriser la fondation, par les lissiers en exil, de centres nouveaux (à Delft, au Palatinat notamment et en Angleterre, à Mortlake), où les équipes brugeoises vont faire merveille au début du XVIIᵉ siècle.

Quant à l'Italie, elle bénéficie de la colonisation flamande, principalement à Ferrare, où les lissiers venus des Flandres s'installent entre 1535 et 1560, puis à Venise et à Rome. L'emprise bruxelloise va aussi se relâcher sous les coups de la concurrence de Florence, où Cosme de Médicis a fondé l'Arazzeria Medicea, tandis qu'en France François Iᵉʳ ne se contente pas de commander des tentures à Bruxelles, mais fonde à Fontainebleau même un atelier royal, qui devra diffuser et immortaliser les chefs-d'œuvre peints par le Rosso et le Primatice sur les murs mêmes de la royale demeure.

Venus probablement de Tournai, les lissiers bellifontains exécutent six tentures d'après les fresques de la Galerie François Ier, aujourd'hui conservées à Vienne. L'influence du style de Fontainebleau se manifeste indéniablement dans le parti pris des ateliers parisiens d'adopter les très larges bordures chargées de « grotesques », de « putti », d'« ignudi », de « cuirs roulés », au lieu du traditionnel décor floral, et de multiplier scènes mythologiques et symboliques, avec un sens raffiné du décor et du portrait allégorique. Sur le plan technique, cependant, l'art des lissiers de la Renaissance n'ajoute rien aux trouvailles des artistes médiévaux.

Henri II va réveiller les ateliers parisiens, somnolents, en créant la manufacture de l'hôpital de la Trinité, où des orphelins sont initiés au métier de lissier, sous l'égide de Tournaisiens. De cette école devaient sortir Maurice Dubout et Girard Laurent, futurs directeurs des ateliers fondés par Henri IV dans le faubourg Saint-Antoine, puis dans les galeries du Louvre.

Le XVIIe siècle

Dans son dessein de voir la France s'industrialiser, Henri IV ose, en effet, introduire dans ce bastion de la haute lisse qu'est Paris des basse-lissiers flamands, seuls capables de rivaliser avec leurs confrères bruxellois. En 1601, le roi loue pour Marc et Jérôme de Comans et François de La Planche l'hôtel des Gobelins (qui tient son nom d'une famille de teinturiers rémois, installée là depuis le XVe siècle) et, en 1607, il y fonde la manufacture royale du faubourg Saint-Marcel. C'est là que fut tissée la superbe tenture de l'*Histoire d'Artémise*. Les extraordinaires privilèges accordés par le roi aux Comans seront confirmés par Louis XIV lors de la fondation des Gobelins. Comans et La Planche ont, en effet, le monopole de la tapisserie parisienne, puisqu'un édit fait « deffence à tous de faire doresnavant apporter, venir et entrer dans le royaume auculne tapisseries (...) de païs étrangers ».

En 1627, un vent de renouveau venu d'Italie souffle sur Paris avec le retour de Rome de Simon Vouet. Hardi décorateur et franc coloriste, Vouet, en créant un atelier de cartonniers qui travaillent d'après ses tableaux, va déterminer un style original, ample et généreux, tout en laissant aux lissiers entière liberté d'interprétation. Les tentures des *Travaux d'Ulysse*, de *Renaud et Armide*, des *Amours des dieux* demeurent les incontestables réussites de cette école, qui n'impose plus, comme à la Renaissance, l'exacte copie d'un tableau, mais renoue en quelque sorte avec la tradition médiévale. Cependant, malgré l'aide du trésor royal, les manufactures parisiennes connaissent de sérieuses difficultés financières, aggravées encore par les remous politiques et économiques de la Fronde (1648-1653).

Le Grand Style

Mais un événement survient, qui va redonner à la tapisserie parisienne un rayonnement tel que le nom seul de « Gobelins » deviendra pour longtemps en Europe synonyme de tapisserie.

Alors que les lissiers parisiens végètent, une manufacture privée, installée en 1658 par le superbe Fouquet dans son château de Vaux, fournit, de 1660 à 1663, trois fois

Le Jeu de quilles, *tapisserie de Lille du XVIIe siècle, d'après un carton de Teniers (314 × 412 cm).*

Sotheby's

Le Jugement, *suite de quatre tapisseries des Gobelins provenant du château de La Roche-Guyon ; succession La Rochefoucauld. Adjugée 3 885 000 F par Sotheby's, à Monaco, le 7 décembre 1987.*

plus de tapisseries que les ateliers royaux. Parmi elles, citons la tenture des *Muses,* celles de *Mars,* de l'*Histoire de Constantin,* tissées par vingt-cinq lissiers français et flamands, sous la direction d'un jeune artiste dont le fécond génie n'a d'égal que l'ambition : Charles Le Brun. Lorsque, en 1663, Colbert confisque les biens du trop fastueux surintendant, il saisit l'occasion de réaliser l'ambitieux projet formé par Henri IV, consistant à regrouper en un même lieu, sous une même administration et une même direction, toutes les manufactures de Saint-Marcel, du Louvre, de Saint-Germain, de Maincy. Créée par lettres patentes en 1667, la manufacture des Gobelins, incluse dans la Manufacture royale des meubles de la Couronne, regroupe désormais trois ateliers de haute lisse et un atelier de basse lisse, qui occupent bientôt deux cent cinquante ouvriers et de nombreux apprentis. Sous la direction éclairée de Le Brun, nommé par Colbert, les lissiers des Gobelins allaient s'appliquer pendant plus de vingt ans à faire triompher la tapisserie parisienne à travers l'Europe. Entouré d'une pléiade de peintres talentueux et spécialisés dans un domaine précis (paysage, animaux, personnages, bordures, ornements, etc.), Le Brun se contente de jeter sur le papier un « dessein » esquissé ensuite à la peinture sous sa surveillance, puis dressé en « modèle » peint aux dimensions de la tapisserie désirée. Il y a donc loin de la simple grisaille rehaussée de couleurs de l'époque médiévale au tableau achevé des Gobelins, mais l'esprit n'a pas encore changé. Les tapisseries qui sortent des Gobelins concourent à la seule fin assignée par Louis XIV à son premier peintre : la glorification, voire la déification de sa propre personne. Le roi ne manque pas une occasion d'offrir aux cours d'Europe les éclatantes tentures qui proclament avec tant de faste la grandeur de son règne. Parmi les plus belles créations produites aux Gobelins sous la direction de Le Brun (de 1667 à 1683), citons la série des *Saisons,* les *Enfants jardiniers* et, surtout, l'*Histoire d'Alexandre* et l'*Histoire du roi,* d'une extraordinaire verve décorative, reproduite quatre-vingt-trois fois sur le métier de haute lisse, tant sera grand son succès.

En 1683, la mort de Colbert, qui entraîne la disgrâce de son protégé, Le Brun, porte un coup fatal à la manufacture royale.

En quatre ans (1690-1694), le vieux et médiocre Mignard, peintre favori de Louvois, réussit à imposer aux Gobelins son esthétique, fondée sur la primauté de la peinture. Désormais, privée de toute liberté créatrice, tenue de suivre les moindres passages de tons, non plus par les franches hachures, mais par le dégradé et le mélange des tons (cinq cents sont maintenant nécessaires), la tapisserie perd sa muralité au profit de la « trouée » en perspective et se contente de n'être plus que l'agréable reflet de la peinture. En 1694, le délabrement des finances du royaume oblige la manufacture à fermer pour cinq ans ses ateliers.

Le prodigieux essor des Gobelins n'avait pas empêché Colbert de s'intéresser à d'autres centres, notamment à ceux de la Marche (Felletin, Aubusson) et de tenter de favoriser leur rayonnement. Ces ateliers, qui existaient depuis le XVe siècle, avaient connu au Moyen Âge, dans le Centre et le Midi principalement, une assez large notoriété, grâce à la qualité et aux prix modérés de leurs tapisseries. L'arrêt de 1601 contre la concurrence étrangère leur avait déjà redonné une grande et soudaine activité. Colbert élève Aubusson au titre de manufacture royale en 1665, et Felletin en 1669 (mais les lissiers de la Marche devront cependant attendre le XVIIIe siècle pour bénéficier d'un bon cartonnier et d'un bon teinturier). En 1684, la révocation de l'édit de Nantes ruine pour de longues années Felletin et Aubusson, en contraignant plus de deux cents artistes calvinistes à chercher refuge à Berlin, Clèves, Munich, Berne, où ils fondent des ateliers, fort productifs au siècle suivant et qui vont concurrencer le marché français.

C'est également à Colbert que l'on doit l'initiative de la fondation à Beauvais, en 1664, d'une manufacture privée, mais privilégiée par le roi, dont la production est destinée à rivaliser avec les fameuses « verdures » flamandes. La technique de basse lisse utilisée pour ces tapisseries à bon marché est peu raffinée, et l'on critique « son grain changeant, greau et inégal, ses coloris mal distribués, ses laines pleines de poils et ses couleurs d'usage de peu de durée ». Grâce à la collaboration de Jean Ier Berain, dessinateur du roi, et de Monnoyer, Beauvais offre à la tapisserie de ce siècle l'exemple d'un renouveau stylistique. En effet, avec ses *Grotesques à fond jaune,* inspirés de Raphaël, Berain retourne instinctivement aux lois décoratives médiévales : sur un fond uni, se détachent de légères architectures « antiques », ornées de guirlandes, bouquets, oiseaux, trophées, tandis qu'au premier plan évoluent des personnages issus de la *commedia dell'arte.* Conçue avant 1689, donc avant la mort de Le Brun, cette œuvre élégante et gracieuse se libère déjà des thèmes officiels imposés par le premier peintre, entièrement acquis aux solennelles entreprises de la cour. Ce style Berain, aimable sans mièvrerie, uniquement guidé par la fantaisie et le désir de plaire, devait influencer tout le siècle suivant.

Le XVIIIe siècle

La société aristocratique du XVIIIe siècle, sensible et raffinée, ne voit dans la tapisserie qu'un élément de décor, propre à réjouir la vue et adapté à une nouvelle manière de vivre. Lorsque Jules Hardouin-Mansart rouvre les Gobelins en 1699, l'organisation du XVIIe siècle demeure, mais l'esprit a changé. Pour s'adapter au nouveau style rocaille, Claude III Audran, s'inspirant de Berain, crée de merveilleux motifs, les « alentours », qui encadrent le cartouche central des guirlandes enrubannées, enrichies d'oiseaux, d'amours, de trophées, sur un fond cramoisi ou jaune d'or imitant le damas. La bordure prend bientôt plus de place que le sujet lui-même, comme en témoignent les *Portières des dieux,* les *Mois grotesques* et la série des *Don Quichotte.* Parallèlement, la tradition des grandes tentures historiques continue, mais elle marque un asservissement total au modèle peint et un relâchement complet de la discipline des coloris. La réglementation, fixée en 1671 par une ordonnance de Colbert, qui divisait les teintures en « grands teints » solides et durables, et en « petits teints » fugaces, est transgressée au profit des

La Chasse, *tenture d'une suite de six pièces, de la Manufacture de Beauvais, tissée vers 1724 (440 × 360 cm). Les suites obtiennent toujours des enchères très élevées.*

Laurin. Guilloux. Buffetaud. Tailleur

petits teints fragiles. Le grand responsable, après Mignard, de cette prolifération des couleurs (souvent plus de six cents sur une même tenture) est Jean-Baptiste Oudry.

À la fin du XVIII siècle, l'art de la tapisserie se réduit à de mièvres et artificielles *Fêtes villageoises* (ou à des portraits royaux). En réaction contre ces trop légères pastorales, le retour à l'antique prôné par David se manifeste dans certaines tentures de la fin du siècle, par exemple les *Nouvelles Scènes de « l'Iliade »* (1764), les *Convois militaires* (1787), pâles copies de tableaux qui annoncent le morne académisme du siècle suivant. Fermés en 1793, les Gobelins deviennent manufacture d'État en 1794.

Aubusson connaît sa plus grande prospérité, à partir de 1731, grâce à l'arrivée, depuis longtemps sollicitée de Paris, d'un bon teinturier et d'un peintre qualifié. Les basse-lissiers de cette manufacture reprennent les trouvailles décoratives des Gobelins et de Beauvais et travaillent d'après les mêmes cartons à sujets champêtres ou exotiques *(Amusements champêtres; Chasses de Louis XV,* d'après Oudry ; *Chinoiseries,* d'après Boucher). Les verdures d'Aubusson s'assurent une place importante sur le marché européen et rivalisent avec les productions flamandes et allemandes.

Le XIXe siècle

La Révolution, puis l'Empire, en inféodant totalement la tapisserie à la peinture, signent son arrêt de mort. Les tentures de l'époque, qui reproduisent sur le métier les belles toiles de Gros *(les Pestiférés de Jaffa),* de David *(le Premier Consul à cheval)* ou qui cherchent à retrouver l'inspiration de Le Brun dans une *Histoire de l'Empereur,* ne sont que de laborieux morceaux académiques et pompeux. Bien loin de revenir à la sage politique des « grands teints », Guillaumot, directeur de la manufacture sous le Consulat, s'obstine à rapprocher le plus précisément possible la « palette » du lissier de celle du peintre et déclare : « Si l'on n'en voyait la preuve dans l'exécution, aujourd'hui une tapisserie des Gobelins n'est plus une tapisserie, c'est la copie d'un tableau peinte avec de la laine et de la soie. »

Le XXe siècle

La renaissance de la tapisserie

Dès 1900, des artistes travaillant à Aubusson redécouvrent les œuvres médiévales. Ils s'attachent à réduire le nombre des couleurs et retrouvent la technique des hachures, des cernes. Bientôt le peintre Jean Lurçat va lier son destin à celui d'Aubusson, en se consacrant aux problèmes techniques et esthétiques soulevés par la tapisserie. Ses premières œuvres tissées datent de 1916 et sont exécutées sur canevas. Il perçoit vite la nécessité de retrouver la « muralité », essentielle à cette forme d'art et de pratiquer une stricte économie de couleurs et de formes. Vers 1930, Lurçat rencontre Marie Cuttoli, qui, désirant libérer la tapisserie des thèmes mièvres ou académiques, fait exécuter à Aubusson des œuvres d'après des toiles de Rouault, Braque, Picasso, Dufy ou Matisse. Les résultats sont peu probants (il ne s'agit pas de véritables cartons), mais suscitent l'intérêt d'un public de connaisseurs et celui de l'État, qui, en 1936, commande à Lurçat les *Illusions d'Icare,* tissée aux Gobelins et qui envoie le peintre Gromaire à Aubusson. Mais c'est devant l'*Apocalypse* d'Angers que Lurçat a la révélation de la véritable vocation de la tapisserie. Il en admire la grandeur et la force qui se dégage de l'économie des couleurs ; il pressent qu'un nouvel art mural peut tirer la manufacture d'Aubusson des routines qui l'ont sclérosée, et que les murs de laine, éclatants et chauds sous la lumière, peuvent donner vie à l'architecture intérieure contemporaine, froide et dépouillée. Il prend aussi conscience que, pour revêtir toute sa signification, le geste créateur de l'artiste doit s'accomplir au sein d'une équipe de lissiers. Il faudra les hasards de la débâcle de 1940 pour que Lurçat se fixe à Aubusson, où se sont repliés les artisans des Gobelins et de Beauvais. L'administrateur des manufactures, Guillaume Jeanneau, comprend tout le parti que l'on peut tirer des théories de Lurçat et il lui propose de les mettre en pratique. Il fait aussi appel à Gromaire et à Pierre Dubreuil pour créer des cartons, en étroite collaboration avec le maître lissier François Tabard, descendant d'une lignée de lissiers qui remonte au XVIIe siècle. Avec lui, Lurçat met au point la technique des compositions « à tons comptés », où les nuances des laines à utiliser sont numérotées sur les cartons et réduites à un petit nombre. Pour le cartonnier, cette discipline du carton chiffré constitue une féconde contrainte, qui libère l'inspiration au lieu de l'étouffer. Les chefs-d'œuvre du Moyen Âge n'ont pas obéi à d'autres lois. Sous l'impulsion de Lurçat et de Tabard, les lissiers d'Aubusson reprennent confiance en leur art, en même temps que leur indépendance, grâce au renouvellement des sujets et à leur dignité retrouvée d'artistes créateurs.

Les lissiers comprennent à leur tour qu'il faut rompre avec les routines. Reconsidérant leur propre technique, ils veulent échapper à la servilité mécanique qui avait conduit Aubusson à sa dégénérescence progressive, en dépit ou, plutôt, à cause d'une trop grande virtuosité qui permettait de recopier sans invention des œuvres peintes, au lieu d'être, dans leur essence, conçues pour s'exprimer dans les couleurs de la laine. Alors commence une véritable renaissance qui puise sa vigueur dans un retour aux sources.

En 1946, au cours d'une grande exposition consacrée à la tapisserie française du Moyen Âge à nos jours, le public a la révélation de l'œuvre de Lurçat. L'artiste s'inspire des grands thèmes médiévaux des *Saisons* et des *Éléments,* et crée un univers irréel et lumineux, dépouillé et vibrant, où règnent le soleil et les astres, la faune et la flore. Plus tard, dans la grandiose série du *Chant du monde,* Lurçat célébrera toutes les espérances, toutes les peurs, tout le dynamisme de notre siècle. Cette même exposition de 1946 permet au public de découvrir également l'art de Picart Le Doux, équilibré, coloré, presque classique dans ses lignes dépouillées et pures, dans sa rigoureuse mise en page *(l'Hiver, le Temps),* celui de Gromaire, puissamment construit en de vastes plans simples. À côté de ces trois maîtres de la nouvelle école — qui ont en commun l'emploi de la chaîne épaisse, de la gamme réduite des nuances, des passages par hachures, rayures, battages —, d'autres artistes sont apparus, tels dom Robert, Hilaire, Brianchon, Wogensky, Adam, Tourlière, Coutaud, Saint-Saëns, tous inspirés par la beauté de l'univers, par ses richesses, ses mystères, ses violences. Le réveil de la tapisserie en France a suscité de par le monde, depuis près de quarante ans, maintes vocations de cartonniers et de lissiers. Les expositions de tapisseries anciennes ou contemporaines montrent les chemins parcourus. La renaissance de la tapisserie, art vivant en pleine évolution, est maintenant assurée.

Enfin, depuis 1960, de nouvelles orientations se manifestent, qui détachent les cartonniers des œuvres figuratives et les font évoluer vers l'abstraction. Avec Prassinos, Maurice André, Vasarely, Tourlière, les rythmes colorés s'inscrivent avec bonheur sur le mur de laine.

D.R.

L'Homme et la mer *par Jean Picart Le Doux. Fondateur avec Jean Lurçat de l'*Association des peintres cartonniers, *créateur de 400 cartons tissés au point d'Aubusson sur métier de basse lisse, Jean Picart Le Doux a su, dans une gamme de couleurs limitée, exprimer son lyrisme personnel.* Coll. part.

LE MARCHÉ DE LA TAPISSERIE

Le marché de la tapisserie a connu bien des fluctuations, engendrées par les guerres, les révolutions ou les crises économiques, mais il n'a jamais subi de véritable éclipse. Les goûts ont naturellement évolué au cours des siècles, portant par exemple le XIXe siècle vers les aimables « bergeries » du siècle précédent, et les années 1920 vers l'exotisme des tentures « chinoises », « turques » ou « russiennes ». L'avant-guerre voit les mécènes américains se passionner pour la recherche des tapisseries médiévales (les deux plus grands marchands sont alors installés à New York), alors qu'aujourd'hui ils s'en sont détournés au profit de leur propre production (op'art, pop'art, hyperréalisme). En revanche, les années 1960 marquent le véritable éveil du marché de la tapisserie tant en Allemagne qu'en Belgique et en France grâce aux grandes expositions internationales, à l'évolution du goût, porté vers la haute époque, à la multiplication des demeures de campagne, auxquelles siéent si bien les « verdures », et à la spéculation toujours active dans le commerce des antiquités. Une tapisserie de qualité, en bon état, ne peut que prendre de la valeur à mesure que le marché se raréfie ; en outre, elle se plie, se roule et donc se transporte aisément. Les nouveaux acquéreurs sont les Japonais, présents sur tout le marché des œuvres d'art, ainsi que les Américains.

Le marché est donc très ouvert. Toute pièce de qualité trouve un acquéreur soit dans les musées du monde entier, soit chez les collectionneurs désireux de compléter une « série » à n'importe quel prix (nous avons vu en effet que les tapisseries anciennes forment souvent des ensembles : Quatre Saisons, Douze Mois, etc.). Paradoxalement, une série complète, donc encombrante, est plus difficile à vendre qu'une œuvre isolée, et son prix est relativement moins élevé.

Les tapisseries du Moyen Âge et de la Renaissance, d'une grande rareté, atteignent toujours des prix considérables, même quand il s'agit d'œuvres de très grandes dimensions, en mauvais état ou restaurées. Une tapisserie dite « à la licorne » du XVIe siècle (240 × 250 cm), tissée probablement à la manufacture de Tournai, a été adjugée 256 000 F à Tours, le 28 mars 1988.

Depuis quelques années, les prix des tapisseries ont progressé grâce à l'action persévérante de grands mar-

Tapisserie des Flandres du XVIIe siècle, représentant des scènes de chasse. Bordure à personnages, fleurs, fruits et feuillages (292 × 394 cm).

chands spécialisés, qui organisent des manifestations ou participent à des expositions.

Les tapisseries de Bruxelles, assez rares sur le marché, obtiennent des prix élevés si elles sont en bon état de conservation. Une œuvre tissée représentant « le Retour d'Énée », début XVIe siècle (330 × 590), a atteint un million de francs, le 4 décembre 1987, chez Mes Couturier-Nicolay. Une tapisserie de Tournai à décor de scène de chasse (225 ×225) a atteint 1 350 000 F chez Mes Renaud-Le Roux, à Drouot, le 31 mars 1988.

Les scènes de chasse, les banquets des divertissements champêtres sont plus recherchés que les sujets religieux, historiques ou mythologiques.

Les tapisseries du XVIIe siècle se présentent plus fréquemment, bien qu'à des prix importants, surtout si le cartonnier ou l'atelier est fameux : *Ulysse et Circé,* sur un carton de Vouet, obtint 12 500 F en 1970. À titre d'exemple, une scène de chasse d'Audenarde, début XVIIe, avec, dans le fond, un village et des châteaux (330 × 443) s'est vendue 240 000 F à Drouot, le 4 décembre 1987. La cote des jolies et décoratives verdures flamandes ou aubussonnaises des XVIIe et XVIIIe siècles est heureusement plus accessible à l'amateur, qui trouvera son bonheur à partir de 50 000 F pour une œuvre de qualité en bon état. Il faut se méfier cependant des tapisseries du XIXe siècle qui reprennent des cartons du XVIIIe et dont certains marchands demandent des sommes parfois injustifiées, souvent plus élevées que chez les plus grands spécialistes.

La commercialisation des tapisseries contemporaines a posé de graves problèmes aux artisans de la renaissance d'Aubusson. Sous l'impulsion de l'Association des peintres cartonniers de tapisserie, de nombreuses expositions en France et à l'étranger ont fait connaître les œuvres de Lurçat, Picart Le Doux, Saint-Saëns, dom Robert, Wogensky, mais rares étaient les acheteurs. Devant des prix de fabrication élevés, qui ne laissaient pourtant qu'une faible part aux créateurs, bien des galeries qui avaient soutenu l'effort des pionniers se sont découragées. Quant à ceux qui avaient les moyens de s'offrir quelques mètres carrés de Lurçat ou de Picart Le Doux, ils gardent jalousement leurs trésors. Les tapisseries contemporaines sont fort rares dans les ventes publiques. Déplorant que ses œuvres tissées restent le privilège des plus fortunés, Jean Lurçat — encore lui — a tenté, sur la proposition de Raymont Corot, de commercialiser certaines de ses œuvres en les faisant imprimer sur tissus. Malgré une bonne qualité de fabrication et des tirages numérotés, authentifiés par les cartonniers, cette expérience de tapisseries multipliées à la façon des lithographies n'a eu qu'un succès limité.

Ce n'est qu'à partir de 1987 que les prix des tapisseries récentes ont obtenu des enchères dignes de leur qualité. Des tapisseries de Jean Lurçat, tissées à Aubusson, se vendent de 50 000 à 200 000 F. Une grande tapisserie signée, éditée par Goubely (260 × 435 cm), portant le titre « Grand Or bleu », a été adjugée 175 000 F à Drouot, le 23 novembre 1987.

Le marché de la tapisserie ancienne reste actif chez les antiquaires spécialisés aussi bien qu'en salles des ventes. Les œuvres de Bruxelles ou d'Aubusson suivent l'évolution du marché de l'antiquité avec des hausses régulières de l'ordre de quinze à vingt pour cent par an.

On ne saurait trop conseiller à l'amateur de s'adresser à un antiquaire spécialisé qui possède un choix étendu de tapisseries, en connaît la valeur, la beauté, le coût des restaurations, plutôt qu'à un marchand qui croit souvent posséder une œuvre unique (évidemment, c'est la sienne !) et tient à en obtenir le meilleur prix. L'état de conservation, que peut seul révéler un bon nettoyage (les antiquaires sérieux le font avant la vente), est le principal critère d'achat d'une tapisserie. Une œuvre qui nécessite plus de quinze pour cent de réparations n'est pas une acquisition valable, car les prix de la restauration atteignent des sommets vertigineux (à Aubusson, la reproduction parfaite d'une œuvre ancienne revient pratiquement au même prix que l'original). Au Mobilier national, le travail du restaurateur, long, minutieux, délicat, qui doit réparer des ans l'irréparable outrage (fils de soie brûlés, chaîne rongée, couleurs passées, relais entiers à reprendre, motifs disparus à retrouver sur d'anciens documents), demande parfois plus d'une année de labeur.

Ayant acquis une tapisserie en bon état ou bien restaurée, il vous faudra veiller à bien la conserver à l'abri de l'humidité, des mites, du froid et, surtout, de la chaleur (celle des radiateurs est redoutable). Le nettoyage à l'étuve ou au jet ne se fait que par des spécialistes. La dimension de la tenture joue aussi : rien de plus triste que ces tapisseries pliées, clouées, voire coupées aux mesures d'un panneau.

Le problème des faux se pose assez rarement pour la tapisserie. Bien sûr, le XVIIe siècle a continué de tisser des millefleurs, mais qui, aujourd'hui, trouverait son compte à imiter une œuvre ancienne quand on connaît le prix de revient d'une copie à Aubusson. Il a cependant existé au XIXe siècle, à New York, un lissier flamand formé à Aubusson qui tissait de fabuleuses tentures « médiavales » de 2,20 sur 2 mètres — dimensions idéales, artistement vieillies — et qui passent encore en vente aux États-Unis comme des œuvres authentiques. Il est fréquent de remarquer des ajouts, des suppressions (les blasons sont souvent plus récents que le reste) effectués au hasard des acquisitions. On a vu aussi, mais un œil exercé ne peut s'y tromper, un cheval affublé d'une magnifique corne (les licornes sont si rares !). Quant à reconnaître les époques, il suffit de posséder une bonne connaissance des styles picturaux, ornementaux des siècles passés (une bordure Renaissance ne peut se confondre avec une bordure du XVIIIe s.). Les œuvres du XIXe siècle ont souvent vu leurs couleurs passer, virer, alors que les tapisseries plus anciennes gardent des teintes franches et vives. Quant à la détermination de l'origine, elle est souvent difficile à cerner, même pour les meilleurs connaisseurs. Il est impossible, sauf document précis, de dire si une tenture du XVe ou du XVIe siècle a été tissée à Tournai, à Arras ou à Bruges. Les imitations fleurissaient déjà au XVIe siècle car, dès 1528, Bruxelles, pour combattre les contrefaçons, applique à la lisière inférieure de ses tapisseries deux B tissés en laine plus claire que le fond, séparés par un écusson rouge. Les manufactures françaises possèdent dès le XVIIe siècle une marque distinctive. Mais c'est davantage la beauté des compositions, la vigueur des coloris et l'attrait du sujet qui guideront l'amateur dans son choix.

Les Vendanges, *tapisserie au petit point du XVIIe siècle, d'une suite de quatre saisons provenant du château de Saint-Émilion de Ferrand. Présentée par MM. Chevalier, à la Xe Biennale des Antiquaires au Grand Palais.*

Ader, Picard, Tajan.

Tapisserie de Bruxelles de la fin du XVIIe siècle, représentant la Danse autour de l'arbre de mai, d'après Teniers. Bordure imitant un cadre feuillagé (333 × 400 cm).

Cette miniature française du XVe siècle illustre les différentes phases de la fabrication du verre, notamment l'enfournement et le soufflage à la canne. Tirée du Voyage de Jehan de Mandeville, *paru à Lyon en 1480, elle représente les verriers rencontrés au cours de ce voyage au Levant.*
British Museum, Londres.

Phot. du musée

VERRE ET CRISTAL

Le verre, dont le nom semble tinter aux oreilles avec une délicate légèreté, est une matière que sa transparence même rend un peu magique. Au cours des âges, ses secrets de fabrication ont été jalousement gardés.

Coupes ou gobelets aux invisibles contours, vitraux d'église multicolores, verres filés vénitiens, cristal de Bohême ou cristal au plomb, c'est toujours à partir de minéraux fondus sous l'action du feu qu'alchimistes et chimistes ont fait progresser l'histoire du verre — et l'histoire des verres — étroitement liée aux arts de la table.

Mais le verre et le cristal sont aussi la source d'objets de collection tels que les opalines, les sulfures, si mal nommés, les boules presse-papiers ou les fixés sous verre. C'est dire que, sur le marché des verreries en tout genre, la demande reste très soutenue. En ventes publiques, les pièces les plus rares atteignent des sommes fabuleuses. D'une façon générale, l'augmentation des prix s'explique peut-être aussi par ce qui fait le charme des œuvres de verre : leur fragilité.

DU VERRE AU CRISTAL

Le verre au Moyen Âge

Connu dès l'Antiquité, utilisé dans tout l'Empire romain, le verre bénéficie, du IVe au XIIIe siècle, d'une période faste à Byzance et au Moyen-Orient, où les « verres de Damas » sont les plus réputés : coloré, orné d'or, enrichi d'émaux ou de filigranes, gravé, il sert à la fabrication d'objets de luxe (1).

À la même époque, le monde occidental, ruiné par les grandes invasions, vit des temps difficiles ; parmi les verriers, seuls subsistent en Europe quelques groupes d'artisans, campant d'une forêt à l'autre, guidés par le souci d'alimenter suffisamment en bois leurs fours primitifs. Les cendres, surtout celles des fougères qui croissent

(1) Sur les origines du verre, voir le chapitre « Antiques », p. 12.

Jusqu'au XIIIe siècle, le Moyen-Orient a maîtrisé les arts du feu et produit une grande diversité de verres et de céramiques, floraison d'une technique raffinée. De gauche à droite, bol couvert de Syrie, coupe à décor lustré d'Iraq et deux verres persans des IXe et Xe siècles. Metropolitan Museum of Art, New York.

Phot. du musée

en abondance, leur fournissent la potasse nécessaire à leurs fabrications rustiques, tel le « verre de fougères », dont la tradition s'est maintenue en France jusqu'au XVIIIe siècle, tel le « Waldglas » (verre de la forêt), en Allemagne. Dans l'ensemble, la production du Moyen Âge est soit à usage domestique : gobelets, cruches, bouteilles ; soit à usage médical et pharmaceutique. Certains modèles, parmi les plus soignés, trahissent la volonté de créer des formes recherchées et des décors originaux : les gobelets « en trognon de chou », ancêtres des verres à vin du Rhin, sont ornés de grosses pastilles de verre ; les gobelets, dits « de sainte Hedwige », provenant d'Allemagne, sont massifs avec des reliefs polis d'arabesques et d'animaux stylisés. On peut également citer les verres « teutoniques » de Cologne, les curieuses bouteilles de Bohême dites « Angster » ou « Kuttroff », dont le corps se divise en tuyaux entrelacés, et les simples gobelets bas « Maigelen ».

Par ailleurs, il ne faut pas oublier que l'art des verriers du Moyen Âge est aussi magistralement représenté par les magnifiques vitraux qui embellissent les églises romanes et surtout les églises gothiques d'Occident.

Gobelet en verre de Venise, à double décor polychrome dans des encadrements en léger relief, provenant de la collection von Hirsch.

La Renaissance et Venise

Dès les premières années de la Renaissance, c'est en Italie, et spécialement à Venise, que l'art des verriers s'épanouit le plus brillamment. En effet, la sérénissime république, après le sac de Damas en 1400 et la prise de Constantinople par les Turcs en 1453, accueille volontiers les verriers exilés des ateliers d'Alep, de Damas et de la nouvelle Istanbul. Les artisans s'installent rapidement à Murano, paisible îlot proche de Venise, où le sable est très pur, car leurs fours sont un risque permanent d'incendie pour la ville. En peu d'années, ils se groupent en compagnonnages. Les meilleures conditions sont alors réunies pour que le verre vénitien domine le marché européen. Venise détient, il est vrai, une quasi-exclusivité du marché du verre en Europe, pendant toute la Renaissance. Aujourd'hui encore, Venise conserve tout son prestige. Non seulement les Vénitiens ont hérité des techniques de l'Antiquité et des secrets de la peinture sur émail, qui avait fait le succès des verriers du Proche-Orient, mais ils ont mis au point les procédés nouveaux ou perdus du verre filé, du verre réticulé, du verre « tiré en filets », du verre mille-fleurs, ou millefiori. Leurs modèles sont colorés à l'or, au cobalt, au cuivre et sont richement décorés. Ces artisans ont inventé, ou remis également au goût du jour, le verre craquelé, le soufflage en forme aussi bien que la peinture à froid et les entailles au diamant, techniques qu'ils combinent fréquemment ; par contre, la taille du verre n'a jamais été pratiquée à Venise.

L'influence vénitienne

De toutes parts, en Europe, on cherche à attirer ces maîtres si habiles, créateurs de verres d'une qualité exceptionnelle, qui, d'ailleurs, ne refusent pas toujours de s'expatrier. Jaloux de leur liberté, ils essaient d'échapper à l'emprise de la cité des Doges, où de sévères mesures répressives ont été prises, mesures qui ne parviennent pas cependant à endiguer les fuites. Les verriers vénitiens explorent l'Europe, se fixant tantôt en Angleterre — tel Jacopo Verzellini, dont neuf verres en forme de coupe sont conservés au Victoria and Albert Museum, à Londres —, tantôt en Espagne, où sont alors fabriqués des verres et carafes à ornements de fils de verre, tantôt aux Pays-Bas, où l'on « invente » la flûte. C'est aussi sous l'impulsion d'un Vénitien, Antonio Miotti, que se développe considérablement la verrerie bruxelloise, à partir de 1623. En France, on favorise également le séjour et l'installation des verriers italiens à Lyon, à Rouen, à Nevers, à Paris, à Orléans, où Bernardo Perrotto, dit Bernard Perrot, fonde une fabrique très active en 1662 ; le verre « à la façon de Venise » jouit très vite d'une grande réputation.

Aux XVIe et XVIIIe siècles, il se développe donc dans

Larousse

Verre de Venise du XVIIe siècle, montrant la virtuosité des verriers vénitiens. Musée des Arts décoratifs.

presque toute l'Europe une verrerie d'art, luxueuse, s'adressant à une clientèle de riches privilégiés. Il en est de même pour le verre à vitre, ou verre plat, qui, malgré les travaux et les recherches de Bernard Perrot, est encore, en France au XVIIe siècle, réservé à une élite fournie essentiellement par les exportations vénitiennes. Il faut attendre le siècle suivant pour que se généralise la production de verrerie courante au détriment de la verrerie d'art et de luxe.

Le verre de Bohême

Seules exceptions en Europe, les verreries d'Allemagne et de Bohême restent plus imperméables à l'influence italienne. Certes, elles accueillent maints verriers émigrés qui introduisent les formes et les décors de Murano, mais pour lesquels l'engouement du public est relativement faible. Ce public demeure fidèle aux formes traditionnelles et massives, soulignées de décors émaillés : la mode est aux chopes à bière dites « Willkomm » (ou « Vidrecomes », ou « Humpen »), ornées d'armoiries et de blasons, et aux verres « têtes de bœufs » à décor champêtre. Les « Rüsselbecher », verres en forme de trompe d'éléphant, et les « Römer », à décor de gouttes, sont des réminiscences d'anciens verres syriens.

Larousse

Verre des Flandres du XVIIe siècle, « façon Venise », à pied ouvragé et surmonté d'une « flûte » d'invention flamande. Musée des Arts décoratifs.

Dès la fin du XVIe siècle, la Bohême est un foyer très actif, animé par un ensemble de chercheurs, d'artistes, tel Gaspar Lehmann, et de bons artisans, doreurs, peintres de fixés, fabricants de petite bijouterie. Enfin, on découvre entre 1670 et 1680 un certain verre potasso-calcique dont la pureté et le pouvoir de réfraction sont de grande qualité : il s'agit du fameux « cristal de Bohême ».

Moins fragile que le verre vénitien, moins cher que le cristal de roche, il devient vite le support idéal de mille fantaisies décoratives, notamment pour les motifs gravés. Blasons, scènes mythologiques ou bibliques, motifs empruntés à l'ornemaniste français Jean Bérain, pastorales enrichissent de très belles verreries. À ces objets de luxe (flacons, coupes aux formes élancées avec ou sans couvercle) s'ajoutent, vers 1710, des lustres, des miroirs, des perles de verre... Mais une grave récession économique, puis la guerre de Sept Ans (1756-1763) et la concurrence anglaise affectent cette prospérité.

Les travaux de Kunckel, auquel on attribue la création du verre rubis teinté à l'or, tentent de donner un second souffle à la verrerie de Bohême et de lutter contre le succès foudroyant des nouveautés anglaises.

Christie's

À gauche, vidrecome (genre de chope à bière) en verre de Bohême, à décor émaillé, daté 1591. Vendu par Christie's, à Londres. À droite, vidrecome en verre de Franconie (Bavière), à décor émaillé, réalisé pour un notable de Nuremberg en 1615. Vendu par Christie's, à Londres.

L'Angleterre et le flint-glass

Après avoir été marquée par l'influence vénitienne entre le XIIIe et le XVIIe siècle, l'Angleterre, à l'instigation de Charles II et de ses successeurs, développe une fabrication plus originale. Mais, posséder une flotte puissante est, à cette époque, le besoin le plus pressant de l'Angleterre ; pour ce faire, les arbres des forêts, que saccageaient jusque-là verriers et céramistes, lui sont nécessaires. De ce fait, en 1615, un édit royal interdit aux verriers d'utiliser du bois pour alimenter leurs fours. Très curieusement, cette prohibition, qui aurait pu entraîner la décadence de la verrerie anglaise, va au contraire, grâce à de nouvelles recherches, en stimuler la production. En effet, force est pour les artisans de se rabattre alors sur la houille et de faire pendant une période relativement longue des essais plus ou moins infructueux, des fondants différents devant être employés avec ce nouveau combustible. Le chimiste G. Ravenscroft, au service de la manufacture Glass-Sellers, améliore, entre 1673 et 1676, la qualité du verre dit *flint-glass,* verre blanc obtenu par fusion du silex *(flint)* avec de la potasse, et il donne au

Christie's

Verres à pied décorés. France, XVIIIe s. Une suite de quinze a été vendue par Mes Ader, Picard, Tajan.

J. Laffay

Chope en cristal gravé d'une scène de chasse. Manufacture de Saint-Louis.

Grand verre à vin anglais en verre soufflé (H. 16,5 cm), avec un portrait gravé du prince Charles Edward et l'inscription « Audentior Ibo ». Vers 1750. Vendu par Christie's, à Londres.

verre une pureté jamais égalée jusqu'alors par l'utilisation révolutionnaire de l'oxyde de plomb, comme fondant. À la suite de cette découverte, de nombreuses fabriques s'établissent en Angleterre, telles celles de Newcastle ou de Bristol, entre autres.

Les verreries et les cristalleries françaises

La réaction des verriers français devant les produits de Bohême et les nouveautés anglaises est d'autant plus vive que « la France manque de verreries d'art et c'est pour cela que les produits de Bohême y entrent en si grande quantité, d'où il suit une exportation étonnante de deniers à un moment où le Royaume en aurait si grand besoin pour se relever de la funeste guerre de Sept Ans... » : ainsi s'exprime monseigneur Louis de Montmorency Laval, alors évêque de Metz, qui désire créer une verrerie sur ses terres, à Baccarat, en Lorraine. Le roi agrée sa demande en 1764, et les « Verreries royales de Sainte-Anne », ancêtres des prestigieuses cristalleries, s'installent à Baccarat et fabriquent des verres « façon de Bohême ».

Il en est de même pour la proche « Verrerie royale de Saint-Louis », qui, fondée par Jolly et Olivier, allume ses fours en 1767. Gobeletterie d'usage courant et verre à vitre constituent l'essentiel de sa production jusqu'en 1782. À cette date, M. de Beaufort, alors directeur de la verrerie, impressionné par la beauté du flint-glass anglais qu'il veut concurrencer, fait les premiers essais de cristal de plomb. D'autres recherches dans le même sens sont ensuite menées par Philippe-Charles Lambert dans sa « Manufacture des cristaux et émaux de la Reine », installée à Sèvres, dans les dépendances du parc de Saint-Cloud, en 1783, sous le patronage de Marie-Antoinette. Très vite les objets en cristal de plomb, fabriqués à Sèvres également, surpassent par la qualité et la pureté du matériau les modèles anglais. Dès 1787, cette manufacture, transférée en Saône-et-Loire, dans la petite agglomération de Montcenis, dans les environs du Creusot, à proximité des gisements de houille, est une cristallerie active et de renom.

La fin du XVIIIe siècle a donc vu en France l'établissement de verreries importantes et la mise au point d'un matériau nouveau, le cristal. Le début du XIXe siècle est ensuite marqué par la fondation de nombreuses cristalleries, témoignant de l'épanouissement et du succès de cette industrie.

Ainsi, la manufacture de Vonèche, en Belgique, créée par Mathy en 1778 et rachetée en 1802 par Aimé-Gabriel d'Artigues, devient une cristallerie trois ans plus tard. En outre, d'Artigues rachète la verrerie de Sainte-Anne, où, en 1819, un four à cristal est également allumé. En 1822, cette cristallerie de Baccarat est vendue à M. Godard, qui fonde la « Compagnie des cristalleries de Baccarat ». Sous la conduite d'un homme éminent, Jean-Baptiste Toussaint, qui réunit des qualités d'administrateur et de technicien, Baccarat connaît une fulgurante expansion, que l'achat, en 1828, de la verrerie de Trelon, dans le Nord, qui devient cristallerie en 1852, et la fermeture de la manufacture du Creusot ne font qu'accroître.

C'est en 1829 que les anciennes verreries de Saint-Louis prennent à leur tour l'appellation « Compagnie des verreries et cristalleries de Saint-Louis ». Ses créations s'alignent sur les meilleures productions de l'époque ; son marché est particulièrement axé sur l'Alsace, la Suisse, la Rhénanie, et une habile politique commerciale soutient les travaux de maints artistes et techniciens remarquables.

D'autres cristalleries, moins célèbres, sont également à citer : celle de Bercy, fondée en 1827 par Jean-Alexandre Paris ; celle de Choisy-le-Roi, active entre 1820 et 1850, qui doit son renom à un remarquable verrier, Georges Bontemps ; celle de Clichy, en plein essor en 1851, avec un chiffre d'affaires qui vient immédiatement après ceux de Baccarat et de Saint-Louis, et qui jouit d'une grande renommée jusqu'à la mort de son fondateur, Maës ; celle de la Guillotière, installée à Lyon vers 1840.

FABRICATION DU CRISTAL

La composition du cristal est à peu près identique dans toutes les fabriques. Elle résulte de la fusion d'une partie de potasse, de deux parties de minium de plomb, de trois parties de silice (sable blanc très pur) et d'une certaine quantité de débris de cristal, appelés « groisil », utilisés pour rendre l'opération plus facile. Ce mélange est porté au four dans des creusets, ou pots, qui sont façonnés dans une terre argileuse par des potiers souvent attachés à la manufacture. Pendant la cuisson, un cercle de terre réfractaire qui surnage sur la pâte en fusion empêche les impuretés se formant sur la paroi du pot de troubler la composition. 20 à 40 heures de cuisson, à une température variant de 1 400 à 1 600 °C, sont nécessaires. Le travail du cristal se fait à chaud, entièrement à la main, selon les mêmes procédés que pour le travail du verre, dont les principales étapes sont l'œuvre de plusieurs artisans : le verrier « cueille » — on parle de « cristal cueillé » — dans le pot une certaine quantité de cristal incandescent (paraison) au bout d'une canne d'acier ; le souffleur « épouille » la paraison (il la débarrasse de ses impuretés), puis la « mailloche » (il égalise la paraison dans une forme creuse en merisier). Il souffle alors et crée l'ébauche de la pièce ; le « chef de place » travaille ensuite au façonnage des diverses parties de la pièce (col, pied, jambe) à l'aide de pinces et de ciseaux. On procède alors à un léger recuit, suivi d'un refroidissement (3 heures environ) ; puis les pièces sont triées, et celles qui présentent un défaut sont éliminées ; quelques opérations terminent le travail à chaud : le décalottage, consistant à enlever la calotte où se trouvait fixée la canne du souffleur, le flettage, ou régularisation, le rebrûlage donnant de l'arrondi aux bords d'un verre ou d'un flacon quelconque. La pièce peut alors être décorée. On le voit, peu d'outils, mais une main, un coup d'œil qui doivent être infaillibles.

Par arrêté du 11 octobre 1962, il est précisé que l'appellation « cristal » ne peut être appliquée qu'aux verres et objets présentant un indice de réfraction égal ou supérieur à 1,545 (normes de l'Association française de normalisation).

Girandole à six lumières en bronze doré, cristal et cristal de roche, début XVIIIe siècle. La paire adjugée 230 000 F par Me Renaud, à Drouot, en 1987.

Renaud

Lustre en bronze ciselé à douze branches de lumière, époque Empire, vendue par Mes Couturier, Nicolay en 1980.

Couturier, Nicolay

TECHNIQUES ORNEMENTALES

Le verre craquelé est une innovation faite à Venise au XVIe siècle : le verre incandescent, brusquement plongé dans l'eau froide, se craquèle. Après cette opération, le verre devient opaque et présente quelques arêtes vives ; pour pallier cet inconvénient, on réchauffe et on souffle à nouveau le verre.

Le verre réticulé, qui apparaît également à Venise au XVIIe siècle, consiste en un décor de fils de verre blancs, ou blancs et rubis, appliqués par fusion et finement croisés.

Le décor à l'aventurine : l'aventurine est un quartz à inclusions de micas de couleurs diverses qui lui confèrent un aspect pailleté ; pour l'imiter, les verriers vénitiens du XVIIe siècle ont ajouté à la masse du verre du protoxyde de cuivre (c'est-à-dire l'oxyde le moins oxygéné du cuivre) et des battitudes (parcelles d'oxyde de fer). Pendant la cuisson, le cristal prend les reflets pailletés et dorés de l'aventurine.

Aiguière en cristal de roche taillé, à anse en or ciselée. Paris, 1730.

Ader, Picard, Tajan

Lauros-Giraudon

Aiguière en cristal du Montcenis, début du XIXe siècle. Musée de la Malmaison.

Le verre gravé au diamant est un procédé mis au point à Venise encore au XVIIe siècle, qui est parfaitement adapté au verre à parois minces de Murano ; il connut également un grand succès à Nuremberg, en Silésie, au Tyrol, en Autriche et à Anvers.

La taille du verre apparaît en Bohême au XVIIe siècle. On distingue plusieurs façons de tailler verre et cristal : taille à côtes plates, en biseau, à carreaux, taille « diamant », taille mate (non polie) ou à facettes. Elle se pratique à l'aide de roues abrasives ou à l'acide ; le décor est d'abord ébauché, puis on procède à la taille proprement dite, à laquelle succède ensuite un polissage.

La gravure au pointillé est pratiquée exclusivement en Hollande, à partir du XVIIIe siècle. Le dessin est tracé au diamant ou à la pointe d'acier par une série de points, de dimensions et de profondeurs variées, permettant ainsi de graduer avec beaucoup de délicatesse les effets d'ombre et de lumière.

Le verre à feuille d'or intercalaire, ou Zwischengoldglas, triomphe en Bohême en même temps que l'art baroque, vers 1725. Le motif décoratif est d'abord gravé sur une feuille dorée ou argentée, avec parfois quelques rehauts de couleurs. Puis on le glisse entre deux verres spécialement préparés à cet effet, d'un emboîtage parfait avec un léger mastic afin d'assurer une bonne fermeture. Pour mieux faire ressortir les motifs, médaillons, silhouettes, monogrammes ou vues de villes, on les oppose à un fond noir. Menzel, en Silésie, et son élève Mildner, en Autriche, ont poussé cette technique à la perfection.

Le verre « églomisé » doit son nom au peintre et doreur J.-B. Glomi († 1786), qui a tiré de l'oubli une astuce décorative en fait déjà à l'honneur chez les Phéniciens. Sur un verre préalablement noirci, puis séché jusqu'à obtention d'une pellicule uniforme, on dessine à l'envers — ou l'on calque — une ornementation quelconque. Il s'agit ensuite, avec beaucoup de soin et des instruments particuliers, de gratter avec précision la pellicule noire selon le motif ; ces parties ainsi dénudées sont recouvertes d'une feuille d'or collée. Le décor final apparaît ainsi en or sur fond noir. J.-B. Glomi a décoré des cadres, des miroirs, des coffrets... et a eu très rapidement de nombreux imitateurs. En France, Roentgen a décoré quelques beaux meubles de panneaux d'églomisé. Par la suite, le procédé devait être « récupéré » par les peintres de fixés, puis servir au décor de fabrications moins soignées.

DES OBJETS DE COLLECTION

Les opalines

Trouvaille d'antiquaire au début du XIXe siècle, le mot « opaline », créé dans son sens actuel en 1907, recouvre, dans son sens le plus étendu, toute substance vitreuse opacifiée blanche ou diversement colorée. Selon les pays et, parfois, en fonction des techniques pratiquées, il est l'équivalent des mots : *lattimo* (de l'italien *latte,* lait, verre teinté de blanc) dans la Venise du XVe au XVIIIe siècle, *milk-glass* en Angleterre, *Milchglas* en Allemagne, « verre de lait » en France jusqu'au XVIIIe siècle, auquel succède le verre opalin (*Opalglas,* outre-Rhin), qui fait la transition entre le verre de lait et le luxueux « cristal d'opale » utilisé vers 1790-1800.

Les origines du verre opacifié sont à chercher en Orient, où, dans l'Antiquité, il est fabriqué pour imiter les pierres précieuses. Puis, à la Renaissance, la vogue du *lattimo* est propagée à Venise pour concurrencer la porcelaine orientale. D'ailleurs, ce verre blanc prend rapidement le nom de « porcelaine de verre ». Les procédés de fabrication du *lattimo* sont donnés en 1612 par le Florentin Antonio Neri, dans son *Traité de l'art de la verrerie.* Cette technique complexe est ensuite améliorée par les travaux du chimiste allemand Jean Kunckel, en 1689.

Les objets en verre de lait, à la fois pièces utilitaires et objets d'art, plus ou moins richement ornementés, imitent la porcelaine à s'y méprendre, dans leurs formes comme dans leurs décors. Ce sont des jattes, des cruches, des flacons divers, des vases, des aiguières, des coupes, des gobelets commémoratifs également, qui, très prisés autrefois, sont aujourd'hui très recherchés par les collectionneurs.

Dans les premières années du XIXe siècle, la base de fabrication du verre opacifié devient le verre de plomb. En France, on suppose que la manufacture du Creusot a, la première, produit de véritables opalines de cristal, mais on ignore leur date exacte de fabrication. Il n'est alors plus question d'imiter la porcelaine. Les opalines colorées jouissent d'une grande faveur auprès du public et constituent une part importante de la production des cristalleries, pour lesquelles elles sont d'un rapport non négligeable. Dans la production du XIXe siècle, on distingue deux époques : la première, allant de 1810 à 1835, est profondément marquée par le goût classique, la seconde, recouvrant la période 1840-1870, témoigne d'un souci évident de commercialisation qui n'est pas sans être parfois au détriment de la qualité.

Au début du siècle, les formes et les décors des opalines suivent le goût du jour et sont successivement mar-

Bol de la première moitié du XVIIIe s., en opaline laiteuse de la verrerie Miotti à Venise, à décor émaillé de fleurs avec, au centre de la soucoupe, un oiseau picorant des fraises. Vendu par Sotheby, à Londres.

Sotheby Parke Bernet

Cooper Bridgeman

Coupe et son couvercle, en opaline anglaise, en forme de poire côtelée, surmontée d'un gland sur feuillage en bronze doré. Mallett and Son antiques.

qués par les styles Empire, Restauration, Louis-Philippe. L'élégance et la sobriété des formes sont alors mises en valeur par des couleurs raffinées, tels le vert amande, le bleu « Charles X », très doux, et la couleur dite « gorge-de-pigeon », aux subtils dégradés mauves et bleutés. Les objets sont parfois enrichis de fines montures de bronze ou d'un décor à l'or, ou à l'or et l'argent, qui, très discret, trace des filets, des initiales entrelacées, des couronnes, des guirlandes fleuries ou des devises naïves. Les plus habiles doreurs, graveurs et décorateurs de l'époque sont Lutton et Jean-Baptiste Desvignes.

Objets de luxe jusqu'alors, les pièces en opaline de cristal deviennent, à partir de 1840, moins onéreuses, mais aussi de moins belle qualité. Des procédés mécaniques pour le soufflage et le moulage apportent, il est vrai, de grandes transformations à leur fabrication. En outre, les cristalleries françaises doivent lutter contre la concurrence étrangère, car les produits importés de Bohême en *hyalith* (verre noir opaque), en *lythyalin* (verre marbré) et en pâte de riz sont d'un prix beaucoup plus abordable. D'ailleurs, dès 1843, les cristalliers français adoptent à leur tour le verre d'albâtre, appelé « pâte de riz », car sa coloration grisâtre évoque l'eau de riz. Parallèlement, les formes des opalines deviennent moins élégantes et plus lourdes que précédemment ; après le succès du « gothique », les potiches orientales ou les gobelets de Bohême sont imités ; puis, la mode est aux objets en forme de fleurs ou de fruits : ainsi, le petit flacon bas et rond dit « pomiforme » ou « tomate » est-il très apprécié. De même, les couleurs, très vives, sont moins raffinées qu'auparavant : le rose groseille, le rose saumon, le bleu drapeau, le gris, le vert « chrysoprase » (du nom de la pierre semi-précieuse) sont privilégiés. Quant au décor, il gagne en importance. Les objets sont ornés de moulures, de reliefs, d'éléments rapportés tel le fameux serpent enroulé en spirale, très prisé. Réseaux dorés, semis d'étoiles, guirlandes et bouquets de fleurs envahissent le flanc des vases ; ils sont peints avec des oxydes métalliques, broyés et mélangés à un fondant, selon une technique qui doit beaucoup à Jean-François Robert, le plus grand décorateur d'opalines et de pâtes de riz de l'époque. En outre, certains décors, ceux des célèbres « overlays », sont obtenus par des tailles savantes qui créent de remarquables jeux d'ombre et de lumière.

Néanmoins, à la fin du XIXe siècle, les opalines sont peu à peu devenues d'une fabrication commune, et le décor imprimé est très employé. À propos de ces opalines « de bazar », Yolande Annic dit qu'il s'agit d'un « art tout à fait mineur qui ne valut aucune notoriété à ceux qui l'exercèrent ». En outre, à cette époque, la production d'opalines est concurrencée par les verreries « Art nouveau », qui envahissent le marché (v. le chapitre « Art nouveau »).

Les cristaux décoratifs

Les sulfures

On a longtemps désigné l'ensemble des cristaux décoratifs, sulfures à proprement parler et boules presse-papiers, sous le seul nom de « sulfures ». En réalité, il s'agit d'objets bien distincts, fabriqués à partir d'un même matériau, le cristal.

On appelle « sulfure » l'inclusion dans le cristal d'un motif décoratif quelconque, un portrait le plus fréquemment. Cet ancien procédé, déjà pratiqué dans la Rome antique, puis à Venise pendant la Renaissance, est remis à l'honneur en Angleterre et en Autriche à la fin du XVIIIe siècle, après plusieurs tentatives infructueuses. Les premiers essais pour inclure des profils dans une pâte vitreuse sont suivis de piètres résultats, dus à une mauvaise adhérence et à la formation de bulles d'air. En outre, les médaillons de pâte céramique n'offrent qu'une très mauvaise résistance au cristal en fusion dont on les englobe. Enfin, les recherches aboutissent grâce à l'adjonction de stéatite (variété compacte de talc, dite « craie des tailleurs ») à la composition : le cristal respecte alors l'inclusion.

L'appellation de « sulfure » est due au fait que, au contact du cristal, la pâte céramique additionnée de stéatite prend un aspect givré semblable au sulfure d'argent. Certains spécialistes, par allusion à la céramique dont est faite l'inclusion, se servent aussi du nom de *cristallo-cérame.*

Personnages de l'Antiquité ou notabilités contemporaines, traités à la manière des camées antiques, de face ou plus souvent de profil, avec effet de double ou de triple profil dans des pièces rares, ont inspiré les fabricants de sulfures. Les médailles des meilleurs graveurs ont d'abord été utilisées comme modèles. Puis, on s'est avisé de reproduire les traits des personnalités de l'époque : la famille impériale, la cour, les généraux de l'Empire sont parmi les sujets le plus souvent représentés. On trouve aussi des hommes de renom du monde des arts, de celui de la politique ou de celui de la vie religieuse.

À ces sulfures classiques, les plus répandus, viennent s'ajouter quelques rares pièces ornées de sujets émaillés se détachant sur fond d'or. Ce sont surtout des roses et des pensées, ainsi que des croix d'ordres : la croix de la Légion d'honneur a aussi connu un vif succès et a été reprise ensuite en motif de boule presse-papiers par Baccarat. Parmi les pièces les plus recherchées figurent également des sulfures enrichis de guirlandes de millefiori. Enfin, il est à noter que le sulfure a décoré certains « articles de mode », tels que gobelets, bouchons de carafe ou petite bijouterie.

En France, l'un des plus importants producteurs de sulfures a été le chevalier de Saint-Amans, qui mit à profit

Boules presse-papiers vendues à Londres par Christie's, toutes de la plus haute qualité. De gauche à droite, de haut en bas : boule « overlay » de Saint-Louis ; boule de Baccarat à fleur jaune et rouge sur feuillage ; boule de Saint-Louis, « double overlay » enrobant un bouquet multicolore, véritable tour de force technique ; boule de Baccarat à fleur et papillon ; boule de Baccarat à fleur jaune.

ses années d'immigration en Angleterre pour parfaire ses connaissances en céramique. Puis, travaillant à Sèvres, il s'est intéressé à « la fabrication des portraits à la manière des camées, incrustés dans le cristal », ainsi que le rapporte Édith Mannoni. Le dépôt d'un brevet de perfectionnement de cette technique encore mal connue couronne ses travaux en 1818. C'est la cristallerie du Creusot, toujours à l'affût de « nouveautés » pour sa clientèle, qui achète et exploite ce brevet. On reconnaît aux œuvres du chevalier de Saint-Amans un fini et une élégance remarquables (François Ier, Franklin se détachant sur fond quadrillé de pointes de diamant, Shakespeare, la duchesse d'Angoulême, Louis XIV).

Les manufactures du Creusot, de Baccarat, de Saint-Louis, de Bercy et de Clichy ont été de gros producteurs de sulfures. Mais aucune fabrique n'ayant signé ses productions, les attributions sont des plus incertaines.

On a également fabriqué des sulfures en Bohême, en Allemagne et surtout en Angleterre, où des cristalliers tels John Ford ou Apsley Pellatt ont été très célèbres avec leurs nombreux sulfures qui reproduisent les traits des hommes et des femmes célèbres.

La production des sulfures se poursuit de nos jours. Parmi les plus belles pièces, citons, chez Baccarat, le sulfure du couronnement de la reine d'Angleterre, ceux qui représentent Martin Luther d'après une peinture de Cranach, Eisenhower, Churchill, Jean XXIII et de charmants signes du zodiaque. La manufacture de Saint-Louis compte également un portrait d'Élisabeth II, le très rare sulfure en l'honneur du général Ingold, tiré à quelque dix exemplaires seulement, et, parmi les pièces les plus récentes : les portraits de Washington, de De Gaulle, de Carter. Le cristal d'Albret (verreries de Vianne) a immortalisé les époux Roosevelt et les époux Kennedy.

Boules presse-papiers

C'est en 1845 qu'aboutissent les travaux de Georges Bontemps pour retrouver les secrets du verre filigrané, perdus depuis la Renaissance. Cette heureuse découverte va permettre la fabrication des premiers « serre-papiers » : les mille-fleurs, que produit tout d'abord la cristallerie de Saint-Louis. Le succès est tel, la demande si importante que Baccarat et Clichy n'hésitent pas à se lancer également dans la fabrication.

La meilleure époque de production s'étend entre 1845 et 1861 ; mais la fabrication et la vogue des presse-papiers s'étalent sur un plus grand nombre d'années : Saint-Louis en fabrique jusqu'en 1880 et Baccarat jusqu'en 1907 ; la plus modeste verrerie-cristallerie de Clichy a également produit de nombreuses boules presse-papiers jusqu'aux environs de 1880. Les spécialistes ont évalué approximativement à 50 000 pièces la production de la grande époque des presse-papiers — compte tenu des nombreux bibelots ornés de boules mille-fleurs ou à motifs plats : boutons de portes, boules d'escaliers, bouchons de carafes, de confituriers, de flacons et de vases divers.

Après de patientes recherches et de sérieuses études comparatives, on a pu différencier la production des trois manufactures. Malgré la rareté des signatures et des dates, des critères assez rigoureux concernant l'origine et l'époque de certains types de presse-papiers ont été établis.

La fabrication des boules presse-papiers se partage essentiellement entre deux techniques : les *motifs dressés,* qui sont à la base des mille-fleurs, et les *motifs à-plat,* d'un traitement plus simple. Selon leur grosseur, elles sont dites : « miniatures » de 3 à 6 cm de diamètre, « normales » de 6 à 9 cm, « magnum » au-dessus de 9 cm.

Les millefiori ou mille-fleurs

Pour réaliser un motif mille-fleurs, le cristallier doit d'abord fabriquer un certain nombre de fines baguettes de cristal. Après avoir « cueilli » avec sa canne une petite quantité de cristal en fusion, il travaille rapidement sa cueillette sur le marbre, en la roulant, afin qu'elle soit de forme cylindrique. Puis un aide étire vivement le cylindre avec un outil en fer, le pontil, jusqu'à l'obtention d'une baguette de quelques millimètres de diamètre appelée *canne* (à ne pas confondre avec l'outil de verrier du même nom).

Diversement colorées, en une ou plusieurs couleurs, par couches successives de cristal coloré dont on recouvre la cueillette initiale, puis ornées de motifs, étoiles, cœurs, initiales, fleurettes ou figurines, que l'on obtient en pressant les baguettes dans des moules spéciaux, les cannes sont ensuite coupées : ce sont les « bonbons », dits souvent « bonbons anglais », dont ils évoquent les couleurs acidulées.

Le cristallier compose alors le motif du presse-papiers à l'aide de ces « bonbons » savamment disposés sur un disque de fonte ou dans un moule. Une petite quantité de cristal en fusion versé sur le motif, tenu tête en bas, le fixe, telle une colle, et constitue la base — ou fond — de la boule. On termine en formant la partie arrondie ; enfin, le polissage donne tout son éclat au presse-papiers.

La disposition donnée aux bonbons est le prétexte à de nombreuses variations : mille-fleurs en vrac, en bandes concentriques, à « compartiments », à damier, à guirlandes. Enfin, certaines pièces présentent des bonbons comme « suspendus » dans la masse cristalline.

Les motifs à-plat

Le procédé, ici, est plus simple, et son traitement, plus naturaliste. Le cristallier compose d'abord le motif décoratif, emprunté à la flore et à la faune ; tout le travail, découpage, assemblage, soudure, se fait à chaud avec du cristal coloré. Les autres opérations sont identiques à celles concernant les mille-fleurs.

Les principaux thèmes, avec d'infinies variations suivant les manufactures et les époques, sont des fleurs, uniques ou en bouquets légers, parfois en bouquets dressés, des fruits et des légumes moins fréquemment. Les animaux,

Coupe « mille-fleurs » de Baccarat à piédouche en cristal. Vendue par Sotheby, à Londres.

Sotheby Parke Bernet

papillons, serpents ou salamandres sont plus tardifs. Le principal motif décoratif est, dans certaines pièces, enrichi d'une ou plusieurs guirlandes de mille-fleurs ou de filigranes en torsades.

Peinture sous verre

La « peinture sous verre », ou « fixé », est une peinture exécutée sur du verre selon un procédé contraire à celui qui est pratiqué habituellement dans la peinture sur toile ou sur tout autre support ; les appellations anglaise « reverse painted glass », verre peint au revers, et allemande « Hinterglasmalerei », peinture exécutée derrière le verre, en donnent d'excellentes définitions.

À l'inverse d'un mode pictural classique, le dessin est tout d'abord reporté sur le verre ; puis le peintre s'attache à fixer les premiers plans, les détails, et ce n'est qu'en dernier lieu qu'il exécute le fond de sa composition. C'est une image plate qui va à l'essentiel : point de perspective, peu de respect des proportions, schématisation des attitudes des personnages. Le peintre ne conserve que les éléments principaux des volumes, du relief et de la lumière, ce qui accentue l'aspect naïf, hérité d'une tradition primitive, de son œuvre. L'ensemble est traité dans des couleurs franches, puissantes, comme le décor d'une poterie paysanne.

Historique

Cette expression artistique a des racines essentiellement paysannes et populaires. Une forme dite « savante » de peinture sous verre s'est, certes, développée au cours des siècles : elle a décoré des appartements princiers en Europe, notamment en Italie au XVIIIe siècle, avec des copies de gravures ou de tableaux célèbres, mais ce n'est pas cet aspect qui a contribué réellement au plein épanouissement du fixé. Son secret, connu dès l'Antiquité, puis oublié, fut retrouvé au Moyen Âge en Italie. Les principaux et plus anciens foyers se situent cependant en Bavière (c'est en 1684 que le terme « peintre sous verre » apparaît pour la première fois dans les archives d'Augsbourg) ; puis le fixé est pratiqué en Autriche, en Bohême, en Forêt-Noire, en Silésie, en Alsace et en Lorraine. Enfin, il s'implante également en Roumanie et suscite même d'étonnantes vocations tant en Chine qu'aux Indes.

La disparition progressive de la peinture sous verre au XIXe siècle va de pair avec la fermeture des petits centres verriers auprès desquels elle s'était développée. La mode des chromolithographies, gravures empruntant au fixé thèmes décoratifs et couleurs, y met un point final.

Toujours établis dans le proche voisinage d'une verrerie, les nombreux centres artisanaux de fixés se caractérisent par une production intensive, que ce soit à Augsbourg, à Mursan, en Bavière ou à Sandl en Autriche, dont les fixés « doubles » (à compartiments) sont célèbres. En Alsace et en Lorraine ont également été dénombrés un grand nombre d'ateliers très productifs. En général peu d'innovation ni dans l'inspiration ni dans le « faire », mais, cependant, certains centres se distinguent par des modes stylistiques particuliers : ainsi, de grandes surfaces colorées caractérisent les fixés réalisés à Buchers, en Bohême du Sud, tandis que des ornements de draperies et de fleurs ont été privilégiés en Forêt-Noire.

Les sujets le plus fréquemment représentés sont des images de saints protecteurs, des scènes religieuses, de beaux chemins de croix, parfois des scènes bibliques destinées à des communautés juives, nombreuses en Alsace ; des sujets profanes également : portraits vigoureux, allégories des saisons...

Guillemot-Connaissance des Arts

Peinture sous verre chinoise du XVIIe siècle. Cette technique, qui permet une grande finesse d'exécution, s'est répandue dans toute l'Europe à partir du XVIIIe siècle.

LES COLLECTIONS ET LE MARCHÉ D'OBJETS EN VERRE

La verrerie d'art

Peut-on encore aujourd'hui collectionner des objets en verre ? Certains prix obtenus dans des ventes publiques, dont il faut souligner à la fois la qualité exceptionnelle et la rareté, peuvent décourager les amateurs.

La verrerie vénitienne est sans doute la plus recherchée, mais aussi la plus onéreuse. Il est conseillé aux collectionneurs d'acquérir, pour des prix plus modiques, de très beaux verres français anciens de 1 000 à 5 000 F. Les verres gravés allemands ou hollandais sont nettement plus chers. Un verre à pied hollandais du XVIIe siècle, finement ouvragé, a atteint 88 000 F le 30 novembre à l'hôtel Drouot. Depuis 1985, un nouvel engouement pour les flacons à parfum de la fin du XIXe siècle, puis de style Art déco a fait rapidement monter les prix. Un « flacon à senteur » de Lalique, vers 1905, en verre blanc imitant le cristal de roche, dans une monture or, s'est vendu 319 000 F à Drouot, le 22 juin 1988. Également de Lalique, un bouchon de radiateur en forme de hibou (H. 8,6 cm) a atteint 379 000 F. Une telle enchère s'explique à la fois par la rareté, la signature du verrier et la passion, également récente, pour les accessoires automobiles.

Les opalines

Depuis quelques années, il semble que les opalines soient moins demandées qu'auparavant chez les antiquaires. Cependant, elles ont toujours énormément de valeur et atteignent des prix relativement élevés. Le coloris, les éléments du décor, la monture, éventuellement, déterminent leur prix. Les pièces les plus onéreuses sont bien évidemment celles qui étaient fabriquées au début du XIXe siècle. Les moins coûteuses sont les opalines blanches : en 1989, un flacon « gorge-de-pigeon » se vendait environ 8 000 F, tandis que le même objet en opaline blanche valait seulement 1 500 à 2 000 F.

Les opalines font partie de ces objets de collection que l'on redécouvre périodiquement. Après une montée des prix dans les années 1970, elles ont été délaissées, à l'avantage, semble-t-il, des flacons à parfum et autres objets de vitrine en verre de style 1900 ou 1930.

Les sulfures et les presse-papiers

Les verreries modern style, à la fin du siècle dernier, avaient détrôné la mode des cristaux décoratifs. Pour les presse-papiers, l'oubli n'a pas été de longue durée : ils trouvent des amateurs très rapidement en Amérique dans les années 1900-1910. La France des années folles est aussi sensible à leur charme : Colette, Annie de Pène, Jeanne Lanvin collectionnent les presse-papiers, qui trouvent ensuite des amateurs passionnés.

Les boules les plus recherchées, à condition d'une attribution certaine, viennent de Saint-Louis (les plus anciennes), Baccarat ou Clichy. Bien entendu, les enchères montent pour les motifs originaux, bien centrés au cœur du verre. Au cours d'une vente spécialisée (à Drouot, le 16 décembre 1988), des enchères de 5 000 F à 13 500 F sont allées à des presse-papiers de Baccarat, de Clichy et de Saint-Louis.

En outre, les amateurs admettent d'enrichir leur collection en achetant, ce qui est très rare chez des passionnés d'objets d'art, de brocante et d'antiquités, des presse-papiers actuels sortis des fabriques de Baccarat ou de Saint-Louis, avec l'assurance de rapides plus-values.

Les peintures sous verre

Nombreux en Europe de l'Est, les amateurs de peinture sous verre sont assez rares en France. Cet art naïf et coloré a pourtant un grand pouvoir de séduction et il se marie très bien avec les intérieurs aux meubles rustiques ou au décors modernes.

Il faut faire attention aux faux ; ils sont nombreux, surtout en Autriche, en Bavière et en Forêt-Noire. Il est nécessaire également d'examiner très soigneusement le cadre : ancien, il est en bois fruitier ou en sapin mouluré, ou parfois en bois recouvert de carton gaufré ou doré. Les fixés ne sont généralement ni signés ni datés, et la qualité du verre, s'il est ancien, est relativement médiocre. Ce sont des objets très fragiles qui, cassés, sont irréparables et perdent alors toute valeur.

Ils apparaissent peu dans les ventes publiques. On peut néanmoins trouver parfois un fixé mêlé à un lot de peintures et de gravures du XIXe siècle. Par ailleurs, ils sont également rares chez les antiquaires, et leur prix est très variable.

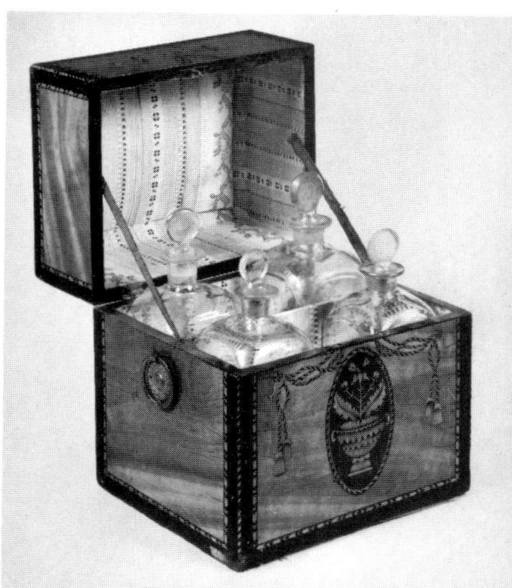

Ader, Picard, Tajan

Coffret à liqueur garni de quatre flacons en verre gravé, fin du XVIIIe s.

Laffay

Sotheby

Verre gravé à « la toile d'araignée » signé Lawrence Whistler, vers 1850. Vendu par Sotheby. Verre normand du XIXe siècle, à décor peint, dit « verre d'amitié ». Environ 4 000 F chez l'antiquaire.

Ensemble de carafes et verres en cristal taillé des cristalleries de Baccarat, fin du XIXe siècle.

INDEX

Les chiffres suivis d'un astérisque (54*) concernent les illustrations.
Les textes en italique *(la Tentation de saint Antoine)* indiquent un titre d'œuvre.

A

B

C

M

N

O

P

Q

R

S

U

Unkei [sculpteur], 147
Urbino [Italie], 115
Utamaro Kitagawa [peintre et graveur japonais d'estampes ukiyo-e], 170, 175, 334
Uzès [Gard], 309

V

W

X-Y

Z

Remerciements

L'éditeur adresse ses remerciements
aux conservateurs, aux bibliothécaires, aux attachés de presse,
aux responsables des services photographiques des musées et bibliothèques
qui ont bien voulu collaborer à la réalisation de cet ouvrage.
Il remercie tout particulièrement les organismes suivants :

la Bibliothèque nationale, le musée des Arts décoratifs,
le musée des Arts et Traditions populaires, Paris ;
le musée des Beaux-Arts de Nancy,
le musée des Beaux-Arts de Nantes,
le musée de la ville de Strasbourg,
le musée Paul-Dupuy, Toulouse,
le musée de Vendôme ;
le British Museum, le Victoria and Albert Museum, Londres ;
le musée des Beaux-Arts de Copenhague ;
le Kunsthistorisches Museum, Vienne ;
le Metropolitan Museum of Art, New York ;
le musée H. F. Du Pont, Winterthur.

L'éditeur exprime sa gratitude aux commissaires-priseurs
qui lui ont aimablement communiqué des documents
pour l'illustration du présent ouvrage :
Mes Ader, Picard, Tajan ; Boisgirard ;
Pescheteau ; Boscher et Gossard ;
Buffetaud, Laurin, Guilloux, Tailleur ; Cornette de Saint-Cyr ; Courtois ;
Couturier, Nicolay ; Genin, Griffe, Leseuil ; Guérin ; Loudmer,
Poulain ; Marques, Billy ; Martin ; Nau ; Ribault, Menetière,
Lenormand ; Savot, ainsi qu'aux maisons britanniques
Sotheby's et Christie's.

Enfin, il remercie également les antiquaires,
experts et collectionneurs
qui ont bien voulu prêter leur concours, et parmi eux :
Claude Bonnet, 20, rue de Beaune, Paris 7e (céramique) ;
Patrice et Irène Boubet, passage Dechambre,
33, rue Falguière, Paris 14e (cartes postales anciennes) ;
Philippe Boucaud, 25, rue du Bac, Paris 7e (étains) ;
Robert Capia, 26, galerie Véro-Dodat, Paris 1er (poupées et jouets) ;
la Cour de Varenne, 42, rue de Varenne, Paris 7e (meubles XVIIIe) ;
Laurence Feuillet et Catherine Hermann, 7, rue Chauvain, 06000 Nice (arts d'Asie) ;
Hélène Fournier-Guérin, 25, rue des Saints-Pères, Parie 6e (céramique) ;
Galerie Gismondi, 20, rue Royale, Paris 1er notamment pour le document de couverture.
À l'imagerie, 9, rue Dante, Paris 5e (estampes).
Galerie H. Kamer, 9, quai Malaquais, Paris 6e (art primitif) ;
Kugel, 279, rue Saint-Honoré, Paris 8e (objets précieux) ;
Mallett and son Antiques, 40, New Bond Street, Londres (meubles anglais) ;
Mythes et Légendes, 18, place des Vosges, Paris 4e (archéologie) ;
Denis Ozanne, Au vieux rat, 7, rue Pestalozzi, Paris 5e (poupées et jouets) ;
Maison Chevalier,
64, boulevard Mission-Marchand, 92400 Courbevoie (tapis, tapisseries) ;
Prouté, 74, rue de Seine, Paris 6e (gravures, estampes) ;
Regency Antiquités, 63, rue du Bac, Paris 7e (meubles anglais) ;
Galerie J.-P. Rouillon, 27, rue de Seine, Paris 6e (gravures, estampes) ;
Michel Sonkin, 10, rue de Beaune, Paris 7e (art populaire) ;
J. Soustiel, 146, boulevard Haussmann, Paris 8e (art musulman) ;
J. Vinchon et Mesdames Berthelot et Guyonnet,
77, rue de Richelieu, Paris 2e (numismatique).

Photocomposition M.C.P. – Fleury-les-Aubrais – Imprimerie I.H.A.S.A.
Dépôt légal : juin 1981. – N° de série éditeur : 16168 – Imprimé en Espagne *(Printed in Spain)* - 509 202 B Juin 1991.